ፆናን በስክዲራን

ህልቂት ዓድታት ሰንሒት 1970-1971

ፆናን በስክዲራን

ህልቂት ዓድታት ሰንሒት 1970-1971

ነጸረኣብ ኣዛዘ

HDRI PUBLISHERS

ኣሕተምቲ ሕድሪ
ኣስመራ 2024

ኣሕተምቲ ሕድሪ
178 ጐደና ተጋደልቲ
ቍ.ገዛ 35
ቍ.ሳ. ጸ. 1081
ተሌ. 291-1-126177
ፋክስ 291-1-125630

ኣስመራ፡ ኤርትራ

ኣከፋፋሊ፡ ኣብያተ-መጽሓፍ ኣውገት
ተሌ. 291-1-124190
ፋክስ 291-1-122359
ቍ.ሳ. ጸ. 1291

ኣስመራ፣ ኤርትራ

ፃናን በስክዲራን

ንድፊ መጽሓፍ፤ ሪታ ብርሃነ
ዲዛይን ገበር፤ ደሞዝ ርእሶም

መሰል-ድርሰት © 2024 ኣሕተምቲ ሕድሪ

ISBN- 978-99948-0-180-0

ብኣገልግሎት ማሕተም ሳቡር ኣብ ኣስመራ ዝተሓትመ።

እንሆ ሎሚ ዝኽሪ ዝሓለፈ
ምልስ ኢልካ ዝጽብጸብ በሰላ ዘትረፈ
ንቛዜማ ግን ኣይኮነን ንምስቁርቋር
ብመስዋእቲ ተሳዒሩ እንድዩ እቲ ዘይስዓር፡
ንዝኽሪ’ዩ ንምዝኽኻር
መቓልሕ ንትርጉም ምንባር
ዝሓለፈ በደል ተዓቢጡ ከይቅበር
ክዝንቶ፡ ኣብ ሓወልቲ ክውቀር፡
‘‘እንተረስዐ ዝወግአ፡ ነይርስዕ ዝተወግአ!’’

ኤፍረም ሃብተጽዮን

ትሕዝቶ

ቃል ኣሕታሚ i

ምስጋና iii

መእተዊ. 17

ሰውራን ግፍዕን. 19

ስርሒት ቅትለት ጀነራል ተሾመ ኣርገቱ 31

ግብሪ-መልሲ ንጉስ. 39

ድኑ እቲ ዓቢ ህልቂት ተረካብ ይዓድዮ 43

ሞት ሰለማውያን ኣብ ሩባ ደዓሪ. 48

ነቦይ ዑመር ዝለከመት ሕማቕ ነሲብ 52

ኣብ ድሮ ዒድ ኣልፈጥር 57

ዕጫ ዓድታት ሰኹና 63

ቅዝፈት ክልተ ኣንስቲ ኣሕሙትሙት 66

ፍርዲ በስክዲራ 70

ረዳኢ በስክዲራ - መድሓን ፈርሔን 78

ዝርዝር ግዳያት መስጊድ በስክዲራ 93

ዝርዝር ውጻእ መዓት መስጊድ በስክዲራ 97

ህልቂት በስክዲራ - ካብ ልሳን ግዳያት!

ፈላሚት ወፍሪ ንምእረራ ታሪኽ 102

ሓደ ንሸውዓተ 106

ግንቦት - ጥይት ንሒፋ ባሕሪ ዝጨከነትሉ 110

ንዘይሞተ ኣይትቕበር! 116

ምስ ‘መልኣከ ሞት’ ዝሓደረት ስድራ 124

ሰውራ ናብ ሊቅ ዝቐየሮ ውጻእ መዓት. 131
ኢትዮጵያን ባህርይን ዝተበራረዩላ መስኪን 139
ንጉስ ሃይለስላሰ መንግስተ ሰማይ ዝኣቱ እንተኾይኑ ገሃነም የልቦን. . . 144
ንቐተልቲ ወለድኻ ምቕታል፡ ሓጥያት ድዩ፧ 159
ሞት ቅባጸት - ድሓይ ምጥፋእ ግን ሰንፈላል!. 166
ዕጫ እታ መርዓት. 175
እንዳ ሕኒት. 181
ረቢ - ትረፍ ዝበሎ 191
ኣርባዕተ ወለዶ ኣብ ሓንቲ ጉድጓድ 195
ንዓድታት ሰንሒት ተባጽሐ መርድእ 199
ግደ ኣሞራን ኳኽን 205
ሞትን ህይወትን ብሓባር ዝረኣያ ኣዳዎታት 211
እንዳ ኣቦይ ዘርኡ 216
መስጊድ ምቕሊ ዝኽልኣቶ ኣቦ 221
ካብ እንዳ ውጻእ መዓት ናብ እንዳ ውጹዓት 225
ህብትዝጊ ዓሳማ - በጥሕ ጅንግላይ 232
ጋሻ ሓንቲ መዓልቲ 237
እናቴ ለተመድህን እክት 241
ሕነ ዝፈደየ ሕዛል 245
እሾኹ ብበልሓ ትኣርግ 249
ዛንታ ዓባዩ ዝጸወየ ሃብሮም 256

ያና

ታሪኻዊ ድሕረ ባይታ 267
ኣብ ድሮ'ታ ዕለት ኣከባብራ ዒድ ኣልፈጥር ኣብ ጀኮ 269
ወተሃደራዊ ተዋስኦ 273
ኣብታ ሕስምቲ ረፍዲ 279
ግዳያት ህልቂት ያናን በስክዲራን 285
ገለ ካብቶም ኣብ ያና ዝሰንከሉ 293

ግፍዒ- ካብ ልሳን ግፉዓት!

ክታማ ኣቦይ ዑመርን ህልቂት ስድራኡን ኣብ ሓንቲ ህሞት 297

ወዲ ሓብቱ ከተስክር ዝተቐዝፈ ሽማግለ 305

ከተጸናንዕ ክትብል ዝጸነተት ስድራ 309

ደም ሹማምንትን መሻይኽን 314

ኣደ ትድሕን ሓብታ ትቕዘፍ - ወዳ ይቕዘፍ ወዲ ሓብታ ይድሕን! 323

ኢጣልያዊ ግዳይ ህልቂት ያና 331

ኣበባ መርዓኡም ክርእዩ ዘይተዓደሉ ሕጹያት 338

ዘይትጸዓድ ኣደይ ዓቤት 345

ቅልስ ዳዊትን ጎልያድን ኣብ ጎልጎል ያና 350

ጡብ መዋቲት ወላዲታ ክትጠቡ ዝተረኽበት ህጻን 363

እንዳ በላዕ ሳዕሪ 372

እንግሊዝ ኣቐሲላ ኢትዮጵያ ዝቐረጸታ መከረኛ ኢድ 381

ሳንጃ ዝቐረመቶ 385

ፍርዲ'ቦ ሸፍታ ንማእሰርቲ - ፍርዲ ኣሕዋቱ ንመቕዘፍቲ 389

ሮሞዳን ኤሉስ ኣቦ ጅግናን ኣቦ ዘኽታማትን 394

ኣቦን ኣደን ኣብ መንሳዕ፡ ጓሎም ኣብ ያና ንሞት ዝተፈርዱ ስድራ . . .403

ጽውጽዋይ ዝብእን ውዲት መራሕቲ ኢትዮጵያን 407

ዕጫ ሞት ኣብ ግራትን ቤትን 413

ኢትዮጵያ ነቦ፡ ደቂ ንሓድሕደም ዝተቓተሉ ስድራ 417

ኣዳሌት ኖር - ካብ ግፍዕቲ ናብ ውፍይቲ 421

ደሃይ ናይቶም ደቂ ሰሓርቲ 427

ህልቂት ያናን ሚስተር ሂዩን 431

እንዳ ሲዲን ህልቂት ያናን 444

ገለብ ኣብ ቀውዒ 1970 449

ደብረሲና 464

ሃብረንጋቓ ካብ ቅትለት ጀነራል ክሳብ ዒድ ኣልኣድሓ 474

ሹማሙንቲ ጥፍኣት 480

ኣፍንጫ እንተ ተሓሪማ ዓይኒ ትነብዕ	487
ሸማምንቲ ኤርትራ ብኾፎም ዝሰቆልዋ ብደው ምርካቡ እንክስእኑ . .	487
ኣባ ኣጎስቲኖ ተድላ	498
ኣቡነ ኣብርሃ ፍራንስዋ	501
ኣመሪካ - ናብ ናጽነት ዘንቀደ ነትጉ	506
ጭውያ ነፋሪት - ካብ ግብረ-መልሲ ህልቂት	509
ናይ ሞት ይጽናሕ ናይ ሕልፈት ጥራይ ይለቆስ!	515
ግፍዒ ዝሰሓሎ ኤርትራውነት	526
ቃለ መጠይቕ ደራሲ	533
ብኸልኡት ተመራመርቲ ታሪኽ ዝተገብረ ቃለ መጠይቕ	538
መጽሓፍቲ (ትግርኛ፡ ብሊን፡ ኣምሓርኛ)	539
Bibliography	540
Index	544

ቃል ኣሕታሚ

እቲ ብ2013 'ብሓመድ ድብ ናደው' ዝፈለመ ምሕታም ተኸታታሊ ቅጽታት 'ዛንታታት ተመኵሮ ገድሊ'፡ ክሳብ 2019 ኣብ ውሽጢ ሸውዓተ ዓመታት ዓሰርተ ቅጽታት ብምሕታም ጽቡቕ ድሕሪ ምስጓሙ፡ ንዝሓለፈ ሓሙሽተ ዓመታት ኣቛሪጹ ምጽንሑ ንኣድላይነቱ ዘጉልሖ ደውታ እዩ ነይሩ። ድሕሪ'ዚ ብኩራት'ዚ፡ ሕጂ ዳግም ይጅምር ምህላዉ እምበኣር፡ ነቲ ዝተኸሰረ ዓመታት'ኳ እንተ ዘይከሓሶ፡ ከም'ቲ 'ደንጉዩ እንቛዕ ኣይቦኾረ' ዝበሃል፡ ዘተስፉ ንቕሎ እዩ። ተኸታታሊ ቅጽታት 'ዛንታታት ተመኩሮ ገድሊ'፡ ሽሕ'ኳ ነቲ ኣብ ስነፍልጠታዊ ምርምር ብምምርኳስ ብበበይኑ ቅጽታት ክጽሓፍ ዘለዎ ታሪኽ ሓርነታዊ ብረታዊ ገድሊ ኤርትራ ዘይትክእ እንተኾነ፡ ኣብ ዝቐደመ ቅጽታቱ ከም እተራእየ፡ ብርቂ ሰብኣዊ ተመኵሮታትን ዝኽርታትን ስለ ዘቕረበ፡ ፍሉይን ኣገዳስን ኣበርክቶ ዝገበረ ይመስለና። ምኽንያቱ፡ በቲ መብዛሕትኡ ግዜ ኣብ ምዱብ መጻሕፍቲ ታሪኽ ዝዋሰን ሰብኣዊ ተመኵሮታትን ዝኽርታትን ኣቢሉ፡ ናብ ስምዒታዊ ዕምቆትን ውልቃዊ ባህርን ዘለዎ ነኻኢ ሰብኣዊ መዳያት ታሪኽ ዘእቱ ባብ ክኸውን እዩ ዝመጣጠር።

ሎሚ ኣብ'ዚ ዳግማይ ንቕሎ፡ ናይ 'ዛንታታት ተመኵሮ ገድሊ' ቅጺ 11 'ዖናን በስኪዲራን' ንሓትም ኣለና። እዚ መቐጸልታ ናይ'ቲ ብ2017 ዝተሓትመ ብዛዕባ 43 ፍጻመታት ዘዘንቱ 'ግፍዒ' ዘርእስቱ ቅጺ 8 እዩ። ዖናን በስኪዲራን ኣብ ታሪኽ ብገዛእቲ ኢትዮጵያ ኣብ ልዕሊ ህዝቢ ኤርትራ ዝተፈጸመ ግፍዒ ፍሉይ ቦታ ስለ ዘለወን፡ ብዛዕባ'ቲ ቅድሚ 54 ዓመት ኣብኣን ብ30 ሕዳርን 1 ታሕሳስን 1970 ዝተፈጸመ ግፍዕን ዘስዓቦ ካልእ ተመሳሳሊ ግፍዕታትን ብፍሉይ መጻሓፍ ክዝንቶ ኣገዳሲ እዩ።

ኣብ ታሪኽ ገድሊ ኤርትራ ዖናን በስኪዲራን ንብዙሕ ምኽንያታት ነጥበ-መቐይሮ እየን ነይረን። ብብዝሒ ኣብኣን ዝሃለቑ ሰላማውያን ኤርትራውያን፣ ኣገባብ ኣተሃላልቓኦም፣ እዚ ግፍዒ'ዚ ኣብ ህዝቢ ኤርትራ ብሓፈሻ፡ ብፍላይ ከኣ ካብ ከረን ጀሚርካ ክሳብ ኣስመራን ካልኦት ከተማታት ኤርትራን ክሳብ ኣብ ኢትዮጵያን ካልኦት ሃገራትን ኣብ ዝነብሩ ኤርትራውያን ኣውራ ድማ ኣብ መንእሰያት ተመሃሮን ዝነበሮ ሓያል ስምብራትን ዘንቀሎ ፖለቲካዊ

ምልዕዓላትን ዓሚቑን ዓቢን እዩ ነይሩ። ሕሉፍ ሓሊፉ ከኣ፡ ልክዕ ከም’ቲ ኣብ ናይ 1967 ቀዳማይ ዙርያ ግፍዒ ንኣባላት ባይቶ መንግስቲ ኢትዮጵያ ዝነበሩ ኤርትራውያን ዘለዓዓለ፡ ግፍዒ ያናን በስከዲራን ከኣ እቶም ዝለዓሉ ኤርትራውያን ሰበስልጣን ከይተረፉ ተቓውሞኦም ብግሉጽ ከስምዑ ደረኹ እዩ። በዚ ድማ፡ እዚ ግፍዒ’ዚ፡ ኣብ ልዕሊ ንጉሳዊ ስርዓት ኢትዮጵያ ገና ተስፋ ዝነበሮም፡ ብዝተፈላለየ ምኽንያታትን ረብሓታትን ልግበት ዝነበሮም ኤርትራውያን ናብ ምብታኽ ኣብ ምድፋእ ተራ ስለ ዝነበሮ ብሓደ ወገን፣ በቲ ካልእ ድማ ናይ ካልኣይ ደረጃን ዩኒቨርሲትን ተመሃሮ ኣብ ኤርትራን ኢትዮጵያን ካልኦት ሃገራትን ዝያዳ ንክለዓዓሉን ንክውደቡን ስለ ዝገበረ ናይ ማይ ኩዖ ፍጻመ ነበረ። ስለ’ዚ ያናን በስከዲራን ካብ ካልኦት ቅድሚኡን ድሕሪኡን ግፍዒ ዝተፈጸመለን ዓድታትን ከተማታትን ኤርትራ ንላዕሊ ንኤርትራውያን ትእምርቲ ጭካነ ገዛእቲ ኢትዮጵያ ኮና።

እዚ መጽሓፍ’ዚ፡ ሸሕ’ኳ ናይ’ቲ ምሉእ ታሪኽ ግፍዕታት ገዛእቲ ኢትዮጵያ ንምድላው ካብ ነዊሕ ዓመታት ኣትሒዙ ክካየድ ዝጸንሐ ሰፊሕ ፕሮጀክት መተካእታ እንተ ዘይኮነ፡ ኣድላይነት ናይ ከምዚ ዝዓይነቱ ኣብ ሓደ ግፍዒ ዘተኰረ መጽሓፍቲ ምድላው ርዱእ ይመስለና። እዚ ብያናን በስከዲራን ጀሚሩ ዘሎ ዕዮ’ዚ ከኣ፡ ንኻልኦት ዓድታትን ከተማታትን -- ዓዲ እብርሂም፡ ሃዘሞ፡ ሕርጊጎ፡ ኦምሓጀር፡ ኣስመራ፡ ኣቑርደት፡ ሸዕብ፡ ቅብጸት ባጽዕ . . . -- ብዝምልከት ፍሉይ መጻሕፍቲ ክስነ ትጽቢትና እዩ።

ታሪኽ ግፍዕታት ኣብ ምስናድ ዕላማና ጽልእን ቅርሕንትን ንምስሳይ ዘይኮነ፡ ካብ’ዚ ሕሱም ታሪኽ’ዚ ኣድላዩ ትምህርቲ ብምውሳድ ኣብ መጻኢ ንኸይድገም ውሕስነት ዝኸውን ታሪኻዊ ንቕሓት ምኹስኳስ እዩ። ታሪኽና ዘይምርሳዕን ምምዝጋብን ከኣ፡ ነቲ ምስ ጎረባብትና ህዝብታት ክህልወና እንብህጎ ነባሪ ሰላምን ምምልላእን ንምህናጽ ናይ እንገብሮ ቀጻሊ ቃልሲ መበገሲ እዩ።

‘ያናን በስከዲራን’፡ ነዊሕ ዓመታት ዝወሰደ፡ ዓቕልን ምጽማምን ዝተፈታተነ፡ ትኩርን ቀንጠጥ ኢልካ ዝተገብረን ምርምር ዝሓተተን ኣድካሚ ስራሕ ውጺኢት እያ። እቲ ነዚ በዳሂ ስራሕ’ዚ ብተወፋይነትን ጽንዓትን ዝዓመመ፡ ኣድላዩ ሓበሬታታት ንምጥላል ካብ ከረን ክሳብ ሱዳንን እንሓንሳብ ክሳብ ካናዳን ዝኣለሸ፡ ተመራማሪ ታሪኽ ነጸረኣብ ኣዛዚ ከኣ ክብ ዝበለ ምስጋናን ሞሳን ይግብኦ። ነቶም ሕዱር ቃንዛኦም ተጸዊሮም ዝኽሮም ዘካፈልዎ ውጻእ መዓት ድማ፡ ዝለዓለ ሞጎስና እናኣቕረብና፡ በዚ ተግባር’ዚ ነቶም ብጭካነ ገዛእቲ ኢትዮጵያ ዝተቐዝፉ ኣማኢት ቆልዑን ኣደታትን ኣቦታትን ስለ ዝደበስኩሞም፡ ሓደራኹም ፈጺምኩም ኢኹም’ሞ ቅሰኑ ንብሎም።

ክፍሊ ምርምርን ስነዳን
ኣሕተምቲ ሕድሪን
ኣስመራ፡ ሕዳር 2024

ምስጋና

መጽሓፍ ፆናን በስከዲራን ተሓቲማ ኣብ ኢድ ነበብቲ ክሳብ ትበጽሕ ጉልበቶም፡ ፍልጠቶምን ግዜኦምን ዘፍሰሱ ውልቀ ሰባት ብዙሓት እዮም። ብቐንዱ ዝዓበየ ክፋል ናይ'ዛ መጽሓፍ ብሰናይ ፍቓድ ውጻእ መዓትን ስድራቤት ግዳያትን ዝተዘንተወ እዩ። ብዘይካ'ዚ ብኣካል፡ ብጽሑፍ፡ ብኢንተርነትን ተለፎንን ኣፍልጥኦም ዘካፈሉ፡ ብዓቕሞም ዛንታታት ስድራቤቶም ጽሒፎም ዘረከቡ፡ ናብ ሓበሬታ ዘለዎም ዝመርሑን ዘሰነዩን፡ ኣብ ክንዳይ ሓበሬታ ንምርካብ ኮነ ንምጽራይ ናይ ዝሃለኹ ውልቀ ሰባት ኣበርክቶን ስምን ክገልጽ ኢለ እንተ ዝፍትን ብርግጽ ናይ ባዕሉ መጽሓፍ ምኾነ።

ንኹሉ ኢዱ ዝሓወሰ ዘበለ ስሙ ጠቒሰ ከመስግን ብዘይ ምኽኣለይ ዓገብ ዝፈጸምኩ ኮይኑ እስምዓኒ። ካብ ሰብ ውዕለተይ ገሊኦም ኣብ ውሽጢ እዚ መጽሓፍ'ዚ ምስ ዘሎ ዛንታትታት ተኣሳሲሩ ኣስማቶም ተጠቒሱ ኣሎ። ብስሩዕ ቃለ መሕተት ዝተኻየደሎም እውን ኣብ ጥብቆ ተዘርዚሩ ኣሎ። ናይ ኩሎም ተራን ኣበርክቶን ዕዙዝ ምንባሩ እናገለጽኩ ከኣ እዛ መጽሓፍ'ዚኣ ተወዲኣ ኣብ ኢዶም ብምብጽሓ ጥራይ ከሒሰዮም ከኸውን እትስፎ።

ሓላፊ ክፍሊ ምርምርን ሰነዳን ህግደፍ ብጻይ ዘምህረት ዮውሃንስ ንህልቂት ፆናን በስከዲራን ተገዲሰ ክሰርሓሉ ሓሳብ ኣንቂሉ ጥራይ ዘይኮነ፡ ብቪድዮ ምስክርነታት ክስንድ ሓይሊ ሰብን መሳለጥያን ኣኽቲቱ ደራኺ ተራ ተጻዊቱ እዩ። ምስ'ዚ ዛዕባ'ዚ ብዝተኣሳሰር ካብ ሰነዳት መንግስቲ ኢትዮጵያ ዝተረኽበ ኣገዳሲ ሓበሬታ ኣስኒቑኒ። ንደቂቕ ገስጋስ ስርሐይ እናተኸታተለ ብቀጻሊ ሃናጺ ርእይቶ ሂቡ። ኮታስ ዓንዲ ሕቖ ናይ'ዚ ዕዮ'ዚ ነይሩ። ደረስቲ ሃገርና ኣብ መጽሓፎም ንዕኡ ዘመስግኑሉ ምኽንያት ከኣ በሪሁለይ። ኣነ'ውን እጃም ኣንበሳ ንዝነበረ ኣበርክቶኡ ኣፍልጦን ክብርን እንተሃብኩ ክንደይ ከይበዝሖ።

ምስ ምዱብ ስራሕ መጠነ ሰፊሕ መጽናዕቲ ምክያድ ዝሕሰብ ኣይነበረን።

ዳይረክተር ጀነራል ክፍሊ ሓፈሻዊ ትምህርቲ ኣቶ ሙሳ ሓሰን ናይብ ተዛማዲ ናይ ግዜ ነጻነት ብምሃብ ተንጠልጢሉ ንዝነበረ ዕዮ ክቕጽሎ ዋሕስ ኮይኑኒ እዩ'ሞ ብፍሉይ ኣመስግኖ። ሓላፊ ጨንፈር ትምህርቲ ዞባ ዓንሰባ መምህር ክፍላይ ዓንደሚካኤል እውን ኣብዚ መዳይ'ዚ በዓል ውዕለተይ እዩ።

ምስናድ ምስክርነታት ውጻእ መዓትን ስድራ ቤት ግዳያትን ካብ ዓዲ ናብ ዓዲ እናዞርካ እዩ ተኻይዱ። እዚ ኣህላኺ ዕዮ ብምትሕብባር ህዝብን ምምሕዳራት ከባብን ብኣባላት 'ኣውዲዮ ቪዥዋል ኤርትራ' ተዓሚሙ። ኣዝመራ ፍትዊ፡ የማነ ዓንደብርሃን፡ ሻም ኢብራሂም፡ ዮሴፍ ህብታይ፡ ምስጉን ዘርኣይ (ወዲ ፈራዳይ) ከምኡ'ውን ሰረቐ ገብራይ (ሃማመተኤ ዞባ ዓንሰባ) ነዚ ዕዮ'ዚ ንምስላጥ ከይተሓለሉ ብምውፋዮም ክብርን ኣፍልጦን ይግብኦም።

እኹል ኣፍልጦ ቋንቋን ናይ ጽሕፈትን ብቕዓትን ዘይውንን ሰብ ዝጸሓፎ ኣንቢብካ ካብ ምእራም ዝኸብድ ዘሎ ኣይመስለንን። ሹመንዲ ዑቕባሚካኤል፡ መም ቢንያም ተወልደ፡ መም ዮውሃንስ ስዩም፡ መም ጃዕፈር ሳልሕ፡ ሰመረ ኣዛዚ፡ ገርጊስ ፍቓድ፡ ዶክተር በያን ገብረየሱስ፡ ኣድሓኖም ሕዱግን ንቀዳማይ ክፋል ናይዛ መጽሓፍ ኣንቢቦም ሃናጺ ርእይቶ ዝሃቡኒ እዮም። ንምቕሉልነቶምን ተወፋይነቶምን እናድነቕኩ ካብ ልቢ ኣመስግኖም።

መም ፋኑኤል ገብርኤል ክፋል ምስክርነት ሁዩ ዳውነይ ካብ ቋንቋ እንግሊዝ ናብ ትግርኛ ተርጒሙ። ንናይ በስክዲራ ዝምልከት ክፋል እዛ መጽሓፍ ከኣ ምሳይ ሓደ ብሓደ እናተኻትዐ ንምህብታሙ ጽዒቱ። መምህረይ - መምህር ዮውሃንስ ስዩም ንስለያዊ ጸብጻብ ኢትዮጵያ ካብ ቋንቋ ኣምሓርኛ ናብ ትግርኛ ተርጒሙ። መምህር ውሪዕ ክፍሉ ካብ ብሊን ናብ ትግርኛ ጽሑፋት ተርጒሙ ጸረይ ኣፋኺሱ። ጓል ሓወይ መምህር ራሄል በረኸት ምችእቲ ላፐቶፓ ብዘይ ናይ ግዜ ገደብ ክሰርሓላ ሂባ ካብ ብዙሕ ሃልኪ ኣድሒናትኒ። ጅምዕ ከራር እኹል ናይ ጸዓት ኣቕርቦት ኣብ ዘለዋ ምችእቲ ገዛ ክሰርሕ ዕድል ፈጢሩለይ። ክንገረሎም ኢሎም'ኳ እንተዘይገበርዎ ነዛ ዕድል ተጠቒመ ንለውሃቶምን ተወፍይኖቶምን ከምስክር ግን ግዲ ይመስለኒ።

ዮውሃንስ ፈርዲናንዶ፡ ሮዳስ ተኸለ፡ ክፍለ ተኽለሰንበት፡ ሜጀር ዓብደልቃድር ኢብራሂም (ገዱራ)፡ ዓሚ ኣቡበከር ሓሰኔን፡ መም ጭንዕ ዓምር፡ ጸጋይ ኣግዱባይ፡ ኢብራሂም ሓጅ፡ ምሕረትኣብ ወልደጊዮርጊስ፡ ዶክተር ክፍለማርያም ሓምደ፡ ኣርኣያ ተስፉጋብር፡ ሙኒር ሮሞዳን፡ ሳልሕ ጋዲ ጆሃር፡ መድሕን በረኸትኣብ፡ ያቆብ ደበሳይ፡ ዓብዱላሂ ጅቡል፡ ፊሸን ኢሳቕ፡ ፋይጋ ገብረትንሳኤ፡ ገረዝጊሄር በኺት፡ ዑቕቢት ተስፉ፡ ምስግና ተኽላይ ሃብቱ፡ ነርስ ኣማንኤል ክፍላይ፡ ማሕደር ንሱር፡ ጅምዕ ከራር፡

መም ደበሳይ ዳኒኤል፡ ዓሊ ከራር፡ ተስፋልደት ታደሰ፡ ቃስም ኢብራሂም፡ ብርሃነ ግደ (ኤቴነና) ኣዛዚ በረኸትኣብ፡ ነስረዲን ማሕሙድ፡ ስድራ ቤት ነፍስሄር ክፍሎም ተኸሉ ኣብ መንጎ'ዚ ዕዮ ኣብ ዝተፈላለያ መዳያት ካብኦም ንዝደለኽዎ ሓገዛት ኣይበቀቑለይን።

ወላድየይ ነፍስሄር ኣዛዚ ዓምር ብኣእምሮ ጥራይ ኣብ ታሪኽ፡ ሕጊ፡ ባህልን፡ ወለዶን ብዝኸዘኖ ፍልጠት ናይ ወትሩ ምንጨይ ነይሩ። ወላዲተይ ነፍስሄር ሙብራት ተክኤ እውን ብዘየባትኽ ልምዲ ንባብ ኣርኣያይ'ያ። ምናልባት ሎሚ ኣባይ ገለ ቁምነገር እንተረኺብኩም ብርግጽ ምንጬ ካብኦም ምዃኑ ኣይትጠራጠሩ። ኣሕዋተይ በረኸት፡ እይኣብ፡ ራህዋ፡ ተኸሊት፡ ስመረ፡ ገብርኤል ከምኡ'ውን ሸሻይ ሃብተስላሴ ምስ ስድራቤታቶም ወትሩ ኣብ ጎነይ ምስ ቆሙ እዮም። ብፍሉይ ሓላፍነተይ ዝወሰደት ሰይቲ ሓወይ ብርሃና ዘርአ ግን ሓልዮታ ሓለፋ ኣለዎ። ኩልኹም እንቋዕ ናተይ ኮንኩም።

ሪታ ብርሃነ ውዱእ መልክዕ ናይ'ዛ መጽሓፍ ኣትሒዛ። ንጽባቐ እዚ ዕዮ ዘርኣየቶ ጻዕርን ተወፋይነትን ልዕሊ ንቡር ነይሩ። ናይ ገበር ስእሊ ደሞዝ ርእሶም ኣዳልዩዎ። ደሞዝ ኣብ ቅድሚ ዓይኑ ንዝተፈጸመ ህልቂት ዝውክል ዓሚቑ ስነ ጥበባዊ ዕዮ ተሃኒኑ ሰሪሕዎ። ሃኒባል በረኸትን ዮሴፍ ኣስመላሽን ሓባሪ (index) ናይ ምድላው ኣህላኺ ዕዮ ዓሚሞም። ሰለሙን በርሀ መጽሓፍ ያናን በስክዲራን ክትስራሕ ካብ ትጅምር ካብ ጎነይ ኣይተፈልየን። ኣብ መጨረሽታ ከኣ ነዛ መጽሓፍ ኣርቲዑ። ንኹሎም ግጥምታቶም ኣብዚ መጽሓፍ ዝተጠቐምኩሉ ገጠምቲ። ካብ ድንቂ ከእለቶምን ተውህቦኦምን ንመጽሓፍ ያናን በስክዲራን ጽባቐን መቐረትን ስለ ዝመቐሉ ፍሉይ ምስጋናን ኣኽብሮትን ይእውዱ።

ኣሕተምቲ ሕድሪ ንመጽሓፍ ያናን በስክዲራን ኣሕቲሙ። ቤት ማሕተም ሳቡር እውን ነዛ መጽሓፍ ህያው ገይሩ ኣብ ምቕራብ ስሉጥ ዕዮ ዓሚሙ። ምስጋናይ ወሰን የብሉን።

ነዛ ዕዮ'ዚኣ ተዛዚማ ክርእዩ ተሃንጥዮም "መጽሓፍካ ኣብ ምንታይ በጺሓ፧" እናበሉ ወትሩ ዝሓቱኒ ዝነበሩ ውጻእ መዓት፡ ስድራቤት ግዳያት፡ መቕርበይ፡ ኣዕሩኽተይ፡ መሳርሕተይን ናይ ቀረባን ርሑቕን ፈለጥተይን እንቋዕ ሓጎሰኩም እብሎም።

ኣብ መጨረሽታ መጽሓፍ ያናን በስክዲራን ተነቢባ ብዘለዋ ሓያል ጎኒ ክትንኣድን ብድኽመታ ድማ ክትንቀፍን ግድን ይመስለኒ። ከይተነበበት ግን ክትንቀፍሲ ይትረፍ ክትንኣድ እኳ ኣየምሕርን።

ደራሲ

መእተዊ

ኣብ ሕዳር 2015 ኣብ ሓልሓል ርእሰ መምህር ማእከላይን ካልኣይን ደረጃ ቤት ትምህርቲ ስውእ ዑመር እዛዝ ከለኹ እዩ። ብጻይ ዘምህረት ዮውሃንስ ፕሮፈሰር ሃብቱ ገብርኣብ ንህልቂት ወኪድባ ኣመልኪቱ ካብ ዝጸሓፉ ናይ እንግሊዝ መጽሓፍ ተበጊሱ ብዛዕባ ዖናን በስክዲራን ክግበር ዝኽእል ናይ ሰነዳ ተኽእሎ ንኣስታት ፍርቂ ሰዓት ዝኸውን ብተሌፎን ኣዘራሪቡኒ። ግደ ሓቂ ኣብቲ እዋን'ቲ ብዛዕባ ዖናን በስክዲራን ዝድለ ዝነበረ እንታይ ምዃኑ ብፍጹም ኣይተረደኣንን። ብወገነይ ክሳብ ሽው ብዛዕባ ዖናን በስክዲራ ዝተደርፈን ዝተጻሕፈን እኹል እዩ ዝብል መረዳእታ ነይሩኒ።

መስርሕ ሰነዳ ቅድሚ ምጅማሩ ብዛዕባ እቲ ህልቂት ዝተጻሕፈ ፈታቲሸ። ኣብ መጽሄት ትምጻእ መንግስትኪ ብዛዕባ ህልቂት በስክዲራ ብኣባ ተወልደብርሃን ገብረመድህንን ብኣባ ዘርኣያቆብ ዑቕባሚካኤልን እተጻሕፈት 'መሪር ግፍዒ ኣብ በስክዲራን ከባቢኣን፡ ኣብ ምድሪ ሰኹና' ትብል ዓንቀጽ፣ ኣብ ዩኒቨርሲቲ ኣስመራ ብኣሚና ሃብተ ዝቐረበት መጽናዕታዊት ወረቐት Ethiopian War crimes in Eritrea: A case study of the massacre of Besik-Dira and Ona። ብዘይካ'ዚ ኣብ መጽሓፍ ታሪኽ ህይወት ኣመሪካውያን Downey, Hugh & Marty. On Heart's Edge: A Powerful Story of love and Adventure in Africa ንህልቂት ዖና ኣመልኪቶም ዝመስከርዎ፣ ገና ኣብ ሕትመት ዘይበጽሐት መጽሓፍ ግፍዕታት ኢትዮጵያ ብተኪኤ ተስፋልደት ብዛዕባ በስክዲራ ቅዳሕ ናይቲ ኣብ ትምጻእ መንግስትኪ ዝነበረ ብዛዕባ ዖና ከኣ ሓጺር መግለጽን ናይ 225 ኣስማት ግዳያትን ናይ 54 ስንኩላንን ረኺብኩ።

ድሕሪ'ዚ ኣብ ፈለማ 2016 ምስክርነታት ግዳያትን ስድራቤት ግዳያትን ብናይ ህልቂት በስክዲራ ፊሊሙ ናይ ዖና እውን ቀጺሉ። ሰነዳ ኣብ ዝተፈላለየ ግዜ ክሳብ 2019 ንብዙሓት ካብ ህልቂት ዝተረፉ ውጹእ መዓት፡ ናይ ዓይኒ መሰኻኽር ኣፍልጦ ዘለዎም ውልቀ ሰባትን መቕርብ ግዳያትን ብድምጽን ምስልን ዓቂቡ። ኣብ መስከረም 2019 ከኣ ኪኖ ሰነዳ ካልእ ሓሳብ ነቒሉ - ኣብ መበል 50 ዓመት ናይ ህልቂት መጽሓፍን፡ ዶኩመንታሪ ክዳሎ።

ነዚ ዝተወጠነ መደብ ወርቃዊ እዮቤልዩ ንኽሕግዝ ኣብ ዓመተ 2019 ዝኸሪ መበል 49 ዓመት ኣብ ጋዜጣ ሓዳስ ኤርትራ ናይ ክልተ ስድራቤታት

ግዳያት ዛንታ ተጻሒፉ ኣብ ዖና ድማ ዝኽሪ ተኻይዱ። እንተኾነ ዝተሓሰበ መደባት ብሰንኪ ለብዒ ኮቪድ 19 ኣብ ዝተወጠኖ ግዜ ኣይተፈጸመን። መበል 50 ዓመት ብምጡን ዓቕን ኣብ ዖናን በስከዲራን ብደረጃ ዞባ ጥራይ ተዘኪሩ ሓሊፉ። እቲ ንህልቂት ዖናን በስከዲራን ዝምልከት መጽሓፍ ከኣ ብዘገምታ ከኸይድ ጸኒሑ እንሆ ሎሚ ኣብ መፈጸምታ በጺሑ።

ኣብዚ መጽሓፍ፡ ኣንባቢ ምሉእ ስእሊ ናይ'ቲ እዉጅ ህልቂት ንምርዳእ፡ ነተን ምስ ዖናን በስከዲራን ኣብ ሓደ እዋን ዘስካሕክሕ ግፍዒ ዝወረደን ገለብ፡ ደብረሲናንን ሃብረንጋቓን እውን ከፊላዊ ሽፈነ ተገይሩለን ኣሎ። ኣብ ቅንያት ህልቂት ዖናን በስከዲራን ከም'ኡ'ውን ገለብን ሃብረንጋቓን ዝተፈጸሙ ደቀቕቲ፡ ግን ከኣ ኣገደስቲ፡ ምዕባሌታት ብቐደም ተኸተል ተዘንትዮ ኣሎ። እዚ ካብ 21 ሕዳር ቅትለት ሜጀር ጀነራል ተሾመ እርገቱ፡ ክሳብ ድሮ'ተን ዓድታት ዝሃለቓሉ የጠቓልል። ኪኖ'ቲ ንህዝቢ ኤርትራ ንምጽናት ዝነበረ እዉጅ ወፍሪ፡ ቀጥታ ናብቲ ዓቢ ህልቂት ንዘደረኹ ምዕባሌታት ብደቂቑ ይትንትን።

እቲ ኣብ ዖናን በስከዲራ ዝወረደ ግፍዒ ብቓላት ውጻእ መዓትን ናይ ዓይኒ መሰኻኽርን ቀሪቡ'ሎ። ንምዝንታው ብዝጥዕም፡ ኣብ ውሑዳት ውልቀ-ሰባትን ስድራቤታትን ምርኩስ ብምግባር፡ ነቲ ኣብተን ዓድታት ዝተፈጸመ ግፍዒ ወኪሉ ከምዝቐርብ ተገይሩ ኣሎ። በዚ መሰረት፡ ውጻእ መዓት፡ ናይ ዓይኒ መሰኻኽር፡ ኣፍልጦ ዘለዎም ውልቀ ሰባት ዝሃብዎ ምስክርነት ዳርጋ ከም ዘለዎ ተጻሒፉ ኣሎ። ሕመረት ናይ'ዚ ዕዮ ከኣ - ግፍዒ፡ ብልሳን ግፉዓት'ዩ! ብተወሳኺ፡ ብግፍዒ ናይ ዝተቐትሉ ክፍለጡ ዝተኻእሉ ዝርዝር ኣስማት ተጠቓሊሉ'ሎ። ኣብ ግዳያት ናይ ዖና ግን ገና ብሕጂ ስራሕ ይጽበዮ። ኣብ መስግድ በስከዲራ ኣትዮም ብህይወት ዝተረፉ ውጻእ መዓት ዝርዝር ኣስማት ሰነድ ቀሪቡ'ሎ።

ኣብ መጨረሽታ ኣብ ኩሉ ኩርንዓት ናይ ዓለም ዝነብር ኤርትራዊ ኣንጻር'ቲ ኣብ ዖናን በስከዲራን ዝተፈጸመ ህልቂት ዝሃቦ ተሪር ግብረ መልሲ ኣካል ናይ'ዚ ስራሕ'ዚ ኮይኑ ቀሪቡ ኣሎ። ኣብ ከረን ግዳያት ንምቕባር ከፍቀደሎም ኣቤቱታ ዘቕረቡ ክሳብ ኣብ ቅድሚ ቤት ጽሕፈት ውድብ ሕቡራት ሃገራት - ኒውዮርክ ዝተኻየዱ ሰለማዊ ሰልፈታትን ከም ሳዕቤኑ'ውን ምቛም ኤርትራውያን ምንቅስቓስ ንናጽነት ኣብ ሰሜን ኣመሪካን፣ ካብ ስብከትን ተቓውሞን መንፈሳውያን መራሕቲ ኤርትራ ክሳብ እሙናት ኤርትራውያን ሰበ-ስልጣን ኢትዮጵያ ኣብ ቅድሚ ንጉስ ሃይለስላሰ ዘስምዕዎ ተቓውሞን ውግዘትን የጠቓልል።

ኣብ መጨረሽታ ሳዕቤን ግፍዒ እንታይ ምዄኑ ንምብራህ፡ ብውሑድ ዓቕሚ ተፈቲኑ'ሎ። ኣብ መዛዘሚ፡ ነዚ ዕዮ'ዚ ንምስራሕ ዝተጠቐምኩሎም ምንጪ ጽሑፋትን ቃለ-መጠየቓትን ተዘርዚሮም ኣለው።

ሰውራን ግፍዒን

ኣብ መወዳእታ ወርሒ ናይ 1950 ኣብ ኒውዮርክ ዓመታዊ ኣኼባኡ ዘቃንዕ ዝነበረ ሓፈሻዊ ባይቶ ሕቡራት ሃገራት፡ ብ2 ታሕሳስ ንመጻኢ ኤርትራ ዝምልከት ‘390 A/5’[1] ዝፍለጥ ኣገዳሲ ውሳነ ኣሕለፈ። እዚ ውሳነ’ዚ ንናጽነት ይኹን ንምሉእ ሕብረት ምስ ኢትዮጵያ ዝተቓለሱ ኤርትራውያን ዘይተጸበይዎ ጋሻ ውሳነ ነበረ። ከም ሳዕቤኑ ካብ ሚያዝያ 1941 ክሳብ ታሕሳስ 1950 ሕልኽላኽ ፖለቲካዊ መድረኽ ዝሓለፈት ኤርትራ፡ ኣንጻር ባህጊ ህዝባ ምስ ኢትዮጵያ ብፈደረሽን ተቖርነት።

ፈደረሽን ከም ኣምር ኣብ መንጎ ክልተ ወይ’ውን ካብ ክልተ ንላዕሊ ሃገራት ብድሌት ዝፍጸም ውዕል ሕብረት እዩ። ኣብዚ እተን ሃገራት ብሓባር ኣብ ዘቘምኦ ላዕለዋይ ኣካል፡ ማዕረ ብጽሒትን ሓላፍነትን ይህልወን። ሕቡራት መንግስታት ኣመሪካ ናይ ከምዚ ዝኣመሰለ ፈደራላዊ ስርዓት ቀንዲ ኣብነት እያ። እቲ ኣብ መንጎ ኤርትራን ኢትዮጵያን ዝተወሰነ ፈደረሽን ግን፡ ዳርጋ ንኤርትራ ብቐጥታ ኣብ ትሕቲ ዘውዲ ሃጸይ ሃይለስላሰ ዝቐረነ፡ ኣብ ጉዳያት ምክልኻል፡ ዝምድናታት ወጻኢ፡ ባጤራ፡ ፋይናንስ፡ ንግዳዊ ንጥፈት ውሽጥን ወጻእን፡ መጓዓዝያ ውሽጥን ወጻእን፡ ወደባት ናይ ፈደረሽንን ናይ ገዛእ ርእሳን ተራ ወኪላ ክትዋሳእ ንኢትዮጵያ ዘፍቀደ ዓማጺ ውሳነ ነይሩ።

ብዘይካዚ ፈደረሽን፡ ነታ ብሰረታት ርእሰማላዊ ቁጠባ ትግስግስ ዝነበረት ኤርትራ፡ ምስ መስፍናዊት ኢትዮጵያ ክጽንብር ምፍታኑ፡ ሓጺንን ዕንጨይቲን ከልሕም ዝፈተነ ዘይክውንነታዊ ጽምዶ ነበረ። ነቲ ውሳኔ ኣብ ተግባር ንምውዓል ኣብ ዝተፈተነሉ እውን ብመንግስቲ ኢትዮጵያን ሕሉፋት ደገፍታን ከቢድ ዕንቅፋት’ዩ ገጢምዎ። ናጽነት ዝድግፉ ዝነበሩ ሰልፍታት ኤርትራ፡ ምስ ኩሉ ዕቃበታተን ንሓድሽ መድረኽ ዝሳነ ስምን ውዳበን ፈጢረን ብመንፈስ ፈደረሽን ክሰርሓን ንሕግታቱ ክምእዘዛን ቅሩብነተን ክርእያ

---

1 ውሳነ ፈደረሽን ኣብቲ ግዜ’ቲ ካብ ዝነበራ 60 ኣባላት ናይቲ ውድብ፡ 46 ደገፍ፡ 10 ተቓውሞ፡ 4 ድምጸን ብምዕቃብ እዩ ሓሊፉ።

እንክለዋ፡[2] ሕብረታውያን ግን “መኾርመዪ ዝረኸበስ፡ መሳፍሒ ነይስእን”[3] ብዝብል ፈኸራ ተሰንዮም ውዕል ፈደረሽን ኣብ ግብሪ ካብ ዝወዓለሉ ቀዳማይ መዓልቲ ጀሚሮም፡ ንኤርትራ ምሉእ ብምሉእ ናብ ኢትዮጵያ ከልሕቑ ኣበርቲዖም ሰርሑ።

ንጉሳዊ ስርዓት ኢትዮጵያ ነቲ ኣብ ኤርትራ ዝነበረ ማሕበረ-ቁጠባውን ፖለቲካውን ምዕባለ ኣብ ክንዲ ጸጋ ከም ስግኣት እዩ ጠሚትዎ። ክቖድሖን ክርዕሞን ዘይኮነ ከኣ ክነቕሎን ከዕንዎን'ዩ ወሲኑ። ናይቲ ዝተወጠነ ሸርሕን ተንኮልን ሃንዳስን ኣተሓባባርን ከኣ እቲ ንስለ ውክልና ጥራይ ተባሂሉ ኣብ ኤርትራ ክህሉ ዝተፈቐደሉ እንደራሴ[4] (ከም ነብሰይ) ናይ ንጉስ ነበረ። እቶም ንደምበ ናጽነት ዝመርሑ ዝነበሩ ፖለቲከኛታት ከም በዓል ሸኽ ኢብራሂም ሱልጣንን ኣቶ ወልደኣብ ወልደማርያምን ከኣ ቀዳሞት ግዳያት እንደራሴ ኮኑ። ብተደጋጋሚ ቅሉዕ መጥቃዕቲ ምስ ወረዶም ከኣ ፍርቆም ንስደት ኣምርሑ ዝተረፉ'ውን ካብ ፖሎቲካዊ ንጥፈታት ተገለሉ።

ኣብዚ መድረኽ'ዚ ፍሉጣት ደገፍቲ ሕብረት ከይተረፉ፡ ንፈደራላዊ ስርዓት ክዕቅቡ ብምፍታኖም ዕላማ ናይቶም ሕሉፋት ኮኑ። ብዘይካ “ኢትዮጵያ ወይ ሞት” ዝጭርሑ ሕሉፋት ሕብረታውያን፡ ካልኦት ፖለቲካዉያንን ናይ ፖለቲካ ሰልፍታትን ተኣጊደን። ጋዜጣታት ተዓጽየን። ቁጠባ ኤርትራ ደይ መደይ ኢልካ ከምዝዓኑ ተገይሩ። ክኢላዊ ዓቕሚ ደይ መደይ ኢልካ ንማእከል ኢትዮጵያን ከም ዝግዕዝ ተገይሩ። ብዙሓት ካልኦት ድማ ናብ ዝተፈላለያ ሃገራትን ተሰዲዶም። ዓንቀጻት ፈደረሽንን ቅዋም ኤርትራን ዝፈቕዶ ፖለቲካውን ሲቪካዊን መሰላት ብርኡይ ተጋሂሱ። ከም ግብረ መልሲ ናይ እዝን ካልእን ከኣ ከተማታት ኤርትራ፡ ኣስመራ፡ ምጽዋዕ፡ ከረን፡ መንደፈራ ብናዕብን ሰላማዊ ሰልፍታትን ተናወጻ።[5]

ኢትዮጵያን ሕሉፋት ደገፍታን ግን ብተቓውሞ ህዝቢን ሰላማዊ ሰልፍታትን ሰገጥ ኣይበሉን። ኩሉ ከይዓጠጦም ንኤርትራዊ ክብርታትን ኣምራትን ከፍሕቑ ጥራይ ተጓየዩ። ኣብ መስከረም 1959፡ ነቲ መሰል ሰራሕተኛታት ዝሕሉ ደሞክራስያዊ ሕጊ ዕዮ ኤርትራ - 1952 ብምእላይ፡

2 እንዲፐንደንት ብሎክ ካብ ዘቘማ ሰልፊታት ኣልራቢጣ ኣልእስላምያ፡ ሰልፊ ናጽነት ኤርትራ፡ ኢታሎ ኤርትራን ካልኦትን ነይረን።

3 ሕብረታውያን ድሕሪ ውሳነ ፈደረሽን፡ ፈደራል ኣክትን ቅዋም ኤርትራን ንኤርትራ ዝህባ ዝነበረ መሰል ንምብሕጓግ ዝገበርዎ ቃልሲ ትውክል ኣበሃህላ እያ።

4 ኣብ ኤርትራ ቀዳማይ እንደራሴ ኣንዳርጋቸው መሳይ፡ ካልኣይ ለቴናል ጀነራል ኣብይ ኣበበ ኮይኖም ንምፍራስ ፈደረሽን ብድሕሪ መጋረጃ ይመርሕዎ ነይሮም።

5 ኣብ ብዙሓት ዓበይቲ ከተማታት ኤርትራ ኣድማታት ተመሃሮን ሰራሕተኛታትን ተኻይዱ።

ሓርበኛ ሓምድ እድሪስ ዓዋተ

ንኢትዮጵያ ዝምችእ ሓድሽ ሕጊ ኣብ ግብሪ ኣውዓሉ። ብ24 ታሕሳስ 1958፡ ሕላገት ኤርትራዊ መንነት ዝነበረት ሰማያዊት ባንዴራ ኤርትራ ካብ ዘንጋ ወሪዳ ናይ ኢትዮጵያ ባንዴራ ጥራይ በይና ከተንበልብል ተኣዚዙ።[6] ኣብ ግንቦት 1960 'መንግስቲ ኤርትራ' ዝብል ስም ናብ 'ምምሕዳር ኤርትራ' ተቐይሩ። መራሒ መንግስቲ መዝነቱ ናብ ዋና ኣመሓዳሪ ለጠቕ ኢሉ። ኣብ ተመሳሳሊ ዓመት፡ መምሃሪ ቋንቋ ካብ ዓረብን ትግርኛን ናብ ኣምሓርኛ ተለዊጡ። እቲ ብኣገልግልቲ ኢትዮጵያ ዝተዓብለለ ባይቶ ኤርትራ፡ ወግዓዊ ቋንቋኡ ካብ ትግርኛን ዓረብን ናብ ኣምሓርኛ ለዊጡ። እዝን ካልእን ግህሰታት ድማ እዩ፡ ነቶም ዕሉላት ደገፍቲ ሕብረት ዝነበሩ ከይተረፉ ኣንጻር ኢትዮጵያ ደው ንኽብሉ ዘገደዶም። እንተኾነ ግን ዝገበሩ እንተገበሩ ግዜ ስለዝረፈደ፡ ፍጥነት ግህሰት ውዕል ፌደረሽን ክገትእ ዝኽእል ሓይሊ ኣይነበረን።

ኣብቲ እዋን'ቲ ብዙሓት መንእሰያት ናብ ጎረባብቲ ሃገራት ከም በዓል

6 ኣብ ግዜ ፌደረሽን ባንዴራ ኢትዮጵያን ባንዴራ ኤርትራን ብሓባር እየን ዘንበልብላ ነይረን።

ሱዳን፡ ግብጽን ካልኦት ሃገራት ዓረብን ተሰዱ። ገለ ካብዞም መንእሰያት ከኣ ኣንጻር ዓማጺ ተግባራት ኢትዮጵያ ብምስጢር ዝቃለስ ምንቅስቓስ ሓርነት ኤርትራ (ሓራካ) ዝተሰምየ ውድብ ብ2 ሕዳር 1958 ኣብ ፖርት ሱዳን መስረቱ። ሓራካ፡ ነቲ ኣብ ናጽነትን ሕብረትን ዝብል ድሌታት ተኸፋፊሉ ዝነበረ ህዝቢ ኣብ ሓደ ደምበ ኣሕቢሩ ንኢትዮጵያ ብምእላይ ናጽነት ንምርግጋጽ ዝተበገሰ ምንቅስቓስ ነበረ። ኣንጻር ኢትዮጵያ ደው ብምባሉ ጥራይ ድማ ልቢ ብዙሓት ሰለበ። ካብ ከበሳን መታሕትን እስላምን ክርስትያንን ናብ ሓደ መኣዲ ከጽንበሩ ዝገበረ ቀዳማይ ምንቅስቓስ፡ ንቃልሲ ህዝቢ ኤርትራ ካብ ፖለቲካዊ ቃልሲ ናብ ብረታዊ ቃልሲ ዘሰጋገሮ ድልድል ሃነጸ።[7]

እዚ ከምዚ ኢሉ እንከሎ፡ ኣብ ግብጺ 'ኣልኣዝሃር'[8] ዝመሃሩ ዝነበሩ ኤርትራውያን[9] መንእሰያት ድሕሪ'ቲ ብተደጋጋሚ ዝገበርዎ ኣኼባታት፡ ብ10 ሓምለ 1960 ኣብ ካይሮ 'ሓዲቖት ኣል-ሰመክ' ኣብ ዝተባህለ ቦታ፡ "መግዛእቲ ኢትዮጵያ ንምእላይ ብረታዊ ቃልሲ ምክያድ" ናብ ዝብል ውሳነ በጽሑ። ኣብ ሱዳን ዝነበሩ ኤርትራውያን ብፍላይ ድማ ወተሃደራት ሱዳን ዝነበሩ ብወገኖም፡ "ናጽነት ብኣፈሙዝ ብረት ጥራይ እዩ ክረጋገጽ ዝኽእል" ናብ ዝብል መደምደምታ በጺሖም ምስ ተማሃሮ ካይሮ ኣብ ሓደ መስመር ተራኸቡ።

ብረታዊ ቃልሲ ብግብሪ ምጅማር ግን ቀሊል ኣይነበረን። ብዘይካ'ቲ ሰውራ ንምጅማር ዘድሊ ኣጽዋር ናይ ምርካብ ዓቢ ጸገር፡ ነቲ ሰውራ መን ይጀምሮ ዝብል ግድል እውን መልሲ ኣይነበሮን። ጽቡቕ ኣጋጣሚ ኮይኑ ግን፡ ሓምድ እድሪስ ዓዋተ ንመግዛእቲ ኢትዮጵያ ፈንፊኑ ዓቕሉ ኣጽቢቡ ነበረ። ንሰውራ ከመርሕ ከኣ ድሌትን ብቕዓትን ነበሮ። በዚ መሰረት ሓምድ ኣብ መፋርቕ ወርሒ ነሓሰ 1961 'ኣቡ-ዓሸራ' ተባሂሉ ዝፍለጥ ብረት ዓጢቑ ካብ ገዝኡ ከወጽእ ከሎ፡ ንኤርትራ ካብ መግዛእቲ ኢትዮጵያ ሓራ ንምውጻእ ቆሪጹ ተበገሰ።[10] ኣቐዲሙ ምስቶም ኣብ ሰራዊት ሱዳን ዝነበሩ ኤርትራውያን ርክብ ፈጢሩ ነይሩ። ናብ ቃልሲ ምስ ወጸ ከኣ እቲ ወረ ቀልጢፉ እዩ ተሰሚዑ። ኣብ በረኻን ኣብ ዓድን ዝጸንሑ ፈለጥቱ ከኣ እግሪ - እግሩ ሰዒቦም

7 ስነ ጥበበኛ ሰለሙን ዮሃንስ (ባርያ) ንሓራካ "ወርቃዊት ድልድል" ብምባል ንኣርካናት ሓራካ ዝነበሩ እናጠቐሰ ዘይሙላ ኣሎ።

8 ኣብ ኣልኣዝሃር ክልተ ዓይነት ተመሃሮ ነይሮም። ኣካዳሚ ዝመሃሩን ሃይማኖታዊ ትምህርቲ ዝወስዱን።

9 ኤርትራውያን ተመሃሮ ኣብ ግብጺ ካብ 1952 ቁጽሮም እናበርከተ ምስ ከደ ናይ ገዛእ ርእሶም ማሕበር መስሪቶም። እቲ ኣብ ግብጺ ዝነበረ ፖለቲካዊ ሃዋህው እውን ጸልዩዎም። ኣብ ፖለቲካ ኤርትራ ግደኦም ንምብርካት ተደፋፊኦም።

10 ሃይለስላሰ ወልዱ፡ ሓምድ እድሪስ ዓዋተ፡ ገጽ 265።

ተጸንበርዎ። በዚ ዝተሰናበደት ኢትዮጵያ ንሓምድ ንምሓዝ ወይ እውን ንምቕታል፡ ሓያል ወፍሪ ኣበገሰት። እዞም ክልተ ተጻረርቲ፡ ከልብን ሰሰሓን ተቐይሮም ጋሻ ሰቲትን ባርካን ፍጹም ቅሳነት ሰኣነ። 'ፊልድ ፎርስ' ተባሂሉ ዝጽዋዕ ሓይሊ ፖሊስ፡ ሓምድን ብጾቱን ናብ ዝኣተውዋ ዓድን ዝተሓብኡላ ጫካን እናሰዓበ ብርኮም ምዕጻፍ ከልኦም። ካብ ኣዳል ጀሚርካ ብተደጋጋሚ ድብያታትን መጥቃዕትታትን ተኻየደ። እንተኾነ ፖሊስ ከም ባህጎም ንሰውራ ይኹን ንሓምድ ብኣጋ ክቖጽዮዎ ኣይከኣሎምን።

ንሓምድን ብጾቱን ምቕታል ኮነ ምሓዝ ዘይክኣል ምዃኑ ምስ ተረጋገጸ፡ ኣንፈት ሃድን ናብ ስድራ ሓምድን ብጾቱን ቀንዐ። በዚ መሰረት ነብሰ ጾር ዝነበረት በዓልቲ ቤት ሓምድ ከይተረፈት ኣብ ቤት ማእሰርቲ ተዳጒነት። እንተኾነ ንስድራ ሓምድ ኣሲርካ፡ ንብረቱን ጥሪቱን ሃጊርካ፡ ተጣዊሱ ናብ ልቡ ክምለስ ዝተገብረ ጸቕጢ'ውን ውጽኢት ኣይተረኽቦን። "ንስድራኻ ብናጻ ክንለቆም፡ ንዓኻ'ውን ምሕረት ክንገብረልካ ኢድካ ሃብ" ዝብል መልእኽቲ ተሰዲድሉ። ሓምድ ግና፡ "ነቶም ሒዝኩሞም ዘለኹም ሰባት ቆራሪጽኩም ኣብ ፎርኖ'ውን ክትጠብስዎም ትኽእሉ ኢኹም። ኣነ ከኣ ዝገብሮ ኣለኒ" ብምባል ነቲ ዘይቅየር መትከሉ ኣነጸረ።[11] ከም ሳዕቤኑ ኩለን ጥሪቱ ተኾብኩበን ኣብ ዕዳጋታት ተሰነይን ኣቑርደትን ብጨረታ ተሓረጃ። ብተመሳሳሊ ኣገባብ ናይ ብዙሓት ቀዳሞት ተጋደልቲ ሃብትን ንብረትን ከምዚ ኢሉ ተሃጊሩ ስድራቤታቶም ተኸላበቱ። እዚ ግን ነቶም ኣብ በረኻ ዝነበሩ ኢዶም ክህቡ፡ ካልኦት ኣሰሮም ከይስዕቡ ንምፍርራሕ ዝዓለመ እኳ እንተነበረ ፋይዳ ኣይተረኸቦን። ብንጻሩ እኳ ደኣ።

ብድሕሪ'ዚ ኢትዮጵያ ኣልማማ ስጉምቲ ክትወስድ እያ ወሲና። ቀለብን ሓበሬታን ንተጋደልቲ (ጀብሃ) ይምጥዋየን ንዝበለተን ዓድታት፡ ናብቲ ንሳ እትቆጻጸሮ ክጥርነፋ ተሪር መምርሒ ኣመሓላለፈት። ህዝቢ ግን ንምቑም ስትራቴጂካውያን ሰፈራታት ካብ መሰረቱ ኣይተቐበሎን። በዚ ኢሉ በቲ ሰውራ ከዳኽም፡ ምንጩ እውን ከድርቕ ኣይተኻእለን። ብኣንጻሩ እታ ኣብ ምዕራባዊ መታሕት ዝተወለዐት ቁልዒ፡ ኣብ ውሑድ ዓመታት፡ ናብ ምልእቲ ሃገር ተላቢዓ ብዙሓት ከስሕኑላን ብሃልሃልትእ ክጽለዉን ከኣሉ።[12]

ኢትዮጵያ እቲ ንሰውራን ሰውራውያን ንምዕጋት እንተሰሊጡ ድማ ንምጥፋእ ዝገበረቶ ፈተነ ምሉእ ብምሉእ ምስ ፈሸለ ሓደገኛ ካርድ መዚዛ

---

11 ሃይለስላሰ ወልዱ፡ ገጽ 284።

12 ሓምድ ቃል ብቓሉ "ንስኻትኩም ሓምድ እንታዋይን በዓል ምንታይን ኮይኑ'ዩ ትብሉ ትኾኑ። ኣነ ግን ብንጣር ቁልዒ ከምዝባራዕ ሳዕሪ፡ ነዛ መሬት ቃልቃል ኣቢለ ከም ኣፍ ዑንቂ እንተ ዘየጽቢበልኩም ንሓምድ ሰበይቲ ኣይወለደቶን" ኢሉ ነይሩ ከምኡ ድማ ኮይኑ።

ብህይወት ንጹሃን ከትጣላዕ ዝወሰነት። ነተን ተጋደልቲ የዕቁባ'የን ዝበለተን ዓድታት ምንዳድን ሰላማውያን ተቐማጦአን ግዳይ ንምግባርን ኣሃዱ ኢላ ፈለመት።

በዚ መሰረት፡ ሰራዊት ኢትዮጵያ፡ ካብ 19 ለካቲት ክሳብ 27 ሕዳር 1967 ንኣስታት ትሽዓተ ኣዋርሕን ዓሰርተ ሽዱሽተ መዓልታትን፡ መጠነ ሰፊሕ ወፍሪ ኣብ ጋሽን ባርካን ኣካየደ። በዚ ካብ "ኦፐረሽን ውቃው ቁጽሪ 1" ክሳብ "ውቃው ቁጽሪ 3" ዝተሰምየ ተኸታታሊ ናይ ጥፍኣት ወፍሪ፡ መዋእል ዘቑጸራ 186 ዓድታት ናብ ሓመድን ሓሙኹሽትን ተቐይረን ባደማ። ኣሽሓት ንጹሃት ሰላማውያን ግዳይ ሞት፡ ስንክልናን፡ ስደትን ኮኑ። ጥሪት ጸኒተን ደምበታት ጥርሑ ተረፈ። እኽሊ ኣብ ማዕከንን ኣብ ዳንዳን ከሎ ተሃሞኸ። ኣደታት ክብረን ተደፍረ። ስልማተን ተዘርፈ። ኮታስ ህዱእ ናብራን ሰላማዊ ህይወትን ነበረያ ነበረ ኮነ።[13]

ብካልእ ከባቢታት ኤርትራ እውን ተመሳሳሊ እከይ ልሓመ። ካብ 14 ሰነ ክሳብ 27 ጥቅምቲ 1967 ዓድታት ምብራቓዊ መታሕት፡ ሰምሃርን ሳሕልን ዕጫ ሞትን ምንዳድን ተቓደሳ። "መንጥር" ብዝተሰምየ ናይ ጥፍኣት ወፍሪ ንዓድታት እምበረሚ፡ ወቐሮ፡ ላባ፡ ቅሮራ፡ ረብረብ፡ መስሓሊት፡ ሰለሙና፡ ፍልፍል፡ ዓዲ ሹማ፡ ማይ ኣጣል፡ ሽዕብ ገድገድ፡ ዓይለት፡ ጎምሆትን ካልኦትን ተቓጺለን፡ ጥሪተን ተዘሚቱ ኣማኢት ሰለማውያን ተቐትሉ።[14]

ኣብ ሰሜናዊ ክፋል ሓማሴን፡ ደቡባዊ ኣከለጉዛይን ክፋል ሰራየን'ውን፡ ካብ 25 ሓምለ ክሳብ 7 ነሓሰ 1967 "ነበልባል" ዝተሰምየ ተመሳሳሊ ናይ ምጽናት ወፍሪ ተኻየደ። ኣብዚ ወፍሪ'ዚ ዕላማ ዝኾኑ ብቐንዱ ሃይማኖት ምስልምና ዝኽተሉ ሰላማውያን እኳ እንተነበሩ ብዙሓት ኣመንቲ ክርስትና እውን ግዳይ ኮኑ። ኣብ ከባቢ ፍሽይ-ምራራ 15 ሰባት፡ ከባቢ ሃዘሞ 28፡ ከባቢ ዓዲ ሮሶ 5፡ ካብ ከባቢ ኰዓቲት ብጠቕላላ ካብ 60 ንላዕሊ ሓረስቶትን ጓሶትን ብጭካኔ ተቐትሉ።[15]

እዚ ናይ ምቕታልን ምንዳድን ወፍሪ ኣብ ሰንሒት እውን ብዝገደደ መልክዕ እዩ ተፈጺሙ። ካብ ሰነዳት ሰራዊት ኢትዮጵያ ዝተረኽበ ሓበሬታ ከምዚ ይብል፡-"ኣብ ሰንሒት ብኮማንድስ ፍሉይ ወፍሪ ተኻይዱ። ብ15 ሰነ 1967 ኣሃዱታት ኮማንድስ ካብ ከረን ብኣርባዕተ መኣዝን፡ ማለት ቀዳማይ ብዓንሰባ፣ ካልኣይ ብሓሸሻይ፡ ፋና፡ መዓርኪ፡ ክሳብ ኣስማጥ፣ ሳልሳይ

13 ካብ ሰነዳት ፕሮጀክት ታሪኽ ግፍዒታት ገዛእቲ ኢትዮጵያ ኣብ ኤርትራ - ዘይተሓትመ።

14 ከማሁ።

15 ከማሁ።

ብምዕራብ ብማሽዋ ቀጢን ክሳብ ርሀይ፣ ራብዓይ ብጸባብ፡ ጀንገሬን፡ ሓልሓል፡ ክሳብ መለብሶ ተዘርጊሑ ኣብቲ ዞባ ንዝርከባ ዓድታት ብኣልማማ ኣቃጺሉን ህዝቢ ብኣልማማ ቀቲሉን"።[16]

ኣብ ዓመተ 1967 ኣብዘን ዝተጠቕሳ ሰፋሕቲ ከባቢታት ኤርትራ ዝተፈጸመ ግፍዒ፡ ቀዳማይ መድረኽ ግፍዕታት መንግስቲ ኢትዮጵያ ኣብ ልዕሊ ሰላማዊ ኤርትራዊ እዩ። ኣብተን ዝቕጸላ ክልተ ዓመታት እውን፡ ዓድታት ምዕራባውን ምብራቓውን ከምኡ'ውን ደቡባዊ ጫፍ ከበሳታት ኤርትራ፡ ህዝበን እናሃለቐ ኣባይተን ነዲዱ ፈኽም ምባል ኣየቋረጸን። ፈቐድኡ ኣባይቲ ምንዳድን ንጹህ ሰላማዊ ህዝቢ ምቕታልን ቀጺሉ።

በቲ እዋን'ቲ ኢትዮጵያ ዓድታት ከተንድድ፡ ህዝቢ እውን ከተጽንት ዝተኸተለቶ ስነ-መጐት ብ18 ሰነ 1969 ገዛኢ ኤርትራ ዝነበረ ልኡል ራእሲ ኣስራተ ካሳ፡ ንኣዛዚ ካልኣይ ክፍለ ጦር ዝነበረ ሜጀር ጀነራል ተሾመ እርገቱ ኣብ ዝሰደዶ "መን'ዩ ሽፍታ" ዝብል መልእኽቱ ተነጺሩ ንረኽቦ። "ሽፍታ ክበሃል እንከሎ፡ መሳርያ ሒዙ ሸፊቱ ዝዋጋእ ጥራይ ዘይኮነ፡ እንተላይ ንሽፍታ ቀለብ ብምሃብ፡ ብምሕባእ፡ ወረ ብምቕባል፡...ዝተሓባበረ ስለ ዝኾነ፣ እዚኦም ኩሎም ከም ሽፍታ ተቖጺሮም ስጉምቲ ዝውሰዶም ምዃኑ ኣፍልጥ"[17] ክኣ ይብል።

በዚ ስነ-መጐት እዚ ድማ እየን ብዙሓት ዓድታት ኤርትራ ግዳይ ምቅጻልን ዕንወትን ኮይነን ህዝበን ዕጫ ሞትን ስደትን ዝኾነ። እንተኾነ እዚ ነቲ ዝተወልዐ ሽግ ናጽነት ኣየቕሃሞን። ከም ግብረ መልሲ ናይቲ ሕሱም ግፍዒ ብዙሓት መንእሰያት ንሰውራ ወሓዙ። ኣቦ ሰውራ ኤርትራ - ሓርበኛ ሓምድ እድሪስ ዓዋተ፡ ነቶም ኣሰሩ ስዒቦም ካብ ሰራዊት ሱዳን ዝተጸንበሩዎ ቀዳሞት ተጋደልቲ ዝተዛረቦም ቃላት ድማ ብግብሪ ተፈጺሙ። ሓርበኛ መሓመድዑመር ዓብደላ (ኣቡ ጥያራ) "ወርሒ 3 (1962)[18] ኣብ ተለዋ ከለና'ዩ ሓምድ እድሪስ ዓዋተ ከም'ዚ ኢሉና። 'ደሓር ህዝቢ ክትውድቡ ብዙሕ ጻዕሪ ኣየድልየኩምን እዩ፡፡ ህዝብኹም ባዕሉ ክስዕበኩም እዩ፡፡ ኢትዮጵያ ክትሓርድን ክትቀትልን ስለዝኾነት፡ ህዝቢ ባዕሉ ፎእ ክብላ እዩ፡ ናባኹም ክመጽእ እዩ፣ ስለዚ ብዙሕ ኣይትድከሙን ብዛዕባ ተሳትፎ ህዝብኹም ኣይትሻቀሉን' ይብለና ነይሩ፡፡ ልክዕ ከኣ ከምቲ ዝብለና ዝነበረ ብግብሪ ተራእዩ"[19]

---

16 "ግፍዒ" - ዛንታታት ተመኩሮ ገድሊ ቁ. 8 ኣሕተምቲ ሕድሪ 2017፡ ገጽ ፡51።

17 "ግፍዒ" - ዛንታታት ተመኩሮ ገድሊ ቁ. 8 ኣሕተምቲ ሕድሪ 2017፡ ገጽ፡ 17።

18 ኣቡጥያራ ወርሒ ሰለስተ ክብል ከሎ ከም ርዱእ መጋቢት ናይ 1962 ማለቱ እዩ።

19 መሓመድ ዑመር ዓብደላ (ኣቡ ጥይራ) ቃለ መጠይቕ ምስ ኣለምሰገድ ተስፋይ፡ ለካቲት 1998፡ ኣቑርደት።

ኣማኢት ዓድታት ኤርትራ ብሓዊ ኣብ ዝነደዳሉ፡ ኣሽሓት ሰላማውያን እውን ኣብ ዝተቐትልሉ ዓመት፡ ከም ግብረ መልሲ ኣባላት ባይቶ ኢትዮጵያ ዝነበሩ ኤርትራውያን መሪር ተቓውሞ ኣስሚዖም ነበሩ። ብፍላይ 22 ኤርትራውያን ኣባላት ፓርላማ ኢትዮጵያ ነበር፡ ብ26 ሰነ 1967 ፌርማኦም ኣሰንዮም ናብ ንጉስ ሃይለስላሰ ዘቕረብዎ ጥርዓን፡ ብዓይነት ኮነ ርዝነት ናይ ፈለማ ነበረ። ገለ ካብ ትሕዝቶ ጥርዓኖም ከምዚ ይብል፡- "ንሕና እዞም ኣስማትና ስዒቡ ዘሎ ናይ ኤርትራ ጠቕላይ ግዝኣት ናይ ህዝቢ ወከልቲ ኣብ ልዕሊ ዝመረጸና ህዝቢ ዝወደቐ ከቢድ ግፍዕን ሽግርን ንግርማውነትኩም ከነመልክት ከለና፡ እቲ ጉዳይ ከቢድን ኣተሓሳሳብን ከም ምኳኑ መጠን ብግርማውነትኩም ወገን መድሕን ተረኺብዎ ኣብ ፍጻመ ከም ዝበጽሓልና ሰብ ምሉእ ተስፋ ኢና።"[20]

ነዚ ድሕሪ ምባል ከእምን ይኽእል ዝበልዎ ዝርዝራዊ ጭብጥታት ይውስኹ። ትማሊ "ኢትዮጵያ" ዝበለ ህዝቢ ብጥይት ኢትዮጵያ ከም ዝተቐዝፈ ብምረት ይገልጹ። እንተኾነ ንጉስ ሃይለስላሰን ሹማምንቱን ኣብ ልዕሊ ህዝቢ ኤርትራ ዝጀመርዎ እከይ ደው ናይ ምባል ሓሳብ ብፍጹም ኣይነበሮምን። ኣማኢት ዓድታት ናብ ሓሙኹሽቲ ተቐዪረን ኣሽሓት እንተተቐትሉ፡ ዕጽፎም ተመዛቢሎም ብዓሰርተታት ኣሽሓት ተሰዲዶም ኣብ ከርፋሕ ናብራ እንተወደቑ ንዕኦም ግዲ ኣይነበሮምን።

ኤርትራውያን ሹማምንቲ ኮኑ መንፈሳውያን መራሕቲ ግን ንዘይሰምዕ ደብሪ ካብ ምኹሕኳሕ ኣየቋረጹን። መጨረሽታ ከኣ ንሃልኪ ህዝባዊ ርክባት ተባሂሉ ኣብ 1968 ኣብ ኣስመራ ፋይዳ ዘይብሉ ኣኼባ ብመንግስቲ ተጸውዐ። ኣብቲ ኣጋጣሚ ኤርትራውያን ደገፍቲ ሃይለስላሰ ዝነበሩ ምረቶም ከምዝዓረገ ብንጹር ኣርኣዩ። ካብ መጽሓፍ ዛንታ ኤርትራ፡-

> *"ብ1968 ብዛዕባ እቲ ዝተበላሸወ ኩነታት ጸጥታ ንምዝታይ ብመሪሕነት እንደራሴ[21] ዝተኻየደ ሰበስልጣንን ሹመኛታትን ናይ ሃይማኖት መራሕትን ዝተኻፈልዎ ዓቢይ ኣኼባ ኣብ ናይ ኣስመራ ቤተ-መንግስቲ ገበረ። ንኤርትራውያን ብሃይማኖት ከትፈላሊ ኢትዮጵያ ዝፈተነቶ እማሜ ፈሺሉ፡ ህዝቢ ብሓደ ተጠምረ። እቶም ናይ ኢትዮጵያ ዋና እሙናት ዝነበሩ ናይ ገዳማት ኣበምኔታት እውን ነቲ ፉንፉን ናይ ዓመጽ ፖለቲካ ኢትዮጵያ ኮነኑዎ። ናይ ማሕበር ፍቕሪ ሃገር ኣባልን ጽኑዕ ደጋፊ ኢትዮጵያን ዝነበረ ናይ ገዳም*

20 ሰነድ ኢትዮጵያ።

21 ልኡል ራእሲ ኣስራተ ካሳ እዩ።

ደብረሲና ኣበምኔት ኣባት ሃይለማርያም ተረኸቦ[22] እውን ከይተረፈ ኢትዮጵያ ብዘርኣየቶ ጭካኔ ኣስካሕኪሑ ብዘይ ሓደ ፍርሃት ኣብ ቅድሚ ህዝቢ ወቐሳ። ብፍላይ ብዛዕባ እቲ ኣብ ልዕሊ እስላም ዛውል ማርያ እተፈጸመ ኣረሜናዊ ጭካነ ኣምሪሩ ተዛረበ። "ኤርትራ ምስ ኢደኣ ኢትዮጵያ ከትሓብር ዝሰራሕና፡ ህዝብና ኢትዮጵያዊ ናጽነቱ ረኺቡ ብሰላም ንኽነብር እምበር፡ ተጨቂኑ ኣብ ዝገደደ ባርነትን ህውከትን ምትን ከኣቱ ብምሕሳብ ኣይነበረን። ስለዚ መንግስቲ ኢትዮጵያ ናይ መቕተልትን ጭካነን መጽቀጥትን ፖለቲካኡ ለዊጡ ፍትሒ ይግበር፡ ወዲ-ሰብ ብኸንቱ ኣየጥፍእ" እናበለ ብሕርቓርቖት ተዛረበ።[23]"

ኣብቲ ህሞት ግን ኢትዮጵያ ፈተውታ ዝህብዋ ማዕዳን ምኽሪን ኮነ ጸላኢታ ዘስምዕዎ ነቐፌታን ተቓውሞን ዝቕበል ልቦና ድሮ ኣጥፊኣ ነበረት። ዋላ'ኳ ንጥፍኣታ ዘቀላጥፍ እንተ'ኾነ ከኣ እቲ ናይ ግፍዒን መከራን መትከላ ኣይልዲላ ሓዘቶ። ዓመተ 1970 ከኣ ብዝበኣሰ ቀጸለቶ። ኣብዚ እዋን ንዝሰፍሐ ክፋል ሰንሒት ዘጽነተ ህልቂት "ፍርቂ ምድሪ ተርቀ ኪቃጸል'ዩ" ብዝብል ትሕዝቶ ዝነበሮ መንሹር (በራሪ ወረቐት) ካብ ነፋሪት ብምብታን እዩ ተጀሚሩ። መጽሔት "ትምጻእ መንግስትከ"[24]:- "ሓደ ንግሆ ነፋሪት ኢትዮጵያ ኣብ ምሉእ ሰኹና እናዘንበየት ወረቓቕቲ በተነት። ትሕዝቶ ናይቲ ዝበተነቶ ወረቓቕቲ ካብ ሰኹና ጀሚርካ ክሳብ በጁክ፡ ማርያ ጸላም፡ ማርያ ቀያሕ ኪቃጸል ከምዘለዎ ዝሕብር እዩ ነይሩ። ካልእ ኣብቲ ካርታ ብቐይሕ ዝተመልከተ "ግማሽ ምድረ ታርቀ ይቃጠላል" ማለት 'ፍርቂ ምድሪ ተርቀ ኪቃጸል'ዩ' ዝብል ነበሮ"[25] ትብል።

እዚ 'ፍርቂ ምድሪ ተርቀ' ተባሂሉ ንምንዳድ ዝተሓጽየ ከባቢ፡ ንዓድታት ሰኹና፡ ክፋል ካብ ዓዲ ዘማት፡ ሰለባ፡ ዓንሰባ ለመጨሊ፡ ብምዕራብ'ውን ክሳብ በረኻን[26] መጋርሕን ዝዝርጋሕ ነበረ። እዚ ማለት ካብ ጽርግያ ከረን ኣስመራ ንሰሜን ዝርከባ ብምሉኣን ዓድታት ከነዳ ተወሲኑ ማለት እዩ። ብምብራቕ ምድሪ መንሳዕ፡ ብሰሜን ድማ ቤጁክ፡ ባብ-ጀንገሬን ተውቀን

---

22 ኣባት ሃይለማርያም ተረኸበ፡ ቅድሚ እዛ ኣኼባ'ዚ ብመንግስቲ ዝተመዘዘት ናይ ህዝቢ ሽማግለ መሪሖም ናብ መራሒ ካልኣይቲ ክፍሊ ዑመር እዛዝ ናብ መለብሶ ከይዶም ንእስታት ሓደ ወርሒ ኣብኡ ጸኒሖም። ነቲ ኣብ ልዕሊ ህዝቢ ዛውል ማርያ ቀያሕ ዝወረደ ግፍዒ ድማ ብቐረባ ከፊልጡ ዕድል ረኺቦም ነበሩ።።።

23 ሚካኤል ሓሳማ ራካ፡ ዛንታ ኤርትራ፡ ገጽ 169።

24 መጽሔት ትምጻእ መንግስትከ ብካቶሊካዊ ማሕበር ኣሕዋት ካፑቺኒ እትዳሎ መጽሔት እያ።

25 መጽሔት ትምጻእ መንግስትከ ቁ 73ን 74ን።

26 ኣብ ከባቢ ከረን በረኻ ካብቲ ባርካ ዝብል ፍሉይ ትርጉም ኣለዎ። በረኻ ንምዕራባዊ ዓድታት ብሊን - ካብ በጉ ክሳብ ኣሸራ ከምኡ'ውን ንላዕላይ ክፋል ላዕላይ ባርካ የመልክት።

ክልተ ማርያን ዓድተክሌስን እውን ካብ ዕጫ ጥፍኣት ኣየምለጣን። ዓድታት መጋርሕ፡ ጀንገሬን፡ ቤጁክ፡ ተውቀ፡ ማርያን ዓድተክሌስን ካብ 1967 ጀሚሩ ብተደጋጋሚ እዩ ነዲዱ። ናይ በጎስ ፍልይ ዝገበሮ ብዘይካ ውሑዳት ዓድታት መጋርሕን በረኻን ከሳብ ሽው ከይነደደ ምጽንሑ እዩ።

ቀዳማይ ክፋል
በስክዲራ

ስርሒት ቅትለት ጀነራል ተሾመ እርገቱ

ሜጀር ጀነራል ተሾመ እርገቱ፡ ኣብ ኤርትራን፡ ትግራይ ቤገምድርን ወሎን ዓስኪሩ ናይ ዝነበረ 2ይ ክፍለ-ሰራዊት (ክፍለ-ጦር) ኢትዮጵያ ኣዛዚ ነበረ። ንሱ መግዛእቲ ጣልያን ካብ ኢትዮጵያ ተሳዒሩ (1941) ንጉስ ሃይለስላሰ ካብ ስደት - ዓዲ እንግሊዝ ንሃገሩ ኣብ ዝተመልሰሉ ግዜ ናብ "ክቡር ዘብዕኛ"[27] ተጸንቢሩ። ኣብ 1951 ከምኡ'ውን ኣብ 1961 ኣብ ኮርያን ኮንጎን ኣብ ተልእኾ ዓቃብ-ሰላም ውድብ ሕቡራት ሃገራት ተሳቲፉ። ኣብ 1963 ናብ ኤርትራ ኣብ ዝተመደበሉ ድማ ማዕርጉ ኰለኔል በጺሑ ነበረ።[28]

ሌተናል ጀነራል ተሾመ እርገቱ

ሜጀር ጀነራል ተሾመ እርገቱ፡ ካብ 1963 ንኣስታት ሓሙሽተ ዓመታት ብዝተፈላለየ ሓላፍነት ኣብ ኤርትራ ድሕሪ ምግልጋሉ፡ ኣብ ሚያዝያ 1968 ኣዛዚ 2ይ ክፍለ ጦር ኮይኑ ተሸይሙ። ድሕሪ ኣርባዕተ ወርሒ ኣብ ነሓሰ 1968 ከኣ ማዕርጉ ካብ ብሪጋዴር ጀነራል ናብ ሜጀር ጀነራል ክቡ ኢሉ።

ሜጀር ጀነራል ተሾመን ዓጀብቱን ብ21 ሕዳር 1970 ካብ ኣስመራ ብመኪና ናብ ከረን ኣብ ዝጓዓዝሉ ዝነበሩ ህሞት፡ ኣብ ከባቢ ባልዋ ኣብ ዝተዋደደ ድብያ ናይ ተጋደልቲ ተቐቲሉ። ሰላሳ ዓመታት ኣብ ዝወሰደ ብረታዊ ቃልሲ፡ እቲ ዝዓበየ ብተጋደልቲ ዝተቐትለ በዓል ስልጣን ተሾመ እዩ። ንኣቀታትላኡ ብዝምልከት ኣብ ሰነዳት መንግስቲ ኢትዮጵያ ዝሰፈረ ሓበሬታ "ብ21 ሕዳር 1970 ኣዛዚ 2ይ ክፍለ-ጦር ሜጀር

27 ክቡር ዘብዕኛ ብምባል ዝፍለጥ ፍሉይ ኣሃዱ ሓለዋ ናይ ንጉስ ዝነበረ ኣሃዱ እዩ።
28 ጋዜጣ ኣዲስ ዘመን፡ 15 ሕዳር 1963 (24 ሕዳር 1970)።

ጀነራል ተሾመ እርገቱ ካብ ኣስመራ ናብ ከረን 46 ወተሃደራት ብዝጽዓና 4 መካይንን ብሓንቲ ነቲ ጀነራል ሒዛ ዝነበረት ላንድሮቨርን ካብ ኣስመራ ናብ ከረን እናተጓዕዘ እንከሎ፡ ኣብ መበል 58 ኪሎ ሜተር ኣብ ባልዋ ብኣሃዱታት ተሓኤ ድብያ ተገይርሉ ተቐቲሉ።" ይብል።

እንተኾነ ግን ጀነራል ዝኣክል ዓቢ በዓል-ስልጣን ብኸመይ እዩ ተቐቲሉ፧ እቲ ዝቐተሎ ኣካል ብዛዕባ ምንቅስቓስ ናይቲ ጀነራል ኣፍልጦ ነይሩዎ'ዶ፧ ወይስ ኣጋጣሚ ኣብ ዝተኻየደ ድብያ እዩ ተቐቲሉ፧

ሳልስቲ ቅድሚ'ቲ ጀነራል ዝተቐትለሉ ፍጻመ ካብ ከረን ንሰሜን ዓንደር[29] ተባሂሉ ኣብ ዝጽዋዕ ቦታ ላዕለዎት ሓለፍቲ ቅያዳ ኣል-ዓማ[30] ዝመርሕዎ ኣኼባ ተኻይዱ ነይሩ። እቲ ኣኼባ፡ ኣዘዝቲ ኣብቲ ከባቢ ናይ ዝነበራ ሓይልታትን ጋንታታትን ዝተሳተፍዎ'ዩ ነይሩ።[31] ኣብቲ ኣኼባ ብዝተዋህበ መምርሒ መሰረት ከኣ፡ ኣብ ጽርግያ ከረን-ኣስመራ ኣብ ተመሳሳሊ ግዜ ኣብ ሰለስተ ቦታታት ድብያ ክግበር ትእዛዝ ተዋሂቡ። ብቐንዱ ዕላማ ናይቲ ድብያ ካብ ከረንን ዒላበርዒድን እናተበገሰ ዓድታት ንዝራሲ ዝነበረ ጦር ሰራዊትን ኮማንድስን ንምትዕንቓፍ ምንባሩ እውን ተገሊጹ።[32] በዚ መሰረት፡-

- ኣብ መንጎ ከረንን ሓሊብመንተልን (ካብ ከባቢ ክንፉእ ክሳብ ሸሽረማ) ክልተ ሓይሊ።
- ኣብ መንጎ ሓሊብመንተልን ዒላበርዕድን (ኣብ ይግዓር) ሓንቲ ሓይሊ።
- ካብ ኣስመራ ክመጽእ ንዝኽእል ሓይሊ ወይ እውን ካብ ዒላበርዕድ ንላዕሊ ንዝወፍር ድማ ኣብ ባልዋ ሓይሊ ተመደበት።

ብመሰረት ዝተሓንጸጸ መደብ ሓይሊ 333 ናይ ገብረሂወት ገብረስላሴ (ወዲ ሕምብርቲ)፡ ጅምዕ ኣቡልኼር ምስ ዝመርሓ ኣሃዱ ፈዳይን፡ ከምኡ'ውን ኣቡበከር ዓሊ ሓሰን ዘማእከላ ናይ ሃንደሳ ኣሃዱ፡ ምስ ተወሳኺት ካብ ሓይሊ 154 ዝመጸት ጋንታ ናብ ባልዋ ተመደባ። ሓይሊ ዑመር ኣቡሸነብን ሓይሊ ሙሳ ኢብርሂምን ድማ ኣብ መንጎ ከረንን ሓሊብመንተልን ከድብያ ተልእኾ ተዋህበን። ናይ መን ሓይሊ ምንባራ ዘይተፈልጠት ካልእ ሓይሊ ድማ ኣብ መንጎ ሓሊብመንተልን ዒላበርዕድን ኣብ ገለቦም ተመደበት።

መራሒ ሓይሊ 333 ገብረሂወት ገብረስላሴ (ወዲ ሕምብርቲ) ምስ

---

29 ዓንደር ካብ ከረን ንሰሜን ኣስታት 20 ኪሎሜተር ርሒቑ ኣብ እግሪ ጎቦ ዓጎምበሳ ትርከብ።

30 ቅያዳ ኣል ዓማ ማለት ጠቕላሊ መሪሕነት ኮይኑ 38 ኣባላት ዝነበርዎ ንሰውራ ኤርትራ ኣብ ሜዳ ዝመርሕ ዝነበረ ኣካል እዩ።

31 መስዑድ እድሪስ (ተጋዳላይ)፡ ቃለ መጠይቕ ምስ ደራሲ፡ 05 ሓምለ 2020፡ ከረን።

32 ሱሌማን ሙሳ ሓጅ፡ ቃለ መጠይቕ ምስ ደራሲ፡ 12 ነሓሰ 2018፡ ከረን።

ካብ ጸጋም ናብ የማን፡ ስውእ ገብረሂወት ገብረስላሰሰ (ወዲ ሕምብርቲ)፡ ስውእ ማሕሙድ ቸኪን (1970)፡ ስሙ ዘይተፈልጠ

ኣዛዚ ቀዳመይቲ ጋንታ መሓመድ ኣሸወልን ናይ ፈዳይንን ሃንደሳን ሓለፍቲን ምድላዋቶም ከጸፍፉ ነቲ ኣሃዱ ቀዲሞም እዮም ንባልዋ ተበጊሶም። መራሒ ጋንታ መስዑድ እድሪስ ድማ፡ ነታ ሓይሊ መሪሑ ካብ ኣጀርበብ ንሰለባ ኣብ ካልኣይ መዓልቲ ድማ ኢራ ላዕላይ ወጺኡ ተደረረ።[33]

መስዑድ 20 ሕዳር 1970 ልክዕ ሰዓት 10፡00 ምሸት፡ ካብ ኢራ ላዕላይ ብሸናፍ ናብ ስንጭሮታት ባልዋ ኣንቆልቆለ። ንነዊሕ ሰዓታት ብጸላም ተጓዒዞም ከኣ ከባቢ ሰዓት 4፡00 ወጋሕታ ባልዋ በጽሑ። ኣብ ዝተጸንዐ ቦታ ድፋዕ ንምሓዝ ከኣ ብቐጥታ ተዳለዉ። እንተኾነ፡ ነቲ ኣሃዱ መሪሑ ዝመጸ መስዑድ፡ 'ድብያ ክግበረሉ ዝተመርጸ ቦታ ኣብ ማእከል ህዝቢ ዝቕመጠ ኮይኑ' ክብል ምስቶም ሓላፍነት ናይቲ ዕዮ ዝወሰዱ ብጾቱ ክርክር ኣልዓለ። ነቲ ቦታ ብደቂቕ ዝፈልጥ ወዲ ዓዲ እዩ። ዝተቐየረ ነገር ስለ ዘይነበረ ግን ኣቐዲሞም ብዝተመደበ ውጥን ተጋደልቲ በቦታኦም ሒዞም ተመሳሰሉ። ምድሪ ምስ ወግሐ ተጋደልቲ፡ ነቶም ካብቲ ከባቢ መዓልታዊ ናብ ሕርሻ ዒላበርዒድ ዝወፍሩ ሸቃሎ ሓበሬታ ከየምልቑ ስርሒት ክሳብ ዝጅመር ኣብ ሓደ ዓሚቕ ቦታ ተታሒዞም ከም ዘርፍዱ ገበሩ።[34]

ዕላማ ናይቲ ኣብ ባልዋ ዝተኻየደ ስርሒት ብዝምልከት፡ ካብ ሓድሕድ

33 ግደ ህብትግዮርጊስ፡ ቃለ መጠይቕ ምስ ደራሲ፡ 10 መጋቢት 2018፡ ሓጋዝ።

34 መስዑድ እድሪስ።

ዘይተረሓሓቐ ዝተፈላልየ ሓበሬታታት እዩ ዝወሃብ። ተጋዳላይ ግደ ሃብተገርግሽ፡ መራሕ ሓይሊ፡ "ካብ ዒላበርዕድ ዝወፍራ ክልተ መካይን ናይ ጦር ሰራዊት ከነጥቅዕ ኢና።"[35] ከምዝበሎም የዘንቱ። መራሕ ጋንታ መስዑድ እድሪስ ግን ካብ ዓንደር ክብገሱ ኣትሒዞም፡ "ካብ ኣስመራ ንዝመጽእ ላዕለዋይ ሓላፊ ድብያ ክንገብር ምዃንና'ዩ ተሓቢሩና"[36] ይብል። ዝኾነ ኾይኑ፡ ነቶም ካብ ዒላበርዕድ ዝወፍሩ ይኹን ካብ ኣስመራ ዝወርዱ ወተሃደራት ጸላኢ ሓደጋ ንምውዳቕም ተደቡቖካ ምጽንጻን ቀጸለ። ድሕሪ ናይ ኣስታት ሓሙሽተ ሰዓታት ትጽቢት ከኣ ብወገን ኣሰመራ ወተሃደራውያን መካይን ንልቢ ትግራይ ሓሊፈን ብጃራ ተቖልቀላ። እቶም ተጋደልቲ ካብ ርሑቕ ኣለልዮመን ንዜሮ ሰዓት ተጸበዩ።

እተን ብብዝሒ ወተሃደራት ዝጸዓና ማግ ዝዓይነተን ወተሃደራውያን መካይን፡ ሓንቲ ላንድሮቨር ኣማእኪለን እናተወንጨፋ ኣብ ውሽጢ ሒደት ደቓይቕ ተጋደልቲ ናብ ዝነበሩዎ ከባቢ በጺሐን ኣብ መፈንጠራ ኣተዋ። ወዲ ሕምብርቲ፡ ወተሃደራውያን መካይን፡ ዝያዳ ከኣ ሓላፊ ዝነበራ ላንድሮቨር፡ ኣብ መቕተሊ ቦታ ከም ዝኣተወት ምስ ኣረጋገጸ፡ ካብ ነዊሕ ብስልኪ ተሳሒባ

ተጋዳላይ መስዑድ እድሪስ

35 ግደ ህብትግዮርጊስ።

36 መስዑድ እድሪስ፡ ቃለ መጠይቕ ምስ ኣለምሰገድ ተስፋይ።

ስዉእ ሳልሕ ኢብርሂም

እትትኩስ ፈንጂ ከትፍንጀር ንሃንደሳ ትእዛዝ ብምሃብ መጥቃዕቲ ጀመረ።

መሬት "ሰላም'ዩ ዘሎ" ኢሎም ብፍጥነት ዝሕምበቡ ዝነበሩ ጀነራልን ብጾቱን ንእለት ብድምጺ ቦምባ ተናዊጾም ብትኩን ደሮናን ተዓብለኹ። ኣብ ተጠንቀቕ ዘርፈዳ ብረታት ተጋደልቲ እውን ከም ሕሱም ነቀዋ። ንጀነራል ካብ ዘሰነያ መካይን'ውን ግብረ-መልሲ ሰዓበ። ዕስራ ክሳብ ሰላሳ ደቓይቕ ዝወሰደ ጽዕጹዕ ግጥም ድማ ተኻየደ።[37]

ጀነራልን ዓጀብቱን ዳርጋ ኩሎም ንእለት ተቐትሉ። ካብ ተጋደልቲ ድማ፡ ክልተ ጥራይ ቀሊል መውጋእቲ ኣጓነፎም። ወዲ ሕምብርቲ ካላሽኑ ለኊሙ ክዋጋእ ጸኒሑ፡[38] ዓወት ናይ ወገኑ ምኳኑ ምስ ኣረጋገጸ ዝኾነ ይኹን ተጋዳላይ ናብተን ዝቃጸላ ዝነበራ መካይን ኮነ ዝወደቑ ወተሃደራት ከይስጉም ብምኽልካል እንስሓብ (ምዝላቕ) ኣዘዘ። ኩሎም ኣብዛ ስርሒት ተሳቲፎም ንቃለ-መሕተት ካብ ዝበቕዑ ብዙሓት ተጋደልቲ መን ከም ዝቐተሉ ከይፈለጡ ካብቲ ሬሳታት ዝኾነ ይኹን ንብረት ከየልዓሉ ካብ ስንጭሮታት ባልዋ ንሰሜን ገጾም ከም ዘንሰሓቡ የዘንትዉ።[39]

ኣብ ተመሳሳሊ ህሞት፡ ኣብ መንጎ ከረንን ዒላበርዕድን ዝተወጠና

---

37 እዮብ ሓምድ፡ ቃለ መጠይቕ ምስ ደራሲ፡ 15 መጋቢት 2016፡ ቁኒዕ።

38 ወዲ ሕምብርቲ ውግእ ክሳብ ዝጅመር መራሒ ሓይሊ ኮይኑ ናብ ውግእ ይኣቱ። ኣብ ግዜ ውግእ ግን ካብ ምምራሕ ግደ ንላዕሊ ምትኳስ ከም ዝዓጦ ብዙሓት መቓልስቱ ነበር ይምስክርሉ። ሓደ ካብኦም መስዑድ እድሪስ እዩ።

39 ኣብዛ ስርሒት ዝተሳተፉ እሞ ንቃለ መሕተት ዝበቕዑ ብዙሓት እዮም። ኢዮብ ሓምድ፣ ግድ ህብተጊዮርጊስ፡ መስዑድ እድሪስ፡ ተስፋይ ጸጋይን ካልኦትን ድማ ይርከብዎም።

ክልተ ድብያታት እውን ተፈጺመን እየን። ኣብ ከሳድ ዓዲ ንጉሰ፡ ገለቦም ተባሂሉ ኣብ ዝፍለጥ ቦታ ኣድብዮም ዝጸንሑ ተጋደልቲ፡ ነቶም ካብ ዒላበርዕድ ዝተበገሱ ወተሃደራት ኣተዓናቒፎሞም ኣንሲሓቡ።[40] ወተሃደራት ኢትዮጵያ በታ ዕለት ከም ግብረ መልሲ፡ ኣብ ይግዓር ንሓንቲ ገዛ ኣንዲዶም፡ ሓደ ብዕራይ እውን ቀተሉ።

ኣብ መንነ ሓሊብመንተልን ከረንን ዝተመደበት ሳልሰይቲ ድብያ እውን፡ ኣብ ተመሳሳሊ ግዜ ተፈጺማ። ንሓይሊ 145 መሪሑ ነቲ ደባይ መጥቃዕቲ ዝፈጸመ ተጋዳላይ ሳልሕ (መሓሪ) እብርሂም ከምዚ ይብል፡-

> *"ኣነ ካብ ሓሽላ ብሌን ጀሚርካ፡ ብብሎኮ ሓሊፍካ ክሳብ ወሰበንስሬኹ እትበሃል ዓዲ'የ ዓሪደ ነይረ፡፡ ሰዓት ሸሞንተ ድምጺ ሞርታር ሰሚዐ፡፡ ድምጺ ፈኲስ ብረት ግን ኣይሰማዕኩን፡ ምኽንያቱ ርሑቕ እዩ ነይሩ። በቲ ድምጺ ሞርታር በዓል ገብርሂወት መጥቃዕ ከምዝጀመሩ ኣይተጠራጠርናን፡፡ ብወገን ከረን ዝረድእ ሰራዊት ጸላኢ መጺኡና፡፡ ኣነ፡ ነቲ ናይ ረዳት ኣሃዱ ሙሳ እብሪሂም ብድሕረይ ስለዝነበረ፡ ናብኡ ከምዝሓልፍ'የ ገይረ። ሙሳ እብሪሂም ተኹሱሎም፡ ሸዕኡ ከምልጡ ክብሉ ናባይ ተመሊሶም፡፡ ኣብ ጽርግያ፡ ገረብን ቢንቶን ኣብ ዝነበራ ቦታ ከኣ፡ ሓንቲ ጋንታ ከም እተደቢ ገበርና። እቲ ብከረን ዝተበገሰ ረዳት ናባና ተመሊሱ፡፡ ክሳብ ፍርቂ መዓልቲ፡ ጽቡቕ ዕድል ኢና ገይርና፣ ካብ ከረን ናባና ዝተተኰሰ ጥይት ኣይነበረን።"*[41]

ነዛ ሳልሕ እብርሂም ዝጠቐሳ ፍጻመ፡ ኣባል ኮማንድስ ኢትዮጵያ ኮይኑ ኣንጻር በዓል ሳልሕ ዝተዋግአ በረኸትኣብ ድራር እውን የረጋግጸ እዩ። ብዛዕባ ናይ ሽው መዓልቲ ውዕሎኡ ከዘንቱ ከሎ፡"ኣብ ከረን ካብ ንግሆ ጦር ሰራዊትን ኮማንድስን ተዳሊና ክንጽበ ኣርፊድና። ዳሕራይ ግን፡ ኣብ መገዲ ሓደጋ ኣጋጢሙ ተባሂሉ ንረዳት ካብ ከረን ንዒላበርዕድ ተበጊስና። እንተኾነ ግን፡ ደሮቕ ከይበጻሕና ኣብ ሸሸረማ ድብያ ኣጓኒፉና። ተታኹስና። ካብቶም ጦር ሰራዊት ሓደ ተቐቲሉ፡ ናብ ዝተበገስናዮ ከይበጻሕና ናብ ከረን ተመሊስና"[42] ይብል።

ዕለታዊ ጸብጻብ ውዕሎ ሰራዊት መንግስቲ ኢትዮጵያ እውን ነታ ዕለት ብኸምዚ ይገልጾ፡-

---

40 መሓሪ ጭንዕ (ሌትናንት ኰለኔል) ቃለ መጠይቕ ምስ ደራሲ፡ 27 ጥቅምቲ 2020፡ ከረን።

41 ሳልሕ እብርሂም፡ ቃለ መጠይቕ ምስ ኣለምሰገድ ተስፋይ፡ ለካቲት 1998፡ ኣቑርደት።

42 በረኸትኣብ ድራር፡ ቃለ መጠየቕ ምስ ደራሲ፡ 8 ሰነ 2020፡ ከረን።

"በ12-3-63 ዓ.ም. ከከረን 6 ኪሎ ሜትር ርቀት ላይ ጦር ሰራዊትና ወንበዴዎች፡ ግጥምያ ኣድርገው ከወታደሮች በኩል ኣንድ ሲሞት 4 ቆስለዋል"

እዚ ሰነድ'ዚ ነቲ ኣቶ በረኸትኣብ ዝሃብዎ ምስክርነት'ዩ ዝድርዕ። ኣባል ኮማንድስ ዝነበረ ሓድጉ ሸኽዲን እውን፡ ካብ ዒላበርዕድ ሬሳ ጀነራል ከልዕሉ ናብ ባልዋ ካብ ዝኸዱ ሓደ እዩ። "ኣብ ዒላበርዕድ ካምቦ ፖሊስ ከለና፡ ሓደ ወተሃደር 'ጀነራል ገደሉት! ጀነራል ገደሉት!'[43] እናበለ ልቡ ጠፊእዎ መጺኡና። ሽው ካብ ዒላበርዕድ ተበጊስና ናብ ቦታ ፍጻመ ምስ በጻሕና፡ ጀነራል ግንባሩ ተጨዲዱ ካልኣት ብዙሓት እውን መይቶም ጸኒሖምና። ሬሳታት ኣልዒልና ንዒላበርዕድ ተመሊስና። ከባቢ ሰዓት 11:00 ቅድሚ ቐትሪ ሄሊኮፕተር መጺኣ ሬሳ ጀነራል ጥራይ ኣልዒላ ንኣስመራ ወሲዳቶ።"[44] ይብል ሓድጉ።

ኣቶ ሓድጉ ሸኽዲን ሬሳ ጀነራልን ዓጀብቱን ምስ ዕጥቆም ከም ዝጸንሐ ብምግላጹ ተጋደልቲ "ዝኾነ ነገር ክትሰልቡ ከይትፍትኑ ዝብል ትእዛዝ ተዋሂቡና"[45] ንዝበልዎ ሓቅነቱ ኣረጋጊጹ። ኣብ ተመሳሳሊ ዕለት ካብ ቦታ ፍጻሜ ንሰሜን ዝርከባ ዓድታት ድሕሪ ቀትሪ ብኸቢድ ብረትን ነፈርትን ከም ዝተደብደባ ተቐማጦኣን የዘንትው።[46]

እንተኾነ ጀነራል ተሾመ ዝኣክል በዓል ስልጣን ኢትዮጵያ "ሽፋቱ" እናበለት ብእትጽውዖም ተጋደልቲ ብኸመይ ክቕተል ከኢሉ፤ ሃንደበት ኣብ ድብያ ስለ ዝኣተወ፤ ወይስ ብዛዕባ ምምጽኡ ጽጹይ ሓበሬታ ስለ ዝተረኽበ፤ ነዚ ሕቶታት 'መልሱ እዚ'ዩ' ኢልካ ክትድምድም ዘኽእል ጭብጢ የለን። ርግጽ'ዩ ኣብቲ ጀነራል ተሾመ ዝተቐንጸለሉ እዋን፡ ሰውራ ሓደ ዕቑድ ኣቑጺሩ፡ ሓበሬታ ከንዮ ካብ ውልቀ-ሰባት ካብ ቤተ-መንግስቲ ናይ ምዝራቕ ብልሓት ኣጥርዩ ነይሩ'ዩ። ጀነራል ተሾመ ንከረን ይወርድ ምንባሩ ተጋደልቲ ይፈልጡ ነይሮም ክንብል ግን ጭቡጥ መርትዖ የብሊ። ብንጻሩ ብፍጹም ኣመት ኣይነበሮምን ኢልና ክንድምድም እውን ዝከኣል ኣይመስልን።

ተጋዳላይ ዑመር ቴድሮስ ናብ ሰውራ ቅድሚ ምጽንባሩ፡ ብምስጢር ምስ ተ.ሓ.ኤ ተወዲቡ ብዙሕ ንጥፈታት ካብ ዘካይዱ ዝነበሩ ኣባላት ኮማንድስ ሓደ እዩ። ንሱ ብመገዲ እቲ ኣብ ወተሃደራዊ ቤት-መዝገብ ዝሰርሕ ዝነበረ

---

43 "ንጀነራል እኮ ቀቲሎሞ" ይትርጎም።

44 ሓድጉ ሸኽዲን፡ ቃለ መጠይቕ ምስ ደራሲ፡ 3 ጥቅምቲ 2018፡ ሓጋዝ።

45 ኣብዛ ስርሒት'ዚኣ ተሳቲፎም ንቃለ መጠይቕ ካብ ዝበቕዑ እዮብ ሓምድ፡ ተስፋይ ጻጋይ፡ ግደ ህብትግዮርጊስ፡ መስዑድ እድሪስን ካልኣትን ኣብዛ ነጥቢ ይሰማምዑ። ሻለቃ ግዛው ዝተባህለ ምስ ጀነራል ዝነበረ ተወጊኡ ዝድሓነ፡ ተሾመ እርገቱ ኣብ ኣፍልቡ ከምእተወቕዐ ኣብታ ንታሪኽ ህይወት ጀነራል እተዘንቱ ደኩመንታሪ ፊልም ገሊጹ ኣሎ።

46 ተስፋጽዮን ካሕሳይ፡ ቃለ መጠይቕ ምስ ደራሲ፡ 12 ግንቦት 2017፡ ሮብቶ። መድሓኒት ተስፉ እውን ኣብ ሰኹና ተመሳሰሊ ደብዳብ ከም ዝነበረ ትዝክር።

ዓርኩ ስዉእ መሓረ ተምነዎ፡ ትሕዝቶ ናይተን ኣብ ቤት-መዝገብ ዝኣተዋ ደብዳቤታት፡ ናብ ሓላፊ ስርዒቶም (ናይ ተሓኤ) የረክቡ ምንባሮም የዘንቱ።[47] እንተኾነ ግን ዑመርን ብጾቱን ጥራይ ኣይኮኑን ሓበሬታ ዘመሓላልፉ ዝነበሩ። ሎሚ ኮንካ እንክትርእዮ ዓቢ መዝነት ዝነበሮም ሃገራውያን እውን ምስጢር የቐብሉ ምንባሮም ኣይስሓትን።[48]

ኣብቲ ግዜ'ቲ ኣባል መሪሕነት ቅያዳ ኣልዓማ ዝነበረ ተጋዳላይ ተስፋይ ተኽለ ግን፡ ብዛዕባ ጉዕዞ ጀነራል ተሾመ እርገቱ ናብ ከረን ኣቐዲሞም ዝፈለጥዎ ነገር ከምዘይነበረ፡ ጀነራል ከምዝተቐትለ እውን ድሒሮም ከምዝፈለጡ እዩ ዝገልጽ። ብዛዕባ ምንቅስቓስ ሰራዊት ጸላኢ ግን ሓፈሻዊ ግምታትን ዕላላትን ከምዝነበረ ይገልጽ። "ኢትዮጵያ ዓድታት ከተዕኑ እያ። ሓለፍቲ ከመጹ እዮም። ብዙሓት ሓለፍቲ ናይ ኢትዮጵያ ከመጹ እዮም ዝብል ሓበሬታታት ነይሩ'ዩ"[49] ድማ ይብል።

ድሕሪ ቅትለት ጀነራል[50] ዘሎ ምስጢር ካብ መሪሕነት ንላዕሊ ክፈልጥ ዝኽእል ስለዘየልቦ ሓበሬታ ተስፋይ ተኽለ ዝያዳ ቅቡል ይኸውን። በቲ ኮይኑ በቲ ግን ሜጀር ጀነራል ተሾመ እርገቱ መወዳእታኡ ካብ ሽመት ናብ ሽመት ኣብ ዝበረኸላ ኤርትራ ታሪኹ ኣብ ባልዋ ኣብቂዑ ተረፈ።

47 ዑመር ቴድሮስ፡ ቃለ መጠይቕ ምስ ደራሲ፡ 21 ጥሪ 2019፡ ከረን።

48 ሱሌማን ሙሳ ሓጅ ካብ ጀነራል ዘርእማርያም ኣዛዚ ብመንገዲ ኢብራሂም ብእምነት ሓበሬታ ይቕበል ምንባሩ ኣረጋጊጹ።

49 ተስፋይ ተኽለ፡ቃለ-መጠይቕ ምስ ዘምህረት ዮሃንስ።

50 ንጀነራል ተሾመ፡ ራእሲ ኣስራተ ካሳ ምስ ጀብሃ ተመሻጢሩ ኣቕቲልዎ ዝብል ዘረባ እውን ኣሎ።

ግብሪመልሲ ንጉስ

ኣብተን ቀዳሞት ዓመታት ሰውራ፡ እቲ ብፈዳይን ዝካየድ ዝነበረ ስርሒታት ካብቲ ወተሃደራዊ ግጥማት ንላዕሊ ጉሉሕ ይውረየሉ ነበረ። ፈዳይን ሰውራ ካብ ማእከል ሃገር ንዝመጹ ኢትዮጵያውያን ዝያዳ ናብቶም ኣገልገልቲ እቲ ስርዓት ዝነበሩ ኤርትራውያን ዒላማ ገይሮም ይሰርሑ ነበሩ። ከንዲ ዝኾነ ዝቐትሉ ኮነ ዝቕተሉ ኤርትራውያን ብምንባሮም፡ ስርዓት ሃይለስላሰ ዘሕምም ሃስያ ይወርዶ ነይሩ ክበሃል ኣይከኣልን። ስርሒት “ባልዋ” 21 ሕዳር 1970 ግን፡ ንሓደ ካብ ኣርካናት ናይ ንጉስ'ዩ በሊዑ። ስለዝኾነ ከኣ ኣብ ቤተ-መንግስቲ ኣራት ኪሎ ራዕድን ምንዋጽን ክፍጠር ግድን ነበረ። እቲ ሃጸይ ሃይለስላሰ (ጃንሆይ)፡ መርድእ ሜጀር ጀነራል ተሾመ እርገቱ ሰሚዑ ዝኾኖ ከኣ ነዚ ሓቂ'ዚ የረጋግጽ።

ሜጀር ጀነራል ተሾመ ኣብ ዝተቐትለሉ፡ ንጉስ ሃይለስላሰ ኣብ ሃረር

ሃጸይ ሃይለስላሰ

ወተሃደራዊ ኣካዳሚ፡ ኣብ ጽንብል መመረቕታ መበል 11 ዙርያ ሕጹያት መኮንናት ተጸሚዱ ነበረ። ኣብቲ ኣጋጣሚ ከም ልሙድ ካብ ዙርያ ንጉስ ዘይፍለዩ ሰበ-ስልጣንን መራሕቲ ሃይማኖትን ሓቢሮም ነበሩ። ነቲ ናይ መመረቕታ ኣጋጣሚ ዘማዕርግ ዝተፈላለየ መሰናድኦታት ድሕሪ ምቕራቡ ከኣ ስነ-ስርዓት መመረቕታ ብሉጻት ሰልጠንቲ ብምሽላም ተዛዚሙ።[51] ቀጺሉ ተማሃሮን ዕዱማትን ዝተቐረበ እንግዶት ንምቁዳስ፡ ናብ መመገቢ ኣደራሽ ተመሃሮ ኣምርሑ። ካብ ተማሃሮ ቀዳማይ ዓመት ጀሚርካ ክሳብ ንጉስ ሓደ ድሕሪ ካልእ ብፕሮቶኮላዊ መስርዕ ኣብ ዝተዳለወሎም ተቐሚጦም ባርኾት ጥራሕ ኣብ ዝጽበይሉ ዝነበሩ እዋን ግን ሓደ ፍሉይ ነገር ተኸስተ።[52]

ሓደ ሬድዮ ርክብ ዝተሓንገጠ ወተሃደር፡ ብፍጥነት ናብ ውሽጢ ኣደራሽ ኣትዩ ኣብ ቅድሚ ንጉስ ፍግም ኢሉ ድሕሪ ምስጋድ፡ ኣብ እዝኑ ቀሪቡ ብሕሹኽታ መልእኽቱ ኣመሓላለፈ። ኩሉ ኣብ ውሽጢ ኣደራሽ ዝነበረ ኣቓልቦኡ ናብቲ ንጉስን ወተሃደርን እዩ ዝነበረ። ንጉስ ዝሰምዖ መልእኽቲ እንጀራ ዘብልዕ ኣይነበረን። ካብ መቐመጢኡ ብድድ ኢሉ ንደገ ወጸ። ኣብ ውሽጢ ኣደራሽ ዝነበረ ዕዱም በቲ ዝተፈጥረ ሸበድበድ ልቡ ተሰቕለት። ንጉስ ብዝወጸ ከይተመልሰ ብምትራፉ ከኣ ጎቦ ልቡ ኣመት ምስሑ ገበረ።

ሃጸይ ሃይለስላሰ፡ ኣብ ከምዚ ዝኣመሰለ ናይ ክብሪ እንግዶት እናሃለወ ሕማቕ ዜና ክሰምዕ መጀመርታኡ ኣይነበረን። ኣብ ታሕሳስ 1960፡ ኣብ ሃገራት ደቡብ ኣመሪካ ወግዓዊ ዑደት ኣብ ዝፍጽመሉ ዝነበረ ግዜ ኣብ ቀዳመይቲ ዕለት ኣብ ርእሰ ከተማ ብራዚልያ ዓቢ እንግዶት ተገብረሉ። ፕረዚደንት ኩቢሸት፡ ንንጉስ ሃይለስላሰን ንዕኡ ዘሰነዮ ጉጅለን ከምኡ’ውን ዓበይቲ ሰበስልጣን ብራዚልን ኣብታ ሃገር ዝመደበሮም ዲፕሎማሰኛታትን ዝተዓደምሉ ዓቢ እንግዶት እዩ ኣዳልዩ። እንተኾነ ግን ፕረዚደንት ኩቢሸት ኣብ መንጎ እቲ ምዕሩግ እንግዶት ሃንደበት ንንጉስ ካብ ማእከል ዕዱማት ሒዙ ንደገ ኣውጽኦ። ኣብቲ ኣደራሽ ዝነበረ ህዝቢ ናይ ነገር ደሓን ከም ዘይኮነ ተገንዚቡ፡ ልቡ ካብቲ ዝተቐረበ ሸሻይ ናብኦም ተዓዝረ[53]።

ፕረዚደንት ኩቢሸት ንሃይለስላሰ ኣግልል ኣቢሉ፡ ብድሕሪኡ ኣብ ኢትዮጵያ ዕልዋ መንግስቲ ከምእተፈጸመ[54] ኣርድኦ። ድሕሪ’ዚ ሕማቕ ዜና’ዚ ንጉስ ኣመት ናይቲ ዝተቐረበ ሸሻይ ክገብር ዝሕሰብ ኣይነበረን። ንኽብሩ

51 ዶክተር በላይ ጀርጆ፡ ቃለ መጠይቕ ምስ ደራሲ 10 ሰነ 2024 ኣስመራ።

52 ኰለኔል ሃብተኣብ ፍስሃጼን (ወንበዴ)፡ ቃለ መጠይቕ ምስ ደራሲ፡ 20 ሓምለ 2019፡ ኣስመራ።

53 The life time of Emperor Haileslassie: Documentary film.

54 መንግስቱ ንዋይን ግርማሜ ንዋይን ዝተባህሉ ኣሕዋት ዝመርሕዎ ናይ 1960 መፈንቅለ መንግስቲ ከይተዓወተ እዩ ተሪፉ።

ዝተዳለወ መስተንግዶ ጠንጢኑ ብዘይ ወዓል ሕደር ናብ መዕርፎ ነፈርቲ ሃጸጸ። ዕዱም'ውን ብስንባደ ካብቲ ኣደራሽ ወጺኡ ክሳብ መዕርፎ ነፈርቲ ኣሰነዮ። ብተመሳሳሊ ሃጸይ ሃይለስላሰ ዜና ቅትለት ጀነራል ተሾመ ምስ ሰምዐ ልክዕ፡ 'መንግስትኻ ተዘሚታ' ከም እተባህለ፡ ብህጹጽ ንኣዲስ-ኣበባ እዩ ኣምሪሑ። ድሕሪ'ዚ ረስንን ቁጥዐን ንጉስ እንታይ ክወልድ ምኽኣሉ ክፈልጥ ኮነ ክግምት ዝኸኣለ ግን ሓደ'ኳ ኣይነበረን።

ኰለኔል ሃብተኣብ ፍስሃጼን (ወንበዴ) ኣብ ዓመተ 1970 ብዘምጽኦ ናይ ማትሪክ ነጥቢ ተመሪጹ፡ ናብ ሃረር ወተሃደራዊ ኣካዳሚ ካብ ዝኣተዉ ተማሃሮ ቀዳማይ ዓመት ሓደ እዩ። ንሱ ድሕሪ'ቲ ኣብ ግዜ ምሳሕ ዘጋጠመ ሕንቅል-ሕንቅሊተይ ምሸት "ኣዛዚ ካልኣይ ክፍለ ጦር ሜጀር ጀነራል ተሾመ እርገቱ ብሸፋቱ ተቐቲሉ" ዝብል ዜና ምስ ሰምዑ እቲ ግድል ከም ዝተፈትሓሎም የዘንቱ።

እቶም ኣብ ሃረር ኣካዳሚ ዝነበሩ ጥራሕ ኣይነበሩን ግን ብዛዕባ ቅትለት ጀነራል ብሬድዮ ዝፈለጡ። ነዛ ስርሒት ዝፈጸምዋ ተጋደልቲ እውን፡ ጀነራል ከም ዝቐተሉ ብሬድዮ ምስ ህዝቦም ተበሰሩ። ኣብቲ ህሞት ንቕትለት ጀነራል ተሾመ መራኸቢ-ብዙሓን ዓለምና እናተቐባበላ እየን ኣቃሊሐንኦ።"[55]

ዜና ቅትለት ጀነራል ብሚድያ ምስ ተቓልሐ፡ ነቲ ስርሒት ዘካየዱ ተጋደልቲ ይሓልሙ ከይህልው ተጠራጠሩ። ብፍላይ ወዲ ሕምብርቲ[56] ብፍጹም ስምዒቱ ክቆጻጸር ኣይከኣለን። ካዝና ምሉእ ንሰማይ ተኲሱ ሓጎሱ ድማ ከምዝጸንበለ ይዕለል። ስውእ ሓርበኛ ገብረሂወት ገብረስላሴ ወዲ ሕምብርቲ ካብ 1964 ጀሚሩ ኣብ ብዙሕ ውግኣት ዝተሳተፈ ተቓላሳይ'ዩ። ንሱ ኣብ ታሪኹ ከም ናይ ባልዋ ትምቅር ዓወት ኣስተማቒሩ ኣይፈልጥን። ነታ ክሳብ ዕለተ መስዋእቱ ካብ ዝባኑ ዘይፈልያ ዝነበረ ጠበንጃኡ 'ቀታሊት ጀነራል'[57] ዝብል ጽሒፉላ ከም ዝነበረ ድማ ይዝንቶ።

ብኣንጻር ባህታ ተጋደልቲ፡ እቲ ዝተቐረበሉ መኣዲ ረጊጹ ዝወጸ ንጉስ ይኹን ካልኦት ሰበስልጣን ኢትዮጵያ ብሕርቃንን ጓህን ተኾምተሩ። ኣዲስ ኣበባ፡ ብሰንኪ እቲ ኣብ ኤርትራ ዝካየድ ዝነበረ ሓርነታዊ ኲናት ጀነራል ዝኣክል ተቐቲልዋ ሓዘን ተጐልበበት።

መምህር ፍስሃየ ኣብርሃም፡ ኣብቲ እዋን ኣብ ቀዳማዊ ሃይለስላሰ

55 Africa Confidential Novemeber 27, 1970 Vol 11, no 24 1-30, 1970 – page 1933

56 ገብረህይወት ገብረስላሴ (ወዲ ሕምብርቲ) ኣብ ፈለማ 1964 ናብ ተጋድሎ ሓርነት ተሰሊፉ። ድሕሪ ጉባኤ ኣዱብሓ ስራዊት ሓርነት ብሓይልታት ኣብ ዝቕመሉ ኣዛዚ ሓይሊ 333 ኮይኑ። ኣብ 1976 ኣብ ፋር ኣለባ (ግላስ) ኣብ ናይ ድብያ ስርሒት ብጅግንነት ክሳብ ዝስዋእ ልሉያት ካብ ዝነበሩ ገዳይም ተጋደልቲ ሓደ እዩ።

57 ኣቡበከር ሓሰኔን፡ ቃለ መጠየቕ ምስ ደራሲ፡ 12 ሰነ 2018፡ ከረን።

ዩኒቨርሲቲ 3ይ ዓመት ተመሃራይ ናይ ታሪኽ ዝነበረ'ዩ። ኣሸሓት ህዝብን ማርሽን ባንድን ኣላቐስትን ዘሰነዩዎ ሬሳ ምስ ረኣየ፡ "መን ኮይኑ'ዩ ደኣ ክሳብ ክንድዚ" ክብል ነቶም ኣብ ጎኑ ዝነበሩ ተወከሶም። ሓደ ካብ መማህርቱ ብሕርቃን ርእሱ እናነቕነቐ "ጀነራል ተሾመንኮ ገደሉት" ክብል መለሰሉ። ሽዑ ንሱ ኤርትራዊ ምዃኑ ፈሊጦም ከይጻብእዎ ክቱር ከምእተሸቑረረ የዘንቱ።[58] በዓልቲ ቤት ጀነራል ተሾመ እውን ነቶም ናብ እንዳ ሓዘን ክበጽሑ ዝመጹ ዝነበሩ ኤርትራውያን ሰበስልጣን ኢትዮጵያ እናከትርኢ ናይ እስትሕቃር "ጀጋኑ መጺኦም ተቐበሉዎም፡ ኮፍ ኣብልዎም" እናበለት ተልቅስ ብምንባራ ክቱር ይሽቑረሩ ምንባሮም ይዝንቶ።[59]

ሜጀር ጀነራል ተሾመ እርገቱ፡ ሰንበት 22 ሕዳር 1970 ልክዕ ሰዓት 5፡30 ድ.ቀ ኣብ ቤተ-ክርስትያን ኣቦ የካ (ኣዲስ-ኣባባ) ብኣሸሓት ህዝብን ሰበ-ስልጣንን ተሰንዩ ኣብ ዝተቐብረሉ፡ ንጉስ ናይ ሌተናንት ጀነራል ማዕርግ ሸለሞ።[60] ሞት ጀነራል ንኢትዮጵያ ክብደት ናይቲ ኣብ ኤርትራ እተካይዶ ኲናት እንታይ ከኸፍላ ከምዝኽእል እኹል መልእኽቲ ነበረ። ግን...

58 ፍስሃየ ኣብርሃም (መምህር) ቃለ መጠይቕ ምስ ደራሲ፡ 16 ግንቦት 2019፡ ኣስመራ።

59 ዶክተር ተኽስተ ፍቓዱ፡ 21 ሰነ 2021፡ ኣስመራ።

60 ጋዜጣ ኣዲስ ዘመን 24 ሕዳር 1970።

ድነ እቲ ዓቢ ህልቂት
ተረካብ ይዓድዮ

ግዳይ ንጉስ መይበቶት

ግዳይ ዑቕባንኪል ተኽለጮን

ግዳይ፡ ዓዋተ ሓምድ ጺጋማይ ምስ ኣደኡን ኣቦኡን

ጀነራል ተቐቲሉ ሰለስተ መዓልታት ሓሊፉ ነበረ። ኣብቲ ዝተቐንጸለሉ ከባቢ ሓንደባ[61] ተባሂላ ኣብ ትፍለጥ ደቡባዊ ምዕራብ ናይ'ታ ኣብ ሃብረንጋቓ ዝነበረት ወተሃደራዊ ነቑጣ እዩ። ካብ 14 ዓመት ዘይሓልፍ ዕድመ ዝነበሮ ጓሳ (ግላይ ተኽለ)[62] ሓሙሽተ ገባር ብወተሃደራት ክርሸኑ ርእዩ ዓዲ ኣትዩ ሓበረ። ዝወደቑሉ ካብቲ እንዳ ዋርድያ ርሕቀት ስለ ዘይነበሮ ግን ክቐብርዎም ዝከኣል ኣይነበረን። "ወዲ ኣዳም ብኣሞራ ክብላዕ ስቕ ኢልና ክንርኢ መርገም'ዩ" ዝብል ሕልና ዝቐስቀሶም ካህናትን ዓበይቲ ዓድን ግና ለሚኖም፡ ተፈቒድሎም ሓመድ ኣዳም ኣልበስዎም። ግዳያት፡ ዓዋተ ሓምድ፡ ኪዳነ ዳይር፡ ንጉሰ መይበቶት፡ ዑቑባንኬል ምስግናን ዑቑባንኬል ተኽለጮንን ዝበሃሉ ደቂ ጁፋ ነበሩ።

ጁፋ፡ ካብ ከረን ንደቡብ ወገን ኣስታት ክልተ ኪሎሜተር ጥራሕ ውጽእ ኢልካ ትርከብ ንእሽቶ ዓዲ እያ። ሕማቕ ኣጋጣሚ ኮይኑ ናብ ረቡዕ 18 ሕዳር 1970 ኣብ ዘውገሐ ለይቲ፡ ብወተሃደራት ኢትዮጵያ ተኸቢባ ሓደረት። መሬት ምስ ወግሐ፡ ኣብታ ዓዲ ዝሓደረ ሰብ ኩሉ ተኾብኪቡ ኣብ ማእከል ዓዲ ተኣከበ። ብድሕሪ'ዚ እውን ኣባይቲ'ታ ዓዲ ብደቂቕ ተፈተሸ። ዕላማ መምጽኢኦም ጥርጡራት ተሓባበርቲ ሰውራ ንምሓዝ እዩ። መነ መን ከም ዝደለዩ ሓደ ብሓደ ኣስማት ጸውዑ። ብዘይካ ዑቑባንኬል

ግዳይ፡ ዑቕባንኪኤል ምስግና

ግዳይ፡ ኑረዲን ሓማድ ሼካይ

61 ኣብ ሃብረንጋቓ ትርከብ መዓስከር 1976 በጦሎኒ በርሀ ጻዕዳ ብተደጋጋሚ ንሰለስተ ግዜ ኣጥቂዓታ ስለ ዝነበረት እዩ። መዓስከር በርሀ ጻዕዳ ተባሂላ እውን ትጽዋዕ'ያ።

62 እቲ ሽዑ ወዲ 14 ዓመት ዝነበረ ግላይ ተኽለ ኣብታ እዞም ሰባት ዝወደቑላ መሬት ብሸንሸና በጺሓ ንህቢ የፍርየላ ኣሎ።

ምስግናን ዑቑባንኬል ተኽለጬንን ሰለስተ ኣብ ማእከል እቲ ህዝቢ ጸኒሖም ተኾብኲቦም ንከረን ተወሲዶም። ኣብ ከንዲ ዑቑባንኬል ተኽለጬን፡ ሓዉ ተውለ ተኽለጬን ምስቶም ሰለስተ ሰባት ተወሲዱ ኣብ ፎርቶ ዳጎኑዎ። ጸኒሖም እቶም ኣብ ዓዲ ዘይጸንሑ ጥርጡራት ብጾቶም ከም ዝተኣሰሩ ፈሊጦም "ኣይፋልኩምን ከይትኸዱ" እናተባህሉ 'ንብጾትና ከይነግድዖም' ብምባል ባዕሎም ኣብ ቅድሚ ደለይቶም ቀሪቦም ኣብ ትሕቲ ቀይዲ ኣተዉ።[63]

"ልኡኻት ሰውራ ኴንኩም ገንዘብ ተዋጽኡን ሓበሬታ ተቐብሉን ነይርኩም።" ዝብል ክሲ ከም ዝቐረበሎም ዝንገር እዞም ዜጋታት፡ ኣብ ቤት ማእሰርቲ ልዕሊ ሰለስተ መዓልታት ኣይጸንሑን። ኣብተን ኣብ ማእሰርቲ ዝጸንሑለን መዓልትታት እውን 'ግቡእ መርመራ ተገይርሎም ናብ ፍርዲ ቀሪቦም' ዝብል ሓበሬታ እውን የለን።

ሕማቕ ኣጋጣሚ ኮይኑ ንሳቶም ኣብ ቀይዲ ካብ ዝኣተወላ ኣብ ሳልሰይቲ መዓልቲ፡ ሰበ-ስልጣን ኢትዮጵያ ጀነራል ተቐቲሉ ከቢድ ስንባድ ወዲቑም ክቱር ተረቢጾም ነበሩ። ብሓደ ወገን ንጀነራል ዘይነሓፈ ሰውራ ንዕኦም'ውን ከምዘይምሕር ስለ ዝተገንዘቡ፡ ብኻልእ ድማ ኣብ ከሊ'ቲ ንሳቶም ዘመሓድርዎ ግዝኣት ጀነራል ዝኣክል ተቐቲሉ ከወርዶም ዝኽእል ኩነኔ ድማ እዩ ቆልይዎም። ስለ ዝኾነ ድማ ኣብቲ ህሞት'ቲ፡ ናይ ቀቢጸ ተስፋ ስጉምቲ ክወስዱ ከም ዝኽእሉ ክንዮ ትጽቢት ኣይነበረን።

እቲ ክውሰድ ዝተሓሰበ ስጉምቲ ግን ኣብ ክንዲ ኣብ ልዕሊ እቶም ንጀነራል ዝቐተሉ ተጋደልቲ፡ ሕነ ቀራናት ንጓዕማማት፡ ብረት ናብ ዘይዓጠቑ እዩ ዒላማ ገይሩ። ቀዳሞት ግዳያት ናይ'ቲ ቁጥዐን ሕርቃንን ከኣ ቅድሚ ሳልስቲ ካብ ቅትለት ናይ ጀነራል ካብ ጁፋ ተኣሲሮም ዝተወሰዱ ጥርጡራት ወደቑ።

ድሕሪ ገለ መዓልታት ናይቲ ቅትለት ፈለማ ካብ ፎርቶ ብኽፍትቲ መኪና ቐትሪ ምድሪ ንዒላበርዕድ ተወሰዱ። ኣብ ካምቦ ፖሊስ ዒላበርዒድ ድማ ንሓደ ምናልባት'ውን ክልተ ለይቲ ሓደሩ። ኣብ ዝቕጸለት መዓልቲ፡ ጸሓይ ቅድሚ ምዕራባ እንደገና ብመኪና ናብ ኣስመራ ገጾም ኣበገሱዎም። ካብ ካምቦ ዒላበርዒድ ጽዒናቶም ዝወጸት ወተሃደራዊት መኪና ግን ድሕሪ ኣስታት ሓደ ሰዓት ነቶም ዓጂቦሞም ዝኸዱ ጥራሕ ሒዛ ተመልሰት።

ፈላጢ እዞም ጥርጡራት ዝኾነ ኣብ ካምቦ - ዒላበርዒድ ጸሓፊ ናይ ኮማንድስ ዝነበረ ሓድጉ ሾኽዲን፡ እሱራት ሒዞም ካብ ዝኸዱ ወተሃደራት ንሓደ ብዛዕባ እቶም እሱራት ቀሪቡ ተወከሶ።

---

63 ሓጃይ ምስግና፡ ቃለ መጠይቕ ምስ ደራሲ፡ 15 ጥሪ 2021፡ ከረን።

‘ናበይ ዲኹም ከይድኩም ጸኒሕኩም፧’

“ናብ ኣስመራ።”

“እንታይ እዋን ድኣ ተመሊስኩም፧”

“ኣብ መገዲ ካልእ መኪና ተቐቢላትና፡ ኣረኪብናዮም ተመሊስና”[64]

ሓድጉ ከንዮ'ዚ ከቕጽል ኣይደለየን። ዕጫኦም እውን ኣይሰሓቶን።

ህዝቢ ሃብረንጋቓ፡ ንሰለስተ ካብቶም ግዳያት ማለት ንጉስ፡ ዓዋተን ዑቕባንኬል ምስግናን ወዲቕማ ኣብ ዝነበሩ ኣብ ሓደ ጋህሲ፡ ንኪዳነን ዑቕባንኬል ተኸለጮንን ድማ ኣብ ካልእ ጋህሲ ሓመድ ኣዳም ኣልቢሶም ብኸፊል ቀሰኑ። እንተኾነ መንነት ግዳያት ኣጻርዮም ስለ ዝፈለጡ ንስድራ ግዳያት ምርዳእ ከም ዝተረፎም ጸኒሖም ተገንዘቡ። ነዚ ተልእኾ ከኣ ክልተ ርጡባት ሰባት መዘዙ።

ኣርዳእቲ፡ ካብ ሽንድዋ ንሓድሽ ዓዲ፡ ዋስደንባን እድርባን ቆሪጾም ድሕሪ ነዊሕን ኣድካምን ጉዕዞ ጁፋ በጽሑ። ዓዶም ንዝሃበቶም መልእኽቲ ብግቡእ ኣብጺሖም ከኣ በታ ዝመጽዋ ስትርቲ መገዲ ተመልሱ። በዚ መሰረት ጁፋ ናይቶም ብግፍዒ ዝተረሸኑ ሓሙሽተ ደቃ፡ ንያናን በስከዲራን ገለብን ሃብረንጋቓን ቀዲማ ናብ ከቢድ ሓዘን ተሸመት።

ካብ ከረን ልዕሊ 30 ኪሎ ሜተር ርሕቀት ናብ ዝነበሮ ጀነራል ኣብ ዝተቐንጸለሉ ከባቢ ወሲድካ እሱራት ምርሻን፡ መልእኽቱ እንታይ ክኸውን ይኽእል፧ ምናልባት እቶም ዝረዓዱ ወተሃደራውያን መራሕቲ፡ ሕኒ ሕነ ናይ'ቲ ጀነራል ከምዝፈደዩ ንምርኣይ ዝገበርዎዶ ይኸውን፧ ካልእ ከምኡ ክኸውን ከምዝኽእል ዝእምት ተግባር እውን ተወሰኸ።

ድሕሪ ቅትለት ጀነራል ናብቲ ንሱ ዝተቐንጸለሉ ከባቢ ተወሲዶም ዝተቐትሉ እዞም ደቂ ጁፋ ጥራይ ኣይነበሩን። ፍስሃ ሓመድናርን ሃብተማርያም ኑረዲንን ካብ ዓደፉ፡ ግላውድዮስ ቀለተ ካብ ሓመደይ ከምኡ'ውን ኖረዲን ሓማድ ሸካይ ካብ ጉባ እውን ናብ ባልዋ ተወሲዶም፡ ኣብ ኣጉዶ ብሓዊ ተቓጺሎም ዝሞቱ ግዳያት እዮም። እዞም ዝተጠቕሱ ግዳያት ተሓባበርቲ ሰውራ ብዝብል ተጠርጢሮም ኣቐዲሞም ኣብ ፎርቶ ከረን ተኣሲሮም ዝነበሩ እዮም። ሽዑ ሻምበል ባሻ ኣድሓኖም ዑቕባሚካኤል ምስ ሌተናንት ኰለኔል ወላና ጅዳ ብዝነበሮ ቅርበት ንጹሃት ምዃኖም ኣእሚኑ፡ ብውሕስነት ከንቲባ

64 ሓድጉ ሽኽዲን 2018።

ዮሃንስ መዲን ተፈቲሖም።[65] እቲ ምፍታሕ ግን ሓቅነት ኣይነበሮን። ዳግማይ ኣብ ከተማ ኣርኪቦም ብምሓዝ ብዘስካሕክሕ ኣገባብ ተቐትሉ።

	ስም ግዳይ	ዕለት	መበቆል ዓዲ	ቦታ ቕትለት
1	ሃብተማርያም ኑረዲን ወልዳይ	11/1970	ዓደፋ	ባልዋ
2	ፍስሃ ሓመድኖር ወልዳይ	11/1970	ዓደፋ	ባልዋ
3	ኖረዲን ሓመድ ሸካይ	11/1970	ጉባራኪ	ባልዋ
4	ግላውድዮስ ተስፋ ቀለተ	11/1970	ሓመደይ	ባልዋ
5	ኪዳነ ዳይር	11/1970	ጁፋ	ሃብረንጋቓ
6	ንጉስ ማይበቶት	11/1970	ጁፋ	ሃብረንጋቓ
7	ዓዋተ ሓምድ	11/1970	ጁፋ	ሃብረንጋቓ
8	ዑቑባንኪል ምስግና	11/1970	ጁፋ	ሃብረንጋቓ
9	ዑቑባንኪል ተኽለጮን	11/1970	ጁፋ	ሃብረንጋቓ

65 ኣድሓኖም ዑቕባንከኤል (ሻምበል ባሻ) ቃለ መጠይቕ ምስ ደራሲ፡ 07 መጋቢት 2018፡ ከረን። ፍስሃ ሓመድኖር ንሻምበል ባሻ ወዲ ሓብቱ እዩ ነይሩ።

ሞት ሰላማውያን ኣብ ሩባ ደዓሪ

እልቢ ዓማጺ
ፍትሒ ዓምጻጺ
ደም ዝመጺ
ሰሰሪቑ ዝፋጺ

ኤፍሬም ሃብተጽዮን

ቀዳም 28 ሕዳር 1970 ፍርቂ መዓልቲ፡ ኣብ ሩባ ደዓሪ - ኣብ ከባቢ ጆርዲን እንዳ ሶንሶኒ[66] ዝተሰምዐ መሪር ኣውያት ኣደታት፡ ኣብ እዝኒ እቶም ሽው ዝሰምዕዎ ንመዋእል እናጋውሐ ይነብር ኣሎ።

ሰራሕተኛታት ናይቲ ጆርዲን ዝነበሩ ኣደም በኺትን ሓምድ መሓመድን፡ ዓርቢ 27 ሕዳር ናብ ስራሕ ወፊሮም ምሸት ናብ ገዝኦም ኣይኣተውን። ከም ሳዕቤኑ ስድራቤትን መቕርብን ኣብ ከቢድ ሻቕሎት ተሸሙ። እቲ ጭንቀት ካብ ባዶ ኣይነቐለን። ኣብቲ ህሞት'ቲ እቶም ንቤጁክን ሰኹናን ዝወፈሩ ሺሾ ወተሃደራት ኢትዮጵያ ኣብ ምንዳድ ዓድታትን ቅትለት ሰላማውያንን ተጸሚዶም ምንባሮም ኣይሰሓትዎን። ንሳቶም ረኺቦሞም ከይኮኑ ድማ ሰግኡ።

ንጽባሒቱ ቀዳም 28 ሕዳር፡ መቕርብን ደቂ ዓድን፡ ካብ ፆና ናብቲ ዝጠርጠርዎ ቦታታት ገስጊሶም ፈተሹ። ብህይወት ኮነ ብሞት ግን ክረኽቡዎም ኣይከኣሉን። ኣብ መጨረሽታ ድሕሪ ብዙሕ ሃልኪ፡ ኣብ ጫፍ ናይቲ ዝሰርሕሉ ዝነበሩ ጆርዲን፡ ከፋል ካብ ክዳውንቶም ተረኽበ። መውደቒኦም ክፍለጥ ግድን ስለዝነበረ ከኣ ተወዳዲቦም ዳግማይ ምፍታሽ ቀጸሉ። መጨረሽታ ድማ ካብ መገዲ ከረን - ሓመልማሎ ንወገን ምዕራብ፡ ኣብ ሓንቲ ስንጭሮ ናይ ሓሙሽተ ሰባት ሬሳ ረኸቡ። ኣርባዕተ ብሓባር፡ ሓደ ድማ ቁሩብ ፍንትት ኢሉ።[67]

66 ሶንሶኒ ሓደ ካብ ብዙሓት ኣብ ሩባ ደዓሪ ጆርዲን ዝውንኑ ዝነበሩ ኢጣልያውያንን እዩ።
67 ሓሰን እኩድ፡ ቃለ መጠይቕ ምስ ደራሲ፡ 17 መስከረም 2016፡ ከረን።

ሓምድ፡ በኺት፡ የማነ፡ ኣስረስሀይ ከምኡ'ውን ካልእ ስሙ ዘይተፈልጠ ግዳይ ብተመልከተለይ ተረሺኖም ጸንሑዎም። እዋኑ መን ቀቲልዎም ኢልካ ትሓተሉ ኣይነበረን። ኣይተጠራጠሩን። ተቐላጢፎም ጥራይ ሬሳታት ኣብ ምልዓል ኣተዉ። እንተኾነ ሽዑ እውን መኻልፍ ኣይተጋደፎምን።

ከም ሰበን ተሻቒለን ደሃይ ክፈልጣ ኣሰር ኣሰር እቶም ሰብኡት ዝወፈራ ኣደታት ዖና፡ ግዳያት ኣብ ዝወደቑሉ ቦታ በጺሐን ብኣውያት ምድረ ሰማይ ኣናወጻኣ። ሩባ ብኣውያትን መልቀስን ተጎብአ። ካልእ ኣማራጺ ኣይነበረን፡ ብሃታሃታ ንሬሳ ኣደምን ሓምድን ናብ ዖና ናይ'ቶም ክልተ ድማ ንከረን ኣሕለፍዎ። ናይቲ ፍንትት ኢሉ ተቐቲሉ ዝተረኸበ በዓል ዓድ-ትማርያም[68] ግን ስድራ ቤቱ ነቲ ሬሳ ንዓዱ ውሲዶም ቀበርዎ።

ንከረን ዝኣተወ ክልተ ሬሳታት፡ የማነን ኣስረስሀይን ናይ ዝበሃሉ ክልተ ኣሕዋት ሰራሕተኛታት ጀርዲን እንዳ ሶንሶኒ እዩ። እዞም ኣሕዋት ዓዶም ብንጹር እኳ እንተዘይተፈልጠ ካብ ከበሳ - ወገን ሰሓርቲ ከም ዝመጹ እዩ ዝንገር። ኣብ መስርሕ ምድላው እዚ መጽሓፍ'ዚ ኣብ ዝተገብረ መጽናዕቲ፡ ናይዞም ቅድሚ ፍርቂ ዘመን ዝተቐትሉ ሰባት ምሉእ ስምን ኣድራሻን ፈሊጡ ዝሕብር ሰብ ክርከብ ኣይተኻእለን።

ንሳቶም (የማነን ኣስረስሀይን) ፈለማ ምስ ሓዳሮም ኣብ ጎኒ'ቲ ዝሰርሕሉ ዝነበሩ ጀርዲን ይቕመጡ ነበሩ። ኩነታት ጸጥታ ኣስጋኢ እናኾነ ምስ ከደ ግን፡ ኣብ ልዕሊ ቤተ-ክርስትያን እንዳ ማርያም ኣብ ዝርከብ ገዛውቲ ተኻርዮም ኣተዉ። የማነ ምስ በዓልቲ ቤቱ ጽገን ክልተ ኣዋልዱን ኣብ እንዳ ገብረትንሳኤ የጊን፡ ኣስረስሀይ ሓዉ ከኣ ምስ በዓልቲ ቤቱን ወዱን ፈለማ ኣብ እንዳ ሃለቃ ተስፋማርያም። ድሕሪ ግዜ፡ ኣንስቶም ነንሓድሕደን መታን ክቐርበለን፡ እንዳ የማነ ካብኡ ናብኡ ናብ ገዛ እንዳ ሽቃ ረዳእ ንሱር ኣተው። ድንገት ኣብ ዝረኸቡሉ ህሞት ከኣ፡ የማነ ኣብ እንዳ ሽቃ ረዳእ፡ ኣስረስሀይ ድማ ኣብ እንዳ ሃለቃ ተስፋማርያም ተኻርዮም ነበሩ።

ነደይ ለተብርሃን ኣብርሃ - ሰይቲ ኣቦይ ገብረትንሳኤ የጊንን ነደይ ገርግሹ ረዳእ - ጓል ሽቃ ረዳእ ንሱር ንኣማውታን ድሕሪ ባይታን እዞም ኣሕዋት

---

68 ዓድ ትማርያም፡ ሓንቲ ካብ ቀቢላታት ሳሕል እያ። ነዚ ግዳይ መንነቱ ንምጽራይ ኣብ ዝተፈተነሉ ብዙሓት ሰባት ኣብቲ ቅንያት ከም ዝተቐትሉ ኣረጋጊጽና። ሓደ ካብኦም ኣብ ድሮ ዒድ ኣብ ሩባ ደዓሪ ዝተቐትለ ወዲ ዓዲ ሓባብ መሓመድ ኣድም ዑስማን እዩ። መሓመድ ኣድም ሽቃጢ ናይ ኣጣል ዝነበረ እዩ። ካልእ ሙሳ ዓሊ ዓምር ዝበሃል ወዲ ግዝግዛ እውን ምስ ገመሉ ረኺቦም ኣብ ጸባብ ቀቲሎሞ። መቓብር ከኣ ክሳብ እዛ ዕለት ኣብታ ዝተቐትለላ ቦታ ኣሎ።
ሱሌማን መሓመድ ፋይድ ኣብ ፈለዳእርብ ዝሓረድዎ። ካብ ከረን ወሲዶም ካብ ከባቢ እንዳ ኡኳዴቶ። ድሕሪ ዖና ተቐቲሉ። ሬሳኡ ድሕሪ 28 መዓልታት ተረኺቡ።

ንምፍላጥ ተወኪስናየን። ንሳተን ቅድሚ ዝኣገረ ናብ ምድፍናቕ እየን ኣትየን። ካብ ዕላለን፡ ሞት የማነን ኣስረስሀይን ንሓጺር እዋን ኣብ ዝተቐመጥሉ ገዛውቲ ድሕሪ ፍርቂ ዘመን እውን እንተኾነ ዘይሃሰሰ መሪር ትዝታ ምዃኑ ከአ ተገንዚብና።[69]

የማነ ናብ 27 ሕዳር 1970 ኣብ ዘውግሐ ለይቲ ከይኣተወ ስለዝሓደረ፡ ንጽባሒቱ ሓዉ ኣስረስሀይ ድሃዩ ክገብር ኣንጊሁ ወፈረ።[70] ንየማነን ኣስረስሀይን ከምኡ'ውን ንኣደምን ሓምድን ኣብ ቦታ ስርሖም ዝገጠሞም ጸገም ዝፈልጥ ግን ብፍጹም የልቦን። እንተወሓደ ግን የማነ ከሳብ ምምጻእ ሓዉ ቀዳም ንግሆ ብህይወት ምጽንሑ ክግመት ይከኣል። እዚ እውን ካብቲ ብሓባር ተረሺኖም ዝጸንሕሉ እምበር፡ ከምኡ ኢልካ ክትድምድም ዘኽእል ጭብጢ የልቦን።

ንኣደምን ሓምድን እውን እንታይ ጎኒፍዎም ብዓይኑ ርእዩ ዝምስክር፡ ብእዝኑ ሰሚዑ ዘዘንቱ ኣይተረኽበን። ሓምድ ቅድሚ ምርሻኑ፡ ምስ ቀተልቱ ኣብ ጎነጽ ኣትዩ ነይሩ ኪኸውን ከምዚኽእል ግን ተሰይራ ካብ ዝጸንሖት የማነይቲ ኢዱ ክግመት ይከኣል። ክንዮ ግምት ዝኸይድ ርግጽነት ግን ኣይኮነን።

ንሬሳ የማነን ኣስረስሀይን ኣስራሒኦም ዝነበረ ኢጣልያዊ እዩ ካብ መገዲ ተቐቢሉ ብመኪናኡ ናብ እንዳ ሽቃ ረዳእ ንሱር ዘብጽሖም። ነቲ ሬሳታት ኣብ ግንባሮም ስዒሙ 'ቻው' ኢሉ ከም ዝተፋነዎም ከኣ ኣደይ ለተብርሃን የዘንትዋ። ሽዑ ኣብ እንዳ ማርያምን ከባቢኡን ብምኽንያት ሞት እዞም ክልተ ንጹሃት ከቢድ ሓዘን ኮነ። ኣደይ ገርግሹ፡ ሞት የማነን ኣስረሰሀይን ኣብ ዓደን ኣብ ሃገር ከለዋ እየን ሰሚዐን። "መርድእ ተላኢኹልና፡ መጺአ ቀቢረ" ከኣ ይብላ።

ኣደይ ለተብርሃንን ኣደይ ገርግሹን ምስ ምንዋሕ ግዜን ምድፋእ ዕድመን 'ኣበይ ተቐቢሮም' ኣብ ዝብል ነጥቢ ይፈላለያ። ኣደይ ለተብርሃን ናብ ዓዶም ተወሲዶም ተቐቢሮም ክብላ ከለዋ፡ ኣደይ ገርግሹ ግን ኣይፋል ኣብ ቃጸታይ - ከረን ተቐቢሮም ብምባል መርትዖአን የቕርባ።[71]

ሓዘን ኣስረስሀይን የማነን ኣብ ገዛ እንዳ ሽቃ ረዳእ ከሎ፡ ኣብ ሳልስቱ መኮነን ወዲ ሽቃ ረዳእ ምስ በያን ወዱን በያኒት ጓሉን ኣደኡን ድሕሪ ክልተ መዓልቲ ኣብ መስጊድ በስክዲራ ዕጫ የማነን ኣስረስሀይን በጺሓቶም እንዳ

69 ለተብርሃን ኣብርሃ፡ ቃለ መጠይቕ ምስ ደራሲ፡ 2 ጥሪ 2020፡ ከረን።

70 ለተብርሃን ኣብርሃ፡ ኣይፋል ብሓደ ኣብ ዝወፈርሉ እዩ እቲ ሓደጋ ኣጋጢሙ ዝብል ትረኻ'ውን ኣሎ።

71 ገርግሹ ረዳእ፡ ቃለ መጠይቕ ምስ ደራሲ፡ 2 ጥሪ 2020፡ ከረን።

ሽቃ ረዳእ ካልእ ዝገደደ ሓዘን ተደራረባ። እቲ ወቕቲ ከምኡ እዩ ዝነበረ። ወረ ሞት ጥራይ ትሰምዓሉ ሕማቕ እዋን።

ካብ ርሑቕ እንጀራ ከምእርኑ ዝወፈሩ የማነን ኣስረስሀይን ይኹኑ፡ እቶም ናብ ኣፍደገ ገዝኦም ወፊሮም ዝነበሩ ኣደምን ሓምድን፡ ብዘይካ ኤርትራውያን ምዃኖም ካልእ ኣበር ነይሩዎም ክበሃል ኣይከኣልን። ብቐረባ ዝፈልጥዎም ከም ዝምስክርዎ ምስ ዝኾነ ይኹን ናይ ፖለቲካ ኢድ ዘይነበሮም ተራ ርሂጸ በላዕ ነበሩ። ኣብቲ ግዜ'ቲ ኤርትራዊ ካብ ዝወፈሮ ብሰላም ክኣቱ ግን፡ ንጹህ ወይ ቅኑዕ ሰብ ምዃን ኣኻሊ ኣይነበረን። ወተሃደራት ኢትዮጵያ ተራ ይኹን በዓል ስልጣን ኣብ ልዕሊ ኤርትራዊ - ቆልዓ፡ ኣደ፡ መንእሰይ፡ ሽማግለ - ፊን እንተ ኢሉዎም ሞት ክፈርዱ ቀጠልያ መብራህቲ ዝተወለዓሉ ሕማቕ እዋን ነይሩ።

ነቦይ ዑመር ዝለከመት ሕማቕ ነሲብ

ቀዳም 28 ሕዳር 1970 ኣብ ልዕሊ ሓምድ፡ ኣደም፡ የማነን ኣስረስሀይን ዝተፈጸመ ኣሰቃቒ ቅትለት፡ ንዅሉ ኣብ'ቲ ከባቢ ዝነበረ ህይወቱ ውሕስነት ከምዘይብላ እዅል ግንዛበ ሃቢቶ። ከም ሳዕቤኑ በቲ ፍጻመ ዝተሰናበዱ ሰብ ጥሪት ካብ ሽምሊኹ ቀጻሊ ንቤጁክ ገጾም ካብ ዝወፍሩ ወተሃደራት ፈሪሆም ንወገን ጎቦ ላልምባ ገጾም ኣልገሱ።

ካብቲ ዝፈርሕዎ ግን ኣይወጹን። 29 ሕዳር 1970 ወተሃደራት ከም ኣመሎም እናወፈሩ ጥሪት ክመልስ ካብ ብጾቱ ንዝተፈልየ ሓሰን እኩድ ወዝቢ ተጓኒፎሞ ብሰደፍ ብረት ግንባሩ ፈጊጾም ዘረርዎ። ንካምቻኡ ኣውጺኦም ከኣ ኣእዳዉ ንድሕሪት ኣሰርዎ።: ደሙ እናፈሰሰ ድማ መቐልቀሊ ገብሲ ኣብ እትርከብ በራኽ ሒዞሞ ወጹ። [72]

ውጻእ መዓት ሓሰን እኩድ

72 ሓሰን እኩድ፡ 2016

ብኻልእ ኣንፈት ዝነበሩ ወተሃደራት እውን፡ ካብ ዖና ኣንጊሁ ናብ ግራቱ ከወፍር ንዝረኸብዎ ኣቦይ ዑመር ኢብራሂም ሒዞም ንበዓል ሓሰን ቀዲሞም ኣብታ በራኽ ወጺኦም ጸንሑዎም። ሽዑ ኣቦይ ዑመር ንሓሰን ምስ ረኣዮ "ሓሰን ንዓኻ እውን ረኺቦምኻ፧" ተታሒዙ እናረኣዮ ድምጹ ኣትሒቱ ሓተቶ።

ሓሰን'ውን "መወዳእታና እንታይ ኮን ክኸውን'ዩ፧" ኢሉ እናተሻቐለ "እወ'ቦይ ዑመር፡ መዓልቲ'ያ" መለሰሉ፡ ንሱ'ውን ብትሑት ድምጺ። ወተሃደራት ንግዜኡ ብዙሕ ኣይተገደሱሎምን። ኩሉ ኣድህብኦም ኣብ ኣመት ቁርሶም ነበረ። ኣብ መንጎ እዚ ግን ሓደ ወተሃደር ሃንደበት ኮፍ ካብ ዝበሎ ተንሲኡ ነቦይ ዑመር ጅባኡ ፈተሾ። ነታ ኣብ ጅባኡ ዝረኸባ መዝገብ ዓውደ ኣዋርሕ እናገናጸለ ከኣ "እዚ እንታይ እዩ፧ እዚ'ኸ፧" ናብቲ ኣብኡ ተጻሒፉ ዝነበረ እናመልከተ ኣዋጠሮ። ኣቦይ ዑመር ድማ ከም ህድእ ኢሉ፡ መዝገብ መዓልታዊ ንጥፈታቱ ምኳና፡ እቲ ኣብኡ ተጻሒፉ ዝነበረ ድማ፡ ብዛዕባ ስራሕተኛታት ናይ ጀርዲን ከም ዝኾነ ከረድኦ ፈተነ። ምጉጣጥን ምፍርራህን ዝቐሎ ወተሃደር ግን ነቲ ዓቢ ሰብኣይ በታ ደብተር ገጹ ጸፊዑ ናብ ውራይ ቁርሱ ተመልሰ። ሓሰንን ኣቦይ ዑመርን ከኣ እናኸረረ ብዝኸይድ ዝነበረ ኩነታቶም ከቱር ፍርህን ሻቕሎትን ተጻዕኖም።[73]

ጉዳይ መሊሱ ዝብኣሰ፡ ካብ ከረን ድሒሩ ዘርከበ ኣዛዚ ናይቲ ሰራዊት፡ ገጹ ጸዊጉ "ስለምንታይ ደኣ ሒዝኩሞም ኣለኹም፧ ዘይትቕትልዎም" ኢሉ ብደሃሊ ድምጺ ምስ ተዛረበ እዩ። ሓሰንን ኣቦይ ዑመርን ሃንደበት ኣብ መገዲ ምስ ወተሃደራት ተጓኒፎም ተኸላቢቶም ከብቅዑ፡ ገበነኛታት ተቖጺሮም መርድእ ሞቶም በእዛኖም ሰምዑ። ንይምሰል ኣብ ዘይወዓልዎ ገበን እውን ኣይተጠቀኑን። በቃ ኣብ ገዛእ ዓዶም ከህልዉ ኣይተደልዩን - ኣኸለ።

ሓሰንን ኣቦይ ዑመርን ጋህዲ ድዩ ሕልሚ ተወጃቢርዎም ኣፎም ከፊቶም ዝብልዎን ዝገብርዎን ጨነቖም። ኣእዛኖም ዝሰምዐኦ ድምጺ ግን፡ ንቅትለት ሰላማውያን ስርሐይ ኢሉ ናይ ዝወፈረ ወተሃደራዊ ኣዛዚ ነበረ። ኣብ ቅድሚኡ ድማ 'ስለምንታይ' ከይበሉ ትእዛዙ ከፍጽሙ ዝተዳለዉ ዓስከር ነበሩ። ከምኡ ስለ ዝኾነ ድማ ኣእጋሮም ንኣካላቶም ምስካም ስኢነን ኣንቀጥቀጣ። ኣዒንቶም ጸሓይ ኣብ ምብራቓ ጸልሚቱወን ኣብ ቅድሚአን ዝነበረ ግኡዝ ንምርኣይ ሓመቓ። ስሒቦም ንውሽጢ ዘእተውዎ እክስጅን ምውጻእ ክሳብ ዝስእኑ ሓይሎም ተጸንቀቓ። ኮታ ኣይንላዕሊ ኣይንታሕቲ ኮይኖም ተዋልኡ።

ኮነ ድማ ሓደ ወተሃደር ትእዛዝ ከይተጸበየ ቁርሱ ገዲፉ ቃል ሓላፊኡ ከተግብር ተበገሰ። ነቦይ ዑመርን ንሓሰንን ኮብኩቡ ከኣ ትሕቲኦም ናብ

---

73 ከማህ

ዝነበረት ስንጭሮ ገጹ ሃተፈ። እቶም ሕማቕ ነሲብ ዝበጽሖም ቅርሱሳት እውን ኩሉ እናፈለጡ ንማሕረዲ ተዀብኲባ ከም እትኸይድ እንዶ ዘይብላ በጊዕ ቀቅድሚኡ ድፍእ እናበሉ ናብ መቓብሮም ገጾም ሰጐሙ። ካብ ክልተ ሚእቲ ሜትሮታት ዘይነውሕ ምስ ተጓዕዙ ወተሃደር፡ ንምቕታሎም ይምችእ'ዩ ኢሉ ኣብ ዝሓሰቦ ጸዳፍ፡ ደው ክብሉ ኣዘዘ። ሓሰንን ኣቦይ ዑመርን ናብኡ ገጾም ጠሚቶም ዝተባህሎም ገብሩ። ሽዑ እቲ ወተሃደር ሒደት ሜትሮታት ጥራይ ተፈንቲቱ ንዝተበገሰሉ ዕላማ ከተግብር ብረቱ ኣቀባበለ።

ዘይተጸበይዎ ዘጓነፎም ሓሰንን ኣቦይ ዑመርን ኣብተን ናይ መወዳእታ ናይ ህይወቶም ካልኢታት ቃል'ውን ኣየውጽኡን። ጥራይ ንቀታሊ ብቀቢጸ ተስፋ ቀባሕ-ቀባሕ እናበሉ ዓይኑ ዓይኑ ጠመትዎ። ብዋዛ ዋዛ ኣብ ልዕሊኦም ዝፍጸም ዝነበረ ፍርዲ ሞት ከቢድ ስንባደን ጭንቀትን ፈጢሩሎም እኳ እንተነበረ ንክምሕሮም ኣይለመኑን ኣይተመሻሸኑን እውን። ንዘይሰምዓካ ደብሪ ኣይትማህለል ዝበሉ ክመስሉ፡ ካብ ኣፎም ሓንቲ ቃልኳ ኣይመለቐን። ፋይዳ ንዘይብሉ ግዒሮም ነብሶም ካብ ዘሕስሩ ክቡር ሞት ክሞቱ መረጹ። ብውሽጦም ግን 'ስለምንታይ ንቕተል፧ እንታይ ኣቢስና፧ ስለምንታይ፧ ስለምንታይ፧' ዝብል ድርዳር ሕቶታት ይገማዳሕ ነበረ። መሳኪን ኣሸንኳይ ናብ ሞት፡ ናብ ማእሰርቲ ዘብጽሕ ኣበሳ እውን ኣይነበሮምን። ንጹሃት ጓሶትን ሓረስቶትን እዮም ዝነበሩ። ብፍላይ ሓሰን 'ይቀተሉ' ትብል ቃል ከሳብ ትወጽእ፡ መጸውዒ ስሙ'ውን ኣይተሓተተን። ለይትን መዓልትን ኣሰር ጥሪቱ ጸደፍደፍ ዝብል ተራ ጓሳ። እንተኾነ ግን ኣብቲ እዋን ወተሃደራት ኢትዮጵያ 'ንኤርትራዊ፡ እሞ ድማ ንመንእሰይ፡ ንጹህን ገበነኛን ኢልካ ካብ ምጽራይ 'ንተመን መርዛምዶ ኣይፋሉን' ኢልካ ምምርማር ይቐልል ዝበሉ ክመስሉ ንዝረኸብዎ ምቕታል ስርሐይ ኢሎም ተታሓሒዞሞ ነበሩ። ከም ድላዮም ይሓርዱ፡ ይቐትሉ፡ ይርሽኑ፡ የንድዱ።

ምርሻን፡ ኣእዳዉ ፍቱሓት ብዝነበራ ኣቦይ ዑመር ተጀመረ። ቃታ ተሳሒባ ዝተፈጥረ መካኒካዊ መስርሕ፡ ሓሸዋ ኣቃጺሉ ኣብ ሓደ ህሞት ንቃልሃ ኣንጢሩ ዓረር ብኣፍ ሻንብቆ ሓንቢቡ ንኣፍልቢ ኣቦይ ዑመር ኣንሃለ። ከም ሳዕቤኑ ዱልዱል ሰብኣይ ኣብ ቋሕ ሰም ተገፍትአ። ውዑይ ደሙ ንጻዕዳ ክዳኑ ዓሊሱ ኣብ መሬት ዛረየ። ነፍሱ ካብ ስጋኡ ክትፈላለ'ውን ካልኢታት ጥራይ ወሰደላ። ህያው ዝጸንሐ ንእለት ሬሳ ተቐይሩ።

ደው ኢሉ ዕጫኡ ዝጽበ ዝነበረ ሓሰን፡ ኣብ ቅድሚ ዓይኑ ብዝረኣዮ ትራጀዲ ንእለት እዩ ምደረ ሰማይ ጸልሚትዎ። መቓልሕ ናይ እቲ ተኹሲ ተወሲኽዎ፡ ከበሮ እዝኑ ክቕደድ ክሳብ ዝቐርብ ህርመት ልቡ ዛይዱ ኣካላቱ ተወጠረ። ጎረሮኡ ምራቕ ምውራድ ተሳኢኑዎ ተለኸተ። ንዕምሩ ተሕጽር

ዓረር ካብ ኣፈሙዝ ከይወጸት ንነብሱ ምስ ምውታት ቆጺሩ ቀበጸ። ቀታሊ ግን ሓሰን ንብላሽ ብእትጠፍእ ትንፋሱ ኮነ ብናይ ኣቦይ ዑመር መቓዘፍቲ ከስካሕክሕ ብዙሕ ዕድል ኣይሃቦን። ከቃብጾ'ሞ፡ ናብ ብጾቱ ተመሊሱ ኣመት ቁርሱ ከገብር ተሃወኸ።

ቀልጢፉ ብረቱ መዚኑ ፊት ንፊት ሓሰን ቆመ። እንተኾነ ግን ካብ ግንባሩ ዝፈሰሰ ደም ርእዩ ግንብንብ በሎ። ንክቐትሎ ዘይተሰከፈስ፡ ብሰደፍ ብረት ግንባሩ ምስ ኣንሃልዎ ዝዛረየ ደሙ ርእዩ ሕማቕ ተሰሚዕዎ። ምናልባት ድማ ካልእ ደም ዘይፈሰሶ ኣካል ንምምራጽ ይኸውን ብድሕሪ ሓሰን ተጠውዩ ዳግማይ ብረቱ ኣጠዓዓመ። በዚ ድሒሩ ዝተገብረ ናይ ቦታ ምቅይያር፡ ሓሰን ላዕለዋይ ወገን፡ እቲ ወተሃደር ከኣ ታሕተዋይ ወገን ናይ'ቲ ቁልቁለት ሓዘ። ሽው ወተሃደር ኣነጻጺሩ ቃታ ሰሓበ። ብየማናይ ሸነኽ ሕቖ ሓሰን ዝኣተወት ጥይት በሲዓቶ ብየማናይ ወገን ኣፍልቡ ወጸት። ኣእዳዉ ብእሱራተን ከኣ ብሕቖኡ 'ራዕ' ኢሉ ወደቐ። ድሕርዚ ወተሃደር ብንግሆኡ ዝተዋህቦ ዕዮ ኣሳሊጡ ገዲፍዎ ናብ ብጾቱ ተመርቀፈ።

ብሓደ ወገን ዝበልዖ እንጀራ ነይርዎ፡ በቲ ኻልእ ከኣ መታን ሎሚ ነዚ ሓቀኛ ምስክርነት ካብ ዋንኡ ክንረክብ ግን ሓሰን ከም ኣቦይ ዑመር ብሓንቲ ጥይት ኣይተቓበጸን። ብቐንዱ ጥይት ብየማናይ ወገን ኣፍልቡ ስለ ዝኣተወት ብዘይካዚ ካብ ታሕቲ ንላዕሊ ገጹ ምውዳቑ እውን ደሙ ወዲኡ ንኸይመውት ሓገዞ። ንክንደይ ዝኣክል ግዜ ከምኡ ኢሉ ጸኒሑ ብንጹር ኣይፍለጦን። መራር ጸሓይ ወቒዓ ካብ ዕውለት ኣንቂሓቶ ዓይኑ ቋሕ ኣቢሉ ኣቋመተ። ካብታ ወዲቑላ ዝነበረ ኮይኑ ከኣ ቀተልቱ ተሰሪዖም ንሓመልማሎ ገጾም ክኸዱ ረኣየ።

ሓሰን ክትንስእ ሃቂኑ ፍሕትሕት በለ። ንድሕሪት ተጠውየን ዝተኣሰራ ኣእዳዉ ግን ብቐሊሉ ካብ ዝወደቖ ክትንስእ ኣይፈቐዳሉን። ድሕሪ ነዊሕ ጻዕሪ ግን ተኣሲሩላ ንዝነበረ ካምቻ ሓስሒሱ ኣምሎቑ። ካብ ኣፍልቡ ዝፈስስ ዝነበሩ ደሙ ብጸጋመይ ኢዱ ዓቢሱ ከኣ ደንደስ ተደጊፉ ቆመ። ንክድሕን እንኮ ዕድሉ ሆስፒታል ክበጽሕ ነይርዎ።

በዚ እግሩ እናሓንከሰ፡ በዚ ድማ ደሙ ጥብ እናበለ ከኣ ካብ መቓልቀሊ ገብሲ ዓሪብ-ሰራ በጽሐ። ኣብ ዓሪብ-ሰራ ማሕሙድን ሳልሕ ዓብደልቃድርን ዝበሃሉ ደቂ ዓዱ ተጓነፍዎ። "ነቦይ ዑመር ኣብ'ቲ ስንጭሮ ቀቲሎሞ ኣለው፡ ንዓኹም እውን ተመሊሶም ከይቀትሉኹም ተኣለዩ። ንኻልኦት'ውን ንገሩ። ኣነ ቀስ ኢለ ክኸይድ እየ። እንተ መጺኒ ድማ ኣብ ስንጭሮ ክሕባእ'የ" በሎም ኣብ ኣፍ-ሞት ካብ ዝነበረት ህይወቱ ዝያዳ ብእኦም ተሻቒሉ። ንሳቶም ግን "ከምዚ ኢልካ ከለኻ ኣበይ ክንገድፈካ"[74] ብምባል ብኽልተ ጎኑ ተጎዝጒዞም

74 ከማሁ

ከሳልይዎ ጀመሩ። ስለዝተጎድአ ግን፡ ነታ ኣብ ጻዕዳ እግሩ ኣትያ ተሸግሮ ዝነበረት ዓባይ እሾኹ ከውጽእሉ እሞ፡ ባዕሉ ከሳለ ከገድፍዎ ተማሕጸኖም። ከምኡ እውን ገበሩ። እንተኾነ ግን ብሓደ ወገን መውጋእቱ ሰሚዑ ዝተኣኻኸበ ህዝቢ በዚሑ፡ ብኻልእ ድማ ብብዝሒ ደም ፈሲስዎ ተሰኒፉ፡ ከጾሩዎ ተቐሰቡ። ቅድሚኡ ኣብ ዝነበረት ዕለት ሬሳታት ናይቶም ኣብ ሩባ ደዓሪ ዝተቐትሉ ተሰኪሙ[75] ብዝኣተወላ መገዲ ከኣ ተጸይሩ ሆስፒታል ከረን በጽሐ። መውጋእቱ ከቢድ ስለዝነበረ እውን ንጽባሒቱ ነስመራ ተላእከ።[76]

ሬሳ ኣቦይ ዑመር ካብ ዝወደቐ ስንጭሮ ተላዒሉ፡ ከባቢ ሰዓት ኣርባዕተ ናይ ምሸት ኣብ ዖና ተቐብረ።[77] በዚ መሰረት ኣብ ድሮ ዒድ ኣልፈጥር ኣብ ዖና ሰለስተ መንጸፍ ናይ ሓዘን ተዘርጊሑ እታ ዓዲ ብሓዘን ተጐብአት። ኣድም፡ ሓምድን ዑመርን ብወተሃደራት ኢትዮጵያ ተቐቲሎም፡ መዓልቲ ዒድ፡ ስድራኦም ኣብ መሪር ሓዘን ንሳቶም ከኣ ትሕቲ መሬት ሓዲሮም ነበሩ።

75 ብ28 ሕዳር ኣብ ሩባ ደዓሪ ንዝተቐትሉ ሬሳታት ተሰኪሞም ካብ ዝኣተው ሓደ ሓሰን እኩድ ነይሩ።

76 ኣብ ግዜ ህልቂት ዖና ኣቦኡ ምስኡ ኣስመራ ውጺኡ ብምጽንሑ ኣደኡ ድማ ናብ ኣስመራ ንብረት ክትስደሎም ካብ ዖና ወጺኣም ብምጽንሖም ድሒኖም። ካብ ኣሕዋቱ።

77 ሮሞዳን ዑመር፡ቃለ መጠይቕ ምስ ደራሲ፡ 9 ነሓሰ 2019፡ ከረን።

ኣብ ድሮ ዒድ ኣልፈጥር

ዑስማን ኣሰናይ ዑስማን፡ መዳሕንቱ ዝተቐብረላን ዓቕሚ ኣዳም በጺሑ ዝተመርዓወላን ዓዱ ከረን እያ። ብመገሻ ናብ ቤቶም እናኣተዉ ተቐሊቦም ኣብ ፎርቶ[78] ዝተዳጎኑ'ሞ ብእኡ ገይሮም ዋዛ ዋዛ ካብ ዝጠፍኡ ብዙሓት መንእሰያት ሓደ ዑስማን እዩ።

ስድራ እንዳ ዑስማን ኣብ ከረን ካብ ሓሙሽተ ኣንስቲ ንዝወለዱ ሰላሳን ሓሙሽተን ደቃ ንዓበይቲ ኣምሲላ፡ ንንኣሽቱ ተታቲ እንዳ ሻሂ ነይራቶም። ኣብ 1970 ዑስማን ነቶም ሓዳሮም ፈልዮም ዋኒኖም ዝገበሩ ዓበይቲ ኣሕዋቱ ተኪኡ፡ ኣቦኡ ናይ ምሕጋዝ ሓላፍነት ተሰኪሙ ነበረ። ስለ ዝኾነ ድማ ኣብ ቀውዒ 1970

ግዳይ፡ ዑስማን ኣሰናይ ዑስማን

78 ፎርቶ ካብ ፈለማ ዓመታት ሰውራ ከሳብ ዕለተ ናጽነት ብፖለቲካ ናይ ዝተጠርጠሩ ቤት ማእሰርቲ እያ ዝነበረት። ብዙሓት ኣብ ፎርቶ ተኣሲሮም ብእኡ ገይሮም ሓቒቖም እዮም።

ክሰርሕ ኢሉ ንተሰነይ ወረደ። ዒድ ኣልፈጥር ከኸውን ሰሙን ክሳብ ዝተርፎ ከኣ ክሰርሕ ኣብኡ ጸንሐ። ንሱ ኣብ ድሮ ቅንያት ዒድ ካብ ተሰነይ ንከረን ተመሊሱ ገጽ ወዱን በዓልቲ ቤቱን ወላዲኡን ክርኢ ኣይተሸገረን።[79]

እንተኾነ ዒድ ገለ መዓልታት ተሪፍዎ ስለዝነበረ ዑስማን ዳግማይ ተሰነይ በጺሑ ክምለስ ሓሊኑ ተበገሰ። ኣቑርደት ምስ በጽሐ ግን ዓቢ ሓዉ ነቲ ዝደልዮ ዝነበረ መሊኡ ንኽምለስ ኣእመኖ። ዑስማን ኣይተቓወመን ካብ ኣቑርደት ንከረን ትጉዓዝ ናይ ጽዕነት መኪና ተሰቒሉ ኣንፈቱ ናብ ዓዱን ስድርኡን ቀየረ። ከወጽእ ብሰላም ዘፋነወቶ ከረን ግን ሓንጎፋይ ኢላ ኣይተቐበለቶን።

ኣብ ብሎኮ ኣቑርደት ዝጸንሑ ወተሃደራት ንጸሊም ሕብሩን ድልዱል ሰውነቱን ርእዮም ብዓይኒ ጥርጣሬ ጠመትዎ። ዝኾነ ነገር እኳ እንተዘይረኸብሉ ተወሊዱ ኣብ ዝዓበየላ ከረን ክህሉ ኣይፈተውሉን። ንዕኡን ንሓደ መንነቱ ክፍለጥ ዘይተኻእለ ካልእ መጓዕዝቱ መንእሰይን[80] ከኣ ተጻዒኖምላ ካብ ዝነበሩ መኪና ኣውሪዶም ብቐጥታ ንፎርቶ ወሲዶም ዳጎንዎም።

ዑስማን ከይሰይ፡ ወተሃደራት ንዑስማን ኣሰናይ ካብታ ብሓባር ተጻዒኖምላ ካብ ዝነበሩ መኪና ኣውሪዶም ናብ ፎርቶ ክወስድዎ ብዓይኑ ዝረኣየ ወዲ ከረን እዩ። ሽዑ ንሱ ብቐጥታ ናብ ኣቦይ ኣሰናይ ከይዱ ኩነታት ወዶም ሓበሮም። ኣቦይ ኣሰናይ ግን ‘ዑስማን ወደይ ደኣ ንተሰነይ ዘይኮነን ከይዱ ዘሎ’ ብምባል ዑስማን ከይሰይ ንዝነገሮም ሕማቕ ዜና ምእማን ኣበዩ። ካልኣት ወተሃደራት ንዑስማን ናብ ፎርቶ ከም ዝወሰድዎ ኣረጋጊጾም ዝፈለጡ ንሑመድ ኣሰናይ ናብ ዱኳኑ መጺኦም “ወተሃደራት ንሓውኻ ናብ ፎርቶ ወሲዶሞ ኣለው ርዳእ” ምስ በልዎ ግን ምልእቲ እታ ስድራ ብጭንቀት ተወጢራ ፍታሕ ከተናዲ ላዕልን ታሕትን በለት።

ንጽባሒቱ - ድሮ ዒድ ምኧኑ’ዩ -ንሻቕሎት ናይዛ ስድራ ዘጋድድ “ክልተ ንድሕሪት ዝተቐፈዱ መንእሰያት ካብ ፎርቶ ንሰሜን ብወተሃደራት ተኾብኲቦም ወሪዶም” ዝብል ሕማቕ ወረ ተሰምዐ። ካብ ፎርቶ ብወተሃደራት ተኸቢቦም ወሪዶም ዝተባህሉ ክልተ መንእሰያት ንመሐለዊ ንቑጣ-ማይ ከረን ንየማን ገዲፎም፡ ንዋንነት መሓመድ ዓሊ በኺት ዝኾነት ጀርዲን ኣብ ዝርከብ ዓሚቕ ኣትዮም ህጣሞም ኣጥፍኡ። ድሕሪ’ዚ ከኣ እዮም እቶም ኣብ እንዳ ዋርድያ ናይ ማይ ዝነበሩ ኮማንድስ ነቶም ኣብ ጀርዲኖም ዝቕመጡ ዝነበሩ እንዳ መሓመድ ዓሊ በኺት፡ “ዋላ’ውን ከብቲ ናብ ድሕሪ ጀርዲንኩም እንተ

---

79 ዓብደልሩፍ ኣሰናይ፡ ቃለ መጠይቕ ምስ ደራሲ፡ 27 ሰነ 2019፡ ከረን።

80 ኣብ ግዜ መጽናዕቲ እቲ ግዳይ ስሙ መሓመድኣድም ከም ዝበሃል እምበር ብንጹር መንነቱ ክፍለጥ ኣይተኻእለን።

ከይደን፡ ክትመልስወን'ውን ናብኡ ከይትቕልቀሉ” ብምባል እሱራት ናብ ዝኣተውዎ ስንጭሮ ገጾም ከይከዱ ዘጠንቀቕዎም።

ዝኾነ ኮይኑ ስድራ እንዳ ኣሰናይ ዑስማን በዝን በትን ብዝላኻዕ ወረ ተጨኒቓ ከላ፡ “ኣብ ጎኒ ጀርዲን መሓመድ ዓሊ በኺት ክልተ ሰባት ተሓሪዶም” ዝብል ካልእ ኣሰንባዲ ዜና ኣብ እዝና በጽሐ። ኣብ'ቲ ህሞት ነንዝነፈሰ ወረ ኸረጋግጽ ላዕልን ታሕትን ዝብል ዝነበረ ሑመድ ኣሰናይ - ዓቢ ሓዉ ንዑስማን እዩ። ምናልባት ሓዉ ተሓሪዶም ምስ ዝተባህሉ ከይህሉ ከረጋግጽ ከኣ ኣንቀደ።። እንተኾነ ግን ሬሳታት ዝነበሮ ስፍራ ካብ እንዳ ዋርድያ ቀረባ ስለ ዝነበረ መንነት ግዳያት ክትፈልጥ ቀሊል ኣይነበረን። ዝጨነቐ ዘይገብሮ የብሉን፣ ድውይ ተጣባቢ ከም ዝበሃል ሑመድ ሜላ ሚሂዙ።

ሓደ በዓል ጀርዲን ተመሲሉ ኣብ'ቲ ከባቢ ብቐሊሉ ክንቀሳቐስ ዝኽእል ነቲ ከባቢ ኣጸቢቑ ዝፈልጦ ሰብ ካብ ክዳን ናይ እቶም ሬሳታት ኣጭርቕቲ ቆሪጹ ከምጽኣሉ፡ ሑመድ ከኣ ውዕለቱ ክኸፍሎ ተሰማምዐ። ነቲ ተልእኾ ዝተሓጽየ ሰብ ማኪና ናይ ምሳሕ ምስ መጸት ዋርድያ ከም ዝዝንግዑ ስለ ዝፈልጥ ኣብታ ህሞት ተመሳሲሉ ናብቲ ሬሳታት ዝወደቕሉ ተጸግዐ። ግዳያት ኣብ ዝነበርዎ ስፍራ ብጥንቃቐ በጺሑ ከኣ ካብ ክዳን እቶም ብኻራ ዝተሓርዱ ኣጭርቕቲ ቆሪጹ ብምውሳድ ተመልሰ።

ሑመድ ዝተረከበን ቁራጽ ኣጭርቕቲ እታ ሓንቲ ሞት ሓዉ ንምርግጋጽ እኹል ብቕዓት ነበራ። ሓዉ ለቢስዎ ዝነበረ ኣርጊጹ ዝፈልጥ ሑመድ ኣብ ቅልውላው ተሸሚማ ንዝነበረት ስድራ ሞት ዑስማን ኣርድኣ። ኣብ ድሮ ዒድ ሞት ናይ ተፍቅሮ ወዳ ዝተረድኣት እንዳ ኣሰናይ ዑስማን ኣብ ክንዲ ብሓጎስ፡ ብብኸያት ዓየደት። ሬሳ ውላዳ ሓመድ ኣዳም ብዘይምድፋኑ ከኣ ሓዘና ዝተዓጻጸፈ ነበረ።

* * *

ሃጸይ ሃይለስላሰ ብሓደ ወገን ንሰውራ ኤርትራ ንምቍጻይ ሕሱም ግፍዒ ኣብ ዝፍጽመሉ ዝነበረ እዋን በንጻሩ ጻድቕን ሕጹብ ኢድን ንክመስል ዝተፈላለዩ ናይ ሽሕጣን ሜላታት የካይድ ነይሩ። ተቐርቋሪን ሓላይን ከምኡውን መንፈሳዊ ንክመስል ኣብ ዝተፈላለየ ቦታታት ኣብያተ መሳጊድን ኣብያተክርስትያናትን ኣሰሪሑ። ብኣካል ዑደት ኣብ ዝገብረሉ ቦታታት ለጋስን ጸጋውን ከበሃለሉ ፈቐድኡ ሰናቲም ዘርዩ፡ ኣቕራሽ በቲኑ። ፋዕራ ውጹዓት ከም ዝነበሮ ንምምሳል ኣብ ሆስፒታላት እናተዘዋወረ ኢድ ሕሙማት ነሲኡ ምሕረት ተመንዩ። ሓለፉ ሓላዪ ምኻኑ ከርኢ ድማ ቁሩብ ቁራቦ ገንዘብ መጥዩ ኣእዳው ሕሙማት ናብ ምጽዋቱ ከዝርግሑ፡ ኣዒንቶም እውን ናብ ኢዱ ከም

ዘቋምታ ገይሩ። በዚን ወዲ ኽምዚን ልቦም ዝተሰልበ ንስሙ ከም ፈጣሪ ከሳብ ምምላኽ ዝበጽሑ እኳ እንተነበሩ በንጻሩ ንምስሉይነቱ ከም ሞት ዝጽየኑ ግን ኣይተሳእኑን።

* * *

ኣብ መወዳእታ ኣዋርሕ ናይ ዓመተ 1968 እዩ። ሃጸይ ሃይለስላሰ ኣብ ከረን ውደት ኣብ ዝገበረሉ ናብ ሆስፒታል ከረን በጺሑ ነበረ። ነቶም ኣብኡ ደቂሶም ዝነበሩ ሕሙማት እናዞረ ከኣ ምሕረት ተመንዩ ከም ኣመሉ ቁሩብ ቁራቦ ገንዘብ ፈይ እናበለ ይሓልፍ ነበረ። ከምዚ ኢሉ ድማ ኣብ ልዕሊ ሓደ ኣብ ዓራት ዝተጋደመ ሰብኣይ በጽሐ። እቲ ሰብኣይ ከቢድ ማህረምቲ ዘጋጠሞ ኮይኑ የማነይቲ ዓይኑ እውን ዝተሸፈነት ነበረ።

ንጉስ ነቲ ሕሙም ብቋንቋኡ "እንታይ'ዩ ረኺብካ፧" ብምባል መልሱ ከይተጸበየ ገንዘብ ክህቦ ኢዱ ሰደደ። እቲ ሕሙም ሰብኣይ ግን ኩሉ እቲ ኣብ ልዕልኡ ዝወረደ ኣደራዕ ግዲ ተቐጂልዎ ብሕርቃን ተወሊዑ ብቋንቋ ትግራይት "ወተሃደራትካ ቀቲሎምኒ" መለሰሉ ገጹ ጸዊጉ። ንዝተመጠወትሉ ሓሙሽተ ቅርሺ ምቕባል ከኣ ሓንገደ።[81] እቲ ዘርኣዮ ናይ ሕርቃን ግብረ መልሲ እንታይ ምዃኑ ንጉስ ኣይሰሓቶን። ትርጉም እንተተደልዩ እውን ሳላ እቶም ጎኒ ጎኑ ዘውደኽድኹ መዳኸርቲ ኣይምስኣኖን። ኣብ ኩሉ ግን ኣይበጽሑን። ንጉስ ይኹን ዓጀብቱ ከም ዘይሰምዑን ከም ዘይረኣዩን ሓሙሽተ ቅርሺ ደርብዮም ቀጸሉ።

እቲ ኣብ ዓራት ተጋዲሙ ዝነበረ ሰብኣይ መሓመድስዒድ ይበሃል። እሙና ዓባይ ጓሉ ንመሓመድ ስዒድ ኣብቲ ህሞት ነቦኣ ክትሕግዝ ኣብ ሆስፒታል ነበረት። ንሳ ነቲ ኣቦኣ ዝገበሮ ርኣያ ከተዘሓሕሎ ፈቲና ነይራ። ንሱ ግን "ናይዚ ሰብኣይ እዚ ገንዘብ ኣርሕቕለይ" ብምባል ንዓኣ እውን ከም ተቖጥዓ ተዘንቱ። መሓመድስዒድ ኣብ ቅድሚ ንጉስ ከንድዚ ሕርቃንን ድፍረትን ከንጸባርቕ ዝደረኾ ነገር ግን እንታይ ይኸውን፧

መሓመድስዒድ ናብ ከረን ቅድሚ ምእታዉ፡ ኣብ ቃር ውበል - ሸንግር ኣብ ዝበሃል ዓዲ እዩ ዝነብር ነይሩ። ሕማቕ ኣጋጣሚ ኮይኑ ኣሚኑ ሓሚማ ምስ ሞተት፡ ሰለስተ ዘኽታማት ደቁ ሒዙ ካብ ዓዱ ከረን ኣትዩ። ኣብ ከረን ስድራቤት ስዒድ ቃስም ንደቁን ንዕኡን ብዝገበሩሎም ኣልያ ኣይተሸገረን። ንዝብዝሐ ካብ ግዜኡ ከኣ ኣብ መስግድ የሕልፎ ነበረ። ሓንቲ ለይቲ ከም ልማዱ ኣብ ዓቢ መስጊድ ሓዲሩ ኣዛን ኣሰቡሕ ኮይኑ ካብ መስግድ ወጸ።

---

81 ኣምና መሓመድ ስዒድ፡ ቃለ መጠይቕ ምስ ደራሲ፡ 6 ሓምለ 2020፡ ከረን።

በዓል መሓመድስዒድ ዝተቐብሩላ ቦታ

ዘይሓሰብካዮ ርኹብ ኣይመርገም ኣይምርቓ ከም ዝበሃል ግን ኣብ ኣፍደገ መስጊድ ወተሃደራት ተቐቢሎም ብበትሪን ሰደፍን ተሳህልዎ። ከም ሳዕቤኑ የማነይቲ ዓይኑ ተመዛቢላ፡ ኣካላቱ ብሕሱም ተሃስዩ ኣብ ሆስፒታል ተዓቚበ። ድሕሪ ሓያል ጻዕሪ ሓካይም ኣብ ደሓን ዝኾነ ኩነታት ኣብ ዝተመልሰሉ ድማ ምስ ሃጸይ ሃይለስላሰ ተፋጠጠ።

እንተኾነ ድንገት ንመሓመድስዒድ በዚ ኣየብቀዓሉን። ካብዛ ፍጻመ ድሕሪ ኣስታት ክልተ ዓመታት ኣቢሉ መሓመድ ስዒድ ኣብ እንዳ ሲዲ ሓዲሩ ሰላት ኣስቡሕ ኣብ ዓቢ መስጊድ ክሰግድ ተበገሰ። ኣብ ዝሓሰቦ ግን ኣይበጽሐን። ኣብ መንገ እንዳ ሲዲን ዓቢ መስጊድን ተሰትዩ ተሸርበ። ንዕኡ ዝወሓጠ ዝብኢ ብጸልማት ይኹን ብብርሃን ኣየድሃየን። እዚ ልክዕ ቅድሚ ወርሕን ኣርባዕተ መዓልትን ካብ ህልቂት ናይ ዖና ኮነ። ናይዚ ኪኖ ስግዳንን ዱዓን ካልእ ዘይነበሮ መስኪን ሰብኣይ ምስዋር ኪኖ ስድራቤቱ ንዝሰምዐ ዘበለ ኣሻቐለ።

ድሕሪ ሰለስተ ናይ ጭንቀት መዓልታት ጽንጽንታ ተረኽበ። ንብሎኮ ኣቑርደት ሓሊፍካ፡ ደቡብ ካብ ጽርግያ ፊት ማርያም ጥንቁልሓስ ኣብ ዝርከብ እግሪ ጎቦ ሬሳታት ተረኽበ። ካብቲ ሬሳታት ድማ እቲ ሓደ ናይ መሓመድ ስዒድ ነበረ። መቐርብ ንሬሳ ኣልዒሎም ኣብ ግቡእ ቦትኡ ክዓርፍ ፈቲኖም፡ ግን ኣይከኣሉ። ቀተልቲ ምንባሮም ምስክር ዘየድልዮም ወተሃደራውያን

ሓለፍቲ ወዲቑ ኣብ ዝተረኽቦ ከቕበር ኣዘዙ። መሓመድስዒድን ብጾቱን ከኣ ከሳብ ሎሚ ተደፊኖምላ ኣብ ዝርከቡ ቦታ ሓመድ ኣዳም ለበሱ።

ኣብ ፈለማ ዓመታት ናይ ሰውራ ብፍሉይ ከረን ኣስካሕካሒ ዝኾነ ግፍዒ እያ ርእያ። ሬሳታት ሰውኣት ተጋደልቲ ብተደጋጋሚ ኣብ ማእከል ዕዳጋታት ከረን ተንጠልጢሎን ተሰጢሑን። ንጹሃት ሰላማውያን ደይ መደይ ኢልካ ተቐቲሎም ሬስኦም ኣብ ወሰናስን ከተማን ትሕቲ ቢንቶታትን ተደርብዩ። ፈዳይን ጀብሃ ብዙሕ እዋናት ጨው ቀትሪ ኣብ ማእከል ከተማ ሃሱሳት ቀንጺሎም። ኩሉ እዚ ተደማሚሩ ከኣ ነታ ከተማ ናይ ሕማቕ ትርኢት መደረኽ ቀየራ። ከም ሳዕቤኑ ቆልዑት ምስ ነፍሲ ወከፍ ዝተተኰሰት ጥይት እናተመዮቑ ሓሳሮም ጸጊቦም ትሕቲ ዓራት ምሕባእ ልሙድ ተርእዮ ኮነ። ኣብ መጨረሽታ ከኣ ዘዝንበዘ ዘበለ ገለ ናብ ሰውራ ገለ ኸኣ ናብ ስደት ፋሕ ብትን ምባል ኮነ።

በቲ እዋን ናይ ሓደ ብወተሃደራት ኢትዮጵያ ዝተቐትለ ሰብ ሬሳ ስድርኡ ረኺቦም ምቕባር ከም ጸጋ ተቖጽረ። ከመይ ከም ዑስማን ኣሰናይ ንቡር ሓመድ ዝተሓረሞም ወይ እውን ከም መሓመድስዒድ ኣብ ዝወደቐ ዝተቐብረ ጥራይ ዘይኮነ መውደቒኡ ዘይተፈልጠ[82] ውሑድ ስለ ዘይነበረ።

---

82 ሓደ ኣባል ኮማንድስ ዝነበረ ንወፍሪ ካብ ከተማ ኣብ ዝወጽሉ እሱራት ሒዞም ከይዶም ኣብ በረኻ ጉድጓዶም ባዕሎም ከምዝኹዕቱ ተገይሩ ከም ዝርሸኑ ዝነበሩ ቃል ምስክርነቱ ሂቡ።

ዕጫ ዓድታት ሰኹና

ነፋሪት ኣብ ሰኹና መንሹራት ካብ ዝበተነትላ ዕለት[83] ድሕሪ ገለ መዓልታት፡ ኣዛዚ ናይቲ ኣብ ኤርትራን ትግራይን ዓስኪሩ ዝነበረ ካልኣይ ክፍለጦር ኢትዮጵያ፡ "ፍሉይ" ናብ ዝተባህለ ኦፐሬሽን "ምንዳድ ዓድታት" ወተሃደራቱ ከበግስ፡ ካብ ኣስመራ ንከረን ነቒሉ። ኣብ ዝሓሰቦ ከይበጽሐ ተቐቲሉ ከኣ ህይወቱ ሓሊፈት። ንኣማውታ ጀነራል ከተጻሪ ዝተመዘዘት ኮሚተ፡ ዕላማ ጉዕዞኡ ክትገልጽ ከላ፥ "ጀነራል ንከረን ክበጽሕ ዝተሓሰበሉ ምኽንያት፡ ኣብ'ቲ ኣውራጃ ሓድሽ ኦፐሬሽን ንምትግባር ውጥን ስለ ዝተሓንጸጸ፡ ወተሃደራት ናብ ግንባር ቅድሚ ምምዳቦም ኣብ ከረን ኣኪቡ መምርሒ ንምሃብን ነቲ ሰራዊት ንምርዳእን ምኺኑ ተፈሊጡ"[84] ትብል።

ጀነራል ተሾመ ኣቐዲሙ ዝተሓንጸጸ መደብ ኣብ ግብሪ ንምውዓል፡ ትእዛዝ ክህብ እዩ ተበጊሱ። እንተኾነ ኢደኻ ከም ዝለኣኸትካ ዘይኮነ፡ ዕዳጋ ከም ዝጸንሓካ ኮይኑዎ ተኾሊፉ። እቲ ኦፐረሽን - ምቅጻል ዓድታትን ምቕታል ሰለማውያንን ግን ዝያዳ ነዳዲ ወሲኹ ኣብ ግብሪ ውዓለ። ካብ ከረን ብጸባብ ቤጂክ፡ ብኣሕፈሮም ንጀንገሬን፡ ብፋፍዳ ናብ ምሉእ ሰኹና፣ ካብ ከረንን ዒላበርዕድን ናብ ክፋል ዓዲ ዘማትን ሰለባን መንሳዕን ኮማንድስን ጦር ሰራዊትን ሕሱም ግፍዒ ንምፍጻም ብጻዕቂ ወፈሩ።

ብዘይካ'ዚ ካብ ጊንዳዕን ደንጎሎን ዝነቐለ ሓይሊ ጦር ሰራዊትን ኮማንድስን እውን ኣብ ቅድሚኡ ዝጸንሓ ዓድታት እናንደደን፡ ሰለማዊ ህዝቢ እናቐተለን ብሰሜናዊ ባሕሪ ናብ መንሳዕ ኣቕኒዑ። በዚ መሰረት ካብ ከረን ንምዕራብ፡ ሰሜን ከምኡ'ውን ምብራቕ ዝርከባ ዓድታት፡ ኣብ ሓጺር መዓልታት ኩለን ጥፍኣተን ኣኺሉ ከህሞኺን ሰላማዊ ህዝቢ ክሃልቕን ጀሚሩ።

ካብ ከረን ናይ ዝተበገሰ ገለ ክፋል ወተሃደራት ኢትዮጵያ ብቕደም ተኸተል ፈለማ ፋፍዳ፡ ቀጺሉ ንበርደግን ሙሻ ዓይግን ዝበሃላ ዓድታት

83 ነፋሪት መንሹራት ዝበተነትላ ዕለት ብንጹር ዝፍለጥ እኳ እንተዘይኮነ፡ ቅድሚ ቅትለት ጀነራል (21 ሕዳር 1920) ነይሩ።

84 "ግፍዒ'" ዛንታታት ተመኩሮ ገድሊ ቅጺ 8 ኣሕተምቲ ሕድሪ 2017፡ ገጽ 20።

ናብ ሓሙኽሽቲ ቀየረን። ካብ ሩባ ዓንሰባ ንወገን ደቡብ ዝርከባ ዓድታት ወስበንስሬኹን ሕመራይን እውን ብኸፊል ነደዳ። እቶም ወተሃደራት ኣብ ሩባ ዓንሰባ፡ ሸራፍ ኣብ ትበሃል ቦታ ግዝያዊት መዓስከር ገይሮም እዮም ነዚ ናይ ምንዳድ መስርሕ ዘካይዱ ነይሮም። ምሉእ መዓልቲ ከቃጽሉን ከቐትሉን ውዒሎም ሩባ ዓንሰባ ተመሊሶም ይሓድሩ። ዋናታተን ሓዲጎመን ንዝሃደሙ ከብትን ጤለ-በግዕን ሓሓሪዶም ከኣ ይበልዑ። ነተን ተረፍ ጽጋቦም ድማ ብተመልከተለይ ንኽንቱ ይቐትልወን። ኣብ ትቕጽል መዓልቲ ካልእ ዝበኣሰ ምንዳድን ቅትለትን ከፍጽሙ ይወፍሩ።

ሰንበት 29 ሕዳር ካብ ሩባ ዓንሰባ ንሰሜን እትርከብ ፍሶሩኹ ትበሃል ንእሽቶ ዓዲ ግዳይ ዝኾነትሉ እዩ። ፍሶሩኹ ነዲዳ ማሕየዊት ዘርእስላሰ ሰይቲ ሓመድናካ ናሽሕ እኩብን ድንሳ ዑመር ሰይቲ ኣዳላ ናሽሕ እኩብን ዝበሃላ ንጹሃት ኣንስቲ ኣሕሙትሙት እውን በታ ዕለት ተቐትላ። ኣብ ተመሳሳሊ ዕለት ሙኻ ሸባሕን ፋለዳርብን እውን ተሃሞኽ።

ህዝቢ'ቲ ከባቢ ወተሃደራት ናብ ዓዶም ቅድሚ ምብጽሖም እዮም ወጺኦም ዝጸንሑ ነይሮም። በቲ ቕነ ህዝቢ ህይወቱ ንምድሓን ሰሜን ናይተን ዓድታት ናብ ዝርከብ በረኽቲ ጎቦታት ሃዲሙ እዩ ዝዕቆብ ነይሩ። ዓዱ ክትሁሞኽ ከኣ ካብ ርሑቕ የቋምት። ንሰማይ ክዓርግ ኣማዕድዩ ዝዕዘቦ ትኪ ርእዩ ድማ ብጓሂ ይኹምተር። ምስቲ ብታሪኽ ጥራይ ዝፈልጦ ወራር ዓስከር ደግያት ውበን ራእሲ ኣሉላን እናመሳሰለ ድማ የስቆርቁር። ኣብ ሰኹና ይኹን ካልእ ከባቢታት ኤርትራ 'ውብ ዝገበሮ፡ ኣሉላ ዝደገሞ' እከይ ካብ ወለዶ ናብ ወለዶ እናተመሓላለፈ ዝዝንቶ ሕማቕ ዛንታ እዩ። ህዝቢ ኤርትራ ብራስያን ዝምታን ኣምሓራን ተጋሩን ሞኹታኡ ምስ በልዐ ብጓሂ ከምዚ ክብል ደጕዑ ነይሩ።

ኣምሓራ የርሕቐልና ሰብ ጕራደ

ንድኻ ዝብልዎ ሃባ ዕደ

ንሃብታም ዝብልዎ ሃባ ንደ

ነስላማይ ዝብልዎ ማዕተብ ውደ።

ነቲ ብጕራዴ ክሳድ ንጹሃት ዝተቐርጸሉ፡ ድኻ እታ ዝርካቡ፡ ሃብታም ዝነበሮ ኩሉ ዝሰኣነሉ፡ ኣስላማይ ክስታናይ መሲሉ ክሓልፎ ዝተገደደሉ መሪር ዘመን ብቅኔ ገሊጾሞ እዮም። ዓሳክር ደግያት ውበ ኣብ መንጎ 1844ን 1849ን ኣብ ምድሪ ሰኹና ሽዱሽተ ዓበይቲ ናይ ራስያን ዝምታን ወፍሪ ኣካይዶም።[85]

85 ዶክተር ክፍለማርያም ሓምደ "ሓጺር ታሪኽ ሰኹና"።

መጽሓፍ 'መዘከር ወዲ ሃገረሰብ' ነዚ ዝድርዕ ናይ ሚካኤል ስሑል ዛንታ ኣለዋ፡-

> *"ኣቐዲሙ ኣብ ጸዓዘጋ ኣብ ቤተ-መንግስቲ ከም ሓውሲ ታሕተዋይ ኣማኻሪ ኮይኑ ዝሰርሐን ጸኒሑ ንምድሪ ባሕሪ ከም እትደከም ዝገበረን ሚካኤል ስሑል፡ ኣብ ከባቢ 18 ክፍለ ዘመን ኣቢሉ፡ ኣዘንጊዑ ኣብቲ ከባቢ ዘሚቱ ነይሩ'ዩ። ብፍላይ ንዓድታት ጽልማን ከባቢኡን ከምኡ'ውን ንጸዓዘጋ፡ ዓዲንኣምን፡ ምለዛናይን ካልኦት ዓድታትን ናብ ሓሙኹሽቲ ቀይርወን ነይሩ'ዩ። ዘሚቱ፡ ህዝቢ ኣህሊቑ፡ ንብረት'ውን ዘሪፉ። ኣብ መንጎ ዓዲሓንስን ደቂ-ዳሽምን መዓስከር ብምቛም፡ ንኩሉ ከባቢታት ሓማሴን ክሳብ ሓልሓል በጎስ ሰራዊቱ እናሰደደ ከም ሕሱም ኣጸልሚትዎ ከም ዝነበረ ስኑድ'ዩ።"[86]*

ራእሲ ኣሉላ'ውን ኣብተን ካብ 1879 ክሳብ 1889 ኣብ ከበሳ ኤርትራ ዝዓስከረለን ዓመታትት ጥራይ ንህዝቢ ናራን ኩናማን ዳርጋ ኣጽኒቱዎም፡ ንበጎስ፡ ሓልሓል፡ ሓባብ፡ መንሳዕን ካልእ ከባቢታትን ብተደጋጋሚ ራስዩ እዩ። ንእከይ ተግባራት ራእሲ ኣሉላ ብዓይኖም ዝረኣዩ ወዲ ሰኹና ሓደ ሽካይ ኣስገዶም (1870 - 1969)[87] እዮ። ንሱ ክሳብ ቅድሚ ሓደ ዓመት ህልፈት ናይ በስከዲራ ብህይወት ጸኒሑ'ዩ።

ሽካይ፡ ኤርትራ ብስማዊ ፌደረሽን ኣብ ትሕቲ ግዝኣት ኢትዮጵያ ክትኣቱ ምስ ረአየ ኢትዮጵያ እተመሓድራ ከረን ካብ ምርኣይ ዝተሓሰመ ሰብኣይ ምንባሩ ክፍለማርያም ሓምደ ይጠቅስ። እቲ ንኢትዮጵያ ከም ሞት ክጽየፋ ዝገበሮ ብ1885 ኣብ ግራት እናሓረሱ፡ ራእሲ ኣሉላ ንብዕራዮም ብሓይሊ ኣፍቲሑ ስለዝሓረዶን፡ ደቀንስትዮ ከዕምጽ ብምርኣዩን ምዃኑ ከኣ ይዝንቶ። በዚ ድማ፡ 'ካብ ምስ ኣምሓሩ፡ ምስ ጣልያን ወይ ምስ እንግሊዝ ምጽናሕ ይምረጽ' ብምባል፡ ንኢትዮጵያ ከይርኢ ክሳዕ ግዜ ሞቱ (1969) ንሓንቲ መዓልቲ'ኳ ከረን ከይረገጸ ንዓዲ እዝግሄሩ ሓሊፉ።[88]

ብዙሓት ከም ሽካይ ኣስገዶም ኣንጻር መግዛእቲ ኢትዮጵያ ተሪር መርገጺ ዝወሰዱ ካልኦት ኣቦታት ከም ዝነበሩ'ውን ይዝንቶ። እቲ ኣብ 1970 ኣብ ልዕሊ ከባቢ ከረን ዝወረደ ግፍዒ ግን ካብ ናይ ውብን ኣሉላን ዝተዓጻጸፈ ነበረ። ኣብ ኢትዮጵያ ዝነገሰ ብኣምሓሩ ይቀለስ ብተጋሩ ሓደ ካብ ካልእ ዝኸፍኡ ሕሱማት ምንባሮም ከኣ ብግብሪ መስኪሩ።

---

86 መንገሻ ሃብተ፡ "መዘከር ወዲ ሃገረሰብ". ገጽ 119።

87 ዶክተር ክፍለማርያም ሓምደ።

88 ከማሁ።

ቅዝፈት ክልተ ኣንስቲ ኣሕሙትሙት

መብዛሕትአን ስድራቤታት ሰኹና ከም ልማድ፡ ክረምትን ቀውዕን ኣብ ቁሸት፡ ሓጋይን ኣየትን ከኣ ኣብ ዓዲ እየን ዝቕመጣ። እቶም ዕድመ ዝደፍኡ ግን፡ ሓጋይ ይኹን ክረምቲ ካብ ዓዲ ኣይፍለዩን። ኣብ ቀውዒ 1970 ስድራ-ቤት ኣቶ ተስፋጋብር ሓመድናካ እውን ከም ካልኦት ስድራቤታት፡ በቲ ኣብ ልዕሊኦም ሰሪቡ ዝነበረ ሓደጋ እናሰግኡ፡ ኣብ ማእከል ግራቶም ቆሺቶም ኣብ ምእካብ ምህርቶም ተጸሚዶም ነበሩ።

ወተሃደራት ካብ ሩባ ዓንሰባ ተተበጊሶም ንዓድታት ኣብ ዘቃጽልሉ ዝነበሩ ግዜ፡ ህዝቢ ምንቅስቓሶም ብደቂቕ ተኸታቲሉ ብዛዕባ ምምጽኦም ንንሓድሕዱ ብቐጻሊ ሓበሬታ ይለዋወጥ ነይሩ። ሰንበት 29 ሕዳር ወተሃደራት ካብ ሩባ ዓንሰባ ኣንጊሆም ንፍሶሩኹ ገጾም ምስ ገስገሱ፡ ገና ናብታ ዓዲ ከይበጽሑ እዩ "ይመጹ ኣለው" ዝብል ሓበሬታ ተመሓላሊፉ። ቀዲሙ ዝረኣየ ኣብ ብርኽ ዝበለ ስፍራ ኮይኑ እዩ ድምጹ ብምብራኽ ንደቂ ዓዲ ዝሕብር። ዳርጋ ኩሉ ኣብ ተጠንቀቕ ስለ ዝጸንሐ ከኣ፡ ቅድሚኡ ንዝጸንሖ እናሓበረ ናብቲ ጎቦታት ገጹ ይሃድም።

ብኸምዚ ምምጻእ ናይቶም ወተሃደራት ተፈሊጡ ዝበዝሐ ወዲ ፍሶሩኹ ናብ ሰሜናዊ ወገን ናይቲ ዓዲ ናብ ዝርከብ ጎቦ ኣርሒቑ ሃዲሙ። ኣቶ

ኣቶ ተስፋጋብር ሓመድናካ

ነፍስሄር ምሕረት ጅምዕ

ተስፋጋብር ሓመድናካ እውን ምስ ክፍለማርያምን ሃብቶምን[89] ደቁን ጥራቱን ናብ ተመሳሳሊ ኣንፈት ሃደሙ። በዓልቲ ቤቱ ወይዘሮ ምሕረት ጅምዕ ምስ ክልተ ነኣሽቱ ደቃ (ምልእተን ሳሙኤልን) ክልተ ሓማታውን - ማሕየዊት ዘርኣስላሰን ድንሳ ዑመርን ናብ ደቡባዊ ምብራቕ ፍስሩኹ ሃዲመን ተኸወላ። ከባቢ ፍርቂ መዓልቲ ምስ ኮነ 'ወተሃደራት ንፍሶሩኽን ፈለዳእርብን ኣቃጺሎም ንሩባ ዓንሰባ ገጾም ተመሊሶም' ዝብል ሓበሬታ ተናፈሰ።

ነዚ ዝሰምዓ ኣደይ ምሕረትን ክልተ ሓማውታን ከኣ ደንቢኣን ተመልሳ።[90] እተን ዓበይቲ ኣንስቲ ብጽምእን ጥምየትን ተሰኒፈን ስለ ዝነበራ ተንኮበት ዘርጊሐን ተቐላጢፈን ኣብ ብይታ 'ረፋዕ' በላ። ኣደይ ምሕረት ግን ኣቐዲማ ካብ ዝጸመቖቶ ስዋ ጎረርኣን ከጥልላ ሂባ ኣብ ምድላው ቡንን መግብን ተጸምደት።

ብኻልእ ወገን ኣቶ ተስፋጋብር ኣመተን ክገብር፡ ካብ ዝወዓሎ ናብ ከባቢ ደንቢኡ ተመሊሱ ክዝንቢ ጀመረ። ከም ኣጋጣሚ ነተን ኣብ ደምበ ዝነበራ ኣንስትን ነቶም ጥቓኣን ዝነበሩ ወተሃደራትን ኣብ ሓደ ህሞት ርእዩ ከኣ ብስንባደ ድምጹ ኣበሪኹ "ዎ፡ ዎ፡ ዎ፡ ጦር መጺኣምኽን፡ ጦር መጺኣምኽን ህደማ! ህደማ!"[91] ጨረሐ።

ሽዑ እተን መሬት ኣማንዩ ኢለን ኣብ ደንቢኣን ኣዕሪፈን ዝነበራ ኣንስቲ፡ ልበን ብኣፈን ክትወጽእ ክሳብ ትቐርብ ብስንባደ ናብቲ ጥቓኣን ዝነበረ ስንጭሮ ገጸን ሃተፋ። ውሑስ እዩ ኢለን እየን ሓሲበን። ከም ዝሓሰብኦ ግን ኣይጸንሐንን። ብምብራቕ ናይቲ ስንጭሮ ሰለስተ ወተሃደራት ናብ ዝነበራኦ ገጾም ክመጹ ኣማዕድየን ርኣያ። ናብ ምዕራብ ገጸን እንተተገልበጣ ከኣ ምስ ካልኦት ወተሃደራት ፊት ንፊት ተረኣኣያ። ክወጻሉ ኣብ ዘይክእላ ታኼላ ከምዝኣተዋ ከኣ ሽዑ ተሰወጠን።

ሓለፋ ኩለን ዝተሸበረት ግን እታ ኣብ ዝባና ሓዚላ ብኢዳ'ውን ተታቲ ዝነበረት ምሕረት እያ። ሽዑ እተን ዓበይቲ ኣንስቲ ዓቕላ ከተጽብብ ርእየን፡ "ኣንቲ ጓለይ ንሕና ከንገዱ ኣይንኽእልን ኢና፡ ዝገበሩ ክገብሩ ኣብ'ዚ ክንጸንሖም ኢና። ንስኺ ብስመኣብ ኢልኪ ምሳና እንተ ጸናሕኪ ጽቡቕ፡ እንተዘይኮነ ግን ንላዕሊ ገጽኪ ህደሚ" በላኣ። ኣደይ ምሕረት ኣይተማትኣትን። ዕድላ ክትርኢ ወሰነት። ንሓማውታ ኣብ ዝነበርኦ ገዲፋ፡ ወተሃደራት እናርኣይዋ ብሓውሲ ዘብ ዘብ ንምብራቕ ኣንፈት በሊዓ፡ ካብ ቅድሚ ዓይኖም ተኸወለት።

---

89 ክልቲኦም ናብ መስግድ ኣይኣተውን፡ ሃብቶም ዳሕራይ ግዜ ናብ ህዝባዊ ግንባር ተሰሊፉ ኣብ 1985 ኣብ ማይ ላም ተሰዊኡ። ክፍለማርያም ግን ብተደጋጋሚ ኣመሓዳሪ ከባቢ ፈለዳእርብ ኮይኑ ዘገልገለ'ዩ።

90 ምሕረት ጅምዕ፡ ቃለ መጠይቕ ምስ ደራሲ፡ 16 መጋቢት 2016፡ ፈለዳእርብ።

91 ተስፋጋብር ሓመድናካ፡ ቃለ መጠይቕ ምስ ደራሲ፡ 16 መጋቢት 2016፡ ፈለዳእርብ።

ኣቶ ተስፉጋብር ምስ ወልደኺዳን ስልማን ዝበሃል ሰብኣይ ካብኣተን ንወገን ምብራቕ ኣብ እትርከብ ንእሽቶ ኵርባ ኮይኑ ይከታተል ነበረ። ኣደኡን ሰይቲ ሓወቦኡን ካብ'ቲ ስንጭሮ ከምዘይወጻ ኣስተብሂሉ ከኣ ንወልደኪዳን "ንስኻ ደቀይን በዓልቲ ቤተይን ሒዝካ ህደም፡ ጦር ናብ'ቲ ስንጭሮ ገጾም ይወርዱ ስለዘለዉ፡ ኩነታተን ክፈልጥ'የ" ብምባል ካብ ዝነበሮ ኵጀት ቁሩብ ትሕት ኢሉ ናብ ዝነበረት ቁጥቛጥ ተጸጊዑ ምክትታሉ ቀጸለ። እቶም ወተሃደራት፡ ናብቲ እተን ዓበይቲ ኣንስቲ ዝነበራኦ ስንጭሮ በጺሖም ብዘይዝኾነ ሕቶ ንእለት ቶኪሶም ቀተልወን። ኣደኡን ሰይቲ ሓወብኡን ኣብ ቅድሚ ዓይኑ ብጥይት ክውድቃ ዝረኣየ ተስፉጋብር፡ ሕርቃንን ስንባደን ተሓዋዊስዎ ውነኡ ከጥፍእ ዝተረፎ ኣይነበረን። ምድረ ሰማይ ጸልሚትዎ ኣብ ዝነበራ ተኾርሙዩ ማይ ተቐየረ። ከጋፍዕወን እምበር ክቐትልወን ይኽእሉ እዮም ዝብል ሓሳብ ብፍጹም ኣይነበሮን።

ንምኧኑ ስለምንታይ ቀቲሎመን ይኾኑ፤ እንታይ ስግኣትከ ፈጢረናሎም ክኾና ይኽእላ፤ ብዙሕ ትንታነን ምርምርን ዝሓተት ኣይኮነን። 'ንዓቢ ይኹን ንእሽቶ ኤርትራዊ ምቕታል፡ ኣብ ሕጊ መንግስቲ ይኹን ሕጊ ኣምላኽ ኣበሳ ኣይሕሰብን' ከም እተባህለ፡ ሰላማዊ ሰብ ክቕንጽሉ ቆሪጾም ዝተላዕልሉ ሰብ ሕሱም ዘመን ስለ ዝነበሩ ጥራሕ እዩ - በቃ።

ወተሃደራት ነተን ኣንስቲ ቀቲሎም ናብቲ ኣቐዲመን ኣዕሪፈናሉ ዝነበራ ደምበ ወጹ። ኣብኡ ዝኾነ ይኹን ነገር ከይገበሩ ከኣ፡ ንፍሶሩኹ ገጾም ኣምርሑ። ፍሶሩኽ ካብ ደምበ እንዳ ተስፉጋብር ርሑቕ ኣይነበረትን። ንወገን ሰሜናዊ ምዕራብ፡ ኣስታት ሓደ ኪሎ ሜተር ኣቢላ እያ ትኸውን። እታ ዓዲ ድሮ ተቓጺላ ስለ ዝነበረት እውን ኣብኣ ነዊሕ ኣይጸንሑን። ሩባ ዓንሰባ ገጾም ተመርቀፉ።

ብፍርሕን ጓህን ተጨባቢጡ ዝጸንሐ ተስፉጋብር ምኻድ ናይቶም ወተሃደራት ርእዩ ብደርገፍገፍ እዩ ናብ'ቲ ሬሳታት ዝነበሮ ዓሚቕ ወሪዱ። ብሓውሲ ጉያ ኣብ ልዕሊ እቲ ሬሳታት ቀይሙ ዝርንዛሕ እናነብዐ ናብዝን ናብትን ኣዕለበጠ። እቲ ውዑይ ደም ኣዴታቱ ንመሬት፡ ንብዓቱ ድማ ንምዕጉርቱ ኣጠልቀየ። ጸኒሑ ግን ብኽያት ዝዓብሶ ከም ዘይብሉ ግዲ ተሰዊጥዎ ብነጸለአን ሸፊኑ፡ ጸገሙ ዝነግሮ ሰብ እንተረኸበ ንዓዲ ገጹ ኣምርሐ። ፍሶሩኽ ሰብ ዝበሃል ኣይጸንሖን። ዓዲ ሓሙኽሽቲ ተቐይራ እታ ኣጉዶ ዝነበረት ቤት ጸሎት እውን ተቓጺሉ ጸንሓቶ። እንተኾነ ግን ወተሃደራት ቅድሚ ነታ ቤተክርስትያን ምቅጻሎም ኣብ ውሽጣ ንዝጸንሖም ምስሊ ኪዳነ ምሕረት ስለ ዘውጽእዋ ኣብ ጎልጎል ተደርብያ ጽንሓቶ። ተስፉጋብር ነታ እንኮ ዝደሓነት ንብረት ዓዲ፡ ኣልዒሉ ወሰዳ።

"እግዚኣብሄር ዝሸመኒ" - ስዩመ እግዚኣብሄር - ብምባል ነብሱ ዘጠመቐ ስራሕ ሰይጣን ዝሰርሕ እኩይ ከም ሃጸይ ሃይለስላሰን ስርዓቱን መቸም ሳሕቲ እዩ ዝርከብ። እቲ ስርዓት ብምስሊ እግዚኣብሄር ንዝተፈጥረ ሰብ ምቕታል ከም ዓወት፡ ምስሊ ኪዳነ ምሕረት ምንዳድ ግን ከቢድ ሓጥያት ዝቖጽር ምሒር ኣምሰሉ እዩ ዝነበረ።

ዝኾነ ኮይኑ ነዊሕ ከይጸንሑ ፈቐዶኡ ፋሕ ኢሎም ካብ ዝወዓሉ ደቂ ዓዲ፡ ምኻድ ወተሃደራት ኣረጋጊጾም ናብታ ዓዲ ወረር ወረር በሉ። ተስፉጋብር ሰብ ክመጽእ ምስ ረኣየ ጸገሙ ዝነግሮ ሰብ ብምርካቡ ጥራይ እፎይታ ተሰመዮ። መርድእ እተን ክልተ ኣንስቲ ብቐዳምነት ካብ ዝሰምዑ ሓደ ከኣ ኣቡኡ ሓመድናካ ናሽሕ ነበረ። ሽዑ ሬሳታት ናብ ዝነበሮ ስንጭሮ ከይዶም፡ ብነጸላ ኣብ መሰላ ብምእሳር ተሰኪሞመን ካህን ከረኽቡላ ናብ ዝኽእሉ ንፈርሔን ኣምርሑ። መቓብር ብላምባ ጋዝ ኣብሪሆም ብምኳዕት ከኣ ብጸሎተ ፍትሓት ኣባ ተወልደብርሃን ገብረመድህን ሓመድ ኣዳም ኣልበሱወን።[92]

---

92 ከማሁ።

ፍርዲ በስክዲራ

እንዶ ኣይነበራን እዛ ንጽህቲ ዓዲ
ኣይ-ብኢዳ ኣይ-ብእግራ
ትፈልጦኳ ኣይነበራ
ሕሱም ሓደጋ ወረዳ
ንጽንተት ዝፈረዳ።

ኤፍረም ሃብተጽዮን

በስክዲራ ዝብል ስም ዓዲ፡ ‘በስክ’ ዒቃ፣ ‘ዲራ’ ድማ ‘ዱማ’ ብዝብላ ክልተ ናይ ብሌን ቃላት ዝቖመ’ዩ። እታ ዓዲ ካብቲ ኣብ ከባቢኣ ዝርከብ ዝነበረ ገና ኣሰሩ ዘየጥፍአ ገረብ ዒቃን ዱማን ዝረዓመቶ ምዃኑ ከኣ ይእመን። ካብ ከረን ንወገን ሰሜናዊ ምብራቕ ኣብ ኣስታት 14 ኪሎ ሜትር ርሕቀት እትርከብ ዓባይ ዓዲ በስክዲራ፡ ካብ ጥንታውያን ዓድታት በጎስ ሓንቲ እያ። ህልቂት ኣብ ዘጋጠመሉ እዋን ኣብ ሰኹና ዝዓበየ መስጊድን ካብ ቀዳማይ ክሳብ ሻድሻይ ክፍሊ ተምህር ቤት-ትምህርቲን ኣብዛ ዓዲ ነይረን።

ዓበይቲ ዓዲ በስክዲራ፡ ኣቐዲመን ናይ ዝነደዳ ዓድታት ማለት ፍሶሩኹ፡ ሙሻ-ዓይግ፡ ሙሻ-ሸባሕን፡ ፈለዳርብን ናይ መንደዲኦን ጠንቂ ብዓቕሞም ክፈልጡ ፈቲኖም “ዓዶም ገዲፎም ስለ ዝሃደሙ ተቓጺለን” ናብ ዝብል መደምደምታ በጽሑ።[93] ሸዑ ንሳቶም ከይሃደሙ ጸኒሖም ዓዶም ካብ ምንዳድ ከድሕኑ መኸሩ። በዚ መሰረት በረኻ ዝነበረ ህዝቢ ናብ ዓዱ ክኣቱ ኣብ ውሽጢ ዓዲ ዝነበረ ድማ ናብ በረኻ ገጹ ከይሃድም ወሰኑ።

ተቐማጦ በስክዲራ ካብ ዓርቢ ክሳብ ሰንበት ኣብ ዝነበራ መዓልታት፡ ሸከር ልጃጅን[94] ካልኦትን ካብ ከረን ብዝለኣኹሎም መጠንቀቕታ፡ ዓዶም ገዲፎም ኣብ በረኻታት ፋሕ ብትን ኢሎም እዮም ቀንዮም። ምሸት ሰንበት ግን፡ ዓዶም ካብ ምንዳድ ነብሶም እውን ካብ ከርተት ከድሕኑ ኣብ ዓዶም

93 ሓበሬታ ከምጽኡ ዝተላእኩ ገብረምድህን ዓበን ካልእ ዘይተፈልጠ ብጻዩን ነይሮም።
94 ብዝተፈላልዩ መገዲ ናይ መጠንቀቕታ መልእኽቲ ይለኣኹሎም ነይሩ።

ከጽበዩ ወሰኑ። ካብ ሓንጎል፡ ሳንቃ፡ ፈለዳእርብን ፍሰሩኽን ንበስከዲራ ግዲዞም ዝነበሩ ተቐማጠ ካልኦት ዓድታት'ውን ኣብቲ ምኽሪ ምስኦም ሓበሩ።

ንግሆ ሰኑይ ካብ ሩባ ዓንሰባ ዝተበገሱ ጦር ሰራዊትን ኮማንድስን ከባቢ ሰዓት ትሽዓተ ረፋድ በስከዲራ በጽሑ። ህዝቢ በስከዲራ'ውን ነቶም ምምጽኦም ርግጽ ዝነብሩ ኣጋይሹ ንምቕባል ካብ ንግሆ ኣብ ማእከል ዓዲ ተኣኪቡ እዩ ከጸባበ ኣርፊዱ። ነቶም "ከይተዓደሙ ዝመጹ ኣጋይሹ"[95] መቐበሊ ዝኾና ከልተ ላም እውን ተዳልየን ነበራ።

ወተሃደራት ልቢ ዝልቡ ህዝቢ ብዝገበረሎም ፍሕሹው ኣቀባብላ ኮነ ዝተቐረበሎም ገጸ በረኸት ኣይተመሰጡን። ዋናታተን ህይወቶም ንከድሕኑ ገዲፎመን ሳላ ዝሃደሙ ከብትን ጠለ በጊዕን ሕጽረት ስጋ ኣይነበሮምን። ብመሰረቱ ስጋ እንተደልዮም ክሳብ ገጸ በረኸት ዝቐረበሎም ዘጸቢ ኣስሓኮ እውን ኣይነበሮምን።

ዝኾነ ኮይኑ መራሒ ወተሃደራት ኣርዓዲ ብዝኾነ ኣጠማምታ ነቲ ህዝቢ ብዓይኑ ድሕሪ ምኹላል "ዓድኹም ካብ ቁንጭን ትኺንን ናጻ ድዩ፧ ክርስትያን ዲኹምከ እስላም፧ ጀብሃ'ኸ ርኢኹም'ዶ፧" ዝብልን ካልእን ሰንካም ሕቶታት ደርደሩሎም።

ስርዓት ሃይለስላሰ ንህዝቢ ኤርትራ ኣንጻር ሰውራ ደው ንኽብል ካብ ዝገበሮ ፈተነታት ሓደ ብሃይማኖት ምፍልላይ እዩ። ንጀብሃ ከም 'እስላማዊ ምንቅስቓስ' እናቕረበ፡ ብገንዘብ ነዳዲ ዓረብ (ፔትሮ-ዶላር) ተጠቢሩ፡ 'ንኤርትራ (ቀይሕ ባሕሪ) ክሽይጥ ከምዝተዓጥቀ ጉጅለ' ኣምሲሉ ለይትን መዓልትን ጎስጒሱ። ግሩሃት ከደናግረሉ ዝኽእል እውን መስሪሑ። ከም ሳዕቤኑ ነዚ 'እስላማዊ ምንቅስቓስ' ዝተባህለ ጉጅለ ዝምክት፡ ብኣመንቲ ክርስትና ዝዕብለል ኮማንዶ ብእስራኤላውያን ኣሰልጢኑ። ኮማንዶስ ካብ መፋርቕ 60ታት ክሳብ መፋርቕ 70ታት፡ ኣንጻር ዕላማ ሰውራን ኣንጻር ህዝቢ ኤርትራን ተሰሊፉ ከቢድ በሰላ ዘትርፈ ገዚፍ ጉድኣት ኣውሪዱ።

በንጻሩ ካብ ኣመንቲ ምስልምና፡ እቶም ኣብ ጎኒ መንግስቲ'ውን ዝቐሙ እካ ከይተረፉ 'ጀብሃ' ተቖጽረ። ክርስትያን ከም ደገፍትን ወገንን መንግስቲ ምዃኖም ትረኻ ተሰርሓሉ። ኣካል ናይ እዚ ውዲት፡ ካብ 1967 ጀሚርካ ብዘይካ እተን ውሑድ ቑጽሪ ክርስትያን ዝርከቡለን ዓድታት እስላም ኤርትራውያን ጥራይ ነደዳ።

ስለዚ መራሒ ወተሃደራት፡ "እስላም ዲኹም ወይስ ክርስትያን፧" ብምባል ነቶም ህዝቢ ዘቕረበ ሕቶ ብፍጹም እንታይነቶም ንምፍላጥ ዝቐረበ ግሩህ ሕቶ

95 ዶክተር ከፍለማርያም ሓምድ ነቶም ወተሃደራት "un invited guests" ብምባል ይገልጾም።

ነፍስሄር ተስፉ ኣልመዶም (ወድ ሻንን)

ኣይነበረን። ሕቶ ሞትን ህይወትን ምበር። ንክምልሱ ትጽቢት ዝተገብረሎም እውን ስለ ዘይስሓትዎ ሓሲቦምን ተጠንቂቖም መለሱ።

ጭቃ ዓዲ ግራዝማች መንደር ብእምነት፡ ነቲ ተኣኪቡ ዝነበረ ኩሉ ህዝቢ ወኪሉ፡ ክርስትያንን እስላምን ምኽኖም (ከምኡ ድማ እዮም)፡ ጀብሃ ከም ዘይረኣዩን ዓዶም ካብ ቁንጭን ትኽንን - ጀብሃ ንምባል ዝተጠቐምሉ እዩ፡ ናጻ ምኻናን ከምቲ ኣቐዲሙ ምስ ብጾቱ ዝተሰማምዕሉ መለሰ።

መቸም ወተሃደራት ኢትዮጵያ ኣብ ግዜ ሰውራ ኣበይ ከባቢ ብዘየገድስ ንህዝቢ ሓቲቶም ዝወሃቦም ዝነበረ መልሲ ተመሳሳሊ እዩ ዝነበረ። ተጋደልቲ ርኢኹምዶ፧ ኣይረኤናን፡ ብዛዕባ ተጋደልቲ ሰሚዕኩምዶ፧ ኣይሰማዕናን። ብኹሉ ቋንቋ ሓደ ዓይነት መልሲ። ናይዚ ኣብነት ኣባል ክፍሊ ህዝባዊ ምምሕዳር ህግሓኤ ዝነበረት ተጋዳሊት ጽገ መንገሻ ኣብ 1990 ኣብ ሜዳ ቃልሲ ሓንቲ "ማበ" ዘርእስታ መጽሓፍ ኣሕቲማ ነይራ። ማበ ብቋንቋ ሳሆ 'ኣይፈለጥኩን ወይ ኣይሰማዕኩን' የስምዕ። እቲ ኣብታ መጽሓፍ ኣብ መንጎ ሓደ ናይ ኢትዮጵያ ሃሱስን ተቐማጦ ሓንቲ ዓድን ዝተገብረ ዝርርብ ከኣ ብኸምዚ ቀሪቡ ኣሎ።

"ኣቦ፡ ኣደ ሓንቲ ሕቶ ንምሕታት ኢና መጺእና፡ እታ ገዛ እቲኣ እንዳ መን ትበሃል" በሉዎም ብኢዶም እናመልከቱ።

እቶም ዓበይቲ ሰባት "ማበ"[96] - ኣይንሰምዕን በሉ ዳርጋ

96 ማበ ብቛንቋ ሳሆ "ኣይሰምዕን" ማለት እዩ።

በብተራ። ተስፋይ’ውን ብትግርኛ ገይሩ ኣቦ ኣጀኹም እታ ገዛ እቲኣ እንዳመን ትበሃል፣ መን ሽማ እቲኣ ኢሉ ሕቶኡ ከይወድአ ከሎ “ማገበ ጎምበለ” - ጎበዝ ኣይንሰምዕን - ኢና በሉዎ ሰኣን ነቲ ቋንቋ ምፍላጦም ደአ’ምበር ዘኽብርዎን ከትሓጋገዝዎ ድሉዋት ምኧኖምን ንምምስሳል እናተደናገጹን እናተመሻሸኑን”[97]

ኣብ በስከዲራ እውን ተመሳሳሊ እዩ ኣጋጢሙ።

ሽው ሓላቓ እቶም ወተሃደራት ነቦይ መንደር ብመልሱ ኮነ ብምስሉ ሕጉስ ስለዘይነበረ - ኣቦይ መንደር ኣማኒ ምስልምና እዩ ዝነበረ። ‘ንስኻ ንጹህ ኣይኮንካን፡ ኣይኣመንኩኻን’ ብዘስምዕ ቃና “ንጹሕ ክርስትያን ይቐረብ፡” ክብል ኣዘዘ።

ብጠለቡ ካብ ሽማግለታት ናይቲ ዓዲ ኣቦይ ተስፉ ኣልመዶም “ወድ ሻንን” ቀረበ። ነተን ኣቦይ መንደር ዝበለን ቃላት ከየጉደለ ከይመልአ ደገመሉ። እንተኾነ ኣብ መንጎ እቲ ዝርርብ እቶም “ኣበይ ሓዲሮም፣ ኣበይ ተደሪሮም፣ ርኢኹሞም’ዶ፣” እናተባህለ ዝሕተተሎም ዝነበሩ ተጋደልቲ፡ ብሰሜናዊ ወገን ናይታ ዓዲ ካብ ዝነበራ በረኸቲ ቶኲሶም ኣበይ ምህላዎም ባዕሎም ሓበሩ። ወትሃደራት ኢትዮጵያ ግን ተጋደልቲ ናይ ምርካብ ህንጡይነት ኣይኮነን ነይርዎም። ንተጋደልቲ ደልዮም እንተዝነብሩ ንሰላማዊ ህዝቢ ምሕታት እውን ኣይመድለዮምን። ነቲ ህዝቢ ገበነኛ ንምቕጻሩ ግን እኹል መርትዖ ኮኖም።

ሽው እቲ ኣብ ቅርዓት ዓዱ “እንቋዕ ብደሓን መጻእኩም” እናበለ ገጸ በረኸቱ ሒዙ ተኣኪቡ ዝተቐበለ ህዝቢ ንእለት ‘ምስ ጀብሃ ተመሻጢርኩም፡ ውዲት ገይርኩምልና’ ብዝብል ምስምስ ብቐጥታ ጅሆ ተታሕዘ። ቅድሚ ዝኣገረ ነተን ንምስሖም ተባሂለን ዝተዳለዋ ከብቲ፡ ብቐጥታ ብጥይት ተሳህሉወን። ሓንቲ ግን፡ ህይወታ ንብላሽ ትጠፍእ ከም ዝነበረት ግዲ ተረዲእዋ፡ ማእሰራ በቲኻ ፍንጭራዕ እናበለት ናብ ጎልጎል ናይቲ ዓዲ ገጻ ሃደመት። ወተሃደራት ግን ‘በስከዲራ፡ ህዝባ ጀብሃ ጥሪታ’ውን ጀብሃ’ ስለ ዝበሉ፡ ኣሰር ኣሰራ ስዒቦም ብምርካብ ብጥይት ኣውደቕዋ።

ህዝቢ እዚ ኩሉ ክኸውን ከሎ ኣብ ትሕቲ ኣፈሙዝ ኮይኑ ከብዱ ሓቝፉ ይዕዘብ ነበረ። ድሕርዚ ካብዚ ናብቲ ከከላብትዎ ድሕሪ ምጽናሕ ካብቲ ዓዲ ከውሊ ናብ ዝነበረት ዓባይ ገረብ ንፋሻ ወሲዶም ጠርነፍዎ። ኣብ ትሕቲ እታ ገረብ ኣብ ዝጸንሑለን ሰዓታት፡ ልቢ ዘይቆጸሩ ህጻናት ብጥሜትን ጽምእን ተሰኒፎም ገዓሩ። ዓበይቲ ከኣ ‘ኣማስያኡ መሬት እንታይ ኮን ክትወልድ’ያ’ ብምባል ኣብ ከቱር ጭንቀት ተሸሚሞም ወዓሉ።

---

97 ተጋዳሊት ጽገ መንገሻ፡ “ማገበ” ሜዳ፡ 1990፡ ገጽ 51።

ድሕሪ ፍርቂ መዓልቲ ህዝቢ "በጃኹም ቆልዑት ብጽምኢ ማይ ነቒጾም፡ ነዛ ጎረሮና ከነጥልል በጃኹም!" ኢሎም ምስ ለመኑ ክልተ ሰባት ማይ ከምጽኡ ተፈቒድሎም። ገብረመድህን ዓበን ዑቕባልደት ማይበቶትን እዮም ማይ ከምጽኡ ንሩባ ተላእኩ። እንተኾነ ግን ክልተ ሰባት ዝወረድዎ ማይ ንኣስታት 270 ዝኸውን ህዝቢ ኣብ ምንታይ ከበጽሖ፧ ዝበዝሑ ማዕንገ እኳ ከይረኸቡ ተወዲኡ።

ኣብ መዓልቲ ፍርዲ በስክዲራ ካብ ዘጋጠሙ እሞ ዳሕራይ ብፍሉይነት ካብ ዝዝከሩ ዛንታታት ሓደ ማይ ከምጽኡ ናይ ዝተላእኩ ዛንታ እዩ። ገበረመድህንን ዑቕባልደትን ሩባ ምስ ወረዱ ሓደ ካብኦም "በዚ ገይርና ዘይንሃደም" ይብሎ ንብጻዩ። ካልኣይ ግን "ንሕና እንተሃዲምና ደኣ ዓድና ገበነኛታት ተቖጺሮም ክቕተሉ፡ ኣይፋልናን ክንምለስ ኣለና" ይብሎ። ሓቅነቶም ኣጻርዩ ዝምሕር ዝሓዞም መሲሉዎ። እቲ ዘሕዝን ከኣ ክልቲኦም ኣብ ውሽጢ እታ መስጊድ ተቐዚፎም።

ኣብ'ቲ ነዊሕ ናይ ቅልውላው ሰዓታት "መወዳእታና እንታይ ክኸውን እዩ፡" ኢሎም እናተጨነቑ ሓደ ወተሃደር መይበቶት በሪህ ሕገት ትንባኾኡ ኣውጺኡ ክሰፍፍ ርእዩ ሳፋ ክህቦ ይሓቶ። መይበቶት እውን ነቲ ወተሃደር ይህቦ። ወተሃደር ድማ ቀሚሹ ንማይበቶት ይመለሰሉ። ኣብዚ ህሞት ካልእ ኣብ ጥቓኦም ኮይኑ ዝዕዘብ ዝነበረ ወተሃደር "ስለምንታይ ትመልሰሉ፧ ክመውት ስለ ዝኾነ፡ ድሕሪ ሕጂ እኳ ትንባኾ ኣይከድልዮን'ዩ" በሎ ርእሱ እናነቕነቐ።[98]

ብሓርፋፍ ገምጋም ከባቢ ሰዓት ክልተ ድሕሪ ቀትሪ ኣቢሉ ይኸውን፡ ሓለቓ ናይቲ ሰራዊት ኣብ ንእሽቶ ወረቐት ጽሒፉ ነቦይ ተስፉ ኣልመዶም ብሓደ ወተሃደር ኣሰንዩ ናብቲ ኣብ ጥንጡን ዝነበረ ላዕለዋይ ሓላፊ ይልእኮ። ትሕዝቶ እታ መልእኽቲ እንታይ ምንባሩ ዝፈለጥ ኣይነበረን። ላዕለዋይ ሓላፊ፡ መልእኽቱ ተቐቢሉ ብምንባብ፡ መልሲ ጽሒፉ ነቦይ ተስፉ ይህቦ።

በታ ዕለት'ቲኣ፡ ኣብታ ዓዲ ተገይሩ ተባሂሉ ኣብ ኣፍ ብዙሓት ካብ ዝጸንሓካ ዕላል፡ እቲ ወተሃደርን ኣቦይ ተስፉን ኣብ ምምላሶም ተዘራሪቦም ካብ ዝበሃል እዩ። ወተሃደር ነቦይ ተስፉ "እስከ ነዛ ወረቐት ክርእያ፡" ብምባል ወሲዱ የንብባ። ሽዑ "እሞ ነዛ ወረቐት እዚኣ ሒዝካስ ናብ ዓድኻ ክትኣቱ፧" ይብሎ። ኣቦይ ተስፉ ትሕዝቶ ናይታ ጽሕፍቲ ኣይሰሓታን፡ ክገብሮ ዝኽእል ግን ኣይነበረን። ብቐይሕ ቀለም ከም ዝተጻሕፈት ንዝንገረላ መልእኽቲ ሒዙ ከኣ ናብቲ ጅሆ ተታሒዙ ዝነበረ ሓፋሽ ተጸንበረ።

98 Amina Habte: Ethiopian War crimes in Eritrea: A case study of the massacre of Besik-Dira and Ona, 2001 p.34 (unpublished)

ሓለቓ ወተሃደራት[99] መልእኽቱ ተቐቢሉ ድሕሪ ምንባብ፡ ንበስከዲራ ከቃጽሉ ትእዛዝ ሃበ። 'ዓድና ከነድሕን' ብዝብል ተስፋ፡ ገለ'ኳ ከየልዓለ ዝወጸ ህዝቢ ዓዱ ነዲዳ ትካ ንሰማይ ክዓርግ ርእዩ ናይ ምድሓን ተስፋኡ ምስ ትኪ ናይ ዓዱ ዝበነነ ኮይኑ ተሰምዖ። ናይቶም ወተሃደራት ተርባጽን ረብሻን ብምንዳድ ዓዲ ኣይረወየን። እቲ ህዝቢ ድማ ነዚ ርእዩ ኣመና ተሸቑረረ። ኣይደንገዩን ወተሃደራት ነቲ ህዝቢ ኰብኵቦም ትተከኽ ናብ ዝነበረት ዓዱ ኣቐልቀልዎ።

"ዓድናስ ነዲዳ፡ ንሕና'ኸ ዕጫና እንታይ ኮን ይኸውን፧" ኢሉ ዝሓስብ ዝነበረ ህዝቢ፡ "ነፋሪት ትመጽእ ስለዘላ፡ እስላም ናብዘን ኣጓዱ፡[100] ክርስትያን ድማ ናብቲ መስጊድ ኣቲኹም ተኸወሉ" ዝብል ትእዛዝ ተዋህቦም። ነገራት ድሮ ናብ ሕንፍሽፍሽ ተቐይሩ እዩ።

ድሒሩ ከም ዝተጋህደ፡ ዕላማኦም ንምቕታል እንተነይሩ 'ኣስላም' 'ክርስትያን' ዝብል ምፍልላይ ስለምንታይ ኣድለየ፧ ካብ ንግሆኡ ምፍልላይ ናይ ነገር ደሓን ዘይምዃኑ ዘስተብሃሉ ዓበይቲ ዓዲ ግን ኣይተደናገሩን። ዝተኣዘዝዎ ዘበለ ክገብሩ ከም ዘይወዓሉ፡ ኣብዛ ናይ ኣስላምን ክርስትያንን ተፈላለዩ ትብል በጺሖም ሓንገዱ።

ከባቢ በስከዲራ ሓደ ካብ ካልእ ክትፈልዮ እንተሓሊንካ፡ ብዓዲ፡ ወይ ብእንዳ ወይ ቀቢላ ክትፈላልዮ ይከኣል ይኸውን። ኣብ ሓንቲ ዓዲ ድማ ብዙሓት እንዳታትን ቀቢላታትን ይርከባ። ኣብ ሓንቲ ቀቢላ ወይ እንዳ ከኣ ኣመንቲ ክርስትናን ምስልምናን ዳርጋ ብማዕረ ትረክብ። ከምኡ ስለ ዝኾነ ኣብ በስከዲራ ክልተ ኣሕዋት እቲ ሓደ ኣብ እምነት ምስልምና እቲ ካልእ ድማ ኣብ እምነት ክርስትና ምርካብ ብፍጹም ዘይንቡር ኣይቁጸርን። ሓደ ኣዛን ናይ ሸኽ ሰሚዑ ናብ መስጊድ፡ ካልእ ድማ ደወል ቤተክርስትያን ሰሚዑ ናብ ቤተ-ክርስትያን ከምርሕ ጥራይ ከኣ ይፈላለዩ። እቲ ክርስትያን ኣብ ጎኑ ኮይኑ ካብ ዝቕድስ ኣብ መስጊድ ከይዱ ዝሰለ ብስጋ ዝያዳ ዝቐርቦ ወይ እውን ብኣንጻሩ ክትረክብ ከኣ ንቡር እዩ።

ስለዚ ኣብ በስከዲራን ከባቢኣን 'እስላምን' 'ክርስትያንን' ኢልካ ክትፈሊ ኣዝዩ ዝኸበደ እዩ። ስለዝኾነ ድማ ዓበይቲ ዓዲ እንታይ ከም ዝሓይሽ ኣይመኸሩን። "ኣይትፈላልዩና፡ እስላምን ክርስትያንን ኣሕዋት ኢና። እዛ መስጊድ ድማ ንኹላትና ትኣኽለና እያ፡" ብምባል ጥራይ ንቕተልቶም ተማሕጸኑ። እቲ ህዝቢ ኪኖ ኣስላማይን ክርስትያንን ምዃኑ ኣሕዋት ምዃኑ ይዓብዮ። ርእሲ እቶም ወተሃደራት ይኹኑ መራሕቶም ግን ብኣንጻሩ እያ ትሓስብ።

---

99 ሻምበል ከበደ እዩ ነይሩ ዝብሉ እኳ እንተሃለዉ ዝኾነ መርትዖ ግን የለን።

100 ኣብ ጥቓ መሳጊድ ዝነበራ ስለስተ ኣጓዱ ከይነደዳ ተሪፈን ነይረን።

ሰብ በስከዲራ ካብ ምፍልላይ ሞት እውን እንተኾነ ክቕበሉ መረጹ። ሓው ካብ ሓዉ ካብ ዝፍለ፡ ብሓባር ሞት። ሽዱሽተ-ብዓሰርተ ሜትሮ ዝግፍሓ መስጊድ ንክልተ ሚእትን ሰብዓን ዝኣኽሉ ቆልዓ ሰበይቲ፡ ኣጓብዝ፥ ሽማግለታት፥ ሓራሳትን ጥኑሳትን 'ትኣኽለና'ያ'ብምባል ንዘይእመን ከእምኑ ጸዓሩ።

ግደ ሓቂ፡ 'መስጊድ ትኣኽለና'ያ' ኢልካ ምምጓት ዘይከውንነታዊ እዩ። ንኣስታት 270 ሰባት ሓንቲ ጸባብ መስግድ ከመይ ገይራ ትኣክል። ነቲ ናይ ምፍልላይ ውዲት ንምብርዓን ግን ኣኺላ ትተርፍ እኳ። ከምዚ ኢሎም ድማ እናጸብሐ ብዝረዝን ውሳኔ ንቐትልቶም ብሞቶም ሰዓሩ። ሞት እንተኾነ ህይወት ብሓባር ንኽርእዩ ቆረጹ። "ወሪ ላድ መንደርትነን ወሪ ላድ ክርነን"።[101]

ቅዱሳት ጽሑፋት "ንብጻይካ ከም ነፍስኻ ምፍቃር" ዝለዓለ ጫፍ መግለጺ ሓቀኛ ፍቕሪ ምዃኑ የምህር። ብጻይካ ንስኻ ዝረኸብካዮ ጽቡቕ ክረክብ ጽዒርካ እንተረኺበ ድማ ቅዱስ ቃል ተፈጺሙ ክብሃል ይኽኣል። ህዝቢ በስከዲራ ግን ሓደ ሕማቕ ጎኒፍዎ እቲ ካልእ ከይድሕን እዮም ነንሓድሕዶም ብሞት ተፋቒሮም። ምስጢር ናይዚ ፍቕሪ እምብዛ ዓሚቝ እዩ።

ሽው እቶም ካብ ንግሆ ክፈላልይዎም ፈቲኖም ዘይሰለጦም ወተሃደራት፡ ነዚ ሰሚዖም መሊሶም ነደዱ። እናደፍኡ ናብ መስጊድ ኣእትዮም ከኣ ጸፍጸፍዎም። ኣብቲ ህሞት፡ መስጊድ ክሳብ ዓንቀራ መሊኣ፡ ሰብ ንሰብ ረገጸ።

"ሓላፊ መጺኡ፡ ደቂ ተባዕትዮ ጣቕዒት፡ ደቀንስትዮ ድማ ዕልልታ፡ ገይርኩም ተቐበሉዎ" ኣብ መንጎ ሕንፍሽፍሽ እተመሓላለፈ ናይ መጨረሽታ ትእዛዝ እዩ። ሽው ብራዕዲ ዝኣክል፡ ኣንስትን ሰብኡትን ዕልልታን ጣቕዒትን ሓዋወሱ። ቅዝፈት ድማ ኣሃዱ ኢሉ ፈለመ።

ካብ ቀረባ ርሕቀት ዝተተኰሰ ጠያይቲ ብዓይኒ የብለይ ስኒ፡ ነቶም ኣብ ውሽጢ መስጊድ ተጸፍጺፎም ዝነበሩ ሰለማውያን ከም መሸላ ዓጸዶም። መኸወሊ ኣብ ዘይብሉ ኣደራሽ ደቂ ሰብ ብዓረር ረገፉ። ኣካላት ሰብ ብጠያይቲ ተበሳሲዑ መንፈት ተቐየረ። ህጻን ኣብ ማሕዘል ወላዲቱ ተቐዝፈ። ሽክና ወዲ ኣዳም ተኸፊቱ ኣንጉዑ ኣብ ዚንጎ መስጊድ ተለጠፈ። ኣምዑት ተዘልዚሉ ኣብ መሬት ተኸስከሰ። ብጽሕቲ ወርሒ ሞይታ፡ ኣብ ከርሳ ዝነበረ ዕሽል ንሞትን ህይወትን ብሓደ ቀመሰን። ምድሪ-ቤት መስጊድ ብደምን ፈርስን ጨቕዩ ሽኾና እግሪ ከደነ። ኣውያት ውጹዓት፡ ንምድሪ ኣንቀጥቂጡ ሰማያት ኳሕኲሐ። ብህይወት ዝተረፈ ትንፋሱ ከውዕል ኣብ ትሕቲ ሬሳ ተዓቝበ። ቀተልቲ ብደም ሰኺሮም ክሳብ ዝደኽሙ ተኮሱ፡ ተኮሱ። ኣውያትን ግዓር ውጹዓትን ድማ ነታ ዓዲ ሓሊፉ ነቲ ከባቢ ነቕነቐ።

101

ድሕሪ ገለ ደቓይቕ፡ ደም ዘይጸገቡ ኣረሜናት፡ ብወገን ምዕራብ ንዝነበረት መስኮት ሰይሮም፡ ብህይወት ተሪፎም ንዝነበሩ ሓደ ብሓደ ቀረሙ። ካብ ቀዳማይ ማዕበል ናይ ህልቂት ዘተረፉ ኣብቲ ካልኣይ ሰዓቡ።

"ሕጂ ውን ገና ኣለዉ፡ ድምጺ ይስማዕ ኣሎ" ኢሎም ሳልሳይ ዙርያ ናይ ህልቂት ኣካየዱ። ብህይወት ዝተረፈ እንተሎ ንምጽጻይ እውን ኣብ ኢዶም ሳንጃ ዓትዒቶም ኣብ ኣፍ ደገ'ታ መስጊድ ቆሙ። ከሳብ ሽው ድምጾም ሓቢኦም ኣስቂጦም ዝነበሩ ሽው ሞት ከምዘይትሰሮም ርእዮም "ከም ናይ ሮራ ቤት-ገብሩ ብካራ ከሓርዱና እዮም" ብምባል ነብሶም ቀበጹ። ህልቂት ሮራ ቤት ገብሩ - ኣብ ምድሪ በጎስ ጥራይ ዘይኮነ ኣብ ኤርትራ ቀዳማይ ነበረ። ኣብ 1966 ኣብ ሮራ ቤት-ገብሩ ዝተፈጸመ ህልቂት ጃዕፈር ሳልሕ ኣብ መጽሓፍ 'ግፍዒ': "ሓሙሽተ ሽድሽተ ዝኾኑ ወተሃደራት፡ ንሓደ ሰለማዊ ሰብ ሒዞም ብሓይሊ ኣብ መሬት ኣውደቑዎ'ሞ፡ ኣእዳዉ ንድሕሪት ዓጺፎም፡ ብኣእጋሮም ኣብ ዝባኑን ርእሱን ጸቒጦም፡ ብበሊሕ ሳንጃ ብድሕሪት ከሳዱ ጎይሕዎ። ንገለ ድማ ኣብ መሬት ብምዝርጋሕ ብፋስ ወቕዑዎም.... እቲ ደም ሰብ ዘይጸገበ ኣዛዚኦም 'እዚኦም ብቐሊሉ ዝሞቱ ከይመስልኹም፣ ኣይሞቱን እዮም። ሳንጃታትኩም ኣቐንዕዎ፡ ንኹሎም ኣብ ኣእዳዎምን ኣስላፎምን እናወጋእኩም ፈትሽዎም' ክብል ኣዘዞም። እቶም ወተሃደራት ከኣ፡ ነቶም ሬሳታት ብሳንጃ ክወግእዎም ጀመሩ።" ክብል ኣስፊሩዎ ኣሎ።[102]

ህዝቢ ሰኾና ነዚ ፍጻመ'ዚ ብቐረባ እዩ ዝፈልጦ። ስለዚ ድማ እዮም ጥይት ንሒፉ ሳንጃ ከም ዘይትምሕሮ ፈሊጦ ዘንቀጥቀጠ። እንተኾነ ግን ሳንጃ መዚዞም ደው ካብ ዝበሉ ቀተልቲ ሓደ 'ወዲ ሓላል'[103] "ኣብ ደምን ኣብ ፈርስን ኣይንኣቱን ኢና፡ ትንፋስ ዘለዎ የብሎምን፣ ጻዕረ ሞት እዩ፡ ኩሉ ዝስሓግ ጥራይ እዩ" ብምባል ነቲ ብሳንጃ ናይ ምጽጻይ መደብ ኣፍሸሎ። ድሕሪዚ ካብ ሰብ መልኣከ ሞት ክትብሎም ዝቕልል ወተሃደራት ነቲ ናይ ምጽናት ዕዮ ኣጻፊፎም ነታ ዓዲ ሕቘኦም ሂቦም ንሩባ ዓንሰባ ገጾም ተዓዝሩ።

ሰኑይ 30 ሕዳር 1970 ጸሓይ ዓራርቦ ኣብ መስጊድ በሲኪዲራ ኣስታት 120[104] ሬሳታትን 150 ዝኾኑ ውጉኣትን ኣብ ርእሲ ርእሲ ተጸፍጺፎም ህሉዋት ካብ ምውታት ክትፈልየሉ ዘይትኽእል ሕሱም ትርኢት ተፈጢሩ ፍጹም ጸጥታ ሰፊኑ ነበረ።

---

102 ግፍዒ፡ ገጽ 67።

103 ብዙሓት ውጻእ መዓት ነዚ ወተሃደር "ወዲ ሓላል" እናበሉ ይዝክርዎ።

104 ሰማእታት በስክዲራ 118 እዮም። ብልምዲ ግን ኣስታት 120 እናተባህለ ይግለጽ እዩ። ምስተን ኣብ ፍሶናኽ ኣብ ድሮ ዝተቐትላ ክልተ ኣደታት ግን 120 እዮም።

ረዳኢ በስክዲራ - መድሕን ፈርሔን

ቃልስና፡ እዚ በላዕ-ሰብ፡ እዚ ደማዊ!
እኳ፡ ህዝባዊ!
መነኩሴ'ኳ ዝኾነሉ ተበጃዊ።

ተስፋማርያም ወልደማርያም

ነፍስሄር ኣባ ሚካኤል ኣስፍሃ

ኣብ በስከዲራ ህልቂት ኣብ ዘጋጠመትላ ዕለት ንግሆ ወተሃደራት ናብታ ዓዲ ቅድሚ ምብጽሖም፡ ዓበይቲ ዓዲ በስከዲራ፡ ጎደቦኦም ንዝኾነት ፈርሔን ኣብነቶም ተኸቲላ ብተመሳሳሊ ኣገባብ ኣጋይሻ ክትቅበል መልእኽተኛ ሰዲዶም ነይሮም። ህዝቢ ፈርሔን እንተስ ቀዲሙ መዲቡ ወይ እውን ካብ በስከዲራ መልእኽቲ ምስ መጾ ሓሲብዎ፡ ኣብ ቤተ-ክርስትያን ቅዱስ ግዮርጊስ ተኣኪቡ ወተሃደራት ክጽበ ወዓለ። ፈርሔን ልክዕ ከም በስከዲራ

ካብ ሓንጎል፡ ሳንቃ፡ ኮከን፡ ኣጀርበብ፡ ሓሊብጅሉጥ፡ ደንጐርጁባን ካልእን ዓድታትን ዝተኣከቡ ኣማኢት ተፈናቐልቲ ነይሮማ። እስላምን ክርስትያንን ከይተፈላለዩ ነቶም ምምጽኦም ኣይተርፍን'ዩ ዝተባህሉ ወተሃደራት ክቕበሉ ኣብ ቤተ-ክርስትያን ቅዱስ ግዮርጊስ እናተማህለሉ ከጽባበዩ ወዓሉ።

ፈርሔን ካብ በስኪዲራ ንደቡባዊ ምብራቕ ኣስታት ክልተ ኪሎ ሜተር ኣቢላ እያ ትርሕቕ። ብሓርፋፍ ግምት፡ ካብ በስኪዲራ ብእግሪ ልዕሊ ዕስራ ደቓይቕ ትወስድ። እንተኾነ እዘን ክልተ ዓድታት ዋላ'ኳ ካብ ሓድሕድ ርሕቓት ኣንተዘይኮና፡ እቲ ኣብ መንጎአን ተገቲሩ ዘሎ ኩርባ ንንሓድሕደን ካብ ምርእኣይ ስለ ዝኸውለን እታ ሓንቲ ኣብ ልዕሊ ካልእ ዝኸውን ዘሎ ብቐጥታ ክትፈልጥ ዝከኣል ኣይኮነን። ዝዓበየት መስጊድን ቤት-ትምህርትን ኣብ በስኪዲራ፡ እታ ዝዓበየት ቤተ-ክርስትያን (ቁምስና ናይ ምሉእ ሰኹና) ከኣ ኣብ ፈርሔን ይርከባ ነበራ።

እቲ ኣብ ፈርሔን ብሓባር ተኣኪቡ ዝወዓለ ህዝቢ፡ ዋላ'ኳ ኣብ በስኪዲራ ዘጋጠመ ኩነታት ኣርጊጹ እንተዘይፈለጠ፡ ብሰንክ'ቲ ብማዕዶ ክሰምዖ ዝወዓለ ተኹሲን፡ ኪንዮ'ቲ ንክልቲአን ዓድታት ዝፈሊ ኩርባ ሰማይ ክዓርግ ዝረኣዮ ትክን ኣብ ከቢድ ሻቕሎት ተሸሚሙ ወዓለ።

ከባቢ ሰዓት ሓምሽተን ፈረቓን ኣብ ፈርሔን ተኣኪቡ ዝወዓለ ህዝቢ ምጽባይ ነዊሕዎ ፋሕ ፋሕ ክብል ጀመረ። ኣባ እኛስዮ[105] ድማ ልብሲ ናይ ቅዳሴ ኣውሪዶም ደሃይ ክገብሩ ማኪና ኣልዒሎም ንበይኖም ናብ በስኪዲራ ነቐሉ። ልክዕ ኣብ ቤት-ትምህርቲ ኮይኖም ንምልእቲ ዓዲ ብዓይኖም ኾለሉዋ። እንትርፎ ነዲዱ ዝተከኸ ኣባይቲ ግን ፍጡር ዝበሃል ኣይረኣዩን። "ዓድስ ኣንዲዶማ፡ ህዝቢኸ ናበይ ወሲዶሞ ይኾኑ፧" ብምባል ከኣ ምሒር ተጨነቑ። "ምናልባት ንከረን'ዶ ሒዞሞም ከይዶም ኮይኖም፧" ዝብል ሓሳብ'ኳ እንተመጾም ናብ መደምደምታ ግን ኣይበጽሑን። 'ዓዲ መናፍስቲ' ናብ ዝተለወጠት በስኪዲራ ክኣትዉ ግን ትብዓት ወሓዶም። መኪናኦም ኣልዒሎም ብዝመጽዋ ንፈርሔን ተመልሱ።

ሽዑ እውን ዳግማይ ካብ ፈርሔን ሽማግለታት ኣሰንዮም ንበስኪዲራ

105 ኣባ ተወልደብርሃን ገብረመድህን (ኣባ እኛስዮ) ኣብ 1934 ኣብ ሰገነይቲ ተወሊዶም። ኣብ ብዙሓት ቦታታት ኤርትራ ኣገልግሎት ዝሃቡ ብጽቡቕ ዝዝከሩ ካህን እዮም። ንሶም ብዘይካ ኣብ መንፈሳዊ ኣገልገሎት ንህዝቢ ኣብ ሕክምናን ካልእን ይሕግዙ ነበሩ። ንኣብነት ኣብ ሮብቶ ሰለባ ማይ ረኺቦም ዘኹዓትዋ ዒላ ልዕሊ ኣርብዓ ዓመት ነታ ዓዲ ተገልግል ኣላ። ኣብቲ ዓዲ ድማ "ኣባ ተወልደብርሃን መቓብሮም ማይ ትፈልፍል" እናተባህለሎም ብጽቡቕ ክዝከሩ ይነብሩ ኣለው። ብዘይካ'ዚ በቲ ዝነበሮም ናይ ማይ ምርካብ ፍሉይ ክእለት ኣብ ፈርሔን ክሳብ ሎሚ ህዝቢ ዝሰትየለን ዘሎ ዒላታት ኣባ እኛስዮ ዘኹዓትወን እየን። እዚ ንኣብነት ተጠቒሱ ደኣ እምበር ኣብ ዝተፈላለየ ቦታታት ብዙሕ ዓቢ ነገራት ዝሰርሑ ካህን ነይሮም።

ነፍስሄር ኣባ ተወልደብርሃን ገብረመድህን (ኣባ ኣኛስዮ)

ተበገሱ። ኣብ ከንዲ በቲ ንቡር መገዲ፡ ብስንጭሮን ኩርባን እዮም ከሽዱ መረጹ። ገና ትተከኽ ንዝነበረት ዓዲ ሰንጢቐም ኣብ ልዕሊ እታ መስጊድ ናብ እትርከብ ኩጀት ገጾም ኣምርሑ። ጥቓ እታ መስጊድ ምስ በጽሑ ግን ብወገን መስጊድ ኣቓልቦ ዝስሕብ ገለ ነገር ተዓዘቡ። ናብ መስጊድ ምስ ቀረቡ ኣብ ርእሲ ርእሲ ዝተጸፍጸፈ ሬሳታትን ከም ውሒዝ ዝዛሪ ደምን ተቐባበሎም።

ኣባቴን ሽማግለታትን ዓይኖም ንትርእዮ ዝነበረት ምእማን ሓርቢትዎም ብስንባደ ውነኦም ከስሕቱ ቀረቡ። ድምጾም ኣበሪኾም ድማ ደጋጊሞም ብኣእዳዎም ኣማዕተቡ። ዝቐየር ኣይነበረን ዓይኖም ዝረኣየቶ ሓቂ ብሓቂ ዝኾነ እዩ። ኣባቴ "ህይወት ዘለዎ ኣይሰኣንን ይኸውን፡" ኢሎም ብምሕሳብ "ህይወት ዘለዎ ዘበለ ይውጻእ! ህይወት ዘለዎ ይውጻእ!" ጨደሩ። ሽዑ እቶም ብሬሳታት ተጸቓቒጦም ብደም ተሓጺቦም ዝነበሩ ህያዋን ፍኒሕኒሖ በሉ። ኣሚና ሃብተ፡ ኣባ እኛስዮ ኣብ መስጊድ ምስ በጽሑ ዘጓነፎም ካብ ኣንደበቶም ንምስማዕ ዕድል ረኺባ ነይራ።[106] "ነቲ ዝዓነወ ዓዲ ምስ ረኣኹ ጉሃኹ። ቀጺለ ነቶም ሰባት ክፍትሽ ጀመርኩ። ኣብ'ቲ መስጊድ ምስ በጻሕኩ፡ ካብኡ ንደገ ገጹ ዝውሕዝ ደም ረኣኹ። ኣብ ኣፍደገ ኮይነ፡ ብህይወት ዝተረፉ እንተሃልዮም፡ ካብ'ቲ መስጊድ ንኽወጹ ደጋጊመ ተዳሃኽዎም። ዝኾነ መልሲ ምስ ሰኣንኩ፡፡ እሞ እዚኦምስ ወይ ኩሎም ሞይቶም ኣለዉ፡ ወይ ድማ ካብ'ቶም ወተሃደራት ሓደ ከኸውን ይኽእል ኢሎም ስለ ዝሓሰቡ እዮም ኣስቂጦም ዝህልው ክብል

106 መስጊድ መን ቀዲሙ በጺሑ ኣብ ኣዘንተውቲ ፍልልይ ኣሎ። ቅድሚ ኣባቴ ዝመጹ ነይሮም ዝብል ትረኻ ከኣ ዓብላሊ ኮይኑ ንረኽቦ።

ገመትኩ። ንኽኣምኑኒ፡ ካህን ምኳነይ ከም ዝፈልጡ ገበርኩ። ነዚ ምስ ሰምዑ፡ እቶም ብህይወት ዝተረፉ ነቲ ከጽወር ዘይከኣል ቃንዛኦም ጸይሮም፡ ዘጓነፎም ድንገት ከገልጹለይ ጀመሩ።[107] ይብሉ ንሶም።

እቶም ካብ ብሱል ጥረ ኮይኖም ብህይወት ዝተረፉ ንመጀመርታ ግዜ ብዓውታ ቃንዛኦም ከስምዑ ኣፎም ከፈቱ። እቲ ናይ ሽዑ ብኽያትን ቃንዛን ገዓርን ኣውያትን ንምድርን ሰማይን ኣናወጸ። ተኣውዩ፡ ተበኺዩ፡ ተለቒሱ፡ ተቖዚሙ። እተወግኣን ዘይተወግኣን ኣብ ውሽጢ መስጊድ ዝጸንሐ ኮነ ክረድእ ኢሉ ዝመጸ ኩሉ ግዒሩን ወጪጩን።

ውጻእ መዓት ሬሳታት እናረገጹ ንክወጹ ተጻደፉ። ንረድኤት ዝመጹ ህይወት ዝረኸቡሉ ውጉእ ንምድሓን ተጓየዩ። ኣባ ተወልደብርሃን ንኩሉ ጉዳፎም ብህጹጽ ንፈርሔን ተመልሱ። ህጹጽ ሕክምናዊ ረድኤት ንምቕራብ ከኣ ተጓየዩ።

ኣብቲ ህሞት እቲ ኣብ ፈርሔን ተኣኪቡ ዝወዓለ ኩሉ ህዝቢ ተኣጒዱ ናብ በስክዲራ ገጹ ጎየየ። እቲ ካብ መስጊድ በስክዲራ ብህይወት ዝተረፈ ከኣ ንፈርሔን ገጹ በረረ። ካብ መስጊድ በስክዲራ ክሳብ ቤተ-ክርስትያን ቅዱስ ግዮርጊስ ፈርሔንን ከኣ ፍጹም ዕልቕልቕ ተፈጥረ። ኩምራ ሬሳታት ኣብ መስጊድ በስክዲራ፡ ኣብ መገዲ ውጉኣት ዝጸሩ፡ ባዕሎ ዘገም እናበለ ዝወድቕ ዝትንስኡን፡ ተሓዝሉን መልኣ። ኣብ ቤተ-ክርስትያን ቅዱስ ግዮርጊስ ፈርሔን ከኣ ሕክምናዊ ረድኤት ዝረኽቡ ቁሱላትን በማኢት ዝቑጸር ህዝብን ኣዕለቕለቐ።

ኣባ ተወልደብርሃን ቃንዛ ዘጉድልን መድመይቲ ዝዓግትን ናይ ህጹጽ ረድኤት ሓገዝ ኣብ ምሃብ ተጸምዱ። እንትርፎ ውሑዳት ፈርሔን በጺሖም ትንፋሶም ዝሓለፈት ውጉእት ናብ ዝለዓለ ሕክምና ክሳብ ዝበጽሑ መተካእታ ዘይርከቦ ኣበርክቶ ገበሩ። በታ ምሸት ብዙሓት ካብ ዓድታት ዓደፋ፡ ጉባ፡ ሓሊብመንተል፡ ሻውሽ፡ ቁኒዕን ካልእን ንክረድኡ ናብ ፈርሔን ወሓዙ። ውጉኣት ተሰኪሞም ከኣ ብመገዲ ሓሊብመንተልን ቑኒዕን ክሳብ ጽርግያ ከረን ኣስመራ ኣብ ምብጻሕ ወትሩ እናተዘከረ ዝነብር ህይወት ናይ ምድሓን ዕዮ ዓመሙ።

ኣብዚ እቲ ኣብ ፈርሔን ውጉኣት ዝተሓከምሉ ኣፋውስ ብኸመይ ተረኺቡ? ብኸመይ ቁምስና ፈርሔን ልዕሊ እኽልቲ ክሊኒክ ክትሕዞ ዘይትጽበዮ ብዙሕ ኣፋውስ ሒዛ ጸኒሓ፡ ከመይ ኢሉ ከምኡ ክኸውን ከም ዝኸኣለ መጽሔት 'ትምጻእ መንግስትከ' ብኸምዚ ትገልጾ፡-

107 መጽሔት ትምጻእ መንግስትከ "መሪር ግፍዒ ኣብ በስክዲራን ከባቢኣን" ኣስመራ ኤርትራ ቁ 73ን 74፡ ገጽ ፡36 2000-2001

"ቀቅድሚ እዚ ኣሰቃቒ ኩነታት ምፍጻሙ፡ ኣቡነ ኣብርሃ ፍራንስዋ ንካህናት ፈርሔን ኣርባዕተ ዓበይቲ ሳናዱቕ ዝመልአ ኣፋውስ ሂቦምም ነበሩ። ኣብ'ቲ እዋን'ቲ ፈርሔን ናይ'ቲ ከባቢ ማእከል ሕክምና ነበረት። ህዝቢ ኣብ ልዕሊ ካህናት ሕሉፍ እምነት ስለ ዝነበሮ፡ ኣባ ተወልደብርሃንን ብጾቱን ጓሶት ነብሳት ጥራይ ዘይኮኑስ፡ ሓካይም እውን ነበሩ። ዓሚቍ ሞያ ሕክምና ዘይብሎም እንከለው፡ ኣፋውስ ይዕደሉ፡ መርፍእ ይወግኡ፡ ይሰፍዩ፡ የሕርሱ... ነበሩ። ኣብ'ቲ እዋን'ቲ ከንድ'ዚ ዝኣክል ኣፋውስ ሒዝካ ምጽናሕ ንባዕሉ ከም ገበን ይሕሰብ ስለ ዝነበረ፡ ኣባ ተወልደብርሃን ምስ ሰለስተ እሙናት ሰባት ኮይኖም ኣብ ትሕቲ ገረብ ከርመድ ጒድጓድ ኲዒቶም ጽቡቕ ገይሮም ዓሺጎም ቀበርዎ። ጦር ሰራዊት ከይፈልጥዎ ከኣ፡ ብላዕሊ ቃንጫ ንስንስ ኣቢሎም ሓሙኹሽቲ ምእንቲ ከመስል ኣቃጸሉዎ"[108]

በዚ መሰረት በቶም ኣጋውላ መንግስቲ ኢትዮጵያ ኣቐዲሞም ዘስተብሃሉ ብልሂ ኣቡነ ተወፍዩ ብካህናት ቁምስና ፈርሔን ብጥንቃቐ ኣብ ግቡእ መዓላ ዝወዓለ ኣፋውስ እዩ ነቲ ህዝቢ ኣድሒኑ። ሳዕሪ ጸናዕቲ ንሕሱም መዓልቲ ዝብልዎ ከምዚ እዩ። ኣብቲ እዋን ብሰንኪ ጸገሞም ካህናት ናይ ሰኹና ንመዓልታዊ ፖለቲካዊን ወተሃደራውን ኩነታት እቲ ከባቢ ብደቂቕ እዮም ዝከታተልዎ ነይሮም። ኣብ ከረን ምስ ዝቕመጥ ዝነበረ ሹም ናይ ሰኹና ዓብደርሑማን መሓመድ ዓሊ በሪህ፡ ብዛዕባ ምንቅስቓስ ወተሃደራት ብቐጻሊ ሓበሬታ ይለዋወጡ ምንባሮም እውን መጽሔት ትምጻእ መንግስትከ ትጠቅስ።

ኣብ ግዜ ህልቂት፡ ቆሞስ ሰኹና ኣባ ሚካኤል ኣስፍሃ እዮም ነይሮም። ንሶም ካብ ቅድሚ ህልቂት በስከዲራ ኣትሒዞም ዝኾነ ይኹን ብወተሃደራት ክመጾም ዝኽእል ሽግር መታን ክከላኸሉ ኣብ ከረን ንዝነበሩ ወተሃደራውያን ሓለፍቲ፡ ህያባት እናሃቡ ሒዞሞም ከም ዝነበሩ የዘንትዉ። ከም ውጽኢቱ ድማ እቶም ንወፍሪ ዝወጹ ወተሃደራት ጉድኣት ከየውረዱሎም ይምለሱ ነበሩ።[109] እኹል ኣፋውስ ዓቂቦም ሳላ ዝጸንሑ ከኣ ንብዙሓት ብመድመይቲ ኣብ ኣፍደገ ሞት በጺሖም ዝነበሩ ረዲኦም። ንውሉድ ወለዶ እናተዘከረ ዝነብር ተወፋይነት ኣርኣዩ።

ኣብ ሕብረተሰብ ኤርትራ ሓደ ወዲ ሰብ ብዝኾነ ይኹን ምኽንያት

108 መጽሔት ትምጻእ መንግስትከ።

109 ኣባ ሚካኤል ኣስፍሃ፡ ቃለ መጠይቕ ምስ ደራሲ፡16 መጋቢት 2016፡ ከረን።

ኣስከሬን ሰማእታት በስከዲራ ናብ መቓብር ሓርበኛታት እናግዓዘ

ሞይቱ፡ ሬሳኡ ሓመድ ኣዳም ከይለበሰ፡ ስድራቤቱ ኮነ መቕርቡ ከዕርፉ፡ እንጀራ ክለኽፉ፡ ከምኡ'ውን ዓይኖም ሰለም ክብሉ ብፍጹም ዝሕሰብ ኣይኮነን። እዚ ኣልዒልካን ኣንቢርካን ኣብ ዘጋጥም ንቡር ሞት እዩ። ሓው፡ ሓብቲ፡ ኣቦ፡ ኣደ፡ ኮታስ ምሉእ ዓዲ ብሕሱም ግፍዒ ተቐዚፎም ሬሳኦም ኣብ በረኻ ተደርብዩ ኣብ ዝነበረሉ፣ ኣብ ልዕሊ እቲ ብህይወት ዝተረፈ ዝፍጠር ሓዘን ክሳብ ክንደይ ከቢድን መሪርን ምኳኑ ክንግምቶ ካብ ንኽእል ንላዕሊ ከቢድ እዩ።

ሰኑይ ምሸት 30 ሕዳር 1970 ኣስታት 120 ኣዳብዝ፡ ጎራዙት፡ ሰብኡት፡ ኣንስቲ፡ ቆልዑ፡ ሸማግለታት ሬሳታት ተቐይሮም፣ ኣብ ርእሲ ርእሲ ተጻፊጺፎም፡ ምስ ደምን ፈርስን ተሓዋዊሶም ኣብ ዝነበርሉ፡ ክረድኡ ዝመጹ ኮነ ውጻእ መዓት፡ ንሬሳታት ጨርቂ ስለ ዘየንበሩሎም ኣይስሃረን። ካብ ዝኸፍአ ካልእ ሞት ንምኽዋል፡ ብህጹጽ ካብ መስጊድ ተኣልየ።

ሰሉስ ሓደ ታሕሳስ፡ ኣማኢት ሰለማውያን ኣብ ያና ሞት ተፈሪዶም ኣብ ዝጸንትሉ ዝነበሩ ህሞት፡ ሬሳታት በስከዲራ፡ ኣብ ጸሓይን ቁርን ተደርብዮም ኣሞራ ተገናዘይሎም። ንውጻእ መዓት ኮኑ ኣብ መስጊድ ንዘይኣተዉ ደቂ

ዓዲ ከኣ፡ ሰሉስ ካብ ሰኑይ ዘይትሰንፍ ተካሊት መዓልቲ ነበረት። ነታ ኣብ ማዕዶ ኮይኖም ክነብው ዝወዓሉላ መዓልቲ ክሳብ እዛ ዕለት'ዚኣ ብምረት ይዝክሩዋ። ዝሞተስ ኣይርኢ ኣይሰምዕ እኳ፡ ንህያው ግን ዝሓሰመት ዕለት'ያ። "ከይንቕብሮም መጺኦም ከይቀትሉና ፈሪህና፡ ምሉእ መዓልቲ ዓይንና ንብዓት ጀሊም እናበለ፡ ስግር ዓዲ ኣብ ዘሎ ጎቦታት ኬንና ናብ መስጊድ ከነቋምት ውዒልና"[110] ይብል ሓደ ካብ ስድራ ቤት ግዳያት።

ህዝቢ ይኹን ተጋደልቲ፡ ክመጽእ ካብ ዝኽእል ሓደጋ ስጊኦም ተሃዊኾም ክቕብሩ ኣይፈተኑን። ነቶም ናብ መስጊድ ክኸዱ ዝተበገሱ እውን ከልከሉ። ሓደ ክልተ ፡ በይኖም ንሬሳታት ስድርኦም ክቕብሩ ዝፈተኑ ግን ኣይተሳእኑን።

ሰሉስ ኣጋ ምሸት፡ ካብ ዝተፈላለያ ዓድታት ሰኹናን ካልኦት ዓድታትን ብዝተኣኻኸበ ህዝብን ተጋደልትን ሬሳታት ክቕብሩ ጀመሩ። ቐባሮ ሽዑ'ውን ሓደጋ ከም ዘይወርዶም ውሕስነት ዝኣተወሎም ኣይነበረን። 'ካብኦም'ዶ ንበልጽ ኮይንና' ዝብል ኒሕ ጥራይ እዩ ደሪኹዎም።

ከም ባህልን ልምድን ናይቲ ከባቢ፡ ሓደ ሰብ ምስ ሞተ፡ ኣርዳእቲ ናብ ጎደቦ ዓድታት ናይቲ ከባቢ ይልኣኹ። ኣብ ዝበረኸ ክፋል ናይ'ታ ዝተላእኩላ ዓዲ ደይቦም ድማ ብዓውታ "የውው፡ የውው፡ የውው" እናበሉ ሰለስተ ግዜ ይጭርሑ።

ኣውያት ካብ ዝሰምዑ ደቂ ዓዲ ድማ ድምጺ ኣበሪኹ "ውራኸረ፡ ውራኸረ፡ ውራኸረ" 'እንታይ ተረኺቡ፡ እንታይ ተረኺቡ እንታይ ተረኺቡ' ብምባል ይሓትት።

መርድኢ "እከለ ወዲ እከለ ዓሪፉ!" ብምባል፡ መንነት መዋቲ፡ ዓዱን፡ መዓልቲ ቀብርን ይሕብር።

ኣጋጣሚ ኮይኑ ሰለስተ ግዜ ተኣውዩ፡ 'እንታይ ተረኺቡ' ዝብል እንተዘይ ተሰሚዑ ግን፡ መርድእ ክሳብ ዓዲ ሰሚዓ ቀሪባ ትሓትት ምእዋይ ይቕጽል።

መርድእ ዝሰምዑ ቤተ-ዘመድ ድሕሪ ሓጺር መልቀስ፡ ምስ መዋቲ ብዘለዎም ቅርበት ዝምድናን ሕሉፍ ኢድን ነጸላኡን በትሩን ኣልዒሉ ክቕብር ካብ ዝብገስ ክሳብ ኣብ መዓልቲ ቀብሪ ትሕረድ ላም ዝኹብኩብ ኮይኖም ይነቕሉ።

ቀባሮ ኣብ እንዳ መዋቲ ምስ በጽሑ ንሓዘኖም ዝገልጽ መሪር መልቀስ የሰምዑ። ነታ ከብኩቦማ ዝመጹ ላም ብሴፍ ወይ ብኻራ ከውድቑ ይቃለሱ። ከምዚ ኢሉ ድማ ካብ ቀረባን ርሑቕን ብዝመጹ መቕርብ፡ ፈለጥትን

---

110 ፍካክ መሓመድ ጅምዕ፡ ቃለ መጠይቕ ምስ ደራሲ፡6 ለካቲት 2016፡ በስከዲራ።

መራሕቲ ሃይማኖትን መዋቲ ሓመድ ኣዳም ይለብስ። ኣብ ዓሰርተ ክልተ፡ ኣርብዓ መዓልትን መንፈቕን ዓመትን ብቕዳሰን እኽለ-ማይን ዝክር ይግበር። ብኸምዚ ድማ ስድራ መዋቲ ባህልን እምነትን ዝእዝዞ ግቡእ ገይሮም ሓዘኖም ይዓጽዉ። ኣብ እምነት ምስልምና እውን ብተመሳሳሊ ሕግን ወግዒን ሓዘን ይፍጸም። እዚ፡ ንሓደ ኣብ ንቡር ግዜ ዝዓረፈ ውልቀ ሰብ ዝግበር ኮይኑ 16 ነብሰ ጾራት[111] ዝርከባኦም፡ ኣስታት 120 ዝኾኑ ሰማእታት በስከዲራ'ኸ፡ እንታይ ዝመስል ወግዒ ምፍናው ተገይሮሎም ይኸውን፧[112]

ኩሉ መመቕርቡ ክቕብር ኣብ ዝፈተነሉ፡ ኣባ ተወልደብርሃን፡ "እስላምን ክርስትያንን ሓወይ ሓብተይ ክቕብር ኣይትበሉ፡፡ እዞም ሰባት ሰማእታትን ጻድቃናትን እዮም። ኣብ ህይወት ዘይተፈላልዩ፡ ኣብ መቓብር ኣይትፍለዩዎም፡ ብሓባር ይቀበሩ"[113] በሉ።

ኣብ ናይ ጎኒ መስግድ ንኹሎም ዝኣክል ገፌሕ ጋይሲ ተኹዒቱ ቀብሪ ተጀመረ። በታ ምሸት ምእንቲ እከለ ተባሂሉ ዝተገብረ ጸሎት ፍትሓት ኣይነበረን። ምእንቲ ዝኾነ ሰብ ሰላት ኣልጅናዛ ኣይተፈጸመን። ሓወየ ወዲ እነየ፡ ኣደየ መዓረየን ንዕኡ ዝመስልን ኣይተለቕሰን። ንዝኾነ ካብኦም ሓመድ ክድፈን ከሎ ዓይኒ ኣይተኸድነን። ኩሎም እቶም ብሕሱም ኣቀታትላ ዝሞቱ ብሸበድበድ ኣብ ጋህሲ ተደፍኑ። ከም ንቡር ድሕሪ ቀብሪ እውን ንቤተሰብ ንምጽንናዕ ኢድ ኣይተነስአን። ከምዚ ኢሉ ድማ እቲ ዘይንቡር ሞት፡ ብዘይንቡር ወግዒ ቀብርን ሓዘንን ተፈጸመ። ንነብሰ ጾር በዓልቲ ቤቱ ምስ ኣርባዕተ ደቁ ኣብታ ለይቲ ዝቐበረ ኣቦ ከምዚ ይብል፡ "ሬሳ ተረሲሪሱ ጸኒሑና። ክነለሊ ኢልና ኣብ ማእከል'ቲ ሬሳታት ምስ ኣቶና፡ የእጋርና ከም ኣብ ሰልሚ ዝኣተወ፡ ብደም ጨፈቕ ጨፈቕ ይብል ነይሩ። ሰሰብና ኢና ነናዲ ዝነበርና፣ እቶም ሬሳታት ከኣ፡ ኣብ ርእሲ ርእሲ'ዮም ነይሮም። ኣብ መወዳእታ፡ 'እንታይ ንግበር፧ ከመይ ገይርና ነልዕሎም፧ ብደም ሰልሚ ተቐይሩ ዘሎ እንታይ ክግበር ይከኣል፧' ምስ በልና፡ ዘመደይን መቕርበይን፡ እስላምን ክስታንን ከይበልና፡ ኣብ'ዚ ጎኒ መስጊድ ኣፍራዛ ኣምጺእና ኩዒትና ንቕብሮም ኢልና። ሽው፡ ነቲ ካብ ምንዳድ ተሪፉ ዝነበረ፡ ኣብሎ[114] ሰሪሕናሉ ዝነበርና ተንኮባ ቀቀዲድና፡ ነቲ ሬሳታት ብኡ ገይርና ሓደ ብእግሪ ሓደ ድማ ብርእሲ ተተስኪምና ናብ'ቲ ጉድጓድ ጓሪትናዮም። በዚ ድማ ንኹሎም ሓመድ ኣዳም ኣልቢስናዮም።"[115]

---

111 እተን ኣዴታት ኣብ ዝርዝር ኣስማት ግዳያት ተመልኪቱለን ኣሎ።

112 ኣረይ ልጃጅ፡ ቃለ መጠይቕ ምስ ደራሲ፡ 2 ለካቲት 2016፡ በስከዲራ።

113 ነዚ ዘረባ ኣባቴ ኢሎሞ ዝብሉ ኣለው፡ ገለ እውን ተጋደልቲ ኢሎሞ ዝብሉ ኣለው።

114 ብተንኮባ ዝስራሕ ኣግነት መሰል ገዛ መታሕት።

115 ሓመድናካ ዘርኤስ፡ ቃለ መጠይቕ ምስ ደራሲ፡ 4 ለካቲት 2016፡ ሳንቃ።

ነፍስሄር ኣቶ ዘርእማርያም ወርዕ ሓምደ

ኣቶ ተከኤ ዮሃንስ ኣፍታይ

ኣባ እስቲፋኖስ ብርሃነ (ኣባ ኣልፎንሶ)

እታ ለይቲ ነቶም ቀባሮ ኣብ ዘመን ህይወቶም ዝሓሰመት ለይቲ ነበረት። ገለ ንሓዉ ወዲ እንኡ፡ ገለ ንሓብቱ፡ ገለ ድማ ነቦኡን ኣደኡን ቀቢሩ። ንምሉኣት ስድራቤቱ ዝቐበረ እውን ነይሩ። ኣብ መንጎ ግዳያትን ቀባሮን ዝነበረ ዝነውሐ ርሕቀት ናይ ዝምድና እከለን እከሊትን እናተበሃህሉ ዝጸዋውዑ ሓደ ሓመድ ቁሒሞም ዝዓበዩ ደቂ ዓዲ ነበሩ።

ከም ኣብ ኩሉ ክፋል ኤርትራ ዘጋጠመ ህልቂታት ሰማእታት በስከዲራ እውን ካብ ዝወደቑዋ ከይርሓቑ ኣብ ጎኒ መስጊድ እዮም ተቐቢሮም። ብዘይገበን ምቕታሎም ከይኣክል፡ ሓመድ ኣዳም ንክለብሱ መስገደል ሓሊፎም ድማ እዮም ንቡር ረኺቦም። እዚ ተርእዮ እዚ ዳርጋ ኣብ ኩለን ኣብ ኤርትራ ዘጋጠማ ህልቂት ተራእዩ። ካብ ህልቂት በስከዲራ ኣስታት ሓምሽተ ዓመታት ድሒራ ኣብ ዝጸነተት ወኪድባ ግዳያት ብኸመይ መገዲ ከም ዝተቐብሩ ፕሮፌሰር ሃብቱ ገብረኣብ ክገልጽ ከሎ፡“ኣብ መቓብር ናይቲ ዓቢ ዓዲ ንምውታቶም ሓመድ ኣዳም ከልብሱ እኹል ዓቕሚ ሰብ ኣይነበረን። ስለዝኾነ ድማ ግዳይ ናይቲ ጃምላዊ ቅትለት ብዘይ ግቡእ ስነስርዓት ክቕበሩ ውሳነ ተመሓላሊፉ" ይብል።[116]

ሰማእታት በስከዲራ ዓቢ ይኹን ንእሽቶይ፡ ኣንስታይ ይኹን ተባዕታይ፡ ኣስላማይ ኣይተባህለ ክስታናይ ኣብ ሓንቲ ለይቲ ኣብ ሓደ ጉድጓድ ተደፍኑ። እተን ዝናብ ንኽዘንብ ብሓባር ንኣምላኽን ዝምህለላ ዝነበራ የዋሃት ኣደታት። ኣብ ግዜ መርዓ ንኽብሪ መስጊድን ቤተ-ክርስትያንን ከይፈላለዩ ብኽብሪ ብሓባር ዝሰምዩ ወራዙት። ኣብ ህይወት ብስኒት፡ ኣብ ኣፍ ሞት'ውን ብፍታዎም ብሓባር ንኽሞቱ ንቕተልቶም ለሚኖም ብሓባር ሞይቶም። ብፍታው እቶም ብህይወት ዝተረፉ ከኣ፡ ዓጽሞምን ስጋኦምን ኣብ ሓደ ጉድጓድ ተደብዩ ንመዋእል ዘይበርስ ሓወልቲ ሃኒጾም።

---

116 Habtu (Fr. Athanasisu) Ghebre -Ab፡ Massacre at Wekidba; The Red Sea press; 2013 p.136

ሽው እቶም ናይ ዘፍቅርዎም ሬሳታት ካብ ጸሓይን ቁርን ካብ ምብላዕ ኣራዊትን ዘድሓኑ ቀባሮ ከፊላዊ እፎይታ ረኸቡ። ገና ኣብ ልዕሊኦም ሰሪቡ ዝነበረ ድነ ሞት ግን ኣይተቐንጠጠን ነይሩ። ድሕሪ ሞት ቀብሪ፡ ድሕሪ ቀብሪ ድማ ንስድራ መዋቲ እተጸናንዓሉ ናይ ሓዘን መንጸፍ ፈጺሙ ዝሕሰብ ኣይነበረን። ድሕሪ ቀብሪ ኩሉ ከም ደቂ ዛግራ ፋሕ ብትን ኢሉ ፈቐዶኡ እዩ ተዘርዩ። ፈቐዶ ስንጭሮን ሕሉምን ኮይኖም ብኸያትን ቁዘማን ግን መን ከሊኡዎም። ኣባዲ ዘይብሉ ኩሉ ይበኪ፡ ኩሉ ይቑዝም - ዘየቋርጽ ሓዘን።

ኣብዚ ክፍለጥ ዘለዎ እቲ ኣብ በስክዲራ ዘጋጠመ ህልቂት ነታ ዓዲ ጥራይ ዝምልከት ከም ዘይኮነ እዩ። ብቐንዱ እቶም ኣብ መስጊድ ዝሃለቑ፡ ካብ በስክዲራ፡ ሓሊብጅሉጥ፡ ሳንቃ፡ ሓንጎል፡ ፍሶሩኽን፡ ፈለዳርብን ካልእን ነበሩ። በዚ መሰረት ሓዘን ብማዕረ እዩ ኣብተን ዓድታት ተመቒሉ። ብመገዲ እተን ካብ ዝተፈላለያ ዓድታት ናብዘን ልዒለን ዝተጠቕሳ ዓድታት ዝተመርዓዋ'ሞ ንስን ይኹን ስድርአን ግዳይ ናይቲ ህልቂት ዝኾና ኣደታት ድማ እቲ ሓዘን ናብ ኩለ ከባቢ ከም ዝዝርጋሕ ኮይኑ። 1970 ኣብ በስክዲራ፡ ፆና፡ ገለብ፡ ደብረሲናን ሃብረንጋቓን ዝወረደ ግፍዒ፡ ንዝርግሐ ሓዘንን መርድእን ንዓሰረተታት ዓድታት ስንሒት ብማዕረ ክባጻሕ ዝገበረ ዞባዊ ሓዘን እዩ ነይሩ።

* * *

በስክዲራ ኣብ ዝጠፍኣትላ ዕለት፡ ኣባ ተወልደብርሃን ካብ በስክዲራ ንፈርሔን ምስ ተመልሱ ብቐዳምነት ካብ ዝገበርዎ፡ ህጽጽቲ ደብዳቤ ንከረን ምጽሓፍ እዩ። ድሕሪዚ፡ ዓዲ ክልተ ሰብኡት ከህብዎም ሓተቱ። ዘርእማርያም ወርዕ ሓምደን ተከኤ ዮውሃንስ ኣፍታይን ድማ ተመዘዙሎም። ነታ ናብ ኣባ ኣየለ ተኸለሃይማኖት[117] ንከረን ትበጽሕ ህጽጽቲ መልእኽቲ ሂቦም ከአ ንእለት ኣበገስዎም። "በስክዲራ ኣብ ዝጠፍኣትላ መዓልቲ፡ ጸሓይ ዓራርቦ ካብ ኣባ ተወልደብርሃን ናብ ኣባ ኣየለ ዝተላእከት ደብዳበ ሒዝና፡ ብጸልማት ብመገዲ ሻውሽ ንሩባ ዓንሰባ ወሪድና። ኣብ ሰግር ዓንሰባ ምስ በጻሕና፡ ኣዝዩ ስለ ዝጸልመተ ፈሪህና ኣብኡ ሓዲርና። ወጋሕታ ተንሲእና፡ ሓሊብመንተል ኣቲና። ሽው'ውን መኪና ስለ ዘይረኸብና፡ ብእግርና ንግሆ ከረን ናብ ቤተ-ክርስትያን ቅዱስ ሚካኤል (ዘርኣ ክህነት) ናብ ኣባ ኣየለ መጺእና"[118] ይብሉ ነፍሲሄር ዘርእማርያም ወርዕ[119] ድሕሪ 47 ዓመታት ናይቲ ፍጻመ ኣብ ዝሃብዎ ምስክርነት።

---

117 ኣባ ኣየለ (ኣባ ማርዮ) ኣብ ከረን ናይ ክህነት ሓለቓ ዝነበሩ ኢትዮጵያዊ ትግራዋይ ቀሺ እዮም።

118 ዘርእማርያም ወርዕ ሓምደ፡ ቃለ መጠይቕ ምስ ደራሲ፡ 9 ሚያዝያ 2016፡ ፈርሔን።

119 ኣቶ ዘርእማርያም ወርዕ ኣብ መፋርቕ 2022 ካብዛ ዓለም ብሞት ተፈልዩ።

ኣባ ኣየለ፡ ነታ ካብ ኣባ ተወልደብርሃን ዝተላእከት መልእኽቲ ምስ ኣንበቡ፡ ግዜ ከይወሰዱ መኪና ኣልዒሎም ብህጹጽ ናብ ሌተናል ኰለኔል ወላና ንፎርቶ ከዱ። ነቲ ካብ ኣባ ተወልደብርሃን ዝበጽሖም ሓበሬታ ከኣ ዘርዚሮም ነገሩዎ። ምዉታት ክቕብሩ ክፍቀደሎም ኣብ ፈርሒን ዝነበረ ህዝቢ ተመሳሳሊ ሓደጋ ከይወርዶ ውሕስነት ክወሃቦምን ከኣ ኣጥቢቖም ተማሕጸኑ።

ኣባ ኣየለ ተኸለሃይማኖት መበቆሎም ትግራዋይ ኢትዮጵያዊ ካህን ነበሩ። በዓልቲ ቤቱ ንኰለኔል ወላና እውን ትግራወይቲ ነበራ። እንተ በዚ እንተ በቲ ከኣ ኣብ መንጎ ኣባ ኣየለን ኮሎኔል ወላናን ናብ ዕርክነት ዝኸደ ዝምድና ነበረ። ኣባ ተወልደብርሃን ነዚ ዝምድና እዚ ስለ ዝፈልጡ ነባ ኣየለ ዝገበሩ ክገብሩ ተማሕጸንዎም። ኣባ ኣየለ ኣየሐፈርዎምን። ልዕሊ እቲ ክገብርዎ ዝኽእሉ ንምኻድ እውን ኣይተወላወሉን። ኰለኔል ወላና ድማ ንልመናኦም ተቐበሎ።

ናብ በስክዲራ ከይዶም ክቕብሩ ፈቐደሎም። ነባ ተወልደብርሃን ኮነ ህዝቢ ፈርሒን ኣብ ቤተ-ክርስትያን ቅዱስ ግዮርጊስ ተኣኪቦም እንተጸኒሖም ጉድኣት ከም ዘይወርዶም እውን ቃል ኣተወሎም። ኣባ ኣየለ ነዚ ተስፋ እዚ ሒዞም እዮም ካብ ፎርቶ ንቕዱስ ሚካኤል (ዘርኣ ክህነት) ተመሊሶም። ዝተዋህቦም ግብረ መልሲ ንልኡኻት ኣባ ተወልደብርሃን እናገለጹ ግን ካብ ቀረባ ርሕቀት ድምጺ ከቢድን ፈኲስን ብረታት ተሰምዐ። 'እንታይ ደኣ'ዩ ኢልና' እንተ ወጻእና፡ ፆና እሳት ተኺዕዩዋ ትነድድ። ሽው ሽው ድማ ካብ ፎርቶ ናብ ኣባ ኣየለ ተሌፎን ተደዊሉ 'ኲናት ስለዘሎ፡ ንበስክዲራ ክትቀብሩ ከይትኸዱ' ዝብል መልእኽቲ ተነግሮም። ኣባ ኣየለ ግን፡ 'ገጽ-ንገጽ ክራዳዳእ'የ' ብምባል እቲ ተዀሲ ገና ከየቋረጸ ናብ'ቲ ኮሎኔል ተመልሱ። ዝተቐየረ ነገር ግን ኣይነበረን።"[120]

ኣባ ኣየለ ካብ ፎርቶ ቀቢጾም ምስ ተመልሱ ነቶም ልኡኻት ብሰንኪ ዝተፈጥረ ኩነታት ንፈርሒን ከምለሱ ከም ዘይከእሉ ኣረዲኦም ከም ዝሓድሩ ገበሩ። ገለ ሓገዝ እንተኾነ ድማ ነባ እስቲፋኖስ ብርሃነ (ኣልፎንሶ) ካብ ዒላበርዕድ ንከረን ጸውዑዎም። ናብ ኣባ ተወልደብርሃን እዮም ክሰድዎም ሓሊኖም። በዚ መሰረት ንግሆ ረቡዕ ነቶም ልኡኻትን ነባ ኣልፎንሶን ብመኪና ክሳብ ሓሊብመንተል ኣብጽሕዎም። ብመገዲ ሻውሽ ገይሮም ከኣ ከባቢ ፍርቂ መዓልቲ ፈርሒን በጽሑ።

ኣባ ተወልደብርሃን ሰኑይ ንግሆ "ወተሃደራት ንፈርሒን ይመጹ ኣለው" ተባሂሉ፡ ልብሲ ቅዳሴ ለቢሶም ምስ ህዝቢ ክጸባበዩ ውዒሎም። ናይ ምሸት ኣብ በስክዲራ እቲ ዝኾነ ምስ ኮነ ክሳብ ኣባ ኣልፎንሶ ዝመጽዎም ኣየዕረፉን።

---

120 ተክኤ ዮሃንስ ኣፍታይ፡ ቃለ መጠይቕ ምስ ደራሲ፡ 20 ጥቅምቲ 2021፡ ከረን።

ብድኻምን ጭንቀትን ተሰኒፎም ነበሩ።“ኣነ ዲላበርዲድ ከለኹ ‘ኣብ በስክዲራ ህዝቢ ጠፊኡ፡ ንኣባ ተወልደ ካልኣይ ክትኮኖም’ ብምባል ሓለቓ ጸዊዖምኒ። ኣነ ፈርሒን ኣብ ዝበጻሕክሉ ህሞት፡ ኣባ ተወልደ ብድኻምን ጓህን ተሰኒፎም፡ ኣብ ከቢድ ጭንቂ ጸንሑኒ። ካብ’ታ ህዝቢ ዝጠፍኣላ ክሳብ ኣነ ዝመጸም፡ መግቢ ዝበሃል ኣይለኸፉን። በይኖም ነቶም ዝተረፉ ውጉኣት ኣብ ምእላይን ምሕካምን ተጸሚዶም ነበሩ”[121] ይብሉ ኣባ ኣልፎንሶ።

ዓርቢ 4 ታሕሳስ እቶም ኣብ ሩባ ዓንሰባ ግዝያዊ መዓስከር ገይሮም ዝነበሩ ወተሃደራት ንፈርሒን ገስገሱ። ንምንዳድን ምቕታልን። እቲ ኣብ ፈርሒንን ከባቢኣን ዝነበረ ህዝቢ ከኣ ምስ ኣባ ተወልደብርሃንን ኣባ ኣልፎንሶን ብመሰረት’ቲ ካብ ኣባ ኣየለ ዝረኸብዎ ሓበሬታ ኣብ ቤተ-ክርስትያን ቅዱስ ግዮርጊስ ተኣኪቡ ይጸባበዮም ነበረ። መጽሔት ትምጻእ መንግስትከ ነቲ ዝነበረ ሃዋህው ክትገልጽ ከላ፥ “ሓደ ጸሊም ወተሃደር ኣብ ፊት ቤተ-ክርስትያን ካብ በዓል ኣባቴ 10 ሜትሮ ፍንትት ቢሉ ናባኣቶም ገጹ ብሬን ተኸለ። ካልእ ወተሃደር ከኣ፡ ንቤተ ክርስትያን ቅልቅል ኢሉ፡ “ውጹ” ዚብል ትእዛዝ ኣመሓላለፈ። ኣባቴ ምስ ደቂ ተባዕትዮ ብሰሜናዊ ወገን፡ ደቀንስትዮ ከኣ ብደቡባዊ ወገን ቤተ-ክርስትያን ፈላልዮም ኣከቡዎም” ትብል’ሞ፡ ሓላፊ ናይ’ቲ ሰራዊት ምስ መጸ፡ “ህዝቢ ብራዓዲ ተዋሒጡ እንከሎ፡ ሻምበል ከበደ በትሩ እናዋዛወዘ መጺኡ፡ “ከመይ ሓዲርኩም፧” ኢሉ ዘረባኡ ፈለመ። ናብ ኣባቴ እናመልከተ ከኣ፡ “ንስኻትኩም ምሁራት ኢኻትኩም። ሓቂ ከም እትዛረቡ ከኣ ልበይ እኣምነለይ.... እዚ ዓዲ ካብ ትኺን ቆንጪ (ጀብሃ) ደሓን ድዩ፧” ቢሉ ሓተተ። ኣባቴ ከኣ፡ ብኣምሓርኛ ገይሮም፡ “እዚ ግዜ ሕማቕ፡ ሰማዒ ከኣ ብዙሕ ስለ ዝኾነ፡ ኣነን ንስኻን ግልል ኢልና እንተንዛረብ ዝሓሸ ኮይኑ ይረኣየኒ በሉዎ ”[122] ትብል።

ሻምበል ከበደ ብሓሳብ ናይ ኣባ ተወልደብርሃን ተሰማሚዑ ክልቲኦም ናብ መንበሪ ካህን ኣተዉ። ሽዑ ኣባቴ ፈለማ ዝሑል ቢራ ከፊቶም ጎረሮኡ ኣጥለሉዎ። ቀጺሎም “እወ፡ ኣብ’ዚ ከባቢ ተጋደልቲ ኣለው” ከኣ በሉዎ።

ኣብ ግዜ ህልቂት በስክዲራ ቆሞስ ናይ ሰኹና ዝነበሩ ኣባ ሚካኤል ኣስፍሃ፡ ግፍዒ ኣብ ዘጋጠመሉ፡ ብሰንኪ ሕማም ኣብ ኣስመራ ኣብ ሆስፒታል ነበሩ። ኣባ ሚካኤል ኣብ ጀብሃ ስሩዕ ኣባል (ተሓዝ ገንዘብ) ምስ ወተሃደራውያን ሓለፍቲ ኢትዮጵያ ድማ ጽቡቕ ዝምድና ዝነበሮም ኣብ ናይቲ እዋን ፖለቲካ ኢዶም ዝሓወሱ እዮም። “ቅድሚ ህልቂት በስክዲራ፡ ኣብ ዝተፈላለየ

121 ኣባ እስቲፋኖስ ብርሃነ (ኣባ ኣልፎንሶ) ቃለ መጠይቕ ምስ ደራሲ፡ 10 ሕዳር 2020 ብተሌፎን። ኣባ ኣልፎንሶ ኣብ ተሰነይ ኣብ ተሰነይ ከቕመጡ ጸኒሖም ኣብዚ ግዜ'ዚ ኣብ ከረን ይርከቡ።

122 መጽሔት ትምጻእ መንግስትከ።

እዋን ወፍሪ ወተሃደራት የጋጥምና ነይሩ። ኣነ ምስ ገለ ደቂ ዓዲ ተረዳዲአ፡ ገንዘብ ብምውጻእ ነቶም ሓለፍቲ ኣብ ከረን መስተ ይኹን ካልእ ነገራት ይገዝኣሎም'ሞ፡ ኣብ ልዕሊ ህዝቢ ጉድኣት ከየውረዱ ይምለሱ ነይሮም። ብኸም'ዚ ከኣ፡ ነቶም ሓለፍቲ ብጥበብ ሒዝናዮም ነይርና"[123] ይብሉ።

ኣባ ተወልደብርሃን ግን፡ ዘይከም ሓለቓኦም ኣብ ተጋድሎ ሓርነት ኣይተወደቡን። ንላዕለዎት ሓለፍቲ ኢትዮጵያ ከሕዙ'ውን ፈቲኖም ኣይፈልጡን። ንሶም ብዘይካ ኣብ መንፈሳዊ ህይወት ናይ ኣመንቲ ኣብ ጉዳይ ፖለቲካ ኢድ ዝበሃል ኣይነበሮምን። ከነብሮም እውን ደልዮም ኣይፈልጡን። ብኣንጻሩ ጀብሃ ቅድሚ ህልቂት በስኪዲራ፡ ብዘይጠቅም ኣመሳሚሳ ንሓደ ወርሒ ኣሲራቶም ነይራ። ሳላ ኣባ ኣጎስቲኖ ተድላ ናብቶም ተጋደልቲ ከይዶም ዝተረዳድኡ እዮም ከኣ ተፈቲሖም።

ስለዚ ወተሃደራት ኢትዮጵያ "ጀብሃ ርኢኹም'ዶ!" ኢሎም ኣብ ዝሓተትሉ "እወ ርእየ" ምባሎም ከኸፍሎም ዝኽእል ዋጋ ኣንዳዕዲዖም ይፈልጡ ነበሩ። ሞት ንዝተፈርደ ንጹህ ህዝቢ ከድሕኑ ግን፡ ኩሉ ነገር ክገብሩ ድሉዋት ነበሩ። እዞም ከም ሰብ ተሪር፡ ኣብ ዝኣመኑሉ ዘይክማህ መርገጺ ዝነበሮም ሓያል ካህን ኣብ መንጎ ካህናት ብጾቶም ከይተረፉ ብቃልን ብግብርን ብኣብነት ከም ዝጥቀሱ ደቂ ማሕበሮም ይምስክሩ።[124]

ኣብቲ ምስ ሻምበል ከበደ ዝገበርዎ ርክብ ግን፡ ንህዝቦም ከድሕኑ መታን ከፍትዉ፡ ክመሳሰሉ፡ ክልምኑ ግዲ ነይሩ። እዚ ምስ'ቲ ኣብ ግቡእ ግዜ ናብ ኣባ ኣየለ ዝሰደድዎ ሓበሬታ፡ ኣባ ኣየለ ንኰለኔል ወላና ንምእማን ዝገበርዎ ጻዕሪ፡ ፈርሒን ካብ ምንዳድ፡ ህዝባ ድማ ካብ ሞት ንኸትድሕን መዳርግቲ ዘይብሉ ተራ ተጻወቱ።[125]

መጽሔት ትምጻእ መንግስትኪ፡ ኣባ ተወልደብርሃንን ሻምበል ከበደን ካብ መንበሪ ገዛ ኣባቴ ወጺኦም ኣብ ቀጽሪ ቤተ-ክርስትያን እንከለዉ ዘጋጠመ ብኸምዚ ትገልጾ፥

"ሓደ ቀይሕ ረጒድ 'ኣኽባር ሕጊ' ኢሎም ዝጽውዕዎ ሓላፊ፡ ንሻምበል ከበደ "እዚ ዓዲ ይቃጸል'ም፡ ንቕድሚት ንቕጽል" በሎ። ሻምበል ግን፡ ስቕ ኢሉ ድሕሪ ምጽናሕ "ብወገነይ፡ እዚ ዓዲ'ዚ

---

123 ኣባ ሚካኤል ኣስፍሃ (ኣባ ሚካኤል ኣስፍሃ ኣብ 2023 ካብዛ ዓለም ብሞት ተፈልዮም)

124 ኣርበድ ጸጥሮስ፡ ቃለ መጠይቕ ምስ ደራሲ፡ ነሓሰ 2016፡ ኣስመራ። ብዘይካ'ዚ ጸሓፊ ነባ ተወልደብርሃን ኣብ ሽዕብ ስለባ ቆሞስ ከለው ብቐረባ ይፈልጦም እዩ።

125 "ኣቦ ህዝቢ ሶኺና" ኣብ ቀብሪ ኣባቴ ንስመራ ወጺኡ ዝቐበረ ህዝቢ ሶኺናን ስለባን ኣዝዩ ብዙሕ ነይሩ። ካብዚ ህዝቢ 16 ሽሕ ገንዘብ ተዋጺኡ። ኣብ ዝተፈላለየ ዓድታት ብስሞም ተቐዲሱ። ኣብ ስለባ ሮብቶ ኢሳቕ ዘርሓርያት ዝበሃል ኣማኒ ኦርቶዶኩሳዊ ቅዳሴ ከም ዝገበረሉ ጸሓዲ ብቐረባ ይፈልጥ።

ኣይቃጸልን እዩ"[126] ብምባል መለሰሉ። ኣኽባሪ ሕጊ ካብቲ ተሰኪምዎ ዝነበረ ሳንጣ ኣውሪዱ ሓደ ጽሑፍ ብምውጻእ፡ "መምርሒና፡ ካብ ዓንሰባ ጀሚርኩም ከሳዕ መንሳዕ እናቃጸልኩም ኪዱ እንድዩ ዝብል" ብምባል ብጽሑፍ ንሻምበል ረቲዑ ደሪቑ ጠሚቶ፡፡ ሻምበል ግን፡ ሓሳቡ ኣይቀየረን። ናብቲ ተኣኪቡ ዝነበረ ህዝቢ ተገምጢሉ ከኣ "ኣዋጅ መንግስቲ ሰሚዕኩሙ'ዎ ኣለኹም። እቲ ኣዋጅ "ኣንድዱ" ጥራይ'ዩ ዚብል። ካህንኩም ግን፡ 'ዝኾነ ህጻን'ውን ከትቕትሉ እንተኾንኩም፡ ቕድም ንዓይ ቕተሉኒ' ስለ ዝበለኒ፡ ምእንቲ እዞም ካህንን እግዚኣብሄርን ንገድፈኩም ኣሎና። ካብ'ዚ እንተልጊስኩም ግን ይሕሸኩም። ከመይሲ፡ እቲ ድሕረይ ዝመጽእ ካባይ ዝኸፍእ ወይ ዝሓይሽ ኪኸውን ይኽእል እዩ በሎም[127]"።

በዚ መሰረት፡ ዓርቢ 4 ታሕሳስ ንፈርሔን ዝኣተዉ ወተሃደራት፡ ብዘይካ መንበሪ ኣባ ተወልደብርሃን ምርሳይን[128] ሓንቲ ዳንዳ ምንዳድን ዝኾነ ይኹን ጉድኣት ከየስዓቡ ወጹ። ካብ ኩለን ክነዳ ዝተወሰነለን ዓድታት፡ ከይነደደት ዝተረፈት እንኮ ከኣ ፈርሔን ኮነት። ብዙሓት ካብ ዓድታቶም ፋሕ ብትን ኢሎም ኣብ ኅቦታት ዝንከራተቱ ዝነበሩ ቆልዓ ሰበይቲ ግዝያዊ መዕቆቢትን ናብ ውሑስ ቦታ መሰጋገሪትን ኮይና ከኣ ኣገልገለት።

ኣባ ኣልፎንሶን ኣባ ተወልደብርሃንን ኣብ ፈርሔን ኣብ ዝጸንሑለን መዓልታት፡ ኣባ ኣየለ ምስ ኰለኔል ወርቁን ሌተናል ኰለኔል ወላናን ቀጻሊ ርክባት ብምግባር፡ ኣብ ፈርሔን ንዝነበሩ ካህናት ንምውጻእ ዘድሊ ምርድዳእ ገበሩ። ኣብ መጨረሽታ ከኣ ባዕሎም ከይዶም ከምጽእዎም ወሰኑ። ጀብሃ ዝደፈንዎ ፈንጂ ሓደጋ ከየስዕበሎም ፈሪሆም ድማ ብምስጢር ፍቓድ ናይ ተጋደልቲ'ውን ኣውሓሱ። ኣብ ግዜ ህልቂት ተመሃራይ ዘርአ ክህነት ከረን ዝነበረ ዶክተር ክፍለማርያም ሓምደ ነቶም ክልተ ካህናት ካብ ፈርሔን ንምውጻእ ምስ ኣባ ኣየለ ናብ ፈርሔን ሰጊሩ ነይሩ፡-

> *"እሞ ባዕለይ ፈርሔን ከይደ ከምጽኦም ፍቓድ ሃቡኒ፡ ነቶም ወተሃደራትኩም ከዓ ንከሕልፉኒ፡ ግዳ ንገርዎም" ምስ በሉዎም ወረቐት ፍቓድ ሂቦሙዎም። ግን ከኣ ንዝኾነ ዝተረኽበ ጉድኣት ከምዘይሕተቱሉ ነገርዎም። ፍቓድ ካብ ፖሊስ ምስ ረኸቡ ድማ ካብ ጀብሃ'ውን ከም ዘፍቀዱ በቲ ንሶም ዝሓለፍሉ መገዲ ነታጉ*

126 መጽሔት ትምጻእ መንግስትከ።

127 ከማሁ።

128 ኣባ እስቲፋኖስ ብርሃነ ከም ዝሓበርዎ ኣባ ተወልደብርሃን ምስ ሻምበል ከበደ እናተዘራረቡ ወተሃደራት ናብ መንበ ሪኡ ኣትዮም ኣላዒሎም ነይሮም።

ከይሀሉ ኣፍቀዱ"[129] ይብል።

ኣባ ኣየለ ምስ ክልተ ተማሃሮ ተስፉጋብር ዘርኤ (ወዲ ዘርአ) ክፍለማርያም ሓምደን ካብ ቅዱስ ሚካኣል (ዘርአ ክህነት) ከረን ብመገዲ ማርያም ደዓሪ ብላንድሮቨር ንሰኹና ሰጊሮም፡ በስክዲራ ሓሊፎም ፈርሔን ኣተዉ። ብ10 ታሕሳስ 1970 ነባ ተወልደብርሃንን ኣባ ኣልፎንሶን ከምኡውን ንብረቶምን ሒዞም ብዝመጽዋ ንከረን ተመልሱ። ኣባ ተወልደብርሃን ካብ ፈርሔን ኣብ ዝወጽሉ ግዜ ኩለን ዓድታት ሰኹና ነዲደን ሞት ዝነሓፈቶም ገለ ደቂ ሰኹና ፍርቆም ኣብ ጎቦታት ፍርቆም ከኣ ውሑስ ናብ ዝበልወን ዓድታት ተበቲኖም ሰኹና ዳርጋ ባዲማ ተረፈት።

ኣባ ኣየለ ተኽለሃይማኖት (ኣባ ማርዮ)

[129] ካብ ገጻት ፈይስቡክ ዝተወሰደ ጽሑፋት ዶክተር ክፍለማርያም ሓምደ።

ግዳያት መስግድ በስክዲራ	ዕድመ	ዓዲ
1. ገብረመድህን ዓበ ገብረስላሴ	57	በስክዲራ
2. ማህሌት መንግስቱ ወልዱ	36	በስክዲራ ብጽሕቲ ወርሒ/
3. ሃብተማርያም ገብረመድህን ዓበ	6	በስክዲራ
4. ዓሻ ዓበ ገብረስላሴ	40	በስክዲራ
5. ዘርኣይ ገብረትንሳኤ ጃወ	65	በስክዲራ
6. ኣመተልደት ክፍሎም ናይብ	50	በስክዲራ
7. ኣወድ ዘርኣይ ገብረትንሳኤ ጃወ	40	በስክዲራ
8.ዑቑባስላሴ ዘርኣይ ገብረትንሳኤ ጃወ	25	በስክዲራ
9. ሕመድ ደሪዕ ሕመድ	60	በስክዲራ
10. ለተብርሃን ሕድሩ ዕጉብ	40	በስክዲራ ብጽሕቲ ወርሒ
11. በያን ሕመድ ደሪዕ	5	በስክዲራ
12. ግዲኣም ሕመድ ደሪዕ	8	በስክዲራ
13. ነስረዲን ተስፋሚካኤል ፊደል	65	በስክዲራ
14. ለቱ ቀሺ ተድላ - ዓዳ ሽበቕ	56	በስክዲራ (ብጽሕቲ ወርሒ)
15. መካ ነስረዲን ተስፋሚካኤል ፊደል	14	በስክዲራ
16. ወልዱ ፍካክ ደርማስ	70	በስክዲራ
17. ደሃብታ ደርማስ ተክሌስ	50	በስክዲራ ብጽሕቲ ወርሒ
18. ዛህራ - ካብ መንሳዕ	60	በስክዲራ
19. ኣኪያር መሓመድ ጅምዕ ፍካክ	45	በስክዲራ
20. ስተል መሓመድ ጅምዕ ፍካክ	35	በስክዲራ
21. ስተል ሰማልኤል ዓሊበኪት	50	በስክዲራ
22. ዓብዱልቃድር ብእምነት ደርማስ	70	በስክዲራ
23. ጀምዕ ኣድግ	60	በስክዲራ
24. ዓፌት ከሊፋ ነስረዲን	55	በስክዲራ
25. ኣልጃጅ ይሻቕ	70	በስክዲራ
26. ዕመር ጅምዕ ዓበ	35	ድግ ምራድ
27. ዳህባ ኢብራሂም መሓመድ	55	በስክዲራ
27. ሰለመት ከራር ከሊፋ ሳልሕ ብእምነት	1	በስክዲራ
29. ሑሴን ኣቡበከር ከሊፋ ሳልሕ	15	በስክዲራ
30. ዛህራ መንደር ብእምነት	19	በስክዲራ

31. ሓሊማ እድሪስ ጅምዕ	15	ዕንጭናኞ
32. ድካን ሽካይ ኖር	70	በስክዲራ
33. ሓሰን መሓመድ ዓሊ መፍለስ	60	በስክዲራ
34. ኣሚና ተስፉ ዘርኡ	6	በስክዲራ
35. ጃውጅ ንሱር ኣንሰራ	67	በስክዲራ
36. ደሃባ መናድር መሓርዝጊ	50	በስክዲራ
37. ምሕረት ኣንሰራ ንሱር	45	በስክዲራ
38. ንግስቲ ተስፉ ኣልመዶም ዓሊበኪት	15	በስክዲራ
39. ተመርጻ ብርሃነ ተስፉ	15	በስክዲራ
40. ሰንበቱ መሓመድ ሓማድ	50	በስክዲራ
41. ጆርጆ ንጉሰ ኣንሰራ ኣልመዶም	15	በስክዲራ
42. ፍረዝጊ ንጉሰ ኣንሰራ ኣልመዶም	12	በስክዲራ
43. ሚኪኤለት ንጉሰ ኣንሰራ ኣልመዶም	8	በስክዲራ
44. ጴጥሮስ ኣንሰራ ኣልመዶም	50	በስክዲራ
45. ገዲት ያሲን	60	በስክዲራ
46. ሱሰት ዓሊ በኪት	50	በስክዲራ
47. እድግት ሙሳ	45	በስክዲራ
48. ልጉት ተስፋስላሴ	50	በስክዲራ
49. ክእለት ዘርኡ ሃብተማርያም	15	በስክዲራ
50 መኰንን ረዳእ ንሱር	60	ሃገር
51. በያን መኰንን ረዳእ ንሱር	15	ሃገር
52. በያኒት መኰንን ረዳእ ንሱር	9	ሃገር
53. ምሕረት በየድ	70	በስክዲራ
54. ኬርባ ልጃጅ ተኽሌስ	40	በስክዲራ
55. ለተእየሱስ ኣረይ ልጃጅ	12	በስክዲራ
56. ልጃም ሰመራ መሓሪ	65	በስክዲራ
57. ኣውካ በሪሀ መሓርዝጊ	60	በስክዲራ
58. ክፍሎም ልጃም ሰምራ መሓሪ	15	በስክዲራ
59. ወልደኢየሱስ መድህን ልጃም	5	በስክዲራ
60. ገብረየሱስ መድሕን ልጃም	2	በስክዲራ
61. ግብለት ዑቕባሚካኤል ገንደር	35	በስክዲራ
62. እድሪስ ዓፉ ፍካክ	48	በስክዲራ
63. ጊዮርጊስ ማይበቶት በሪሀ	12	በስክዲራ

64. ጅዳ ናሽሕ እኩብ	70	በስክዲራ
65. ሃብተዝጊ ዓሳማ ገብረትንሳኤ	40	በስክዲራ
66. ልኡል ባህታ ዓሳማ ገብረትንሳኤ	50	በስክዲራ
67. ዑቑባልደት ማይቤቶት ልጃጅ	50	በስክዲራ
68. ለተንስኤ ኣድግ (ጋርዳ) ኣልመዳይ	15	ቁኒዕ
69. ፋጥና ፍካክ መሓመድ	12	በስክዲራ
70. ፍጉረት ፍካክ መሓመድ	10	በስክዲራ
71. መርየም ፋይድ እድሪስ ሓሰቡ	45	በስክዲራ
72. ዘኪያ ኣዛዚ ፍካክ	2	በስክዲራ
73. ክብርቲ ዓብደላ ሼኽ ሓመድ	15	(ጓላ ንመርየም ሰይቲ ኣዛዚ ፍካክ)
74. ዓሻ ማሕጁብ	45	በስክዲራ
75. መሓመድ ዕመር ፈረጅ	1	በስክዲራ
76. ከዲጃ ሸኽ ፈረጅ ድሩይ	15	በስክዲራ
77. ዜነብ ሳልሕ	40	በስክዲራ
78. ራህያ ገርዳ	45	ሓንጎል
79. ኣመተልደት ተስፈ ገብርረቢ	16	ሓንጎል
80. ለተንጉስ ተስፈ ገብርረቢ	30	ሓንጎል
81. ሕኒት ተስፈ ገብርረቢ	14	ሓንጎል
82. ረዳእ ገብርረቢ ኣጕዱባይ	50	ሓንጎል
83. ጃወዲ ሓሰማ ፍረ	45	ሓንጎል
84. ለተዝጊ ኣጕዱባይ ገብርረቢ	16	ሓንጎል
85. ገብርኤላ ኣጕዱባይ ገብርረብ	14	ሓንጎል
86. ጸጋ ኣጕዱባይ ገብርረቢ	9	ሓንጎል
87. ወልዱ ሕኒት መይቤቶት	55	ሓንጎል
88. ናስራ መንደር ተስፋማርያም	45	ሓንጎል
88. ተኽላይ ግላይ ሕኒት	16	ሓንጎል
89. ዓንዳይ ግላይ ሕኒት	14	ሓንጎል
90. ኣመተ ኢሻቅ መሓመድ	8	ሓንጎል
91. ትብርህ ዑቕባልደት ወልዱ	1	ሓንጎል
92. ኣመተ እክት ልባብ	50	ሳንቃ
93. ለምለም ሓሰበነቢ ተኩሩራይ -	50	ሳንቃ
94. ሚኪኤለት ጅምዕ ሙሳ	50	ሳንቃ
95. ማህደር ሓመድናካ ዘርእየስ	13	ሳንቃ

96. ኣማይር ሓመድናካ ዘርእየስ	16	ሳንቃ
97. ክፍላይ ሓመድናካ ዘርእየስ	8	ሳንቃ
98. ፍረወይኒ ሓመድናካ ዘርእየስ	6	ሳንቃ
99. መስቀላ ሰይቲ ወልደጋብር ሓመድናካ	52	ፍሰሩኹ
100. መድህኑ ዑመር -	49	ሳንቃ
101.ኣድሓነት ተስፋዮሓንስ እትጊዮርጊስ	16	ሳንቃ
102 ኬማ መብራህቱ ይሻቕ መሓመድ	10	ሳንቃ
103. ህብተዝጊ መብራህቱ ይሻቕ መሓመድ	8	ሳንቃ
104. ኣጉሳዕና ዘርኦም ሕድርየስ	16	ሳንቃ
105. ሰኔት ዘርኦም ሕድርየስ	35	ሳንቃ
106. ኣምና ዘርኦም ሕድርየስ	9	ሳንቃ
107. ኖባ በኪት ኣስጎዶም	50	ሳንቃ
108. ሓዋ ኣድም ዳር	60	ሳንቃ
109. ትከት ናሽሕ እኩብ	60	ፍሰሩኹ
110. መሓሪት ሕመድ ጨባዕ	47	ፍሰሩኹ
111. ክእለት መንግስቱ	8	ፍሰሩኹ
112. ትብርህ ሰለሞን ናሽሕ እኩብ	5	ፍሰሩኹ
113. ኣድሓኖም ፍካክ ድቡ	70	ፈለዳርብ
114. ዓጀብ ብርሃነ ዓበ	50	ፈለዳርብ
115. ገብረኢየሱስ ንጉሰ ተስፋልደት	15	ፈለዳርብ
116. ዓሊ ዑስማን መሓመድ	12	በስክዲራ
117. መስዑዳ ያሲን ኣፍታይ	5	በስክዲራ
118. ክብሮም ዓበ ገብረስላሴ	60	በስክዲራ

ዝርዝር ውጻእ መዓት መስግድ በስከዲራ

ተ. ቁ	ምሉእስም	መበቆል ዓዲ	ህሉው ኩነታትን ኣድራሻ
1	ጥምቀቱ ኣንሰራ ንሱር	በስከዲራ	ሳንቃ
2	ገርጊሹ ሚካልኤል ንሱር	በስከዲራ	በስከዲራ
3	ትርሓስ እዛዝ ዳመር	በስከዲራ	ሱዳን
4	ኣንሰራ ንሱር ኣንሰራ	በስከዲራ	መዋቲ
5	ተኽላይ ሚካኤል ኣንሰራ	በስከዲራ	ኣስመራ
6	ታበቱ ቴድሮስ	በስከዲራ	መዋቲት
7	ኣመተ ኢሸሓቕ	በስከዲራ	መዋቲት
8	ሕሪት ከቢን	ፍሶሩኹ	መዋቲት
9	እርፍኤላ ትንስኤው ጀቢብ	ፍሶሩኹ	ፈለዳርብ
10	ገብረሚካኤል ትንስኤው ጀቢብ	ፍሶሩኹ	ስዉእ
11	ፍረ ትንስኤው ጀቢብ	ፍሶሩኹ	ስዉእ
12	ኣይመን ትንስኤው ጀቢብ	ፍሶሩኹ	ከናዳ
13	መድሃኔ ትንስኤው ጀቢብ	ፍሶሩኹ	በስከዲራ
13	ሰንበቱ ወልዱ ፍካክ	በስከዲራ	ደሮቑ
14	ግንቦት ወልዱ ፍካክ	በስከዲራ	መዋቲ
15	ዓቤላ ወልዱ ፍካክ	በስከዲራ	መዋቲት
16	ኣስላ ዑቕባልደት ወልዱ	ሓንጎል	ወስበንስሬኹ
17	መድህኑ ወልዱ ሕኒት	ሓንጎል	ድግምራድ
18	ዓብዱ ኣዳዲ ፍካክ	በስከዲራ	ከረን
19	ኣዳዲ ፍካክ ደርማስ	በስከዲራ	መዋቲ
20	ለተሚካኤል ልጃም ሰምራ	በስከዲራ	ሓጋዝ
21	መድህን ሕመድ ደርዕ	በስከዲራ	ከረን
22	ወልደገርጊሽ ጎደፉ ተስፉ	ሽዕብ ሰለባ	ስዉእ
23	ሳሙኤል ተስፉጋብር	ፍሶሩኹ	ፈለዳርብ
24	ኣድሓነት ተስፉ ሕኒት	ሓንጎል	መዋቲት
25	መድሓኒት ተስፉ ሕኒት	በስከዲራ	ቁንዕ
26	ድንሳ ተስፉ ዳርስልሕ	ሳንቃ	ኣጀርበብ መዋቲት
27	ትበርህ ሓጎስ	ሳንቃ	ዓደፋ
28	ስታ መኮነን	በስከዲራ	ዓደፋ

29	እክብት ነዋር	በስክዲራ	መዋቲት
30	መርየም ዘርኦም	በስክዲራ	በስክዲራ
31	ገብረሂወት ዘርኡ	በስክዲራ	በስክዲራ
32	ጀውዳ ኣድሓኖም	ሳንቃ	ሳንቃ
33	ለተብርሃን ጃወ	ሳንቃ	መዋቲት
34	ኣርሄት (ጋብሩ) ሕኒት	ሓንጎል	መዋቲት
35	ሓዳስ ሚካኤል	ሻውሽ	ሓሊብመንተል
36	መስቀላ በርቼ	በስክዲራ	መዋቲት
37	ሳራ ብርሃነ	በስክዲራ	ኣጀርበብ
38	ኤልሳ ብርሃነ	በስክዲራ	ኣስመራ
39	ለተኺዳን ብርሃነ	በስክዲራ	ባሕሬን
40	ከዲጃ ዑስማን መሓመድ	በስክዲራ	ኡምዱርማን/ ካርቱም
41	ዳልየት ዑስማን መሓመድ	በስክዲራ	ኡምዱርማን/ ካርቱም
42	ንስሪት ኣንሰራ	በስክዲራ	መዋቲት
43	ትምኒት መድሕን ሃብተገርጊሽ	ፈለዳእርብ	ፈለዳእርብ
44	ምልእተ ዳመር	ፍሰሩኽ	ፈለዳእርብ
45	ቅድስቲ ተስፉ ገብረ-ረቢ	ሓንጎል	ኣጀርበብ
46	የባት ተስፉ ገብረ-ረቢ	ሓንጎል	ስወእ
47	ሓዋ ደርማስ	በስክዲራ	ከረን
48	ንግስቲ መይበቶት	በስክዲራ	ከረን
49	እናቴ ለተመድህን እክት	ሓመደይ	መዋቲት
50	ምሕረት ጅምዕ	ፍሶሩኽ	ፈለዳእርብ
51	ተስፉ ኣልመዶም	በስክዲራ	መዋቲ
52	ዳህባ ዓሊኖር	በስክዲራ	ፈለዳእርብ
53	ተኪኤ ተስፉ ዘርኡ	በስክዲራ	መዋቲ
54	ትምኒት መይበቶት	በስክዲራ	ድገምራድ
55	ራህያ ባህልቢ ተኩሩራይ	በስክዲራ	በስክዲራ
56	ሰንበቱ ዑቕባይ	በስክዲራ	በስክዲራ
57	ኣክያር ተኩሩራይ	በስክዲራ	ሞዋቲት
58	ኣክያር መስመር	በስክዲራ	መዋቲት
59	ራህያ መሓመድ ጅምዕ	በስክዲራ	ሱዳን
60	ንስሪት እዛዝ)	በስክዲራ	በስክዲራ

61	ኢብራሂም ዓብደላ ብእምነት	በስክዲራ	ሞዋቲ
62	ኢብራሂም መሓመድ ዓሊ ኢብራሂም	በስክዲራ	ሱዳን
63	ለተሃይማኖት ሃብተማርያም ያሲን	በስክዲራ	ሞዋቲት
64	ምንያ ልጃጅ	ቁኒዕ	መዋቲት
65	ሕርይቲ እድግ	ቁንዕ	ዲላበርዲድኣላ
66	ፋጥና መሓመድ ዑመር	በስክዲራ	ሱዳን (ገዳርፍ)
67	ብእምነት መንደር ብእምነት	በስክዲራ	ሱዳን (ገዳርፍ)
68	ዓረፉ መንደር ብእምነት	በስክዲራ	ሱዳን (ገዳርፍ)
69	ገዳም መይበቶት በርህ	በስክዲራ	መዋቲት
70	ሚካኤል መይበቶት በርህ	በስክዲራ	መዋቲ
71	ተስፋሚኪኤል መይበቶት በርህ	በስክዲራ	በስክዲራ
72	መይበቶት በርህ	በስክዲራ	መዋቲ
73	ክምሻማ ወልደሚካኤል በርቕ (ሰበይቲ መይበቶት በርህ)	በስክዲራ	መዋቲት
74	ምልእተ ተስፋጋብር ሓመድናካ	ፉሰሩኽ	ሓሊብመንተል
75	መሓሪተ ዳይር ናሽሕ	ፈለዳእርብ	(ቆልዓ ነይርዋ)
76	ኪዳነ ናይዝጊ ኣስገዶም	ፈለዳርብ	ስዉእ
77	ሓድጉ ታእዛዝ	ፈለዳርብ	መዋቲ
78	ምስግና ሰለሙን ናሽሕ	ፍሰሩኹ	መዋቲ
79	ለተመድህን ሰለሙን ናሽሕ	ፍሰሩኹ	ስውእቲ
80	ኣማነት ገንደር (ሰበይቲ ሰለሙን ናሽሕ)	ፍሰሩኹ	መዋቲ
81	ባህልቢ ተኹሩራይ	በስክዲራ	መዋቲ
82	ካሕሳይ ባህልቢ ተኹሩራይ	በስክዲራ	በስክዲራ
83	ሓምድ ሕመድ ዓብደላ ፈሊጋ	ኣድሓ	ሱዳን (መዋቲ)
84	እድሪስ ሕመድ ዓብደላ ፈሊጋ	ኣድሓ	መዋቲ
85	ያሲን ኣፍታይ ሓምደ	በስክዲራ	ሱዳን (መዋቲት)
86	ጅምዕ ያሲን ኣፍታይ ሓምደ	በስክዲራ	ሱዳን (መዋቲ)
87	ሰዓዲን ያሲን ኣፍታይ	በስክዲራ	ስዑዲ ዓረብ
88	ምርካብ ማሕሙድ ሑመድ	በስክዲራ	ሱዳን (መዋቲ)
89	በሺር ምርካብ ማሕሙድ	በስክዲራ	ስዑዲ
90	ዓብደልርሕማን ምርካብ ማሕሙድ	በስክዲራ	ገዳርፍ
91	ዓብደልቃኒ ምርካብ ማሕሙድ	በስክዲራ	ገዳርፍ
92	ኣኪያር ምርካብ ማሕሙድ	በስክዲራ	ገዳርፍ

93	መዲና ምርካብ ማሕሙድ	በስክዲራ	ገዳርፍ
94	ሶፍያ ምርካብ ማሕሙድ	በስክዲራ	ሰምሰም (መዋቲት)
95	ፋጥና ምርካብ ማሕሙድ	በስክዲራ	ገዳርፍ
96	ድላማ አሰናይ በርህ (ሰበይቲ ኢብራሂም ዓብደላ ብእምነት)	በስክዲራ	ገዳርፍ (መዋቲት) ምስ ወዳ ዓብደርሑማን
97	መሓመድእድሪስ አልአሚን ዓብደላ	በስክዲራ	ከረን
98	ዓረፋት አልአሚን ዓብድላ	በስክዲራ	ሮራ ቤት-ገብሩ
99	መታይ አንሰራ አልመዶም ዓልበኪት	በስክድራ	መዋቲ
100	ብርኽቲ ኖር	ሙሻ	አጀርበብ
101	ቅድስቲ ጴጥሮስ	በስክዲራ	ስውዲን
102	ፋጥና ነስረዲን	በስክዲራ	መዋቲት
103	ጅዳ መሓመድ	በስክዲራ	መዋቲት
104	ባህታ ዓሰማ ገብረትንሳኤ	ሓሊብጅሉጥ	መዋቲ
105	ሃርዮ ፍካክ	ሓሊብጅሉጥ	ፈርሔን
106	መርየም	በስክዲራ	መዋቲት
107	ሓማድ ሓመድናካ	ፍሶሩኹ	መዋቲ
108	ኬርባ ወልደጋብር ሓመድናካ	ፍሶሩኹ	ሙሻ (በርደግ) መዋቲት
109	ጋብር ወልደጋብር ሓመድናካ	ፍሶሩኹ	ስዉእ
110	ትብለጽ ወልደጋብር ሓመድናካ	ፍሶሩኹ	ከረን
111	ዓሊጃምዕ ኢብራሂም ዓብደላ	በስክዲራ	መዋቲ
112	ተስፋሓንስ ዘርአይ ገብረትንሳኤ	ሓሊብጅሉጥ	ፈርሔን
113	ፈረጃ አበከር ዑስማን	በስክዲራ	መዋቲት
114	ሰዓድያ ዑመር ፈረጅ	በስክዲራ	ሽዕብ ገድገድ
115	ሓዋ ኢብራሂም ምራድ	በስክዲራ	መዋቲት
116	ተወልደብርሃን ትንስኤው ነስረዲን	በስክዲራ	በስክዲራ
117	ዋሌት ትንስኤው ነስረዲን	በስክዲራ	ስዑዲ
118	ሰዓድያ መሓመድ ዓሊ	በስክዲራ	ሱዳን
119	ሕሴን እዛዝ ጅምዕ	በስክዲራ	መዋቲ
120	እድሪስ እዛዝ ጅምዕ	በስክዲራ	ስዉእ
121	አሚና ባህልቢ ተኩሩራይ	በስክዲራ	ስውእቲ
122	ጸጋይ ክብሮም ዓበ	በስክዲራ	ከረን

123	ዛህራ ስለማን	በስክዲራ	መዋቲት
124	ሃነጸ ቅጡም ዑቕባትንሳኤ	በስክዲራ	መዋቲት
125	ገርጊስ ዳመር ባህልቢ	በስክዲራ	በስክዲራ
126	ሃብታት ዳመር ባህልቢ	በስክዲራ	መዋቲ
127	ክፍሎም ዳመር ባህልቢ	በስክዲራ	ስወእ
128	ለተማርያም መብራህቱ ኢሳቕ	ሳንቃ	ደሮቕ
129	ብርኸቲ መብራህቱ ኢሳቕ	ሳንቃ	መዋቲት
130	ስላስ ኢሳቕ መሓመድ	ሳንቃ	መዋቲት
131	ሀብትዝጊ ኢሳቕ መሓመድ	ሳንቃ	መዋቲ
132	ለተየሱስ ዮውሃንስ መንደር	ሳንቃ	ፍሶሩኽ
133	ተኸአ ዮውሃንስ መንደር	ሳንቃ	ፋፍዳ
134	ገርጊሹ ግላይ ሕኒት	ሳንቃ	ፍሶሩኽ
135	ስላስ ተስፉ ዳርሰልሕ	ሳንቃ	ኢጣልያ
136	ጣህር ሓምድ ሑመድ ፈለጋ	በስክዲራ	ከሰላ
137	ርቕያ መንግስቱ ትምኪኤል	በስክዲራ	ሱዳን
138	ስዒድ መንግስቱ ትምኪኤል	በስክዲራ	ሱዳን
139	ሰለሙን ንጉሰ ተስፋልደት	ፊለዳርብ	ከናዳ
140	ሓመድናካ ናሽሕ	ፍሶሩኹ	መዋቲ
141	መድሓኒት ብርሃነ ተስፉ	በስክዲራ	ከረን
142	ገብረአምላኽ ብርሃነ ተስፉ	በስክዲራ	ባጽዕ
143	ጀውዲ ሓጎስ ዳርሽሕ	በስክዲራ	መዋቲት
144	መንደር ብእምነት	በስክዲራ	መዋቲ
145	ዓብደርሑማን ኢብራሂም ዓብደላ	በስክዲራ	መዋቲ
146	ስተል ዑመር ከራሚ/ ሰይቲ ልባብ እድሪስ	በስክዲራ	መዋቲት
147	ዓብዱ ልባብ እድሪስ	በስክዲራ	መዋቲ
148	ሰለመት ልባብ እድሪስ	በስክዲራ	ደቕሰብ
149	ለተንስኤ ነስረዲን ተስፉሚካኤል	በሰክዲራ	ተኾምቢያ
150	ሱሌማን ልባብ እድሪስ	በስክዲራ	መዋቲ

ህልቂት በስክዲራ - ካብ ልሳን ግፉዓት!

ኣብ በስክዲራ ዘጋጠመ ኣሰቃቒ ግፍዕታት እንተዝጸሓፍ፡ ውሱናት ምዕራፋት ዘለዎ እንኮ መጽሓፍ ጥራይ ዘይኮነ፡ ደርዘን ቅጽታት ኣይምኣኸሎን። እንተኾነ ኣብዛ ምዕራፍ ካብ ባሕሪ ብጭልፋ፡ ኣብ መስርሕ ስነዳ እኹል ሓበሬታ ናይ ዝተረኸበሎም ግዳያት ጥራይ ከቕርብ ተፈቲኑ ኣሎ።

ፍርቂ ዘመን ሓሊፉ፡ ናይ ኩሎም ውጻእ መዓት ምስክርነት ክትረክብ ኢልካ ዘይሓሰብ'ዩ። ካብቲ ኣሰቃቒ ግፍዒ ብዕድል ዝደሓኑ፡ ሎሚ ዳርጋ መብዛሕትኦም ብህይወት ዳርጋ የለውን። እቶም ብህይወት ዘለዉ እውን ከም ደቂ ዛግራ ፈቖዶኡ ተበታቲኖም፡ ንኽርከቡ ቀሊል ዘይኮነ መሰናኽላት ተሓሊፉ።

ብኻልእ ወገን፡ ኩሉ ዝተኣከበ ዘበለ ሓበሬታ ኣብ ውሱን ዓቐን ዘለዎ መጽሓፍ ምክታት ዘይክውንነታዊ እዩ። ስለ ዝኾነ ድማ፡ ኣብ'ዚ መጽሓፍ ቀሪቡ ዘሎ ዛንታታት፡ ሓደ ጸሓፊ ካብ ብዙሓት ኣዘንተውቲ ዝኣከቦ ሓበሬታ ብናይ ውልቁ ኩርናዕ ከቕርቦ ዝፈተነ ጥራሕ ምኧኑ ምግንዛብ ከድሊ እዩ።

ምስ ምንዋሕ ግዜ፡ ግዳያት ይኹን መቕርብ ግዳያት፡ ናይ ተዘኩሮ ሃጓፋት ኮነ ፍልልያት እንተተራእየ፡ ከም ዘይንቡር ክሕሰብ የብሉን። ሓደ ሰብ ንተመሳሳሊ ፍጻመ ካብ ካልእ ብዝተፈልየ ኩርናዕ እንተ ኣዘንተወ እውን ኣይኣበሰን። ከመይ ዝተፈላለየ ኩርናዕ ናይ ኣዘናትዋ ነቲ ፍጻመ ብምልኣት ንምርዳእ ስለ ዝሕግዘና።

ፈላሚት ወፍሪ ንምእረራ ታሪኽ

ወርሒ ለካቲት 2016 እዩ። ክሳብ ሽዑ ብህይወት ዝጸንሑ ውጻእ መዓት መስጊድ በስክዲራን ውጉኣት ኣብ ምውጻእን ግዳያት ኣብ ምቕባርን ዝተሳተፉ ውልቀ ሰባት ምስክርነቶም ክስነድ መደብ ተታሕዘ።[130] ንመጸሉ ዕለትን ክግበር ዝነበሮ ምድላውን ብተሌፎን ስለ ዝሓበርና ዘድሊ ምድላው

130 እዚ መደብ'ዚ ብማእከል ምርምን ስነዳን ህግደፍ ተወዲቡ እዩ ተኻይዱ። ብዙሓት ውጻእ መዓት ዖናን በስከዲራን ከኣ ምስክርነቶም ከስነድ በቒዑ።

ኣቐዲሙ ተጻፊፉ ነይሩ። ጸሓፊ ካብ ሓልሓል፡ ሰኣልቲ፡ የማነ ዓንደብርሃን ሻም ኢብራሂም ኣክላን ምስ መራሕ መኪና ዮሴፍ ህብታይን ካብ ኣስመራ ድሮ እታ ንበስከዲራ ዝወፈርናላ ዕለት ከረን ኣቲና ሓደርና።

ንበስከዲራ ኣብ ዘንጋህናላ ዕለት፡ ጸሓይ ንምዕራብ፡ ንሕና ከኣ ኣንፈት ሰሜን ሒዝና፡ ዳርጋ ኣብ ሓደ ህሞት ኢና ጉዕዞ ፈሊምና። ካብ ከረን ሆቴል ብብሎኮ ኣፍዓበት፡ ንዖና ረጊጽና እንዳ ኢንኮዶ ምስ በጻሕና፡ ሕቖና ንጎቦ ላልምባ ሂብና ንምብራቕ ተዓጸፍና። ብዓበይቲ ኣግራብ ማንጉስ ዝወቀበ ሩባ ደዓሪ ረጊጽና ኣብ ገምገም ሩባ ዓንሰባ ንእትርከብ ንእሽቶ ዓዲ - ፋፍዳ ተንዝጉዝና ናብቲ ሩባ ተነቖትና። ወቕቲ ሓጋይ ብምንባሩ ንሩባ ዓንሰባ ከይተሰከፍና ኢና ሰጊርናዮ።

ድሕሪ'ዚ ኣብ ስግር ሩባ ዓንሰባ ንዝርከባ ዓድታት በርደግ፡ ፈለዳርብን ድገ - ምራድን ረጊጽና፡ ሩባ ማይ-ሓባር[131] በጻሕና። ክሳብ ሩባ ማይ-ሓባር ካብ መገዲ ከረን-ገለብ ኣይወጻእናን። ድሕሪ'ዚ ካብ ቀንዲ ጽርግያ ወጺእና ኣንፈትና ንደቡብ ቀየርና። ሓርጎጽጎጽ ዝበዝሖ መገዲ ሓሊፍና ከኣ ናብታ ብስንኪ ኩናትን ደርቅን ገረብ ሰራው ጭዓን ጥራይ ዝረኣያ በስከዲራ ብምብራቓ ተቐልቀልናያ።

ኣብዛ ኣርባዕተ ኣባላት ዝነበርናያ ናይ ስነዳ ጉጅለ፡ ካብ ከረን መምህር ዓብዱ ኣዳዲ ተወሲኹዋ ነይሩ። በስከዲራ ንመምህር መድሓንቱ ዝተደፍነላን ምቁር ዕድመ ቁልዕነት ዘስተማቐረላን፡ በቲ ኻልእ ወገን ከኣ፡ ነፍሰ ጾር ኣደኡ ምስ ክልተ ኣዋልዳ ኣብ ሓደ ግዜ ዝተቐዘፉላ እያ። ስለ ዝኾነ መምህር ንሕማቕን ጽቡቕን ዝኸሩ ብማዕረ እዩ ዘቛስየላ።

እቶም ካብ ኣስመራ ዝተበገሱ ሰለስተ ብጾት ግን፡ በስከዲራ በዥሪ ዓይኖም ነበረት። ኣነ እውን ምስታ ዓዲ ክንዮ ናይ ሓንቲ መዓልቲ ናይ ምብጻሕ ኣጋጣሚ ዝሓልፍ ምትእስሳር ኣይነበረንን።

* * *

ኣብ ወርሒ ጥሪ 2003 ዕለቱ ብንጹር ኣብ ዘይዝከሮ መዓልቲ እዩ። ኣብ ከረን ኣብ ናይ ፍርቂ ዓመት ናይ ዩኒቨርሲቲ ዕረፍቲ ነይሩ። ኣብቲ ግዜ ዓርከይን ናይ ቀረባ ዘመደይን ኣድሓኖም ሕዱግ ንሙሻ ከሰንዮ ሓተተኒ። ብቐንዱ ዝሕዝ ጉዳይ ስለ ዘይነበረኒ ብኻልእ ወገን ከኣ ርእየዮ ናብ ዘይፈልጥ ከባቢ ምኻድ ስለዝብርሃኒ ከይተማታእኩ ተሰማሚዐ። ንእግረ መንገድና ኣብ በስከዲራ ንዝምህር ዝነበረ መምህር ሰለሙን ሃብቱ ክንበጽሕ እውን

131 ሩባ ማይሓባር ካብ ኣጀርበብን ጀንገርጁባን ዝወርዱ ዓበይቲ ሩባታት ዝራኸብሉ ኮይኑ መጨረሽታ ናብ ሩባ ዓንሰባ ዝጽንበር ዓቢ ሩባ ናይ ሰኹና እዩ።

ኣብ መደብና ኣእቶና። በዚ መሰረት ካብ ከረን ተበጊስና ብንግሆኡ ናይ ሙሻ ተልእኾና ዛዚምና ንበስክዲራ ኣምራሕና። በታ ዕለት ነተን ብስመን ጥራይ ዝፈልጠን ዝነበርኩ ዓድታት ሰኹና ማለት በርደግ፡ ሙሻን፡ ፈለዳአርብን ኣብ ሓንቲ ረፍዲ ከላለየን ብምብቅዐይ ፍሉይ ባህታ ፈጠረለይ።

በስክዲራ ምስ በጻሕኩ ግን ዝተፈራረቐ ስምዒት'ዩ ሓዲሩኒ። ንጹሃት ዝሃለቑላ መስጊድ ርእየ ሓዘንን ጓህን፡ ኢጣልያውያን ኣባላት ማሕበር ትኩል[132] ከነድቅዋ ዝጸንሑኒ ቤት ትምህርቲ ተዓዚበ ከኣ ኣድናቖት። ኣብ ክልተ ጫፋት ናይታ ንእሽቶ ዓዲ ክልተ ተጻረርቲ ስምዒታት ንሓዋሩ ኣብ ዘይርስዕ ክፋል ኣእምሮይ ወቒረ ኸዚነ ናብቲ እቶም መምሃራን ዝቕመጡሉ ዝነበሩ ንፈርሔን ገጸይ መረሽኩ።[133]

ድሕሪ ነዊሕ ዓመታት ኣብ 2016 ንበስክዲራ ኣብ ዝተመለስክሉ ግን፡ ተራ ሓላፍ መገዲ ኣይነበርኩን። ንሽዑ'ኳ እንተዘይተሰወጠኒ፡ ወዲ ዓዲ ክቕይረኒ ዝኽእል ተልእኾ ተሰኪመ እየ ተመሊሰ ነይረ።

* * *

ኣነን ብጾተይን ተሳፊርናላ ዝመጻእና መኪና ኣብ ማእከል ዓዲ ዝረኣዩ፡ ክጻባበዩና ዘርፈዱ ደቂ ዓዲ ወረር ወረር ኢሎም ተኣኻኸቡ። ድሕሪ ሰላምታ ብቐጥታ ብርኽ ኣብ ዝበለ ስፍራ ናብ ዝተደኮነት መስጊድ እዮም መሪሖም ወሲዶምና። ቅድሚ ዓሰርተታት ዓመታት ዘሰቕቕ ህልቂት ዝተፈጸመላ መስጊድ በስክዲራ፡ ዚንጎኣ ተቐሊጡ ናብ ዑና ተቐይራ ነበረት። ኣብ ምድሪቤታ ዝበቖለ ጨዓን ሰራውን'ውን ዝገደደ ጣሻ ቀይርዋ ነበረ።

መስጊድ በስክዲራ ድሕሪ'ቲ ኣብ ውሽጣ ዝተፈጸመ ህልቂት፡ ፈርዱ (ግቡእ ጸሎት) ከብጽሕ ዝተመልሳ ኣማኒ ኣይነበረን። ኣብ ውሽጣ ብሰንኪ ዝሃለቑ ሰላማውያን፡ ኣብ ኣእምሮ ኩሉ ሰብ ካብ መስጊድ ናብ ሲኦል እያ ተቐይራ። ብደቂ ዓዲ ተሰኒና፡ ንውሽጥን ከባብን መስጊድ ተዘዋዊርና ምስ ወዳእና ኣእማን ፈንቂልና ኣብ ውሽጣ ተቐመጥና። ልክዕ ደም ንጹሃት ኣብ ዝፈሰሰሉ፡ ኣዕጽምቶም እውን ኣብ ዝተኸስከሰሉ ስፍራ።

ዓበይቲ ዓዲ ዳግማይ ናይ እንቋዕ ደሓን መጻኹም ቃል ኣስሚዖም ንተበግሶና ነኣዱ። ንሕና'ውን ነቲ ብእኦም ተገይሩ ዝጸንሐ ምድላው ኣመስጊንና፡ ርዱእ ንዝነበረ ዕላማ መምጽኢና ገለጽና። ድሕርዚ ብቐጥታ ምስክርነት እቲ ሕሱም ህልቂት ካብ ናይ ዓይኒ መሰኻኽር ኣብ ምስናድ ኣቶና።

---

132 ማሕበር ትኩል ኣብ ፈለማ ዓመታት ናይ ናጽነት ኤርትራ ኣብ ሰኹና ቤት ትምህርቲ፡ ሕክምናን ማይን ብምእታው ልዕሉ ኣበርኪቶ ዝገበረት ዘይመንግስታዊ ናይ ግብረሰናይ ማሕበር እያ።

133 ኣብቲ ግዜ መምሃራን ናይታ ቤት ትምህርቲ ዝነበሩ መምህር ተስፋት ዮሴፍን መምህር ሰሎሞን ሃብቱን ኣብ ፈርሔን ምስ ቆሞስ ናይ ቤተክርስትያን ቅዱስ ጎዮርጊስ ይቕመጡ ነይሮም።

ኣብዚ በኹሪ ናይ ሰነዳ ውዕሎ፡ ንቃለ-መሕትት ካብ ዝበቕዑ፡ ካብ ሞት ንስከላ ዝተረፉ ውጻእ መዓት፡ ንውጉኣት ኣብ ምውጻእ ዝረድኡን ንጽባሒቱ ዝቐበሩን ከምኡውን ስድራ ቤት ግዳያትን ነበሩ። ብቐሊሉ ሓሳቦም ክገልጹሉ ብዝቕሎም ቋንቋ[134] ተጠቂሞም ከኣ ነቲ ኣብ ልዕሊኦም ዝወረደ፡ ንስድራቤቶም ዝኀነፈ፡ ብዓይኖም ዝረኣይዎን ዝሰምዕዎን በብተራ ጸወዩና። ገለ ካብኦም ኣብ መንጎ ቃለ መሕተት ኲሉ ተራእይዎም ብዓሂ ተኾምተሩ፡ ብሕርቃን ተቓጸሉ፡ ከም ቆልዓ ዝርንዛሕ ነብዑ፡ ምዝራብ ስኢኖም ክሳብ ዝልከቱ እውን ኮኑ። ንሕና እውን ዛንታ ሞትን ህልቂትን ክንገረና ከሎ ገጽና ከሰል ክለብስ ብኸመይ ከምዝደሓኑ እንክደግሙልና ከኣ፡ ክንፍሳህ ብስምዒት ምስኦም ካብን ናብን ክንልካዕ ወዓልና።

ግዜ ተዓዚሩ። ካልኢታት ብደቃይቕ፡ ደቃይቕ ብሰዓታት ክተኻኻእ ፍጹም ኣይተረደኣናን። ከምኡ ኢሉ ድማ መዓልቲ ተፋረቐት። እዚ ኲሉ ኣብ ቃልዕ ተቐሚጥና ከነብቅዕ፡ ጸሓይ ናይ ምቅጻል ሓይላ ከም ዝተዳኸመ፡ ብጩራታታ ኣየንደደትናን። እተን ፈንቂልና ዝተቐመጥናየን ኣእማን'ውን ናብ ሶፋ ከም ተቐየራ ኣይኮርኮሓናን። ሰኣልቲ ንነባሪ ሰነድ ኣብ ሓለዋ ቀጽል ከም ዝተገደመ ወተሃደር፡ ደው ካብ ዝበልዋ ምንቕ ከይበሉ ተዓኒዶም ወዓሉ። ኮታስ በቲ ዘሰቕቕ ዛንታታት ተዓዚምና፡ ንውሓት ግዜ ግዲ ከይገበርናሉ ነዊሕ ሰዓታት ሓለፈ።

ኣስታት ሰዓት ሓደን ፈረቓን ድሕሪ ቀትሪ ኣቢሉ ኣብ መንጎናን ኣብ መንጎ ደቂ ዓድን ክርክር ተላዒሉ። ንሕና ክንቐጽል፡ ደቂ ዓዲ ድማ ኣይፋል ነብሰኹም ፍቐዱ ክብሉ። መወዳእታ ግን ስዒሮምና። መሪሖም ናብ መስጊድ ከም ዘእተውና፡ መሪሖም ወተሃደራት ኢትዮጵያ ደጋጊሞም ኣንዲዶማ ዳግማይ ናብ ዝተሃንጸት ሓንቲ ኣጉዶ ኣእተዉና። እተን ንምእንጋድና ክጸባበያ ዝወዓላ ለወሃት ኣደታት ተቐቢለን ከኣ፡ ብብራሕን ጠስምን ዝዘቕበበት ገዓት ቀሪበን ሓኖኺና።

ኣብ ናይ ምሳሕን ቡንን ግዜ'ውን ካብ ዛዕባና ኣይወጻእናን። ዕላልና ብዛንታ ህልቂት ጥራሕ ተባሒቱ፡ ካብ ውጻእ መዓት መን፧ ኣበይ ይርከብ፧ ብፍሉይ ዝተሃሰያ ስድራቤታት ኣብ ውሽጢ መስጊድ ኮነ ብድሕሪኡ ዘጓነፉ ፍሉያት ፍጻመታት፡ ኣብ ግዜ ቃለ-መሕትት ከይተላዕሉ ዝተረፉ ኣገደስቲ ነጥብታትን ካልእን ሓደ ነቲ ኻልእ እናመልአ ንቐጻሊ ስራሕ መተካእታ ዘይርከቦ ሓበሬታ ሰነቕና።

---

134 ኣዘንተውቲ ዝተጠቕምሉ ቋንቋታት ትግርኛ፡ ትግረ፡ ብሊን ነይሩ።

ሓደ ንሽውዓተ[135]

በይና ነይራ መቓብር ትፍሕሮ

በይና ነይራ ንሬሳ ትጸሮ

በይና ነይራ ከንዲ ሽሕ ቀባሮ

በይና ነይራ ትንኽነኽ ገበታ

በይና ነይራ መላሲት ንበዓታ።

ግርማይ ኣብርሃም

ኣቦይ ኣረይ ልጃጅ ኣብ መበል 51 ዓመት ዝኽሪ ህልቂት ዖናን በስከዲራን

ኣብ ውሽጢ እታ ህልቂት ዝተፈጸመላ መስጊድ ናይ ፈለማ ቃለ መሕትት ዝተገብረሉ ሰብ ኣቦይ ኣረይ ልጃጅ ተኽሌስ እዩ። ሽው (2016)

135 ኣብ ኤርትራ ሓደ ንሽውዓተ ዝውቱር ኣበሃህላ እዩ። ኣብ እዋን ብረታዊ ቃልሲ ረሾ ተጋደልትን ወተሃደራት ኢትዮጵያን ዝበዝሐ እዋን ሓደ ተጋዳላይ ንልዕሊ ሽውዓተ ወተሃደራት ኢትዮጵያ እዩ ዝነበረ።

ዕድሚኡ ኣብ ፈለማ ሰማንያታት ኮይኑ ኣብ ግዜ ህልቂት ኣብ ዕድመ ሰላሳታት ዝነበረ በዓል ሓዳርን ኣቦ ቆልዑን ነይሩ።

ኣቦይ ኣረይ ኣብ ዕለተ ህልቂት ኣርሒቑ ምስ ጥሪት ወፊሩ ብምጽንሑ፡ ካብቲ ህልቂት ከምልጥ ዕድል ከም ዝረኸበ ብምግላጽ ዛንታኡ ይፍልም። ንጽባሒቱ ኣብ መስጊድ ንዝተፈጸመ ህልቂት ሰሚዑ ብዓይኑ ርእዩ ከቕብጽ ካብ ከባቢ ማይ-ሓባር ኣንጊሁ፡ ሻቕሎት ምስ ዘንቀሎ ተርባጽ ነቒሉ!

ዓዱ ምስ በጽሐ ዓይኑ ንዝረኣዮ ክኣምን ኣይከኣለን። በስክዲራ ምሉእ ብምሉእ ሓሙ'ኹሽቲ ተቐይራ ጸንሓቶ። ክንዮ ናይ ቤቱን ዓዱን ካልእ ዘባህርር ሕማቕ ዜና ሰሚዑ እንተዘይነብር ብስንባደ ምዓበደ። ነታ መዳሕንቱ ዝተደፍነላ ዓዱን ዓዲ ኣቦሓጎታቱን ኣእዳዉ ጠውዩ፡ "በጃኺ ቤት ኣቦይ፡ በጃኺ ዓደየ" እናበለ መልቀሰላ። ሽዑ ግን ፋዕራ ቤቱ ኾነ ዓዱ ኣይነበሮን። ካብ ከፉእ ዝኸፍእ እንተገጢሙ፡ ክፉእ ስለዘየገርም ኣረይ ኣቓልቦኡ ናብ መስጊድ ጥራይ ገበረ።

ዝረግጾ ዝነበረ ከየስተውዓለ ብሓውሲ ዘብዘብ እናጐሰመ ንመስጊድ ገጹ ኣምርሐ። መስጊድ በጺሑ እንታይ ከገብር እዩ እንዶ ኣይነበሮን። እንቅዓ እናስተንፈሰ ነዊሕ ነዊሕ ይስጉም። ኣብ ጥቓ መስጊድ ምስ በጽሐ ግን፡ ስጉምቱ ከሕጽር ዘገድድ ትርኢት ጎነፎ። ኣረይ ንካልኢታት ተዓኒዱ ጠመተ። ኣብ መንጎ ሞትን ህይወትን ትልሎ ሰበይቲ እያ ኣብ ባይታ ወዲቓ ርእየ። ኣብ ሕልንኡ ብልጭ ዝበሎ ከገብር ከኣ ስጉምቱ ናብኣ ኣቕንዐ።

ሃዋ ሰይቲ ከራር ከሊፋ ሳልሕ ኣብ ዝባና ሓዚላታ ዝነበረት ህጻን ጓላ ተቐዚፋታ፡ ንባዕላ ብኸቢድ ተወጊኣ ዝተረፈት ግዳይ እያ። ንሳ ካብ መስጊድ ወጺኣ ከተብቅዕ ከይረሓቐት ኣብኡ ተደርብያ ሓደረት። ሰብ ደጊፉ እኳ ካብቲ መስጊድ እንተኣውጸኣ፡ ብሰንኪ ዝነበረ ሕንፍሽፍሽ ብፍሑኽ ኣብ ዝበጽሓታ ቦታ ተሰኒፋ ሃለዋታ ጠለማ። ኣቦይ ኣረይ ኣልዒሉ እንኮ መረባዕ ጥራይ ናብ ዝተረፋ ደምበኡ ኣብጽሓ። 'ማይ! ማይ! በጃኻ እባ ማይ ኣስትየኒ' በለቶ። ዋናታተን ስኢነን፡ መልቀስ ዝጥዕም ናቕዋ ዘስምዓ ካብ ዝነበራ ኣጣል ጸባ ሓሊቡ ጎሮረኣ ኣጥለላ። ድሕር'ዚ ከኣ ዳግማይ ናብ መስጊድ ገጹ ጎየየ። ኣቦይ ኣረይ ፍርቂ ዘመን ንድሕሪት ተመሊሱ ነቲ ኣብ ውሽጢ መስጊድ ዝርኣዮ ክገልጽ ከሎ፡"ሬሳታት ከም ክሻ እኽሊ ኣብ ርእሲ ርእሲ ተጸፍጺፎም፣ ሓደ ካብ'ቲ ካልእ ክትፈልየሉ ዘይትኽእል፡ ዚንጎን መናድቕን ብዝተበታተኸ ስጋን ዝፈሰሰ ሓንጎልን መሊኡ ጸኒሑኒ"[136] ብምባል ከኣ ብምስትንታን ይገልጽ።

136 ኣረይ ልጃጅ ተኽሌስ፡ ቃለ መጠይቕ ምስ ደራሲ፡ 2 ለካቲት 2016፡ በስክዲራ።

ኣቦይ ኣረይ መስጊድ ኣብ ዝበጽሓሉ፡ ደቂ ዓዲ ዳግማይ ክመጽእ ካብ ዝኽእል ሓደጋ ፈሪሆም፡ ኣብ ጎቦታት ኮይኖም እዮም ዘቋምቱ ነይሮም። ንሱ ግን ነቶም ሬሳታት ምስ ረኣየ ብዛዕባ ነብሱ ምሕሳብ ረስዐ። ሓደጋ ዳግማይ ክመጽእ ይኽእል ኢሉ እውን ኣይፈርሀን። ኣብቲ ሕማቕ ረኽቢካ ኢሉ ዝድንግጽ ኮነ ዘጸናንዕ ዘይነበሮ ንውልቁ ክግዕር ጀመረ። ኣብ ኣፍደገ ናይቲ መስጊድ ካብን ናብን እናተመላለሰ፡-

"ዋልዳየ! ዎ' ይማየ! ቈብራየ'ዎ!"[137]

ንከብድኻ ብዝበልዕ ኣልቀሰ።

ጸኒሑ ግን፡ ብኽያቱ ቁምነገር ከምዘይብሉ ግዲ ተሰዊጥዎ ገለ ነገር ክገብር ሓለነ። ንስድራቤቱ ዘበሉ ኣለልዩ ክቐብር። ዳግማይ ናብታ ብደምን ፈርስን ዝተዓለሰት መስጊድ ኣትዩ ንሬሳታት ክገላብጥ ጀመረ። ካብ ኣስታት 120 ሬሳታት እዩ ንስድራቤቱ ክፈሊ። በዚ ንሓደ ይጎስስ በቲ ንኻልእ የጸግዕ። ቅድሚ 24 ሰዓታት በስማቶም ጸዊዑ "ኣለኹ" ዝብልዎ ዝነበሩ ስድራቤቱ ኣብ ውሽጢ ሓንቲ ገዛ ምርካቦም ተሓለለ። ድሕሪ ብዙሕ ሃልክን ድኻምን ግን፡ ንኹሎም ካብ ማእከል ኵምራ ሬሳታት መመዝሒቑ ኣብ ኣፍደገ እቲ መስጊድ ኮመሮም።

በዂሪ ጓሉ ለተእየሱስ ኣረይ፡ ኣደኡ ምሕረት፡ ሓብቱ ኬርባ ልጃጅ፡ ወዱ እኖኡ መኮነን ረዳእ ንሱር፡ ምስ ደቁ - በያንን በያኒትን፡ ወዲ ሓዉ፡ ዑቕባልደት ማይበቶት ልጃጅን ዳርጋ ከም ጉንዲ ጎሲሱ ኣውጽኦም። ቀጺሉ በብሓደ ተስኪሙ፡ ኣስታት ሚእቲ ሜትሮ ርሒቓ ናብ ትርከብ ደንቢኡ ኣብ ሓደ ጸፍጸፎም። እንተርፎ ጓሉ ግንባራ ንሂላ ዝነበረት፡ ብደም ጨቅዮም፡ መን ኣብ ምንታይ ክፋል ናይ ኣካሉ ተወጊኡ ኣይረኣዮምን። ክፈልጥ ኢሉ'ውን ኣይፈተነን። ፈሊጡኸ እንታይ ክዓብሰሉ።

ኣቦይ ኣረይ እናተመላለሰ ንሽውዓተ ሬሳታት ተስኪሙ ልዕሊ ሚእቲ ሜትሮ ክጉዓዝ፡ ሓይሊ ካበይ ከም ዝረኸበ እንክትሓስቦ መመሊሱ እዩ ዝድንጽወካ። ኸትገብሮ ዘይኮነስ፡ ክትሓስቦን ክትዛረበሉን እውን ስለ ዘጨንቕ። ኣቦይ ኣረይ ግን፡ ንባዕሉ'ውን ምሉእ ኣካላቱ ብደም ተዓሊሱ ንኹሎም ስድራቤቱ ዝቐብረሉ ጉድጓድ ክኹዕት እውን ሓጋዚ ኣይተጸበየን። ንብዓቱን ርሃጹን እናንጠበ፡ ክልተ ገፋሕቲ ጐዳጕዲ ኲዒቱ ኣዳለወ። ኣብ ሓንቲ ሰለስተ፡ ኣብ ካልኣይቲ ጉድጓድ ድማ ኣርባዕተ ሬሳታት ከቲቱ ሓመድ ኣዳም ኣልበሶም።

137 ኣብ ብሊን ዝግበር መልቀስ።

ዘይጸዓድ ኣቦይ ኣረይ፡ ቅድሚ ፍርቂ ዘመን ከመይ ዝበለ ጉልበትን ጉብዝናን ከም ዝነበሮ ንኸትግምት ብዙሕ ዘየጸግም፡ ነዋሕቲ መሓውርን ገፊሕ ኣዕጽምትን ይውንን። ኣብቲ መንፈሱ ተሰይሩ፡ ሕልንኡ ከኣ ዓሪቡ ዝነበረሉ ግን፡ ብከመይ ከኢልዎ እንከትሓስብ ፍጹም ርቱዕ መልሲ ትስእነሉ።

እንተኾነ ወዲ ሰብ፡ ማዕረ እቲ ኣብ እንግድዓኡ ዝተሰከሞ ጾር ዝሕይል፡ ከንዲ እቲ ዝወጠሮ ጸገም ዝምጠጥ፡ ኮይኑ እዩ ተፈጢሩ። ከምኡ ስለ ዝኾነ ድማ፡ ኣረይ፡ ንኹሎም ስድራቤቱ ቀቢሩ ክሳብ ዝውድእ መሎኮታዊ ሓይሊ ከም ዝወረዶ ንኩሉ ከኢሉ። ንስድራቤቱ ቀቢሩ ምስ ውድአ'ውን ኣየዕረፈን። ናብታ ኣብ ባይታ ተዘርጊሓ ዝነበረት ሃዋ ቀሪቡ 'ንዒ በሊ፡ ርእየ ስኢነ ዝብል ሕማቕ ዛንታ ኣይገድፍን' ብምባል ሓዚሉዋ ንፈርሔን ገጹ ነቒሉ። "ኣብ ዝባነይ ሓዚለያ ከለኹ፡ ደምን ጸባን ብሕቖይን ኣፍልበይን ክሳብ እግረይ እናፈሰሰ የጠልቕየኒ ነይሩ" ከኣ ይብል።

ኣደይ ሃዋ "ኣውርደኒ፡" ክትብል፡ ኣቦይ ኣረይ ድማ "ትሞቲ እንተኾንኪ ኣብ ዝባነይ ሙቲ እምበር ኣየውርደክን፡" እናተበሃሃሉ ክሳብ ፍርቂ መገዲ በጽሑ። ኣብ መንጎዚ ግን ካብ ፈርሔን ዝተበገሱ መንእሰያት፡ ዓራት ሒዞም ስለ ዝተቐበልዎ ተሰኪሞም ንፈርሔን ኣብጽሕዋ።[138] ሎሚ (2024) ኣቦይ ኣረይን ኣደይ ሃዋን ብህይወት ኣለዉ። ኣቦይ ኣረይ ኣብ ዕድመ እርጋኑ፡ ነቲ 'ዘኢትነገር' ውዕሎኡ ንወለዶታት ካብ ምምሕልላፍ ገና ኣይደኸምን ኣሎ።

---

138 ኣቦይ ኣረይ ክልተ ካብ ኣጀርበብ ዝመጹ ሰብኡት ስድርኡ ክቕብር ከሎ መጨረሽታ መጺኦም ከም ዝሓገዝዎ ነቶም ዓራት ተሰኪሞም ዝመጽዎ እውን ከም ዝለኣኸሎም ጠቒሱ።

ግንቦት - ጥይት ንሒፋ ባሕሪ ዝጨከነትሉ

ትርጉሙ እንተዝፈልጥ
ምሃደምኩ ንሽምልጥ፡
ጉያ-ጉያ ንኽብጽብጽ
ኣብቲ ለቓታ ከጒጽጎጽ፡
ንኽይወጽእ ከጽዕር
እምቢ ኢለ ከግዕር
ፈንጠርጠር ክበትኮ 'ቲመትኒ
ሓይሊ እንተዝነብረኒ
ዘይምኺን ምሓሸኒ።

ኤፍረም ሃብተጽዮን

በስከዲራ ተወሊዱ ዝዓበየ ወልዱ ፍካክ ደርማስ፡ ዓቕሚ ኣዳም በጺሑ ንተኽኣ ዓብደላ ካብ ጉባ ራኪ ተመርዕዩ። ዓቤላን ርስታን ዝተሰምያ ኣዋልድ ወሊዱ። እንተኾነ፡ ኣደን ርስታ ጓላን ብሕማም፡ ኣሰር ሓድሕድ ካብ'ዛ ዓለም ብሞት ስለ ዝተፈልያ፡ ዳግማይ ንደሃብታ ደርማስ ካብ ሓሊብመንተል ኣእትዩ። ንግንቦት፡ ተኽለን ሰንበቱን ወሊዅ። ተኽለ፡ ቅድሚ ህልቂት በስከዲራ ብሕማም ከመውት ከሎ፡ ካብ ቀዳመይቲ እንዳኡ ትውለድ ዓቤላ ናብ ዑቕባልደት ወልዱ ናብ ሓንጎል ተመርዓወት።[139]

ኣብ መዓልቲ ህልቂት ኣቦይ ወልዱ፡ ኣደይ ደሃብታ፡ ግንቦትን ሰንበቱን ጅሆ ምስ ዝተታሕዘ ህዝቢ ሓቢሮም ክንከራተቱ ወዓሉ። ናይ ኣደይ ደሃብታ ግን ሓለፉ ነይሩዎ። ቅልውላው ነብሳን ቅልውላው ዓዳን ተደማሚሩ ልዕሊ ዓቕን ከበዳ። መዓልቲ ሰኑይ ኣብ በስከዲራ ንነብሰጾር ትርሀርህ ዕለት ኣይነበረትን። እታ ኣደ ንዝቕራጥማ ሕቖኣ ብኢዳ ደጊፋ፡ ገፊፍ ክትብል ውዒላ መጨረሽትኡ ከም ሰባ ናብ መስጊድ ኣተወት።

ኣብ ውሽጢ መስጊድ፡ ብጽሕቲ ወርሒ ይትረፍ፡ ማንም ፍጡር

---

139 ዑቕባልደት ወልዱ፡ ቃለ መጠይቕ ምስ ደራሲ፡ 17 ግንቦት 2017፡ ከረን።

ከጽመሞ ዘይክእል ሕንፍሽፍሽ ተፈጥረ። ንጥንስቲ ይኹን ንሓራስ፡ ንህጻን ይኹን ንሽማግለ ዝኸውን ድንጋጽ ስለ ዘይተረፈ ብሓባር ተጨነቑ። በታ ዕለት ወተሃደራት ኢትዮጵያ ሰለማዊ ህዝቢ ንምቕዛፍ ዝወፈሩ መልኣከ ሞት ነበሩ። ነቲ ዕማም ንምትግባር ድማ ብዙሕ ጸዓት ኣይሓተቶምን። ኣብ ንቡር ናይ ተኹሲ ልውውጥ ከም ዝገብርዎ ብርኮም ከዓጽፉውን ኣይተገደዱን። ካብ ኣንጻር ወገን ከመጽእ ካብ ዝኽእል ግብረ መልሲ ከኸወሉ ኢሎም እውን ኣይሰሃሩን። ዕላማ ከይስሕቱ፡ ዓይኖም ኣይጸቐጡን። ትንፋሶም እውን ኣይሓብኡን። ኣብ ሓደ ኣደራሽ ንዝተሰኸሰኸ ሰላማዊ ህዝቢ ብኣድራጋ ቶኹስካ ምቕታል ቀሊል ዕማም እዩም ተዋሂቦም። ከይተሰከፉ ብደው ቶግ፡ ቶግ፡ ቶግ ቶሮግሮግ እናበሉ ቶኹሶም።

ነደይ ደሃብታ፡ ካብተን ብኣፍደገ እናተሓንበባ ዝኣተዋ ጠያይት መልዒሰን ከውድቕአ ግዜ ኣይወሰደለንን። ካብ ዓሰርተ ሜትሮ ዘይረሓቐ ተኳሲ፡ ንነብሰ ጾር ቶኹሱ ከውድቕ ወላ ሓንቲ ዘጸግም ኣይነበረን። ኣቦይ ወልዱ እውን፡ ዕጫ ሰበይቱ በጺሕዎ ኣብ ባይታ ተዘርጊሑ ክሰሓግ ኣይደንጎየን። ሓንሳብ ናብዚ ጸኒሖም ናብቲ ከዕለብጡ ዝጸንሑ ግንቦትን ሰንበቱን ግን መውዳእታኡ፡ ብምውታት ይኹኑ ህያዋን ዘይፍለጡ ሰባት ተጸቒጦም ደሓኑ።

ወተሃደራት ካብ መስጊድ ርሒቖም ንረድኤት ዝመጹ ነቶም ቆልዑ ካብ መንጎ ሬሳታት መዝሒቖም ኣውጽእዎም። ኣቦይ ወልዱ'ውን፡ ትልኽ ትብል ትንፋስ ጸኒሓቶ ተጸይሩ ክሳብ ፈርሔን በጽሐ። ክንዮኡ ግን ኣይሓለፈን፡ መይቱ ኣብኡ ተቐብረ። ካብ ፈለማ ጉንዲ ተቐይራ ዝጸንሐት ኣደይ ደሃብታ ግን፡ ቀልጢፋ እያ ተቐቢጻ።

ሞት ካብ ሞት ዝፈላሊ'ኳ እንተዘይብሉ፡ ኣማውታ ደሃብታ ሰይቲ ወልዱ ግን ካብ ናይ ካልኦት ግዳያት መስጊድ ዝተፈልየ ነበረ።

"ሰይቲ ወልዱ ተወጊኣ ምስ ወደቐት፡ ክትመውት እናተሰሓገት ማንታ ወሊዳ"[140] ሓዳስ ሚካኤል ነቲ ኣብ ልዕሊ'ታ ኣደ ዘጋጠመ ኣመልኪታ ዝበለቶ እዩ። ብዙሓት ካልኦት እውን "ደሃብታ ኣብ ውሽጢ መስጊድ እናሞተት ሓሪሳ" እናበሉ የረጉዱ። ኣደይ ደሃብታ እናሞተት ማንታ ይኹን ንጽል ምሕራሳ ግን፡ ልቢ ሰብ ዝደረሶ ዘይኮነስ ሓቀኛ ፍጻመ እታ ዕለት ምዃኑ ብዙሓት ይሰማምዑ። ሽዑ እቶም ዕሽላት፡ ሞትን ህይወትን ኣብ ሓንቲ ህሞት ቀሚሶም፡ ጸባ ጡብ ወላዲቶም ከይጠዓሙ ተቐዝፉ ሰማእታት ኮኑ። ክንዲ ዕልልታ ብብኽያት ኣብ ውሽጢ መስጊድ ዝጀመረ መዋእሎም፡ ብብኽያት ኣብኡ ኣኽቲሙ።

መቸም ነዚ ዝመስል ዛንታ ሰሚዕካ፡ ብዛዕባ ግዳያት ጥራይ ተዛራቢካ

140 ሓዳስ ሚካኤል፡ ቃለ መጠይቕ ምስ ደራሲ፡ 19 ሚያዝያ 2016፡ ሓሊብመንተል።

ምሕላፍ፡ ንምሉእነት እቲ ዛንታ የጉድሎ እዩ። ናይ እቶም ነዚ ኣሰቃቒ ህልቂት ዝፈጸሙ ቀተልቲ ስነ-ልቦና ወይ ሃቐናኸ እንታይ ነይሩ፧ ኢልካ ክትሓስብ ግዲ ይኸውን። ኣብዚ "ቅተል" ተባሂሎም "ስለምንታይ፧" ከይበሉ ትእዛዝ ከተግብሩ ግዴታ ናይ ዝነበሮም ተራ ወተሃደራት ኩነት ኣእምሮ ኣይኮነን ዘገድስ። ሃንደስትን ኣዘዝትን ናይቲ ህልቂት ከመይ ዝበለ ስነ ልቦና ነይሩዎም ኢልካ ምሕታት እዩ እቲ ኣገዳሲ።

ኣብ ኢትዮጵያ በትረ ስልጣን ዝጨበጠ ሓይሊ፡ ብግህዶ ኮነ ብስዉር ዝምርሓላ ሓንቲ እምነት ኣላ። "መሃላውን ካልካዱ፡ እርጉዝን ካላረዱ፡ እንዴት ይጸናል ዘውዱ" [141]

እዛ መፈክር፡ ተራ ጭርሖ ዘይኮነት መሪሕ ቃል ምንባራ እትስወጠካ፡ ዛንታ ደሃብታን ዕሸላታን ምስ ሰማዕካ እዩ። ስለ ዝኾነ ድማ ሰበ-ስልጣን ኢትዮጵያ፡ ኣብ ዘመነ ሃጸይ ይኹን ደርግ፡ ኣጥባት ኣደታት ብካራ ንክቑረጽ እንተኣዘዙ፡ ዕሸልን ኣደን ኣብ ሓንቲ ጉድጓድ እንተ ደፈኑ፡ ብዙሕ ዘገርም ኣይኮነን። ኣይሰለጠን እምበር ዓሳ ንምጥፋእ፡ ባሕሪ ዘይኮነስ ውቅያኖስ'ውን ከንጽፉ ስለ ዝነበረ ባህጎም። ንኢትዮጵያውያን መሬት ኤርትራ እምበር ህዝባ ብፍጹም ኣገዲስዎም ኣይፈልጥን።

ንኤርትራ ምስ ኢትዮጵያ ብፈደረሽን ኣብ ምቑራን መሪሕ ዲፕሎማስያዊ ተራ ዝነበሮ፡ ሚኒስተር ጉዳያት ወጻኢ ኢትዮጵያ ነበር፡ ዳሕራይ ጸሓፊ ትእዛዝ (ቀዳማይ ምኒስተር) ኣቶ ኣክሊሉ ሃብተወልድ እዩ። ንሱ ኣብ 1950 ንሓፈሻዊ ባይቶ ውድብ ሕቡራት ሃገራት፡ ንኤርትራ ኣካል ኢትዮጵያ ክትከውን እንተ ፈቒዱ፡ ንኤርትራውያን ዝያዳ'ኳ ንኣመንቲ እስልምና ብጽቡቕ ከም ዝሕዞም ምሒሉን ጥሒሉ ነይሩ።

ኣብቲ ብ1970 ብሰንኪ ህልቂት ዖናን በስከዲራን ኣብ ቅድሚ ሃጸይ ሃይለስላሰ ኣቤቱታ ከቕርቡ ንዝመጹ ኤርትራውያን ሹማምንቲ ዝበሎ ግን ስለማዊ ህዝቢ ዘይኮነ ሽፋቱ ከም ዝደምሰሱ እዩ ሞጒቱ። ብርግጽ ውሽጡ "ማሕላ ንመን ቀተለ" ትብል ምስላ የገማድሕ ምንባሩ ዘጠራጥር ኣይኮነን። ኣብ 1950፡ ኤርትራ ኣብ ትሕቲ ኢትዮጵያ ትኣትወሉ መገዲ ጥራይ የገድሶ ነይሩ። ኤርትራ ኣብ ትሕቲ ኢትዮጵያ ምስ ኣተወት ግን እናሓረደን እናጨፍለቀን ከም ዘመሓድሮም ኣይሰሓቶን። ከምኡ ድማ ገይሩ።

መራሕቲ ኢትዮጵያ ንግዝኣቶም ከጽንዑ ክብሉ፡ ኣሽሓት ኤርትራውያን ኣህሊቖም ኣማኢት ዓድታቶም እንተሃሙኹ፡ ኣሽሓት ኣዘኽቲሞም ዕጽፎም'ውን እንተተሰዱ ፋዕራ ኣይነበሮምን። ሞት ደሃብታን ዕሸላታን ኮነ ናይ ኣሽሓት ኤርትራውያን ሞት፡ ንመጽንዒ በትረ ስልጣን ዝተወፈየ ገጸ

141 "ማሕላ እንተዘይከሓዱ፡ ጥንስቲ እውን እንተዘይሓረዱ ዝፋኖም ከመይ ኢሉ ክጸንዕ።"

በረከት ስለ ዝቖጽርዎ። እህሀታ ግፉዓት ግን ኣይሰደዶምን። ሴፍ ዘልዕል ብሴፍ ከምዝጠፍእ ኣኺሊሉን ሃጺይ ሃይለስላሰን ከይደንጎዩ፡ በተን ንደሃብታን ዕሸላታን ዝቐተሉለን ኣእዳው ወተሃደራቶም እዮም ተቐቲሎም።[142]

ሰንበቱን ግንቦትን ድሕሪ ሞት ክልቲኦም ወለዶም፡ መጻኢኦም እንታይ ከኸውን ንዘብል ግድል፡ ፊተውራሪ ስፋፍ ህያቡን ከሊፋ ከራር ሳልሕ ብእምነትን እዮም ሓላፍነት ወሲዶምሉ። ናብ መዕበያ ዘኽታማት ላልምባ (ከረን) ከም ዝኣትዉ ብምግባር ከኣ ከፊላዊ እፎይታ ተረኺበ። ክሳብ ሓምለ 1977 ከኣ ከረን ብህዝባዊ ግንባር ነጻ ትወጽእ ኣብኡ ተማህሩን ተናበዩን። ድሕር'ዚ ንሓሊብመንተል ተመሊሶም ምስ ዓባዮም ኣደ ኣዲኦም ክነብሩ ጀመሩ።

እንተኾነ ግን ግንቦት ምስ ዝነበረ ናይ ደርግ ኩነታት ዳግማይ ኣብ ህይወቱ ስለ ዝሰግአ ኣብ መፋርቕ ናይ 1983 ንሱዳን ተሰደ። ኣብ ገዳርፍ፡ ምስ እንዳ ወዲ ሓዎብኡ መሓመድ ሳልሕ ዓፋ ፍካክ ንሓደ ዓመት ተቐሚጡ ከኣ ንፖርት ሱዳን ቀየረ። ብዝነበሮ ትምህርቲ ኣብ ፖርት ሱዳን ኣብ ሓደ ሆቴል ተቖጺሩ ስራሕ ክጅምር ኣይደንጎየን። ደሓን ዝኾነ ገንዘብ እውን ኣጠራቐመ። ግንቦት ኣብ ኤርትራ ካብ ዝነበረ ናይ ሞትን ማእሰርትን ሓደጋ ብምውጽኡ እኳ እፎይታ እንተተሰምዖ ብሓብቱ ወትሩ ቅሱን ኣይነበረን። ናብ ዝብጻሕ ከብጽሓ ምስ ነብሱ ቃል እዩ ኣትዩ። እንኮ ክንዲ ኣቦኣን ኣደኣን ንሱ ስለ ዝነበረ።

ግንቦት ኣብ ወርሒ ሓምለ 1987፡ ምስ ገለ መንእሰያት ብጾቱ ዝሓሸ ዕድል ስራሕን እቶትን ንምርካብ፡ ካብ ፖርት ሱዳን ንጅዛን - ስዑዲ ዓረብ ብዘይ ሕጋዊ መገዲ ክሰግሩ ተሰማምዑ። ሎሚ ጽባሕ ዝብል ናይ ምብጋስ ምድንጓይ መኻልፍ ወዲኦም ከኣ ጉዕዞ ጀመሩ። ዝተሳፈርዋ ጃልባ፡ ካብ ከባቢ ፖርት ሱዳን ኣንፈት ምብራቕ ሒዛ ኣብ ማያት ቀይሕ ባሕሪ ክትንሳፈፍ ኣብ ዝጀመረትሉ እውን ህዱእን ሰላም ዝዓሰሎን ብምንባሩ፡ ኣብ ገጽ ነፍሲ ወከፍ ተሳፋራይ ናይ ተስፋ መንፈስ ይንጸባረቕ ነበረ።

ካብ ህዱእ መንፈስ ናብ ስግኣትን ሻቕሎትን ክሽመሙ ግን ግዜ ኣይወሰደን። ኣብ ማእከል ባሕሪ ጃልባ ኣንፈት ጉዕዞ ኣጥፊኣ። ብኹሉ መኣዝን ማይ፡ ብላዕሊ ድማ ሰማይ ጥራይ ኣብ ትርእየሉ፡ ኣንፈት ከይፈለጥካ ምጉዓዝ ከኣ መጨረሽታ ማይን ስንቅን ወዲእካ ድራር ዓሳ ካብ ምዃን ካልእ ፋይዳ ኣይነበሮን።[143]

መቐይሮ ከይተረኽበ መዓልታት ሓለፈ። ከም ሳዕቤኑ፡ ጭንቀት ዛይዱ ናይ ምድሓኖም ተስፋ እናቐሃመ ከደ። ዝኸፍአ ድማ ሓደ ካብ ተሳፈርቲ መይቱ

---

142 ደርግ ኣብ ሓንቲ ለይቲ 60 ሚኒስተራትን ሰበስልጣንን ረሺኑ። ሓደ ካብኦም ድማ ኣክሊሉ ሃብተወልድ ነበረ።

143 መሓመድ ሳልሕ ዓፋ ፍካክ፡ ቃለ መጠይቕ ምስ ደራሲ፡ 28 ነሓሰ 2018፡ ከረን።

ሬሳኡ ኣብ ባሕሪ ንደርብዮ ኣይንድርብዮን ዝብል ክትዕ ነታ ጀልባ ከፋፈላ። ኣብ ጉዕዞ ባሕሪ ንሬሳ እንተዘይደርቢኻዮ ካልእ ሞት ከም ዘጽውዓልካ እዩ ዝእመን። ናይታ ጀልባ ጸገማት መሊሱ እናበኣሰ ዝኸደ እተን ዝነበራ ዝስተያ ማይ ምስ ተጸንቀቓ እዩ። ኣብ ርእሲ'ቲ ዝነበሮም ጭንቀት ጽምኢ ማይ ንብዙሓት ኣሰነፈ። ናይቶም ዝሞቱ ቁጽሪ ከኣ መዓልታዊ እናዛየደ ከደ - ሕማቕ ፋል ናይቲ ሬሳ ሰሪሑ።

ካብቶም ብጭንቀትን ጽምኢ ማይን ዝተሰነፈ ሓደ ግንቦት ኮነ። ካብ ፈለምኡ ህይወቱ ብሞት ዝተኸበት እያ። ንስድራኡን ደቂ ዓዱን ሞት ኣብ መስጊድ ጎኒፉ ተሳሂላቶም። ካብ ኤርትራ ከይእሰርን ከይመውትን ፈሪሁ ተሰዲዱ። ኣብ ምድሪ ሞት፡ ሸው ድማ ኣብ ባሕሪ ተገቲራ ሞት ምሕላፍ ከልኣቶ። ኩሉ ዝገብሮን ዝብሎን ምቁጽጻር ከሳብ ዝስእን ከኣ ተበሳጨወ።

"ሓንቲ ሓብተይ፡ ኣነ ክንዲ ኣቦኣን ኣደኣን፡ እንታይ እያ ትኾኖ"[144] እናበለ ዝደጋግማ ቃል ነበረት። መስኪን ግንቦት ቅድሚ ዝኣገረ ተጨኒቑ ንብጾቱ ኣጨነቖ። ብጾቱ ከህድእዎ ዝገበርዎ ፈተነ መመሊሱ እዩ ዓቕሉ ዘጽብበሉ ነይሩ። ክሳብ ናብ ባሕሪ ዘሊሉ ክኣቱ'ሞ፡ ተጻዊንዎ ካብ ዝነበረ ጭንቀቱ ሓንሳብን ንሓዋሩን ክገላገል እውን ተደናደነ። ዓርኩን መጻግምቱን ኣርሃ ዘካርያስ ግን ምክትታሉ ኣይሓመቐን። ናይ ሰቐቛ መዓልትታቶም ግን መመሊሰን ደኣ ዛየዳ። ግንቦት ኩነታቱ ብኢሱ ኣእምሮኡ ክሳብ ምስሓት በጽሐ። እቲ ነዳዲ ዝተሓወሶ ማይ ምስ ተወድአ ከኣሞ ሰብ ንሰብ ከይበልዕ ተፈርሀ።

ውጻእ መዓት ሰንበቱ ወልዱ

ነፍስሄር ግንቦት ወልዱ

---

144 ኣርሃ ዘካርያስ፡ ቃለ መጠይቕ ምስ ደራሲ፡ 27 መጋቢት 2023፡ ከረን።

ኣርሃ ብዛዕባ ግንቦት ምስ ጀለምታ ኣዒንቱ እናተቓለሰ እዩ ዘዘንቱ። ነታ ናይ መጨረሽታ ደቒቕ ክዝክር ከሎ ግን ንብዓት ሓሊፉ ከም ሕሱም ተነኽኒኹ። "ንግንቦት ኣብ ጅባኡ 200 ናይ ኣመሪካ ዶላር ነይረንኦ። ብሓደ ወገን ጭንቀት ገይሩ በቲ ድማ ብጽምኢ ማይ ክመውት ደልዩ 'በጃኻ በዘን 200 ዶላር ማይ ኣምጽኣለይ' ይብለኒ። ኣነ ድማ ገለ ማይ ክልምነሉ ናብቲ ዋናታት ጃልባ ዝነበሩዎ ላዕለዋይ ደርቢ ደይበ። ኣብኡ ከለኹ ድማ እቲ ሓደጋ ኣጋጢሙ" ይብል።

ግንቦት ትማሊ ኣብ መስጊድ ዝነሓፈቶ ሞት ኣብ ማእከል ባሕሪ ብኾፉ ክጽበያ ቅኑዕ ኮይኑ ኣይተራእዮን። ካብ ደቂ ኣዳም ድንጋጽ ዘይረኸበ፡ ካብ ባሕርን ዓሳታቱን ብፍጹም ደሓን ኣይተጸበየን። ኣብ ኣእምሮኡ ሰዓት ጥፍኣቶም ኣኺሉ፡ ኣብ መስጊድ ዝነበረ ኣውያትን ጫው ጫውታን ክድገም ጥራይ በሓቶ። ኣዒንቱ ዝርእያኦ ኮነ ኣእዛኑ ዝሰምዕኦ እታ ናይ መስግድ ሃዋህው ክትድገም ከላ ነበረ። ነታ ናይ ሞት ህሞት ብዓይኑ ክርእያ፡ ብእዝኑ እውን ክሰምዓ ምጽባይ ከኣ ዓሰርተ ሞት ቆጸሮ። 'ንሞት ዘይፈልጡ ኮፍ ኢሎም ይጸበዩ' ዝበለ እንክመስል ከኣ፡ ብጸዩ ማይ ከምጽኣሉ ኣብ ዝረሓቐሉ ህሞት ዘሊሉ ኣብቲ ጸሊም ባሕሪ ጦምቦላሕ ኢሉ ተሸርበ።[145]

መዷዕዝቲግንቦትኣብቅድሚዓይኖምብዝተፈጸመዘሰቅቕትርኢትኣዐርዩ ልቦምተሰብረ።ናይምድሓንዕድሎምምስኡከምዝጠሓለከኣኣብከቢድሓዘን ተሸሙ።

መዓልታት ሓሊፈን ብኻልእ ተተክኣ። እታ ከም ልሙድ ዝተጀመረት መዓልቲ'ውን ተጸንቀቐት። ጸልማት ክነግስ ኣብ ዝጀመረሉ ግን ነታ ዝነቐጸት ነፍሲ ዘረስርስ ጥዑም ዜና ነፈሰ። ኣንፈት ባሕሪ ተረኺቡ። ብጸሓይን ጨውን ቆርበቶም ዝተቐላለጠ ሞቶም ዝጽበዩ ዝነበሩ ተሳፈርቲ ሽዑ ዳግም ከም ዝተወልዱ ሓጎስን ፍስሃን ዓሰሎም።

መርድእ ግንቦት፡ ካብ ሱውድያ ንሱዳን ካብ ሱዳን፡ ንእሽቶ ሓብቱ ናብ ዝነበረቶ ሓሊብመንተል በጽሐ። ሰንበቱን ኣዝማዳን ዓዳን ብሞት ግንቦት ናብ ከቢድ ሓዘን ኣተው። ብፍላይ ሰንበቱ ዓለም ከም ኣፍ ዑንቂ ጸበበታ። ነቦኣን ኣደኣን ስለ ዘይትዝክሮም ናፍቖቶም እዚ እዩ ክትብል የጸግማ እዩ። ናይ'ቲ ኩሉ ነገራ ዝነበረ ግንቦት ግን ዝጽወር ኣይነበረን። ሎሚ ድሕሪ ነዊሕ ዓመታት እውን እንተኾነ ንዝኽሪ ሓዋ ካብ ብቓላት ብንብዓት ክትገልጾ እዩ ዝቐላ። ብምስላ ንዘይትዝክራ ኣደኣን ካብ ቅድሚ ዓይና ንዘይሃስስ ሓዋን ኣብ ደቃ ሰምያ ከኣ ካብ ኣፉ ከየውደቐቶም ትነብር ኣላ።[146]

145 መሓመድ ሳልሕ ዓፋ ፍካክ።

146 ሰንበቱ ወልዱ ፋካክ፡ ቃለ መጠይቕ ምስ ደራሲ፡ 19 ሚያዝያ 2016፡ ደሮቕ።

ንዘይሞተ ኣይትቕበር!

መልኣከ-ሞት፡
ኮፍ'ም-በል።
ንቀጣቕጥ ደኣ፡
ብዋጋ ናይ እዋናት።

ተስፋማርያም ወልደማርያም

ከሊፋ ሳልሕ ብእምነት፡ ንምድሪ በጎስ ዝሓልፍ ስምን ዝናን ዝነበሮ ፍሉጥ ሰብኣይ ነበረ። ንሱ ኣብ ትሕቲ ከንቲባ መሓመድ ዓሊ በሪህ ሹም ናይ ምሉእ ሰኹና ናይ ኣካያዲ ስራሕ ተራ ነበሮ። ካብቲ ንሱ ክሳብ ሎሚ ዝዝከረሉ ኣብዚ እዋን ኣብ ከተማ ከረን፡ ኣብ ዓዲ ሓባብን ከረን ጀዲድን ዝርከብ ገዛውቲ ከሊፋ ሳልሕ ዝዓደሎ እዩ።

ኣቡበከር ወዲ ከለፋ ሳልሕ'ውን፡ ብዘይካ ናይ ኣቦኡ ተፈላጥነት በሊሕን ቆራጽን ብምንባሩ ልሉይ ሰብኣይ ነይሩ። ኣብ መጀመርታ ሱሳታት ኣብ ምክልኻል ኣንበጣ ክሰርሕ ጸኒሑ ናብ ምስራሕን ምጽጋንን ጽርግያታት ኣብ ዝነጥፍ ትካል ናይ መንግስቲ PWD (Public works department) ሓላፊ ኮይኑ ይሰርሕ ነይሩ። በዚ ኮይኑ በቲ ኣብ ሱሳታት ኣብ ከረንን ከባቢኡን ንኣቡበከር ዘይፈልጥ ሰብ እንተነይሩ ወይ ጋሻ ወይ ድማ ኣቐዲሙ ዝሞተ ጥራይ'ዩ ክኸውን ዝኽእል።

ኣቡበከር በቲ ናይቲ እዋን ፖለቲካዊ ሃዋህው ክጽሎ ግድን ነይሩ። እዛ ስድራ ኣብ ግዜ ፖለቲካዊ ቃልሲ ናይ ኣርብዓታትን ሓምሳታትን ኣብ ራቢጣ ኣልእስላሚያ ብደረጃ መሪሕነት ትጥቀስ ስድራ እያ ዝነበረት። በዚ ድሕሪ ባይታ'ዚ ይኹን በቲ ኣብቲ እዋን ዝነበረ ጽልዋ ከኣ ኣቡበከር ቀልጢፉ ኣብ ተሓኤ ተወደበ።

ስድራ እንዳ ከሊፋ ሳልሕ ብእምነት ብልምዲ ኣብ መንጎ በስከዲራን ከረንን ህይወት ከተማን ገጠርን እናዛነቐት እያ ትነብር። እዚ ድማ ንኣቡበከር

ኣብ ሰውራዊ ንጥፈታት ናይ ከተማን ዓድን ከሰላስል ጽቡቕ ሽፋን ነበረ። ዕድል ግን ኣይገበረን። ሓደ ብኣብኖሪት ዝፍለጥ ኣባል ካልኣይቲ ክፍሊ ዝነበረ ተጋዳላይ ናብ ኢትዮጵያ ሰሊሙ ህዝቢ ምክልባት ስርሑ ኢሉ ተተሓሓዞ። ንኣቡበከርን ኣበርክትኡን ጽቡቕ ገይሩ ዝፈልጥ ድማ'ዩ ዝነበረ።

ካብ ዕለታት ሓንቲ መዓልቲ ኣቡበከር ምስ ኣብኖሪት ኣብ ማእከል ከተማ ተጓነፉ። ኣብኖሪት ዓጀብቲ ኣሰንዮሞ እዩ ዝንቀሳቀስ። ሽዑ ንኣቡበከር ምስ ረኸቦ ተታዕኒኑ፡ "ኣቡበከር ወዲ ኸሊፋ በዓል ኣርባዕተ ዓይኒ፡ ቀትሪ መንግስቲ ለይቲ ድማ ጀብሃ ከመይ ኣለኻ" በሎ እናተማእደደ።[147]

ብቕድሚ ከብዱ ማይ ዘይትሕውስ ኣቡበከር ዝወለደት ክትወልድ ክለማለም ኣይመረጸን። ንመሪር፡ ዝያዳ መሪር እንተ መለስካሉ እዩ ዝዝሕል ዝበለ እንክመስል፡ "ኣነ ደኣ ብረት ሒዝካ 'መግቢ ሃባ፡ ጤል ሃባ፡ ምስ በልካኒ ዝሃብኩ፡ እንተዘይህበካ ድማ ምቕተልካኒ፡ ኣማራጺ ስለ ዘይነበረኒ ኣብሊዐካ። ኣነ ዘይኮንኩ በዓል ኣርባዕተ ዓይኒ ግን ንስኻ ኢኻ"[148] መለሰሉ ነቲ ከዳዕ።

መልሲ ኣቡበከር ንኣብኖሪት ኣብ ቅድሚ ዓጀብቱ ርእሱ ከም ዝደንን ገብሮ። ንሕማቕ ኣንቂዱ ብዙሓት ዘእሰርን ዘቕትልን ዝነበረ ሰብኣይ ተዋሪዱ ክተርፍ ግን ዝሕሰብ ኣይነበረን። ሓንሒንሉ ይኺድ ገደፎ።

ምስ ኣብኖሪት ካብ ዝተራኸቡላ ኣብ ሳልሰይቲ መዓልቲ፡ ጸሓይ ዓራርቦ እዩ። ኣቡበከር ካብ ከተማ ናብ ገዝኡ እናኣተወ፡ ኣብ ጸባብ ቦታ ብብርክት ዝበሉ ኣባላት ጸጥታ ተኸበ። ንሳቶም ቀፊዶም ክወስዱዎ ኣቡበከር ፈንጺጉዎም ክወጽእ ታዕታዕ ተፈጥረ። ብኢዶምን ብኣባትርን እናቐጥቀጡ መቑሕ ኣብ ኣእዳዉ ኣእትዮም ከኣ ሒዞሞ ከዱ።

ናብ ቤት ማእሰርቲ ግን ኣይኣተወን። ንኣቡበከር ምሕዳር፡ ጸሓይ ምስ በረቐት ንዕኡ ኮኑ ነብኡ ብዝፈልጡ ሰበስልጣን ኢድ ኣታውነት ጉዳዩ ከም ዝቃለል ኣይሰሓቱን። ንእለት ቀቲሎም ኣብ ትሕቲ ቢንቶ መገዲ ባቡር ናይ ሽፍሽፊት ደፈንዎ። ፈራሕ ኣይርከብካ ከም ዝበሃል ብሕሱም ዝተመናንህ ኣካላቱ ምሉእ ብምሉእ ከይተደፍነ ገዲፎሞ ከዱ ።

ንጽባሒቱ ከሊፋን መቕርቡን ላዕልን ታሕትን በሉ። ንፍጥነቶም ቕልጣፈን ቀተልቲ ኣቡበከር ዘርክብ ግን ኣይነበረን። ድሕሪ ገለ መዓልቲ፡ ብኻራ ከምዝተጎየሐ ዘርኢ ሬሳ ኣቡበከር ተረኺቡ። ከሊፋ 'ሬሳ ወድኻ ኣልዕል' ምስ

147 መሓመድስዒድ ኣልኣሚን፡ ቃለ መጠይቕ ምስ ደራሲ፡ 14 ሰነ 2022፡ ከረን።

148 መሓመድስዒድ ኣልኣሚን።

ተተባህለ ንቑተልቲ ወዱ ባህ ከየብል ድንብርጽ ከይበሎ ከምዝቐበሮ ከኣ ይዝንቶ።[149]

* * *

ኣቡበከር ኣብ ሰነ ናይ 1968 እዩ ተቐቲሉ። ድሕሪ ኣስታት ክልተ ዓመትን መንፈቕን ከኣ ዓዱ በስከዲራን ስድራኡን ሓደጋ ሞት ኣጓነፎም። ብዛዕባ እቲ ኣብ በስከዲራ ዘጋጠመ ግፍዒ ብሓፈሻ፡ ኣብ'ዛ ስድራ ዝወረደ ከኣ ብፍሉይ ክንስንድ መዲብና ናብ ገዛ እንዳ ከራር ከሊፋ ሳልሕ ብእምነት ንከረን ጀዲድ ኣምሪሕና። ዕድል ኣይገብርናን። ኣቦይ ከራር ካብ ዝዓርፉ (ፈለማ 2016) ወርሒ ገይሮም ጸንሑና። ካብ ኣቦይ ከራር ክርከብ ዝኽእል ዝነበረ ምስክርነት ከኣ ምሉእ ብምሉእ ከሰርና። ንምስክርነት ኣደይ ሃዋ ክንሰምዕ እውን ክሳብ ካብ ዕደት[150] ትወጽእ ክንጽበ ነይሩና። ድሕሪ ገለ ኣዋርሕ ናብ እንዳ ኣቦይ ከራር ተመለስና።

* * *

ስድራ-ቤት ከራር ከሊፋን ኣቡበከር ከሊፋን በቲ ኣብቲ ቅንያት ዝነበረ ኩነታት ሰጊኦም፡ ሰንበት 29 ሕዳር 1970 ቆልዑ ዘበሉ ካብ በስከዲራ ንከረን ናብ እንዳ ኣባሓጎኦም ከኣትው እዮም ወሲኖም።[151] በዚ መሰረት ድሮ ህልቂት ኣብ ዝነበረት ዕለት፡ በኹሪ እንዳ ከራር ዝኾነት ዓሻ፡ ንሓዋ መሓመድጣህርን ደቂ ሓውቦኣ ደቂ ኣቡበከር ድማ ንከድጃ፡ ርቕያ፡ ማሕሙድን ራህያን ሒዛ፡ ካብ በስከዲራ ብሕመራይ ናብ እንዳ ኣቦሓጎኣ ንከረን ጀዲድ ኣተወት። በዚ መሰረት ኣብ በስከዲራ ዝተረፋ ኣደይ ሃዋ ሰይቲ ከራር ምስ ህጻን ጓላ ሰለመት፡ ከምኡ'ውን ክልተ ኣንስቲ ኣቡበከርን ጥራይ ነበራ።

ኣቦይ ከራር 'ሙራስል' ጀብሃ ስለዝነበረ፡ ካብ ህልቂት ቅድሚ ሰለስተ መዓልታት በቲ ካብ ከረን ብዓዋተ ሸከር ዝመጸ መልእኽቲ መሰረት፡ ካብ ዓዲ ተኣልዩ ነበረ። ወዱ መሓመድ ዑስማንን ወዲ ሓዉ ሑሴን እውን ጥሪት ሒዞም በረኻ ነበሩ። እንተኾነ ግን ሑሴን ወዲ ኣቡበከር፡ ህልቂት ኣብ ዝተፈጸመትላ ዕለት፡ በረኻ ሓዲሩ ንግሆ ዓዲ ስለ ዝኣተወ፡ ናብተን ኣብ ዓዲ ጸኒሐን ናብ መስጊድ ዝኣተዋ ኣባላት ናይ'ታ ስድራ ተጸንበረ። ኣደይ

149 ኣረይ ልጃጅ፡ ቃለ መጠይቕ ምስ ደራሲ፡ 30 ሕዳር 2021፡ በስከዲራ።

150 ዕደት ሰብኣያ ዝሞታ ሰበይቲ ክሳብ 4 ወርሕን 10 መዓልትን ምስ ዝኮነ ወዲ ተባዕታይ ከይትጽንበር።

151 ሃዋ ደርማስ፡ ቃለ መጠይቕ ምስ ደራሲ፡ 16 መስከረም 2016፡ ከረን።

ሃዋ ደርማስ ነቲ ቀቅድሚ እቲ ህዝቢ ኣብ ሓደ ምጥርናፉ ዝነበረ ሃዋህው ብምዝንታው ይጅምራ፥

"ንወርሒ ዝኣክል ጾም ሮምዳን ጾምና ዒድ ኮይኑ ተባሂሉ ዘይንቡር በበይንና ሰጊድና። ናይ ዒድ ተቖኒንና፡ ሓድሽ ክዳንና እውን ተኸዲንና ነይርና። ሽው ቁሩብ ቅትር ምስበለ፡ ዓዲ ብጦርንኮማንድስን ጸሊም ብጸሊም ተዘሪኣ። 'ርኢኹምዶ፧' ተባሂሉ። 'ዓይንና ኣይረአየ እዝንና'ውን ኣይሰምዐን' መሊሶም። ሓደ ካብቶም ወተሃደራት 'ካብ ኣይርኤናን እኳ ርኢና'ያ ተድሕን' ኢሉ። ነዊሕ ኣይጸንሐን፡ ኳሕ ኳሕ ኮይኑ። 'እንታይ'ዩ እዚ፧ እምበኣር ንዓና ከተጥፍኡ ኢኹም ጉድጓድ ትኹዕቱ ነይርኩም!' ብምባል ኩሉ ኣባይትና ጎርጕሮም[152] ኣንዲዶሞ። ኣጋ ምሸት፡ ንፍርቅና ኣብተን ከይነደዳ ዝተረፋ ዓበይቲ ኣጓዱ፡ ፍርቅና ድማ ኣብ መስጊድ እተዉ ኢሎምና። በጃኹም ተባሂሉ፡ ሓደ 'ወዲ ሓላል' ግዲ ነይሩዎም፡ 'ንኹሎም ትወስድ ኣብዚ'ላ ናብ'ዚ ይምጽኡ' ኢሉ ናብ መስጊድ ኣቲና።"[153]

ካብ ምስክርነት ኣደይ ሃዋ ወተሃደራት ንመስጊድ ካብ ዝኣትዋ ዝነበራ ኣደታት፡ 'እዚኸ እንታይ'ዩ፧' እናበሉ ካብ እዝነን ወርቂ መንጠሉ። መጨረሽታ ሓደ ንእሽቶ ፋስ ኣብ ኢዱ ዝሓዘ፡ ዑንቂ ኣብ ክሳዱ ዝኣሰረ ጸሊም ወተሃደር "ኣጣቕዑ! እልል ድማ በላ!" ኣዘዘ። ጣቕዒትን ዕልልታን ኮይኑ። ኣሰሩ ከኣ እታ ኣብ ኣፍደገ ተተኺላ ዝነበረት ብሬን፡ መጅሙዕ ፈንያ መስጊድ በስከዲራ ብዝጭርሑን ዘእውዩን ተናወጸት።

ካብተን እናተሓንበባ ናብቲ መስጊድ ዝኣተዋ ጠያይት፡ ሓንቲ ንሰለፍ ኣደይ ሃዋ በጂላ ሓለፈት። ብዙሓት ኣብ ባይታ ወዲቖም ትንፋሶም ክሳብ ትሓልፍ እናገዓሩ ከለው ወደሃተራት 'ገና ኣይሞቱን' እናበሉ ምትኳስ ቀጸሉ። ኣብቲ ናይ መጨረሽታ ናይ ምቕታል ዙርያ ፍኒስቲራ ሰይሮም ክጸጽዩ ጀመሩ። ኣደይ ሃዋ ሽው እያ ሓምሓም ርእሳ ብጥይት ተበንቊሩ ኣብ ባይታ ተዘረረት። ካራ ስሒሎም ኪቐርሙ ኣብ ዝሽባሽብሉ ዝነበሩ፡ ውነኣ ስለ ዘየጥፍኣት ነቲ ዝበሃል ትሰምዖ ነይራ። 'ወዲ ሓላል' ኢላ ንእትገልጾ ወተሃደር ከኣ፡ ኣብ ኣፍደገ ደው ኢሉ፡ "ህይወት ዘለዎ የለን ኩሎም መይቶም'ዮም" ክብል ከሎ ህይወት ዘለዎን ዘይብሉን ጠፊእዎ ዘይኮነ፡ ከድሕኖም ከም ዝገበሮ እምንቶኣ ትጸዊ።

ወተሃደራት ንመስጊድ በስከዲራ ብድሕሪት ገዲፎም ክኸዱ ከለዉ ቃንዛ ነደይ ሃዋ ከም ሕሱም ይለሉዋ ነበረ። ነገር ወላዲት ግን ኣብ መንጎ ስቓይ ህጻን ጓላ እያ ተራእያታ። ኣብ ዝባና ሓዚላታ ዝነበረት ሰለመት ጓላ ዘኪራ

152 ምፍታሽ ኣባይቲ ንግሆ ምንዳድ ግን ናይ ምሸት እዩ ነይሩ።

153 ሃዋ ደርማስ፡ 2016።

ከኣ፡ "እም ሮሻን ርኣይያ እስከ እዛ ዓለይ. . . ደሓን ድያ፧" ብምባል ንሰይቲ ሓሙታ ሓተተታ። ኣብ ባይታ ተዘርጊሓ ነብሳ ብፍጹም ኣብ ዘይትመልከሉ ህሞት።

እም ሮሻን፡ ነታ ህጻን ካብ ዝባን ኣደይ ሃዋ ፈቲሓ እናውረደት "እዚኣ እንድያ ርኣይያ ደሓን ኣላ"[154] በለታ ደሓን ከም ዝነበረት ከተእምና እናፈተነት።

ኣደይ ሃዋ ከተረጋግጽ ኣይፈተነትን። እንተ ትደሊ'ውን ትኽእል ኣይነበረትን። ህጻን ሰለመት ግን፡ ምስ ህያዋን ኣይነበረትን። ኣደይ ሃዋ ሰለመት ከም ዝሞተት ኣብ ግዜ ምውጻእ እያ ፈሊጣ። ንሬሳ ሰለመትን ካልኦት ሬሳታትን ተሳጊራ ከኣ ወጸት። ሬሳ እቲ ኣብ ኣፍደገ መስጊድ ተዓኹሊሉ ዝጸንሓ ሓሙኣ ዓብደልቃድር ብእምነት ክሳብ እዛ ዕለት እዚኣ ብፍሉይ ይቕጀላ።"ካብ መስጊድ ዘዝወጸ ንቕድሚኡ እዩ ዝጎዩ። ኣነ ድማ፡ ብርከይን ኢደይን እናሓወስኩ ኣብ ጥቓ ገዛና በጺሐ። ምድሪ ጸልሚቱ ኣነ'ውን ደኺመ። ብጸጋማይ ጎነይ ኣብቲ ዝነበርኩዎ ተገምሲሰ ከለኹ ነብሰይ ጠሊሙኒ። ምሉእ ለይቲ ከልቢ ኣብ ፊተይ ኮፍ ኢሉ ክሕልወኒ ሓዲሩ። ሰዓት ክንደይ ይኸውን ብንጹር ኣይርደኣንን። ሓደ ማይ ዝመልአ ሃወት ሒዙ መጺኡ 'በጃኻ ማይ ኣስትየኒ! ማይ ግዳ ኣስትየኒ፡ ካብ ኣምላኽ ክትረክብ!' ኢለዮ፡ ሃወቱ ፈቲሑ ኣስትዩኒ። 'ወስኸኒ፡ ወስኸኒ!' ምስ በልኩዎ ግን 'እንታይ ክትስትዩ ደም ሰተኺ፡ ይኣኽለኪ' ብምባል መንጢሉ ወሲዱለይ። 'በል ህይወት ዘለዎ እንተጸንሓካ ማይ ሒዝካሎም ናብ መስጊድ ኪድ በጃኻ!' ኢለዮ። ንሱ ግን ነታ ሃወት ኣብ ጎነይ ገዲፍዋ ከይዱ። በታ ንእሽቶ ኣፋ ሒዘ፡ ምጽው ኣቢለያ። ከምዚ ኣብ ንብረት ዝምለስ እምበር፡ ይሰቲ ነይረ ክብል ኣይክእልን። ብልበይ ንጥይት ዝሃረሞ ማይ ምስታይ ሕማቕ ምዃኑ እፈልጥ እየ። ብጽምኢ ተቐልየ ስለ ዝተሃወጽኩ ግን ሰቕ ኢለ ሓንፈፍዮ። ድሕሪ'ዚ እንታይ ከም ዘጋጠመኒ ብፍጹም ኣይትረደኣንን። ልበይ ብእኡ ጌሩ ጠሊሙኒ፡" ትብል።[155]

ኣደይ ሃዋ፡ ነቲ ኣብ መንጎ ሞትን ህይወትን ዘሕለፈቶ ክትጸዊ እንከላ፡ ከም ናይ ካልእ ሰብ ዛንታ እተዘንቱ፡ ንባዕላ እናተገረመት እያ ተዕልል። ብንጹር መኣስ ምንባሩ ኣብ ዘይፍለጣ ግዜ፡ ኣረይ ልጃጅ ነቕነቑ "ሃዋ፡ ሃዋ፡" ብምባል ካብ ምውታት ከም ዘንቅሓ ትጠቅስ'ሞ፡ 'በጃኻ እንዶ ግዳ ማይ ኣስትየኒ! ማይ ግዳ ኣስትየኒ በጃኻ' እናበለት ተገምሲሳ ካብ ዝወደቐቶ ኮይና ተማሕጸነት። ኣቦይ ኣረይ ፈለማ ካብ ዝወደቐቶ ኣልዒሉ ናብ ኣፍደገ ገዝኡ ኣብጽሓ። ድሕሪ'ዚ ዋናታተን መይቶም ፋሕ ኢለን ካብ ዝነበራ ኣጣል ሓሊቡ ኲሮ ምሉእ ጸባ ኣስተያ። 'ወስኸኒ! ማይ ወስኸኒ' ምስ በሉቶ'ውን ደገማ።

ካብ ምስክርነት ኣደይ ሃዋ፡ ተጋደልቲ መጺኦም መርፍእ ከም

---

154 ሃዋ ደርማስ።

155 ከማሁ።

ዝወግእዋ እውን ትዝክር። እዚ ፍጻመ ምናልባት ኣእምሮኣ ቅኑዕ ዘኪሩ እንተኾይኑ ድሕሪ ምምጻእ ኣቦይ ኣረይ[156] 'ምኺኑ እያ ተዘንቱ። ቅድሚት ዝኾነ ድሕሪት፡ እቲ ድሕሪት ዝኾነ ከኣ ቅድሚት ከም ዝኾነ እንተመሰላ ኣየገርምን እዩ። ንሳ ኣብቲ ህሞት ቅደም ተኸተል ናይ ፍጻመታት ክትሰርዕሲ ይትረፍ ኣደኣን ኣቡኣን ዘውጽኡላ ስማ ክትዝክር'ኳ ንጋዳ ነበረት። ድሕሪ'ታ መርፍእ ደጊማ ናብ ምውትቲ ከምዝተቐየረት ግን ብንጹር ትዝክር። "ኣብቲ ግዜ'ቲ ሞይታ ኢሎም እንተዝቐብሩኒ ምተደፈንኩ። ልበይ ጠፊኡኒ'ዩ ነይሩ። ኣብ ልዕለይ ኮይኑ ሰብ ክዛረብ ከሎ፡ ኣብ ርሑቕ ወይ ድማ ኣብ ኣዝዩ ዓሚቕ ቦታ ኮይኑ ዝዛረብ ከም ዘሎ'ዩ ዝስምዓኒ። ብእዝነይ ዘይኮነ ድማ በቲ ተኸፊቱ ዝነበረ ርእሰይ ዝሰምዕ ዝነበርኩ ይመስለኒ ነይሩ። ስምሓን ኣላህ ዎ ተዓላ! ካብኡ ወጺእና እኳ ሎሚ ነዘንትወሉ ኣለና፡"[157] ብምባል ናይ ኣግርሞት ሰሓቕ ትስሕቕ።

ኣቦይ ኣረይ፡ ስድራቤቱ ቀቢሩ ካብ ዘቐመጣ ከልዕላ እንከሎ፡ ሰሉስ ፍርቂ መዓልቲ በጺሑ ነይሩ። ንሱ ከምቲ ኣብ ናይ ስድራቤቱ ዛንታ ዝገልጾ 'ንዒ በሊ ርእየ ስኢነ ዝብል ሕማቕ ዛንታ ኣይገድፍን' ብምባል ሓዚልዋ ካብ ኣጥባታ ዝጸርር ጸባን ካብ ርእሳን እግራን ዝፈሰሰ ደምን ምሉእ ኣካላቱ እናጠልቀየ ጉዕዞኡ ቀጸለ።

ኣደይ ሃዋ፡ "ኣውርደኒ እባ በጃኻ፡ በጃኻ ኣውርደኒ" ክትብል፡

ኣቦይ ኣረይ ድማ፡ "ኣየውርደክን እንተሞትኪ፡ ኣብ ዝባነይ ኢኺ ትሞቲ፡ " እናተበሃሃሉ ልክዕ ቤት ትምህርቲ ሓሊፎም ኣብ እግሪ ዓባይ ገረብ ኣዕረፉ። ኣብኡ ከለው ድማ እቶም ኣቦይ ኣረይ ርድኡኒ ኢሉ ዝለኣኸሎም ሰባት ካብ ፈርሔን መጺኦም፡ ብዓራት ተሰኪሞም ንፈርሔን ኣብጽሕዋ።

ኣብ ፈርሔን፡ ብሰንኪ እቲ ዝፈሰሰ ደምን ክብደት መውጋእታን፡ ኣእምሮኣ ስሒታ ናብ ዓጀውጀው እያ ኣተወት።

እንተኾነ ግን ኣባ እኛስየ፣ "ተቐላጢፍኩም ሻሂ ግበሩላ" ክብሉ ሰሚዓ ግን ብዕጹዉ ኣፉ 'እእእእ' ብምባል ርእሳ ብኣሉታ ነቕነቐት።

ሽው እቶም ኣብ ልዕሊኣ ደው ኢሎም ዝነበሩ ሰብኡት "እንታይ ደኣ፧" ሓተቱዋ።

"ቡን" ኣዘዘት ገና ኣብ ዓራት ተጋዲማ ከላ።

ባህጊ ቡን ይኹን ሻሂ ስለዝነበራ ኣይኮነትን። ዳርጋ ሃለፍታ እዩ። ናውቲ ቡን መጺኡ ቡን ፈሊሓ።[158] ውዑይን ዝሑልን ዝፈሊ ህዋሳት ግን ኣይነበራን።

---

156 ድሕሪ ኣረይ ዝበለቶ ቅድሚ ኣረይ ክኸውን ይኽእል እዩ።

157 ከማሁ።

158 ከዳን ከም ዘይነበራ ርእዩ ነጸላኡ ቀንጢጡ ዝሃባ ነጋሲ ዝበሃል ሰብኣይ ናውቲ ቡን ኣምጺኡ ከም ዘፍለሓላ

ካብ ደቂሳቶ ዝነበረት ዓራት ርእሳ ደጊፎም ዳርጋ ኣመንጊጎም ኣስተይዋ።

ካብ ከረን ክቐብጽ ኢሉ ዝተበገሰ ኣቦይ ደርማስ፡ ሰሉስ ምሸት ፈርሔን ኣትዩ ጓሉ ኣብ ዓራት ደቂሳ ጸንሓቶ። 'እንቋዕ ምስ ትንፋሳ ጸንሓትኒ' ብምባል ከኣ ንኣምላኹ ኣመስገነ። ተጋዲማትሉ ካብ ዝነበረት ድምጺ ወላዲኣ ኣለልያ፡ ጋኔን ሒዝዋ ከም ዝጸንሐ ሃንደበት ተንሲኣ "ኣቦ ሓንቲ ኣይኮንኩን እኳ ደሓንየ!" ኣድመጸት።

ኣቦይ ደርማስ፡ "ጓለይ ደኣ እሞ ደሓን እንድያ ዘላ፡" ብምባል ልቡ ረግአ። ንጽባሒቱ ምስ ሓገዝቱ ብኽልተ በትሪ ኣብ ነጸላ ተሰኪሞማ ንሓሊብመንተል ተበገሱ። ኣብ ሓሊብመንተል 'ኣዕርፉኒ' ኢላ ስለ ዝጠርዐት ከተርዕፍ ኣብ ኣፍደገ ናይ ሓንቲ መረባዕ ኣውረድዋ። ሽዑ ድማ እዩ ኣቦይ ደርማስ 'እስከ እዛ ጓለይ ክሳዕ ክንድዚ ትጠርዕ ዘላ እቲ ቁስላ ክርእዮ' ብምባል ርእሳ ቐልዖ። ሽክና ርእሳ ተኸፊቱ ምስ ረኣዮ ከኣ ብስንባደ ልቡ ተኸድነ። እቶም ኣብ ሆስፒታል ከረን ምስ በጽሐት ዝረኣይዋ'ውን፡ "ኣይ! ሰብ ኢሎም ሬሳ ተሰኪሞም መጺኦም" ብምባል ናይ ቅብጸት ቃላት ተዛረቡ።

ሆስፒታል ካብ ትኣቱ ኣብ ካልኣይ መዓልታ፡ እቲ ካብ ፈርሔን ተሰኪሙዋ ዝኣተወ ኣቦኣ፡ "ወድኻ ኣበይ ኣሎ፧" ተባሂሉ ኣብ ፎርቶ ከረን ተዳጕነ። ኣሕመድ ደርማስ፡ ብ1967 ናብ ሰውራ ተጸንቢሩ ነይሩ። ኣብቲ ግዜ ደቆምን ኣሕዋቶምን ናብ ሰውራ ዝተጸንበሩ 'እንተዘይኣምጻእኩሞም' ተባሂሎም፡ ግዳይ ማእሰርትን ስቅያትን ይኾኑ ነበሩ። በዚ ምኽንያት ኣቦይ ደርማስ ንዝይተፈልጠ ግዜ ተዳጎነ።

ኣደይ ሃዋ፡ ንኣዋርሕ ኣብ ሆስፒታል ደቂሳ፡ ሰለስተ ግዜ ጸጉራ ተላጽዩ ርእሳ ክስፊ ፍጹም ኣይርድኣን ነይሩ። ዘይሞተ ዘይቐበር ኮይኑ እምበር፡ ሞት ርእያ'ያ ተመሊሳ። ስለ ዘይተቐብረት ግን፡ ድሕሪ ህልቂት፡ ኣወዳትን ኣዋልድን ወሊዳ። ደቂ ደቃ ርእያ'ላ። እቲ ኣብ ኣካላታ ዘሎ እስኩጀ ግን ስርሑ ኣይገደፈን። ማህረምቲ ርእሳ ክሳብ ናይ ምርኣይ ጸገም ፈጢሩላ ይርከብ። "ጣህር ወደይ ቅድሚ ናጽነት ተሰዊኡ። ካብ መስጊድ ወጺአ ዝወለድኩዎ ዓብዱሰላም'ውን ኣብ ወራር ናይ ወያኔ ሰንኪሉ። ግን ኣልሓምዱልላህ ንሱ ይኣልየኒ'ሎ፡" [159] ትብል ሓደ እዋን ልዕሊ ምውታት ትሕቲ ህያዋን ዝነበረት፡ ኣደይ ሃዋ ደርማስ፡ ሰይቲ ከራር ከሊፋ ሳልሕ ብእምነት።

ትዝከር።

159 ሃዋ ደርማስ።

ውጻእ መዓት ሃዋ ደርማስ   ነፍስሄር ከሊፋ ሳልሕ ብእምነት

ምስሊ: ዝዓነወ ገዛውቲ ዓዲ ብእምነትን መስጊድን

ምስ 'መልኣከ ሞት' ዝሓደረት ስድራ

እንታይ ሓሲሙኪ ንስኺ ዑፍ ዋሪ
ተወንጀሪ ደኣ ተሸነኒ እምበሪ
መዕቀቢ ሒዝኪ ኢኺ ለከ ትዝምሪ
ይዋእ ደኣ ይዋእ ከማይ ዝኸማይ
መረብ ዝሓለፈ ዝኸደ ኣማዕድዩ
ዓዲ ሃገር ኩሉ ኣይማዩ ኣይሰማዩ
ባሕሪ ዝሰገረ ዝተሰደ ኣርሒቑ
ደኒኑ ዝቑዝም ንብዓቱ ዘቑቑ።

በየነ ሃይለማርያም

ብዛዕባ ህልቂት በስከዲራ ሓበሬታ ኣብ ዝእከበሉ ዝነበርኩ ናይ ፈለማ እዋናት እዩ። "ካብ ውጻእ መዓት መስጊድ በስከዲራ ዝኾነት ሰበይቲ፡ ካብ ወጻኢ ድሕሪ ነዊሕ ዓመታት ምስ ዓረባዊ በዓል ቤታ ንከረን መጺኣ ናይ ቀረባ ቤተሰባ ክትረክብ ተሸጊራ ነይራ" ዝብል ዘይርጡብ ሓበሬታ ሰሚዐ ከጣልላ ላዕልን ታሕትን በልኩ። እንተኾነ እዛ ብህጻንነታ ካብ ዓዳን ስድራቤታን ዝተፈልየት ሰበይቲ፡ ንጹር ስማ ይኹን ኣድራሻ ዝህበኒ ወይ እውን ናብ ዝፈልጡ ዝመርሓኒ ብዘይምርካበይ፡ ፋይዳ ዘይብሉ ደኺመ ተረፍኩ። ኣብ ዝቐጸላ ክልተ ዓመታት ከኣ፡ ሕንቅልሕንቅሊተይ ናይዛ ሰብ መልሲ ከይተረኽቦ ኣብ ኣእምሮይ ተንጠልጢሉ ተረፈ።

ኣብ ወርሒ ታሕሳስ ናይ 2018፡ ምስ ዓርከይ ሰለሙን ደበሳይ እናዋጋዕኩ፡ ሃንደበት ኣርእስቲ ቀይሩ "ትሓተላ ዝነበርካ ሰበይቲ ደኣ ኣብ'ዚ ካርቱም እንድያ ዘላ" በለኒ።

ንሱ ከም ርዱእ ወሲዱ ዝዛረበላ ዝነበረ ሰበይቲ ክዝክራ ስለዘይከኣልኩ፡ ብዛዕባ እንታወይቲ ሰበይቲ ትዛረብ ኣለኻ፧ ብምባል ግር ኢሉኒ ሓተትኩዎ።

"ከድጃ፡ እታ ምስቲ ሰብኣያ ከረን መጺኣ ዝነበረት። ኣድራሻኣ'ዶ ትፍትሽ ኣይነበርካን" ከመይ ኢልካ ረሲዕካያ ብዘምስል ኣትኲሩ እናጠመተኒ።

ኣብ ከረን ብዛዕባ እዛ ሰበይቲ ፈለማ ዘይርጡብ ሓበሬታ ዘምጽአ ሰለሙን ባዕሉ እዩ ነይሩ። ሕጂ ድማ ካርቱም ሓሊፉ ጸኒሑ ንጹር ኣድራሻ ሒዙለይ ጸንሐ።

ኣብ መስርሕ ናይ መጽናዕቲ መልሲ ዘይረኸብኩለን ካብ ዝነበራ ሕንቅል-ሕንቅሊተይ[160] ሓንቲ ተፈቲሓትለይ ከኣ ፍሉይ ሓጎስ ተሰማዓኒ። ንእትደልዮ ዝነበርካ ካብ ምርካብ ዘሐጉስ የልቦን ለካ። ሓጎሰይ ሓለፉ ነበሮ ግን፡ ብመገሻ ንሓጺር እዋን ኣብ ዝነበርኩዋ ካርቱም ምንባራ እውን እዩ። ሰለሙን ኣይሓመቐን። ዓመታዊ ናይ ዙረት መደባ ንሃገረ ባሕሬን ክትነቅል መዓልታት ጥራይ ተሪፍዋ ንዝነበረት ሰበይቲ ረኺበ ከዘራርብ ቆጸራ ሓዘለይ።

ኣብ መዓልቲ ቆጸራ ሰለሙን ካብ ጅሬፍ ንዓማራት ክመጸኒ ብመኪና ኣስታት ፍርቂ ሰዓት ተጓዒዙ ይኸውን። ካብ ዓማራት፡ ብቐይሕ መብራህቲ ናይ ጽርግያ እናተጎናደብና ሻርዕ መጣርን ኒልን ሓሊፍና፡ ንኡምዱርማን ተሳግር ድልድል ክሳብ ንበጽሕ መራሕ መኪናና ዳርጋ ሓደ ሰዓት ዘዊሩ ይኸውን።

እቲ ንካርቱም ምስ እምዱርማን ዘራኽባ ድልድል፡ ጸዕዳ ኒል ካብ ቀላይ ቪክቶርያ ሰማያዊ ኒል ድማ ካብ ቀላይ ጣና ተበጊሶም ዝሓብሩሉ “መጉረን” ተባሂሉ ዝጽዋዕ መራኸቢ ቦታ'ዩ። እምዱርማን ስጊርና እውን፡ ሓጺር ዘይበሃል ተጓዒዝና ኣብ ሓይ ኣልዓረብ ኣብ ቅድሚ ሮሻን ጋስም ሓሰን ዑስማን ቆምና። ኣሰይድ ጋስም ሓሰን ዑስማን ምስ በዓልቲ ቤቱ ኣሰይዳ ከድጃ ዑስማን ብሩህ ገጽ ምስ ጎረሮና ዘተርክስ ባርድ ተቐበሉና።

ኣባሓጎታቱ ንጋስም፡ ንነዊሕ ዓመታት ንሱዳን ዝገዝኡ ዑስማናውያን (ቱርኳውያን) እዮም። ጋስም ይኹን ኣሕዋቱ ግን ብዘይካ ሱዳንን ሱዳናውነትን ዝምከሕሉ ካልእ ዓድን መንነትን የብሎምን። ኣብ ማሕበራዊ ዝምድና፡ ካብ ነዊሕ ዓመታት ምስ ዓሌት ጀዓልያ እናተዋሰቡ ይነብሩ። ጋስም ግን ዘይከም ኣቦታቱን ኣባሓጎታቱን፡ ኤርትራዊት ብሌነይቲ ጓል በስከዲራ ተመርዕዩ እዩ ደቂ ደቁ ሓቑፉ ዝርከብ።

ምስ ጋስምን ከድጃን ዝነበረና ውዕሎ፡ ቋንቋታት ብሊን፡ ዓረብን ትግራይትን እናዛነቕካ ቁምነገሩ ከኣ ካብን ናብን ኤርትራን ሱዳንን እናተመላለስካ ነይሩ።

* * *

ኣብ ቀውዒ 1970 ንከድጃ ኣቦኣ ኣቶ ዑስማን መሓመድ ዓብደላ ኣብ

---

160 ኣብዚ ዕዮ'ዚ፡ ሕቶታት ተላዒሉ ልክዕ መልሱ ክይረኸበ ዝተረፈ ብዙሕ እዩ።

ግራቱ ከሰርሕ ውዒሉ ገዛ ምስ ኣተወ 'ሕማቕ ይስመዓኒ'ሎ' ኢሉ ቅድሚ ንቡር ናይ ድቃስ ግዜ፡ እኽሊ ከይለኸፈ ኣብ ዓራቱ ተጋደመ። ከቑንዞ ሓዲሩ ከኣ ቅድሚ ሰላት ኣስቡሕ፡ ኣይንላዕሊ ኣይንታሕቲ ኮይኑ ተዋልአ። በዓልቲ ቤቱ ወይዘሮ ንስሪት ኩነታት ልዕሊ ዓቕማ ኮይንዋ፡ ኣብ ጎረቤታ ንዝነበሩ ሓዘንተኛታት ናይ ኣቶ ሚካኤል ኣንሰራ ከረድእዋ ተማሕጸነት። ነቦይ ዑስማን ዝሓዘት ግን ትምሕር ኣይነበረትን። ሳልስቲ ሓሚሙ እዝግሄር ይምሓርካ ከይረኸበ፡ ቅድሚ ጸሓይ ምውጽኣ፡ ትንፋሱ ወጺኣ መሪር መልቀስ ተሰምዐ።

ሰኑይ 30 ሕዳር 1970 'ተኣከቡ' 'ተኣከቡ' ዝብል መልእኽቲ ናብ መላእ ዓዲ ተመሓላሊፉ፡ ኩሉ ሰብ ከካብ ዝነበሮ ኣብ ማእከል ዓዲ ክእከብ ከሎ፡ ወይዘሮ ንስሪት ኣንሰራ ካብ ገዛ ከይትወጽእ ዝእግድ ሕጊ ተጸዊንዋ፡ ኣብ መንጎ ምውጻእን ዘይምውጻእን ተቕርቒራ ነበረት። ኣብ እምነት ምስልምና፡ ሰብኣያ ዝሞታ ሰበይቲ፡ ብሕጊ ሸሪዓ ንኣርባዕተ ወርሕን ዓሰርተ መዓልትን ካብ ገዛ ከይወጸት፡ ብዘይካ ወዳን ሓዋን ንዝኾነ ወዲ ተባዕታይ ከይረኸበት ከተሕልፎ ግድድቲ እያ። ዕላማ እቲ ውሽባ ብቐንዱ ካብ መዋቲ ሕኖት (ድቂ) ሒዛ ከይትኸውን ንኸትፍለጥ ዝሕግዝ ኮይኑ፡ ሃይማኖታዊ ግዴታ እውን እዩ።[161]

ኣብ ቀውዒ 1970፡ ኣብ ሰኹና ብሓፈሻ ድማ ኣብ ናይ ሽው ኣውራጃ ሰንሒት ዝሰረበ ኣደራዕ፡ ትኣምነሉ ሃይማኖታዊ ሕጊ ኮነ ትነባበረሉ ልምዲ ከተማልእ ዘፍቅድ ኣይነበረን። ኣደይ ንስሪት፡ ሕማቕ እናተሰምዓ ንዘኸታማት ደቃ ዓሊ ወዲ 12፡ ከድጃ ጓል 8 ከምኡ እውን ዳልየት ጓል 6 ዓመት ኣምሪሓ ናብቲ ተኣኪቡ ዝነበረ ሓፋሽ ተጸንበረት።

ከድጃ ድሕሪ'ቲ እንታይ ምንባሩ ከትርድኦ ዘይከኣለት፡ ኣብ መንጎ ወተሃደራትን ዓበይቲ ዓዲን ዝተገብረ ዝርርብ፡ ጅሆ ተታሒዞም ናብ ዝወዓሉላ ዓባይ ገረብ ከም ዝሰገሩ ትዝክር። ኣብ ጽላል እታ ገረብ ተቐሚጦም ልዕሊ ጥሜትን ጽምእን፡ እቲ ኣብ ልዕሊኦም ሰሪቡ ዝነበረ ሓደጋ ኣጨኒቕዎም ከም ዝወዓለ ተዘንቱ። ነቲ ኣብ ውሽጢ መስጊድ ምስ ኣተዉ ዘጓነፎም ኣመልኪታ ድማ፦ "ንሓብተይን ኣደይን መሪሖ፡ ናብ ውሽጢ መስጊድ ኣትየ ኣብ ቕድሚት ተጸጊዐ። ሰለስቴና ብሓባር ኣብ ጫፍ ኮፍ ምስ በልና ኣይተንሳእናን። ዓይንና እውን ኣይከፈትናን። ምዉታትን ውጉኣትን ኣብ ርእስና እናወደቑ ከለው፡ ንኩሉ ተጸሚምና ኣሕሊፍናዮ። ደም ተጸይቕና እምበር ኣይተተንከፍናን። ዓሊ ሓወይ ነብሱ ይኣሊ'ዩ ስለ ዝበልና ምሳና ኣይነበረን። ኣብ ግዜ ምውጻእ ፈቲሽና፡ ፈቲሽና ስኢንናዮ።

---

161 ከድጃ ዑስማን ዓብደላ፡ ቃለ መጠይቕ ምስ ደራሲ፡ 10 ታሕሳስ 2018፡ ካርቱም።

መጨረሽታ ግን ርእሱ ብጠያይት ተፈርጊው ምስቶም ምውታት ረኺብናዮ"[162] ትብል።

ከድጃ፡ ሓብታ ትኹን ኣደይ ንስሪት፡ ንሬሳ እቲ እንኮ ሓወንን ወደንን ርእየን ብኣውያት ምድርን ሰማይን ኣየናወጻን። ብብኽያት ከባቢአን ኣይረበሻን። ኣውያትን ብኽያትን መግለጺ ሓዘንን ጓህን እኳ እንተኾነ፡ ንባዕሉ ዝመውት ዘሎ ነቶም ቀዲሞም ዝሞቱ ከበኽየሎም ሞራላዊ ግዴታ ግዲ ዘይብሉ ኮይኑ፡ ኣይበኸያን። ንሳተን ካብቶም ኣብ ዙርያአን ዝነበሩ ምዉታት ዝሕሻሉ ልበን ብድፉኑ መሓውረን ስለ ዝንቀሳቀስ ጥራይ እዩ። ከምኡ ስለ ዝኾነ ከኣ፡ ከድጃ፡ ሓብታን ኣደአን ንሬሳ ዓሊን ካልኦት ግዳያትን ተሳጊረን ካብ መስጊድ ወጻ። "ዓድና ብምሉኣ ነዲዳ ነይራ። ናይ ኣምላኽ ነገር ግን ገዛና ከይነደደት ተሪፉ። ህዝቢ ፈርሒን ገጹ እናሃደመ፡ ንሕና ናብ'ታ ጥቓ ቤት ትምህርቲ ዝነበረት ገዛና ኣላጊስና። ገለ ነገር ከም ዘየጋጠመና፡ ሓዊ ኣጕድና ቅጫ ሰንኪትና ተደሪርና። ኣብ ገዛና እውን ደቂስና ሓዲርና። ወጋሕታ፡ ወተሃደራት ከይመጹና ሰጊእና ተንሲእና እንዳ ሓወቦይ ኢብራሂም ናብ ዝነበሩዎ ንደንገ'ርጁባ ነቒልና፡"[163] ብምባል ንስግንጢርነት ናይታ ለይቲ ትጸዊ።

ኣብ መዓልቲ ህልቂት፡ ኣብ በስክዲራ፡ እሞ ድማ ኣብ ገዝኣ ዝሓደረት ስድራ ነይራ ኢልካ ምሕሳብ ፍጹም ክውንነታዊ ኣይኮነን። ካብ ሓዘን ናብ ሓዘን ዝተሰጋገረት እንኮ ስድራ እንዳ ዑስማን ግን፡ ኣብ ማእከል እታ መናፍስቲ ሞት ዝወረርዋ በስክዲራ ሓዲራ። ሕማቕ ኣጋጣሚ ኮይኑ፡ ድሕሪ'ዛ ለይቲ ደጊማ ብሓባር ኣብ ገዝኣ ከይሓደረት ንዘለኣለም ምብታና ካልእ ስግንጢርነት።

ከድጃ ካብ ህልቂት ኣብ ሳልሳይቲ ለይቲ፡ በስክዲራ ተመሊሳ ኣብ ገዛ ካብ ዝገደፈቶ እኽሊ ከፋፊላ ኣብ ስንጭሮ ድሕሪ ምሕባእ ዓቕማ ተሰኪማ ናብቲ ኣዲኣን ሓብታን ዝነበርኦ ተመልሰት። ዝወሰደተን ስንቂ ተወዲኡ ዳግማይ ተጸናትያ ናብቲ ዓዲ ተመልሰት። ከይነደደት ተሪፋ ዝነበረት ገዝኣ ሓሙኹሽቲ ተቐይራ ጸኒሓታ። ኣቐዲማ ካብ ዝሓብኣቶ እኽሊ ተሰኪማ ናብተን ኣብ ጎዳጉዲ ውኻርያ ዝሓደገተን ስድርኣ ተመልሰት። ሽው ህይወት ኣብ በረኻ ምስ እንስሳ በረኻን ሓዘንን ጥሜትን ቁርን ተወሲኽዎ ልዕሊ ዓቕመን ኮነን። ምስ ጸበበን ከኣ ከረን ክኣትዋ ወሰና።

ድሕሪ ኣስታት ሓደ ወርሒ ከርፋሕ ጸንሖት ናይ በረኻ፡ ከረን ገዛ እንዳ ፊተውራሪ ስፋፍ ህያቡ ኣትየን ንግዜኡ ተዓቚባ። ጸኒሐን ናብ ዓዲ ሓባብ ኣብ

162 ከድጃ ዑስማን።

163 ከማሁ።

ገዛ እንዳ ኣሞአን ፋጥና ኣተዋ።“ኣብ ገዛ እንዳ’ሞይ ፋጥና ከለና ዝኾነ ነገር ኣይነበረናን። መዓልታዊ ኣሞይ’ያ መግቢ ስሪሓ ተምጽኣልና። እቲ ዝነበርናዮ ገዛ ካብቲ ንሳ ትነብሮ ዝተፈልየ ጫፍ ብምንባሩ እውን ቅሱናት ኣይነበረናን። ፈሪህና ናብ እንዳ ኣቦሓጎይ ሽኸር ንከረን ጀዲድ ቀይርና” ትብል።

ኣደን ኣዋልዳን ከም ሓራስ ድሙ ካብ ስንጭሮ ናብ ስንጭሮ፡ ካብ ጎቦ ናብ ጎቦ፡ ዳሕራይ እውን ካብ ገዛ ናብ ገዛ፡ ምንክርታት ዕጭአን ገይረን ወሰደኦ። ናታተን ዕጫ ጥራይ ግን ኣይነበረን። ናይ ዓሰርተታት ኣሽሓት ካብ ማሙቕ ኣባይቶም ተፈናቒሎም እንጀራ መከራ ከበልዑ ዝተፈርዱ ደቂ ዓደን እምበር።“ድሕሪ ህልቂት፡ ዓመት ኣብ ዘይመልእ ግዜ ኣሞይ (እም ሳምያ) ካብ ካርቱም፡ ከረን መጺኣ ነይራ። ሓወቦይ ሮሞዳን ሒዛትኒ ከትመጽእ ከም ዝተላበዋ ከኣ ነደይ ነጊራታ። ምስ ሓወቦይ ኮይነ ከመሃር ጓል 9 ዓመት ከለኹ ንሱዳን ተበጊሰ”[164] ክትብል ከድጃ ነቲ ኣብ ሕልማ ዘይነበረ ስደት ብኸመይ ከም ዝፈለሙቶ ትጸዊ።

ሓወቦኣ ንከድጃ ከም ቃሉ፡ ጓል ሓዉ ሱዳን ከትኣቱን ኣብ ቤት ትምህርቲ ኣልኣማና ናይ ኡምዱርማን ከመዝግባን ፍልልይ ኣይነበሮን። ፈለማ እታ ቤት ትምህርቲ ንዕድመ ከድጃ ኣብ ግምት ኣእትያ ፈለማ ኣብ ማሕዉል ኡሚያ (ምጥፋእ መሃይምነት) ተቐበለታ። ኣብ በስከዲራ ስሩዕ ትምህርቲ ጀሚራ ስለ ዝነበረት ግን፡ ዳግማይ ብቕዓታ ተራእዩ ናብ ሳልሳይ ክፍሊ ከም ትኣቱ ተገብረ። ኣይሓመቐትን እውን። ንቋንቋን ባህልን ሱዳን ክትለምድ ኣይተሸገረትን። ቋንቋ ዓረብ ምስማዕን ምዝራብን ብዓቕማ ጽሒፈት እውን ኣብ ውሽጢ ሓደ ዓመት መለኸት።

ንሳ ኣብ ሱዳን ክትመልኮ ዘይከኣለት፡ ናፍቖት እተን ኣብ ትሕቲ ቀተልቲ ዝሓደገተን ኣደኣን ሓብታን ጥራይ እዩ። ቀትሪ ኣብ ሓሳባ ለይቲ ኣብ ሕልማ፡ ምስኣን ውዒላ ትሓድር ነበረት። ጽቡቕ ምክንኻንን ሓልዮትን ኣብ ትረኽበሉ ቤት እኳ እንተነበረት ነዲኣን ሓብታን ዘዘኪራ ንብዓት ኣዒንታ ተቐለበት። ‘ሞት ናብ ዘይብሉ’ ኢላ ትሓስቦ ናብ ካርቱም ክመጻ ከኣ ወትሩ በሃገት። “ንሓወቦይ ነደይን ሓብተይን ክመጻሉ ዘኽእለን መገዲ ክናዲ እምሕጸኖ ነይረ። እንተኾነ ግን ብሰንኪ እቲ ኣብ ዓዲ ዝነበረ ኩነታትን ካልእ ጸገማትን ክመጻ ኣይከኣላን” ድማ ትብል።

ኣደኣን ሓብታን ኣብ ጎና ክህልዋ ዝነበራ ህንጡይነት ግን ብፍጹም ብቐሊሉ ዝሃስስ ኣይነበረን።

ንምጭውቲ ከድጃ ትምህርቲ ክትውድእን፡ ሕቶ መርዓ ክቐርበላን

164 ከማሁ።

ሓደ እዩ ኮይኑ። ካብቲ ንኽትምርዖ ዝወሰነትሉ ሓደ ረቛሒ ከአ 'ተመርዕየ ባዕለይ ስድራይ ከምጽእ እኽእል እኸውን' ካብ ዝብል ምንባሩ ተዘንቱ። ነዲአን ሓብታን ካብ ኤርትራ ንሱዳን ከተምጽእ፡ ሸው እውን ቀሊል ኮይኑ ኣይረኸበቶን። ብቐንዱ'ኸ ንሳተን ነቲ ናይ ስደት መደብ ይሰማምዓሉ ድየን ኣይፋልን እውን ትፈልጦ ኣይነበራን። ናብ ኤርትራ ዝኸይድ ሰብ ኣብ ዝረኸበትሉ፡ ይጠቕመን'ዩ ዝበለቶ ነገራት ካብ ምስዳድ ግን ዓዲ ኣይወዓለትን።

ነዊሕ ዓመታት ሓሊፉ። ኤርትራ ብመስዋእቲ ደቃ ካብ መግዛእቲ ኢትዮጵያ ሓንሳብ ንሓዋሩ ነጻ ወጺአ። ንህዝቢ ኤርትራ ኣጽኒትካ፡ ኤርትራ ናይ ምልሓቕ ሃቐና ድማ ፈሺሉ። እቶም ንበስከዲራን ካልኦት ዓድታትን ዘጽነቱ ወተሃደራት ኢትዮጵያ ድማ፡ ኣብ ድንጋጽ እቶም ከጽንትዎም ዝወፈሩ ኤርትራውያን ወደቑ። እንተኾነ ዘይከም ኢዶም ብሰላም ንዓዶም ተመልሱ።

ንከድጃ ሓወቦኣ ሮሞዳንን በዓል ቤታ ጋስምን ጽባሕ ናጽነት ኤርትራ፡ ደሃይ ዓዲ ከገብሩ ብቐጥታ ንኤርትራ ኣተው። ሕማቕ ኣጋጣሚ፡ ወይዘሮ ንስሪት ቅድሚ ሰለስተ ወርሒ ካብ ናጽነት ዓሪፋ፡ ዳልየት በይና ጸንሓቶም። ኩነታት ዳልየት እውን ፍርቂ ምጽናሕ እዩ ዝነበረ። ካብ ኣቦ፡ ካብ ሓው፡ ካብ ኣደን ሓብትን በይና ተሪፋ፡ ጸጕራ ላጽያ፡ ኣብ ከቢድ ጸቕጥን ጭንቀትን ተሸሚማ ጸኒሓቶም። ኣንፈት ናይ ጉዕዞ ካብ ስደት ናብ ኤርትራ ኣብ ዝተቐየረሉ እዋን፡ ዳልየት ምስ ሓወቦኣን ሰብኣይ ሓብታን ንስደት ተበገሰት። ኣብ ካርቱም ካብ ዝሓደራ ኣእምሮኣዊ ነውጺ ከትገላገል ዘይተፈተነ ኣይነበረን። ፋይዳ ግን ኣይተረኸቦን።

ኣብቲ ምስ ከድጃን ጋስምን ዝወዓልናሉ ዳልየት ኣብቲ ቤት ነይራ። እንተኾነ ግን ይትረፍ ከተዕልልናስ ነዛ ገጻ ክንርኢ እውን ኣይፈቐደትን። ኣብ ናይ ብሕታ ክፍሊ ተሸጒራ ኣብ ናይ በይና ዓለም ነበረት። "ዳልያ ዝኾነ ሕማቕ ነገር የብላን ምስ ዝኾነ ሰብ ግን ኣይትዛረብን። ኣብ ክፍላ ምስ ተዓጽወት'ያ። እቲ ብንእሽቶኣ ዘጓነፉ ተደራራቢ ጸገማት ሃሰይዋ'ዩ" [165] ይብል እቲ ወዲ እኖ ካብ ዝገብሮ ዘየጉደለላ ጋስም።

ንከድጃ፡ ካብ ዓዳን ስድርኣን ንሓዋሩ ከይትብተኽ ልዑል ተራ ዝተጻወተ ጋስም እዩ። ንሱ፡ ነቲ ኣብ በስከዲራ ዘጋጠመ ህልቂት ብደቂቕ ይፈልጦ። ኤርትራ ኣብ ዝበጽሓሉ፡ ምስ ክልተ ዓበይቲ ኣዋልዱ ናብ መቓብር ሰማእታት በስከዲራ በጺሑ። ምስቶም ኣብ በስከዲራ ዝቕመጡ ተላልዩ። ኣብ በስከዲራ ናይ ዝቕመጡ ኣስማት እናጠቐሰ ኩነታቶም ክሓትት ሰሚዕካ፡ በስከዲራ ተወሊዱ ዝዓበየ እምበር፡ ካብ ጎዶቦ ዓዲ እዩ እውን ኣይትብሎን።

---

165 ጋስም ሓሰን ዑስማን፡ ቃለ መጠይቕ ምስ ደራሲ፡ 10 ታሕሳስ 2018፡ ኦምዱርማን - ካርቱም።

ኣብ ካርቱም ዝገበር ውራያት ኣዝማድ ከድጃ፡ ካብ ጥምቀት ክሳብ መርዓ፡ ኣብ ናይ ክርስትያን ይኹን ናይ ኣስላማይ ኣይተርፍን - ጋስም እቲ ቱርካዊ መበቆል ዘለዎ ወዲ በስከዲራ።

ኣሰይድ ጋስም ዑስማን

ከድጃ (የማን) ምስ ጋስምን ኣዋልዶምን

ሰውራ ናብ ሊቅ ዝቐየሮ ውጻእ መዓት

መሰል ተገፊፉ ዓዲ ምስ በረሰ
ንጹህ ደም ዜጋ ከም ማይ ምስ ፈሰሰ
ኣብ ዓዲ ኣብ ስደት ምስ ተበሳበሰ
ነዚ ንምርሃው'ዩ ጅግና ዝተበገሰ።

ሰለሙን ጸሃየ

ኣብ ክፍሊ ሓፈሻዊ ትምህርቲ፡ ጨንፈር ካርከለም ሓላፊ ፓነል ብሊን ዝነበረ መምህር ዓብዱ ኣዳዲ፡ ኣብ ሓደ ሚኒስትሪ ብምንባርና ብስሙ ንኽፈልጦ ኣይተሸገርኩን። እንተኾነ ግን ንሱ ንዓይ ይኹን ፈሊመዮ ንዝነበርኩ ዕዮ፡ ኣነ እውን ብኣካል ንዕኡ ኣፍልጦ ኣይነበረናን። እንተኾነ ግን መምህር፡ ውጻእ መዓት መስጊድ በስከዲራ፡ ስድራኡ ድማ ግዳይ ከም ዝኾኑ ምስ ፈለጥኩ፡ ብቐዳምነት ረኺበ ምዝርራቡ ሓጋዚ ኮይኑ ተራእየኒ። ንናይ ቀረባ ዓርኩ፡ ንዓይ ድማ መሳርሕተይ መምህር ዓብዱ እስማዒል ከኣ ሓሳበይ ኣካፈለዮ።

መምህር ዓብዱ እስማዒል ብመሰረት ጠለበይ፡ ምስ መምህር ዓብዱ ኣዳዲ፡ ኣብ ከረን ኣብ ኮስቲና ሆቴል ኣራኸበና። ድሕር'ዛ ርክብ፡ ብጉዳይ በስከዲራ ክልተና ከረን ኣብ ዝሃለናሉ ከይተራኸብና ናብ ዘይንውዕል ኣዕሩኽ ተሰጋገርና። ኣብ ሰኹናን ዓዲ ዘማትን ምስ ውጻእ መዓት መስጊድ ኣብ ዝገበርናዮ ናይ ስነዳ ወፍሪ ምሳይ ሓቢሩ ወፊሩ ጥራይ ዘይኮነ፡ “መገዲ ምስ ወዲ ዓዲ” መን ኣበይ ይርከብ ንምፍላጥ ኮነ ንምርካብ ልዑል ኣበርክቶ ተጻዊቱ።

ዓብዱ ኣዳዲ ፍካክ፡ ካብ ኣቡኡ ኣዳዲ ፍካክ ደርማስን ኣደኡ መርየም ፋይድ እድሪስን ኣብ በስከዲራ ተወሊዱ። ወላዲኡ ኣቶ ኣዳዲ፡ ቅድሚ መርየም ሰለስተ ኣንስቲ ኣእትዩ ሽውዓተ ውሉድ ፈርዩ ነበረ። እንተኾነ ብዘይካ ዓሉ ሰኔት፡ ኣንስቱን ደቁን ሓንቲ ድሕሪ ካልእ ብሕማም ምኽንያት ካብ'ዛ ዓለም ብሞት ተፈለየኦ። ንመርየም ኣብ ዝተመርዓወሉ ግዜ ከኣ ዕድሚኡ ናብ

ሱሳታት ተገማጊሙ ነበረ። መርየም እውን ቅድሚ ናብ ኣዳዲ ምምርዓዋ፡ ምስ ዓብደላ ሸኽ ኣሕመድ መሓመድ መዓልም ሓዳር መስሪታ፡ መሓመድ ኑር፡ መሓመድ ዓሊ፡ ፋጥናን ከብርትን ወሊዳ እያ። ድሕሪ ሞት ሔምኣ ድማ ካብ ኣዳዲ፡ ንዓብዱን ዘከያን ወሲኻ።[166]

ኣዳዲ ንዓብዱ ወዱ ምስ ወለደ "ኣምላኽ መታን ከድብሰኒ፡ ደበሳይ በልዎ" ብምባል ደበሳይ እዩ ሰመዮ። ካብ ሕሰመይ ተደቢሰ ንምባል ድማ'ዩ። ኣብ ልዕሊ እቲ ኣብ እርጋኑ ዝወለዶ ወዱ ዝነበሮ ከቱር ፍቕሪ ከኣ በቲ እግሩ ከተክል ምስ ጀመረ ኣትሒዙ ኣብ ማእገሩ ተሰኪምዎ ብምውፋር ብምእታውን ኣንጸባረቐ። ዓብዱ ነቦይ ኣዳዲ መቐጸልታ ሓረግ ወለድኡ ጥራይ ዘይኮነ፡ ሓበኑን ኩርዓቱን እውን እዩ። ዓብዱ'ውን ንወላዲኡ፡ ከም 'ከኣሊ ኩሉ' ቖጺሩ ኣብ ትሕቲ ሕቝፉ ኣብ ዝኣትወሉ፡ ሕማቕ ዘበለ ከም ዘይበጽሖ ኣሚኑ ፍሉይ ውሕስነትን ፍናን ተሰሚዕዎ ዓለም ከም ዝመለኸ ኮይኑ ይስምዖ።

ካብ'ቲ ናይ ቁልዕነት ተዘኩሮታቱ ነቲ ኣብ መዓልቲ ዒድ፡ ሓድሽ ጀለብያ ተኸዲኑ ንስግዳን ዒድ፡ ኢድ ወላዲኡ ዓትዒቱ ናብ ሕዳር ከወርድ ዝስምዖ ዝነበረ ሓጎስን ባህታን ፍርቂ ዘመን ሓሊፉ ካብ ዝኽሩ ኣይሃሰሰን። ውሑዳትን ምቁራትን ዓመታት ቁልዕነት።

ካብ ዝኽሪታት ህጻንነት ዓብዱ ንሓንቲ መዓልቲ ብፍሉይ ይዝክር። ኣቦ ወዱ ሓንጊሩ ካብ ግራት ንዓዲ እናኣተወ ኣብ ጥቓ ዓዲ እኩባት ኣንስቲ ይጸንሕኦም። ኣደታት በስከዲራ ዝናብ ከድንጉ ወይ'ውን ከውሕድ እንከሎ፡ እስላምን ክርስትያን ተኣኪበን እየን ብሓባር ዝምህለላ።

"ዔምቦ ድላምቦ
ይኸር ጃር ስዋ ናኸለ
ኣንኻ ሰረመንታ
ኣንኽ ኮርተመንታ
ይኸር ጃር እውረለ ...."

"ዔምቦ ድላምቦ
ኣቦይ እዝጊ ዝናብ ሃበኒ
ኣነን ብኻይ
ኣነን ቆርጣሚ
ኣቦይ እዝጊ ይህበኒ።

እናበላ ብንጹህ ልቢ ንኣምላኸን ይልምና። ጸሎተን ተሰሚዑ ከም ዝዘነበ

166 ዓብዱ ኣዳዲ፡ ቃለ መጠይቕ ምስ ደራሲ፡ 24 ጥሪ 2016፡ ከረን።

ድማ፡ ዕርፊ ኣልዒለን ይሓርሳ። ከም ዝኣመንአ ስለዝኾነለን ከኣ እናጠልቀያ ንገዝአን ይምለሳ። ኣብ መንጎ እዚ ናይ ምህለላ እዋን፡ ብዝነበርአ ከባቢ ክሓልፍ ዝመጸ ሰብ መባእ ክህበን ናይ ምሕታት ልምዲ እውን ነይርወን።

ከምኡ ስለ ዝኾነ ድማ ኣዳዲ፡ ብጎኒ እተን ዝጥጥቓን ዝምህለላን ኣንስቲ ክሓልፍ ምስ መጸ፡ ኣኳሊመን ዓገትአ። ዝኾነ ነገር ክህበን ከኣ ሓተትአ። ንሱ ግን ነብሱ ዘድሕነሉ ህያብ ስለ ዘይነበሮ ይሕለፍ ክሓድግአ ተመሻኸነ። ንልመናኡ ዝሰምዕ እዝኒ ኣይነበረንን። ፈቲሸን ካብ ጅብኡ ገለ ክወስዳ ከረው ኣቢለን ሒዘን ከውድቕአ ተቓለሳ። እዚ ኩሉ ክኸውን ኣብ ጎኒ ኣቦኡ ኮይኑ ብኣንከሮ ዝዕዘብ ዝነበረ ዓብዱ ቁንቁኝኡ ስለ ዘይተረድአ 'ኣቦይ ቀቲለናለይ' ብምባል ልቡ ብስንባድ ተሰቒላ ኣውያት ደርጉሖ። ብኸያት ዓብዱ ነተን ርህሩሃት ኣዴታት ዝጽወር ኣይነበረን። መታኑ ክብላ ነቲ ኣብ መጻወድያአን ዝነበረ ኣቦኡ ብሰላም ክኸይድ ሓደግአ።

ህልቂት ኣብ ዘጋጠመሉ ወዲ ሓሙሽተ ዓመት ዝነበረ ዓብዱ፡ ካብ ናይ ህጻንነት ተዘክሮ ክትርኽ ከሎ፡- "ኩላትና ወተሃደራት ክንቅበል፡ ቅሩብ ከም ዝተጎዓዝና እዝክር። ምሳና ክልተ ንህያብ ዝተዳለዋ ከብቲ እውን ነይረን" ይብል።

ኣብ ውሽጢ መስጊድ ኣዳዲ ወዱ ሒዙ ምስ ቀዳሞት ኣትዩ ኣብ ጸጋማይ ኩርናዕ ናይ'ቲ መስጊድ ተጸግዑ። ንዝሰዓበ ሕንፍሽፍሽ፡ ኣይሂ ጠያይት ተወሲኽዎ መስጊድ ሲኦል ተለወጠት። ሽው ኣቦ ነብሱ ከይሓለየ፡ ንወዱ ክድሕን ጥራይ ተጓየየ። ኣብ መንጎ ክልተ ኣእጋሩ ቀርቂሩ ከኣ፡ ርእሱ ከም ዘድንን ገበሮ። 'ቅድሜኻ ይመውት'ምበር፡ ሞትካስ ብዓይነይ ኣይርእን' ዝብል ዝነበረ እንክመስል ምሉእ ብምሉእ ብኣካሉ ሸፈኖ።

ብዙሓት ክወድቁን ክትንስኡን ክደምዩን ክሕምሽሹን ዓብዱ ካብ ጽጉሪ ርእሱ ሓንቲ እኳ ኣይጎደለትን። ኣብ ውሑስ ተዓቒሩ ሓለፎ። እቲ መዓት ከኣ ንዕኡ ጎስዩ ኣብ ካልኦት ጸሓየ። ኣቦ ንወዱ ኣድሒኑ እንተሞተ ሓላል እዩ ቆጺርዎ። ዓብዱ ይኹን ኣቦኡ ግን 'መዓልትኹም ኣይኣኸለትን' ስለ ዝተባህሉ ብህይወት ካብ ዝተረፉ ኮኑ። "ንሕና ኣብ ጸግዒ ስለ ዝነበርና፡ ክንወጽእ ምስ በልና፡ መርገጺ ስኢንና ሬሳታት እናረገጽና ክንወጽእ ፈቲንና። ልክዕ ማእከል ምስ በጻሕና ግን ነብሰ ጾር ዝነበረት ኣደይ መይታ ኣብ መሬት ወዲቓ ጸኒሓትና። ኣብ ጎና፡ መቐረት ሕውነት ዘፍለጠትኒ ክብርቲ ሓብተይ ርእሳ ተቖሪጻ ነይራ። ኣቦይ፡ ንዘክያ ሓብተይ ትንፋስ እንተረኸበላ ኢዱ

ብትሽትሻ ኣሕሊፉ ፌቲሸዋ። ድሮ መይታ ኢዱ ብደም ጨቅያ ወጺኣ"[167] ይብል እናተሰቀቐ ከዘንተወለይ ከሎ።

ንሱ ኣብተን ውሑዳት ኣብ ልዕሊ ሬሳ ኣደኡን ኣሓቱን ደው ዝበለለን ካልኢታት፡ ብህይወቱ ክሳብ ዘሎ ዘይርስዖ ሕማቕ ዝኽሪ ኣትረፈ። ንይምሰል እውን ትኹን ግን ካብ ዓይኑ ንብዓት ኣየጽረረን። ተዓኒዱ ጥራይ ኣቋመተን።

ኣቦ ከምታ ብኢዱ ሒዙ ዘእተዎ፡ ንወዱ ካብ ማእከል'ቲ ብደም ዝጨቀው ዕያግ ብኢዱ ወጢጡ ናብ ደገ ኣውጽኦ። ንፈረሔን ገጸን ምስ ዝሃድማ ዝነበራ ውጹእ መዓት ኣደታት ብሓደራ ኣማሊኡ ከኣ ውጉኣት ኣብ ምውጻእ ምስ ዝነበሩ ተረፈ።

ዓብዱን እተን ኣንስትን ካብ ፈርሔን፡ ብጸልማት ናብ ሩባ ዓንሰባ ድሕሪ ምውራድ ክይድ ሓዲሮም፡ ንጽባሒቱ ረፉድ ከረን ኣተው። ኣዳዲ'ውን፡ ኣብ ሳልስቱ ስድራኡን ደቂ ዓዱን ቀቢሩ፡ ወዱ ናብ ዝኣተዎ ገዛ እንዳ ከሊፋ ሳልሕ ብእምነት ንከረን ጀዲድ ኣርከበ።

ድሕሪ ገለ ግዜ፡ ኣዳዲ 'ምዉት ናተይ ዘይብል፡ ናቱ ግን ዘይገድፍ' ኰይኑዎ፡ ኣብ መስጊድ ንዝሞቱ ስድራቤቱ ከተስክር ወሰነ። ኣቐዲሙ ድማ ናብ'ቲ ኣብ ገዳርፍ ዝነበረ ወዲ ሓዉ፡ መሓመድ ሳልሕ ዓፋ፡ መርድእ ሓዉ እድሪስን ካልኦት ስድራቤትን ልኢኻ። ኣብ ከረን ገዛ እንዳ ሸከር ልጃጅ ኮይኑ ከኣ፡ ንሓዉ ወልዱ ፍካክ፡ ንሰይቲ ሓዉ ደሃብታ ደርማስ፡ ንወዲ ሓዉ እድሪስ ዓፋ ፍካክ ከምኡ'ውን ንበዓልቲ ቤቱ መርየም ፋይድን ግቡእ ገይሩ ሓዘኑ ዓጸወ።

ድሕሪ እቲ ዝጓነፎም ከቢድ ድንገት፡ ኣቦን ወድን ብሓዘንን ሕማምን ብተደጋጋሚ ሳጸዩ። ብፍላይ ኣቦ ብዋሕዲ ጥዕና፡ ንሕክምና ምምልላስ ናተይ ኢሉ ተተሓሓዘ። ቅድሚ ህልቂት ዝነበረ ጥዕናኡ ብፍጹም ሃደመ። ዓሂን ሕማምን ተደራሪቡ ንመንፈሱ ኣዳኺሙ ኣመና ኣማህመኖ። "እዚ ነገር እዚ ከመይ ኢሉ ኣባና ይወርድ እናበለ፡ ኣመና ይጉሂ ነይሩ። ነዊሕ ድማ ተረሚሱ።" [168] ይብላ ኣደይ ሃዋ ነቦይ ኣዳዲ ዘኪረን።

ዓብዱ ምስ ወላዲኡ ንዝተፈላለየላ ናይ መጨረሽታ ካልኢት ብፍጹም ኣይርሳዕን። "ኣቦይ፡ ብተደጋጋሚ ይሓምም ነይሩ። እዝከረኒ ወዲ ሓወቦይ ኪዳነ መሓሪ እናተኸናኸኖ፡ ልዕሊ ወርሒ ኣብ ሆስፒታል ደቂሱ። ሓንቲ መዓልቲ ኣብ እንዳ ከራር ከሊፋ ሳልሕ ከለና ኣብ ውሽጢ ገዛ ዝነበሩ ዓበይቲ

---

167 ዓብዱ ኣዳዲ 2016።

168 ሃዋ ደርማስ።

ሰብኡት ጸዊዖም ንውሽጢ ገዛ ኣእትዮምኒ። ንክቕብጽ ሬሳ ኣቦይ ኣርእዮምኒ። መሪር ብኽያት በኽየ በቃ!"[169] ድማ ይብል።

ድሕሪ ሞት በዓልቲ ቤቱ፡ ውላዱ፡ ኣሕዋቱን፡ ኣዝማዱን ደቂ ዓዱን ክልተ ናይ ሓዘንን ምርማስን ዓመታት ዘሕለፈ ኣቦይ ኣዳዲ ስቓዩ ብሞት ኣኽተሙ ሬሳኡ ኣብ ደዓሪ ተቐብረ።

ዓብዱ ኣብ ውሽጢ ክልተ ዓመታት ኣደኡ ኣሓቱን ኣቦኡን ስኢኑ፡ ናብ ዘይሓሰቦ ጸሊም ዝኽትምና ተሸመ። ድሕሪ ሞት ወላዲኡ ጠቕሊሉ በስኩዲራ ተመሊሱ ምስ ስድራቤት ኢብራሂም ዓብደላ ኤሎስ ክነብር ጀመረ። ብሕንቃቕን ፍቕርን ዝሰወደት ህይወት ከኣ ዝኽትምና ብዥሉ ወገን ከም እሾኹ እናወግአ ኣሳቐያ። ከብዱ እንተመልአ'ወን ጸጊቡ ኣይፈልጥን። ዝባኑ ብዥዱኑ፡ ማሙቑ ኣይሰምዖን። ቁሪ ንውሽጡ ይገርፎ። ሓድሽ ይኹን ብላይ፡ ረቂቕ ይኹን ረጒድ ተኸዲኑ ከሎ እቲ ናይ ውሽጡ ቀዝሒ የንፈጥፍጦ። ንዕርቃኑ ክኸውል ዝተኸድኖ ጨርቂ እውን መሊሱ ካልእ ጸገም ፈጢሩ ይጎድኦ። "ካበይ ከም ዝመጸ ኣይፈልጥን ነቶም ስድራና ዝሞቱና ሓገዝ ናይ ከዳውንቲ ተዋሂቡ ነይሩ። ንዓይ ድማ ቆጽላይ ስረን ካምቻን በጺሑኒ። ነተን ከዳውንቲ ኣብ ዝርኣኹሉን ዘኽታምን ውጹዕን ምዃነይ ስለ ዘዘኻኽራኒ ብጭንቀት ቀቲለናኒ። ምስ በዝሓኒ ሓንሳብን ንሓዋሩን ኣውጺአ ደርብየየን"[170] ብምባል ከኣ ነቲ ምስ ነብሱ ዘሕለፎ ውግእ ብኽፊል ይጸዊ።

ዓብዱ ገና ወዲ ዓሰርተ ሰለስተ ዓመት ከሎ እዩ ብዛዕባ ምግዳልን ሰውራን ክሰላስል ጀሚሩ። ብሓሳቡ ተጋደልቲ ኣብ መስጊድ ካብ ዝቐተልዎም ወተሃደራት ኣዝዮም ዝሕይሉ፡ ብረት ናብ ቆልዓ ሰበይቲ ዘየነጻጽሩ፡ ጀጋኑ ነበሩ። ብዛዕባ ዝወፈርሉ ዕላማ፡ ቅኑዕ ድዩ ጌጋ እንዶ እኳ እንተዘይነበሮ፡ ክሳብ ንቐተልቲ ስድራኡን ዓዱን ዘንበርከኹ ግን ወገኑ ካብ ምቑጻሮም ኣይተማትአን። ናይ ወትሩ ሕልሙ ከኣ ንነብሱ ኣብ መሳርዖም ተጸንቢራ ክርእያ ጥራይ ኮነ።

ካብ ዕለታት ሓንቲ መዓልቲ፡ ዓብዱ ንሕልሙ ከተግብር ነቐለ። ተጋደልቲ ዝርከብሉ ቦታ በጺሑ፡ ዘምጽኦ ሓበሮም። እቶም ተጋደልቲ ግን ንጽሙእን ቁንጹብን ኣካላቱ ርእዮም "ማንጁስ ክትጋደል ኲንታል በሊዕካ ምጻእ" ብምባል ኣንጻሪ እቲ ኣብ ውሽጡ ዝጋማዳሕ ህንጡይነት መሊሶም ሞራሉ ሰበሩ።

ንኪጋደል ካብ ዝነበሮ ክቱር ህንጡይነት፡ ኲንታል ኣብ ሓደ ህሞት

---

169 ከማሁ።

170 ከማሁ።

በሊዕካ ዝውዳእ እንተ ዝኸውን ኣብ ቅድሚኦም ቆርጢሙ ድዩ ሓይኹ ምጨረሻ። ኩንታል ምውድኡን ዘይምውድኡን ዘይኮነ ግን 'ዕድሜኻ ንብልዒ እምበር ንገድሊ ኣይኣኽልካን' እዩ ነይሩ ቁንቁኛ ዘረብኦም። ዕረ እናጠዓሞ ኩቦ ደርብዩላ ናብ ዝወጸ ዓዱ ተመልሰ።

ኣብ ግዜ ሰውራ ገና ዕድመኡ ብንእሱ ከጋደል ንዝተበገሰ 'ኩንታል በሊዕካ ምጻእ፡' እናበልካ ምምላስ፡ ነቶም ከጋደሉ ዝተበገሱ መመሊሱ ህንጡይነቶም ዘበረኽ ሜላ እዩ። ወኖም መመሊሱ ዛይዱ ከሳብ ዝጋደሉ ተስፋ ከይቆረጹ ከም ዝፍትኑ ከኣ ይገብሮም። ዓብዱን ብጾቱን፡ ሓንሳብ ናብ ጀብሃ ጸኒሖም ናብ ሻዕብያ ፈቲኖም 'ምድሪ ከይመሰየ ዓድኹም ተመለሱ' ዝብል ተስፋ ዘቐርጽ መልሲ እኳ እንተተዋህቦም ኣይፈገዱን።

ሓምለ 1979፡ ጸሊም ክረምቲ ነበረ። ዓብዱ ምስ ሓውብኡ ኢብራሂም ዓብደላ ኤሎስ ኣብ ጻህያይ ተጸሚዶም ከለው፡ ክልተ ተጋደልቲ ብጎኒ ግራቶም ንፈርሔን ገጾም ክሓልፉ ተዓዘቡ። ዓብዱ፡ ተጋደልቲ እንተርእዩ ህርመት ልቡ ብቕጽበት እያ ትውስኽ። ተበገሰ ተበገሰ ዝብል ሓድሽ ስምዒት ከኣ ይወሮ። ዕጥቆም፡ ክዳኖም፡ ኣሳጉማኦም ነቲ ናይ ምግዳል ሕማሙ ኣላዒሉ ይህውጾ። በታ ዕለት እውን እንተቀደዎ ክፍትን ወሰነ።

ገና ድንን ኢሉ ጻህያይ እናመሓወ፡ ንሓወቦኡ ተዕግብ ምኽንያት መሃዘ። "ኣቦ፡ ማይ ሰትየ ክምለስ" ኣፍቀዶ። ሓዎብኡ'ውን ክንዮ ማይ ክሰቲ ወይ እውን "ድኻም ተሰሚዕዎ ከዕርፍ ደልዩ'ዩ" ንኻልእ ኣይሃቦን።

ዓብዱ ግን ትኽ ኢሉ ተጋደልቲ ናብ ዝሓለፉላ ቀራና መገዲ ገጹ ኣምርሐ። እቶም ክልተ ተጋደልቲ እውን ኣብ ፈርሔን ዝነበሮም ጉዳይ ኣስሊጦም ብቕልጡፍ ተገልበጡ። ዓብዱ ካብ ርሑቕ ከመጹ ምስ ረኣዮም ኮፍ ካብ ዝበሎ ተንሲኡ ኣብ ማእከል እቲ መገዲ ተዓንደ።

"ማንጁስ ደሓን ዲኻ፧" ሓደ ካብቶም ክልተ ጀማሂር ንዓብዱ ዓይኑ ዓይኑ እናጠመተ ተወከሶ።

ዓብዱ ኣይተማትኦን 'ክጋደል' ኣሕጺሩ መለሰ። 'ሎሚ እንተዘይፈቒድኩምለይ በዛ መገዲ ሓለፍኩም ማለት ዘበት' ዝብል ዝነበረ እንክመስል። እቶም ተጋደልቲ ንዓብዱ ዘይተረድኦ ነንሓድሕዶም ተጠቓቒሶም ተረዳድኡ።

"ክትጋደል፧ ጎበዝ! በል ኣርክብ፡" መለሰ፡ እቲ ኣቐዲሙ ዝሓተቶ ተጋዳላይ። ብቕሊሉ ዝሰልጦ ዘይመስሎ ዓብዱ ብሓጎስ ተፈንጪሑ ኣሰር ኣሰሮም ሰዓበ።

ኣብ ሳልሳይ መዓልቲ ማራት ኣተወ። ማራት መባእታዊ ወተሃደራዊ

ታዕሊም ዝወሃበላ ዝነበረ፡ ኣብ ሮራ መንሳዕ ትርከብ ቦታ እያ። ኣብ ማራት እቲ ዝጀመሮ ጉዕዞ ገድሊ፡ ገደል ዝበዝሖ ምንባሩ ክርዳእ ግዜ ኣይወሰደሉን። ክንዲ ዝመረረ ይምረር ግን ነታ ንድሕሪት ተምልስ ድልድል ሓንሳብን ንሓዋሩን ኣፍሪስዋ ስለ ዝተበገሰ እንትርፎ ንቅድሚኡ ኣብ ኣእምሮኡ ካልእ ኣማራጺ ኣሓሰበን። መዓንጥኡ ቀጥ ኣቢሉ ዝተመደበሉ ታዕሊም ብዓወት ዛዘመ።

እንተኾነ ድሕሪ ታዕሊም፡ ስሙ ምስቶም ናብ ተዋጋኢ ሰራዊት ዝተመደቡ ኣይተጸወዐን። በንጻሩ ንሳሕል ናብ ቤት ትምህርቲ ሰውራ ምስ ዝወርዱ ክብገስ ተነግሮ።

ክሳብ ወዲ 15 ዓመት ዝበጽሕ፡ መግዛእቲ ብዘስዓቦ ዝኸትምና፡ ንዓብዱን ቤት ትምህርትን ሕቖን ከብድን ገይሩ ኣየራኸቦምን። ዘይሓሰብካዮ ርኽብ ኣይመርገም ኣይምርቓ ከም ዝበሃል መኣዲ ፍልጠት ኣብ ዘይሓሰቦ ስንጭሮታት ሳሕል ተቐረበሉ።

ካብ ፈለማ 1980 ክሳብ መፋርቕ 1983 ኣብ ዝነበረ ግዜ ኣብ ዓመት ክልተ ክፍሊ እናተማህረ ሓምሻይ ክፍሊ በጽሐ። ኣብ ልዕሊ ቋንቋታት ብሊንን ትግራይትን ቋንቋ ትግርኛ እውን መለኺ። ቤት ትምህርቲ ሰውራ ኣንጻር መሃይምነት ኣብ ዝዘመትሉ (1983) ግቡእ ወተሃደራዊ ታዕሊም ክወስድ ናብ ዓራግ ተላእከ። ታዕሊም ዛዚሙ ከም ባህጉ ኣንጻር ቀተልቲ ስድራኡ ክዋጋእ ኣይተፈቕደሉን። “ድንቁርና” ዝበሃል ጸላኢ ምስ ዝቃለሱ ብጾት ከጋደል ተወዝዐ።

ሰውራ ኤርትራ፡ ኣንጻር ድሑር ልምድን ባህልን ኣንጻር ድንቁርናን ምፍልላይን ኣብ ዘካየዶ ቃልሲ፡ ምስ ካልኦት ሰውራታት ናይ ዓለምና ንጽጽራዊ መጽናዕቲ እንተ ዝግበረሉ፡ ውሑድ መወዳድርቲ’ዶ ምተረኽቦ እምበር ዝበልጾስ ክንደይ ከይርከብ። መምህር - ተጋዳላይ ብውሑድ ፍልጠት ዓቢ ሓላፍነትን ራእን ተሰኪሙ ብሓደ ኢዱ ብረት በቲ ኻልእ ኩሩሽ ዓጢቑ፡ ኣብ ሓራን ሓውሲ ሓራን ንዝነብር ዝነበረ ህዝቢ ብኹሉ መዳያቱ ንምንቃሕ ንምውዳብን ምዕጣቕን ዝኸፈሎ መስዋእቲ ገና ኣብ እዝኒ ሰማዒ ዘይበጽሐ መዳርግቲ ዘይርከቦ ጅግንነት ሰሪሑ። ዓብዱ እውን ኣባል ናይ’ዚ ተውለ ኣሃዱ ብምዃን ኣብ ዞባ ባርካን ምዕራብ ሰንሒትን ኣብ ማርያ ጸላም ካብ 1983 ክሳብ 1993 ካብ ተራ ክሳብ ርእሰ መምህር ብተወፋይነት ምሂሩን ተጋዲሉን። ጎኒ ጎኒ እዚ እውን ንደረጃ ትምህርቱ ካብ 5ይ ናብ 8ይ ክፍሊ ኣበረኹ።

ድሕሪ መላእ ናጽነት፡ ካብ 1993 ክሳብ 1999 ኣብ መባእታ ቤት ትምህርቲ ደዓሪትን ሓሸላን ከረን፡ ፈለማ ከም ምክትል ዳይረክተር፡ ጸኒሑ

ከም ዳይረክተር ሰሪሑ። ካብ 1999 ክሳብ 2004 ሱፐርቫይዘር ኣብያተ ትምህርቲ ንኡስ ዞባ ሓጋዝ ብምዃን ብዘይተጕላባነት ኣገልጊሉ።

ኣብ ማሕበራዊ ህይወቱ፡ ኣብ 1996 ምስ ፋጥና ጃብር ሓዳር መስሪቱ ረድዋን፡ ምራድ፡ ኣዳዲ (ዋርሳ ኣቦኡ) መርየምን (ዋርሳ ኣደኡ) መሃነድን ዝተሰምዩ ውሉድ ፈርዩ። ብዘይካ'ዚ፡ ካብ ናጽነት ክሳብ 2012 ካብ ሻሙናይ ክሳብ ካልኣይ ዲግሪ ኣብ ኤርትራን ደንማርክን ተማሂሩ ነብሱ ኣማዕቢሉ።

ካብ 2004 ኣትሒዙ ኣብ ክፍሊ ሓፈሻዊ ትምህርቲ ኣብ ምምዕባል ካሪክለም ቋንቋ ብሊን መሪሕ ተራ ተጻዊቱ። ኣብ ኩለን ብፓነል ናይ ብሊን ዝፈረያ መጽሓፍቲ፡ ናይ ኣንበሳ እጃም ኣበርኪቱ። ከምዚ ኢሉ ድማ ከም ትምኒት ኣቦኡ፡ ንቤት ኣቦኡን ሕብረተሰቡን ደቢሱ።[171]

ተጋዳላይ ዓብዱ ኣዳዲ 1983

መምህር ዓብዱ ኣዳዲ 2012

171 ኣብዚ እዋን መምህር ዓብዱ ኣዳዲ ኣብ ጨንፈር ትምህርቲ ዞባ ዓንሰባ ሱፐርቫይዘር ኮይኑ ይሰርሕ ኣሎ።

ኢትዮጵያን ባህርይን ዝተበራረዩላ መስኪን

ቃንዛናን ስቓይናንን ዘይስቁሮ!
ማህጸን ኣደታት ደሰቖ ከም ከበሮ።
ቃንዛናን ስቓይናን ዘይስቁሮ!
ሽዊት ዕድሜና ብጥይት ኣሕረሮ።

ኤፍረም ሃብተጽዮን

ፈለማ ምስክርነት ግዳያት ዖናን በስኪዲራን ንምስናድ ዝተበገስናሉ እዋን እዩ። ኣብ ተመሳሳሊ ዓውዲ ቀዲሙ ዝተገብረ ተመሳሳሊ ስራሕ ግን ከኣ ገና ናብ ኢድ ኣንበብቲ ዘይበጽሐት መጽሓፍ ግፍዕታት ነቲ ናይ ዖናን በስኪዲራን ክፉሉ ከንብብ ዕድል ረኺበ ነይረ። ካብቲ ዕዮ ብፍሉይ ኣተኩሮይ ዝመሰጠ ከኣ ምስክርነት ውጻእ መዓት ኣደይ ደሃብታ ዓሊኑር እዩ።

ጸሓፊ ናይቲ ኣብ ኢደይ ዝነበረ ዕዮ ገዲም ተጋዳላይ ተከኤ ተስፋልደት እዩ። ነቲ ናይ ኣደይ ደሃብታ ምስክርነት ካብ ማእከል ምርምርን ስነዳን'ዩ ተወኪስዎ። ነደይ ደሃብታ ዓሊኑር ኣብ ጋሽ (ቶኾምብያ) ብኣካል ረኺቡ ዘዘራረበ ግን ተለኣኣኺ ድምጺ ሓፋሽ ዝነበረ ገዲም ጋዜጠኛ ተጋዳላይ መስፍን ተስፋይ እዩ። ድምጺ ሓፋሽ ንምስክርነት ኣደይ ደሃብታ ብ15 ሰነ 1988 'ኣይረሳዕናዮን' ኣብ ዝብል መደባ፡ ናብ እዝኒ ሰማዕቲ ኣብጺሓቶ ነይራ።

ቅድሚ ናጻነት ኣብ ድምጺ ሓፋሽ መደብ "ኣይረሳዕናዮን" ኢትዮጵያ ኣብ ልዕሊ ንጹህ ሰለማዊ ህዝቢ ዘውረደቶን ተውርዶ ዝነበረትን ኣሰቃቒ ግፍዕታት ዝሸፍን መደብ ነይሩ። ናይ ዓይኒ መሰኻኽር ዝተፈላለየ ግፍዕታት ብቓላቶም ናብ እዝኒ ሰማዕቲ ተብጽሕ መሳጢት መደብ። ኣደ'ይ ደሃብታ እውን ኣብ እዋኑ ኣብ መደብ 'ኣይረሳዕናዮን' ነቲ ኣብ ልዕሊ ህዝቢ ሰኹና ኣብ መስጊድ በስኪዲራ ዝወረደ ግፍዒ ጸውያ ንሕሱም ጭካነ መግዛእቲ ኢትዮጵያ ብኸምዚ ዝስዕብ ቃላት ገሊጻቶ።

"ቆልዓ - ሰበይትን መርዑትን ኩልና፡ ሰብ ማል ኩሎም፡ ማልና መሮረን ተሪፈን ኩልና ተኣኪብና፡ ምስ ፈላሲት መምህርናን ደቅና ኮንና ተቐቢልናዮም፡ ምስ መጹ፡ 'ዕልል' ኢልና። ከልኪሎሙና ኣብኡ ዉዒልና። ካብ ሰዓት 8፡00 – 3፡00 ከርዲኖም ሒዞሙና፡ 'ከሸይን፡' ዝበለ፡ 'እዛ ጥይት'ያ ዘላቶ፡ ከትሞቱ ኢኹም፡ ኣብኣ ከሎኹም ሽኑ' ኢሎሙና። ... ቆልዑ፡ 'ዓዕ እናበሉ ተኸልኪልና ውዒልና። ምሸት ሰዓት 3፡00 ምስ ኮነ ኸኣ፡ 'ገዛውትና ተቓጺሉ፡ ንብረትና ጠፊኡ...' ክንብል ዉዒልና። 'በሉ ንዑ፡ ሓደ መስጊድ ተረፍ ኣሎ፡ ኣብኡ እተው ነፋሪት ከይትረኽበኩም' ይብሉና'ለዉ...። 200 ንኸውን ምስ ኣቶና፡ ምእካል ተሓሊሉ 'ስኢኑና'። 'ኣቱም ደቂ፡ ንሕና ክንጠፍእ ኢና፡ ... ጠፋእና፡ ሎሚ ጠፋእና' ምስ በልና፡ ባህታ ዓሳማ፡ 'እሞ እንድዒ ገድም ኣብ እዝጊሄር ኣሎና። እንተሞትና ጸሎት ግበሩ ክርስትያን ዝኾንኩም። እስላም ዝኾንኩም ከኣ፡ ሸሃደትኩም ሓዙ' ኪብለና ኸሎ፡...እታ ዘረባ ከይተወድኤት፡ ቦምባ ብቕድሚት፡ ትርሺ ብፍኒስትራ... ሰደዱልና። ኣነ ሃለዋተይ ጠፊኡ፡ ኣይተፈለጠንን። ወደይ ብድሕረይ ወዲቑ፡ ጓለይ ኣብ ትሕተይ ርእሳ ተጨዲዱ። ... ከም ሕልሚ ይስመዓኒ ነይሩ። ደም ንደም ኰይኑ መስጊድ። ሰብ ኣብ ርእሲ ሓድሕድ ወዲቑ..."[172]

ነዚ ምስክርነት'ዚ ምስ ኣንበብኩ ድማ እየ ኣደይ ደሃብታ'ስ ብህይወት ሃሊያ ክረኽባ ይኽእልዶ ዝበል ሕቶ ዝመጸኒ። ግደ ሓቂ ካብቲ ምስ መስፍን ዘካየድቶ ቃለ መሕተት ድሕሪ 27 ዓመታት ብህይወት ሃሊያ ክረኽባ እየ ዝብል ተስፋይ ምህሙን'ዩ ነይሩ።

* * *

ኣብ መስርሕ ምእካብ ምስክርነታት ኣብ ፈለዳእርብ ምስ ዝነብሩ ውጹእ መዓትን ስድራቤት ግዳያትን ውዒልና ንከረን ክንምለስ እናተበጋገስና እዩ። ካብ ደቂ ዓዲ 'ነደይ ደሃብታ እውን ርኸብዋ' ዝብል ሓሳብ መጸ። ኣደይ ደሃብታ ኣብ ኣእምሮይ ዝተንጠልጠለት ብምንባራ ንክረኽባ ክቱር ተሃንጠኹ። ወላኳ ግዜ እንተኸደ ክንረኽባ ተበገስና። ኣብቲ ዝተሓበርናዮ ገዛ ምስ በጻሕና ንጸሎት ቡራኬ ናብ ቤተ ክርስትያን ከይዳ ጸንሐት። ግድን ክንረኽባ ከም ዝደሌና ስለ ዝሓበርናዮም ንቤተ-ክርስትያን ሰብ ተላእከ።

172 ደሃብታ ዓሊኑር፡ቃለ-መጠይቕ ምስ ተጋዳላይ መስፍን ተስፋይ፡ ኣብ ድምጺ ሓፋሽ ዝተፈነወ 15 መስከረም 88 R.D.C. ካ/ቁ. 248፣ ACC. No 06927

ወይዘሮ ደሃብታ ዓሊኖር

ኣደይ ደሃብታ ካብ መንጎ ጸሎት ንክትወጽእ ዝገደዳ ምኽንያት ግር ኢሉዋ ምስ ርቡሽ መንፈስ "ደሓን ዲኹም ደቀይ፧ እንታይ'ዶ ተረኺቡ'ዩ፧" ብሓውሲ ተርባጽ ተወከሰትና። ሰብ ደሓን ምዃንና ኣረዲእናን ኣረጋጊእናን ናብ ጉዳይና ኣቶና።

* * *

በዓል ቤታ ነደይ ደሃብታ፡ ኣብ ከባቢ ኣቑርደት ኣብ ሕርሻ ናይ ሓደ ፍራንኮ ዝበሃል ኢጣልያዊ ይሰርሕ ነይሩ። ሽዑ ንስድርኡ ካብ በስክዲራ ኣቑርደት ኣምጺኡ ኣቐመጦም። እንተኾነ ግን ኣብቲ እዋን ጸጥታ ኣቑርደትን ከባቢኡን ካብ መዓልቲ ናብ መዓልቲ ኣናበኣሰ ይኸይድ ነበረ። ሽዑ እታ ስድራ ካብ ኣቑርደት ክውል ኢላ ክትጸንሕ ወሰነት። ኣደ ንደቃ ኣሚናን ተኪኤን ወሲዳ ናብቲ ይሓይሽ ናብ ዝበለቶ በስክዲራ ከኣ ተመልሰት። ዓባይ ጓላ ነደይ ደሃብታ እውን ናብ እንዳ ሓወቦኣ ንተሰነይ ወሪዳ ተኣልየት። በዓል ቤተን ግን ስርሑ ከየቋረጸ ኣብ ኣቑርደት ጸንሐ።

እቲ ኣብ ከባቢ ኣቑርደትን ከባቢኡን ዝነበረ ምቅጻል ዓድታትን ምቕታል ሰለማውያንን ንከበሳታት ገጹ ክልሕም ግዜ ኣይወሰደን። ከረንን ከባቢኣን ተመሳሳሊ ናይ ምንዳድን ምቕታልን ሓደጋ ኣንጸላለወ። ኣደይ ደሃብታ ዝተዓቑባሉ በስክዲራ ከኣ ዝበኣሰ ጎነፉ።

ሰኑይ 30 ሕዳር ግዜ ምሸት ናብ መስጊድ ምእታው ኮይኑ ኣደይ ደሃብታ፡ ንተኪኤ ብየማናይ ንጓላ ኣሚና ብጸጋማይ ኢዳ ሒዛ ንውሽጢ እታ

መቕተሊቶም ዝተመርጸት መስጊድ ኣተወት። "ተኹሲ ምስ ጀመረ፡ ልበይ ጠፊኡኒ ዘልሓጥ ኢለ ወዲቐ፣ ውነይ ጠሊሙኒ። እዚ ኩሉ ክኸውን ፈጺሙ ኣይዝከረንን። ከም ሕልሚ ኮይኑ እርድኣኒ ነይሩ። ጓል ሸሞንተ ዓመት ጓለይ፡ ርእሳ ተፈንቂሉ ድሮ ሞይታ ኣብ ሑቕፈይ ወዲቓ። ወደይ፡ ሕቆኡ ብጠያይት ሃህ ኢሉ፡ ብጎነይ ኮይኑ 'ኣደይ ሞይተ! ኣደይ ሞይተ!' እናበለ የልቅስ። ሽው ኣነ ነቲ ኣብ ሕቑፈይ ዝነበረ ሬሳ ጓለይ ኣልየ፡ ንወደይ ሓቚፈዮ። ኣነ'ውን ብእስኩጀታት ገጸይን የማናይ ጎነይን ማህረምቲ ስለ ዝነበረኒ፡ ኣካለይ ብደም ጨቅዩ'ዩ ነይሩ። ግዜ ምውጻእ ምስ ኮነ፡ ካብ ፈርሔን ዝመጸ ሓደ ሰብኣይ፡ 'ጓለይ መይታ፡ እዚ ወደይ ከኣ ተወጊኡ ኣሎ' ምስ በልኩዎ፡ ተሰኪሙለይ ወጺኡ።"[173] ከብላ ድማ ካብቲ ንመስፍን ዘዘንተዋሉ ዘይፍለ ዛንታ ደገማለይ።

ኣደን ወደን፡ ንኣስታት ሰለሰተ ኣዋርሕ ኣብ ከረን ኣብ ሆስፒታል ደቂሶም ተሓከሙ። ዝተረፈ ገዛኹም ኮንኩም እናተመላለስኩም ተሓከሙ ምስ ተባህሉ፡ ናብታ ኣስጋኢት እያ ኢለን ዝሓደግኣ ኣቑርደት ክጽሕፉለን ሓተታ። ተፈቒደለን እውን። ንተወሰኽቲ ሰለስተ ኣዋርሕ ናብ ሆስፒታል ኣቑርደት ተተመላሊሰን ቁስሊ ወደን ከም ዘሕውያ ከኣ የዘንትዋ።

እዛ ስድራ ሕጂ'ውን ከሳብ ህልቂት 'ጸላም ሰንበት' 1975 ኣብ ኣቑርደት ጸንሐት። ህልቂት 'ጸላም ሰንበት' ንህዝቢ ኣቑርደት ግዳይ ሞትን መቑሰልትን ካብ ዝገበረ እከይ ተግባራት ገዛእቲ ኢትዮጵያ ሓደ እዩ። ኣደይ ደሃብታን ስድርኣን ካብ መቕዘፍቲ ህልቂት ጸላም ሰንበት እውን ንስክላ ደሓኑ። እንተኾነ ግን ድሕሪ'ዚ ኣብ ኣቑርደት ምጽናሕ፡ ኣንጻር እቲ 'ኣብ ፈተና ኣይትእትወና' እናበለት መዓልታዊ ንኣምላኻ ትልምኖ ቀጺሩ ሩዓ ጠቕሊላ ነቐለት። ላዕላይ ጋሽ ወጺኣ ከኣ ኣብ ተኾምብያ ተዓቑበት።

ሕማቕ ዕድል ኮይኑ ግን እቲ ድንገት ኣሰር ኣሰራ ምስዓብ ኣይገደፈን። ኣብ ግዜ ህልቂት በስከዲራ ተሰነይ ምስ እንዳ ሓወቦኣ ዝጸንሐት ዓባይ ጓላ ነደይ ደሃብታ ብሕማም ኣብኡ ዓረፈት። ቁሩብ ጸኒሑ'ውን ካብ መስጊድ በስከዲራ ብኸቢድ ተወጊኡ ዝወጸ ተክኤ፡ ኣሰር ሓብቱ ስዒቡ ፍረ ከርሲ ኣደይ ደሃብታ ሓደ ድሕሪ ካልእ ጸነቱ። ኣይደንጎየን በዓል ቤታ እውን ኣርኪቡ ንበይና ተረፈት። *"ወደይ፡ ብዙሕ'ዩ ጸገመይ፣ ኩሉ ነገር ተደራሪቡኒ። ሎሚ ነቲ ናይ በስከዲራ ዘይኮነ፡ ትማሊ ንዘጋጠመኒ ከዝክር እውን ንጋዳ ኮይኑኒ ኣሎ።"* ትብል ንሳ።

ምስ በላኒ ጽሑፍቶ ህይወተን ተራእዩኒ ጓሃኹለን። ተወሳኺ ሕቶታት

173 ደሃብታ ዓሊኑር፡ ቃለ መጠይቕ ምስ ደራሲ፡ 12 መጋቢት 2016፡ ፈሉዳእርብ።

ኣልዒለ፡ ቁስለን ካብ ምጉዳእ ክቑጠብ ከኣ ወሰንኩ። ገና ብውሽጠይ ሕማቕ እናተሰመዓኒ ንዝተረፈ ዕድመ ህይወተን ሰናይ ተመንየ ድማ ተፋነኹወን።

ካብ ዝኸረይ ግን ወትሩ ኣይተፈለያን። ኩሉ ነገረን ስእሊ ኮይኑ ይቕጀላኒ። ገለ ካብ ደቂ ዓደን ኣብ ዝረኸብኩሉ 'ኣደይ ደሃብታ ከመይ ኣለዋ፧' እናበልኩ ብዛዕብአን ምሕታት ኣየቋረጽኩን።

ሎሚ (2024) ነታ ደርገፍ ኢለን ንቤተ-ክርስትያን በጺሐን ዝምለስኣ ስኢነን ዓዲ ውዒል ኮይነን እየን። ዓይነን ደኺሙ ዓድን በረኻን ዝጎየየ ሽኮ ኣእጋረን'ውን ተሓሊኹ እዩ። ድሮ ህይወተን ካብ ዓራት ናብ ዓራት ተሓጺራ። እንዳ ወዲ ሓወን እናኣለይወን፡ ንዘይትተርፍ ጻውዒት ኣምላኽ ይጸባበያ ኣለዋ። ኣደይ ደሃብታ ዓሊኖር ኢትዮጵያን ባህሪን እናተበራረዩ ዝተማዓትወን መስኪን ኣደ።

ንጉስ ሃይለስላሰ መንግስተ ሰማይ ዝኣቱ እንተኾይኑ ገሃነም የልቦን[174]

ገና ኣይቀሰነን፡
ኣይዓረፈን ልቡ፡
እፎይታ ኣይረኸበን፡
ኣይወጸን ጓሂኡ፡
ብጥይት ብሳንጃ
ኣልማማ ክጸንቱ
ብዓይኑ ዝረኣየ
ሬሳ ስድራ ቤቱ።

ኣስመሮም ሃብተማርያም

ወይዘሮ ለተሚካኤል ልጃም፡ መስጊድ በስከዲራ ኣትዮም ብህይወት ካብ ዝተረፉ ውጹእ መዓት ሓንቲ እያ። ንሳ ኣብ ሓጋዝ፡ ኣብቲ ተመለስቲ ስደተኛታት ጥራይ ብፍሉይ ዝሰፈሩሉ ብብዙሕነቱ ዝልለ፡ 'መዓስከር' ተባሂሉ ዝጽዋዕ ዞና ናይታ ከተማ ድማ ትቕመጥ።

ባሕቲ መስከረም ናይ 2019፡ ንዕኣ ክረክብ ካብ ከረን ኣንጊሀ ሓጋዝ ወሪደ። ዓርከይ መምህር ወርዕ ክፍሉ ኣሰንዩኒ ከኣ ንገዛ ነፍስሄር መምህር ሽፉ ተስፉ ንመዓስከር ኣምራሕና። እንተኾነ ግን ወይዘሮ ለተሚካኤል ንመርዓ ናእሚ ዓላ፡ በታ ምሸት ንካርቱም ክትነቅል ክትሸባሸብ ጸንሓትኒ። ቀቅድሚ ምንቃላ ክረኽባ ምኽኣለይ ጽቡቕ ዕድል ኢለ ብምሕሳብ ከኣ ሓጎስ ተሰመዓኒ። ጸኒሐ ግን፡ ኣብ ሽበድብድ ከላ ትህበኒ ሓበሬታ ደኣ ክሳብ ክንደይ ምሉእ ከኸውን ዝብል ካልእ ስክፍታ ክሓድረኒ ጀመረ።

174 ነቲ ኣብ ድግ እትኣትባ ዝተፈጸመ ህልቂት ትገልጽ ግጥሚ "ንጉስ ሃይለስላሰ ዓዱ ምዓዱ ቱ፡ ዓዱ እግል ኣዳም ዎ ዓዶ እግል ረቢቱ" "ሃይለስላሰ ካብ ጸላኢ ዝብእስ ጸላኢ፡ ጸላኢ ኣምላኽን ጸላኢ ሰብን እዩ" ብምባል ኣቦይ ኢብራሂም ጀሚል ገጢሞም ነይሮም።

ዝኾነ ኮይኑ ዕላል ተጀሚሩ።

ኣንጻር ስክፍታይ፡ ለተሚካኤል ዛንታ በስከዲራን ስድራኣን እንከተልዕል፡ ትማሊ ዘጋጠማ ፍጻመ ትገልጽ ዝነበረት ክትመስል፡ በዚ ዋሕዚ ሓሳባት ካብ ኣእምሮኣ በቲ ድማ ንብዓት ካብ የዒንታ ብማዕረ እዩ ዝፍልፍል። ኣነ'ውን ስምዒተይ ምቁጽጻር ስኢነ ብሓደ ወገን ተደጋጋሚ ንዝስዕረኒ ዝነበረ ንብዓት ክዓግትን ዝተለኸተ ጎሮሮይ ክጸርግን ምሒር ተሸጊረ ወዓልኩ።

ኣዒንትና ንብዓት፡ ኣፍንጫ'ውን ጸረርታ ክፍልፍል ኣብ ዝወዓለሉ ሃዋሁው ንኹሉ ብፊደላት ኣላቒብካ ምግላጽ ፍሉይ ብቕዓት ይሓትት። እንተ ኣነ ግን ንምስክርነት ዝኣክል ጥራይ ግን ክሓናጥጥ።

* * *

ልጃም ሰምራ፡ ካብ ማእከል ዓዱ በስከዲራ ንኣውካ በሪህ ተመርዕዩ፡ ገብረህይወት፡ መድሕን፡ ለተህይወት፡ ክፍሎም፡ ክብሮም፡ ዑቕቡን ለተምካኤልን ዝተሰምዩ ወሉድ ፈረየ። ስድራ እንዳ ልጃም ኣብ ቀውዒ 1970፡ ንገብረህይወት፡ ለተህይወትን መድሕንን ኣመርዕዩ ውላዶም ክትርኢ በቒዓ ነበረት። ክፍሎም፡ ክብሮም ለተሚካኤልን ዑቕቡን ከኣ ኣብ ዕድመ ጉብዝናን ኩትትናን ነበሩ። ድሮ እቲ ኣብ በስከዲራ ዝተፈጸመ ህልቂት፡ ብዘይካ እቲ ናይ ካልኣይ ደረጃ ትምህርቱ ኣቋሪጹ ምስ ወዲ ኣሞኡ ያሲን ሙሳ ኣብ ዓሊግድር ዝሰርሕ ዝነበረ ክብሮም፡ ካብ በስከዲራ ክሳብ ሩባ ደዓሪ ተዘርጊሓ ጸንሐት።[175]

ሓሙስ 26 ሕዳር 1970፡ ካብ ከረን ዝወፈሩ ወተሃደራት ኢትዮጵያ ነተን ብሓባር ዝጓሰያ ዝነበራ ከብቲ እንዳ ልጃምን እንዳ ዲፖንቲን[176] ብኣልማማ ረሺኖም ቀተልወን። "ገብረህይወት ካብ ንግሆ ኣይወፈረን፡፡ መድሕን ድሒኑ። ጥሪት ግን ዝገደፉለን የብለንን፡"[177] ጓሳ እንዳ ልጃም ሓደ ካብ ኣገልገልቲ ኢዮብ ጻድቕ ክመስል፡ ናብ ገዛ እንዳ ልጃም ሰምራ ንበስከዲራ ዘብጽሖ መልእኽቲ እዩ።

ሽው ኣደይ ኣውካ ኣብ ልዕሊ ሕማመን፡ ኩነታት ደቀን ኣመና ኣሻቒልወን ስለ ዝነበረ "እንቋዕ ደኣ ደቀይ ደሓን ኮኑ እምበር፡ ጥሪትሲ ጽባሕ የጥርይወን፡" ብምባል መሬት ስዒመን ኣምላኸን ኣመስገና።

እንተኾነ ሽው እውን ሰሪቡ ዝነበረ ሻቕሎት ገና ስለ ዘይተቐንጠጠ፡

175 ዑቕቡ፡ ገብሪህይወት፡ መድሕን ኣብ ደዓሪ ዝጸንሑ ኣባላት'ታ ስድራ እዮም።

176 ዲታ ዲ ፖንቲ ኣብ ከረን ኣባይቲ ኣብ ኣውጋሮ እውን ናይ ውርቂ ዕደና ዝነበሮ ሃብታም ኢጣልያዊ እዩ።

177 ለተሚካኤል ልጃም ሰምራ፡ ቃለ መጠይቕ ምስ ደራሲ፡ 1 መስከረም 2019፡ ሓጋዝ።

እታ ስድራ ኣብ በስከዲራ ንዝነበረ ክፍሎም ወተሃደራት ኣብ ዓዲ እንተ ጸኒሕዎም ከይሓርድዎ ካብ ዓዲ ወጺኡ ከም ዝኸወል ገበረት። ሸቐልቀልን ተርባጽን ኣየቋረጸን። "ካብ ሰንበት፡ መንፈሰይ ተረቢሹ፡ ብተደጋጋሚ ሕማቕ ሓሳባት ክመላለሰንን፡ ዝኾነ ሰብ እንተ ተዛረበኒ እበክን ነይረ። ኣደይ ብኽያተይ ርእያ 'ተምጽኦ ኣለዋ እዛ ቁ ልዓ ኣይትዛረብዋ' ትብል ነይራ። ብፍላይ ሰኑይ፡ ወተሃደራት ንዓድና ቅድሚ ምምጽኦም፡ ተኣከቡ ተባሂሉ፡ ክፍሎም ሓወይ ካብ'ታ ኣብ ፊት ዓዲ ዝነበረት ግራትና ተጸዊዑ ምስ መጸ፡ ስድራና ብፍጹም ኣይፈቶናን"[178] ትብል ለተሚካኤል ነቲ ግዜ እንክትዝክር።

እቶም ጸሓዮም ኣብሪቖም፡ ካብ ሩባ ዓንሰባ ዝተበገሱ ጦር ሰራዊትን ኮማንድስን፡ ከባቢ ሰዓት 9 ቅድሚ ቐትሪ በስከዲራ በጽሑ። ካብ እንዳ ልጃም ኣብ መንጎ እቲ እኩብ ህዝቢ - ኣቦ ናይታ ስድራ ልጃም ሰምራ፡ ተደኒሳ ዝነበረት ኣደይ ኣውካ በሪህ፡ ክፍሎም ልጃም፡ ለተሚካኤል ልጃም፡ ግብለት ተኸለ - ሰይቲ መድሕን ልጃም ምስ ደቃ ወልደየሱስን ገሬሱስን ሳልሳይ ኣብ ከብዳ፡ ነቶም ዘይዓደምዎም ኣጋይሽ ክቕበሉ ኣብ ቅርዓት ናይቲ ዓዲ ተረኽቡ። መጨረሽትኡ ከኣ ምሉእ መዓልቲ ምስ ዓዶም ከከላበቱ ውዒሎም ኣጋ ምሸት ናብ መስጊድ ኣምርሑ።

ኣብ ውሽጢ መስጊድ፡ ለተሚካኤል ምስ ደቂ መይበቶት በሪህ - ደቂ ኣኩኣ - ንግስትን ትምኒትን ከምኡ'ውን ምስ እንዳ ብርሃነ ትምክኤልን እንዳ መንግስቱ ትምኪኤልን ጎኒ ንጎኒ ተጸቓቒጠን፡ ኣብ ሓንቲ ጫፍ ናይቲ መስጊድ ኮፍ ክብላ ዕድል ረኺባ። ኣደይ ኣውካ እውን ካብኣተን ገለ ስጉምቲ ፍንትት ኢላ ትርእ። ፍልልየን ሓደ ወይ ክልተ ስጉምቲ እዩ። ኣብ መንጎ ግን ዓሰርተታት ሰባት ተሰኺሲኾም ነበሩ። ዝተረፉ ኣባላት ናይታ ስድራ፡ ኣብ ከመይ ኩነታት ከምዝነበሩ ለተሚካኤል ትፈልጦ ኣይነበራን።

ኣደታት ጎሮርኣን ብፍርሂ ተለኺቱ ከሎ ዓሊለን፡ ኣቦታት እውን ኣእዳዎም እናንቀጥቀጠ ኣጣቂዖም ከይወድኡ ጠያይት ኣብ ልዕሊኦም ተኻዕወ። ካብ ቀረባ ርሕቀት ዝተበገሳ ጠያይት፡ ሓንቲ ንለተሚካኤል ጸጋመይቲ ብርኪ ኢዳ መልዓሰታ። ንየማነይቲ እግራ ድማ እስኩጃን ኣእማንን ዳዕሞኾ። ኣደይ ኣውካ ግን ሓንሳብን ንሓዋሩን ተረኺባ ኣየምለሰትን።

ንለተሚካኤል መውጋእታ ፈለማ ኣደንዘዛ፣ ጸኒሑ ግን ቃጸሎ ከዓወላ፡፡ ካብኡ ዝገደደ ግን፡ እቶም ኣብ ልዕሊኣ ወዲቖም ዝጸቐጥዋን ዓቕላ ዘጽበቡላን ነበሩ። ተዓፊና ክትመውት ዝተረፉ ኣይነበረን። ብፍላይ ሓደ በድራጋ ጠያይት

178 ለተሚካኤል ልጃም።

ዝተመናነህ ቁልዓ ናብዝን ናብትን ከዕለብጥ ጸኒሑ፡ ምስ ደሙን ፈርሱን ኣብ ዝባና ተሰቒለ። 'ወዲ መን' ምንባሩ ሎሚ ክትዝክሮ ዘይከኣለት እቲ ቆልዓ፡ ተሳሒጉ፡ ተሳሒጉ፡ ኣብ ዝባና ነፍሱ ወጸት። ለተሚካኤል ኣብ መሬት፡ ሬሳ ኣብ ዝባና ንክንደይ ዝኣክል ጸኒሖም ፈጣሪ ጥራይ እዩ ዝፈልጥ። ዳሕራይ ግን፡ ተወጊኣ ኣብ ጎድና ወዲቓ ዝነበረት ንግስቲ ማይበቶት፡ ተጸጊማ ነቲ ሬሳ ካብ ልዕሊኣ ኣልያ ገላገለታ።

ኣብ መንጎ እቲ ናይ ሞትን ህይወትን ሃዋህው፡ ገለ ካብቶም ትንፋሶም ኣብ እቶን ሓዊ ተኣጒዳ ዝነበሩ ግዳያት፡ ህይወቶም ንምትራፍ፡ ዓቕለ ጽበት ዝፈጠሮ ዝተፈላለየ ፈተነታት ይገብሩ ነበሩ። ኣኸያር ሰይቲ መንግስቱ ትምክኤል፡ ንደቃ ካብ ጠያይት ክትከላኸል ያኢ፡ ኣብ ውሽጢ መስጊድ ካብ ዝነበረ ቐይሕ ጦብ ኣኻኺባ ንእሽቶ ድፋዕ መሰል ሰርሐት። እዚ ከይኣኽላ ኣብ ርእሳ ብሊኮቲ ተሰኪማ፡ ነብሳ ንምኽዋል ተጋደለት። እንተኾነ እቲ ብሊኮቲ ንነብሳ ክትከላኸለሉ ዝሓሰበቶ ነተን ኣብ ባይታ ወዲቐን ዝነበራ ለተሚካኤልን ንግስትን ወወዲቐ እናሃረመ ሞኽ ኣበለን። "ኣንቲ ኣኸያር፡ እዚ ብሊኮትኺ'ምበር ካብ ጥይት ኣምሓራ ገዲዱና፡" እናበላ ይጠርዓላ ከም ዝነበራ ለተሚካኤል ትጸዊ።

ለተሚካኤል ነቲ ኣብ ውሽጢ መስጊድ ዝነበረ ኩነታት ዘኪራ ከተዘንቱ እንከላ፡ ስምዒታን ተዘክሮኣን ናይ ቅድሚ ሓምሳ ዓመታት'ዩ ኢልካ ክትኣምኖ ብዘጸግም ልክዕነት'ያ ትትርኽ። ነዚ ኣርእስቲ'ዚ እንክትዝክር፡ ከም ፊልም ኩሉ እዩ ዝቕጀላ። ሽዑ ብኹለንትንኣ ናብ'ታ ዕለትን ቦታን ትምለስ። ብኣካል ትደሚ፡ ትቖንዞ፡ ልክዕ ኣብ ጎና ተፍቅሮም ስድርኣ ብጥይት ክሕምሸሹ ብዓይና ትርኢ፡ ከም ሳዕቤኑ ዝርንዛሕ ትነብዕ። ኣብ ከምዚ ሃዋህው፡ ዛዕባ ቀይረ ናብ ንቡር ናይ ምምላሳ ሓላፍነት ናተይ ስለ ዝነበረ ኣርእስቲ እቕይር፡

"ኣዋጸጽኣኹም ካብ መስጊድ ከመይ ነይሩ፧" ንለተሚካኤል ገለ ካብ ሕማቕ ስምዒት እንተውጻእኩዋ ኢለ ዝሓተትኩዋ ሃንደበታዊት ሕቶ'ያ ኔራ። ሽዑ ለተሚካኤል ብሓይሊ ኣስተንፊሳ ቅሩብ ድሕሪ ምዕራፍ ድምጻ ኣበሪኻ ተዛረበት። "ፈለማ፡ እቲ ብህይወት ዝነበረ ሰብ ምስ በዝሐ፡ 'የህው! እዞም ሰብ (ወተሃደራት ማለት'ዩ) ዘለዉ ኣይመስለናን፡ ኣመት ንግበር' ምስ ተባህለ። ባህታ ወዲ ዓሳማ ደገ ወጺኡ ተመልሰ። 'ብዘይካ ዝነድድ ኣባይቲ፡ ሓንቲ ኣይርኣኹን፡ ደርሆ'ኳ ኣይርኤኹን' ከኣ በለ። እቲ ሰብ ግን ኩሉ ኣስቂጡ ኣይመለሰሉን። ጸኒሑ፡ 'የህው!' ኢሉ ኣድሃየ'ሞ፡ 'ወዲ ዓሳማ'ዩ ከምዚ ገይሩና፡ እቶም ዝተረፍና'ውን ምወጻእና ነይርና ከይተብሉኒ፡ ኣነ ምስ ወደቕኩ ዓይነይ ሓመድ ተደፊኑ ሓንቲ እርኢ የለኹን' በለ። ሕጂ'ውን፡ ንባህታ መልሲ ዝህቦ ኣይረኸበን። ብድሕሪ'ዚ ሓንሳብ ጸኒሑ፡ ኣቦይ ኣንሰራ ንሱር ደገ ወጺኡ

ተመልሰ። 'የህው! ዝግ ንበል፡ እንተ ኣቕሪቦም እንተ ኣርሒቖም የለውን፡ ኣባ እኛስዮ ግን ኣብ ጥቓ ቤት-ትምህርቲ በጺሖም ርእየዮም' በለ። ኣባ ኣኛስዮ ግን፡ ካብ'ቲ ኣቦይ ኣንሰራ ዝረኣዮም ቦታ፡ ኩነታት በስክዲራ ኣፍሪሕዎም ሰብ ወሲኾም ክምለሱ ንፈርሔን ስለ ዝተመልሱ ደንጎዩ።" ትብል'ሞ ኣብ መንጎ፡ ኣብ ጎቦ ኮይኖም ክከታተሉ ካብ ዝወዓሉ ገብረትንሳኤ ዓሳማን ዑመር ኣዳን ከም ዝመጹ ትዝክር። ገብረትንሳኤን ዑመርን ናብ መስጊድ እቱው ምስ በሉ፡ ፈለማ ንገብረትንሳኤ ኣደኡ ኣብ ኣፍደገ ወዲቓ ጸንሓቶም። ሬሳ ወላዲቱ ኣብ ቅድሚ ዓይኑ፡ ዝተቐበሎ ገብረትንሳኤ ምኽኣል ስኢኑ፡ 'ዋይ ኣደይ! ዋይ ኣደይ!' እናበለ ብዓውታ ከልቅስ ጀመረ።

ዑመር ግን ተቐዳዲሙ ብኢዱ ገይሩ ጉንዲ እዝኑ ጸፊዑ "በዳን! በዳን! ዎ በዳን! ንዝሞተ ክንቀብር፡ ንዘሎ ክንረድእ'ባ ኤማን ግበር" ብምባል ገንሖ።

ካብ ምስክርነት ለተሚካኤል ዑመር ድምጹ ኣበሪኹ "ተካላን፡ ገለ እንተ ርሕዲ ዋንትድነኽር ፋ"[179] ብምባል ጨደረ። ሽዑ ኩሎም እቶም ትንፋሶም ሓቢኦም ዝነበሩ ግዳያት "ብህይወት ዘለኹም ውጹ።" ክብሃል ሰሚዖ ከእውዩ ጀመሩ።

ገለ ካብተን ብህይወት ዝተረፋ ኣደታት፡ ካብ መስጊድ ወጺአን ካብቲ ዝነድድ ዝነበረ ረመጽ ሓዊ ሓፊሰን ኣብ ርእሰን ክሳብ እናደፍኣ ኣውያት ድርጉሖአ። ገሊአን ኣብቲ ገና ፈኺም ዝብል ዝነበረ ድኹዒ ኣንገርገራ። ኣብቲ ህሞት ንበስክዲራ ቅድሚኡን ድሕሪኡን ዘይተሰምዐ ኣውያትን ዋጭ ዋጭታን በሓታ። ብኣንጻሩ ገለ ጓሂን ስንባደን ልዕሊ ዓቕን ዝኾኖም ልቦም ተደፊኑ ቃል ከየምሎቑ እግሮም ናብ ዝመርሖም ጥራይ ሰጕሙ።

እግራን ኢዳን ተወጊኣ ዝነበረት ለተሚካኤል፡ ምስኣ ሓቢሮም ናብ መስጊድ ካብ ዝኣተዉ ስድራቤታ በይና እያ ተሪፋ። ካብ መስግድ ወጺኣ ደማ እናዛረየ ገፊፍ እናበለት ፍርቂ መገዲ በጽሐት። ኣብ መገዲ ምኽኣል ምስ ሰኣነት ግን ንረድኤት ብዝመጹ ተጸይራ ፈርሔን ኣተወት። ንሳ ነቲ ኣብ ግዜ ምውጽኣ ዝተዓዘበቶ ዘሰቅቕ ትርኢት ዘኪራ እንክትጸዊ፡-"ገርጊስ ወዲ ኣኮይ ማይበቶት ካብ'ቶም ዝሞቱ ሓደ'ዩ፡፡ ሰይቲ'ኮይ 'ኣቦ ትምኒት፡ ነዚ ሬሳ ገርጊስ ወድና በጃኹም ሒዝናዮ ንውጻእ' እናበለት ነገር ወላዲት እናነብዐት ለሚናቶ። ኣኮይ ማይበቶት ኸኣ፡ 'እም ትምኒት፡ ኣውካ ሓብተይ ጓና ኮይና፡ ገርጊስ ግን ወደይ ስለዝኾነ ንዕኣ ገዲፈ ንወደይ ከውጽእ።' ብምባል ንሬሳ ገርጊስ ኣልዒሉ፡ 'እዚኣ'ያ ኣደኻ' እናበለ፡ ናብ ሬሳ ኣደይ ኣንዝጕዞ ገዲፍዎ" ትብል እሞ ኩሉ ተቓጺሉዋ ዳግማይ ንብዓታ ከዛሪ ጎሮርኣ እውን ክልከት ጀመረ።

---

179 "ቅርሱሳት ገለ ብህይወት እንተ ሃለኹም ውጹ" የስምዕ።

ሽዑ ኣነ ንኽልቴና ክብል ተቐላጢፈ ካብቲ ዝኣተወቶ ናይ ሕማቕ ስምዒት መዋጥር ተውጽእ ሕቶ ከናዲ ነይሩኒ። "ስምዒኒ እንዶ፡ ነቶም ዝቐትሉኹም ዝነበሩሲ ሰብ'ዮም ኢልኪ'ዶ ትሓስቢ፣" ንእለት ኣብ ኣእምሮይ ብልጭ ዝበለትኒ ሕቶ እየ ሰንድየላ።

ለተሚካኤል ብውሽጣ ስምዒታ ክትቆጻጸር እናተቓለሰት ንብዓታ ብኣደርይኣ እናደረዘት "ኣነ ደኣ እንታይ ሰብ ኢለ ክሓስቦም" መለስትለይ ብዝተረጋግአ መንፈስ።"ሰብ ኢለ ዘይሓስቦም ምኽንያ፡ ሓደ ግዜ ምስ ከፍለማርያም ሓምደ ብዛዕባ 'ሓጢኣት፡ መንግስተ ሰማይ፡ ምሕረት፡ ይቕረ ምባል' ነዕልል ነይርና። ሽዑ ክፍለማርያም፡ 'ብልቡ ምሓረኒ ንዝበለ ዓቢ ሓጢኣት ጌርካ ኣይብል፡ ንእሽቶ ንኩሉ እዩ ኣምላኽ ዝምሕር' ይብለኒ። ኣነ ድማ ስምዒተይ ገንፊሉ 'እሞ ሃይለስላሰ (ንጉስ ማለታ'ዩ) ንኣምላኽ ምሓረኒ እንተ ዝብሎስ፡ ኣምላኽ ምመሓሮዶ፣' በልክዎ። ክፍለማርያም ሱቕ ኢሉ ጸኒሑ 'እዚኣስ ስራሕ ኣምላኽ'ያ፡ ምሓረኒ ንዝበሎ ንኩሉ ከም ዝምሕርየ ዝኣምን' በለኒ። ኣነ ግን ብሕርቃን፡ 'ክላእ ሃይለስላሰ መንግስተ ሰማይ ዝኣቱ እንተኾይኑስ፡ ገሃነም እሳት የለን በለኒ!' ኢለዮ፡"[180] ብምባል፡ ንቐተልቲ ስድራኣ፡ ምስ'ቶም ንስሓን ምሕረትን ዘይግብኦም ኣጋንንቲ ከም ትምድቦም ኣርድኣትኒ።

ለተሚካኤል ዝስከማ ስኢና ካብ ሰኑይ ምሸት ክሳብ ሓሙስ ፍርቂ መዓልቲ ኣብ ፈርሔን ዝጸንሓትሉ፡ ኣባ እኛስዮ ጸባ በጽቢጾም ብጎዝ ኣብ ኣፉ እናንጠቡ ይሕኑኹዋ፡ ጸረ ረኽሲ በጽቢጾም ንቁስላ እናሓጸቡ ኣቕነይዋ። መወዳእታ ግን፡ መድሕን ሓዋ፡ "ዝሞቱስ መይቶም፡ እዛ ብህይወት ኣላ ትበሃል ዘላ ሓብተይ ግን ርእየ ከይቀበጽኩ" ብምባል ካብ ከረን ጸሊቑ በይኑ ተበጊሱ። ሰብኣይ ለቲሂወት ሓብቱ፡ ሚካኤል ኣዳላ ኣስሩ ስዒቡ ተተሓሒዞም ፈርሔን ኣተዉ። መድሕን ኣብ'ቲ ግዜ ሰበይቱ ምስ ክልተ ደቃ ሳልሳይ ኣብ ከብዳ፡ ኣቡኡን ኣደኡን ሓውን ሞይቶሞ፡ ልክዕ ጽሉል ተቐይሩ ነይሩ።

ብነጸላ ኣብ መሰላ ተሰኪሞም ከኣ ካብ ፈርሔን ሓሊብመንተል ኣብጽሕዋ። ለተሚካኤል ካብ ሓሊብመንተል ብኣንቡላንስ ሆስፒታል ከረን ኣተወት። እንተኾነ ቍስሊ ኢዳን እግራን ስኣን ኣብ ግዜኡ እኹል ሕክምናን መድሃኒትን ምርካቡ፡ ክምሽምሽ ጀሚሩ ነይሩ። 'ለተሚካኤልሲ ክንደየናይ ከይትሰርር' ከኣ ተባህለላ። ነብሳ ከይፈለጠት ነርባዕተ መዓልትታት ኣብ ብራንዳ ሆስፒታል ከም ዝደቀሰት ከኣ ትጸዊ።

---

180 ከማሁ።

ሓካይም ንዝመሸመሸ ከፋል ቀኣስላ እንዳሓጸቡዎ፡ ቃንዛ ልዕሊ ዓቕማ ኮይኑ ኣምሪራ ትበኪ ነበረት። ሽዑ እቲ ዝሕክማ ዝነበረ ኢጣልያዊ ዶክተር[181] ብድንጋጽ "ባቨረቶ፡ ባቨረቶ" ('መስኪነይቲ፡ መስኪነይቲ') እናበለ ሓቢሩ ምስኣ ይነብዕ። ለተሚካኤል ድሕሪ ገለ መዓልታት ነቲ ኣብ ኢዳ ዝነበረ ጆሶ ሰሓን ቊማልን ገይሩለይ ብምባል ባዕላ ብፋርኬታ ለቒቓ ኣለየቶ። ሳዕቤን ምእላዩ ከምጽኦ ዝኽእል ጸገም ግዲ ኣይነበራን። ብሰንኪ ብዝሒ ቊሱላት ኣይፋልኪ ዝብል በዓል ሞያ እውን ኣይጎነፋን። ንጽባሒቱ ዶክተር ራውንድ (ኮለላ) ኣብ ዝገብረሉ ዝነበረ ጆሶኣ ብዘይግብኡ ኣልያቶ ርእዩ ብጓሂ ከበኪ ዝተረፎ ኣይነበሮን። ዳግማይ ጆሶ ምስ ተገብረላ ግን ንገሬሱስን ወልደየሱስን ዝበሃሉ ነርሳት ብጥብቂ ክከታተሉዋ ሓላፍነት ኣስከሞም።

ኣካላት ለተሚካኤል፡ ቀስ ብቀስ ምምሕያሽ ከርኢ እኳ እንተጀመረ ውሽጣ ብፍጹም ኣይተፈወሰን። ነቲ ዝኾነ ሓቂ ዝቕበል ዓቕሚ ኣይነበራን። ኣብ ናይ ቋሕ ሰም ግዜ ንዝሰኣነቶም ስድርኣ ዘኪራ ዓለም ከም ኣፍ ውንቂ ትጸባ። "ኣነ ሰብ ዘይብለይ፡ ኣነ ንበይነይ!" ዝብል ናይ ተስፋ ቁርጸት ቃላት ጥራይ መኽፈቲ ኣፋ ትገብሮ። "ኣቦ የብለይ፡ ኣደ የብለይ!" እናበለት ክትበኪ ትውዕልን ትሓድርን። ብኽያታን ቊዘምኣን ሓለፋ ነይርዎ። ርእሳ ብከቢድ ተወቒዓ፡ ኣብ ሆስፒታል ደቂሳ ዝነበረት መዘንኣ ዛህራ ጓል መንደር ከይተረፈት፡ "ኣንቲ ለተሚካኤል፡ ዝሞቱ ባዕሎም ይፈልጡ፡ ንስኺ ኣይትብከዩ በጃኺ" እናበለት ክትእብዳ ትፍትን ከም ዝነበረት ለተሚካኤል ተዘንቱ።

እንተኾነ ዛህራ ንሳንድኣ ከተጸናንዕ እናተጋደለት መውጋእቲ ርእሳ መመሊሱ ይገዳ ነይሩ። ካብ ሆስፒታል ከይወጸት ከላ ኣብ ሸዊት ዕድሚኣ ኣሰር እቶም ኣብ መስጊድ ዝተቐዝፉ ሰዓበት።

ለተሚካኤል መቕርባ ከበጽሕዋ እንተመጺኦም እቲ ኣብ ልዕሊኣን ኣብ ልዕሊ ስድርኣን ዝወረደ ዘሰቕቕ ትርኢት መሊሱ ስለዝቕጀላ ዝበኣሰ ኩነት ተፈጢሩ ንሆስፒታል ብኣውያት ተናውጾ። ብመቕርባ ኣብ ክንዲ ትጸናናዕ፡ ብኣንጻሩ ሽዑ ከም ዝዘኽተመትን ዝተዘምተትን ዝያዳ ይስወጣ። እዚ ምስ ኮነ ሓትኖታታ ከይተረፉ ርእያተን ከይትትክዝ፡ ንትሕዝቱኣን ኣብ ኣፍደገ ሆስፒታል ኮይነን ልኢኸን ከሳብ ምምላስ በጽሓ።

ተቐዲሑ ካብ ዘይውዳእ ዝኽሪ ለተሚካኤል፡ ቃንዛ ናይቲ ኣብ ሆስፒታል ምስኣ ደቂሱ ዝነበረ ወዲ ዓዳ ሰዓዲን ያሲን እናተሰቀቐት ትጸውዮ። ሰዓዲን ሕቖኡ ብኣድራጋ ጠያይት ተጀላሊዑ፡ ብኣፍልቡ እዩ ደቂሱ ነይሩ። ንሱ

181 ኣብ ግዜ ህልቂት ያናን በስከዲራን ሓደ ህንዳዊ ሓደ ድማ ኢጣልያዊ ሓኪም ኣብ ሆስፒታል ከረን ይሰርሑ ነይሮም።

ንየማን ኮነ ንጸጋም ክግልበጥ ፍጹም ይኽእል ኣይነበረን። ሓካይም ንዝሞተ ክፋል ስጋኡ ብመቐዝ ኣብ ዝኣልይሉ ዝነበረ ህሞት ከኣ፡ ነታ ኣብ መስግድ ዝተረፈት ኣዲኡ እናጸውዐ

"ኣ ይ! ይ! ይ! ዎ! ይማ ጸልዓት ቀዳሚት ሓልፈት ዲብየ እንደ እብል፡ ጸልዓት ሓሪት ወሰከት እቾ ዎ! ይማ"

"ኣይ! ይ! ይ! ዎ! ኣደ ቀዳማይ ቊስሊ ሓሊፉለይ እንተበልኩስ፡ ዳሕራይ ቊስሊ ገዲድኒ ኣደይ!" እናበለ ይቕንዞ። ለተሚካኤል ከኣ ምስኡ ሓቢራ ትበኪ። ለተሚካኤል ሎሚ እውን ከይተረፈ ንቃላቱ ኣብ መዓልታዊ ህይወታ ንመመሰሊ ከም ትጥቀመሉ ተዘንቱ።

ለተሚካኤል ድሕሪ ግዜ፡ ካብ ዖና ተወጊኣን ምስ ዝኣተዋ ኣደይ ዓፍየትን ኣደይ ከድጃ ሰይቲ ያሲንን (ናይ ኢድን ናይ እግርን መቑረጽቲ ዘጓነፈን ኣደታት) ጽቡቕ ዝምድና መስረተት። ብፍላይ ነደይ ዓፍየት፡ ምስ'ቲ ዝነበራ ናይ ምንቅስቓስ ጸገም፡ ብሓንቲ ኢዳ ባዞኣ ትኽዕወላን ትሕግዛን ኣደይ ዓፍየት ከኣ ልክዕ ከም ኣደ ትሓቑፉን ተተባብዓን። ሓዘንን ተስፋ ቑርጸትን ኣብ ዝዓብሉ'ኾ፡ ፍቕርን ሓልዮትን ምርካብ፡ ካብ ሰማይ ከም ዝወርደ ማና'ዩ። ናይ'ዘን ክልተ ጽጉማት ፍቕርን ምሕዝነትን ከኣ፡ ንለተሚከኤል ወላ እውን ንግዜኡ ይኹን ሓዘናን መጉዳእታን ክትርስዕ ልዑል ተራ ነበሮ።

ለተሚካኤል ድሕሪ ኣስታት ኣርባዕተ ኣዋርሕ ጸንሖት ካብ ሆስፒታል ክትፋኖ እንከላ፡ ኢዳ ብድሩቑ፡ እስኩጆታታ'ውን ገና ኣብ ቦትኡ እኳ እንተነበረ ምምሕያሽሲ ኣርእያ ነበረት።

ብኻልእ ወገን ስድራ እንዳ ልጃም፡ ከም ባህልን ልምድን፡ ናይቶም ኣብ መስጊድ ዝሞቱ ስድርኦም ኣብ እንዳ ገብረህይወት ልጃም ኣብ ከረን ላዕላይ፡ ተስካር ናይ ኣርባዕተ ሰባት ብሓባር ፈጸሙ። ካብ ርሑቕን ቀረባን ብዝመጹ ብዙሓት ፈለጥትን፡ መቕርበ ዘመድን ከኣ 'ኢዱ የንብረልኩም፡ ደበሳ ኢዮብ ይደብስኩም' ተባሂሎም፡ 'ኣይትሕሰሙ' 'ሕማቕ ኣየርኢኹም' ብምባል ነቲ ብሕልናን ብዝኽሪን ዘይዕጾ ሓዘኖም፡ ብልምድን ወግዕን ዓጽዮም ጸንሑዎ። "ብውልቀይ ብፍጹም ኣይተጸናናዕኩን። ኣብ ርእሰይ ደም ስለ ዝነቐጸ ኣብ ሆስፒታል ጸጉረይ ላጽዮሞ። ደጊመሞ እውን። ካብ ሆስፒታል ምስ ወጻእኩ ከኣ ባዕለይ ላጽየዮ። ሆስፒታል ከለኹ ሰብ ዝሃበኒ ብዙሕ ገንዘብ ነይሩኒ። ክወጽእ ምስ በልኩ እውን ኣደይ ዓፍየት ንዓይ ክኸውን ካብ ኣስመራ ንደቂ ሓዋ ገንዘብ ኣድልዩኒ ስደዱለይ ኢላቶም ሰዲዶምላ ኩሉ ንዓይ ሂባትኒ። ሽዑ ኣነ ንሓደ ከይነገርኩ ሹቕ ወሪደ ጸሊም ቀምሽ ኣስፍየ ነጸላይ ኣኽፈፈ። ድሕሪ ዓመት ኣሪጉ። ደጊመዮ። ኩሉ ሰብ፡ 'እዚኣስ ንእሽቶ እንድያ፡ ኣበይ በጺሓቶያ

ክሳብ ክንድዚ' ይብሉኒ ነይሮም፡ ኣነ ግን ኣኺሉ ተሪፉኒ ነይሩ"[182] ትብል ንሳ።

ኣብ መበል ካልኣይ ዓመት ናይ ህልቂት፡ እቶም ብህይወት ዝተረፉ ስድራ እንዳ ልጃም በስከዲራ ተመሊሶም ተቐመጡ። ነታ ብ'ግራት ክፍሎም' እትፍለጥ ኣብ ፊት እታ ዓዲ ዝነበረት ምእኩትቲ ግራቶም እውን "ሎሚ ዓመትሲ ኣይትኸርምንያ፡" ብምባል መድሕን ዘርኣ። ጽቡቕ እውን ፈረየት። ለተሚካኤል ካብ ጨራሩ ክትሕልዋ ወፈረት። እንተኾነ ግን ንሳ ናብ ግራት ወፊራ ጨራሩ ኣብ ክንዲ ትሕሉ፡ ተጠውያ ናብ መስጊድ ብምእታው፡ ምሉእ መዓልቲ ኣብ ውሽጢ መስግድ ኮይና ክትበኪ ምውዓል ተተሓሓዘቶ። ድሕሪ ግዜ፡ ወዲ ኣሞኣ ዝኾና ደበሳይ ሽከር ርእይዋ ንስድራኡ ነገረ።

ኣቦይ ሽከርን ኣቦይ ተስፉን እውን ተጸናትዮም ደበሳይ ዝበሎም ሓቂ ምዃኑ ኣረጋገጹ። ብቕጥታ ናብ መድሕን ብምኻድ ከኣ "ንስኻ እኸሊ ክትበልዕ ግራት ክፍሎም ሓሪስካ፡ ቁልዓ ድማ ግራት ኣላ እናበልካያ ኣብ ውሽጢ መስጊድ ክትበኪ ትውዕል ኣላ" በልዎ።

ንጽባሒቱ መድሕን ካልእ ኣይወሰኸን 'ግራት ኣይትወፈሪ" ጥራይ በላ። ለተሚካኤል ድሕሪ ክልተ መዓልቲ "መድሕን ግራትና እኮ ብጨራሩ እዩ ዝብላዕ ዘሎ ክወፍር" በለቶ በይና ኮይና ዝለመደቶ ብኽያት ናፊቓ።

መድሕን ግን፡ "ደሓን ይብልዕኦ፡ እቲ ካብኡ ዝኣቱ እውን ይትረፈና" መለሰላ። ከምዚ ኢላ ድማ ግራት ክፍሎም ንጨራሩ ተወፈየት።

እዛ ስድራ፡ ንኩሉ ብድሆታት እናመከተት ናብ ንቡር ህይወት ንምምላስ ቃልሳ ኣየቋረጸትን። እቲ ንግዜኡ ካብ ተሰነይ ንበስከዲራ ተመሊሱ ዝነበረ ከብሮም፡ ንሓብቱ ሒዙ ንተሰነይ ክምለስ እኳ እንተሓለነ ለተሚካኤል ግን "መድሕን ሓወይ በይኑ እንተኾይኑ ክጽለል እዩ፡" ብዝብል ምኽንያት፡ ምስኡ ካብ ምኻድ ሓንገደት። ከብሮም ከኣ "ሓብተይ ምሳይ ዘይትኸይድ ካብ ኮነት..." ኢሉ ጽቡቕ ኣታዊ ንዝረኽበሉ ዝነበረ ስራሕ ጠንጢኑ ኣብ ዓዲ ተቐመጠ።

ኣብቲ ግዜ ነፍሰ ጾር ሰበይቱን ክልተ ደቁን ዝተቐዝፍዎ መድሕን ዳግማይ ንልደቱ ተመርዕዩ ወዲ ወለደ። ኣምላኽ ደበሳ እዮብ ክድብሶም፡ ነቲ ህጻን እዮብ ሰመዮ። ድሕሪ እዮብ እውን ሾመንተ ኣወዳትን ኣዋልድን ወሰኸ። ንሓደ ካብ ደቁ ከኣ ንዝኽሪ እቲ ኣብ ውሽጢ መስጊድ ግዳይ ዝኾነ በጽሒ ወዲ እኖኡ 'ክፍሎም' ሰመዮ።

መድሕን ወላ'ኳ ኣምላኽ ቅድሚ ህልቂት ካብ ዝነበሩዎ ውሉድ ብዕጽፍጻፍ እንተባረኾ፡ ቅድሚ ህልቂት ናብ ዝነበረ ኩነተ ኣእምሮ ግን ኣይተመልሰን። ኣብቲ ምስኡ ዝተገብረ ቃለ መሕትት፡ ስም ሔምኡ (ግብለት

182 ለተሚካኤል ልጃም።

ተኸለ) ደቂ ወልደየሱስን ገሬሱስን ምዝካር ተሳኢንዎ። ቀደም - ተኸተል ወለዶ ኣሕዋቱ ክሰርዕ ተሸጊሩ። ቦኹሩ ግዳይ ህልቂት በስከዲራ ኮይኑ ዝተቀዝፈ ወልደየሱስ ክነሱ፡ ኣቦ እዮብ ተባሂሉ እናተጸውዐ ርዒሙ ይነብር።[183] እዚ ምናልባት ነቲ ሕማቕ ዝኽሪ ምሉእ ብምሉእ ካብ ርእሱ ክድምስሶ ስለ ዝመረጸ'ዶ ይኸውን፧ ኣይመስለንን!

ድሕሪ ሓሙሽተ ዓመታት ካብ ህልቂት፡ ንለተሚካኤል ወዲ ዓዳ - ሽፋ ወዲ ተስፉ ንቁምነገር ደለያ። መርዓ ክንዲ ኣቦን ኣደን ካብ ትቕጽሮም ኣሕዋታ ዝፈልያ ስለ ዝመሰላ ኣይተቐበለቶን። ዋላ'ኳ ብዙሓት "ካብ ብርኺቲ ሰይቲ ሓውኻ ሕማቕ ሓዳርካ'ዩ ዝሓይሽ፡" ኢሎም እንተመዓድዋ ኣቕበጸት። ኣቦይ ተስፉ ኣልመዶም ግን "ንጓለይ እንተ ደለኹ የሕጽያ እንተ ደለኹ የመርዕዋ መን'ዩ ዝኽልክለኒ፧" ብምባል፡ ብስጋን መንፈስን ንዘይረሓቐቶ ለተሚካኤል፡ ሰይቲ ወዱ ካብ ምኧን ዝዓግት ከም ዘይብሉ መጎተ። ኣብ ንቡር ኩነት ንጓል ኣቡኣ'ዩ ዝህባን ዝኽልኣን። ኣቶ ተስፉ ድማ ንለተሚካኤል ሰይቲ ወዱ ክትከውን ክሓጽያን ከሎ፡ ናይ ኣቦን ሓሙን ሓላፍነት ክስከም ተዳልዩ ነበረ።

ክብሮም፡ ለተሚካኤል ሓብቱ ምስ ተመርዓወት ወትሩ ብልቡ ንዝሕልኖ ከተግብር ምቹእ ግዜ ኮነሉ። "እንቋዕ ደኣ ለተሚካኤል ተወገነትለይ እምበር ሕጂስ ክጋደልየ" እናበለ ብቕሉዕ ክዛረብ ጀመረ። ክብሮም ብባህሪ ንዘንቀዶ ሓሳቡ ክቕይር፡ ተለሚኑ ዘይሰምዕ ተታሊሉ እውን ዘይሰድዕ ሰብ'ዩ ዝነበረ።

ለተሚካኤል፡ ስድርኣ ስኢና እተፍቅሮ ሓዋ'ውን ከይትኸስር ሰጊኣ "ዋላ ወርቀይ ሸይጠ ከፋንወካ፡ ንዓ ምስ መሳቱኻ ንሱዳን ተበገስ" ተማሕጸነቶ።

ክብሮም ግን በንጻሩ፡ "ኣነ ዘይተጋደልኩ ደኣ መን ክጋደል፧" ንሓብቱ ወጠራ።

ንዕኡ ምግዳል ብኸመይ ሓለፉ ሰቡ ከም ዝብጽሖ ከረድእ ከሎ ከኣ "ኣነ ክጋደል ከለኹ ንኽልተ ዕላማየ ዝወጽእ፡ ምእንቲ ናጽነት ኤርትራን መርባት (ሕነ) ስድራይ ክቕስንን" ይብል ነበረ።

ከም ሓሳቡ ድማ፡ ኣቐዲሙ ብምስጢር ተወዲቡላ ናብ ዝነበረ ተጋድሎ ሓርነት ኤርትራ ተጸንበረ። እንተኾነ ብሰንኪ እቲ ድሕሪ ካልኣይ ሃገራዊ ጉባኤ ተሓኤ (ግንቦት 1975) ኣብ ተጋድሎ ሓርነት ዝተላዕለ ምንቅስቓስ ናይ ፋሉል፡ ቀልጢፉ ናብ ህዝባዊ ግንባር ሰገረ።

ዓመተ 1977/78 ዝበዝሓ ከተማታት ኤርትራ ብህዝባዊ ግንባርን ተጋድሎ ሓርነትን ሓራ ዝወጻሉ እዋን እዩ። እንተኾነ ነዊሕ ከይጸንሐ ስርዓት ደርግ፡ ካብ ምብራቓዊ ደምበ (ሕብረት ሶቭየትን መሻርኽታን) እልቢ

183 መድሕን ልጃም፡ ቃለ መጠይቕ ምስ ደራሲ፡ 18 ሚያዝያ 2016፡ ደዓሪ።

ዘይብሉ ሓገዛት ረኺቡ፡ ሓይሊ ሚዛኑ ናብ ኢትዮጵያ ተቐይሩ። እስራተጂ ሰውራ ካብ ካብ ምጥቃዕ ናብ ምክልኻል ተቐይሩ። እተን ብመስዋእቲ ጀጋኑ ሓራ ዝወጻ ከተማታት ካብ ዳግማይ ታእላው ጀጋኑ እናተኸፍለን ተኸስራ። ኣሃዱ ናይ ክብሮም - ብርጌድ 51 - ኣብ ግርሁ ስርናይ ዓሪዳ እያ ነቲ ህንዱድ ሓይሊ ትምክት ነይራ። ክብሮም ካብ ብ11 ሓምለ 1978 ኣሰር ኣሽሓት ደቂ ዓዱ ስለ እዛ ሃገር ተበጀወ።[184]

ለተሚካኤል፡ ንክብሮም ሓዋ ካብ ኩሎም ኣሕዋታ ኣብሊጻ ትቐርቦን ተፍቅሮን ከም ዝነበረት ኣይሓብኣትን። ኣሕዋታ ክይተረፉ "ኢዴና ሓንቲ ምኽና ኢና ንፈልጥ፡ ኣቦታትና በበይኖም ግዲ ኮይኖም እምበር ከሳብ ክንድዚ ክልቴኹም ክትፋቐሩ" እናበሉ ይጨርቀኑላ ከም ዝነበሩ እውን ተዕልል። ንሳ ካብታ ክብሮም ካብ ገዛ ዝወጸላ ዕለት ሒዛ ልዋም ዘለዋ ለይቲ ኣይሓደረትን። ተሰዊኡ ከሎ ከይተረፈ ነዛ ዓይና ንምርኣዩ ዘይረገጸቶ ኣይነበራን። ተጋደልቲ በዚ ተራእዮም እንተሰሚዓ፡ ከይደ ከይበለት እያ ብቁጽ ኢላ ትወጽእ። ደኺማን ተስፋ ቆሪጻን ናብ ቤታ ክትምለስ ከላ ካብ እዩ ሰይቲ ሰብኣይ ምኽና ተሰዊጥዋ ግብራ ዘሕንኻ። ሓሙኣ ኣቦይ ተስፉ ኣልመዶም ግን ብዛዕባ ዝተጋህሰ ወግዕን ባህልን ዘይኮነ ዘሻቕሎም "እዛ ቆልዓስ፡ ንጽብሒ ሰብዶ ክትከውንያ፧"[185] እናበለ መሊሱ ብእኣ ይጭነቕ ከም ዝነበረ ባዕላ ትጸዊ።

ኮነ ድማ ለተሚካኤል ድሕሪ መርዓ ዑቕቡ ሓዋ፡ ህጻን ወዳ ሒዛ፡ ኣሰር'ቲ ካብ ማእሰርቲ ኢትዮጵያ ሃዲሙ ንሱዳን ዝተሰደ ሰብኣያ ሰዓበት። ኣብ ስደት ኣብ ዝጸንሓትለን ልዕሊ ዓሰርተ ዓመታት እውን ብዛዕባ ክብሮም ከይሓተተትን ከይሓሰበትን ብፍጹም ውዒላ ኣይትፈልጥን። ከም ትምኒታ ጠባሪ ዝኾነ ተስፋታት ምስማዕ ኣየቛረጸትን። ክብሮም ዝወፈረሉ ዕላማ 'ቀተልቲ ስድራኻ ቀቲልካ ናጽነት ምምጻእ' መጨረሽታ ጋህዲ ኮይኑ መስዋእቲ ክብሮም ተረጋገጸ። ለተሚካኤል ብመስዋእቲ ተፍቅሮ ሓዋ ናጽነት ተገዝመት። ካብ ሱዳን ጠቕሊላ ካብ ንዓዳ ተመልሰት። ፍቕሪ ለተሚካኤልን ክብሮምን ግን ብመስዋእቲ ክብሮም ኣየኽተመን። ንሳ ኣብ ልዕሊ ዓራታ ምስ ዝሰቐለታ ምስክር ሓርበኛ ክብሮም ዘይውዳእ ዕላል ኣለዋ - ዕላል ናፍቖት!

* * *

ገብረህይወት ልጃም ኣብ ግዜ ህልቂት በስከዲራ ምስ ኣሕዋቱ መድሕንን ዑቕቡን ኣብ ደዓሪ ኣብ እንዳ ዲፖንቲ ይሰርሕ ነይሩ። በዚ መሰረት ሓዳሩ ኣቐዲሙ'ዩ ንከረን ኣእትይዎም ስድርኡ ካብቲ መዓት ከምልጡ ዕድል ገይሮም እዮም።

---

184 ካብ ወረቐት ምስክር ሓርበኛ ናይ ክብሮም ዝተረኽበ።

185 ለተሚከኤል ልጃም 2019።

ገብረህይወት፡ ከም ብዙሓት መንእሰያት'ቲ ከባቢ፡ ካብ መፋርቕ ሱሳታት ኣትሒዙ እዩ ምስ ሰውራ ዝምድና ገይሩ። ምስ ተጋድሎ ሓርነት ተወዲቡ ከኣ ይሰርሕ ነይሩ። ተጋድሎ ሓርነት ናብ ሱዳን ኣትያ ምስ ተበታተነት እውን ናብ ህዝባዊ ግንባር ተወዲቡ ንጥፈታቱ ኽቕጽል ግዜ ኣይወሰደሉን።

ንሱ ኣብ 1980ታት ኣብ ሩባ ዓንሰባ ኣብ ጀርዲን ዮውሃንስ ናፍዕ ከም ኣካያዲ ስራሕ ስለ ዝነበረ ካብ ከተማ ንሜዳ ከምኡ'ውን ካብ ሜዳ ንከተማ ሓበሬታ ከመሓላልፍ፡ ምቹእ ኩልባብ ነበሮ። ነቶም ኣብ ብሎኮ ዝነበሩ ወተሃደራት እውን ዕንቅፋት ከይፈጥርሉ፡ ካብ ከተማ ንሩባ ዓንሰባ ክወጽእ ሸጋራ ካብ ሩባ ዓንሰባ ከኣቱ ድማ ዘይቱንን ኣራንሽን እናደርበየ፡ ናብ ዘይዓድኡ እንስሳ ዘቤት ቀይርዎም እዩ።

መምህር ልጃም ገብርህይወት፡ ኣብ እዋን ቁልዕነቱ ዝዕዘቦ ዝነበረ ናይ ኣቦኡ ፍሉይ ምንቅስቓስ እንክገልጽ፡ "ወጋሕታ ዘይንፈልጦም ሰባት ንገዛና መጺኦም፡ ምስ'ቦይ ይዘራረቡን ገለ ነገር ይህብዎን ከም ዝነበሩ እዝክር። ሓንቲ መዓልቲ ንዓይን ንግንቦት ሓወይን (ነፍስሄር ፍራተሎ ግንቦት) ሒዙና ንዓንሰባ ወሪዱ። ኣርባዕተ ተጋደልቲ ኣብኡ ከጽበይዎ ጸኒሖምና። ንዓይን ንሓወይን ቀቅርሺና ሂቦሙና። ንሳቶም ግን ምስ'ቦይ ፍልይ ኢሎም ነዊሕ ተዘራሪቦም። ኣብ መጨረሽታ ኣቦይ ግዒቱ ኣምሲሑ ኣፋንዩዎም" [186] ይብል።

ገብርሂወት፡ ቀዳም ቀዳም ጥራይ ንከረን ኣትዩ ዝሓድሮ ዝነበረ ንሰውራዊ ንጥፈታቱ ክጥዕሞ መዓልታዊ ቀየሮ። ኣብ ነብሲ ወከፍ ምእታው ትኹን ምውጻእ ከኣ፡ ንሰውራ ዝጠቅም ንብረትን ሓበሬታን፡ ኣብ ውሽጢ ከተማ ካብ ዝነበራ ዋህዮታት ጠርኒፉ ይወጽእ። ኣገዳሲ መልእኽቲ ከኣ ንኸተማ የእቱ።[187]

ኣብቲ እዋን ኣብ ሆስፒታል ከረን ዋርድያ ዝነበረ ኣቶ ተስፋልደት ፈደል[188] ብተጋዳላይ ስሊም እድሪስ ምስ ገብሪሂወት ክሰርሑ ትእዛዝ ዝተዋህቡ ስሩዕ ህዝባዊ ግንባር እዩ። ጽቡቕ ኣጋጣሚ ኮይኑ፡ ገብርህይወትን ተስፋልደትን ኣብ ማሕበር ቅዱስ ሚካኤል ደቂ ማሕበር፡ ብስጋ'ውን ኣዝማድ ስለ ዝነበሩ፡ ብቐሊሉ ዕማሞም ከሰላስሉ ኣይተሸገሩን። ካብ ሜዳ ህጹጽ መልእኽቲ ኣብ ዝህልወሉ፡ ብቐጥታ ኣብ ኣፍደገ ሆስፒታል ናብ ዝነበረት ባንኮ ናይ ተስፋልደት የላግስ። ተስፋልደት ብወገኑ፡ ኣብ ውሽጢ ሆስፒታል ምስ ዝነበሩ ስሩዓት ከም በዓል ግርማይ ሓጎስን ካልኦትን ብምዃን ዝጠርነፎ ደቂቕ ሓበሬታ

186 ልጃም ገብሪህይወት (መምህር) ቃለ መጠይቕ ምስ ደራሲ፡ 23 ጥቅምቲ 2019፡ ከረን።

187 ኣባል 06 ዝነበረ ክብርኣብ ሃብተስላሴ (ባሻይ) ገብሪህይወት ብሰንኪ እቲ ክሳብ ኣብ መቕመጫኡ ገይሩ ዘእትዎ ዝነበረ መልእኽቲ ሰውራ ናብ ናይ ኦሞርድዮ ጸገም በጺሑ ከም ዝነበረ የዘንቱ።

188 ተስፋልደት ፈደል፡ ቃለ መጠይቕ ምስ ደራሲ፡ 11 ሕዳር 2019፡ ከረን።

ውጉኣትን ካልእን ንገብርህይወት የቐብል። ብኸምዚ ኣገባብ፡ ገብረህይወት ካብ ብዙሕ ኣንፈታት እታ ከተማ ዝተኣከበ ጽዱይ ሓበሬታ ሒዙ ጸሓይ ኣብ ምብራቓ ሩባ ዓንሰባ ሰጊሩ ኣብ ኢድ ተጋደልቲ የረክብ።

ከረን ልክዕ ኣብ መፋርቕ ሱሳታት ብስሩዓትን ፈዳይንን ጀብሃ ካብ ጎዶቦ ዓድታት ከም ዝተወረረቶ፡ ዳግማይ ካብ ሰኹናን ካልኦት ከባቢታትን ብውፉያት ህዝባዊ ግንባርን ምስጢራውያን ዘናቢላትን ተወረረት። ብቐትሪ ሰንደቕ ዕላማ ኢትዮጵያ እኳ እንተ ኣንበልበለት፡ ውፉያትን ፈዳይንን ህዝባዊ ግንባር ድላዮም ካብ ምግባር ዓዲ ዘይውዕሉላ ኮነት። ኣብቲ ህሞት ግደ ገብረሂወትን ብጾቱን መተካእታ ኣይነበሮን።

ሕማቕ ኣጋጣሚ ኮይኑ፡ ድሕሪ'ቲ ንኩሉ ዘሰንበደ ትራጀዲ መስዋእቲ ሂወት ዑቕባማርያም፡[189] ኣብ ከረንን ከባቢኣን ምስ ሰውራ ምትእስሳር ዝነበሮም ብዙሓት ዜጋታት ኣብ ትሕቲ ቀይዲ ኣተዉ።

ድሕሪ ክልተ ወርሒ ናይ'ቲ ፍጻመ ኣቢሉ ድማ ገብርሂወት ኣብ እንዳ ጎረቤት እናማሰየ፡ ብወተሃደራት ተወሲዱ ኣብ ፎርቶ ተዳጒኑ። ሓው ንጽባሒቱ ዑቕቡ ናብ ሆስፒታል ብምኽንያት ንተስፋልደት፡ ገብረሂወት ከም ዝተኣስረን፡ ደሃዩ ከገብርን ተማሕጸኖ። ተስፋልደት እውን ዝከኣሎ ዘበለ ክገብር ምኺኑ ኣእሚኑ ንዕቑቡ ኣፋነዎ። ብቐጥታ ከኣ ናብ ግርማይ ሓጎስን ዳዊት ኣብርሃን ብምኻድ ኣንጸላልይዎም ዝነበረ ሓደጋ ናይ ምእሳር ሓበሮም። ትንባኾ ክገዝእ ብዝብል ምኽንያት ካብ ስራሕ ኣፍቂዱ ከኣ ንእለት ንገዝኡ ንከረን ላዕላይ ኣምርሐ።

ተስፋልደት ካብ ሆስፒታል ንከረን ላዕላይ እናኸደ ኣብ ቢንቶ ቤት ትምህርቲ ሰላም ከበጽሕ፡ ኣጋጣሚ ካብ ፎርቶ ክቑርሱ ኣብ መልሰ-መቓቓም[190] ዝጸንሑ እሱራት ተቐባበልዎ። ደው ኢሉ እናኣሕለፎም ከኣ እዩ ንገብረሂወት ኣብ መንጎኦም ዝረኣዮ። ገብርሂወት'ውን ርእይዎ። ከእለ ከም ዘለዎ ከኣ ብዓይኑ ምልክት ገበረሉ። ተስፋልደት ልዕሊ እዚ ኣብታ ከተማ እንተጸኒሑ ንህይወቱ ሞት ከም ዝፈረደ እዩ ዝሕሰብ። እናተሃንደፈ ንገዝኡ በጺሑ ንበዓልቲ ቤቱ ብዘይካ 'ንግሆ ናብ ስራሕ ወፊሩ' ዝኾነ ቃል ከይተውጽእ ኣጠንቂቑ፡ ምስ ወዲ ማሕበሩ ሓጂ ወልደስላሴ ከሕባእ ብቐጥታ ንበጉ ወረደ።

ወተሃደራት ኢትዮጵያ ንተስፋልደት ደድሕሪ እዮም ናብ ስርሑ መጺኦም። ምስ ሰኣኑዎ ድማ ተቐላጢፎም ናብ ገዝኡ ኣምሪሖም። ኣብ

189 ህይወት ዑቕባማርያም ሓብቱ ንስዉእ ዶክተር ዓንዶም ዑቕባማርያም ኮይና ዛንትኣ ኣብ ረድዮ፡ ጋዜጣ ከምኡ'ውን ኣብ መጽሓፍ ገድሊ ደቀንስትዮ ብተደጋጋሚ ተገሊጹ ዘሎ ሉልይ ታሪኽ እዩ።

190 ኣብዚ ግዜ ሓድሽ መዕረፊ ኣውቶቡስ ዝስርሖ ዘሎ ጥቓ ቤት ትምህርቲ ቅዱስ ዮሴፍ ዝርከብ ቦታ።

ናይ ደቓይቕ ፍልልይ ወጺኡ ጸንሖም። 'ጥራይ ኢድኩም ከይትምለሱ' ግዲ ተባሂሎም ብኡ ብኡ ሩባ ዓንሰባ ሰጊሮም ናብ መበቆል ዓዱ ንኣጀርበብ ተሃንፊፉ። ሕጂ'ውን ስለ ዘይረኸብዎ ኣምሳያኡ ንወላዲኡ ኣቶ ፍደልን፡ ንመዲን ማሕረን፡ ክፍለማርያም ተኸለን ካብ ኣጀርበብ ከቢኪቦም ንከረን ተመልሱ። ድሕሪ'ዚ ድማ እዩ ተስፋልደት፡ ካብ በጉ ተኺሊሉ ንኣጀርበብ ዝሓለፈ። ምስ ስዉእ መምህር መብራህቱ ገብረመድህን ነቲ ኩነታት ድሕሪ ምግምጋም ከኣ፡ ንድሕነቱን ድሕነት ካልኦት ውዱባትን፡ ንሱዳን ክኸይድ ተወሰነ።

ምስ ገብርሂይወት ምትእስሳር ዝነበረን ብዙሓት ኣደታት ግን፡ "ገብርሂወት ኣሕሊፉ ኣይህበናን እዩ፡" ብምባል ካብ ውሽጢ ከረን ኣይወጻን። ገብሪህይወት ሓጺር ግዜ ኣብ ፎርቶ ጸኒሑ፡ ንቀዳማይ መደበር ፖሊስ (እንዳ ስዒድ ላሕታት) ተሰጋገረ። "ኣብ ግዜ ድራር፡ ካብ'ቲ ተኣሲሮሙሉ ዝወዓሉ ኣብ ካንሸሎ የውጽእዎም ስለ ዝነበሩ ኣነን ግንቦት ሓወይን ከምዚ ሓለፍቲ መገዲ ተመሲልና ክንርእዮ ኬድና። ካብ ማዕዶ ርኢናዮ ንሱ'ውን ርእዩና። የማነይቲ ኢዱ ኣልዒሉ ቻው ኢልና ንሕና'ውን ቻው ኢልናዮ"[191] ይብል መምህር ልጃም ንመጨረሽታ ግዜ ገጽ ወላዲኡ ዝረኣየላ ኣጋጣሚ ከዘንቱ ከሎ።

ገብርሂወት ነስመራ ምስ ተሰጋገረ፡ ፈለማ ኣብ ማርያም ግቢ፡ ጸኒሑ እውን ኣብ ሰምበል እዩ ተዳጉኑ። ንሱ ብሰንኪ እቲ ብተደጋጋሚ ኣብ ልዕሊኡ ዝወረደ ማህረምቲ፡ ክሳብ ምዝራብ ዝስእን ኮይኑ ምንባሩ ይዝንቶ።[192] ከቢድ ስቓይን መግረፍትን ተጻዊሩ ከኣ ምስጢሩ ዓቂቡ።

ንገብርሂወት ወዲ ሓትንኡ - ክፍለማርያም ሓምደ ኣብቲ እዋን ኣስመራ ስለ ዝነበረ፡ ኩዳንን መግብን የብጽሓሉ ምንባሩ የዘንቶ። ሓንቲ መዓል ግን፡ ዝለኣኸሉ ንብረት ተመልሶ። እዚ ክስተት ኣብ እዋን መግዛእቲ ኢትዮጵያ ዳርጋ ዘይወግዓዊ መርድእ እዩ ነይሩ። ገብርሂወት ብጸልማት፡ ካብ ዝነበራ ካሜራ ተጻዊዑ ወጺኡ ኣይተመልሰን። ንቁሸት ተወሲዱ ከኣ ተረሺኑ።

ወይዘሮ ተመርጻ ነስረዲን፡ በዓልቤታ ክእሰር ከሎ ሕኖት (ድቂ) ሒዛ ነይራ። ገብርሂወት ቢንያም ወዱ ቅድሚ ምውላዱ እዩ ተረሺኑ። እታ ስድራ ብሓደ ወገን ሻቕሎት ብኻልእ ድማ ክብደት ናብራ ክገናዘየላ ከኣ ግዜ ኣይወሰደን። ከምኡ ኢላ ድማ ኣብ ድንጋጽ መቕርብን ገበርቲ ሰናይን ወደቐት።

---

191 ልጃም ገብሪህይወት።

192 ተስፋልደት ፊደል።

ሓርነት ኤርትራ ክዉን ኣብ ዝኾነሉ፡ ኣብ ዝበዝሓ ስድራቤታት ሓጎስን ዕልልታን እናኾነ፡ ኣብ እንዳ ገብረሂወት ናይ ካልእ ምሸብሻብ ነበረ። 'ዝረኸበን ዝቐበጸን' ሓደ ኮይኑ፡ ኣተስኪሮም ሓዘኖም ክዓጽዉ። በዚ ድማ ሹዱሽተ ትንፋስ ብግፍዒ ኣብ መስጊድ ዝኸፈለት ስድራ እንዳ ልጃም፡ ንገብረሂይወትን ክብሮምን ወሲኻ ንኤርትራ ዘግዘመቶም ደቃ መሊሱ ወሰኸ።

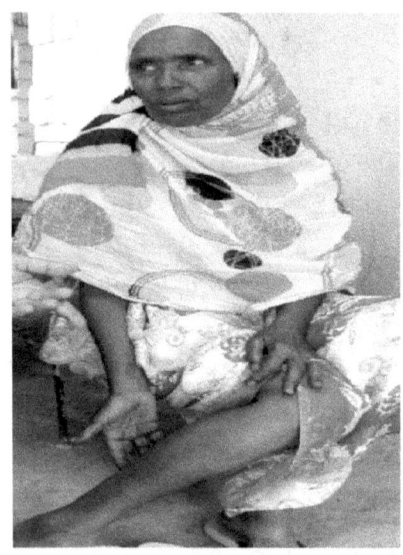

ወ/ሮ ለተሚካኤል ልጃም መውጋእቲ እግራ እናርኣየት

ስዉእ ክብሮም ልጃም

ስዉእ ገብርህይወት ልጃም

ንቀተልቲ ወለድኻ ምቕታል፡ ሓጥያት ድዩ፧[193]

ስምዓኒ...............
ወዲ እነየ - ዕምባባ በለስየ
ዕምባባ ናይ መሮር - ዕምባባ ኣደስየ
ትሰምዕ ደለኻ..............
"ሂቕ" ኢልካስ ኮይኑካ ስቕ...ስቕ...ጸጥ...ትም!!!
እምኒ ተተርኢስካ በይንኻ ትሓድር
መንጸፍካ ገርካዮ ቀዝሒ መቓብር
መይቁካ ማለት ድዩ ሓቂ ዘይትቕርር!!!

በየነ ሃይለማርያም

ህልቂት በስኪዲራ ኣልዒልካ ኣብ ትጸውየሉ፡ ብዙሓት ከይጠቐስዋ ዘይሓልፉ ፍጻመ ኣላ። ብዛዕባ እታ ኣብ መዓልቲ ህልቂት ሸማግሌታት ዓዲ፡ ሑመድ ደሪዕ ናብ ፈርሔን ከብጽሓ ዝለኣኹዋ መልእኽቲ። ካብዛ ፍጻመ ተበጊሰ ዕጫ ኣቦይ ሑመድን ስድራኡን ከጣልል መጽናዕተይ ፈሊመ። ዓል ንሑመድ ደሪዕ፡ ኣብ ከረን ጥቓ ሸገ ሆቴል ከም ትቕመጥ ፈሊጠ ረኺበ ከዘራርባ ወሰንኩ። ኣቐዲመ ግን ንመድህን ዝፈልጥ ዘሰንየኒ ሰብ ኣናደኹ። መምህር ፍቕሩ ኣርኣያ፡ ሓሳበይ ምስ ኣካፈልክዎ ኣይተማትአን።

ቀይሕ ሕብርን ምጩው መልክዕን እትውንን፡ ኣብ ማእከላይ ዕድመ እትርከብ መድህን ሑመድ፡ ኣብ ሓንቲ ክፍሊ ገዝኣ፡ ኣብ ናይ ማእለማ ማኪና ኣብ ስራሕ ተጸሚዳ ጸንሓትና። ኣብ መንጎ ስርሓ ስለ ዝተሻምናያ ይቕሬታ ሓቲትና ድማ ዘምጸኣና ጉዳይ ሓበርናያ። ንሳ ብዛዕባ በስኪዲራ ክንሓታ ከም ዝመጻእና ምስ ፈለጠት ገጻ ንእለት ኣጸምለወቶ። "ቆልዓ ስለ ዝነበርኩ ዝፈልጦ የብለይን፡ ሓንቲ እውን ኣይዝከርንየ" ብምባል ካብ ምምኽናይ ምሕንጋድ ክትብሎ ብዝቐልል መለሰትልና።

መድህን፡ ንእሽቶ ብምንባራ፡ ነቲ ኣብ ግዜ ህልቂት ዝጋጠመ ዘይክትዝክሮ

193 ዑቕባልደት ተስፉ (መምህር) ቃለ መጠይቕ ምስ ደራሲ፡ 20 ጥቅምቲ 2022፡ ከረን፡ ንወልደገርግሽ ኣኮኡ ነፍሰሄር ተኸለ ሕድሩ ወዲ ሓብቱ ወትሩ ነዛ ቓል ይደግማ ምንባሩ ንመምህር ኣዘንትዩሉ።

ትኸውን እያ። ብርግጽ እውን ኣይትዝክሮን እያ። 'ብዛዕባ ህልቂት በስከዲራ፡ ስድርኣን ጸገማታን ዝበሃል ክትስእን' ግን ብፍጹም ዘይሕሰብ እዩ። ብኣንጻሩ፡ መድህን ካብ መዓልቲ ህልቂት ክሳብ እታ ዕለት፡ ብሳዕቤን ግፍዒ እናተሳቐየት ትነብር ግዳይ ስለ ዝኾነት 'ዝበሃል እንተዘይበዚሕዋ ኣይውሕዳን' ዝብል እምነት እዩ ነይርና። ብሰንኪ ግፍዒ ኣብ ህይወታ ብዙሕ ዘይተመለሰ ሕቶን ምጉትን ኣለዋ። ዓው ኢላ ክትዛረበሉ ግን ኣይመረጸትን። ተዛሪባ ቁስላ ካብ ትጎድእ፡ ዝፈልጦ የብለይን ብምባል ብዱፉኑ ክትሓልፎ'ዶ መሪጻ ትኸውን። 'ኣይፈልጥን ኣይዝክርን' ክዱን ብኣፈ ስላሰ።

ኣነን ዓርከይን ግን ብቐሊሉ ተስፋ ኣይቆረጽናን። ንዝቐድሓትልና ሻሂ እናመዓጉና፡ ጸጸኒሕና ካብ ምሕታታ ዓዲ ኣይወዓልናን። ንሳ እውን 'እወ' ወይ 'ኣይፋል' ዝመስል ሓጺር ሓጺር መልሲ ምሃብ ኣይሓመቐትን። ምስ መድህን ኣብ ካልእ ክልተ ኣጋጣሚታት ተራኺብ ንዝነበረኒ ሓበሬታ ክድርዕ ዕድል ረኺበ።

ወላዲታ ንመድህን ወይዘሮ ለተብርሃን ሕድሩ፡ ካብ ሮብቶ ሰለባ ንጎዶብኣ ሽዕብ ሰላባ ናብ ጎደፉ ተስፉ እያ ተመርዕያ። ንወልደገርግሽ ከኣ ተበኩራ። ወልደገርግሽ ሓው ወይ ሓብቲ ከይተወሰኾ ኣቦ ንስራሕ ኢሉ ካብ ዓዱ ምስ ወጸ ግን ብእኡ ጌይሩ ከይተመልሰ ተረፈ። ዳርጋ ቅባጸት ምስ ኮነ ከኣ ናብ'ቲ ኣብ ምስራሕ ጽርግያ ዒላበርዕድ ደብረሲና ዝነጥፍ ዝነበረ ሑመድ ደሪዕ በዓል በስከዲራ ተመርዓወት።[194] ካብ ሑመድ ድማ በያን፡ መድህንን ግዲኣምን ወሰኸት። ኣብ ድሮ ህልቂት በስከዲራ፡ ስድራቤት ሑመድ ደሪዕ፡ ወልደገርግሽ ወሲኽካ ሹዱሽተ ኣባላት ነይሮማ። ኣደይ ለተብርሃን ከኣ ነብስ ጾር ነበረት።

30 ሕዳር 1970፡ እንዳ ሑመድ ደሪዕ፡ ከም ኩሉ ኣባል ናይታ ዓዲ ወተሃደራት ኢትዮጵያ ንምቕባል ተዳለወት። ሽው ሽማግለታት በስከዲራ ጎዶቦኣም ፈርሔን'ውን ኣብነቶም ክትክተል መልእኽቲ ክሰዱላ ወሲኖም። ንሑመድ ደሪዕ ለኢኹ።

ኣቦይ ሑመድ መልእኽቱ ተቐቢሉ ካብቲ እኩብ ህዝቢ ተበጊሱ ኣብ ጥቓ ቤት-ትምህርቲ ምስ በጽሐ ስሙ ክጽዋዕ ሰሚዑ ተገልቢጡ ንድሕሪት ኣቋመተ።

ዑመር ማሕሙድ (ዑመር ኣዳ) እዩ፡ "ንዓ ኣነ ይንእስ፡ ንስኻ ተመለስ" ብሓልዮት ተዛረቦ።

ኣቦይ ሑመድ ኣይተማትእን። ዓዱ ዝሃበቶ ሕድሪ ከየዕብር እምበር

194 ዑቕባልደት ተስፉ (መምህር)2022።

ንደቁን ነብሰ ጾር በዓልቲ ቤቱን ብድሕሪኡ ገዲፉ ምኻድ ቅሳነት ዝህቦ ኣይነበረን። ንዑመር ኣመስጊኑ፡ ገጹ ናብ'ቲ ተኣኪቡ ዝነበረ ህዝቢ መለሰ። ዑመር ከኣ፡ ንፈርሒን ገጹ ተመርቀፈ። በታ ህሞት ግን ኣቦይ ሑመድ ናብ ሞት ዑመር ከኣ ካብ'ቲ ዝመጽእ መዓት ኣምሊጡ ናብ ህይወት ይስጉሙ ምንባሮም፡ መን ክግምቶ ይኽእል፧

ኣብ ውሽጢ መስጊድ ካብ ዘጋጠመ ነገር ክንዲ ፍረ ኣድሪ'ውን ትኹን ዘይትዝክር መድህን፡ ተወጊኣ ከም ዝደሓነት በዝማዳ እዩ ተነጊርዋ። ነገር ቆልዓ ኮይኑ እምበር፡ እቲ ኣካላታ ተሰኪምዎ ዝነበረ በሰላ፡ ኣበይን መኣስን ብዘየገድስ፡ ኣብ ህይወታ ሓደጋ ጎኒፍዋ ምንባሩ ሓባሪ ዘድልዮ ኣይነበረን። ካብ ናይ ንቡር ሰብ ዝተፈልየ፡ ብበሰላ ዝተደራርዐ ኣካላት እያ ትውንን። ክልቲኡ ኣእጋራ ብጠያይት ተበሳሲዑ፡ ዓባይ ጽብዒት ናይ ጸጋመይቲ እግራ ተቖሪጻ። የማነይቲ እግራ'ውን ብካራ ከም ዝተሓርደ ተበጃጂሉ ይርአ። እዚ እቲ ብቐሊሉ ዓይኒ ዝርእዮ ኮይኑ፡ ካልእ'ውን ኣበይ ደሓን ክኸውን።

መድህን ግን ኣካላታ እምበር፡ ኣእምሮኣ ዝዝክሮ ጭራም ሓበሬታ የብላን። ንሳ ኣብቲ ህልቂት ዘጋጠመሉ ካብ ጓል ሰለስተ ዓመት ትሓልፍ ኣይነበረትን። ብደምን ፈርስን ተሓጺባ ኣብ ማእከል ሬሳታት ዘሕለፈተን ሰዓታት እውን ከመይ ምንባረን ፈጣሪ ጥራይ ኢዩ ዝፈልጥ።

ካብ ናታ ዝገደደ ግን እቲ ኣብ ልዕሊ ኣሕዋታ ዝወረደ እዩ። በያን ሓዋን ግዲኦም ሓብታን ከም ናታ ብስንክልና ኣይሓለፈሎምን። ትንፋሶም ንእለት ሓሊፉ ኣብ ማእከል መስጊድ ተደፊኦም ኣየምለሱን። ወላዲታ ኣብ ከብዳ ጸይራቶ ምስ ዝነበረት ጥንሲ ኣይሰረረትን። ኣቦይ ሑመድ ሓንሳብ ምስ ወደቐ ኣየድሃየን። ኣይሂ ጠያይት፡ መናኒሁ ሰጢሒዎም። ብደሓን ዝወጸ ወልደገርጊሽ (ባሻይ) ጥራይ እዩ። ኣብ መንጎ'ቲ ሕንፍሽፍሽ ኣብ ጎኑ ወዲቓ ካብ ዝነበረት ሓንቲ ሰበይቲ ወንጮ ስሒቡ ርእሱ ደፊኑ ንስክላ ከም ዝደሓነ መድህን ተዘንቱ።

ኣማስይኡ ወተሃደራት ነታ ዓዲ ለቒቖም ምስ ከዱ እቶም ክረድኡ ዝመጹን ካብ መስጊድ ብደሓን ዝወጹን ንዝሞቱ ቀቢጾም፡ ቁሱላት ኣብ ምውጻእ ተጸምዱ። ወልደገርግሽ እንኮ ትንፋስ ዝረኸበላ ኣባል ስድራቤቱ ካብ ማእከል ሬሳታት መዝሒቑ ብምውጻእ ተሰኪምዋ ንፈርሒን ገጹ ኣምርሐ። መድህን እንተስ ተደጋጊሙ ካብ ዝተነገራ ዛንታ እንተስ ሃሳስ ዝኽሪ ናይቲ ጉዕዞ ሃሊይዋ፡ ሓዋ ካብ በስክዲራ ተሰኪምዋ ንከረን እናኣተወ፡ ንምሉእ ኣካላቱ ብደማ ከም ዘጠልቀየቶ ትጸዊ።[195]

መድህን ድሕሪ ነዊሕ ክንክን ካብ ሆስፒታል ወጺኣ ድሌታ ናብ

195 መድህን ሑመድ ደሪዕ፡ ቃለ መጠይቕ ምስ ደራሲ፡ 17 ሰነ 2016፡ ከረን።

ዘየጉደሉ ኣዝማዳ እያ ተጸጊዓ። ድሕሪ ወለዳ ጠምያ ኣይሓደረትን ዓሪቓ'ውን ጥራይ ዝባና ኣይተራእየትን። እዚ ግን ብጨጉራፍ ዝኸትምናን ስንክልናን ካብ ምልብላብ ኣየድሓናን። ስክልናን ዝኸትምናን ኣማእኪለንኣ እያ ዓብያ። ብፍቕሪ ወለዲ ኣይማመቐትን። ኣብ ቁልዕነታ ምስ መሳቱኣ ክትዘልል ኣይተዓደለትን። ንእግራ ስንክልና ንውሽጣ ድማ ሕሱም ዝኸትምና መቑሓም ቀይዶማ።

ወልደገርግሽ ሓንሳብ ምስ እንዳ ኣቦኡ ጸኒሑ ምስ ናይ እንዳ እኖኡ ኣዝማድ እኳ ናብዝን ናብትን እናቀያየረ ክነብር እንተፈተነ፡ ንህይወት ፍጹም መቐረት ስኣነላ። ዝገደደ ሕነ ናይ ምፍዳይ ስምዒት ወሪርዎ "ንቐተልቲ ኣቦኻን ኣደኻን ምቕታል፡ ኣምላኽ ሓጥያት'ዶ ይቖጽሮ ይኸውን፡"[196] እናበለ ነኩኡ ተኸለ ዝሓቶ ዝነበረ ተጋዲሉ ሕነ ክፈዲ ዝነበሮ ህንጡይነት ኣንጸባርቐ።

መጨረሽታ ድማ ጽልኣት መግዛእቲ ጥራይ ዘይኮነ እቲ ኣብ ልዕሊ ስድራኡ ዝተፈጸመ ጭካነ ኣሐሪንዎ ኣብ 1977 ናብ ህዝባዊ ግንባር ተጸንበረ። ስሩዕ ወተሃደራውን ፖለቲካውን ታዕሊም ዛዚሙ ከኣ ኣብ ብርጌድ 70 ተወዘዐ። እንተኾነ ኣንጻር ቀተልቲ ስድራኡ ተቐሻሚዱ ተሃነ ኣየውጽኣን። ኣብ ወርሒ ሓምለ ናይ 1978 ኣብ ዓዲ ቀሺ (ዓዲ ሃከፋ) ከም ዝተሰውአ ኣብ ምስክር ወረቐት ሓርበኛኡ ዘሎ ጽሑፍ ይምስክር።

ንዘረባ ዘረባ ኣምጽኦ ኣብ ሓደ ኣጋጣሚ ምስ ሓላፊ ጨንፈር ማዕድን ዞባ ዓንሰባ ተጋዳላይ ሃብተኣብ ጸጋይ ኣብ ናይ ፈለማ ሌላና ስርሓይ ሓቲቱኒ፡ መምህር ምዃነይ ብዛዕባ ህልቂት ዖናን በስከዲራን ድማ መጽናዕቲ የካይድ ከም ዝነበርኩ ኣዕሊለዮ። ሃብተኣብ ህልቂት ዖናን በስከዲራን ክልዓል ከሎ ብቖዳምነት ኣብ ኣእምሮኡ ዝቕጀሎ ሰውእ ብጻይ ነይሩዎ። ንሱ ምስቲ ካብ መስጊድ በስከዲራ ዝወጸ ብጻዩ ኣብ መደበር ታዕሊም ማህሚመት እዮም ዝላለዩ። ዳሕራይ እውን ክሳብ ዕለተ መስዋእቱ ኣብ ብርጌድ 70.1.12 ኣይተፈላለዩን።

ኣብ መስርሕ መጽናዕቲ ካብ መስጊድ ወጺኦም ናይ ዝተሰውኡ ዝርዝር ስለ ዝሰራሕኩዎ ንሃብተኣብ ወዲ ኣሃዱኡ ዝነበረ ስዉእ ክፈልጥ ተሃንጠኹ። 'ገርግሽ' ከም ዝበሃል ሓበረኒ። 'ገርግሽ" ዝበሃል ስዉእ ስለ ዘይዘከርኩ ንሱን ብጻዩን ዝነበሩዎ ኣሃዱ ተወከስኩዎ። ብርጌድ 70 መለሰ ሃብተኣብ ሕጂ'ውን ቅልጥፍ ኢሉ። ነታ ኣብ ምስክር ሓርበኛ ናይ ወልደገርግሽ ዝርኤኹዋ ዘኪረ ከኣ ገርግሽ፡ ወልደገርግሽ ምዃኑ ተረዳእኩ።

196 ዑቕባልደት ተስፉ (መምህር) 2022።

ሃብተኣብ ወልደገርግሽ እንተተላዒሉ ብዙሕ እዩ ዝዝክር። ንጭርቃኑን ጸወትኡን ዘኪሩ ከአ ፍሽኽ ይብል። ግርህነት ዝዓብለሎ ባህሪ ወልደገርሽ ንተራ ኮነ ሓላፊ ብማዕረ ይነቅፍ፡ ዝተራእየ ዝዛረብ ተጋዳላይ ነይሩ። ስራሑ ዘይደከም ከኣባ ነይሩ። ከጫረቑን ከቃለሱን ጸሓይ ትዓርቦ። መኣዲ ተቐሪባ፡ ሓደ-ክልተ ኩላሶ ምስ ተላዕለ፡ መቑርስቱ መኣዶም አጽኒዖም እንተዘይሒዞም ዕግርግር ምፍጣሩ ዘይተርፍ እዩ። ነተን ዘይጠቕማ ትሕዝቶ ናይ'ቲ መኣዲ፡ ገፋፊጡ ይትንስእ። ሽዑ መኣዲ ናብ እንባጋሮ ትልወጥ። 'ጀሚሩ' ኢሎም ዝስሕቁ፡ 'ጾምና ድዩ ከውዕለና' ብምባል ኣሰሪኡ ዝነቡን ኮይኖም ጭርጭር ዓበደ ይኸውን። ከምዚ ገይሩ ላሕ ምስ ኣበሎም ከአ እዩ ሓደ ተጋዳላይ 'ኣባ ዛይዳ' እትብል ከሳብ ዕለተ መስዋእቱ ዘሰነየቶ ሳጓ ዘጠመቖ።

ሃብተኣብ ንመስዋእቲ ወልደገርግሽ ኣመልኪት ከጸዊ ከሎ፡ "ኣብ ጽርግያ ደቀምሓረ ኣስመራ፡ ኣብ ዓዲ ቀሺ (ዓዲ ሃከፋ) ኣብ ቀዋሚ ድፋዕ ኢና ዓሪድና ነይርና። ሓንቲ ንግሆ ተሃሚሎም ከለዉ ስለ ዝተሰሃልናዮም ኣንጸርጺሮም ነይሮም። ዋርድያ ከቕበለኒ ከሎ ካብታ መስኮት ናይ መሓለዊ ብስያፍ ኮይኑ ከሕሉ ሓቢረዮ። ጸገም የለን ኢሉ ዋርድያ ተቐቢሉኒ። መውዓሊና በጺሐ ንዘትረፋለይ ቁርሲ እናበላዕኩ 'ሂም' ዝብል ድምጺ ሰሚዐ። እንተርኤና እንዳ ዋርድያ ደሮና መሊኣ። ኣሲረናላ ስለ ዝነበራ ተኩሰን ረኺበንኦ። ንመጀመርታ፡ እሞ ድማ ሕማቕ መስዋእቲ ዝርኣኹላ ናቱ እያ። ክሳብ ሎሚ ምስሉ ካብ ኣእምሮይ እይሃስስን"[197] ንኣስታት ፍርቂ ዘመን ንድሕሪት ተመሊሱ የስቆርቁር።

ድሕሪ መስዋእቲ ወልደገርግሽ፡ ሽዱሽተ ኣባላት ካብ ዝነበርዋ ስድራ ሑመድ ደሪዕ ብህይወት ዝተረፈት እንኮ፡ መድህን እያ። ዓመታት ሓሊፉ - መድህን ብወልደገርግሽ ከትማሙቕ ዝተጸበየቶ ትምኒት ኣይስመረን። ነዊሕ ትጽቢት ንልቢ የማህምኖ ከም ዝበሃል፡ ነዊሕ ናይ ትጽቢት ዓመታት ምስ ነጻነት ኤርትራ በኒኑ ተረፈ። ዝገደደ፡ ስም ወልደገርግሽ ምስ ዝርዝር ኣስማት ስውኣት ኣይተረኸበን። ንበዓል ነንዳ ሓዊ ቶኩሶ ዝኾና መድህን፡ ብኣካል ንዘይረኸበቶ ሓዋ ብመስዋእቱ እናኾርዐት ከትነብር፡ ስንክልና ከይዓገታ ላዕሊ ወጺኣ ታሕቲ ወሪዳ ምስክር ሓርበኛ ሓዋ ጨበጠት።[198] ንሳ ሎሚ ብዘይካ ስእሊ ሓርበኛ ወልደገርጊስ ሓብቲ፡ ሓው፡ ውሉድ የብላን። ምስኡ ትሓርቕ፡ ትሕጎስ፡ ትምርቐ ኣብ ጎድና የልቦን። ኣብ ጽምዋ ቤታ ንበይና ትነብር። ሳዕቤን ግፍዒ ብቐሊሉ ከስወጠካ ህይወት መድህን ህያው ኣብነት

---

197 ሃብተኣብ ጸጋይ (ተጋዳላይ) ቃለ መጠይቕ ምስ ደራሲ፡ 4 ሚያዝያ 2021፡ 16 ታሕሳስ 2022፡ ከረን።

198 ወልደገርግሽ ብ7 ሓምለ 1978 ኣብ ዓዲ ቀሺ ተሰዊኡ።

እዩ።

ምስ መድህን ፈለማ ካብ ዝተራኸብናሉ ድሕሪ ኣስታት ክልተ ዓመታት ኣቢሉ ይኸውን። ኣብ ወርሒ ሚያዝያ ናይ 2018 ኣብ ከረን ወተሃደራዊ ሆስፒታል[199] ሓንቲ ቀልጢፈ ክለልያ ዘይከኣልኩ ሰብ ቀሪባ ኢዳ ንሰላምታ ዘርግሐትለይ። ክለልያ ብዘይምኽኣለይ ሕንከት እናተሰመዓኒ፡ ኩነታት ጥዕንኣ ሓቲተያ። መድህን ቀይሕ ሕብራ ተደዊኑ፡ ናይ ዘይምጥዓያ ምልክት ኣብ ገጻ ይርአ ነይሩ።

"ኣብ ኣካላተይ ዘሎ እስከጆ ኣሳቐዩኒ። ድቃስ ከሊኡኒ። ዝኾነ ነገር እንተገበሩለይ ኢለ'የ መጺኤ" በለትኒ። ገለ መተባብዒ ይኾና ዝበልኩዎም ቃላት ተጠቒመ ሞራል ክህባ እኳ እንተፈተንኩ ውሽጠይ ግን ባዶነት ተሰመዓኒ። 'ህይወት ይትረፍ ሓጺን ዓጽምኻን ስጋኻን እናመንጨተ፡ ምሉእ ጥዕና ወኒንካ እኳ ንጋዶ። ኣብ በይንኻ ብጽምዋ እናተበላዕካ ይትረፍ፡ ዙርያኻ ብእተፍቅሮም ተኸቢብካ እውን እንተተኻእለ' በልኩ። ኩሉ ግን ብውሽጠይ።[200]

መድህን ጸጋመይቲ ምስ ሓዋ ስውእ ወልደገርግሽ ደድሕሪ ህልቂት

199 መዕበያ ዘኸታማት ላልምባ ብልምዲ እንዳ ሚስተር ሁዩ ተባሂሉ ይፍለጥ። ኣብ ፈለማ ናጽነት ሆስፒታል ሓይሊ ምድሪ፡ ኣብዚ ግዜ ድማ ናይ ግሊ ሕክምና ኮይኑ የገልግል ኣሎ።

200 መድህን ኣብዚ ግዜ'ዚ ብሃኮሰኤ ደገፍ ተገይሩላ ኣብ ጇራ ፍዮሪ ከረን ባንኮ ገይራ ህይወታ ክትመርሕ ትቃለስ ኣላ።

ውዳእ መዓት መድህን ኣብ መበል 50 ዓመት ዝኽሪ ህልቂት በስክዲራ

ግዳይ ለተብርሃን የማነይቲ ምስ ሓፍታ ኤልሳን ህጻን ወዳን

ሞት ቅባጸት - ድሃይ ምጥፋእ ግን ሰንፈላል!

ገና ኣይወድአን
ብኽያትን ሓዘንን
ከተመ ኣይበለን
መረረን ሕሰምን
'ናሓደረ ዝዓቢ
ፍርሃትን ስግኣትን
ኣሎ መቐጸልታ
ህልቂትን ስደትን።

ኣስመሮም ሃብተማርያም

ንእንኮ ካብ ክልቲአን ህልቂታት በስከዲራን ዖናን ብህይወት ዝወጸ ሰብ ረኺብ ከዘራርብ ፈቲነ ንነዊሕ ኣይሰለጠንን። ኣባል ሓይልታት ምክልኻል ኤርትራ ካፕተን ተኽላይ ሚካኤል፡ ስድራ ቤቱ ኣብ ኣስመራ ጸጸራት ይቕመጡ። ንሱ ድማ ከም ወተሃደር ኣብዚ ጸኒሑ ናብቲ ይቀያየር። እዋኑ ኮቪድ -19 ኣብ ዝለዓለ ጥርዙ ዝበጽሓሉ እዩ። ባህ ናብ ዝበለካ ኬድካ፡ ንዝደለኻዮ ኽትረክብ ዘየፍቅድ። ኣብ ከረን፡ ንመቕርብ ካፕተን ተኽላይ ሓታቲተ ዝረኸብኩዋ ቁጽሪ ተሌፎን ናይ በዓልቲ ቤቱ፡ ንሱ ናብ ዝርከበላ ቁጽሪ መርሓትኒ። ኣነ ከረን ተኽላይ ዊዓ፡ ኣብ መስመር ተራኺብና። መንነተይን ዝደወልኩሉ ዕላማን ገሊጸ ናብ ዕላልና ኣቶና። ኣብ ቀዳመይቲ ናይ ተሌፎን ርክብና ኣሕፍሽና ኣዕሊልና። ኣስመራ ኣብ ዝመጸሉ ብኣካል ክንራኸብ ድማ ተረዳዳእና። እንተኾነ ተኽላይ ንዕረፍቲ ከይመጸ ኣዋርሕ ስለዝሓለፈ፡ ዋላ'ኳ ክንዲ'ቲ ብኣካል ትገብሮ ኣይኹን፡ ንተዘክሮታቱን ተመኩሮኡን ዝምልከት ጽሒፉ ክሰደለይ ዘቕረብክሉ ኣማራጺ ፍቓደኛ ኮነ።

ድሕሪ'ዛ ናይ መጨረሽታ ናይ ተሌፎን ርክብ ግን ተኽላይ ጽሒፉ ክሰደለይ'ሲ ይትረፍ፡ ብተሌፎን ንምርካቡ'ውን ንጋዶ ኮነኒ። ኣብ ዝወዓሎ

ንዘይሓድር ወተሃደር ኣሚነ ቆጸራ ምሓዘይ ተገምጢለ ነብሰይ ነቐፍኩ። ተለዓል ተባህለ ወተሃደር፡ ኣብ ጥሙይ ከብዱ መኣዱ ጠንጢኑ ከምዝብገስ እየ ዘንጊዐ።

'ተኽላይ፡ በቲ ኣብ ጎሮቤት ሃገር ዝነበረ ወጥሪ ድዩ ሃሙን ቀልቡን ተወሲ'ዱ ወይስ ዛንታ ህልቂት ዘኪሩ መርዘን ተላዒላዎ፡' እናበልኩ ክሳብ ዝጭነቕ ብእኡ ጌሩ ህጣሙ ኣጥፍአ። ተደዊልዎ ተሌፎን ኣየልዕል ደዊሉ ጸገሙ ኣይሕብር - ትም ሕትም።

ኣብ መጨረሽታ ንኻልእ ዛንታታት ዝኾነኒ ሓበሬታ ክእከብን ክጽሕፍን ስለ ዝነበረኒ፡ ጉዳይ ተኽላይ ንግዜኡ ወንዘፍኩዎ። እንተኾነ ግን ዋላ'ኳ ዛንትኡ ኣይጽሓፍ፡ ነታ ኣብ መጽሓፈይ ከጠቓልል መዲበ ዝነበርኩ፡ "ኣልቡም ውጻእ መዓት" ክትኮነኒ ናብ ጓሉ ደዊለ ስእሉ ወሲደ፡ ካልእ ዛንታታት ኣብ ምእላሽ ኣድሃብኩ።

* * *

ድሕሪ ኣስታት ክልተ ዓመታት ኣቢሉ ይኸውን፡ ኣብ ወርሒ ጥሪ ናይ 2022፡ ኣብ ከረን፡ እንዳ እስቲፍ (እስቲፍ መሞርያል) ምስ መምህር ፍጹም ኣብርሃም ሻሂ እናሰተኹ፡ ጸጋይ ኣግዱባይ[201] (ወዲ ወዲ ሓዎብኡ ንተኽላይ) ኣብ ዝነበርናያ ጣውላ መጺኡ፡ ንተኽላይ ሚካኤል ክረኽቦ 'ዝደሊ' እንተኾይነ ተወከሰኒ። ድሌተይ ንጎኒ ገዲፈ፡ መኣስ ከራኽበኒ ከም ዝኽእል ጥራይ ንሕቶኡ ብሕቶ መለስኩሉ።

"ኣብዚ እነህልካ" ኣስታት ዓሰርተ ሜትሮታት ጥራይ ርሒቕም ኮፍ ናብ ዝበሉ ክልተ ሰባት ኣመልከተለይ። ግዜ ከይወሰድኩ ካብ ዓርከይ ፍቓድ ወሲደ ናብ ዝተሓበርኩዋ ጣውላ ኣምራሕኩ።

ፍናን፡ ጓሉ ንተኽላይ፡ ዝሃበትኒ ደረቕ ስእሊ ካብ መሸፈኒ ሞባይለይ ኣውጺአ፡ "ንብረትካ ከህበካ ኢለየ መጺአ፡" የማናይ ኢደይ ንሰላምታ ጸጋመይቲ ከኣ ናይ ገዛእ ርእሱ ስእሊ ሒዘ ቀረብክዎ።

ተኽላይ ንፈለማ እዋን ይርእየኒ ስለዝነበረ ግር ከም ዝበሎ ኣብ ገጹ ተነበ። ብኣግርሞት፡ ናባይን ናብ ናይ ገዛእ ርእሱ ምስልን ኣበራርዩ ክጥምት ድሕሪ ምጽናሕ "ካበይ ረኺብካያ፧" ሓተተኒ፡ ተወጃቢርዎ ምንባሩ ብንጹር እናተራእየ።

ምስ ተኽላይ ንበይንና ምስ ተረፍና፡ ንሰዓታት ዝቐጸለ ነዊሕ ዕላል ኣካየድና። ካብ ህልቂት መስጊድ በስክዲራ ክሳብ ዖና። ካብ ህይወት መዕበያ

201 ጸጋይ ኣጉዱባይ ኣብ 2001/02 ዓመተ ትምህርቲ ኣብ 7ይ ክፍሊ ሓላፊ ክፍሉ ዝነበርኩ ፋርማሲስት እዩ።

ዘኽታማት ላልምባ ከሳብ ናብራ ገድልን ገደልን። ካብ ኤርትራ ክሳብ ኣመሪካ። ንሞትን ህይወትን፡ ንናብራ ዝኽትምናን ቁልዕነትን፡ ንጉብዝናን ጽልኣት መግዛእትን፡ ባህግን ክውንነትን፡ መግዛእትን ናጽነትን፡ ኮታስ ካብ ኩሉ ዓይነት ቆጽሊ ህይወት ቀንጢብና።

* * *

ምክኤል ንሱር፡ ወላዲኡ ንተኽላይ ሓሚሙ ኣብ በስክዲራ ካብ ዝመውት ኣርብዓ መዓልታት ኣብ ዝደፈነሉ ዓድታት ሰኹና ነዲደን ናብ ሓሙኹሽቲ ክቕየራ ጀመራ። ከም ኣካል ናይቲ ጥፍኣት ከኣ፡ ሰኑይ 30 ሕዳር 1970፡ መዓልቲ ፍርዲ በስክዲራ ኣኺሉ፡ ወተሃደራት ኢትዮጵያ ካብ ሩባ ዓንሰባ ናብታ ዓዲ ገጾም ገስገሱ። በዓልቲ ቤቱ ንመዋቲ፡ ኣደይ ኣመተ ኢሻቕ፡ ሰለስተ ዓመት ዝገብር ተኽላይ ወደን ኣብ ዝባነን፡ ናይ ኣዋርሕ ጥንሲ ድማ ኣብ ማህጸነን ተሰኪመን፡ ኣብ መንገ ሞትን ህይወትን ተቐርቂረን ውዒለን ኣማስይኡ መቕተሊት ናብ ዝተመርጸት መስጊድ ኣተዋ። ኣብ ልዕሊ’ቶም ናብ መስጊድ ዝኣተዉ ኣስታት 270 ሰባት ንጹሃት ብዝወረደ ጨካን ግፍዒ፡ ‘ፍጡር ወዲ ኣዳም ብህይወት ክተርፍ ይኽእል እዩ’ ኢልካ ዝሕሰብ ኣይነበረን። ኣምላኽ ዝጸሓፈን ዕምሪ ከይኣኸላ ስለ ዘይምወት ግን፡ ኣደይ ኣመተ፡ ተኽላይ ወደንን ልዕሊ ፍርቂ ካብቶም ኣብ መስጊድ ዝኣተዉን ብህይወት ተረፉ።

ኣደ ብደምን ፈርስን ተሓጺባ ሬሳታት እናረገጸት ምስ ወጸት ወዳ ሓዚላ ብሓውሲ ጉያ፡ ጸሓይ ዕራርቦ ፈርሒን በጽሐት። ዓይኒ ክሕዝ ከሎ ዳግማይ ዝፈለመቶ ጉዕዞ እውን ክትወድቕን ክትንስእን ሓዲራ መቐልቀል ከረን ክትበጽሕ ጸሓይ በረቓ። ወላ’ኳ ሃሊኻን ደኺማን እንተነበረት ናብ ከረን ኣትያ ከተዕርፍ ኣይመረጸትን። ትርኢታ ዘሰካሕክሕ መልኣኻ’ውን ህዱም እንከሎ ካብ ሓሽላ ብቓጸታይ ተጥውያ ንያና ሰገረት። ምሽከላ ናብ ዘርዕድ ምስሊ እዩ ተቐይሩ። ‘መልኣከ ሞት፡ ኣሰር ኣሰርኪ ይስዕብ ኣሎ’ ከም ዝተባህለት፡ ብዘለዋ ሓይሊ እናሰጎመት ከኣ እንዳ ኣቦሓጎኣ (እንዳኖኣ) ያና በጽሐት። ብድኻምን ጥሜትን ተሰኒፋ ስለ ዝነበረት ኣብቲ ገዛ ምስ በጽሐት ብቐጥታ እያ ኣብ ባይታ ረፋዕ ኢላ።

እቶም ዝተቐበልዎ ካብ ኣፋ ክሰምዕዎ’ምበር ሲኦል ሓዲራ ዝተመልሰት ዝመስል ትርኢታ ርእዮም ከቢድ ሓደጋ ከም ዝጎነፋ ኣይተጠራጠሩን። ንሳን ወዳን ብደምን ፈርስን ተሓጺቦም ተንቀሳቐስቲ ሬሳታት እዮም ተቐይሮም። ፈለማ ተሓቲታ እውን ኣይመለሰትን። ነቲ ንዕኣን ንዓዳን ዘጓነፎም ብቓላት ክትጸዊ ዓቕሚ ሓጸራ። ብጽምእን ጥሜትን ተለኺታ ስሩዕ ቃላት ንምውጻእ ሓመቐት። ካብ የዒንታ ጀረብረብ እናበለ ዝፈስስ ዝነበረ ንብዓት ግን፡

ክትዛረበሉ ዘይትኽእል ከቢድ ጸገም ከም ዝጎነፋ እኹል መልሲ ነበረ። ጸኒሓ ግን ብኣንደበታ ክትጸዊ ጀመረት። ዝተበታተኸ ዛንታኣ ሽው እውን መኻልፍ ኣይሰኣነን።

ዖና፡ መርድእ ህልቂት በስኪዲራ ከይሰምዐት ክትጠፍእ ዝተወሰነላ ክትመስል ሓዊ ተኣጉዳ። ፈኮስትን ከቢድትን ብረታት፡ ነታ ኣደን ነቶም ኣፎም ሃህ ኣቢሎም ዝሰምዑ ዝነበሩን ኣብ ጉንዲ እዝኖም ቀሪቡ ነቀወ። መልኣከ ሞት ብድምጺ ብረት ንናይ ነፍሲ ወከፍ ኣስማት ብቕኒት ሞት ተዳህየ። ፍጡር ዘበለ ድማ ተኣኮተ።

ካብ ሞት ንስክላ ወጺኣ ናብ ሞት ዝተደቕደቐት ኣደይ ኣመተ ዳግማይ ንዕድላ ረገመት። ‘ዎ ኣምላኽ ካብ በስኪዲራ ዝደሓንኩ፡ ኣብ *ዖና* ንክመውት ድየ!’ እናበለት ኣማረረት። ኣብ በስኪዲራን *ዖና*ን ዝተፈጸመ ህልቂት ዝነበሮ ናይ ግዜ ፍልልይ፡ ካብ ዓሰርተ ሹዱሽተ ሰዓታት ዝሓልፍ ኣይነበረን። ሰኑይ ምሸት ኣብ በስኪዲራ ዝተፈጸመ ህልቂት ብዝተዓጻጸፈ መጠን ሰሉስ ንግሆ ኣብ *ዖና* ተደጊሙ። ነታ ካብ በስኪዲራ ወጺኣ ብፈርሒን ንሩባ ዓንሰባ ወሪዳ፡ ኣብ ልዕሊ ጥንሳ ቆልዓ ሓዚላ ገፊፍ ክትብል ዝሓደረት ኣደ ከኣ ቋናን ዝኾነ ዕድል ጎነፋ። ክትኣቱን ወተሃደራት ኢትዮጵያ ንምምጽኣ ክጸባበዩ ከም ዘርፈዱ ኣሰር ኣሰራ ንዖና ክሰግሩን ሓደ ኮይኑ።[202]

‘ገበል ፈሪሁ ዝተሰቕለስ ነብሪ ጸንሖ’ ከም ዝበሃል፡ ኣደይ ኣመተ፡ ንነብሳ ዳግማይ ኣብ ማእከል ሃልሃል ዝብል ሓውን ዓረርን ተኸቲታ ምስ ረኸበታ ትገብሮ ዘበለ ጠፍኣ። ጸኒሓ ግን፡ ስንባዳ ንድኻማን ጥሜታን ግዲ ቐንጢጡላ ነብሳ ከተውጽእ ወሰነት። ትማሊ ካብ መግሃር ሞት ዝወጸት ህይወታ ብኸፋ ክትህሞኽ ኣይተዋሕጠላን። ብጎኒ ኣእዛና ሓሊፉ ንዙርይኣ ዝበናቑር ዝነበረ ጠያይት ንጽኪታታ ትብዓት ዝህብ ሓይሊ ነዚው ፍርሃ ኣብነነላ። ድሕሪ ሞት ጥዕና ኣይሕተት ከም ዝበሃል ኣብ በስኪዲራ ንዝሞተት ህይወታ ዳግማይ ከይትመውት ትፈርሃሉ ምኽንያት ኣይተራእያን። ወዳ ሓዚላ ንሰሜን ናይ’ታ ዓዲ ገጻ በረረት። ኮንዶኾን ኢላ ዝፈለመቶ ጉያ መጨረሽትኡ ኣይሓሰማን። ሓዊ ትተፍእ ካብ ዝነበረት *ዖና* ብሰላም ወጸት። ኣምላኽ ነታ ዕለት ጸግዒ ውጽዓት ክኾውን ናብ ዝደኮኖ ጎቦ ላልምባ ተጸጊዓ ትንፋስ መለሰት። ከምዚ ኢላ ንርእሳን ነቲ ኣብ ዝባና ዝነበረ ወዳን ገና ኣብ ማህጸና ዝነበረ ዕሸልን ኣድሒና ተዃሊላ ንከረን ብምእታው ኣብ እንዳ ሓዋ ዘወልደማርያም ኢሳቕ ኣትያ ተዓቚበት።[203]

---

202 ተኽላይ ሚካኤል (ካፕቴን) ቃለ መጠይቕ ምስ ደራሲ፡ 12 ጥሪ 2022፡ ከረን።

203 ኣብ መዓልቲ ህልቂት ኣብ ጎቦ ላልምባ ድያ ሓዲራ ከረን ንጹር ኣይኮነን።

እዛ ካብ ሓዘን ሰብኣያ ከይተላቐቐት ኣብ መስጊድ በስከዲራ ኣትያ እንደገና ኣብ ሓዊ ያና ዝተጠብሰት ነብስ ጾር ኣደ ግን፡ ዋላ'ኳ ብጥይት ኣይትቆለብ ብሓዊ ኣይትምሮቕ ከቢድ ስነ ኣእምሮኣዊ ሃሰያ እዩ በጺሕዋ። ኩሉ ነገር ተደራሪቡዋ ከኣ ጥዕንኣ ብርኡይ ጎደለ። ዘወልደማርያም ሓዋን፡ ሓሙኣ ዝብጽሓ ግንቦት እድሪስን ድማ፡ ሓገዝ እንተኾና፡ ንህጻን ተኽላይ ናብ መዕበያ ዘኽታማት ላልምባ ከም ዝኣቱ ገበሩ። ሕማማ ሓንሳብ ይሕሻ ተመሊሱ ይደግሳ ኣብ ዝነበረሉ ድማ ሕርሳ ኣኺሉ ወዲ ተገላገለት።

ብሓደ ወገን ሓድጊ እቲ ኣብ ማህጸን ዝገደፎ ኣቦኡ፡ ብኻልእ ድማ ሓድጊ ኩሎም ግዳያት ህልቂት በስከዲራን ያናን ስለ ዝኾነ ድማ ሓድጉ ሰመዮ። ዕሸል ሓድጉ ይኹን ሓዉ ተኽላይ ግን ዕድሎም ኣይጸበቐን። ኣደይ ኣመተ ድሕሪ ሕርሳ ነዊሕ ከይጸንሐት ሕማማ ብኢሱ ብሞት ተኾልፈት። ሓድጉ፡ ፈለማ ምስ ወይዘሮ መሓሪተ ዮውሃንስ ሰይቲ ዘወልደማርያም ንቁሩብ ግዜ ጸኒሑ፡ ብመገዲ ሚስተር ሁዩ ናብ ዘርዕምዎ ጸለምቲ ኣመሪካውያን ሰብ ሓዳር ተሰጋገረ። በዚ መሰረት ካብ ከረን ንቃኘው ኣስመራ ቀየረ። ሓድጉ ኣስመራ ተኽላይ ከረን እናነበሩ ከኣ ጋግ ምፍልላይ ኣሃዱ ኢሉ ጀመረ። "ብንእሽቶይ ከለኹ ቤንቲሽተ ሓሚመ ኣብ ቃኘው መጥባሕቲ ገይረ ነይረ። ሽው ንሓወይ ዘርዓሙ ጸለምቲ ኣመሪካውያን ክርእዩኒ መጺኦም፡ ምስ ሓድጉ ተራኢና"[204] ተኽላይ ንመጨረሽታ ግዜ ገጽ ሓዉ ንዝረኣየላ ህሞት ብትካዘ ይዝክር።

እቲ ኣብ 1974 ኣብ ኢትዮጵያ ዝተፈጥረ ዕግርግር ንደርግ እዩ ስልጣን ኣረኪቡ። ደርግ ድማ ኢትዮጵያ ምስ ርእሰማላዊት ኣመሪካ ዝነበራ ዝምድና ጠንጢኑ ኣንፈቱ ናብ ምብራቕ ለዊጡ። ምስ ኣመሪካ ዝነበረ ውዕላት እውን ሰሪዙ። ኣብ ኤርትራ ዝነበረ ወተሃደራዊ፡ ሰረዘ። መዓስከራት ኣመሪካ ተዓጽዩ። ከም ሳዕቤኑ ኣመሪካውያን ጠቕሊሎም ካብ ኤርትራ ወጹ። ንሓድጉ ዘርዓሙ ኣመሪካውያን እውን ነቲ ህጻን ወሲዶም ካብ ኤርትራ ወጹ። ተኻላይን ሓድጉን ድማ ከምዚ ኢሎም ብኣካልን ብመንፈስን ካብ ነንሓድሕዶም ንሓዋሩ ተባተኹ።

ኣብ መዕበያ ዘኽታማት ላልምባ ዝመሃር ዝነበረ ተኽላይ፡ ሓምለ 1977 ሻብዓይ ክፍሊ ኣብ ዝዛዘመሉ ህዝባዊ ግንባር ንከረን ብናይ ሰለስተ መዓልቲ ተኣምራታዊ መጥቃዕቲ ተቖጻጸረታ። ኣብቲ ናይ ኲናት ህሞት ዘኽታማት ላልምባ ከም ዝበዝሖ ህዚቢ እታ ከተማ ህይወቶም ከትርፉ ካብ ከረን ንኣሸራ ወሪዶም ተዓቚቡ። ከረን ምስ ተመልሱ ግን ነገራት ተቐያይሩ ጸንሖም። መናበዩ ዘኽታማት ላልምባ ወተሃደራዊ መዓስከር ተቐይሩ ነናብ መቕርቦም

204 ተኽላይ ሚከኤል።

ፋሕ ኪብሉ ተቐሰቡ። ኣብቲ ህሞት ተኽላይ ዝነበሮ እንኮ ኣማራጺ በስኪዲራ ሰጊሩ ምስ እንዳ ወዲ ሓዎብኡ ዳምር ጃውጅ ሓድሽ ህይወት ምፍላም እዩ።

ፖለቲካውን ወተሃደራውን ሃዋህው ናይቲ ህሞት፡ ይትረፍ ብግፍዒ ህይወቱ ንዝተመሳቐለ ተኽላይ፡ ንማንም ኤርትራዊ ቀሲኑ ሰለማዊ ናብራ ክመርሕ ዘፍቅድ ኣይነበረን። ዝበዝሑ መንእሰያት ናብ ሰውራ ገለ ድማ ንስደት ይውሕዙ ነበሩ። ምርጫ ተኽላይ ግን ምጋዳል ኮነ። ብሰንኪ ዕድመኦም ብተደጋጋሚ ፈቲኖም እንተዘይስለጦም እኳ ምስ መስቀል ሽኮር[205] ኣብ ዝገበርዎ ፈተነ ተዓወቱ። እዋኑ ህዝባዊ ግንባር ንሓምሻይ ወራር ናይ ደርግ ኣፍሺላ ጸረ መጥቃዕቲ ግንባር ናቕፋ ዝወሰደትሉ እዩ።

ተኽላይን ብጾቱን በቲ ጸረ መጥቃዕቲ ዝተቐትሉ ሬሳታት ደርግ ተሳጊሮም ሳሕል ኣተው። ንሱ ወተሃደራውን ፖለቲካውን ስልጠና ኣብ ዓራግ ድሕሪ ምውሳድ፡ ኣብ ኤምዳድ ውድብ ተወዝዐ። ክሳብ ድሮ ሰላሕታ ወራር (1983) ኣብኡ ጸኒሑ ንፈለማ፡ ኣብ ምፍሻል ናይ'ቲ ወራር እጃሙ ኣበርከተ። ኣብ ምቛም ክፍለ ሰራዊታት[206] ናብ ክፍለ ሰራዊት 61 እዩ ተመዲቡ። ንጡፍን ውፉይን ብምንባሩ ከኣ፡ ኣብ ሻብዓይ ዙርያ ስልጠና ኮማንዶ ተመረጸ። ድሕሪ ስልጠና ኣብ መአዘዚ መንጥር እዝ - መለብሶ ኣብ 1986 ኣብ ዝተገብረ ዕዉት ስርሒት ኮማንዶ እውን ተሳተፈ። ድሕሪ'ዚ መምህር ናይ ኮማንዶ ኮይኑ ተመዲቡ ጀጋኑ ኣብ ምፍራይ ብተወፋይነት ነጠፈ።

ድሕሪ ስርሒት ፈንቅል፡ ተኽላይን ብጾቱን ካብ ሳሕል ንደቡብ ናብ ከባቢ ሰገነይቲ እዮም ከቲቶም። ኣብ ዛዛሚ ኲናት ግን ግደ ክህልዎ ኣይተደልየን። "ውግእ ቅድሚ ምጅማሩ ካብ ሰገነይቲ ንኣፍዓበት ናብ ግርማይ መሓሪ ትበጽሕ ዕሽግቲ ድብዳቤ ተዋሂባትኒ። ንድሕሪት ምምላስ ብፍጹም ትቕበሎ ኣይኮነን። ትእዛዝ ስለ ዝኾነ ግን ደብዳበይ ሒዘ ንኣፍዓበት ወሪደ። እታ ደብዳቤ ብዙሕ ቁምነገር ዝነበራ ኣይመስለንን። ካብ ግንባር ንምርሓቐይ ሃብተኣብ ወንበዴ ዝመሃዛያ ኢለየ ዝኣምን። ኦርኒከይ ስለ ዝፈልጥ ከይሰዋእ ኢሉ እዩ"[207]። ድማ ይብል።

ተኽላይ ካብ ኣፍዓበት ከይተመልሰ፡ ኣብ ግንባር ደቀምሓረ ዝተኸፍተ ዛዛሚ ኲናት ኣስመራ በጽሐ። በዚ ድማ 24 ግንቦት 1991 ርእሲ ከተማ ኤርትራ ኣብ ትሕቲ ቁጽጽር ህዝባዊ ሰራዊት ሓርነት ኤርትራ ወደቐት። ኢትዮጵያዊ መግዛእቲ ከኣ ሓንሳብን ንሓዋሩን ብስዕረት ኣኽተመ። ኣብዚ ነዊሕን መሪርን

---

205 መስቀል ሽኮር ሓንቲ እግሩ ሰንኪሉ (ተቐሪጹ) ኣብ ከረን ይነብር ኣሎ።

206 ህዝባዊ ግንባር ክሳብ ጥቅምቲ 1984 ኣቃውምኡ ብበራጊድ ነይሩ።

207 ተኽላይ ሚካኤል።

ጉዕዞ ግን፡ ኣሸሓት ተጋደልትን ስለማውያንን ሩሖም ከፊሎም። ፈለማ ካብ ተደጋጋሚ ህልቂት፡ ዳሕራይ ከኣ ብምርጭኡ ካብ ዝተጸንበሮ ገድሊ ብህይወት ዝተረፈ ተኽላይ፡ ጸላእቱ ካባ ሕፍረት ክጉልበቡ ንክርኢ በቕዐ።

ተኽላይ ካብ መስዋእቲ ተሪፉ ናጽነት ምርኣዩ፡ ልዕሊ'ቲ ንዕኡ ዳግማይ ከም ዝተወልደ ዝፈጠረሉ ባህታ፡ ብጅግንነት ወዱ ዝኾርዕ ኣቦ ንኣምላኻ ሞሳ ትመልስ ወላዲት ብዘይምህላው ምሉእነት ስኣነሉ። ብጅግንነት ሓው ዝሕበን ወዲ እኖ ብዘይምርካቡ ባዶነት ተሰምዖ። ተኽላይ 'ኣነ ካብ ዝተርፍ ኣዴታቶም ብሃንቀውታ ዝጽበይኦም ስውኣት ሓደ ተሪፉ እንተዝኸውን' ምባል በጺሑ ነይሩ።

ተኽላይ፡ ነቶም ካብ ዝኸሩ ዝሃሰሱ ኣቡኡን ኣደኡን ኣይኮኑን ተጸብዩ። ንእንኮ ወድኖኡ ብዘይምርካቡ ግን ሓዘኑ ዓቐን ኣይነበሮን። ንሓድጉ ዘርዓሙ ኣመሪካውያንን ኣመሪካን ብህላውነት ተኽላይን ኤርትራን ዝድስቱ ኣይነበሩን። ነቲ ኤርትራዊ ህጻን ብኣካልን መንፈስን ካብ መበቆሉ ፈልዮም ካብ ሓዉን ዓዱን በቲኾም ህጣሞም ኣጥፍኡ። ንሓድጉ ንምርካቡ ዘይተፈንቀለ እምኒ ኣይነበረን። ግን ከኣ ንብላሽ። ስእሊ ሓድጉን ኣርዓምቱን ኣባዚሕካ ዝተገብረ ፈተነ እውን፡ ብዘይካ ተስፉን ሃፉን ፍረ ኣይተረኽቦን። ንሓድጉ ዝወሓጠ ዝብኢ፡ ጫካ ናብ ዝኾነት ኣመሪካ ኣትዩ ምስ ተሸርበ ኣይነቀወን። ኣሰር'ውን ኣይገደፈን።

'ሞት ቅባጸት ድሃይ ምጥፋእ ግን ስንፈላል' ከም ዝበሃል፡ ዝሓለፉ ሰላሳ ናይ ናጽነት ዓመታት ንተኽላይ፡ ካብተን ናይ ገድሊ ዘይስንፉ ናይ ሰቐቓን ስንፈላልን ዓመታት ነይረን። ካብ ቖልዕነቱ ዝተሰከሞ ጾር ሃገር ካብ ማእገሩ ኣየውረደን። ሓዉ ንምርካብ ኣብ ዝገበሮ ፡ ህይወት ዘይሓተት ገድሊ ግን እንትርፎ ስቓይ ፋይዳ ኣይረኸበሉን።

* * *

ተኽላይ ብዝሃበኒ ሓበሬታ ነታ ሓድጉ ብህጻንነቱ ምስ ኣርዓምቱ ዝተሳእላ ከወስድ ደጊመ ምስ ፍናን ጓሉ ተራኺበ። እንተኾነ ተንቀሳቃሲት ተሌፎና ፈቲሻ ንዝደለኹዋ ስእሊ ኣይተረኽበታን። ከም ኣማራጺ ናብ ሓደ ምስኡ ምንባራ ርግጸኛ ዝነበረት ሰብ ደዊላ ናብ ዝነበርናዮ ቦታ ክመጽእ ተወከሰቶ። ዝተደወለሉ ውልቀ ሰብ፡ ላፕቶፑ ተሰኪሙ ኣብ ውሽጢ ደቓይቕ ካብ ቪላጀ ሲነማ ኣድዮን ነጠበ። ስእሊ ሓድጉን ኣርዓምቱን ግን ናበይ ከም ዝተሸርበት ኣይተረኽበትን። ኣብ መጨረሽታ ኣብ ኣመሪካ ካብ ዝነብሩ ስድራ ብኢንተርነት ክንረኽባ ከም እንኽእል ተደዓዒስና ናብ ካልእ ዕላል ኣቲና።

ዕላል ዝያዳ ኣብ መንጎይን ኣብ መንጎ እቲ ድሒሩ ዝተጸንበረና ጋሻን እዩ ነይሩ። እዚ ካብ ሕቡራት መንግስታት ኣመሪካ ካብ ዝምለስ ኣዋርሕ ገይሩ ዝነበረ ኣባል ቀዳማይ ዙርያ ሃገራዊ ኣገልግሎት ኤርሳኖስ ዘወልደማርያም፡ ንተኸላይ ቆመና ወዲ ኣኮኡ'ዩ። ንልዕሊ ክልተ ዕቑድ ኣብ ስደት ዝጸንሐ ኤርሳኖስ፡ ንዘረባ ዘረባ ኣምጽኦ ኣብ 6ይ ክፍሊ ኣብ ከረን ካልኣይ ደረጃ ስነ-ፍልጠት ንዝመሃረኒ መምህር ኤርምያስ ሓው ኮይኑ ጸኒሑ። ንግዚኡ ዕላልና ብዝኽሪ ነፍስሄር መምህር ኤርምያስ ተባሕተ።

ኤርሳኖስ ካልእ ንዓይ ዝምስጥ ዕላል እውን ኣይተሳእኖን። ኣብ ላስቬጋስ ሕቡራት መንግስታት ኣሜሪካ፡ ቡፋሎ ኤንድ ፍላሚንጎ ስትሪት ኣብ ዝጽዋዕ ጎደና፡ CLS PLASMA ትበሃል ናይ ሕክምና ትካል ኣላ። ኣብዛ ትካል ሓደ ጸሊም ኣመሪካዊ እሰርሕ። ኤርሳኖስን እዚ ጸሊም ኣሜሪካውን ኣብዛ ትካል እዮም ተላልዮም። እዚ ኣሜሪካዊ ምቕሉልን ተጫራቓይን ሰብ እዩ። ኣቦኡን ኣደኡን ወተሃደራት ዝነበሩ ኮይኖም ኣብ ጀርመን ኣብ ዝነበሩሉ እዋን ከም ዝተወልደ የዕልል። ኣብ ሳውዝ ሰንትራል (South central) ዝበሃል ናይ ሎስኣንጀለስ ወገን ድማ ዓብዩ። እዚ ኣብ ዕድመ ሓምሳታት ዝርከብ ሰብ፡ ከም ወለዱ ንሱ እውን ኣባል ምክልኻል ነይሩ ጥሮታ ዝወጸ እዩ።[208]

እቲ ኣብ መንጎ ኤርሳኖስን እዚ ኣሜሪካውን ዝነበረ ቅርበት እናወሰኸ ኣብ ዝኸደሉ፡ ኣብ ኣእምሮ ኤርሳኖስ ዝድርደር ሕቶታት እናዛየደ ከደ። ዋዛን ጭርቃንን፡ ከምኡ'ውን ምንቅስቓስ ኣካላት እቲ ሰብ፡ ንኤርሳኖስ ምስ ሓደ ጸሊም ኣመሪካዊ ዘይኮነስ፡ ምስ ኣብ ካልእ ክፋል ናይ ዓለም ዝፈልጦ ሰብ ዘዕልል ዝነበረ እናመሰሎ ምስ ነብሱ ኣብ ከቢድ ምጉት ተሸመ። እቲ ጸሊም ኣመሪካዊ ንኤርሳኖስ ቅዳሕ ናይቲ ኣብ ኤርትራ ዝነብር ተኸላይ - ወዲሞኡ እዩ። ዋዛን ጭርቃንን ተኸላይ፡ ምስቲ ኣብ ፍሉይ ኩነታት ዘርእዮ ባህርያትን ወስታን ቅምጥ ኢለን ኣብኡ ረኺበን። ኩሉ እዚ ናብቲ ድሮ ዝተቐብጸ ሓድጉ ኣኣንፍቶ። ኣውሪዱ ኣደይቡ ዝጠፍአ ሓዉ ከም ዘለዎ ንደቪድ ነቲ ኣሜሪካዊ ሓበሮ። ንሱ ድማ ንኤርሳኖስ ሓዉ ክረክብ ካብ ልቡ ተመነየሉ። ክንዮ እዚ፡ ብዛዕባ መንነቱ ዝጠራጠር ሰብ ኣይነበረን። ኤርሳኖስ ግን ኣይዓገበን ሓድጉን ኣርዓምቱን ኣብ ኣስመራ ዝተሳእልዋ ስእሊ ክርእዮ ወሰነ።

"ነታ ስእሊ ምስ ረኣየ ንእለት ገጹ ተለዋዊጡ" ዝበለ ኤርሳኖስ ዝኾነ ቃል ከየውጽአ ጽቡቕ ተመንዩሉ ከም ዝተፈልዮ ይገልጽ።

ድሕሪ ገለ መዓልታት፡ ኤርሳኖስ ናብቲ ዝሰርሓሉ ትካል ኣልጊሱ ክረኽቦ ኣይከኣለን። ዝገደደ ስራሕ ከም ዘቋረጾ ተሓበሮ። ኤርሳኖስ ግን ንሕንቅልሕንቅሊተይ ስድርኡ መልሲ እንተረኸበ ክስዕቦ ወሰነ። ክትሕግዘኒ

---

208 ኤርሳኖስ ዘወልደማርያም፡ ቃለ መጠይቕ ምስ ደራሲ፡ 20 ሚያዝያ 2022፡ ኣስመራ።

ትኽእል እያ ናብ ዝበላ፡ ምስ ደቪድ ጥቡቕ ምቅርራብ ዝነበራ ኬንያዊት ኣቕንዐ። ንሳ'ውን ነቲ ጉዳይ ኣቕልል ኣቢላ ርእያ፡ ቅድሚ ንዕኡ ምርካባ ሰለስቲኦም ዝራኸብሉ ቦታን ግዜን ወሰነት። እንተኾነ ግን ኣብ መዓልቲ ቆጸራ ንኤርሳኖስ በይና መጺኣ፡ "እዚ ጉዳይ ናይ ስድራቤት ስለ ዝኾነ ኣብ መንጎኹም ክኣቱ ኣይደልን፡" ዝብል መልሲ ደርቢያትሉ ተዓዝረት።

ኤርሳኖስ ድሕሪ'ዚ ንማሕበራዊ ገጻት ናይቲ ሰብ ኣብ ምፍታሽ ኣተወ። ኣብኡ'ውን ንጥርጣረኡ መሊሱ ዘራጉድ ጸንሖ። ንወለዱ ምስ ኣርዓምቲ ሓድጉ ፍልልይ ኣይረኸበሎምን። ኣብ ባዕላዊ መደምደምታ በጺሑ፡ " ብርግጽ ሓድጉ'ዩ" ክኣ በለ። እንተኾነ ንሱ ብርግጽ ሓድጉ ምዃኑን ዘይምዃኑን ብኸመይ ይረጋገጽ፧ ብኸመይ ይቀበሎ፧ ሕንቅልሕንቅሊተይ ሓድጉ ተፈቲሓ ተኸላይን ቤተሰብን ዝቐሰኑላ መዓልቲኸ ትመጽእ'ዶ ትኸውን፧ ምናልባት!

ካፒተን ተኸላይ ሚኪኤል

ሓድጉ ምስ ኣመሪካውያን ሰብ ሓዳር ኣርዓምቱ

ዕጫ እታ መርዓት

ኣንቲ መርዓት ኩሕሎ - ጽብቕቲ
ኣንቲ ጎርዞ ድልድልቲ - ድልውቲ
ኣንቲ ንእሽቶ - ህድእቲ ውቕብቲ
እንታይ ተረኺቡ - ኣብታ መዓልቲ።

ጽገ መንገሻ

ኣብ ግዜ ህልቂት ዖናን በስከዲራን፡ ኣግዱባይ ኣንሰራ ንሱር ኣብ ከረን እንዳ ፍራቴሎ ተማሃራይ ሓምሻይ ክፍሊ ነይሩ። ኣብ'ቲ ግዜ፡ እቶም ካብ ከባቢ ዓድታት ንከረን ኣትዮም ዝመሃሩ ዝነበሩ ተማሃሮ፡ ካብ ስድርኦም ናይ ሰሙን ስንቂ ተሰኪሞም ሰንበት ከረን ኣትዮም ይሓድሩ።[209] ምሉእ ሰሙን ተማሂሮም ከኣ ዓርቢ ነናብ ዓዶም ይኣትው።

ዓርቢ 27 ሕዳር 1970፡ ኣግዱባይ ኣንሰራ ምስ ካልኦት መማህርቱ ካብ ከረን ንበስከዲራ ክኣትው እናተበጋገሱ፡ ኣብ ማእከል ሹቕ፡ ወዲ ዓዶም ኣቶ ሸከር ልጃጅ[210] ተዃኒፉዎም፡ ናብ ሰለስተ ዓበይቲ ዓዲ በስከዲራ ትብጽሕ ህጽጽቲ ናይ ቃል መልእኽቲ ሃቦም። "በስከዲራ ኣቲኹም ንመንደር ብእምነት፡ ንተስፉ ኣልመዶምን ጃውጅ ንሱርን ረኺብኩም፡ ጽባሕ ቀዳም ጸላኢ ካብ ከረን ናባኹም ተንቀሳቂሱ ንዝረኽቦ ከጥፍእ ስለ ዝኾነ፡ ኩሉ ሰብ ኣብ ዓዲ ከይጸንሕ ሓደራኹም ንዓዲ ነጊርኩም ህደሙ በሉዎም"[211] ትእዛዝን ምሕጽንታ ሃቦም።

ንሳቶም ድማ ህጹጽነት ናይቲ መልእኽቲ ተረዲኦም፡ ዓዲ በጺሖም ነናብ ገዛኦም ቅድሚ ምእታው ተኸፋፊሎም ነናብ ቐረብኦም ዝነበረ መልእኽቶም ኣብጽሑ። "ዓዲ ምስ ኣቶና፡ ብቐጥታ ነንቐረባና ክንነግር

209 ኣግዱባይ ምስ እንዳ ሓብቱ ኣብ ባንቢ እዩ ዝኣቱ ነይሩ።

210 ሸከር ልጃጅ ኣብ ከረን ዝነብር ዝነበረ ፍሉጥ ነጋዳይ ወዲ በስከዲራ እዩ።

211 ኣግዱባይ ኣንሰራ፡ ቃለ መጠይቕ ምስ ደራሲ፡ 2 ለካቲት 2016፡ በስከዲራ።

ተሰማሚዕና። ኣነ ንሓወቦይ ጃውጅ ንሱር፡ ጅምዕ ኣልኣሚን ንመንደር ብእምነት ሳልሳይና ንተስፉ ኣልመዶም ነጊርና። ንሶም ንዓዲ ነጊሮም'ዶ ኣይነገሩን ኣይዝክርን። እንተኾነ ቀዳም ንግሆ፡ ኩሉ ሰብ ዓቢ ይኹን ንእሽቶ ካብ ዓዲ ናብ ዝተፈላለየ ሸንኻት ስለዝሃደመ፡ ነጊሮም ክኾኑ ኣለዎም"[212] ይብል ኣግዱባይ።

ንጽባሒቱ ንግሆ ቀዳም 28 ሕዳር፡ ኣግዱባይ ምስ ካልኦት ብጾቱ፡ ጥሪቶም ሒዞም ናብ ሓሊብመንተል ገጹ ናብ ዝወስድ ወገን ናይ'ታ ዓዲ ወፈሩ። መብዛሕትኡ ተቐማጢ ናይታ ዓዲ'ውን ኣብ ዘዝነበሮ ኮይኑ፡ ምንቅስቃስ ናይቶም ክወፍሩ እዮም ዝተባህለሎም ወተሃደራት ኣብ ምቁማት እዩ ተጸሚዱ።

ልክዕ ሸከር ዝበሎ ድማ፡ ወተሃደራት ብደዓሪ ንፉፍዳ ወፊሮም ከቃጽሉ ጀመሩ። ወተሃደራት ዝበጽሕዋ ዓዲ ተቓጺላ ንሰማይ ብዝዓርግ ትኪ ወተሃደራት በጺሖም ዝነበሩ ክትፈልጥ ይከኣል። ፉፍዳ ተሃሚዃ ከይቀሃመት፡ ሰግር ሩባ ዓንሰባ ትርከብ በርደግ እውን ተኸኸት። ህዝቢ በርደግ፡ ከም'ቲ ናብ በስከዲራ ዝተላእከ ሓበሬታ ስለ ዝመጸ ድዮ ወተሃደራት ከመጹ ርእዩ ሃዲሙ፡ ኣብ ዓዲ ኣይጸንሐን። ብዘይካ ኣብ ንብረት ኣብ ሰብ ጉድኣት ኣይወረደን።

ገና ህዝቢ በስከዲራ ካብ ጎቦታት ናብ ቤቱ ከይተመልሰ፡ ሰንበት 29 ሕዳር ፍሶሩኽን ፈለዳርብን ነዲደን ናብ ሓሙኽሽቲ ተለወጣ። ገለ ክፋል ካብቶም ወተሃደራት ናብ ደቡባዊ ወገን ሩባ ዓንሰባ ሰጊሮም ክፋል ሕመራይን ውስበንስሪኽን እውን ኣቃጸሉ። እቲ ኣብ በሪኽ ኮይኑ ንዘዝተቓጸላ ዓድታት ዘቋምት ዝነበረ ህዝቢ ከኣ፡ ኣንፈት ትኪ ብምርኣይ፡ 'ወተሃደራት ኢትዮጵያ ንሸኹና ምውፉር ኣቋሪጾም ንዓዲ ዘማት[213] ተመሊሶም' ዝብል ግምት ወሰደ።

ሰንበት ግዜ ምሸት ዝበዝሐ ካብቲ ኣብ በረኻ ዝቐነየ ተቀማጢ በስከዲራ ንዓዱ ተመልሰ። እቶም ወተሃደራት ከኣ ካብ ወገን ሕመራይን ውስበንስሪኽን ንሩባ ዓንሰባ ተመሊሶም ሓደሩ። ሰኑይ 30 ሕዳር ከኣ ኣንጊሆም ካብ ሩባ ዓንሰባ ንበስከዲራ ገስገሱ።

ንግሆ ሰኑይ ኣብ ገዛ እንዳ ኣንሰራ ንሱር ዝነበረ ኩነታት ኣብታ ዓዲ ንዝነበረ ሃዋህው ብኸፊል የንጸባርቕ። ካብ ተዘክሮ ኣግዱባይ፦

"ንግሆ ትንስእ ምስ በልና፡ ኣቦይ ከም'ዚ ከቢድ ሓሳብ ዝተጻዕኖ በይኑ ዝን ኢሉ ኣርፊዱ። ዓድና ክእከቡ ምስ ጀመሩ ሓወቦይ ጃውጅ ካብ'ቶም

212 ኣግዱባይ ኣንሰራ።

213 ዓዲ ዘማት ካብ ሓሸላ ንምብራቕ ዝርከብ ማእከሉ ሓሊብመንተል ዝኾነ ክፋል ናይ በጎስ እዩ።

ሽማግለታት ሓደ ስለ ዝነበረ ‘ጦር ሰራዊት ካብ ዓንሰባ ናባና ገጾም ይወፍሩ ኣለዉ። ዓዲ ኸኣ ኣይንህደም ስለ ዝበለት፡ ኲላትና ተኣኪብና ክንቅበሎም ኢና፡፡ ክልተ ከብቲ’ውን መቐበሊ ኣዳሊና ኣለና፡ ንኺድ ንተኣከብ’ በለና። ኣቦይ ሽሁ፡ ‘በሉ ንተኣከብ ካብ በሉ ንኺድ ንተኣከብ’ ኢሉ መሪሑና ተበገሰ። ባንቢ ተመርዕያ ዝነበረት ምሕረት ሓብተይ፡ ንተስካር ሓወቦይ ሚካኤል ንሱር ንበስከዲራ መጺኣ ኣይተመልሰትን ነይራ። በዚ መሰረት ኣደይ ታቦቱ ቴድሮስ፡ ኣሓተይ ምሕረትን ጥምቀቱን፡ ንወገን ፈርሔን ኣብ በሪኽ ካብ ትርከብ ገዛና ኣሰር ኣቦይ ናብቲ ህዝቢ ዝእከበሉ ዝነበረ ገጽና ኣምራሕና።

እንተኾነ ኣነ ነቦይ ሓደ ወዱ ስለ ዝነበርኩ፡ መሪሕና ክኸይድ ጸኒሑ ኣብ መንገሪ ደው ኢሉ ‘ስማዕ!’ ‘ንስኻ ምሳና ኣይትተኣከብ፣ ንስኺ ምሕረት ከማን ቈልዓ ገዲፍኪ ስለ ዘለኺ፡ ክልተኹም በዚ ጌርኩም ብሓሊብመንተል ከረን ወሪድኩም ንባንቢ ትኣተው፡ ኪዱ’ በለና ኣብ ገጹ ስግኣት እናተነበ።

ምሕረት ሓብተይ ግን ‘ዋእ ኣንታ ኣቦ ጦር ሰራዊት በዚ ይመጹ’ለዉ ይበሃል፡ ዓድና ድማ ይእከብ ንሕና ከመይ ገይርና ክንከይድ፣ ካብ ዓድና’ዶ ንሕና በዚሕና፡ ምሽት ኩሉ ምስ ረግአ ንኸይድ’ በለቶ።

ኣቦይ ድማ ከም ሕርቕ ኢሉ ‘ኣንቲ ጓል ዘረባይ ዘይትሰምዒ፡ ኣነ ዝብለኪ ግበሪ፣ እዚ ወድን ንስኽን ምሳና ኣይትተኣከቡ’ መግናሕቲ ሓዊሱ መሊሱላ። ነደይን ነታ ንእሽቶ ሓብተይን ኣይተዛረበንን። ኣብ መንገ’ዚ፡ በዓል ኣቦይ መንደርን ኣቦይ ጃውጅን ካብ ርሑቕ ዓው ኢሎም ‘እንታይ ትገብሩ ኣለኹም፧ ቀልጥፉ እባ፡ እቶም ወተሃደራት እኳ መጺኦም ደንጉኹም፡’ ብምባል ካብ ርሑቕ ኣድሃዩና። ኣቦይ ገዲፍና ተበጊሱ፡ ኣደይ ስዒባቶ፡ እታ መርዓት፡ ንእሽቶ ሓብተይ፡ መወዳእታ ከኣ ኣነ፡ ኣሰሪኡ ስዒብና”።[214]

ኣግዱባይ ኣብ መስርሕ ስነዳ ካብ ዝረኸብናዮም ኣዘንተውቲ፡ ሓሳቡ ብባህ ዝበሎ ቋንቋ ክገልጽ ዘይሸገር፡ ብሉጽ ናይ ምዝንታው ብቕዓት ዝውንን ሰብ እዩ። ንዋሕዚ ሓሳባቱ ምስ ብሉጽ ናይ ምዝንታው ክእለቱ ተሃኒንካ ክትሰምዖ እዩ ዝቕሰበ። ቀዳመይቲ ዕለት ናይቲ ወፍሪ ኣብ ውሽጢ መስጊድ ረኺብና ካብ ዘዘራረብናዮም ኮይኑ ኣብ ካልእ ኣጋጣሚ’ውን ብደተጋጋሚ ከነዕልሎ ዕድል ረኺብና።

ንሱ ነቲ ኣብ መዓልቲ ህልቂት ኣብ መንገ እዛ ስድራ ዝተላዕለ ናይ ሓሳብ ፍልልይ መጨረሽታኡ እንታይ ከም ዝኾነ እንክገልጽ፥-

“ኣቦይ ነቶም ክንተርፍ ዝኣዘዘና ግን ከኣ ንስዕቦ ዝነበርና ደቁ ተገልቢጡ ምስ ረኣየ ስጉምቱ ኣቋሪጹ ‘ኣንቲ ቈልዓ እንታይ’ድየ ኢለኪ፣ ምስ እዚ ወዲ

214 ኣግዱባይ ኣንሰራ።

ከይትስዕቡና'ዶ ኢለኩም ኣይነበርኩን፧' ንምሕረት ሓሪቐ ሓቲትዋ። ምሕረት እውን ከም ቁጥዕ ኢላ፡ 'ኣቦ ግደፈና፡ ኣነ ካብ ዓዲ ምሉእ ኣይበዛሕኩን ዓደይ ዝርኣዮ ክርኢ'የ፡' ንሳ'ውን ድምጻ ኣትሪራ መለሊሳትሉ።"

ኣቦይ ኣንሰራ ክንየ'ዚ ምስ ጓሉ ክታረኽ ኣይመረጸን። "ሕራይ በሊ፡" ብምባል፡ ቃለይ ኣይዕብርን ይኸውን ናብ ዝበሎ ኣግዱባይ ጥራይ ኣትኮረ። "ንዕኣ ግደፋ፡ ንስኻ ኪድ ተመለስ!" ካብቲ ናይ ቅድም ኣትሪሩ ኣድመጸ።

ኣግዱባይ፡ ሐራይ ኢሉ ንድሕሪት ኣይተመለሰን፡ ኣይፋለይ ኢሉ'ውን ኣይሰዓቦምን። ኣይንቕድሚት ኣንድሕሪት ኣብ ዝነበራ ተዓኒዱ ተረፈ። ኩሎም እቶም ዝተረፉ ኣባላት እታ ስድራ ግን ናብቲ እኩብ ህዝቢ ገጾም ሰጕሙ። ኣቦይ ኣንሰራ፡ በዓልቲ ቤቱን ክልተ ኣዋልዱን መሪሑ በዚ ንቕድሚት እናሰጎመ በቲ ድማ ናብ ኣግዱባይ ተገልቢጡ የቛምት'ሞ፡ ደጋጊሙ ብኢዱ 'ኪድ ተመለስ' ዝብል ምልክት እናገበረሉ ናብቲ እኩብ ህዝቢ ተጸንበረ።

ኣግዱባይ ኣይተመልሰን ኣይቀጸለን እውን። ደው ኣብ ዝበላ ኮይኑ ግን ክልተ ክርስዐን ዘይክእል ፍጻመታት ተዓዘበ።

"ሰንበቱ ሰይቲ ንጉሰ ሓደ ቆልዓ ኣብ ዝባና፡ ክልተ እግሪ ተኸሊ ድማ ብኢዳ ሒዛ ኣንጻር እቲ ዝእኩብ ህዝቢ ንንቦ ገጻ ክትሃድም ቤት ትምህርቲ ሓሊፉ ንስንጭሮ ክትሃትፍ ክትብል፡ ሽማግለታት ርእዮማ፡ 'ዎ ዎ ዎ! ኢሎም ብምጭዳር 'ንሕና ብሓደ ተኣከቡ ንብል፡ ናበይ ትኸዲ ኣለኺ' እናበሉ ኣጉባዕቡውላ። ንሳን ደቃን ናብ'ቲ እኩብ ህዝቢ ተመሊሳ ኣማስይኡ ራብዓይ ርእሳ ሞይታ። ብዘይካ'ዚ፡ ሑመድ ደሪዕ ሽማግለታት ዓዲ ንፈርሔን ልኢኾሞ፣ ክኸይድ መወዳእታ ናይ'ቲ ንፈርሔን ዘውጽእ ገዛውቲ በጺሑ፡ ዑመር ማሕመድ፡ 'ንዓ ኣነ ክኸይድ ተመለስ' ኢልዎ። ኣመስጊኑ ተመሊሱ፡ ደሓር ከምዝረኣኹዎ ንሱ'ውን ኣብ መስጊድ መይቱ፡" ኣግዱባይ ይዝክር።

ንሱ ጌና ካብ'ታ ዝነበራ ከይተንቀሳቀሰ ከሎ ስንጭሮ ስንጭሮ ክጉዓዙ ዘርፈዱ ወተሃደራት ኢትዮጵያ፡ ብሕጉብ ሕጉብ ንበስኪዲራ ተቘልቀሉ። ኣግዱባይ ነቶም ካብ ቀደሙ ከም ዝፈርሖምን ዝጸልኦምን ዝገለጾም ወተሃደራት ካብ ርሑቕ ምስ ረኣየ፡ ደው ኢሉ ከቛምቶም እውን ትብዓት ኣይረኸበን። ተቐላጢፉ ንፈርሔን ገጹ ተበቆጸ። ካብ ዝተኣከበ ህዝቢ ሃዲሙ ከኣ ምስቶም ኣብ ፈርሔን ተኣኪቦም ዝጸንሕዎ ተጸንበረ።

ኣጉዱባይ ድያቆን ስለ ዝነበረ ምስ ኣባ ኣኖስዩ ለቢሱ መስቀል ተሰኪሙ፡ ወተሃደራት ንክመጹ ከጸባበ ወዓለ። ኣብ ፈርሔን ተኣኪቡ ክጽበ ዝወዓለ ህዝቢ፡ ወተሃደራት ምምጻእ ደንጉዮሞ ሃሙን ቀልቡን ናብቲ ብማዕዶ ዝስማዕ ቶኹስን ዝበንን ትክን ኮነ። ነቲ ትኪ ሓንሳብ 'በስኪዲራ' ጸኒሑ ም 'ያእ ኣይፋል ፈለዳርብ' ነቲ ድምጺ ጠያይት ከኣ 'ኮከን' ኣይፋል 'ዕልም ኩሉ'ዩ'

እናበሉ ግምታቶም ከህቡ ከለው ካብ ፍርህን ራዕድን ኣይተላቐቑን።

ድሕሪ ሰዓት ሓሙሽተ ኣባ ተወልደብርሃን ልብሶም ኣውሪዶም መኪንኦም ኣልዒሎም በይኖም ንበስከዲራ ተበገሱ። ኣብ ቤተ-ክርስትያን ተኣኪቡ ዝወዓለ ህዝቢ እውን ተበታተነ።

ኣባቴ ንበስከዲራ ኣብ ጫፍ ዓዲ ኮይኖም ብዓይኖም ኮሊሎም ነዲዳ ሓሙኸሸቲ ተለዊጣ፡ ዝንቀሳቀስ ፍጡር እውን ኣይረአዩን። ጺምጺም ትብል ኣብ ዝነበረት ዓዲ ከኣትው ከኣ ነብሶም ግንብንብ በሎም። ሽዑ ናብ ፈርሔን ተመሊሶም፡ ዘሰንይዎም ሽማግለታት ወሲዶም ዳግማይ ብእግሮም ተበገሱ። መስጊድ በጺሖም፡ ዝኾነ ምስ ፈለጡ ከኣ በዓል ኣጉዱባይ ካብ ፈርሔን ክረድኡ ተበገሱ። እቲ ዘጋጠሞም ብኸምዚ ይገልጾ፥

> *"ኣብ መገዲ ነደይን ጥምቀቱ ሓብተይን ረኺበ 'ምሕረትከ'ሓቲተየን። ነቦይ ኣይሓተትክሉን። ኣደይ ድማ 'ባዕላ ትፈልጥ፡ ንሰኻ ጥራይ ተመለስ' ኢላትኒ። ደጋጊማ፡ 'ኣይትኺድ ንዓ ተመለስ ኣይትኺድ!' እኳ እንተበለትኒ፡ 'ደሓን ንስኽን ጥራይ ኪዳ፡' ኢለየን፡ እናንየኹ ኣብ ኣፍደገ እታ መስጊድ በጺሐ ደው ኢለ። መስጊድ ርእሱ ዝተመቐለ፡ ከስዐኡ ዝተበትበተ ገለ ንክመውት ብቓንዛ ዝስሓግ ተጎቢኣ ጸንሓትኒ።*
>
> *ሽዑ ደው ኣብ ዝበልኩላ ቦታ ኮይኑ ነቦይ ኣብ ማእከል እቶም ምዉታት ኮፍ ኢሉ ርእየዮ። ደም ጨፈቕ፡ ጨፈቕ እናበልኩ ኣብ*

ለተዮሴፍ ስልማን ጓል ምሕረት

ኣቶ ኣጉዱባይ ኣንሰራ

ልዕሊኡ መጺኡ ደው ኢሉ 'ኣቦ' ኣቦ' ኢሉ ጸዊዐዮ። ንሱ ድማ ካብ ኮፍ ዝበሎ ኣንቃዕሪሩ ጠሚቱ ምስ ኣለለየኒ 'ርእ በል እዚኣ'ያ እታ ንግሆ ተመለሲ ክትበሃል ኣርፊዳ ዝኣበየት ሓብትኻ!' በለኒ ብነጸላ ንሬስአ እናኸደነ። ኣነ ድማ ብሰንባደ 'ሞይታ!' ኢለዮ። 'ሞይታ! ሓዎቦኻ ጃውጅ እውን እንሆለ ምስ ሰበይቱ' በለኒ፡ ናብ'ቶም ኣብ የማኑ ዝነበሩ ኩምራ ሬሳታት ብኢዱ እናመልከተ። ውነይ ከጥፍእ ዝተረፈኒ ኣይነበረን፡ 'ሓዎብይ እውን ሞይቱ' በልኩዎ። ኣቦይ ድማ 'መይቱ' መለሰለይ።"[215]

ንኣግዱባይ፡ ስንባደን ራዕድን ብሓደ ወገን፡ ደምን ፈርስን ድማ ብኻልእ ተደማሚሮም ስግድግድ በሎ። ካብቲ ክሳብ ሽዑ ዝሰምዖ ሕማቕን ዝረኣዮ ዕያግን ንላዕሊ፡ ክሰምዕን ክርእን ዓቕሊ ኣይነበሮን። ቃል ከየውጽኤ ብሓውሲ ህድማ ዳግማይ ሬሳታት እናረገጸ ናብ ኣፍደገ ገጹ ተገልበጠ። ኣብ ኣፍደገ መስጊድ ምስ በጽሐ፡ ኣፉን ኣፍንጭኡን ተዓቢሱ ከም ዝጸንሐ ካብ ንቡር ንላዕሊ ሳንብኡ ነፊሑ ኣስተንፈሰ። ብምሒር ቅልጣፈ ህርመት ናይ ልቡ ነብሱ ኣመና ተወጠረት። ካብ ህዋሳቱ ግቡእ ስርሐን ካብ ምስልሳል ዝበኾራ ግን ኣይተሳእናን። ኣዒንቱ ኣብ ቅድምአን ንዝነበረ ግኡዝ ምርኣይ ሓመቓ። ብተደጋጋሚ ቋሕ ሰም፡ ቋሕ ሰም እኳ እንተበለን ለውጢ ኣይነበሮን። ኣእዛኑ'ውን ከም ቀደመን ኣይነበራን።

"ኣግዱባይ፡ ኣግዱባይ ንዓ ዝወደይ፡ ንዓኻየ፡ ኣግዱባይ ንዓ!" ሓንቲ ሰበይቲ ንእግሩ ሓሊኹ ምስጓም ካብ ዝኸልኦ፡ ንዓይኑ'ውን ከይርኢ ካብ ዝዓፈኖ ዕንዛዘ ኣነቃቅሓቶ።

ናብታ ትጽውዖ ዝነበረት ሰበይቲ ኣትኩሩ እንተ ጠመተ፡ ብጥይት ተመናኒሃ ልባ ጠፊእዋ ኣብ ባይታ ተጋዲማ ርኣያ። ገና ናብኣ ገጹ እናሰጎመ "ከመይ ኢላኸ ኣብዚ በጺሓ፣" ኢሉ ሓሰበ።

"ነቲ ቆልዓ ኣምጽኣለይ" ኣብ ኣፍደገ እቲ መስጊድ ዝንፍሓኸ ናብ ዝነበረ ህጻን ተጋዲማ ከላ ብኢዳ ኣመልከተትሉ። ኣግዱባይ ቃል ከየውጽአ ነቲ በይኑ ዝንፍሓኸ ህጻን ካብ ባይታ ኣልዓሎ። ኣብ ርእሳ ድዩ ደርብይዎ ኣብ ሕቑፉ ግን ብፍጹም ኣይዝከሮን።

ልዕሊ እዚ ኣብ ከባቢ መስጊድ ክጸንሕ ስለ ዘይከእል ክርሕቕ ነይርዎ። ንግሆ ኪድ ተባሂሉ ከዕጠጢ ከም ዘየርፈደ፡ ኣደኡ ተመለስ እናበለቶ ከም ዘይኣበየ ኣብ ሽዑ በጺሑ ስጋር ፈረስ ተቖይሩ ጋለበ። ቀርኑ ከም ዝተጨደ ብዕራይ ነፈጸ። ህድማ ካብቲ ኣብ መስጊድ ዝነበረ ሓቂ - ከንቱ ህድማ።

215 ከማሁ።

እንዳ ሕኒት

ህዝበይ!
ፍቕረይ!
እንታይ ኢኹም ኮንኩም
ኣበይ ከይዳ እታ ዕምርቲ ዓድኹም
ኣበይ ኣቢለን በራውር ጥሪትኩም
ኣንቱም ንጹሃት ንገሩኒ በጃኹም።

ጽገ መንገሻ

በቲ ምስ ኣመሓዳሪ ምምሕዳር ከባቢ ፈርሔን[216] ኣቐዲምና ዝገበርናዮ ምርድዳእ፡ ካብ ግዳያትን ስድራቤት ግዳያትን ኣብ ቤት ጽሕፈቱ (ድግ ምራድ) ክልተ ሰብኡት ካብ ስድራ ግዳያት ሓንቲ ውጻእ መዓት ኣደን ኣዳልዩልና ጸንሑ።

ለተመድህን ወልዱ ሕኒት፡ ኣብ ጥሪ 1970 ኣብ ማእከል ዓዳ (ሓንጎል) ናብ ነጋሲ ኣሻል ተመርዕያ ኣብ ድሮ ህልቂት ምስ እንዳ ዓለቡኣ ንበስከዲራ ዝገዓዘት መርዓት ምልሶት ነበረት። ብዙሓት ካብ ዝተፈላለያ ዓድታት ንበስከዲራ ዝገዓዛ ስድራቤታት ብተንኮባ ኣብሎ ሰሪሐን ሰፈራ። እንዳ ወልዱ ሕኒት እውን ብተመሳሳሊ ኣብሎ ሰሪሖም ንርእሶም ዘጽልሉላ መዕቆቢ ኣብ በስከዲራ ሰርሑ።

ህልቂት ኣብ ዝተፈጸመትላ ዕለት፡ 30 ሕዳር 1970፡ ብኣቋጻጽራ ግእዝ 21 ሕዳር 1963 ኮይና በዓለ ማርያም ነበረት። ስድራ ለተመድህን ደቂ ማሕበር በዓለ ማርያም ስለ ዝነበሩ፡ ኣበይ ውልዱ ሕኒትን ኣደይ ማርታ ዘርኢጋብርን፡ ቅዳሴ ከካፈሉ ብድሮ ንፈርሔን ኣትዮም ሓደሩ። ናይ ወርሒ ሕዳር ማሕበር በዓለማርያም ዝተቐበለ ወዲ ማሕበር ኣጋጣሚ ዓዱ ፈርሔን ስለ ዝነበረ ከኣ፡ ኣብ ፈርሔን ከውዕሉ እዩ መደቦም።

216 ኣብቲ ግዜ'ቲ ኣመሓዳሪ ፈርሔን ዝነበረ ኣቶ ተኸላይ ብርሃነ እዩ።

ወጋሕታ ሰኑይ፡ ደወለ ቤተ-ክርስትያን ቅዱስ ግዮርጊስ ንኣመንቲ ጸውዒቱ ምስ ኣስምዐ፡ ከካብ ዝሓደርዎ ናብ'ታ ቤተ-ክርስትያን ወሓዙ። ኣሃዱ ኢሉ ዝፈለመ ቅዳሴ፡ ምእታውኩምን ምውጻእኩምን ብሰላም ብዝብል ምረቓ ናይ ካህንን "ኣሜን"[217] ዝብል ናይ ኣመንቲ ቃል ተዛዘመ።

ድሕሪ ቅዳሴ ደቂ ማሕበር "በዓለ ማርያም" ናብ ገዛ እንዳ ዳፍላ ዑስማን ኣምርሑ። ንዝተቐረበሎም እኽለ ማይ ተቛዲሶም ከኣ ናብ ወግዒ ምስታይ ቡን ሰገሩ። ኣብ መንጎ እቲ ናይ ቡን ወግዒ ከኣ እያ ኣደይ መስቀላ ሰይቲ እብትማርያም ዓብደላ ንህጻን ወዳ ሙሴ ዓንቀር ወሪዳቶ ከዓብየላ (ክኽላእ) ሓቘፋቶ ናብ ማእከል እቶም ደቂ ማሕበር ዝመጸት። ኣቦይ ወልዱ ሕኒት (ኣቦኣ ንለተመድህን) ዓንቀር ናይ ምኽላእ ልምዲ ስለ ዝነበሮ ብመደብ እያ ክትጸበዮም ቀንያ። ዓባዩ ነቲ ህጻን ኣደይ ኣመቱ ሰይቲ ዓብደላ ሓቘፋቶ ድማ ቐረበት። ኣቦይ ወልዱ ከኣ ነቲ ህጻን ብጥንቃቐ ዓንቀር ከልኣሉ።[218]

ቡን ኣወልን ካልኣይትን ተሰትያ፡ ሳልሰይቲ ኣይተቐድሐትን። "ወተሃደራት በስከዲራ ቀሪቦም" ዝብል ወረ ተናፊሱ ኣብታ ገዛ ዝጸንሐ ህዱእ መንፈስ ንእለት ተዘርገ።

ሓለፉ ኹሎም ዝተረበሸ ግን ኣቦይ ወልዱ ሕኒት እዩ። ካብ ዝተቐመጦ ተንሲኡ "ደቂ ወደይን ጓለይን በይኖም ኣለው፡ ከይስንብዱ ግድን ክኸዶም ኣለኒ" ብምባል ንበስከዲራ ነቐለ።

ደቂ ማሕበር፡ ብፍላይ ድማ ኣደይ ኣመቱ ሰይቲ ዓብደላ "ህድእ በል፡ ኩነታት ኣረጋጊጽካ ትኸይድ" ንክጸንሕ በቢወገኖም ተማሕጸንዎ፡

ኣቦይ ወልዱ ግን "ኣይፋለይ ምስኣም እንተጸናሕኩ እዩ ዝሓይሸ፡ እኺድ ደኣ ግደፉኒ"[219] ብምባል ንበዓልቲ ቤቱን ደቂ ማሕበሩን ገዲፉ፡ ወተሃደራት ናብ በስከዲራ ቀቅድሚ ምብጽሖም፡ ናብ'ቲ ተኣኪቡ ዝነበረ ህዝቢ ተጸንበረ።

ድሕሪ እቲ ኣብ በስከዲራ ዝወዓለ ከርተት 'ካብ ነፋሪት ክትክወሉ' ብዝብል ምኽኒት፡ ኣማስይኡ መቕተሊት ናብ ዝተመርጸት መስጊድ ኣተው። ኣቦይ ወልዱ ሕኒት ምስ ጓሉ ለተመድህን፡ ሰበይቲ ወዱ ዓቤላ ወልዱ ፍካክ ምስ ደቃ ኣስላን ትብርህን፡ ሰይቲ ግላይ ሕኒት ምስ ደቃ፡ ከምኡ'ውን ደቂ ተስፉ ሕኒት ኣድሓነትን መድሓኒትን ካልኦት ብዙሓትን እናተጸቓቐጡ ኣተው። "ሓላፊ ይመጽእ ኣሎ" ጣቕዒትን ዕልልታን ግበሩ ተባሂሎም ኣጣቕዑን ዓለሉን። ሽዑ እቲ ኣብ ኣፍደገ መስጊድ ተተኺሉ ዝነበረ ብረታት

217 ኣሜን፡ ከም ዝበልኩሞ ይኹን፡ ይሰማማዕ ይትርጎም።

218 መስቀላ ሰይቲ እብትማርያም ዓብደላ፡ ቃለ መጠይቕ ምስ ደራሲ፡ 21 ጥቅምቲ 2021፡ ከረን።

219 መስቀላ።

ብማዕጾን ፍኒስትራን ኣይሂ ጥያይት ከዓወሎም። ውጻእ መዓት ለተመድህን፡ ነቲ ሽው ዘጓነፎም ብሽምዚ ትጸውየሉ፥ "ግንቦ ኢደይ ዝሃረመትኒ ጥይት፡ ኣብ ቅድመይ ንዝነበረ ኣቦይ ርእሱ ሃሪማ ረኺባትኒ እየ ዝብል። ነቦይ ሞይቱ እንከሎ ደጊሞም እንተዘይኮይኖም፡ ብቀዳመይቲ ጥይት'ዩ ህይወቱ ሓሊፉ። ኣብ ካልኣይ ዙር፡ ብፍኒስትራ ዝትኰስ ዝነበረ ወተሃደር ኣብ ጎነይ ረኺብኒ። ነቲ ዝወግኣኒ እርእዮ ነይረ። በየን ከም ዝመጸት ዘይተረዳኣትኒ ሳልሰይቲ እውን ብየማናይ ጎነይ ኣትያ ወጺኣ። ንሳ ዝኸበደት ነይራ። መጀመርታ ዝሃረመትኒ ኣየውደቐትንን። ካልኣይቲ ምስ ተሃረምኩ ወዲቐ። ወዲቐካ መሬት ኣይትበጽሕን ኢኻ። ኣብ ልዕሊ ሰብ ኢኻ ግምቡው ትብል።"[220]

ዓቤላ ሰይቲ ዑቕባልደት ወልዱ ኢዳ እያ ተወጊኣ። እታ ኣብ ዝባና ዝነበረት ህጻን ከኣ ብጥይት ካብ ማሕዘል ተመንጢላ። ኣብ ምውጻእ፡ ለተመድህን ንዓቤላ፡ "ነዛ ጓልኪ ሕዘልያ" በለታ።

ዓቤላ ብወገና "ነዛ ሓዚለያ ዘለኹ ጓለይ'ከ (ንትበርህ) እንታይ ክገብራ፡" በለት ገና ኣብ ዝባና ዝነበረት መሲልዋ።

ለተመድህን "ጓልኪ'ዶ ኣላያ፧ የላን እኮ፡"[221] በለታ።

ሽው ዓቤላ ንፈለማ እዋን ማሕዘላ ብኢዳን ዓይናን ፈተሸት። ማሕዘላ ተበጣጢሱን ብደም ተሓጺቡን ረኸበቶ።

ንለተመድህን መን ምኳኑ ክትዝክሮ ዘይከኣለት ሰብ ካብ ውሽጢ መስጊድ ተስኪሙ ደገ ኣውጽኣ። ኣብ ደገ ምስ ወጸት ግን ከሳብ ሰብ ዝስከማ ኣይተጸበየትን። እናወድቐት እናተንስአት ክሳብ ቤት-ትምህርቲ በጽሐት። ኣብ ዝባና ብዘይካ ዝተቐዳደት ናይ ውሽጢ ቀምሽ፡ ክዳን ኣይተረፋን። ክዳና ጥራይ ኣይኮነን ግን ተቐዲዱ። ኣካላታ እውን ብሓሙሽተ ዓረር ተበትቢቱ ዝተርፎ ኣይነበሮን። ካብ ከብዳ፡ ኢዳን እግራን ዝፈስስ ዝነበረ ደም ዋሕዙ ኣየቋረጸን። ስለ ዝኾነ ድማ ኣብ ቤት ትምህርቲ ምስ በጽሐት፡ ተሰኒፋ ዘልሓጥ በለት። ክረድኡ ካብ ዝመጹ ሓደ ወዲ ሓላል ሓዚሉ ከኣ ፈርሔን ኣብጽሓ።

ኣብ ፈርሔን ለተመድህን ምስ ኣደኣን ሰይቲ ሓዋን ዳግማይ ተራኸባ። ካብ መድመይቲ ዘዐግስ ቀዳማይ ረድኤት ምስ ተገብረላ ዳግማይ ጉዕዞ ብጸልማት ጀመራ። ንዝነውሐ ክፋሉ ናይ'ቲ ካብ ፈርሔን ክሳብ ሓሊብመንተል ዝወስድ መገዲ እናወደቐትን እናተንስአትን መከተቶ። ገለ ሰባት ንገለ ርሕቀት ተስኪሞማ ንቕድሚት ይደፍእዋ'ሞ 'እዝግሄር ይሓግዝኪ' ብምባል፡ ካልኦት ንምሕጋዝ ናብ ድሕሪት ይምለሱ። ብኸም'ዚ ኢዳ ተወጊኣ ዝነበረት ሰይቲ

220 መድህኑ ወልዱ፡ ቃለ መጠይቕ ምስ ደራሲ፡ 12 ሚያዝያ 2016፡ ድገ ምራድ።

221 መድህኑ ወልዱ።

ሓዋን ኣደኣን ሰሉስ ንግሆ ሓሊብመንተል ኣተዋ። ዓባይ ማኪና ድማ ተቐቢላ ሆስፒታል ከረን ኣብጽሓተን።

ንለተመድህን እቲ ኣብ ከረን ዝተገበረላ ሕክምናዊ ረድኤት፡ ቁስሊ ኢዳን እግራን ለውጢ ንክገብር ጥራይ ሓገዘ። ናይ ጎና ግን ፍጹም ኣይተመሓየሸን። ዳሕራይ ንኣስመራ ተላኢኻ ንኣስታት ክልተ ኣዋርሕ ተሓኪማ ተመሓየሸት። በዚ ድማ ካብ ባሕቲ ታሕሳስ ክሳብ ግንቦት ንኣስታት ሹዱሽተ ኣዋርሕ ኣብ ትሕቲ ሕክምና ተዓቚባ እያ ኣሕሊፋቶ። ኣብ ድሮ ነግዲ ማርያም ደዓሪ[222] ከኣ ንገዝኣ ተመልሰት።

"ንስኺ ብኸቢድ ተወጊእኪ፡ ኣቦኺ፡ ጓል ሓውኺ፡ እንዳ ሓዎቦኺ ኮታስ ዓድኺ ጠፊኡ፡ ኣብ ሕክምና ከለኺ እንታይ ይስመዓኪ ነይሩ፧" ናይቲ ህሞት ስምዒታ ንክፈልጥ ዝተወከስክዋ እዩ።

ለተመድህን ከተምስል ኢላ እውን ኣይፈተነትን፡ "ሓሶት'ዶ ክዛረበካ ኰይነ፣ ነቒጸ፡ ኣይበኼኹን፡ ድሕሬና ሰብ ሞይቱ ኣሎ እውን ኣይበልኩን። ንባዕለይ ክመውት ደየ ክሓዊ እኳ ዘይፈለጥኩ። ተመሓይሸ ዓዲ ምስ ተመለስኩ ግን ኩሉ ነገር ሓዲሱኒ፡ ናብ ሓዘን ተሸሚመ" ብምባል መርዓት ምልሶት እንከላ ናብኣን ናብ ስድርኣን ዝወረደ መዓት ጸውያ።

* * *

ስም ይመርሕ ጥዋፍ የብርህ ከም ዝበሃል መስጊድ ኣትየን ብህይወት ካብ ዝወጻ ኣባላት ስድራ እንዳ ሕኒት ሓንቲ፡ መድሓኒት ተስፉ እያ። መድሓኒት ድሕሪ ህልቂት ሰበይቱን ሰልስተ ደቁን ኣብ መስጊድ ናብ ዝሞትዎ ንጉሰ ኣንስራ ተመርዕያ፡ ኣወዳትን ኣዋልድን ወሊዳ። እንተኾነ እዚ ዕዮ'ዚ ቅድሚ ምጅማሩ ስለ ዝዓረፈት፡ ምስክርነታ ክንስንድ ኣይበቓዕናን። ንሓብታ ኣድሓነት ግን ኣብ ዓዳ (ቁኒዕ) ኬድና ረኺብናያ።

ኣድሓነት ንቋንቋታት ብሊንን ትግርኛን እናዛነቐት እያ ተዕልል። ጀነራል ተሾመ ኣብ ዝተቐትለሉ መዓልቲ፡ ዓዶም (ሓንጎል) ነፋሪት ደብዲባ ከም ዝነበረት ትዝክር። ሰኑይ 30 ሕዳር ወተሃደራት በስኪዲራ ቅድሚ ምብጽሖም ብዛዕባ ዝጎነፈን ድማ ከምዚ ትብል። "ንግሆ ምስ መሓዙተይ ካብ በስኪዲራ ንፈርሔን ገጽና ክንሃድም ተበጊስና። ሓደ ካብቶም ሽማግለታት፡ 'ከተጥፍኣና ዲኺን ደሊኽን' ብምባል ናብቲ ሓፋሽ ክንጽንበር ገዲዶምና።"[223]

222 ማርያም ደዓሪ መጨረሽታ መዓልታት ናይ ወርሒ ግንቦት (29 ግንቦት) ትውዕል።
223 ኣድሓነት ተስፉ፡ ቃለ መጠይቕ ምስ ደራሲ፡ 19 ሚያዝያ 2016፡ ቁኒዕ።

ናይ ምድሓን ተስፍኦም በኒኑ መልኣከ ሞት ክጉልብቦም ኣብ ዝቀራረበሉ ዝነበረ ሰዓት፡ ሰይቲ ሓወቦኣ ንኣድሓነት - ናስራ ሰይቲ ግላይ "ኣንቲ ኣድሓነት ጓለይ፡ ስለምንታይ ኣብቲ በረኻ ዘይጸናሕኪ፧ ንሰኽን ሓዳስን በረኻ እንተትጸንሓ፡ ካብዛ ናይ ሎሚ'ኳ ምተረፍክን፡" ዝበለታ ሓወቦኣ ኣቦይ ወልዱ ሕኒት ድማ ኣብ ውሽጢ መስጊድ፡ "ሕጂ መወዳእታ ዓለም ተማሚሙ'ዩ፡ ትመጽእ ክሳብ ትመጸኩም ኣብ ዘለኹማ ስቕ ኢልኩም ጥራይ ተጸብዩ፡" ዝበለን ቃላት ካብ ኣእምሮኣ ኣይትርስዐንን። ምኽንያቱ ድሕሪ እዘን ቃላት ድምጺ ኣቦይ ወልዱ ኮነ ኣደይ ናስራ ደጊማ ኣይሰምዐትን። ንሳ ነቲ ጸሊም ሓጺር፡ ኣብ ክሳዱ ዕንቀኡ ዝኣሰረ፡ ሓጻር ብረት ኣብ ሽምጡ ዝዓጠቐ ወተሃደር፡ "ዓልሉ!" ኢሉ መጅሙዕ ዝፈነወሎም'ውን፡ ካልእ ካብ ዝኸራ ዘይጠፍእ ኣባህራሪ ምስሊ ኣለዋ።

ግዳያት ህልቂት በስከዲራ ካብቲ ኣብ ኣፍደገ ኮይኑ ዝትኩስ ዝነበረ ወተሃደር፡ ዓሰርተ ሜትሮ ይርሕቁ ነይሮም። ኣብ መንጎ እቲ ዝቐረበን ዝረሓቐን ግዳይት ከኣ ኣስታት 270 ህጻናት፡ ሽማግለታት፡ ሰብኡትን ኣንስትን፡ ኣባጽሕን ጎራዙን ተሰኽሲኾም ነበሩ። ኮነ ድማ ዜሮ ሰዓት ኣኺሉ ብረታት እሳት ተፍአ። ንህጻን፡ ሽማግለ፡ ሓራስን ጥንስትን ከይፈለየ ከም ሕሱም ዓጸደ። ኣስታት 20 ደቓይቕ ዝወሰደ ቀዳማይ ናይ ምቕታል መስርሕ ተወዲኡ ቅሩብ ዝግ በለ።

ኣድሓነት ኣብቲ ህሞት፡ ብጽቕጥቅጥ ካብ ዝወደቑቶ ኣምዑታ ፈሲሱ እናሃለወ ኣብ ጎና መይታ ናብ ዝነበረት ሰበይቲ ኣቋመተት። ኣይተማትአትን ደምን ፈርስን ብኢዳ ግሒጣ ንምሉእ ኣካላታ ለኸየት። ድሕሪ'ዚ ፈጉፊጓ ኣብ ትሕቲ እቲ ሬሳ ተኸወለት። ንሞት ኣብ ምዉታት ተኸዊላ ከተሕልፉ። ኣድሓነት ነዚ ዛንታ'ዚ፡ ቅድሚ ነዊሕ ዓመታት ኣብ ዩኒቨርስቲ ኣስመራ ናይ መመረቕታ መጽናዕቲ ንእተካይድ ዝነበረት ኣሚና ሃብተ "ነቶም ወተሃደራት ዝሞትኩ መታን ክመስሎም፡ ሬሳ ናይ ሓንቲ ሰበይቲ ኣልዒለ፡ ኣብ ትሕቲኡ ተኸዊለ።" ብምባል ገሊጻትላ ነይራ።[224]

ንኣድሓነት ጓል ኣሞኣ ኣመተ ፍርቂ ርእሳ ተቐሪጹ፡ ሓወቦኣ ወልዱ ትንፋሱ ሓሊፋ ክነሳ፡ ኣቃውማኡ ብስነ-ስርዓት ኮፍ ከምዝበለ ነድሓነት ወትሩ ዝቕጀላ ትርኢት'ዩ።

ወተሃደራት ምስ ከዱ፡ ኣድሓነት መውጋእቲ ስለ ዘይነበራ ተቐላጢፋ እያ ወጺኣ። ኣብ ኣካላታ ምስ ዝነበረ ደምን ፈርስን ፈርሒን ካብ ዝኣተዉ ቀዳሞት ኮነት። እንተኾነ ፈርሒን ምስ በጽሐት ሞታን ምድሓናን ዘየረጋገጸት መድሓኒት ሓብታ ትዝ በለታ። ከተጣልል ከኣ ዳግማይ ንበስከዲራ

224 Amina Habte p.36

ተገልበጠት። ሓብታ ኣምላኽ 'ኣለኺ' ኢልዋ ወዳ ሓዚላ ኣብ መገዲ ተቐበለታ። ብብኽያት ተሓናኒቖን ተሳዓዓማ።

ኣድሓነት ዳግማይ ፈርሔን ምስ በጽሐት፡ ነቲ ኣብ ኣካላታ ዝነበረ ደም ክትሓጽቦ እውን ኣይሓሰበትን። 'ከም'ቲ ነንስቲ ዓዲ ኩሉ[225] ኣብ ፍሶሩኽ ዝሓረድወን ኣርኪቦም ክቐትሉና እዮም፡' ብምባል ምስ ድንሳ፡ ትበርህን ሃንሱን ዝበሃላ መሓዙታ፡ ብጸልማት ናብ ሰሜናዊ ምብራቕ ናይቲ ዓዲ ዘሎ ጎቦ ሃዲመን ክዕቆባ ተበገሳ። ምስ ጥሙይ ከብደን ብቑሪ እናተገርፋ ብጸልማት በይነን ኣብ'ቲ ጎቦ ወጺአን ሓደራ። ንጽባሒቱ ምስ ጥሪቶም ዝነበሩ በዓል ሓወቦኣ ግላይን ራካ ሓዋን ኣብ ዝነበሩዎ በጺሐን ጸባ ሓሊቦም ነብሰን መለሱለን።

ሽዑ ኣድሓነት፡ "ኣቦ (ንሓውቡኣ ግላይ) ሰብና ኩሉ ጠፊኡ'ዩ፡ ንዓኹም'ውን ከይቀትልኹም ህደሙ" በለቶ።

ኣቦይ ግላይ ነብሱ ነገርዎ ንበይና ፈልዩ፡ "ንዒ'ስከ ኣድሓነት ጓለይ፡ ሰበይተይከ ኣላ'ዶ መይታ፧" እናተሸቑረረ ሓተታ።

ኣድሓነት ኣይተገረሀትን "ብሰላም ወጺኣ ኣቦ፡ ንእሽቶ ግን ተወጊኣ'ላ፡" በለቶ፡ ብኸቢድ ተወጊኣ ፈርሔን በጺሓ ንዝዓረፈት[226] በዓልቲ ቤቱ።

እተን ጎራዙት ሽዑ'ውን ረጊአን ኣይዓረፋን። ንበዓል ኣቦይ ግላይ ገዲፈን ኣጀርበብ ናብ ዝነበሩ ተጋደልቲ ኣምረሓ። "ኣብ ዓዲ ኣምሓሩ ካብ ዝሓርዱና፡ ብረት ተሰኪምና ምሳኹም ምሟት ይሕሸና፡"[227] በልኦም።

እንተኾነ ኣብቲ እዋን ንተራ ጓል ኣንስተይቲ ብግቡእ ዝተሰወጠ መሪሕነት ኣይነበረን። ራሕማ ሳልሕ ኣብ 1966 ካብ ጎቦታት እምባ ሶይራ ክትጋደል ናብ 3ይ ክፍሊ ካብ ዝመጸትሉ ብዙሓት ደቀንስትዮ እኳ ናብ ሰውራ ክጽንበራ እንተተበገሳ ንቕሓት ሰውራውያን ገና ኣይበረኸን። ጓል ኣንስተይቲ ኣብ ክንዲ ሓጋዚት ኣጸጋሚት ትቑጸር ነይራ። ንበዓል ኣድሓነት ዝተቐበሉ ተጋደልቲ እውን "ሕጂ ኣብ ውግእ ኢና ዘለና፡ ሰላም ምስ ኮነ ምሳና ትኸዳ፡" ብምባል ነቲ ተባዕ ውሳኔአን ኣጓናደብዎ።

ንሳተን ግን ኩሉ ወዮ ኮይኑወን "ዋላ ኣብ ውግእ ሃልዉ፡ ካብ ኣሰርኩም ኣይንተርፍን" ንድሕሪት ከም ዘይምለሳ ኣፍለጣ። ዝተቐየረ ግን ኣይነበረን።

---

225 'ዓዲኹሉ' ስም ዓሌት ኮይኑ ናይተን ኣብ ድሮ ህልቂት ኣብ ፈሶሩኽ ዝተቐትላ ኣንስቲ ንምምልካት እያ ተጠቒማትሉ።

226 ኣደይ ናስራ ካብ መስግድ ወጺኣ ብመሰረት ምስክርነት ኣደይ ጀውዳ ሮቡዕ እያ ተቐቢራ።

227 ኣድሓነት ተስፉ 2016።

ኣማስይኡ ሓጎስ ዝበሃል ንኣድሓነት ኣኮኣ ዝብጽሓ ሰብኣይ መጺኡ ሒዝወን ነናብ ስድርአን ኣረከበን።

ኣድሓነት ኣብ ኣካላታ ንዝፈሰሰ ደም፡ ፈርስን፡ ሓንጎልን ወዲ ሰብ ክሳብ ሽው ስለዘየጽረየቶ ገምቢ ተቐይራ ብጨና ተቕርብ ኣይነበረትን። ዝበኣሰ ድማ ኣካላታ ከሓብጥ ጀሚሩ። እቲ ኣብ ኣካላታ ዝነቐጸ ስብሒ ጸሓይ ወቒዕዎ ጫዕ ክብል ቀንዩ ተቐራረፈ። ጸጉሪ ርእሳ ካብ ሓጺብካ ከተጽርዮ ምቑራጹ ቐለለ። ሓዋ ካብ ሱሩ ቆሪጹ ገላገላ። እንተኾነ ህይወታ ብሰንኪ'ተን መዓልታዊ ዝድብድባ ዝነበራ ነፈርቲ ኣብ ጉድጓድ ውኻርያ ክትውዕል ስለዝገድዳ ምፍጣራ ጸልአት። ኩሉ ጸገም ምስ ኮነ ሓዋ ራካ ገመል ጽዒኑ ንከረን ኣበገሳ።

ኣብ ብሎኮ ሓሸላ፡ ኣብ ሓለዋ ዝጸንሓ ወተሃደር ንኩነታታ ርእዩ 'ካብ መስጊድ ዲኺ ወጺእኪ፣' ሓተታ ብቛንቛ ኣምሓርኛ።

ኣድሓነት 'ሎሚ'ኸ እንታይ'ዩ ክመጸኒ' ኢላ ብፍርሂ እናንቀጥቀጠት፡ "እወ" መለሰት ኣብ ዝባን እቲ ገመል ተኾይጣ። "ጽባሕ ፈውሲ ጸበል ኣቡነ ኣረጋዊ ክህበኪ እየ ተመለስኒ" በላ እንተስ ደንጊጹ እንተስ ሕማቕ ሓሲቡ። ኣድሓነት 'ሕጂ ኣሕልፈኒ እምበር ናይ ጽባሕሲ ደሓን' ኢላ ብምሕሳብ 'ሐራይ' በለቶ ተቐላጢፋ። 'ክቐትለኒ'ዩ ደልዩ' ካብ ዝብል ከኣ ጥዕንኣ ምስ ተመሓይሸ መገዲ ቀይራ ስድርኣ ናብ ዝነበሩዎ ንሓሊብመንተል ተመልሰት።

ኣድሓነት ቅድሚ ህልቂት ተሓጽያ ነይራ። ካብ ከረን ንሓሊብመንተል ምስ ተመልሰት፡ ከኣ መርዓ ተቐጺሩ ኣብ ሳልሳይ ሰሙና ተመርዓወት። ነቲ ምስ ሓዘንን ጓህን ዝኣሰረቶ ጋማ ዘኪራ፡ "መርዓ'ኸ መን ደልዩዎ፤ ኣቦይ ግላይ 'ስድራይ መይቶም፡ ጽባሕ ድማ ኣነ ክመውት'የ፣ ስለዚ፡ ኣቑሑት ኣይገዝኣልኪ ስልማት ኣይገብረልኪ፡ ካብ ኣብ ጎቦ ትሰፍሪ ከምርዕወኪ'የ። ኣብ ኢድ እንዳ ሓሙኺ፡ ኣብ ትሕቲ ሓማትኪ እንተ በጺሕኪ እየ ዝቐስን' ኢሉኒ። ኣነ ድማ 'እዚ ድንገት ቅድሚ ምምጽኡ'ውን ዘይከምርያ ኢለ'የ ተሓጽየ፡ ንዓኻ ዘሐጉስ ካብ ኮነ ዝበልካዮ ይኹን' ኢለዮ በኽየ"[228] ትብል ካብ መዓት ዝደሓነት ኣድሓነት!

* * *

ኣብ ሳልሳይ ሰሙን ወርሒ መጋቢት ናይ 1988፡ ህዝባዊ ግንባር ዓለም ብዘደንቕ ስርሒት፡ ኣብ ግንባር ናቕፋን ከባቢኡን ዓሪዱ ንዝነበረ ሰራዊት ደርግ ደምሲሱ ኣፍዓበት ተቖጻጸረ። እቲ ብናደው እዝ ዝጽዋዕ ኣሸሓት ሰራዊት ደርግ ድማ ምዉትን ምሩኽን ኮይኑ ተበታተነ። ደርግ፡ ስዕረቱ ናብ

228 ከማሁ።

ቃልዕ ወጺኡ፡ ዝኸሰሮ ስትራተጂካዊ ቦታታት ንምምላስ ብዙሕ ፈተነታት ኣካይዱ ኣይሰለጦን። ኣብቲ ከባቢ ብዝካየድ ዝነበረ ደማዊ ኲናት ግን፡ ካብ ሓልሓል ክሳብ መንሳዕ ዝዝርጋሕ ሓድሽ ቀዋሚ ድፋዕ ተፈጢሩ፡ ሰኹናን ከባቢኣን ዳግማይ ምፍንቓልን ምክልባትን ጎነፎ። ህዝቢ ፍርቁ ኢትዮጵያ ናብ ትቆጻጸሮ፡ ፍርቁ ናብ'ቲ ህዝባዊ ግንባር ሓራ ዘውጸኣቶ ቦታታት ገጹ ተዘርዩ ፋሕ ብትን ኣተዎ። ካብ ኣየት ክሳብ ክረምቲ 1988፡ ሰኹናን መንሳዕን ክንዲ እኸሊ መዳፍዕ ተዘሪኡ፡ ህዝቢ ካብ ናይ 1970 ዘይሰንፍ ብሕሱም ተኸላበተ።

ኣብ ዘመነ መግዛእቲ ኢትዮጵያ ካብ ሓንቲ መጻወድያ ናይ ግፍዒ ዝመለቖ ውጻእ መዓት፡ ካብ ሞት ወጺኡ ኣኺሉ ማለት ኣይኮነን። ነታ ትመጽእ መዓልቲ ካብ ምርኣይ ዝጋርድ ደርዘን መሰናኽል ሞት ተገቲሩ ዝጸንሖ። ኣብ ዓዲ ሞት፡ ኣብ በረኻ ሞት፡ ብብርሃን ሞት፡ ብጸልማት እውን ሞት ትቀባበሎ። እንተ ዘይሞተ እውን መዓልታዊ ካብ ሞት እናፈርሀ ቅድሚ ሞተ ሽሕ ግዜ ይመውት። ንጽባሒቱ ተንሲኡ'ውን ብተመሳሳሊ ዛንታ ሞት ይኸበብ። ከምኡ ስለ ዝኾነ ድማ እዩ ብዙሓት ሓንሳብ ካብ ህልቂት ዘምለጡ ግዳያት፡ ድሒሩ ካብ ዘጓነፎም ናይ ሞት መፈንጠራታት ዘይደሓኑ።

ኣደይ ማርታ ዘርእጋብር ሰይቲ ወልዱ ሕኒት ኣብ 1988፡ ኣዒንታ ዓዊሩ ኣካላታ'ውን ልዕሊ ዓቕን ሓፊሱ፡ ብሰብ ትእለየሉ ደረጃ ጥራይ በጺሓ ነበረት። ሽው እቲ ከባቢ ዳግማይ ምፍንቓል ኣርኪብሉ ወዳ ዑቕባልደት ምስ ደቂ ዓዱ ተሰኪሙ ይሓይሽ ናብ ዝበልዎ ከባቢ ኣጀርበብ ገጾም ሒዞማ ተሳገሩ። እንተኾነ ኣጀርበብን ከባቢኡን እውን ውሑስ ኣይነበረን። ወተሃደራዊ ኩነታት፡ ካብ መዓልቲ ናብ መዓልቲ፡ ካብ ሰዓት ናብ ሰዓት ተቐያይሩ ሓንቲ መዓልቲ እቲ ዑቕባልደትን ዓዱን ዝተዓቖቡሉ ዕላማ ናይቲ ካብ ዝተፈላለየ ቦታታት ዝውንጨፍ ዝነበረ ከበድቲ ብረታት ኮይኑ መሬት ተበንቂሩ ዕንጨይትን እምንን ነደደ።

ቅድሚ ዝኣገረ ኣእዛን ሰብ ብድምጺ ኮቢድ ብረት ተለኩቱ ደሮና ብቐትሩ ነቲ ከባቢ ኣጸልመቶ። መስኪን ህዝቢ፡ ናብ ዘብሎ ጨኒቕዎ ተኣኮተ። ንህይወቱ እንተድሓነ እግረይ ኣውጽእኒ ብምባል ፋሕ ብትን በለ። ዑቕባልደትን ስድራኡን እውን ነዛ ነብሶም ከውጽኡ ላዕልን ታሕትን በሉ። ዓይኒን እግርን ንዘይነበራ ኣደኡ ግን ዝገብራ ጨነቖ። ዘሳኽም ክረክብ ብፍጹም ዝሕሰብ ኣይነበረን። ካልእ ኣማራጺ ኣይነበሮን ኣብ ከውሊ ኣጸጊዑ፡ ንሰበይቱን ኣዋልዱን እንተድሓነ ሕማቕ እናተሰምዖ ገዲፉዋ ሃደመ።[229]

229 ዑቕባልደት ወልዱ፡ ቃለ መጠይቕ ምስ ደራሲ፡ 12 ሚያዝያ 2016፡ ድገ ምራድ።

ካብቲ መዓት ክኸወሉሉ ኣብ ዝኽእሉ ስፍራ በጺሖም ከአ ተዛማዲ እፎይታ ረኸቡ። ዑቕባልደት ግን ኩሉ ወዮ ኮኖ። ልዋም ዘይብላ ለይቲ ሓዲሩ ከአ ንጽባሒቱ ኣደኡ ናብ ዝገደፈላ ከባቢ ተመልሰ።

ሕማቕ ኣጋጣሚ ኮይኑ፡ ኣደይ ማርታ ዝተረፈትሉ ከባቢ፡ ወተሃደራት ኢትዮጵያ ተቖጻጺሮሞ ጸንሕዎ። ተስፋ ግን ኣይቆረጸን። እናተጸናተወ፡ ልክዕ ኣብ ዝገደፋ ትሕቲ እቶም ወተሃደራት ተጸገዐ። ክትንቀሳቀስ ኮነ ከትርኢ ዘይትኽእል ዝነበረት ኣደይ ማርታ ግን፡ ናበይ ከም ዝኸደት ኣይጸንሐትን። ካብ ቀዳማዩ ዳሕራዩ ዝጨነቖ ዑቕባልደት እናተጸናተወ ናብዝን ናብትን ፈተሸ። ኣይረኸባን። ብንጻሩ ኣቓልቦ ናይ'ቶም ኣብ ልዕሊኡ ዝነብሩ ወተሃደራት ስሒቡ ምንቅስቓሱ ኣስተብሂሎም ኣብ ካልእ ሽግር ወደቐ። እንኮ ኣማራጺ ነይራቶ፡ ብቕጽበት ካብቲ ከባቢ ምስዋር እንተዘይኮነ ብፍታዉ ህይወቱ ንሞት ምፍራድ።[230] ዕድል ገይሩ ድማ ኣብ ቋሕ ስም ካብ ቅድሚ ዓይኖም ተኸዊሉ ህይወቱ ኣውዓለ።

ኣብ ዝቐጸላ መዓልታት፡ ውግእ ዳግማይ ብዝሓየለ መልክዑ ቀጸለ። ከምኡ ኢሉ ድማ መንሳዕ፡ ሰኹና፡ በጁክ፡ ጀንገሬን፡ ክሳብ ሓልሓል ንሰለስተ ዓመታት ዝቐጸለ ቀዋሚ ግንባር ተቐየረ። ህዝቢ ፋሕ ብትን ኢሉ ቤቱ ከይተመልሰ ክሳብ ናጽነት ኤርትራ ጸንሐ።

ኣብ 1988 ኣብ ሰኹና ምስ ህዝቦም ክሃድሙ ሰኣን ምኽኣሎም ግዳይ ዝኾኑ ብዙሓት እዮም። ኣብ ፈለዳርብ ኢብራሂም ጋርዛ ምስ ዓይነ ስውርቲ ዓባይ ሰበይቲ ሓብቱ መልካ ጋርዛ። ኣቶ ዓብደልቃድር ጅምዕ ግደ ካብ ሙሻ፡ ዓፍየት ሓመድናካ ሰይቲ ህያቡ ዑቕባልደት ኣብ ኣጀርበብ ከም ኣደይ ማርታ ተሪፎም ዕጫ ናይቲ ሕሱም ዘመን ዝረኸቦም እዮም። ሰይቲ ዓሊ ኣልጃጅ ሰብኣያ በይኑ ቀቢርዋ። ዝበዝሑ ግን ኣስከሬኖም ኣይተረኸበን። በንጻሩ ጓል ኤማን ደኪን ሰብኣውነት ዘለዎም ጦር ሰራዊት ረኺቦማ ንከረን ኣእትዮማ። እስማዒል ዘርኢማርያም ካብ ዓዲ ኩሉ ኣብ ኣጀርበብ ተሪፉ ኣብኡ መይቱ። ሰይቲ እብር ኣብ ደምበ ገዲፎማ ከይዶም ድሕሪ ነዊሕ እዋን ኣብ ዓራታ መይታ ጸኒሓ። ሳልሕ ዑስማን እውን ተመሳሳሊ ጸገም ጎኒፍዎ። ብህይወት ዝተረፈ እድሪስ ኣብር ሎሚ ኣብ ድገ ምራድ ይነብር ኣሎ። ኤማን ዓብደላ ኣብ ፈርሒን መይቱ ተሪፉ። ድሕሪ ገለ ኣዋርሕ ሓው እብትማርያም ዓብደላ ካብ ወስበንስሪኹ ንፈርሒን ስጊሩ ቀቢርዎ። እቲ ዝርዝር ብዙሕን ኣስካሕክሕን እዩ።

230 ዑቕባልደት ወልዱ 2016።

ናብ መበገሲ ዛንታና ዑቕባልደት ድሕሪ ክልተ ዓመት ናይ'ቲ ነደይ ማርታ ዘጋጠማ ፍጻመ መ'ኸተምታ ክገብረሉ ወሰነ። ሰቡ ጸዊዑ ተፈናቒሉ ኣብ ዝኣተዎ ሓሊብመንተል ንዘይቀበራ ወላዲቱ ኣተስኪሩ ቀበጸ።

ወይዘሮ ለተመድህን ወልዱ

ወይዘሮ ኣድሓነት ተስፉ

ወይዘሮ መድሓኒት ተስፉ

ኣቶ ዑቕባልደት ወልዱ

ረቢ - ትረፍ ዝበሎ

እንታይ ግዜኡ'ዩ'ዚ?
ግዜ ጁጅ ማጁጅ፡
ጸረ - ህጻን ዝጭከነሉ፡
ዕሸላት ዚስንክሉሉ፡
ህይወት ዝሕረመሉ፡
እንታይ ግዜኡ'ዩ'ዚ?
ኣዕዋፍ ዘይዝምራሉ፡
ዕምባባ ዘይሽትተሉ፡
ንህቢ ዘይዝምብየሉ፡
እንታይ ግዜኡ'ዩ'ዚ?
ግዜ ጁጅ ማጁጅ፡ ግዜ ጎሓላሉ፡
መልኣኽ ሞት ዝኾርዓሉ፡
መልኣኽ ህይወት ዝደነሉ።

ግርማይ ገብረመስቀል

ነታባይ ኣጉዱባይ ገብረ-ረቢ፡ ኣብ ግዜ ህልቂት ወዲ 12 ዓመት ቆልዓ ነይሩ። ኣብ ድሮ'ታ ህልቂት ዝተፈጸመትላ መዓልቲ (ሰንበት) ኣደኡን ኣሕዋቱን ካብ ሓንጎል ሩፆም ጠቕሊሎም ንበስከዲራ፡ ንሱ ወላዲኡን ሓወቦኡ ረዳእን ድማ ጥሪቶም ኮብኩቦም ንኣጀርበብ ገጾም ነቕሉ። እቲ ኩነታት ንነታባይ ብፍጹም ኣይተበርሆን። እንታይ ይኸውን ከም ዝነበረ ድማ መብርሂ ደለየ "ንሕና ናበይ ንኸይድ ኣሎና፡ ኣደይን ኣሕዋተይንከ ናበይ ይኸዱ ኣለዉ፧" ሻቕሎት ሓዊሱ ነቦኡ ሓተተ። ኣቦይ ኣጉዱባይ ድማ "ተኣከቡ ተባሂሉ፡ ሰብ በስከዲራ ይእከብ ኣሎ። ኣደኻን ኣሕዋትካን ናብኡ'ዮም። ንሕና ምስ ማልና በዚ ኣጀርበብ ተኸዊልና ክንጸንሕ" ንዓኻ ጥራይ ዘይኮነ ንዓና'ውን ሕቶ ኾይንና ኣሎ ብዘስምዕ ኣዘራርባ።

ነታባይ ዋላ'ኳ ንግዜኡ ይኹን፡ ካብ ኣደኡን ኣሕዋቱን ምፍላይ ብፍጹም ኣይተዋሕጠሉን። ንሱ ቅድሚ እዛ ዕለት ካብኦም ተፈለዩ ዝሓደረላ

ኣይነበረትን። ኣብ ከባቢ ኣጀርበብ ተመሳሳሊ ጸገም ዘጓነፎም ብዙሓት ደቂ ሰኹና ጸኒሖሞም፡ንሳቶም እውን ምስኦም ተጸንበሩ።[231]

ኣብ ተመሳሳሊ ዕለት ናይ ኣጋ ምሸት ኣቦይ ኣጉዱባይ፡ ደሃይ ናይቶም ንበስከዲራ ዘምርሑ ኣባላት ስድራቤቱ ክገብር ነቐለ። ንወዱን ሓውን ግን ምስ ማሎም ኣብ በረኻ ገዲፉዎም።

ንጽባሒቱ ሰኑይ ንግሆ እውን ኣቦይ ረዳእ ጋሕጋሕ ምድሪ ዝሓለቦ ጸባ ተሰኪሙ ንበስከዲራ ገስገሰ። "ኣይትሕመቕ እዚ ወደይ ቀልጢፈ ክምለሰካ እ'የ፡" ንነታባይ ምስ ጥሪ ገዲፍዎ እናኸደ ዝተላበዎ እዩ። ነታባይ እውን ሓወቦኡ ይኹን ኣቦኡ ቀልጢፎም ክመጽዎ ምኳኖም ኣሚኑ፡ "ሕራይ ኣቦ" በሎ ብዙሕ ከይተሻቐለ።

እንተኾነ ኣቦይ ረዳእ በስከዲራ ኣትዩ ምስ ስድራቤቱ ክጽንበርን፡ ዓዲ ዕግርግር ክኣትዋን ሓደ ኮነ። ስድራ ነተን ካብ ርሑቕ ተጸይረን ዝመጽኣም ጸባ ከይስተዩ፡ ደም ሰብ ዝሰትዩ እኩያት ቀዲሞም ዓዲ ተናወጸት። ኣብ በስከዲራ ዝጸንሐ ኩሉ ሰለማዊ ናይ ዘይወዓሎ ሓጢኣት ገበነኛ ተቖጺሩ ተካሉ ጸገበ። ኣብ መወዳእታ ከኣ ናብ መስጊድ ከም ዝኣትው ተገይሩ፡ ብኣልማማ ተቐትለ።

ኣብ በረኻ በይኑ ዝተረፈ ነታባይ፡ ኣቦኡ ይኹን ሓወቦኡ ምምጻእ ምስ ደንጎዩ ንዝኸዱላ መገዲ ከቋመተ ክሳዱ ተቓኒኑ ወዓለ። ንምሸቱ 'በስከዲራ ሃሊ.ቓ' ዝብል መርድእ ሰሚዑ ክወጾ ናብ ዘይክእል ጭንቀት ተሸመ። መስኪን ቆልዓ፡ ንኹሎም ስድራኡ እናዘከረ ኣብ ኣእምሮኡ ሕማቕ ጥራይ ተመላለሶ። ካብ ዝፈርሆ እውን ኣይወጸን። ንጽባሒቱ ሞት ወላዲቱ ዘውዲ፡ ኣሕዋቱ ለተዝጊ፡ ገብርኤላን ጸጋይን ከምኡ'ውን ሓወቦኡ ረዳእን ተነጊርዎ ምድሪ ሰማይ ከም ኣፍ ዑንቂ ጸበቦ። ኣምዑት ዝቐርጽ ብኽያቱ ንሰማዒኡ ኣብከየ።

ዝተነግሮ መርድእ ንዕኡ ይትረፍ ንዓቕሚ ኣዳም ዝበጽሐ ሰብ እውን ክቕበሎ ዝኽእል ኣይነበረን። ብፍላይ ንሞት ሓወቦኡ ረዳእ ግን ብፍጹም ምቕባሉ ኣበየ። ነገር ቆልዓ "ከመይ ኢሉ ይኸውን፧" እናበለ ተኻትዐ። "ኣቦይ ረዳእ ምሳይ እንድዩ ሓዲሩ፡ ክመውት ኣይክእልን'ዩ፡" እናበለ ከም ተኸራኸረ ከኣ የዘንቱ።

ወላዲ ነታባይ - ኣቦይ ኣጉዱባይ፡ ኣብ በስከዲራ ሓዲሩ ክወጽእ፡ ሓዉ ረዳእ ካብ በረኻ ንበስከዲራ ክኣቱን ወተሃደራት ካብ ሩባ ዓንሰባ ኣሰሪኡ በስከዲራ ክኣትውን ሓደ ኮነ። ኣጉዱባይ ንስከላ ካብ ሞት ኣምሊጡ፡ ወዲ እኖኡ ኣቦይ ረዳእ ድማ ናብቲ እሳት ተጠቢሱ - ስግንጢር። ኣቦይ ኣጉዱባይ

231 ነታባይ ኣግዱባይ፡ ቃለ መጠይቕ ምስ ደራሲ፡ 12 ሚያዝያ 2016፡ ድገ ምራድ።

ንስድራኡን ዓዱን ምስ ቀበረ፡ ናብቲ ኣብ በረኻ ዝነበረ ነታባይ ኣምርሐ። ንዝተረፎ እንኮ ወዱ ወሲዱ ከኣ ካብ ደርሙሽ ሓሊብመንተል ግዲዛ ንዝነበረት ዓባዩ ኣደ ኣደኡ ንነታባይ ኣረከቦ።

ኣቦይ ኣግዱባይ ግን፡ ሻድሻይ ርእሱ ካብ ዝነበራ ስድራ ተፈልዩ በይኑ ምስ ጥሪት ኣብ በረኻ ኣብ መሪር ሓዘን ተሸመ። እዋኑ ዝተጎድአን ዝደመየን ዝበዝሓሉ ሕሱም እዋን እዩ ዝነበረ። ንዝሞተ ቀቢርካ ክትሓዝንን ክትጸናናዕን ዝሕሰብ ኣይኮነን። ኣቦይ ኣጉዱባይ ሓው ውዲ እኖኡ፡ ኣሚኑን ሰለስተ ደቁን ቀቢሩ ከብቅዕ፡ ምስ ከብቲ ኮይኑ በይኑ ክቑዝም ይውዕል ነበረ። እቶም ኣብ እዋን ሓዘኑ ኣብ ጎኑ ኮይኖም ከጸናንዕዎ ዝነበሮም ቀቢርዎም እዩ። ካልኦት መቕርቡን ደቂ ዓዱን እውን ካብ ናቱ ዝሓይሽ ዕጫ ኣይጎነፈምን። ገዲም ጋዜጠኛ ድምጺ ሓፋሽ ኤርትራ ስነ-ጥበባዊ ኣስመሮም ሃብተማርያም ኣብ 1981 ንዝኽሪ መበል 11 ዓመት ህልቂት ዖናን በስክዲራን ኣብ ዓንበርበር ዝገጠማ 'ኣውያት ሰማእታት ዖናን በስክዲራን' ኣብ ዘርእስታ ግጥሙ፡ "ደባሲ ዘይርከቦ ዝፈለለ ሓዘን"[232] ዝበሎ ከኣ ነዚ ናይ በዓል ኣቦይ ኣግዱባይ ዕጫ እዩ።

ኣቶ ነታባይ ኣጉዱባይ ገብረ ረቢ

232 ስነጥበበኛ ኣስመሮም ሃብተማርያም ኣብ 1972 "ዖና ዖናና ዓዶቦና" ትብል ናይ መድረኽ ድራማ ኣብ ህልቂት ዖና ተመርኲሱ ደሪሱ። ክትርአ ሰዓታት ምስ ተረፋ ከይትቐርብ ተኸልኪላ። ደራሲ ኣስመሮም ድማ ንኣስታት ሰለስተ ሰሙን ብሰንካ ተኣሲሩ ነይሩ። ኣብ 1981 ከኣ ነዛ ግጥሚ ኣብ መበል 11 ዝኽሪ እቲ ህልቂት "ኣውያት ሰማእታት ዖናን በስክዲራን" ብምባል ገጢሙ።

"ኣብ ህይወትካ መተካእታ ዘይብለን ኣደኻን ሰለስተ ኣሕዋትካን መይቶም፡ ነቲ ሕማቕ እዋን ብኸመይ ሰጊርካዮ፧" ንነታባይ ስምዒቱ ከይጎድእ እናተሰከፍኩ፡ ወስ ዘበልኩሉ ሕቶ እያ። "እንታይ'ሞ ክገብር፡ ወሪዱ'ምበር መሪር እዩ! ምስ መሳቶይ ክጻወት ከለኹ፡ 'ሓወይ' ክብሉ እንተሰሚዐ፡ ካብ ኩሎም ኣሕዋተይ በይነይ ከም ዝተረፍኩ ዘኪረ ብስንባደ ልበይ ትጠልመኒ። እቶ እቶ ኮይኑ፡ መዋዕልተይ 'ኣደይ' ገለ ክብሉ እንተሰሚዐ፡ እስንብድን እፈርሕን። ሓወይ ዝብሎን ኣደይ ኢለ ዝሕቆፉን ስለ ዘይነበረኒ፡ ጉህየ እተርፍ። ንዕኦም ዘዘከር ብፍጹም ከረከብ የብለይን። እዚ ክብለካ ከንዲ ኩሉ እትኸውን ዓባይ ነይራትኒ'ያ፣ ከም ኣደኻን ወዲኖኻን ዝኾነካ ግን ኣበይ ክርከብ፡"[233] ሕንቕንቕ እናበለ ዝተዛረበን ቃላት እየን።

ነታባይ ነዚ ዛንታ ከጻውየና እንከሎ፡ ዕድሚኡ ናብ ሱሳታት ተጸጋጊዑ ነይሩ። ዛዕባ ህልቂት እንተ ተላዒሉ ግን ብቐጥታ ናብ ናይ ቁልዕነት ዕድሚኡ'ዩ ዝምለስ። ኣብ ስድራኡ ዝበጽሐን፡ ከም ሳዕቤኑ ንሱ ዘሕለፎ ምረትን ኩሉ ይቕጀሎ። ሽው ቃና ኣዘራርባኡ ተቐይሩ የሕነቕንቕ። ገጹ ተጸዋዊጉ ይእኮት። ሽው ኣብ ጥቓ ትኪ ዘሎ ኣይተብኪ ኮይኑ፡ ካልእ ሕቶታት ካብ ምሕታቱ ትቑጠብ። ነታባይ ኣጉዱባይ ገብረ-ረቢ፡ እቲ ረቢ ትረፍ ዝበሎ ሓድጊ!

233 ነታባይ ኣጉዱባይ 2016።

ኣርባዕተ ወለዶ ኣብ ሓንቲ ጉድጓድ

እንታይ ኣፍለጦ ክብረት፡
ዓመጸኛ፡ ብሳንጃ ዝብትብት
እንታይ ኣፍለጦ ርስቲ፡
ዓማጺ፡ እንዳማቱ ዘማቲ።
ቃንዛናን ስቓናን ዘይሱቁሮ!
ክሳድ መናእሰይ መመንጢሉ ኮመሮ።

ኤፍሬም ሃብተጽዮን

መጽሓፍ ቅዱሱ "ሓመድ ኢኻ'ሞ ናብ ሓመድ ክትምለስ ኢኻ" ይብል። በተመሳሳሊ ቅዱስ ቁርኣን "ምንሃ ኸለቕናኩም ወፊሃ ነዒድኩም" (ሱራ ጣሃ ቁ 55) "ካብኣ ፈጢርናኩም ናብኣ ድማ ንመልሰኩም" ይብል። እዚ ማለት ዝተወልደ ዘበለ ፍጡር መጨረሽታ ብመገዲ ሞት ናብታ ዝተፈጥረላ ሓመድ ይምለስ። መኣስን ብኸመይን ግን ይፈላለ። ናይ ገለ ነብሲን ስጋን ብህድኣት ትፈላለ። ናይ ገለ ከኣ ብዘይተጸበዮ ሃንደበት ትቑጸ።

ብዛዕባ እቲ ኣብ በስከዲራ ዘጋጠመ ኣሰቃቒ ህልቂት እንክሰምዕ፡ ሓደ ካብ ናይ ካልእ ዝበኣሰ ስለዝኾነ ኣእምሮይ ብጭንቀት ይናወጽ። ብፍላይ ነቲ ምስ ግዳያትን ስድራ ቤት ግዳያትን ዘካየድክዎ ቃለ መሕተት ደጊመ ክሰምዖ ከለኹ ብዓሂ ውሽጠይ ተቓጺሉ ነቢዐ ጥራይ ከይሰራሕኩ ተዓዚሙ ዘሕለፍክወን ወመዓልታት ውሑዳት ኣይኮናን። ከምዚ ኢለ ብተደጋጋሚ ውሽጠይ ምስ ተጎድአ ኣብዛ ስራሕ ዝተጸመድኩላ መዓልቲ እረግም። ጸሓፊ መለስ ንጉሰ "ናይ ጭኑቓትን ጭቁናትን ዛንታ ክሰምዕ ዘይደሊ ደራሲ'የ ክብል የብሉን" ከም ዝበሎ ደራሲ ንክበሃል ዘይኮንኩ ግን ንስለ እቶም እናነብዑ ዛንትኦም ዝነገሩኒ ውሽጠይ ኣረጋጊአ ዳግማይ መላጉም ላፕቶፐይ እኸፍት። ንዓይ ንሰማዒ ክሳብ ክንድዚ ዘንቀጥቀጠ ዛንታ ንዋናታቱ ከብደቱ ክሳብ ክንደይ እዩ ክኸውን።

ኣብ ልዕሊ ስድራቤት ፍካክ መሓመድ ጅምዕ ዝወረደ ዘስካሕክሕ

ህልቂት፡ ሓደ ካብቲ ኣብ በስከዲራ ዝወረደ ዘስደምም መዓት እዩ። ኣቦይ ፍካክ መሓመድ ጅምዕ፡ ኣብ ግዜ ህልቂት ምስ ጥሪት በረኻ ስለዝጸንሐ፡ ዕድልኛ ኮይኑ ካብቲ ህልቂት መሊቑ። ስድራቤቱ ግን ዳርጋ ዝተረፎም ኣይነበረን። ካብ ዓባዩ፡ ክሳብ ጓሉ ኣርባዕተ ወለዶ ኣብ ናይ ደቓይቕ ፍልልይ ጸኒቶም።

ኣቦይ ፍካክ መሓመድ፡ ብዛዕባ ኣብ ልዕሊ ስድራቤቱን ዓዱን ዝወረደ ኣሰቃቒ ግፍዒ ንኸካፍለና፡ ኣብ ውሽጢ'ታ ስድራቤቱ ዝሃለቑላ መስጊድ ተቐሚጥና ኢና ኣዕሊልናዮ። ኣብ መዓልቲ ህልቂት ንመስጊድ ካብ ዝበጽሓላ ደቒቕ ብምጅምር ከምዚ ይብል፥ "ከባቢ ሰዓት ሸውዓተ ናብ መስጊድ ምስ መጻእኩ፡ ገለ ተገፍቲኡ ዝወድቐ ገለ ክትንስእ ዝፍትን'ሞ ተሳሒጉ ዝመውት ጥራይ ጸኒሑኒ። እቶም ደሓን ዝኾኑ ድሮ ሃዲሞም ነይሮም። ንሕና'ውን ስለ ዝጸልመተ ንነፍስና ፈሪህና፡ ትንፋስ ዝጸንሖም ተሰኪምና ንፈርሔን ገጽና ሃዲምና"።[234]

ህልቂት ኣብ ዝተፈጸመትላ ምሸት፡ ኣቦይ ፍካክ ይኹን ካልኦት ክረድኡ ዝመጹ፡ ግዲ ዝሞቱ ኣይነበሮምን። ትንፋስ ዝነበሮም እውን እቶም ዕድለኛታት ጥራይ እዮም ተረዲኦም። ነቦይ ፍካክ በዓልቲ ቤቱ፡ ኣደይ መርየም ዘርኦም ተወጊኣ ካብ መስጊድ ወጺኣ ከተብቅዕ፡ ዝርእየን ስኢነን ኣብ ጎኒ መስጊድ ተደርብየን ካብ ዝሓደራ ኣደታት ሓንቲ እያ። በዚ መሰረት ኣብቲ ናይ ሕንፍሽፍሽ እዋን ንበዓልቲ ቤቱ ብድሕሪት ገዲፉ ንፈርሔን ኣምሪሑ። ንጽባሒቱ ኣብ ኩጀታት ተኾይጡ ሬሳታት ስድራ ቤቱ ካብ ርሑቕ ከቋምት ዝወዓለላ ዕለት ኣመልኪቱ ድማ፡-

"ሰሉስ ካብ ንግሆ ክሳብ ግዜ ምሸት ናብ መስጊድ ኣይተቐልቀልናን። ኣብ ጎቦታት ኰንና ግን፡ 'ማይ የብላ ሰማይ'፡ ምሉእ መዓልቲ ዓይንና እናነብዐ ከነቋምት ዉዒልና። ከባቢ ሰዓት ኣርባዕተ ምስ ኮነ ግን፡ ህዝቢ ካብ ጎቦታትን ከባቢ ዓድታትን ናብ'ቲ መስጊድ ውሒዙ። ነናቱ እንድዩ ዘሕምሞ፡ ሬሳ ስድራይ በብሓደ ኣብ ደገ ከእክብ ጀሚረ። ኣደይ ካብ መዓንጣኣ ንታሕቲ ብዝረኸባ ጠያይት መዓናጡኣ ብሕቖኣ ወጺኡ፡ ኣብ ጥቓ ኣፍደገ ወዲቓ ጸኒሓትኒ። መርዑት ኣሕዋተይ'ውን ካብ ኣደይ ሕልፍ ኢለን ተመዲደን ነይረን። እታ ሓንቲ ጓለይ ሕቆኣ ተቐሪጻ፡ ስተል ሓብተይ ኢዳ ተቐሪጻ፡ ኣኽያር ሓብተይ'ውን እግራ ተቐሪጻ ..."

ገና ናይተን ኣብቲ መስጊድ ዝተቐዝፉ ስድራኡ ጸብጺቡ ከይወድአ ሕንቕንቕ ኢሉ ተለኽተ። ሓቦኡ ተጸንቂቑ ደኒኑ ክነብዕ ጀመረ።

---

234 ፍካክ መሓመድ ጅምዕ፡ ቃለ መጠይቕ ምስ ደራሲ፡ 2 ለካቲት 2016፡ በስከዲራ።

ሽው እቶም ኣብ ጎኑ ዝነበሩ ደቂ ዓዲ "ግደፍ ኔው በሎ... ከምኡ ኣይትዀን ሎሚ ንበኽየሉ መዓልቲ ኣይኮነን፡ ኣይፋልካ" እናበሉ ገንሕዎ። ንሱ ጥራይ ኣይኮነን ግን ተለኺቱ፡ ንሕና'ውን ምስኡ ኣዒንትና ንብዓት ቋጺሩ ጎረሮና ጓህሪ ከም ዝወሓጠ እሳት ተፈኡ። ንግዜኡ ኣብ መንጎና ጸጥታ ሰፈሩ።

ኣቦይ ፍካክ፡ "ኣስተቖፉርላሂ ልዓዚም፡ ኣስተቕፉሩላሂ ልዓዚም!" ደጋጊሙ፡ ነቲ ዝጎልበቦ ሕማቕ ዝኽሪ ወጊዱ ንውሽጡ ኣተሃዳድአ። ብሓይሊ ኣስተንፈሱ ከኣ ዛንትኡ ቀጸለ።

ካብ ምስክርነቱ፡ ተጋደልቲ ነቲ በብወገኑ ስድራቤቱ ከቐብር ዝዓሎ ዝነበረ፡ ናይ ሓባር ጉድጓድ ኲዒቱ ንክቕብር ከም ዝሓበርዎ የዘንቱ። ነዊሕ ጉድጓድ ተኳዒቱ እገለን እገሊትን ከይበሉ፡ ሰሲሒቦም ክቕብሩ ጀመሩ። ወጋሕታ ሑጻ ከዲኖም ብምምስሳል ድማ ካብ መስገድ ረሓቑ።

ኣብ ሓንቲ ለይቲ ኣስታት 120 ሬሳታት ክትቀብር፡ ብጉልበት ኮነ ብሞራል 'ክብደቱ እዚ እዩ፡' ክበሃል ዝከኣል ኣይኮነን። ሬሳታት ነቶም ቀባሮ፡ ንገለ ወለዶም፡ ንገሊኦም ኣሕዋቶም፡ ንገለ ድማ ፍረ ከርሶም። ንመብዛሕትኦም ድማ ቀረባ ኣዝማዶም፡ እንተ ርሓቑ እውን ሓደ ሓመድ ልሒሶም ዝዓበዩ ደቂ ዓዲ። ነቦይ ፍካክ ግን ኲሉ። ዓባዩ፡ ኣደኡ፡ ሓብቱ፡ ኣዋልዱ፡ ሓማቱ፡ ውዲ ሓብቱ፡ንዕልትታቱ ኮታስ ኲሉ ነገሩ። *"ዓባየይ ኣደ'ቦይ ድካን ሸካይን፡ ኣደይ ዛህራ መስመር፡ ሓብተይ ኣኪያር መሓመድ፡ ኢሳቕ ወዲ ሓብተይ ኣኺያር፡ ፋፍዳ ተመርዕያ ዝነበረት መርዓት ሓብተይ ስተል መሓመድ፡ በዅሪ ጓለይ ፋጥና ፍካክ፡ ምንኣሳ ዓሻ (ፍጉረት) ሸውዓተ ትንፋስ ቀቢረ።"* ይብል ንሱ።[235]እቲ ቑጽሪ ሓማቱን ዘማታቱን እንተ ወሲኽሉ ደርዘን ይበጽሕ።

እዛ ስድራ ካብ ዝዓበየት ኣደይ ድካን ክሳብ ደቂ ደቃ፡ ኣርባዕተ ወለዶ ኣብ ሓንቲ ለይቲ፡ ኣብ ሓንቲ ጉድጓድ ደፈና። ኣብ ዝተፈላለየ መዓልታት ተወሊዶም ከብቅዑ ኣብ ሓንቲ መዓልቲ ተቐዚፎም። ናይ ዕድመ ሰብ ጸጋ "ሓመድኩምን እምንዅምን ይውደቐኒ" እናበሉ ዝምርቕዎ ሓቀኛ ምርቓ ምዃኑ ነዚ ዛንታ ምስ ሰማዕካ ይስወጠካ። በብዝተወልዶ መስርዕ ብቐደም ተኸተል ከሓልፍ ዓቢ ጸጋ እዩ። ዓባይካ፡ ኣደኻ፡ ሓብትኻን፡ ደቅኻን ኣብ ሓንቲ ህሞት፡ ኣብ ሓንቲ ጉድጓድ ካብ ምድፋን ዝኸፍእ እንታይ ክህሉ ይኽእል፧

ኣቦይ ፍካክ፡ ስነ-ኣእምሮኣዊ መጉዳእቲ ናይቶም ካብ ህልቂት ዝተረፉ ሰባትን ዓዶምን ዘኪሩ እንከስቆርቁር፥ "በስክዲራ ቅድሚ እቲ ህልቂት ብርሃን ምሉእ ሰኹና ኔራ። ድሕሪኡ ግን ጸልሚታ። ካብ ህልቂት ዝተረፉ

235 ፍካክ መሓመድ ጀምዕ 2016።

ፍርቆም ናብ ከረን ዝሃደሙ፡ ናብ ሱዳንን ከንዮኡን ተበታተኑን ኮይኖም። ዓድና ካብ'ታ ዕለት ምስ ዘኸተመት ክሳብ ሎሚ ኣይወጸላን። እዞም ድሒርና ዝተመለስናያ'ውን ህይወትና ሰንከልከል እናበልካ እዩ። መንፈስና ህዱም፡ ሕልናና'ውን ዕሩብ ከሎ ኢና ንንቀሳቀስ ዘለና እምበር፡ ዝተረፈና የልቦን፡" ይብል።

በስከዲራ ትርከበን ብዙሓት ዓድታት ሰኹና፡ ብሰንኪ ኩናትን ደርቅን ህዝበን ተበታቲኑ ዝባነን'ውን ከም ሕሱም ዓሪቑ። ብፍላይ በስከዲራ፡ ቅድሚ ህልቂት ምስ ዝነበራ ዕቤት ኣወዳዲርካ፡ ክሳብ ክንደይ ንድሕሪት ከም ዝተመልሰት ክትርዳእ ብዙሕ ኣይትሸገርን። ብዝተሰዶ ብእኡ ገይሩ ከይተመልሰ ዝተረፈ ህዝባ ብዙሕ እዩ።

ኣቶ ፍካክ መሓመድ ጅምዕ

ንዓድታት ሰንሒት 'ተባጽሐ መርድእ

ፍጹም ኣይሃሰሰን
　　ኣይጠፍአን ድምጽታት
ናይ'ቲ ብርቱዕ ዋይታ
　　ዝገዓረ ኣውያት
ኣሎ ኣብ ውሽጢ
　　ዝሰረጸ ስቅያት
ካብ ኩሉ ዘቃልሕ
　መልቀስ ናይ ግዳያት

ኣስመሮም ሃብተማርያም

ግንቦት ንጉሰ ኣብ ወርሒ ጥሪ ናይ 1990 ኣብ ሽዕብ ሰለባ ተመርዕዩ። ኣነን ግንቦትን እንዳ እንዳባሓጎታትና ጥቓ ሓድሕድ ኣደታትና ደቂ ሓዎቦታት ንሕና ከኣ ደቂ ሓትኖታት ኢና። ኣብ መርዓ ናይ ግንቦት ገለ ዘይንቡር ኮይኑ ተሰመዓኒ ኣሎ ኢለ ስለ ዝሓሰብኩ መብርሂ ደለኹ።

"እንታይ ኮይኑ ኣብ እንዳ እኖኡ ኮይኑ ይምርዖ'ሎ፧" ዝተራእየኒ ካብ ምሕታታ ዓዲ ውዒለ ንዘይፈልጥ ዓባየይ ሓረጉ[236] ተወኪሰያ።

ዓባየይ ከምቲ ሓንሳብ ሓንሳብ ንሕቶታተይ ቁምነገር ስኢናትሉ ሸለል ትብሎ ኣይገበረትን። ከም ዕትብ ኢላ "ኣምሓሩ ንስድራኡ ኣብ በስከዲራ ቀቲሎሞም ዓባዩ ተመርዕዎ ኣላ" ኣሕጽር ኣቢላ መለሰትለይ። ሽዑ ኣነ ብስንባደ "ንኹሎም ቀቲሎሞም፧" በልኩዋ ድምጸይ ኣበሪኸ። ዓባየይ ድማ ዓዲ ምሉእ ኣብ ውሽጢ መስጊድ ከም ተረሸኑ ወሲኻ ኣርድኣትኒ።

ዛንታ ግንቦትን ዓዱን ዝሰማዕኩላ ዕለት፡ ካብ ንግሆ ክሳብ ጸሓይ ትዓርብ ኣእምሮይ ብእኡ ጥራይ ተባሒቱ ወዓለ። ነገር ቆልዓ 'ኣብ ውሽጢ መስጊድ ከመይ ጌይሮም ቀቲሎሞም ይኾኑ እናበልኩ እውን ኣስተንተንኩ። እንተኾነ ግን ኣብ ታኼላ ናይ ሓሳብ ተሸኺለ ዓዲ ምሉእ ኣብ ውሽጢ ሓደ ኣደራሽ እናተቐዝፈት እምሮይ ምስኣል ተሳኢንዎ ጭቡጥ ምስሊ ክይሓዝኩ

236 ዓባያይ ሓረጉ ተኸለ ቀለም እኳ እንተዘይቀመስት ታሪኽ ኣብ ምዝንታው ልዑል ብቕዓት ነበራ።

ጸሓይ ዓረበኒ። ንመስጊድ በስከዲራ ትውክል ምስሊ ኣብ ኣእምሮ ክስእል ግን ኣይተሸገርኩን።

እታ ኣብ ኣእምሮይ ዝፈጠርኩዋ ምስሊ ናይ መስግድ ካብቲ 'መስጊድን ቤተ-ክርስትያን ፍልልይ ክንደይ ከይህልወን' ዝብል ባዕላዊ ኣምር እየ ፈጢረዮ። ግዳያት ደሞም ኣብ ማተኔላ ናይ'ቲ መስጊድ ነቒጹ ሽው ኮይኑ ተራእየኒ። ንከረድኡ ኢሎም ዝመጹ እውን ነቶም ደሞም ነቒጹ ኣብ ማቶኔላ ዝተጣበቑ ሬሳታት ከፈልዩ ክቃለሱ ከሳብ ቅጅል ዝብለኒ ደረስኩዎ። እዚ ኩሉ መስጊድ በስከዲራ፡ ምስታ ኣነ ዝፈልጣ ቤተ ክርስትያን ሓደ እየን ካብ ዝብል ግጉይ ግምት ዝነቐለ እዩ።

ዳሕራይ ግዜ ነቲ ኣብ ባይታ ዘጋጠመ ሓቂ ምስ ፈለጥኩ ነገራት ከም ዝገመትኩዎ ከም ዘይኮኑ ፈሊጠ። ምድሪቤት ናይ መስጊድ ማቶኔላ ዘይኮነ ሑጻ እዩ ዝነበረ። እቶም ግዳያት እውን ካብ ዝወደቕዎ ከይተላዕሉ ዕስራን ኣርባዕተን ሰዓት እንተገበሩ እኳ፡ ተጣቢቑምሲ ንምፍልላዮም ኣየሸገሩን።

እታ ብግምት ኣብ ኣእምሮይ ሓንሳብ ዝቐረጽኩዋ ምስሊ መስጊድ ግን ከይሃሰሰት ነዊሕ ጸኒሓ። ክንዮ ግጉይ ይኹን ቅኑዕ ግምታትየ ግን በቲ ምስ ዓባየይ ዝተዘራረብኩዎ ዕለት ሓደ ብህይወት ክሳብ ዘለኹ ዘይርስዖ ነገር ፈሊጠ። ኣብ መስጊድ በስከዲራ ንጹሃት ሰለማውያን ብግፍዒ ከም ተቐትሉ - ኣኸለ።

ዕድመይ ካብ 12 ዓመት፡ ደረት ፍልጠተይ እውን ከኖ እቲ ዓይነይ ዝርእዮ ትርኢት ኣብ ዘይሓልፈሉ 'ኣምሓሩ ሰለምንታይ ንስድራ ግንቦትን ዓዱን ቀቲለሞም፧' ኢለ ዘይምሕታትተይ ዘንጊዐ ኣይኮንኩን። ኣምሓሩ ንሰለማውያን ዝቐትሉሉ ይፈልጦ እየ ስለ ዝበልኩ እምበር። መልሱ ንዝፈልጦ ሕቶ ሓቲተ ዓባይየ ከትዕብ ከኣ ቅኑዕ ኣይነበረን።

ዛንታ ህልቂት በስከዲራ ካብ ዝሰማዕኩላ ቅድሚ ኣስታት ክልተ ዓመታት ኣቢሉ፡ ሓደ ክፍሊ ቅድመይ ዝመሃር ዝነበረ ፍስሃ ደነቐ፡ ወተሃደራት ኢትዮጵያ ኣብ መቐልቀል ዓዲ ብጥይት ግንባሩ ከንህልዎ ከለው ተጋዳላይ ስለ ዝመሰሎም ኣይነበረን። እንተቐቲሎሞ ሓታቲ ስለ ዘይነበሮም ምበር። መስኪን ቆልዓ፡ ተጋዳላይ መሲሉ ከደናግረሉ ዝኽእል ይትረፍ፡ ተራ ጓሳ ኣብ ኢዱ ዝሕዛ በትሪ'ውን ኣይዓተረን። ሽው ነቶም ወተሃደራት ኢትዮጵያ 'ስለምንታይ ቀቲልኩሞ' ኢሉ ዝሓተተ ኣካል ኣይነበረን። ንሳቶም እውን ወላ ንይምሰል 'ብጌጋ ቀቲልናዮ' ኢሎም ይቕሬታ ኣይሓተቱን። ንከንቱ ተቐቲሉ ተሪፉ።

ስለዚ በቲ ሽው ዝነበረኒ ውህሉል ፍልጠትን ተመክሮን፡ ወተሃደራት ኢትዮጵያ ንሰላማዊ ሰብ እንተ ቐተሉ 'ስለምንታይ፧' ኢሉ ዝሓቶም ከም

ዘይነበሮም፡ እንተ ተሓቲቶም'ውን ብቑዕ ምኽንያት ከቕርቡ ከምዘይግደዱን ኣጸቢቐ እየ ዝፈልጥ። ነዊሕ ዓመታት ሓሊፋ ታሪኽ ህልቂት በስከዲራ ኣብ ዘጽንዓሉ ዝነበርኩ እዋን፡ ነቲ ተመሃራይ 4ይ ክፍሊ ከለኹ ዝነበረኒ ርድኢት ዘፍርስ ሓድሽ ሓቂ ኣይጎነፈኒን። ደቂ ሰኹና ክንዮ ኤርትራውያን ምኳኖም፡ ወተሃደራት ኢትዮጵያ ከኣ ኣብ ልዕሊ ተጋደልቲ ዓወት ክጓናጸፉ ዘይምኽኣሎምን፡ ንኽቕተሉ ዘገድድ ቅንጣብ ትኣኽል ምኽንያት እውን ኣይረኽቡሎምን። በቃ ንኽንቱ ተቐቲሎም ተሪፎም።

ዛንታ ሰንበቱ ሰይቲ ንጉሰ - ኣደ ግንቦት ኣብ መዕልቲ ህልቂት ንግሆ ደቃ ሒዛ ከትሃድም ተበጊሳ ሸማግለታት ዓዲ ጸዊያም መሊሶማ ኣብ መስጊድ ሓምሻይ ናይ ከብዳ ከም ዝተቐዝፈት ኣግዱባይ ኣንሰራ ኣዘንትዩ'ሎ። ንሰንበቱ በኹሪ ወዳ ግንቦት ግን፡ ኣብ ሽዕብ ምስ ዓባዩ ስለ ዝጸንሐ እቲ ኣብ ልዕሊ ዓዱን ስድራኡን ዝወረደ መዓት ብዛንታ ጥራዩ እዩ ሰሚዕዎ።

ግንቦት ኣብ ግዜ ህልቂት ወዲ 10 ዓመት ነይሩ። "ሰንበቱ ጓል መሓመድ ምስ ሰለስተ ደቃ ኣብ በስከዲራ ዓሪፋ" ንዝብል መርድእ ከኣ ከም ማንም ቆልዓ እናተጻወተ ከሎ እዩ ሰሚዕዎ። ኣሕዋቱ ጀርጅ፡ ፍረዝጊ፡ ምክኤለትን ነብሰ ጾር ኣደኡን ተቐዚፎም ኣብ እንዳኖኡ መሪር ሓዘን ከኸውን ግን ክሳብ ሎሚ ካብ ኣእምሮኡ ዘይሃስስ ሕማቕ ተዘክሮ እዩ።[237]

እቶም ኣብ መስጊድ በስከዲራ ዝተቐዝፉ ግዳያት ብመውስቦ ኮነ ካልእ ዝምድና ምስ ብዙሓት ዓድታት ዝተኣሳሰሩ ምንባሮም ርዱእ እዩ። በዚ መሰረት ብሰንኪ እቲ ኣብ በስከዲራ ዝተፈጸመ ህልቂት ኣብ ኩለን ዓድታት ሰኹና፡ ሰለባ፡ ዓዲ ዘማት፡ ለመጨሊ፡ መንሳዕ፡ ቤትጁክን በረኻን ከቢድ ናይ ሓዘን መርበብ ተዘርጊሑ። ፈቖዶ ዓድታት ኣውያትን መልቀስን ተሰሚዑ። ኣዒንቲ ብዙሓት ደም ሰሪቡ፡ ልቢ ብዙሓት ብጓሂ ተኾምቲሩ ሓግዩ። ናይ ብዙሓት ጎሮሮ ብብኽያት ተለኺቱን ላሕቲቱን።

ነቲ ሽው ዝነበረ ናይ ሓዘን ዝርጋሐ ንምርዳእ ነተን ኣብ ውሽጢ መስጊድ ዝሞታ ኣደታት ጥራይ መበቆላዊ ዓድታተን ብምርኣይ ንምግማት ኣኻሊ ይመስለኒ። እተን ኣደታት ተሪፈን ደቀንን ሰብኡተንን ጥራይ ናይ ዝሞቱ እንተተጸብጺቡ እውን እቲ ዝርጋሐ ብዕጽፊ ይውስኽ። ብኣንጻሩ ናይተን ስድራ ቤተን ኣብ በስከዲራ ዝተቐዝፉ ንሳተን ድማ ናብ ዝተፈላለያ ዓድታት ናይቲ ከባቢ ዝተመርዓዋ ኩርናዕ ገይርና ክንቅምር እንተ ንፍትን እውን ናይቲ ሓዘን መርበብ መሊሱ ይሰፍሐ። ኣብ ርእሲ እዚ ንናይ ዖና፡ ገለብ፡ ሃብረንጋቓን ደብረሲናን ግፍዕታት ልዒሉ ብዝተገልጸ ኣገባብ ክንትንትኖ እንተ ንፍትን ክንዮ ናይ ሽው ኣውራጃ ሰንሒት ዝዝርጋሕ ናይ ሓዘን

237 ግንቦት ንጉሰ፡ ቃለ መጠይቕ ምስ ደራሲ፡ 2 ለካቲት 2016፡ በስከዲራ።

ብኽያትን ካርታ ምስኣልና። ኣብዚ ናይተን ኣብ በስክዲራ ጥራይ ዝተቐዝፋ ኣደታትን መበቆላዊ ዓድታተንን ንርአ፦

1. ደሃብታ ደርማስ ተኽሌስ ሰይቲ ወልዱ ፍካክ፡ ካብ ገጂላ ሓሊብመንተል።
2. ስተል ስማልኤል ዓሊበኪት ሰይቲ ኣልኣሚን ዓብደላ፡ ካብ ቤጁክ (ዋዝንተት)።
3. ዛህራ ሰይቲ መሓመድ ጅምዕ ፍካክ ካብ ምሕላብ፡ መንሳዕ ቤት ሻሕቀን።
4. ዓፌት ከሊፋ ነስረዲን ሰይቲ ያሲን ኣፍታይ፡ ካብ ሙሻ።
5. ጀምዕ ኣደግ ሰይቲ መንደር ብእምነት ደርማስ፡ ካብ ሙሻ።
6. ለቱ ቀሺ ተድላ ሰይቲ ነስረዲን ተስፋሚካኤል፡ ካብ ሸበቕ።
7. ስተል መሓመድ ጅምዕ ፍካክ፡ ኣብ ፋፍዳ ተመርዕያ ዝነበረት ዓል በስክዲራ።
8. ስኔት ዘርኦም ሰይቲ ሓምድ ሕመድ ዑመር፡ ካብ ሳንቃ።
9. ኣልጃጅ ይሻቕ - ሰይቲ ኣድም ኣጽማድ፡ ካብ ሳንቃ።
10. ለተብርሃን ሕድሩ ዕጉብ ሰይቲ ሕመድ ደሪዕ፡ ካብ ሮብቶ - ሰለባ።
11. ዳህባ ኢብራሂም መሓመድ ሰይቲ - ዓብደልቃድር ብእምነት - ዓድ ኣሓ ካብ ጋዕራርብ ከባቢ ደንጎርጁባ።
12. ሓሊማ እድሪስ ጅምዕ ዓል ፍጉረት ኣድም፡ ዓል ዓላ ንኣልጃጅ ይሻቕ፡ ዕንጭናቕ ከባቢ ሓጋዝ።
13. ድካን ሸካይ ኖር ሰይቲ ጅምዕ ፍካክ፡ ካብ መንሳዕ ቤት ኣብርሀ።
14. ሰንበቱ መሓመድ ሓማድ ሰይቲ ንጉሰ ኣንሰራ፡ ካብ ሽዕብ ሰለባ።
15. ገዲት ያሲን ሰይቲ ዓሊበኪት ኣልመዶም - ካብ ወስበንስሪኽ።
16. ሱሰት ዓሊ በኪት ሰይቲ ሸኽዲን ተስፋሚካኤል፡ ካብ ቁኒዕ።
17. እድግት ሙሳ ሰይቲ መንግስቱ ዓሊ በኺት፡ ካብ ኣጀርበብ።
18. ልጉት ተስፋስላሴ ሰይቲ ባህልቢ ተኹሩራይ፡ ካብ ዓድፋ።
19. ምሕረት በየድ ሰይቲ ልጃጅ ተኽሌስ፡ ካብ ሙሻ።
20. ግብለት ዑቕባሚካኤል ገንደር ሰይቲ መድሕን ልጃም ሰመራ ካብ ኣጀርበብ።
21. ለተንስኤ ኣድግ (ጋርዳ) ኣልመዳይ ዓል ዓሎም ንእንዳ ልጃጅ ተኽሌስ ካብ ቁኒዕ።

22. መርየም ፋይድ እድሪስ ሓሰቡ ሰይቲ ኣዛዚ ፍካክ ደርማስ - ዓድ ኣሓ ወረው።
23. ዓሻ ማሕጁብ ሰይቲ ዑመር ፈረጅ ካብ ገለብ መንሳዕ ቤት ኣብርሀ።
24. ዜነብ ሳልሕ ሰይቲ ዑመር ማሕሙድ ካብ ዳዕሮታይ - ዓደርደ።
25. ራህያ መንደር ሰይቲ ተስፈ ገብርረቢ- ካብ ሳንቃ።
26. ሚኪኤሌት ጅምዕ ሙሳ ሰይቲ ሓመድናካ ዘርኤስ ካብ ሽናራ ሮራ ቤት ገብሩ።
27. ዓጀብ ብርሃነ ዓበ ሰይቲ ንጉስ ተስፋልደት - ካብ ኣጀርበብ።
28. ኖባ በኪት ኣስጎዶም፡ ሰይቲ ዘርኦም ሕድርየስ - ካብ ኣጀርበብ።
29. ኣመተልደት ክፍሎም ናይብ (ሰይቲ ዘይኣይ ገብረትንሳኤ) - ካብ ድጊ።
30. ማህሌት መንግስቱ ሰይቲ ገብረመድህን ዓበ ገብረስላሴ፡ ካብ ጀምበረቕ (ሰለባ)።
31. መሓሪተ ሕመድ ጨባዕ፡ ሰይቲ መንግስቱ ካብ ሳንቃ።
32. ትከት ናሽሕ እኩብ ሰይቲ ዓሳማ ገብረትንሳኤ ካብ ፊሶሩኽ።
33. ሓዋ ኣድም ዳር፡ ሰይቲ ሳልሕ መሓመድ - ካብ ወስበንስሩኽ።
34. መድህኑ ዑመር ሰይቲ ተስፋዮሓንስ እትጊዮርጊስ- ካብ ፈለዳእርብ።
35. ለምለም ሓሰበነቢ ተኩሩራይ፡ ሰይቲ ተስፉ ዳርሰልሕ - ካብ ቁኒዕ።
36. ናስራ መንደር ተስፋማርያም ሰይቲ ግላይ ሕኒት - ካብ ሳንቃ።
37. ጃዉዲ ሓሰማ ፍረ ሰይቲ ኣጐዱባይ ገብርረቢ - ካብ ደርሙሽ።[238]
38. ድንሳ ዑመር ሰይቲ ኣዳላ ናሽሕ እኩብ ድሮ ኣብ ፉሶሩኽ ዝተቐትለት - ዓዳ ኣይተፈልጠን።
39. ማሕየዊት ዘርእስላሴ ሰይቲ ሓመድናካ ናሽሕ እኩብ ድሮ ኣብ ፉሶሩኽ ዝተቐትለት፡ ኮዲ - ኤደን

በዚ መሰረት ስፍሓትን ዝርጋሐን ናይቲ ሓዘን ብኽምዚ ክንርድኦ እንተፈቲንና፡ ነቶም ሓዘንተኛታት ከጸናንዕ ካብን ናብን ናይ ዝንቀሳቀስ ዝነበረ ሓፋሽ ክሳብ ክንደይ ምንባሩ ብኸፊል ንምግማቱ ይከኣል። ምሉእ ሰንሒት ብሓዘን ተጎልቢቡ ኩሉ ካብ እንዳ ሓዘን ናብ እንዳ ሓዘን ክመላለስ ምሕጋዩ ግን ዘጠራጥር ኣይኮነን።

ሞት ሰንበቱን ደቃን ሰሚያም ካብ ዓዲ ጋር ኣለቡ ንሽዕብ ከይዶም ካብ ዘልቀሱ፡ ሓደ ሸኽ መሓመድ ሰዒድ እዩ። ሼኽ መሓመድ ሰዒድ፡ ነታ ኣብ

238 መበቆል ዓዲናይዘን ኣዴታት ኣብ ምጽራይ ብዙሓት ሰባት ተሳቲፎም።

ከቢድ ሓዘን ተሸሚማ ዝነበረት ኣደ መዋቲት "ኤማን ግበሪ እነ ስንበቱ![239] ንኣምላኽ ተመስገን እንተ በልክዮ እዩ ዝሓይሽ፡ እንተ ሓመቕኪ መውደቒ ጓልኪ ፈሊጥኪ'ኳ ጽንዓት ይሃብኪ ትበሃሊ ኣለኺ። ሬሳ ምውታት ዘይርከበሉ፡ ጽንዓት ይሃብኩም'ውን ዘይበሃለሉ ሕማቕ ግዜ ክመጸናዩ፡" ብምባል ትንቢት ዝመስል ቃል ክዛረብ ኣብ'ቲ እንዳ ሓዘን ዝነበሩ ብዙሓት ሰሚያሞ።[240]

ካብ ህልቂት በስክዲራ ኣብ ሳልሳይ ሰሙን፡ ወተሃደራት ሻምበል ከበደ፡ ኣብ ሰኹና ናይ ጥፍኣት ትልእኾ ዛዚሞም፡ ንሰለባ ወጹ። ኣብ ደብረሲና ዓስኪሮም ከኣ ንዓድታት ናይቲ ከባቢ ኣብ ምርሳይን ሰለማውያን ኣብ ምቕታልን ተጸምዱ። ሓንቲ መዓልቲ ካብ ጽርግያ ዒላበርዒድ ደብረሲና ንወገን ደቡብ ናብ እትርከብ ዓዲ፡ ጋር ኣለቡ ኣምሪሖም ንሸኽ መሓመድ ስዒድን ብጾቱን ኮብኩቦም ንደብረሲና ወሰድዎም። ሸኽን ብጾቱን ንገለ መዓልታት ሓይሮሞም ድሕሪ ምቕናይ፡ ካብ ገዳም ማርያም ደብረሲና ንደቡብ ኣብ ዝርከብ ጸድፊ ወሲዶም ብእምኒ ጨፍሊቖም ቀተልዎም።[241] ሼኽ መሓመድ ስዒድ ከምቲ ዝተነበዮ፡ ስድራ ቤቱ ኣበይ ከም ዝተቐብረ ከይፈለጡ ነዊሕ እዋን ሓለፈ።

* * *

ካብ ኣደኡን ኣሕዋቱን ንበይኑ ዝተረፈ ግንቦት፡ ንሓጺር ግዜ ምስ ዓባዩ ጸኒሑ፡ በስክዲራ ተመሊሱ ምስ ኣቦኡ ክነብር ጀመረ። ኣብ 1988 ህዝባዊ ግንባር ንከተማ ኣፍዓበት ክሳብ ትቆጻጸር እውን ኣብ ዓዱ ጸንሐ። ሰኹናን ካልእ ከባቢታትን ዳግማይ ናብ ዓውደ ኲናት ምስ ተቐየረ ግን፡ ከም እንደገና ናብ እንዳኖኡ ንሽዕብ ገዓዘ። ኣብ እንዳእኖኡ ኮይኑ ተመርዕዩ ከኣ ንዓይ ብዛዕባ በስክዲራ ሓቲተ ንክፈልጥ ምኽንያት ኮነ። ግንቦት ቀተልቲ ስድራኡ ካብ ኤርትራ ጠቕሊሎም ምስ ተጸርጉ ንዓዱ ተመሊሱ ይነብር ኣሎ። ታሪኹን ታሪኽ ስድራቤቱን ከኣ ካብ ኣንደበቱ ኣብ በስክዲራ ሰኒድና።

239 ነደይ ኬማ ደብር ብመዋቲት ቦኹሪ ጓላ ጸዊዕዋ። እዚ ድማ ኣብ ዝበዝሐ ሕብረተሰብ ኤርትራ ልሙድ ኣጸዋውዓ እዩ።

240 መብራት ተከኤ፡ ቃለ መጠየቕ ምስ ደራሲ፡ 20 ሓምለ 2020፡ ከረን።

241 ሸኽ ነዛ ዛንታ ክዛረብ ካብ ዝሰምዑ ሓንቲ ወላዲተይ መብራት ተከኤ እያ። ወትሩ ድማ ትደጋግማ ነይራ።

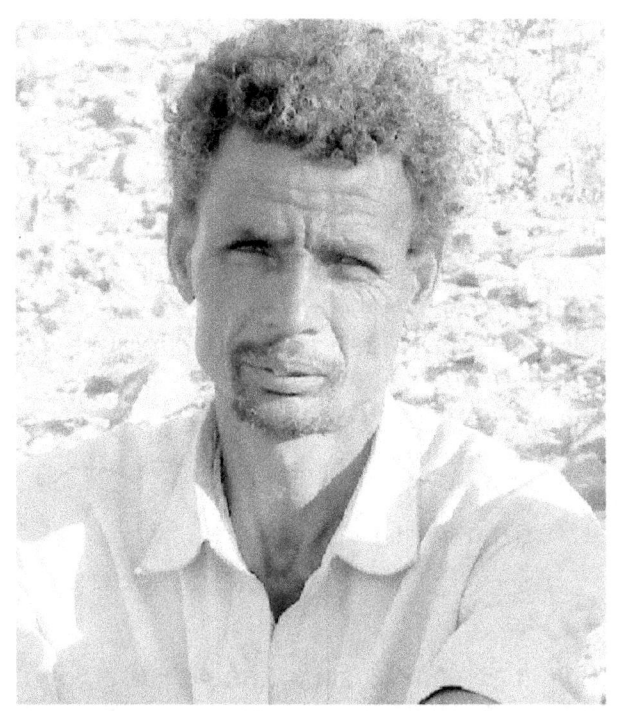

ኣቶ ግንቦት ንጉሰ

ግደ ኣሞራን ኳኽን

ሞት፡ ብሕልፊ ኢ-ዖለንታዊ ሞት
ቀታሊት-ስጋ ጥራይ ዘኮነት፡ ሰራዚት ዝካሬታት'ውን ብምዃና
ከቶ፡ ኪማኽነየላ 'በቅዕ_ዘይተኣደነ ዓማጺ እያ_
ግፍዐኛ እንተ በልኩኹም፡ ብድዕቲ'ምበር፡ ዚዕወተላ-ዚሰኣነት፡
ዚዝልፉ፡
በዚ-በኣይ፡ መራሻይ ዘመናዊ ስልጣኔ
ንስለ ሕነ-ሕኒእይ'ኳ
ወላ ሳሕቲ ሳሕቲ፡ ነነጢርሩ'ኳ፡

ብኻ ይግልፉ!!

ተፋማርያም ወልደማርያም

ኣብ ወርሒ ታሕሳስ ናይ 2015፡ ርእሰ መምህር ማእከላይን ካልኣይን ደረጃ ቤት-ትምህርቲ ስዉእ ዑመር እዛዝ ሓልሓል ኣብ ዝነበርክሉ እዩ። ብዛዕባ ያናን በስከዲራን ንመጀመርታ ግዜ ኣፍልጦይ ንምስፋሕ ዝሕግዙኒ ኣብ ተመሳሳሊ ኣርእስቲ ኣቐዲሞም ዝተኻየዱ መጽናዕቲታት እናፈታተሽኩ ኣብ መጽሔት ትምጻእ መንግስትከ፡ ብኣባ ተወልደብርሃን ገብረመድህንን ብኣባ ዘርኢያቆብ ዑቕባሚካኤልን ተጻሒፈት 'መሪር ግፍዒ ኣብ በስከዲራን ከባቢኣን፡ ኣብ ምድሪ ሰኹና' ትብል ጽሕፍቲ ካብ "Daberi.org"ኣውሪደ ነበብኩዋ። እዛ ጽሕፍቲ ናይቶም ኣብ መስጊድ በስከዲራ ዝሃለቑ ዝርዝር ኣስማት ነይርዋ። ኣብ ስርሐይ ሓጋዚት ከም ትኸውን ከኣ ኣይተጠራጠርኩን። ካብኣ ተበጊሰ፡ ሓበሬታ ክህቡኒ ናብ ዝኽእሉ ናይ ቀረባ ቤተሰብ ግዳያት ክትመርሓኒ እዩ ትምኒተይ።

መምህር በኺታ ሑሴን፡ ኣብ መባእታ ቤት ትምህርቲ ስዉእ ዓብደላ እድሪስ (ዓብደላ ዲጎል) ሓልሓል ትምህር፡ ዝነበረት ዳል ሰኹና እያ። ንመምህር ብመደብ ረኺበ ነቲ ኣብ ታብሌተይ ዝዓቀብክዋ ኣስማት ግዳያትን መበቆል ዓዶምን የንብበላ፡ ንሳ ድማ ናይ ቀረባ ቤተሰብ ግዳያት ስምን ኣድራሻን ትነግረኒ። ከም'ዚ ኢልና እናቐጸልና "ኖባ ሰይቲ ዘርኦም፡ ኣጉሳዕና ዘርኦም፡

ሰነት...” ኢለ ከይወዳእኩ፡ “እዘን ትጠቕሰን ዘለኻ ዓባየይን ኣሞታተይን'የን” ብምባል ኮለፈትኒ። ፈዚዘ ጠመትኩዋ። ብዛዕባ ሰኹና ዝሓሸ ኣፍልጦ ዝነበራ እንኮ ቀረባይ ዝነበረት ሰብ እምበር፡ ስድራ ቤታ ግዳይ ምዃኖም ብፍጹም ኣይፈለጥኩን። ንሳ እውን ኣየተንበሃትለይን።

* * *

ሳንቃ ካብ ዝርከቡ ዓሌት ዛውል፡ በስከዲራ ናብ ዝርከቡ ዓዲ ኣብርሀ፡ ናብ ፍካከ መሓመድ ዝተመርዓወት መርየም ዘርኣም፡ ንመምህር በኺታ ቆሞና ኣሞኣ'ያ። ይማ መርየም ኣብ ግዜ ህልቂት፡ ነዋልዳ ፋጥናን ዓሻን ንሓንቲኤን ሓዚላ ነታ ካልኣይቲ ድማ ሓቒፋ እያ ናብ መስጊድ ኣትያ። ታሪኽ ክንስንድ ናብ በስከዲራ ኣብ ዝወፈርናላ ቀዳመይቲ መዓልቲ፡ ንከረን ክንምለስ እናተበገስና “ንመርየም ግድን ከትረኽቡዋ ኣለኩም” ተባሂልና። ኣብ ጫፍ ናይቲ ዓዲ፡ ኣብ ጽላል ገረባ ኮፍ ኢልና ቃለ መሕተት ኣካይድናላ። ኣብዚ መስርሕ ቀዳመይቲ ዓል ኣንስተይቲ ንቃለ መሕተት ዝበቕዐት ከኣ ነበረት። ኣብቲ ከነዘራርባ ዝፈተንናሉ ግን፡ ንዕላል ክፍትቲ ኮይና ኣይጸንሓትን።

“እንታይ ክብልየ፤ ኣብዚ ዓዲ ብዙሓት'ዶ ካብ መስጊድ ዝወጹ የለዉን፡ ንዕኦም እንዶ ሕተቱ፤” ብምባል ኩሉ ግዲ ተራእይዋ ኣዒንታ ንብዓት ቆጻጺሩ ኣሕነቕነቐት።

እቶም ምሳና ሓቢሮም ዝነበሩ ደቂ ዓዲ ግን “ኣምላኽ ደቢሱኪ ሸኽ ወሊድኪልና። ዘይግባእ ከምኡ ኣይትኹኒ፡ ናይ ስድራኽን ደቅኽን ጥራይ ኣዘንትውልና። ኩሉ ነናይ ስድራኡ እዩ ኣዘንትዩ” እናበሉ ኣተባብዕዋ። ንሳ ግን ኣብ ዝነበረታ ተኾርምያ ኣስቀጠት።

ሽዑ ኣብ ኣእምሮይ ሓደ ነገር ትዝ በለኒ። ዓል ሓዋ፡ መሳርሕተይ ምዃና ‘ናብ በስከዲራ እኸይድ ኣለኹ፡’ ምስ በልኩዋ፡ ‘መርዓ መሓዛይ ሃልዩ እምበር ምሳኻ ከይደ ነሞይ ምርኤኹ’ ከም ዝበለትኒ፡ ነቲ ምስ መምህር ኣብ ድሮ ናይታ መዓልቲ ብተሌፎን ዘዕለልናዮ ነገርኩዋ።

ይማ መርየም፡ ስም ትፈትዋ ዓል ሓዋ ሰሚዓ ገጻ ቅሩብ በርሀ። “ከመይከ'ላ በኺታ ዓለይ፤ ናይ መን መርዓ ደኣ ረኺባ፤” ብምባል ዝጀመረቶ ዕላል ከኣ ናብ ዝሓሸ ናይ ምዝናይ ሃዋህው ኣምጽአ። ቅሩብ ጸኒሓ ድማ ነቲ ኣብ ልዕሊኣን ኣብ ልዕሊ ስድራቤታን ዝወረደ ኣደራዕ ክትጸዊ ጀመረት።

“ዒድ'ዩ ነይሩ፡ ንግሆ ምስቶም ካብ ኩሉ ዓድታት ዝመጹ ብሓባር ኣኪቦምና። ክልተ ኣዝዮም ነዋሕቲ ወተሃደራት መጺኦም፡

'ወንበዴታት ርኢኹምዶ፧' ኢሎም ሓቲቶምና 'ኣይርኤናን' ኢሎምም። ዳሕራይ፡ ኣብ ትሕቲ ሓንቲ ዓባይ ገረብ ተኣኪብና ውዒልና። ቁልዑ ብጽምኢ ነቒጾም ምስ ግዓሩ ንገብረመድህን ዓበን ዑቕባልደት ማይበቶትን ማይ ከምጽኡ ተላኢኾም። እንተኾነ ኣዝዩ ብዙሕ ህዝቢ ስለ ዝነበረ፡ ናብ ኩላትና ከይበጽሐ ተወዲኡ። ናይ ምሸት ምስ ኮነ፡ ነፋሪት ትመጽእ ኣላ ተባሂሉ መስጊድ ኣቲና። 'ኣጣቕዑ' ኢሎምና ኣጣቒዕና፡ 'ዕልል' በሉ'ውን ተባሂልና ምስ ዓለልና ረሸሪሾምና"[242]።

ይማ መርየም፡ ኣብ ውሽጢ መስጊድ ተኹሲ ቀቅድሚ ምጅማሩ፡ ጥባው ዳላ በኸያ፡ ተኾርምያ ኮፍ ኣብ ዝበለታ ኮይና ከትእብዳ ጡብ ኣውጺኣ ኣት ሓዘታ። እንዶ ዘይነበራ ህጻን፡ ጡብ ኣዲእ ምስ ሓዘት ተኣበደት። እንተኾነ ግን እታ ህጻን ነታ ኣብ ኣፉ ዘእተወቶ ጡብ ከይፈነውት ኣድራጋ ጠያይት ዘነበን። ስለፍ ይማ መርየም ከኣ ንእለት ውዑይ ነገር ፈሰሶ። ኣደ ንኢዳ ናብ ሰለፉ ኣሕሊፉ ሃሰስ እንተበለት፡ ኣምዑት ናይታ ትጠቡ ዝነበረት ዳላ እዩ። ኣይጸንሐን ሰለፍ ኣደይ መርየም እውን ተበጅለ። ፈለማ ዝደንዘዘት ኮይኑ እዩ ተሰሚዕዋ። ካልኣይቲ ጥይት እውን ኣብ መንኩባ ዓረፈት። ብጸጋማይ ጎድና ተሰለሰት። ድሕሪ'ዚ ዝኾነ ግን ኣብ ባይታ ተሰጢሓ ትዝክሮ ኣይነበራን።

ጸሓይ ዓራርቦ፡ ከረድኡ ዝመጹ ሰባት ነደይ መርየም ትንፋስ ረኺቦምላ ኣብ ተንኮባ ተሰኪሞም ንደገ ኣውጽእዋ። ንዕኣ ኣብ ጎድኒ መስጊድ ኣቐሚጦም ካልኦት ንምውጻእ ተዳየዩ። ዓባይ ዳላ ነደይ መርየም ህይወት ጸኒሕዋ ተጸይራ ከሳብ ፈርሐን በጽሐት። ኣብኡ ግን መይታ። ኣደይ መርየም ካብ ዝተነብረቶ ዳግማይ ዘልዕል ኣይረኸበትን። እናወደቐትን እናተንስኣትን ኣብ ዝበጽሓቶ ተገምሲሳ ኣብኡ ሓደረት። "ኩሉ ሰብ ገዲፉኒ ከይዱ ኣብኡ ሓዲረ። ንጽባሒቱ እውን ሰብ ፈሪሁ ካብ ማዕዶ ኮይኑ ከቋምተና ውዒሉ። ሃዋ ሰይቲ ከራር ከሊፋ ሳልሕ፡ እናተንፋሓኾት ካብ መስጊድ ናብቲ ገዛውቲ ገጻ ወሪዳ። ኣነ ግን ኣብኡ ሓዲረ ውዒለ። ቐትሪ ኣሞራ (ኳኽ) መጺኡ ኣይምዉታት ኣይህልዋት ካብ ዝነበሩ ስጋ ክምንጭት ውዒሉ። ዳሕራይ ካብ በረኻ ዝመጹ ተሰኪሞም ፈርሔን ኣእትዮምኒ። ኣብ ሳልሳይ መዓልቲ ሆስፒታል ከረን በጺሐ።"[243]። ትብል ንሳ።

ይማ መርየም ኣብ ጎኒ መስጊድ ሓዲራ ኣብ ዝወዓለትሉ ኣሞራ ስጋ ሰብ

242 መርየም ዘርኦም፡ ቃለ መጠይቕ ምስ ደራሲ፡ 2 ለካቲት 2016፡ በስከዲራ።

243 መርየም ዘርኦም 2016፡ ወዲ ሰኔት ሓብታ ካብ መስጊድ ሰንኪሉ ዝወጸ ኮይኑ፡ ምስ እንዳ እኖኡ ድሕሪ ህልቂት ኣይተራኸበን። ኣብ ሱዳን ከም ዝነብር ግን ብርሑቕ ይፈልጡ።

ከም ዝመንጨተ ዝመስከረት ናይ ዓይኒ ምስክር እያ። ብዙሓት ኣዘንተውቲ፡ “ሬሳታት ካብ ጸሓይን ቁርን ከምኡ'ውን ኣራዊት ከይበልዖም ሓመድ ኣዳም ኣልቢስናዮም፡” እምበር ኣሞራን ዄኽን ሬሳታት ከም ዝመንጨቱ ኣይጠቐሱን። ትጽቢት ዘይግበረሉ ግን ኣይኮነን። ሬሳታት በይኖም ኣብ ዝተረፍሉ እንታይ ከም ዘጋጥሞም መን ከፈልጥ ይኽእል፧ “ኣደይ ኖባ በኺት ኣስገዶም፡ ክልተ መርዑት ኣሓተይ፡ ኣምናን ሰነትን ኣብኡ መይተን። ወዲ ክልተ ዓመት ወዲ ሰነት ሓብተይ ሓንቲ ዓይኑን ኢዱን ሰንኪሉ። ጥሪ ክትምርዖ ተሓጽያ ዝነበረት ኣጉሳዕና ሓብተይ ርእሳ ሃህ ኢሉ እናተሰሓገት ተሰኪሞም ኣጀርበብ ኣብጺሖማ ኣብኡ መይታ። ሓማተይ ምስ ሰለስተ መርዑት ኣዋልዳን ወዲ ጓላን፣ በኹሪ ጓለይ ክሳብ ፈርሔን በጺሓ ኣብኡ ተቐቢራ። ኩሎም ምሳይ ዝኣተው ካብ ስድራይ ይኹኑ ካብ እንዳ ሓሞይ ወላ ሓደ ዝወጸ ኣይነበረን፡” ንክልተ ኢዳ እናነገፈት ዝበለቶ'ዩ።

ነቲ ዝተበጃጀለን ዝተመናንሀን ኣካላት ይማ መርየም ርኢኻ፡ ብዙሓት ከዳን ተኸዲኖም ኣብ መንጎና ዝመላለሱ ፍርቂ ሰብ ምህላዎም ትግንዘብ። ኣንጻር መግዛእቲ ብረት ኣልዒሉ ዝሰንከለን፡ ካብ ተደጋጋሚ ግፍዒ ትንፋስ ጥራይ ዝተረፈቶ እንተ ዝጽብጸብ፡ ካብ ህዝቢ ኤርትራ ክንደይ ምኾነ፧

ወይዘሮ መርየም ዘርኦም

ብርግጽ ውሑድ ዘይኮነ ሚእታዊት ካብ ህዝቢ ኤርትራ ጥይት ዝበጃጀሎ እዩ። ሰኣን ግቡእ ሕክምና ምርካብ ክሳብ ዕለተ ሞት እናተሳቐየ ዝነብር ከኣ ኣደኡ ትቐጽሮ።

ኣባ ኣርበድ ጸጥሮስን ኣደይ መርየምን ብኣቦን ኣደን ክልተ የሓት እየን ወሊደንኣም። ኣባቴ ኣብ ግዜ ህልቂት ተመሃራይ ኣሕዋት ካፑቺኒ መንደፈራ፡ ኣብ 1980ታት ከኣ ቆሞስ ናይ ሰኹና ዝነበሩ ካቶሊካዊ ካህን እዮም። ሕማቕ ወረ ካብ ዝኾነ ስለ ዝፈጥን "ምሉእ ምድሪ ብሊን ጠፊኡ፡" ዝብል ሕማቕ ዜና መንደፈራ መጺእዮም። ምሉእ ሓጋይ ብሰንፈላልን ሻቕሎትን ከም ዘሕለፉ ድማ የዘንትው።[244]

ከረምቲ ኮይኑ ንዓዲ ምስ ተመልሱ፡ ቅዝፈት ኖባ ሓትንኦም ምስ ሰለስተ ኣዋልዳ ፈሊጦም ብጓሂ ተኾምተሩ። ብፍላይ ናይታ ተሓጽያ ዝነበረት ኣጉሳዕና ዘኪሮም ግን ሓለፉ ይትክዙ። ኣደይ መርየም፡ ጸይራቶ ንትነብር ኣደራዕ ርእዮም 'ትወልድ'ዶ ትኸውን፧' ጥራይ ዘይኮነስ፡ ነዊሕ ትነብር ከም ዘይበሉ ብግህዶ ይዛረቡ። ይማ መርየም ግን ድሕሪ ህልቂት ክልተ ኣዋልድን ሓደ ወድን ወሊዳ ክሳብ እዛ ዕለት ነቲ ኣብ ልዕሊኣ ዝወረደ ሕሰም ክትጸዊ በቒዓ ኣላ።

244 ኣርበድ ጸጥሮስ (ኣባ) ቃለ መጠይቕ ምስ ደራሲ፡ 24 ነሓሰ 2016፡ ኣስመራ።

ሞትን ህይወትን ብሓባር ዝረኣያ ኣዳኖታት[245]

ጽዋ እንተ'ለዎ ዛንታ ሞት
ሕብሪ ዘይፈሊ፡
ሰብኣውነት ዘለሊ
ከም ናይ ቃዛ
ከም ናይ ሆሎካስት
ርእያ ቁሸትና ምጽናት ወለዶታት።

ኤፍሬም ሃብተጽዮን

ነደይ ጀውዳ ኣድሓኖምን ነደይ ለተብርሃን ጃወን[246] ኣብ ሳንቃ ብሓባር ረኺብና ኢና ኣዕሊልናየን። ኣብ ግዜ ቃለ መሕተት (2016) ኣብ ዕድመ ሰብዓታት ዝነበራ እዘን ክልተ ኣደታት፡ ምስ ስድራቤተን ካብ ሳንቃ ንበስኪዲራ ግዒዘን ናብ መስጊድ ብሓባር ኣትየን። ክልቲአን ብህይወት ወጺኤን ኣብታ ካብኣ ተበጊሰን ናብ መስጊድ ዝኣተዋ ዓደን ሳንቃ ይቕመጣ። ዛንትአን ኣብ ብዙሕ ኩርንዓት ስለ ዝመሳሰል ውዕሎአን ብሓባር ክትረኽ ተመሪጹ ኣሎ።

ድሮ ህልቂት ኣብ ሳንቃ ነፋሪት ደብዲባ ነይራ። ኣደይ ጀውዳ ሽዑ ብስንባደ ደቃ ሒዛ ኣማስይኣ በስኪዲራ ኣትያ ሓደረት። ንጽባሒቱ ንግሆ "ኣምሓራ ብዓንሰባ ይመጹ ኣለዉ" ሰሚዓ ደቃ ሒዛ ንፈርሔን ተበገሰት። እንተኾነ "ፈርሔን'ውን ድሮ ኣምሓሩ ኣትዮም፡ ናበይ ትኸዳ፧" ተባሂላ ክሳብ ዝኾነ ዝኸውን ኣብ ቤተ-ክርስትያን ኣትያ ናብ ኣምላኻ ክትምህለል ወሰነት።

245 ዛንታ ኣደይ ለተብርሃንን ኣደይ ጀውዳን "we will live together or we will die together" "እንተነበርና ብሓደ እንተሞትና ብሓደ" ንእትብል ናይ እንግሊዘኛ ጥቕሲ የዘኻኽራኒ።

246 ኣደይ ለተብርሃን ጃወ ኣብ 2023 ካብዛ ዓለም ሓሊፈን።

ወተሃደራት ክሳብ ንበስከዲራ ዝቐርቡ ጸሎት መቑጸርያ ኣብ ምብጻሕ ተጸምደት።

ኣደይ ለተብርሃን ህልቂት ከጋጥም ከሎ ሰለስተ ሰሙን ዘይመልአት ሓራስ ማርያም ነበረት። ኩነታት ብኢሱ ብሃታ ሃታ ከይተጠመቐት እያ ደቃ ጠርኒፋ ንበስከዲራ ዝገዓዘት። ወተሃደራት ብስከዲራ ቀቅድሚ ምእታዎም ዝነበረ ሻቕሎት ንዝመልአ ረፍዲ ከኣ ብኸምዚ ትገልጾ፥

> *"ሰኑይ ንግሆ ከንሃድም ምስ በልና፡ 'ብኹሉ ወገን ወፊሮም ኣለዉ፡ ናበይ ገጽኩም ከትከዱ፧' ኢሎምና ኣብ ቤተ-ክርስትያን ኣቲና ጸሎት መቑጸርያ ጀሚርና። ኣብ ሳልሳይ ናይ ከብሪ ምስጢር ምስ በጻሕና 'ናብ'ዚ ንዑ፡' ስለ ዝበሉና፡ እናቴ መሪሓትና ናብቲ እኩብ ህዝቢ ተሓዊስና። ኣምሓሩ መጺኦም፡ ነቲ ከባቢ ጽቡቕ ጌሮም ድሕሪ ምፍታሽ 'ሰላም ድዩ፧' ኢሎምና 'ሰላም እዩ' ኢሎሞም። ኣብ መንጎ ካብ ፊት በስከዲራ ተኹሲ ምስ ተሰምዐ 'ሰላም እንተኾይኑ ካበይ ዝመጸ'ዩ እዚ ቶግ ዝብል፧ ከተብልዕዎም ሓዲርኩምሲ ሰላም'ዩ ከትብሉ፡' ምስ በሉ፡ 'ንሕና'ሞ እንታይ ፈሊጥና' መሊሶም እቶም ሽማግለታት። 'ሕለፉ ናብቲ ሓላፊ ባዕልኹም ከትነግርዎ ኢኹም፧' ኢሎም ከኽብክቡና ጀሚሮም። ድሕሪ መስጊድ ናብ ዘላ ገረብ ምስ በጻሕና፡ 'የህው ደው ኣብሉና ንእሸቱ ኣለዉ ዝደኸሙ ጥኑሳት ኣለዋ፡ ሓራሳት ኣለዋ፡' ኢልና ጠሪዕና። 'ኣብሊዕኩም እንተኾንኩም ኣብ ከንዲ ናብ ሓዊ ተእትዉና ኣብሊዕና ዘይትብሉ፡' ምስ ተባህለ ድማ፡ 'ዘየብላዕናዶ ኣብሊዕና ክንብል ሓቂ ኢና ተዛረብና።"*[247]

'ሽማገለ ዓዲ ሓስዮም ኣይርኤናን ስለዝበሉ፡ ክጠፍኡ ኣለዎም' ዝብል ጽሒፎም ናብ'ቲ ሓላፊ ከም ዝተሰደ ዝጠቐሰት ኣደይ ጀውዳ፡ መልሲ ናይ'ታ ዝተሰደት መልእኽቲ ከኣ 'ይጥፍኡ' ነይሩ ትብል።

እቲ እኩብ ህዝቢ ግን "ገለ ተስፋ ኣለናዶ፧" ሓተተ።

ኣጋውላ ናይቲ ኩነታት ዘስተብሃሉ ሽማግለታት ግን "ትም ጥራይ በሉ፡ ንጥፍኣትና'ዩ፥" መለሱ።

ሽዑ ገለ ካብተን ኣደታት "ስለምንታይ ሓቂ ተዛሪብኩም ዘይትሞቱ ርኢና ዘይትብሉ፧" በላ።

---

247 ለተብርሃን ጃወ፡ ቃለ መጠይቕ ምስ ደራሲ፡ 4 ለካቲት 2016፡ ሳንቃ።

እቶም ሰብኡት ግን "ኣይርኤናን' ትብል ቃል ሓንቲ ግዜ ካብ ወጸት፡ ሕጂ ካልኣይ ዘረባ የለን፡ ሞት ጥራይ'ያ!"[248] መለሱ።

ወተሃደራት ድማ "ኣብ መስጊድን ኣብ ገዛን እተዉ።" ኣዘዙ።

ህዝቢ ግን "ኣይፋልኩም ኣብ መስጊድ ክንኣቱ፡" ተማሕጸነ።

ክትዕ ሽማግለታትን ወተሃደራትን ተወዲኡ፡ ናብ መስጊድ ኣተዉ ምስ ተባህለ ኣደይ ለተብርሃን፡ እናኣተዋ ዝነገፈን፡-"'ሓራስየ በጃኹም እዝግሄር ፍርሁ፡' እንተበልኩዎም፡ 'እተዊ እተዊ ኣይተዕገርግሪ ነፋሪት መጺኣ ከይትልክመኪ፡' ኢሎምኒ። ምስ ኣርባዕተ ደቀይ ክኣቱ ክብል ነቦይ ዓብደልቃድር ኣብ ቅድመይ ቀቲሎሞ። ሽው ኣነ፡ 'ብስም ኣብ ወውልድ ወመንፈስ ቅዱስ! እውይ ጠፊአ!' ኢለ ብስንባደ እትው ክብልን ኳሕ! ኳሕ! ኳሕ! ክብሉን ሓደ ኮይኑ። ኣብ ማእከል መስጊድ ናብዚን ናብትን ክልካዕ ጸኒሐ፡ ብየማነ ጸጋመይ ሓራስ'ያ ኢሎም ኣብ ጎኒ በዓል ኣቦይ ኣድሓኖም (ኣቦኣ ንጀውዳ) ሓቢኣምኒ። ምስ ክልተ ደቀይ ኣብ ጎኒ ንዕልተይ ኣመተ ኢሻቕ ምስ ዳላ በጥ ኢልና ከለና፡ ሓዊ ተኸፍኪፉና"[249] ትብል።

ኣደይ ጀውዳ ብወገነን፡"ምስ ኣዋልደይ ብጸጋማይ ወገን ኣብ ትሕቲ'ቲ ብፍኒስትራ ኮይኑ ዝትኩስ ዝነበረ ወተሃደርየ እየ ነይረ። ነታ ብየማናይ ኢደይ ሒዘያ ዝነበርኩ ለተንክኤል ዳለይ ኣብ ቅድመይ ኣንቢረ፡ ኣብ ልዕሊኣ ወዲቐ። ለተእየሱስን ተኽኣን እውን ኣብ ምድሪ ተሰጢሐን። ንኩሉ ሰብ ዳርጋ ወዲኦሞ። ውሑዳት ኣብ ሓደ ኣንጎሎ ገለ ቁሩብ እውን ብኻልእ ጫፍ ተሪፎም ነይሮም። ወተሃደር ከዳግመና ኣብ ኣፍደገ ደው ኢሉ ምስ ረኣየና ግን 'መጺእኩም መጺእኩም በጥ በሉ' ኢለዮም። ነቲ ተሪፉ ዝነበሩ ህዝቢ ብኣፍደገን ፍኒስትራን ኮይኖም ርፍርፍ ኣቢሎም ወዲኦም። ክስልሱ ምስ መጹ ሓደ ወዲ ሓላል ኮማንድስ ነቲ በዓል ብሬን 'መይቶም እዮም እንታይ ከተዳግመሎም፡ ጥይት'ዶ ንኸንቱ ይባኽን'ዩ፡'[250] ኢሉ ካብ ኣፍደገ ከም ዝኣለዮ ይትርኻ።

ኣደይ ለተብርሃን'ውን፡ ዕሽል ዳላ ኣብ ሕቑፉ ጌራ፡ ንዳልየት ዳላ ኣብ ጎና፡ ካብ ናይ ኣደይ ጀውዳ ዘይፍለ ሜላ ከም ዝተጠቕመት ተዕልል። "ሬሳታት ኣብ

---

248 ጀውዳ ኣድሓኖም፡ቃለ መጠይቕ ምስ ደራሲ፡ 4 ለካቲት 2016፡ ሳንቃ።

249 ለተብርሃን ጃወ።

250 ጀውዳ ኣድሓኖም።

ልዕለና ወዲቑ፡ ደምን ፈርስን ኣብ ዝባንና ተኺዕዩ ከም ምውታት ኮንና ጸጥ ኢልና ኣሕሊፍናዮ” ብምባል ነቲ ካብ ሞት ዝደሓነትሉ፡ ካብ ሞት ዘይሓይሽ ኩነት ትገልጽ።

ኣደይ ጀውዳ ብዛዕባ እቶም ኣብ ውሽጢ መስጊድ ዝሞቱ ስድራቤታ፡- “ኣቦይ እንጅሓይ፡ ሃዲሙ ቀንዩ ሽዓ ንግሆ መጺኡ ኣብ መስጊድ መይቱ። ኣብ ግዜ ምውጻእ ክኸድኖ ንነጸልኡ ስሒበዮ ዕንጨይቲ ተቐይሩ፡ ተሓሊለ ከይከደንኩ ገዲፈዮ። ኣቦይን ነስረዲን ወዲ'ሓትኖይ ኣብ ሓደ ቦታ ወዲቖም ነይሮም። ንዕልተይ ናስራ ሰይቲ ግላይ፡ ብኸቢድ ተወጊኣ ለይትን መዓልትን ተሳሒጋ ኣብ ፈርሔን መይታ። ኣቡኣ፡ ሓሙኣን ነጋሲ ዝበሃል ሰብኣይ በዓል ፈርሔንን፡ ራብዓይ ሰብ ዓራት ዘሳኸሞም ስኢኖም፡ ነቶም ተጋደልቲ 'ንዕልተይ መይታ ክንቀብር፡ ሬሳ ዘላዕል ራብዓይ ሰብ ስኢንና ክትሕግዙና' ኢለዮም። ብጸልማት ደፊንናያ፡”[251] ምስ በለት “ዛንታ በስክዲራ ዛንታ ኣባይና ይግበሮ” ብምባል ሕንቕንቕ እናበለት ተስቆርቁር።

ኣደይ ለተብርሃን እውን ካብቶም ምስኣ ዝኣተው ኣርባዕተ ደቃ ጓልን ወድን ከፊላ ሳልሳይ ርእሳ ጥራይ ወጸት።

ካብ መስጊድ ምስ ወጸ እውን ተመሳሳሊ መስመር ዛንታ እዩ ዘለወን። “ምሸት ብቐጥታ ንፈርሔን ኬድና ኣብኡ ሓዲርና። ንጽባሒቱ ኣብ ፈርሔን ውዒልና፡ ምሸት ህዝብን ተጋደልትን ክቐብሩ ሓዲሮም ሰዓት ክልተ ለይቲ ምስ መጹና፡ ብለይቲ ትኽ ኢልና ናብ ጎቦ እንጅሓይ ብምውጻእ፡ ናብራ ህበይ ተታሓሒዝናዮ”[252] ትብል ኣደይ ለተብርሃን።

ሳንድኣ ኣደይ ጀውዳ ብወገና፡ “ለይቲ ከይወግሐ ካብ ፈርሔን ንደንጉ'ርጁባ (ሰሜናዊ ምብራቕ ፈርሔን) ሃዲምና ኣብኡ ሓጊና። ኣየት ምስ ኮነ ፈርሔን ተመሊስና። ድሕሪ ክንደይ ኮለልን ሽግርን፡ ኣብ ካልኣይ ዓመትና ናብ ናይ ቅድም ቁሸታትና ተመሊስና” ትብል።

“ቅድሚ ህልቂት፡ ንክንነብር ደቅና ሓቝፍና ንጥሕንን ንግዕትን ነይርና። ደሓር ግን እኸሊ ኣብ መጥሓን ገዓት ኣብ ቁራዕ ገዲፍና፡ ነዛ ህይወትና ኸነድሕን ክንሃድም ንውዕል ነይርና፡” ብምባል ነቲ ሕሱም ዘመን ብምረት ይዝክራ።

---

251 ከማሁ።

252 ለተብርሃን ጃወ።

"ስለምንታይ እዩ እዚ ኩሉ ኣደራዕ ወሪድኩም፧" ንዝብል ሕቶይ ኣደይ ጆውዳ፡ "ከሕስሙና እምበር እንታይዶ ገይርና ኢና። ብታሕቲ ደም ብላዕሊ ጸባ ነውጽእ ኣደታት ደቂ ሄዋን ምቕታል ደኣ'ሞ ጅግንነት ድዩ ተቖጺሩ። ክንደይ ጥኑሳት ኣደታት ተሓሪደን ክንደይ ምስ ስልማተን ተደፊነን"[253] ብምባል ዘረባኣ ትድምድም።

ወይዘሮ ጆውዳ ኣድሓኖም

ነፍስሄር ለተብርሃን ጃወ

253 ጆውዳ ኣድሓኖም።

እንዳ ኣቦይ ዘርኡ

ኤርትራዊ ሰብ'የ ኣነ'ውን
ሰብ ኢኺ ኢለያ ንነብሰይ - ስነይ ነኺስ።
ብስስዐ ተገፊዐ ህየወት ምስ ረሓቐት፡
ሰላም ጠፊኣ ዓመጽ ምስ ነገሰት፡
ክብረይ ተደፊሩ ግዙእ ምስ ኮንኩ፡
ሰብ ኣይኮንኩን ምስ ተባሃልኩ - ምስ ተረገጽኩ፡
ሰብ ኢኺ ኢለያ ንነብሰይ - ስነይ ነኺስ!
ኣብ ቆራሪ ለይትታት፡
ንፉስ ከሸብብ ብናህሪ፡
ንኣካላተይ ከድንድኖ፡
ንሕሰመይ ከሓሪ፡

ኢሳይያስ ጸጋይ

ሓንቲ ካብተን ኣብ በስከዲራ ዝርከባ እንዳታት "ግራጭ ከው" ወይ "ዓዲ ግራጭ" ትበሃል። ብቐንዱ ግራጭ ዚብል ስያመ፡ ሳጓ ናይ'ቲ ካብ ሓልሓል ሰብ ቀቲሉ ናብ መጋርሕ ዝተዓቑበ በኺት እዩ። መበቆል ናይ በኺት ኣብ ከበሳ ስሓርቲ ኮይኑ ቅድሚ ነዊሕ ዓመታት ምስ ክልተ ኣሕዋቱ ንሓልሓል ስጊሩ ተቐመጠ። ኣብቲ ኣብ ሓልሓል ዝነብረሉ እዋን፡ ቀውዒ ሰራቒ ዳንዳ እናሰረቐ ኣትዓቦም። ሽዑ በኺት ዕንጨይቲ ኣብሊሑ ተጸናጺኑ ነቲ ሰራቒ ወጊኡ ቀቲሉ ሃዲሙ ኣብ መጋርሕ ናብ ዝነበረ ሹም ተዓቑበ። ዝጎነፎ ተሓቲቱ ምስ ነገረ 'ንስኻ ደኣ'ሞ ግራጭ እንዲኻ' ብምባል፡ ጨረቕሉ። ግራጭ ከኣ ንዕኡን ነቶም ዝፈረዮምን መጸውዒ ኮነት።[254]

ዳሕራይ ግዜ በኺት (ግራጭ) ዝፈረዮም ካብ መጋርሕ ንሰኹና ሰገሮም ኣብ ሙሻ፡ በስከዲራን ሰፈሩ።[255] ዕድመ ሰብዓታት ተቓሪቡ ዘሎ ገብርሂወት ዘርኡ ተስፉሚካኤል፡ ፍረ ናይዛ ልዒላ ዝተጠቐሰት ሓረግ ናይ ወለዶ እዩ።

---

254 ገብሪህይወት ዘርኡ፡ ቃለ መጠይቕ ምስ ደራሲ፡ 30 ሕዳር 2021፡ በስከዲራ።
255 ዝበዝሑ ዘርኢ ናይ በኺት (ግራጭ) ኣብ ሙሻ ይቕመጡ።

ንሱ ንስነዳ ናብ በስክዲራ ካብ ዝወፈርናላ ፈላሚት ዕለት ጀሚሩ ካብ ዓዲ ተፈልዩ ጸኒሑና ኣይፈልጥን። ንካልኦት ኣብ ምውዳብን ኣብ ምትሕብባርን ልዑል ተራ ዝጻወት ውፉይ ሰብኣይ እዩ።

ገብርህይወት ናብ መስጊድ ክኣቱ ከሎ ወዲ 15 ዓመት ነይሩ። ድሕሪ ኣስታት ፍርቂ ዘመን ናይቲ ፍጻመ ኣብ ውሽጢ'ታ ሞት ዝተፈርደላ መስጊድ ተቐሚጡ ከምዚ ይብል፦ "'ሽማግለ ሃቡ' ተባሂልና፡ ኣቦይ ተስፉ ኣልመዶም ተወኪሉ፡ ወረቐት ሒዙ ብሓደ ወተሃደር ተሰንዩ ናብ'ቲ ኣብ ደኽል ዝነበረ ሓላፊ ከይዱ። ውግእ ገና ይቕጽል ነይሩ። እቲ በዓል ብሬን፡ ኣብ ልዕሌና ኣብ ዝነበረት በራኽ ኮይኑ ናብ ድገ ምራድ ገጹ ይትኩስ ነይሩ"[256]።

ናብ መስጊድ ምእታው ኮይኑ ወተሃደራት ብበትርን ፋስን እናሃረሙ መስጊድ እናእተውዎም ገለ ካብቶም ወተሃደራት ኣብ ኩርናዕ ናይ'ቲ መስጊድ በዝን በትን ተጸጊዖም ይጸባበይዎም ነበሩ። ሓፋሽ ኣብ ውሽጢ 'እንታይ ኮን ክገብሩና ይኾኑ፧' ትብል ሻቕሎት ጀሚሩ ከይወድአ፡ ሓደ ወተሃደር፡ ኣብ ኣስካላ ናይ'ቲ ኣፍደገ ብሬን ተኺሉ ኣደታት ዕልልታ፡ ኣቦታት ጣቕዒት ክገብሩ ኣዘዞም። ከም ዝተኣዘዝዎ ዓለሉን ኣጣቕዑን።

ካብዚ ንደሓር ብሬን ከየዕረፈት ነቀወት። ምድርቤት መስጊድ ብጥይት ተበንቂሩ ጽልግልግ በለ። ከም ሳዕቤኑ ንኣስታት ዕስራ ደቓይቕ ጽዕጹዕ ቶኹስን ቅዝፈትን ሰዓበ። ኩሎም መይቶም ይኾኑ ብምባል ተኹሲ ኣቋረጹ። ትንፋሶም ዝሓለፈት ጥራይ ኣስቂጦም ህያዋን ኩሎም ገዓሩ። እቲ ኣውያት ንምድሪ ሰማይን ዘንቀጥቅጥ እኳ እንተነበረ ዝረድእ ግን ኣይነበረን። በንጻሩ ካልእ መዓት ጸወዐ።

ወተሃደራት ነተን ብበሪኽ ወገን ናይቲ መስጊድ ዝነበራ ክልተ ፍኒስቲራ ብደንጎላ ሰይሮም ከፈትወን። ነቶም ብህይወት ዝተረፉ ሓደ ብሓደ ካብ ላዕሊ ንታሕቲ ብብሬን ጣዕ! ጣዕ! ጣዕ! እናበለ ቀረምዎም። ገብረሂወት ምስ ጴጥሮስ ኣንሰራን ህብትዝጊ ዓሳማን ጎኒ ንጎኒ ኣብ ፊት ናይቲ ብፍኒስቲራ ኮይኑ ዝትኩስ ዝነበረ ወተሃደር ኣብ መንደቕ ተጸጊዖም ኮፍ ኢሎም ነበሩ። እቲ ወተሃደር በብሓደ እናቐንበለ ገብረህይወት ዓይኑ ጸቒጡ ይዕዘብ ነይሩ። ኣብ'ቲ ንሱ ዝነበሮ ምስ በጽሐ ነቲ ሓደ ብጻዩ ርእሱ ረኺቡ ምስ መንደቕ ኣላተሞ። ነቲ ካልኣይ ብኩሊቱ ወጊኡ ኣምዕቱ በዝበዞ። ገብርሂወት ኣብ ናይ ናይ ቋሕ ሰም ህሞት፡ ብደም ዝጨቀወ ኣብ ጎኑ ናብ ዝነበረ ሬሳ ፎግፊጉ ተሓብአ። ኣብ መንጎ ቀታልን ገብረህይወትን ዝነበረ ርሕቀት ናይ ሽዱሽተ ሜትሮታት ጥራይ እዩ። ንሱ ኣብቲ ኣነ ድማ ኣብዚኣ

256 ገብረህይወት ዘርኡ።

ነይረ፡” ብምባል ንሱን ቀታሊኡን ዝነበሮም ጸቢብ ናይ ቦታ ፍልልይ፡ ብኢዱ እናመልከት ኣርኣየና። “ኣብቲ ቀዳማይ መጥቃዕቲ ካብ ኣፍደገ ክሳብ ማእከል ዝነበሩ ግዳይ ኮይኖም። ፍኒስቲራ ምስ ከፈቱ ግን እቶም ኣብ የማናይ ጎኒ ናይቲ መስጊድ ዝነበርና ተሃሲና። ቁሩብ ኢና ተሪፍና እምበር ዳርጋ ተወዲእና። ህሱያት ከእውዩ እንከለዉ፡ ደሓን ዝነበርና ኣስቂጥና። ምንቅስቃስ ይትረፍ ምስትንፋስ እውን ኣቋሪጽና። ሬሳታት ጸቒጡ ስለዝኸወለና ከም ከልቢ ብታሕቲ ኮንና ጥራይ ጽን ንብል ነይርና፤”[257] ክኣ ይብል።

ወተሃደራት ንመስጊድ ሒቖኦም ሂቦም ምስ ከዱ ፈለማ ከረድኡ ዝመጹ፡ ብርሃነ ግልወትን ዑመር ማሕሙድን ምንባሮም ገብርህይወት ይዝክር። ገብርህይወት ካብ ጸጉሪ ርእሱ ሓንቲ'ኳ ከይረገፈት እንተ ወጸ ሓብቱ ክእለትን ሰይቲ ሓዎብኡን ግን ንጽባሒቱ ብተንኮባ ተላዒሎም ኣብ ጎኒ መስጊድ ካብ ዝተቐብሩ ነበሩ። ኣደኡን ሓወቦኡ ባህልብን እውን ካብቶም ዝተወግኡ ኮኑ።

* * *

ምስ ገብረህይወት ካብ ዘካየድናዮ ቃለ መሕትት (ለካቲት 2016) ድሕሪ ኣስታት ሓሙሽተ ዓመታት 30 ሕዳር 2021፡ መበል 51 ዓመት ናይቲ ህልቂት ንምዝካር በስክዲራ ውዒልና። ገብረህይወት ዝርከቦም ውጻእ መዓትን ስድራቤት ግዳያትን ክኣ ንተኻፈልቲ ናይ'ቲ ዝኽሪ ምስክርነቶም ኣካፈሎምና። ኣብቲ ናይ ምሳሕ እዋን ድማ ንገብረህይወት ዓቢ ሓው፡ ስንኩል ተጋዳላይ ምስግና ዘርኡ (ወዲ ከረን) ንህልቂት በስክዲራ እትምልከት ኣተኩሮይ ዝሰሓበት ፍጻመ ኣልዒሉ።

ምስግና (ወዲ ከረን) በስክዲራ ነዲዳ ህዝባ ክቕዘፍ ከሎ ኣብ መንደፈራ ተመሃራይ ኣሕዋት ካፑቺኒ መንደፈራ ነይሩ። “ዓዲ ኩሉ ጠፊኡ፡” ዝብል መርድእ ሰሚዑ ክሳብ ክረምቲ ንዓዱ ዝምለስ፡ መን መይቱ መን ተሪፉ ከይፈለጠ ተቐልዩ ሓገየ። ክረምቲ ናብ ስድራኡ ምስ መጸ፡ ንእሽቶ ሓብቱ ኣይጸንሓቶን። ሰይቲ ሓዎብኡ ባህልቢ ኣይነበረትን። ኣደኡ ብጥይት ተመናኒሃ ካልእ ሰብ ኮይና ተሰማዓቶ። ክስንዶም ዘይከኣለ፡ መዛኑኡን ደቂ ዓዱን ሞቶም ሰሚዑ ርእሱ ብኽልተ ኣእዳዉ ዓትዒቱ ኣውያት ፈነዎ። ሓቦኡ ተጸንቂቑ ምድርን ሰማይን ጸልመቶ።።[258]

ምስግና መወዳእታ ዓለም ሸዑ ዝኣኸለ መሰሎ። ኣብ ድሮ ምጽኣት

257 ገብረህይወት፡ ዘርኡ 2016።

258 ምስግና ዘርኡ (ተጋዳላይ) ቃለ መጠይቕ ምስ ደራሲ፡ 30 ሕዳር 2021፡ በስክዲራ።

ኮይኑ ከመሃር ኢሉ ምሕሳብ፡ ከኣ ዕሽነት ቆጸሮ። እንታይ ዝኸውን ምህሮ እዩ'ዚ ብምባል ንቤት ትምህርቲ ምምላስ ሓንገደ። ምህሮ ጥራሕ ኣይኮነን ግን ጸሊኡ። ዋናታታ ጸኒቶም 'ጽም ጽም' ዝበለት ዓዱ'ውን ከም ሞት ተጸየፉ። ሃጽ ኢሉ ከኣ ንሱዳን ተሰደ።

ሱዳን ምስ ኣተወ ኣይከፍኣን። ሳላ ትምህርቱ ምስ ሓንቲ ናይ ዕደና ካምፓኒ ተቖጺሩ ጽቡቕ ስራሕ ጀመረ። ምስ ተጋድሎ ሓርነት ተወዲቡ ወርሓዊ ውጽኢት ከኸፍልን ወፈያታት ከህብ እውን ጀመረ። ጸኒሑ ግን ኣብ ስደት ከምኡ ኢሉ ክቕጽል ቅኑዕ ኮይኑ ኣይተራእዮን። ገለ ልቡ እንተዓረፈሉ ከኣ ንዓዱ ተመልሰ። እንተኾነ እቶም ኣብ ዓዲ ገደፎም ዝኸደ ውሑዳት መዛንኡ ንሰውራ ተጸንቢሮም ጸንሕዎ። ኣይደንጎየን ኣሰር ኣሰሮም ብ1977 ናብ ህዝባዊ ግንባር ተጸንበረ።

ድሕሪ ግቡእ ወተሃደራውን ፖለቲካውን ስልጠና፡ ኣብ ሓለዋ ሰውራ ኣብ ሓለዋ ምሩኻት ተመደበ። ቋንቋ ኣምሓርኛ ይፈልጥ ብምንባሩ ከኣ ምስቶም ምሩኻት ጽቡቕ ምውህሃድ ነበሮ። ክሳብ ሕዳር 1981 ከኣ ኣብኡ ጸንሐ።[259]ኣብ ድሮ ሻድሻይ ወራር ህዝባዊ ግንባር ኣስታት ሰለስተ ሽሕ ምሩኻት ነጻ ለቒቑ ነበረ። ኣባል ፖለቲካዊ ቤት ጽሕፈት ሓርበኛ ዓሊ ሰይድ ዓብደላ፡ ነቶም ምሩኻት ነጻ ምኻኖም ምስ ኣበሰረ ወላ ኣባላት ሓለዋ እዮም ብሓጎስ ዝብልዎን ዝገብርዎን ጠፊእዎም። ኣብቶም ምሩኻት ዝተፈጥረ ስምዒት ግን ብቓላት ዝግለጽ ኣይነበረን። ሓደ ካብቶም ሽው ነጻ ዝወጹ ምሩኻት፡ ድሕሪ ኣስታት ኣርብዓ ዓመታት ነቲ ሃዋህው ብኸምዚ ገሊጽዎ፥ "እታ መዓልቲ ናይ ሓጎስን

ኣቶ ገብርሂወት ዘርኡ

ተጋዳላይ ምስግና ዘርኡ (ወዲ ከረን)

259 ምስግና ዘርኡ።

ፈንጠዝያን መዓልቲ ኮነት። ዳግማይ ዕለት ልደት እዩ። ተስፋ ደሚቑ ኣንጸባሪቑ። ርእሶም ኣድኒኖም ዝነበሩ ሽማግለታት ተስፋ ሰኒቖም ርእሶም ኣቕንዑ። ሞራሎም ለምለመ።"[260] ብምባል ነዛ ዳግም ዝተወልዱላ ዕለት ብሓጎስ ይዝከራ።

ከም'ዚ ኢሎም ከኣ እቶም ብተስፋ ምቑራጽ ማህሚኖም ዝነበሩ ምሩኻት፡ ብሓጎስ ተፈንጪሖም፡ ከም ዝተፈትሐት ብተይ ዘለሉ። ከም ፈረስ ጋለቡ። ከም ዕቡድ ተጸለሉ። ዓለሉን ጨደሩን። መዓልትን ለይትን ዘይፈሊ ዳንኬራ ተኸሉ። እቲ ሓጎስ ናብ'ቶም ለይትን መዓልትን ምሩኻት ብምሕላው ዓይኖም ዝቖርቆሩ ተጋደልቲ እውን ልሓመ። ሰብ ጥራይ ዘይኮነ ጎቦታታትን ስንጭሮታትን ሳሕል'ውን ንህዝባዊ ግንባር ዘመስግኑ ዘለዉ መሰሉ።

ኣብ ከም'ዚ ናይ ሓጎስን ፈንጠዝያን ሃዋህው ከለው ድማ እዩ ንወዲ ከረን ናብ ናይ ሓዘንን ሕነ ምፍዳይን ዝሸሞ ኩነት ዝጎነፎ። "ብጻይ ዓሊ ሰይድ ነቲ ውሳነምስ ነገሮም ብታሕጓስ ዝዛረብዎ ኣይፈልጡን ነይሮም። ሳልሰይቲ ሓይሊ፡ ናይቶም እሱራት መብዛሕትኦም 1977 ኣብ ከረን ዝተማረኹ ወተሃደራት ሃይለስላሰ ዝነበሩ እዮም። ካብ መንጎኦም ሓደ፡ 'ኣነ ንያናን በስከዲራን ዘጥፋእኩ፡ ህዝባዊ ግንባር ነጻ ክሰደኒ ሓሊመዮ'ውን ኣይፈልጥን!' ክብል ብእዝነይ ሰሚዐዮ። ምስቶም ምሩኻት ጽቡቕ ዝምድና ስለ ዝነበረኒ፡ ነቲ ምሩኽ ጽቡቕ ገይረ እየ ዝፈልጦ። ኩሉ ነገር ተቐጂልኒ ኣእምሮይ ምጽዋር ስኢነዮ። ሓብተይ፡ ዓደይ፡ ብጥይት ኣምሓሩ ዝሰንከለት ኣደይ፡ ዘኪረ ሕማቕ ሓሳብ ተኸቲሉኒ። ንእለት ዓይነይ ብሕርቃን ደም ሰሪቡ። ቀታሊ ስድራይ እየ እምበኣር ዝሕሉ ነይረ ኢለ ብውሽጥይ 'ኣብዚ ዲኻ ዘለኻ' ደሓን እናበልኩ ሓንሒነ"[261] ከኣ ይብል።

እንተኾነ ግን ህዝባዊ ግንባር ነጻ ዝበሎ ወዲ ከረን እንታይ እዩ ክገብር፧ ብተሪር ዲሲፕሊን ንነብሱ ኣብ ዝቐጽዐ ውድብ፡ ባዕላዊ ውሳነ ምውሳድ ትሕቲ ምሩኻት ከም ዘውርድ ኣይዘንግዖን። ናብ ኩሉ ግን ኣይበጽሖን። ጽባሕ'ታ ውሳነ፡ ምስግና ካብቲ ንልዕሊ ሓሙሽተ ዓመታት ዝጸንሖ ኣሃዱ ተላዒሉ ናብ ብርጌድ 70 ተወዚዑ ንባርካ ኣንቀልቀሉ ምስቲ ወተሃደር ኢትዮጵያ ተፈላለዩ።

260 ማሞ ኣፈታ "ኣንቱ በእናት" ኣዲስ ኣበባ፡ ካልኣይ ሕታም 2014፡264።
261 ምስግና ዘርኡ።

መስጊድ ምቕሊ ዝኸልኣቶ ኣቦ

ፋነዋ ሬሳ
ኩዕታ መቓብር
ጸሎተ - ፍትሓት፡ ዱዓ
ምልዓል መግነዝ ሬሳ...
የማዕርጎ ንቐብሪ
የመቅሮ ንሓዘን
ቀቢርካ'ዩ ዝቐበጽ
ቀቢጽካ'ዩ ዝሕዘን።
እንታይ ይገበር ግን
ግዜ ኣይሓገዘን
ንቡር ኣይተረኽበን።

ኤፍረም ሃብተጽዮን

ካብ ጽርግያ ከረን-ገለብ፡ ንስሜን ኣብ ኣስታት 15 ኪሎ ሜተር ኣብ መንጎ ድገ ምራድን ኣጀርበብን ትርከብ 'ሳንቃ' ብቛንቋ ብሊን 'ጸላም ከብዲ' ትትርጎም። መኣስ፤ ስለምንታይ፤ 'ሳንቃ' ከም ዝተሰምየት ግን ንጹር ኣይኮነን።

ኣብ ሳንቃ ንዝርከቡ ውጻእ መዓትን ስድራቤት ግዳያትን ክንረክብ ምስ መደብና፡ ከም ወትሩ፡ ኣቐዲምና ተሌፎን ደዊልና ኣድለይቲ ሰባት ተቖሪቦም ክጸንሑ መልእኽቲ ልኣኽና። ኣብ ዝቐጸለ መዓልቲ ሳንቃ በጺሕና ንቃለ መሕተት ኣብ ንቀራረበሉ ዝነበርና፡ ደቂ ዓዲ ነንሓድሕዶም ካብ ዝዛራረብዎ፡ ዝጎደለ ሰብ ከም ዝነበረ ተረዳእኩ። "ኣቦይ ከይዱ፤ ኣብ ገዛ የለን፤ ናበይ ደኣ ከይዱ ከኸውን ይኽእል፤" ክንዮ ተገዳስነት ሻቕሎት ኣንጸባርቑ። ኣገዳሲ ሰብ ክኸውን ከም ዘለዎ ከኣ ግምት ወሰድኩ። ንዝቐደሙ ቃለ መሕተት እናኣካየድና፡ ነቲ ሰብ ዘናድዩ ተመደቡ። ካብ ዓዲ ውጽእ ኢሉ ኣብ ትሕቲ ገረብ ቀም ኣቢሉ ጸኒሕዎም ሒዞሞ መጹ።

ኣቦይ ሓመድናካ ዘርኤስ ኣብ ዘመን ህይወቱ ብዙሕ ዓቐብን ቁልቁለትን ደይቡ ዝወረደ መከረኛ እዩ። ኣብዚ ግዜ እተን ሕማቕን ጽቡቕን ዝሰምዓለን ኣእዛኑ ከቢደንኦ እየን። ስለ ዝኾነ ድማ ንክሰምዓካ ድምጽኻ ከተበርኽ ትግደድ። ንሱ'ውን ተዛሪቡ ከስምዓካ ዓጸፋኻ የድሊ። ኣቦይ ሓመድናካ

ኣብ ድሮ ህልቂት በስከዲራ ንስድራቤቱ ይሓይሽ ናብ ዝበሎ በስከዲራ እዩ ኣእትይዎም። ንሱ ግን ምስ ጥሪቱን ክልተ ደቁን ኣብ'ቲ በረኻ ተሪፉ። ክዕቆቡ ኢሉ ናብ ዝሓሸ ካብ ዝሰደዶም ኣባላት ናይ ስድራኡ ግን ምቕሊ ኣይረኸበን። ብምሉኦም መይቶም።

"ወደይ፡ ነቲ ዝረኤኹዎን ዝረኸብኩዎን ኩሉ ዘኪረ ከዘንቱ ልበይ ሕዱር ስለ ዘየሎ፡ ምሉእ ከኸውን ኣይከእልን'ዩ፡" ዝብል ስክፍታ ብምቕዳም ከኣ ዘረብኡ ይጅምር። ኣብ ሓደ ህሞት ናይ ዝሃለቑ ኣርባዕተ ደቁን ነብሰጾር በዓልቲ ቤቱን በሰላ ገና ኣይወጸሉን። ንሱ ንዕኦም ዘዘኪሩ ወትሩ ምስ ተሳቐየ እዩ። ኣብቲ ምስ ብዙሓት ደቂ ሰኹና ብዛዕባ ግዳያት መስጊድ በስከዲራ ኣልዒልና ዝተዘራረብናሉ፡ ንሓመድናካ ዘርኤስ፡ 'ምቕሊ ዘይረኸበ፡' ብምባል ይዝክርዎ።

"ካብ ሳንቃ መሬት ሰላም'ዩ በስከዲራ ግዓዙ ተባሂልና። ኣብሎ (ኣግነት) ሰሪሕና ኣንስትን ቆልዑን ሓያማትን በስከዲራ ገዲፍናየን፡ ማልና እንታይ ከበልዓ ብምባል ንጎቦ ግዒዝና። ከምዚ ኢሉ ከሎ ኢትዮጵያ ሩባ ዓንሰባ ተሳጊራ ንበስከዲራ መጺኣ ምሉእ መዓልቲ ኣከላቢታቶም።፡ መጨረሽታ ድማ ኣብ መስጊድ ኣእትያ ቀቲላቶም። ንህይወተይ ኣነ፡ ምስ ክልተ ደቀይ ምስ ከብቲ ኣብ ጎቦ እንጅሓይ'የ ነይረ። ሃዲሞም ዝመጹ "በስከዲራ ጠፊኣ" ምስ በሉና ጽባሕ'ታ ዝጠፍኡላ ንግሆ ካብ እንጅሓይ በስከዲራ ክንኣቱ ሳልሳይ ርእሰይ ማይ-ሓባር በጺሕና። ተጋደልቲ ረኺቦም 'ናበይ ትኸዱ ንህይወትኩም ከይትጠፍኡ ኣምሓሩ ኣብኡ ኮፍ ኢሎም ኣለዉ ተመለሱ' ኢሎም መሊሶምና"[262] ይብል ንሱ።

መጨረሽታ ግን ኣብታ ዕለት ቀቅድሚ ጸሓይ ምውዳቓ፡ በስከዲራ ኣተው። ቅድሚ ናብ መስጊድ ምኻዶም ስድርኦም ሰፊሮሞ ናብ ዝነበሩ ኣልገሱ። ብዘይካ ኣብ እቶን ክልተ መዓልቲ ዝተሰኸተተ ቁራዕ፡ ዝኾነ ነገር ስለዘይጸንሖም ከኣ ናብ መስጊድ ኣምርሑ። "ኣብ መስጊድ፡ ሬሳ፡ ከም ክሻ እኽሊ ኣብ ርእሲ ርእሲ ተረስሪሱ ጸኒሑና። ከነለሊ ኢልና ኣብ ማእከል'ቲ ሬሳታት ምስ ኣተና፡ የእጋርና ኣብ ሰልሚ ከም ዝኣተወ ብደም ጨፈቕ! ጨፈቕ! ጨፈቕ! እብል ነይሩ። ኩላትና ሰሰብና ኢና ነናዲ ነይርና። እንተኾነ ሬሳታት ኣብ ርእሲ ርእሲ ተጸፍጺፎም መን ካብ መን ክትፈልዮ፧ ኣብ መወዳእታ፡ 'ሰልሚ ተቐየሩ ዘሎ ደኣ ከመይ ገይርና ነልዕሎም፧' ኢልና። 'ንግበር' ኢልና፡ 'እንታይ' ምስ ተባህለ 'ወደይ ሓወይ፡ ኣስላማይ ክርስትያን' ከይበልና፡ ኣብዚ ጎኒ መስጊድ ኣፍራዛ ኣምጺእና

262 ሓመድናካ ዘርኤስ፡ ቃለ መጠይቕ ምስ ደራሲ፡ 4 ለካቲት 2016፡ ሳንቃ።

ኵዒትና ንቐበሮም' ኢልና። ሽው ገለ ካብቲ ኣብሎ ሰሪሕናሉ ዝነበርና ተረፍ ተንኮባ ቀዳዲድና ንሬሳታት ሓደ ብእግሪ ሓደ ብርእሲ ተተስኪምና ናብቲ ዝኾዓትናዮ ጉድጓድ እናጓረትና ንኹሎም ሓመድ ኣዳም ኣልቢስናዮም"[263] ብምባል ነታ ሕስምቲ ምሽት እናተሰቀቐ ይዝክራ።

ኣብ በስኪዲራ፡ ካብ ሰኑይ ንግሆ ክሳብ ሰሉስ ምሸት ዝነበረ ፍጻመታት፡ ዳርጋ ኩሎም ኣዘንተውቲ ተመሳሳሊ መስመር ናይ ትረኻ እዮም ዘዘንትው። ነፍሲ ወከፍ ኣዘንታዊ፡ ንሓንቲ ፍጻመ ብናቱ ኩርናዕ ስለ ዝገልጻ ግን ንምሉእ ስእሊ ናይቲ ፍጻመ ክትርዳእ ይሕግዘ። ኣቦይ ሓመድናካ'ውን ነቲ ካብ ኣእምሮኡ ዘይሃሰስ ኣብ ውሽጢ መስጊድ ዝጎነፎ ፍጻመ ብናቱ ኩርናዕ ኸምዚ ክብል ይገልጾ፡ "ኩሉ እግሩን ኢዱን ዝተቖርጸ ርእሱ ዝተፈርግዐን ብደም ዝተሓጽበን'ዩ ነይሩ። ብዘይካ ክልተ ቁልዑ፡ ደቂ መብራህቱ፡ እቶም ካብ ሳንቃ ዝሞቱ ንኹሎም ኣለሊናዮም። 'ኣይይ' እናበለት ተሰኪምና ንኣጅርበብ ዘስገርናያ ኣጉሳዕና ጓል ዘርኦም'ውን ኣጅርበብ በጺሓ መይታ። በዓልቲ ቤተይ ነብሰ ጾር'ያ ነይራ። ኣርባዕተ ደቀይ ማሕደር፡ ኣማይር፡ ምክኤለት፡ ክፍላይ ባዕለይ ኣልዒለ ቀቢረዮም"[264] ምስ በለ ገጹ ክቕብር ከሎ ንዝነበሮ ስምዒት እናንጸባረቐ።

ኣቦይ ሓመድናካ ነዚ ክፋል ዛንትኡ ምስ ነገረና ኣዒንቱ ንብዓት ቆጻጸረ። ጎረሮኡ ምራቕ ምውሓጥ ስኢነን ተለኽታ። ባሕሪ ከብዱ ተገላበጦ።

ኣመሓዳሪ ዞባ ዓንሰባ ኣምባሳደር ዓብደላ ሙሳ ኣብ መበል 50 ዓመት ዕንበባ እና ኣንበረ

ኣቶ ሓመድናካ ዘርኤስ

263 ሓመድናካ ዘርኤስ።

264 ከማሁ።

ንካልኢታት ቃል ከየሰምዐ ጸጥታ ሰፈነ። ንሕና ቁጽሪ ደቂ ከንጽብጽብ ከለና፡ ንሱ ግን ምስሊ ደቁ እዩ ኣብ ቅድሚ ዓይኑ ተሳኢሎዎ። ኣብ ሓደ ህሞት ኣርባዕተ ደቁን ነብሰ ጾር በዓልቲ ቤቱን ኣብ ሓንቲ ጉድጓድ ደፊኑ እዩ ዘዘንቱ ነይሩ - ወዲ ኣዳም ጽኑዕ።

ድሕሪ'ዚ ኣቦይ ሓመድናካ፡ ነቶም ዝበዝሑ ቀቢሩ ናብቶም ምስ ማል ዝገደፎም ክልተ ደቁ ተመለሰ። ከም ኣቦን ኣደን ኮይኑ እንዳ ኣለዮም ከኣ ኣብ ትሕቲ እምንን ዕንጨይትን ተዓቑበ። እታ ብመከራን ዝዘቕበበት ህይወቱ ግን ተስፋ ኣይቆረጸትን። ካብቲ ኣብ ስንጭሮ ሓቢኡዎ ዝነበረ እኽሊ እናጠጠቐ ንደቁን ንነብሱን ዓንገለ። "ንጀብሃ የብልው፡ ንጀብሃ ይልኣኹ ተባሂልና ኢና ሞይትና። እንተኾነ ኢትዮጵያ እንተመጺኣ ንህብ፡ ጀብሃ እንተመጺኦም እውን ህይወትና መታን ከነድሕን ገንዘብና በቑቕና ኣይንፈልጥን" ይብል ኣቦይ ሓመድናካ ብረት ንዝተሓንገጠ ዝተኣዘዝዎ ከገብሩ ግዱዳት ምንባርም ንምሕባር።

ድሕሪ ህልቂት ዳግማይ ተመርዕዩ። መከራኡ ግዲ ኣይተወድኣን ነይሩ፡ በዓልቲ ቤቱ ብሕማም ሞይታ ዳግማይ ተጎድአ። "ኣነ ሕማቕ እዩ ዕድለይ!" ብምባል ከኣ ንነብሱ ኣማረረ። ንሳልሳይ ግዜ ምስ ተመርዓወ ግን ኣወዳትን ኣዋልድን ወሊዱ ተደበሰ። "ሎሚ እንታይ እዩ ጎኒፍኩም ዝብል ብምርካብና ብሓቂ ተደቢስና፡ ሞትናን ሕሰምናን እንቋዕ ተደፊኑ ኣይተረፈ፡" ይብል ንቑስሎምን መጉዳኣቶም ተገዲሱ ዝሓተተ ብምርካቦም ዝተሰምዖ ንምግላጽ።

ብዙሓት ግዳያትን ስድራቤት ግዳያትን፡ ነቲ ንዓመታት ኣብ ውሽጦም ዝዓቖርዎ ኣዘንትዮም ምስ ወድኡ፡ ከቢድ ሰኽም ከም ዘራገፉ ፍኹስ እዩ ዝብሎም። ጸገምካ ትነግሮ ምርካቡ ጾርካ ከም ምርጋፍ እዩ። ኣብ 2020 ከምኡ'ውን 2021፡ ኣብ በስከዲራ መበል 50ን 51ን ዝኽሪ ህልቂት ኣብ ዘካየድናሉ፡ ብዙሓት ስድራ ግድያት "ሎሚ ተፈዊስና"[265] ዝበልዎ ከኣ ናይዚ መረጋገጺ ነይሩ።

ህልቂት ነታ ህልቂት ዘጋጠማ ስድራቤት ጥራይ ኣይኮነን ዘቑንዙ። ኣፍንጫ እንተተሃርመት ዓይኒ ትነብዕ ከም ዝበሃል፡ እቲ ኣብ ልዕሊ ዖናን በስከዲራን ዝወረደ ግፍዒ ንኩሉ ኤርትራዊ እዩ ኣድምዩ። ኣብ ኩሉ ኩርናዕ ናይ ዓለም ኣንጻር ህልቂት ዖናን በስከዲራን ተሪር ግብረ መልሲ ተዋሂቡ። ሎሚ እውን እንተኾነ ኣበይ ብዘየገድስ ንቃንዛ እንኮ ኤርትራዊ ቃንዛኻ ቆጺርካ ብግብሪን ቃልን ምድንጋጽ ኣብ ደምና ሰሪጹ እዩ።

---

265 ነዛ ቃል ካብ ዝደጋገምዋ ሓደ ፍካክ መሓመድ ጅምዕ እዩ።

ካብ እንዳ ውጻእ መዓት ናብ እንዳ ውጹዓት

ስምዕኒ'ሞ ኣደይ ሓንሳብ ክነግረኪ
ብሳንጃ እንተዝሕረድ እንተዝስጣሕ ኣብ ቅድሜኺ
ብኳረንቲ እንተዝሓርር እንተዝሕነቅ ብስልኪ
ሰሪቐ ወይ ተባኢሱ መይቱ እንተዝብሉኺ
እዚ'ዩ ዝቐርጽ ዘጉሂ ንዓኺ።

ቀሺ ጊዮርጊስ ገብረስላሰ በይን

ግዜኡ ቀዳማይ ርብዒ ናይ 2017 እዩ። መቐጸልታ ቅጽታት ተመኩሮ ገድሊ፡ ንግፍዕታት ስርዓታት ኢትዮጵያ እትገልጽ መጽሓፍ፡ 'ግፍዒ' ንምድላው ንዖናን በስከዲራን ዝገልጻ ዛንታታት ከዳሉ ተሓበረኒ።[266] ኣብቲ ህሞት ኣነ ወላ እኳ መጽሓፍ ናይ ምድላው መደብ እንተዘይነበረኒ፡ ብዛዕባ ዖናን በስከዲራን ንክልተ ዛንታታት ጥራይ ዘይኮነ ንመጽሓፍ ዝኣክል ሓበሬታ ነይሩኒ። ድሩት ዓቕን ኣብ ዝነበሮ ጽሑፍ፡ እንታይ ጽሒፈ እንታይ ከም ዝገድፍ ሓርቢቱኒ። ኣውሪደ ድሕሪ ምድያብ ግን ንህልቂት በስከዲራ፡ ካብ ፍሶሩኽ ናብ መስጊድ ኣትያ ብደሓን ብዝወጸት ስድራ ክውክላ ወሰንኩ። ምስቲ ኣብ ልዕሊ እቲ ህዝቢ ዘጋጠመ ኣተኣሳሲረ ከኣ ኣቕሪበያ። እንዳ ትንስኤው ወዲ ጀቢብ፡ ከምቲ ኣብ መጽሓፍ ግፍዒ ዝተጠቕሰ፡ ናብ መስጊድ ካብ ዝኣተዉ ኣባላታ እንኮ ለተርፍኤል ጥራይ እያ ተወጊኣ። ኩሎም ብደሓን ወጺኦም። ኣብዚ መጽሓፍ ድማ እታ ስድራ ድሕሪ ህልቂት ንዝጎነፋ ተዳህሲሱ ኣሎ።

* * *

ካብ ህልቂት በስከዲራ፡ ድሕሪ ገለ ዓመታት ተዛማዲ ናይ ሰላም ሃዋህው ሰፊኑ ዝተፈናቐለ ህዝቢ ቀስ ብቀስ ነናብ ዓዱ ተመልሰ። እንዳ ትንስኤው እውን

266 ብጻይ ዘምህረት ዮሃንስን ኣቶ ስለሙን በርሀን ነቲ ዕዮ ሂቦምኒ።

ካብ ከረን ንፍሶሩኽ ተመሊሶም፡ ዳግማይ ዝነደደ ገዝኦም ሃኒጾም ሓድሽ ናብራ ኣሃዱ ኢሎም ጀመሩ። ሽዑ ግን ደንበኦም መዋፈሪት ተጋደልቲ እያ ተቐይራ። ካብ ምስክርነት እታ ተወጊኣ ዝተረፈት እርፍኤላ "ኣቦይ ካብቶም ናይቲ ዓዲ ሽማግለታት ስለ ዝነበረ፡ ተጋደልቲ ተጋድሎ ሓርነትን ህዝባዊ ሓይልታትን ኣብ ሓደ ህሞት ከይተረፈ ኣብ ገዛና ዝውዕልሉ እዋን ነይሩ። ኣደይ ድማ፡ ኣብ ገዛ ዓቢን ኣብ ገዛ ንእሽቶይን ተቐቢላ ጊዒታ ተምስሖም ነይራ፡"[267] ትብል።

ኣብቲ ህሞት ከኣ እዩ ካብ ቁልዕነቱ ብግፍዒ ዝተለብለበ ገብረሚካኤል ንጽልኣት መግዛእቲ ንቕሓት ወሲኹሉ ከጋደል ተበገሰ። እቶም ተጋደልቲ ግን ሓንጎፋይ ኢሎም ኣይተቐበልዎን። "ነደኻ ማይ ወሪድካ እንተሓጊዝካያ ከም ዝተጋደልካ ቁጸሮ፡" ብምባል ኣሰሮም ካብ ምስዓብ ከልከልዎ።

ገብረሚካኤል ግን፡ ንልመና ቦቕባቕ ወላዲቱ ጸማም እዝኒ ሂቡ፡ ነታ ዝተሓጽያ ጎርዞ ጠንጢኑ እንተዘይተጋዲለ "ከሳደይ ንኻራ" ብምባል ኣቕበጸ። ብ17 ሚያዝያ 1977 ከኣ ናብ ህዝባዊ ግንባር ተጸንበረ። ግቡእ ወተሃደራው ታዕሊምን ፖለቲካዊ ትምህርቲን ወሲዱ ድማ ኣብ ተዋጋኢ ሰራዊት ኣብ ብርጌድ ሸሞንተ ተወዝዐ። ነዊሕ ከይጸንሐ ድማ ኣብ ሰነ 1978 ንከተማ ባረንቱ ሓራ ንምውጻእ ኣብ ዝተኻየደ ውግእ ብዘይፍታው ኣብ መስጊድ በስከዲራ ኣትያ ብሰላም ንዝወጸት ህይወቱ ብፍታዉ በጃ ህዝቡ ወፈያ።

እንዳ ትንስኤው ድሕሪ ምግዳል ገብረሚካኤል፡ እርፍኤላ እውን ሕጹያ እናተጸበያ ገዲፉቶም ከይትጋደል ቀልጢፎም ከመርዕውዋ ወሰኑ። ዳል 15 ዓመት ተመርዕያ ከኣ ኣብ ሕጽኖት ጥንሲ ሓዘት። ክትሓርስ እንክላ ዳርጋ ኣብ ኣፍ ደገ ሞት በጺሓ ነበረት።

ድሕሪ ኣርባዕተ ዓመታት ካብ ምግዳል ገብረሚካኤል፡ ስድራ ሕጽይቲ ወዶም ንኣቶ ትንስኤው "ፍረ ወድኻ ኣኺሉ ስለ ዘሎ መርዓ ግበር እንተዘይኮይኑ ገንዘብካ ውሰድ" በልዎ።

በዚ መሰረት ፍረ ብዕድመ ንእትዓብዮ ሕጽይቲ ሓዉ ከምርዖ ተገደደ። ከም ባህሊ ብሊን፡ ኣብ ሕጻ ክልተ ስድራ እንዳ ዳልን ወድን ኪዳን ይኣስሩ። እቲ ኣብ ሕጻ ዝግበር ወግዒ ማእኮት[268] ካብ ቃል ኪዳን ብፍጹም ኣይንእስን። ስለ ዝኾነ ኣብ ብሄረ ብሊን፡ ሕጻ ፋሕ ኢሉ ማለት፡ ካብ ሓዳር ምብታን ብፍጹም ኣይፍለን። ማእኮት፡ ክልተ ስድራ ዝኣትውዎ ኪዳን ክሳብ ዝኾነ ሕጹያት ብዝኾነ ይኹን ምኽንያት ከምርዓው እንተዘይክኢሎም ሕጻ ከይፈረሰ ንወዲ ሓው ንዳል ድማ ሓብታ ክትሓልፍ ትግደድ። እዚ ግን ነቶም ኣብ ናይ ሕጻ ደረጃ ዝነበሩ ጥራይ ኣይኮነን

267 እርፍኤላ ትንስኤው፡ ቃለ መጠይቕ ምስ ደራሲ፡ 7 ሚያዝያ 2016፡ በስከዲራ።

268 ማእኮት፡ ኣብ ብሊን ጥራሕ ዘይኮነ ወላ ኣብ ሳሆ እውን ተመሳሳሊ ስምን ትርጉምን ኣለዎ።

ዝምልከት። ሰብኣያ ዝሞታ ሰበይቲ ናብ ዘይተመርዓወ ሓሙታ ኣትያ ግቡእ ቃል ኪዳን ኣሲራ ትነብር። እዚ ባህሊ ክሳብ እዛ ዕለት ይትግበር ኣሎ። ብዙሓት ሰብኡተን ኣብ ወራር ናይ ወያነ ዝተሰውኡ መርዑት፡ ካብ ደምበ እንዳ ሓሙኣን ከይወጻ፡ ኣብ ኣሕሙትሙተን ተመርዕየን ደቀን (ካብ ስዉእ ዝተወልዱ) ከይዘኸተሙ ወሊደንን ዘሚደንን ይርከባ።[269]

በዚ ኣገባብ ፍረ ንሕጽይቲ ራብዓይ መትሎኡ ዝነበረት፡ ለተኣምላኽ ኣድሓና፡ ብ1981 ተመርዕዩ ንኪዳኑን ቨሮኒካን ወለደ። ኣብ ለካቲት 1986 ናብ ህዝባዊ ግንባር ክሰለፍ ከሎ፡ ድማ ንበረኸት ኣብ ማህጸን ሓደጎ። ፍረ ነታ ኣብ ድርኩኺት በጺሓ ዝነበረት ናጽነት ከውንቲ ኣብ ምግባር 20 ሚያዝያ 1990 ኣብ ርእሲ እምባደርሆ ተሰዊኡ።[270]

ስድራ እንዳ ትንስኤው ድሕሪ ህልቂት በስከዲራ ሕድሩ፡ ራህያ፡ ገብርኤላ፡ ከብርትን፡ ጀቢብን ዝበሃሉ ውሉድ ወሲኻ እያ። ምስቶም ኣቐዲሞም ዝተወልዱ ገብረሚካኣል፣ ገብረሂወት፣ እርፍኤላ፣ ሃይምን፣ ፍረ፣ መድሃኔ፣ ድማ ዓሰርተ ሓደ ኮኑ። እንተኾነ ገብረህይወት ቅድሚ ህልቂት በስከዲራ ብሕማም ምኽንያት መይቱ።፡ ገብረሚካኣልን ፍረን ኣብ ኲናት ኣንጻር ኢትዮጵያ ተሰዊኦም። ሕድሩ፣ ራህያ፣ ጀቢብ፣ ኣብ ዝተፈላለየ ግዜ ንኣሽቱ ከለው ብሕማም ካብዛ ዓለም ብሞት ተፈልዮም። ሃይመን ካብ ወዲ 13 ዓመት ኣቑርደት ምስ ትነብር ሓትንኡ ከቕመጥ ጸኒሑ ንሱዳን ተሰዲዱ።[271]

ድሕሪ ምሕራር ከተማ ኣፍዓበት 1988፡ ሰኹና ዳግማይ ናብ ዓውደ ኲናት ኣብ ዝተቐየረሉ እንዳ ትንስኤው ዳግማይ ንከረን ገዓዙ። ኣብ ከረን ዝተመርዓወት ገብርኤላ ኣብ ግዜ ሕርሳ ምስ ዕሽላ መይታ ብኸቢድ ተጎድኡ።

ካብ ስድራ እንዳ ኣቦይ ትንስኤው ዝተፈልየ ዛንታ ናይ እርፍኤላ እዩ። ክልተ ግዜ ማንታ፡ ዓሰርተ ሓደ ግዜ ድማ ንጽል ብምውላድ፡ ኣደ ዓሰርተ ኣወዳትን ሓምሽተ ኣዋልድን፡ ማለት ዓሰርተ ሓሙሽተ ብህይወት ዘለዉ ውሉድ ፈርያ። እዚ ኣብ ካልኦት ደቂ ትንስኤው ኣይተራእየን።

ካብ ስዉእ ፍረ ዝተወልደ በረኸት፡ ኣብ 2011፡ መስተ ዝተሓወሶ ዘይምርድዳእ፡ ብኢድ ናይ ቀረባ ዓርኩ ኣሰቃቒ ብዝኾነ ፍጻመ ኣብ ከረን ብኻራ ተቐቲሉ። ንመስዋእቲ ፍረ ብሓበን ዝተቐበለት ስድራ፡ ንሞት እንኮ ወዲ ስዉእ ክትቅበል ፍጹም ዓቕሚ ሓጸራ። ኣቦይ ትንስኤው ድሕሪ ሞት ወዲ ወዱ ነዊሕ ኣይጸንሐን። ዳሂን ሕማምን ተደራሪብዎ ኣብ 2015 ካብዛ ዓለም ብሞት ተፈልየ።

---

269 እዚ ኣብ ብዙሓት ስድራቤታት ናይ ብሌን ዝውቱር እዩ።

270 ምስክር ሓርበኛ ስዉእ ፍረ።

271 እርፍኤላ ትንስኤው።

ሃይምን ንነዊሕ ዓመታት ኣብ ሱዳን ተቐሚጡ ኣርሒቑ ንከናዳ ተሰደ። ካብ ህጻንነቱ ጥዕና ዘይነበሮ መድሃኔ፡ ብከፊላዊ ምልማስ ኣካላት እናተሳቐየ ኣብ ፈለዳእርብ እነብር። "ክኾነልና ኣመርዲናዮ እንተኾነ ዕድል ኣይገበርናን" ኣብ ቤት ኣቦኣ ብዘጋጠማ ጸገም ዝተሃስየት እርፍኤላ ንብዓት ሓዊሳ ዝተዛረበቶ እዩ።

ንመድሃኔ መርዓቱ ክትሓርስ እንከላ፡ ንሳን ዕሸላን ካብዛ ዓለም ብሞት ተፈልዮም። ኣብዛ ስድራ ተመሳሳሊ ትራጀዲ ክደጋገም ዳርጋ ንቡር ተርእዮ እዩ። ኣብ ገብርኤላ ዝርኣይዎ ዘሰንብድ ኣማውታ፡ ኣብ ሰይቲ ወዶም ሚልካ ተደጊሙ። ክሕገዝን ክወልድን ዝበሃጉሉ መድሃኔ ዝበኣሰ ናብ ጓሂ ተሸሚሙ።[272]

* * *

እዚ ልዒሉ ዝተጠቐሰ ሓበሬታ፡ መጀመርታ ለካቲት ናይ 2016፡ ኣብ ምስናድ ሓፈሻዊ ዛንታ ግዳያት በስከዲራ እንከለና ዝተሰነደ እዩ። ነዛ ስድራ ኣብ መጽሓፍ ግፍዒ ወካሊት ዛንታ ክትኮነኒ ምስ መረጽኩዋ ድማ ሓንቲ መዓልቲ ምስኣ ክውዕል ካብ ከረን ንፈለዳርብ ሰጊረ። ዘይከም ትጽቢተይ፡ ኣብ እንዳ ኣቦይ ትንስኤው መድሃኔ ንበይኑ ጸኒሑኒ። ድሕሪ ሰላምታ ተቐዳዲመ ኩነታት ኣደይ ሕሪቲ ሓቲተዮ፡ "ኣደይ ገይሻ" በለኒ ብዙሕ ከይተገደሰ።

ክቱር ፍርሂ እናተሰመዓኒ፡ "ናበይ ደኣ ገይሻ፧" ሓተትኩዎ። እንታይ ከስምዓኒ እዩ ኢለ ዓይኑ ዓይኑ እናቋመትኩ።

ንሱ ግን ነቲ ኣብ ውሽጠይ ዝነበረ ስግኣት ዘቐለበሉ ኣይመስልን፡ "ኣቑርደት፡ ወርሒ ሸሞንተ ምስ ከደት'ያ፡" ወሰኸ።

"ናይ ደሓን ደኣ ኣቑርደት፧" ዝነግረኒ ዝነበረ ገና ሓቂ'ዩ ኢለ ኣይኣመንኩዎን።

"ናይ ደሓን እያ፡ ናይ ደሓን ድማ ኣይኮነትን፡" መለሰ ዝገደደ ንኸነግረኒ።

ካብ ዓሰርተ ሓደ ውሉድ እንዳ ትንስኤው፡ ብህይወት ካብ ዘለው እታ ዝነኣሰት ክብርቲ ምስ ሰለስተ ደቃን ኣቦ ደቃን ኣብ ኣቑርደት ትቕመጥ። ኣብ ወርሒ ሓምለ ናይ 2016፡ ወዲ ዓሰርተ ኣርባዕተ ዓመት ዕጀል ወዳ ካብ ገዛ ወጺኡ ከይተመልሰ ተረፈ። ውሉዳ ካብ ቅድሚ ዓይና ክኸወል ዘይኮነላ ወላዲት፡ ኣዝያ ተሻቐለት። ጸገም ናይ'ታ ስድራ ዝፈለጠ ዘበለ እውን ምስኣ ተኣኮተ። ጸጥታ እውን ተሓቢሩ ኣብ ምድላይ ተጸምዱ። ሱዳን ክኸይድ ፈቲኑ ብኣባላት ጸጥታ ተታሒዙ ክጸንሕ ዝተመነይዎ ግን ኣይሰመረን። ሱዳን ኣትዩ እንተኾነ ተፈቲሹ ደሃይ ኣይተረኸበን። ኣበይ ከም ዝኣተወ ህጣሙ ጠፍአ። ቅሱን መዓልትን ልዋም ለይትን ከኣ ጭራሽ ካብታ ስድራ ሃደመ።

272 መድሃኔ ኣብዚ ግዜ እዚ ሓዳሩ ገይሩ ወሊዱ ይርከብ።

መጨረሽታ ግን “ዕጀል ቅድሚ ምስዋሩ ምስኡ ተራእዩ” ንዝተባህለ ውልቀ ሰብ ኣብ ቅድሚ ሕጊ ቀሪቡ ከም ዝሕተት ተገብረ። ጥርጡር፡ ንሱ ንዕጀል ንሱዳን ከሰግሮ ከም ዝተበገሰ፡ እንተኾነ ግን ኣብ መገዲ ኮነ ኢሉ ካብኡ ከም ዝሃደመ ቃሉ ሃበ። ሃዲሙ እንተኾይኑ ግን፡ እንተስ ብሞቱ እንተስ ብህይወቱ ከመይ ዝበለት ጉድጓድ ውሒጣቶ፣ ነገር ዕጀል መመሊሱ ተጠናነገ። መውደቂኡ ንምርካብ ዝግበር ዝነበረ መስርሕ ግን ኣየቋረጸን።

ድሕሪ ወርሕን ዓሰርተ መዓልትን ጽንጽንታ ተረኽበ። “ካብ ኣቑርደት፡ ብእግሪ ናይ ኣስታት ሓደ መዓልቲ ንወገን ሰሜናዊ ምዕራብ፡ ኣብ በዓቲ ንድሕሪት ዝተኣሰረ ኣራዊት ዝበልዖ ሬሳ ኣሎ፡” ዝብል ሕማቕ ወረ ተሰምዐ። ሬሳ ዕጀል እዩ ነይሩ። ክዳኑ ድማ ኣብ ሽዱሽተ ቦታ ብካራ ተቖዲዱ ነበረ። ንዕጀል፡ ሱዳን ከነብጽሓካ ብምባል ካብ ገዛ ዘበገስዎ ጉሓላሉ፡ ድሕሪ ናይ ሓደ መዓልቲ ጉዕዞ ገንዘቡ ከረኪብ ሓቲቶሞ። ዕጀል “ሱዳን ከየብጻሕኩምኒ ኣይህብን እየ!” ኢሉ ተኸራኸረ። ኣብ ኢዱ ዝነበራ ዓሰርተ ኣርባዕተ ሽሕን ሽዱሽተ ሚእትን ናቕፋ ንክወስዱ ከኣ ድራር ሳንጃ ገይሮሞ። እቲ “ኣብ መገዲ ኮነ ኢሉ ጠፊኡኒ” ዝበለን ክልተ መሻርኽቱን ገንዘቦም ተማቒሎም ሓመድ ኣዳም እኳ ከየልበሱ ገዲፎሞ ተመልሱ። ደም እቲ ንጹህ ህጻን ግን ኣውዩ ኣስምዐ። ገበርቲ እከይ ኣብ ትሕቲ ቀይዲ ውዒሎም። ስድራ ዕጀል ድማ ኣስከሬን ወዶም ቀቢሮም፡ ዝረኸበን ዝቐበጸን ሓደ ኮይንዎም ናይቲ መዘዙ ዝበዝሐ ሞት ወዶም ክሓዝኑ ብርኮም ዓጸፉ። በረኸት ወዲ ፍረ ብናይ ቀረባ ዓርኩ ዕጀል ድማ ብዝኣመኖም ኣብ በረኻ ብተመሳሳሊ ብኻራ ተቐቲሎም።

ኣደይ ሕሪት ካብ ፍለዳርብ ናብ ኣቑርደት ዝገሻሉ ጉዳይ ከኣ በርሃለይ። “ሓዘን ተደጋጊሙ ሃስዩና ከመይ ኢሉ ተመሳሳሊ ነገራት የጋጥመና እናበልኩ ኣስተንትንን እጉህን፡” ቅድሚ ዓመት ካብ ዝረኸብኩዋ ኣዝያ ተበላሽያ ዝጸንሓትኒ እርፍኤላ ዝበለቶ’ዩ።

ድሕሪዚ፡ ምስ ኣደይ ሕሪት ኣብ ወርሒ ሰነ ናይ 2017 ኣብ መመረቕታ መጽሓፍ ግፍዒ ኣብ ኤክስፖ ኣስመራ ተራኸብና። ዛንትኣም ኣብ መጽሓፍ ግፍዒ ናይ ዝተጻሕፈ ግዳያት፡ ኣብ መመረቕታ ከሳተፉ ብኣካየድቲ ናይቲ መደብ ዕድመ ተገይሩ ነይሩ። ኣነ እውን ነተን ንዖናን በስክዲራ ዝተዋህበኒ ናይ ክልተ ሰባት ኮታ፡ ኣደይ ሕሪት ብዘይ ኣላዩ ክትመጽእ ስለ ዘይትኽእል ንዕኣን ንጓላ ጥራይ ከም ዝሳተፉ ገበርኩ።[273]

* * *

ኣብ ግንቦት 2019፡ ካብ ክፍሊ ሓፈሻዊ ትምህርቲ ኣስመራ፡

273 ኣብቲ እዋን'ቲ ናይቶም ካብ ምሉእ ኤርትራ ዝተዓደሙ ዛንታኣም ኣብ መጽሓፍ ግፍዒ ዝተጻሕፈ ግዳያት ወጻኢታቶም ብማእከላይ ቤት ጽሕፈት ህግድፍ ተሸፊኑ ነይሩ።

ነተን ንመጽናዕቲ ኖርማል ፕሮግረሽን ኣብ ዞባ ዓንሰባ ከም መርኣያ ዝሓረናየን ኣብያተ ትምርቲ ከነጽንዕ ምስ መምህር ቴድሮስ ኣብርሃ ኢና ንከረን ኣምሪሕና። ሓንቲ ካብተን ንመጽናዕቲ ዝተሓርያ ከኣ፡ ብቛንቋ ብሌን ተምህር መባእታን ማከላይን ደረጃ ቤት ትምህርቲ ፈለዳርብ[274] ነበረት። በዚ መሰረት ካብ ከረን ኣነን መምህር ቴድሮስ ኣንጊህና ንፈለዳእርብ ሰገርና። ሽው ቅድሚ ናብ ዘምጸኣና ጉዳይ ምእታውና፡ ኩነታት ናይቶም ብምኽንያት ህልቂት በስከዲራ ዝተላለኸዎም ስድራቤታት ኣብ ምጥያቕ ኣተኹ። ርእሰ መምህር'ታ ቤት ትምህርቲ፡ መምህር ጭንዕ ዓምር፡ ነናይ ዝሓተትኩዎ ከምልስ ጸኒሑ፡ ኣብ ናይ ኣደይ ሕሪት በጺሑ ንገለ ካልኢታት ቀው ኢሉ ጠሚቱኒ ስጋእ በለ፡ “ኣደይ ሕሪቲዶ፡” ብምባል ከኣ መወዳእታ ህይወት ናይታ ዘይትጸዓድ ኣደ ኣርደኣኒ።

ደወል ቤተ-ክርስትያን ተደዊሉ ቡራኬ ከሳተፋ ኢለን እየን ተበጊሰን። ኣብ መገዲ ድኻም ተሰሚዕወን ጽግዕ ኢለን ኣዕረፋ። ቁሩብ ጸኒሐን ክትንስኣ ፈቲነን ኣይከኣላን። ንእግረ መንገደን ዝሓልፉ ኣዋልድ “ዓባይ ሕሪት፡ እንታይ ደኣ ክንሕግዘክን'ዶ፧” ከምቲ ናይ ቀደመን ዝነበራ መሲልወን ተዋዘይአን። ኣደይ ሕሪት'ውን ነብሰን ኣይቀበጸኣን። “እንታይ ኮይነ ኢለክን፡” ብሓውሲ ዋዛ መሊሰናለን።

ዳግማይ ሓይለን ኣኪበን ክትንስኣ ፈቲነን ነብሰን መሊሱ ጠለመን። ድሮ ኣብ ልዕሊኣን ሰብ ክእከብ ጀሚሩ ነይሩ። “ጎይታ ካብ መስጊድ በስከዲራ እኳ ኣውጺእካኒ፡ ክትወስደኒ እንተደሊኻ ኣይተካፍኣኒ፡” በላ ኩሉ ሰብ እናሰምዐን። ጥቕእን ኣብ ዝነበረት ሕክምና ፈለዳእርብ ከበጽሓን ከዓርፋን ከኣ ሓደ ኮይኑ። ከም ጸሎተን ከይተኻፍኣ ካብዛ ዓለም ተፋንየን።

ብንግህኡ ብዝሰማዕኩዎ ዜና ሕልፈት ኣደይ ሕሪቲ፡ ድሁል መዓልቲ ከውዕል ገበረኒ። እተን ህይወት ብዙሕ ውረድ ደይብ ዘርኣየተን ኣደይ ሕሪቲ ካብ ገጸን ፍሽኽታ ተፈልዩዎ ኣይፈልጥን። ኩሉ ዘረብአን ብዋዛን ሰሓቕን ዝተቓመመ ነበረ። ብኹሉ ነገረን ድማ ለባምን ወረጃን። ብዙሓት ዛንትኦም ንብዓት ኣሰንዮም ከዘንትው ከለዉ፡ ኣደይ ሕሪት እናተዋዘያ ጽውየናልና። ነቲ ደም ከንብዐን ዝጎነፈን ጸገም ብብኽያት ዘይኮነ እናተዋዘያ ሰጊረንኦ። ልክዕ ከምቲ ገጣሚ በየነ ሃይለማርያም ኣብ ጸልማት ቤት ማእሰርቲ ኣለም በቃኝ ኮይኑ ዝገጠሞ፥

ኣይትረታዕ ኣይትሰነን
ከም መሸላ ከም ኮደን

274 እዛ ቤት ትምህርቲ ካብ ዓመተ ትምህርቲ 2022/23 ጀሚራ ናብ ካልኣይ ደረጃ ዓብያ ትርከብ።

ሰሓቕ እወ ባህ ኣይበሎ
እናበሰልካ ኣብ ርሱን መቕሎ
ኣንጣዕጥዕ'ወ ቆሎ ኬንካ
እናዓንበብካ እናሓረርካ።

ኣደይ ሕሪት'ውን ጭንቀንን ጸገመንን ባህ ከይብሎ እናሰሓቓ ጉዕዞ ናይዛ ዓለም ዛዚመን።

ታሪኽ ወዲ ሰብ ትማሊ ተጀሚሩ፡ ሎሚ ዝቕጽል፡ ጽባሕ'ውን ዝድገም እኩብ ድምር ፍጻመታት'ዩ። ህዝቢ ሰኹና ትማሊ ኣብ መስጊድ በስክዲራ ዘጋጠሞ ዛንታ ሞት፡ ድሕሪኡ ዝሰዓበ ክስተታትን ናይ ሓደ ካብ ናይ ካልእ ኣዝዩ ዝተፈልየ'ዩ። እንዳ ትንስኤው ወዲ ጀቢብ፡ በዓል ፍሶሩኽ ከኣ፡ ካብ መስጊድ ከም እንዳ ውጻእ መዓት ብሰላም ወጺኦም ከብቅዑ፡ ዳሕራይ ይወቶም ግን ናብ እንዳ ውጹዓት ተቐይሩ።

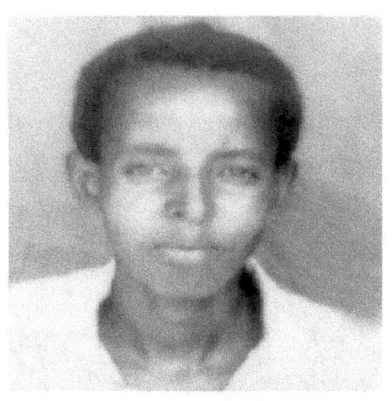

ስዉእ ገብረሚካኤል ትንስኤው

ስውእ ፍረ ትንስኤው

ነፍስሄር ሕሪቲ ከቢን

ህብትዝጊ ዓሳማ - በጥሕ ጆንግላይ

ንምልከት ሕልፈት ህይወቱ
ጸልማት ኣይወረደን ነጎዳ ኣይነጎደን
ብሓዘን ብጓሂ ነጸላ ኣይተቖደን
ዋጭ ዋጭ ኣይነበረን ብኽያት ወይ እህህታ
ህይወቱ ዘሰኒ ብዘይካ ጸጥታ፡

ካብ ግጥምታት ሰለማዊት ኣለም
ብመልኣከ ሓጎስ እተተርጎመ

መስጊድ በስከዲራ ኣትየን ብኸቢድ ካብ ዝተሃሰያ እንዳታት፡ ካብ ሓሊብ ጅሉጥ ንበስከዲራ ግዒዛ ዝነበረት ዓዲ ጃወ ሓንቲ እያ። ጃወ፡ ብሓርፉፍ ገምጋም፡ ኣብ ቀዳማይ ፍርቂ ናይ 19 ክፍለ ዘመን፡ ካብ መጋርሕ፡ ሕመራይ ከይዱ ሰፈረ። ጸኒሑ እውን ሩባ ዓንሰባ ሰጊሩ፡ ኣብ ሓሊብ ጅሉጥ ተቐመጠ። ኣብኡ ኮይኑ ከኣ ኣወዳትን ኣዋልድን ፈረየ።

ኣብ 1840ታት ሰኹናን ካልእ ከባቢታት ኤርትራን፡ ብወራራት ዓስከር ደግያት ውበ፡ ዓድታት ተሃሙኸን፡ ሃብቲ ተዘሪፉ፡ ደቀንስትዮ ተዓሚጸን፡ ሰብኡት ብዝረሰነ ዓተር ጸሚምም። ኮታስ ሰለማውያን ብስሕለት ሴፍ ዝተወድኡሉ ሕሱም ዘመን - ዘመነ ውበ"[275]። ኣብቲ ግዜ ከኣ እዩ ጃወ ኣብ ሓሊብ ጅሉጥ ዝቐመጥ ዝነበረ። ካብ ዕለታት ሓንቲ መዓልቲ ጃወ ካብ ገዝኡ ወጺኡ መሬት ደሓን'ዩ ዘሎ ብምባል ስንጭሮ ስንጭሮ እናተጓዕዘ ምስ ዓሳክር ደግያት ውበ[276] ሃንደበት ተጓነፈ።

ኣብ ሞንጎኡም ዘጋጠመ፡ ክግመት እምበር ክፍለጥ ዝከኣል ኣይኮነን። ሓደ ነገር ግን ርግጽ ኮይኑ። ካብ ርሑቕ ንዝምታን ዓመጽን ብዝወፈሩ ዓሳክር ጃወ ተቐቲሉ። ቅድሚ ቅትለት ጃወ ይኹን ድሕሪኡ፡ ተደጋጋሚ ወራራት ግብጺ፡ ትግራይን ኣምሓራን ራስያን ቅትለትን ተፈጺሙ እዩ። ንጃው ዓዱ

275 ዓስከር ደግያት ውበ ኣብ ኤርትራ ዘካየድዎ ግፍዒ ንዝመናት እናተዘከረ እዩ ዝነብር።
276 ፕሮፌሰር ባይሩ ታፍላ ዓስከር ደግያት ውበ እምበር ውበ ኤርትራ ከም ዘይረገጸ ይገልጽ።

ግዳይ ራስያን ምንዳድን ካብ ዝኾና ዓድታት ሓንቲ ነበረት። ብሰንኪ’ቲ ተደጋጋሚ ወራርን ነቲ ወራር ኣብ ምምካት ዝተኻየደ መኸተን ከኣ እልቢ ዘይብሉ ደም ፈሲሱ።

> *“ውብ (ዓሳከር ውበ) ብ1849 ንሰኹና ንኸወርር ብዙሓት ሸፋትኡ ብረት ኣዕጢቑ ምስ መጸ፡ ደቂ ሰኩና ከዓግትዎ ይዋግኡ ነበሩ። ብሓፈሻ፡ ዉቤ ካብ 1847-1849፡ ሸሞንተ ወራራት ከምዘካየደ ኣብ ጽሑፋት ተሰኒዱ ንረክብ። ኣብቲ ናይ መወዳእታ ወራር፡ ደቂ ፈለዳእርብ ምስ ካልኦት ኮይኖም፡ ኣብቲ ቀደም “ደም ጅሉጥ” ዝበሃል ዝነበረ ሎሚ ግን “ሓሊብ ጅሉጥ” ዝበሃል ዘሎ ቦታ ኣዝጊቦም ብምጽናሕ፡ ንዕጡቓት ዉቤ ከድህኰዎም ወዓሉ። ድሓር ድማ ወተሃደራትዉቤኣዝሊቕምብዓደፋ[277]ኣቢሎምንድሕሪትሃደሙ።”[278]*

* * *

ንጃወ ካብ ዝገጠመ ሓደጋ ድሕሪ ልዕሊ ሓደ ዘመን ዘርኢ ጃወ ሰሲኖም[279]፡ ብስሙ ትጽዋዕ እንዳ ኣኺሎም ነበሩ። 1970 ዓድታት ከነዳ፡ ህዝበን ከፈናቕል ኣብ ዝጀመረሉ ከኣ፡ ዓዲ ጃወ ካብ ሓሊብ ጅሉጥ ፍርቆም ንፈርሔን ዝበዝሑ ድማ ጥቓ ግራቶም ከኾነሎም ንበስከዲራ ኣተዉ። በዚ መሰረት ኣቦይ ዘርኣይ ገብረትንሳኤ ጃወ ኣብ መዓልቲ ህልቂት፡ ምስ በዓል ኣቦይ መንደር ብእምነት፡ ተስፉ ኣልመዶም፡ ጃውጅ ንሱርን ካልኦትን ኮይኑ ነቲ ህዝቢ ከማእዝኑ ካብ ዝወዓሉ ዓበይቲ ዓዲ ሓደ ነይሩ።

እቶም ኣብ 1970 ንዘርኢ ጃወ ከጥፍኡ ዝመጹ መቐጸልታ ናይቶም ቅድሚ ነዊሕ ዓመታት ንጃወ ዝቐተሉ እዮም። ናይ ግዜ ፍልልይ ጥራይ። ዓስከር ውበ ንጃወ ቀቲሎም፡ ወተሃደራት ሻምበል ከበደ ድማ፡ ንዘርኡ ኣጽኒቶም።

ዘርኣይ ገብረትንሳኤ ጃወ ዓቢ ዓዲ፡ ኣመተልደት ክፍሎም ሰይቲ ዘርኣይ ገብረትንሳኤ፡ ኣወድ ዘርኣይ ገብረትንሳኤ ተምርዕዩ ዘይወለደ፡ ዑቕባስላሴ ዘርኣይ ገብረትንሳኤ ጎበዝ ዝነበረ፡ ህብትዝጊ ዓሳማ ገብረትንሳኤ (ተመርዕዩ በዓልቲ ቤቱ ኣቐዲማ ዝሞተቶ) ጅዳ ናሽሕ እኩብ ሰይቲ ዓሳማ ገብረትንሳኤ፡ ልኡል ባህታ ዓሳማ ገብረትንስኤን ጓሳ[280]

277 ኣብ ዓደፋ ከሳብ ሎሚ ውቤናኽ ተባሂሉ ዝጽዋዕ ቦታ ከም ዘሎ ናይ ዕድመ በዓል ጸጋ ነታባይ ኣዘንትዮምለይ።

278 ከፍለማርያም ሓምድ።

279 ኣብ ማሕበራዊ ሜድያ Drarhiwet.com ወይ እውን DRAR ACADAMI ንዝብል ዝውንን ዘካይድን ጆርጆ ድራር ዘርኢ ናይዛ እንዳ እዩ።

280 ስም ጓሳ እንዳ ዓሳማን።

እንዳ ዓሳማን። ከምኡውን ክልተ ደቂ ለተብርሃን ጃወ ወርዕሰብ ጃወ ኣብ ሓንቲ ረፍዲ ተቐዚፎም።

ኣብ መስርሕ ስነዳ፡ ዛንታ እዛ ስድራ ብቐሊሉ ዘንክሰኒ ብዘይምርካበይ ካብትን ካብዝን ዝተኣኻኸበ ሓበሬታ ብኸመይ ከኣስሮ ከም ዝነበረኒ ተሸጊረ እየ። መብዛሕትኦም ኣዘንተውቲ ንስም እዛ ስድራ ከይጠቐሱ ስለ ዘይሓልፉ ብዛዕብኣ ገለ ከይበልኩ ክሓልፍ ንብሰይ ኣይገበረለይን።

ንኣብነት ኣደይ ደሃብታ ዓሊ ኖር ኣብ መስጊድ ምስ ኣተው ባህታ ዓሳማ ዝበሎ፡ 'ኣቱም ደቂ፡ ንሕና ክንጠፍእ ኢና፡ ... ጠፉእና፡ ሎሚ ጠፉእና' ምስ በልና፡ ባህታ ዓሳማ፡ 'እሞ እንድዒ ገድም ኣብ እዝጊሄር ኣሎና። ምናልባት እንተሞትና፡ ክርስትያን ዝኾንኩም ጸሎት ግበሩ፣ እስላም ዝኾንኩም ከኣ፡ ሸሃደትኩም ሓዙ' ክብለና ከሎ፡ ...እታ ዘረባ ከይተወድአት፡ ቦምባ ብቕድሚት፡ ትርሺ ብፍኒስትራ... ሰደዱልና"[281] ብምባል ይጸወያ።

ኣብ መጽሓፍ ግፍዒ ታሪኽን እተዘንተወ ኣደይ ሕሪቲ ከቢን ከኣ ባህታ ነቲ ኣብ ውሽጢ መስጊድ ዝሞተ ህብትዝጊ ሓው፡ ኣብ መንን እቲ ተኹሲ ደው ኢሉ፡ "ዎ ህብትዝጊ ኣነ ንዓኻ እየ ዝደሊ!" እናበለ ከም ዝጨደረ መስኪረን። ውጻእ መዓት ገብረሂወት ዘርኡ ብወገኑ፡ ንኣማውታ ናይቲ ኣብ ጎኑ ዝነበረ ህብትዝጊ ዓሳማ ኣዘንትዩ። ወተሃደራት ካብ መስጊድ ምስ ረሓቑ፡ ኣቦይ ባህታ እንታይ ከም ዝገበረ ኣብ ቃላት ለተሚካኤል ልጃም ንረኽቦ።"ባህታ ወዲ ዓሳማ ደገ ወጺኡ ተመልሰ። 'ብዘይካ ዝነድድ ኣባይቲ፡ ሓንቲ ኣይርኣኹን፡ ደርሆ'ኳ ኣይርኤኹን' ከኣ በለ። እቲ ሰብ ግን ኩሉ ኣስቂጡ ኣይመለሰሉን። ጸኒሑ፡ 'የህው!' ኢሉ ኣድሃየ'ሞ፡ 'ወዲ ዓሳማ'ዩ፡ ከምዚ ገይርና፡ እቶም ዝተረፍና'ውን ምወጻእና ነይርና ከይተብሉኒ፡ ምስ ወደቕኩ ዓይነይ ሓመድ ተደፊነ ሓንቲ እርኢ የለኹን' ከኣ በለ። ሕጂ'ውን፡ መልሲ ዝህቦ ኣይረኸበን፡"[282] ትብል ንሳ።

ገብረትንሳኤ ዓሳማን ዑመር ኣዳን ካብ በረኻ ከረድኡ መጺኦም ዘጋጠመ እውን። መስጊድ እቱው ምስ በሉ፡ ገብረትንሳኤ ሬሳ ኣደኡ ኣብ ኣፍደገ ተቐባበሎም። ሬሳ ወላዲቱ ኣብ ቅድሚ ዓይኑ፡ ዝተቐባበሎ ገብረትንሳኤ ምኽኣል ስኢኑ፡ 'ዋይ ኣደይ! ዋይ ኣደይ!' እናበለ ብዓውታ ከም ዘልቀሰ ተዘንቱ።

ምስክርነት ግዳያትን ስድራ ግዳያትን ኣብ ንእከበሉ ዝነበርና እዋን ግን፡

281 ደሃብታ ዓሊኖር

282 ለተሚካኤል ልጃም

እንተኾነ ውጻእ መዓት ባህታ ኮነ ካብ በረኻ መጺኡ ዝረድአ ገብረትንሳኤ ብህይወት ጸኒሖም ምስክርነቶም ክንሰምዕ ዕድል ኣይገበርናን። ድሮ ሓሊፎም እዮም።

ገዲም ጋዜጠኛ ድምጺ ሓፋሽ ኤርትራ ተጋዳላይ ርስቶም ፍስሃጼን፡ ብምኽንያት መዓልቲ ሰማእታት ናይ 1997፡ ነቲ ሽዑ ወዲ 70 ዓመት ዝነበረ ባህታ ዓሳማ ረኺቡ ካብ ዘዘራረቦ ኣብ ጋዜጣ ሓዳስ ኤርትራ፡ ተጻሒፉ ኣሎ። ኣቦይ ባህታ ድሕሪ እቲ ንልዕሊ ሓደ ሰዓት ዝወሰደ ህልቂት ኩሉ ጸጥ ምስ በለ፡ "ኣብቲ ሓጺር እዋን ዝሞተን ዘሎን ብሓባር ድምጹ ኣጥፊኡ፡ ንበይነይ ዝተረፍኩ ኮይኑ ተሰሚዑኒ ነይሩ"[283] ክሳብ ምባል ከም ዝበጽሖ ይገልጹ።

ከም ዝፍለጥ ኣብ ውሽጢ መስጊድ በስክዲራ ዝሃለቑ ካብ ኩሉ ክሊ ዕድመ ነይሮም። ኣብ ማህጸን ኣዴታቶም ዝነበሩ፡ መዓልታት ጥራይ ዘቑጸሩ ዕሸላት፡ ቈልዑ፡ ጎራዙት፡ ኣባጽሕ፡ ኣቦታት፡ ኣደታት፡ ኣረጋውያን እዮም። ናይ መብዛሕትኦም ታሪኾም ከኣ ብዝተፈላለየ መገዲ እናተጠቕሰ ኣብ ኣፍ ብዙሓት ኣዘንተውቲ እናተዘከረ ይነብር ኣሎ። ሓደ ካብቶም ኣብ ኣፍ ብዙሓት ዝርከብ ካብ ግዳይ በስክዲራ ከኣ ህብትዝጊ ወዲ ዓሳማ እዩ።

ህብትዝጊ ብሞቱ ጥራይ ዘይኮነ ብዝነበሮ ብጽሕና እውን እዩ ብፍሉይ ዝዝከር። ክሳብ ሎሚ ኣብ ዝባኑ ዘጽለለ ዓሊባቦ ጸጉሩ ካብ ዝኽሪ ብዙሓት ኣይሃሰሰን። መስተር ዘይፈሊ ጎተናኡ ወትሩ ብልኻይ ጫዕ ዝበለ ነይሩ። መብዛሕትኦም ኣዘንተውቲ ነዚ ቆማት ጎበዝ ክገልጹ ከለው፡ ኣብ ልዕሊ ቅጽል ካልእ ገላጺ ቅጽል ደሪቦም ይገልጽዎ። "በጥሕ ጅንግላይ" ድማ ሓንቲ ካብኡ እያ። ትርጉም ናይ ጅንግላይ፡ ቃለ ብቓል ኣሽዓል ፈረስ እዩ። ብጥሕ - ብጽሒ እንተ ተወሲኽዎ ከኣ፡ መዘና ኣልቦ ጉብዝና ንዝውንን ጎበዝ ይገልጽ። እዚ ድማ ንህብትዝግን መሰልቱን ጥራይ ይውክል። ክትቀትሎም ዘይኮነስ ዓይንኻ ቋሕ ኣቢልካ ክትጥምቶም እኳ ዘይድፈሩ ኣባጽሕ" ትብሎም ኣደይ ሕሪት ጉብዝናኦም መልክዖምን ክትገልጽ ከላ።

ሞት ንህብትዝግን መሰልቱን ኣብ ውሽጢ መስጊድ ደፊራ ትሕቲ መሬት ኣሕዲራቶም።

ስድራ እንዳ መካል ውቕባንስኤ ጃው፡ ካብ ሓሊብ ጅሉጥ ንፈርሔን ካብ ዝኣተዉ ክፋል ናይዛ እንዳ እዮም። መንእሰይ ዝነበረ ተስፉማርያም መካል፡

---

283 ሓዳስ ኤርትራ 6ይ ዓመት ቁ 83፡ 18 ሰነ 19967 "ክቡር መስዋእትና ከም ሕርስን ጥንስን ዝርሳዕ ኣይኮነን"

ነቲ ኣብ በስኪዲራ ዘጋጠመ ካብ ርሑቕ ክርኢ ውዒሉ ኣማስይኡ ዝረድኦን እዩ። በስኪዲራ ምስ በጽሐ ዘጓነፎ እንክጸዊ፡ "ገዛውቲ ነዲዱ ሓሙዂሽቲ ተቐይሩ ጸኒሑና። ቀውዒ ስለዝነበረ፡ ኣብ ዓዲ ዝነበረ ሳዕሪ ገና ምንዳድ ኣየቋረጸን ነይሩ። ሳእንና ሓጂ ካፍር (ጥላም) ስለዝነበረ እምበር ንሕና'ውን ምነደድና። ካብ ኣእምሮይ ዘይሃስስ፡ እቲ ኣብ ኣፍደገ እታ መስጊድ ኮይኑ ክትኩስ ዝወዓለ ወተሃደር ዝወድኦ ጠያይት እዩ። ቃልሃ ተኾሚሩ እዩ። ውሽጢ ምስ ኣቶና፡ ኣእጋር ኣብ ደም ጨፊቕ እናበለ ሕማቕ ትርኢት ርኢና!"[284] ብምባል ዓይኑ ንዝረኣየቶ መስከሕ ፍጻመ ይምስክር።

ግዳይ፡ ዘርኣይ ገብረትንሳኤ

ነፍስሄር ባህታ ዓሳማ

284 ተስፋማርያም መካል፡ ቃለ መጠይቕ ምስ ደራሲ፡ 22 ሓምለ 2019፡ ከረን።

ጋሻ ሓንቲ መዓልቲ

እቲ ህጻን ካብ ኣደ
ክፍለ ኣምሪሩ ይበኪ፡ 'ናተለለ'፡
ተነኽኒኹ፡ ዘፍ ይብል፡ ይወጽኣሉ...
ናተይ ግን እንድዕሉ...

ኤፍረም ሃብተጽዮን

ሓዳስ ሚካኤል ኣብ ግዜ ህልቂት በስከዲራ ሰራሕተኛ ሕርሻ እንዳ ደነዳይ[285] ስለ ዝነበረት መዓልታዊ ዒላበርዕድ ክትሰርሕ ውዒላ ሻውሽ ትሓድር። ኣጋጣሚ ኮይኑ ኣብ ድሮ ህልቂት በስከዲራ፡ ተጸሊእዋ ካብ ስራሕ ቦኾረት። ሕማማ ከቢድ ስለ ዘይነበረ ከኣ ንበስከዲራ ከይዳ ስድርኣ ክትርኢ ወሰነት። ኣደይ ዳህባ መናድር ካብ ሚካኤል ተስፋዝጊ ንቕዱሳንን ሓዳስን ምስ ውለደት ሔማኣ መይቱ ዳግማይ ናብ ጃውጅ ንሱር ንበስከዲራ ተመርዕያ። ስለ ዝኾነ ድማ ህይወት ሓዳስ ኣብ መንጎ ዒላበርዒድ፡ ሻውሽን በስከዲራን ዝተኸፋፈለ ነይሩ።

ሓዳስ ጥዕናኣ ደሓንኳ እንተነበረ፡ በቲ ተፈጢሩ ዝነበረ ዘይርጉእ ሃዋህው ሰኑይ ንስራሕ ዘይወፈርኩ ኢላ ኣይሰሃረትን። ቀቅድሚ እቶም ወተሃደራት በስከዲራ ምብጽሖም ብኣድጊ ገይራ ማይ ክትወርድ ጀሪካናት ጽዒና ተበጊሳ ነይራ። ኣብ ጥቓ ቤት ትምህርቲ ምስ በጽሐት ግን "መጺኦም! መጺኦም!" ሰሚዓ፡ ብፍርሂ ጥርሑ ጀሪካናት ዝተጻዕነ ኣድጋ ጠንጢና ናብቲ እኩብ ህዝቢ ተጸንበረት። "ኣብ በስከዲራ ሓንቲ ለይቲ እየ ሓዲረ። ሓሚመ ካብ ስራሕ ምስ በኾርኩ፡ ኣደይ ዘይርኢ ኢለ እየ ከይደ። ምሉእ መዓልቲ ኮለል ከብሉና ውዒሎም፡ ኣጋ ምሸት 'ቀልጥፉ ነፋሪት ከይትውድኣኩም ኣብ መስጊድ እተዉ' ኢሎምና። ነፋሪት ከይትቐትለና ያኢ ብሃታ ሃታ ናብ

285 ደነዳይ ኢጣልያዊ ወናኒ ጀርዲን ሕርሻ ዒላበርዒድ ዝነበረ እዩ። ብዙሓት መንእሰያት ናይቲ ከባቢ ከኣ ኣብቲ ሕርሻ ይሰርሑ ነይሮም።

መስጊድ ኣቲና። እናቴ ለተመድህን 'በጃኹም ስለ መድሃኔኣለም ኣብ መስጊድ ኣይተእትዉና' ኢላ ትልምኖም ነይራ"[286] ክትብል ዝኽሪ ትገልጽ።

ኣብ ውሽጢ መስጊድ ሓዳስን ኣደኣን ተሓቛቑፈን ኣብ ሓደ ኣንጎሎ ተጸግዓ። ንብርከን ክዓጽፋላ ዝኽእላ እውን ኣይረኸባን። ኣይደንጎየን ተኹሲ ጀሚሩ ሓዳስ ጉንቦ ኢዳ ተረኺባ ወደቐት። ነዛ ህይወታ እንተድሓነት ከኣ ብጎና ፈግፎገት። ኩሉ ነገር ሕንፍሽፍሽ እዩ ኢሉ። ንዳላ ብኢዳ ዓትዒታ ሒዛ ዝነበረት ኣደይ ዳህባ፡ ጥይት ብኣፍልባ ኣትያ ብሕቖኣ ወጸት። ሓዳስ ሬሳ ኣዲኣ ኣብ ልዕሊኣ ወደቐ። ዝተተኰሰት ጥይት ሰብ እናውደቐት፡ ዳሕሮዎት ኣብ ልዕሊ ቀዲሞም ተጸፍጸፉ። ሓዳስ ብላዕሊ ደምን ፈርስን፡ ብታሕቲ ደሮና ናይቲ ሑጻ ዓቕላ ኣጽበበላ። ድሕሪ ኣርብዓን ሽውዓተን ዓመታት ናይቲ ፍጻመ ነቲ ህሞት ዘኪራ እንክትጸዉ፡ "ብጨና ክመውት! ክመውት! ደልየ። እቲ ናይ ሽው ጨና ክሳብ'ዛ ዕለት ካብ ኣፍንጫይ ኣይከደን። ከምዚ ዲና ንጨኑ ወደይ፧" ተገልቢጣ ንዓይ ሓተተትኒ። ቀጺላ "ኣቦይን ኣደይን ጎኒ ንጎኒ እዮም ወዲቖም። ሰይቲ ወልዱ ፍካክ፡ ብጥይት ከብዳ ምስ ተቐደ ምስ ማንታ ዕሽላታ መይታ። ንሕና፡ ከም ዝሞትና መሲልና ሳላ ኣብ መሬት ዝተላሓግና ኢና ተሪፍና። ኣእዛንና ይጸናጸን፡ ብጎቦ ዓይንና፡ ነቲ ዝኸውን ዝነበረ ነቋምት። ስድራና መይቶም ኢልና'ውን ኣይበኸናን። ዓይንና ብሑጻ፡ ነብስና ብደምን ፈርስን ተደፊኑ ነበረ።"[287]ትብል።

ረድኤት ተረኺቡ ካብ መስጊድ ምስ ወጹ፡ በዓል ሓዳስ ደሞም ኣብ ፈርሒን ሓጸቡ። ዝኽእል ዘበለ ድማ ጉዕዞ ጸልማት ፈለመ። በዓል ሓዳስ ካብ ፈርሒን ብጸልማት ንቑኒዕ ሰገሩ። ብእግረን ክይድ ሓዲረን ከኣ ሰሉስ ንግሆ ሓሽላ ኣተዋ። እንተኾነ ንሳተን ሓሽላ ከበጽሓን ዖና ክትነድድን ሓደ ኮነ። ሓዳስ ብጥይት ንዝተወግአት ኢዳ ዘኒና ሓሽላ ውዒላ ሓደረት። ንጽባሒቱ ንከረን ኣትያ ኣብ ክንዲ ትሕከም፡ ንድሕሪት ናብታ ካብ ጉባ ንሓሊብመንተል ግዒዛ ዝነበረት ዓባያ ተመልሰት። ምስቶም ኣብ ግዜ ህልቂት በረኻ ወፊሮም ዝነበሩ ዳምር፡ ተወልደብርሃንን ሕሪይትን ኣሕዋታ ከኣ ኣብኡ ተራኸበት።

* * *

ነ'ደይ ሓዳስ በዓል ቤታ፡ ኣቶ ወልደሃይማኖት ገርጊስ ሓመድናካ ኣብ ግዜ ህልቂት ሑጹያ ዝነበረ እዩ። ንሱ እውን ከም ሓዳስ ሰራሕተኛ ጀርዲን ዒላበርዒድ ነይሩ። ኣብ መዓልቲ ህልቂት፡ ዒላበርዒድ ውዒሉ ሓሊብመንተል ምስ ኣተወ፡ ወላዲኡ ምስ ዝርከቦም 12 ሰብኡት ብጸልማት ክረድኡ ንበስኪዲራ ከም ዝሰገሩ የዘንቱ።

286 ሓዳስ ሚካኤል፡ ቃለ መጠይቕ ምስ ደራሲ፡ 19 ሚያዝያ 2016፡ ሓሊብመንተል።
287 ሓዳስ ሚካኤል፡ 19 ሚያዝያ 2016።

ድሕሪ እቲ ኣብ በስኪዲራ ዘጓነፈ ድንገት፡ ንወልደሃይማኖት ኣቦኡን ሓውብኡን ነቲ ተቐጺሩ ዝነበረ መርዓ "ከመይ ገይርና መርዓ ክንገብር፧ ሎሚ ዘበን እንተ ሓገና ከመይ ይመስለካ፧" ዝብል ሓሳብ ኣቕሪቦምሉ ተሰማምዐ።

ናብ ጀቢበት ሰይቲ መናድር[288] ዓባያ ንሓዳስ ከይዶም ከኣ "በሊ ንሕና ሎሚ ዘበን መርዓ ኣይንገብርን ኢና ሓጊና ኣለና፡" በልዋ። ኩነታት እንዳ ጓል ኣብ ግምት ኣእትዮም ስለ ዝገበርዎ ትሕጎሰሎም መሲሉዎም።

ንሳ ግን ኣመና ተቐጥዐት፡ "መን እዩ ከምኡ ዝበለኩም፧ መን ኢልኩም፧ ጓለይ ሎሚ ዘበን መርዓ እንተ ዘይገርና ክትጠፍእ እያ። ምሳኹም እንተሓገየት እዩ ዝሕሸኒ። መመጺኤ ከኣ እርእያ። ስለዚ መርዓ ካብ ተቛጺርናያ ዝነበርና ናብ ትቕየሮ የብላን!"[289] ዘይተጸበይዎ ብነድሪ ተዛረበቶም።

ንሳቶም "ኣይፋልክን ከምዚ ኢልኩም ከለኹም ይጽነሓልና፡" እኳ እንተበሉ ንሳ ግን፡ "ግድን ክኸውን ኣለዎ!" ኢላ ኣቕበጸት።

ኣቐዲሞም ብዝቐጸርዎ መሰረት ከኣ፡ መርዓ ሓዳስን ወልደሃይማኖትን ኣብ ጥሪ 1971 ኣብ ሓሊብመንተል ተፈጺሙ።

"ካብ ሞትን መውጋእትን፡ ካብ ጉስቁልናን ሓዘንን፡ ብቐጥታ ናብ መርዓ ሰጊርኪ ከመይ ነይሩ፧" ኣፍኩስ ኣቢለ ንሓዳስ ዝተወከስኩዋ'ያ።

"ዓባየይ 'ክትጠፍእያ ስለዚ ክትሓጊ የብላን፡ ትፍረ ኣይትፍረ ብዘየገድስ ብግዲ ክትምርዖ ኣለዋ፡' ኢላ እያ ኣመርዕያትኒ። እምበር፡ ጸጉረይ ተቖኒነዮ ከለኹ ደምን ፈርስን ስለ ዝነቐጾ ብመቐዝ ቖሪጸዮ ዶንባይ እየ ነይረ። ካብ መርዓ ሓዘን ክትብሎ ይቐልል። ሰብ እንተመጸካ ትስሕቕ በይንኻ እንተኾንካ ክትበክን ከተስቆርቁርን ትውዕል፡" ብሓዘንን ብኽያትን ንዘሕለፈቶ ሕጽኖታ ብምስትምሳል ትዝክር።

"ንሳ ኮይና እምበር ሬሳ ወለዳ ኣብ ርእሳ እንድዩ ተደፊኡ ውዒሉ። ከምዚ ኢላ ክትወልድ ክትዝምድከ መን ከሓስባ። እንተትሓጊ ከምቲ ዓባያ ዝበለቶ ምተጸለለት ወይ ምጠፍአት፡" ይብል በዓል ቤታ ነቲ ኣብ ግዜ ሕጽኖቶም ዝነበረቶ ኩነታት ዘኪሩ። ኣብ ሕጽኖት ኣዕሩኽ ንመርዓት ከዘናግዑ ንቡር እኳ እንተኮነ ኣዕሩኽ ሓዳስ ግን ምስ ኩነታታ ኣዛሚዶም ብፍሉይ ከዘናግዕዋ ይውዕሉ ምንባሮም በዓልቤታ ይዝክር።

ደምን ፈርሲን ኣብ ጸጉሪ ሓንሳብ እንተ ነቒጹ ብቐሊሉ ኣይእለን እዩ። ጸጉሪ ድማ ግርማን ጽባቐን ጓል ኣንስተይቲ እዩ። ንሳ ነዚ ምስክርነት ኣብ ዝሃበትሉ እውን ከይተረረፈ ካብ ጸቕጥን ጭንቀትን ኣይተላቐቐትን። ዋላ'ኳ

288 ጀቢበት ሰይቲ መናድር ነዲኣ ንሓዳስ ዝወለደት ዓባያ ኮይና ካብ ጉባ ራኪ ዓዳ ነዲዱ ንሓሊብመንተል ግዒዛ ነይራ። ምስቶም ንጓል ጓላ ዝወሰዱ ዝነበሩ እውን ናይ ስጋ ዝምድና ነይሩዋ።

289 ወልደሃይማኖት ገርጊስ፡ ቃለ መጠይቕ ምስ ደራሲ፡ 19 ሚያዝያ 2016፡ ሓሊብመንተል።

ወሊዳ እንተዘመደት፡ ሳዕቤን ናይቲ ህልቂት ብፍጹም ኣይሃሰሰላን። “ድሕሪ በስኪዲራ ኣእምሮና ተመቓቒሉ’ዩ። ኣምላኽ ሂቡና ወሊድናን ዘሚድናን እምበር፡ እንታይ’ዶ ተሪፍና እዩ፣ ግን ወሊድና ደቅና’ውን ወሊዶም፡ ብኡ ተጸናኒዕና፡ ስድራና ኣብ ንዝከረሉ ክሳብ ሎሚ መዓልቲ ንጭነቕ። ያናን በስኪዲራን ከይዘከርኩ ውዒለ ኣይፈልጥን። መንፈስና ምስቶም ዝሞቱ ሓንሳብን ንሓዋሩን ሞይቱ’ዩ” [290] ብምባል ኣምሪራ ተስተማስል።

ሓዳስ ተመርዕያ ኣብ ሓዳር ምስ ኣተወት፡ ንነብሳ ረጊኣ ነቶም ካብ ኣቦን ኣደን ዝተረፉ ኣሕዋታ እውን ጽላል ኮይናቶም እያ። ሕርይትን ተወልደብርሃንን ምስኣ ተሓብሒቦም። ድሕሪ ግዜ፡ ሕርይቲ ዓብያ ንስደት ኣምሪሓ ኣብ ስዊዘርላንድ ትነብር ኣላ። ተወልደብርሃን ግን ናይ ኣእምሮ ሕሙም ኮይኑ፡ ንመዋእሉ ክንዲ ኣቦን ኣደን ምስ ዝኾነቶ ሓብቱ የሕልፎ ኣሎ።

ወይዘሮ ሓዳስ ሚኪኤል

290 ሓዳስ ሚካኤል 2016።

እናቴ ለተመድህን እክት

ንእናቴ ለተመድህን እክት፡ ኣብ ከረን ቤተ-ክርስትያን ቅዱስ ኣንጠንዮስ፡ ካታኪስት[291] ኣብ ዝነበራሉ ግዜ እየ ዝፈልጠን። ውጻእ መዓት መስጊድ በስከዲራ ምዃነን ግን፡ ንምስናድ ምስክርነት ግዳያት ናብ በስከዲራ ምስ ወፈርኩ እየ ፈሊጠ። ሽዑ ግን ዕድመ ደፊኣን ኣገልግሎት ቤተ-ክርስትያን ብምቁራጽ ኣብ ኣስመራ ኣብ ዝርከብ ገዝአን ኮይነን ይእለያ ነበራ። ንእናቴ ኣብ ክረምቲ ናይ 2016፡ ብምትሕብባር ኣባ ኣርበድ ጴጥሮስ፡ ኣብ ማይጭሆት ኣብ ዝርከብ መንበሪ ገዝአን ከይደ ነቲ ከዝከርአ ዝኸኣላ ካብ ኣንደበተን ሰኒደ።

እናቴ ድሕሪ'ዚ ነዊሕ ኣይጸንሓን ብምኽንያት ሕማም ኣብ 2019 ካብዛ ዓለም ብሞት ተፈልየን። ንዜና ዕረፍተን ብመገዲ እቶም ብመንፈስ ኮስኩሰን ዘዕበዮኦም ደቀን እየ ኣብ ማሕበራዊ መራኸቢታት ፈሊጠ። ብዙሓት ተማሃሮአን፡ ኣብ ፈይስቡክ ስእለን ኣሰንዮም ጽሒፎም። ገለ እውን ንናይ ውልቂ ኣድራሻታቶም ብስእለን ተኪኦም ሓዘኖም ገሊጾም። ኣነ ድማ ካብቲ ንሰን ኣብ ግዜ እርጋነን ዘዘንተዋለይን ብዛዕብአን ካልኦት ዘዕለሉንን ወሳሲኸ ንውዕሎአን ብከፊል ክድህስስ ፈቲነ ኣለኹ።

እናቴ ኣብ ዝባን ሰለባ ሓመደይ ኣብ ትበሃል ዓዲ እየን ተወሊደን ዓብየን። ዕድሚአን ንሕጻን መርዓን ምስ ኣኸለ ፈራይትን ጸጋይትን ክኾና ተመሪቐን ናብ ክፍላይ ወርዕ ንመጋርሕ (ትትሪ) ኣተዋ። ውጽኢት ቃል ኪዳነን ድማ ኣድሓነት (ሰላም) ተወልደት። ድሕሪዚ ግን ጥዕናአን ኣይግድን ኮነ። በዓል ቤተን ኣቶ ክፍላይ፡ ኣብ ዝባኖም ሓዚሎመን ፈቐዶ ማጨሎታትን ሕክምናን ከርተቱ።[292]

መጨረሽታ ከኣ ተመሰለሎም። ጥዕናአን ተመሓይሹ። እቲ ብኣድሓነት ዝተኸፍተ ማህጸነን ግን ፍረ ናይ ምሃብ ዕድሉ ከም ዘኸተመ ተነገረን። እናቴ ካልእ ኣማራጺ ኣይተራእየንን። ናብራ ዓለም ሓንሳብን ንሓዋሩን ቶባ ኢለን ከሙንኩሳ ምስ ነብሰን ቃል ኣተዋ። ንበዓልቤተን ከኣ ካልእ ሓዳር ክገብር ኣተባብዕኦ። ፈለማ እኳ ንውሳኔአን እንተተቓውሞ ዝቐየር ከም ዘየለ ምስ

291 ንህጻናት ጸሎት ዘምህር ወይ ተምህር ሰብ።

292 ብርሃን ክፍላይ፡ ቃለ መጠይቕ ምስ ደራሲ፡ 22 ለካቲት 2022፡ ከረን።

ፈለጠ ግን ቀበጸን። ንስን ድማ ጸጉረን ላጽየን ንጉዕዞ ምንኩስና ኣሃዱ ኢለን ፈለማ። ኣቦይ ከፍላይ ድማ ቤተ-ክርስትያን ፈቒዳትሎም ሓድሽ ሓዳር መስረቱ።

ከምዚ ኢለን ከኣ እናቴ ለተመድህን፡ ህይወተን ምሉእ ብምሉእ ንኣገልግሎት ኣምላኽ ውፍየን ኣብ ዝተፈላለያ ዓድታት እናተዘዋወራ፡ ንቆልዑት ትምህርቲ ክርስቶስን ክርስትያናዊ ስነ ምግባርን ኣብ ምምሃር ተጸምዳ። ኣብ ዝተፈላለየ ቦታታት እናተዛወራ ንብዙሓት ቆልዑት ናብ ቅብኣ ሜሮንን ቅዱስ ቁርባንን ኣብጽሓ። ኣብ 1970 ኣብ ተመሳሳሊ ኣገልግሎት ኣብ በስክዲራ ተዋፊረን ከለዋ ከኣ፡ ምስ ህዝቢ ሰኹና ጸበባ ረኸባ።

ወተሃደራት በስክዲራ ክሳብ ዝበጽሑ፡ እናቴ ምስ ውሑዳት ኣደታትን ተማሃሮን ኮይነን ኣብ ውሽጢ ቤተ ክርስትያን ጸሎት መቑጸርያ ኣብ ምብጻሕ ተጸሚደን ከም ዘርፈዳ የዘንትዋ። ሽዑ "መጺኦም! መጺኦም!" ተባሂሉ፡ ጸሎት ከየቋረጸ ተማሃሮአን ሰሪዐን፡ ምስሊ ቅዱስ ግዮርጊስ ተሰኪመን ናብቲ እኩብ ህዝቢ ተጸንበራ። ዓበይቲ ዓዲ ዝሓሰብዎ ፈሺሉ ጅሆ ምስ ተታሕዙ እውን ሓቢረን ወዓላ።

> *"ከባቢ ሰዓት 4፡00 ኣቢሉ ይኸውን። ካብቲ እኩብ ህዝቢ ፍልይ ኢለ ኣርባዕተ ትግርኛ ዝዛረቡ ናብ ዝነበሩ ወተሃደራት ተጸጊዐ፡ 'በጃኹም ስለ ማርያም፡ ስለ ቅዱስ ግዮርጊስ፡ እዞም ቆልዑብጽምኢ ማይ ምይቶም ማይ ከነምጽኣሎም' ኢለዮም። ማይ ከምጽእ ዘይኮነ ዕላማይ፡ ዕድል እንተረኺበ ብእኡ ጌረ ከሃድምዎ ነይሩ። ንሳቶም ግን፡ 'ሱቕ ኢልኪ ተመለሲ ሕጂ ንከረን ከንውስደኩም ኢና' ኢሎምኒ። ጸኒሖም ከኣ 'እንታይ ዝኾንኪ ኢኺ'ኺ፡' ሓቲቶምኒ፡ ኣነ ድማ፡ 'ፈላሲት መምህር ናይ ትምህርቲ ክርስቶስ'የ' ብምባል ሓቢረዮም። ነቲ ናይ ምቕታል መደብ ይፈልጡ ስለ ዝነበሩ ይኾኑ ድማ፡ ብጓሂ ርእሶም ነቕኒቖም። ሽዑ ኣነ ናብቲ ህዝቢ ተመሊሰ ነቶም መንእሰያት፡ ከቕትሉና ስለ ዝኾኑ ህደሙ እንተወጻእኩም ጽቡቕ እንተዘይኮነ ፈቲንኩም ትምቱ ኢለዮም። ደጋጊመ ነጊረዮም ከብቅዕ ግን ምንቕ ዝበለ ተሳኢኑ።"[293]*

ውጻእ መዓት ኣድሓነት ተስፉ እውን ብዛዕባ እናቴ ከምዚ ክትብል መስኪራ። "ካብቲ ዓዲ ትኪ ክወጽእ ምስ ረኣና፣ ነቲ ኣባይቲ ከም ዘንደድዎ ተረዲኢና። እዚ ምስ ኮነ፡ እታ ፈላሲት ተቖጢዓ ከምዚ ክትብል ነቶም

---

293 ለተመድህን እከት (እናቴ) ቃለ መጠይቕ ምስ ደራሲ፡ 24 ነሓሰ 2016፡ ኣስመራ።

ወተሃደራት ተዛሪባቶም፣ 'ኣቱም ኣወዳት! ነዞም ብሰንኪ ጥሜት ምሉእ መዓልቲ ከበኽዩ ዝወዓሉ ህጻናት ቁርብ'ከ ድንጋጸ የብልኩምን ድዩ፣ ስለምንታይከ ቅድሚ ኣባይቲ ምንዳድኩም ነ'ደታቶም ቅሩብ ንመግቢ ዝኸውን እኽሊ ከምዘውጽኡ ዘይገበርክምወን፣' በሎቶም። እቶም ወተሃደራት ግን ብዘረባ እናቴ እናሰሓቑ፡ 'ገና ብዛዕባ ምድላው መግብን ሰናይ ግዜ ኣብ ዓድኺ ንኽህሉን ትሓስቢ ኣለኺ፣' እዚ ምስ በሉ ኣብ ዝሓጸረ ግዜ ከም ዝቐትሉና ተረዲኡኒ"[294] ትብል።

እናቴ ለተመድህን ካብቲ ጅሆ ተታሕዘ ህዝቢ ፍልይ ዘብለን፡ ህይወተን ንመንፈሳዊ ኣገግሎት ጥራይ ዝወፈያ ብምዃነን ኣይነበረን። ንሰን ከመጽእ ካብ ዝኽእል መዓት ከመልቋ እንኮ ብተደጋጋሚ ፈተነን ዘይሰለጠን ነበራ። 'ተኸተልቲ እምነት ክርስትና ናብ መስጊድ፡ ተኸተልቲ እምነት እስልምና ድማ ናብ ገዛ ይእተዉ፡' ኣብ ዝተባህለሉን እዋን እውን ህዝቢ ብሓባር፡ 'ናብ መስጊድ ኣእትዉና ንኩልና ይኣኽለና'ዩ' ኢሎም ከምሕጸኑ ከለው እናቴ ግን ኣጋውላ እቶም ወተሃደራት ተዓዚበን መስጊድ ንምእታው ኣሜን ኢለን ኣይተቐበላን።"ኣብ ዓዶም ቅዱስ ግዮርጊስ ከቡር'ዩ ኢሉ፡ ንምስሊ ቅዱስ ግዮርጊስ ሒዞ ስለ ቅዱስ ግዮርጊስ! ኣብ መስጊድ ኣይንኣቱን ኢና፡ ንሕና ናትና ኣለና ኣብ ቤተ-ክርስትያንና ክንኣቱ ግደፉና ኢለዮም። ንቤተ-ክርስትያን ክንከይድ እሞ ብእኡ ገይርና ክንሃድም እዩ መደበይ። እንተኾነ ብቐስበን ናብ መስጊድ ኣእትዮምና"[295] ይብላ።

ኣድሓነት ተስፋ እውን ነዚ ቃል እዚ ኣረጋጊጸቶ እያ። "እናቴ ለተመድህን ትበሃል ፈላሲት በዓልቲ ሓመደይ፡ በጃኹም ስለ መድሃኔ ኣለም ኣብ መስጊድ ኣይተእትዉና ኢላ ሊሚናቶም ነጺጎማ"።[296]

እናቴ ናብ መስጊድ ካብ ዝኣተዉ ናይ መጨረሽታ ነበራ። ካብ ኣፍደገ ብዙሕ ከይረሓቓ፡ ፊት ንፊት ማዕጾ፡ ኣብ ጎኒ ክልተ መርዑት ተጸጊዐን ኮፍ በላ። ካብቲ ዝፈርህኦ ኣይወጻን። ንእለት ኣይሂ ጠያይት ኣብ ልዕሊኣን ዘነበ። ኩሉ ኣብ ውሽጢ መስጊድ ዝነበረ ምስ ሞት ፊት ንፊት ተጋጠመ። እናቴ'ውን ኣብ ሽዑ በጺሐንሲ ንሞት ኣሜን ኢለን ተቐበልኣ። "ካብታ ዝነብርኩዋ ምንቅ ኣይበልኩን፡ ንገጸይ ብኢደይ ሸፊነ ኣብ ብርከይ ተደፊአ ክጽሊ ጀሚረ፡ 'ጎይታ መወዳእታይ በዚ ክኸውን ፈቒድካ፣ ፍቓድካ ጥራሕ ይኹን ጎይታ!' ብምባል ኮፍ ኢለ ሞተይ ክጽበ ጀሚረ። ጥይት ትትኮስ

294 ለተመድህን እከት (እናቴ) 2016።

295 ከማሁ

296 ኣድሓነት ተስፋ።

ብንነይ ክትኣትወኒ እናተጸቤኹ ትሓልፈኒ። ነንዝተተኰሰት ሕጂ ረኺባትኒ እብል ሓሓሊፉ ካልእ ትልክም። ተማሃሮይ ዝነበሩ ቆልው 'ዎ እናቴ' ክብሉ ጸኒሖም ቈልዕጽ ኢሎም ተረኺሚሾም ኣብ ቅድሚ ዓይነይ ይቐዘፉ። ኣነ ግን ብፍጹም ኣይተተንከፍኩን።"

ኣብ መጨረሽታ ንንጹሃት ክቐዝፍ ዝወዓለ መልኣከ ሞት ካብ መስጊድ ተላዒሉ ከይዱ እናቴ ለተመድህን ኮፍ ካብ ዝበልአ ተንሲአን ብሰላም ወጻ።

ነፍስሄር እናቴ ለተመድህን እከት

ሕነ ዝፈደየ ሕዛል

ዘይተጸግበ ፍቕሪ
ወላድን ውሉድን
ዘይተመንወ ሓዳር
ሰብኣይን ሰበይትን
ምስ ተዘርገ ሓንሳብ
ምስ ኣተዎ ብትን
ኣይተመልሰን ገና
ጥጠሐን ህድኣትን

ኣስመሮም ሃብተማርያም

ቅድስቲ ተስፈ ገብረረቢ፡ ተወሊዳ ዝዓበየትሉ ዓዲ ሓንጎል እዩ። ተመርዕያ ትነብረሉ ዘላ ከኣ ኣጅርበብ። ቅድሚ ህልቂት በስኪዲራ ኣብ ዝነበራ መዓልታት፡ ቅድስቲ ካብ ሓንጎል ምስ ነብሰ ጾር ኣደኣን ኣሕዋታን እያ ንበስኪዲራ ግዒዛ። ኣብቲ እዋን ሓሙሽተ ዓመት መሊኣ ዘይነበረት ቅድስቲ፡ ኣብ ውሽጢ መስጊድ ቅያ ስሪሓ። ምስ ቅድስቲ ንሳ ካብ ፈለዳርብ ንኣጅርበብ ከትምለስ፡ ንሕና ድማ ካብ ድገ ምራድ ንፈለዳእርብ እናተመለስና ኢና ኣብ ኣፍደገ ሕክምና ፈለዳእርብ ተዃኒፍና።[297] ኣብ ሕክምና ደቂሳ ምስ ዝነበረት ውጻእ መዓት ትምኒት ማይበቶት ከኣ ኣብ ውሽጢ እቲ ማእከል ጥዕና ቃለ መሕተት ኣካይድና።

“ኢደይ ቀያሕ ወይ ጸላም ነይራ ከብል ኣይከእልን። ንምንኣስ ምንኣሰይ ጥንስቲ ነይራ። ሓወይ የባት ተሓዚሉ’ዩ ነይሩ። ከም ዝመስለኒ ተዀሲ ምስ ተጀመረ ብደዋ ከላ’ያ ተሃሪማ። ምስ ወደቐት የባት’ውን ምስኣ ወዲቑ ኣብ ዝባና ኮይኑ ከበኪ ጀሚሩ። ሽዑ ኣነ ሞት እንታይ ምዃኑ ኣይፈልጥን’የ። ኣብ ፊትና ዝነበረ ሰብኣይ ይቐትለና ምንባሩ’ውን ኣይተረደአንን። እቲ ቆልዓ ብዘይምቁራጽ ይበኪ ስለ ዝነበረ ግን ‘ኢደይ! ኢደይ! ኢለ ጸዊዐ መልሲ ከይሰማዕኩ ‘ውሰድዮ

297 ኣብ ፈለዳእርብ ቀብሪ ስለ ዝነበረ ትህሉ ትኽውን እያ ብምባል ኢና ሓቲትና ረኺብናያ።

እዚ ቆልዓ ይበኪ ኣሎ ኣብድዮ! ኢሉዩ። ንሱ ብኸያት ኣየቋረጸን ኣደይ'ውን ኣይኣበደቶን። ኣነ ድማ 'እንታይ ኮይና'ላ እዛ ሰበይቲ ዘይትሰምዕ'ኢለ ኮፍ ካብ ዘበልክዎ ተንሲአ ናብኣ ከይደ። እቲ ዝትኩስ ከይቀትለኒ ብፍጹም ኣይፈራህኩን። ነደይ ቀሪበ እንተርኤኹዋ ገጻ ኣብ ክልተ ተጨዲዱ ሓወይ ድማ ኣብ ዝባና ኮይኑ ይግዕር። ሽዑ ነቲ ህጻን ካብ ሕቑፉ ስሒበ ኣውጺአ ሓቑፈዮ። ጸኒሐ ግን ናብ ሓንቲ ሰበይቲ ተጸጊዐ ከም ኩሉ ሰብ ዝገበሮ ኣብ መሬት በጥ ኢለ"[298] ትብል።

ግዳያት እታ ዕለት፡ ናብ ውሽጢ መስጊድ ካብ ዝኣትዉ ከሳብ ረድኤት መጺኡ ካብ መስጊድ ዝወጹ፡ ዝተዛረብዎን ዝተገበርዎን ጥራይ ክጽሓፍ እንተ ዝፍትን በይኑ መጽሓፍ ምኣኸለ። ቅድስቲ ኣደኣ መይታ ህጻን ሓዋ ንምእባድ ድዩ ንምድሓን ዝገበረቶ ተጋድሎ ከኣ ሓደ ካብቲ ናይቲ መዓልቲ ዘደንጹ ጵዋ ምኾነ። የባት ግን ሓብቱ ምስ ወሰደቶ እውን ኣይተኣበደን። እኳ ደኣ መሊሱ ኣደኡ ወዲቓቶ ናብ ዝነበረት ንኽምለስ ኣዕለበጠ። ትለቅቕ ዋዕሮ ግን ኣይሓዘቶን።

ኩሉ ኣብ ውሽጢ መስጊድ ዝነበረ ፍጡር ኣብ ዝውጭጨሉን ዝበኽየሉን ዝነበረ ህሞት ቅድስቲ ብኸያት ሓዋ ነእዛና ኰርኰሑዎ እናበኸየ ከተስቅጥ ከኣ ኣይኮነላን። ካብ ዝባን ሬሳ ወላዲታ መንዚዓ ወሲዳቶ። ኣብቲ ናይ ሞትን ህይወትን ህሞት ፈንጺጉዋ ክኸይድ ኣብ ዝፈተነሉ እውን ከረው ኣቢላ ሒዛቶ። ብዙሓት ቆልዑ ብስንባደ ካብ ኣደታቶም ተፈልዮም ካብን ናብን ከላኽዑ ድራር ዓረር ኣብ ዝኾኑሉ ንነብሳን ንሓዋን ኣርኒባ ሒዛ።

እቲ መዓት ግን ገና ኣይተወድአን ነይሩ። "ብፍኒስቲራን ኣፍደገን ከቐትሉና ምስ ጀመሩ፡ ዳግማይ ሓወይ ሒዘ ተንሲአ ናብ የማናይ ወገን ቀይረ። የዳግሙ እዮም ነይሮም። ዝሞተ መይቱ ብህይወት ዝተረፈ 'ዘይከቐትሉና እዮም፡' ብምባል ኣስቂጡ ነይሩ። ጸሓይ ክትዓርብ ቀሪባ እያ። ንነዊሕ ስቕ ኢልና። ኣብ መንጎ እዚ፡ ኣንሰራ ዝበሃል ቀጢን ጸሊም ሰብኣይ ቀስ ኢሉ ወጺኡ ርእዩ ርእዩ ተመሊሱ። ዳሕራይ 'ከይዶም ብህይወት ዘለኹም ውጹ!' ምስ ተባህለ ንየባት ሓዚለ ወጺአ። ናበይ ክኸይድ ከም ዘለኒ ግን ኣይፈልጥን'የ። ዕንይንይ ክብል ጸኒሐ ናብ ሓንቲ ሰብይቲ ቀሪበ 'ናበይ ይኸዱ ኣለዉ፧' ሓቲተያ። 'ሱቕ ኢልኪ ጥራይ ደድሕሪኦም ኪዲ ብዙሕ ሰብ ተኣኪቡ ከጸንሓኪ'ዩ' ኢላትኒ። ሓወይ ሓዚለ ፈርሔን ኣትየ፡"[299] ትብል እዛ ብትብዓት ንሓዋ ዘድሓነት ሕርመት።

ኣብ ፈርሔን ካብ ማእከል እቲ እኩብ ህዝቢ ሓወቦኣ ዝብጽሓ ሰብኣይ ንገዝኡ ወሰዶም። እንተኾነ እታ ስድራ ልባ ተደፊኑ ደሞም እውን

---

298 ቅድስቲ ተስፈ፡ ቃለ መጠይቕ ምስ ደራሲ፡ 14 ሚያዝያ 2016፡ ፈለዳእርብ።

299 ቅድስቲ ተስፈ.

ኣይሓጸበትሎምን። ኣቦይ ተስፈ ንጽባሒቱ ደሃይ ክገብር ካብ በረኻ ፈርሔን ኣትዩ ካብ ሽድሽተ ኣባላት ስድራቤቱ ክልተ ብደም ዝጨቀዉ ህጻናት ጥራይ ረኸበ። ብዓሂን ሓዘንን ከኣ ዝብሎ ጠፍኦ። ንዝበዝሑ ቀቢሩ ብዝወሓዱ ክእበድ ድማ ንየባት ሓንጊሩ ንቅድስቲ ኣኸቲሉ ከረን ገጹ ኣምረሑ። 'ንመን ኣለዎ ረቢ ኣለዎ፡' ከም ዝበሃል፡ የባት ኣብ መዕበዩ ዘኽታማት ላልምባ ተዓቑበ።

ህይወት ቅድስትን ኣቦኣን ግን መከራን ከርተትን ኮይኑ ቀጸለ። ህጻን ቅድስቲ ሽዑ እውን ብንኡሳ ጾር ተሸከመት። ከም ቆልዓ ምስ መሳቱኣ ኣይተጻወተትን። ኣይሓንቀቐትን። ጸወታኣ ቦታ ኣደ ተክኢካ ምጥሓንን ምስንካትን ኮነ።"ኣነን ኣቦይን ብሓቂ ጅርበት (ውርደት) ኢና ርኢና። ነቦይ ኣነ እየ ዝሕግዞ ነይረ። ባሕርን ዓድን ምስኡ እኸይድ። ብንኡስካ ሓላፍነት ክትስከም መሪር እዩ፡" ኩሉ ተራእይዋ እናሕነኽነቐት ዘውጸኣተን ቃላት እየን።

ድሕሪ ሓርነት ከረን 1977 የባት ካብ መዕበዩ ዘኽታማት ናብ ኣቦኡን ሓብቱን ተመሊሱ ክሳብ ናብ ህዝባዊ ግንባር ዝስለፍ ኣብ ዓዲ ጸንሐ። ኣንጻር እቶም ንስድራኡን ዓዱን ዘጽነተ ኣባይ ተቓሊሱ እውን ምሉእ ናጽነት ክርኢ በቕዐ። ቅድስቲ ኣይኮነላን እምበር ንሳ እውን ሕነ ክትፈዲስ ክቱር ህንጡይነት ነይሩዋ። "ተጋዲለ ነቶም ስድራይ ዘጥፍኡ ክቐትል ክቱር ድሌት ነይሩኒ። ቀልጢፈ ግን ተመርዕየ። የባት ሓወይ 'ኣጆኺ መርባት ስድራና ኣቕሲነየ ይብለኒ ነይሩ" ከኣ ትብል።

ኣብ በስከዲራ ካብ ኣደታቶም ዝተረፉ ህጻናት፡ ብቐዳምነት ዝጥቀስ የባት ተስፈ እዩ። ንሱ እውን ሳላ ትብዓታን ቆራጽነትን ቅድስቲ። ምስ ጎበዘ ከኣ ኣደኡን ኣሕዋቱን ንዝቐተሉ ሱሮም ምስ ዝመሓወ ህዝባዊ ግንባር ተጸንበረ።

ያባት፡ ድሕሪ ናጽነት ተመርዕዩ ሓሙሽተ ኣወዳት ፈርዩ። ኣብ 1994 ካብ ክፍሊ ሃንደሳ ናብ ሓይሊ ባሕሪ ተቐይሩ። ኣብ ሓይሊ ባሕሪ ካብ ዝነበሩ ናይ ጥልቀት ክኢላታት ቀንዲ እዩ ነይሩ። ስም የባት ኣብ ሓይሊ ባሕሪ ኤርትራ ድሙቕ እዩ። እንተኾነ ብዝሓደሮ ሕማም ኣብ ኣስመራ ተሰዊኡ። ኣስከሬኑ ግን ኣብ መቓብር ሰማእታት በስከዲራ ኣብ ጎድኒ እቶም ኣብ በስከዲራ ብሕሰም መግዛእቲ ዝተቐዝፉ ሓመድ ኣዳም ለቢሱ።

ወይዘሮ ቅድስቲ ተስፉ

ስዉእ የባት ተስፉ

እሾኽ ብበልሓ ትኣርግ

ነደይ መስቀላ በረኸን[300] በዓል ቤተን ነፍስሄር ኣቦይ ብርሃነ ትምክኤልን ኣብ ሓሊብመንተል ኢና ረኺብና ኣዕሊልናዮም። ኣቦይ ብርሃነ ድሕርቲ ቃለ መሕተት ነዊሕ ከይጸንሑ ዓሪፎም። ኣደይ መስቀላ እውን ኣብ 2023 ካብዛ ዓለም ሓሊፈን እየን። እተን ኣደ ነቲ ኣብ መጨረሽታ ዕድመ ናይ ሰማንያታት ኮይነን ዝዝክርኦን ናይ ምግላጽ ብቕዓተንን ርኢኻ 'ለካ እሾኹሲ ብበላሓ ጥራሕ ዘይኮነት፡ ብበላሓ'ውን ትኣርግ'ያ' ናብ ዝብል መደምደምታ ይወስደካ። እቲ ኣብ ሓፈሻዊ ነገራት ዝነበረን ኣፍልጦን ርጡብነትን በታ ናይ ስነዳ ጉጅለና ፍሉይ ኣድናቖት እየን ረኺበን።*

ኣቦይ መንግስቱ ትምክኤል ሓሙስ 26 ሕዳር 1970 'ወፍሪ'ሎ፡ ነብሰኹም ኣውጽኡ' ዝብል መልእኽቲ ኣቐዲሙ ብመሓመድስዒድ ኣልኣሚን ካብ ዓዋተ ሽኽር ካብ ከረን ንበስከዲራ ከም ዝተላእኮም ይዝክሩ። ነዛ ነጥቢ ንምጥላል ንመሓመድስዒድ ከመይ ከም ዝነበረ ተወኪሰዮ። "ገመል ተኻርየ እኸለይ ካብ በስከዲራ ንከረን ኣእትዎ ነይረ። ኣብቲ ግዜ ማለት ሓሙስ 26 ሕዳር ምስ ዓዋተ ሽከር ኣብ ከረን ተራኺብና። ናብ ከራር ከሊፋ ትበጽሕ መልእኽቲ ድማ ሂቡኒ። ነቶም ወከልቲ ናይ ጀብሃ ዝነበሩ ከእለዩ ተጠንቅቕ እያ ነይራ። በዚ መሰረት ከራር ከሊፋ፡ ብርሃነ ትምክኤልን ልባብ እድሪስን ኣቐዲሞም ካብ ዓዲ ተሸዊሎም"[301] ይብል መሓመድስዒድ።

ኣቦይ ብርሃነ ድሮ ናይቲ ህልቂት ዘጋጠመ ካልእ ፍጻመ እውን ምስቲ ዝነበረ ሃዋህው ኣተኣሳሲሮም ይዝከሩ። "ቀዳም፡ ኢሻቕ መሓመድ ዝበሃል ሰብኣይ ኣብ ዓድና ሓሚሙ ሞይቱ፡ ኣበይ ከም ንቕብሮ ተጨኒቕና። መጨረሽታ በስከዲራ ክንቀብሮ ወሲንና። እንተኾነ ግን ንጽባሒቱ ፍሶሩኸ

300 ኣደይ መስቀላ በረኸ ካብ ህልቂት በስከዲራ ድሕሪ ኣስታት 53 ዓመታት ብ4 ሚያዝያ 2023 ካብዛ ዓለም ብሞት ተፈልየን።

301 መሓመድስዒድ ኣልኣሚን፡ ቃለ መጠይቕ ምስ ደራሲ፡ 14 ሰነ 2022፡ ከረን።

ክትነድድ ርኢና ፈርሔን ወሲድናዮ። ሰብ ካብ ጎቦታት ወሪዱ ቀቢርዎ።"[302] ድማ ይብሉ።

ድሕሪ'ዚ ኣቦይ ብርሃነ ምስ ተኸለኣብ ወዱ ንሰኑይ ኣብ ዘውግሒ ለይቲ፡ ንከረን ነቒሉ። ንተኸለኣብ ኣብ እንዳ ፍራቴሎ[303] ናብ ገዳም ንምእታው እዩ ። በዚ መሰረት ካብ በስከዲራ ብለይቲ ተበጊሶም ምድሪ ከይወግሐ ሩባ ዓንሰባ በጺሑ። እንተኾነ ወተሃደራት ኢትዮጵያ ሰብን ጥሪትን ኣብ ቅድሚኦም ዓጊቶም ጸኒሖሞም ተቐላጢፎም ካብቲ ቀንዲ መገዲ ተኣልዮ። ክሳብ ምድሪ ዝሽፍት ኣብ ሓደ ስንጭሮ ተሓቢኦም ድሕሪ ምጽናሕ ከኣ ኣንጊሆም ከረን ኣተው። ኣብ ከረን ሓለቓ ኣስመራ ገይሹ ስለ ዝጸንሐ ክሳብ ዝምለስ ክጽበዩ ወሰኑ።

* * *

ኣብ በስከዲራ፡ ንሰኑይ ኣብ ዘውግሒ ለይቲ ገዛውቲ ክኸፈትን ክዕጾን ዓዲ ተረቢጻ ከም ዝሓደረት፡ ጸሓይ ምስ በረቐት እውን ርጉእ መንፈስ ከም ዘይነበራ ኣደይ መስቀላ ይጸውያ። መጨረሽታ እታ ኣደ ናብቶም ኣብ ቅርዓት ዓዲ ተኣኪቦም ዝነበሩ ሓፋሽ ተጸንቢራ ምምጻእ ወተሃደራት ኣብ ምጽባይ ኣተወት። ወተሃደራት እውን ኣይደንጎዩን። ካብ ቃላት ኣደይ መስቀላ፡-

"ኩሉኹም ኣብዚ ድዩ ዓድኹም፧"

"እወ ኣብዚ'ዩ ዓድና።"

"እስላም ዲኹም ክስታን፧"

"እስላምን ክስታንን ሓደ ዓዲ ኢና።"

"ትማሊ ምሸት ንጀብሃ ኣበይ ከተድርርዎም ሓዲርኩም፧"

"ኣየድረርናን።"

"ኣበይከ ሓዲሮም፧"

"ኣይፈለጥናን።"

"ሓቂ ተዛረቡ።"

"ካልእ ሓቂ የብልናን።" መለሱ።

---

302 ብርሃነ ትምክኤል፡ ቃለ መጠይቕ ምስ ደራሲ፡19 ሚያዝያ 2016፡ ሓሊብመንተል።

303 ተኸልኣብ ክሳብ ፍራቴሎ በጺሑ ነይሩ። ኣብዚ ግዜ ካልኣይ ድግሪ ተማሂሩ ምስ ሓዳሩ ኣብ ሕቡራት መንግስታት ኣመሪካ ይነብር ኣሎ።

ኣብ መንን'ቲ ዝርርብ፡ ተጋደልቲ ብወገን ኮከን ነቶም ንቕድሚት ዝግስግሱ ዝነበሩ ወተሃደራት ተኲሱሎም። ወተሃደራት ድማ "እዞም ዝትኲሱ ዘለዉ ደኣ ኣበይ ዝሓደሩ እዮም፧" ሓተቱ።

"ኣይፈለጥናን"

" እቶም ትማሊ ንስኹም ዘድረርኩሞምዶ ኣይኮኑን፧" ወተሃደራት ነድሪ ውሲኾም ተዛረቡ።

እቲ ህዝቢ ግን "ኣይፋልናን ንሕና ኣየድረርናን፡" ኣብታ ናይ ፈለማ ቃሉ ጸንዐ።

ከምቲ ኩሎም ውጹእ መዓት ዘዘንትውዎ፡ ምሉእ መዓልቲ ከርተት ከብሉ ውዓሉ። ቆልዓ ከሸይን እንተተበጊሱ ኣብ ዝነበራ ከሸይን እናሓበሩን ሰበይቲ እንተ ተንስኣት 'ተመለሲ' እናበሉን ሞኹ ኣቢሎሞም ከም ዝወዓሉ ኣደይ መስቀላ ይጸውያ። "ኣብ ግዜ ምሸት ካልኣት ተወሲኾሞም ተማኺሮም 'ኣብ መስጊድ እተዉ' ኢሎምና። ጎይታ'ኻ ዝበለካ ምግባር ኮይኑ ኩሉ ሰብ ተር ኢሉ ይኣቱ። ሓደ ወተሃደር ቀስ ኢለ ክኣቱ ርእዩኒ 'እተዊ' እናበለ ደፍኣኒ። 'ሕራይ ይኣቱ ኣለኹ፡' እብሎ። 'እተዊ እእእ ኣይትበል ክትመውት ኢኻ፡' ይብለኒ ብጸያፍ ትግርኛ። 'ዎ'ደይ ማርያም ርድእና! ዎ መድሃኔ ኣለም ርድኣና!' ኢለ ጸሎተይ ጥራይ ቀጺለ፡"[304]

ወተሃደር ተሃዊኹ ነይሩ። ፈለማ ነታ ኣብ ኢድ ኣደይ መስቀላ ዝነበረት መቑጸርያ መንዚዑ ደርበያ። ኣደይ መስቀላ ድማ " እዚኣስ ምሳይ'ያ ትመውት" ብምባል መቑጸርያኣን ኣልዓላ። ኣብ ውሽጢ መስጊድ ፈለማ ኣብ ዝባነን ሓዚለንኣ ንዝነበራ ህጻን (ኤልሳ) ካብ ማሕዘል ኣውሪደን ኣብ ሓደ ጸግዒ ኣንበርኣ። ብነጻላን ማሕዘልን ከዲነን "እዚ ሰብኣይ ከቕትለኪ'ዩ ትም በሊ" በልኣ። ህጻን ኤልሳ እውን ኩሉ ከም ዝተረድኣ ተባህላ ገበረት። ንለተኺዳን ብጸጋም ንሳራ ከኣ ብየማናይ ኢደን ሒዘን ዝመጸ ክሳብ ዝመጽእ ደው በላ።

ሽዑ ወተሃደራት ከም ሰብ ቆጸራ ንእለት 'ቶግ! ቶግ!' ኣበሉ። መስጊድ 'ቆለጭ፡ ቆለጭ' ኢላ ርስንቲ መቑሎ ተቐየረት። ሰብ ኣብ ርእሲ ርእሲ ክወድቕ ጀመረ። ብየማናይ ኢድ ኣደይ መስቀላ ተታሒዛ ዝነበረት ሳራ ነፊጻ ናብቲ ዝያዳ ሰብ ዝጠፍኣሉ የማናይ ወገን ናይቲ መስጊድ ገጻ በረረት። ለተኺዳን ብወገና ኣብ ባይታ ወዲቓ ብሕቆኣ ኣንቃዕረረት። ንዓይና ብክልተ ኢዳ ሸፊና ከኣ በጥ በለት። ኣደይ መስቀላ ድማ ካብ ደው ኢለን ብጥይት

---

304 መስቀላ በረኽ፡ ቃለ መጠይቕ ምስ ደራሲ፡ 19 ሚያዝያ 2016፡ በስክዲራ።

ዝቒለባ ብኣፍልበን ወዲቕን ክኸወላ ተቓለሳ። "ተተርኢሰየን ዝነበርኩ ኣንስቲ፡ ምውታት ድየን ከምዚ ከማይ ኣስቂጠን ዝነበራ ኣይፈለጥኩን!"[305] ድማ ይብላ። ኣብ መወዳእታ፡ ሓደ ወተሃደር ኣብ ኣፍደገ'ታ መስጊድ ኮይኑ፡ 'ኩሎም መይቶም እዮም፡' ንምባል ይኸውን ንላዕሊ 'ቶግ ቶግ ቶግ!' ኣቢሉ ከአ ይብላ። ወተሃደራት ካብ መስጊድ ምስ ረሓቑ ፈስካ ተነፊሓ፡ ድምጺ ነፋሪት እውን ተሰሚኡ ከአ ይውስኻ።

ኣብቲ ህሞት ህያዋን ምውታት መሲሎም ኣስቂጦም ብእዝኖም ጥራይ ይጸናጸኑ ነበሩ። ጸሓይ ከይዓረበት ባህታ ወዲ ዓሳማ፡ "ስድራና! ዘለና ውሑዳት ኢና። ሰብ ኩሉ ዓሪፉ ቅሩብ ኢና ተሪፍና። ዘለና ፍኒሕኒሕ ንበል፡ " ምስ በለ፡ ኣደይ መስቀላ ኣመት ኣዋልደን ክገብራ ተንስአ። ፈለማ ነቶም ንለተኺዳን ጸቒጦማ ዝነበሩ ሬሳታት በእጋሮም ዓሲሰን ክኣልያ ጀመራ። ገንጺለን ገናጺለን እንተረአያ፡ ንክትኣምኖ ብዘጸግም፡ ዓለን ዓይና በእዳዋ ሸፊና ከተስንፍስ ጸንሓተን። እተን ኣደ ኣይሓጎስ ኣይስንባድ ኮና፡-

"ኣለኺ ዲኺ፧" ከአ በልኣ

ብስንባደ ውነኣ ጠፊእዋ ዝነበረት ለተኺዳን "እወ'ለኹ፡" መለሰት።

ኣደይ መስቀላ ብዛዕባ ካብ ክትድሕን ኽትመውት ዝያዳ ተኽእሎ ዝነበራ ዓለን

"ትንፋሳ ኣበይ ከም ዝወዐለ ኣይፈልጥን፡ ፈጣሪ ደሓኒ ኢልዋ እያ ተሪፋ" ብምባል ይድንጸዋ።

ድሕርዚ ንለተኺዳን "ከይቀትሉኺ በሊ፡ ኣብዚኣ ጽንሒ" ብምባል ኣጠንቂቐን ኣብ ምንዳይ ሳራ ኣተዋ። ሳራ ግን ብቐሊሉ ኣይተረኽበትን። እተን ኣደ ዳርጋ ንኹሎም ሬሳታት ሓደ ብሓደ ፈንቀልኦም። ሳራ ዝርኣየ እናበለ እውን ሓተታ።

"ሓዳስ ገለዶ ሳራ ርኢኺ፧" ሹዱሽተ ብዓሰርተ ሜትሮ ስፍሓት ኣብ ዝነበራ ገዛ ዓለን ተሰዊራተን ኣጣየቓ።

"ኣሞ ቀስ ኢልኪ ንቕድሜኺ ፈትሺ። ምስቲ ሕንፍሽፍሽ ናብኡ ገጻ ክትኣቱ ርእያያ ነይረ። እንተሞተት፡ መንግስተ ሰማይ እንተላ ድማ ትጸንሓኪ፡ " በለተን ብኢዳ እናሓበረት።

"ያእ! ሞታ ርእየ ክቕብጽ እምበር፡ ምህላው'ሲ እዝጊ ይፈልጥ። እንቋዕ ጥራይ ንስኺ ሃሎኺ፡' ብምባል ከም ዝበልኦ ክቕብጻ ንዝተረፉ ሬሳታት

305 መስቀላ በረኽ።

ምግልባጥ ቀጸላ። ጥቓ እቲ የማናይ ፍኒስትራ ከአ ሳራ ተረኺባ። ኣደይ መስቀላ ተቐዳዲመን ትንፋስ እንተሃለዋ ከረጋግጻ ንክልተ ጉንቦ ኢዳ ሒዘን ዳህሰሳ። ተስፋ ድማ ረኺባላ። “ኣንቱም ደቂ፡ ንስኹም ብዘይካ ዘረባይ ዋላሓንቲ ኣይርኤኹምን። ከትኣምኑኒ’ውን ኣይትኽእሉን ትኾኑ። ምሉእ ነብሳ ብደምን ፈርስን ብሓንጎል ናይ ሰባትን ተደፊኑ’ዩ። ኣብ ነብሳ ዝጸንሓኒ ሓንጎል እዚ’ዩ ክትብሎ ኣይትኽእልን። ኣካላታ ብደምን ፈርስን ጀበብ’ዩ ዝብል። ሽዑ ካብቶም ዝሞቱ ጨርቂ ወሲደ ነቲ ሓንጎል ክቕበር መታን ኣብ ሓደ ኣኪበ ኣንቢረዮ። ሰብ ኩሉ ተወዲኡ እዩ። ኣምዑተንን ፈሲሱ ካብ ዝስሓጋ ዝነበራ ደሓን ምህላወይ ርእየን ‘ለተመስቀል ኣይትሕደግና በጃኺ ኣይትሕደግና፡’ እናበላ ይልምናኒ ነይረን” ይብላ ንሰን።

ኣደይ መስቀላ፡ ንደቀን ሳራን ለተኺዳንን ኣብ ኣፍ ደገ መስጊድ ኣውጺአን “ኣብዚ’ኣ ጽንሓኒ፡” ኢለን ንውሽጢ መስጊድ ተመሊሰን ንገለ ካብተን ኣንስቲ ርእሰን ኣልዒለን ኣንተ ኣቕነዐአን ብዘይካ ሓንቲ ኩለን ሞይተን። ኣምዑታ ወጺኡ ዝነበረ ሓንቲ ሰበይቲ ግን ምስ ካልኣይተን ዳርጋ ጎሲሰን ኣውጽእኣ።

መጨረሽታ ኣብ ማሕዘል ጠቕሊለን ንዘቕመጠኣ ህጻን እንተፈተሻ ንተኣምራት ከም ዘቕመጠኣ ጸንሓተን። ዓለን ሓቑፈን ከኣ ንደገ ወጻ። ለተኺዳንን ሳራን ግን ኣይጸንሓን። ኣሰር እቲ ህዝቢ ከይደን። ኣብ ፈርሔን ኣብ ማእከል እቲ ኣብ ቀጽሪ ቤተ-ክርስትያን ቅዱስ ጊዮርጊስ ዘዕለቕልቕ ዝነበረ ህዝቢ ኣርከብአን።

ኣብ ፈርሔን መርየም ሰይቲ ኢብራሂም ንዕሸል ወዳ ሓቝፋ ሞቱን ህይወቱን ንምፍላጥ ተሸጊራ “መስቀላ በጃኺ እዚ ወደይ ሞይቱ ድዩ ብህይወት ኣሎ ርኣይለይ፡” እናሕነቕነቐት ተዛረበታ።

ኣደይ መስቀላ ሽዑ እውን ነኣእዳዉ እቲ ናጽላ ዳህሲሰን፡ ንትርግታ ልቡ ጽን ኢለን ሰምዕኦ “ወድኺ’ሎ፡ ግን ሕቘፍዮ ከይትሕዘልዮ” በልኣ። መርየም ቀቢጸቶ ዝጸንሐት ናጽላ ብህይወት ምህላው ምስ ፈለጠት ብሓጎስ ትብሎን ትገብሮን ጠፍኣ።

ሽዑ ስንባድ ዘይወጸለን ገለ ኣደታት፡ ናብ ኣደይ መስቀላ ቀሪበን፡ “በየናይ መገዲ ጌርኪ ኢኺ ካብዛ ዓዲ ተውጽእና፡” እናበላ ኣጨነቓለን።

ኣደይ መስቀላ ግን “ኣይፋልክንን፡ እዚ ዓዲ ደሓን’ዩ ዝመስል፡ ጸልማት’ዩ ናበይ ክንከይድ፡” እኳ እንተበልአን ‘ግድን’ ኢለን ደረቓ። ሽዑ ኣደይ መስቀላ “ካብ በልክን በላ ኣነ ዝረገጽኩዎ ርገጻ፡” ብምባል ለይቲ ምድሪ መሪሓንአን ብሻውሽ ንሩባ ዓንሰባ ወረዳ። ኣብቲ ህሞት ኣደይ መስቀላ ንኤልሳ ኣብ ዝባነን

ንሳራ ኣብ ሑቑፈን፡ ኣማኒኤል ወደን ድማ ሕኖት ኣብ ከብደን ኣርባዕተ ትንፋስ ኮይነን ይጉዓዛ ነበራ። ሩባ ዓንሰባ ምስ በጽሓ ብደምን ሓንጎልን ሕብራ ቀይራ ዝነበረት ጓለን ሓጺበን፡ ደርሆ እናነቀወ ንሓሊብመንተል ኣተዋ።

ህዝቢ ሓሊብመንተል 'ካብ በስከዲራ ዝወጸ ኣንስቲ ኣትየን፡' ሰሚዑ ኩሮ ጸባ ዝሓዘ ይኹን እንጀራ ዝተሰከመ ናብተን ውጻእ መዓት ዝነበርኦ ወሓዘ። እናበኸየ "እንቋዕ እዝግሄር ኣውጽኣክን፡" ኢሉ ተቐበለን።

* * *

ካብ ኣስመራ ሓለቓ ንከመጽም ከጽበዩ ዝወሰኑ ኣቦይ ብርሃነ፡ ኣብ መዓልቲ ህልቂት ምሉእ መዓልቲ ብጭንቀት ተሓሚሶም ወዓሉ። ዝገብርዎ ምስ ሓርበቶም፡ ምስ ወዶም ንጎቦ ቃዔታይ ወጺኦም ንዓዶም ካብ ርሑቕ ከቋምቱ ፈተኑ። እቲ ሰማይ ዝዓርግ ዝነበረ ትክን ካብ ርሑቕ ዝስማዕ ድምጺ ጠያይትን ከኣ መመሊሶ ቀለዎም። ከመይ እተን ኣብ ሰማያት ዓዶም ከዝንብያ ካብ ርሑቕ ዝረኣይወን ነፈርቲ፡ ዕንባባ ክንስንሳ ስለ ዘይመጻ ንጭንቀቶም መሊሱ ሰማይ ኣዕረጎ።

ብፍላይ ተኽለኣብ "ብድሕረይ ኣሕዋተይ ጠፊኦም" ኢሉ እናበኸየ ኣብ ልዕሊ ጭንቀት ጭንቀት ወሰኸሎም። ኣቦይ ብርሃነ ንወዶም ከረጋግኡ "ሓንቲ ኣይኮኑን እዮም ኣጆኻ። ውሽጠይ ሃዲኡ ኣሎ" በሉዎ።

"እንታይ ኮይኖም ሓንቲ ዘይኮኑ፣ በይኖም'ዶ ከተርፉ ኮይኖም፧" እናበለ ተኽለኣብ ኣይሰምዖምን።

"ኣምላኽ ኣሎ። ካብ ዝኾነ ሕማቕ ከተርፉ እዮም፡" ከኣ በሉዎ ገና ብውሽጦም ምሽቓል ከየቋረጹ።

ኣቦይ ብርሃነ ለይቲ ድቃስ ዘይብሎም ሓዲሮም ንግሆ ካብ ዓዲ ዝመጸ ሰብ እንተረኸበ ከሓቱ ንዕዳጋ እኽሊ (ፋርሻ) ኣምርሑ። ሳህሉ ትበሃል በዓልቲ ፈርሔን ረኺቦም ከኣ ደሃይ በስከዲራን ስድርኦምን ረኸቡ፡

ሳህሉ "ዓዲ ኹላ ጠፊኣ፡ ደቕኻ ግን ወጺኦም" በለቶ።

ኣቦይ ብርሃነ ዓዲ ጠፊኣ ደቆም በይኖም ዝድሕንሉ ኣይተራእዮምን። ንዘረባ ሳህሉ ኣይኣመንዎን። ንወዶም "ኣምላኽ ኣሎ ካብ ዝኾነ ሕማቕ ከተርፉ እዮም" ዝበልዎ ናይ እምነት ቃል እውን ኣይዘከሩን። ድሕሪ ሳልስቲ፡ ተኺሊሎም ስድርኦም ናብ ዝነበሩዎ ሓሊብመንተል በጺሖም ንበዓልቲ ቤቶም ደቆምን ብዓይኖም ርእዮ ግን ኣምላኾም ኣመስገኑ።

ስድራ ኣቦይ ብርሃነ ብዘይካ ኣብ ዝባና ዝነበረ ጨርቂ ሓንቲ እኳ

ኣይነበራን። ንሓንቲ መዓልቲ ምስ ካልእ መዓልቲ ተራኺብ መግቢ ዕለት እውን እንተኾነ። ኢዶም ግን ኣይሃቡን። ኣብ ርእሲ ድንጋጸ ብሩኻት ሜላ እውን መሃዙ። "ቅድሚ እቲ ሓደጋ ክሻ እኽሊ ኣብ ዓንቀር ሓቢአ ነይረ። ንበስከዲራ ሰጊረ ኣምጺአያ። ብዘይካ'ዛ ኩንታል ዝብላዕ ኣይነበረናን። ዳሕራይ ግን፡ ብኣድገይ ዕንጨይቲ እናሸጥኩ ጻገመይ የቃልል ነይረ" [306]ኣቦይ ብረሃነ ነቲ ሕሱም እዋን ዘሳገሮም ሜላ ይዝክሩ።

ነፍስሄር መስቀላ በረቕ

306 ስድራ ቤት ብርሃነ ትምክኤል፡ ድሕሪ ኣርባዕተ ዓመታት ካብ ሓሊብመንተል ንበስከዲራ ተመሊሳ ክትቅመጥ ጀሚራ። ዳግማይ ብ1988 ምግዓዝ ምስ ኮነ ግን ጠቕሊላ ንሓሊብመንተል ኣትያ።

ዛንታ ዓባዩ ዝጸወየ ኻብሮም

ኣብ ሕሉፍ ዘጋጠሙ ፍጻመታት ኣብ ብዙሕ መዳያት ብሕማቕ ኮነ ብጽቡቕ፡ ብሓጎስ ይኹን ብሓዘን፡ ብጓሂን ብባህታን ወትሩ ይዝከር። ኣብ ውሽጢ ሓንቲ ስድራ ዘጋጠሙ ከም ምውላድ ህጻን፡ መርዓ፡ ሞት ናይ ተፍቅሮ ኣባል ስድራ። ከምኡ'ውን ብፍሉይ ዘጋጥሙ ነገራት ከም ዓበይቱ ሃገራዊ ፍጻመታት ምጅማር ናይ ሰውራ፡ ምፍራስ ናደው እዝ፡ ረፈረንደም፡ ሳልሳይ ወራር ወያነ፡ ሰላም ኢትዮ-ኤርትራ ዝኣመሰሉ ርዱኣት ፍጻመታት ዕለት ወርሕን ዓመትን ከይጠቐስካ እንተ ተዛረብካሎም ኣየደናግሩን።

ኣብ ምድሪ ሰንሒት ልሉይ ፍጻመ እንተሎ እቲ ኣብ ያናን በስከዲራን ዘጋጠመ ህልቂት እዩ። ከምኡ ስለ ዝኾነ ኣብቲ ከባቢ ውልቃዊ ይኹን ሓባራዊ ዛንታታት ነቲ ህልቂት ከም መነጻጸሪ ወሲድካ ይዝንቶ። ካብቲ ፍጻመ ንቕድሚት ወይ ንድሕሪት ቆጺርካ ዓቢ ይኹን ንእሽቶ ፍጻመ ምዝንታው ንቡር እዩ። እገለ ካብ ህልቂት ድሕሪ ክንድዚ ዓመት ተወሊዱ፡ እከለ ቅድሚ ሓደ ዓመት ናይ በስከዲራ ተመርዕዩ፡ ብምባል ዕላላት ካብ ያናን በስከዲራን ናብ'ቲ ዝተደልየ ነጥቢ ይሰግር።

ነቲ ህልቂት እናዘከርካ ክትነብር ዘገድዱ ነገራት ብዙሓት እዮም።[307] ኣብ በስከዲራ ድሕሪ ህልቂት እንኮ ሳዕ ሰላት ዘይተፈጸመላ መስጊድ ኣቋሚትካ ብሓሳብ ናብታ ርግምቲ መዓልቲ ክትምለስ ትግደድ። ብህልቂት ዝሰንከሉን ዝዘኸተሙን ከምኡ'ውን ውጻእ መዓትን እቲ ፍጻመ ርኢኻ እቲ ህልቂት ይቕጀለካ።

በስከዲራ ግን ብዛንታ ህልቂት ጥራይ ኣይኮነትን ትዝከር። ናይ ሓድነትና ኣርኣያ ብዝኾነቶ'ውን ትደምቕ እያ። ኣብ ኤርትራ ንሓድነትና ዝገልጽ ሓወልቲ ከነቕውም እንተተመዲቡ ክንዮ ኣብ ጎኒ እታ እስላምን ክርስትያንን ንኸይፈላለዩ ብሓባር ዝተቐዝፉላ መስጊድ ኣበይ ክኸውን ይኽእል፧

307 ብዙሓት ካብ ደቂ ሰኹና ነታ ብግእዝ 12 ብፈረንጂ ድማ 21 ትውዕል ዕለት ወትሩ ከይተበርሆም ከም ትውዕል ይዛረቡ። ገለ ድማ ንመስጊድ ከም ማሕላ ይጥቀሙ። ኣደይ ርሽት ዓሊበኺት ኣብ ዝኾነ ጉዳይ "መስግዱ" ማለት "ስጋ መስግድ" እንተ ኢላ ቃላ ኣይትዓጽፍን። ብቐሊሉ ተልዕሎ ከኣ ኣይኮነን።

ግዜኡ ኣብ ሚያዝያ 2023 እዩ። ኣብ ፈይስቡክ ኣብ ናይ ውልቂ ኣድራሻይ ካብ ሓደ ቅድሚኡ ስሚዐዮ'ውን ዘይፈልጥ ስም መልእኽቲ ጸንሓኒ። ኣብ ናይ ውሽጢ መስመር ዝጸንሓኒ መልእኽቲ ሰላምታ ኣቕዲሙ፡ "ብዛዕባ ታሪኽ በስኪዲራ ዝምልከት ከዘራርበካ ስለ ዝደለኹ ቁጽሪ ተሌፎንካ ግድፈለይ" ዝብል ነበረ።

እንታዋይ ምዃኑ፡ ኣበየናይ ክፋል ናይዛ ዓለም ከም ዝነብር ኣየገደሰንን። ብዛዕባ በስኪዲራ ከዘራርበኒ ብምዃኑ ጥራይ ከይተማታእኩ ቁጽሪ ተሌፎነይ ገዲፈሉ ወጺእኩ። ድሕሪ ገለ መዓልታት ኣብ ብ0046 ዝጅምር ጋሻ ቁጽሪ ተደወለኒ። ኣብ ፈይስቡክ Abraham Nafic (ኣብርሃም ናፍዕ) ኢሉ ናይ ዝተላለየኒ ጽውዒት እዩ።

እዚ ኣብ ፈይስቡክ ብኣብርሃም ናፍዕ ዝፍለጥ ሰብ ምሉእ ስሙ ኣብርሃም ኣርሀ ዮውሃንስ እዩ። ኣብ ሃገረ ሽወደን ጉተንበርግ ኣብ ትበሃል ከተማ ይነብር። ንሱ ካብ ከረን ንሰሜናዊ ምብራቕ ኣብ ገምገም ሩባ ዓንሰባ ኣብ ትርከብ ንእሽቶ ሕመራይ ትበሃል ዓዲ ተወሊዱ ዓብዩ። ንመእተዊ ዝኸውን ኣብርሃም ተመሃራይ ኣነ መምህር ኴንና ኣብ ሓደ እዋን ኣብ ቀጽሪ ካልኣይ ደረጃ ቤት ትምህርቲ ከረን ምንባርና ኣዕሊሉኒ። ምስሉ ክመጻለይ ኣይከኣለን።

ዝኾነ ኮይኑ ህልቂት በስኪዲራ ዘማእከለ ዕላል ጀሚርና።

ወላዲቱ ነብርሃም ወይዘሮ ታቦቱ ጴጥሮስ ኣንሰራ በስኪዲራ እዩ ዓዳ። ኣቦኣ ኣቶ ጴጥሮስ ኣንሰራ ኣልመዶም ካብቶም ኣብ መስጊድ በስኪዲራ ህይወቶም ዝሓለፉ ንጽሃት ሓደ እዩ። ብዓልቲ ቤቱ ወይዘሮ ብርኽቲ ኖር ብያኑ ምስ ህጻን ጓላ ቅድስቲ ጴጥሮስ ኣንሰራ ካብቲ መዓት ንስከላ ተሪፈን። ኣብርሃም ተገዲሱ ክረኽበኒ ዘገደዶ ብዛዕባ እቲ ነዛ ስድራ ኣብ ግዜ ህልቂትን ድሕሪኡን ዘጋጠማ ንክጸውየኒ እዩ።

መስርሕ ምእካብ ሓበሬታ ናይዚ ገዚፍ ዕዮ ብዙሓት ሰባት ይጠቅም ዝብሉዎ ሓበሬታ ብምቕባል ምቕሉል ኣበርኪቶ ገይሮምለይ እዮም። ውሑዳት እውን ከንዮ ሓበሬታ ምሃብ ብዓቕሞም ዛንታ ስድራቤቶም ጽሒፎም ዘረከቡኒ ነይሮም። ኣብርሃም እናንየኻ ከተርክቦ ጭንቂ ኣብ ዝኾነ ናብራ ምዕራብ ከይዓጠጦ ሓበሬታ ክህበኒ ምሕላኑ ካብ ፈለማ ኣድነቕክዎ። እንተኾነ ግን እዚ ካብ ህልቂት በስኪዲራ ብልዕሊ 20 ዓመታት ዝንእስ ማእከል እቲ ዛንታ ንዝኾነት ኣንዳኖኡ በስኪዲራ ንፈውሲ ማሕላ ንሓንቲ መዓልቲ ረጊጹ ዘይፈልጥ መንእሰይ እንታይ ኢሉ ከዕልለኒ እዩ ኢለ ዘይተሰከፍኩ ኣይኮንኩን።

ኣብቲ ንሓደ ሰዓት ዝጸንሐ ናይ ተሌፎን ዕላል ግን ብዛዕባ ህልቂት በስከዲራ ዝነበሮ ዓሚቕ ፍልጠት ኣስተውዒለ ፍሉይ ተምሳጥ ኣሕደረለይ። ዓባዩ ካብ ዘዘንተዋሉ ጥራይ ተበጊሱ ንምሉእ ዛንታ ህልቂት ብዓሚቑ ክትንትነለይ ምኽኣሉ ኣሐጎስንን ኣገሪመንን። እንተኾነ ግን ኣብቲ ምስ ኣብርሃም ዘዕልለሉ ዝነበርኩ ነተን ኣብ መጽሓፈይ ክጠቓልለን ዝነበረኒ ዛንታታት በስከዲራ ድሮ ጽሒፈ ወዲአየን ነይረ። ንተገዳስነቱን ናይ'ቲ ዛንታ ፍሉይ ኲርናዕ ምስ ርኤኹ ግን ክጽሕፉ ተወናወንኩ።

"ነዚ ብቓል ዝነገርካኒ ጽሒፍካ ክትሰደለይ'ዶ ትኽእል፧" ምቕልል ኢለ ንኣብርሃም ተወከስኩዎ። ኣብርሃም ብቛንቛ ትግርኛ ክጽሕፍ ከም ዘይክእል ብብሊን፡ ብፊደላት ላቲን ገይሩ ክጽሕፈለይ ግን ከም ዘይጽግሞ ሓበረኒ። "ብዝጥዕመካ ጽሓፈለይ ጥራይ" በልኩዎ። ድሕሪ ገለ መዓልታት ኣብርሃም እርይ ቁጽር ኣቢሉ ነቲ ብድምጺ ዝሰማዕኩዎ ናብ ጽሑፍ ቀይሩ ሰደደለይ። ኣነ ድማ ብቐጥታ ንዓርከይ መምህር ወርዕ ክፍሉ ኣረከብክዎ። መምህር ኣብ ሓጺር ግዜ ደኺመ ከይበለ ብዘይዝኾነ ይኹን ሞሳ ናብ ቋንቋ ትግርኛ ተርጒሙ ኣረከበኒ። ካብቲ ብተለፎን ምስ ኣብርሃም ዘዕለልናዮን ዳሕራይ ጽሒፉ ዝሰደደለይን ኣዛኒቐ ክሓናጥጥ ጀመርኩ።

ኣደይ ብርኽቲ ኖር ብያኑ ሰይቲ ጴጥሮስ ኣንሰራ መበቆል ዓዳ ሙሻ እዩ። ኣቦኣን ኣደኣን ብንእስነታ ስለ ዝሞትዎ ግን ምስ ሓትኖኣ ኣደይ ጀምዕ ኣደግ ሰይቲ መንደር ብእምነት ኣብ በስከዲራ እያ ዓብያ። ዳሕራይ ኣብ ጴጥሮስ ኣንሰራ ኣልመዶም በስከዲራ ተመርዕያ ትዕበን ቅድስትን ዝሰመዩወን ኣዋልድ ወለደት።

ኣብ ቅንያት ህልቂት በስከዲራ ዓድታት በርደግ፡ ሙሻ፡ ፉሰሩኽ፡ ፈለዳእርብ ኣቐዲመን ነዲደን ሓሙኽሽቲ ተቐዪረን ምንባረን ብተደጋጋሚ ተዘንትዩ ኣሎ። ኣብተን መዓልታት ነበርቲ በስከዲራ ገለ ንበረቱ ገለ ድማን ነዛ ነፍሱ ክሓብእ ተኣኪቱ ቀነየ። ስድራ ኣደይ ብርኽቲ እውን ተኻፋሊት ናይዚ ጭንቂ ነበረት። ኣደ ንሰንበት ቅዳሴ ክትሰምዕ ክልተ ደቃ ሒዛ ቀዳም ምሸት ፈርሒን ኣብ ፋደጋ ሓጎስ ኣብ ዝተመርዓወት ኣዳሌት ሓብታ ኣትያ ክልተ ለይቲ ምስኣ ሓደረት።

ኣቦይ ጴጥሮስ እውን ሰኑይ ንግሆ ኣእዱጉ እኽሊ ጽዒኑ ካብ በስከዲራ ፈርሐንኣብ ገዛ እንዳ ሓኖኡ ፋዳጋ ሓጎስ መጸ። ኣደይ ኣዳሌት ነቦይ ጴጥሮስ ምስ ረኣየቶ ብስንባድ ተቐዳዲማ "ንዓ ህደም ስንቅኻ ባዕለይ ክህበካ እየ" በለቶ። ኣቦይ ጴጥሮስ ንድሕነቱ ኢላ ትዛረብ ከም ዝነበረት ፈሊጡ ኣይተቓወማን።

ሓንቲ ቅድመ ኩነት ግን ነይራቶ "ሕገት ትንባኾይ ጥርሓ እያ ዘላ" በላ። ብዘይ ትንባኾ ናብ ዝኸዶ ከም ዘይብሉ ብዘነጽር ኣዘራርባ። ወልፊ እንተገዚኡ ሕሱም እዩ ብፍላይ ድማ ወልፊ ትንባኾ። ኣደይ ኣዳሌት ትንባኾ ክትደሊ ዓዲ ምልእቲ ኮለለት። ሕማቕ ኣጋጣሚ ኮይኑ ግን ኣይሰለጣን። ግድን ክእለ ትደልዮ ስለ ዝነበረት ከኣ፡ "ንዓ ሱቕ ኢልካ ጥራይ ንነቦ ህደም፡ ሓሙተይ እውን ሃዲሙ ኣብኡ ስለዘሎ ንሱ ይህበካ" ኢላ ኣማራጺ ኣምጽኣትሉ። ኣቦይ ጴጥሮስ ግን "በስኪዲራ ከይደ ትንባኾ ወሲደ እሃድም" ብምባል ኣእድጉ ሒዙ ንበስኪዲራ ክምለስ ነቐለ።

ኣደይ ብርኽቲ እውን ሰብኣያ ንበስኪዲራ ክኸይድ ርእያ ደድሕሪኡ ነቐለት። ኣደይ ኣዳሌት ናይ ሰብኣይ ሓብታ ከይኣክል ሓብታ ክኸይድ ምስ በለት 'ኣይፋልኪ' ብምባል ከልከለታ። ነብሳ ዝነገራ እያ ትመስል። ኣደይ ብርኽቲ "ዋላ ንብረት ገዛይ ኣላዕሊለ እኳ እምለስ" በለታ። ሽዑ ኣዳሌት "በሊ ንታቦቱ ምሳይ ግደፍያ" ብምባል ነታ ቆልዓ ኣትሪፉ ባህ ከይበላ ክኸዱ ገደፈቶም።

ሕማቕ ኣጋጣሚ ኮይኑ ኣቦይ ጴጥሮስን ኣደይ ብርኽትን በስኪዲራ ክበጽሑን 'ተኣከቡ' ተባሂላ ዓዲ ክትእከብን ሓደ ኮነ። ወተሃደራት ኢትዮጵያ እውን ኣይደንንዩን። ኣብቲ ተጋደልቲ ርኢኹምዶ ኣይረኣናን ዝብል ኣብ መንጎ ሽማግለታትን ወተሃደራት ኢትዮጵያን ዝነበረ ዝርርብ ነደይ ብርኽቲ ሓትኖኣ ኣደይ ጀምዕ (ሰበይቱ ነቲ ኣይርኤናን ዝብል ዝነበረ ኣቦይ መንደር) ነቲ መልሲ ተቓዊማቶ ከም ዝነበረት ኣደይ ብርኽቲ ተዘንቱ፡ "ስምዑ ኣንቱም ሰባት ንዝመጸ ጋሻ ንእንግድ ኢና ዘይትብሉ፧ ንዕኦም ክንጥሕንን ከንላፉን እንድዩ የእዳውና ላድዩ ዘሎ!" በለት ድምጻ ኣትሒታ። ሰማዒ ግን ኣይረኸበትን።

ኣብርሃም ካብ ቃላት ኣደይ ብርኽቲ ነቲ ኩሎም ውጻእ መዓት ዘዘንተውዎን ዝሰዓበ ነገራትን እንክጸዊ፡ "ምስ ምንዋሕ ናይ ግዜ ዕሸላት ቆልዑ፡ ብጥምየት ክበኽዩ ጀመሩ። እናቴ ለተመድህን 'ነዞም ቆልዑ ዝኾነ ዝብላዕ ክንህቦም' ምስ በለት፡ 'ደሓን መንግስቲ ክህበኩም እዩ' ብምባል መሊሶማ። ኣስዒቦም ነታ ዓዲ ብምልእታ ኣንዲዶማ። ገዛውቲ እንዳ ሓትኖይ ጥቓ መስጊድ ዝነበረ ግን ኣይነደደን። ቤት ትምህርትን ገዛናን እውን ተሪፉ ነይሩ። ድሕሪ ቀትሪ ሰዓት ብልክዕ ኣይዝከረንን፡ ኮብኩቦም እናተራገጽና ናብቲ ዓዲ ምስ ኣቐልቀሉና ዓድና ብሓዊ ተሃሚኻ ጸኒሓትና። ኣብቲ ገዛውቲ እንዳ ሓትኖይ እስላምን ክርስትያንን ተማቒልኩም እተው ኢሎምና። እቶም ሽማግለ እዚ ገዛውቲ ንኹላትና ኣይኣኽለናን እዩ ኢሎሞም። ንዑ እሞ ኣብ መስጊድ እተው ኢሎምና። እታ ፈላሲት 'ንሕና ክርስትያን ኢና ታቦት ቅዱስ

ግዮርጊስ ኣለና' ኢላቶም። ኪዱ ሎሚ ክርስትያን ኣይኮንኩምን ኢሎማ። ብድሕሪኡ ነንሓድሕድና እናተራገጽና ናብቲ መስጊድ ኣቲና።

"ኣነ ብኣጋጣሚ ንቅድስቲ ሓዚለ ብሓደ ኩርናዕ ናይ መስጊድ ነይረ። ሰብ ኩሉ ተደፋፊኡ ኣትዩ። ሰብኡት 'ኣጣቕዑ' ኣንስቲ 'ዕልል በላ' ዝብል ትእዛዝ ሰሚዑ። ትእዛዝ ተተግቢሩ። ብምቕጻል ሓደ ጸሊም ወተሃደር ኣብ ኣፍ-ደገ ደው ብምባል ኢድራጋ ጠያይት ኣዘኒቡልና። ኣውያትን ዋጭዋጭን ሰሚዑ። ካልኣይ ግዜ ኣዳጊሞምና። ካብቲ ቀዳማይ ሞት ኣምሊጦም ዝነበሩ መይቶም። ሰብኣየይ ንፍረዝጊ ወዲ-ሓው ሓቝፉ ነይሩ። ሽው በቲ ካልኣይ ምድጋም ክልቲኦም ብሓባር ሞይቶም። ሳልሳይ ግዜ በቲ ልዕለይ ዝነበረ መስኮት ከፊቶም ኣዳጊሞም። ምሉእ ጸጥታ ሰፊኑ። ድንሕ ኢሎም ፈተይ ንዝነበረ መስኮት ሃሪሞሞ። እንተኾነ ምኽፋት ኣብዩዎም። ድሕሪ'ዚ ሓደ ወተሃደር መጺኡ ኣፍደገ ማዕጾ ሒዙ፡ ርእሱ ብምንቕናቕ 'ኩሎም መይቶም ጸዕረ ሞት እዩ ዘሎ' ምስ በለ ጦር ሰራዊት ከይዶም። ዝሞቱ ሰባት ኣብ ልዕለይ ወዲቖም ነይሮም። ኣብ ባይታ እየ ወዲቐ። ፈርስን ደምን ናይ ወዲ ሰብ ፈሲሱ የእዳውን ኣራእስን ተቖራሪጹ ዘስካሕክሕ ፍጻመ እዩ ነይሩ። ኣብ ምውጻእ ተንሲአ ንበዓል ቤተይ ምስ ወዲ ሓው፡ በቲ ነጻላ ናይ ሰብኣየይ ብሓባር ሸፊነዮም። ንሓትኖይ ጀምዕ እውን ሻሽ ኣቦይ መንደር ወሲደ ከዲነያ" ትብል።

ኣደይ ብርኽቲ ነታ ኣብ ዝባና ዝነበረት ጓላ እውን ብህይወት ትህሉ ኣይበለትን። "ጓለይ መይታ እያ ይብል ስለ ዝነበርኩ በቲ ደምን ፈርስን ጀብጂቡ ዝነበረ ነጸላይ ከዲነ ንበይና ክቕብራ ጥራይ ይሓስብ ነይረ። እዋይ ኣነ ንጓለይ ኣብዚ ኣይገድፋን እየ ኢለ እንዳሓሰብኩ፡ እቶም ምውታት ግን ኣውርድያ ኢሎም ዝዛረቡኒ ኮይኖም ይስመዓኒ።" ዝኾነ ኮይኑ ነታ ምውትቲ ዝሓሰባታ ጓላ ሓዚላ ተወጊአ ንዝነበረት ዛህራ ጓል ሓትኖኣን ሒዛ ንፈርሔን ገዛ ሃደመት።

ኣብ ዔላ ናይ ፈርሔን ተቐቢለን ደመን ካብ ዝሓጸባለን ኣንስቲ ሓንቲ ኣዳሌት ሓብታ ነበረት። ኣደይ ኣዳሌት ንሓብታ ምስ ረኣየት ሓቝፋ ብምስዓም፡ "ብርኽቲ ሓፍተይ ኣለኺዶ" በለታ። ኣደይ ብርኽቲ ድማ ብድሁል መንፈስ "ሰብ ኩሉ ጸኒቱ'ዩ፡ ኣነ ጥራይ'የ ተሪፈ ኢለያ" ትብል።

ኣብቲ ህሞት ኣደይ ብርኽቲ ነታ ንበይና ክትቀብራ ኣብ ዝባና ዝነበረት ጓላ ናይ ምንቅስቓስ ምልክት ርእያትላ ተስፋ ረኺበት። ኣዳሌት ንሓብታን

ካልኣት ውጻእ መዓትን ንገዝኣ ወሲዳ ከዳነን ቀየረትለን። ኣባ ተወልደብርሃን እውን ጸባ በጽቢጾም ኣስትዮመን ቁሩብ ተረጋግኣ።

ኣይቆማን ግን። ኣደይ ብርኸቲ ንቕድስቲ ኣብ ዝባና ንታቦቱን ዛህራን እናሳለየት ብለይቲ ንሓሊብመንተል ኣተወት። ከረን ኣትያ ንዛህራ ኣብ ሕክምና ኣብጺሓ ዋሊኩ ናብ እንዳ ወዲ ኣኮኣ ሮሞዳን ሙሳ ኣምርሐት። እንተኾነ ኣብ ኩሉ ከይበጽሐት ዖና እሳት ተወሊዑ ተገልቢጣ ናብ እንዳ ንዕልታ ለተ ኣንሰራ ኣልመዶም ሰይቲ ሃብቱ ቀለተ ንከረን ላዕላይ ኣቕንዐት።

ኣደይ ለተ ነደይ ብርኸቲ ምስ ረኣየት "መርሓባ እንቋዕ ጥራይ መቐጸልታ ዘርኢ ሒዝኪ መጸእኪ" ብምባል ሓቝፋ ሰዓመታ። ንዓኣን ንዳላን ከኣ ጽቡቕ ገይራ ሓጺባ ደመን ኣጽረየትለን። ኣደይ ብርኸቲ ግን "ሰብ ኩሉ ሞይቱ ኣነ ጥራይ እየ ተሪፈ" በለታ እናሕነቕነቐት፡ ነታ ሓዋ ወዲ እኖኣን ዓዳን ዝሰኣነት ኣደይ ለተ።

ናይታ ንሆስፒታል ዘብጸሓታ ዛህራ መውጋእቲ ኣብ ርእሳ ስለ ዝነበረ ከቢድ ነበረ። "ካብ ፈርሔን ንሓሊብመንተል ብእግሪ ኣብ ትጉዓዘሉ ዝነበረት ብዙሕ ግዜ ኣብ መገዲ ትጣራዕ ነይራ" ትዝክር ኣደይ ብርኸቲ። ካብ መስጊድ ወጺኣ ኣብ ሆስፒታል ዝሞተት እንኮ ግዳይ ህልቂት በስከዲራ ከኣ ዛህራ ኮነት።

ድሕር'ዚ፡ ኣደይ ብርኸትን ደቃን ንሓደ ዓመት ዝኸውን እንዳ ንዕልታ ኣብ ዝሃብዋ ገዛ ተቐመጣ። ጸኒሓ ግን ብግቡእ ተሓዲጋ ደቃ ሒዛ ምስ ኣሞኣ እናቴ ለተማርያም ብያኑ ኣብ ከረን ላዕላይ ሰፈረት። ብዙሕ ከይጸንሓት ድማ ሕቶ መርዓ መጸ። ኣደይ ብርኸቲ ግን መርዓ ዝበሃል ካብ ርእሳ ስለ ዝወጸ ኣይተቐበለቶን። ሽዑ ሓብታ 'ምስ ዝሞተ'ዶ እሞ ይምወት ኮይኑ "ኣይፋልኪ" ብምባል "ንታቦቱን ቅድስትን ኣሕዋት ትወልደለን። ንታቦቱ ኣነ ከዕብየን ከምህራን እየ ንስኺ ድማ ንቕድስቲ" ኢላ ኣተባቢዓ ናብ ዑቕባሚካኤል ገንደር ኣጀርበበ ተመርዓወት።

እንተኾነ ግን ኣደይ ብርኸቲ ዋላ'ኳ ህልውቲ ኮይና ትመርዖ ካብቲ ናይ ህልቂት ኩነት ኣእምሮ ብፍጹም ኣይተገላገለትን። ለይቲ ምብህራር ኣጥርያ ልዋም ዘለዎ ድቃስ ጠፍኣ። ብዘይካዚ ወትሩ ናይ ፍርሕን ሓደጋን ሓሳባት ኣብ ኣእምሮኣ እናተመላለሰ ኣጨነቓ። "ኣብ ቤተ-ክርስትያን እንተ ኣትየ ኣብ ኣፍደገ ኮይናም ዝትኩሱ ኮይኑ እናተሰመዓኒ ኣብ መንጎ ጸሎት ብጉያ ኣብ ውሽጢ ቤተ-ክርስትያን ዘሎ ኩርናዕ እጽጋዕ" ብምባል ንዝነበራ ጭንቂን ነውጽን ትጸዊ።

ኩነታት ከምዚ ኢሉ እንከሎ ሓብታ ኣዳሌት ንታቦቱ ወሲዳ ምስ ሰብኣያ ንጋሽ "ጎሊጅ" ወረደት። ኣደይ ብርኽቲ ኣብቲ ህሞት ነብሰጾር ስለ ዝነበረት ሓብታ መጺኣ ከተሕርሳ እዩ ትጽቢታ። ብኣንጻሩ ግን "ሓብትኺ ሞይታ" ዝብል መሪር መርድእ መጸ። ዳላ ታቦቱ'ውን ብከቢድ ሓሚማ ንሞት ተገማጊማ መጸታ። ኣደይ ብርኽቲ ዳል እኖኣ ስኢና ካብ ሓዘን ናብ ሓዘን ተሰጋጊራ ዝይዳ ተሃስየት።

ድሕር ሞት ኣዳሌት ታቦቱ ምስ ዓባያ ፈላሲት እናቴ ለተማርያም ብያኑ እያ ተጸጊዓ። ኣደይ ብርኽቲ ግን ኩሉ ተራእይዋ ክትበኪ ትውዕል። ሓንቲ መዓልቲ ቅድስቲ - ኣብ መስጊድ በስከዲራ ኣብ ዝባን ኣደኣ ዝወጸት ህጻን - ነዲኣ "እንታይ ኮንኪ ትበኽዩ ኣለኺ፡" ሓተተታ። ኣደይ ብርኽቲ ድማ ኩሉ ተራእይዋ "ሓፍተይ መይታትኒ" በለታ ንዓቢ ሰብ ከም ትንግር። ቅድስቲ'ውን ኣይነኣሰትን "ሱቕ እሞ በሊ ይማ" ብምባል ብኣደርየኣ ንብዓት ኣደኣ እናደረዘት።

"ታቦቱ ኣደኺ"

"ኣነ ድማ ሓፍትኺ"

"እዛ ኣብ ከርስኺ ዘላ ድማ ዳልኪ" በለታ።

ኣደይ ብርኽቲ ብዘረባ ዳል እናተገረመት "ኣብ ከርሰይ ዘሎ ደኣ ወዲ እንድዩ" በለታ። ቅድስቲ ግን "ኣይኮነን፡ ግድን ዳል እያ። ብድሕሪኡ ንዝውለድ ግን ከም ድላይኪ" በለታ።

ከምቲ ቅድስቲ ዝበለቶ ኣደይ ብርኽቲ ዳል ተገላጊለ "ክእለት" ሰመየታ። ንሞት ሓብታን ኩሉ ኣብ ህይወት ዘጋጥማን ኣምላኽ ኣኻእሎ ከህባ።

ድሕሪ ግዜ ግንቦት ሓዋ ነደይ ብርኽቲ ካብ እናቴ ለተማርያማ ተላኢኹ ንኣጀርበብ መጸ። "ኣሞይ ንቕድስቲ ኣብ እንዳ ዘኽታማት ኣስመራ ቦታ ረኺባትላ። ፈለማ'ኳ ንታቦቱ ሓሲባ ዕድመ ግን ኣይሓገዛን። እዚ ኩሉ ደኺመስ ንከንቱ ካብ ዝኸውን ቅድስቲ ትምጻእ ኢላ" ብምባል መልእኽቱ ናብ ኣደይ ብርኽቲ ኣብጽሐ።

ኣደይ ብርኽቲ ኩሉ ተሓዋዊስዋ። ካብ ሓጎስ ግን ሰንባድ ወረራ። ኩሉ ውዱእ ስለ ዝነበረ ንቕድስቲ ካብ ማእከል መጻውታ ጸዊዓ "ምስ ኣኮኺ ንከረን ክትከዲ ኢኺ፡ ምስ ታቦቱ ሓብትኺ ትመሃሪ፡ ምስቶም ኣብ ከረን ትፈልጥዮም ቆልዑ እውን ትጻወቲ" በለታ ንስምዒታ ሓቢኣ። ቅድስቲ ባህጊ እቲ ኣደኣ ትብሎ ኣይነበራን፡ "ይማ ኣነ ካባኺ ኣይፍለን እየ። ምሳኺ እሕሸኒ" እናበለት ብብኽያት ተነኽነኸት።

ግንቦት ኣደን ጓልን እናነብዓ ንቅድስቲ ሓንጊሩዋ ካብ ዓይኒ ሓድሕድ ፈለየን። ቅድስቲ ኣብ እንዳ ዘኽታማት ከትምዝገብ ከላ ኣቦኣን ኣደኣን ኣብ ኣበስክዲራ ከም ዝሞቱ ኮይና ስም ኣደኣ ብኣዳሌት ተተክአ። ኣደይ ብርኽቲ እውን “ንዓኺ ርእያ ከተስተማስል ኣይትኽድያ” ተባህለት።

ብኸምዚ ድማ ኣደን ጓልን ንሓዋሩ ተፈላለያ። ኣደ ግን ኣብ ዓዳ ኣጀርበብ ኮይና ንጓላ እናዘከረት ንብዓት ዓይና ተቐለበት። ፈለማ ቅድስቲ እውን ለይትን መዓልትን ይማ እናበለት ትብህርር፡ ቀትሪ ምስ ነቕሓት ድማ ንከእለት ሓብታ ወትሩ ትዝክር። ምስ ቅድስቲ እንኮ ርክብ ዝነበራ ስድራ እንዳ ገብረዝጊ ከፍሎምን ተመሃራይ ዝነበረ መምህር ዑቕባልደት ተስፉ ኣልመዶም ጥራይ እዮም። እናቴ ለተማርያም ከኣ ጸጸኒሓ ናብ ኣስመራ እናወጸት ትከታተላ።

ኣብ መጨረሽታ ግን ኣደይ ብርኽቲ “ጓለይ ግድን ኣርእዩኒ” ብምባል ንታቦቱ ወሲዳ ንኣምን ዝበሃል ድሕሪ ቅድስቲ ዝተወልደ ቆልዓ ሓዚላ ነስመራ ኣብ እንዳ ገብረዝጊ መጸት።

እንዳ ገብረዝጊ ነደይ ብርኽቲ ጤሎም ሓሪዶም ብኽብሪ ተቐበሉዋ። ቕድስቲ ምስ መጸት ግን ፈለማ ጸገም ናይ ቋንቋ ተፈጢሩ። ቅድስቲ ብለን ረሲዓ ትግርኛ ጥራይ እያ ትዛረብ። ኣደይ ብርኽቲ ርእሳ ዝተጕልበበት ብምንባራ ቅድስቲ ምስ ዝለመደቶ ጓና ኮና።

ሽዑ ሕራቲ ሰይቲ ገብረዝጊ ነተን ብሰንኪ ግፍዒ ናብ ጓኖት ዝተቐየራ ኣደን ጓልን ከተቀራርብ ንቕድስቲ “እዚኣ ሓብትኺ እያ” በለታ። ቅድስቲ ንታቦቱ ብከሳዳ ሓኒቓ ስዓመታ። “ኣደኺ እያ” ንዝተባህለት ሰብ ግን ጠቕሊላ ምቕራብ ኣበየት። “ኣደይ ኣዳሌት እያ ንሳ ከኣ መይታ” ብምባል ክትበኪ ጀመረት። “እመንኒ እዚኣ እያ ኣደኺ፡ ንኽትምሃሪ ኢሎም እዮም ኣደኺ “ኣዳሌት” ዝበሉኹ” በለታ። እንተኾነ ነደይ ብርኽቲ ይማ ኢላ ክትሕቆፋ ይትረፍ ብኃቦ ዓይና እናጠመተት ጥራይ ነብዐት። ከም ናይ ጓና ሰብ ገይራ ጥራይ ሰላም በለታ።

ብዓቢኡ ኣብ ቛንቋ ተፈላልየን ናይ ልበን የዕሊለን ከይቀራረባ መኻልፍ ኮነን። ኣደይ ብርኽቲ መሊሳ ተደፋኒቓ እንዳ ነባዐት ንዓዳ ተመልሰት። ናብ ዓባያ እናቴ ለተማርያም ንከረን ኣብ ዝወረደትሉ ካብ ኣጀርበብ መጺአ ርእያታ። እናቴ ለተማርያም ምስ ሞተት ከኣ ዝነበረ ርክብ መሊሱ ላሕልሐ።

ኣብ ከረን ምስ እናቴ ለተማርያም ትነብር ዝነበረት ታቦቱ ድሕሪ ሞት እናቴ ንኣጀርበብ ናብ ኣደኣ ተመልሰት። ኣብ 1988 ናብ ኣርሀ ዮሃንስ ንሕመራይ ተመርዓወት። ታቦቱ ንሕጽኖታ ሰሙን ከይተላዕሎ በዓል ኣደይ ብርኽቲ

ዝነበሩዎ ከባቢ ናብ ናይ ኩናት ዞባ ተቐይሩ ካብ ኣጀርበብ ንኣፍዓበት ገጾም ሃደሙ። ሕጽኖታ ከኣ ብሻቕሎትን ብኸያትን ሓለፈቶ። ኣይደንጎዩን እንዳ ሓሙኣ ንታቡቱ እውን ካብ ሕመራይ ንዓንሰባ ሃዲሞም፣ ድሕሪ ገለ መዓልታት ንወሰበንስሪኽ ሰገሩ። ተኺሲሎም ካብ ኣፍዓበት ንከረን ምስ ዝኣተው በዓል ኣደይ ብርኽቲ ከኣ ድሕሪ ብዙሕ መሰናኽል ገጽ ንገጽ ተራእዩ። ኣብቲ ግዜ ቅድስቲ ካብ ኣስመራ ሓንቲ ግዜ መጺኣ ርእያቶም። ከንዮ ምርኣይ ዝሓልፍ ግን ኣይነበረን። ከም ኣደን ጓልን እሂን ምሂን ኢለን ኣየውግዓን።

ናጽነት ኮይኑ ካብ ዓዶም ተፈናቒሎም ዝነበሩ ንኣጀርበብ ተመልሱ። ቅድስቲ እውን ካብ ኣስመራ ንዓዲ ጣልያን ተሰዲዳ ርክብ ጓልን ኣደን መሊሱ ገፍሐ። ኣደይ ብርኽቲ ነቲ ናይ ሽው ሃዋህው እንክትገልጽ "እንተደወለት እውን ብሰንኪ ቋንቋ ብግቡእ ስለዘይንረዳዳእ መሊሰ እጭነቕ፡ ናፍቖተይ ዝያዳ ተደራሪቡ" ትብል። ኣደን ጓልን ብ2002 ብኣካል ተራኺብን። ንናፍቖት ኣደይ ብርኽቲ ዘርዊ ግን ኣይነበረን።

ኣብ 2019 ኣብ ሱዳን ካርቱም ዘሕለፍኦ ናይ ክልተ ሰሙን ግዜ ግን ኣብ ሂወት ኣደይ ብርኽቲ፡ ታቡቱን ቅድስትን ነቲ ናይ ፍርቂ ዘመን ቁስሊ ዝፍውስ ነበረ። ከም ኣደን ጓልን ተቓራሪበን ናፍቖተን ኣውጺአን። "ኣነ ጓለይ ንሳ ኣደይ ኢልና ብቕኑዕ ልቢ ዝተቐባበልናላ" ብምባል ኣደይ ብርኽቲ ንኣምላኻ ተመስግን።

* * *

ኣደይ ብርኽቲ ካብ በስከዲራ ወጺኣ ካብ ዝወለደቶም 2 ኣዋልድን 3 ኣወዳት ሓንቲ ጓልን ክልተ ወድን ዓብዮምላ። ጓል ኣብ ፈለዳእርብ ተመርዕያ ትነብር ኣላ። ወዲ እውን ተመርዕዩ ኣብ ሽወደን ይነብር ኣሎ። ታቡቱ ኣብ ሕመራይ ቅድስቲ ኣብ ሃገረ ሽወደን ይቕመጣ። ኣደይ ብርኽቲ ከኣ ንዕድመ እርጋና ቀረባን ርሑቕን ብዘለው ደቃን ደቂ ደቃን ማሙቒ ተሕልፎ ኣላ። ፍሉይ ምስጋና ዓባዩ ንዝነገረቶ ዛንታ ዓቐሩ ብተገዳስነት ንዘዘንተወ ሃብሮም ኣብርሃም።

ክፍሊ ክልተ
ያና

ዮና

ንምልክት እንሆ ዝበሃል ተሳኢኑ
ዓይኒ ብዘይመኸወሊ ተውንጪፉ
ልዕሊ ዓቕሚ ሕልሞም ግዲ ኮይኑ
ጥራይ ኣብታ ኩርባ ዕታሮ ዳንዴር ተሪፉ።

ሃይለ ቢዘን

ታሪኻዊ ድሕረ ባይታ

ዖና ሎሚ (2024) ኣካል ምምሕዳር ከባቢ ሽዱሽተ ናይ ከተማ ከረን ኮይና ካብ ማእከል ጂራ ፍዮሪ ኣስታት ክልተ ኪሎ ሜተር ንሰሜናዊ ኣንፈት ኣብ መስመር ከረን ናቕፋ ትርከብ። ዖና ዝብል ቃል ብቛንቋታት ትግርኛን ትግራይትን ቀደም ዝተገድፈ ወይ ዝባደመ ይትርጎም። እዛ ዓዲ ቅድሚ ዖና ምስማያ ሻካት ተባሂላ ትጽዋዕ ነበረት። እቲ ንዖና ተንዝዝ ናብ ሩባ ዓንሰባ ዝጽንበር ሩባ ደዓሪ ሻካት ዝብል ስያመ ክትውስድ ምኽንያት ምኺኑ ከኣ ይንገር። ብመሰረት ኣፈ ታሪኽ ቅድሚ ነዊሕ ግዜ ሻካት ብተደጋጋሚ ወራራት[308] ዓንያ ስማ ናብ'ዚ ክሳብ እዛ ዕለት ትፍለጠሉ ዘላ ዖና ከም ተቐየረ ከኣ ይዝንቶ።

ካብ ጥንታውያን ዓድታት ምድሪ በጎስ ሓንቲ ዝኾነት ዖና ነዊሕ ድሕረ ባይታ ንግዳዊ ንጥፈታት ነይሩዋ። ካብ ሳሕል ክሳብ ሰዋኪን ብሰሜን፡ ካብ ባርካ ክሳብ ስናር ብምዕራብ፡ ካብ ባጽዕን ከበሳታት ኤርትራን ኢትዮጵያን ድማ ብምብራቕን ደቡብን ንዖና ረጊጹ ዝሓልፍ ዕሙር መስመር ንግዲ ምንባሩ ሰነዳት ይምስክሩ።

"ከረን (ዖና) ኣብ ግዜ ጥንቲ ከም ቀንዲ ስፍራን መትኒ ናይ ቀላሲ ንግዲ ንሱዋኪን ብሰሜን፡ ንምጽዋዕ ብምብራቕ፡ ሰናር ድማ ብምዕራብ ዝወስድ መስቀለኛ መገዲ እያ ነይራ። ኣብ ቁጠባዊ ታሪኽ ሰሜናዊ ምብራቕ ኣፍሪቃ ከኣ ወሳኒ ተራ ትጻወት ነበረት።[309]

ስለ ዝኾነ ድማ ዝተፈለለዩ ዓሌታትን ሃይማኖታትን ካብ ርሑቕን ቀረባን ኣብ ዕዳጋ ዖና ተራኺቦም ትሕዝትኦም ይለዋወጡ ነበሩ። ጀምስ በንት ነቶም ኣብ መጨረሽታ ናይ19 ክፍለ ዘመን ንዖና ተኪኦ ኣብ ዝሰወደት ከረን ዝረኸቦም ዝተሓዋወሱ ኣህዛብ The Sacred city of Ethiopia ኣብ ትብል መጽሓፉ ብኸምዚ ዝስዕብ ብኣድናቖት ገሊጽዎም ይርከብ፡-

308 ዝተፈላለየ ቀቢላታትን ግብጽን፡ ትግራይን

309 Eritrean Studies Review Volume 5, N.1 Eritrea On the Eve of European Colonial rule "The strategic position of Keren in the Massawa – Kassla Trade Route by Adhana Mengsteab

"መዓልታዊ ዕዳጋ ናይ ከተማ ከረን ኣብ ታንታሩዋ ትበሃል ቆሸት ዝካየድ ኮይኑ፣ ኩሎም ደቂ ሃገር "ካብ ባርካን መንሳዕን ዝመጹ ቢደውን፣ ሓበሻ፣ ኣይሁድ፣ ግሪኻውያንን ኢጣላውያን ኣብቲ ቦታ ተኣካኺቦም ኣገዳሲ ዝኾነ ትርኢት ትዕዘብ። ከመይ ኢሎም ክርስቲያንን ሙስሊምን ብሓባር ይእከቡ ኢለ ምስ ተወከስኩ ዝተዋህበኒ መልሲ ብጣዕሚ ሰላማዊ ዝኾነ ሂወት ከምዘሕልፉ ተነግረኒ። 'መሓመድ ሓደ እዩ፣ የሱስ እውን ካልእ እዩ፣ እንተኾነ ግን ኣምላኽ ሓደ እዩ' ዝብል ምሳ ዝግብኦ መትከል ሃይማኖታዊ ምጽውዋር ዘመናዊ ቅዲ ኣብ መንጎ ተቐማጦ በጎስ ይርአ።"[310]

ካብ መፋርቕ 19 ክፍለ ዘመን ዖና፡ መጋርሕ፡ ሓሸላን፡ ጁፉን ዝኣመሰላ ዓድታት መበቆላውነተን ከየጥፍኣ ክቕጽላ ከለዋ ታንታርዋ ማእከል ደቂባትን ወእተኛታትን ኮይና ሰወደት። መጨረሽታ ድማ ሓንቲ ካብ ዝዓበያ ከተማታት ኤርትራ ንምኳን በቕዐት።

ኣብ መፋርቕ 1960ታት ካብ ከረን ሰሜን ዝርከባ ዓድታት ብሰንኪ ግፍዕታት ስርዓት ሃይለስላሰ ፍሉይ ተርእዮ ተኸሲቱ። እቶም ኣብ ልዕሊኦም ሓደጋ ሞት ዘንጸላለወ ብዙሓት ዓዶም ገዲፎም ንዖና ክውሕዙ ጀመሩ። ከም ሳዕቤኑ ዖና ቅልጡፍ ናይ ህዝቢ ብዝሒ ኣርኢያ ዓመረት። በዚ መሰረት ካብ ቀውዒ 1967 ክሳብ እታ ህልቂት ዝተፈጸመትላ ረፍዲ 1 ታሕሳስ 1970 ቁጽሪ ተቐማጦ ዖና ካብ መዓልቲ ናብ መዓልቲ እናወሰኸ ከይዱ። ብዙሓት ካብ ምድሪ ሰኹና፡ ካብ ቤት ጁኽ፡ ካብ ሓልሓልን ሃበሮን ከይተረፈ ዝተፈናቐሉ ሩዖም ጠቕሊሎም ኣብ ዖና ሰፈሩ። ብቐንዱ እቲ ጸጸኒሑ ዝተርርን ዝኸርርን ዝነበረ ኣዋጃት መንግስቲ ኢትዮጵያ ቁጽሪ ተቐማጦኣ ጽባሕ ጽባሕ እናወሰኸ ከም ዝኸይድ ገይሩ።

ስለ ዝኾነ ድማ ዖና ኣብ መጨረሽታ 1970 መበቆላዊት ዖና ምኳና ተሪፉ እኩብ ድምር ናይ ልዕሊ ደርዘን ዓድታት ሰፈር ተቐየረት። ካብ ዓሪብስራ፡ ፋፍዳ፡ ገብሲ፡ ባምቢ፡ ሕቡብ፡ ዶልዓቕዳ፡ ኩርባ በረድ፡ ሙሻ ሽባሕ፡ ሙሻ ዓይግ፡ ግረሽ፡ ባሸሪ፡ ሕጻጽ፡ ሽምልዩኽ፡ በረከንትያ፡ ኣፍጭሩቕን ካልኦትን ዝገዓዘ ህዝቢ ኣብ ዖና ተጸፍጺፈ። ዋላ'ኳ ካብ መረበቶም እንተተፈናቐሉ መንግስቲ ዝቆጻጸሮን ትሕቲ ጽላል ባንዴራን ብምኳኑ፡ ከፊላዊ ዝኾነ ውሕስነት ፈጢራትሎም ነበረት።

310 The sacred city of Abyssinia: James Bent. By forgotten books 2013 p.79

ኣብ ድሮ'ታ ዕለት

ኣከባብራ ዒድ ኣልፈጥር ኣብ ጆኮ

ከም ልማድ፡ ኣብ ከረን ዒድ ብኣዝዩ ድሙቕ ኣገባብ እዩ ዝኽበር። መዓልቲ ዒድ ገና መሬት ከይወግሐ መሳጊድ "ኣላህ ዎ ኣክበር! ኣላህ ዎ ኣክበር! ላኢላሂ ኢለኣላህ መሓመድ ረሱል ኣላህ!" ብምባል ብጥዑም ደሃይ ይምውስኡ። ጸሓይ በሪቓ ርፍድ ምስ በለ ኣመንቲ ካብ ኩሉ መኣዝናት እታ ከተማ ጻዕዳ ጀለብያ ወድዮም፡ ኣብ መንኩቦም ሰላያ ሰቒሎም ናብ ጆኮ ይውሕዙ። ድሕሪ ናይ ሓባር ስግዳን ነቲ ዕለት ዝምልከት ኹጥባ (ስብከት) ይስማዕ። ድሕርዚ ኣመንቲ ነንሕድሕዶም ተሰዓዒሞም ጽቡቕ ምንዮትን ምርቓን ተለጋጊሶም፡ ንዓመቱ ብደሓነ ሰላም ከዓቑሮም ብናይ ተስፋን እምነትን ቃላት ነንሓድሕዶም ተመራሪቖም ይፋነው። ናብ ኣባይቶም ተመሊሶም ከኣ ኣመት ውራዮም ይገብሩ። ከምዚ ኢላ ድማ ከረን ክዕይዱ ካብን ናብን ብዝነቀሳቀሱ ንኣሽቱን ዓበይትን ናብ ፌስታን ጻዕዳን ተቐይራ ትቕኒ።

ዓመተ 1970 ኣብ ከረንን ከባቢኣን ሓለፋ ካልእ ግዜ በቲ ሰሪቡ ዝነበረ መዓት ከቱር ፍርሕን ራዕድን ዝተኸስተሉ ሕሱም እዋን ነበረ። እኩትን ጭኑቕን ኩነት ከሎ ከኣ ናይቲ ዓመት ወርሒ ሮሞዳን ተዛዚማ ጾመ ልጓም ተፈትሐ። 30 ሕዳር 1970 ቀዳመይቲ መዓልቲ ዒድ ኮይና ወቕፋ ኣኸለ። ናይታ ዓመት ዒድ ግን ካብተን ቅድሚኣን ድሕሪኣን ዝነበራ በዓላት ዝተፈለየት ኮነት።

ኩሉ ናይታ ከተማ ኣማኒ ምስልምና ከም ልማድ ብንግሆኡ ንሰላት ንጆኮ ኣብ ዘምርሕሉ ኣብ ከባቢ ጆኮ ዘይተጸበይዎ ጎነፎም። ወተሃደራት ኢትዮጵያ ብረሻሻት ዝጸዓና መካይንን ጎማ እግረን ታንኪታት ንጆኮ ከቢቦማ ጽንሕዎም። እንተኾነ በቲ ዘይንቡር ተርእዮ ስግኣት እኳ እንተተሰምዖም ካብ ምትእኽኻብ ኣየቋረጹን። ልቢ ነብሲ ወከፍ ኣማኒ ግን ፍርሒ ወሪርዎ ነበረ። ኣብ ከምዚ ሃዋህው ኮይኖም ሰላት ተወዲኡ ኹጥባ (ስብከት) ናይቲ ዕለት ተጀመረ። ቃዲ መሓመድእድሪስ ዑስማን ናይቲ ዕለት መልእኽቲ ኣብ

ዘስምዕሉ ዝነበሩ እዋን ኣቓልቦ ናይቲ ኣብቲ ከባቢ ዝነበረ ኩሉ ዝስሕብ ካልእ ተርእዮ ተኸስተ። ካብ ጀኮ ኣብ ናይ ቀረባ ርሕቀት፡ ኣብ እግሪ ይትዓብር ገዛ ተቓጺላ ነቲ ሃዋህው ምሉእ ብምሉእ ጠምዘዞ።

ሽዑ እቶም ኣቐዲሞም ብዘይንቡር ምንቅስቓስ ወተሃደራት ዘይቀሰኑ ቃዲ መሓመድእድሪስ ዑስማን[311] ነታ ኣጋጣሚ ናብ ረብሕኦም ንምውዓል ኣይተማትኡን። ዛዕባ ስብከቶም ኣቋሪጾም "ኣልሸባብ የልሓጉን ኣልናር፡ ኣልሸባብ የልሓጉን ኣልናር"[312] ብምባል ጨደሩ። እቲ ኣብ ጀኮ ተኣኪቡ ዝነበረ ህዝቢ እውን ኣጋውላ ናይቲ ዘረባ ተረዲኡ፡ ክረድእ ብዝብል ምስምስ ካብቲ ተኸርዲንዎ ዝነበረ መፈንጠራ ነፊጹ ከደ። ወተሃደራት ሃንደበት ድዩ ኮይኑዎም ካልእ ምስጢር ነይሩዎ ዝኾነ ግብረ መልሲ ኣይሃቡን። ትነድድ ንዝነበረት ገዛ ክረድኡ ኢሎም ኣይፈተኑን፡ ፈንጢሶሞም ንዝኸዱ እውን ኣይከልከሉን። ተዓኒዶም ጥራይ ኣቋመቱ።

ሓፋሽ ግን ሓውሲ "እግረይ ኣውጽእኒ" ፍርቁ ነናብ ቤቱ ፍርቁ ድማ ናብ'ታ ትቃጸል ዝነበረት ኣጉዶ ገጹ ጎየየ።[313] ነቲ ቃጸሎ ምስ ተቐጻጸሩ እውን ናብ ጀኮ ዝተመልሰ ኣይነበረን። ጽንብል ዒድ ኣብ ጀኮ ብዝተረፉ ውሑዳት ተዛዘመ።

ኣብ ንቡር ግዜ ነታ ትነድድ ዝነበረት ኣጉዶ ዝረድኡ መንእሰያት ልኢኾካ ዝበዝሐ ህዝቢ መንፈሳዊ መልእኽቲ ምተኸታተለ። እቲ ዝኾነ ግን ከምኡ ኣይነበረን። ንእንኮ ዝተቓጸለት ኣጉዶ ንምርዳእ ብዝብል ምስምስ ኩሉ ሰብ ተዘርዩ። ንኣምላኽ ምሳ ከመልስ ኮነ ንዝመጽእ ዓመት ብደሓን ሰላም ክዓቑሮ ክምነ እውን ግዜ ኣይነበሮን። ነታ ኣጋጣሚ ካብቲ ኣብ ልዕሊኡ ኣንጠልጢሉ ዝነበረ ሓደጋ ከምልጥ ጥራይ ተጓይዩላ። ሕጉስ ናይ ኣውድኣመት መንፈስ ዘይኮነ "ሎሚ እዝግሄር ኣውጺኡና!" ዝብል ናይ ራዕዲ መንፈስ ሒዙ ከኣ ነናብ ቤቱ ተመልሱ።

እታ ኣብ እግሪ ይትዓብር ዝተቓጸለት ኣጉዶ ገዛ እንዳ መሓመድ ሓምድ ነበረት። ነታ ኣጉዶ ዘቃጸለ እውን ሳልሕ ወዲ መሓመድ ሓምድ ባዕሉ ነበረ። ከም ዝዕለል "ናይ ዒድ ሓድሽ ክዳን ኣይተገዝኣለይን"[314] ብዝብል ሕርቃን እዩ ነታ እንኮ ዝነበረቶም ኣጉዶ ሓዊ ዝረኩዋላ። ሳላኡ ግን ህዝቢ ኣትዩዎ ካብ ዝነበረ መንቀራቕሮ ንክወጽእ ዕድል ረኺቡ።

---

311 ቃዲ መሓመድ እድሪስ ዑስማን ናይ ኣውራጃ ከረን ቃዲ ዝነበሩ ኮይኖም ንነዊሕ እዋን ብቐንዕና ዝመርሑ ሃገራዊ እዮም።

312 መንእሰያት ነዚ ሓዊ ይርድኡ ማለት እዩ።

313 ኣቡበከር ሓሰነን፡ ቃለ መጠይቕ ምስ ደራሲ፡ 12 ሰነ 2018፡ ከረን

314 ኣብ ከረን ነዛ ዛንታ ኣንተ በዚ እንተ በቲ ዘይፈልጣ የልቦን። ብዙሓት እዮም ዝደግምዋ። ካብ ስድራቤት ሳልሕን ካብቲ ብሓፋሽ ዝዕለል ድማ ኣብዚ ሕጡብ ጽሑፍ ንዘሎ ይመስል።

ኣብዚ ክንጽር ዘለዎ ነገር ኣሎ። ሳልሕ ከሳብ ክንደይ'ዩ ዋጋ ከዳንን ዋጋ ገዛን ዘየመዛዝን በሃም ነይሩ፣ ስለምንታይከ ኣብታ ህሞት እቲኣ ገዝኡ ክንድዳ መሪጹ፣ መልሲ ናይዘን ሕቶታት ምስ ሳልሕ ጥራይ እየን ዝርከባ። ኣብ እዋን መጽናዕቲ ብህይወት ስለ ዘይጸንሐ ቁርጹ ካብ ኣፉ ክንረኽቦ ዕድል ኣይገበርናን። ክንዮ 'ገዝኡ ኣቃጺሉ' ዝብል እውን ብዛዕባ ሳልሕ ደቂቕ ኣፍልጦ ዘለዎ ክንረክብ ክንሃልኽ ነይሩና። መጨረሽታ ግን ንሳልሕ ንእሽቶ ሓብቱ፡ ዛህራ መሓመድ ሓምድ ተረኺባ። ንሳ "ጣልያንን እንግሊዝን ኣብ ጥንቁልሓስ ከዋግኡ ከለዉ ስድራና ሃዲሞም ሮራ መንሳዕ ግዒዞም ነይሮም። ድሕሪ'ዚ እንግሊዝ ከረን ኣትዮም፡ ወለድና'ውን ኲነታት ተረጋጊኡ ንከረን ተመሊሶም። ሳልሕ ልክዕ ኣብዚ ግዜ'ዚ እዩ ተወሊዱ" [315] ክትብል ዕድመ ናይ ሓዋ ብምብራህ ዘረባኣ ትጅምር።

ሳልሕ ገዝኡ ኣብ ዘቃጸለሉ ልክዕ 29 ዓመት ደፊኑ ነይሩ። ምናልባት ኣእምሮኡ ምስ ኣካላቱ እንተዘይማዕቢሉ ጥራይ ከኣ እዩ ከዳን ዒድ ኣይተገዝኣለይን ኢሉ ንገዝኡ ክንድድ ዝኽእል። እዚ እውን ምናልባት ሳሕቲ እዩ ከጋጥም ዝኽእል። ሳልሕ ግን ናይ ኣካላት ኮነ ናይ ኣእምሮ ጸገም ኣይነበሮን። ሰኑይ ገዛ ኣቃጺሉ ኣብ ዝሰዓባ መዓልታት ንዘካየዶ ንጥፈታት ጥራይ እንተ ተመልኪትና ሓቀኛ መንነቱ ንምፍላጥ ክሕግዘና ይኽእል።

ንሱ ኣብ ቀዳመይቲ መዓልቲ ናይ ዒድ ገዝኡ ኣንዲዱ። ኣብ ካልኣይቲ መዓልቲ ህልቂት ዖና ኣጋጢሙ። ኣብ ሳልሳይቲ መዓልቲ፡ ሰማእታት ዖና እናተቐብሩ ንዛህራ ሓብቱ ሒዙ ካብ ከረን ብኣውቶቡስ ንተሰነይ ወሪዱ። ኣብ ተመሳሳሊ ዕለት ዶብ ኤርትራን ሱዳንን ሰጊሩ ክንዮ ተላታዓሸር ሓዲሩ። ኣብ ራብዓይቲ መዓልቲ ንግሆ ከሰላ ኣብ እንዳ ሓብቱ ሰዓድያ መሓመድ ሓምድ ቀሪሱ።[316]

ከሰላ ምስ በጺሑ እውን ኣይተዛነየን። ካብ ቃላት እታ ሓቢራ ምስኡ ዝተጓዕዘት ዛህራ "ከሰላ ካብ ዝኣቶናላ ዕለት፡ ናብ ቤት ጽሕፈት ጀብሃ ክመላለስ ቀንዩ። ኣብ ሰሙኑ ገዲፉና ንሜዳ ወጺኡ። ደሃዩ ከይሰማዕና ንነዊሕ ጸኒሕና"[317]

ካብዚ ሓቂ እዚ ክንርድኦ ንኽእል ሳልሕ ሓላፍነት ዘይስምዖ በሃም ዘይኮነስ ሓላፍነታውን ምንባሩ እዩ። ዘይወጽኣሉ ወጅሃላይ እንተዝነብር ኣቦኡ ንዘኽታም ጓሉ ንሱዳን ከብጽሓ ዓይኑ እናረኣየ ኣይምፈቐደሉን። ኣብ ኣጉዶ ሳዕሪ ዘይተኣመነ ኣብ ጓሉ ብኽመይ ክኣምኖ፣

---

315 ዛህራ መሓመድ ሓምድ፡ ቃለ መጠይቕ ምስ ደራሲ፡ 14 መስከረም 2020፡ ከረን።

316 ዛህራ መሓመድ ሓምድ።

317 ከማሁ።

ሓብቱ ናብ ውሑስ ቦታ ንከብጽሓ'ዩ ካብ ኤርትራ ንሱዳን ተጓዒዙ እምበር ንገድሊ ክወጽእ እንተዝደልስ ካብ ከረን ሰዓታት ጥራይ ተጓዒዙ ንዝረኽቦም ተጋደልቲ ክብል ኣማኢት ኪሎሜተራት ኣይምተጓዕዘን። ሰኑይ ኣይተኸደንኩን ኢሉ ገዛ ዘንድድ ረቡዕ ብሓብቱ ስሂሩ ክሳብ ዶብ ዘሰግር ልቢ ከኣ ኣብ ሓንቲ ለይቲ ብፍጹም ኣየበቁልን። 'ኣይተኸደንኩን ኢሉ ኣጉዶ ኣቃጺሉ' ዝብል ትረኻ ዝሕግዝ ከኣ ጭብጢ ትስእነሉ።

ብኣንጻሩ ሳልሕ ኣቓልቦ ሰሪቑ ነቲ ኣብ ዘይተፈልጠ ክርደና ዝኣተወ ህዝቢ ከድሕን ዝወሰዶ እዩ ዝብል ካልእ ትረኻ እንተ በዚ እንተ በቲ ርዝነት ትረኽበሉ። እቲ መደብ ካብ ርእሱ ድዩ ወይስ ብድሕሪኡ ዝደፍኦ ኣካል ነይሩ ግን ዝኾነ ሓበሬታ የልቦን። ኣብ ከረን ብዛዕባ መዓልቲ ዒድ ኣልፈጥር 1970ን ኣጉዶ እንዳ መሓመድ ሓምድን ዝዕለል ብዙሕ እዩ። በዓል ውዕለት ብዙሓት ዝኾነ ሳልሕ ተካስ[318] (ሳልሕ ወላዒ) ግን ኣብ ጽባሕ ናጽነት ኤርትራ ምስ ስሙር ውድብ ካብ ሱዳን ንሃገሩ ተመሊሱ ክነብር ጸኒሑ ኣብ 2000 ቅያ ኣብ ዝሰርሓላ ከረን ዓሪፉ ሓመዳ ለቢሱ።[319]

ቃዲ መሓመድ ኢድሪስ ዑስማን

ስዉእ ሳልሕ መሓመድ ሓምድ

318 ሳልሕ ድሕሪ እታ ፍጻመ ብሳልሕ ተካስ እዩ ዝፍለጥ ነይሩ። እዚ ማለት ድማ ሳልሕ ወላዓ ንምባል እዩ።
319 ከማሁ

ወተሃደራዊ ተዋስኦ

ድሕሪ'ቲ ኣብ ፆናን በስከዲራን ደይመደይ ኢልካ ንጹሃት ንምህላቕ ዝተገብረ እከይ ብዙሕ ዝተኸወለ ምስጢር ከም ዘሎ ዘካትዕ ኣይኮነን። ንዘለኣለም ዘይቅላዕ ምስጢር ዘይገሃድ ድማ ስዉር ስለ ዘየለ ግን ሓንቲ መዓልቲ ምቅልዑ ዝተርፎ ኣይኮነን።

ልዕል ኢሉ ከም ዝተጠቕሰ ኣብ መዓልቲ ዒድ ኣብ ጆኮ ተኣኪቡ ዘርፈደ ኣማኒ ብምኽንያት እታ ዝተቓጸለት ገዛ ነናብ ገዝኡ ክበርር ከሎ ወተሃደራት ኢትዮጵያ ተዓኒዶም እዮም ተሪፎም። እንተኾነ ግን ንሳቶም ንጆኮ ዝመጹሉ ተልእኾ ወቒዖምዶ ኣይወቕዑን ዝፍለጥ የልቦን። ካብቲ ንጽባሒቱ ኣብ ፆና ዝተፈጸመ ህልቂት ተበጊስካ ኣብ ዙርያ ጆኮ ዝተጠጅአ ነገር ኣይነበረን ኢልካ ክትኣምን ይኸብድ። ዝኾነ ኮይኑ ወተሃደራት ካብ ጆኮ ፍሉይ ዝኾነ ነገር ከይገበሩ ንፎርቶ ተመልሱ።

ኣብ ተመሳሳሊ ዕለት ከባቢ ሰዓት 5፡30 ድ.ቀ ኣቢሉ ብርከት ዝበሉ ወተሃደራት ካብ ፎርቶ ብመካይን ናብ ብሎኮ ኣፍዓበት ኣቕንዑ። ኣብ ከንዲ ነታ ናብ ፆና ትወስድ መንገዱ ከኣ ናብ ማርያም ደዓሪ ትወስድ መገዲ ሒዞም ቀጸሉ። ልክዕ ማርያም ደዓሪ ሓሊፎም ኣብ ጀርዲን እንዳ ዲ ፖንቲ ፍርቆም ካብተን መካይን ወረዱ።።[320] እተን መካይን ኣብኣን ምስ ዝተረፉ ገለ ወተሃደራት መንገደን ቀጺለን። ሕጂ እውን ኣብ ክንዲ ንሩባ ዓንሰባ ናብ ምዕራብ ተጠውየን ናብ እንዳ እንኮዶ ተዓጽፉ። እቶም ኣብ እንዳ ዲፖንት ካብ መካይን ዝወረዱ ብእግሪ ንፆና ገጾም ገስገሱ። ምስቶም ኣብተን መካይን ዝነበሩ ዳርጋ ኣብ ተመሳሳሊ ግዜ ብኽልተ ኣንፈት ፆና በጽሑ።

ሽዑ ንፆና ብዝተወሃሃደ ናይ ተኹስን ምንቅስቓስን ዝመስል ጠያይት ኣኩቶም ኣናወጽዋ። ኣብ ርጉእ ሃዋህው ዝጸንሐ ሰለማዊ ህዝቢ ልቡ ንድሕሪት ተመሊሳ ብስንባደ ኣዕለበጠ። እተን ኣብ ደንቢኣን ኣዒመን ዝነበራ ከብትን ጠለ በጊዕን ከይተረፋ በርገገን ተበትና። ኣብታ ህሞት ማሕሙድ ኖርን ሰይቲ ድራር ትንስኤውን በቲ ኣንፈቱ ዘይተነጸረ ጠያይት ወተሃደራት

320 ኣሕመድ መሓመድ እስማዒል፡ ቃለ መጠይቕ ምስ ደራሲ፡ 12 ለካቲት 2019፡ ከረን

ኢትዮጵያ ቆሰሉ። ክልተ ከብትን ኣድግን እውን ተቐትሉ።[321] ነዊሕ ግን ኣይቀጸለን። ወተሃደራት ተዅሲ ኣቋሪጾም ተዛንዮም ንከተማ ገጾም ገስገሱ። ኣብ ከተማ ግን ነዛ ፍጻመ "ካብ ወፍሪ ንዝኣትዉ ዝነበሩ ወተሃደራት፡ ኣብ ዖና ተጋደልቲ ተኩሶሙሎም" ዝብል ወረ ተነዝሓላ። ኣብ ዖና ዝነበረ ህዝቢ ግን ብፍርሂ "ካብዚ ሓሊፍና ናበይ ኢና ንኸዶ" ብምባል ጭንቀቱ ሰማይ ዓሪጉ ሓደረ።

* * *

"ፈዳይን ነቶም ኣብ ሓለዋ ማይ ዝነበሩ ኮማንድስ ቀቲሎም ንዖና ሃዲሞም" ዝብል ከም ምኽንያት ጥፍኣት ዖና ኮይኑ ዝዕለል ትረኻ ኣሎ። እዚ ሓበሬታ'ዚ ምስታ "ካብ ወፍሪ ዝኣትው ዝነበሩ ወተሃደራት ኣብ ዖና ተጋደልቲ ተኩሶምሎም" እትብል ምኽንያት፡ ኣብ ናይቲ እዋን'ቲ ናይ ኢትዮጵያ ኣካል ጸጥታን ናይ ኣውራጃ ከረን - ሰንሒት ኣመሓዳሪን ሰነዳት እውን ተጠቒሱ ንረኽቦ። ነቶም ኣብ ሓለዋ እንዳ ማይ ዝነበሩ ኮማንድስከ እንታይ'ዩ ጎኒፉዎም፧

ኣብ ሓለዋ ማይ ነይሮም ዝተባህሉ ኣባላት ኮማንድስ ካብ 2ይ ደረጃ ቤት ትምህርቲ ከረን ናብ ሰሜን ኣብ ትርከብ ንእሽቶ ኩርባ ወይ ድማ ንዋሊኩ ክትሰግር ንጸጋም ኣብ ዘላ ኩጀት እዮም ነይሮም። ዝተዋህቦም ተልእኾ ኣብ ትሕቲኦም ዝነበረት መመንጨዊ ማይ ከተማ ከረን ምሕላው ነበረ። ብውሑድ ቁጽሪ እናተቐያየሩ ከኣ ነቲ ስራሕ ይዓምዎ ነበሩ።

እዚ ኣብ ልዕሊ እዞም ኣብ ሓለዋ ዝነበሩ ኮማንድስ ተፈጺሙ ተባሂሉ ዝተጻሕፈ ናይ ስለያ ጸብጻብ ኣብ ሓደ ወረቐት ክልተ ዝተፈላለየ ናይ ፍጻመ ግዜ ብምጥቃስ እዩ ከይጀመረ ዘንደልህጽ። ቀዳማይ ሓለዋ ማይ ከተማ ከረን ምሸት 30 ሕዳር ተጠቒዓ ክብል ጸኒሑ ቀጺሉ ኣባላት ኮማንድስ ንግሆ 1 ታሕሳስ ከምዝተቐትሉ ይገልጽ።

"ሰኑይ 21 ሕዳር 1963 ሰዓት 8፡45 ናይ ምሸት፡ ካብ ሕጊ ዝወጹ ወንበዴታት ካብ ከረን ናብ ናቕፋ ኣብ ዘወስድ መገዲ፡ ካብ ክልተ ኪሎሜተር ኣብ ዘይርሕቕ ቦታ ኣብ ጥቓ ዖና ዝተባህለት ንእሽቶ ቁሸት ኣብ ዝርከብ ደንደስ ሩባ ኣብ ልዕሊ ዝነበሩ ናይ ምምሕዳር ከተማ ሓለውቲ ማይ ተዅሲ ከፊቶም ነይሮም። እቲ ተዅሲ ን20 ደቓይቕ ዝኣክል ጸኒሑ" ይብል'ሞ ኣብቲ ዝቕጽል ሕጡብ ጽሑፍ " ንጽባሒቱ ሰሉስ 22 ሕዳር ንግሆ ከባቢ ሰዓት 9፡00 ሰራዊት ነቲ ኩነታት ንምርግጋጽ ኣብቲ ቦታ (ዖና) ምስ በጽሑ፡ ብኡ ንብኡ ኣብታ ዓዲ

321 እዚ ኣብ ዖና ዝተፈጸመ ተዅሲ ዝበዝሓ ህዝቢ ፈዳይን ከም ዝፈጸምዎ እዩ ዘዕልል።

ዝጸንሑ ወንበዴታት ኣብ ልዕሊ እቶም ወተሃደራት ተኹሲ ብምኽፋቶም ኣብ ህይወት ኮማንድስ ወተሃደራት ሓደጋ ወረደ። እቶም ወተሃደራት ዓጸፋ ብምምላስ ምስቶም ወተሃደራት ብዘለዎም ሓይሊ ከታኹሱ ግዴታኦም ስለዝነበረ ድማ እታ ዓዲ ተደምሲሳ" ይብል [322]

ኣመሓዳሪ ኣውራጃ ስንሒት ዝነበረ ብሪጋደር ጀነራል ተስፋይ ገብረማርያም እውን 25 ሕዳር 1963 (4 ታሕሳስ 1970) ኣብ ዝጸሓፎ ጸብጻብ እቲ ኣብ እንዳ ዋርድያ ኣብ ልዕሊ ኮማንድስ ዝወረደ ብፈዳይን ናይ ጀብሃ ዝተፈጸመ እዩ ኢሉ ድሕሪ ምድምዳም ሰሉስ ሰዓት 10 ቅድሚ ቀትሪ ምንባሩ ይገልጽ። ኣብዚ ምስቲ ናይ ጸጥታ ጸብጻብ ተጋጮዩ ጥራሕ ዘይኮነ ምኽንያት ናይቲ ኣብ ዖና ዘጋጠመ ገይሩ ከቕርቦ ብምፍታኑ እውን ኣንጻር መሳርሕቱ ሞጉቱ ካልእ ጫሌዳ ይፈጥር።

ኣሕመድ ፊተውራሪ እተን ንዖና ዘጥፍኣ መካይን ካብ ከረን ንዖና እናሰገራ ኣብ በተርየት ኣብ ትርከብ ጀርዲኑ ከይኑ ዘቋምተን ዝነበረ ዜጋ እዩ። ኩሉ’ቲ ኣብ ዖና ዝኾነ ከሳብ ዝፍጸም እውን ኣብ ጀርዲኑ ኣብ ትርከብ ዓባይ ሕመረት ተሓቢኡ እዩ ሓሊፍዎ። ንሱ ነታ ኣብ ፊቱ ዝነበረት መሐለዊ መመንጨዊ ማይ ከተማ ከረን መኣስን እንታይን ከም ዘጋጠማ ንስድራኡ ዘዳነፈ እናኣዘንተወ ብገርሁ ከምዚ ክብል ጸውዩ፡ “ዖና ክትነድድ ምስ ጀመረት እታ ኣብ ልዕሊ እንዳ ኣኳዴቶ ዝነበረት እንዳ ዋርድያ እውን እንታይ ከም ዝወረዳ ንዖና ተኸቲላ ነዲዳ” ብምባል ምስ ናይ ኣመሓዳሪ ዝሰማማዕ ግዜ ሂቡ።

በዚ መሰረት ኣብ እንዳ ዋርድያ ዘጋጠመ መን ፈጺምዎ ብዘየገድስ ኣብ ዖና ምስ ዝካየድ ዝነበረ ህልቂት ኣብ ሓደ ህሞት እኳ ደኣ ድሒሩ እዩ ኣጋጢሙ። ድሒሩ ዘጋጠመ ከኣ ናይቲ ቅድሚኡ ዘዳነፈ ጽቡቕ ይኹን ሕማቕ ጠንቂ ብፍጹም ክኸውን ኣይክእልን። በዚ መሰረት ኮማንድስ ብፈዳይን ተቐቲሎም እውን እንተ ዝኾኑ ነቲ ኣብ ዖና ዘዳነፈ ህልቂት ጠንቂ ክኸውን ኣይክእልን። ድሒሩ ዝተፈጸመ ናይቲ ቅድሚኡ ዝኾነ ሳዕቤን እምበር ጠንቂ ስለ ዘይኮነ።

ኣብ ግዜ ህልቂት ኣብ ፎርቶ ዋርድያ ናይ ኮማንድስ ጸሓፊ ዝነበረ ሻምበል ባሻ ኣድሓኖም ዑቕባንክኤል ካብይን ብመንን ከም ዝተተኩሰሎም ዝተፈልየ ትረኻ የቕርብ። “ዖና ክትነድድ ምስ ጀመረት ጦር ሰራዊት ካብ ፎርቶ ነቶም ዋርድያ (ኮማንድስ) ናይ እንዳ ማይ ተኩሶም ቀቲሎሞም” ከኣ ይብል።[323] “ናብ ዖና ክንትኩስ ከለና ብጌጋ ተሃሪሞም” ዝብል ምስምስ ከም ዝሃቡ ከኣ የረድእ። እቲ ዕላማ ግን ጀብሃ ንኮማንድስ ቀቲሎም ንሕና ድማ ንጀብሃ

322 ሰነዳት መንግስቲ ኢትዮጵያ

323 ኣድሓኖም ዑቕብንክኤል (ሻምበል ባሻ)

ክንቀትል ዖና ኣቃጺልና እዩ። ሻምበል ንጉሰ በየነ ብሰንኪ እቲ ፍጻመ ናብ ኮሎኔል ሃብተማርያም ደዊሉ "ጦር ሰራዊት ንህዝብን ወተሃደራተይን ቀቲሎም ኣንጻሮም ኲናት ክኸፍት'የ" ክሳብ ምባል ከም ዝበጽሐ ሻምበል ባሻ ኣድሓኖም የዘንቱ። እንተኾነ ዝኾነ ስጉምቲ ከይወሰደ ተኣዚዙ ብህጹጽ ብጭካነኡ ዝተፈልጠ ሻምበል ካሕሳይ ተኸሉ ከምዝተከኦ የረድእ።[324]

ኣቶ በረኸትኣብ ድራር ድማ ካብ ናይ ሻምበል ባሻን ኣመሓዳርን ዝተፈልየ ትረኻ የቕርቡ። ኣብ ምቕታል ኮማንድስ ኢድ ተጋደልቲ ከም ዘይነበረ ግን ኣቖዲሞም የብርሁ። ንበዓል ኣቦይ በረኸትኣብ 'ብሬን ተባሪቓ ብጸዮም ቀቲልዎም' ዝብል እዩ ተነጊርዎም። ኣቶ በረኸትኣብ ብጸዮም ቀቲልዎም ክሎ ጀብሃ ቀቲላቶም ንምባል ነቲ ጥይት ዝሃረሞ እምኒ በንጻር ናይቲ ጥይት ዝሃረሞ (ወገን ፎርቶ) ናብ ኣንጻር ንዖና ወገን ክጥምት ከም ዝተገብረ እውን ይገልጽ። እዚ ኩሉ ሱፐርቫይዘራት ቅድሚ ምምጽኦም እዩ ተፈጺሙ። ግዳያት ናይ ጥሮታ መሰሎም ንኸይንፈጎም ከምኡውን ነቲ ጌጋ ፈጺሞም ዝተባህለ ብጸዮም ንምኹዋል ተባሂሉ ከም ዝተወርየ ከኣ ኣቶ በረኸትኣብ ይውስኹ።[325]

እዚ ንበዓል ኣቶ በረኸትኣብ ዝተዋህበ ምኽንያት ሓቂ ኢልና እንተንቕበሎ እውን ቀታሊ ካብ ስድራ ተቐተልቲ (ናይ ኣርባዕተ ሰባት) ብኸመይ ንዘለኣለም ተሰዊሩ ክተርፍ ከኢሉ፧ ብሬን ናይ ዝተባረቖ ሰብ ስም፡ ዓዲ፡ ስድራ ኣይነበሮን ድዩ ወይስ ክሳብ ሎሚ ምስጢር ኮይኑ ተዓቂቡ ኣሎ፧ ንኮማንድስ ዝተዋህበ ምኽንያት ካልእ ንህዝቢ ዝተወርየ ካልእ ክኸውን ስለምንታይ ኣድለየ፧

እቲ ንሃይለ ተስፋጋብርን ሓድጉ ግርማጼንን ዝቐተለ ንሃብተማርያም ገብረሚካኤልን ንመርዓዊ (መርሃዊ) ወልደትንሳኤን[326] ዘቑሰለ ስርሒት ግን መን እዩ ፈጺምዎ፧ ፈዳይን ጀብሃ፧ ኣብ ፎርቶ ዝነበሩ ጦር ሰራዊት፧ ወይስ ብጸዮም፧ ኣብዚ እቲ ብሰበ-ስልጣን ኢትዮጵያ ዝተገብረ ሸበድበድ ርኢኻ ገለ ክሕባእ ዝተደልየ ነገር ምንባሩ ብጉሉሕ የነጽር። ዝገደደ ድማ ንሓንቲ ፍጻመ ኣመሓዳሪን ናይ ጸጥታ ወኪልን ነንሓድሕዱ ዝጋጮ ጸብጻብ ኣቕሪቦም። ኣባላት ኮማንድስ እውን ዝተፈላለየ ትረኻ ነጊሮም። ሓሶት ብዙሕ'ዩ ጨናፍራ ሓቂ ግን እንኮ።

ኣብዚ ነቲ ፍጻመ ድሕሪ ፍርቂ ዘመን ብፍሉይ በጥቁልና ክንትንትኖ ንፍትን ስለ ዘለና ናይ'ቲ እውን መረዳእታ ከይህልወና ይድርት እዩ።

324 ከማሁ።

325 በረኸትኣብ ደራር።

326 ጸብጻብ ኣማሓዳሪ ብሪጋደር ተስፋይ ገበረማርያም።

ንመረዳእታ መታን ክሕግዘና ግን ናይቲ እዋን ባህሪ ስርሒታት ፈዳይን ጀብሃ ብፍልይ ድማ ኣብ ከረን ንርአ።

ኣብ ግዜ ሰውራ ኣብቲ ፈለማ ናይ ከተማ ስርሒታት ኣብ ከረን ተኻይዱ እንተተባህለ ምግናን ኣይኮነን። ኣብ ሚያዝያ 1962 ድሮ ዓርቢ ስቕለት ተጋደልቲ መሓመድ እድሪስ ሓጅ፡ ዑመር እዛዝን ኣቡርጂላን ነተን ኣብ ከረን ምንባረን ሓበሬታ ዝረኸቡለን ብረታት ንምውጻእ ካብ ሓምድ ዓዋተ ተላኢኾም ከረን ኣተው። ካብ ከረን እናወጹ ድማ ንዝነበሮም ዋሕዲ ብረት እንተኣቃለሉ ካብ ዋርድያ ቤት ጽሕፈት ኣውራጃ ሰንሒት ብረት ክምንዝዉ ወሰኑ። ተኲሶም ዋርድያ ተወጊኡ። እንተኾነ በንጻሮም ዝነበረ ካልእ ዋርድያ ተኲስሎም ዕላምኦም ከይወቕዑ ናብ ቤት ትምህርቲ ሰላም ብምእታው ኣምለጡ። ብሰንኪ እዛ ፍጻመ ኣብ ከረን ንልጃጀት ጻል ከንቲባ በሪህ ሓዊስካ ብዙሓት ኢድ ዘይነበሮም ንጹሃት መንእሰያት ከረን ላዕላይ ኣደዳ መግረፍትን ስቅያትን ኮይኖም።

ካብዛ ፍጻመ ንደሓር ኣብ ከረን ብፈዳይን ካብ ዝተኻየዱ ዓሰርተታት ስርሒታት ግን ፈዳይን ሓደጋ ሞት እንተጎነፎ እውን ዕላማ ንዘይኮነ ብሃውሪ ተተኲሱ ኣይፈልጥን። ኣብ 1964 ማሕሙድ ኪዳን ኣብ ማእከል ከተማ ጥይቱ ክሳብ ዝውድእ ተዋጊኡ ተማሪኹ። ማሕሙድ ሳልሕ ፍካክ (ፈክረስ) ዕላማ ንዝገበሮ ግዳይ ቡንባ ደርብዩ ከወጽእ ኣብ ገብሲ ምስ ሄሊኮፕተር ብከላሽን ተዋጊኡ ተሰዊኡ ኣብ ማእከል ከተማ ተንጠልጢሉ ውዒሉ። ማሕሙድ ኢብራሂም ዓሊበኺት ነቲ ፈክረስ ዝፈሸለሉ ሃሱስ ክቐትል ፈቲኑ ንሱ'ውን ፈሺሉ ተታሒዙ ብሓደ ምስ ሰውራ ተሰሪዑ ዝነበረ ፖሊስ ምስጢር ከየውጽእ ኣብ ኢድ እቶም ዝማረኽዎ ከሎ ተቐቲሉ[327] ተሰጢሑ ውዒሉ። ሓምድ ጅመዕ ሓዞት ንኣዛዚ ፖሊስ ኣውራጃ ሰንሒት ዝነበረ ሌ/ኰለኔል ገብረኺዳን ተስፋይ ንምቕንጻል ምቹእ ግዜን ቦታን ክረክብ ልዕሊ ሰሙን ተጸናጺኑ ንኰለኔል ብቦምባ ኢድ ቀቲሉ ንኣመሓዳሪ ኣውራጃ እምባየ ገብረኣምላኽ ኣቑሲሉ ወጺኡ። እዚ ውሑድ ካብቲ ብዙሕ ኣብ ከረን ቅድሚ ህልቂት ዖና ዝተፈጸመ ስርሒታት እዩ።

ኣብ መወዳእታ ወርሒ ናይ 1970 ኣብ ልዕሊ ዝኾኑ ሓላፍነት ይኹን ግደ ዘይነበሮም ተራ ዋርድያ ናይ ማይ ስርሒት ፈዳይን ተገይሩ ክልተ ተቐቲሎም፡ ክልተ ተወጊኦም ምባል ደኣ መን ክኣምኖ ይኽእል፧ ኣብ እንዳ ዋርድያ ናይ ማይ ዘጋጠመ ፍጻመ ግን ቅንጣብ ባህርያት ካብ ስርሒታት ፈዳይን ጀብሃ ኣይነበሮ።

327 እድሪስ ኖር ሑሴን (ሻውሽ) ቃለ መጠይቕ ምስ ደራሲ፡ 16 ሕዳር 2015፡ ከረን። ባዕሉ እድሪስ ኖር እዩ ብሽጉጥ ቀቲሉዎ።

ብዘይካ'ዚ ጀብሃ ስጉምቲ ቅድሚ ምውሳዳ ፈለማ መጠንቀቕታ ትሰደድ። ካልኣይን ሳላሳይን እውን ትደግሞ። ኣብ መጨሽታ ውሳነ ትወስድ። ናይዚ ኣብነት "ጀብሃ ንዋርድያ ቀቲሎሞም" እናበለ ዝጸሓፈ ኣመሓዳሪ ኣውራጃ ሰንሒት ዝነበረ ብሪጋደር ጀነራል ተስፋይ ገበረማርያም ነታ ጸብጻብ ኣብ ዝጽሕፈሉ ዝነበረ ግዜ ክልተ ናይ መጠንቀቕታ መልእኽታት ካብ ፈዳይን ጉጅለ 35 ተቐቢሉ ቅድሐን ናብ ላዕለዎት ሓለፍቲ ልኢኹወን ብምንባሩ ሎሚ ንመርትዖ ተጠቒምናለን ንርከብ።

ብዘይካ'ዚ ወተሃደራት ካብ ከረን ናብ ኩሉ ወገናት ወፊሮም ኣብ ዝነበርሉ ፈዳይን ስርሒት ፈጺሞም ጨው ቐትሪ ኣበይ ተሸሪቦም፣ ተቐቲሎም እንተኾይኖምከ ከም ሰውኣት ናይ ቁሩሕ ስለምንታይ ዘይተንጠልጠሉ ከም ሰማእታት ሓልሓል ኣብ ማእከል ጅራ-ፍዮሪ ስለምንታይ ዘይተሰጥሑ፣

ገዲም ተጋዳላይ ማሕደር ንሱር ኣብርሀ ቅድሚ ህልቂት ንሰውራ ካብ ዝተሰለፉ መንእሰያት ያና ሓደ'ዩ። ንሱ ኣብ ግዜ ህልቂት ሓዉን ሓብቱን ብዙሓት ኣዝማዱን ደቂ ዓዱን ተቀዚፎሞ። ማሕደር ድሕሪ'ቲ ፍጻመ ኣብ ሳልሰይቲ መዓልቲ ናብ እግሪ ላልምባ መጺኡ ኩሉ ዝኾነ ኣረጋጊጹ። "ፈዳይን ተኲሶም ኣብ ማእከል ህዝቢ ብምእታዎም ንህዝቢ ግዳይ ጌሮም" ትብል ዘረባ ግን ድቃስ ከልኣቶ። ፈዳይን ንጥፍኣት ዓዱ ምኽንያት እንተኾይኖም ሓቅነቱ ከጻሪ ከኣ ቂም ሓዲርዎ በይናዊ መጽናዕቲ ኣብ ምክያድ ተጸምደ። ድሕሪ እቲ ኣህላኽን ምስጢራውን መጽናዕቲ ግን ኣብ ቅንያት ህልቂት ያና ካብ ፈዳይን እንኮ እኳ ንከረን ይትረፍ ሩባ ዓንሰባ ከም ዘይሰገረ ኣረጋጊጹ ቀሪሙ መን ምዃኑ ፈሊጡ ከም ዝዓረፈ የዘንቱ።

ኣብቲ ግዜ ወተሃደራት ኢትዮጵያ ዓጢቖሞ ዝነበሩ ኣጽዋር ረሻሽ ብራውን መድፍዕ ሰብዓን ሓሙሽተን፡ ሞርታርን እዮ ነይሩ።[328] ንገለ ካብ እሳት ያና ኣምሊጦም ናብ ከረን ገጾም ከሃድሙ ዝፈተኑ ድማ፡ ካብ ፎርቶ በዘን ብረታት ግዳይ ገይሮሞም። ነቶም ንጥፍኣት ያና ምኽንያት ክኾኑ ዝተበጀው ኮማንድስ ካብ ፈርቶ ካብ ላዕሊ ንታሕቲ ተኲሶም ንክቐትልዎም ደኣ እንታይ ዘጸግም ነይሩዎ። ብርግጽ ድማ ቀቲሎሞም። ሓሶት ግን እናሓደረት ዕርቃና ምውጽኣ ኣይተረፋን። ድሮኳ ብርእሳ ዝተቐብረት ሓቂ ብእግራ ክትወጽእ ጀሚራ።

328 ሌተናንት ኰለኔል ሲሳይ፡ ቃለ መጠይቕ ምስ ደራሲ፡ 13 መጋቢት 2021፡ ከረን።

ኣብታ ሕስምቲ ረፍዲ[329]

ነባሪት ምስክር'ያ ኩርባ ዖና
ቀዳድ ጥኑሳት ዘይሓዉ ጓና
ሃሳይ ድኹማት ዘይደፍር ጅግና
ኣካ ወድኣዎም እዞም ስድራና

ፊተውራሪ ሚካኤል ሓሳማ

ኢትዮጵያ ኣብ ሰላሳ ዓመታት ናይ ሰውራ፡ ኣብ ሓደ ረፍዲ ዝበዝሑ ሰለማውያን ዘህለቐትሉ 1 ታሕሳስ 1970 ኣብ ዖና እዩ። ኣብዛ ዕለት'ዚኣ ጦር ሰራዊትን ኮማንድስን ከባቢ ሰዓት ትሽዓተ ቅድሚ ቀትሪ ካብ ፎርቶ ንፍሉይ ተልእኾ ኣብ መካይን ተሰቒሎም ነቕሉ። ዝተዋህቦም ዕማም ሰለማዊ ህዝቢ ብጥይት ምቕዛፍን ብሓዊ ምህሟኽን እዩ። ሽው ዖና በጺሖም ንኣደን ህጻንን ኣብ ውሽጢ ኣጉዶ ኣቃጸሉ። ንመንእሰይን ሽማግለ ብጥይት መንጠሉ። ክሃድም ዝፈተነ ብተመልከተለይ ከንበሉ። ንወዲ ስብ ኣብ እሳት ተጠቢሶም ኣቃረዩ። ንሰማያት ብትከን ሃልሃልታን ዓብለሎኹ። ንምድሪ ብብኽያትን ዋይዋይታን ኣናወጹ። ንብዙሓት መወዳእታ ኣብ ዘይብሉ ሓዘንን ጓህን ሸመሙ።

ሳዕቤን ናይዚ ድማ ኣብ ቀረባ ኮነ ርሑቕ ዝነበረ ኣባዲ ዘይብሉ በኸየ። ከምቲ ".... ኣብ ራማ ድምጺ ተሰምዐ፡ ዋይዋይታን መሪር ብኽያትን። ራሄል ንደቃ በኸየት፡ ተወዲኦም እዮም እሞ፡ ስለ ደቃ ምድባስ ኣበየት።"[330] ዝተባህለ ደባሲ ዘይብሉ ንብዙሓት ሓዘን ጎልቦቦም። ዖና ድማ ናይ ሓዘንን ብኽያትን ተምሳሌት ተቐየረት።

ከምቲ ኣቐዲሙ ዝተጠቕሰ እቲ ኣብ ዖና ብጥይትን ብሓውን ዝተቐዝፈ ህዝቢ ኩሉ ዘለዎ ገዲፉ እዩ ነታ እንኮ ህይወቱ ከድሕን ከብል ብትእዛዝ መንግስቲ ተኣኪቡ። ኣብ ትሕቲ ጽላል ናይ መንግስቲ ተኣኪቡ ከብቅዕ ግን ንዘይበልዖ ዕዳ

329 ዖና ኣብታ ሕስምቲ ረፍዲ ደራሲ ኣብ መጽሓፍ ግፍዒ ንዖና ትምልከት ናይ ዘቕረባ ጽሕፍቲ ኣርእስቲ እያ።
330 ትንቢት ኤርምያስ ምዕራፍ 31፡ 15።

ክፈዲ ተገዲዱ። ኩሉ ገዲፉ ትንፋሱ ጥራይ እንተድሓነ ዝሰፈራ ዖና መዝሓሊ ቁጥዓ መራሕቲ ኢትዮጵያ ኮይኑ። ፊተውራሪ ሚኪኤል ሓሳማ ነዚ ኣመልኪቱ፡ "...እዞም ከም ኣራዊት ብዘይርሕራሐ ዝተሓርዱ ንጹሃት ህዝቢ፡ ንጀነራል ተሾመ ንምቕታልስ ይትረፍ ናይ ሞቱ ወረ'ውን ኣይነበሮምን። ቀታሊኡ መን ከም ዝነበረ እቲ መንግስቲ ኣይጠፍኦን፡ እንተኾነ ከደፍሮ ስለ ዘይከኣለ ነቲ ካብ ሞት ንምድሓን ኢሉ ኣብ ጥቓ ከተማ ዝሰፈረ ድኹም ህዝቢ ኣጥፍአ"[331] ይብል።

ህልቂት ዖና ካብቲ ናይ በስከዲራ ዝተዓጸጸፈ ነበረ። በታ ሕስምቲ ረፍዲ ሬሳ ንጹሃት ኣብ ፈቖዶ ኩርባንን ስንጭሮታትን ወደቐ። ኣማኢት ሰለማውያን ሓሪሮም ቃሬት ሸተቱ። ብዙሓት ዓጽሞም ተሰባቢሩ ስጋኦም ተመናንሀ። ገለ ካብቶም ከሃድሙ ዝፈተኑ ደሞም ወዲኦም ፈቖዶኡ ተገፍትኡ። እዚ ዘስካሕክሕ ፍጻመ ብዘይኣፈላላይ ዕድመ፡ ጾታ፡ ብሄር፡ ሃይማኖት፡ ዓሌት ኣብ ልዕሊ ኩሉ ስጋ ዝለበሰ ኣብ ዖና ዝወረደ መዓት እዩ።

ኣብ መዓልቲ ህልቂት ንሬሳታት ክቕብር ዝፈተነ ፍጹም ኣይነበረን።[332] ውጉኣት'ውን ዕድለኛታት ዝኾኑ ጥራይ ኣብ መዓልት ህልቂት ሆስፒታል በጽሑ። ካብ ዝወደቕዎ ድሕሪ 24 ሰዓታት ዝተላዕሉ ውጉኣት ማእለያ ኣይነበሮምን። ናይቶም ጡብ ዝሞታ ኣደታቶም ከጠብዉ ዝጸንሑ ህጻናት ድማ ብፍሉይ እናተዘከረ ይነብር።[333]

ብኢሰብኣዊ ኣገባብ ተቐቲሎም ወግዒ ብዘለዎ ቀብሪ ክፋነው ምሕሳብ የዋህነት ጥራይ እዩ። ሓመድ ግን ክለብሱ ነይሩዎም። ኣብ መዓልቲ ህልቂት ሬሳ ናይ እንኮ ኢጣልያዊ ግዳይ ጥራይ'ዩ ካብ ዝወደቐ ተላዒሉ። ምናልባት ንሱ እቲ እንኮ ብጌጋ ዝተቐትለ ክኸውን ይኽእል። እቲ ኢጣልያዊ ከም ዝኾነ ኣብ ዖና ዝወደቐ ኤርትራዊ ገበን እኳ እንተዘይነበሮ ደሙ ከይዘፈፈ ምልዓሉ ግን ስለምንታይ ዘየብል ኣይኮነን። ሬሳታት ደቂ ሃገር ኣብ ዝወደቕ ውዒሉ ሓደረ።

ሰሉስ ድሕሪ ቀትሪ ዓበይቲ ዓዲ ከረን ናብ ፎርቶ ብምውጻእ ንሓለቓ ቀተልቲ[334] 'ሬሳ ወጻእተኛ ክቕበር ናይ ደቂ ሃገር ግን ብኣራዊት ክብላዕ' ክንዮ ምልማን ነዲሮም ተዛረቡ።[335] ምስ ከቢድ መጠንቀቕታ ንጽባሒቱ ክቕብሩ ተፈቕደ።

---

331 ሚካኤል ሓሳማ

332 ሬሳ እንኮ ኢጣልያዊ ጥራሕ ብፍቓድ ወተሃደራውያን ሓለፍቲ ኣብታ ዕለት ከም ዝተላዕለ ይፍለጥ።

333 ብዛዕባ ዖና እንተተላዒሉ ናይቶም ካብ ሑቑፊ ሬሳ ኣደታቶም ዝተላዕሉ ወትሩ ብቕዳምነት እዩ ዝጥቀስ።

334 ናብ ሌተናል ኮሎኔል ወላና ጅዳ ከም ዝኸዱ እዩ ዝንገር።

335 እዞም ብሲዲ ዓብዱላሂ ዝምርሑ ዓበይ፡ ሓመድናር ያቆት፡ ጎሎም፡ ዓብደርሒም ኬኪያ፡ ሓሰበላ ሕመዲን ካልኦትን ምንባሮም ይንገር።

ረቡዕንግሆ ፈለማ ውሑዳት ዓበይቲ ዓዲ ኣፍራዛ ባዴላን መግነዚን ሒዞም ንየና ሰገሩ። ቀስ ብቐስ ንዕኦም ርእዮ ዝሰዓበ ሓፋሽ እናበዝሐ ከደ። መካይን ንየና ሰጊረን ውጉኣት ተሰኪመን ንሆስፒታል ኣብጽሓ። ዓለባ መግነዚ ጽዒነን ድማ ተመላለሳ። ኣብ ካልኣይ ደረጃ ቤት ትምህርቲ ከረን[336] (ሃጸይ ዳዊት ነበር) ዝመሃሩ ዝነበሩ ኣባላት ስካውትን ተመሃሮን ክቕበሩ ንምኻድ ፍቓድ ኣየድለዮምን። ንማእቶታዊ ንጥፈታት ዝጥቀምሉ ኣፍራዛን ባዴላን ካብ መኽዘን ኣውጺኦም ብኢደ ዋኒኖም ንየና ነቐሉ። ካብ ክፍሊ ናብ ክፍሊ እናዞሩ 'ክንቀብር ንኺድ፡ ትምህርቲ የለን' ብምባል ነታ ቤት ትምህርቲ ኣናወጹ። በዚ መሰረት ኣብ ቅድሚኦም ዝጸንሐ ክቕበሉ ዝተዳለዉ ኣወዳትን ኣዋልድን ተሰሪዖም ንየና ኣምርሑ።

ተማሃሮ ሃጸይ ዳዊት ነበር ኣንጻር ስርዓት ሃይለስላሰ ስጉምትታት ክወስዱ ሽው ናይ ፈለማ ኣይነበረን። ብዝጠቅምን ዘይጠቅምን ኣመኻንዮም ምምሃር ክኣብዩ፡ ኣብ ካልኦት ከተማታት ኤርትራ ንዝነበሩ ተማሃሮ ኣሰሮም ክስዕቡ ምጉስጓስ ልማዶም ነበረ። ኣማኢት ንጹሃት ሰለማውያን ኣብ ቅድሚ ዓይኖም ኣብ ዝተቐዝፍሉ ከመሃሩ እሞ ዝሕሰበ ኣይነበረን። ተጋዳላይ ብርሃነ ዘርአ (ጣውላ) ብዛዕባ እቲ ንሰማእታት ኣብ ምቕባር ዝወዓሉላ ኣመልኪቱ እንከዘንቱ፦

> "ተማሃሮ ክንቀብር ኣለና ኢልና ተበጊስና። ኣነ ኣጋጣሚ ኣብታ እዋን ሞኒተር ናይ 11 ክፍሊ ነይረ፡ ክላስና እያ እውን ትመርሕ ዝነበረት። ተመራሪሕና ትኸ ኢልና ኬድና። ትኸ ኢልና ምስ ከድና ኣብ ብሎኮ ሳሕል ምስ በጻሕና ሓደ ሰርጌንቲ ናይ ፖሊስ ዝነበረ 'ጠጠው በሉ' ኢሉ 'ናበይ ኢኹም ትኸዱ ዘለኹም፧' ቀብሪ! 'መን ኣፍቂድልኩም፧' ኣነ ሕጂ ጠጠው ይብል ሞኒተር ስለዝነበርኩ ጠጠው ኢለ 'ዳይረክተርና ኣፍቂዱልና' ኢለዮ። ሕዝ ኣቢሉ ኣትሪፉኒ ደጊመ ዳይረክተርና ኣፍቂዱልና ምስ በልኩዎ የሕሊፉና ኬድና ቀቢርና። ኣብኡ ምስ በጻሕና ብዙሕ ህዝቢ ስዒቡና። ካብ ህዝቢ ዓለባን ተንኮበትን ለሚና ነቲ ቃሬት ዝሸትት ዝሓረረ ዓጽሚ ኣብኡ እንዳገበርና ኣከብናዮ። ኣዕጽምቲ ኢኻ ትኣሪ ሽው ገሊኡ ሓሪሩ ቃሬት ይሸትት ነይሩ። ነቲ ዝኣከብናዮ የዕጽምቲ ብገምጋም ሰላሳ ኣርብዓ ሬሳታት ኣብ ሓደ ዝኹዓትናዮ ጉድጓድ ንቐብሮ። ብፍሉይ ዝዝከሮም ኣብቲ እዋን እንዳ ያቆት ዝብሃሉ ዓለባን ተንኮበትን ሂቦምና።

---

336 ተስፋጋብር ምስግና ነቲ እቶም ተመሃሮ ዝነበሮም ኣበርክቶ ኣብ መበል 50 ዓመት ዝኽሪ ያናን በስከዲራን ብደቂቕ ኣቕሪብዎ ነይሩ።

> በቲ ንሳቶም ዝሃቡና እውን እቲ ቀብሪ ዳርጋ ኣማሊእናዮ ክብል እኽእል'የ። ስለዚ ዘስካሕክሕ ተግባራት እዩ ነይሩ ንኣሽቱ ቈልዑ ጡብ ኣዴታቶም እናጠበዉ ከለው ሞይቶም ይጸንሑኻ። ነቶም ብህይወቶም ዝጸነሑና ንኣሽቱ ቆልዑ እናኣከብና ነቲ ኦርፋን ዘዕቢ ዝነበረ ኣመሪካዊ ሚስተር ሂዩ ነረክቦ ነይርና። ዝተወግኡ እንተልዮም'ውን ተተሰኪምካ ናብ ሆስፒታል ከምዝሕከሙ ትገብር። እቲ ግፍዕታት ነቲ ኣብቲ ከባቢ ዝቕመጥ ህዝቢ ጥራይ ዘይኮነ ንዝኾነ ይኹን ኤርትራዊ ዝትንክፍ ተርእዮ እዩ ነይሩ"[337] ይብል።

ተማሃሮ መዕበያ ዘኽታማት ላልምባ እውን ቀዲሞም ዖና ሰጊሮም ቁሱላት ኣብ ምልዓል፡ ጎዳጉዲ ኣብ ምኹዓት ተሳተፉ። ኣብ ከረን ዓቕሚ ኣዳም ዝበጽሐ ዳርጋ ኣይተረፈን። ኣብ ቀብሪ እቶም ሰማእታት ተሳቲፉ። ተራ ናይ ስካውት ግን ብቐዳምነት ይጥቀስ።

ሓምድ ያዕቖብ ሓምድ ነቲ ናይ ቀብሪ ስነ ስርዓት ኣመልኪቱ፡

"ነባራይ ከተማ ከረን ኩሉ መጺኡ'ዩ። ዝተረፈ የለን። ኩላ እያ ዓጽያ። ንእሽቶ ምስ ዓቢ ዓለባ (መግነዚ) ኣምጺኦም። ገሊኡ ነዲዱ እንድዩ ነይሩ ምስ ተኣከበ ገለ ብ20 ብ10 ብ8ን ተቐቢሮም። ብገዛ ገዛ እዚኦም እንዳ ፍላን'ዮም (እንዳ እገለ) እናተባህለ እዉን ዝፍለጥ ነይሩ" ይብል።

ገዲም ጋዜጠኛ ድምጺ ሓፋሽ ተጋዳላይ ርስቶም ፍስሃጼን ቅድሚ ሓርነት ምስ ድምጺ ሓፋሽ ኣብ ዝገበሮ ቃለ መሕትት ብዛዕባ ቀብሪ ግዳያት ዖና ምስክርነቱ ብኸምዚ ይገልጽ፡-"መብዛሕትኦም ሓሪሮም ንኽትጥርንፎም ኣጸጋሚ'ዩ። ገለ ኢድ ንበይኑ ይጸንሓካ፡ ገለ እግሪ ንበይኑ...ገለ ክፋል ሰውነት ንበይኑ።...ንኽትሕዞም እሞ ኸኣ ዚተበታተነ ስለዝነበረ ክልተ ሰብ ሓንቲ ዓራት ኣብ መንጎኻ ትሕዝ። በቢዝኸድካዮ ...ዝረኸብካዮም ሬሳታት ሒዝካ ኣብ ሓደ ውሱን ቦታ ዝምዝግቡ ሰባት ኣለዉ ትምዝግቦም። ሕጂ ኣስማት ኣይትፈልጦን ኢኻ፡ ግን ቍጽሪ ናይ ሰባት ትምዝግብ።...ብገምጋም ካብ 6-10 ሰባት ኣብ ሓንቲ ጉድጓድ ትሰርዖም።.... ህጻናት እናጠበዉ ከለዉ ሓዊ ስለዝኣተወሎም (ምስ ኣደታት) ለጊቦም ይጸንሑኻ። .... ሬሳ እናበዝሐ ምስ ከደ ካብ 20-30 ኣብ ሓደ ጋህሲ እንቐብረሉ እዋን ነይሩ።[338]

በዚ መሰረት ኣብ ክልተ ናይ ኣስታት ሚእቲ ሜትሮ ዝተረሓሓቐ ቦታ

---

337 ብርሃነ ዘርኤ፡ ቃለ መጠይቕ ምስ ዘምህረት ዮሃንስ።

338 ርስቶም ፍስሓጽዮን፡ ተለኣኣኺ ድምጺ ሓፋሽ ኤርትራ፡ ቃለ-መጠይቕ ምስ ወይኒ ገረዝጊሄር (ሬድዮ ድምጺ ሓፋሽ ኤርትራ) 26/07/88 : R.D.C : B4.2.2.

ብርክት ዝበለ ዓበይቲ ጋህስታት ተኺዒቱ ዓሰርተ፡ ዕስራ፡ ሰላሳ፡ ኣርባዓን ልዕሊኡን ብሓደ ተደፍኑ። ንስድራቤቶም ኣብ ናይ ዓሌቶም መቓብር ዝቐበሩ፡ ወይ እውን ኣብ መቓብር እምበረሚን መጋርሕን ወሲዶም ዝቐበሩ እውን ኣይተሳእኑን። ብዙሓት ከም ዝመስከርዎ ናይቶም ብጃምላ ዝተቐብሩ መግነዚ ብጣቓታት እናተቐርጸ ካብ ፈቐዶኡ እናኣከቡ ኣብ ጋህስታት ቀበሩዎም። ፍርቂ መዓልቲ ኣቢሉ ኩሉ ግዳይ ሓመድ ኣዳም ለቢሱ ዖና ሰብ ከም ዘይነበራ ጸም ጸም በለት።

እቲ ኣብ ዖና ዝወረደ ግፍዒ ተጻሒፉ ዘይኮነ ተዘንትዩ'ውን ኣይውዳእን። ውሑድ ነጋሪ ረኺቡ ኣብ እዝኒ ሰብ ካብ ዝበጽሐ ከኣ እቲ ንዘለኣለም ተደፊኑ ዝተርፍ ከም ዝበዝሕ ዘካትዕ ኣይኮነን። ብቐንዱ ክንደይ ተቐቲሎም፡ ኣስማቶም፡ ዓዶም፡ ኩነታት ኣቀታትልኦም ድሕሪ ፍርቂ ዘመን ይትረፍ ኣብ ጽባሕ እታ ህልቂት ዝተፈጸመላ ዕለት ክፍለጥ ዝከኣል ኣይነበረን። ብሓዊ ንዝተሃምኸ ዘጓነፎ/ፉ መን ነጋሪ ረኺቡ ክጸውዮ ይከኣል - ሓደ'ኳ።

ስጋ ሰብ ፈሪሱ ዓጽሚ ጥራይ ምስ ተርፈ ወይ'ውን ናብ ሓሙኹሽቲ ምስ ተቐየረ መን ምንባሩ ብኸመይ ክፍለጥ ይከኣል፧ ዓጽሚ ኩሉ ጻዕዳ ሓሙኹሽቲ ድማ ዝገደደ ሓመድ ምስሊ መን ከንጸባርቐ ይኽእል፧ ሰብ ምንባሩ እምበር እገለ ወይ እገሊት ኢሉ ክፈሊ ብቕዓት የብሉን። ናብ ሓሙኹሽቲ ዝተቐየረ ዓጽምን ስጋን ግን ናይ ሓደ ስም፡ ዓዲ፡ ጾታ፡ ባህግን ሃቐናን ዝነበሮ እኹል ሰብ ነይሩ። መን ምንባሩ፡ ካብ ዝተወልደላ ክሳብ ብግፍዒ ዝተቐትለላ መዋእሉ ክጸውየሉ ዝኽእል ግን የልቦን። ምናልባት ታሪኻዊ ልቢ ወለድ ክጸሓፈሉ ይከኣል ይኸውን ሓቀኛ ታሪኹ ግን ....

ኣብ መጽሓፍ ON HEART'S EDGE "ነቲ ኣብ ዖና ዝተፈጸመ ጃምላዊ ህልቂት ብድብዱቡ ምግዳፍ ማለት ነቶም ግዳያት ይኹኑ ንህልዋት ፍትሒ ምኽላእ ኢዩ"[339] ከም ዝበሎ ከይከውን ግን ካብ ባሕሪ ብጭልፋ ዛንታ ውልቀ ሰባትን ስድራቤታትን ካብዝን ካብትን ተማእሪሩ ክቐርብ ተፈቲኑ ኣሎ። ጎደሎኡ ግን ብዙሕ እዩ።

339 "That the mass deaths at Ona might remain anonymous was unconscionable. Bothe for the dead and the living""

ሓደ ካብ ቀባሮ ግዳያት ህልቂት ያና፡ ነፍስሄር መብራህቱ ወልደየሱስ
ኣብ መበል 50 ዓመት ህልቂት ያና

ገለ ካብቶም ንግዳያት ዝቐበሩ ኣባላት እስካውት

ግዳያት ህልቂት ዖናን በስከዲራን

	ስም	ዕድመ	ዓዲ
1	ከድጃ ሓጅ ጅምዕ	40	ዖና
2	ራያት ፋደጋ ዮሓንስ	2	”
3	መዲና ዓብደልኖር ዑቑቤስ	22	”
4	መርየም ከሊፋ ሳድቕ (4ይ ርእሳ-ምስ 2 ደቃን ሓማታን)	28	”
5	ዘይነብ ኢብራሂም መደኒ (ጓላ ንመርየም)	2	”
6	ዓብደልረዛቕ ኢብራሂም መደኒ (ወዳ ንመርየም)	3	”
7	ፋጥና ዑመር ኣሕመድ (ሓማታ ንመርየም)	50	”
8	ከራር ኣደም ሕመዲን	60	”
9	መሓመድ ስሌማን ዓብደላ	30	”
10	ዓፌት ኣድም ረቢ	50	”
11	ከዲጃ ኢብራሂም ዮሓንስ	40	”
12	ሳዕድያ ዑስማን ኣሚር	40	”
13	ክብራ ኣብረሀ ዮሓንስ	20	”
14	ኣምና ኣብረሀ ዮሓንስ	18	”
15	በኺታ ሓምድ ኢድሪስ	28	”
16	ከዲጃ መሓመድዓሊ ፈረጅ	1	”
17	ደበቲት ስብሓቱ ደበቲት	1	”
18	ዛህራ ሮሞዳን መሓመድዓሊ	8	”
19	ምርካብ ኢድሪስ ምርካብ	80	”
20	ዓሻ ኣድም ዑመር	40	”
21	ዑመር ኢድሪስ መሓመድ	25	”
22	ከዲጃ እኽት መሓመድ	15	”
23	መንሱራ እኽት ጅምዕ	5	”
24	ያሲን እኽት ጅምዕ	8	”
25	ኣምና ሓምድ ሙሳ	50	ዖና
26	ዓፌት ሓመኖር ድራር	15	”
27	ኣርሄት ኢብራሂም ዓብዱልቃድር	10	”
28	ኣብራሂም ዮሓንስ ኖር	45	”
29-30	ሳዕድያ ዑመር ማሕሙድ	40	”
31	ዓራፋት ኣብራሂም መሓመድ ገብሬስ	35	”
32	ዓማር ጅምዕ ኢድሪስ	8	”
33	ዓብደልርሒም ጅምዕ ኢድሪስ	1 ወርሒ	”
34	ህብቴስ ሓጅ መሓመድ	40	”
35	ያሲን ሓጅ መሓመድ	35	ብርከንትያ(ዖና)

36	ንግስቲ ኣርበድ በኪት	10	ያና
37	ፋጥና ኢድሪስ በኪት	70	”
38	ኣምና ዕትማን መርከ	60	”
39	ዛህራ ጅምዕ ኢድሪስ	35	”
40	መሓመድ ሳልሕ ዓሊ በኺት	11	”
41	ራሕማ ሳልሕ ዓሊ በኺት	8	”
42	ኣድሓና ገብርረቢ ሽኮር	60	”
43	ኣድም ዓሊ መሓመድ	20	”
44	ፋጥና ዓሊ መሓመድ	7	”
45	ዘይነብ ረድኢ መሓመድ	40	”
46	ፋጥና ኢድሪስ መሓመድ	50	”
47	መሓመድዓሊ በኺት ገብር	55	”
48	መካ ዑስማን ትንሲኤው	50	”
49	ማሕሙድ ኣስፈዳይ ማሕሙድ	60	”
50	ፋጉረት ማሕሙድ ኣስፈሳይ	16	”
51	ኢድሪስ ኣንሰራ ኣስፈዳይ	30	”
52	ጅምዕ መንደር ዓንደሎይ	70	”
53-54	መዲና ተኽሌስ ኣወድ	30	”
55	በኺታ ዑቐባትንሳኤ ሰማይር	60	”
56	ኣርሄት ሑሴን ዓብዱ	46	ያና
57	ዓፈት ስዒድ መሓመድ	7	”
58	መዲና ኢብራሂም ኢድሪስ	30	”
59	ዓብዱላሂ ስዒድ መሓመድ	1	”
60	ሓመድኬር ሕሴን መሓመድ	6	”
61	ከድጃ ኢብራሂም ኢድሪስ	20	”
62	ሮሞዳን ዓብደላ ስዒድ	3 ወርሒ	”
63	ዓቤት መሓመድ ይበቴት	40	” (በሽር)
64	ዘይነብ ዑስማን ሓምድ	50	”
65	ዓሻ ሙሳ ገርግሽ	2	”
66	መካ ማሕሙድ ድራር	4	”
67	ሕመድ ማሕሙድ ድራር	1	”
68	ፋጥና ኢብራሂም ኢድሪስ	15	”
69	ድራር ኢብራሂም ኢድሪስ	17	”
70	ራየት ዓሊ ኢድሪስ	50	”
71	ከድጃ ዓብደላ ሳልሕ	2	”
72	ዓብዱነሳር ሳልሕ ዓሊበኺት	2	”
73	ጃዕፈር ሳልሕ ዓሌኺት	4	”

74-76	መዲና ምንዳል ጅምዕ (ምስ 2 ደቃ)	35	”
77	ኣድም በኺት ዑቕባትንሳኤ	60	”
78	ኖር ዑመር ትንሲኤዉ	45	”
79	ብዳል ሓምድ ዓሊ	35	”
80	ሕላፉ ኖር ዑመር	2	”
81	ዳልየት ዓሊ ዑመር	32	”
82	ዓድላን ዓይቡ ባርካይ	9 ወርሒ	”
83	ባርካይ ሳልማን ነደል	60	”
84	ሳዕድያ መሓመድ ሀብቴስ	55	”
85	ኢብራሂም ዑቕቤስ ደኪን	40	”
86	ኣዉሳዕና ጀሚል ግደ (ምስ 2 ደቃ)	36	”
87	ዘይነብ ኢብራሂም ደኪን/መካ ዓብደላ	3	ያና
88	ኣምና ኢብራሂም ደኪን/ኢብራሂም ዓብደላ	1	”
89	ንስራት ገብረክርስቶስ ነስረዲን	55	”
90-91	ዓፊት መሓመድዓሊ ዕትማን (ብጽሕቲ ወርሒ)	35	”
92	መተመት ኢብራሂም ኣድም	30	”
93	ረቅያ ስዒድ ደኪን	4	”
94	ከድጃ ስዒድ ደኪን	2	”
95	ዛህራ መሓመድሽፋ ፍካክ	28	”
96	ማሕሙድ ጃብር ዓሊሽክ	1	”
97	መሓመድ ኢሸማዒል ዑመር (ፊተዉራሪ)	68	”
98	ፋጥና ሓሚድ ልጃጅ	60	”
99	ደዓይር እዙዝ ሽካን	19	”
100	ኢድሪስ ንሱር ኣብረሀ	45	”
101	ምሕረት ንሱር ኣብረሀ	38	”
102	በሽር ማሕሙድ ኖር	2	”
103	ኖር መናይ ልጃጅ	6	”
104	ከድጃ ሓምድ በሪሀ	50	”
105	ሰኔት ሮሞዳን ኣክተይ	12	”
106	ራየት ኣስፈዳይ ማሕሙድ	60	”
107	ሓዋ ማይቡቶት ዓማር	7	”
108	ዓብዱ ማይብቶት ዓማር	10	”
109	ዓፍየት ኢብራሂም ኩሱራይ	10	”
110	ጅምዓ ኢድሪስ ኣክተ	17	”
111	ሓመኖር ያሲን ድራር	2	”
112	ዓራፋት ዓሊ ኢብራሂም	35	”
113	መሓመድ ረካ ኣስገዶም	45	”

114	ኣቡበከር ዓምር ዓሊኖር	12	”
115	ሓዋ ሓጅ ጅምዕ	50	”
116	ዓራፋት ሓጅ ጅምዕ	48	”
117	ፋጥና መሓመድዑመር ኣበራ	32	ያና
118	ዑመር ኢብራሂም ኩሱራይ	60	”
119	ራዮት ተኽሌስ ኣወድ	50	”
120	መካ ዑመር ኢብራሂም	30	”
121	ስተል ዑመር ኢብራሂም	15	”
122	ዓፋ ዑመር ኢብራሂም	10	”
123	ፋጥና ዑመር ኢብራሂም	8	”
124	ኢድሪስ መሓመድ ዓሊ ዕቴል	45	”
125	ፋጥና መሓመድ ኢብራሂም	30	”
126	ሓመድኬር ኢድሪስ መሓመድ	11	”
127	ማሕሙድ ዓፋ ኣሕመድ	4	”
128	ዕቴል ጅምዕ ሽካን	75	”
129	ፋጥና ሓማድ ልጃጅ	50	”
130	መዲና ኢብራሂም ኢድሪስ	30	”
131	ፋጥና ኢብራሂም ኢድሪስ	15	”
132	ከድጃ ኢብራሂም ኢድሪስ	25	”
133	ድራር ኢብራሂም ኢድሪስ	20	”
134	ልባብ ስልማን ኣሻድ	75	”
135	ስተል ልጃጅ ኣማራይ	55	”
136	ጀዋሂር ዓብደላ ደሲት	3	”
137	ሳዕድያ ዓሊ ሓሰበላ	60	”
138	መርየም ዑስማን ትንስኤዉ	45	”
139	ከድጃ ያሲን ደሲት	3	”
140	ኣልኣሚን ያሲን ደሲት	1	”
141	በኺታ ዑስማን ኣሚር	30	”
142	በሽር መሓመድዑመር ደሲት	1	”
143	ጀማል ጅምዕ ኢሸሓቅ	3	”
144	ሓዉ ንጀማል ጅምዕ ኢሸሓቅ	1	”
145	ጅዳ ናይር	45	”
146	ዘርኣይ ሙሳ ፍረ	2	ያና
147	ብርሃነ ከቢን ባይራይ	20	”
148	ንግስቲ ኣርበድ ደኪን	18	”
149	ባልዋይት ተኽሩራይ ጀሚል	80	”
150	ሰኒት ሙሳ ፍረ	25	”

151	መናይ ሙሳ ፍረ	4	”
152	ዓድል	7 ወርሒ	”
153	ዓብደላ ዑስማን ኣሰናይ (3ይ ርእሱ)	30	”
154	ሳዕድያ ኢድሪስ ኣደም እዛዝ (ሰበይቱ)	20	”
155	ስማ ዘይተፈልጠት ጓሉ	1	”
156	ሳልሕ ዓብደላ ዑስማን	7 ወርሒ	”
157	ንስራት ሮመዳን ኤሎስ	25	”
158-159	ፍትረት ዑስማን ማይበቶት(ሰይቲ ኢድሪስ ኣግዱባይ)	40	”
160	በሺር ኢድሪስ ኣግዱባይ	6	”
161	ራዮት ኢድሪስ ኣግዱባይ	4	”
162	ሳልማ ኢድሪስ ኣግዱባይ	2	”
163	ፍትረት ኢድሪስ ኣግዱባይ	3	”
164	ጃምዕ ኢድሪስ ኣግዱባይ	1	”
165	ሕመዲን ፋደጋ ተኽሌስ	70	”
166	ኢድሪስ መስመር ገሸል	70	”
167	መዲና ኣሰናይ ኣቡበከር	45	”
168	መርየም ኣቡበከር ሓምድ	21	”
169	ኢብራሂም ሓምድ መሓመድ	45	”
170	መካ ትምክሔል ድሩይ	65	”
171	ዓብደልሩሕማን ዑመር ተስፌስ	12	”
172	ዓብደልርሒም ዑመር ተስፌስ	45	”
173	ኣምና መደኒ ኢድሪስ ኮመል	40	”
174	ሓዋ ሮሞዳን ኤሎስ (ምስ 2 ደቃ)	2	”
175	ዘይነብ ኢድሪስ ሳልሕዑመር (ጓላ ንሓዋ)	2	ያና
176	ዓብደልቃድር ኢድሪስ ሳልሕዑመር (ወዳ ንሓዋ)	2	”
177	ሳዕድያ (ሰበይቲ ኖር ሓምድ)	60	”
178	ፋጥና ኢድሪስ ሰምሃራይ (ምስ ወዳ)	40	”
179	ዓብዱልቃድር ሰዓድ ሕዋርሸኽ (ወዳ)	2	”
180	ሓዋ በኺት ሙሳ	50	”
181	ዓብደልሩሕማን መሓመድኖር ሓምድ	2	”
182	ዛህራ እሸማዒል ዓፋ	2	”
183	ፋጥና ኢብራሂም መሓመድ ግደይ	40	”
184	በልዋይት ኢብራሂም ዳር	50	”
185	ዓሻ ዓሊጅምዕ መሓመድ ገርጊስ	15	”
186	ኢብራሂም ዓሊ ጅምዕ	10	”
187	ኢብራሂም ሓምድ መሓመድ ዕቴል ምስ ሰበይቱ	50	”
188	ሰበይቱ ንኢብራሂም ሓምድ		”

189	መሓመድ ዑስማን ዓሊ በኺት	40	”
190	መካ ሑመድ ሔለ (ምስ 2 ደቃ)	40	”
191	ሳዕድያ ዓብደላ ኣድም (ጓላ ንመካ)	7	”
192	ነጃት ዓብደላ ኣድም (ጓላ ንመካ)	10	”
193	ዛህራ ሑሴን	6	”
194	ሑሴን ኣድም ዓብደላ	13	”
195	መካ መሓመድ ማርያም	17	”
196	ንስሪት ነስረዲን (ምስ 4 ደቃ)	50	”
197	ዓብዱላሂ ዓሊ ዓሊሸኽ (ወዳ ንንስሪት)	15	”
198	ፋጥና ዓሊ ዓሊሸኽ (ጓላ ንንስሪት)	10	”
199	ኢብራሂም ዓሊ ዓሊሸኽ (ወዳ ንንስሪት)	12	”
200	ዓማራ ዓሊ ዓሊሸኽ (ወዳ ንንስሪት)	1	”
201	ኢድሪስ ኖር ማሕሙድ መንደር	25	” (በሸር)
202	ዓብደልፈታሕ ማሕሙድ መንደር	10	” ”
203	ያሲን ኢብራሂም መሓመድኖር ሓምድ	35	” ”
204	ዘይነብ ሓምድ መሓመድ ልቡስ	45	ዖና (በሸር)
205	ከይማ መሓመድዓሊ ዑስማን	40	” ”
206	ኢድሪስ ዑመር ስዒድ	70	” ”
207	ሳዕድያ ኢድሪስ ዑመር ስዒድ	45	” ”
208	ዑመር ኢድሪስ ሓራናይ	45	” ”
209	ኣብርሃም ማይቤቶት ስፋፍ	45	”(ብርቦረኒ)
210	ኣማን (ሰበይቲ ኣብርሃም ጅምዕ ናፍዕ)	45	” (ሕጻጽ)
211	መሓመድ ዓሊ ዕትማን ዳያን	70	” (ሕጻጽ)
212	ዓብዱልቃድር ማሕሙድ መንደር	15	” (በሸር)
213	ዓራፋት መሓመድዓሊ ዑስማን ዳኒ	30	” ”
214	ዘይነብ ሓምድ መሓመድ	50	” (ግረሸ)
215	ዓብደልራሑማን መሓመድዓሊ	2	” ”
216	ጅምዕ ዑመር ስልማን	30	” ”
217	ዑስማን ዓብደልሩሕማን መሓመድ	1	” ”
218	ዘይነብ ኣፋ ኣዘዘ	40	”(ብርቦረኒ)
219	ኣድም ዓሊ ትምክኤል	30	” ”
220	መሓመድ ስልማን ዓብደላ	40	”
221	ስልማን ከሊፋ መሓመድ ዑስማን	80	”
222	መሓመድ ዓብደላ ከሊፋ መሓመድኖር	70	”
223	ዑስማን ኢብራሂም ሓይሉ	40	”
224	መካ ዓብደላ ደኪን (ምስ ሓዋ)	7	”
225	ኢብራሂም ዓብደላ ደኪን (ምስ ሓብቱ)	4	”

226	ዓማራ ዓብዱላሂ ኣድም ሓሊባይ (ሕዳርብ)		
227	ጋል ሓሰን ዓብዱላሂ ሓሊባይ (ሕዳርብ)		
228	ሰይቲ ዑስማን ሕመድ ሓይለ (?)		
229	ስተል ሰዓደዲን በኺት (ዓዲ ኣስካብ)		
230	ያስን ማሕሙድ መሓመድ ኣደም ኩርባ በረድ (ሕዳርብ) ኣይተረኽበን		
066666231	ኣምና ኣደም ሕጃይ ፋደጋ(ኣልዓሸይራ)		
232	ጋል ኢብራሂም መሓመድ ናፍዕ (ጀወን)		
233	ዓምር እድሪስ መሓመድ ጋር ኣለቡ (ኣብርሀም)		
234	ፋጥማ መሓመድ ኣበራ (ኣልመዳ) ሰይቲ ጋር ኣለቡ		
236	ዓቤት መሓመድ ይበቲት ጋር ኣለቡ(ኣብርሀም)		
237	ወዲ ሑሴን መሓመድ ይበቲት ጋር ኣለቡ		
238	ፋጥና መሓመድ ዓሊ ናፍዕ ክንፈታት(ዓዲ ደበራይ)		
239	ከዲጃ እስማዕል ፋደጋ(ጀወን)ሰይቲ ዓብደልቃድር በሪሀ		
240	ዘይነብ ዓብደልቃድር በሪሀ ዳር (ጀወን)		
241	ኣምና ዓብደልቃድር በሪሀ ዳር (ጀወን)		
242	ሰዓድያ በሪሀ ዳር (ጀወን)ሰይቲ መሓመድ ሳልሕ ሓርቦይ		
243	ወዲ መሓመድ ሳልሕ ሓርቦይ (ሰብ ምድር)		
244	ወዲመሓመድሳልሕሓርቦይ (ሰብምድር)		
245	ንሰራት ነስረዲን (ዓድ ተወከል) ሰይቲ ዓሊ ሸኽ ኣውዓላ(196) 4 ደቃ		
246	እድሪስ መሓመድ ዓሊ ሸኽ ኣውዓላ (መሓሪክርስቶስ)		
247	ዓብደሩፍ መሓመድ ዓሊ ሸኽ ኣውዓላ (መሓሪክርስቶስ)		
248	ፋጥማ መሓመድ ዓሊ ሸኽ ኣውዓላ (መሓሪክርስቶስ)		
249	ዓብደልቃር መሓመድ ዓሊ ሸኽ ኣውዓላ (መሓሪክርስቶስ)		
250	ጋል መሓመድ ዓሊ ሸኽ ኣውዓላ (መሓሪክርስቶስ)		
251	ዓማራ ዓሊ ሸኽ ኣውዓላ (መሓሪክርስቶስ)		
252	ካልድ ዓማር ኣሕመድ ተኹሪራይ (ኣልዓሸይራ)		
254	ኖራይ ማሕሙድ መንደር (ዓድ መሓሪክርስቶስ)		
255	ዓብደልቃድር ማሕሙድ መንደር (ዓድ መሓሪክርስቶስ)		
256	ዓብደልፈታሕ ማሕሙድ መንደር (ዓድ መሓሪክርስቶስ)		
257	ወዲ ማሕሙድ መንደር (ዓድ መሓሪክርስቶስ)		
258	ኣርሄት ዓሊ ግሬነት (ዓድ ኣምሓራይ)		
259	ሓሰን ኢብራሂም ጅምዕ ናፍዕ ክንፍታት ዓድ ደብራይ		
260	ሑሴን ኢብራሂም ጅምዕ ናፍዕ ክንፍታት ዓድ ደብራይ		
261	ጋል ኢብራሂም ጅምዕ ናፍዕ ክንፍታት ዓድ ደብኣራይ		

262	ዘይነብ ስልጣን ፈረጅ (ኣልመዳ) ሰይቲ ሙሳ ሓጅ ነፋዕ		
263	ሑሴን ሙሳ ሓጅ ነፋዕ (ዓዲ ቡላ)		
264	ዘይነብ ጅምዕ ገርጊስ (ሓለንጋ)		
265	ወዲ ዘይነብ ጅምዕ		
266	ሰብኣይ ዘይነብ ጅምዕ		
267	ኢብራሂም ምንዳል(ዓድ ዕጀል ሰንሒት)		
268	ዘይነብ ኢብራሂም ምንዳል		
269	ጋል ዑስማን ድራር ሙዳይ (ብሌን ተውቐ)		
270	ወድ በሪህ ምንዳል (ዓድ ዕጅል)		
271	መሓመድ ዓሊ ዑስማን ዳይን (ዓድ መሓሪክርስቶስ)		
272	ከይማ መሓመድ ዓሊ ዑስማን ዳይን (ዓድ መሓሪክስቶስ) ሰይቲ ማሕሙድ ቴድሮስ		
273	ወዲ ማሕሙድ መሓመድ ቴድሮስ (ዓድ ከንቴባይ)		
274	ዓፍየት መሓመድ ዓሊ ዑስማን ዳይን (ዓድ መሓሪክርስቶስ) ሰይቲ ኣድሪስኖር ደኪን		
276	ወዲ ዓብዱላሂ ሰዒድ ዛይድ (ዓድ ቐይ		
277	ኣድም ካኣይል (ዓዲ ካኣይል)		
278	መንደር ኣድግ የጊን (ኣልመዳ)		
279	ንስሪት ዓብዱላሂ ሓሊባይ (ሕዳርብ) ሰይቲ ድራር ኣድግ		
280	መሓመድ ድራር ኣድግ (ኣልመዳ)		
281	ጋል ማሓሙድ ድራር ኣድግ (ኣልመዳ)		
282	ወዲ መሓመድ ዓምር ድራር ኣድግ (ኣልመዳ)		
283	ማይበቶት ሰፋፍ ተኹሪራይ (ሰብ ምድር)		
284	ኢብራሂም ማይበቶት ሰፋፍ (ሰብ ምድር)		

ገለ ካብቶም ኣብ ያና ዝሰንከሉ

	ምሉእ ስም	ዕድመ	ዓዲ	ኩነታት ስንክልና
1	ትርሓስ ኖር መናይ	3	ያና	የማናይ እግራ፡ ጸጋማይ ኢዳን ሰንኪላ
2	መዲና ዓሊ ጃምዕ በየድ	30	”	ጸጋመይቲ እግራ ሰንኪላ
3	ከዲጃ ኢብራሂም መሓመድ	40	”	የማነይቲ ኢዳ ተቖሪጻ
4	ፋጥና መሓመድ	45	”	የማነይቲ ኢዳን እግራን ሰንኪላ
5	ሓሊማ ሕላፍ ሸካን	8	”	ኣብ ሰለፋ ከቢድ ስንክልና
6	ምሕረት ሓጐስ ዮሓንስ	8	”	ጸጋመይቲ እግራ ሰንኪላ
7	መርየም መሓመድዓሊ ኢድሪስ	28	”	መሰንገሊኣን ኢዳን ሰንኪላ
8	ፈከት ገብረሚካኤል ወርዕሰብ	25	”	ከርሳን ክሳዳን ከቢድ ስንክልና
9	ኣስፈሃ ኢድሪስ ንሱር	15	”	ናይ ኣእምሮ ምንዋጽ ምስ ሞት ስድራኡ
10	ሰንበቱ ኢድሪስ ንሱር	8	”	ናይ ኣእምሮ ምንዋጽ ምስ ሞት ስድራኡ
11	ኣብረሀት ጋብር ማይቤቶት	30	”	ኣብ ሰለፋ ከቢድ ስንክልና
12	ደኪን ኣርበድ ደኪን	6	”	ኣብ ኩብዱ ከቢድ ስንክልና
13	ሓዋ ኢድሪስ በኪት	6	”	የማነይቲ እግራ ሰንኪላ
14	መርየም ኢብራሂም ኢድሪስ	20	”	የማነይቲ እግራን ፡ ጸጋመይቲ ኢዳን
15	ዓሻ መሓመድ ኢብራሂም	32	”	የማነይቲ እግራ
16	ኣድሓነት ገብረረቢ ሸኮር	65	”	” ”
17	ጅምዕ ዑመር ማሕሙድ	40	”	” ”
18	ፋጥና መሓመድ ዑስማን	23	”	የማነይቲ ኢዳን ኩብዳን
19	መሓመድ ኬር ኢብራሂም ዓበ	3	”	የማነይቲ እግሩ
20	ናስራ ኢብራሂም ዓሊ	7	”	ክልተ ኣእጋራ ነዲዱ
21	ሳዕድያ መንደር ዳር	30	”	የማነይቲ ኢዳ ሰንኪላ
22	ሳዕድያ ዓሊ ሳልሕ	18	”	ጸጋመይቲ ኢዳ ሰንኪላ
23	መርየም ኣልኣሚን	25	”	የማነይቲ እግራ
24	ዓፈት ማሕሙድ መሓመድ ርባጥ	40	”	የማነይቲ እግራ ልዕሊ ብርኪ ተቖሪጻ
25	ፋጥና መሓመድዓሊ ኢድሪስ	35	ሙሻዓይግ(ያና)	የማነይቲ እግራን ኢዳን ሰንኪላ
26	ጅምዕ ዑመር	35	” ”	የማነይቲ እግሩ
27	መካ ዓበ መሓመድ	8	ያና	ከቢድ ስንክልና ኣብ ሕቖኣ
28	ሓሰን ኣድም በኺት	35	”	ጸጋመይቲ ኢዱ ሰንኪሉ
29	ያሲን ዓበ መሓመድ	4	”	ጸጋመይቲ እግሩ ሰንኪሉ
30	ሓሰን ሳልሕ ዓብደልቃድር	2	”	የማነይቲ ኢዱ
31	ሓሰን እኩድ ጅምዕ	30	”	ኣፍልቡ
32	ከድጃ ዓሊ ዑመር	18	”	ክልተ ኣእጋራ ሰንኪላ
33	መሓመድ ዓብደላ ሓመድኑር	19	”	የማነይቲ እግሩ ሰንኪሉ
34	ሓዋ ዓፋ ዑመር	21	”	ርእሳ ተሃሪማ

35	ኬማ ዓሊ ዑመር	32	”	ጸጋመይቲ ኢዳ ሰንኪላ
36	ሑሴን ሳልሕ ዓብደልቓድር	1	”	የማነይቲ እግሩ ሰንኪሉ
37	ዓቤት ነስረዲን ጅምዕ	45	”	ከብዳ ብጥይት
38	ኣብረሀት ጋብር ማይቤቶት	30	”	የማነይቲ ኣግራ
39	ጋብር ማይቤቶት ሰፋፍ	70	ፋፍዳ(ኣብ ዖና)	ኣብ ክሳዱ ብኻራ
40	ህያቡ ዑቕባጼን ተሰፋጼን	55	ዖና	የማነይቲ እግሩ
41	ጅምዕ ሕመዲን ፋደጋ	40	”	የማነይቲ መንኩቡ
42	ኣድም ዓሊ መብሩክ	13	”	ጸጋመይቲ ኢዱ
43	ፋጥና ዑስማን መሓመድ	35	ፋፍዳ(ኣብ ዖና)	ጸጋመይቲ ኢዳ ሰንኪላ
44	ለተገርግስ ሙሳ ፍረ	4	ፋፍዳ(ኣብ ዖና)	ጸጋመይቲ ኢዳ ሰንኪላ
45	ጅምዕ ዑመር	20	ፋፍዳ(ኣብ ዖና)	የማነይቲ እግሩ
46	ዓራፋት ሰልማን ኣድም	8	ዖና	የማነይቲ ኢዳን እግራን
47	መካ መሓመድ ኢድሪስ	60	”	ክልተ ኣእጋራ
48	ኣልኣሚን ኢራሂም ደኪን	10	”	
49	መኣዛ መዓሾ ማና	29	ከረን(ዖና ጃኮ)	ጸጋመይቲ እግራን ኢዳን ብነፋሪት ኣብ ቀልሃመት
50	ምልእተ ተሰፋጋብር ካሕሱ	34	ከረን(ዖና ጃኮ)	የማነይትን ጸጋመይትን ኣእጋራ ተሰቢረን
51	ኣለም ወልደሰላሰ ኣሰፈሃ	36	ዓደርደ	የማነይቲ እግሩ ሰንኪሉ

ግፍዒ- ካብ ልሳን ግፉዓት!

ክታማ ኣቦይ ዑመርን ህልቂት ስድራኡን ኣብ ሓንቲ ህሞት

ኣብ ትሕቲ ላልምባ ኣብ'ቲ ጽፍሪ እግራ
ኣብ መኻን መዓልቲ ናይ ጥፍኣት ወፈራ
ኣብ ሰብዓታት ወርሒ ሕዳር ኣብ ዖና በስከዲራ፡
እዋኑ ረፍዲ ጸሓይ ዝባን ምስ ተሰቕለት
ዓዲ ምስ ፍሽኽታ ሰላም እናኣጉስዐት
ናይ ወራር ዕዱማት ኣትዮም ሃንደበት፡
ነቲ ናይ ሰላም ሃዋህው ኣብ ዘጨንቕ ኩነት
ኣብ ቋሕ - ሰም ቀይሮም ከመ-ቅጽበት
ዳመራ ገበርዎ ናይ ዖና ኣግነት።

ኣስመሮም ሃብተማርያም

ኣብ መጨረሽታ ተሰዓታት፡ ጋንታታት ህጻናት ኩዕሶ እግሪ ኤርትራ ክረምቲ ካብ ሃገራት እስካንዲነቪያ ዓወት ሓፊሰን ምምላስ ልማድ ገይረንኦ ነበራ። ጋንታ ከረን እውን ነቲ ኣብ ውሽጢ ሃገር ኣብ ልዕሊ መዛኖኣ ዝተጓናጸፈቶ ናብ እስካንዲነቭያ ከይዳ ካብ ኩሉ መኣዝናት ዓለም ኣብ ልዕሊ ዝመጻ ጋንታታት ክትደግሞ ትጽገም ኣይነበረትን። ዓመታዊ ብዋንጫታትን መዳልያታትን ኣጊጻ ንሃገራ ምምላስ ልማዳ ነይሩ። ህዝቢ ከረን እውን ክሳብ ኣስመራ ወጺኡ ክቅበላ ካብ ዝኸሪ ብዙሓት ደቂ ከረን ዘይሃሰሰ ምቁር ዝኽሪ እዩ።[340]

ኣብ ሕቑፉ እታ ድንቂ ብቕዓት ዝነበራ ጋንታ ክልተ ምዕባይን ምንኣስን ኣሕዋት ነይሮም። ኣብ ከረን በተርየት ኣብ ዝተባህለ ገዛውቲ ዝተወልዱ መሓመድኖርን ኢብራሂምን ደቂ ሮሞዳን ዑመር እዮም። ደቂ-ደቂ ነቲ ኣብ ድሮ ህልቂት ዖና ወተሃደራት ንሓመልማሎ እናወፈሩ ኣብ ኩርባ ገብሲ ዝቐተልዎ ኣቦይ ዑመር ኢብራሂም ድማ።

ኣብ ተስካር ወላዲኣ ዝነበረት ስድራ ኣቦይ ዑመር ኣብ መዓልቲ

340 ኣብ 1996 ካብ ከረን ንኣስመራ ወጺኦም ነዛ ጋንታ ካብ ዝተቐበሉ ብዙሓት ሓደ ደራሲ ናይዛ መጽሓፍ እዩ።

ህልቂት እንታይ ጎኒፍዋ ክፈልጥ ፈቲነ። ሓንቲ ካብተን ብሕሱም ዝተሃስያ ስድራቤታት ምንባራ ድማ ፈሊጠ። በዚ መሰረት ንሮሞዳን ዑመር ረኺበ ከዘራርብ ወሰንኩ። ንሮሞዳን ብሳላ እዞም ልዒሎም ዝተጠቕሱ ደቁ ቅድሚ ነዊሕ ዓመታት እየ ካብ ርሑቕ ዝፈልጦ። ሰላም መርሓባ ግን ኣይነበረናን። ንዛዕባ ዖና ኣልዒለ ከዘራርቦ ምስ ሓሰብኩ ግን ኣፍልጦ የብለይን ኢለ ኣይተሰከፍኩን። ንኸዘራርቦ ብቐጥታ ንገዝኡ ኣምርሐ። ከም ዝሓሰብክዎ ግን ብቐሊሉ ኣይሰለጠንን። ብተደጋጋሚ ተመላሊሰ ከብቅዕ እንትርፎ ብፍሕሹው ገጽ ምቕባል ተኸፊቱ ከዕልለኒ ፍቓደኛ ኣይነበረን። ሓንሳብ ካባይ ንላዕሊ ዝፈልጥ እገለ ስለ ዘሎ ንዕኡ ርኸብ ይብለኒ። ጸኒሑ ኣነ ዘረባ ስለዘይክእል እንተገድፍካኒ ይሓይሽን ካልእን ምስምስ እናምጽአ ላሕ ኣበለኒ። ተስፋ ግን ኣይቆረጽኩን። ናብኡ ተበጊሰ ይኹን ንእግረ መንገደይ ብኣፍደገ እታ ኣብ ገዝኡ ዘላ ዱኳኑ ክሓልፍ ከለኹ ካብ ምስካፉ ዓዲ ኣይወዓልኩን።

ካብቲ ፈለማ ከዘራርቦ ኢለ ዝተበገስኩላ ድሕሪ ኣስታት ክልተ ዓመታት ኣቢሉ ይኸውን። ሓንቲ መዓልቲ ድሕሪ ስላት ኣልዓሱር ኮንዶ ኾን ይሰልጠኒ ኢለ ብምትስፋው ንእንዳ ሮሞዳን ገጸይ ኣምራሕኩ። ኣብ ኣፍደገ ድኳኑ ቆይመ “ኣሰላም ዓለይኩም” ብምባል ኣቓልቦ ሮምዳን ካብ ዓማዊሉ ናባይ ከም ዘብል ገበርኩ። ኣለለዩኒ ፍሽኽ ድሕሪ ምባል ‘ዮም ከማን መጻእካ’[341] በለኒ። ተስፋ ብዘይምቁራጸይ ዝተገረመ እንከመሰል። ኣብ ህልቂት ዖና፡ ዛንታ እንዳ ኣቦይ ዑመር ዘሊልካዮ ክትሓልፍ ዘይክኣል እምነ ኩርናዕ እዩ። ስለ ዝኾነ ድማ እየ ከይሕለል ብውሽጠይ ወሲነ ዝነበርኩ። “መጺአ፡ ከም ዘይገድፈካ ነጊረካየ እንድየ” ኣነ’ውን እናተዋዘኹ በቲ ንሱ ዝተዛረቦ ቛንቛ ትግራይት መለስኩሉ።

ኣብታ ዕለት ሮሞዳን ነቲ ቅድሚኡ ዘቕረቦ ዝነበረ ድርዳር መመኽነይታታት ከቕርብ ኢሉ ኣይፈተነን። ቀቅድሚ ዘይትምሕር ጥይት ምጉያይ ድዩ ስልቸይዎ ወይስ ድኻመይ ኣተሓሳሲብዎ ደቁ ንቁርኣን ኣፋንዩ ዱኳን ዓጻጸወ። መሪሑኒ ከኣ ናብ ሳሎን ሓለፈ።

* * *

ሓሙስ 27 ሕዳር 1970 ኣደም በኺትን ሓምድ መሓመድን ካብ ዖና ወፊሮም ንጽባሒቱ ተቐቲሎም ከም ዝተረኽቡ ኣቐዲሙ ተዘንትዩ ኣሎ። ሽው ኣቦይ ዑመር ሃንደበት “ንኣድምን ሓምድን’ሲ ንሕና ቀቢርናዮም ንዓናኸ

341 ሎሚ እውን መጺእካ።

መን ኮን ክቕብረና'ዩ"[342] ብምባል ተዛረበ። ቃል ብቓሉ 'ንሕና'ውን ካብ ናይ ኣድምን ሓምድን ዝኸፍእ ሞት እዩ ዝጽበየና ዘሎ' እዩ ኢሉ። እቶም ንዘረብኡ ዝሰምዑ ግን ድሮ ኣጋጢሙ ብዝነበረ ኣሰቃቒ ቅዝፈት ዘማረረ እምበር ብዛዕባ ዝመጽእ መዓት ዝተነበየ ፍጹም ኣይመሰሎምን። መልሲ ከይሃቡ ብጓህን ሓዘንን ኣራእሶም ነቕኒቖም ጥራይ ምስ ዘረብኡ ከም ዝተሰማምዑ ኣመልከቱ።

ንጽባሒቱ ቀዳም 29 ሕዳር ኣቦይ ዑመር ብቐዋምነት ናብ ዝሰርሓሉ ዝነበረ ጀርዲን እንዳ ወዲ ምሎኒ ክወፍር ኣንጊሁ ገስገሰ። ንእገረ መገዱ ሽምሊኽ ኣብ ዝነበረት ግራቱ ከእለ እውን መደብ ነበሮ። ካብ ገዛ ወጺኡ ነዊሕ ዝተጓዕዘ ኣይመሰልን። ንሓመልማሎ ገጾም ምስ ዝወፍሩ ወተሃደራት ተጓኒፉ ኣብ መፈንጠራ ወደቐ። ኣብ መቓልቀሊ ገብሲ ኣብ ትርከብ በራኽ ኣውጺኦም ከም ዝረሸንዎ ሓሰን እኩድ መስኪሩ ኣሎ።[343]

ኣብቲ ህሞት ሮሞዳን ወዲ 18 ዓመት መንእሰይ እዩ ነይሩ። ነቡኡን ንሓሰንን ሒዞም ከም ዝነበሩ ድሒሩ ዝፈለጦም ወተሃደራት እውን ኣማዕድዩ ርእይዎም እዩ። ናብቲ ንሱ ዝነበሮ ወገን ገጾም ክግስግሱ ርእዩ ጥራቱ ኮብኪቡ ንመደካ ገጹ ወጺኡ ተኣልዩ ኣሕሊፍዎም። ሮሞዳን ነተን ነቡኡን ንሓሰንን ክቐትላ ዝተተኮሳ ጠያይት ክንዮ'ቲ ጎቦ ኮይኑ ሰሚዕወን። ብርግጽ ስንባድ ፈጢረናሉ፡ ሓንቲ ካብኣተን ትንፋስ ዘፍቅሮ ወላዲኡ ከም ዝመንጠለት ግን እንዶ ኣይነበሮን። ከም ኩሉ ሰብ ድምጺ ጥይት ሰሚዑ ዝምነዩ "ኣብ እምንን ዕንጨይትን" ክወድቕ ጥራይ ተመንየ ሓለፈ።

ሮሞዳን ድሕሪ ቀትሪ ጥራቱ ሒዙ ንዖና ተቐልቀለ። ንቤጁክ ገጾም ዝሓልፉ ሰባት ረኺቡ ሰላምታ ድሕሪ ምልውዋጥ፡ "ሚ ርኤኩም" "ሚ ርኤካ"[344] ተበሃሂሎም ኣኽባር ተጠያየቑ። ወተሃደራት ኣብ ልዕሊ ክልተ ሰባት ሓደጋ ከም ዘውረዱ፡ ሓደ መይቱ ካልኣዩ ግን ኣብ ሆስፒታል ከም ዝተዓቑበ ከኣ ፈለጠ። እተን ንግሆ ዝሰምዐን ጠያይት ኣብ ዕንጨይትን እምኒን ዘይኮነ ኣብ ሰብ ከም ዝጸሓያ ተገንዚቡ ከኣ ነብሱ ሰኸኽ በሎ።

ዝበኣሰ ልቡ ተመሸተት ግን ብዛዕባ መንነት ግዳያት ሓበሬታ ምስ ሃቡዎ እዩ። "እቲ ዝሞተ ዑመር ድዩ ኢብራሂም ይብሉዎ ነይሮም" ብገርሆም ሞት ኣቦኡ ሓላሉ ኣርድእዎ። ሮሞዳን ቀዝሒ ተኻዕይዎ ኣብራኹ ረድ ረድ በሎ። "ኣቦይ እዩ" ከኣ በለ ብውሽጡ። ነቶም ሰባት ድሕሪ'ዚ እንታይ

342 ሮሞዳን ዑመር፡ 2019።

343 ሓሰን እኩድ፡ 2016።

344 እንታይ ርኢኻ ልሙድ ድሕሪ ሰላምታ ዝበሃል ናይ ሓበሬታ መለዋወጢ ኣገባብ እዩ። ክልቲኦም ወገናት ከፍለጥ ኣለዎ ዝበሉዎ ድማ ይነጋገሩ።

ከም ዝመለሰሎም ኣይዝክርን። ንጥሪቱ ኣብ በረኻ ገዲፉ ኣንቅዓ ኣንቅዓ እናኣስተንፈሰ ንዖና ገጹ ጎየየ። ኣብ መገዱ ደቂ ዓዱ ተጓኒፎሞ ነቲ ብሓለፍቲ መገዲ ዝሰምዖ መርድእ ኣርጊጾም ነገርዎ።[345]

ንገዝኡ ከይበጽሐ ሬሳ ዝተሰከከሙ ብዙሓት ሰባት ኣብ መገዲ ተቐቢሎሞ ምስኦም ሓቢሩ ንመቓብር ዓሸከረሩኽ ኣምርሐ። ምስ ደቂ ዓዱ ኮይኑ ከይኑ ከኣ ነቦኡ ሓመድ ኣዳም ኣልበሶ። ሓዘን ኣቦይ ዑመር ኮይኑ ሰብ ምስ ተኣከቡ እተን ኣብ እንዳ ሓዘን ዝተዛረበን ቃላት ተዘከራ። ብዙሓት ንገዛእ ርእሱ ዝተነበየን መሲሉዎም ሓዘኑሉን ጓሃዩሉን። ካብቶም ንዕኡ ዝቐበሩ ኣብ ሳልስቱ ብኣሰቃቒ ኣቀታትላ ህይወቶም ሓሊፉ እስላም ሰላት ኣልጅናዛ ክርስትያን ግቡእ ጸሎተ ፍትሓት ከይረኸቡ ኣብ ጋህሲ ክቐበሩ ምዃኖም ግን መን ክነግሮም ይኽእል፧ ሓደ እኳ!።

* * *

ሰሉስ ሓደ ታሕሳስ ሳልሳይ መዓልቲ ኣኺሉ ከታማ (ተስካር) ኣቦይ ዑመር ኮነ። ስድራ መዋቲ ከም ባህልን ልምድን ካብ ርሑቕን ቀረባን ንዝመጹ በጻሕቲ ትሕዝትኦም ቀሪቦም ዝቕበሉላን ሓዘኖም ዝዓጽዉላን ዕለት። ናይ ቀረባ ስድራቤት ግን ካብ መዓልቲ ሞቱ ኣትሒዞም እዮም ኣብ እንዳ ሓዘን ቀንዮም። ብድሮ ናይ ከታማ ናብ እንዳ መዋቲ ኣትዮም ዝሓደሩ ነይሮም። ኣብ መዓልቲ ተስካር ብንግሆኡ ብዙሓት ናብ እንዳ ሓዘን ወሓዙ።

ስድራ መዋቲ እውን ኣጋይሾም ንምቕባል ኣብ ጽዑቕ ስራሕ ተጸሚዶም ኣርፈዱ። ህልቂት ቀቅድሚ ምጅማሩ ንመዋቲ ወዲ ሓትንኡ ሮሞዳን ሙሳ “ደሃይ ጀርዲን ጌረ ክምለስ” ኢሉ ዝወጸ። ንመዋቲ ወዱን ወዲ ሓብቱን (ሓምድ ዑመርን ዓሊ ጃምዕ እድሪስን) እውን ዕንጨይቲ ከምጽኡ ንሽምሊኽ ተላእኩ። ካልኣት ኩሎም ሓዘንተኛታት ኣብቲ ዳስ ናይ ሓዘን ነበሩ።[346]

ሃንደበት ብሰማይን ብምድርን ኣብ ዖና ሓዊ ተኻዕዩ ሕንፍሽፍሽ ኮነ። መልኣከ ሞት ኣብ ነፍሲ ወከፍ ኣጉዶን፡ ኣግነትን ዝጸንሖ ቀዘፈ። ኣብ ዓንቀርን ኩርባን ተገቲሩ ፍጡር ዘበለ ኣጽነተ። ጎላጉል ዖና ብሬሳታት ተኸድነት። ሮሞዳን ብድሮ ካብ ዘጓነፈ ከዘንቱ ከሎ ከምዚ ይብል።

> *“ኣብ ድሮ ናይ ህልቂት ዝነበረት መዓልቲ ኣልመቕረብ ወተሃደራት ንዖና ንሓጺር ግዜ ብተኹሲ ዓቕላ ኣጽቢቦምላ ነይሮም። ኩሉ ሰብ ዓቕሉ ኣጽቢቡ ላዕልን ታሕትን ኣዕለቢጡ። ከሃድሙ ዝፈተኑ እውን ነይሮም። ተኹሲ ኣቋሪጾም ናብ ከረን ምስ ቀጸሉ ግን*

345 ሮሞዳን ዑመር።

346 ከማሁ።

ኩሉ ብፍርሂ ተዋሒጡ ከሎ ነናብ ቤቱ ተመሊሱ።

ንጽባሒቱ ከባቢ ሰዓት ትሽዓተ፡ ንሕና ኣመት ውራይና እናገበርና ብኹሉ ሸነኻት ናይ ዖና ተኹሲ ተኸፈቱ። ወተሃደራት ኣብ ቅድሚኦም ንዝጸንሖም ዘበለ ይቐትሉ ገዛውቲ'ውን የንድዱ ነይሮም። ኣነ ገዛና ብእማን ዝተነድቀት ስለ ዝነበረት ካብቲ ዝትኮስ ዝነበረ ጠያይት ከኸወል ፈለማ ኣብቲ መንደቕ በዚን በትን ተኺሊለ። እንተኾነ ፈቐዶኡ ሰባት ከወድቁ ዝኸፍአ ድማ ኣብ ማእከል ገዛ ከንድድዎም ምስ ረአኹ 'ካብ ብሓዊ ዝነድድ ብጥይት ምሟት ይሕሸኒ' ብምባል ነቲ ብእዝነይ ሓሊፉ ኣብ ዙርያይ ዝወድቕ ጠያይትን ዒግ ዝብል ደሮናን ጥሒሰ ናብታ ንዋሊኩ ተውጽእ ጎቦ ብጉያ ደይበ። መዓልትኻ እንተ ዘይኣኺላ ኣይምወትንዩ እምበር ናባይ ዝተቶኮሰ ጠያይት መቑጸሪ ኣይነበሮን። ካብ ዓይኖም ከኹወል ከብል ፈከረስ'ዩ መስለኒ ኣብ ጎነይ ዓሊባ እስኩጀታት ረኺቡኒ። ኣነ ግን ዝወለደት ከትወልድ ሱቕ ኢለ ጥራሕ ጎይየ"[347]።

ሮሞዳን ካብ ዓይኒ እቶም ቀተልቲ ተኸዊሉ ከሎ እውን ምህዳም ኣየቋረጸን። ገብሲ ሓሊፉ ኣብ እግሪ እቲ ጎቦ ምስ ተጸግዐ ግን ኣድም ጅምዕ ዝበሃል በዓል ጥሪት ረኺቡ ኣስተንፊሱ ንፈለማ ግዜ ተገልቢጡ ንዓዱ ኣቋመተ። ዖና ገና ነተን ብሰንኪ እከይ ግብረን ዝጠፍኣ ሰዶምን ጎመራን ክትመስል ሰማይ ብዝዓርግ ትክን ከበሮ እዝኒ ብዝቐድድ ድምጺ ጠያይትን ተጎቢኣ ነበረት። ካብ ርሑቕ ብተስፋ ቁርጸት ኣማዕደዋ። ፍጡር-ወዲ ኣዳም ዝተርፋ ትመስል ኣይነበረትን። ብድሕሪኡ ንዝገደፎም ስድራ ቤቱ ዘኪሩ ምድረ ሰማይ ጸልመቶ።

ሮሞዳን ቅሩብ ጸኒሑ ኮፍ ካብ ዝበላ ክንቀሳቀስ ኣብ ዝፈተነሉ እግሩ ከረው ኣቢላ ሓዘቶ። ሽዑ ኣድም ብላማ ዝጨንዳሕካዮ ካብ ዝመስል እግሩ ብወረጦ ነቒሱ ደቀቕቲ እስኩጀታት ኣውጽኣሉ። ሽዑ እውን ከረግጸላ ፈቲኑ ብቃንዛ ኣመና ተሸገረ። በትሪ ተሞርኩሱ ሕንክስ እናበለ ንሰሜናዊ ምብራቕ ጎቦ ላልምባ ተጠውዮ በይኑ ኣብኡ ሓደረ።

እታ ለይቲ ንሮሞዳን ይትረፍ ብዛዕባ እቲ ህልቂት ብእዝኑ ንዝሰምዐ እውን ልዋም ተሕድር ኣይነበረትን። ኣዒንቱ ብኹፉታተን ዳርጋ ሰለም ከየበለ ወግሑ። ንግሆ ጽንዓት ይሃብካ ከበሃል ከም ዘየርፈደ፡ ምሸት ኣቦኡ ከም ዘይሞተ ቆጺሩ ብዛዕባ እቶም ዝተረፉ ስድራኡ ጥራይ ተጨነቐ። "ብተኣምራትዶ ዝወጽእ ይርከብ" እናበለ ይሓስብ እሞ ጸኒሑ ነቲ ንሱ

---

347 ከማሁ።

ዝሓለፎ መሰናኽል ተቐጂልዎ ተስፋ ይቕርጽ። መቓልሕ ናይቲ ከበድትን ፈኮስትን ብረታት ኣብ እዝኑ እናኣጋውሐ ጭንቀት ይፈጠረሉ እሞ 'ኦሮማይ' ይብል ድምጹ ኣበሪኹ።

መሬት ንርእሳ ኢላ ወግሐት። ሮሞዳን ሕንክስ እናበለ ካብቲ ዝሓደሮ ንያና ተቐልቀለ። ኣትኩሩ ኣማዕድዩ ሰለማዊ ህዝቢ ኣብ ያና ክንቀሳቀስ ተዓዘበ። ሬስታት ይቕብሩ ምንባሮም ኣይሰሓተን። ሕንክስ እናበለ ኣብ ጫፍ ናይቲ ዓዲ በጽሐ። ነቲ ቅድሚ ህልቂት ዕንጨይቲ ተላኢኹ ዝነበረ ሓምድ ሓዉ ከኣ ረኸበ። 'ካብ ስድራና ንመን ረኺብካ፧' ተስፋ'ኳ እንተዘይነበሮ ጥዑም ክሰምዕ ክተርር ተሃንጠየ። ሓምድ ንሮሞዳን ከሓቶ ዝሓሰበ እዩ ቀዲምዎ። መስኪን ሓምድ እንተዝረክብ ንዕኡ ምሓሾ። 'ዋላ ሓደ' መለሰ ብዝማህመነ ቃና። ሮሞዳን 'ኩሎም መይቶም ማለት እዩ' ሓሞቱ ክዘርግ እናተረድአ ብውሽጡ ኣድመጸ። ኣይቀበጾን ግን። ምስ ሓዉ ስለይ እናበለ ናብቲ ኣስሩ ዝጠፍአ ገዝኦም ኣምርሐ። ቅድሚ 24 ሰዓታት ዝነበረ ነገራት ብፍጹም ተቐይሩ ሓሙኹሽቲ ጥራይ ጸንሖም።[348]

ሸው እውን እንተኾነ ቀቢጾም ኮፍ ኣይበሉን። ሬሳታት ናብ ዝእከበሉ ዝነበረ ቦታ ኣምርሑ። ኩምራ ሬሳታት ተጸፍጺፉ ገለ ይገንዙ ገለ ድማ ገፉሕቲ ጎዳጉዲ ክኹዕቱ ጸንሕዎም። ዓበይቲ ከኣ ኣብቲ ገፉሕቲ ጋህሲታት ይቕብሩ ነበሩ። ሮሞዳንን ሓዉን ሸው'ውን ሓደ'ኳ ካብ ኣባላት ስድርኦም ብህይወት ኣይረኸቡን። ከይሓቱ እቶም ንሳቶም ዝፈልጥዎም ምስ ምውታት ኣምበር ምስ ህያዋን ኣይነበሩን። ኣብታ ዕለት ቀባሮ ንወዲ ኣዳም ይቕብሩን ይገንዙን እምበር ሬሳ መን ይቕብሩ ምንባሮም ዝፈልጡ ውሑዳት ነበሩ። ኣቦይ ዑመር መን ኮን ክቕብረና'ዩ እናበለ ዝተነበያ ከኣ ብግብሪ ተፈጸመት። ወዲ ሰብ ናይ መን ምዃኑ ዘይፈልጦ ሬሳ ሓመድ ኣዳም ዝኸደኑሉ ሕማቕ መዓልቲ።

ሮሞዳንን ሓምድን ካብ ህያዋን ተስፋ ቀቢጾም ኣትኩርኦም ናብቶም ገና ዘይተገንዙ ሬሳታት ቀየሩ። ወላዲቶምን ሕሳስልደ ሓብቶምን ከኣ ኣብ መንጎ እቶም ብደም ዝተዓለሱ ሬሳታት ተመዲደን ረኸቡወን። ዝተረፉ ኣባላት እታ ስድራ እንተስ ኣቕዲሞም ተገኒዞም ተቐቢሮም እንተስ ነዲዶም ቅርጾም ተቐይሩ ክለልይዎም ኣይከኣሉን። ሸው'ውን ኣደየ እናበሉ ኣየልቀሱን። ቅጭን ሓብተይ ኢሎም ኣይተነኽነኹን። ፊት እቶም ቀባሮ ተኾርምዮም ጥራይ ዝርንዛሕ ነብው። ብዝሞቱ ዘይኮነ ግን በቲ ኣብ ቅድሚኦም ተገቲሩ ዝጽበዮም ዝነበረ ጸልማት ህይወት ዝኸትምና እውን ስለ ነብሶም ነብው። "ሓልሓል ተመርዕያ ዝነበረት ዓባይ ሓብተይ መካ ዑመር፡ ስተል ዑመር፡

348 ከማሁ።

ዓፋ ዑመር ከምኡ ድማ ፋጥና ዑመርን ኣደይ ራየት ተኽለስን ምስቲ ቅድሚ ሰለስተ መዓልቲ ኣብ ገብሲ ዝቐተልዎ ኣቦይ ወሲኽካ ሹዱሽተ ትንፋስ ኣብ ሓደ ህሞት ተቐዚፎም። ብዘይካ'ዚ ኣሞይ ዘይነብ ኢብራሂም ምስ መርዓት ጓላ ፋጥና እድሪስ። ምሳና ዝመሃር ዝነበረ ወዲ ኣሞይ ጀምዕ፡ ማሕሙድ ዓፋ ኣሕመድ ኣኩኡ ነቦይ መሓመድ ዓሊ በኺት ምስ ሰበይቱ። ዓሰርተ ኣባላት ስድራቤት እንዳ ሓወቦይ ሽኽ ሳልሕ ዓሊ በኺት ክሱራይን ኣዝዮም ብዙሓት ናብቲ ተዝካር ዝመጹ ሰባትን ኣብ ደንበና ተቐዚፎም"[349] ከኣ ይብል።

ሮሞዳንን ሓምድን ድሕሪ ህልቂት ምስ ስድራ እንዳ ሮሞዳን ሙሳ እዮም ርዒሞም። "ብስጋ ዝወለዱና ኣቦናን ኣደናን ኢትዮጵያ ቀቲላቶም እያ። እዛ ስድራ ግን ልዕሊ እቲ ወላዲ ዝገብሮ እያ ገይራትልና። ዳሕራይ ግዜ ሓወይ ንሱዳን ተሰዲዱ። ኣነ ምስኦም ከለኹ ተመርዕየ። ሰበይተይ ምስ ሞተት'ውን ብመንገዶም ዳግማይ ተመርዕየ። ንሳ'ውን ፍቓድ ኣምላኽ ኮይኑ መይታ። ኮታስ ብኹሉ ነገር ኣብ ጎንና ነይሮም። ሳልኦም ሰብ ኮንና" ሮሞዳን ውዕለት ናይታ ስድራ ንምግላጽ ቃላት ይሓጽሮ።

ሮሞዳን ካብቶም ንኤርትራ ኣብ ሃገራት ስካንዲነቭያ ዘስመዩ ደቂ ዝዓቢ ጣህር ዝበሃል ውሉድ ነይሩዎ። ጣህር ከም ኣሕዋቱ ንፉዕ ተጻዋታይ ኩዕሶ እግሪ ነይሩ። እንተኾነ ግን ንሃገሩ ብኩዕሶ እግሪ ከስሚ ዕድል ኣይገበረን። ገና ብንኡሱ ናብ ካልኣይ ዙርያ ሃገራዊ ኣገልግሎት ሳዋ ወሪዱ። ኣብ ሳልሳይ ወራር ወያነ ከኣ መቐጸልታ ናይቶም ንስድራቤቱ ዘህለቑ ወረርቲ እናመከተ ኣብ ዓዲ ዑመር ተሰዊኡ።

ሮሞዳን ካብ ቀዳመይቲ ሰበይቱ ዝወለዶም ደቁ ድሮ ዓቕሚ ኣዳም በጺሖም እዮም። ካብ ዳሕረይቲ ሰበይቲ ዝተወልዱ እውን ኣይሓመቑን። ዘይዳን ወዱ ኣሰር ዓበይቲ ኣሕዋቱ ስዒቡ ኣብ መስከረም 2022 ኣብ ኣስመራ ኣብ ዝተኻየደ ሃገራዊ ውድድር ኩዕሶ እግሪ ትሕቲ 17 ዓመት ንዞባ ዓንሰባ ወኪሉ ተጻዊቱ። ንዞባ ዓንሰባ ቀዳመይቲ ንገዛ ርእሱ ድማ ዝለዓለ ኣመዝጋቢ ሽቶን ዝበለጸ ተጻዋታይ ኤርትራ ትሕቲ 17 ዓመት ብምዃን ድርብ ሽልማት ብምዕታር ኣሰር ኣያታቱ ሒዙ'ሎ።

---

349 ከማሁ።

ጋንታ ከረን ምስ ፕረዚደንት ኢሰይያስ ኣፍወርቂ ካብ ስካንድነቪያን ምስ ተመልሱ

ኣቶ ሮሞዳን ዑመር

ስውእ ጣህር ሮሞዳን

ወዲ ሓብቱ ንከተስክር ዝተቐዝፈ ሽማገለ

ከትሓልፍ ከላ ናቱ ህይወት
ኣይነበራን ዝቐምሰላ ገጻት
ኣዒንቲ'ውን ኣየፍሰሳን ንብዓት
ሓመድ ድብ ኣይተጸውዓሉ
ጋዜጣ ኣየዘንተወሉ
ኣይነበሮን ካልኣይ ቀብሪ
ኣይተዘመረሉን ጸሎት ፍትሓት
ናይ ምዉታን ከም ንቡር ሞት።

ካብ ግጥሚ ሰላማዊት ኣለም ብመልኣከ ሓጎስ እተተርጎመ

ገብሩ ወዲ ፈዛዕ ኣብ ዋሊኩ ሰፊሩ ንበኺትን ይበቲትን ወለደ። በኺት ድማ ንመሓመድ ዓሊን ኣዳላን ዝተሰምዩ ኣወዳትን ሰለስተ ኣዋልድን ፈረየ።[350] መሓመድ ዓሊ ኣብ ግዜ ጣልያን ቀዳመይቲ ናይ ሓውሲ ተክኒክ ቤት ትምህርቲ ኣብ ኤርትራ Salvago Raggi ኣብ ዝጽዋዕ ናይ ሎሚ ቤት ትምህርቲ ሰላም ክሳብ ሳልሳይ ክፍሊ በጺሑ ናብ ዕስክርና ጣልያን ተኸትበ። ኣዳላ እውን ብተመሳሳሊ ተማሂሩ ሰራሕተኛ ኮመሳርያቶ ከረን ኮይኑ ተቖጽረ። ጥዕና ስለ ዝሰኣነ ግን ሓው መሓመድ ዓሊ ብሰንኩ ካብ ዕስክርና ጣልያን ርፍትያ ጠሊቡ ካብ ኢትዮጵያ ንዓዱ ተመልሰ። ዳሕራይ ግዜ ክሳብ ምስ ትራፋስኪስ[351] ክይተረፈ ከም ዝሰርሐ ዝንገረሉ ኣዳላ ከኣ ብዘይ ሓድጊ ካብዛ ዓለም ሓለፈ።[352]

መሓመድዓሊ ካብ መካ ዑስማን ትንስኤው ክልተ ኣወዳትን ኣርባዕተ ኣዋልድን ድሒሩ ካብ ዝተመርዓዋ ዛህራ መሓመድ ኖር ናፍዕ ከኣ ኣርባዕተ ብጠቕላላ ሸሞንተ ውሉድ ፈረየ። ንክልተ ሓዳሩ ከኣ ኣብተን ኣብ ዋሊኩ

350 ሰለስተ ኣዋልድ ዝኣተውኦ።

351 K.N.Trevaskis እንግሊዛዊ ኦፊሰር ኣብ ኤርትራ ዝነበረ እዩ።

352 ዓብደርሒም መሓመድዓሊ በኺት፡ ቃለ መጠይቕ ምስ ደራሲ፡9 ለካቲት 2020፡ ከረን።

ዝነበርኦ ክልተ ጀረዲን ኣስፈሩ ህይወት ይመርሕ ነበረ። ንሱ ብዘይካ'ቲ ኣብ ጀርዲኑ (ዋሊኩ) ዝነበሮ ገዛ፡ ኣብ ጫፍ ናይ ዋሊኩ ንዖና ኣብ ዘቐልቅል ከምኡ'ውን ኣብ ማእከል ከተማ እውን መንበሪ ነበሮ።

ክልተ መዓልቲ ቅድሚ ህልቂት ዖና ማለት 29 ሕዳር ንግሆ ወተሃደራት ክልተ ኣጓቡዝ ኣብ ዋሊኩ ኣብ ጀርዲን እንዳ መሓመድ ዓሊ ተሓርዱ ከም ዝነበሩ ኣቐዲሙ ተዘንተዩ ኣሎ። ድሕር እቲ ፍጻመ እቶም ኣብ ልዕሊ'ቲ ጀርዲን ዝነበሩ ዋርድያ እንዳ ማይ "ዋላ ናብዚ ድሕሪ ጀርዲንኩም ከብቲ እንተኸይደን ናብኡ ገጽኩም ከይትቕልቀሉ"[353] ዝብል መጠንቀቕታ ነታ ስድራ ሂቦማ ነበሩ። ወዲ ዓሰርተ ዓመት ዝነበረ ዓብደርሒም መሓመድ ዓሊ በኺት ነቲ ሽው ዘጋጠመ ኩነታት "ካብ ኣውቶቡስ ናይ ተሰነይ ዘውረድዎም ክልተ ሰባት ድሕሪ ጀርዲንና ተሓሪዶም ከም ዝነበሩ ሰሚዕና"[354] ይብል።

ዝኾነ ኮይኑ እቲ ኣብ ሓዘን ወዲ ሓብቱ ዑመር ኢብራሂም ኣብ ዖና ዝነበረ መሓመድ ዓሊ በኺት ነዚ ሰሚዑ ስራሕተኛታት ልኢኹ ኣብ ጥቓ'ቶም ተሓሪዶም ኣለዉ ዝተባህሉ ዝነበረት ስድራ ዒድ ንግሆ ጥቓ መቓብር ጣልያን ኣብ ዝርከብ ገዝኡ ከም ትኣቱ ገበረ። ንሱ ግን ዒድ ኮይኑ እውን ንገዛ ከይመጸ ኣብ ሓዘን ወዲ ሓብቱ ቀነየ።

ካልኣይ መዓልቲ ዒድ እቲ ኣብ ቤት ትምህርቲ ኣወዳት (ደዓሪ) ሳልሳይ ክፍሊ ዝመሃር ዝነበረ ዓብደርሒም ክልተ ክፍለ ግዜ ተማሂሩ ጉዳይ ዒዱ ክገብር ንገዝኡ እናተመልሰ ምስተን ንዖና ዝሰግራ ዝነበራ ወተሃደራውያን ማካይን ኣብ ናይ ሎሚ መስጊድ ኣሰሓብ ተጓነፉ። ዓብደርሒም ጠራዙ ደርብዩ ከዳኑ ቀይሩ ንሹቕ ክኸይድ እኳ እንተተረበጸ ንዕኣን ግን ደው ኢሉ ደኣ ኣሕለፈን። ንሱ ገዝኡ ከበጽሕን ዖና ድማ እሳት ተወሊዕዋ ድምጺ ጥያይት ክስማዕ ሓደ ኮነ። እቲ ኣብ ከረን ዝነበረ ሓፋሽ ከኣ ንህይውቱ ፈሪሁ ብራዕዲ ኣንቀጥቀጠ።

ገለ ካብ ዖና ኸምልጡ ዕድል ዝረኸቡ ውጻእ መዓት ንወገን ዖና ናብ ዝነበረት ገዛ እንዳ መሓመድዓሊ በኺት መጺኦም ተዓቚቡ። ኣብቲ ገዛ ዝጸንሑ ኣባላት እታ ስድራ ከኣ ነቲ ኣብ ዖና ዘጓነፈ ካብ ናይ ዓይኒ መሰኻኽር ሰሚዓ ተሸምቀቐት። ዓብደርሒም ካብ ብዙሓት ውጻእ መዓት ናይ ሓንቲ ዓባይ ሰበይቲ ብፍሉይ ይዝክር።"ልዕሊ 85 ዕድሚኣ ዓባይ ሰበይቲ ኣብ ጎኒ እንዳ ኣቦይ ዑመር ክሱራይ ንእሽቶ ኣጉዶ ነይራታ። ግዒዛ ዝመጸት ሰበይቲ እያ። ወዳ ዓፋ ሶቶላይ ይበሃል። ኣብ ዖና ገዛውቲ ክነድድ ሰብ ክቕተል ኣጉዶኣ

353 ዓብደርሒም መሓመድዓሊ በኺት፡ 2020።

354 ከማሁ።

ኣይነደደ ንሳ'ውን ኣይተቐትለትን። ኩሉ ጸጥ ምስ በለ ናይ ምሸት ጎስስ እናበለት ንገዛና መጺኣ። ሎሚ ክዝክሮ ከለኹ ወትሩ ይድንጽወኒ። ከመይ ኢላ ካብቲ ኩሉ መዓት ድሒና እግረም'የ" ድማ ይብል።[355]

በታ ዕለት ነቦይ መሓመድዓሊን በዓልቲቤቱን ካልኦት መቕርቦምን ዝጎነፈ ግን ኣይፈለጡን።

ከባቢ ሰዓት ሓሙሸተ ድሕሪ ቀትሪ ኣቢሉ ይኸውን በኹሪ ወዱ ንመሓመድ ዓሊ በኺት፡ መሓመድ ምስ በዓል ሮሞዳን ሙሳ፡ ሲዲ ዓብዱላሂን ካልኦት ዓበይቲ ዓድን ብላንድሮቨር ናይ ሲዲ ዓብዱላሂ ንዖና ሰገሩ። ምናልባት እዚ ድሕሪ እቲ ካብ ኰሎኔል ወላና ንጽባሒቱ ንክቐብሩ ምስ ተፈቕደሎም ክከውን ኣለዋ።

የማነ ጸጋም ናይቲ መገዲ ዝወደቑ ሬሳታት፡ ኣብ ኣፍደገ ገዝኦም ዝተቐዝፉ ቆልዑን ኣደታትን፡ ኣብ ውሽጢ ገዝኦም ዝተቓጸሉን እናተዓዘቡ ልክዕ ኣብ ኣፍደገ እንዳ ዑመር ኢብራሂም ኩሱራይ ኣብቲ እንዳ ተስካር በጽሑ። እንዳ ዑመር ኩስራይን ከባቢኣን ብሬሳታት መሊኣ መርገጺ ኣይነበሮን። ኣቦይ መሓመድ ዓሊ በኺት ምስ ሰበይቱ፡ ስድራ ቤት ዑመር ኢብራሂም፡ ካብ ዝተፈላለየ ቦታታት ናብቲ ተስካር ዝመጹን ኩሎም ብጥይት ተገፍቲኦም ብሓዊ ተሃሚኾም ጸንሕዎም። ሽው እቶም ብመኪና ዝሰገሩ ዓበይቲ ዓዲ ነተን ኣብ ዝባናም ዝነበራ ነጸላ ቀንጢጦም ንውሑዳት ሬሳታት ከደኑለን። ነቶም ዝብዙሑ ሬሳታት ግን ኣፎም ተኸፊቱ ኣዒንቶም ተጋሕጢጡ እናረኣዩ ልቦም ተሰቢሩ ንከረን ተመልሱ።

> *"ንጽባሒቱ ኣነን መንሱር[356] ሓወይን ሓደ ዕድመን ሓደ ክፍሊን ንመሃር ዝነበርና ብዋሊኩ ንዖና ሰገርና። በታ ኣብ ምዕራባዊ ወገን ዖና ዝነበረት ገዛና ምስ ኣላገስና ካብ ዓንሰባ ግዒዞም ኣብኡ ኣትዮም ዝነበሩ ብዙሓት ኣብኡ መይቶም ጸኒሖምና። ደው ኢልና ቆጺርናዮም። ሸውዓተ ቆልዓ ሰበይቲ ኣብ ኣፍደገ ገዛና ወዲቖም ነይሮም። በቕሊ ናይ ኣቦይ'ውን ኣብ መንጎኦም ተደፊኣ ነይራ። ኣቦሓጎታትና በይኖም ዝተቐበሩላ ስፍራ ምስ በጻሕና ኣቦይን ሰይቲ'ቦይን ክቕበሩ ጸኒሖምና። ኣብ ምስልምና ኣንስቲ ኣይቀብራን'የን። ሽው ግን ቆልዓ ይኹን ሰበይቲ ኩሉ ቀቢሩ"[357] ብምባል ነታ ሕሱምቲ ህሞት እናተሰቀቐ ይዝክር።*

ድሕሪ ህልቂት ዖና እተን ክልተ ስድራ እንዳ መሓመድዓሊ በኺት ናብ

355 ከማሁ።

356 በታ ዕለት ኣዲኡ መይታ ዝነበረት ሓዉ እዩ።

357 በታ ዕለት ኣዲኡ መይታ ዝነበረት ሓዉ እዩ።

ሓደ ተጠርነፉ። መሓመድ በኹሪ ወዱ ንመሓመድዓሊ ከም ኣቦ ሰይቲ ኣቦኡ ዛህራ መሓመድ ከኣ ከም ኣደ ኮይኖም ኩሎም ሓቢሮም ክነብሩ ጀመሩ። ጸገሞም ግን ብእኡ ኣይተወደአን። ድሕሪ ገለ ዓመታት መን ከም ዝደፈኖ ዘይፍለጥ ፈንጂ ኣብ ኣፍደገ ከረን ተተኩሱ ዓብዱ መሓመድ ዓሊ በኺት 'ገባሪ ኩን ወይ ድማ ገበሪ ኣምጽእ' ተባሂሉ ብጸጥታ ናይ ኢትዮጵያ ተኣሰረ። እንተኾነ ድሮ'ታ ናብ ኣስመራ ክሓልፈላ ዝተመደበት ምሸት ንሓለዋ ቤት ማእሰቲ ኣታሊሉ ወጺኡ ከይወዓለ ከይሓደረ ንሱዳን ነቐለ።

ሽዑ ወተሃደራት ብቐጥታ ጎማ እግራ ታንኪ ኣኸቲሎም ብጸላም ሰላሕ እናበሉ ንገዛ እንዳ መሓመድ ዓሊ በኺት ከበቡ። ዘሊሎም ናብቲ ካንሸሎ ብምእታው ከኣ ሓደ ሰብ ከይሰምዖም ዓብዱ ደቂሱላ ይህሉ ኢሎም ናብ ዝገመትዋ ክፍሊ ኳሕኩሑ። ፋጥና ሰይቲ ሳልሕ መሓመድዓሊ 'ሓማተይ'ያ ትኸውን' ኢላ 'መን' ከይበለት ማዕጾ ከፈተት። ወተሃደራት ንፋጥና ግዲ ኣይገበሩላን። ነቲ ኣብ ዓራቱ ደቂሱ ዝነበረ ሳልሕ ብረቶም ኣቕኒዖም ነቕነቕዎ። ኣብ ልዋም ድቃስ ዝጸንሐ ሳልሕ ኣፈሙዝ ኣብ ርእሱ ተተኺላ ርእዩ ንእለት ልቡ ተገልቢጣ ውነኡ ኣጥፍአ። ንሱ ዋላ'ኳ ወሊዱ ደቁ ዓቕሚ ኣዳም እንተበጽሐ ክሳብ'ዛ ዕለት ናይ ኣእምሮ ሕማም ኣጥርዩ ይነብር ኣሎ።

ግዳይ መሓመድዓሊ በኺት

ከተጸናንዕ ክትብል ዝጸነተት ስድራ

ኣዕጫው ፍሒሙ ረመጽ ተቐየረ
ህጻን ሽማግለ ኩሉ ዓዲ ዝነበረ
ረገፈ ከም ቆጽሊ ብሓዊ እውን ሓረረ

ኣስመሮም ሃብተማርያም

ሸኽሳልሕዓሊበኺትክሱራይኣብሓልሓልኣብቤትተውቀጥራይዘይኮነ ኣብ ማርያ፡ ቤት ጁክ፡ ምድሪ ተርቀን ካልኦት ከባቢታትን ፍሉጥ ሰብ እዩ። ኣብ ሕጊ፡ ታሪኽን ባህሊን ብሊንን ትግራይትን ከምኡ'ውን ኣብ እምነት ምስልምና ዘለዎ ዓሚቝ ፍልጠት ሓለፋ ካልኦት ጸብለል የብሎ። ኣብ ሓልሓል ብስራሕ ኣብ ዝነበርኩሉ ግዜ ንተመኩሮኡን ተዘክሮታቱን ብተደጋጋሚ ኣዕሊልና።[358] ኣብ መስከረም 2018 ከኣ ኣብ ዘመነ ክፍልታትን ቅድሚኡን ዝነበሩ ገዳይም ተጋደልቲ ታሪኾም ኣብ ዝሰነድናሉ ንተዘክሮኡ ብመደብ ሰኒድናዮ።

* * *

ኣብ መፋርቕ 1962 ካብ ጎቦታት ደብረሳላ ዝተበገሱ ተጋደልቲ ብስዒድ ሑሴንን ግንድፍልን[359] ተመሪሖም ኣብ ዝተፈላለየ ቦታታት ስርሒታት ፈዳይን የካየዱ ነይሮም። ኣብቲ እዋን ብ12 ሓምለ 1962 ኣብ ማእከል ከተማ ኣቑርደት ዝተፈጸመ ድማ ብቐዳምነት ይጥቀስ። ድሕሪ ሰሙን ካብ ናይ ኣቑርደት (18 ሓምለ 1962) እውን ተጋደልቲ መሓመድ እድሪስ ሓጅ፡ ኣቡ ጥያራ፡ ዑመር እዛዝን ካልኦትን ጸልማት ተጎልቢቦም ኣብ ሓልሓል ኣብ ሓለዋ ንዝነበሩ ዋርድያ ፖሊስ ኣጥቂዖም ክልተ ብረት መንዝዑ።[360] ህዝቢ ናይቲ ከባቢ ግን "ንደካ[361] ሽፍታ ዘሚቶማ" በለ። ተጋደልቲ ምኧኖም ኣመት ዝነበሮም ውሑዳት ግን ኣይተሳእኑን። ኣብቲ እዋን ሸኽ ሳልሕ ሓዳር ገይሩ ኣብ ዓዱ ኣብ ሓልሓል ይነብር ነይሩ። ኣብ ክረምቲ (1962) ኣብ ሓሸሻይ ፉል

358 ካብ መስከረም 2012 ክሳብ ጥቅምቲ 2016 ኣብ ሓልሓል ርእሰ መምህር ማእከላይን ካልኣይን ደረጃ ኮይነ ሰሪሐ ነይረ።

359 ኣብ ስርሒት ኣቑርደት ዝተሳተፉን ዝመርሑን ነይሮም።

360 እድሪስኖር ሑሴን ከልብ (ሰርጀንት) ቃለ መጠይቕ ምስ ደራሲ፡ 16 ሕዳር 2015፡ ከረን።

361 ደካ ብቋንቋ ብሊን ከበሳ ማለት እዩ። ሓልሓል ብደካ ትጽዋዕ እያ።

ዘሪኡ ክሎ ከኣ ምስ ተጋደልቲ ንፈለማ እዋን ተራኺቡ ኣብ ጀብሃ ተወደበ።[362] ኣብተን ዝቐጸላ ዓመታት ከኣ ንሱን ብጾቱን ንካልኦት ኣብ ምውዳብ ገዲፍ ስራሕ ዓመሙ።

"ካብ 1963 ጀሚርና ኣብ ሓልሓል ንኣምኖም ሰባት ክንውድብ ጀሚርና። ምሳይ ዝነበሩ በዓል እድሪስ ሃንገላ፡ ሳልሕ ዓፋ፡ ኢብራሂም ዑስማን ነፋዕን ካልኦትን እዮም። ዝኣመንናዮ ንውድቦ ወርሓዊ ውጽኢት ነኽፍሎ። ዳሕራይ ግዜ ግን ተጋደልቲ በዓል ሓምድ ጅምዕ ሓዞት፡ ጃብር ሓምድ ሱሌማን፡ ኣድም ዓብደላን መጺኦም ንኹለን ዓድታት ልጅና ገይሮሙለን ገንዘብ ዘዋጽኡ፡ ዝልኣኹን (ሙራስሊን) ሰሪዖሙለን። እዚ 1964 - 65 እዩ። ንመምህር ሓሰነን ዓፋ ናይ ፋይናንስ ሓላፊ ገይሮም። ንሕና ምቕባል ገንዘብ ኣቋሪጽና ሓበሬታ ኣብ ምእካብን ምትሕልላፍን ጥራይ ንነጥፍ ነይርና"[363] ይብል ሸኽ ሳልሕ።

ኣብ ዝቐጸላ ዓመታት ንሸኽ ሳልሕ መሳርሕቱ ሓደ ብሓደ ዳርጋ ኩሎም ናብ ሰውራ ተጸንበሩ። ንሱ ግን በዓል ሓዳርን ኣቦ ቆልዑትን ስለ ዝነበረ ኣብ ውሽጢ ኮይኑ ምስራሕ ቀጸለ። ካብ ሓልሓል ንበረኻን ከረንን እናተንቀሳቀሰ ንጥፈታት ከሰላስል ሸኽ ምዃኑ ጽቡቕ ጉልባብ ኮኖ። ሓንቲ መዓልቲ ኣብ ከረን ኣብ ሓንቲ እንዳ ሻሂ ብዛዕባ ሰውራ ብሕት ኢሎም ጉጅም እናበሉ ግን ጸገም ጎኒፍዎም።

"ኣብ እንዳ ሻሂ ኮፍ ኢልና እናዕለልና ተጋዳላይ ክሎ ዝፈልጠኒ "ዓሊ በኺት"[364] ፖሊስ ኣምሪሑ መጺእኒ። ኣጋጣሚ ግን ምስቲ ከዳዕ ዝመጸ ትልንቲ ኣቐዲሙ ሓልሓል ዝነበረን ኣብ ጀብሃ ወዲበዮ ዝነበርኩን እዩ። ሽዑ ትልንቲ ንዓሊ በኺት 'መን'ዩ እቲ ሰብ፧' በሎ። ዓሊበኺት ድማ 'እዚ' ኢሉ ናባይ ኣመልከትሉ። ትልንቲ ድማ 'እዚ' በሎ ናባይ እናመልከተ 'እወ ንሱ' በለ ዓሊበኺት ድማ ተኣማሚኑ። ትልንቲ ሕጂ'ውን ደጊሙ 'እዚ እዚ ሸኽና' በሎ። ዓሊበኺት እውን ተኣማሚኑ 'እወ ንሱ' በሎ። ሽዑ እቲ ትልንቲ 'እዚ እንተኾይኑስ ተጋጊኻ'ለኻ ኣጸቢቕ ዝፈልጦ ሰላማዊ ሰብ'ዩ' ብምባል ገዲፍና ከደ። ኣነ ይኹን ምሳይ ዝነበሩ ግን ትንፋስና እያ ዘይወጸት እምበር ብፍርሂ ዝተረፈና ኣይነበረን። ዓሊ በኺት ዝጠቆም ይእሰርን ይቕተልን ስለ ዝነበረ ዋዛ ኣይነበረን። ድሕርዛ ዕለት ንከረን ካብ ምእታው ተቖጢበ"[365]።

---

362 ሳልሕ ዓሊበኺት ክሱራይ (ሸኽ) ቃለ መጠይቕ ምስ ደራሲ፡ 29 መስከረም 2018፡ ሓልሓል።

363 ሳልሕ ዓሊበኺት ክሱራይ (ሸኽ) ቃለ መጠይቕ ምስ ደራሲ፡ 29 መስከረም 2018፡ ሓልሓል።

364 ዓሊ በኺት ካብ ካልኣይቲ ክፍሊ ንኢትዮጵያ ኢዱ ዝሃበ ከዳዕ እዩ። ኣብ መጨረሽታ ድማ ብምትሕብባር ሓርበኛ ሰዓድያ ተሰፉ ኣብ ከረን ተቐንጺሉ። ሓዳስ ኤርትራ ካብ 1 – 3 መስከረም 2022 ደራሲ ዘቕረቦ ጽሑፍ ምውካስ ይከኣል።

365 ከማሁ።

ምንዳድ ዓድታትን ምቕታል ሰለማውያንን ምስ ተጀመረ ብዙሓት መንእሰያት "ኣብ ገዛኻ ተዓምጺጽካ ካብ ምሟት ብሓበን ምሟት" ይሓሽ ዝብል ምርጫ ወሲዶም ናብ ሰውራ ወሓዙ። ኣብ ክረምቲ 1967 ወተሃደራት ኢትዮጵያ ካብ ዓደርደ ተበጊሶም ንጎቦታት መዓርኪ ቆሪጾም ሓልሓል ኣተው። እቲ ዕላማ ብሓልሓል ንዓንሰባ ንምውራድ'ዩ ነይሩ። ኣብ ሓልሓል ምስ በጽሑ ከኣ ንምሳሕ ዝኾና ከብትን ኣጣልን ኣዘዙ። እንተኾነ ከብቲ ናይ ሓልሓል ክረምቲ ብሰንኪ ጽንጽንያ ኣብ ዓዲ ስለዘይከርማ[366] ኣይተረኽባሎምን። ዝተኣዘዛ ሽውዓተ ኣጣል እውን ኣብ ኢዶም ከይበጽሓ ዳርጋ ጸሓይ ዓራርቦ ኮነ። ወተሃደራት በዚ ሓሪቖም ጠለቦም ዕጽፊ ወሲኾም ዓሰርተ ሰለስተ ኣጣል ንእለት ክቐርቡ ቀጢን ትእዛዝ ኣመሓላለፉ።

ኣብ መንጎ እዚ ንተስካር ሓደ ኣብ ሆስፒታል ኣብ ከረን ዝሞተ መንእሰይ ዝሕረዳ ከብቲ ካብ ቀላቕል ንዓዲ ክኣትዋ ኣማዕድዮም ረኣዩወን። 'ከህቡና ስለ ዘይፈተዉ እዮም፣' ብምባል ድማ ነቶም ኣብ እንዳ ሓዘን ዝጸንሑዎም መንእሰያት ብፍላይ ካምቻን ስረን ንዝተኸድኑ ዘበለ ብበትሪ ተማዕትዎ። ነተን ንተስካር ዝመጻ ከብቲ እውን ሓሪዶም በልዑወን። ጽባሕ ናይዛ ፍጻመ ካብ ሓልሓል ልዕሊ ዕስራ መንእሰያት ናብ ጀብሃ ተጸንበሩ። ቀውዒ 1967 ምንዳድን ምቕታልን ኮይኑ ዝተረፉ ኣርከቡ። ወተሃደራት ኢትዮጵያ ግን እቲ ኣብ ልዕሊ ሰለማዊ ህዝቢ ዘብጽሕዎ ዝነበረ ግፍዒ ንረብሓ ገድሊ ይውዕል ከም ዝነበረ ኣይተሰወጦምን። ኩሉ ኣንጻር ረብሕኦም እዩ ሰሪሑ። ናይ ኢትዮጵያ ወተሃደር ዝነበረ ተማሪኹ ነጻ ምስ ተለቀ ምስ ህዝባዊ ግንባር ዝተሰለፈ ማሞ ኣፈታ ዳሕራይ ግዜ እዩ እቲ ምስጢር በሪህሉ። ማሞ ከምዚ ይብል፥

> *ኣብቲ ግዜ'ቲ ከምዚ ዓይነት ስጉምቲ ንምውሳድ ዝለዓዓሉ ወተሃደራት ብብዙሓት ኣብ ከም ጀጋኑን ቆራጻትን ይሕሰቡ ነበሩ። እዞም ወተሃደራት 'ውላድ ተመን - ተመን እዩ' እናበሉ ኣብ ዝኸድዎ ወፍሪ ኣብ ጫካታትን በዓቲታትን ተሓቢኦም ዝረኸቡዎም ህጻናት እናቕተሉ ዝኸዱ እዮም ነይሮም። ደም ደም ዝሸትቱን ደም ዘህነፍንፉን ነበሩ። ውግእ ከበሃል ከሎ ዓይኖም ይበርህ። ዛር ከምዝተላዕሎ በዓል ውቃብ ይረስኑ። ኣብ ውግእ ዝወደቑ ኣበየ ጎቦታት ተዛሕዚሖም ተሪፎም ኣምራን ወኻርያን ዝተጻወትሎም ከምኡ'ውን ዕድል ረኺቦም ኣብ ኣብያተ ክርስትያን ዝተቐብሩ ብጾቶም*

366 ከሳብ ሎሚ ከብቲ ናይ ሓልሓል ባርካ ከሪመን ኣብ መጨረሽታ መስከረም ወይ ድማ ኣብ መጀመርታ ጥቅምቲ ኣብ ሓደ ውሱን መዓልቲ ብሓባር ይኣትዋ።

ማሞ ኣፈታ፡ ኣንቱ በእናት፡ ገጽ - 146።

እናተራእዩዎም፡ እናፈከሩን እናሸለሉን ንቕድሚት ይህንደዱ። ከም ባርዕ ይፈጥኑ። እሳት ዝተፍእ ጠበንጃኦም ኣንጠልጢሎም ካልእ ግዜ ተሓንጊጦም ንቕድሚት ይምርሹ። ሽዑ ኣብ ቅድመኦም ዝጸንሕ ወይልሑ። ......እዚ ግን ንህዝቢ ኤርትራ ኣፈራሪሑ ኣየጽዓዶን።" ይብል።

መጨረሽታ ብኹሉ ወገን መሬት ሓዊ ምስ ተፍአት፡ ሽኽ ሳልሕ ደቁ ንከረን ናብ ጓል ሓወቦኡ ኣጸጊዑ ንሱዳን ኣቕንዐ።"ካልኣይ ገጽ ምንዳድ ምስ ጀመረ ደቀይ ናብ ጓል ሓወቦይ ከድኻ ሓምድ ሰይቲ ሓሰነን ዓፋ ኣጸጊዐ ንሱዳን ተበጊሰ። ናብቲ ሓወይ ዝነበሮ መፋዛ ከይደ። ኣብቲ ዖና ዝሃለቕትሉ ግዜ ኣብ መፋዛ እየ ነይረ። ስድራይ ንተስካር ወዲ ሓወቦይ ዑመር ኢብራሂም ክሱራይ ክሳተፉ ናብ ዖና ስጊሮም ጸኒሖም። ኣደይ ምስ በዓልቲ ቤተይን ሽድሽተ ደቀይን ኣብቲ ሓዘን ቀንዮም ንከተማ ከምለሱ ክብሉ ሓደጋ ወሪድዎም" ይብል[367]

ንሽኽ ሳልሕ ኣደኡ ኣምና ዑስማን መርከ በዓልቲ ቤቱ ዛህራ ጅምዕ በኹሪ ወዱ መሓመድ ጓሉ ዓዚዛ ከምኡ'ውን ንኣሽቱ ዝነበሩ ዓብደናስርን ጃዕፈርን ሹዱሽተ ትንፋስ ኣብ ሓንቲ ህሞት ብጥይት ተመንኪሎም ብሓዊ ተቓጸሉ። ንስክላ ካብ ሞት ዝተረፈ ኣቡበከርን ዓሊ በኺትን ጥርሑ ኣብ ዝነበረ በርሚል ተሓቢኦም ህይወቶም ከም ዘትረፉ ሽኽ ሳልሕ የዘንቱ። እዞም መዓልትኹም ብድሕሪት ኣሎ ዝተባህሉ ክልተ ህጻናት ተኹሲ ምስ ኣቋረጸ ካብ በርሚል ወጺኦም ብሰላም ንከረን ካብ ዝኣተው ውሑዳት ካብ ብሱል ጥረ ነበሩ።

ኣብ ሱዳን ኣዋርሕ ጥራይ ገይሩ ዝነበረ ሽኽ ሳልሕ ነቲ ካብ ኤርትራ ዝተላእከ ሕማቕ ስማዕ ከሰላ ሓሊፉ ኣብ መፋዛ መጸ። "ኣምላኽ ሓያል ጽንዓት ኣውሪድለይ 'ኣምላኽ ስለ ዝጸሓፈሎም እዩ' ብምባል ንነብሰይ ኣረጋጊአ። ዘይነብ ጓል ኣኮይ 'ምሳኻ ተሰኪምካ እንተተምጽኦም ኣይሙሞቱን' ኢላትኒ። ኣነ ድማ 'ሒዘዮም እንተ ዝብገስ ብመኪና ክንከይድ ውዒልና ኣንሓር ሓሊፍና ሙፋዛ ከይበጻሕና ተጻዒንናያ ዝነበርና መኪና ምተገልበጠት'ሞ ኩሎም መይቶም ኣነን እቶም ክልተ ቆልዑን ጥራይ ምተረፍና' ኢለያ። ኣበሃህላይ 'ኣምላኽ ስለ ዝጸሓፈሎም ኣይቅየርን'ዩ'" ንምባል እምበር ናይ ሽድሽተ ትንፋስ መርድእ ኣብ ሓደ ግዜ ክትሰምዕ ቀሊል ኣይነበረን" ይብል። ንዓመታት ዝሃነጸ ስድራ ብዘይ ዝኾነ ኣበሳ ኣብ ሓንቲ ረፍዲ ሃደሽ ደሽ ኢላ ኢያ ፈሪሳቶ። ከምኡ ኢሉ ግን ኣይተረፈን። ኣምላኽ ከም ኢዮብ ደቢስዎ እዩ።

---

367 ሳልሕ ዓሊበኺት ክሱራይ፡ 2018።

“እስማዒል እድሪስ መርከ ዝበሃል ካብ ኣቦ ዝቐርብ ኣኮ ነይሩኒ። ካብ ህልቂት ድሕሪ ክልተ ዓመት ሱዳን ከለኹ ጓል ሰብ ሓቲቱ ኣብ ኤርትራ መርዓ ጌሩለይ። ንመርዓተይ ምስ ሓብተይን ዓሊበኺት ወደይን ናብ ዝነበርኩዎ ሰዲድዎም። ጸኒሑ ንወደይ ኣቡበከር’ውን ሰዲዱለይ። ዳግማይ ካብ ዝተመርዓኹዋ ሓሊማ መሓመድ ሕመድ ሸሞንተ ኣዋልድን ኣወዳትን ወሊደ። ሎሚ ኣብ ከሰላ ምስ ዝቕመጡ ዘለው ውጹእ መዓት ህልቂት”[368] ወሲኽካ ደቂ ደቀይ ንምርኣይ በቒዐ ኣለኹ” ይብል ሸኽ ሳልሕ ዓሊ በኺት ክሱራይ።

ሸኽ ሳልሕ ዓሊ በኺት

ሸኽ ሳልሕ ዓሊ በኺት ምስ ውጹእ መዓት ደቁን ደቂ-ደቁን

368 ከማሁ።

ደም ሹማምንትን መሻይኽን

እታ ዘኸታም ጓል ያና እናበኸየት በይና ዝተረፈት
ደም ሹማምንትን መሻይኽን ክዛሪ ብዓይና ዝረአየት
ሕኒኣም ክትፈዲ በረኻ ወፊራ ዘይተመልሰት

በኺታ ዓሊ

ነታ 'ያና'[369] ዘርእስታ ደርፊ ናይ በኺታ ዓሊ ክሰምዕ እንከለኹ ወትሩ ፍሉይ ስምዒት እየ ትፈጥረለይ። ንእለት ትካዘን ምስቁርቋርን ወሪሩ ባህ ናብ ዘየብል ስምዒት ትሸመኒ። እንተኾነ ግን ንበኺታ ብህያው ክትድርፉ ርእየን ሰሚዐን ብድምጺ'ውን ደጋጊመ ሰሚዐያ ከብቅዕ ብዘይካ 'ያና ያና ያና ካብ ልብና ኣይትርሳዕን' ትብል መስመር ካልእ ፍረ ነገር ኣይሓዝኩላን።

ዳሕራይ ግዜ፡ ኣብ 2017 ደርፊ "ያና" ኣብ መጽሓፍ ግፍዒ ብትግራይት ከምኡ'ውን ብትግርኛ ተተርጕማን ተጻሒፉን ምስ ነበብኩዋ ግን ምሉእ ትሕዝቶኣ ብንጹር ተረዲኣ። ኣብ መሰርሕ ናይ'ዚ ዕዮ ድማ ካብኣ ሓንቲ መስመር ቦጥቀለ ከም ኣርእስቲ ናይ ሓንቲ ዛንታ ክጥቀመላ ወሲነ ን'ደም ሹማምንትን መሻይኽን'። ደረስቲ ናይዛ ደርፊ ናይቶም ኣብዛ ዓንቀጽ ታሪኾም ዝዝንቶ ሹማምንትን መሻይኽን ኣፍልጦ ነይሩዎምዶ ኣይነበሮምን ዘረጋገጽኩዎ የብለይን።

ብርግጽ ኣብ ያና ሸኽን ሹምን ደሞም ንኸንቱ ተኺዕዩ ዓጽሞምን ስግኦምን ብሓዊ ተቓጺሉ እዩ። ኣብ ተስካር ኣቦይ ዑመር ኢብራሂም ዝተቐዝፉ ፊተውራሪ መሓመድ እስማዒል ካብ ዓድ ሹም ማርያ ጸላም፡ ከሊፋ መሓመድ ዓብደላ - ሹም ቀቢላ ዓገር ከምኡ'ውን ሸኽ ሱሌማን እስማዒል ብቑዕ ኣብነት ናይዚ ዛዕባ እዮም።

ምስ እዚ ዛዕባ እዚ ብዝተኣሳሰር ነተን ካብዝን ካብትን ዝኣኻኸብክወን ሓበሬታ ሒዘ ፈለማ ከዘራርቦ ዝፈተንኩ መርሑም (ነፍስሄር) ኣደም

369 ኣሕመድ መሓመድ ዑስማን ወድ ሸኽን መሓመድ ዓብደላ ሳልሕን ዝደረስዋ ደርፊ ኣብ 1997 ብምኽንያት እቲ ብደረጃ ሃገር ኣብ ከረን ዝተዘከረ መዓልቲ ስውኣት እያ ኣብ ጂራ ፎዮሪ ንፈለማ ግዜ ተደሪፋ።

ፊተውራሪ እዩ። ኣደም ንዝያዳ ሓበሬታ ምስ ዓቢ ሓዉ ከራኽብበኒ እዩ መሪጹ። ምስ ኣሕመድ ብመገዲ ኣደም ኣብ መውገፍ ሳሕል ኣብ ትርከብ ዱኳን ናይ ኣደም ተራኺብና። ኣቐዲሙ ምስ ምዕባዩ ሓው ከራኽበኒ ምኺኑ እንተዘይሕብረኒ ንዋጮ ነብስን ቁንጹብ ኣካላት ኣሕመድን ርእየ ካብ ኣደም "ይንእስ" ኢለ ካብ ምውርራድ ድሕር ኣይምበልኩን። ኣሕመድ ኣብ ሕርሻ ኣደም ድማ ኣብ ንግዲ ተዋፊሮም ዝነጥፉ ደቂ ሓደ ሰብኣይን ሓንቲ ሰበይትን ኣሕዋት እዮም። ግልል ኢልና ከነዕልል ካብ ዱኳን ኣደም ናብ ሓንቲ ካብተን ኣብ በሪኽ በራንዳ ተሰሪዐን ዝርከባ እንዳ ሻሂ ከይድና ተቐመጥና። ከምዚ ክብል ድማ ኣዕለለኒ።

"ኣቦይ ዓስከር ጣልያን'ዩ ነይሩ። ኣብ ማርያ ጸላም ቀዳመይቲ ሰድራ ነይራቶ። ኣብ ዕስክርና ከሎ ምስ በዓል ከሸለሪ ኢድሪስ ልጃም (ሹም ሰኹና) ካቫለሪ ዓበ ነደል ምስሌነ ቤት ተውቀ ዝነበረ ጽቡቕ ፍልጠት ነይሩዎ። ጣልያን ተሳዒሩ ኣቦይ ከረን ምስ ተመልሰ ካቫለሪ ኢድሪስ 'ሕጂ ንሃገረ ሰብ ምምላስ ኣይጠቕመካን'ዩ' ኢሉዎ። ኣቦይ ድማ 'ሰድራ ኣሎኒ ከብቲ'ውን ኣለዋኒ ኣብዚ እንታይ ከገብር፧' ኢሉዎ። ካቫለሪ 'ደሓን ካብ ንማርያ ጸላም ትምለስ ንትፈትዎ ዓርከኻ ትፈትዎኢኻ ትህቦ' ብምባል 'ኣብ ዋሊኩ ዘላ ግራተይ ሂበካ'ለኹ' ኢሉ መዓል 17 ጽምዲ ዝኸውን ናይ ሕርሻ መሬት ሂቡዎ። ዳሕራይ'ውን ግራዝማች ኢብራሂም ርባጥ - ጭቃ ዓዲ ብርሃኑ ዝነበረ መሬት ወሲኹዎ። በዚ ድማ ኣብ ከረን ካልኣይቲ ሰበይቲ ተመርዕዩ ኣነ ኣብ 1952 ኣብ ዋሊኩ ተወሊደ። ከሳብ ግዜ ህልፈት ድማ ኣብኡ ንቕመጥ ነይርና"[370]።

ድሮ ዒድ ኣብ ዝነበራ መዓልታት በዓል ኣቦይ ዑመር ምስ ተቐትሉ ብዙሓት ኣብቲ ከባቢ ዝነበሩ ሓረስቶት ካብ ፍርሂ ዝተላዕለ ንደምበታቶም ገዲፎም ንከተማ ኣትዮም። በዚ መሰረት ፊተውራሪ'ውን ድሮ ዒድ ኣብ ዝነበረት መዓልቲ 'ኩነታት ኣይዓጀበንን' ብምባል ንስድራኡ ካብ ዋሊኩ ንበተርየት ኣስገሮም። ወትሩ ገለ ባህ ዘይብል ምንቅስቃስ ከዕዘብ ከሎ ዝገብሮ ልሙድ ነገር'ዩ። 'መሬት ደሓን ኮይኑ' ኢሉ ኣብ ዝሓሰበሉ ከኣ ንዋሊኩ ይመልሶም። በዚ መሰረት እንዳ ፊተውራሪ ዒድ ኮነ መዓልቲ ህልቂት ኣብ በተርየት ጸንሑ።

መዓልቲ ዒድ ከባቢ ሰዓት 5፡30 ድሕሪ ቀትሪ ወተሃደራት ዝጸዓና መካይን ብመገዲ ማርያም ደዓሪ ከወሪዳ ኣሕመድን ስድራኡን ኣብቲ ኣብ

370 ኣሕመድ መሓመድ እስማዒል፡ 2019።

ጎኒ ብሎኮ ኣፍዓበት ዝተኸልዋ ኣብሎ ኮይኖም ይከታተልወን ነበሩ። እቶም ወተሃደራት ፍርቆም ብእግሮም ካብ እንዳ ዲፖንቲ ዝተረፉ ድማ ብመካይን ብእንዳ ኢንኮዶ ተጠውዮም ናብ ዖና ኣቐኒዖም ኣብ ዖና ተኹሲ ከፈቱ። ኣብቲ ህሞት እንዳ ፊተውራሪ ይኹኑ ምስኦም ዝነበራ ዓሰርተ ዝኾና ስድራቤታት ብስንባደ ዝገብርኦ ጨነቐን። እንተኾነ ተኹሲ ነዊሕ ከጸቀጸለ ኣቋሪጹ ወተሃደራት ብመካይንን ብኣጋርን ተዛንዮም ንከተማ ከምለሱ በዓል ኣሕመድ ካብ ጽርግያ 50 ሜትሮ ኣብ ዘይርሕቅ ቦታ ኮይኖም ተዓዘብዎም።

ወተሃደራት ኣብ ዖና እናተኮሱ ኣቦይ ፊተወራሪ ንወዱ ዝተዛረቦ ኣገዳሲት ነጥቢ ነይራ። ኣቦይ ፊተውራሪ ነቲ ተኹሲ ጽን ኢሉ ክከታተል ድሕሪ ምጽናሕ "እዞም ሰባት (ወተሃደራት) ባዕሎም ንባዕሎም እዮም ዝትኩሱ ዘለዉ። ናይ ኣንጻር ግብረ መልሲ የብሎምን" በሎ።

ፊተውራሪ ኣብ ግዜ ጣልያን ከብ ዝበለ ወተሃደራዊ መዝነት ዝነበሮ ሰብ እዩ። ኣካል ናይቲ መግዛእታዊ ሓይሊ ኮይኑ ኣብ ብዙሕ ቦታታት ተዋጊኡ ዘዋግአን። ጣልያን ተሳዒራ እንግሊዝ ኣብ ኤርትራ ከተመሓድር ምስ ጀመረት ከኣ ከም ሚኒችፒዮ ኮይኑ ሰሪሑ። ኣሕመድ ነቲ ኣቦኡ ኣብ ዕስክርና ጣልያን ዝነበሮ መዝነት እንታይ ምንባሩ ምስ ሓተትኩዎ ከረዳኣኒ ነቲ ኣብ መንጎ ሓደ እንግሊዛዊ ኣፊሰርን ኣቦኡን ዝተገብረ ዝርርብ እዩ ኣዕሊልኒ።[371]

ሓደ መዓልቲ ፊተውራሪ ኣብ ስራሕ ኣብ ዝነበረሉ ሓደ እንግሊዛዊ ኣፊሰር ናብቲ ንሱ ዝነበሮ ከመጾ ጸውዖ። ፊተውራሪ ግን ከም ዘይሰምዖ ኣስቀጠ። ሽዑ እቲ እንግሊዛዊ 'እዚ ሰብኣይ ጸማም ክኸውን ኣለዎ' ብምባል ሰብ ልኢኹ ኣጽውዖ። ፊተውራሪ ግን 'ነዚ ዘለኹዎ ቦታ ብዘይ ሰብ ክገድፎ ስለ ዘይክእል መጀመርታ ሰብ ኣምጽኣሉ ክመጸካ በሎ' ብምባል ነቲ ልኡኽ ናብቲ ለኣኺ ይመልሶ። ልኡኽ ከም ዝተባህሎ ገይሩ፡ እቲ እንግሊዛዊ ድማ 'ንሰኻ ኣጽንሓሉ'ሞ ንሱ ይምጻእ' ኢልዎ ፊትወራሪ ናብቲ እንግሊዛዊ ከደ።

'ንዓ እናበልኩኻ ስለምንታይ ዘይትመጽእ፧' በሎ እቲ እንግሊዛዊ ኣፊሰር ተታእኒኑ።

ፊተውራር ድማ 'እዚ ኣነ ሒዘዮ ዘለኹ ስራሕ (ዋርድያ) ብዘይ ሰብ ክተርፍ ይኽእል ድዩ፧' ተገልቢጡ ሓተቶ። ብተግባራቱን ኣዘራርብኡን ዝተገረመ ኣፊሰር ቅሩብ ስገጥ ብምባል 'ወተሃደር ጣልያን ነይርካ ዲኻ፧' ተወከሰ። ፊተውራሪ፡ 'እወ ነይረ'። ሽዑ ኣፊሰር ዘረባ ቀይሩ 'እም ንሕና'ዶ ንሓይሽ ጣልያን' ኣእዛኑ መንገስ ክሰምዓ እዩ ትጽቢቱ። ፊተውራሪ ግን

---

371 ከማሁ።

ክመሳሰል ኣይፈተነን። 'ካባኹም'ሲ ጣልያን ይሕሹ' ተኣማሚኑ መለሰ። እቲ እንግሊዛዊ ግን ብዓይኑ ንዕቀት እናጠመቶ 'እንታይ ገይሮሙልካ ኮይኖም ደኣ ጣልያን ዝሓሹ' ዝያዳ መብርሂ ሓተተ።

'ምሳይ ጽቡቕ ነይሮም ካብ ዝወሃብ ሽመት ናይ መወዳእታ (ፊተውራሪ) ሂቦምኒ። ወተሃደር ነይሩኒ በቕሊ'ውን ነይራትኒ። ንእሽቶ ማስኬተትን ሽጉጥን ከኣ ነይረናኒ። ክብረት ድማ ነይሩኒ ፊተውራሪ እናበሉ ይጽውዑኒ ነይሮም። ኣብ በቕለይ ክስቀል ከደሊ ከለኹ እቲ ወተሃደር ንበቕለይ ይሕዘለይ'ሞ ይስቀል ነይረ' በሎ ግዜ ኮይኑ እምበር ሎሚ ንስኻዶ ምእዛዝካኒ ዝብል እንክመስል። ኣፊሰር ቅጭ መጺኦ 'እሞ ስለምንታይ ደኣ ገዲፎምኻ ከይዶም፡ ምስኦም ዘይከድካ' ንሱ እውን ከንቱ ኢኻ ጸሚኻ ብዘምስል ናይ ንዕቀት ኣጠማምታ እናጠመቶ። ፊተውራሪ ድማ 'ኣብ ዓደይ መጺኦምኒ ኣብ ዓደይ ከኣ ገዲፎምኒ። ናበይ እየ ዝኸይድ፧' መለሰሉ እንግሊዝ'ውን ኣሰር ጣልያን ክስዕቡ ምኺኖም ብዝእምት ኣዘራርባ። እቲ እንግሊዛዊ ሽዑ 'ኢድካ ሃበኒ' ብምባል ንየማናይ ኢዱ ጨቢጡ ነዝነዞ። 'ንብጻዩ ብድሕሪኡ ዝምጉስ ቅኑዕ'ዩ፡ ንስኹም ትሕሹ ክትብለኒ ይጽበ ነይረ ድሕሪ ሕጂ ዋርድያ ከይትኸውን' ብምባል ናብ ዝሓሸ ስራሕ ከም ዝቐየሮ ኣሕመድ ኣዕለለኒ።[372]

* * *

ዝኾነ ኮይኑ ኣብ ካልኣይቲ መዓልቲ ዒድ ኣሕመድ ቀልጢፉ ንከተማ ተመሊሱ ዒድ ከስተማቕር መታን ኣንጊሁ ጀርዲኑ ወፊሩ። ብሰንኬሎ እናገለለ ጀርዲኑ ኣስተዩ ክውድእ ክብል ከሎ ከኣ ኣቦይ ፊተውራሪ ኣርከቦ። ኣብ ማእከል ጀርዲን ተዘዋዊሩ ክርኢ ጸኒሑ ድማ 'ኣሕመድ' ኢሉ ጸውዖ። 'ኣብየት ኣቦ' መለሰ ኣሕመድ ኣቦኡ ዝብሎ ከገብር ድሉው ምንባሩ ብዘርኢ መንፈስ። ኣቦ ነታ ኣብ ትሕቲ ካልእ ዓባይ ተኸሊ ቦቝላ ዝነበረት ንእሽቶ ተኸሊ ብበትሩ እናመልከተ 'ነዛ ተኸሊ ፍሒርካ ኣውጽኣያ' ኣዘዞ። ኣሕመድ 'ሐራይ' ኢሉ ዝተኣዘዞ ገበረ። 'ሓድሽ ጉድጓድ ኣብዚኣ ኩዓት' ሕጂ'ውን በታ ኣብ ኢዱ ዝነበረት በትሪ ትትከለሉ ቦታ ኣመልከተሉ። ኣሕመድ ነታ ብጥንቃቐ ፍሒሩ ዘውጽኣ ካዝሚር ኣብ ዝተባህሎ ቦታ ብጥንቃቐ ተኸላ። 'ማይ ኣስትያ' ኢልዎ እናስተያ ከሎ ብጎኒ ጀርዲኖም ዝሓልፍ ዝነበረ ከሊፋ መሓመድዓብደላ 'ኣሰላም ወዓለይኩም፡ ዒድ መብሩክ' ኢድሃየ ድምጹ ኣበረኹ። ፊተውራሪ እውን ተቐቢሉ 'ወዓልይኩም ኣሰላም ዎርሕመታላህ ወበረከቱ፡ ኣላህ ይባርከ ፊኩም ከሊፋ' ብምባል ንውሕ ዝበለ ናይ ምርቓ ቃላት ነንሓድሕዶም ተለዋወጡ።[373]

---

372 ከማሁ።

373 ከማሁ።

ፊተውራሪ ገና ኣብ ውሽጢ ጀርዲን ከሊፉ ከኣ ከንዮ ሓጹር እዮም ነይሮም። 'ናበይ ተበጊስካ ከሊፉ' ሓተተ ፊተውራሪ። 'ናብ መሓመድ ዓሊ በኺት ናብ'ዛ ተስካር ወዲ ሓብቱ ክበጽሕ' መለሰ ከሊፉ ድማ። 'እሞ ብሓባር ክንከይድ' ኣነ'ውን ናብኡ እየ ብምባል ተበገሰ። ኣሕመድ ነቡኡ ሓጹር ኣልዒለ ካብ ጀርዲን ምስ ኣውጽኦ ክልቲኦም ተሰዓዒሞም ብመንገ ጀርዲን እንዳ እድሪስ ኣማንን እንዳ ዶምኒኮ ኦርቶላን ንደና ተውጽኦ ዓቕብ ሓዙ። ገና ካብ ዓይኒ ኣሕመድ ከይተኸወሉ ሽኽ ስሌማን እስማዒል ተቐቢልዎም ተሰዓዒሞም ንሱ'ውን ኣንፈቱ ቀይሩ ምስኦም ንደና ገጹ ተገልበጠ።

ኣሕመድ ርእሱ ኢዱን እግሩን ተሓጸጺቡ ንሹቕ ክብገስ ክብል ሽድሽተ ዓበይቲ ወተሃደራት ዝጸዓና መካይንን ሓንቲ ጅፕን ብፍጥነት ንደና ክሰግራ ርእዩ ኣቓልቦኡ ናብኣን ገበረ። በቲ እዋን ወተሃደራት ዝሓዛ መካይን ርኢኻ ካበይ መጺኣን ናበይ ይኸዳ ከይፈለጥካ ሽለል ኢልካ ብፍጹም ኣይትሕለፍንን ኢኻ። ስለ ዝኾነ ድማ ኣሕመድ ብኣንክሮ ተኸታተለን። እተን መካይን ኣብ ዕዳጋ ከብቲ ውሑዳት ወተሃደራት ኣውሪደን ንቕድሚት ቀጸላ። ሽዑ ካብ ደቓይቕ ናይ ካልኢታት ፍልልይ ክበሃል ኣብ ዝኽእል ናይ ግዜ ፍልልይ ድምጺ ፈኮስትን ከበድትን ብረታት ብደና ንምድሪ ሰማይ ኣናወጾ።

ቅሩብ ጸኒሑ ድማ ከንዮ እቲ ንደና ዝኸውል ኩርባ ንሰማይ ዝዓርግ ትኪ ተዓዘበ። ኣብ ተመሳሳሊ ግዜ ኣብ ልዕሊ እንዳ እካዴቶ ኣብ ጎኒ ካልኣይ ደረጃ ቤት ትምህርቲ ከረን ትርከብ እንዳ ዋርድያ ናይ ማይ እውን ካበይ ዝወረደ ምኺኑ ዘይፈለጦ ሓዊ ተኺዕዩ ንደና ተኸቲላ ክትነድድ ኣሕመድ ተዓዘበ። ንሱን መሓመድ ዓሊ ህብቴስ ዝበሃል ሰብኣይን ግን ኣብ ውሽጢ እታ ጀርዲን ኣብ ዝነበረት ሕመረት ተሓብኡ። ገና ደና እናተቓጸለት ሓንቲ ሰበይቲ ካብ ከረን 'ዃለይ ሓራስ'ያ ዃለይ ሓራስ'ያ' እናበለት ንደና ክትሰግር ንሶም ብዝነበሩዎ መጸት። ኣቦይ መሓመድ ዓሊ ህብቴስ ነታ ሰበይቲ ሒዞ 'ዃልኪ ኣምላኽ ኣለዋ ንስኺ ተመለሲ ኣብ ሓዊ ኣይትእተዊ' ብምባል ንቤት ትምህርቲ ደዓሪ ገጹ መለሳ።

እታ ኣደ ግን ሓራስ ጓላ ኣብ እሳት እናሞሮቐት ሱቕ ኢላ ክትርኢ ነብሳ ኣይገበረላን። ተጠውያ ብጀርዲን እንዳ ዓሊ ሓሰን ኢብራሂም ሰጊራ ንደና ኣብ ዘቐልቅል በሪኽ ክትበጽሕ ኣሕመድን መሓመድ ዓሊ ህብቴስን ካብ ርሑቕ ረኣይዋ። ክንዮኡ ግን ኣይሓለፈትን ካብ ፎርቶ ዝተተኰሰ ጥያይት ወቒዑ ኣውደቓ። ኣሕመድ ነታ ሰበይቱ ዘኪሩ ክዛረብ ከሎ "ከምዛ ሎሚ ኮይና ትርኣየኒ፡ ጸዕዳ ክዳን ተኸዲና ነይራ።"[374]

374 ከማሁ።

ይብል ሕማቕ እናተሰምዖ። ኣብቲ ህሞት ብዙሓት ዝገብርዎ ይፈልጡ ኣይነበሩን። ገለ ብተኣምራት ካብቲ መዓት ይወጹ፡ ገለ ድማ ጠኒኖም ናብቲ ሓዊ ይኣተዉ።

ንኣሕመድ ወላዲቱ ተኹሲ ክጅመር ዋሊኩ ስጊረን ጸንሓ። ዖና ክትጠፍእ ርእየን እናወደቓን እናተንስኣን ናብቲ ሩባ ወሪደን ተኺሊለን ኣሕመድ ናብ ዝነበሮ ጀርዲን በጽሓ። ካብ ርእሰን ፈልየንኦ ዘይትፈልጣ መጎልበብ እውን ምስኣን ኣይነበረትን። ብፍርሂ እናኣንቀጥቀጣ "ኣለኻ፧" በልኦ ንወደን ብዓይነን እናርኣይኦ። 'እወ'ለኹ' መለሰ ኣሕመድ ውጅህ ን ርእዩ እናተሸቑረረ። 'ኣቦ'ኻ'ኸ፧' ወሰኻ ገና ኣንቅዓ ኣንቅዓ እናስተንፈሳ። ኣሕመድ ኣቦኡ ምስ ተዘከረ ብስንባደ ልቡ ተመሸተት። ዕድል ናይቲ ኣብ ናይ ደቓይቕ ፍልልይ ንዖና ዝሰገረ ኣቦኡ ብዓሂ መዓንጣ ከብዱ ቆሪጽዎ ነይሩ። 'ዖና ስጊሩ' በለ ንብዓቱ እናቛጸረ። 'ዖና ከይዱ፧ ከላስ መይቱ እዩ'ሞ' መለሳ ናብቲ ካብ ዖና ተንሲኡ ንሰማይ ዝዓርግ ትኪ እናቋመታ።

ንጽባሒቱ በዓል ኣሕመድ ተማሃሮ ሰከንደሪ[375] ንዖና ክሰግሩ ረኣዩ። "ኣዋልድን ኣወዳትን 'ከይትኸዱ' ተባሂሎም ከለዉ ኣዋልድ መጎልበበን ኣብ መዓንጥአን ኣሲረን ክሰግራ ምስ ርኣና ንሕና'ውን ተቢዕና" ይብል እሞ ዖና ምስ ሰገሩ ዝጎነፎም የስዕብ። "ኣቦይ ካባና ተፈልዩ ሓዲሩ ኣይፈልጥን። ሬሳኡ ከይተቐብረ ዝሓደረላ ለይቲ ከይደቀስና ሓዲርና። ንጽባሒቱ ኣብ ዖና መርዑት ምስ ቆልዑተን፡ ብዙሓት መሳቱና መይቶም ምስ ርኤና ግን እንቋዕ ንሕና'ውን ተረፍና ኢልና። ኣብ'ቲ እንዳ ተስካር፡ ኣቦይ መሓመድ ዓሊ በኺት ምስ ሰበይቱ ኣብ ኣፍ ደገ'ቲ እንዳ ተስካር ወዲቖም ጸኒሑምና። ሰይቲ ኣቦይ ዑመር ምስ ደቃ። እቶም ምስ ኣቦይ ንዖና ዝሰገሩ ከሊፋ መሓመድዓብደላን ሸኽ ስሌማን'ውን ነዲዶም ነይሮም ግን ኣለሊናዮም። ልብና ጠፊእና'ምበር ብዙሕ ሬሳታት ነይሩ። በዓል ኣቦይ ፈለማ ብጠይት እዮም ተቐቲሎም። ድሕሪኡ ነዲዶም። ነቦይ ምስ ገልበጥናዮ በታ ወዲቑዋ ዝነበረ ጥራይ ቁልፉ ከይነደደት ጸኒሓ። ካልእ ኣካላቱ ነዲዱ ቅርጹ ከቢብ ተቐይሩ ጸኒሕና። ብነጸላ ወላዲተይ ኣልዒልና ኣብ ዓራት ጸርናዮ። በታ ቅድሚኡ መዓልቲ ዝሰገረላ መገዲ ናብታ ኣብ ብሎኮ ኣፍዓበት ዘላ መቓብር እምበረሚ ኣምጺእና ቀቢርናዮ"[376] ድማ ይብል።

ድሕሪ ቀብሪ ወግዒ ሓዘን እዩ ዝቕጽል። ኣብ እንዳ ፈተውራሪ ግን

375 ኣብ ከረን ኣብዚ ግዜ እዚ (2024) ኣርባዕተ ካልኣይ ደረጃ (2ይ ደረጃ ከረን፡ ቅዱስ ዮሴፍ፡ ሮራ፡ ማዕሓድ ዓንሰባ) ይርከባ። ሰከንደሪ ዝብል ልሙድ መጸውዒ ግን ነታ ኣብ 1949 ናይ መጀመርያ ካልኣይ ደረጃ ቤት ትምህርቲ ብሃጸይ ዳዊት ትጽዋዕ ዝነበረት ይውክል።

376 ከማሁ።

ግቡእ ሓዘን ኣይነበረን። ፈተውራሪ ዝኣክል መይቶም ካብ መበቆል ዓዱ ካብ ማርያ ዝመጸ ኣይነበረን። ሓዘን ኣብ ነፍሲ ወከፍ ገዛ ነጊሱ መን ንመን ከድብስ። "መን'ዩኸ ከመጸና፡ ክመጹና እንተሓሰቡ እውን ብኸመይ፡ ኣብ ዓድና ካባና ዝኸፍእ እምበር ዝሓይሽ ኣይነበረን። ቅሩብ ዝዝክሮ ዓብደላ ሓወይ ከልዋ (ቁርኣን) የምህር ነይሩ። ሓንሳብ ተማሃሮ ገዛና መጺኦም ክቐርኡ እዝክር። ካብ ሹቕ ንዕኡ ዝፈልጡ እውን ዝመጹ ነይሮም። ግቡእ ከማን ኣይገበርናን። ኣነ ንክልተ ወርሒ ዝኣክል በቲ ኣብ ዖና ዝጨነወኒ ተዓጽየ መኣዲ ክቐረብ ከለኹ ንሱ ጥራይ እናጨነወኒ ምብላዕ ምስታይ ስኢነ ነይረ"[377] ይብል ኣሕመድ።

ካብ ህልቂት ዖና ድሕሪ ኣስታት ሓደ ዓመት ኣቢሉ፡ ኣሕመድ ምስ ካልኣዩ ኣብ ዋሊኩ ኣብ ግራቶም ቃንጫ ይዓጽድ ነበሩ። በዓል ኣሕመድ ዘይፈለጥዎ ወተሃደራት ካብ ዋሊኩ ንወገን ሰሜናዊ ምዕራብ ኣብ ኣቤትጋኻ ሰብ ቀቲሎም ነበሩ። ኣሕመድን ካልኣዩን ካብ ምዕጻድ ቃንጫ ኣብ ትሕቲ ገረብ ኣዕሪፎም ከለው ብኣብየትጋኻ ክልተ ወተሃደራት መጽኡዎም። ካብቶም ክልተ እቲ ጸሊም ሕብሪ ዝነበሮ ወተሃደር ቃል ከየውጽአ ብረቱ ኣቀባቢሉ ናብኦም ኣቕንዓ። ኣሕመድን ብጻዩን ኮፍ ካብ ዝበልዋ ምንቕ ኣይበሉን። ብፍርሂ ዝብልዎን ዝገበርዎን ፈእዎም ጥራይ ኣቕባሕብሑ። እንተኾነ ግን እቲ ቀይሕ በዓል ሽጉጥ ወተሃደር ተቐላጢፉ ነቲ ብረቱ ኣቀባቢሉ ክቕትሎም ዝዳሎ ዝነበረ ወተሃደር ብኢዱ ሓዞ። ብኣፉን ብኢዱን ሓዊሱ ከኣ 'ሂዱ ሂዱ' እናበለ ክሃድሙ ንበዓል ኣሕመድ ሓበሮም። ኣሕመድን ብጻዩን እናወደቑ እናተንስኡን ጀርዲን እንዳ ፍረ ሓሊፎም ካብ ሞት ኣምለጡ። "ክልቲኦም ኣምሓሩ'ዮም ኩሎም ግን ይቐትሉ ነይሮም ማለት ኣይኮነን። ርህሩሃት ዘድሕኑ'ውን ነይሮም" ብምባል ኣሕመድ ነቲ ህይወቶም ዘድሓነ ወዲ ሓላል መሪቑ ዛንትኡ ይዛዝም።[378]

* * *

ምስ ኣሕመድ ዝነበረኒ ጻንሒት ወዲኣ ንስድራቤት ከሊፋ መሓመድዓብደላን ሸኽ ሱሌማንን ኣብ ምንዳይ ሰጊረ። እድሪስ ኩማንዱሲ ንከሊፋ መሓመድዓብደላ ወዱ ንሸኽ ሱሌማን እስማዒል ከኣ ወዲ ሓዉ ዝወለዶ'ዩ። ምስ እድሪስ ኣብ ሲነማ ኢምፐሮ ከረን ኣብ ማእከል እቲ ልሙዕ ኣግራብ ጀበና ኣማእኪልና ዕላል ጀሚርና። ኣብ ዕድመ ሰማንያታት ዝርከብ እድሪስ ነቲ ኣብ ልዕሊ ኣቦኡን ኣቦሓጉኡን ዝወርደ ግፍዒ ቅድሚ ምዝንታዉ

377 ከማሁ

378 እድሪስ መሓመድዓብደላ (እድሪሲ ኩምንዱሲ) ቃለ መጠይቕ ምስ ደራሲ፡ 12 ለካቲት 2019፡ ከረን።

ኣብ ካልኦት ኣባላት ናይታ ስድራ ዝወረደ ግፍዒ እዩ ጸውዩኒ።

ኣብ ግዜ ህልቂት ዖና ኣቦ እድሪስ ናዝር መሓመድዓብደላ መሓመድኖር እስማዒል ሹም ቀቢላ ዓገር -ሕሩም ኮይኑ ካብ ዝሽየም ካልኣይ ዓመቱ ኣይመልአን። ንሱ ድሕሪ ቅትለት ሓዉ ናዝር ሓሰን መሓመድኖር እስማዒል እዩ ተሸይሙ። ናዝር ሓሰን ኣብ ከረን ካብ ገዝኡ ተወሲዱ ዕራርቦ ጸሓይ ብሃታ ሃታ ኣብ ዓዲ ሓሸል ተረሺኑ። እድሪስ ኣብቲ ህሞት ንሽድሽተ ኣዋርሕ ፖሊስ ኮይኑ ድሕሪ ምስራሕ ምስ 7ይ ዙርያ ኮማንድስ ተዓሊሙ ወተሃደር ተቖጺሩ ነይሩ። ኣባል ኮማንድስ ኣብ ዝነበረሉ ግዜ ከኣ ናዝር ሓሰን ሓመድኖር ከም ዝተቐትለ ፈሊጡ። [379]

እታ ስድራ ግን ቅድሚ ናዝር ሓሰን ካልእ ውሉዳ ብኢትዮጵያ ተቐቲሉ ነይሩ። ኣባል ፖሊስ ኤርትራ ዝነበረ እስማዒል ሓመድኖር እስማዒል ኣብ ዓሊ ግድር ብሓደ ከዳዕ ዑመር ኣቡ ራሴን ዝበሃል ቀዲሙ ተቐቲሉ ነይሩ። እዚ ኩሉ ተደማሚሩ ከኣ ነቲ ብረት ቀተልቲ ኣቦታቱ ተሰኪሙ ዝነበረ እድሪስ ከቱር ጸቕጢ ከፈጥረሉ ግድን ነበረ።

ከሊፋ መሓመድዓብደላ ኣብ መዓልቲ ህልቂት ነቲ ብዝምድና ኣኮኡ ዝብጽሖ ዑመር ኢብራሂም ኩሱራይ ኣብ ተስካሩ ከውዕል'ዩ ካብ ገዛ ባንዳ ገስጊሱ። ንፊተውራሪ መሓመድ እስማዒል ካብ ጀርዲኑ ንሓውብኡ ሽኽ ሱሌማን እስማዒል ከኣ ካብ መገዲ ተማሊኡ እንዳ ሕዘን በጺሑ። ኣብኡ ፈለማ ብጥይት ጸኒሑ ብእሳት ተሃሚኹ ተቐዚፉ።

ከሊፋ መሓመድዓብደላ ይኹን ሽኽ ሱሌማን ኣብ ማእከል ሕብረተሰቦም ሓፍ ተባሂሎሎም ዝቕመጡ፡ ንሶም ምስ ተዛረቡ ድሕሪኦም ዘይምለስ ሕፉራትን ክቡራትን ነበሩ። እንተኾነ ግን ኢትዮጵያ ደሞም ከም ደም ከልቢ ንብላሽ ኩዕያቶ። ከም ዕንጨይቲ ዓጽሞም ተኺኹ፡ ብነጸላ ተኣርዮ ኣብ ጋህሲ ተደፊኑ።

ንስኻ ኮማንድስ ኣቦኻ ብኮማንድስን ጦር ሰራዊትን ክቕተል ከሎ እንታይ ተሰሚዑካ፧ ንእድሪስ ኮማንድስ ዘቕረብኩሉ ሕቶ'ያ፧

"ሞት ናይ ኣቦይ ኣፍዓበት ከለኹ'የ ሰሚዐ። ፈለማ ሓወቦታተይ፡ ዳሕራይ ኣቦይን ኣቦሓጎይን ምስ ተቐትሉ ጽሉል ተቓይረ። ሕነ ከፈዲ'ም ከመውት ነብሰይ ኣዳልየ። ምሳይ ዝነበሩ ኣምሓሩ ደቂሶም ከለዉ ከውድኦም ሰለስተ ቡንባ ቀሪበ። ብህይወት ዘሎ ዓርከይ ኣርበድ ንሱር 'ግደፍ የሕዋትካ ንኣሽቱ'ዮም ንዕኦም ርአ

379 እድሪስ መሓመድዓብደላ (እድሪሲ ኩምንዱሲ) 2019።

ህድእ በል' እናበለ እንተ ዘይገንሓኒ ቀቲለዮም ነብሰይ መጥፋእኩ"[380] ይብል ኣብቲ ግዜ'ቲ ጭንቁ ጥርዚ ዓሪጉ ዝነበረ እድሪስ።

እድሪስ ነቦታቱ ዝቐተለ ስርዓት ምግልጋልኳ እንተዘየቛረጸ ልቡ ግን ምሉእ ብምሉእ ሸፊቱ ኣንጻሩ ተዓጥቀ። ጠያይት ንሜዳ ብምስዳድ ዝጀመሮ ክሳብ ሃንደበት ኣብ ማእከል ጸላኢ ዝኣተወ ተጋዳላይ ብተበላሕነቱ ኣብ ምድሓን ብትብዓት ተዋስአ። ንሱ ኣብ ብዙሕ ሓደገኛ ተልእኾታት ናይ ሰውራ ኢድ ሓዊሱ። ድሕሪ ኲናት ገንፈሎም 1976 ግን 'ክንዮ'ዚ ኣብ ውሽጢ ጸላኢ ኮንካ ክትሰርሕ ኣይትኽእልን ኢኻ' ናብ ዝብል መደምደምታ ዝበጽሑ ናይ ስርዒት ሓለፍቱ ካብ ከረን ምስ ስድራቤቱ ኣውጺኦም ንሱዳን ከም ዝኣቱ ገበርዎ።[381] እድሪስ ኣብ ሓደ ህሞት ንክልተ መንግስታት ኣብ ልዕሊ ክልተ ዝኣፉ በሊሕ ሴፍ ረጊጾም ብትብዓት ናይ ዝተቓለሱ ብዙሓት ኤርትራውያን ህያው ኣብነት እዩ።

ፊተውራሪ መሓመድ እስማዒል

380 ከማሁ።

381 ከማሁ።

ኣደ ትድሕን ሓብታ ትቕዘፍ - ወዳ ይቕዘፍ ወዲ ሓብታ ይድሕን!

ኣየ'ወ ክትሓስቦ በደል'ዞም ገዛእቲ
ደለይቲ እንዳማቶም ቀናኣት ዓመጽቲ
ከንደይ ኢልካ ከጽብጸብ ግፍዖም በብሓንቲ!
ከይቀበርናዮም ኣይርከብን ሰላም
ራህዋ ዘለኣለም።

ሰለሙን ጸሃየ

ኣብ ቀውዒ 1970 ካብ ከረን ንምዕራብ ኣብ መገዲ ከረን ሓጋዝ ዝርከባ ዓድታት እቲ ናይ ምንዳድን ምግዓዝን ሃዋህው ጸልዩወን ነበረ። ከም ሳዕቤኑ ፍርድጊን ባዜናይን ነዲደን ተቐማጦአን ንእንክመትሪ (በጉ) ከግዕዙ ተገደዱ። ኣደይ ኬማ ዓሊ ሰይቲ ህያቡ ባርካይ ግን ካብ ባዜናይ ክልተ ደቃ ሒዛ ናብቲ ስድርአ ዝነበሩዎ ያና ክትኣቱ'ያ መሪጻ። ስድራ ኣደይ ኬማ ብሰንኪ እቲ ብኹሉ ወገናት ዝተጀመረ ምንዳድ ካብ ሽምሊኽ ቀዲሞም እዮም ንያና ኣትዮም። ብዘይካዚ ጀንገሬን ተመርዕያ ዝነበረት ዳልየት ሓብታ እውን ንእንኮ ወዳ ሓዚላ ንያና ኣትያ ምስ ስድርአ ጸንሓታ። በዓል ቤታ ነደይ ኬማ ህያቡ ባርካይ ምስ ከብቱ፡ ንዳልያት በዓልቤታ ኣቶ ዓብደላ መሓመድ ኖር ከኣ ኣብ ዓውዲን ዳንዳን ንዝነበረ እኽሉ እንተጠርነፈ ንጀንገሬን ተመሊሱ ኣብ መዓልቲ ዒድ ምስ ስድርኦም ኣይጸንሑን።[382]

ባርካይ ስልማን - ሓሙኣ ንኬማ ኣብ ካልኣይቲ መዓልቲ ዒድ ብንግሆኡ ካብ በጉ ኣንጊሁ ብእግሩ ከረን ኣተወ። ሽዑ እውን ብርኩ ኣይዓጸፈን። ናብ እንዳ ትንባኾ ኣላጊሱ ነታ ጥርሓ ዝነበረት ሕገት ትንባኾ መሊኡ መገዱ ቀጺሉ። ገና ካብ ማእከል ከተማ ከይወጸ ዝረኸቦ መሓመድ ስዒድ ዝበሃል ፈላጢኡ።[383]

---

382 ኬማ ዓሊ ዑመር፡ ቃለ መጠይቕ ምስ ደራሲ፡ 14 ግንቦት 2018፡ ከረን።

383 ኬማ ዓሊ ዑመር እቲ ሰብ መሓመድስዒድ ከም ዝበሃል ተዘንቱ።

"ናበይ ተበጊስካ ባርካይ" ኣዳውላኡ ርእዩ ሓተቶ።

ኣቦይ ባርካይ ድማ "ዖና፡ ንእንዳ ወደይ ርሑስ ዒድ ክብል" መለሰ።

ሸው መሓመድስዒድ "ዖና ደኣ'ሞ ተፍርህ እንድያ ዘላ ትማሊ ምሸት'ኳ ክትኩሱ ኣምስዮ" እንተወዓልካ ይሓይሽ ዘስምዕ ምኽሩ ወስ ኣበለ።

ኣንቂዱ ዝነበረ ባርካይ ግን "ዘፍርሀ እንተ ኣፍርሀ'ሞ ዒድ ምድሪ'ዶ ኣብ ማዕዶ ደቂ ወደይን ሰይቲ ወደይን ክውዕል" ብምባል ተፋንይዎ ንዖና ገጹ ተመርቀፈ። ዕዳጋ ከብቲ ሓሊፉ ከኣ ኣብ ገዛ እንዳ ዓሊ ዑመር ደበኽ በለ።

"ኣሰላም ዓለይኩም"

"ዎዓለይኩም ዎሰላም" ኣብ ውሽጢ ገዛ ዝጸንሓ ሰይቲ ወዱን ሓብታን መለሳ።

"ኣልዒድ መብሩክ"

"ኣላህ ይባርከፊኩም፡ ፈደሉ"

ዝብልን ካልእ ጽቡቕ ትምኒትን ምርቓን ዝዓብለሎ ነዊሕ ናይ ቃላትን ናይ ኢድ ምስዕዓምን ሰላምታ ከኣ ተለዋወጡ። ኣቦይ ባርካይ ብርኩ ዓጺፉ "እምበኣር ኩነታት ሕማቕ ኣሎ፡ ትማሊ ምሸትሲ ክትኩሱ ኣምስዮም፤"[384] ነተን ኣቡኣንን ኣዲኤንን ንሹቕ ኣትዮም በይነን ዝጸንሕኦ ሰይቲ ወዱን ሓብታን ኣመት ከም ዝነበሮ ኣንፈተለን።

ኬማ ሰይቲ ወዱ ድማ ከም ህውኽ ኢላ "ሰሚዕኩሞ እንተኾንኩም ደኣ ስለምንታይ ቀስ ኢልኩም ዘይምመጻእኩም ኣንቱም ኣቦ" መለሰት ካብ ሓልዮት ነቒላ። ኣቦይ ባርካይ ግን ንመሓመድስዒድ ካብ ዝበሎ ብዘይፍለ "ኣይፋለይ፡ ዒድ ምድሪ'ስ ገጽኩም ከይርኤኹ ክውዕል"[385] መለሰ። ኣብ ሕማቕ ዘመን ፋሕ ብትን ዝበለት ስድራኡ ኣብ ዘዝነበርቶ ከይዱ ርሑስ ዒድ ክብላ ግዴታኡ ገይሩ እዩ ወሲድዎ። እንተኾነ ግን ሰይቲ ወዱ ዝሃበቶ ማይ ኅሮርኡ ኣጥሊሉ ደሮና እግሪ ከጀልጥ እናተዳለው መቓልሕ ናይ ተኹሲ ተሰሚዑ ልቢ ኩላቶም ብስንባደ መሎቐት።

ከም ኩለን ኣብ ዖና ዝነበራ ገዛውቲ እንዳ ዓሊ እውን መልኣከ ሞት ኳሕኲሓ። ብየማነ ጸጋም፡ ብቕድሚትን ድሕሪትን ምንዋጽ ተፈጢሩ ኣብታ ቤት ዝጸንሑ ዝሕዝዎን ዘንብርዎን ጠፍኦም። ኣቦይ ባርካይ ርእዩ ንዘይጸገቦ ዓድላን ወዲ ወዱ ኣብ መንጎ እቲ ዕግርግር ከይጉዳእ "ቆልዓ ኣልዕልዮ! ነቲ ቆልዓ ውሰዲ!" ነዲኡ ብዓውታ ተላበዋ። ኣደ ግን ለበዋ ሓሙኣ ዘድልያ

---

384 ከማሁ።

385 ከማሁ።

ኣይነበረትን። ተቐላጢፉ ንወዳ ኣብ ዝባና ሓዚላ ቀጥ ኣቢላ ኣሰረቶ። ንኳላ ብኢዳ ጨቢጣ ናበይ ገጻ ከም ትሃድም መውጽኢ ኣብ ምንዳይ ኣተወት።

ዳልየት ሓብታ'ውን ብተመሳሳሊ ንወዳ መሓመድ ኣብ ዝባና ንሓብታ ከዲጃ ብኢዳ ዓትዒታ መምሎቒ እንተረኸበት ኣቋመተት። ሸው ክልቲኣን እተን ኣሓት ናይ'ቲ ተኹሲ ኣንፈት ፈሊጠን ካብ መግሃር ሞት እንተ ኣምለጣ ንሰሜን ወገን ናይታ ዓዲ ገጸን ከሃድማ ጀመራ። ድሮ ኣጓዱ ያና ከም ቆልቋል ዳመራ ቃል ቃል ኢሉ ሰማያት ብትኪ ተዓብሊኹ እዩ። ጣዕ፡ ኳሕ፡ ቡም፡ እናበለ ዘድሂ ድምጺ ዝተፈላለየ ዓይነት ብረታት ብዘይ ዕረፍቲ ይንቁ። ንሳተን ከኣ ናብዚ ሎሚ መቓብር ሓርበኛታት ዝርከቦ ገጸን ናይ ሓይሊ ኣቦኣን ይጎያ።

ኣቦይ ባርካይ ከሃድም ኢሉ እውን ኣይፈተነን። ሓንሳብ ናብዚ ጸኒሑ ናብቲ ከዕለብጥ ጸኒሑ ኣብ ውሽጢ'ቲ ደምበ ናብ ዝነበረ ኩሙራ ዕንጨይቲ ፎግፊጉ ኣትዩ'ዩ ተሸጊጡ።

ኣብቲ ግዜ ዕድመኡ ካብ ሰለስተ ዓመታት ዘይሓልፍ ዝነበረ መሓመድ ነቲ ኣብ ዝባን ኣደኡ ኮይኑ ዝተዓዘቦ እንክጸዊ፡-"ልቢ ህጻን'ዩ። ናይ ሸው ግን ኩሉ እየ ዝዝክሮ። በንጻሩ እቲ ድሕሪኡ መዓልቲ ዝኾነ ኣይርድኣንን። ኣደይ ንዓይ ሓዚላ፡ ንሓትናይ ብኢዳ ሒዛ ትጎዪ ነይራ። ኣብ መንጎ'ዚ ብጸዕዳ እግረይ ሃልሃልታ ናይ ሓዊ ዝሸልብበኒ ዘሎ ኮይኑ ተሰምዓኒ። ኣብ ከባቢ መቓብር ሓርበኛታት ዘሎ ጽርግያ ምስ በጻሕና ግን ወላዲተይ ኣብቲ በለስ ተጸጊዓ ኮፍ በለት። ብኸመይ ቈልቊል ኣፋ ተደፊኣ ኣይዝክርን። ንሳ ተደቢራ ኣነ ኣብ ዝባና ከምኡ ኢልና ምሉእ መዓልቲ ውዒልና"[386] ይብል።

ኣደ ወዳን ሓብታን ሒዛ እናነፈረት ፈለማ መሓመድ ወዳ የማነይቲ እግሩ ብጥይት ተወጊኡ። ኣእዛና ብዘጽመሙ ድምጺ ጠያይት ድያ ተዳሂላ ወይስ ዝገብሮ የብለይን ስለ ዝበለት ግን ሱቕ ኢላ ጥራይ ጎየየት። ኣብ ጥቓ መቓብር ሓርበኛታት ኣብ ዝርከብ ቦታ ምስ በጽሐት ግን ክወጽእ ኣይክእልን ኢላ ሰለ ዝደምደመት ይኹን ዝጎነፈ ጎኒፍዋ ኣብ ትሕቲ እሾኹ በለስ ተጸጊዓ ኮፍ በለት። ካብቶም ብየማነ ጸጋማ ዝወናጨፉ ወተሃደራት ክትክወል ግን ዝከኣል ኣይነበረን። ሓደ ቀታሊ ብረቱ መዚኑ ዝተኮሰን ጠያይት ንዳልየትን ሓብታን ግዳይ ገበረን። ኣደ ኣብ ዝነበረታ ተጎንበወት። ሓብታ ከድጃ ኣእጋራ ተመልዒሳ ኣብ ባይታ ተዘርግሐት። መሓመድ በቲ ኣቐዲሙ ዝተወግአ ጥራይ ሓለፎ። እንታይ ከም ዘጋጠመ ከይተረድኦ ግን ከምኡ ኢሉ ኣብ

386 መሓመድ ዓብደላ መሓመድኖር፡ ቃለ መጠይቕ ምስ ደራሲ፡ 19 መስከረም 2016፡ ከረን።

ዝባን ሬሳ ወላዲቱ ወዓለ። ንሱ ድምጺ ናይተን ናብዝን ናብትን ዝመላለሳ ዝነበራ መካይን ቃላት ናይቶም ቀተልቲ ክሳብ እዛ ዕለት'ዚኣ ኣብ ኣእምሮኡ ተወቒሩ'ሎ።

* * *

ብተመሳሳሊ ኣንፈት ዝሃደመት ኬማ ንዓድላን ኣብ ዝባና ንበረካ ጓላ ብኢዳ ሒዛ ብማእከል እቶም ተሓዋዊሶም ዝነበሩ ቀተልትን ተቐተልትን እናመረሸት ፈለማ የማነይቲ ጉንቦ ኢዳ ብጥይት ተረኽበት። እዚ ግን ካብ ምጉያይ ዝዕንቅጻ እኳ እንተዘይነበረ ብኢዳ ሒዛታ ዝነበረት በረካ ጓላ ካብ ቅድሚ ዓይና ክትስወር ምኽንያት ኮነ። ዳርጋ ኩሉ ፍጡር እዩ ንሰሜን ገጹ ዝኃዩ። ዝወድቕ ግን ይበዝሕ።

ሓደ እጅግኡ ሰብሲቡ ንኬማ ዕላማ ዝገበረ ወተሃደር ኣብ ባይታ ከይሰጥሓ ዝዓርፍ ኣይመስልን። ደጋጊሙ ዝተኮሰን ጠያይት ኣብ ዝባና ንዝነበረ ዓድላን ረኺበን ኣምዑቱ በተና። ኣደይ ኬማ ውዑይ ነገር ኣብ ዝባና ክፈስስን ርእሱ ወዳ ቆልዓጽ ክብልን ተረድኣ። እንተኾነ ሽዑ እውን ንድሕሪት ከተቋምት ኮነ ናህራ ከተዝሕል ኣይሓሰበትን። ክሳብ ትወድቕ ንቕድሚኣ ጥራይ ተወንጨፈት። እናዘለለት ድያ እናበረረት ከኣ ስንጭሮ ወደግ ክስራ ሃቲፉ ካብ ኣዓንቲ እቲ ተኳሲ ተኸዊላ ንርእሳ ካብ ሞት ኣውዓለት።[387]

* * *

ኣደይ ኬማ ድሕሪ ቀትሪ ሞት ምስ ዝፈንፈነቶም ገለ ውሑዳት ደቂ ዓዳ ካብቲ ስንጭሮ ወጺኣ ኣመት እቶም ዝሞቱን ዝተወግኡን ክትገብር ንዖና ተመልሰት። ውሉድ ደሃይ ኣቦኡን ኣደኡን ኣሕዋቱን፡ ወላዲ መውደቕ ደቁ ከጣልል። ዖና ብሓዊ ተሃሞኽ ብጥይት ተገፍትአ መሊኣ ሲኣል ተቐይራ ጸንሓቶም። እቶም ነዚ ዝረኣዩ ናይታ ዕለት ውጹእ መዓት ልቦም ብፍጹም ጓሂ ተሰነፈ። ደሃይ ሓብታ፡ ጓላ፡ ሓሙኣን ደቂ ዓዳን ክትገብር ንዖና ዝተመልሰት ኣደይ ኬማ ነቲ ብብርሃኑ ዝጸልመተ ህሞት ብኸምዚ ትዝክር፦

"ሓዋ ጓል ዓፉ ብጥይት ተቐቲላ ሬሳኣ ኣብ ማእከልቲ በለስ ጸኒሑኒ። ኣብ ጎና ሰዓድያ ድራር ዝሞተ ወዳ ሓዚላ ትጽዓር ነይራ። 'በጃኺ፡ በጃኺ ካብዛ በለስ ኣውጽእኒ' እናበለት ለሚናትኒ። 'ንስኺ ሜትኪ ዘለኺ ኢኺ ደሓር ኬማ ከተውጽኣኒ ክትብል ቀቲላትኒ ከተብሉኒ ኢኺ' ኢለያ። ንሳ ግን 'ኣውጽእና ጥራይ ኣይንብለክን' ምስ በለትኒ ነቲ ኣብ ማሕዘላ

387 ኬማ ዓሊ ዑመር።

ዝነበረ ሬሳ ፈቲሐ ከውጽኣ ክብል እታ ብቁሩብ ሒዛ ዝነበረት ኢዳ ጣዕ ኢላ ተሰይራ። ሽው ኣነ 'ኢለኪ እንድየ' ኢለያ። ወዲ'ኮይ ብኣፍልቡ ኣብ መሬት ተደፊኡ ሰኔት ዳል ኣኮይ'ውን ምስ ኣደኣ ሞይተን ጸኒሐናኒ"[388] ትርኢት ገጻ ምስቲ ሕማቕ ዛንታ እናተቐያየረ ዘውጽኣተን መረርቲ ቃላት።

ክስተት ሞት እንተበዚሑ እቲ ንከይትመውት እትፈርሆ ገፊፉ ይኣልየካ ግዲ ኾይኑ ወይ ከኣ ድሕሪ ተፍቅሮም እንታይ ከይተርፈኒ ስለ ትብል እዩ መስለኒ እቶም ንዖና ዝተመልሱ ደጊሞም ካብ ሞት ኣይጀጀዉን። "ኩሉ ሰብ መይቱ ሓደ ሓደ ምስተረፈና 'ኣለሀ ዎ ሞትና' 'ሜትና እንተንኸውን ምሓሽና' ኢልና" ትብል እታ ኣደ። በይንኻ ምስ ተረፍካ ንዝተወለድካላ መዓልቲ ኢኻ ትረግም። 'ሜትና እንተ ንኸውን' ከኣ ናይ ብዙሓት ንሰማእታት ዖና ብዓይኖም ዝረኣዩ ትምኒት ነበረ። ቆሲሉ ብቓንዛ ዝሉሎ፡ ሓሪሩ ዝቐምረረ፡ ረዲኤት ደልዩ ዝግዕር ምስ ርኤኻ ዘይበሃል ኣይኮነን። ንግሆ ካብ ሞት ክትተርፍ ክትጋደል ዘርፈደት ኣደይ ኬማ 'ኣንታ ኣምላኽ ነዚ ክርኢ ስለምንታይ ኣትሪፍካኒ። ክመውት ዘይሓደግካኒ!' ኣማረረት።

ከባቢ ሰዓት 4፡00 ድሕሪ ቀትሪ ኣቢሉ ኣደይ ቦፍታ ኢሻቕ - ሰይቲ እክት ሰለስተ ደቃ ኣብ ውሽጢ ገዛ ነዲዶም ኣይጽልልቲ ኣይጥዕይቲ ተቐይራ ነበረት። ናብዝን ናብትን ክትልካዕ ጸኒሓ መጨረሽታ ኣብቲ መሓመድ፡ ኣደኡን ሓትንኡን ወዲቖምላ ዝነበሩ ስፍራ በጽሐት። ሽው ንመሓመድ ካብ ዝባን ሬሳ ወላዲቱ ፈቲሓ ወሰደቶ። ዕስራ ሜትሮ ዝኸውን ግን ኣይሰጎመትን። ንገለ ካልኢታት ደው ኢላ ጸኒሓ ኣንቢራቶ ከደት። መስኪነይቲ ኣደይ ቦፍታ ውነኣ ትኽክል ኣይነበረን።[389]

መሓመድ ኣብ ዝተቐመጣ ኮይኑ ነዲኡ ከቋምት ጸኒሑ ናብኣ ክምለስ ተበገሰ። ጉያ ጀሚራ ዝነበረት እግሩ ግን ኣግድዓቶ። የማነይቲ እግሩ ዘልሓጥ ኢላ ጠለመቶ። ከም ዘይናቱ ብፍጹም ምእዛዝ ኣበየት። ቃንዛ እውን ገበረትሉ። ብሕቖ ከብዲ እግሩ ኣትያ ብጻዕዳ እግሩ ዝወጸት ጥይት ሽው ተሰመዓቶ። መሪር ብኽያት በኽዩ ወላዲቱ ከም ቀደማ ኣያበደቶን። ወላዲቱ ኣማዕድዩ ካብ ምርኣይ ምስ ቃንዝኡ ፍሑኽ እናበለ ናብ ዝነበረቶ ቀሪቡ ተጸግዓ። ምዉትን ህያውን ክፈሊ ዝኽእል ቀልቢ ኣየጥረየን። ኣብ ሕቑፉ ምኚን እዩ ዘገድሶ። ነቲ ሬሳ ምስ ተጸግዖ ውሕስነት ተሰሚዕዎ ተረጋግአ።

ኣደይ ኬማ ገዛ እንዳ ስድርኣ ነዲዱ፡ ንዕኣን ንደቃን "ዒድ ሙብሩክ"

---

388 ከማሁ።

389 መሓመድ ዓብደላ መሓመድኖር፡ 2016።

ክብል ካብ በጉ ዘንግሀ ሓሙኣ ኣብ ማእከል'ቲ ዕንጨይቲ ደሙ ተኻዕዩ ጸንሓ። ትገብሮ ኣይነበራን ንሬሳ ሓሙኣ ብእግሩ ጎቲታ ካብ ማእከል እቲ ዕንጨይቲ ኣውጺኣ ንየዒንቱ ከዲና፡ ንኣፉ ጠሚማ፡ ብነጸልኡ ከደነቶ። ፈቐዶኡ ንዝወደቐ ሬሳታት ክትፍትሽ ውዒላ መጠረሽታ ናብ'ቲ ሓብታ ዝወደቐቶ በጽሐት። ሬሳ ሓብታ ምስ ረኸብት ፈለማ ነቲ ካብ ንግሆ ካብ ዝባና ዘየወርደቶ ሬሳ ዓድላን ወዳ ኣሙቱ ገበረት። ኣብ ዝባና ዝነበረ ሬሳ ንዕኣ ተፍቅሮ ወዳ እምበር ብፍጹም ህይወት ዘይብሉ ሬሳ ኣይነበረን። ባህሪ እንተዝፈቕደላ ምሉእ ዕምራ ተሰኪማቶ እውን ኣይምደኸመትን።

ዓድላን መይቱ ኬማ ድሒና፡ መሓመድ ድሒኑ ዳልየት መይታ - ዓለም ጎደሎ። ኬማ ዝግበር ክትገብር ነይሩዋ። ህያውን ናብ ህያዋን ምውታት ከኣ ናብ ምውታት። ሽዑ ማሕዘላ ፈቲሓ ንሬሳ ዓድላን ካብ ዝባና ኣውሪዳ ኣብ ጎኒ ሬሳ ሓብታ ኣቐመጠቶ። ንህያው መሓመድ ኣልዒላ ከኣ ኣብ ዝባና ሓዘለቶ። 'ኣል ሓይ ኣፍደል ምን ኣል ማይት' 'ህያው ካብ ምውት ስለ ዝበልጽ'። "ሓብተይ ደም ብኣፉ ይወጽእ ነይሩ። ክንሰግድ ከለና ከም ንምብርከኾ ፍግም ኢላ'ያ ጸኒሓትኒ። ተሰለሙቶ ወርቃ ቀንጢጠ ወሲደዮ። ንወደይ ብኽዳነይ ንሓብተይ ብኽዳና ገኒዘ ኣመዓራርየዮም" 390 ምስ በለት ንብዓት ቋጸረት።

ድሕርዚ ነታ ኣብ ባይታ ወዲቓ ዝነበረት ከድጃ ሓብታ ሓቝፋ ንመሓመድ እውን ሓዚላ ናብቲ ዝወዓለቶ ስንጭሮ ገጻ ወረደት። እንተኾነ ሽዑ እውን ኣይዓረፈትን። ዳላ በረካ ሞይታ ክትቀብጻ ሃልያ ክትረኽባ ነይርዋ። ኣብ መንጎ እቲ ጭርጭር ዓበደ ካብ ኢዳ መሊቓ ናበይ ገጻ ከም ዝኸደት እንዶ ኣይነበራን። በረካ ኣብ ሓደ ዓንቀር ምስ ትሽዓተ መሃነኖም ዝዓረቦም ቆልዑ ብደም ጨቅያ ረኸበታ። ድሕርዚ እታ ኣደ ንኩሎም ጠራኒፋ ኣብ ስንጭሮ ወደግ ክስራ ተሓቢኣት።

ኣብ ሽዑ በጺሑ መሓመድ 'ኣደይ እደሊ'ለኹ' ኢሉ እናበኸየ ምእባድ ኣበየ። 'ኣበይ ኣላ ኣደኻ፡'ኢለዮ ትብል ኣደይ ኬማ። ንሱ ድማ 'ኣብቲ'ላ' ብምባል ናብቲ ወዲቓቶ ዝነበረት ኣንፈት ኣመልከተላ። ሕማቕ እናተሰምዓ 'ሕራይ ሓንሳብ ጸኒሕና ክንከዳ ኢና፡ ሱቕ ጥራይ በል' እናበለት ክትእብዶ ፈተነት። መሬት ካብቲ ስንጭሮ ከይወጹ ጸልመተ። ሽዑ ነታ ሲኦል ዝተለወጠት ዖና ረጊጻ ናብ ወዲ ሽከፊን (ካብ ዖና ንከረን ትወጽሉ) መጸት። ንዕኣን ንደቃን ኣራዊት ከይበልዖም ተሸቑሪራ ከኣ ብኮፋ ኣብኡ ሓደረት። መሬት ንርእሳ ኢላ ምስ ወግሐት ነቶም ብጥሜት መይቶም ዝሓደሩ ቆልዑ ካብ ጀርዲን እንዳ መከለፍ ማይ ኣስትያ ቀባሮ ንዖና ከይሰገሩ ከረን ኣተወት።

---

390 ኬማ ዓሊ ዑመር

ኣደይ ኬማ ድሕሪ ፍርቂ ዘመን ነዚ ፍጻመ ክትዝክር ኮነ ከተዘንትወሉ ብፍጹም ፍቓደኛ ኣይነበረትን። ኣብ'ቲ ብመገዲ ዓድላን ወዳ (ዋርሳ ናይቲ ኣብ ያና ዝሞተ ዓድላን) ኣብ ከረን ላዕላይ (ወንበር እድሪስ) ዝገበርናዮ ዕላል፡ ድሕሪ ነፍሲ ወከፍ ሓጻር ዝርርብ 'ይኣኽለኒ፡ ካብዚ ንላዕሊ ክዝክሮ ከለኹ ነብሰይ ከም ገለ እገብረኒ ኣሎ። ኣይትሕሙሙኒ' እናበለት ተቛርጽ። ሕራይ ኢልና ሱቕ ምስ በልና ቁሩብ ጸኒሓ ገለ ዘኪራ ዘረባ ቀጸለት፥ "መሓመድ ዮኑስ ዝበሃል ወዲ ዓድና ኣብ ቅድሚኡ ኮንካ ብዛዕባ ያና እንተ ኣዕሊልካ ነብሱ ከም ገለ ይገብሮ'ሞ ብበትሪ ቅጥቅጥ የብለካ። መስኪናይ! ኣብ'ዚ ቀረባ ዓመታት ሞይቱ"[391] ካብ ናታ ዝገድድ ጭንቀትን ጸቕጥን ንዝሓለፉ ደቂ ዓዳ ብኣብነት ኣሰንያ ትዝክር።

"ኣደይ ወትሩ ምስ ተሃወኸት'ያ፡ ውሽጣዊ ፍርሂ ኣለዋ፡ ዝበዝሐ ግዜ ሓሚማ'ያ ተሕልፎ" ድሕሪ ህልቂት ያና ዝተወልደ ዓድላን ነቲ ኣብ ወላዲቱ ተዓዚቡ ካብ ዝበሎ እዩ።

እቲ ካብ ያና ሒዝክዮ ዝወጻእኪ ወዲ ሓብትኺ 'ሳዕቤን ናይ ግፍዒ ኣባኻ እንታይ ጽልዋ ኣለዎ፧' ኢልና ተወኪስናዮ 'እግረይ ሓውያ ዓባየይ ምክኢለት'ውን ከም ኣደይ ኮይና ስለ ዘዕበየትኒ ሓንቲ ጸገም የብለይን' ኢሉና 'ንስኺ'ኸ ሳዕቤን'ቲ ፍጻመ ክሳብ ክንደይ እዩ ሃሰዩኪ? ነደይ ኬማ እናተሰከፍኩ ሓተትኩዋ፥

"መሓመድ ጬካን ኮይኑ'ዩ ከምኡ ኢልኩም፡ 'ኣበይ ከይረኽቦም' ኢሉ'ውን ይኸውን። ኣነ ግን ክንዲ ወደይ ዝኸውን ቆልዓ እንተርእየ 'ወደይ እኳ ክንድዚ'ዩ ነይሩ ሕጂ ጎቢዙ ሰብኣይ ኮይኑ ምሃለወ' እብል። ንሓብተይ፡ ንሓሞይ ንኹሎም ኣብኡ ዝጠፍኡ ደቂ ዓደይ ወትሩ እዝክሮም። ካብታ መዓልቲ ጀሚረ ክሳብ'ዛ ዕለት ልዋም ዘለዎ ለይቲ ሓዲረ ኣይፈልጥን" ብምባል እናተደፋነቐት መለሰትለይ።

ትብዓትን ድፍረትን ኣደይ ኬማ[392] ድሕሪ ህልቂት ያና ፈጺሙ'ዩ በኒኑ። ብቐሊሉ ትሻቐልን ትህወኽን። ብዝኸውንን ዘይከውንን ትስንብድ። ኮታስ ሞራላን ሓቦኣን ምስቶም ኣብ ያና ዝሞቱ እዩ ተቐቢሩ። ቤተሰባ እውን ብእኣ ወትሩ ምስ ተሻቐሉ እዮም። ሰብኣይ እታ ኣብ ያና ዝሞተት ዳልየት ሓብታ ጽልልቲ ሰበይቲ ርኢና እንተ ሰሚዑ 'ኬማ ከይትከውን ደሃያ ግበሩ" እናበለ ይዛረብ ከም ዝነበረ ኣደይ ኬማ ተዘንቱ።

---

391 ከማሁ

392 ኣደይ ኬማ ኣብ መንን ከረንን በጉን እናተመላለሰት መሓመድ ከኣ ኣብ ያና ይነብሩ ኣለው።

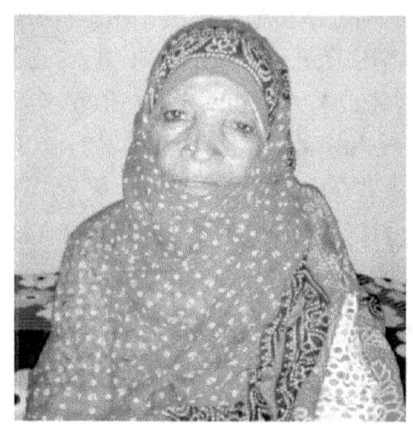 

ወይዘሮ ኬማ ዓሊ. መሓመድ ዓብደላ መሓመድ ኑር

ኢጣልያዊ ግዳይ ህልቒት ዖና

ንከረን ከቢቦም ካብ ዝረከቡ ኣኽራናት ዝወርድ ናይ ክራማት ወሓይዝ ብዋሊኩ፡ ታንታርዋን፡ ቃጸታይን ናብ ሩባ ደዓሪ ተጸንቢሩ ኣብ ጸባብ ምስ ሩባ ዓንሰባ ይሕወስ። ሎሚ እዘን ሩባታት ከም ቀደም ኣይኮናን። ወሓዚ ማየን ነቑጹ መበቆላውያን ኣግራብ ጸኒቶም እዮም። ቅድሚ ምእታው ኢጣልያውን ኣብ ሩባ ደዓሪ ዝሰትዩ ዝነበሩ ሓርማዝን ዘራፍን ኣሰሮም የለን። ሎሚ ወሰናስ ናይቲ ሩባ ኣብ ክንዲ መበቆላዊ ኣግራብ፡ ዘመናዊ ሕርሻ ማዕቢሉ ማንጉስ፡ ኣራንሺ፡ ዘይቱንን ኣሕምልቲ ጥራይ ይፈሪ ኣሎ።

ካብ ቀንዲ ዕላማታት መግዛእቲ ኢጣልያ ንመሬት ደቀባት መንዚዕካ ንኢጣልያውያን ምምጣው ነበረ። ከም ሳዕቤኑ ገጂፍ ልሙዕ መሬት ደቀባት ብስም ዶሚናለ ናብ ኢጣልያውያን ኣብ ዝሓልፈሉ በብወገኑ ሓያል ተቓውሞ ይገጥሞ ነይሩ። ነቲ ልሙዕ መሬት ኣብ ኢድ ኢጣልያውያን ካብ ምእታው ግን ኣይተዓንቀጸን። ኢጣልያ ተሳዒራ ካብ ኤርትራ ወጺኣ ከተብቅዕ እውን እቲ መሬት ካብ ዋንነት ኢጣልያውያን ኣይተላቐቐን። ስለ ዝኾነ ድማ ካብ ጽርግያ ከረን ኣፍዓበት ንምብራቕ ፊት ቤት ትምህርቲ ጽሙማን[393] ክሳብ ማርያም ደዓሪ ዝዝርጋሕ ብምዕራብ'ውን ናብ ዖና ዝዕጸፍ ጀርዲን እንዳ ኤርቶላ ኣብ 1970 ኣብ ኢድ ኢጣልያውያን ወነንቱ ነበረ።

እዚ ብ1923 ካርሎ ኤርቶላ ልውጂ ኣብ ከረን "ብሰንሒት ሆቴል" ንትፍለጥ ቤት ብልዒ 'ፍረታት ከፍሪ' ብዝብል ዝተወሰደ ቃጽያ መሬት ኣብ 1970 ዓ.ም. ዘመናዊ ሕርሻ ተቐይሩ ነበረ።[394] ኣካል ዖና ዝኾነ ጀርዲን እንዳ ኤርቶላ ብዝነብሮ ቅርበት ተቓዳሲ ግፍዒ እዩ።

ገለ ካብ ውጻእ መዓት ኣብ እዋን ህልቒት ብእንዳ ኤርቶላ ናብ ሩባ ደዓሪ ወሪዶም ህይወቶም ኣድሒኖም። ገፊሕ ካንሸሎ ግን ዕላማ ናይቲ ስርሒት ዝነበረ ኣይመስልን።

ናይቲ ሓዊ ሃፈጽታ ንእንዳ ኦርቶላ ኣየርከበን ማለት ኣይኮነን። ኣብ መንጎ እቲ ህልቒት ክልተ ኮማንድስ ተመኺልዮም ናብ ካንሸሎ እንዳ ኤርቶላ

393 ኣብ ኤርትራ ቀዳመይቲ ቤት ትምህርቲ ጽሙማን ምናልባት እውን ኣብ ትሕቲ ሰሃራ ቀዳመይቲ እያ።

394 ከብሮም ጸጋይ (ኣባ) ቃለ መጠይቕ ምስ ደራሲ፡ 12 ነሓሰ 2018፡ ከረን።

ኣተው። ኣሰር እቶም ሃዲሞም ኣብኡ ዝተዓቑቡ ግን ኣይኮነን። ብቐጥታ ናብ ቤት ጽሕፈት ናይቲ ትካል ኣምሪሖም ንኣልፎንሶ ሎኮማረ ጀቫኒን ዓብዱ ዑመርን (ባርያይ) ሰራሕተኛታት እቲ ትካል ተኲሶም ቀተሉ።

ቀተልቲ ብዛዕባ እቲ ትካል ኣፍልጦ ዝነበሮም ይመስሉ። ነቶም ግዳያት ቀቲሎም ብቐጥታ ካዝና ኣብ ምፍታሽ ኣተው። ተስፋ ዝተገበረላ ካዝና ልዕሊ 200 ቅርሺ ኣየጽንሐትን። እንተኾነ ንክልተ ሚእቲ ቅርሺ ኢልካ ህይወት ክልተ ንጹሃት ምጥፋእ በታ ረፍዲ ዘኽፍእ ኣይነበረን። ኣማኢት ንጹሃት ብዘይ ዝኾነ ይኹን ገበን ንብላሽ ኣብ ተቐንጸልሉ ሕሱም ረፍዲ። ቀተልቲ ንነፍሲ ወከፎም ናይ 100 ቅርሺ ግንዖ ረኺቦም ካልእ ቅትለት ንምፍጻም ተመርቀፉ።

ነፍሰሄር ገዛኢ ገብረማርያም ኣብ ግዜ ህልቂት ኣብ ቶታል ከረን ተሓዚ ገንዘብ ኮይኑ ዝሰርሕ ዝነበረ ዜጋ እዩ። ነቲ ብዓይኑ ዝረኣዮ ክምስክር ከሎ፡ *"ኣብ ፊት ቤተ-ክርስትያን ሳንታኣንተንዮ ኣብ ቶታል ናይ ኮማንዳቶረ ኮስታንቲኒ እናሰራሕኩ ኣቕዲሙ ቆንስል ኢጣልያ ኣብ ኤርትራ ዝነበረ*[395] *ኮማንዳቶረ ባለሪ መጺኡ ‘ገዛኢ፡ ኣነ ትግርኛ ስለ ዘይፈልጥ ዖና ምሳይ ክትከይድ ኣልፎንሶ ተቐቲሉ ስለ ዘሎ ሬሳኡ ክነምጽኦ’ ኢሉኒ። ኣነ ድማ ‘ትርእዮ የለኻን ዲኻ ሰብ እናሞተ ናበይ ገጽና ክንከይድ’ ኢለዮ። ንሱ ግን ‘ደሓን ኣነ ኣፍቂደ’ለኹ’ ኢሉኒ። ማኪና ኣልዒለ ከባቢ ሰዓት 11 ቅድሚ ቐትሪ ዖና ሰጊርና። ኣልፎንሶን ዓብዱ ባርያይን ብሓባር ኣብ ቤት ጽሕፈቶም ተቐቲሎም ጸኒሖምና። ናይቲ ካሴሪ እንዳ ኦርቶላ ዝነበረ ኣልፎንሶ ሬሳ ጥራሕ ኣልዒልና ከአ ኣብ ቅድሚ ኮሚሳርያቶ ከረን ዝነበረት ገዛኡ ኣብጺሕናዮ”* [396] ይብል።

ኣብ’ቲ ህሞት ኣብ ከረን ብሓፈሻ ድማ ኣብ ኤርትራ ሓይልን ተሰማዕነትን ዝነበሮም ማሕበረ ሰብ ኢጣልያውያን ነይሩ። ስለ ዝኾነ ድማ ነቲ ኣብ ልዕሊ ኣልፎንሶ ዝተፈጸመ ቅትለት ኮነ ኣብ ልዕሊ ህዝቢ ዖና ዝወረደ ግፍዒ ቁጡዕ ግብረ መልሲ ሂብሉ። ነቲ ሽው ኣብቶም ኢጣልያውያን ዝተፈጥረ ቁጥዓ እንታይ ይመስል ከም ዝነበረ ንዕኣቶም ረኺብካ ክትስንድ ዝከኣል ኣይኮነን። ምስጋና ነቲ ስምዒቱ ከይተቐጻጸረ ደቂቕ ጸብጻብ ናይቲ ህሞት ዝጸሓፈ ኣባል ስለያ ኢትዮጵያ። ሰፊሕን ዝርዝራውን ነቲ ኣብ ባይታ ዘጋጠመ ሓቅታት ዘይከሓደ ብምዃኑ ከም ምንጪ ምጥቃሙ ዝጽላእ ኣይኮነን። ኣብዚ ነቲ ብዛዕባ ኣልፎንሶን ካልኦት ኢጣልያውያንን ዝምልከት ጥራይ ትንታነ ከይተወሰኾ ካብ ቋንቋ ኣምሓርኛ ተተርጉሚ ቀሪቡ ኣሎ።

---

395 ምክትል ቆንስል እዩ ነይሩ።

396 ገዛኢ ገብረማርያም፡ ቃለ መጠይቕ ምስ ደራሲ፡ 19 ሕዳር 2019፡ ከረን። ካልእ ማንችኒ ዝበሃል ኢጣልያዊ ካብ ጀርዲን እንዳ ኦርቶላ ምስ ህዝቢ ብዓዲ ሓባብ ሃዲሙ ንከረን ኣትዩ ነይሩ።

"ሞት እቲ ኢጣልያዊ ምስ ተሰምዐ ኩሎም ናይቶም ዘይሕጋውያን ደገፍቲ እዚ ከብሃል ዘይከኣል ሓጎስ ሓዲርዎም ነበረ። ምኽንያቱ ናይቲ ከፍለ ሰራዊት ወተሃደራት ሓደ ኢጣልያዊ ቀቲሎም እንዳበሉ ናይ ፕሮፖጋንዳ ወረ ንምንዛሕን በዚ ጠንቂ እዚ ድማ ኣብቲ እዋን ኣብ መንጎ ኢትዮጵያ ኢጣልያን ዘሎ ጥቡቕ ናይ ምሕዝነት ዝምድናታት ንኽሰናኸሉ እዩ።

ብድሕሪ'ዚ ነቲ ዝተቐየረ ናይ ጣልያን ቆንስል ዝተገብረ ነገር ንምፍላጥን ኣብ ጋዜጣ ጣልያን ንምውጻእን፣ እቲ ሓበሬታ ድማ ኣብ ወጻኢ ሃገራት ተዘርጊሑ ምስ ተፈልጠ ናጽነት ኤርትራ ዝብሃል ውድብ ዓወት ከም ዝተጎናጸፈ ንምምሳል እዩ ነይሩ።

ብሓቂ ኣብ ከረን ናይ ፋሽሽቲ ተረፍ መረፍን ናይ ሞሶሊናውያን ስምዒት ዘይሓደጎም ኢጣልያውያን ቤተሰብ ስለዝርከቡ እቲ ኩነታት ኣየገርምን እዩ።

ንኣብነት ኣብ ከረን እትቕመጥ ወይዘሮ ሪካር ዳ ሪቫ ሰበይቲ ቤርቶ ኤሊዝዮ ሪቫ ቅድሚ ሓደ ዓመት ሰብኣያ ዝሞታ እያ። እዛ ሰበይቲ ብገዛእ ፍቓዳ ሂው ምስ ዝብሃል ኣብ መዕቆቢ ዘኽታማት ላልምባ ዝርከብ ኣቦን ኣደን ዘይብሎም ሕጻናት ምስ ዘመሓድር ኣመሪካዊ ኮይና ኣብ ሓድሽ ሆስፒታል ኣብ ዖና ዝቁስሉ ትሕክም ኔራ። ብተወሳኺ ምስ ኣብ ከረን ዝርከቡ ደቂ እቲ ዓዲ ኮይና እቲ ተግባራት ብወተሃደራት ዝተፈጸመ ናይ ጭካነ ሸርሒ ካብ ምዃኑ ምርግጋጸ ንላዕሊ ኣብ ከረን ሆስፒታል ንቑሱላት ዝኸውን ቦታ ስለ ዘየለ ናብ ኣስመራ ከኸዱ ኣለዎም ኢላ ተውሪ ነይራ። ከምኡ'ዉን ኣቦን ኣደን ዘይብሎም ሕጻናት ብናይ ኣመሪካውያን መካይን ጽዒና ናብ ዝዓብዩሉ ስፍራ ከትወስድ ከላ ኣብ ከተማ ከረን በቲ ቀንዲ ጎደናታት እንዳዞረት ነቶም ደቂ ዓዲ ኣስመራ ከይዶም ኩነታቶም ንእስላም ወይ ድማ ንኣመሓደርቲ መስጊድ ኣቤቱትኦም ንኸቕርቡ ትመኽሮም ነይራ። በዚ ተወሲና ጥራይ ኣይተረፈትን ኣብ ውሽጢ ትሕቲ ቁጽጽር ቆንስል ጣልያን ኮይኑ ብቛንቋ ጣልያን ዝሕተም ኣብ ኣስመራ ዝወጽእ ዝነበረ ጋዜጣ ኩነታቱ ንህዝቢ ከም ዝግለጽ ንምግባር ሓደ ባለሪ ዝብሃል ኢጣልያዊ ናይ ቀደም ምክትል ቆንስል ዝነበረ ሸው ግን ጥሮታ ዝወጸ ጥቡቕ ዝኾነ ዝምድና ኔርዋ።

እዚ ኮማንዳቶር ባለሪ ተባሂሉ ዝጽዋዕ ኢጣልያዊ ኣብ

ከረን ሓደ ናይ ገዛእ ርእሱ ዝኾነ ገዛ[397] ኣለዎ። ቀደም ኣብ ግዜ ፋሽሽቲ ኰለኔል ዝነበረን ሕጂ ግን ኣብቲ ሃገር ልዕል ዝበለ ተመክሮ ዝረኸበ እዩ። እዛ ሰይቲ መዋቲ ኤሊዚዮ ሪቫ ዝኾነት ወይዘሮ ሪካር ዳ ሪቫ ኣብ ከረን ዝተወልደትን ኣቦኣ ካብ 1935-1940 ማለት ኢጣልያ ከሳብ እተሳዕረትሉ ምምሕዳር ጣልያን ከሳብ ዘብቅዓሉ ግዜ ሹም ምምሕዳር ከተማ ከረንን ሓለቓ 'ለበስቲ ጸሊም ካምቻ' እዩ ነይሩ።

ስለዚ ኣብ ሆስፒታል ከረን ካብ 15 ዝበዝሑ ሓካይም ምንባሮምን እዚ ድማ ነቲ ሆስፒታል ካብቲ ዘድልዮ መጠን ንላዕሊ ምኳኑ እንዳተፈልጠ፣ እዛ ሰበይቲ፣ ብዘይ ደሞዝ ናይ ሕክምና ኣገልግሎት ከትህብ ምድላያን፣ ብዘይ ኣገባብ ኣብ ውሽጢ ስራሕ መንግስቲ ኣትያ ደቂ እቲ ሃገር ዘውርይዎ ወረ ንምግናንን፣ ዝሞቱን ዝቈሰሉን ከምኡ'ዉን ቊጽሪ እቶም ብዘይ ኣቦን ኣደን ዝተረፉ ህጻናት ንምፍላጥን ንምርግጋጽን ካብ ምኳን ንላዕሊ ብሓቂ ብሰብኣዊ ርሕራሐን ተላዒላ ዝፈጸመቶ ሰናይ ተግባር ከም ዘይኮነ ብኣይ ወገን የረጋግጽ።

ንኣብነት ዝኣክል ጋዜጣ ኤርትራ ብምኽንያት ሞት እቲ ኢጣልያዊ ካብ ሓደ ዓንቀጽ ምጽሓፍ ንላዕሊ ኣብ ኤርትራ ዝርከቡ ኩሎም ኢጣልያውያን ኣብቲ ንዝኸሪ ኣብ ከረን ዝሞተ ኢጣልያውን ደቂ እቲ ሃገርን ታሕሳስ 7/1970 ኣብ ኣስመራ ካተድራል ዝግበር ጸሎተ- ፍትሓት ንኽርከቡ ዓዲማ ኔራ።

ብናተይ ኣረኣእያ እታ ጋዜጣ ተወሳኺ ብዛዕባ ተወለድቲ እታ ሃገር ከትሕብር ኣድላዪ ኣይነበረን።

ብኢጣልያውያን ዝምራሕ ወይ ኣብ ውሽጢ ቐንስሎም ብዝመሓደር ጋዜጣ ሽፋቱ ምስ ወተሃደራት ኣኽበርቲ ጸጥታ ከታኾሱ ሓደ ኢትዮጵያዊ እንተሞተ ዝገበረ ጌሩ ብዛዕባ ሞቱ ምሕባርን ምጽሓፍን ይግባእ።

እንደገና ኣብዚ ግጭት ብዛዕባ ዝሞተ ኢጣልያዊ ቅድሚ ሕጂ ተራ ሰብ ዝነበረን ሓንቲ ታሪኽ ዘይብሉን ምስ ሞተ ግን እዚ ዝኣክል ክብሪን ሞገስን ሂብካ ብጋዜጣ ኣቢልካ ንኣብ ኤርትራ ዝነብሩ ኢጣልያውያን ኩሉ ግዜ ብምዕዳምን ኩነታቱ ከም ዝግለጽ ምግባርን እንታይ ይብሃል፧

397 ከንቲባ ከረን ዝተሾመ ዝቕመጠላ ገዛ እያ።

እዚ ወይዘሮ ሪካር ዳ ሪቫን ኣቶ ባለሪ ኩነታት ብህዝቢ ንኽፍለጥ ብጋዜጣ ተሓቲሙ ንኽወጽእን ናይ ጀነራል ቆንስል ጣልያን ልዑል ባህጊ ምኻኑ ከምኡ'ዉን ናይቲ ሰብኣይ ኣማውታ ብቆንስል ጣልያን ኣቢሉ ንህዝቢ ከግለጽ ኩሉም ደገፍቲ ሸፋቱ ዝኾኑ ጉዳዮም ኣብ ዓለም ዝርከቡ ኩሎም ኢጣልያውያን ብምፍላጡ ናይ ሓሳስ ስምዒት ንኽሓድሮምን ንፕሮፓጋንድኦም ድጋፍ ንከኾኖም ዝሃብዎ ቃልን ተሰፋን ዘረጋግጽ ዓይነት መረዳእታ እዩ።

ስለዚ ሓፈሻዊ ኣማውታ ኢጣልያዊ ኣልፎንሶ ሎኮማገ ብሸፋቱ ዝተፈጸመ ምኻኑን ብሩህ ጌሩ ከርእየኒ ከሎ ናቶም ተግባራት ግን ነቲ ህዝቢ ብርእይቶ ንምግላጽን በቲ ናይቲ ሰብኣይ ኣማውታ ምኽንያት ድማ ኣብ መንጎ ኢትዮጲያን ኢጣልያን ዘሎ ናይ ምሕዝነት ዝምድና ከም ዝበላሸ ንምግባር እዩ ነይሩ። እዚ'ዉን ናይቲ ጋዜጣ ምሕታም ፕሮፖጋንድኦም ንፍትሓት ዝተገብረ መጸዋዕታ ዘውርዮ ኩሉ ብጭብጢ ከረጋገጽ ከኢሉ። መን ይፈልጥ ጋዜጣታት ጣልያን እንታይ ከጽሕፉ ይኾና!"[398]

ጸሓፊ ናይዚ ጸብጻብ ንሓለፍቱ ከዕግብ ብዙሕ እዩ ለፊዑ። ብሞት እንኮ ኢጣልያዊ ምስሊ ኢትዮጵያ ኣብ ኢጣልያ ኮነ ኣብ ዓለም ከይድወን ጀብሃ ስሞም ከይኩላዕ ምሒር ተሻቒሉ። ሞት ናይ'ቲ እንኮ ኢጣልያዊ ግን ነቲ ናይ ስለያ ወኪል ጥራይ ኣይኮነን ኣሻቒሉ። ነቲ ቅትለት ብቐረባ ክካየድ ዝመርሑ ወተሃደራውያን ኣዘዝቲ'ውን ኣርዒድዎም እዩ። ናይዚ ቀሊል ምስክር ሬሳ ኣልፈንሶ ደሙ ከይዘፈፈ ክልዓል ዘፍቀድሉ ምኽንያት'ዩ። ኣልፈንሶ ከም ኩሎም ኣብ ያና ዝሃለቑ ኤርትራውያን ንጹህ ሰብ'ዩ ነይሩ። ካብ ሬሳኡ ምልዓል ኣትሒዝካ ዝነበረ ሸበድበድ ተዓዚብካ ግን ደቀባት ተሰጢሖም ውዒሎም ሓዲሮም ብኽንደይ ኣቤቱታ ከም ዝተቐብሩ ምስ ተዓዘብካ ሰበስልጣን ኢትዮጵያ ንኤርትራዊ ብህይወቱ ከሎ ጥራይ ዘይኮነ ምስ ሞተ እውን ደጋጊሞም ከም ዝገፍዕዎ ይስወጠካ።

ንታሪኽ ኣልፎንሶ ንምስፋሕ ኮነ ናይ ቀረባ ቤተሰቡ ንምርካብ ዝተገብረ ብዙሕ ፈተነታት ፍረ ኣይሃበን። ኣብ ከረን ድዩ ኣብ ኣስመራ ተቐቢሩ ክሳብ መቓብር ተፈቲሹ ኣይሰለጠን። ንኤምባሲ ኢጣልያ ኣብ ኤርትራ ግሊ ማህደር ኣልፈንሶ ክንረክብ ብመንገዲ ሚኒስትሪ ጉዳያት ወጻኢ ተሓቲቶም ኣይመለሱን። በዚ መሰረት ነታ ብዛዕብኡ ኣብ ጋዜጣ ኤርትራ ተጻሒፋ ዝተባህለት ኣብ ምፍታሽ ኣትየ። ምስጋና ንነፍሰሄር ኤዝዮ ተኒኒ ጋዜጣ

---

398 ሰነድ ኢትዮጵያ።

ኤርትራ "ጆርናለ ድለ ኤረትርያ" ኣብ ቤተ መጽሓፍቲ ፓቮኒ ተረኺባ። ትርጉማ ይስዕብ፡-

ጠረፍ - ልዑል ሰላምታ

ትማሊ፣ ኣብ ከባቢ ከረን ምስ ኢትዮጵያዊ ተሓጋጋዚኡ ኣብ ሰላማዊ ምምእራር ዕሉታዊ እንገራኡ እንከሎ ኣዝዩ ብዘሕዝን ትራጀዲያዊ መገዲ ሂወት ወዲ ሃገር ተነጢፉ፦ ኣልፎንሶ ላ ኮማረ፣ ንኡድ ኢጣሊያዊ ዜጋ፣ ብሉጽ ሰራሕተኛ፣ ብሉጽ ኣቦ ስድራ፣ ኣብ ጎድኑ ድማ ተሓጋጋዚኡ ኢትዮጵያዊ ሞይቱ።

መወዳእታ ሕልፈት ናይ ሂወት ካብ ላዕሊ ዝውሰን ስለዝኾነ ኩላትና ኣመንትን ዘይኣመንትን፣ ብስቕታ ኮነ ኣብ ጽሞና ኣስተንትኖ ንነብር፣ ናይ መወዳእታ መስመር ናይ ህይወቱ ከሳብ ዝቁጸ ብሓያል ተጋድሎ ዝሓልፍ፣ ዕጫ ናይ ህይወቱ ከይፈለጠ ብሃንደበት ዝፍለ ሕያዋይ ፈታዊ መን ኣሎ?

ኣብ ጉዳይ ናይ ኣልፎንሶ ላ ኮማረ ምስ እንምለስ፣ ካብኡ ብዝዓቢ ከስተት፣ ጭካነ ብዝመልኦ መገዲ ህይወቱ ዝተመንዘዐ፣ ክብሪ ንክህብን ከወድስን ብፍላይ ከኣ ኣብ ዓውደ ስራሕን ኣብ ስድራኡን ዝነበሮ ደግነት፣ ኣገልጋሊ ህዝቢ፣ ወተሃደር፣ ሓረስታይ፣ ኣልፎንሶ ዕድሚኡ ምሉእ ኣብ ፍረ ርሃጽ ግንባሩ ዝምርኮስ፣ ከም ኣቦ ስድራ ድማ ክልተ ኣዋልድን ሓደ ወድን ሓድጊ ገዲፉ። ንደቁ ድማ ብስም ኩሎም ኣብ ኤርትራ ዝርከቡ ዘጋታት ኢጣልያ ጽንዓት ይሃብኩም እናበልኩ ኣብ ልባቶም ዝኽሪ ናይ ኣቡኦም ነባሪ ምኺኑ ከገልጽ እፈቱ። ብተመሳሳሊ ዕምቆት ዘለዎ ዝኽሪ ንኩሎም ፈትውቲ ናይ ዝሞተ ኢትዮጵያዊ ተሓጋጋዚ ናይ ኣልፎንሶ እገልጽ።

ሓንቲ ነገር ከውስኽ፦ ኣልፎንሶ ላ ኮማረ ኣብ ኤርትራ ዝተወልደ ኢጣልያዊ ዜጋ ከም ምኺኑ መጠን ምሉእ ዕድሚኡ ኣብ ምግልጋል ማሕበረኮም ኢጣልያውያን፣ ብደረጃ ኣቦወንበር ኣብ ዘገልግለሉ እዋን፣ ብደቂ ሃገሩ ብፍሉይ ፍቅሪ ዝልለ፣ ሳላ ኣፍራዪ ዝኾነ ህላውነቶምን ምስ ናይ ሎሚ ዘላ ኢትዮጵያ ተፈጥሮኣዊ ውህደት ብምግባሮም ኣብዛ ምድሪ ደሚቑ ዝረአ ኢጣልያዊ ግምቢ ብርሃን ኣብ ህዳሴ ርክባት ክልቲኤን ሃገራት ኢጣልያን ኢትዮጵያን ፍረ ዘለዎ ኣስተዋጽኦ ገይሮም እዮም።

ካብዚ ኣርእስቲ ከይረሓቕኩ፣ ንኡ እንክሓስብ ከም ፈዋናይ (ፈላማይ) ናይ ኢጣሊያዊ ስራሕ፣ ብሓልዮትን ብፍቕርን ንኣልፎንሶ

ላ ኮማረ ከቡር ኣስተዋጽኦ ዝገበሮ፣ ብተመሳሳሊ ወላዲኡ እውን ስግንጢር ብዝኾነ ትራጀካዊ መገዲ ብተመሳሳልነት ሂወቶም ሲኢኖም።

ዝመጽእ ሰኑይ፣ ዕለት 7 ታሕሳስ ሰዓት 18.30 ኣብ ሻሙናይ መዓልቲ ሞት ናይ ኣልፎንሶ ላ ኮማረ ብተበግሶ ናይ ጀነራል ቆንሱል ናይ ኢጣሊያ ኣብ ካተድራለ ላቲና ቅዳሴ ብተመሳሳሊ ድማ ዝኸሪ ነቲ ምስኡ ህይወቱ ዝሓለፈት ኢትዮጵያዊ መሳርሕቱ ከካየድ ምኺኑን እሕብር።

ምስ ዓሚቖ ልባዊ ከብረት ንዝተፈለየና ብጸይናን መተሓጋግዝቱን፣ ኣብቲ ረዚን ሓዘን ስድራቤት ተሳተፍቲ ከምኡ ድማ ውዕዉዕ ኢጣልያዊ ስምዒትን መንፈሳዊ ሓድነትን ንኩሎም ኢጣልያውያን፣ ሸማግለታትን መንእሰያትን፣ ሃብታማትን ድኻታትን፣ ሰብኡትን ኣንስትን፣ ብኣእምሮን ብጉልበትን ዝሰርሑ ሸቃሎ፣ ነጋዶ፣ ኣውፈርቲ፣ ሓረስቶትን ሰብ ሙያን ኩሉ ስራሓትኩም ኣወንዚፍኩምኩላትኩምምሳይኣብካተድራለከትሳተፉእዕድም።[399]

ኤማኑወለ ደል ሙርጎ ጀነራል ቆንሱል ኢጣልያ

399 Giornale dell'Eritrea; 2 Dicembre 1970

ኣበባኦም ክርእዩ ዘይተዓደሉ ሕጹያት

ብደም ተዋሒጦም ዝገዓሩ ህጻናት
ጡብን ተዘልዚሎ ዝወደቓ ኣደታት
ኣብ ሓዊ ተደርበዩ ኣቦታት መንእሰያት።
ሓራስ ካብ ንእዳ ገና ከይተንስኤት
ቦኳር ነብሰ - ጾር ቅልውላው ዝተታሕዘት
ኣደ ኣብ ሑቑፉ ውላዳ እናኣጥበወት፡
መርዓትን መርዓውን ሕጽኖት ከይወድኡ
ዕዱማት ኣጋይሽ ካብ ጎደቦ ዝመጽኡ
ካብ ከተማ ሃዲሞም ኣብ ደና ዝተሓብኡ
ብጥይት ብሳንጃ ዘደንዝዝ ጭካነ
ብሃልሃልታ ናይ ሓዊ ብረመጽ ዝተስነ
ወዲቖም ተረፉ ኣዒንቶም ተኸድነ።

ኣስመሮም ሃብተማርያም

'ንዘረባ ዘረባ ኣምጽኦ ንሓመድ ድጉሪ የውጽኦ' ከም ዝበሃል ናይቲ ኣብ በስከዲራ ዝተቐትለ ኣቦሓጎኡ ስም ወሪሱ ዘሎ መምህር ልጃም ገብርሂወት ልጃም ንስእልታት ስዉእ ኣቦኡ ገብርሂወት ልጃም እናቐበለኒ ናብ ሓንቲ ካብኣተን ኣመልኪቱ "እዛ ብየማን ዘላ ጓል ትዕበ ትበሃል ባምቢ. እዩ ዓዳ ኣብ ደና ተቐቲላ" በለኒ። ንኻልእ ዛንታ መበገሲ ትኾነኒ ኩርናዕ ረኺበ ከኣ ብዛዕባ ትዕበን ስድርኣን ከጣይቕ ጀመርኩ። ትዕበ ጓል ግደ ተስፉ ኣብ ግዜ ህልቂት ሕጽይቲ ምንባራ እውን ጸኒሐ ፈሊጥኩ።[400] ልዕሊ እዚ ከይወሰኽኩ ግን ነዊሕ ግዜ ሓለፈ።

ወትሩ መላጉም ኮምፒተረይ ፊቲሐ ስእሊ ግዳያት ዝእርንበላ ሳንዱቕ ኣብ ዝኸፍተሉ ምስ ምስሊ ትዕበ ፊት ንፊት ምግጣም ኣይገደፍናን። እጥምታ ንሳ እውን ኣጸቢቕ ከም ትፈልጠኒ ኣትኩራ ትጥምተኒ። ብሰንኪ ዘይተገዳስነተይ ንድሕረ ባይትኣ ከድህሰስ ብዘይምኽኣለይ ትኸስኒ ኮይኑ እናተሰመዓኒ ምርኣያ እስከፍ። ኣብ ሰዊት ዕድሚኣ ብምኹላፋ ወትሩ እጉህየላ። ደና ጎርዞ

400 ከመ ልማድ ንዘይበርሃለይ ሕቶ ወይ እውን ንክረኽቦ ዝተሸገርኩ ሰብ ንምርካብ ዝውከሶም ብዙሓት ሓገዝቲ ነይሮምኒ። ማሕደር ንሱር፡ ኣቡበከር ሓሰንን፡ ጅምዕ ከራር፡ ሜጀር ዓብደልቃድር ኢብራሂምን ካልኦትን።

ኣይነሓፈት ጎበዝ፡ ሕጽይቲ ኣይገደፈት መርዓት ብዙሓት በሊዓ - ሓመድ ትብላዕ ሓመድ።

ድሕሪ ግዜ ኣብ ወርሒ ጥሪ 2021 ነቲ ቅድሚ 50 ዓመት ንትዕበ ተሓጽዩ ዝነብረ ሰብ መን ምንባሩ ፈሊጠ ንኽዘራርቦ ከቱር ተሃንጠኹ።[401] ባህገይ ምስ ምስሊ ትዕበ ንዝነበረኒ ናይ ስቕታ ምጉት መቐይሮ እንተረኸብክሉ እዩ። ብኽመይ ከም ዝረኽቦ ኣጣሊለ። ጽቡቕ ኣጋጣሚ ኮይኑ ኣቦይ ገብረየሱሱ ባርካይ ኣብ ማእከል ከተማ ከረን ስለ ዝሰርሕ ንክረኽቦ ሓሸላ ምኻድ ኣየድለየንን። ሓንቲ መዓልቲ ኣራፍድ ኣቢለ፡ ካብ ፋርሻ እኽሊ ንወገን ምብራቕ ናብ ዝርከብ ገፊሕ ካንሸሎ ናይ እንዳ ሓዳደን ዘወር ኢለ። ኣቦይ ገብረየሱስ ኣብቲ ገፊሒ ካንሸሎ ካብ ዝዓርድ ፍርቂ ዘመን ደፊኑ ነይሩ። ኣብ ካልኣይ ምምላሰይ ረኺበዮ።

ወዲ 75 ዓመት ኣቦይ ገብረየሱስ ኣብ በራኽ ዱካ ተቐሚጡ ፎርጃ ከርስን ጸንሓኒ። ንኽትረዳዳእ ኣብ ዘጸግም ጫሬራሕ ምራሕ ሓጻውንቲ ብፍሉይ ጉዳይ ከዕልሎ ከም ዝደሌኹ ዳርጋ ኣብ እዝኑ ቀሪበ ኣፍኣምኩሉ። ንመጀመርታ እዋኑ ይርእየኒ ስለ ዝነበረ ነእዳዉ ካብ ስራሕ ከየዕረፈ ኣትኩሩ ጠመተኒ። ‘ናይ ደሓን፧’ ሓተተኒ እናተማትአ። ግዜኡ ኳል መገዲ ከትዛረብ ዘፍቅድ ኣይነበረን። ብቐጥታ ብዛዕባ ኣብ ያና ዝተቐትለት ሕጽይቱ ነበር ከዕልሎ ከም ዝደሌኹ ደርኳሕኩሉ። መልሱ ከይተጸበኹ ድማ ንተንቀሳቃሲት ተሌፎነይ ከፊተ ትዕበ ትርከቦ ናይ ሓባር ስእሊ ኣርኣኹዎ። ንሕጽይቱ ነበር ፈልዩ ከውጽኣ ኣይተጸገመን ‘እዚኣ እንድያ’ ኢሉ ኣመልካቲቶኡ ኣብ ምስላ ከንብር ኣብ ገጹ ባህ ዘየብል ስምዒት ኣንጸባረቐ። ፎርጃ ንምቅጻል ዘቀላጥፉ ዝነበራ ኣእዳዉ ድሮ ስርሐን ኣቋሪጸን ንእለት ብዝኽርን ስምዒትን ኪኖ ፍርቂ ዘመን ተዓዝረ።

እንተዀነ ዝረስን ዝነበረ ማሕረሻን ፋስን ኣብ እቶን ዝቕጥቕጥ ድማ ኣብ እንኪዲኖ ኣቐሚጡ ከዕልለኒ ቅኑዕ ኮይኑ ኣይተሰመዓንን። ንዕኡ ኣብ ዝጥዕም ተቛጺርና። በታ ዕለት ኣብ እዋን ዕረፍቱ ልክዕ ሰዓት 1፡00 ድ.ቀ ተመሊሰ። ዝብዝሑ ስራሕተኛታት ኣዕሪፎም ድምጺ ሓጻውንቲ ብኽፊል ጎዲሉ ንኽትረዳዳእ ዘኽእል ሃዋህው ተፈጢሩ ጸንሓኒ።

ገብረየሱስ ንትዕበ ንቑምነገር ኣብ ዝደለየሉ እዋን ወላዲኡ ብህይወት ኣይነበሩን። ሓዎቦታቱ ሳእኖም ወጪሎም ካብ ሓሸላ ንባንቢ ናብ እንዳ ግደ ተስፉ ከወፍሩ ከለው ዓይኒ ጎበዝ ንትሰልብ ኳሉ ጥራይ ዘይኮነ ዓጽሞም እውን ስለ ዝብሃን እዩ። ነቦይ ተስፉ ትዕበ በኹሪ ኳሉ እያ። ኣቦይ ግደ ነደይ

---

401 ማሕደር ንሱር።

ኣስራር ሓጅ ካብ ደርሙሽ ተመርዕያ። ንትዕበ ጥራይ ወሊዳ ብሕማም ካብዛ ዓለም ብሞት ተፈልየቶ።[402]

ኣቦይ ተስፉ ነገርካ ዝደሊ ዓል ላምካ ጽቡቕካ ዝደሊ ድማ ዓልካ ይደሊ ከም ዝበሃል ነቶም ተመንዮም ዝመጹዎ ኣየሕፈሮምን። ግቡእ ሕጸ ተገይሩ። በዚ መሰረት ንወርቂ ሰለስተ ከብቲ ምስ ኣርባዕተ ገበታ እኽሊ ካብ እንዳ ወዲ ናብ እንዳ ዓል ኣተወ። ገብረየሱስ ንመርዕኡ እናሓሰበ ሰለስተ፡ ብዓሰረት ሰለስተ ሜትሮ መውጽእ ብርኩ ትኾኖ እኽልቲ ኣጉዶ ሰርሐ። ንሓዳሩ ዝኾኖ ካልእ ቀንጠመንጢ ቀሪቡ እውን ኣጻፈፈ። ትዕበ ብወገና ኩሉ ዓል ትገብሮ ምድላው ኣብ ምጽፋፍ ተጸምደት።

"ተሓጺና ንዓመት ዝኸውን ጸኒሕና። ምስ ትዕበ ንፋለጥ ኢና። ቅድሚ ሕጼና ኮነ ድሕሪኡ ግን ሰላም እዝግሄር ኣይነበረናን። ኣብ ከተማ ኣብ ንጋጠመሉ ተጠማሚትና ንሓልፍ። ሕጹየን ርእየን ከም ዝሕብእ ዓይነት ኣዋልድ ኣይነበረትን። ኣጋጣሚ ኣነ ብዘለኹዎ ከባቢ እንተመጺኣ ጉዳያ ጌራ ትኸይድ እምበር ንድሕሪት ኣይትምለሰን። ተባዕ ዓል ነይራ። ኣብ ልበይ ከትኣቱ ከኣ ግዜ ኣይወሰደላን። ፈትየያ። መዓልቲ መርዓና ከዉን ኮይኑ ክርኢ ከቱር ህንጡይነት ነይሩኒ" ይብል እቲ ብሰንኪ ግፍዒ ብሂጉ ዘይወነነ ገብረየሱስ። [403]

1970 መስቀል በሪቑ፡ እንዳ ወዲ ናብ እንዳ ዓል ሽማግለ ሰደዱ። "መርዓ ሃቡና"። ኣቦ ዓል 'ሎሚ ዓመት እኽሊ ኣየእቶኹን ኣይጥዕመንን' መለሰ። ኣቦ ዓል እንተዘይፈቒዱ መርዓ ብፍጹም ዝሕሰብ ኣይኮነን። ዝበሎ ይኸውን ዝኣዘዞ ድማ ይፍጸም። ሸዊት ሓጋይ ኣይኣዝዝካ እኳ ዝብሃል። እንተኾነ ነቦ ዓል ሓንቲ ግዜ ጥራይ ኣይኮንካን ትሓቶ። ደጋጊምካ ትኹሕኩሖ። ጥሪ እንተዘይሰለጦም ንፋሲካ ተስፉ ነይርዎም። ዘራጊ ከሎ ግን ጽሩይ ማይ በየን ክስተ።

ናይታ ስድራ ኩነታት ከምዚ ኢሉ ከሎ ኩነታት ተቐያየረ። ምንዳድ ዓድታትን ምፍንቓልን ጀሚሩ ኣቓልቦ ኩሉ ኣንፈቱ ናብኡ ዘበለ። ሽው ኣቦይ ግደ ካብ ባንቢ ነብኡ ኣደኡን ሓዳሩን ገዛ ሰሪሑ ዖና ኣእተዎም። ንሱግን ምስ ማሉ ንበረኻ ናብ ወገን ሩባ ዓንሰባ ገጹ ኣልገሰ።

ወተሃደራት ኢትዮጵያ ዖና ኣትዮም ቅትለት ኣብ ዝጀመሩሉ ህሞት ትዕበ ንሰይቲ ኣቦኣ ሒሪቲ ንሱር መድሕን ከትቆንን ጸንሐት። ናይ ክልቲአን ትንፋስ ከኣ ብሓባር ሓለፈት። ነቦይ ግደ ኣቦኡ ኣቦይ ተስፉ ጥሉቕ፡[404] እውን ምስአን ተቐትለ። ክልተ ህጻናት ደቂ ግደ ጥራይ ብህይወት ተረፉ። ኣደይ ተመርጸ

---

402 ገብረየሱሱ ባርካይ፡ ቃለ መጠይቕ ምስ ደራሲ፡ 19 ጥሪ 2021፡ ከረን።

403 ኣቦይ ግደ ሰለስተ ኣንስቲ ተመርዕዩ። ፈለማ ንኣስራር ሓጅ ካብ ደርሙሽ፡ ዳሕራይ ንሕሪት ንሱር ካብ ቦሳ - በጉ፡ መጨረሽታ ድማ ንምሕረት ዩውሃንስ ካብ ኣትኮም።

404 ወይዘሮ ተመርጸ ሓምድ ኣብ ግዜ ህልቂት ኣብ እንዳ ሕሙታ ኣብ ገዛ ባንዳ ብምጽንሓ ካብቲ ህልቂት ድሒና።

ሓምድ ሰይቲ ተስፉ ጥሉቕ ግን ኣንጊሃ ንገዛ ባንዳ ናብ እንዳ ሓሙታ ከይዳ ንስክላ ካብ ሞት ደሓነት።

* * *

ገብረየሱስ ንህልቂት ያና ኣብ ሓሸላ ኮይኑ'ዩ ተኸታቲልዎ። ሕጽይቱ ከም ዝተቐትለት ድማ ንጽባሒቱ ፈሊጡ። ጥሪቱ ኣብ በረኻ ራሕሪሑ ከኣ ነታ ዓይኑ መሊኡ ዘይረኣያ ሕጽይቱ ከቕብር ያና ገጹ ጎይዩ። “ሕጽይትኻ ተቐቲላ ምስ ሰማዕኩ ዝረግጾ ኣይፈለጥኩን። ብተርባጽ እናተሃንፈፍኩ ኣብ ዕዳጋ ከብቲ ሬሳ ሕጽይተይ፡ ኣቦሓጎኣን ኣደኣን ተሰኪሞም ተቐቢሎምኒ። ምስኦም ተሰኪመ ፈለማ ንገዛባንዳ ኣብ እንዳ ሓወቦኣ ኣዕሪፍና። ቀጺልና ንመጋርሕ ወሲድና ቀቢርናዮም።[405] ውሽጠይ ነቒጽ ኣይበኼኹን” ድማ ይብል። ብቐደሙ'ኸ ሕጹይዶ ይበኪ ኮይኑ፤ እንታይ እናበለ ክበኪ፤ ብውሽጡ ብሂጉ ብውሽጡ ድማ ቆዘሙ ተሪፉ ኣኸለ! - ሞት ሕጹይ።

ህልቂት ያና ግን ንገበረየሱሱ ጥራይ ኣይኮነን ዓዚሙ። መብዛሕት ሰብ ሃህ ኢሉ ጎሮርኡ ከይከፈተ ብልኹቱ እዩ ንሰማእታቱ ደፊኑ። ንሸዑ ዝዕዝም ንመዋእል ግን ክትቁዝም ዘንብር ሕሱም ሞት። ከምዚ ኢሉ ድማ እቲ እንዳ ባርካይን እንዳ ግደን ተመንይዎ መውስቦ ብጸላእቲ ሰናይ በርዒኑ ተረፈ። ገበረየሱሱን ትዕበን እናተጠማመቱ ንመዓልቲ መርዕኦም ሞት ቀዲማ ጋማ ኣበባኦም ከይርኣዩ ዝተረፉ ሕጹያት ኮይኖም ተረፉ።

* * *

ድሕርቲ ምስ ኣቦይ ገበረየሱስ ባርካይ ዝገበርኩዎ ዕላል ካብ እንዳ ኣቦይ ግደ ዝኾነ ሰብ ክረክብ ፈቲነ ኣይሰለጠንን። ኣቦይ ግደ ኣብ ግንቦት 2017 ዳሕረይቲ በዓልቲ ቤቱ ወይዘሮ ምሕረት ዮውሃንስ ከኣ ቅድሚኡ ሓሊፎም ነበሩ። ዝኾነ ኣባል'ዛ ስድራ ክረኽበሉ ዘድሊ ጉዳይ ግን ነይሩኒ። ኣደኣ ከትቅተል ህጻን ዝነበረት ትርሓስ ኣመሪካውያን ኣርዒሞማ ብእኡ ገይራ ጠፊኣ ዝብል ዘረባ ከጣልል። ኣብ ባንቢ ካብ እንዳ ግደ ትረኽቦ የብልካን ተባሂላ ንትርሓስ ጓል እኖኣ ኣብ ያና ምስኣ ዝነበረት ኣብ ሓሊብመንተል ተመርዕያ ዘላ ክረክብ ወሰንኩ። ኣብ ኩሉ ከይበጻሕኩ ግን ካልእ ኣገዳሲ ጉዳይ ረኺበ።

27 ሕዳር 2021 ኣብ ከረን ኣልናቲ ኢንተርነት ካፈ ከም ልሙድ ኢንተርነት እናተጠቐምኩ ኣብ ገጸት ፈይስቡክ ብቛንቋ ብሊን ዝተጻሕፈት ንእሽቶ ሕጥበ ጽሑፍ ኣተኩሮይ ስሓበት። ኣብ ቛንቋ ብሊን ንዘለኒ ድኻም ኣብ ግምት ኣእትየ ከኣ ብምሉእ ኣትኩሮ ነበብኩዋ። ብብቕዓተይ ስለ ዝተጠራጠርኩ ይኹን ነቲ

405 ሬሳታት ኣብ ገዛ ባንዳ ኣብ እንዳ ሓው ንመዋቲ ኣትዮም ካብኡ ንመጋርሕ ተወሲዶም ተቐብሩ።

ዘንበብኩዎ ምእማን ስለ ዝሰኣንኩ ግን ቃል ከይወሰኽኩ ነቲ ኣብ ጎነይ ዝነበረ ዓርከይ ኣንቢቡ ብትግርኛ ክትርጉመለይ ሓተትኩዎ። ዓርከይ ካብቲ ኣንቢበ ዝተረዳእኩዎ ሓድሽ ኣይወሰኸን። ዓርከይ ካብ ደገሞ ግን ሓቂ እዩ ኢለ ክቕበል ነይሩኒ። ዝኾነ ጉዳይ'ውን ብምስክርነት ክልተን ካብኡ ንላዕልን'ዩ ዝጸንዕ። ነቲ ኣብ ማሕበራዊ ገጻት ዝረኸብኩዎ ሕጡብ ጽሑፍ ባህ እናበለኒ ኣመንክዎ። ካብን ናብን እናተኸፋፈለ (share) ኣባይ ዝበጽሐ ሕጡብ ጽሑፍ ልክዕ ከምዚ ይብል ነበረ።

Update from Tirhas's Family

ሰላም ይናከው፡-

51 ኣመሪ ጃብ፡ እን ዖኒል ኣ'ኻኹ፡ ከዋ ከረዲ ድደዲ፡ ድገር በረስነዲ-ሲ ጎትስውልድ ላው ይን ኣከነት፡ ገሪው አርእድኑኹ። እንሰካ፡ ከረውድ ኑበከሊ፡ ንር ሪሕዲ ዲረሪ ዓሊታ፡ እቑረዲ ሻኒዲ ትርሓስ ግደ ተስፉ ድድሮና፡ ንኪ ኣኽራሲከ ይናከውዲ ኣኽኖ ጀረብኑ ሰሻነትር ደለይድደነኩ። ናን ላኪን፡ ትርሓስ፡ ለገድሮኽር፡ ንር ጪዋ እሰረኽር፡ ላድገትል መንደርትረት፡ እና አርፍፍ ደኮውሊ፡ ሓብረ አርኖ፡ ንርዲ ርከብእሲኖኽር፡ አረርሰኺኖኽር ከደምነኩንእንኩንኹን ይኖ በሸርድኑ፡ ደኳ አመታትሊ፡ ሓሰርሰድኖ፡ ካቢትኖናኽር፡ ጀረቢስትኖናኽር፡ ይነዲ ቒልሲድናኽርሲ፡ ጃርትከሲንተት ይነኩን።[406]

ሰላምታና ይብጻሕኩም!

"ቅድሚ 51 ዓመታት፡ ኣብ ዖና ዘጋጠመ ዘስካሕክሕ ምትን ጥፍኣትን ሰባት ምስ ብርሰት ዓዲ፡ ካብቶም ግዳያት ምኳንና ብዙሓት ትፈልጡ ኢኹም። ኣብ መንጎ ሸዑ ዝሞቱን ዝተቐትሉን፡ ኣብ መንጎኦም ብህየውት ዝተረፈት ህጻን፡ ጓልና ሓፍትናን ትርሓስ ግደ ተስፉ፡ ደሃይ ኣጥፊኣ ከሳብ ሎሚ ምስ መቕርብና ኮና፡ ሃለዋታ ንምርካብ ንደልያ ከምዝነበርና ሓበሬታ ኣለኩም። ኣብዚ ሕጂ እዋን ትርሓስ ዓቕሚ ሄዋን በጺሓ፡ ሓዳራ ገይራ ኣብ ሓደ ዓዲ ትነብር ከም ዘላ ቅድሚ ቁሩብ ኣዋርሕ ደሃይ ረኺብና፡ ምስኣ ቀጥታዊ ርከብ ንምፍጣር ኣብ መስርሕ ከምዘለና እንዳ ኣበሰርና፡ ኣብ ዝሓለፈ ዓመታት ምሳና ብትግሃትን ምግዳስን ኣብ ምድላያ ብዙሕ ሓገዝ ዘበርከትኩምልና፡ የቐንየልና ጸማኹም ካብ ኣምላኽ ይኹን ንብለኩም።"

406 ትርሓስር ሻን ግደ ተስፉ-ቑርዲ፡ ግድ'ር ሻንዲ፡ 27/11/ 2021

ዘይሞተስ ይራኸብ ደአ። ትርሓስ ምስ ኣሕዋታን ናይ ቀረባ ኣዝማዳ ምርኻባ ልበይ ሓጎስ መልአ። ካብ እንዳ ኢንተርነት ከይወጻእና ምሉእ ዛንታ እንዳ ኣቦይ ግደ ንዓርከይ ኣዕለልኩዎ። ነታ ንእሽቶ ጽሕፍቲ ኣሰንዩ ካብ ዝመጸኒ ኣስማት ድማ ናይ ቤላ ግደ መሪጸ ጠለብ ምሕዝነት (friend Request) ናይ እንቋዕ ሓጎሰኩም መልእኽትን ሰደድኩ።

ድሕሪ'ዛ ንእሽቶ ጽሕፍቲ ኣዝዩ ብዙሕ ሕቶታት ነይሩኒ። ቤላ ናይ ምሕዝነት ጠለበይ ተቐቢላ ተኻፋሊ ሓጎሰም ብምዃነይ ናይ ምስጋና መልእኽቲ ገደፈትለይ። ድሕሪ ክልተ መዓልታት ምስ ቤላ ኣብ መስመር ተራኺብና። ብዛዕባ ነብሰይን ዕላማይን ንሌላ ዝኣክል ሓጺር ሓበሬታ ኣቐዲመ ዕላል ፈሊምና። ኣብ ጉዳይ ትርሓስ በጺሕና ግን ብተሌፎንን ኢንተርነትን እምበር ብኣካል ከሳብ ዘይተራኸቡ ዝርዝር ሓበሬታ ክትህበኒ ፍቓደኛ ከም ዘይኮነት ነገረትኒ። ግደ ሓቂ ልዕሊ ሓምሳ ዓመት ዝጠፍአት ሓብቶም ካብ ምርካብ ንላዕሊ ዘሐጉስ ኣይነበረን። ንግዜኡ ክፈልጦ ንዝተሃንጠኹ ብዘይምርካበይ ሕማቕ ኣይተሰመዓንን።

ቤላ ቀንዲ ስማ ትዕበ እዩ። ዋርሳ ናይታ ኣብ ደና ዝተቐትለት ቦኹሪ እንዳ ኣቦይ ግደ። ካብ ስእሊ መዋቲት ትዕበ ተበጊሰ ምስ ህያው ትዕበ ተራኺበ። ሽዑ ኣነ ንትዕበ (ቤላ) "ናይ ትዕበ (ነፍሰሄርት) ስእሊ ክህበኪ ናይ ትርሓስ ስእሊ ኣብ መጽሓፈይ ክጥቀመላ ኣፍቅድለይ" ብምባል ተወከስኩዋ። ቤላ ናይ ትዕበ ስእሊ ክትርኢ ህንጥዩነት እኳ እንትነበራ ስእሊ ትርሓስ ክትህበኒ ፍቓደኛ ኣይነበረትን። ምስ ትርሓስ ዝተጀመረ ርክብ ብጥንቃቐ እዩ ተታሒዙ። ስእላ ኣብ ዝኾነ ማሕበራዊ ገጻት ይኹን ካልእ ሜድያታት ምዝርጋሕ ንብሕቱትነታ (privacy) ከይትንከፍ ኣይመረጽዎን። ኣነ'ውን ትርሓስ ብእትደልዮ ፍጥነት ጥራይ ክኸይድ ምምራጾም ኣንጻር ባህገይ እውን እንተኾነ ደጊመ ኣድነቕኩዎ። ምስ ሓዳራን ክልተ ደቃን ኣብ ወጻኢ ሃገር ትነብር ትርሓስ ናይ ምርካብ ህንጡይነተይ ግን ከሳብ ዘይረኸብኩዋ ብፍጹም ዝዓርፍ ኣይመሰለንን።

* * *

ሕጂ'ውን ንዘረባ ዘረባ ኣምጽኦ ኣቦይ ግደ ድሕሪ ህልቂት ደና ዝተመርዓዋ ኣደይ ምሕረት ዮውሃንስ'ውን በዓል ቤታ ብወተሃደራት ኢትጵያ ተቐትላ ምዃና ፈለጥኩ። ዘገርም እዩ! በዓል ቤታ ዝተቐትለሉን ህልቂት ናይ ደና ዘጋጠመሉን እውን ኣብ ተመሳሳሊ ግዜ።

ኣብ ዓደፉ ትነብር ዝነበረት ስድራ እንዳ ገበረ ብሰንኪ ምንዳድን ምግዓዝን ዓድታት እያ ንሓሊብመንተል ኣትያ። በዚ መሰረት ነብሰ ጾር ዝነበረት ኣደይ ምሕረትን ወዳ ብድሆን ኣብ ሓሊብመንተል ኣቦ ድማ ምስ ጥሪቱ ኣብ በረኻ። ሓንቲ መዓልቲ ኣቦ ንስድራ ክርኢ ካብ በረኻ ንሓሊብመንተል እናኣተወ ኣብ መገዲ ምስ ወተሃደራት ኢትዮጵያ ተጓነፈ። ሽዑ ወተሃደራት ነቲ ልሙድ

“ጀብሃ ርኢኻዶ” ሓተትዎ። ንሱ እውን ከም ልሙድ “ኣይርኤኹን” መለሰ።

እንተኾነ ግን እቶም ወተሃደራት ንገብረ ብቐሊሉ ይሕለፍ ኣይገደፍዎን። ኣብ ክንዲ ንሓሊብመንተል ዝኣቱ በንጻሩ በቲ ዝመጾ ምስኦም ከም ዝምለስ ገበሩ። “ጀብሃ ብቐድመና እንተጸኒሖም ክንቀትለካ ኢና” ዝብል መጠንቀቕታ ድማ ነይርዎ። ገብረ ኣማራጺ ኣይነበሮን ተኾብኪቡ መገዱ ቀጸለ። ድሕሪ ዝተወሰነ ርሕቀት ናብቶም ንቕድሚት ዝግስግሱ ዝነበሩ ወተሃደራት ካብ ርሑቕ ጥይት ተተኩሰ። በዚ ድማ ገብረ ገበነኛ ተቖጺሩ ኣብ ጥቓ ይግዓር ኣብ እግሪ ሓንቲ ዱማ ብጥይት ተረሸነ።

ከምዚ ኢላ መበለት ዝተቐየረት ኣደይ ምሕረት ዮውሃንስ ንወዳ ብድሆ ሒዛ ናብቲ ንትርሓስ ናብ ኣመሪካውያን ኣርዒሙ ንትበርህ ጥራይ ሒዙ ዝተረፈ ኣቦይ ግደ ተስፉ ተመርዕያ ኣወዳትን ኣዋልድን ወለደት። ብድሆ ከም ወዲ ግደ፡ ትበርህ ድማ ከም ጓል ኣደይ ምሕረት ደቀ ኣቦን ደቂ ኣኖን ኮይኖም ዓበዮም ኣብ ሓደ ገዛ መሰሉ።

ገብረእየሱስ ባርካይ

ካብ የማን ንጸጋም ግዳይ ትዕበ ግደ፡ ስውእ ገብርሂወት ልጃም፡ ሳልሰይቲ ስማ ዘይተፈልጠ

ግዳይ ገብረ ወልደሚካኤል

ዘይትጸዓድ ኣደይ ዓቤት

መስቀል ኣብ ኢድ ቀሽና
መቑጸርያ ኣብ ኢድ ሸኽና
ሃከቲ ጸወታ ቆልዑ
ኣደራራስ ኣብ እንዳ መርዑ
ሽማግለታት ሽዊት እናበልዑ
ሃንደበት'ዮም ከቢድ ተኹሲ ዝሰምዑ።

ኤፍረም ሃብተጽዮን

ካብ ማእከል ከረን ንሰሜን ኣቋሚትካ ክልተ ኪሎ ሜተር ጥራይ ንትርሕቕ ዖና ብዓይንኻ ኣይትርእያን። ሓንቲ ንእሽቶ ኩርባ ንዖና ካብ ምርኣይ ትኸውለካ። ኣብቲ ንከረን ገጹ ዝርኢ ክፋል ናይታ ኩርባ ከኣ እንዳ ኣቦይ ዓሊሓሰን ኢብራሂም ትርአ። ኣብ መዓልቲ ህልቂት ነዛ ገዛ ከንድዳ ዝመጸ ወተሃደር ኣይነበረን። እንተኾነ ገዛ ደኣ ከይነደደት ተሪፋ'ምበር ዋናታት ገዛስ ካብ'ቲ መዓት ኣየምለጡን።

ኣደይ ዓቤት ነስረዲን ንግሆ ምስ በዓል ቤተን ኣቦይ ዓሊሓሰን ቡን እናሰተያ " ትማሊ ምሸት ክትኩሱ ካብ ዘምስዩ ከንደይ ከየቕስኑና፡ እልይ ኢልኩም እንተ ትውዕሉ"[407] ስክፍትአን ገለጻ። ኣቦይ ዓሊሓሰን ጽቡቕ ኮነ ሕማቕ ኣይመለሱን። ካብታ ገዛ ንወገን ከረን ኣብ ሩባ ዋሊኩ ናብ ትርከብ ጀርዲኖም ኣንቀልቀሎም ኣብ ምእራይ ዘይቱኖም ተጸምዱ።

ኣደይ ዓቤት እውን ደቀን ኣቀራሪሰን ንጓሳ ኣበጊሰን ኣብ ገዝአን ላዕልን ታሕትን ኣብ ምባል ኣተዋ። ዕለተ ሰሉስ ክሳብ ሸው ካብ ካልኦት መዓልታት ብዙሕ ትፍለ ኣይነበረትን። ካብ ዖና ንከተማ ገጾም ዝኣትዉ ካብ ከተማ ንዖና ገጾም ዝሰግሩ ብጥቓ ገዛ እንዳ ኣቦይ ዓሊሓሰን ኢብራሂም ተዛንዮም ክሓልፉ ይረኣዩ። ንተስካር ወዲ ኩሱራይ ካብ ዝሓልፉ ፊተውራሪ መሓመድ እስማዒልን ብጾቱን ካብ ማዕዶ ምስ ኣደይ ዓቤት ተረኣእዮም 'ዒድ ሙብሩክ' 'ዒድ ሙብሩክ' ተበሃሃሉ።

---

407 ዓቤት ነስረዲን፡ ቃለ መጠይቕ ምስ ደራሲ፡ 19 መስከረም 2016፡ ዖና።

ፊተውራሪ መሓመድ እስማዒል ቅድሚ ክልተ መዓልቲ ነደይ ዓቤት "ኰነታት ሕማቕ ኣሎ ሴፊይ ምስ ናይ ግራዝማች ኣንብርለይ"[408] ኢሎመን ነይሮም። ኣደይ ዓቤት ሽዑ ዳእላ ሓዊሰን "ፊተውራሪ! ሰበይቲ ንብረት ሰብኡት ካብ መኣስ ትሕዝ፧" በለኣም። ፊተውራሪ ድማ "ደሓን ንሎሚ ምስ ሰብኡት ቆጺርናኪ ኣለና" በልዋ ንሶም እውን እናተዋዘዩ ሴፎም ኣብ ውሑስ ከተንብረሎም እናሃብዋ። ሕማቕ ኣጋጣሚ ኮይኑ ሴፍ ፊተውራሪ ኣብ ውሑስ ተቐሚጣ ንባዕሎም ውሕስነት ስለ ዘይረኸቡ ንሶም ኣብ ያና መይቶም ወዶም ኣሕመድ ንብረት ኣብኡ ካብ እንዳ ኣቦይ ዓሊሓሰን ድሕሪ'ቲ ህልቂት ተረኪቡ።

ዝኾነ ኮይኑ ዘረባ ሰበይቲ ዘይስማዕ ግን ከኣ ዝኸውን ድዩ ዝበሃል፡ ኣደይ ዓቤት ነቦይ ዓሊሓሰን ጥራይ ዝፈርሓሎም ሕማቕ ንኹሉ ዘሰንብድ ኮይኑ ወረደ። ያና ብኸበድትን ፈኮስትን ብረታት ክትናወጽ፡ ኣባይቲ እሳት ተረኲዕዎ ከህሞኽ ብፍጹም ኣይሓሰባን። ኣብ ሓንቲ ረፍዲ ኣማኢት ንጹሃት ክቕተሉ ከመይ ኢለን ክግምትኦ። ተኽእሎ ናይ ሓደጋ ከህሉ ከም ዝኽእል ጥራይ ገሚተን። እቲ ዘጋጠመ ግን ዝኾነ ክግምቶ ካብ ዝኽእል ንላዕሊ ነበረ።

ዝኾነ ክኸውን ምስ ጀመረ ኣደይ ዓቤት ብስንባደ ዝበዝሑ ኣብ ገዛ ዝነበሩ ደቀን ገዲፈን ውፈር ከይተባህለ ንዝወፈረ ወደን ደሃዩ ክገብራ ተጓየያ። ብፍጥነት ካብ ገዛ ወጺኣን ዋሊኩ ናብ ዘቕልቅል ገጸን ተጠውያ። እንዳ ዓበ የባት ሓሊፈን ወደን ይህልዎ ኢለን ናብ ዝገመትኦ ሰጎማ። እንተኾነ ሃንደበት ቀቅድሚኣን ክጎዩ ዝጸንሐ ሰብኣይ ብጥይት ኣብ ባይታ ተጸጥሐ። ኣደይ ዓቤት ብስንባደ፡ ኣይንቕድሚት ኣይንድሕሪት ተዓኒደን ደረቓ። ኣበይ ምንባሩ ንዘይፈለጥኦ ወደን ከናድያ ክብላ ነብሰን ኣብ ሓደጋ ምእታወን ተሰዊጥወን ጉይኣን ናብቲ ዝመጽኦ ኣንፈት ቀይረን ከም ሕሱም ጎየያ።

ናብ ቀረብኣን ዝነበረት ገዛ እንዳ ዓበ የባት ንከዕቆባ እዩ። ሕማቕ ዕድል ኮይኑ ግን ኣደይ ዓቤትን ሓደ ወተሃደር ኢትዮጵያን ከም ሰብ ቆጸራ ኣብ ሓደ ህሞት ኣብ ኣፍደገ እታ ገዛ ተቐባበሉ። ወተሃደር ክቕትል፡ ኣደይ ዓቤት ድማ ከይቅተላ፡ ቀታሊ ብኣፍደገ ተቐታሊት ድማ ብድሕሪት እታ ኣጉዶ ፊት ንፊት ተጋጠሙ። ሽዑ ወተሃደር ተቐላጢፉ ብረቱ ናብ ኣደይ ዓቤት ኣቕንዐ። ኣደይ ዓቤት ግን ኣይተዳህላን ነብሰን ከድሕና ቅልጡፍ ውሳነ ወሰዳ። ሃዳኒን ተሃዳኒትን ኣብ መንጎ እተን ክልተ ኣጓዱ ኲባዕ ጀመሩ።

ወተሃደር ብየማን እንተመጸን ኣደይ ዓቤት ናብ ጸጋም፡ ብጸጋም እንተመጸን ንየማን እናሃደማ ጥይቱ ንብላሽ ባኸነ። ጭር ጭር ዓበደ። እዚ ግን

408 ዓቤት ነስረዲን፡ 2016።

ነዊሕ ኣይቀጸለን። ብዓይኒ የብለይ ስኒ ካብ ዝተኮሰን ሓያሎ ጠያይት ሓሙሽተ ዕላማ ወቅዓ። ድሕርዚ "ኣበይ ከይትትንስእ" ናብ ዝብል መደምደምታ በጺሑ ንሓንቲ ካብተን ክልተ ኣጓዱ ናይ እንዳ ዓበ የባት ክርቢት ሽርጢጡ ካልኦት ዝቕተሉ ከእልሽ ገዲፍወን ተዓዝረ። ኣምላኽ ኣይትተዓወት ኢልዎ ግን ሓዊ ዝኣጎደላ ኣጉዶ ብዕድል ሰብ ዘይነበራ ኮነት።

ኣብ መስከረም 2016 ነደይ ዓቤት ብዛዕባ'ቲ ኣብ ልዕሊኣን ዝወርደ ካብ ኣንደበተን ክስንድ ዕድል ረኺበ ነይረ። ኣብ መንጎኣን ኣብ መንጎ እቲ ቀታልን ዝተፈጠረ ናይ ሞትን ህይወትን ምፍጣጥ ከኣ ብኸምዚ ይገልጽኦ፡-

"ኣነ ብድሕሪት ንሱ ብቕድሚት ናይ'ቲ ገዛ ነይርና፡፡ ንሱ ንዓይ ክቐትል ኣነ ካብኡ ክኸወል ተረባሪብና። ይትኩስ ይስሕተኒ፡ ይትኩስ የስሕቶ። ዳሕራይ ፈልማ ሰለፈይ ደጊሙ ኣብ ጎድነይ ኣብ ታሕተዋይ ከፋል እግረይ ኣብ ርእሰይ ምስ ረኸበኒ ራዕ ኢለ ወዲቐ። ገና ኣብ ባይታ ተዘርጊሐ ከለኹ ግን ነብስይ ብዓቕሊ ጽበት 'ኬድኪ ሕነቐዮ፡ ሕነቐዮ፡ ትኽእልዮ ኢኺ፡' እናበለት ትእኩተኒ ነይራ። እንተኾነ ግን ዕድል ከይሃበ ዝተኰሳ ጥይት ንኣስናነይ ለኪማ ክንዮ ሽሪዕ ደርበየትኒ። ሞይታ ኢሉ ሓዲጉኒ ከይዱ"[409]

ኣደይ ዓቤት ኣብ ናይ ሰከንድታት ፍልልይ ሓሙሽተ ጠያይት ኣብ ነብሰን ጽሕዩ ከሎ ብድድ ኢለን ተንሲኣን። እቲ ዛንታ ኣብ ሆሊዉድ ዝተደርሰ ልቢ ወለድ ፊልም ትርኢ ዘለኻ እምበር ሓቂ ኮይኑ ኣይስመዓካን። ከመይ ሓሙሽተ ጠያይት ኣብ ውሽጢ ደቓይቕ በሳሲዕውን ከብቅዕ ደመን እናፈሰሰ ተንሲኣን መሪሸን። ስጋ ዝለበሰ ፍጡር ብሓሙሽተ ጠያይት ተበሳሲዑ ከሎ ንእለት 'ብድድ ኢሉ ተንሲኡ' እናበልካ ምዝንታው ክንዮ ሓሶት ዕሽነት እውን ክመስል ይኽእል። ኣደይ ዓቤት ግን ብቓላተን ጥራይ ኣይኮናን ኣዘንትየን። ርእሰን ቀሊዐን ቀሚሸን ሰብሲበን ስለ ዘርእየና ኣሚንና ጥራይ ዘይኮነ ንኽንምስክር እውን ትብዓት ረኺብና ንዛረብሉ ኣለና።

ሽዑ ካብ ኩሉ ኣካላተን ደም እናፈሰሰን ገዝኣን ተመልሳ። ኣብኡ ድማ ካልእ ሽግር ተፈጢሩ። ብድምጺ ጠያይት ልቦም ተገልቢጡ ተሸቍሞም ዝጸንሑ ደቀን ንወላዲቶም ርእዮም መልኣከ ሞት ከም ዝመጾም መሊሶም ባህረሩ። እተን ቅድሚ ውሑዳት ደቓይቕ ምስ ወጅሆን ተፈልይኦም ኣደ፡ ካብ ርእሰን ክሳብ ጽፍሪ እግረን ብደም ተሓጺበን ልዕሊ ድምጺ ጠያይት ኣሰንባዲት ፍጥረት ተቐይረን ነበራ። ትርኢተን ስለ ዘርዓዶም ከኣ ይትረፍ ይማ ኢሎም ክሕቆፉወን ካብኣን ሃደሙ። ናይ ኸያር ወደን ግን ሓለፋ ነይሩዎ። *"ብደም ተሓጺበ ምስ መጻእኩዎም ንእሽቶ ወደይ እግሩ መሊኡ ካባይ ሃዲሙ። ኣርኪበ*

409 ከማሁ።

ሒዘዮ። 'ንዓ፡ ሰኒ ዎ ኣማን እምካ ኣና'[410] *ብምባል ኣብ ዝባነይ ተሰኪመዮ ጀርዲና ገጸይ ወሪደ። ጀርዲን እንዳ ሃብቶም ምስ በጻሕኩ 'ከብራ፡ ከብራ' ኢለ ጸዊዐ መልሲ ሰኢነ ናብቲ ገዛ ኣላጊሰ መንልበብ ወሲደ ርእሰይ ከዲነ" ይብላ ንሰን።*

ኣደይ ዓቤት ገና ደመን እናፈሰሰ ብሎኮ ኣፍዓበት ምስ በጽሓ ካብ ርሑቕ ክካታተልወን ዝጸንሑ ፖሊስ "እዛ ሰበይቲ ተወጊኣ'ላ ኣምጽእዋ" በሉ። ኣደይ ዓቤት ግን "ኩሎም ሓደ እዚኦም'ውን ክቐትሉኒ ይኾኑ" ኢለን ብምሕሳብ ንዓለን "የሕዋትኪ ሒዝኪ እንዳ ድራር እተዊ" ተላብየን ናብኦም ቀረባ። "ደው እንተበልኩም ከም ዕንጨይቲ ኮፍ እንተበልኩም'ውን ከም እምኒ ኩኑ" እናበላ ድማ ረገምኦም። እቶም ኣለልዮም ዝጸውዕወን ፖሊስ ግን "ኣባይኪ ዓቤት ሓብተይ፡ ኣባይኪ"[411] እናበሉ ብድንጋጽ ተሰፋይ ኣልመዶም ዝበሃል መራሕ መኪና ገይሮም ሆስፒታል ኣብጽሕወን።

ኣደይ ዓቤት እተን ኣብ ሆስፒታል ዝጸንሓአን ሰለስተ ሰሙን ደም እናሸና ብሰብ ጥራይ ዝለዓላ ጉንዲ ተቐየራ። ርእሰን፡ ኣፈን፡ ከብደን፡ እግረን ተሰፍዩ። ብፋሻ ተጀኒኑ ናብ ንቡር ዝምለሳ ብፍጹም ኣይመስላን ነበራ። ኣምላኽ ኣለኺ ዝበላ ህይወት ግን ቅድሚ መዓልታ ኣይትሓልፍን። ድሕሪ ሰሙናት ኣብ ሆስፒታል ጸንሖት ተመሓየሸን ናብ ደቀንን ሓዳረንን ተጸንበራ።

ግዳያት ዖና ካብ ዝቐበሩ ዓበይቲ ዓዲ ሓደ ኣቦይ ዓሊሓሰን ኢብራሂም እዮም። ንሶም ኣብቲ ምስ ኣደይ ዓቤት ዘውጋዕናሉ ህሞት ምስ ዝኽሮም ኣይጸንሑን። ካብኦም ክንረኽቦ ንኽእል ዝነበርና ከኣ ገና ብህይወት ከለው ቀቢጽናዮ። ኣቦይ ዓሊ ሓሰን ግራዝማች ኢብራሂም ኣብ ግዜ ህልቂት ጭቃ ዓዲ ብርሃኑ[412] ብምንባሮም ካልኦት ካብ ዝህብዎ ዓሙቕን ዝርዝራውን ክኸውን ልዑል ተኽእሎ ነይሩዎ። ነዊሕ ከይጸንሑ ድማ ሓሊፎም።

ነደይ ዓቤት ብዛዕባ ኣብ ልዕሊ ካልኦት ዝወረደ ግፍዒ ርእየን እንተኾይነን ተወኪስናየን። "ብዘይካ'ቲ ቀቅድመይ ክኸይድ ጸኒሑ ብኣፍልቡ ዝወደቐ መን ምዃኑ ዘይፈልጦ ዝኾነ ዝሞተ ኮነ ዝቖሰለ ኣይርኤኹን። እንትርፎ ሓደ ወተሃደር ንሱ ድማ እቲ ንዓይ ዝቐተለኒ ካልእ ብፍጹም ወተሃደር ዝበሃል ኣይርኤኹን" በላ።

እንተኾነ ገዛ እንዳ ኣቦይ ዓሊ ሓሰንን ፎርቶን ፊት ንፊት ስለዝርከባ ብዛዕባ'ቲ "ካብ ፎርቶ ንዖና መዳፍዕ ይትኮስ ነይሩ" ዚብል እውን ሓቲትናየን። ኣደይ ዓቤት ቀዳማይ ቋንቁኣን ብሌን ንቃለ መሕትት ዝተጠቀምናሉ ቋንቋ

410 "ሰኒ ዎኣማን እምካ ኣና" ማለት።

411 ከማሁ።

412 ሓንቲ ካብ ቀቢላታት ሶኹና።

ትግራይት እዩ። ቋንቋ ትግርኛ ናይ ምስማዕን ናይ ምዝራብ ክእለት'ውን ነይርወን። ንሰን ነቲ ዝሓተትናየን ሕቶ እንክምልሳ "እቲ ዝትኮስ ካብ'ዚ ቦታ ይትኮስ ነይሩ ክብል ኣይክልን። እቲ ኣብ ፎርቶ ዝነበረ ግን ሓንቲ ቃል ብዓውታ ክደጋግም ከምዛ ሎሚ ኮይና ትስምዓኒ። እታ ቃል ሕማቕ ድያ ጽብቕቲ እውን ክሳብ እዛ ዕለት ኣይፈልጣን። ንመን ይብላ ነይሩ'ውን ኣይርድኣንን። ብኣምሓርኛ 'ኣንተ ልቀቅ፡ ልቀቅ' ጥራይ ይብል ነይሩ" ክኣ ይብላ። 'ልቀቅ' ፈኑ፡ ቶኩስ፡ ደርቢ።[413]

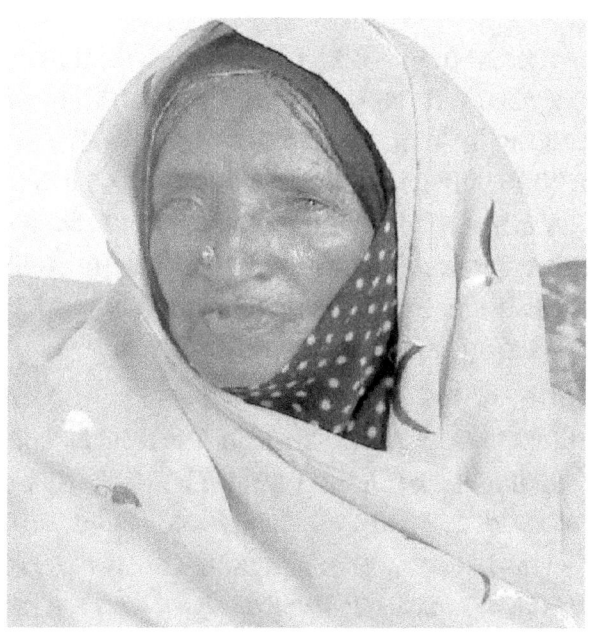

ነፍስሄር ኣደይ ዓቤት ነስረዲን

413 ኣደይ ዓቤት ድሕሪ ኣስታት ሹዱሽተ ዓመታት ናይዚ ቃል መሕተት ኣብ 2022 ብመገሻ ናብ ሱዳን ካርቱም ኣብ ዝነበራሉ ሓሚመን ብሃንደበት ካብዛ ዓለም ብሞት ተፈልየን።

ቅልስ ዳዊትን ጎልያድን ኣብ ጎልጎል ያና

ዓድና ያና ሚ ረኣኩም ሰዓት ሰማን ዶቢ በደ
ወከም መርዒ ቀበርና ቀድወት ሓነን ድብ ወደ
ወከም ስናት ቀበርና እንደይ ንኣምር እንፈንተ።
ኣምዕል ያና ለርእይቱ ይእበልዕ ዎ ይእሰተ
ዎኣምዕል ያና ለርእይቱ መናበረት ሚ ለሓዘ።

ዘይተፈልጠ

መሓመድዓሊ ዑስማን ዳይን ኣብ መበቆል ዓዱ በጁክ ዘይኮነ ካብ ከረን ንደቡቡባዊ ምዕራብ ኣብ በጉ (ኣሸዓላ) ኣብ ትበሃል ንእሽቶ ቁሸት እዩ ኣብ መወዳእታ ናይ 19 ክፍለ ዘመን ተወሊዱ። ወላዲኡ ሸኽ ዑስማን ዳይን፡ ካብ በጁክ ዓንሰባ ናብ በጉ ቁርኣን ክምሃር ኢሉ ወሪዱ። ኣብ በጉ ኮይኑ ድማ ንመሓመድዓሊ፡ እድሪስን ባርሀትን ደቂ ወሊዱ። እድሪስ ዓቕሚ ኣዳም በጺሑ ኣብ ፈለማ 1930ታት ምስ ሰራዊት ጣልያን ተዓስኪሩ ናብ ትሩቡሊ ዘሚቱ። ካልኣይ ኩናት ዓለም[414] ክሳብ ዝጅምር ጸጸኒሑ መልእኽቲ ይሰድድ ነይሩ። ኩናት ምስ ጀመረ ግን ፈጺሙ ህጣሙ ኣጥፊኡ።[415]

ከም ኣካል ካልኣይ ኩናት ዓለም ኣብ መንጎ ሓይልታት ኣክሲስን ኪዳንን ኣብ ሰሜን ኣፍሪቃ ዝካየድ ዝነበረ ኩናት ብዓወት ሓይልታት ኪዳን ተዛዚሙ። ዝበዝሐ ሰራዊት ኢጣልያ ምዉትን ምሩኽን ኮይኑ ተበታቲኑ። ውሑዳት ዕድል ገይሮም ብህይወት ዝተረፉ ኤርትራውያን ዓሳክር ድሕሪ ውርደትን መከራን ሓመድ ዓዶም ረገጹ። ብህይወት ናይ ዝተመልሱ ስድራቤታት ብሓጎስን እልልታን፡ ሽታ ማይ ናይ ዝኾነ ግን ብኽያትን ሓዘንን ኣቃልሑ።

እንዳ ዑስማን ዳይን ንወዶም ዘዐስከረ መንግስቲ ብኻልእ ባዕዲ ተተኪኡ ንዝሓትዎ ሓርቢትዎም ኣብ ዝነበርሉ ህሞት ሓደ ካብ ውጻእ መዓት ትሩቡሊ ክዳንን ቁልፉን (ከፉፉን) እድሪስ ሒዙ ንበጉ ወረደ። ንሰንፈላልን ሻቕሎትን

414 ካልኣይ ኩናት ዓለም ኣብ ሰነ 1939 ተጀሚሩ። ኢጣልያ ግን ክሳብ መፋርቕ ናይ 1940 ማእከላይ መርገጺ ብምውሳድ ኣብ ኩናት ኣይኣተወትን ነይራ።

415 ሙኒር ሮሞዳን፡ ቃለ መሕተት ምስ ደራሲ፡ 16 ሕዳር 2019፡ ከረን።

ናይታ ስድራ ከኣ መኸተምታ ገበረሉ። ትጽቢታ ብብኽያትን ሓዘንን ተተክአ። እታ ስድራ ኣብ ሰሃራ ንዝተደበየ ውሉዳ ግቡእ ገይራ ሓዘነት። ኮልኡት ተመሳሳሊ ዕጫ ዝነነፈን ስድራቤታት እውን ዝረኸበን ዝቐበጸን ኮይንወን ብላሽ ናይ ዝሞቱ ደቀን ሓዘን ከምዚ ኢለን መኸተምታ ገበራሉ።[416]

መሓመድዓሊ ንእሽቶ ሓዉ ንእድሪስ፡ ኣብ ሕርሻን መጓሰን እናነጠፈ ዓቕሚ ኣዳም በጺሑ ካብ ቦሳ ንዛህራ ልባብ ተውለ ተመርዓወ። እዛ ስድራ ካብ በጉ ንፈለስታኹ ጥቓ ከረን ወጺኣ እያ ብርካ ዝፈለየት። ከይመት፡ ኬማ፡ ጃዕፈር፡ ያቆብ፡ ኣኽያር፡ ዓፍየት፡ ሮሞዳን፡ ፋጥናን፡ ከድጃን ዝተሰምዩ ፈረየት። ኣቦይ መሓመድዓሊ ብዘይካ ኣብ ሕርሻን መጓሰን ዝነጥፎ፡ ንፉዕ ሰራሕ ጫማን ጸራባይን እውን ነበረ። በዚ መሰረት ውሕልነቱ እናሸጠ መነባብሮኡ ይድግፍ ነይሩ። ከምኡ ኢሉ ከኣ ነተን ምጭዋት ኣዋልዱ ሓንቲ ድሕሪ ካልእ ናብ መርዓን ደርዓን ኣብጽሐን። በኹሪ ከይመት ናብ ዓዲ ዑቕቤስ ኬማን ኣኽያርን ናብ እንዳ ኣብኡን ንበጁክ ተመርዓዋ። ዓፍየት ኣብ ሽምሊኽ ናብ ዝነብሩ ኳዜን ተመርዓዋ።[417]

ኣቦይ መሓመድዓሊ ዋላ'ኳ ደቁ ናብ መርዓን ውላድን እንተ ኣብጽሐ ኣብ ህይወቱ ሓንቲ ዘይተቕስና ነበረቶ።

ናብ ዓዲ ኣቦኡን ኣቦሓጎታቱን ጠቕሊሉ ምምላስ። በዚ መሰረት ኣብ መጨረሽታ 1966 ሕልሙ ከተግብር ቆሪጹ ተበገሰ። ኣብ ኣስታት 70 ዓመት ዕድሚኡ ሩዑ ጠቕሊሉ ከረን ረጊጹ ንሓመልማሎ ወረደ። ምስቶም ብስጋ ኣሕዋቱን መቕርቡን ምንባር ከኣ ሀ ኢሉ ጀመረ። ጀርዲን ኣቦሓጎታቱ ባዕሉ ክሰርሖ ንግራቱ እውን ባዕሉ ክሓርሶ ጀመረ። እዚ ነቦይ መሓመድ ዓሊ ፍሉይ ባህታ ፈጠረሉ። ጽቡቕ ኣጋጣሚ ኮይኑ ንሓመልማሎ ኣብ ዝወረደሉ ሮሞዳንን ፋጥናን ደቃ ቁርኣን ኣኽተሙ። ብሓደ ወገን ንመመረቕትኦም ብኻልእ ድማ ብሰላም ንዓዶም ስለ ዝተመልሰ ላም ሓሪዱ ውሃ ዘበለ እንግዶት ገበረ።[418]

ኣደኻ ከም ዝለኣኸትካ ዘይኮነ ግን ዕዳጋ ከም ዝጸንሓካ እዩ። ስድራ ኣቦይ መሓመድዓሊ ካብ ፈለስታኽ ዓንሰባ ኣብ ዝወረድሉ ህሞት ንተጋደልቲ መግብን ሓበሬታን ንምኽላእ ኢትዮጵያ ኣብ ልዕሊ ሰለማዊ ህዝቢ መጠነ ሰፊሕ ግፍዕታት ንምፍጻም ምድላዋት ኣጻፈፈት። ከም ሳዕቤኑ ምዕራባውን ምብራቓውን መታሕት ብሕሱም ግፍዒ ተሳቐየ።

ኣብ ቀውዒ 1967 እውን ኣውራጃ ሰንሒት፡ ቤጁኽ፡ ክልተ ማርያ፡ ምድሪ ተርቀን ተውቀን፡ ዓድ ተኸለስን ዝርከባ ዓድታት ነዲደን ህዝበን ተቐትለን

416 ሙኒር ሮሞዳን።

417 ሮሞዳን መሓመድዓሊ፡ ቃለ መጠይቕ ምስ ደራሲ፡ 21 ሰነ 2019፡ ከረን።

418 ሮሞዳን መሓመድዓሊ።

ተፈናቒለን። እዚ ንባህጊ ኣቦይ መሓመድዓሊ መኻልፍ ነበረ። ብቐሊሉ ግን ተስፋ ኣይቆረጸን። ካብ ሎሚ ጽባሕ፡ ካብ ጽባሕ ድሕሪኣ መዓልቲ ትሓይሽ ትኸውን ካብ ዝብል ንድሕሪት ከጥምት ኣይመረጸን። እንተኾነ ባህግን ክውንነት ኣይተሳነዩን። እቲ ቅትለትን ምንዳድን ብዝሓየለ መልክዑ ቀጸለ።[419]

ዝበኣሰ ድማ ንዝበዝሐ ክፋል ኣውራጃ ሰንሒት ከህሙኽ ዝተኣወጀ ናይ 1970 ወፍሪ ኣርከበ። ኣዋጅ[420] መንግስቲ ኢትዮጵያ ሓረስታይ ሓጋይን ክረምትን ጽዒሩ ኣብ ዳንዳን ቅሚጦን ፍርቁ ድማ ኣብ ዓውዲ ንዘብጽሖ ምህርቱ ክጥርንፍ ዕድል ዝህብ ኣይነበረን። መስኪን ህዝቢ እንኮ ህይወቱ ከትርፍ ያና ኣቲኻ ካብ ምዕቋብ ካልእ ኣማራጺ ኣይነበሮን። ዳርጋ ዝበዝሓ ዓድታት በጁክ ተፈናቒሉ ንያና ኣተዋ።

ኢትዮጵያ ንብዙሓት ዓድታትን ቁሸታትን ኣቐዲማ ብተደጋጋሚ ኣብሪሳ እኳ እንተነበረት ተቐማጦ ናይተን ዓድታት ኣብ ሓደ ህሞት ጠቕሊሎም ዓዶም ኣይገድፉን። ብርግጽ ህዝቢ እቲ ከባቢ ካብ 1967 ጀሚሩ ንሱዳን ኣትዩ ኣብ መዓስከራት ተዓቁበ ውሑድ ኣይነበረን። ዝበዝሐ ግን ተስፋ ስለ ዘይቆረጸ ወተሃደራት ቀውዒ ዘንደድዎ ተመሊሱ ሓጋይ ይሰርሖ ኣየት ዝፈረሰ ክረምቲ እናልዓሉ ውሑድ ግዜ ጭርር ጭርር ዓበደ ኣይተጸወተን። ኣብ ድሮ ህልቂት ያና ዝወጸ ኣዋጅ ግን ንቆልዓን ሰበይትን ተኣንጉቱን ተሸብሺቡን ንያናን ከረንን ከም ዝውሕዝ ገበሮ።

ኣብ ቤጁክ ተመርዕየን ዝነበራ ኣኽያርን ኬማን ደቂ መሓመድዓሊ እውን ደቀን ሒዘን ናብቲ ስድርአን ቐዲሞም ዝኣተውዎ ያና ተጸንበራ። እንዳ መሓመድዓሊ ምግዓዝ ምስ ኮነ ንከረን ወይ እውን ዓባይ ዓሎም ኣብ ዝነበረቶ ናብ ፈለስታኽ ኣይኣተውን። ኣቦይ መሓመድዓሊ "መዋእለይ ተፈልየዮም ዝነብር ዝነበርኩ እንዳ'ቦይ ኣብዛ ዘላትኒ ሓጻር ዕድመ ዘርሕቕ የብለይን" ስለ ዝበሉ ኣብ ያና ሰፈሩ። ያና ብሓደ ወገን ንከተማ ቀረባ ህዝቢ ክሰፍራ ዝተፈቐደት ብምንባራ ኣይተሰከፉን። ኣጓዱ ሰሪሖም ሰፈሩ። ብሓፈሻ እቲ ህዝቢ ዋላ'ኳ ካብ ቤቱ እንተተፈናቐለ ኣብ ያና ኣብ ጥቓ መንግስትን ትሕቲ ባንዴራን ብምንባሩ ተዛማዲ ውሕስነት ፈጠረሉ።

ሰሉስ 1 ታሕሳስ 1970 ካልኣይቲ መዓልቲ ዒድ ኣብ ደምበ እንዳ መሓመድዓሊ ተውዛሕዛሕን ፍስሃን ዒድ ገና ኣይነከየን። ሓድሽ ጀለብያ ዝተኸድኑ ቆልዑ ብሕጉስ መንፈስ ካብዚ ናብቲ እናተላኸዑ ይጻወቱ፡ ዓበይቲ

---

419 ሙኑር ሮሞዳን።

420 ድንጋገ እዋን ሓደጋ።

ድማ ብርጉእ መንፈስ ቡኖም ይሰትዩ። ኣብ መንጎ እዚ ከኣ እዮም ኣቦይ መሓመድዓሊ "እም ከይመት ኣብዛ ተስካር እንዳ ወዲ ከሱራይ ክበጽሕ" ዝበሉወን ነደይ ዛህራ። ግርማን ሙቐትን ትውስኽሎም ጎልፎ ኣብ ልዕሊ ሓድሽ ጀለብያ ደረቡ። ተሃኒኖም ባዕሎም ዝሰርሕወን ሰንደል እወን ወደዩ። ከዘራን በትሮም ኣልዒሎም ከኣ ነቐሉ። ኣደይ ዛህራ ኣዋልዳን ደቂ ደቃን ግን ካብቲ ናይ ኣውድኣመት ሃዋህው ብቐሊሉ ዝላቐቑ ኣይመስሉን።[421]

ካልኣይቲ መዓልቲ ዒድ ከብራ ካብ ቀዳማይቲ ብፍጹም ኣይሰንፍን። ይብላዕ ይስተ፡ ካብዚን ናብትን እናተበጻጸሕካ ሰናይ ምንዮትካ ትገላለጽ። ኣብ ዘዝኸድካዮ ሽሻይ ኣውደኣመት ትቋደስ። እቲ ብሰንኪ ምፍንቓል ንዖና ከኣቱ ዝተገደደ ህዝቢ እውን ንቡር ኣይሓደገን። ነውደኣመት ዝኸውን መኣስ ይሰኣን ኮይኑ። ብዘይካ ካብ ሽምሊኽ ምስ እንዳ ሓሙኣ ዖና ኣትያ ዝነበረት ዓፍየት ዳርጋ ኩላ መሓመድዓሊ ወለዶ ኣብ ሓንቲ ደምበ ተኣኪባ ነበረት።

ዓፍየት'ውን ኣይደንጎየትን ንደቃ ኣበጋጊሳ "ስድራይ ርሑስ ዒድ ኢለ ንሹቕ ከሓልፍ"[422] ብምባል ደበኽ በለት። ሓራስ ዓማራ መሓመድ ዓሊ ሸኽ ኣውዓላ ንዕልቲ ኣኽያር ሓብታ ኣብ ዝነበረታ ኣጉዶ ኣትያ ከኣ ክትዕይድ ጀመረት። ህዝቢ ናይቲ ዓመት እቲኣ ዒድ ወሪድዎም ንዝነበረ ሰቐቓ ንግዜኡ እውን ይኹን ክርስዕ፡ ብሕሰም ንዝተጨማደደ ገጹ ከብርህ፡ እኹል ምኽንያት ኮይናቶ እያ። "እንሻኣላህ" እናበለ ነንሓድሕዱ ጽቡቕ ምንዮት ክገልጹ ከሎ ክንዮ ንዓመትኡ ዒድ ኣብ ዓዱ ከሕልፍ ካልእ ትምኒት ኣይነበሮን። ባህግን ምንዮትን ኩሉ ብምንባሩ ከኣ ኣብ ገጽ ኩሉ ተስፋን ሓጎስን ይንጸባረቕ ነበረ።

ዓለም መመላእታ የብላን። ዓፍየት ካብ ገዛ ሓራስ ወጺኣ ኢድ ወላዲታ ስዒማ ምርቓ ከይወሰደት ፈልማ ብፍጥነት ናይ ዝጉዓዛ መካይንን ጸኒሑ ቶግ፡ ቶግ፡ ቶግ፡ ዝብል ናይ ተኹሲ ድምጺ ተሰምዐ። ባህታን ፍስሃን እታ ደምበ ከኣ ንእለት ናብ ስንባደን ራዕድን ተቐየረ። ቆልዑ ወጨጨ። ኣደታት ዘልዕልኦን ዘንብርኦን ጠፊእወን ኣዕሎበጣ። ዓቢ ይኹን ንእሽቶ ብቅድሚትን ድሕሪትን ሞት ተቐባቢላቶ ናብ ዝኣትዎ ጨነቖ። መጨረሽታ ግን ካብ ማይን ጸሓይን እምበር ካብ ጥይት ከከላኸል ናብ ዘይክእላ ኣጓዱ ኣትዮም ተሸጉጡ።

እቲ በርቃዊ መጥቃዕቲ ንኹሉ እዩ ኣኩቱ። ሰብ ከም ኣንበጣ ብጥይት ረጊፉ። ኣብ ውሽጢ ኣባይቲ ዝጸንሑ ብሓዊ ተሃሚኹ። ከሃድም ዝፈተነ ብዓረር ተቐሊቡ። ዖና ኣብ ቋሕ ሰም ሲኣል ተለዊጣ፡ ኣቤቱታኡ ንኣምላኽ ከሰምዕ ተላዕለ ትኪ ንብራኽ ላልምባ ተመጣጢሩ ዕሻሹ ኣብ ከረን ነጊፉ።

421 ኣኽያር መሓመድዓሊ፡ ቃለ መጠይቕ ምስ ደራሲ፡ 2019።

422 ከማሁ።

ኣብቲ ናይ ዕግርግርን ሞትን ህሞት ሓደ ካብቶም ናይ ጥፍኣት ልኡኻት እጃሙ ገይሩ ንዝወሰዳ ደምበ እንዳ መሓመድዓሊ ዘብዘብ እናበለ ኣተዋ። ክልተ ማዕጾ ብዝነበራ ገዛ (ቤት ዓቢ) ናይ እንዳ መሓመድ ዓሊ ዑስማን ጀሚሩ ከኣ ብዓይኒ የብለይ ስኒ ኣድራጋ ጠያይት ንውሽጢ ከፍከፎ። ናብ መን ይትኩስ ምንባሩ ምፍላጥ ዘገድሶ ኣይኮነን። ፍጡር ዘበለ ክቐትል ንብረት ዘበለ ከወድም እዩ ተልእኾ ተዋሂብዎ ፍልስፍና ኣድጊ። ሳዕሪ'ውን ትኹን ከትነድድ ነይሩዋ። ኣጉዶ እንዳ መሓመድ ዓሊ ግን ሳዕሪ ጥራሕ ኣይኮነን ነይሩዋ።

ኣብ ውሽጣ ካብ ዝነበሩ ዳሕራይ ንክትጸውየሉ ዕድል ዝረኸበት ኣደይ ኣኽያር ጓል መሓመድ ዓሊ ፍርቂ ዘመን ንድሕሪት ተመሊሳ "ኣብታ ዓባይ ኣጉዶ ኣነ በዅሪ ወደይ እድሪስ፡ ጓለይ ፋጥና ኣብ ሕቑፊይ ዝነበረ ዓብደልቃድርን ኬማ ሓብተይ ምስ ህጻን ወዳ ብሓባር ነይርና። እቲ ወተሃደር ኣድራጋ ጠያይት ምስ ቶኮሰልና ኣነ ብስንባደ ኣውያት ደርጒሐዮ። ህላውነትና ኣረጋጊጹ ደጊሙ ደጋጊሙ ተኩሱ። ንዓይ እዳወይን ሰለፈይን ወጊኡ ኣብ ሕቑፈይ ዝነበረ ወዲ 9 ወርሒ ዓብደልቃድር ወደይ ቀቲሉ። ነታ ኣጉዶ ድማ ሓዊ ረኩዒላ"[423] ትብል።

ኣደይ ኣኽያር ህጻን ወዳ ሓቑፋ፡ ወዳን ጓላን ከምኡውን ሓብታ ምስ ወዳ ኩሎም ኣብ ትሕቲ ዓራት ተሓቢኦም ነበሩ። ቀታሊ ፈለማ ብጥይት ቀጺሉ ሓዊ ኣኾሊስዎም ተዓዝረ። ኣደይ ኣኽያር ተወጊኣ፡ ኣብ ዝባና ሓዊ እናወደቐ ሬሳ ወዳ ሓቝፋ መሎቐት። ኩሎም ኣየድመጹን። እንተስ ሞይቶም እንተስ ከይሞቱ ፈሪሆም?

ድሕሪ'ዚ እቲ ወተሃደር ናብ ጎና ንዝነበረት ኣጉዶ እንዳ መሓመድ ዓሊ ሽኽ ኣውዓላ - ገዛ ኣኽያር ጓል ኣቦይ መሓመድዓሊ እዩ ሰጊሩ። ኣብኡ ንዕልቲ ኣኽያር ሓራስ - ዓማራ መሓመድ ዓሊ ሽኽ፡ ሓማት ኣኽያር ንስሪት ነስረዲን ከቢን፡ እታ ነፍሰ ጾር ዓፍየት መሓመድዓሊ ዑስማን፡ ዘይነብ ሰይቲ እድሪስ ወርዕ፡ ኣደም መሓመድ ዓሊ ሽከ ኣውዓላ (ወዲ ኣኽያር) ኖራይ መሓመድ መንደርን ብፍርሂ ተሸቁሞም ጸንሕዎ።[424]

ቀታሊ ሽዑ'ውን ኣብ ኣፍደገ እታ ኣጉዶ ተገቲሩ ንውሽጢ እታ ኣጉዶ ደጋጊሙ ቶኮሰ። ንነብሰ ጾር ዓፍየት ቶኩሱ ኮፍ ኣብ ዝበለቶ ረኹመሻ። እታ ነብሰ ጾር ከም ካልኦት ኣብ ትሕቲ ዓራት ክትክወል እውን ኣይከኣለትን። ስለ ዝኾነ ድማ ብኡ ብኡ ዝተኮሰን ጠያይት ዘረራኣ። ወተሃደር ንዓፍየት ምስ

423 ከማሁ።

424 ሮሞዳን መሓመድዓሊ።

ቀተለ ምትኳስ ኣቛረጸ። ካብ እከይ ተግባሩ ተጣዒሱ ግን ኣይኮነን። ልዕሊ ምቕታል ካልእ ዘኽስብ ነገር ረኺቡ። ዝቕተሉ ናብ ዝኸድዎ ኣይነበሮምን። ትንፋሳ ከትወጽእ ካብ ትስሓግ ዓፍየት ናይ ኣፍንጭኣ ስቑረንን ናይ ግንባራ ቀዳሚት፡ ሽያላት፡ ግሪጥ መናጪቱ ናብ ጅብኡ ከተተ። ንኢዱ ብደም ጸይቑ ጅብኡ ብማል ሓራም መልኣ።

ኣብ ዝበዝሐ ኣብ ኤርትራ ናይ ዝተፈጸመ ህልቂት፡ ወርቅን ካልእ ክቡር ነገራትን ምርሳይ ንቀተልቲ ከም ሞቑሽሽ እዩ ዝቑጸር። ኮማንድስ ይኹኑ ጦር ሰራዊት ድሕሪ ነፍሲ ወከፍ ወፍሪ ማእለያ ዘይብሉ ንብረት ዘሚቶም። ሕሉፍ ሓሊፍዎም ገለ ካብኣቶም ከይሓፈሩ ኣስያፍን ክቡር ነገራት ኣብ ዕዳጋ ይሸጥዎ ነበሩ። ዋናታቱ ትንፋሶም ኣሕሊፎም ናይ ዝራስይዎ። ህልቂት ንሓደ ሞቱ ንኻልእ ኣውደኣመቱ።

ወተሃደር ካብ ዓፍየት ወርቂ እናራስየ ሓራስ ዓማራ ምስ ወዳን ኣደኣን ወንጮ ተኸዲነን ከሃድማ ፈቲነን ከይተሸገረ ኣብ ኣፍደገ ናይታ ኣጉዶ ሰጥሐን። ናብ ውሽጢ እቲ ኣጉዶ ንዝነበሩ ኣደምን ኖራይን ድማ ዓረር ኣድረሮም። መስኪን ኖራይ ክስሓግ ውዒሉ ኣማስይኡ ትንፋሱ ወጸት። ኣድም ግን እግሩ ተሓምሺሹ ብስንከልና ሓሊፍሉ ክሳብ ሎሚ ይነብር ኣሎ። ኩሉ እዚ ክኸውን ኣብ ናይ ቋሕ ሰም ግዜ እኳ እንተ ዘይተባህለ ካብ ክልተ ወይ ሰለስተ ደቓይቕ ኣይሓለፈን።

ኣቦይ መሓመድዓሊ ዑስማን ተኹሲ ክጅምር ከሎ ኣብ እንዳ ተስካር ጸኒሑ። ፈለማ ናብ ጎቦ ላልምባ ገጹ ሃዲሙ እዩ ህይወቱ ከትርፍ ተበጊሱ። ጸኒሑ ግን “ቀያሕቲ ኣዋልደይ ገዲፈ ናበይ ከሃድም”[425] ብምባል ንማእከል ዖና ገጹ ተገልበጠ። ብመንገ'ቲ ዝነድድ ኣባይትን ናይ ዝቕትሉን ዝቕተሉን ዕግርግር ሰጊሩ ከኣ ንከረን ወገን ኣብ ዝነበረት ገዝኡ ገጹ ጎየየ። ምስ ስድራኡ ከመውት እምበር ዝገብሮ ኣይነበሮን። ኣብ ደንቢኡ ኣብ ዝበጽሓሉ ህሞት ድሮ ዓሉ ኬማ ምስ ወዳ፡ ብጽሕቲ ወርሒ ዓፍየት፡ ደቂ ዓሉ ፋጥና፡ እድሪስ፡ ዓብደሩፍ፡ ዓብደልቃድር ከምኡ'ውን ንስሪትን ዓማራን ሓማትን ንዕልቲ ዓሉን ተቐዚፎም ኣዕጽምቶም እነድድ ስግኦም እውን እቓሪ ነይሩ።[426]

ኣብ ማእከል ደንቢኡ ክበጽሕ ዝተዳነፎ ግን ቅልስ እዩ። ኣብ መንጎ በዓልቲቤቱን ሓደ ወተሃደርን። እቲ ንክልተ ኣዳዱ ኣንዲዱ ነቶም ኣብኣን ዝነበሩ ኣትሚሙ ናብ ሳልሰይቲ ዘቕንዐ ወተሃደር ዘይሓሰቦ ጎኒፍዎ። “ሞተይ

425 ሙኒር ሮሞዳን።

426 ኣኸያር መሓመድዓሊ

ኣይተርፈንን” ዝበለት ኣደይ ዛህራ ዓቕሊ ጽበት ነቲ ብከላሽን ኣብ ማእከል ደንቢኣ ዝድብል ጎበዝ ጎቢጣ ሒዛቶ። ሞት ዝመጸቶ ዘይገብሮ የብሉን። ደቃን ደቂ ደቃን በብተራ ከዕጽዱ ዝረኣየት ኣደ ንዕኣ ብህይወት ምትራፋ ትርጉም ኣይነበሮን። ዕብድቲ ተቐይራ ነቲ ቀታሊ ተሃንዲዳ ጎበጠቶ። ንጎበዝ በዓል ሳንጃን ጠበንጃ ተቓሊሳ ከተውድቖ። ምናልባት እንተ ኣውደቐቶ እንታይ ከትገብሮ ምኽና እንዶ ኣይነበራን። ከቱር ጭንቀት ዘንቀሎ እዩ።

ቀታሊ ሞት መጺኣቶ፡ ፍርሒ ሓዊሱ ከፍንጽግ፡ ኣደይ ዛህራ ሓንሳብ ንዝሓዘታ ጭራ ነብሪ ከይትፍኑ ቅልስ ሓርማዝን ጸጸን። ኣብታ ህሞት ከኣ'ዩ ኣቦይ መሓመድዓሊ ደበኽ ዝበለ። ኣደይ ዛህራ ነቲ ወተሃደር ዓትዒታ ሒዛቶ ከላ “ኣብ ከይመት ላኹ ኩዊሉ ባርደና ኣኽላኒ ባርደና ኣኽላኒ”[427] ጨደረት። ዓይኑ ዝርኣዮ ከኣምን ዝተሸገረ ኣቦይ መሓመድዓሊ ዝገብሮ ጨኒቕዎ ዕንይንይ በለ። ጸኒሑ ግን ናብታ ፈለማ ዝነደደት ገዝኡ ገጹ ጎየየ።[428] ኣብ ኣፍደገ ናይታ ገዛ ምስ በጽሐ ግን ብድሕሪኡ ንዝነበረ ዘረስዕ ካልእ ትራጀዲ ጎነፎ። ደቁን ደቂ ደቁን ብሓዊ ከህሞኹ ጸንሕዎ።

ካብቲ መጋርያ ሞት ዝተረፈት ኣደይ ኣኽያር “ትነድድ ኣብ ዝነበረት ኣጉዶ ኣትዩ ምስ ረኣየና ብስንባደ ድምጹ ዓው ኣቢሉ ‘ፋ! ፋ! ፋ!’ (ውጻ! ውጻ! ውጻ!) ኣብ ደገ ሙታ ኢሉና። ኣነ ሽው ነቲ ኣብ ሑቖፈይ ዝነበረ ወደይ ተሰኪመ ደመይ እናዛረየ ጎሰስ እናበልኩ ካብታ ኣጉዶ ወጺኣ። ደቀይን ሓብተይ ግን ኣይሰዓቡን” ትብል።[429]

ኣደይ ኣኽያር ትቃጸል ካብ ዝነበረት ኣጉዶ ወጺኣ ዝበኣሰ ሓማቕ ኣብ ቅድሚ ዓይና ጎነፋ። ኣቦኣ ኣብ ቅድሚ ዓይና ብጥይት ተወቒዑ ወደቐ። ኣደይ ኣኽያር ንገዛእ ርእሳ ኣብ መንጎ ሃልሃልታ ሓውን ዘየናሕሲ ቀታልን ተቐርቂራ ኣይንቕድሚት ኣንድሕሪት ተዓኒዳ ተረፈት። ኣደይ ዛህራ ዝተጠምጠመቶ ወተሃደር እዩ ነቦይ መሓመድዓሊ ከንቢሉ።

ቀታሊ ብኸመይ ካብ ፈንጠራ ኣደይ ዛህራ ፈንጺጉ ውጺኡ፤ እንተበዚ እንተበቲ ነደይ ዛህራ ኣስኒፍዋ ነብሳ ከተውጽእ ህድማ ተተሓሓዘቶ። ርእሳ ከምንጥላ ኣድራጋ ጠያይት ኣዝነበላ። ተባዕዶሞ መውጽኢ ይስእን። ርእሳ ንዝጎልበበት ኣደርየ ብጥይት በታቲኑ ከብቅዕ ካብ ጸጉሪ ርእሳ እንኮኳ ከይጎደለት ኣምለጠት። ትነድድ ካብ ዝነበረት ኣጉዶ ንድሕሪት ዝተገልበጠ ኣቦይ መሓመድዓሊ ግን ግዳይ ኮይኑ። ወተሃደር ነቦይ መሓመድዓሊ ቀቲሉ

427 “ኣቦ ከይመት ንዓ ቅተሎ ኣይከገድፈናንዩ”

428 ኣቦ ናብኣ ገጹ ዝጎየየ ናቱ ከፍሊ ስለዝኾነት እያ። ውዲ ወዱ ሙኒር ሮሞዳን ካራ ከምጽእ ከም ዝጎየየ ይእምት።

429 ኣኽያር መሓመድዓሊ

ኣብ ውሽጢ እቲ ደምበ ክጸንሕ ኣይደፈረን። ተቐላጢፉ ወጸ።

ምስ ሞት ተጠማጢማ ዘምለጠት ኣደይ ዛህራ ካብ ርሑቕ ዓላ ኣብ ማእከል ደምቢአ ከተዕነኒ ረኣየታ። “በጃኺ ይግበረኒ ዓለይ በጃኺ ይግበረኒ ዓለይ” እናበለት ናብኣ ተመሊሳ ነቲ ኣብ ሑቕፉ ዓላ ዝነበረ ሬሳ ተቐቢላ ንከረን ገጻ ነቐለት። ዓላ መሪሓ ኣብቲ በሪኽ ንከረን ዘቐልቅል ምስ ወጸት ሓደ ምሉእ ወተሃደራዊ ክዳንን ዕጥቅን ዝነበሮ ወተሃደር ተገቲሩ ኣብ ቅድሚኣ ጸንሓ። ኣደይ ዛህራ ንከብዳ እምኒ ኣእትያትላ ከም ዘየርፈደት ኣብ ሽዑ በጺሓ ሓሞታ ተዘርገት። ኣይ ንቕድሚት ኣይ ንድሕሪት ኮይና ተዘንበት። “ደመይ እናተኻዕወ ደድሕሪኣ እሰዕብ ነይረ። ኣደይ ወተሃደር ምስ ረኣየት ካብ ዝነበረታ ምንቕ ምባል ኣብያ። ኣነ ግን ነቲ ወተሃደር ምስ ርኤኹዎ ‘ዘይኩሉ ሞት’ዩ’ ኢለ ‘ኪዲ እንተ ኣሕለፈና ጽቡቕ እንተቐተለና ድማ ንመውት ዘይ ብድሕሪትስ ሞት’ዩ ዘሎ’ ኢለያ” ትብል ኣኺያር።

እቲ ወተሃደር ግን ነደይ ዛህራን ዓላን ጥራይ ዘይኮነ ንኹሎም በታ መገዲ ዝመጽዎ ንገጹ ብቆቢዕ ከዊሉ ቃል ከየውጽኣ ኣሕለፎም። በዛ ኣደይ ኣኺያርን ኣደኣን ወጺእናሉ ዝበላ ሽነኽ ሓለዋ ዝነበረ ኣባል ኮማንድስ ነበር “ንዖና ክንሰግር ዕድጋ ከብቲ ምስ በጻሕና ሓላፊና ዝነበረ ትልንቲ ዝኾነ ይኹን ሰብ ናብ ሰለማዊ ህዝቢ ጥይት ከይትትኩሱ”[430] ኢሉ ከም ዝኣዘዞም ይገልጽ። ብዘይካ'ዚ ጥንስቲ ሰበይቲ ቆልዓ ሓዚላ ንከረን ገጻ ክትሃድም ንሱን ብጻዩን ብዝነበሩዎ መጺኣ ርእያቶም ንድሕሪት ክትምለስ ምስ ፈተነት እምኒ ደርብዮም ብምጽዋዕ ከም ዘሕለፍዋ። ብዙሓት ካልኦት'ውን ብዝነበርዋ ንከረን ከም ዝሓለፉ መስኪሩ።

ኣብ ዖና ዝቐትሉ ዝነበሩ ጦር ሰራዊት፡ ኣብ ሓለዋ ዝነበሩ ግን ኮማንድስ ተባሂሉ ዝትረኽ ኣሎ። ኮማንድስ ኣብቲ ህልቂት ግደ ከምዘይነበሮም ብኣንጻሩ ጦር ሰራዊት ጥራይ ቀተልቲ የምስል። ነቲ ጥፍኣት ግን ክልቲኡ ጉጅለ ብማዕረ እዩ ፈጺምዎ። ብኣንጻሩ ካብ ክልቲኡ ወገን ንጽህቲ ንትንፉስ ካብ ምሕላፍ ዝተጸየኑ ነይሮም። ብዙሓት ውጹእ መዓት በብወገኖም ነዚ ሓቂ እዚ ዘራጉድ ምስክርነት ሂቦም። ኣደይ ዛህራ ልባብ ክሳብ ግዜ ሞታ ትደጋግማ ዝነበረት ሎሚ ወዲ ወዳ ሙኒር ሮሞዳን ዘዘዝንትዋ ፍጻመ ኣላ። ስድራ ኣደይ ዛህራ ኣብ ዝሃልቕሉ ህሞት ሓደ ወተሃደር ንካልእ ብጻዩ “ሓምድ ሓምድ” እናበለ ክጽውዖ ኣደይ ዛህራ ትሰምዕ። ሽዑ እታ ኣደ “እምበኣር ብደቅና ኢና ንቕተል ዘለና” ኢላ ብምሕሳብ ድምጻ ኣበሪኻ “ሓምደ ረቢ ጽበር” “ምስጋና ኣምላኽ ሰኣን” እናበለት ብዓውታ ረገማቶ።[431]

---

430 በረኸትኣብ ድራር።።

431 ሙኒር ሮሞዳን

ዝኾነ ኮይኑ ኣደይ ዛህራን ዓላን ካብ ያና ወጺአን ኣብ ክንዲ ብብሎኮ ኣፍዓበት ንከረን ንዓዲሓባብ ስጊረን ብገዛ ወረቐት ንከተማ ኣተዋ። ኣብ መገዲ ዝተቐበልወን መንእሰያት ኲነታተን ክፈልጡ ሓቲቶመን። ንዝረኣይኦ ክገልጻስ ይትረፍ መጸውዒ ስመን'ውን ብግቡእ ክዝክራ ዝኽእላ ኣይነበራን። ክዳነን ብሓውን ጥይትን ተበጣጢሱ፡ ርእሰን ተቐሊዑ፡ ኣካላተን ብደም ተዓሊሱ፡ ብስንባደ ልበን ጠፊእወን መሓውረን ጥራይ ዝንቀሳቀስ ምውታት እየን ተቐይረን። ሓደ ካብቶም መንእሰያት ኲነታተን ተዓዚቡ ካብ ጁብኡ መንዲል ኣውጺኡ ትደሚ ንዝነበረት ኢድ ኣደይ ኣኽያር ዘኒኑ ኣፉነወን። ኣብ ገዛ ወረቐት ምስ በጽሓ እውን ሓንቲ ሰበይቲ ብማዕዶ ርእያተን "ኣይ ኣይ ኣይ ኣይ ሎሚ ንዓኹም ጽባሕ ናባና ሎሚ ንዓኽን ጽባሕ ናባና" ኢላ እናልቀሰት ላምብሬታ ተኻርያ ናብ ሆስፒታል ኣብጸሓተን።

ስርዓት ሃጻይ ሃይለስላሰ ቃልሲ ኤርትራ ናይ እስላም ምኧኑ ከእምን ዘይገበሮ ጻዕር ኣይንበረን። ክርስትያን ዝዓብለልዎ ኤርትራዊ ሓይሊ ናይ ኮማንድስ ኣንጻር ሰውራ ኣኽቲቱ። ሓይሊ ኮማንድስ ምስ ጦር ሰራዊት ተሻሪኾም ይኹኑ ብንጽል ኣብ ልዕሊ ህዝቢ ኤርትራ ዘውረድዎ ግፍዒ ብጸሊም ታሪኽ እናተዘከረ ዝነብር እዩ። ሓፋሽ ግን ኣይተዳህለለን። ከምቲ እታ ሰበይቲ ንበዓል ኣደይ ኣኽያር ዝበለተን "ሎሚ ንዓኹም ጽባሕ ናባና" እናበለ ንውዲት ኢትዮጵያ ብንቕሓት ሰጊርዎ። ኣብ መጽሓፍ "ግፍዒ" ምኪኤል ጸጋይ ዝጸሓፉ "ኣኽዓየ፡ ሎሚ ንዓኻ ጽባሕ ንዓየ" ትብል ኣብ ሃዘሞ ዘጋጠመት ዛንታ እውን ህዝቢ ልዕሊ ጸላኢኡ ንቑሕ ከም ዝነበረ ትገልጽ እኽልቲ ኣብነት'ያ።

ኣብ ሆስፒታል ፈለማ ነደይ ዛህራን ዓላን ዝተቐበለ ሓኪም ሬሳ ተሰኪመን ከም ዝመጻ ሓቢሩ ሬሳ ንክቕበር ሰዲዱ ነደይ ኣኽያር ኣብ ምሕካም ኣድሃበ። ኣደይ ዛህራ ብእተፍቅሮም ደቃን ደቂ ደቃን ተኸቢባ ከም ዘየርፈደት ፍርቂ መዓልቲ ኲሎም መይቶም ብጥይት ዝተበጃጀለት ሓንቲ ዓላ ጥራይ ሒዛ ተሪፈት። ጽልልቲ እያ ተቐይራ። ንኹሉ ዝኾነ ኣእምሮኣ ምቕባል ስኢኑ ክቱር ተጨኒቓ ንበይና ተዛረበት።

ግዜ ምሸት እቲ ኣብ ሓመልማሎ ዝወዓለ መሓመድዓሊ ሸኽ ኣውዓላ ጥፍኣት ናይ ያና ሰሚዑ ተመኽልዩ ስድራኡ ኣብ ዝሓደገላ ስፍራ በጽሐ። ናይ ኣደኡ፡ ሓብቱ፡ ሓሙኡ፡ ክልተ ዘማታቱ፡ ሰልስተ ደቁ ሬሳታትን ናይ ብዙሓት ካልኦትን ተዛሕዚሑ ጸንሖ። እንኮ ኣድም ጥራይ ተመናኒሁ ምስ ትንፋሱ ጸንሖ። ንዕኡ ሓዚሉ ደርገፍ እናበለ ሆስፒታል ኣምርሐ። እዚ ኩሉ ናይታ ሕስምቲ ዕለት ጸሓይ ኣብ ምዕራባ እዩ። ነቦይ መሓመድዓሊ ግን ጸሓይ ጥራይ ኣይኮነትን ዓሪባቶ። በቲ ሕሱም ግፍዒ ውሽጡ ምሉእ ብምሉእ

ጸልሚቱ ነበረ። "በዓል ቤተይ ብደም ጠልቅዩ ወዱ ሓዚሉ ነሰስ ክብል ምስ ርኤኹዎ ሞትናን ጥፍኣትናን ኣብ ሽዑ በጺሑ ተሰዊጡኒ፡ ሆስፒታል ብኣውያት ኣናዊጸያ" ቤታን ቤት ኣቦኣን ኣብ ሓደ ህሞት ዝተድፈና ኣደይ ኣኽያር ዝበለቶ እዩ።

ረቡዕ 2 ታሕሳስ እታ ኣብ ፈለስታኽ ተመርዕያ ዝነበረት ከይሙት ያና ስጊራ ንስድርኣ ቐበረት። እድሪስን ፋጥናን ደቂ መሓመድ ዓሊ ሾኽ ኣውዓላ ምስ ሓትንኦም ኬማ ምስ ወዳ ብኣድራጋ ጠያይት ተቐቲሎም ብሓዊ ተሃሚኾም ጸንሕዋ። ወዲ 16 ዓመት በጺሑ ዝነበረ እድሪስ ብኣፍልቡ ወዲቑ ምሉእ ኣካላቱ ነዲዱ፡ ናይ ማዕጥቖኡ መእሰሪት (ቁልፊ) ጥራይ ከይነደደት ጸንሓታ። ኣቦይ መሓመድ ዓሊ ዑስማን ብኣፍልቡን ጎኑን ተወጊኡ ነበረ። ከይሙት ካብ ሬሳ ናይ'ቲ ተፍቅሮ ወላዲኣ ብጥይት ተበሳሲዓ ንዝነበረት ጎልፎ ኣውጺኣ ወሰደታ። ኣደይ ዛህራ ንጎልፎ በዓልቤታ ጥይት ንዝኣተዋ ክፋል ሰፍያ ንደቂ ደቃ ኣበሓጉኦም ብኸመይ ዝበለ ሕማቕ ኣማውታ ምሟቱ እናዘንተወትሎም ክሳብ ግዜ ሞታ ዓቀበታ።

ስድራ እንዳ መሓመድዓሊ ዑስማን ኣብ ጎኒ መገዲ ኣብ ሓደ ጋህሲ እያ ተቐቢራ። ኣብ ልዕሊ እቲ መቓብር ከኣ ሳእኒ ኣቦይ መሓመድዓሊ ተነቢራ። እተን ውሕሉላት ኣእዳው ኣቦይ መሓመድዓሊ ዝሰርሐአን ሰንደል ነቶም ብህይወት ዝተረፉ ኣባላት እታ ስድራ ካብ ከረን ንሓመልማሎ ካብ ሓመልማሎ ንከረን ኣብ ዝመላለስሉ እዋን፡ እናከርእይወን ፍሉይ ስምዒት ይፈጥራሎም ምንባረን የዘንትው።[432]

* * *

ኣደይ ዛህራ በዓል ቤታ ደቃን ደቂ ደቃን ሸመንተ ትንፋስ ቀቢራ። ምስቶም ኣብ ግዜ ህልቂት ኣብ ሃይኮታ ዝጸንሑ ፋጥናን ሮሞዳን ጥራይ ሓድሽ ህይወት ኣሃዱ ኢላ ፈለመት። ኣዴታተን ኣብ ያና ናይ ዝሞታ ኣዋልድ ደቂ ደቃ ሓላፍነት እውን ኣብ ዝባና ነበረ። ኣብ እርጋናን ዕረፍታን ኣደ ኮይና ናይ ምምርዓውን ምሕራስን ሓላፍነት ኣብኣ ወደቐ።

ኣደይ ኣኽያር ካብ ሸውዓተ ዝኣባላታ ስድራ ምስ እንኮ ስንኩል ወዳን በዓል ቤታን ጥራይ ተረፈት። ንሳን ወዳን ካብ ሕክምና ምስ ወጹ ኣብ ዓዲ ሓባብ ኣብ እንዳ ማሕሙድ ያጉት ኣተው። ኣደይ ኣኽያር ቅድሚ ያና ሸውዓተ ውሉድ እኳ እንተ ወለደት ቅድሚ ህልቂት ክልተ ኣዋልድ ብሕማም መይተንኣ ነይረን። ኣብ ግዜ ህልቂት ሓንቲ ጓልን ሰለስተ ኣወዳትን

432 ከማሁ።

ተቐዚፎማ። እዚ ንዝወለደት ማህጸን ጥራይ ዘይኮነ ንሰማዒ’ውን ዝጽወር ኣይኮነን። ነደይ ኣኺያር ከኣ’ሞ ኣብ ስድርኣ ምስ ዝበጽሐ ተወሲኹ መ’ኸተምታ ኩሉ ጽቡቕ ነገራ ገይራ ቆጸረቶ። ንሓጎሳን ደስትኣን ኣብ ያና ምስ ዝተቐብሩ ደቃን ስድርኣን ንሓዋሩ ቀበጸቶ። ስለ ዝኾነ ድማ ንበዓል ቤታ “ኣና እብ ዕዝር ዎ እብ ኢቐዲር ይነፈዓካኒ ብዕድ ሕዘ”[433] በለቶ።

ኣቦይ መሓመድዓሊ ሸኽ ግን ንህይወት ብዘይካ ምስ ሔምኡ ይማ ኣኺያር ምስ ካልእ ከፍትን ብፍጹም ሓሳብ ኣይነበሮን። ንሳ “ንበዝ ስለ ዘለኻ ካልእካ ተመርያ ኣነ ቀደም ዝወለድኩዎም ኣይወሓዱን ከወልደልካ ኣይክእልን እየ” እንክትብሎ ዘረብኣ ከይሰምዕ ኣስተቕፉሩላህ፡ ኣስተቕፉሩላህ እናበለ ተንሲኡ ካብኣ ይርሕቕ ነበረ። ኣደይ ፋጥና ሰይቲ ማሕሙድ ያጎት፡ ነደይ ኣኺያር ወትሩ ተጸናንዓን ሞራል ትህባን ዝነበረት ብርኽቲ ሰበይቲ እያ። እታ ኣደ ወትሩ “ንበዓል ቤትኪ ተስፋ ኣይትኽልእዮ ኣምላኽ ውላድ ክህበኩም እዩ” እናበለት ተተባብዓ ነበረት።

ኣደይ ኣኺያር ግን ‘ሰብ ኮይነ ድሕሪ ደቀይን ኣሓተይን ተሪፈ ካብ ምውላድ ይትረፈኒ’ በለት። “ኣብ ድሮ ህልቂት ያና ብዙሓት ኣንስቲ ወርቀን ኩዒተን ይደፍንኦ ነይረን። ኣነ ግን ካብ ነብሰይዶ ወርቂ ዓብዩኒ እንተ ሞይተ ይውሰድዎ እምበር ኢለ ኣይተገደስኩሉን። ደሓር ግን ፋጥና ጓለይ ናይ ኣደይዶ ከይተሓብአ ክተርፍ ኢላ ልዕሊ 20 ግራም ወርቂ ኩዒታ ደፊናቶ። ጓለይ ኣብ ያና ምስ ሞተት መሕብኢኡ ስለ ዘይንፈልጥ ብኡ ጌሩ ጠፊኡ። ኣብ ባህልና ሰበይቲ ሰብኣይ ብዘይካ ናይ ኣፍንጫ ስቑሬን ክትከይድ ነውሪ እዩ። ኣነ ግን ወርቀይ ስለ ዝጠፍአ ብዘይ ስቑሬን ነይረ። ንስኹም ሎሚ ኣይትእምኑኒን ኢኹም እዛ ኣብ ኣፍንጫይ ክሳብ ሎሚ ዘላ ስቑሬን ናይ ወርቂ (ኣውጺኣ እናኣርኣየትና) ፋጥና ሰይቲ ማሕሙድ ያጉት ብገንዘባ ዝዓደገትለይ እያ”[434] ብምባል ንጽቡቕ ግብራ ክንምስክር ካብኡ ናብኡ ከኣ ንኽንኣምን ካብ ኣፍንጭኣ ኣብ ኢዳ ገይራ ኣርኣየትና።

ንይማ ኣኺያር ንምትብባዕ ዘይተገበረ ኣይነበረን። ኣይሰርሐን። ኣቦይ መሓመድዓሊ ኩነታታ በዓልቲ ቤቱ ብግቡእ ተረዲኡ ኣይገደዳን። ዝነበረ ኩነታት ቁሩብ ተመሓይሹ ደሓን ምስ ኮነ ንበይኑ ዓንሰባ ወሪዱ ቀንዩ ገመሉ ጽዒኑ ይምለሳ። ከምኡ እናበለ ዳር.ጋ ዓመት ሓለፈ። ካብ ዕለታት ሓንቲ መዓልቲ ኣድም ነዲኡ “ይማ ዓንሰባ ምሳና ንዕናይ” በላ። ይማ ኣኺያር ገና ኣብ መትከላ ጸኒዓ ነበረት። “ንስኻ ምስ ኣቦኻ ኪድ ኣነ ግን ኣቦይ ሞይቱ’ዩ ኣደይ

433 “ብሕማምን (ብስንከልናን) ብዘይምኽኣልን ከኾንካ ስለ ዘይክእል ካልእ ድለ”

434 ኣኺያር መሓመድዓሊ።

ስለ ዘላ ምስኣ ከኸውን እየ። ነቦኻ ትሕግዞ ብሓንሳብ ድማ ትኾኑ” በለቶ። ኣደም ንዘረባ ኣደኡ ዝኸውን መልሲ ኣይነበሮን። ካብ ዘረባ ብዝሕይል ግን ገሊጽዎ። ዓይኑ ንብዓት መሊኡ ጀረብረብ በለ። ይማ ኣኽያር እንኮ ንዝተረፉ ወዳ ከነብዕ ካብ ምርኣይ ዝሓስም ኣይነበራን። ተተሓሒዞም በኽዮም ተተሓሒዞም ንዓንሰባ ወሪዶም።

እንተኾነ ግን ዋላ'ኳ ብኣካል ዓንሰባ እንተወረደት ንክውንነታ ክትቅበል ብፍጹም ድልውቲ ኣይነበረትን። ገና ምጉት ነይሩዋ። “መኣዲ ምሉኣት ዝነበርካዮ ገዛ ሰለስተ ሰብ ጥራይ ክትተርፍ መርገም'ዶ ኣይኮነን” ትብል'ሞ ጸኒሓ ድማ “መን ደኣ'ዮም እዚኦም፣ እቶም ገዛ ምሉእ ዝነበሩ እንዳ መሓመዱዓሊ ሸኽ ኣውዓላ ድዮም ክንበሃል ዲና ዓንሰባ ወሪድና” እናበለት ንበይና ብጭንቀት ትዛረብ። ኣብቲ ወዳን በዓል ቤታን ገዲፎማ ዝወፍርሉ ንበይና ክትበኪ ትውዕል። ኣቦይ መሓመድ ዓሊ ሸኽ ግን ንኩሉ ኣብ ውሽጡ ጌሩ ንህይወቱ ዳግማይ ከጣይስ ይጽዕር። “ብሩኽ ሰብኣይ ስለ ዝረኸብኩ'ዩ ተኣኪበ፡ ሳልኡ'ዩ ሰብ ኮይነ” ኣደይ ኣኽያር ንሓልዮትን ምጽማምን በዓልቤተን ክገልጻ ቃላት ይሓጽረን።

“ዝናም እናሃረመ በይነይ ከይከውን ‘መስኪነይቲ ኣደኻ በይና እያ ዘላ ኪድ ምስ ኣደኻ ኣዕቅል’ ኢሉ፡ ንኣድም ናባይ ይሰዶ። ኣነ ድማ ‘ኣድም ኣቦኻኸ፡’ እብሎ ‘ኣብታ ዱማ በይኑ ኣዕቂሉ'ሎ በይንኺ ከይትኾኒ ሰዲዱኒ'እብለኒ። ‘እዚ ኩሉ ወሊዱስ በይኑ’ ከብደይ ይበልዓኒ። መሳትኡ ኣኺሎም ዝነበሩ ደቁ እዩ ስኢኑ። ነገር ሰብኣይ ኮይንዎ ግን ሓንቲ መዓልቲኳ ከየልዓሎም ንሱ ንዓይ ክድንግጸን ክሓልን ኣነ ድማ ንዕኡ ኣምላኽ ደንጊጹልና ኳል ወሊድና”።[435]

ነንሓድሕዶም እናተኣባበዱ ዝወለድዋ ጓሎም ናይታ ኣብ ዖና ዝተቐዝፈት ፋጥና ጓሎም ስም ሃብዋ። ሕጂ'ውን ኣምላኽ ወዲ ወሲኽዎም ስም ናይቲ ብሓዊ ነዲዱ ዝተሃሞኸ እድሪስ ኣውጽኡሉ። ሙሳ ዝሰመይዎ ሳልሳይ'ውን ስዒቡ። ኣብ መጨረሽታ ንዝተወልደት ጓል ናይታ ምስ ወዳን ኣደኣን ኣብ ዖና ዝሞተት ዓማራ ሓብቱ ንመሓመድ ዓሊ ሸኽ ሰመይዋ። ብከምዚ እታ ስድራ ናይቶም ኣርባዕተ ኣብ ዖና ዝሞቱ ብኣርባዕተ ሓደስቲ ወሉድ ተመዊሳ ደቂ ደቃ ርእያ ዳግማይ ህይወት ኣስተማቐረት።

* * *

ይማ ኣኽያር ድሕሪ'ቲ ኣብ ወርሒ መጋቢት 2018 ኣብ ሽፍሽፈት ኣብ እንዳ ሓዋ ሮሞዳን መሓመድዓሊ ረኺቢ ዘዕለልኩዋ ዳግማይ ከይተመልስኩዋ ንተሰነይ ወሪዳ ነዊሕ ጸንሐት። ብመገዲ ወዲ ሓዋ ዓርከይ ሙኒር

435 ኣኽያር መሓመድዓሊ

ሮሞዳን ግን ደሃያ ኣይጠፍኣንን። ሕማምን እርጋንን ተተበራርየን ከም ዘሰንፍኣ ከበራ ነይሩን። ዝተገብረላ ሕክምናዊ ሓገዝ ለውጢ ኣይሃባን። መጨረሽታ ንውጻእ መዓት ኣድም ወዳ ሓንቲ ነገር ተማሕጸነቶ። ከረን ክወስዳ። 1 ሰነ 2021 ልክዕ ሰዓት 10፡00 ቅድሚ ቀትሪ ኣድምን ኣደኡን ካብ ተሰነይ ከረን ኣተው። ኣደይ ኣኺያር ከረን ምስ በጽሐት ፍኹስ ኢልዋ ምሉእ መዓልቲ ደቂሳ ውዒላ ጸሓይ ዓራርቦ ተበራበረት። ሓይላ ተጸንቂቑ ነይሩ። ሰዓት ሸውዓተ ናይ ምሸት ደጊማ ቀም ምስ ኣበለት ግን ኣይነቕሐትን። “ጉድጓዱካ ትጽውዓካ’ ከበሃል ሓቂ እዩ። ንይማ ኣኺያር ግን ጉድጓዳ ጥራይ ኣይኮነን ጸዊዓታ። ጉድጓድ ናይቶም ቅድሚ ፍርቂ ዘመን ብጭምር ዝተደፍኑ ደቃን ኣሓታን ኣቦኣን እዩ ካብ ተሰነይ ተዳህዩ ንከረን ክትመጽእ ዝገበራ። ጥዑምን መሪርን ጸልማትን ብርሃንን ርእያ ኣብ ደዓሪ ኣብ ስግር ናይ ዖና ሓመድ ኣዳም ለበሰት።

ነፍስሄር ኣኺያር መሓመድዓሊ

ነፍስሄር ዛህራ ልባብ

ጡብ መዋቲት ወላዲታ ክትጠቡ ዝጸንሐት ህጻን

ነፍሰ-ጾር ኣደ፡ ዋልታ ዘይብላ
እናጎየየት ክትሓልፍ በጃ ዕሸላ
ኣድራጋ ጠያይት ኣብ ኣፍ-ልባ ኣዝነበላ
ውሕጅ ደም ዛረየ በቲ ገበላ።

ኤፍረም ሃብተጽዮን

ርእሰ መምህር 2ይ ደረጃ ቤት ትምህርቲ ሓጋዝ (ሰላም) ዝነበርኩሉ እዩ። ብምኽንያት 8 መጋቢት ናይ 2017 ኣህጉራዊ መዓልቲ ደቀንስትዮ ዝረኸብኩዋ ዕረፍቲ ኣብ ሓመልማሎ ከም ትነብር ንዝፈለጥኩ ሓንቲ ካብ ግዳያት ህልቂት ዖና ዝኾነት ስድራ ሓቢረ ክውዕል ወሰንኩ። ኣራፊደ ኣውቶቡስ ተሰቒለ ሓመልማሎ ወሪደ። ኣብ ሓመልማሎ ንዝተሓብርኩዋ ገዛ ክረክብ ኣይተሸገርኩን። ድኳን ሓምድ ዓንጃ ኣብ ቀራና መገዲ ተገቲራ ናብኣ ኢልካ ተበጊስካ ዘይኮነ ንኻልእ እናደለኻ እውን ከይረገጽካያ ዘይትሓልፍ ስትራተጂካዊት ዱኳን'ያ። ከም ትጽቢተይ ሓምድ ኣብ ዱኳኑ ጸኒሑኒ።

* * *

ኣብ ቀውዒ 1970 እንዳ ኢብራሂም ሓምድ ብሰንኪ ግዱድ ጨቋኒ ኣዋጅ ካብ ዓዶም ኩርባ በረድ ንከረን - ዓድ ዕቕባ ከኣትዉ እዮም ወሲኖም። ሰኑይ 30 ሕዳር ኣደይ ኣምና ኣደም በዓልቲ እንድኦም ነቦይ ኢብራሂም፡ ካብ ኩርባ በረድ ቅድሚ ከረን ምእታወን ዖና ኣልጊሰን ክቁነና ወሰና። በዚ መሰረት ንመርየም፡ ከድጃን ህጻን በኺታን ሒዘን ናብ ሳንድአን ሰይቲ ማሕሙድ ድራር ብድሮ ኣትየን ሓደራ። ንጽባሒቱ ሓምድ ካብ ኩርባ በረድ ኣንጊሁ ነዲኡ ካብ ዖና ብእግረን ከረን ከይኣትዋ በቕሊ ሒዙ ሰዓበን። እተን ኣደታት ግን ተቐኒነን ከብቅዓ ክፈላለያ ኣይፈተዋን። ሕማቕ ዘመን ኣርኪቡ እምበር ከሓስም ክጥዕም ዘይፈላለያ ትኽ ትንፋስ መሓዛትን እየን። ሽዑ ኣደይ ኣምና ንወደን፡ “ሓምድ ወደይ ዘህውኽ ስለ

ዘይብልና ኣማስያና ዘይንኣቱ" ሕቶ ዝመስል ግን ከኣ ሓበሬታ ደርበያሉ።[436] ሓምድ እውን ካብ ፍታው ወላዲቱ ዘውጽእ ኣይነበሮን። ዒድ ምድሪ ጸሓይ ከሳብ ድነ ትመልስ ዖና ኮፍ ኢሉ ከውዕል ግን ኣይመረጸን። በቕሉ ኣብ ጎኒ እንዳ ማሕሙድ ድራር ኣብ ዝነበረት ሕመረት ኣሲሩ ጉዳይ ዒዱ ከገብር ንከተማ ገጹ ተበገሰ።

ካብ ሩባ ደዓሪ ማይ ከተምጽእ ምስ ዝተላእከት ምንኣሱ ሓብቱ መርየም ነተን ኣዴታት ተፋንይወን ወጸ። ነዊሕ ኣይተጓዕዙን፡ ካብ ባሸሪ ንዖና ዝገዓዙ መዛንኡ ኣደምን እድሪስን ደቂ መሓመድዓሊ ሸክ ኣውዓላ ከምኡውን ኖራይ መንደርን ኣብ ጎኒ ጽርግያ ደው ኢሎም ርእዩ ኣቓልቦኡ ሰሓቡ። ገለ ዝወደቖ ነገር ብኣንክሮ ይዝዕዘቡ ነይሮም። "ደሓን ዲኹም" ናብኦም ገጹ እናሰጎመ ሓምድ ተወኪስዎም። ኣደም ዝነኣሰ ካብ ሰለስቲኦም ከም ህውኽ ኢሉ "ትማሊ ምሸት ኲማንዱስ ሽፍታ መሲልዎም ዝቐተልዋ ኣድጊ'ያ" ቀሪብካ ብዓይንኻ ርኣያ ዝብል ክመስል ናብታ ዝተገፍትአት ኣድጊ ኣመልከተሉ። ሓምድ ኣብ ጎኒ ጽርግያ ከረን ኣፍዓበት ሸፍታ ተቐጺራ ኣብ ዘይጉዳያ ንዝሞተት ኣድጊ ብዓይኑ ተዓዚቡ ምስ ሓብቱ ንከረን ገጹ ቀጸለ።[437]

ሕጂ'ውን ነዊሕ ኣይሰጎሙን። ዕዳጋ ከብቲ ክቕልቀሉን ንስጉምቲ ኣእጋሮም ዘሕጽር ኲነት ክጎንፎምን ሓደ ኮነ። ብከረን ዝመጻ ወተሃደራት ዝጸዓና መካይን ንሓምድን ሓብቱን ኣብ ጫፍ ጽርግያ ተጸጊዖም ከሕልፍወን ገደድኦም። ሓምድ ድምጸን ካብ ዝሰምዓላ ህሞት እዩ ፍርሂ ወሪርዎ። ንፍጥነትንን ዝጸዓንኦም ወተሃደራትን ናብ ሰማይ ዝዓርግ ደሮንኣን ምስ ረአየ ከኣ እሞ ዝያዳ ሓሞቱ ተዘርገት። እቲ ትርኢት ንሓምድ ጥራይ ዘይኮነ ንዝረኣየን ዘበለ ኣርዓዲ ነይሩ። ናይ ደሓን ከም ዘይኮና ዝገመተ ሓምድ ንሓብቱ ተቐላጢፉ "ናብ ኣደይ ተመለሲ" በላ። ንሳ'ውን ስለምንታይ ኣይበለትን። ንሕማቕ ኮነ ንጽቡቕ ምስ ወላዲታ ኮይና ክትርኢ ስለ ዝሕሻ እናተሸቑረረት ንዖና ተገልበጠት። ሓምድ ኣንፈቱ ከይቀየረ ንቕድሚት ሓሳቡን ቀልቡን ግን በተን መካይን ተባሒቱ ንሓጺር ርሕቀት ሰጎመ። ካብ ዝፈርሆ ኣይወጸን። ዕዳጋ ከብቲ ከበጽሕን ብድሕሪኡ ኣድራጋ ጠያይት ክትኮስ ክሰምዕን ሓደ ኮነ።

ዖና ብኹሉ ወገናታ እሳት ተኻዕዋ። ኣብ እንዳ ማሕሙድ ድራር ዝጸንሐ ርጉእ መንፈስ ንእለት ተዘርገ። ቀዳመይቲ ጥይት ክትትኮስን ኣመት ደቀን ክገብራ ነጢረን ዝወጻ ኣደታት ኣብ ኲሉ ኣይበጽሓን። ደቀንን ቀተልቶምን ተሓዋዊሶም ጸንሕወን። ናይ ፈለማ ዕላማ ዝኾነት ኣደይ ኣምና

---

436 ሓምድ ኢብራሂም ሓምድ፡ ቃለ መጠይቕ ምስ ደራሲ፡ 8 መጋቢት 2017፡ ሓመልማሎ።

437 ሓምድ ኢብራሂም።

እያ። በድራጋ ጠያይት ተወቒዓ ንእለት ጥንቅልዒት ተሰጥሐት። ኣብ ሑቓፉ ዝጸንሐት ህጻን በኺታ እውን ኣብ ባይታ ጻሕ ኢላ ወደቐት። ብጥይት ግን ኣይተተንከፈትን። ከሳብ ትልከት ጥራይ ግዓረት።

ዓልኣርባዕተዓመትዝነበረትከድጃምሕኩልታተለኹሲሳዘፍከሳብትብል ተለለወት። ንኸብሪ ኣደይ ኣምና ዝመጸት በቕሊ እውን ኣይተናሕፈትን። ኣብ ልዕሊ ዋናታታ ዝፍጸም ዝነበረ ግፍዒ ኣፍ ኣውጺአ ከይትምስክር ግዲ ተፈሪሁ ኣብ ጎኒ ተኣሲራትላ ዝነበረት ገረብ ብጥይት ተረኹመሸት።

ሰይቲ ማሕሙድ ድራር (እም መካ) ኣብ ዝባና ብዝጸሓየ ጠያይት ዳርጋ ናብ መንፈት ተቐይራ። ንምትኳ እንተሰረረታ ካብ ፍረ ማህጸና ብህይወት ዝተረፈ ኣይነበረን። ምስቲ ካብ ሑቑፉ ዝተመንጠለ ሕመድ መካን ያሲንን ኣብ ሓንቲ ህሞት ተቐዝፉ። እታ ቤት ህያዋን ናብዝን ናብትን ከፍስሁላ ከም ዘይጸንሑ ሬሳታትን ውጉኣትን መልአት።

ሩባ ደዓሪ ማይ ተላኢኻ ዝነበረት መርየም ኣብቲ ኣደኣ ዝነበረቶ ከይበጽሐት ብዓረር ዝስጥሑ ርእያ ብስንባድ ተመኹልያ ንጀርዲን እንዳ ኦርቶላ ገጻ ሃተፈት። ነቲ ጀርዲን ኣቋሪጻ እናላህልሀት ብዓዲ ሓባብን ዓዲ ዕቁብን ስጊራ ኣብ መካበብያ እንዳ ሲዲ ኣዕረፈት። ብናይ ደቓይቕ ፍልልይ ንዖናን ነቲ መዓትን ሒቑኡ ዝሃበ ሓምድ ካብ'ታ ቶኹሲ ዝሰምዓላ ህሞት ንቕድሚኡ ተሃንፊፉ። ኣብ ከተማ ኣሰር ዝጸንሖ ህዝቢ ስዒቡ ከኣ ንሱ'ውን ከም ሓብቱ ኣብ መካበብያ እንዳ ሲዲ ተዓቑበ። እቲ ኣብ መዓልቲ ህልቂት ካብ ዝተፈላለየ ኣንፈት ኣብ መካበብያ እንዳ ሲዲ ዝተኣከበ ህዝቢ ብኣሽሓት እዩ ዝቑጸር። ክርስትያን ከይተረፉ ኣብ ኣርባዕተ ኩርናዕ ናብ ዝነበረ ርኩን እናሰግዱ ክምህለሉ ውዓሉ።

ድሕሪ ቐትሪ ንዖና ዝኣተዉ ረዳት ንሰይቲ ማሕሙድን ከድጃ ዓል ኢብራሂምን ትንፋስ ረኺቦምለን ተሰኪሞመን ሆስፒታል ኣተው።

ሓምድ ኣብቲ ሕንፍሽፍሽ ናይ እንዳ ሲዲ ፈለማ ንሓብቱ ረኺቡ ቀጥ ኣቢሉ ሓዛ። እታ ንዖና ተመለሲ ዝበላ ከቱር ዓሂ ፈጢራትሉ ነይራ። ምሸት ኩርባ በረድ ዝገደፍዎ ኣቦኦም ከም ሕልሚ ኣብ ማእከል እቲ ህዝቢ ረኸብዎ። ወረ ናይቲ ፍጻመ ሰሚዑ እዩ ከረድእ ተበጊሱ። ዖና ግን ሰሉስ ንኩሉ ምስጢራ ከትቀልዕ ፍቓደኛ ኣይነበረትን። ኣቦን ደቁን ደሃዮም ብዘይረኸቡ ኣባላት ስድራቤቶም ተቐልዮም ብኾፎም ኣብ እንዳ ሲዲ ሓደሩ።[438]

ረቡዕ ንግሆ ሓምድን ኣቦኡን ነቶም ቀዳሞት ግዳያት ከቕብሩ ንዖና ዝሰገሩ ተኸቲሎም ስድርኦም ኣብ ዝነበርዋ እንዳ ማሕሙድ ድራር በጽሑ። ነቲ ኣብኡ

438 ከማሁ።

ዓይኖም ዝረኣየቶ ከኣምኑ ግን ሓይሊ ወሓዶም። ደም ኣደይ ኣምና ንመሬት ኣጨቅዩ፡ ዝንየቱላ በቐሎም ኣብ ባይታ ተጎምብያ፡ ሰለስተ ደቂ ማሕሙድ ድራር ተጎይሖም ጸንሕዎም። ዖና ዳርጋ ኩሉ ነዲዱ ዝቐምረረ፡ ብጥይት ዝተቐዝፈ መሊኣ ጸንሓቶም። ሲኣል ዝወረዱ ከሳብ ዝመስሎም ብስንባድ ኣፎም ብኽፉቱ ኣእዳዎም ኣብ ኣራእሶም ኣንቢሮም ቀዘዙ። እንተኾነ ግን ሓምድን ሓሙኽሽትን ኣልዒሎም ኣብ ርእሶም ኣይነስነሱን። ገጾም ከብሕጅሩ ጸጉሮም ከነጸዩ ኣይፈተኑን። ከዳኖም ኣይቀደዱን። ተዓኒዶም ጥራይ ተረፉ።

እቲ ካብ ኩሉ ኣንፈት ናይ ከረን ዝወሓዘ ሓፋሽ ፍርቂ ብዓራትን ብባሬላን ንሬሳታት ኣብ ሓደ ቦታ ክእከብ ጀመረ። በዓል ሓምድ እውን ኢዶም ሓወሱ። መንእሰያት ገፋሕቲ ጋህሲታት ኮዓቱ። ዓበይቲ ዓለባ ቀቀዲዶም ንኩምራ ሬሳታት በብሓደ ገነዙ። ግዳያት ብዓሰርተን ብዕስራን ኣብ ጋህሲ ተደፍኑ። እቶም ንሬሳታት ዝእከቡ፡ ዝገንዙ፡ ዝቐብሩ ኩሎም ግዳያት ዖና ሓመድ ኣዳም ከሳብ ዝለብሱ ንሓንቲ ደቒቕ'ውን ትኹን ርእሶም ኣየቕንዑን። ገጾም ከሰል ተኸዲኑ መንፈሶም ባይታ ዘቢጡ ከሎ ክሳብ ፍርቂ መዓልቲ ንኹሎም ግዳያት ቀቢሮም ወድኡ።[439]

ድሕር ቀብሪ ሓምድን ኣቦይ ኢብራሂምን መይተን ዘይቀበርወን ሂልየን ዘይረኸቡወን ከድጃን በኺታን ደሃየን ከጣልሉ ላዕልን ታሕትን በሉ። ኣብ ሆስፒታል ከድጃ ብደም ጨቅያ ኣብ ዓራት ተመዲዳ ጸንሓቶም። ሕዛል ዝነበረት ህጻን በኺታ ግን መይታ ሬስኣ ሂልያ ብኣካል ኣይረኸቡዋን። ምስቶም ተቓጺሎም ዝሞቱ'ም ከይተለለዩ ዝተቐብሩ ተቖጽረት። ህልቂት ዖና መቐርቦም ኮነ ፈለጥቶም ከየለለይዎም ዝተቐብሩ ብዙሓት እዮም። ዘይቀበረ ዝቐብጸሉ ሕማቕ ዘመን።

* * *

ካብቲ ሕሱም ህልቂት ድሕሪ ሓሙሽተ መዓልታት እዩ። ብህይወት ዝተረፉ ስድራ እንዳ ኣቦይ ኢብራሂም ብሞት ኣደይ ኣምናን ህጻን በኺታን ልቦም ተሰይሩ ከሎ ኣብ ምእላይ ውግእቲ ከድጃ ነበሩ። ኣብ ከምዚ ኩነታት እናሃለው "በኺታ (እታ ህጻን) ምስ ዓባያ ጀንገረን ኣላ" ዝብል መልእኽቲ መጾም። እንተኾነ ግን ነቲ መልእኽቲ ካብ ብስራት ቁስልኻ ምጉዳእ ስለ ዝቖጸርዎ ሓንጎፉይ ኢሎም ኣይተቐበልዎን። ዋላ'ኳ "ብህይወት ኣላ" ካብ ምስማዕ ዝጥዑምን ዝበልጽን ዜና ኣይምበር ከኣምንዎ ኣይመረጽን። ሓንቲ መንፈቕ ጥራይ ዝገበረት ህጻን ኣዲኣ ኣብ ዖና ተቐቢራ ኣብ ኣስታት 20 ኪሎ ሜትር ጀንገሬን ኣላ ምባል ከንዮ ዕብዳን ጥዕና ኣይቆጸርዎን። 'ኣብ መንፈቕ

439 ከማሁ።

እግሪ ድያ ተኺላ ኣኽናፍ ኣብቀኣላ' ዘይበሉ እውን ኣይኮኑን። ምቕባል ከኣ ሓንገዱ።[440]

ህጻን በኺታ እግሪ ኣይተኸለት ኣኽናፍ እውን ኣየብቆለትን። ኣደኣ ተወቒዓ ወዲቓ ንሳ ድማ ኣብ ባይታ ሓነጭ ኢላ ወዲቓ ግዒራ ግዒራ ኣብ ጎኒ ሬሳ ወላዲታ ዘፍ ኢላ ደቀሰት። ድሕሪ ህልቂት ንረድኤት ኢሎም ዝመጹ ንሓብታ ከድጃን ንሰይቲ ማሕሙድ ድራርን ትንፋስ ረኺቦምለን ክልዓሉ ከለው ሬሳ ቐጺሮም ግዲ ኣይገበሩላን። ምሸት ካብ ኩርባ በረድ ዝተበገሰ ሓሰን ዓብደላ ብጸልማት ሬሳታት እናገናጸለ ህያው ህጻን ጡብ መዋቲት ወላዲታ ክትጠቡ ጸንሓቶ። ነታ ህጻን መን ምኳና ክፈልጣ ዝከኣል ኣይነበረን። ኣብ ጎና ንዝተመደደ ሬሳ ኣደይ ኣምና ስይቲ ኢብራሂም ሓምድ ግን ኣይገየን።

ኣብቲ ህሞት ሓሰን ኣብ ልዕሊ ስድራኡ ብዝተፈጸመ ህልቂት ኮነ ኣብ ልዕሊ እቲ ህዝቢ ብዝወረደ ኣሰቃቒ ግፍዒ ውነኡ ከጥፍእ ዝትረፎ ኣይነበረን። ብደም ዝተቛማጠዐት ህጻን ምስ ረኣየ ግን ተቐዳዲሙ ኣልዒሉ ሓቖፋ። ንሳ እውን ኣብ ሕቑፉ ተላሒጋ ብድኹም ድምጺ ተነኽነኸት። ሓሰን ተጸሚሙ ዝሓዞ ሓቦ ጠሊምዎ ንብዓት ፈርሸሖ። ናይ ኩሉ ደማሚሩ ኣባይካ ዝብል ኣብ ዘይረኸበሉ ድቕድቕ ጸልማት ኣምሪሩ ቆዘመ።

በኽዩ-በኽዩ ምስ ደኸመ ሓደ ነገር ቅጅል ኢሉዎ። ህጻን ሒዙ ናበይ እዩ ክኸይድ፣ ኣድቂቑ ምስ ሓሰበሉ ዝያዳ ተዋጠረ። ንኸረን ናብ ቀተልቲ ኣዲኣ ሒዝዋ እንተኸይዱ ክጎንፎ ዝኽእል ኣይስሓቶን። ንበረኻ ሒዝዋ እንተኸይዱኸ እንታይ እዩ ክገብር፣ መጨረሽታ ግን ወሲኑ። ኣብ ከተማ ካብ ዝነበሩ ምስሊ ሰብ ዝለበሱ ሕሱማት ኣራዊት ኣብ በረኻ ምስ ዘለው እንስሳ ዘገዳም ክጽጋዕ መረጸ። ሓሰን ነታ ህጻን ሓንሳብ ሓቝፉ፣ ጸኒሑ ሓዚሉ ብጸልማት ካብ ያና ንሰሜን ገጹ ገስገሰ። ወርሒ ካብ ትሰርቕ ካልኣይ መዓልታ ጥራይ ስለ ዝገበረት ኣይሓገዘቶን። ዓይንኻ ዘንቁረካ ኣብ ዘይትርእየሉ ድቕድቕ ጸልማት መረሸ። በቲ እዋን ሓሰን ከም ካልኦት ስድራቤት ግድያት ያና መሬት ጥራይ ዘይኮነ ተስፍኡ እውን ጸልሚቱ ብሓዘንን ጓህን ዝረግጾ ይፈልጥ ኣይነበረን። ደርገፍ ከብል ሓዲሩ መሬት ቅድሚ ምውግሑ ሩባ ዓንሰባ ሰጊሩ ዓንደር በጽሐ።

ህጻን በኺታ ብጽምእን ጥሜትን ብቁርን ኣስሓይታን እናተገርፈት ውዒላ ሓዲራ። ናይ ወላዲታ ጸባ ካብ ትረክብ ዕስራን ኣርባዕተን ሰዓት ሓሊፉ ነይሩ። ኣደኣ ብጥይት ተወቒዓ ካብ ሕቑፉ ኣብ ተነጸለትሉ ጎኒፍዋ ክኸውን ዝኽእል ኣካላዊ ማህሰይቲ ርዱእ እዩ። ብጸሓይን ቑዝሕን ተለብሊባ፣ ብቑጥዐ ክትበኽዮ

---

440 ከማሁ።

ብዝወዓለት ከወርዳ ዝኽእል ሳዕቤን እዚ እዩ ክትብሎ ኣይትኽእልን። ንመን ኣለዎ እዝጊ ኣለዎ ከም ዝበሃል ግን ገለ እኳ ከይኮነት ዓንደር በጺሓ።

ኣብ ዓንደር ሓሰን ተቐላጢፉ ጸባ ጤል ሓሊቡ ሓኒኹዋ። ኣማራጺ እውን ኣይነበሮን። በኺታ ግን ጸባ ሰተያ ኣይደቀሰትን። ንማሙቕ ሕቑፊ ወላዲታ ናፊቓ ገዓረት። ቁሪ ዓጎምበሳ ድማ ሕርሐራይ ገይሩ ገረፉ። ኣብ ሳልሳይ መዓልቲ ግን ብኽያት ተመንይዋ ክትደክምን ክትጽምሉን ጀመረት። ሓሰን ሻቕሎት ናይታ ህጻን ኣመና ከበዶ። ዓረርን እሳትን ንሒፍዋ ኣብ ኢዱ ከይትሓውዮ ተሻቒሉ። ክሳብ መኣስ እዩ ኸ ህጻን መንፈቕ ተሰኪሙ ኣብ በረኻ ክጸንሕ? መጠረሽታ ምስ ነብሱ ኣውሪዱ ድሕሪ ምደያብ ንድሕነት ናይታ ህጻን ኣብ ሓደ ውሳነ በጽሐ።

ኣዲኣ ነደይ ኣምና ማለት ዓባያ ንበኺታ ኣደይ ከድጃ እዛዝ ዓዳ ጀንገረን'ዩ። ኣብ ግዜ ህልቂት ያና ከኣ ኣብ ጀንገረን ጸኒሓ። ስድራ ኣደይ ኣምና ካብተን ከይገዓዛ ዝተረፋ ገለ ስድራቤታት ሓንቲ እያ። ሓሰን ኣፍልጦ ናይታ ስድራ ነይሩዎ። ስለ ዝኾነ ድማ ነታ ህጻን ናብ ዓባያ ከብጽሓ ወሰነ። ካብ ዓንደር ንጀንገሬን ዘሎ ርሕቀት ቀሊል ኣይነበረን። ኣስታት 15 ኪሎ ሜተር ጎቦን ስንጭሮን መኻልፍ ወተሃደራት ኢትዮጵያ እንተዘየጋጢሙ እዩ።

ኣደይ ከድጃ ምስ መቕርባ ኣብ ሓዘን ናይታ ምስ ህጻን ጓላ ዝሞተት ጓላ ጸንሐት። ምምጻእ'ታ ህጻን ነቲ ሓዘን መሊሱ ኣግደዶ። ህላውነታ ክንዲ ሓጎስን እልልታን ሓድሽ ብኽያት ኣሳዊሩ ጫው ጫው ፈጢሩ ኩሉ ተሓመሰ። ንርእሶም ዝገትኡ ሽማግለታት ከይተረፉ ውሽጦም ተሳዕረ። ንብዓት ዓይኑ ክቕለብ ዝተፈርደ መስኪን ህዝቢ ዳግማይ ናብ ዕሙር ብኽያት ተኸተ።

ከድጃ ኣብ ሕክምና ንንውሕ ዝበለ ግዜ ጸኒሓ ናብ ኣሕዋታን ኣቦኣን ተጸንበረት። እታ ስድራ ክሳብ እቲ ሕሱም እዋን ዝሓልፍ ኣብ ከረን ጸንሐት። ድሕሪ ኣስታት ሓደ ዓመት ኣቢላ ተጠራኒፉ ንኩርባ በረድ ወረደት። ህጻን በኺታ ሓንሳብ ናብ ማሙቕ ሑቑፊ ዓባያ ምስ ኣተወት ኣይወጸትን። ኣደይ ከድጃ ኣደኣን ንሳ ድማ ጓላ።[441]

ድሕሪ ግዜ ጥዕና ኣቦይ ኢብራሂም ካብ ግዜ ናብ ግዜ እናንቆልቆለ ከደ። ኣብታ ስድራ ብዝወረደ ግፍዒ ጓሂን ሕርቃን፡ ቅድሚ ህልቂት ብወተሃደራት ብከቢድ ምስ ዝተኸትከቶ ብመንፈስን ብኣካልን ተሳቐየ። እቲ ዝኸፍአ ናብ ዝበኣሰ ሰጊሩ ኣብ 1974 ብዘይ ኣደ ተሪፎም ዝነበሩ ደቁ ጠንጢኑ ሓለፈ። ሓምድን ኣሓቱን ካልእ ኣማራጺ ኣይነበሮምን ናብ እንዳ ሓወቦኦም ተጸግዑ። ክንዲ ኣቦን ኣደን ዝኸውን ስለ ዘይነበረ ግን ኣይጠዓሞምን። ብፍላይ

441 ከማሁ።

ንሓምድ።

ሓምድ ሓንሳብ ተመሃራይ ጸኒሑ ሓረስታይ ኮይኑ ኣብ መንጎ ከረንን ኩርባ በረድን እናተመላለሰ ሓላፍነቱ ኰዋጻእ'ኳ እንተ ፈተነ ሓላፍነት ልዕሊ ዓቕን ከበዶ። ሓብቱ መርየም ተሓጽያ ካልእ ሓላፍነት ምስ ተደረቦ ገለ ፍታሕ እንተኾና ንስደት ኣንቀደ። ነዊሕን ሓደገኛን ጉዕዞ ሓሊፉ ኣብ ከባቢ ገዳርፍ ኣብ ምእካብ ዕጣንን (ልባን) ወፈረ። ጸኒሑ'ውን ኣብ ጉስነት ተዓስበ። እንተኾነ ሱዳን እውን ውሕስቲ ገነት ኮይና ኣይጸንሓቶን። ንህይወቱ ዝፈታተን ሓደገኛ ኩነታት ገጢምዎ ከም ኣቦን ኣደን ዝርእይኦ ኣሓቱ ክብል ንዓዱ ተመልሰ። ኣብ እንዳ ሓወብኡ ኮይኑ ከኣ ሓብቱ ኣመርዓወ። ድሕሪ ክልተ ዓመታት ኣብ 1981 እውን ንባዕሉ መሰለ።

በኺታ ኣብ ሑቑፊ ዓባያ ካብ ትኣቱ ሕማቕ ዝበሃል ኣይርአየትን። ኣብ ህይወት ሕማቕ ገጢምዋ እንተ ነይሩ እውን ዛንትኡ ኣይነበራን። ኣሕዋታ ኣደን ኣቦን ስኢኖም ብጨጉራፍ ዝኸትምና ክግረፉ ኣብ ሕቑፊ ኣደኣን (ዓባያ) ኣብ መንጎ ኣኮታታን ሓትኖታታን (ንዕኣ ግን ኣሕዋታ) ብፍቕርን ትሕንቅቕ ነበረት። "ዓባይ ኢለያ ኣይፈልጥን ዓባየይ ምዃና'ወን ኣይፈልጥን ነይረ። ሓንቲ መዓልቲ ምስ መሳቶይ

ሓምድን በኺታን ደቂ ኢብራሂም ሓምድ

እናተጻወትኩ 'ኣደኺኻ መይታ'ያ እዛ ኣደ ትብልያ ዓባይኪ እያ' ኢለናኒ"[442] ትብል። ነቲ ዘየቕስን ጉዳይ ከተጣልል ተረበጸት። ነዲኣ(ዓባያ) ሓቲታ እውን ሓቁ ፈለጠት። ካብዚ ንደሓር ኣብ መንጎ እቶም ኣሕዋታ ምኻኖም ዝተሓበረቶም ኣብ ኩርባ በረድ ዝነበሩ ሓምድ፡ መርየም፡ ከዲጃን ከም ቤታ ንዝረዓመቶ እንዳ ኣቦሓጎኣ (ጀንገረን) እናተመላለሰት ሓድሽ ህይወት ጀመረት።

ሓምድ ድሕሪ መርዕኡ ንከድጃ በኺታን ጠርኒፉ ብርኩ ወጸ። ኣይሓመቐን ከንዲ ኣቦን ኣደን ኮይኑ ፈለማ ንከድጃ ጸኒሑ'ውን ንበኺታ ኣምሰለ።

እንተኾነ ግን ኩለን እተን ኣብ ትሕቲ መግዛእቲ ዝሓለፋ መዓልታት ውሕስነት ኣይነበረንን። ሓደጋ ኣይበተኻን። ንበኺታ ካብ ሬሳ ኣደኣ ኣልዒሉ ክሳብ ጀንገሬን ዘብጽሓ ሓሰን ዓብደላኺ ብንግዲ ካብ ሱዳን ንኤርትራ እናተመልሰ ኣብ ኣዋድ ዶብ ኤርትራን ሱዳንን ንሱን ንብረቱን ብነፋሪት ኢትዮጵያ ተቓጺሉ ሞተ። ኣብ ዘመነ መግዛእቲ ሎሚ ብምድሪ ካብ ዝመጸካ ኣምሊጥካ እንተወጸእካ ጽባሕ ካብ ሰማይ ብዝወርድ ናፓል ትቃጸል። ካብ ቀዳማይ ሞት እንተደሓንካ ካልእ መጻወድያ ሞት ኣብ ቅድሜኻ ተገቲሩ ትፍንጠር። ኣየወ ሕሱም ዘመን።

ድሕሪ ምሕራር ከተማ ኣፍዓበት (መጋቢት 1988) ከባቢታት ሓልሓል፡ ጀንገረን፡ ሓመልማሎ (በጁክ) ሰኹና፡ መንሳዕ ኩሉ ናብ ናይ ኲናት ዞባ ተቐየረ። ከም ሳዕቤኑ ብኣሽሓት ዝቑጸር ህዝቢ ካብ ናይ 1970 ዝኸፍእ ምግዓዝን ከርተትን ገጠሞ። ኣብቲ ግዜ መርዓት ዝነበረት በኺታ ካብ ባሽሪ ምስ እንዳ ሓሙኣ ከንዲ ንከረን ናብቲ ብህዝባዊ ግንባር ሓራ ዝወጸ ቦታታት ገጾም ሃደሙ። እንተኾነ ወተሃደራዊ ኩነታት ካብ ሰዓት ንሰዓት ተለዋዋጢ ነበረ። ሓንቲ መዓልቲ ከኣ ሃንደበት ኣብ ትሕቲ ምቁጽጻር ወተሃደራት ኢትዮጵያ ወደቑ። እቲ ጀሆ ዝተታሕዘ ህዝቢ ጥሪቱ ተተሓሪዱ ተበልዐ። ናይ ጥሪት ከም ውሁብ እዩ ዝውሰድ። ጥሪት ወዲኦም ናብቲ ህዝቢ ከይሰግሩ ግን ከቱር ስግኣት ሓደሮም። ኩሉ ንምድሓን ነብሱ ክጣበብ ግዲ ኮነ። ሓንቲ መዓልቲ በኺታን እንዳ ሓሙኣን ካብ ቁጽጽር ናይቶም ወተሃደራት ተውጽኦም ቀዳድ ረኺቦም ንመሬት ዓዲ ተኸለስ ኣቢሎም ሰገሩ።[443]

እቲ ናብ ዓዶም ናይ ምምላስ ተስፋ ምስ ጸንቀቐ ድማ ንጎቦታት ኦሮታ (ማርያ ጸላም) ወጺኦም ንሓጺር ኣብኡ ተዓቚቡ። ካብ ጎቦ ንጎቦ ንኣስታት

442 በኺታ ኢብራሂም ሓምድ፡ 8 መጋቢት 2017፡ ሓመልማሎ

443 በኺታ ኢብራሂም ሓምድ፡ 2017።

ሓምሽተ ኣዋርሕ ተንከራቲቶም ብፍጹም ተስፋ ምስ ቆረጹ ኣብ ካልእ ውሳነ በጽሑ። ዶብ ሰጊሮም ንሱዳን ከስደዱ። ነብሰ ጾር ዝነበረት በኺታ ዘይከምቲ ብዛንታ ዝተነግራ ህልቂት ፆና ምስ ህዝባ ሕሰም ተቛደሰት። ብዛዕባ እቶም ናበይ ገጾም ሃዲሞም ከም ዝነበሩ ኣፍልጦ ዘይነበራ ኣሕዋታ እናተሻቐለት ካብ ኦሮታ ንወደልሕለው ሓምሽተ ኣድከምቲ መዓልታት ተጓዕዘት። ንበዂሪ ጓላ ሓናን ድማ ኣብ ወደልሒለው ተበኮረት።

ሎሚ ደቂ ደቃ ርእያ ኣብ ሓመልማሎ ትነብር ዘላ በኺታ፡ “ከም ኣደ ኮይና ዘዕበየትኒ ዓባይ ስለ ዝረኸብኩ ብጽቡቕየ ዓብየ። እንተኾነ ኣደ ንእሽቶ ከለኻ ጥራይ ዘይኮነ ዋላ ኣብዛ ዘለኹዋ ዕድመ'ውን ኣይትርከብን'ያ። ሓሪስካ ኣደኻ ከተልዕለካ ኣበይ ይርከብ፧ ዝኾነ ሰብ ምስ ኣደኡ ከመከር ክርኢ ከለኹ ጎዶሎይ ይርኣየኒ። ኣምላኽ ዝገበሮ ግን መን ይቕይሮ። ደቀይ መሳትኦም ዓባያታቶም ዘንቢለን ተሰኪመን ከመጻ ርእዮም ኣመና ይቐንኡ። “ዓባይና ስለምንታይ ዘይትመጸና” እናበሉ ይሓቱኒ።። መይታ ኣይብሎምን “ርሑቕ - ስዑድያ ስለ ዘላ'ያ ዘይትመጽእ። ሓንቲ መዓልቲ ግን ብዙሕ ጽቡቕ ነገር ሒዛትልኩም ክትመጽእያ እናበልኩ እጥብሮም ነይረ”[444] ትብል።

444 ከማሁ
ሎሚ በኺታ ኣብ ሓመልማሎ እናነበረት ሹዱሽተ ኣዋልድን ሰለስተ ኣወዳትን ወሊዳ ደቂ ደቃ ርእያ ኣላ። ሓምድ ኣብ ሓመልማሎ፡ መርየም ኣብ ኩርባ በረድ፡ ከድጃ ድማ ኣብ ከረን፡ ከረን ጀዲድ ይነብሩ ኣለው።

እንዳ በላዕ ሳዕሪ

ሕኑን ሓይሊ ጸላኢ
ዓመጸኛ፥ ድሑር ገዛኢ
ዶብ እንዳ'ማቱ ሰጊሩ ክይኣኽሎ
ህልቂት ደቀባት፡ ደም ተኸሎ
መሬታ እምበር ሰባ እንታይ ኢሉዎ
በድራጋ፡ በልማማ ተኲሱ'ዩ ንቤታ ብደማ ዘጨቀዎ።

ኤፍረም ሃብተጽዮን

ነቲ ኣብ ልዕሊ ስድራ እንዳ ሓምድ መሓመድ ዝወረደ ግፍዒ ክስንድ ምስ ሓለንኩ ኣብ ሓደ ህሞት ንሰለስተ ኣባላት'ታ ስድራ ረኺበ ከዘራርብ ወሲነ። መሓመድ ሓሰን ሓምድ (መሓመድ ሕፉን) ሜጀር ዓብደልቃድር ኢብራሂም ሓምድን ከምኡ'ውን ኣርሀት ኣቡበከር ሓምድ። ሰለስቲኦም ደቂ ሓዎቦታት ዓብደልቃድርን ኣርሀትን ከኣ ሰብኣይን ሰበይትን። ብመሰረት ቆጸራና ባሕቲ መስከረም 2020 ኣብ ገዛ እንዳ ሜጀር ዓብደልቃድር ኢብራሂም ኣብ ዋሊኩ ተራኺብና። ሰልሰቲኦም ኣብ ግዜ ህልቂት ከካብ ዝነበሩዎ ኩርናዕ ከምኡውን ድሒሮም ካብ ዘዋህለልዎ ሓበሬታ ጸውዮም።

ነዛ ማይቤት ዝፈረየ ሓምድ መሓመድ ኣብ ግዜ ጣልያን ኣብ ዶልዓቕዳ ንኢብራሂም፡ መሓመድእድሪስ፡ ሓሰንን፡ ኣቡበከርን ከምኡ'ውን ዛህራን ጀምዕን መካን ዝተሰምዩ ኣወዳትን ኣዋልድን ካብ ክልተ ኣንስቲ ወለደ። ኣብ መፋርቕ 20 ክፍለ ዘመን ከኣ ኩሎም ደቂ ሓምድ ኣብ ሓዳርን ውላድን በጽሑ።

ኣብ ዓመተ 1960 ሓሰንን ኣቡበከርን ኣብ ስራሕ ናይ ጡጥ ኣብ መደኒ (ሱዳን) ክሰርሑ ሓግዮም እናተመልሱ ሓሰን ኣብ መገዲ ሓሚሙ ኣብ ተሰነይ መይቱ ኣብኡ ተቐብረ። ድሕሪ ኣስታት ሸመንተ ዓመታት ኣብ 1968 ከኣ መሓመድእድሪስ ኣብ ዓዱ ዶልዓቕዳ ኣብ ዓውዲ እኽሊ እናወቕዐ ወተሃደራት ኢትዮጵያ ካብ ርሑቕ ቶኲሶም ኣብታ ዓውዲ ኣውዲቖም ሓለፉ።[445]

---

445 መሓመድ ሓሰን ሓምድ፡ ቃለ መጠይቕ ምስ ደራሲ፡ 1 መስከረም 2020፡ ከረን።

ኣብ ምዕራባዊ መታሕት ዓመተ1967ን 68ን ወተሃደራት ኢትዮጵያ ንሰለማዊ ህዝቢ ምቕታልን ንዓድታት ምንዳድ ናብ ንቡር ስራሕ ዝወሰድሉ እዋን እዩ ዝነበረ። ከም ሳዕቤኑ ብዙሓት ስድራቤታት መረበተን ገዲፈን ፋሕ ብትን በላ። ኣቦይ ኣቡበከር ሓምድ ሓው ንብላሽ ክቕተል ርእዩ ንሓዳሩ ፈለማ ካብ ዶልዓቕዳ ንከረን ኣእትዮ ገዛ ተኻረየሎም። ጸኒሑ እውን ከረን ተተኣማምን ኢሉ ስለ ዘይሓሰባ ኣርሒቑ ኣብ ከተማ ገዳርፍ ተዓቚበ።[446]

በዚ መሰረት ስድራ ኣቡበከር ካብ መፋርቕ 1968 ክሳብ ጥቅምቲ 1970 ኣብ ገዳርፍ ጸንሐት። ኣብ ድሮ ህልቂት ዖና ካብ ሱዳን ንኤርትራ ዝተመለሰትሉ ምኽንያት ከተብርህ ከላ ኣርሀት ከምዚ ትብል፥ "ኣቦይ ቅድሜናʼዩ ተመሊሱ። ዓባየይ ወትሩ 'እዚ ገዛኻ፡ ግራትካ ንዓይ ምስ መን ገዲፍካኒ' እናበለት ብተደጋጋሚ መልእኽቲ ትሰደሉ ስለ ዝነበረት ምእንትኣ ኢሉʼዩ ተመሊሱ። ወላዲተይ እውን ደድሕሪʼቦይ 'ዓዲ ክርኢ ብኡ ጌረ ድማ ሮሞዳን ኣብ ዓደይ ኮይነ ይጸም' ብምባል ነታ ኣብ ገዳርፍ ዝተመርዓወት ኣድሓነትን ጅምዕያን ኣሓተይ ጥራይ ገዲፋ ሒዛትና ንከረን ተመሊሳ። ኣቦይ ግን ንዓንሰባ ክንወርድ ኣይፈተወን። ገዛ ክራይ ክሳብ ዝረኽበልና ነደይ ኣሞኣ ምስ ትኾና ጀምዕ መሓመድ ዓሊ ዳፍላ ሰይቲ ዮሪኒ ኣእትዩና። ኣብ ማእከል ከተማ ገዛ ክረክብ ስለ ዘይከኣለ ከኣ ኣብ ዖና ንዋሊኩ ገጹ ኣብ ዘብል ኣብ ገዛ እንዳ መሓመድ ዓሊ በኺት ኣቲና።"[447]

ድሕር እዚ እቶም ኣብ ዓንሰባ (ዶልዓቕዳ) ዝነብሩ ዝነበሩ እንዳ ኢብራሂም፡ እንዳ መሓመድ እድሪስ እንዳ ሓሰንን' እውን ናይ መንግስቲ ኣዋጅ ገዲድዎም ተፈናቒሉ። ናብ ዝኣትውዎ ስለ ዘይነበሮም ከኣ ናብቲ እንዳ ኣቡበከር ኣትዮሞ ዝነበሩ እንዳ መሓመድ ዓሊ በኺት ብሓባር ተጠርነፉ።

እዛ ስድራ ናብ ህልቂት ዝተፈጸመትላ ዕለት ኣብ ዘንግሀት ለይቲ ብዛዕባʼቲ ኣብ ዖና ክትኮስ ዘምሰየ ተኻቒላ ድቃስ ስኢና እያ ሓዲራ። ጾሓይ ምስ በረቐት ጥቕኣ ናብ ዝነበሩ መበቆላውያን ነበርቲ ዖና ዝኾኑ እንዳ ዓበ የባትን እንዳ ዓሊሓስን ኢብራሂምን ብምኻድ "እንታይ ኢና ክንገብር፧" ብምባል ተወከሰት። ንሳቶም ግን "ካብዚ ሓሊፍኩምʼሞ እንታይ ክትገብሩ፧ ካብ ዓድኹም ሃዲምኩም መጺእኩም ሕጂኸ ናበይ ኢኹም ክትከዱ፧"[448] በሉዎም። ሽዑ ተረጋጊኣም ነፍሲ ወከፍ ኣባል ናይʼታ ስድራ ናብ መዓልታዊ ንጥፈታቱ ወፈሩ።

በዚ መሰረት መሓመድ ሕፉን ሓወቡኡ ኣቡበከር ገዚእወን ዝነበረ ኣጣል ዕዳጋ ከውዕል ንጎቦ ላልምባ ገጹ ተበገሰ። ኣርሀት ምስ ወዲ ሓውብኣ

---

446 ኣርሀት ኣቡበከር ሓምድ፡ ቃለ መጠይቕ ምስ ደራሲ፡ 1 መስከረም 2020 ከረን።

447 ኣርሀት ኣቡበከር።

448 ሓምድ ሓሰን ኢብራሂም

ሰዓድ ኢብራሂም ከጥሕኑ ብእኡ ጌሮም ድማ እሰቤዛ ከምጽኡ ንሹቕ ተላእኩ። ኣቦይ ኢብራሂም ብንግሆኡ'ዩ ናብ ተሰካር ዑመር ኩሱራይ ገስጊሱ። ኣቦይ ኣቡበከር እንዳ ተሰካር በጺሑ ሹቕ ከኣቱ ከሎ ኣብ ከባቢ ዕድጋ ከብቲ ንያና ምስ ዝሰግራ ወተሃደራውያን መካይን ተኳኒፉ "ንሓልሓል ቅያር ዝኸዱ ወተሃደራት እዮም ዝኾኑ፣ ንዓድና ጥራይ ደሓን ይሃብዎም"[449] እናበለ ኣሕሊፍዎም ንሹቕ ኣምርሐ። ብኻልእ ኣንፈት ኣርባዕተ ኣንስቲ ኣሕሙትሙትን ደቀንን ብግዝያውነት ኣብ ዝኣተውዎ እንዳ መሓመድ ዓሊበኺት ነበራ።

ሰዓት ትሽዓተ ኣቢሉ ይኸውን፡ ኣብቲ ቆልዓ ሰበይቲ ዝነበርኦ ገዛ እንዳ መሓመድዓሊ በኺት ጓል ሸድሽተ ዓመት ዝነበረት ሳልማ ጓል ኣቡበከር ካብ ድቃስ ተበራቢራ ዓይና እናሕሰየት ንደገ ወጺኣ፡ ንእለት ተገልቢጣ "ይማ! ይማ! ወተሃደራት ምስ ብረቶም ንዒ ረኣዩ" በለታ ነዲኣ ኮፍ ካብ ዝበለቶ ብኢዳ እናነጽነጸት። ኣደኣን ግን ግዲ ኣይገበረትላን፡ "ባዕጊጋ እኳ'ያ፡ ሐራይ ሰሚዐኪ" ኢላታ ካብ ከረን ክትበጽሓ ምስ ዝመጸት መሓዝኣ ሓሊማ ውግዓ ቀጸለት። ሳልማ እውን ዘረባይ ቁምነገር የብሉን ግዲ ኢላ ንሳ'ውን ናብ ካልኣ ኣቕለበት።[450]

ግዜ ኣይወሰደን ካብ ቀረባ ርሕቀት ተዅሲ ተሰሚዑ ሰይቲ ኣቡበከርን መሓዝኣን ነጢረን ንደገ ወጻ። ዝነበርኦ ከባቢ ብወተሃደራት ተኸርዲኑ ነበረ። ሓሊማ ግዜ ከይበልዐት ንከተማ ገጻ ሃደመት። ኣደይ መካ ሰይቲ ኣቡበከር ግን ንደቃ ንስሪት (መርዓት) ሳልማ፡ ሸሪፋ፡ መርየምን ጠራኒፋ ኣብ ውሽጢ ኣጉዶ ኣትያ ተሸጎጠት። "ኩሉኹን ኣብ መንደቕ ተጸጊዕክን ደው በላ፡ ሐንቲ ኣይትኾናን ኢኽን" ድማ በለተን ንደቃ። ዝተባህልኦ ገበራ። ጽንሕ ኢላ ግን ኣጉዶኣን ክትቃጸል ጀመረት። ኣደ ሽው ብስንባደ "ውጻ! ኣብ ደገ ሙታ! ውጻ!" እናበለት ሒዛተን ንደገ ወጸት።[451]

ኣብ ኣፍደገ እታ ኣጉዶ ዝጸንሐን ወተሃደር ካልእ ኣይተዛረበን። "ይማ ወርቂ! ወርቂ ሃቢ!" እናበለ ኢዱ ዘርግሓላ። ኣደይ መካ ኣማራጺ ኣይነበራን። ኣብ ነብሳ ዝጸንሐ ግሳይት፡ መርወት ብሶት፡ ካትም ሓሪጣ ኣዕመኾቶ። ወተሃደር ወርቁ ኣብ ጅብኡ ከቲቱ "በዚኣ ገርከን ናብቲ ጀርዲን ኣቲኽን ንሹቕ ስገራ፡ ተኣለያ" ኢሉ ከይተጻብአን ንቕድሚኡ ተመርቀፈ። ኣደይ መካ ግን ዝተባህላ ኣይገበረትን። ንሸሪፋ፡ ሳልማን፡ መርየምን ሒዛ ኣብ ካልእ ኣጉዶ ተሓቢኦን ናብ ዝነበራ ኣንስቲ ኣሕሙትሙታ ተጸንቢራ ዳግማይ ተሸጎረት። ኣብቲ ህሞት መርዓት ዝነበረት ንስሪት ካብ ስድርኣ ተፈልያ ንውሽጢ ያና ገጻ ክትሃድም ብመንጎ'ቲ ዝነድድ ኣጓዱ እንዳ ነፈጸት ኣብ ኣጉዶ እንዳ ዓፍየት

449 ኣርሀት ኣቡበከር

450 ከማሁ

451 ከማሁ

ኣቢብ ተሓቢኣን ዝነበራ ኣንስቲ "ንዒ ነጀው ንዒ" ኢለንኣ ምስኣን ተጸንቢራ ተሸጎረት።

ሕጂ'ውን ነዊሕ ኣይጸንሓን፡ ልዕሊ ደርዘን ኣንስትን ቆልዑን ዝነበርኣ ኣጉዶ ሓዊ ተናዀሳ ክትቃጸል ጀመረት። እናተጻደፋ ኩለን ንግዳም ወጻ። እቲ ኣብ ኣፍደገ ዝጸንሐን ወተሃደር ብተመሳሳሊ ከምቲ ናይ ቀዳማይ "ወርቂ! ወርቂ!" እናበለ ተቐባበለን። ኣደይ ዛህራ ሰበይቲ ኢብራሂም ሓምድ ኣብ ኢዳ ንዝነበራ ሸሞንተ መናጅር ወርቅን ኣንባርን ፍዳን (ዋንጫ) ሓሪጣ ሃበቶ። ንየማን በሊዐን ናብቲ ጀራዲን ክኣትዋ ሓቢሩ ንሱ'ውን ገዲፍወን ንቅድሚኡ ተዓዝረ።

ንሳተን ግን ኣብ ከንዲ በቲ ንሱ ዝበለን ዝኸዳ ትኽ ኢለን ናብቲ በሪኽ ናብ ገዛ እንዳ ዓበ የባት ወጻ። ኣብኡ ሃንደበት ምስ ክልተ ወተሃደራት ፊት ንፊት ተጓኒፈን ብስንባደ መኸኻ። "ደው በላ" ሓደ ካብኦም ከም ግርጭ ኢሉ ተዛረበን። እቲ ካልኣዩ ግን "ይሕለፋ ግደፈን ቆልዓ ሰበይቲ እንደኣለን" በሎ ከም ልዝብ ኢሉ። "እዚኣን ዝወለድኦም ሸፍታ ዘይኮኑን ዘዋርዱና ዘለዉ፣ ኣይገድፈንን" በለ ንሱ ድማ ከም ቁጥዕ ኢሉ። ንሳተን ኣብ ቅድሚኦም ደው ኢለን ይሕለፋ ኣይሓልፋን ዝብል ርሱን ክትዕ ከፈቱ። መጨረሽታ ግን እቲ ይሕለፋ ዝብል እናተለማለመ፡ "በጃኻ ግደፈን" ተመሻኺኑ ለመኖ። እቲ ካልኣዩ ግን ኣቕበጸ። ንክሓልፋ ዝልምን ዝነበረ ኩማንድስ ከድሕነን ብዘይምኽኣሉ ሕማቕ እናተሰምዖ ብጸዩ ንዝገብሮ እከይ ብዓይኑ ከይርኢ ጠንጢንዎ ከደ።[452]

ካብተን ደሪቐን ዝነበራ ኣደታት ንሕመረት ዝርርቦም ብንጹር ዝተረደኣት ኣደይ መካ እያ። ካብተን ውሑዳት ኣብ ከተማ ተቐሚጣ ዝፈለጠተን ትግርኛ "በጃኻ ምሓረና" ንሳ እውን እናኣንቀጥቀጠት ለመነት። ኮማንድስ ግን እሉኽ ዝነበሮ'ዩ ዝመስል። ግዲ ከይገበረላ ብረቱ ኣቀባበለ። ኣደይ መካ መወዳእታ ከም ዝኣኸለ ተረዲኣ ናብ ብጾታ ተገልቢጣ "የሀው እስላም እንዲኽን ሞትና ኣኺሉ'ዩ ሸሃደትክን ሓዛ"[453] በለተን። ወተሃደር እውን ቆልዓ ሰበይቲ ከቕትል ቃታ ሰሓበ። መኻልፍ ብረት ቂም ኢላ ኣጽቀጠት። ቅድሚኣን ንብዙሓት ኣህሊቑ ግዲ ነይሩ። ካዝና ኣብ ዝቐይረሉ ዝነበረ ናይ ቋሕ ሰም ህሞት፡ ሰይቲ መሓመድእድሪስ ቆራጽ ስጉምቲ ወሰደት። ንጓል ሓሙታ ሳልማ ኣቡበከር መንጢላ ኣብ ጥቕኣ ናብ ዝነበረት ንእሽቶ እምኒ ተኸዊላ ርእሳ ደፈነት። ጽቡቕ ዕድል ኮይኑ ቀታሊ ነዚ ክትገብር ኣየስተውዓለላን።

---

452 ከማሁ

453 ዝኾነ ኣስላማይ መጨረሽታ ቅድሚ ሞቱ መመልከቲቶ የማነይቲ ኢዱ ኣልዒሉ ዝደግማ "ኣሽሃድ ወኣና ላኢላሂላላህ ወኣሽሃድ ወኣና መሓመድ ረሱል ኣላህ"

ወተሃደር ብረቱ ዳግማይ አቀባቢሉ 'በጃኻ' እናበለት ትልምኖ ብዝነበረት ኣደይ መካ ፈለመ። ኣብ ሕቘፋ ንዝነበረት መርየም ዳላ ሓንጎላ በተና። ነታ ኣደ'ውን ኣብ መሬት ጸሕ ኢላ ከም ትወድቕ ገበራ። ንዛህራ ሰይቲ ኢብራሂም ሓምድ፡ ንመዲና ሰይቲ ሓሰን ሓምድ እውን ኣፍልበን ወቒዑ ንእለት ቀዘፈን። ዓረፋት ሰልማን ኣደም ኣብ ባይታ ተዘረረት። መካ ሰይቲ ኣቡበከርን ሽሪፋ ዳላን ብስንባደ ጥራይ ምዉታት ተቐየራ። ዓረፋት ኣብ መንጎ ሞትን ህይወትን ኮይና ብቃንዛ ተሎለወት። ቀታሊ ኣብ ካልኢታት ምውታትን ውጉኣትን ጌርወን ንቕድሚኡ መረሸ።

ድሕር ቁሩብ እታ ንህጻን ሳልማ መንጢላ ኣብ ንእሽቶ እምኒ ዝተኸወለት ሰይቲ መሓመድእድሪስ ብስንባድ ልባ ተገልቢጡ እናላህልህት ንሹቕ ገጻ ጎየየት። ኣብ እንዳ ዮሪኒ ንዝረኸበቶ ሓሙታ ኣቡበከር ኩለን ከም ዝሞታ ኣርዲኣ ካብ ኣፍ ሞት መንጢላ ንዘትረፈታ ዳሉ ኣረከበቶ።[454]

ኣቐዲሞም ሹቕ ዝተላእኩ ኣርሆትን ሰዓድን ብድምጺ ናይቲ ተኹሲ ተናዊጾም ዝገብርዎ ጨነቖም። ተኸፊቱ ነናብ ዝረኣይዎ ድኳን ክኣትዉ ክፍትኑ ዋናታት ዱኳን ዓጽዮም ክሃደሙ ተረባሪቦም ንዕዳጋ ደርሁ ገጾም ወረዱ። ከምዚ ኢሎም ከዕነንዩ ዝረኣዮም ሓደ በዓል ብረት ሰብኣይ ንሱ እውን እናጎየየ "ንዑናይ ምሳይ" በሎም።

"ንዑናይ ምሳይ' ምስ በለና ንሰዓድ ብብሊን ገይረ 'ኣይንኺድ ክቕትለና እዩ' ኢለዮ። ንሱ ግን ሰሚዑኒ 'ኣጆኹም ኣይቀትለኩምን'የ ደቀይ እንዲኹም' ኢሉ ሒዙና ኣብ መገዲ ሓሸላ ዝነበረት ገዝኡ ወሲዱ ምስ ደቁ ኣብ ትሕቲ ዓራት ሓቢኡና። ንሱ ግን ገለ ዝሕባእ ነገር ግዲ ነይሩዎ ወረቓቕቲ ሒዙ ካብዝን ናብትን ኣዕሎቡጥ። ኣነ ተረቢሸ ነይረ። ምስኡ ምኻድ'ውን ካብ ፈለማ ኣይፈተኹዋ። ሽዑ ላዕልን ታሕትን እናበለ ንሰዓድ ሓወይ ሒዘ ካብቲ ገዛ ብፍኒስትራ ወጺአ" ትብል ኣርሀት[455]።

ገና እቲ ኣብ ዖና ዝጀመረ ህልቂት ይቕጽል፡ ድምጺ ከበድትን ፈኮስትን ብረታት ምድረ ሰማይ የናውጽ። ናይቲ ካብ ዖና ዝወጸ ትኪ እውን ዳርጋ ንምሉእ እቲ ከባቢ ዓብሊኹ ከሎ ኣርሆትን ሰዓድን ንዓዲ ሓባብ ወሪዶም ኣብ ገዛ እንዳ ዘቢቡ ኣዕረፉ።

"ኣብ እንዳ ዘቢቡ ምስ ኣቶና'ውን ተቐቢሎም ኣብ ትሕቲ ዓራት እዮም ሓቢኣምና። ኣነ ግን መንፈሰይ ተረቢሹ ስለ ዝነበረ ነዊሕ ከይጸናሕኩ ምስ ሓወይ ዳግማይ ብፍኒስቲራ ዘሊለ ወጺአ ናብ እንዳ ዮሪኒ ጥቓ መስጊድ ዓቢ

454 ከማሁ።

455 ከማሁ።

መጺአ። ኣብኡ ከለና ኣቦይ ንሳልማ ሓብተይ ሓቍፉ ዓው ኢሉ 'ኩሉ ስድራይ ጠፊኡ እዚኣ ጥራሕ ተሪፋ' እናበለ መጺኡ። ንዓይን ንሰዓድን ምስ ረኣየ 'ንስኹምከ በየን ወጺእኩም፣' ኢሉ ሓሓቝፉ ስዒሙና። 'ሹቕ እንዲና ተላኢኽና ነይርና' ኢልናዮ። ጽሉል ተቐይሩ ዝብሎን ዝገብሮን ይፈልጥ ኣይነበረን"[456] ትውስኽ ኣርሀት።

ኣብ ዝባን ገዛ እንዳ ዓበ የባት ኣብ ከንዲ ዓውዲ ኣብ ትኸውን ንእሽቶ ቦታ ወዲቐን ዝነበራ ኣንስትን ቈልዑትን እተን ዝሞታ መይተን ዝተወግኣ ብቓንዛ ይልለዋ ነበራ። ኣደይ መካ ሰይቲ ኣቡበከር ግን መውጋእቲ ዝበሃል ኣይነበራን። ንምንቅስቓስ ናይቶም ወተሃደራት ተጸናትያ ካብ ዝነበረቶ ተንስአት። ብቐዳምነት ንሬሳ'ታ ካብ ሑቝፋ ዝተመንጠለት መርየም ዓላ ኣልዒላ ኣብ ማእከል እተን ጥቓ ጥቓ ወዲቐን ዝነበራ ኣደይ ዛህራን ኣደይ መዲናን ኣንቢራ ብጸዕዳ ነጸላ ናይ ኣደይ ዛህራ ሸፈነተን። ንሬሳ ሸሪፋ ዓላ ኣልዒላ ናብተን ሬሳታት ክትጽንብሮ ክትብል ናይ ምንቅስቓስ ምልክት ረኣየትላ። ሸሪፋ ጸኒሓው'ውን ኣድመጸት። ሽዑ ኣደይ መካ "እውይ ዓለይ! ብህይወት ከለኺ ድየ፣" ብምባል ምሉእ ነብሳ ፈቲሻ ብዘይካ ካብ ካልኦት ደም ተጸየቖቶ መውጋእቲ ዝበሃል ሰኣነትላ። መስኪንይቲ ህጻን ክቱር ራዕዲ'ዩ ልባ ከም ተጥፍእ ጌርዋ።

ኣብ መንጎ እዚ ሃንደበት እቲ ኣደይ መካ ዝነበረቶ ከባቢ ብጠያይት ተበንቆረ።[457] ካበይ ኣንፈት ይትኮስ ምንባሩ ስለ ዘይተረድኣ ናበይ ገጻ ከም ትኸወል ጨነቓ። የማነ ጸጋማ እናወደቐ ልባ ኣጥፈኡላ። ኣይጸንሐን እምኒ ዝሃረመት እስኩጆ ሰለፉ በሰዓ። ካልእ ዝሒላ ዝመጸት ጥይት'ውን ኣብ ዶሶኣ ዓለበት። ሳልሳይን ራብዓይን ግዜ ምስ ረኸባ ግን ከም ብጾታ ኣብ ባይታ ተዘርጊሓ ድማ ከውሕዝ ጀመረ።

ነደይ መካ ግዳይ ዝገበረ ጠያይት ካብ ፎርቶ ከረን እዩ ተተኩሱ። ናይተን ኣንስቲ ምንቅስቓስ ክከታተሉ ዝጸንሑ ወተሃደራት ኣንጻጺሮም ተዓዊቶምለን። ክሳብ ግዜ ምሸት ኮይኑ ረድኤት ዝረኸባ ከኣ ከምኡ ኢለን ተመዲየን ወዓላ።

ብኻልእ ጫፍ ናይ ዖና ዝነበረ መሓመድ ሕፉን ኣጣሉ ገዲፉ ክሃድም ፈቲኑ ብስንባደ ነዊሕ ከይሰጎመ ሸታሕ ኢሉ ኣብ ባይታ ተሰጥሐ። ተንሲኡ ዳግማይ ክጎዩ ፈቲኑ። እንተኾነ ክትክውሎ ትኽእል ንእሽቶ ጉድጓድ ወኻርያ

---

456 ከማሁ።

457 ክፍለየሱስ ምስግና ኣብ ግዜ ህልቂት ተመሃራይ 2ይ ደረጃ ከረን ዝነበረ ኮይኑ ወተሃደራት ካብ ፎርቶ ነቶም ካብ ዖና ሃዲሞም ዝወጹ ዝነበሩ ብጥይት ክሰሃልዎም ብዓይኑ ከም ዝረኣየ ይምስክር። ናይ ሓንቲ ሰብይቲ ድማ ብፍሉይ ይዝክር። እታ ሰበይቲ ካብ ፎርቶ ዝዘንባ ዝነበረ ኣይሂ ጠያይት ድሒና ንሩባ ዋሊኩ ክትንቆት ካብ ዓይኑ ከም ዘይትኸውል ድማ የዘንቱ።

ረኺቡ ኣብኣ ከሕባእ ወሰነ።"ጸባብ ጉድጓድ እያ። እዚ ኩሉ ከኸውን ኣብኣ ኣትየ ኣሕሊፈዮ። ኣብኣ ከለኹ ሓደ እግሩ ዝተወግአ መሓመድ ዓሊ ሸካን ዝበሃል ሰብኣይ ኣብ ፊተይ ወዲቑ ነይሩ። ተኹሲ ኣቋሪጹ ካብታ ጉድጓድ ክወጽእ ምስ ፈተንኩ ጸገም ተፈጢሩ። ክኣትዋ ከለኹ ገፉሕ ዝነበረት ጉድጓድ ክወጽእ ምስ በልኩ ጸቢባ። ተቓሊሰ ወጺአ መቐልቀሊ ገብሲ ሓሊፈ ኣብ እግሪቲ ጎቦ ሓዲረ። ንጽባሒቱ ዖና ወሪደ ስድራይ ቀቢረ። ሬሳ ናይ ሓወቦይ ኢብራሂም ግን ኣይተረኽበን። 'ነዲዱ እዩ ዝኸውን ኢልና ቀቢጽናዮ"[458]ይብል መሓመድ ሕፉን።

ሒደት መዓልታት ድሕሪ ህልቂት ኣቦይ ኣቡበከር ናይቶም ኣብ ዖና ዝሞቱ ስድራኡ ከተስከር መደበ። ንመሓመድ ሕፉንን ሰዓድን ዓንሰባ ወሪዶም ዕንጨይቲ ከምጽኡ ኣዘዞም። ንሳቶም ድማ "ሓራይ" ኢሎም ድሕሪ ምቑራስ ኣብ ክንዲ ንዓንሰባ ንጂራ ፍዮሪ ኣምሪሖም ጡጥ ክኣርዩ ንዓሊግድር ክወርዱ ተበገሱ። 'ስድራና ኣብ ዖና ተወዲኦም ክንሰርሕ ክንከይድ' ብምባል ለሚኖም ንዓሊግድር ነቕሉ።

ኣብ ዓሊግድር ኣብ ቀዳመይቲ መዓልቲ ትሪለት ተጻዒኖም ንዓኪት ከባቢ ኣቡ ጀመል ወፊሮም። ናብ ሓጅ ዓሊ ዝበሃለ ከቢር (ኩብራለ) ናይ መሸሩዕ መጹ። ስድርኦም ጸኒቶም ብብኽያት ኣዒንቶም ሓቢጡ ዝነበሩ ሓምድን ሰዓድን ንስራሕ ትምነዮም ኣይነበሩን። ሓጅ ዓሊ ርእይ ምስ ኣበሎም 'እዚኦም ደኣ እንታይ ክሰርሑለይ' ብምባል ንዒቕዎም ግዲ ኣይገበረሎምን። ምስኦም ካብ ከረን ዝተበገሱ ዓበይቲ ሰባት ኩነታቱ ተዓዚቦም 'ሓጅ ሰሚዕኩም እንተኾንኩም እዞም ቆልዑ ካብዞም ስድርኦም ኣብ ዖና ዝጠፍኡ እዮም' ምሳይ ኣይትሰርሑን ኢኹም ከይብሎም እዮም ዝምሕጸኑ ነይሮም። ሽዑ ሓጅ፡ 'ንዑ እስከ እዞም ደቀይ፡ ደቂ መን ኢኹም፧' በሎም። ንሳቶም ድማ ስም ኣቦታቶም ነገርዎ። ኣይፈለጦምን። 'ብዓዲ መንከ ትፍለጡ፧' ዝያዳ መብርሂ ደለየ። 'ዓዲ በላዕ ሰዓር' ፈሊጥዎም። ነቲ ኣብ ልዕሊ ስድርኦም ዝበጽሐ ምስ ኣዘንተውሉ ምኽኣል ስኢኑ ብኽያት ሰዓሮ።[459]

ድሕርዚ ሓጅ መሪሕዎም ናብ ዓብደላ ካሳይ (መሓመድ ያገ) ዝበሃል ኣብ ትሕቲኡ ዝሰርሕ ሰብኣይ በዓል ሓልሓል ኣረከቦም። "ሓደራ" ከኣ በሎ። ድሕሪ ቁሩብ መዓልታት ካልእ ቀረባ ቤተሰቦም ኩነታቶም ፈልጡ 'ምሳይ ክኾኑ' እሉ ንመሓመድን ሰዓድን ክወስዶም መጸ። ዓብደላ ካሳይ ግን 'ንሰብ ኣይህቦም ንኣምላኽ ኣይከልኦም' ብምባል ከም ደቁ እንተኸናኸነ ምስኡ

458 መሓመድ ሓሰን ሓምድ

459 ከማሁ

ኣስርሖም።

መሓመድ ሕፉን ቀዲሙ ኣቦኡ ብሕማም ኣብ ተሰነይ ኣደኡ ከኣ ኣብ ዖና ተቐቲላ። ንድሕሪት ከይተመልሰ ብእኡ ጌይሩ ንሱዳን ተሰደ። ጸኒሑ እቲ ምንኣሱ ሓዉ ናብ ሰውራ ተጸንበረ። ተወጊኣ ዝደሓነት ዓረፋት ሓብቶም ምስ ሓትኑኣ ርዒማ ምስኣ መስለት። እዛ ስድራ ካብ ተበታተነቶ ናጽነት ኤርትራ ጠርኒፋታ።

* * *

ሜጀር ዓብደልቃድር ኢብራሂም (ገዱራ) ኣብ ቁልዕነቱ ካብ ዶልዓቕዳ ከረን ኣትዩ እዩ ዝመሃር ነይሩ። ኣብ ዖና ተቐቲሉ ሬሳኡ ዘይተረኽበ ኣቦይ ኢብራሂም ወዱ ተማሂሩ ኣብ ዝለዓለ ደረጃ ከበጽሓሉ ክቱር ባህጊ ነበሮ። ስንቂ ወዱ ተሰኪሙ ወትሩ ካብ ዶልዓቕዳ ክሳብ ሩባ ገብሲ ኣፋንይዎ ይምለስ ነይሩ። ዓብደልቃድር ንባህጊ ኣቦኡ ኣየስመረን። ተመሃራይ ካልኣይ ደረጃ ከረን ኣብ ዝነበረሉ ህሞት ሃገራዊ ስምዒቱ ገንፊሉ ብመገዲ ሱዳን ኣብ 1966 ናብ ተጋድሎ ሓርነት ኤርትራ ተጸንቢሩ። ፈለማ ኣብ ኦሮማ (ሱዳን) ሕክምና ተማሂሩ ኣብ ቀዳመይቲ ክፍሊ ሓኪም ኮይኑ ተመዲቡ። ሓደ ካብ ቀንዲ ካድራት ቀዳመይቲ ክፍሊ ኮይኑ ኣብ ጉባኤ ኣዶብሓ ተሳቲፉ።

ዓብደልቃድር ኣብ 1970 ንወተሃደራዊ ስልጠና ዒራቕ ነበረ። ኣብ ባቕዳድ ኣብ ወተሃደራዊ ኮለጅ (ኩልያ ኣልሓርብያ) እናሰልጠነ ህልቂት ዖና ኣርከበ።

> *"ኣብ ዒራቕ ኮርስ ንወሰድ ካብ ዝነበርና መሓመድ ኣድም ገሲር (ናይ ሕክምና ኮርስ ዝወሰድ ዝነበረ) ኣብ ቀዳማይ ሃገራዊ ጉባኤ ክሳተፍ ሜዳ በጺሑ ተመሊሱ። ካብ ተሳተፍቲ ናይቲ ጉባኤ ዝነበረ ወዲ ዓድና መሓመድ ኣድም ያባት ናባይን ናብ ስውእ ኢድሪስ ሮሞዳንን ንገሲር መልእኽቲ ኣማሊእዎ"[460]።*

ገሲር ካብ ኤርትራ ዘምጽኣ ደብዳበ ፈለማ ዑስማን ዘርኦም እዩ ተረኪቡዋ። ዑስማን ምስ ዓብደልቃድርን እድሪስን ኣብ ሓደ ኮርስ ዝሰልጥን ዝነበረ እዩ። ከም ልሙድ ሰልጠንቲ ሓሙስን ዓርብን ዕረፍቲ ኣብ ዝወጽሉ፡ ኣብ ሆቴል ኣልዓያን ሰለስተ ዓራት ኣብ ትሕዝ ክፍሊ ምስ ዓብደልቃድር፡ እድሪስ ሮሞዳንን መሻርኽቶም እዩ። ኣብቲ ሆቴል ሓሙስ ውዒሎም ብምሕዳር ዓርቢ ናይ ምሸት ንኮለጅ ይምለሱ። ገዱራ ነታ ሓንቲ ሓሙስ ኣብ ሆቴል ኣልዓያን ዘጓነፈቶ ብህይወት ክሳብ ዘሎ ኣይርስዓን እዩ። "ኣነ ደንጉየ ድየ

460 ዓብደልቃድር ኢብራሂም ሓምድ (ሜጀር) ቃለ መጠይቕ ምስ ደራሲ፡ 1 መስከረም 2020፡ ከረን።

መጺኡ ዋላ ወጺኡ ጸኒሑ ኣይዝክርን። ዑስማን የንብብ እድሪስ ጽን ኢሉ ክሰምዖ ጸኒሑምኒ። ዝርዝር ኣስማት ናይ ብዙሓት ንፈልጦም እዩ ዘንብበሉ። ሽዑ ኣነ ናይ ምንታይ ምኻኑ ስለ ዘይተረድኣኒ 'ሰላም ዝበሉና ድዮም እዚኦም ኩሎም' ዑስማን እናንበበ ንእድሪስ ኣመንጉየ ሓቲተዮ። እድሪስ ዝን ኢሉ ክሰምዕ ጸኒሑ "እንታይ ምኻኖም ኣይፈለጥካን፧" ኢሉኒ። "ኣይፈለጥኩን" ርእሰይ ብኣሉታ ነቕኒቐሉ። ቀው ኢሉ ክጥምተኒ ጸኒሑ "ኢትዮጵያ ቀቲላቶም እዩ ዝብለካ ዘሎ" በለኒ ብትኩዝ መንፈስ። ልበይ ህርመት ዘቋረጸት ኮይኑ ተሰሚዑኒ። ንእድሪስ ኣሓቱ፡ ኣቦይ፡ ኩሎም ስድራናን ዓድናን እዮም ኣብኡ ተዘርዚሮም ነይሮም"[461] ይብል ሞት ናይቲ ናብ ሰውራ ካብ ዝጽንበር ዘይረኣዮ ወላዲኡን ስድራቤቱን ዝተረድኣሉ ኣገባብ እንከዘንቱ።

ካብ ጸጋም ንየማን መጀር ዓብደልቃድር ኢብራሂም፡ ዑስማን ዘርኦም፡
ስዉእ ኢድሪስ ሮሞዳን - 1971 ዒራቕ

461 ዓብደልቃድር ኢብራሂም ሓምድ፡ 2019

እንግሊዝ ኣቑሲላ ኢትዮጵያ ዝቖረጸታ መከረኛ ኢድ

ዘይተገርሐ ህላላ ዓማጺ፡

ደም ሰብ ዝመጺ።

ንህልቂት ወፈረ፡ ዘዝረኸቦ ‘ናመንጠለ

ውሻጠ ኣትዩ ሰብ ቐንጸለ

ኣደን ናጽላን እናነጸለ፡

ደምበ ጥሒሱ ጥሪት ቐተለ...

ዘስካሕክሕ ስቅያት ኣኸተለ።

ኤፍረም ሃብተጽዮን

ቀቅድሚ ህልቂት ዖና 28 ሕዳር 1970 በዅሪ ገዛ እንዳ ያሲን ድራር ዝኾነ ሮሞዳን ነቲ ኣብ ታሕተዋይ ክፋል ሩባ ደዓሪ ኣብ ልዕሊ 5 ሰለማውያን ዝወረደ ኣሰቃቂ ግፍዒ ብዓይኑ ርእዩ ብጭካነ ኢትዮጵያ ኣስካሕኪሑ ነበረ። ነቲ ሬሳታት ካብ ዘልዓሉ ሓደ'ዩ። ድሕሪ ቀብሮም ኣብ ዖና ንሓንቲ ደቒቕ እውን ትኹን ክጸንሕ ኣይመረጸን። ገዝኡ ከይዱ ንወላዲቱ ንዒድ ተባሂሉ ካብ ዝተገዝኣሉ ክዳን ዕማ (መጠምጠምያ) ጥራይ ክትህቦ ለመና። ኣደይ ከድጃ ኣብ ዘይሰዓቱ ክዳን ዒድ ክኸደን ኣይተዋሕጠላን።

ልባ ዝልባ፡ "ጽባሕ ንእትኸደኖ እንታይ ሃዊኽካ"[462] ከም ዘይትህቦ ኣኣንፈተትሉ። ብሓደ ወገን ንህይወቱ ውሕስነት ስኢኑላ ብኻልእ ድማ ኣብ ልዕሊ እቶም ሰለማውያን ዝተፈጸመ ግፍዒ ኣመና ኣቕሒርዎ ዝነበረ ሮሞዳን ግን መርገጺኡ ኣይቀየረን።[463] 'ንዓይ'ውን ዕጫኣም'ያ ትጽበየኒ ዘላ' ካብ ዝብል ሓሳብ ዖና ከይሓድር ወሰነ። ሩባ ዓንሰባ ሰጊሩ፡ ኣማስይኡ ኣብ ዓንደር ምስ ዝጸንሕዎ ተጋደልቲ ተጸንበረ።[464]

ስድራ እንዳ ያሲን ድራር ብሰንኪ ምንዳድ ናይ ዓድታት ካብ ሸምሊኽ ኣቕዲሞም ንዖና ኣትዮም። ኣብ ድሮ'ታ ህልቂት ኣብ ዝተገብረ ተዅሲ ዓባይ

462 ሮሞዳን ያሲን፡ ቃለ መጠይቕ ምስ ደራሲ፡ 12 ሚያዝያ 2019፡ ከረን

463 ሓደ ካብቶም ዝተቐትሉ ንሮሞዳን ሓወቦኡ እዩ ዝኾኖ።

464 ሮሞዳን ያሲን

ሰይቲ ድራር ትንስኤው ተወጊኣ። ኣብ መዓልቲ ህልቂት እንዳ ያሲን ኣብ ኩሉ ኣንፈት ፋሕ ኢላ ጸንሓት። ምስ ማል ንበረኻ ዝወፈሩ፡ ንማእከል ሹቕ ዝኣተው ከምኡውን ኣብ ገዛ ዝጸንሑ ከኣ ነበሩ።

ሽቃጣይ ናይ ከብቲ ዝነበረ ኣቦይ ያሲን ምስ'ቲ ተላኢኹ ዝነበረ ወዱ እስማዒል ወተሃደራት ዖና ቅድሚ ምእታዎ ንከተማ ኣትዩ ጸንሐ። ኣኽያርን ሰነትን ጥሪተን ኮብኩበን ንጎቦ ላልምባ ወፈረን። ሓላፍነት ናይ ምውፋር ዘይነበሮም ስዓድን ድራርን እውን ብዘይ ኣፍልጦ ወላዲቶም ኣሰር ኣሓቶም ስዒቦም ጸንሑ።[465]

ዖና ከትህሞኽ ሰባ እውን ክቕዘፍ ኣብ ዝጀመረሉ ወይዘሮ ከድጃ ኢብራሂም ኣመት እቶም ኣብ ደገ 'ይጻወቱ ይህልዉ' ኢላ ዝሓሰበቶም ሱዓድን ድራርን ክትገብር እያ ብፍጥነት ወጺኣ። ነይሮም እንተዝኾኑ እውን ክትረኽቦም ዘከኣል ኣይነበረን። ቆልዑት ዖና ዝጻወትሉ ጎልጎል ብቀተልቲ ተጎቢኡ ጸኒሕዋ ንገዝኣ ተገልበጠት።

ኣብ ውሽጢ ገዛ እንዳ ያሲን፡ መዲና ዓሊ ጃምዕ ሰይቲ ሮሞዳን ኣከተ፡ ፋጥና ማሕሙድ ምስ ዋና ገዛ ኣደይ ከድጃ፡ ደቃ መሓመድኖርን ፈረጃን ነበሩ። ኣይደንጎየን ናብታ ኣብ ምዕራባዊ ኣፍደገ ካንሸሎ እንዳ ኦርቶላ ትርከብ ገዛ ሓደ ወተሃደር መጺኡ፡ "ወርቂ፡ ወርቕኽን ኣምጽእኦ" እናበለ ነተን ኣብቲ ገዛ ዝጸንሓ ኣንስቲ ብረቱ ኣቕኒዑ ኣኮተን። "ብወርቂ ጥራይ ይተዓረቕና" ዝበላ ኣደታት ኩሉ ተሰሊመንኦ ዝጸንሓ ቀንጢጠን ኣዕሞኹኦ። እቲ ብንግሆኡ ኻዕቦ ዝኸሰበ ወተሃደር ካልእ ኣይደለየን ከይይተጻብኤን ገዲፍወን ከደ። እንተሰለጦ ይራሲ እንተዘይኮነ ኣብ ቅድሚኡ ዝጸንሖ ይቐትል። እተን ኣደታት ወርቅና ተወሲዱ ኢለን ኣይሓዘናን። ብኣንጻሩ ንሕማቕ መዓልቲ መድሕን ህይወተን ስለ ዝኾነን ኣምላኽን ኣመስገና። ካብ ምጽላይ ግን ከዕርፋ ኣይነበረንን። ብእኡ ክውደኣለን።

ኣብ ናይ ደቓይቕ ፍልልይ ሽው'ውን ካልእ ወተሃደር ሃንደፍ ሃንደፍ እናበለ ናብ'ታ ኣጉዶ ቅልቅል በለን። እተን ኣደታትን ደቀንን ብስንባደ ትንፋሰን ክትወጽእ ቀረበት። ወተሃደር ከም ቀዳማይ ብጻዩ፡ "ወርቂ፡ ወርቂ" በለን። ወርቀን ኣብ ሓደ ህሞት ነጊፈን ዝወከፋ ኣደታት ዝገብርኦ ጨነቐን። ኣፈን፡ "ወርቂ የብልናን" ኣእዳወን ንልመና ናብኡ ዘርጊሐን ክምሕረን ተመኻኸና። ንልማንኣን ዝሰምዕ እዝኒ ኣይነበሮን። ወርቂ እንተዘይረኺቡ ዝገብሮ ኣይሰሓቶን። ግዜ ከይበልዐ ኣብ ቅድሚኤን ኣብሮኸ። ብረቱ ኣብ የማናይ ኣፍልቡ ኣልጊቡ ርእሱ ናብ የማን ብምቕናን ቃታ ሰሓበ። ቶግ፡ ቶግ፡ ቶግ፡ ቶግ ቶሮግሮግ ኣቢሉ ኣጉዶ እንዳ ያሲን ብደም ኣጠልቀያ።

ሓራስ ሰለስተ ሰሙን ኣደይ ከዲጃ ንናጽላ ፈረጃ ኣብ ሑቑፋ

---

465 እስማዒል ያሲን (ሌትናንት ኰለኔል) ቃለ መጠይቕ ምስ ደራሲ፡ 7 ሰነ 2020፡ ከረን

ንመሓመድኖር ኣብ ዝባና እያ ሓዚላ ነይራ። እቲ ወተሃደር ካብ ዝተኮሰን ጠያይት ነደ የማናይ ኢዳ ንወዳ መሓመድኖር ትንፋሱ ወሰዳ። ናጽላ ፈረጃ ግን ኣብ ባይታ እኳ ጸሕ እንተበለት ኣይተሃሰየትን። መዲና ሰይቲ ሮሞዳን ኣከተ እግራ ፋጥና ማሕሙድ ኢዳን እግራን ተረኺበን ተዘረራ። ወተሃደር ነዚ ምስ ገበረ ንካልእ ተመሳሳሊ ተልእኾ ናብ ገዛ እንዳ ሮሞዳን ኣከተ ሰገረ።

ካብ ኩለን ቅልል ዝበለ መውጋእቲ ዝጎነፋ ኣደይ ከድጃ እያ። "ካብዚ ንላዕሊ ክመጸኒ ኣይክእልን" ብምባል ንሬሳ ወዳ ገዲፋ ነታ ናጽላን ነታ ጠልጠል ዝበለት ኢዳን ሓቑፋ ንማርያም ደዓሪ ገጻ ሃደመት። ኣብ ውሽጢ ጀርዲን እንዳ ኦርቶላ ተሓቢኣም ዝጸንሑ በዓል ሓምድ ገቢል ብጾቱን ሒዞም ንሆስፒታል ኣብጽሕዋ። የማነይቲ ኢዳ ተቖሪጻ ክሳብ ትጽግን ድማ ኣብኡ ጸንሐት።

ንተኣምራት እዛ ወተሃደር ናይ ኢትዮጵያ ተኲሱ ዝቖረጻ የማነይቲ ኢድ ኣደይ ከዲጃ ንፈለማ ኣይኮነን ሓደጋ ገጢምዋ። "ኣብቲ ኣብ መንጎ ሰራዊት ጣልያንን እንግሊዝን ወግእ ዝካየደሉ ዝነበረ ግዜ እዩ። ኣደይ ንእሽቶ ቆልዓ ነይራ። ማይ ዝወርዳ ርእያ ብራሾ ገይራ ማይ ከተምጽእ ምስኣን ንሩባ ደዓሪ ወሪዳ ከላ ነፋሪት እንግሊዝ መጺኣ ትድብድብ። በቲ ደብዳብ የማነይቲ ምናታ ትውጋእ። ድሕሪ 30 ዓመታት ከኣ እታ ኢዳ ብጥይት ናይ ኢትዮጵያ ተቖሪጻ" ይብል።[466] ካብ ህልቂት ዖና ቅድሚ 30 ዓመታት ዘጓነፈን ዝገለጸልና ወደን ሌተናንት ኰለኔል እስማዒል ያሲን (ወዲ ያሲን)።

ባዕዲ ጻዕዳ ይኹን ጸሊም እንትርፎ ክቖርጽን ክቐትልን ንኻልእ ዕላማ ኣይመጽእን'ዩ። ኢድ ኣደይ ከድጃ እንግሊዝን ኢትዮጵያን እናተበራረዮ ተገናዝዮምላ።

እታ ኣደ ኣብ ሆስፒታል ደቂሳ ኣብ ዝነበረትሉ ዓሻ ጓል ሓትንኣ ንናጽላ ፈረጃ ኣዲኣ ንኸተጥብዋ ንግሆን ምሸትን ናብ ሆስፒታል ናይ ምምልላስ ሓላፍነት ተሰኪማ ነበረት። ኣብቲ ህሞት ኣደይ ከድጃ ከንዮ ቁስላ ሞት ወዳን እንኮ ሓብታን (ዳልየትን) ከቢድዋ ምጻሩ ስኢና ነበረት። ፋሕ ብትን ብዝበሉ ደቃ'ውን ወትሩ ትጭነቕ ነበረት። 'ናይ ጽባሕ ህይወት ከመይ ክኸውን' ኢላ እውን እናሓሰበት ተስፋ ቆረጸት። ሓንቲ መዓልቲ ኣብ ሆስፒታል ኣብ መንጎ ኣደይ ከድጃን እግራ ተቖሪጻ ዝነበረት ኣደይ ዓፍየት ማሕሙድን ዕላል ተኸፍተ፦

ኣደይ ከድጃ እያ ጀማሪት ዘረባ "ስምዒንዶ ዓፍየት ሓብተይ እዚ ናተይ ስንክልና'ዶ ይሓይሽ ናትኪ፧"

ኣደይ ዓፍየት ድማ ከም ልዝብ ኢላ፡ "ናትኪ እባ ይሓይሽ ኣንቲ ከድጃ ሓብተይ ንስኺ ደኣ ዝናብ መጺኡ ድዩ መሬት ጸልሚቱ እቶ እቶ ምስ ኮነ'ኳ

466 እስማዒል ያሲን

ቅልቅል ኢልኪ ደቅኺ ትኣኻኽቢ፡ ቶብ (ነጸላኺ) ተኸዲንኪ ኣብ ሓጎስን ሓዘንን ትጽንበሪ፡ ናተይ ደኣ ካልኣይ ዘይብሉ ኮፍ ምስ በልካ እኳ'ዩ"[467] ብድሆታት ኣብ ቅድሚ ዓይና እናተቐጀላ ካብ ውሽጣ ተዛረብት።

ሽዑ ኣደይ ከድጃ ከም ሕርቕ ኢላ "ኣንቲ ዓፍየት ሓብተይ ናትኪ እምበር ይሓይሽ በዛ የማነይቲ ኢድኪ ጌርኪ'ኳ ንደቅኺ ሰንኪትኪ ትዕንግሊ ናተይ'ባ ካልኣይ ዘይብሉ" በለታ። ሓንቲ ንብጸይታ ናታ ዝገደደ ስንክልና ምኳኑ ክእምና ከሳብ ናብ ምኩርራይ ዝበጽሐ ክትዕ ከፈታ። ተረፍ ሕርቃንን "ደሓን ከም ዝበልክዮ ናተይ ይሓይሽ" "ናተይ'ባ ይሓይሽ" ተበሃሂለን ንግዜኡ ምዝርራብ ኣቋረጻ።[468]

ነዘን ክልተ ኣደታት ዘበኣሰን "ኣነ ካባኺ እጽብቕ ኣነ'ባ" እንተዝከውን ኣይምኸፍኣን። ሕመረት ክትዕን ካብ ናትኪ ክፉእ ናተይ ይኸፍእ እዩ ነይሩ። ምናልባት ከምኡ ኢለን ምክርኻረን ኣብ ንቡር ህይወት ኮንካ ክትርእዮ ዕሽነት ከመስል ይኽእል። ኣብ እዋኑ ግን ካልእ ዕላል ኣይነበረን። "ክንደይ ካብ ደቅኻ ተቐቲሎም፣ ክንደይከ ሰንኪሎም፣ እንዳ እገለ ብዘይ ሓድጊ ጸኒቶም፣ እገለ ሬሳኦም ካብ ዘይተረኽበ'ዩ" ዝብልን ካልእን ክትሰምዖም ዘይኮነ ክትሓስቦም'ውን ብዘስገድግድ ዕላላት እዩ ኣእምሮ ሰብ ተባሒቱ ነይሩ። ናይ እዘን ክልተ ኣደታት ኩነተ ኣእምሮ ብሕማቕ ተዓፊኑ ክንዮ ቊስለን ምርኣይ እንተተተጸገማ ኣበሳ ኣይቁጸረለንን።

ኣደይ ከድጃ ሆስፒታል ኣብ ዝነበረትሉ ግዜ፡ ሰለስተ ደቃ ማለት ድራር፡ ሰዒድ፡ እስማዒል ናብ መዕበዩ ዘኽታማት ላልምባ ተዓቚቡ። ዘቕስነን ግን ኣይነበረን። ኣብ ልዕሊ መሬት ከላ ደቃ እንጀራ ጓና ከቋምቱ ብምርኣያ ክቱር ጓሂ ተሰምዓ። ንበዓል ቤታ ብተደጋጋሚ 'ደቀይ ኣርእየኒ' እናበለት ይህውኾ ምንባረን ስድራቤት የዘንትዉ። ዘይልመድ ግን የለን። ኣደይ ከድጃ ንናብራ ስንክልና ናተይ ኢላ ተቐቢላ ነቲ ሓደ ኣብ ያና ዝተቐትለ ወዳ ኣርባዕተ ኣወዳት ወሊዳ ተኻሒሳ። ብሞት ኣብ ዝተፈልየትሉ እዋን ከኣ ደቂ ደቂ ደቃ ርእያ ሓሊፋ።

ነፍስሄር ከድጃ ኢብራሂም

467 ለሚካኤል ልጃም፡ 2019።

468 ከማሁ፡ ነዛ ዛንታ ኣብ ሆስፒታል ምስኣን ዝነበረት መድህኑ ወልዱ እውን ትዝክራ።

ሳንጃ ዝቐረመቶ

ዓጀ ማሸዋታት ወደግ ዓድ ብርካቲ
ኦፎ ጀናጀንካ ከምስል ወለት ፋቲ
ፍቲ ወለት ይኮን እዘም ምኑ እንታዲ
ዓጀ ይትኣምሩ እብ ሰካኪን ባዲ

ዘይተፈልጠ

ኣብ ድሮ ህልቂት ዖናን በስከዲራን ካብ ከረን ንሰሜን ዝርከባ ዓድታት ነዲደን ተቐማጦአን ንዖናን ከረን ከም ዝወሓዙ ብተደጋጋሚ ተገሊጹ እዩ። በዚ መሰረት እንዳ ኣርበድ ወዲ ደኪን እውን ተመሳሳሊ ዕጫ ጎኒፍዎም ካብ ፋፍዳ ዖና ኣትዮም ብቓንጫን ሳዕርን መዕቆቢ ሰርሑ። ኣብ መዓልቲ ህልቂት ብዘይካ እቲ ምስ ከብቲ ንሩባ ዓንሰባ ገጹ ወፊሩ ዝጸንሐ ኣቦ ኩላ ስድራ ኣብ ዖና ጸንሐት። ነፍሰ ጾር ዝነበረት ኣደይ ኣብርሀት ጋብር፡ ደቃ ንግስቲ ኣርበድ፡ ለተንጉስ ኣርበድ፡ ደኪን ኣርበድ፡ ባርሀት ኣርበድን ኣቦሓጎኦም ጋብር ማይበቶትን ናይታ ዕለት ዕጫ ብሓባር ተቛደሱ።

"እንተበጻሕኩ ቁልዓ ኣርባዕተ ዓመት ወይ ሓምሽተ ነይረ እኸውን። ዳስና ከነድድ ወተሃደራት ናብዝን ናብትን ከዕለቡጡ ከምዛ ሎሚ ኮይኑ እዝከረኒ። ኩሉ ነብሱ ከድሕን ኣብ ሸበድበድን ምንዋጽን ኣትዩ። ካብ ስድራና ፈለማ ንግስቲ ተወጊኣ። ኣምዑታ ተበቲቢቱ ኣብ ባይታ እዩ ፈሲሱ። ኣቦሓጎይ ጋብር ንድሕሪት ተመሊሱ ከልዕላ ድንን ምስ በለ ኢድራጋ ጠያይት ቶኲሶም ስሒቶሞ። ሽዑ ሓደ ወተሃደራት ናብቲ ኣቦሓጎይ ዝነበሮ መጺኡ ብከሳዱ ሳንጃ ኣእትዩ ብጎረሮኡ ኣውጺእዋ። ኣቦሓጎይ ኣብ መሬት ተሰጢሑ።

ኣደይ ጥንሰቲ'ያ ነይራ። ቀሊጢፉ ሰለፉ ተወጊአ ኣብ ባይታ ተመዲዳ። ሕዛል ዝነበረት ሓብተይ (ባርሀት) ኣይተንከፈትን። ኣብ ጎኒ ኣደይ ወዲቓ ትግዕር ነይራ። ኣነ ከብደይን እግረይንየ እየ ተወጊአ። ብኸመይ ተወጊአ ኣይዝክርን። ኣብ ባይታ ተደርብየ

ከለኹ ግን ሎሚ ኮይኑ ይርኣየኒ። ካብ ስድራና ዘይተወግአት ለተንጉስ ጥራይ'ያ። ኣደይ ወዲቓ ከላ ንለተንጉስ "ንሕና ኣኺሉና'ዩ ንስኺ ኣሰር'ዛ ትሃድም ዘላ ሰበይቲ ኣርክቢ"ኢላታ። ኣደይ ከብራ ርእሳ ካብ ጥይት ብጥስቲ ከዊላ እያ ንሰሜን ገጻ ትጎዩ ነይራ። ናብቲ ስንጭሮ ከሃትፉ ከብላ ግን ሓደ ወተሃደር ተንበርኺኹ ኣነጻጺሩ ተኲስለን። ኣደይ ዝተረኽባ እዩ መሲልዎ"[469] ይብል ደኪን ኣርበድ።

እቲ ኣብ ዖና ዝወረደ ህልቂት ከትኣምኖ ብዘጸግም ቅልጣፈ'ዩ ተፈጺሙ። ወተሃደራት ኢትዮጵያ ንሓንቲ ስትራተጂካዊት ዕርዲ ጸላኢ ንምቁጽጻር ዘካይድዎ ናይ ሞትን ህይወትን ጅግንነት እምበር ኣብ ልዕሊ ሰለማውያን ዝፍጸም ግፍዒ ብፍጹም ኣይመስልን። በቲ ናይ ፈርሓት ስርሒት ኣጓዱ ዖና ምስ ዋናታቱ ተሃሚኹ። ስጋ ሰብ ዘምከኸ ትኪ ካብ ዓሰርተታት ኪሎ ሜተራት እናተራእየ ንሰማይ ዓሪጉ።

እታ ኣብ ግዜ መጽናዕቲ ብህይወት ዘይጸንሐት ኣደይ ኣብርሀት ጋብር፡ ኣሚና ሃብተ ኣብ ዩኒቨርሲቲ ኣስመራ ንዘቕረበቶ ናይ መመረቒ መጽናዕቲ ኢላ ረኺባ ኣዕሊላታ ነይራ። "ኣብርሀት ጋብር፡ መዓናጡ በኹሪ ጓላ ካብ ከብዳ እናወጸ ዝተዓዘበት ኣደ'ያ። ንሳ ከሳብ እዛ ዕለት ንጹር ስእሊ ናይቲ ፍጻመ ኣብ ቅድሚ ዓይና እናተቐጀላ ይነብር ኣሎ "ብዛዕባቲ ህልቂት ምስ ሰባት ኣብ ዘዕልለሉ ግዜ ኣብ መንጎ ዘረባይ ምንባዕ ይጅምር፡ ነታ ሰሉስ መዓልቲ ድማ በቲ ንዓይን ንስድራቤተይ ዝጎነፈ እናረገምኩዋ እነብር" [470] ከም ዝበለታ ድማ ጽሒፉ።

ኣብ መዓልቲ ህልቂት ድሕሪ ቀትሪ ደሞም እናፈሰሰ ክግዕሩ ዝወዓሉ ስድራ እንዳ ኣርበድ ረድኤት ረኺቦም ተላዕሉ። ካብ ምስክርነት ደኪን፡ "መጀመርታ ኣደይ ተላዒላ ሆስፒታል ኣትያ። ነታ ኣብ ጎና ክትግዕር ዝወዓለት ባርሀት ሓብተይ ነደይ ዝፈልጡ ኣልዒሎም ናብ ዓባየይ (ኣደ ኣደይ) ንከረን ጀዲድ ኣብጺሖማ። ንግስቲ ኣየምለሰትን ኣብኡ ከላ እያ መይታ። ንንግስቲ ሓብተይ ከልዕል ብሳንጃ ዝተወግአ ኣቦሓጎይ ኣምላኽ 'ኣለኻ' ኢልዎ እታ ሳንጃ ብኽሳዱ ኣትያ ጎረሮኡ ከይተበተኸ ብጎኒ ስለ ዝወጸት ካብ ሞት ድሒኑ። ነዊሕ ዓመታት እውን ጸኒሑ። ሆስፒታል ምስ ኣቶና ዓራት ውሒዱ ከብደይን እግረይን ብፋሻ ተጀኒነ ኣብ ምድሪ ደቂሰ ነይረ"[471]

469 ደኪን ኣርበድ፡ ቃለ መጠይቕ ምስ ደራሲ፡ 10 ጥቅምቲ 2020፡ ከረን።

470 ኣሚና ሃብተ።

471 ደኪን ኣርበድ

ይውስኽ። ነብሰ ጾር ዝነበረት ኣደይ ኣብረሀት ኣብ ሕክምና ደቂሳ ከላ ምሕራሳ እውን ይዝክር።

በረኻ ዝነበረ ኣቦይ ኣርበድ ኣብ ጥቓ ሩባ ዓንሰባ ጀበል ግሩድ ኣብ ዝበሃል ፍሉይ ቦታ ከሎ ወተሃደራት ንኹለን ኣጣሉን ከብቱን ቶኲሶም ቀቲሎመን ሃዲሙ ህይወቱ ጥራይ ኣድሒኑ። ኣብቲ ግዜ ወተሃደራት ብዙሓት ኣብቲ ከባቢ ዝነበራ ከብቲ ብደይ መደይ ድራር ጥይት ገይሮመን ንብላሽ ጠፊአን እየን። ኣብ ዛንታ እንዳ ልጃም ሰምራ ካብ ከረን ዝወፈሩ ወተሃደራት ኢትዮጵያ ነተን ብሓባር ዝኻሰያ ዝነበራ ከብቲ እንዳ ልጃምን እንዳ ዲፖንቲ ብኣልማማ ከም ዝቐተልወን ተዘንትዩ ኣሎ። ብዘይካዚ ከብሮም ኢድሪስ ንሱርን ሓምድ ያዓቑብ ሓምድን ንተመሳሳሊ ተግባር ብኸምዚ ዝስዕብ ይገልጹዎ፥

> *"ዑመር ኢብራሂም ዚተቐትለላ ዕለት ካብ 100 ንላዕሊ ጤለ - በጊዕ፡ ካብ 80 ንላዕሊ ከብቲ፡ 2 ኣግማል ብጥይት ዘይኮነ ብፋስ ቊራሪጾመን። ኣብ ዝኾነ መዓስከር ስጋ ተዘልዚሉ'ዩ ዚጸንሓካ፣ "ጥሪት ኣጥፊኣመን'ዮም። ኣነ ባዕለይ ዝረኤኹዎ፡ ንጥሪት ይትኩሱላ ይርሽርሹዋ ኣርኪቦም ከኣ ብሶንኮ ገይሮም ከይተሓርደት ከላ [ስጋ] ይወስዱላ ነይሮም። እዚ ተሓቢእና ንርእዮ ዝነበርና እዩ"*[472]

ኣብቲ ግዜ'ቲ ወተሃደራት ኢትዮጵያ ኣስታት 206 ኣጓዱ ምስ ምሉእ ንብረቱ ኣንዲዶም፣ 587 ኲንታል እኽሊ ኣቃጺሎም፣ 2,541 ግራም ወርቅን (ስልማት) 94 ግራም ብሩርን (ስልማት) ዘሚቶም፣ 211 ከብቲ፡ 608 ጤለ - በጊዕ፡ 40 መጽዓኛን 1 ገመልን ሓሪዶም ንዝብላዕ በሊዖም ዝበዝሐ ንኾንቱ ኣባኺኖሞ። እዚ ከፊላዊ ጸብጻብ ፕሮግራም ምስናድ ግፍዕታት ጸላኢ ኣብ 2012 ኣብ ዝገበሮ መጽናዕቲ ናይ ያና እዩ። ኣሚና ሃብተ ብወገና ልዕሊ 780 ገዛውቲ ተቓጺሉ፡ 500 ኲንታል እኽሊ ነዲዱ፡ 4400 ጥሪት ተቐቲለን ኣብ መጽናዕቲ ኣነጺራ ኣላ። እዚ ናይ ኣሚና ጸብጻብ በቲ ናይ ሽው ዋጋ 1,947,500 ናይ ኢትዮጵያ ብር ምኳን ተረድአ።[473] ናይ እቲ ዝወረደ ኩሉ ቁጠባዊ ሃስያ ጽጹይ መጽናዕቲ ግን ገና ኣይተገብረን። ከም እንዳ ኣርበድ ደኪን ካብ ምሉእ ደምበ ጥራይ ኢደን ዝተረፋ ስድራቤታት ኣዝየን ብዙሓት ነይረን።

472 ከብሮም ኢድሪስ ንሱርን ሓምድ ያዕቖብ ሓምድን ቃለ መጠይቕ ፕሮ/ምስ/ ግፍ/ ጸላኢ፡ 11/05/12።
473 Amina Habte:2000

ነፍስሄር ኣብርሀት ጋብር

ደኪን ኣርበድ

ፍርዲ ኣቦ ሽፍታ ንማእሰርቲ - ፍርዲ ኣሕዋቱ ንመቕዘፍቲ

ሳንዱቕ ሬሳ መሰል ምዉት
ኣብ መቓብር ምስ ካልኦት
ሓመድ ኣዳም እኹል ጸብሪ
ኣይረኸበን ወግዒ ቀብሪ።

ካብ ግጥሚ ሰለማዊት ኣለም

ሰኑይ 30 ሕዳር ጸሓይ ዓራርቦ ኣብ ዖና ዝተተኰሰ ጠያይት ንሰብ ሓሊፉ ንጥሪት ስንባደን ራዕድን ፈጢሩ። ኣብ ደንቢኣን ኣዒመን ዝነበራ ጥሪት እንዳ እድሪስ ንሱር መደልደል ኣፍሪሰን ነፊጸን። ከሳብ ከባቢ ፍርቂ ለይቲ ደንቢኣን ከይተመልሳ ፋሕ ብትን ኢለን ሓደራ። ንጽባሒቱ ንግሆ ካብ ዶልዓቕዳ ንዖና ግዒዞም ዝነበሩ እንዳ ምሕረት ንሱር፡ ንምሕረት ሓማታ ንገዛ እንዳ ንሱር መጺኣ "በቲ ናይ ትማሊ ምሸት ጠያይት ዝወደቐ ዕንጨይቲ ንወደይ ርእሱ ሃሪምዎ"[474] በለቶም። ኣቦይ እድሪስ ንሰብኣይ ሓብቱ ማሕሙድ ኖር ክርኢ ብኣኡ ገይሩ ድማ ንከተማ ከኣቱ ካብ ቤቱ ወጸ።

ኣብቲ ህሞት ክብሮም እድሪስ ንሱር ወዲ 19 ዓመት መንእሰይ ነይሩ። ንሱ ንግሆ ከም ወትሩ ምስ ኣጣሉን ከብቱን ንሰሜን ወገን ናይቲ ዓዲ ገጹ ወፈረ። ከባቢ ሰዓት ትሽዓተ፡ ንገብሲ ኣብ ተንቀልቋል ቦታ ኣብ ገረብ ደይቡ ነጣሉ ዓልቀ እናውረደ ቀዳመይቲ ጥይት ኣብ ዖና ተተኰሰት። ሽው ንሱ ኳሕ ክትብል ሰሚዑ ነገር ንእስነት "ድገም!" በለ እሞ ደገመ። ካልኣይቲ ምስ ተተኮሰት'ውን "ሰልስ!" ወሰኸ። ሳልሰይቲ ምስ ሰምዐ ግን ብዘይ ልቡ ካብ ዝሓኾራ ገረብ ወሪዱ ህድማ ተተሓሓዘ። ክብሮም ናብቲ ተዂሲ ዝሰምዓሉ ዖና ገጹ ኣንፈቱ ይጎዪ ነይሩ። ልክዕ ኣብ ጥቓ ዓንቀር ዓሸከረናኸ ምስ በጽሐ ግን እድሪስ ኣንሰራ ካብ ዖና እናሃደመ ተቐቢልዎ 'ሰብ ናበይ ይሃድም ንስኻ ድማ ናበይ ትኸይድ ኪድ ተመለስ ደሓን ኣይትእቶ!"[475]

474 ክብሮም እድሪስ ንሱር፡ ቃለ መጠይቕ ምስ ደራሲ፡ 7 ጥቅምቲ 2020፡ ከረን።
475 ክብሮም እድሪስ ንሱር።

ብምባል መለሰ። ሽዑ ክብሮምን እድሪስን ዳግማይ ተመራሪሖም ነዊሕ ድሕሪ ምህዳም ኣብ እግሪ ጎቦ ላልምባ ኣዕረፉ።

ክብሮም ኣብ እግሪ ላልምባ ኮይኑ ነቲ ኣብ ልዕሊ ዓዱ ዝወርድ ዝነበረ መዓት ብርሑቕ ምስ ኣቋመተ ተስፋ ቆረጸ። ነፍሲ ወከፍ ካሕ ትብል ጥይት ህይወት ሰብ ትምንጥል ምንባራ ኣይሰሓቶን። እቲ ንሰማይ ዝዓርግ ዝነበረ ትኪ'ውን ዓለሙ ንዝኾነት ዓዱ እዩ ዝህሙኽ ነይሩ። መወዳእታ ዓለም ናይ ዓዱ ብዓይኑ ምርኣዩ ብዓዂ መዓንጣ ከብዱ ተቖርጸ።

ኣብቲ ህሞት ኣብ ከባቢ ዓንሰባ ትንቀሳቀስ ናይ ዝነበረት ሓይሊ ዑመር ኣቡሽነብ ዝመርሕ ዝነበረ ምክትል ሓይሊ ሳልሕ (መሓሪ) ኢብርሂም እዩ። ንዕኡ ያና መዳሕንቱ ዝተደፍነላ ዓዲ ኣቦታቱን ኣብሓጎታቱን እያ። ከባቢ ኩርባ በረድ ከሎ ዝሰምዖ ጽዑቕ ድምጺ ከቢድን ፈኩስን ብረታት ንሳልሕ ጋን ኢዩ ኮይንዎ። ካብ ዝነበሮ ተበጊሱ ድማ ያና ናብ ዘቋምት ቦታ ተቖልቀለ። ንሱ ዘይፈልጦ ውግእ ብወገን ከረን ከካየድ ብፍጹም ኣይተጸበየን። ክልተ ተጋደልቲ ኣኸቲሉ ከኣ እዩ ብጉያ ኣብቲ በዓል ክብሮም ዝነበርዎ ንኸረን ዘቖልቅል ቦታ በጺሑ።

ነቲ ዝኾነ ፈሊጡ ከኣ ንያና ክኣቱ ተደናደነ። እቶም ምስኡ ዝነበሩ ተጋደልቲ ይኹኑ ካብቲ መዓት ዝወጹ ደቂ ዓዱ ግን "መሊስካ ከተግድድ እምበር ተርህዎ የብልካን" ብምባል ገኒሖም ከም ዝመለስዎ ክብሮየዘንቱ።[476]

ክብሮም ብዛዕባ እቶም ኣብ ያና ዝነበሩ ስድራኡ ተጨኒቑ ከቕሎ ውዒሉ ከባቢ ሰዓት ሰለስተ ያና ክኣቱ ወሰነ። ቀቅድሚኡ ያና ኣትዮም ዝጸንሑ እንታይ ከም ዘጓነፎም ክሃድሙ ኣብ መገዲ ተቖቢሎሞ ንሱ'ውን ምስኦም ንጎቦ ገጹ ሃደመ። ዳግማይ ከባቢ ሰዓት ሓሙሽተ ናይ ምሸት ናብታ ዓዲ ኣትዩ ንረድኢ ዑቕባጮን ረኸቦ። ከምዚ ድማ ይብል፥

"ከሳብ ሎሚ ብህይወት ዘሎ ረድኢ ዑቕባጮን ማይ የብላ ሰማይ 'ኣቦኻ ኣብታ ቅድሚ ገዛ ናይ ኣምኻ መይቱ'ሎ' ኢሉኒ። ዝረግጾ ኣይፈልጥንየ። ሕማቕ ከገጥመኒ እውን ኣይበልኩን። ኣብ ገዛ እንዳ ዑመር ኢብራሂም ብዙሓት ዝነደዱን ዝተረሸኑን ነይሮም። ገዛና ነዲዱ ካብ ማዕዶ ርእየዮ። ብላዕለዋይ ኣፍደገ እንዳ ኦርቶላ ክሓልፍ ከለኹ መዓት ሰብ ኣብኡ ወዲቑ ጸኒሑኒ። ኣብ'ዛ ሎሚ ታቤላ ናይ ያና ዘላታ ምስ በጻሕኩ እቲ ዓንቀር ብሬሳታት መሊኡ መሕለፊ ከሊኡኒ።

"ኣብታ ረድኢ ዝሓበረኒ ምስ በጻሕኩ፡ ኣብ ማእከል ብዙሓት ሬሳታት ሬሳ ናይ ኣቦይ ረኺበ። ኣቦይ ንሰብኣይ ሓብቱ ርእዩ ሹቕ ክኣቱ ተበጊሱ ከሎ

476 ከማሁ።

እዮም ተቐቢሎሞ። ድሒረ ከም ዝፈለጥኩዎ ንመሓመድ ስልማን ንዓሊ ኖር ፍደልን ጓስኡን ኣውዲቖም ነቦይ እግሩ ሓምሺሾሞ። ረድኢ ዑቕባጨን ኣብ መሬት ደቂሱ ከም ምዉት ኮይኑ'ዩ ነቲ ዝኸውን ዝነበረ ተኸታቲልዎ። ኣቦይ ፈለማ ክልተ እግሩ'ዩ ተሓምሺሹ። ስለ ዘይሞተ ከኣ ይግዕር ነይሩ። ሓደ ኣብ ልዕሊ በዓል ኣቦይ ኣብ ዝነበረት ኩጀት ዝነበረ በዓል ብሬን ኣዋያት ናይ ኣቦይ ስለ ዝረበሾ ናብኡ ወሪዱ ብእዝኑ ኣዳጊምዎ። ብእዝኑ ደም እናውጽአ ጸኒሑኒ። ኣሞይ ምሕረት ኣብ ጥቓ ሓዋ እያ ወዲቓ። ብዓይነይ ግን ኣይርኤኹዋን። ሬሳ ኣቦይ ምስ ርኤኹ ልበይ ተገልቢጡ ዝብሎን ዝገብሮን ጠፊኡኒ"[477]

ክብሮም ኣደኡ ብንእሽቶኡ ስለ ዝሞተት ፍቕሪ ወለዲት ኣየስተማቐረን። ኣቡኡ ክንዲ ኣቦን ኣደን ኮይኑ ኣዕቢይዎ። ከምኡ ስለ ዝኾነ ንሞት እቲ ኩሉ ነገሩ ዝኾነ ኣቡኡ ምስ ሰምዐ ዝረግጾ ከይፈለጠ፡ ኣብ ልዕሊ እቲ ሬሳ በጽሐ። ነቲ ሽው ዝተሰምዖ ንምግላጹ ከኣ ቃላት ይሓጽሮ። ክብሮም ንዝሞተ ሰብ እንታይ ከትገብረሉ ከም ዝግባእ ሓሲብሉ እውን ኣይፈልጥን። ብደም ተዓሊሱ ጉንዲ ተቐይሩ ንዝጸንሖ ሬሳ ናይ ኣቡኡ እንትርፎ ተዓኒዱ ምርኣይ ሓንቲኳ ኣይገበረሉን። ኣቦይ መይቱ ኢሉ'ውን ኣይበኸየን። ተስፍኡን ትምክሕቱን ተገፊፉ ባዶነትን ከጉልበብ ጥራይ ተፈለጠ። ሓይሊ ህርመት ልቡ ከበሮ እዝኒ ብዝቐድድ ዲግ፡ ዲግታ ሃዊጻ ሳንቡኡ ትንፋስ ክሳብ ዝሓጽሮ ተነፍሐት። ኣዒንቱ ብኹፉታተን ጸልመቶ። ንክንደይ ዝኣክል ግዜ ኣብ ልዕሊ እቲ ሬሳ ከም ዝተዓንደ ኣይዝከሮን። ኣብ ጎኒ ሬሳ ኣቡኡ ዝነበሩ ካልኦት ሬሳታት እውን ዝያዳ ንሓዘኑን ጭንቀቱን ዘዛይዱ ነበሩ። መጨረሽታ ካብ ማእከል እቲ ኩምራ ሬሳታት ብኸመይ ከም ዝወጸ ዝፈልጦ የብሉን። ልቡ ጠፊእዎ ዳርጋ ጽሉል እዩ ተቐይሩ። ኣእጋሩ ተሰኪመን ናብ ዝወሰድኦ ናብ ጎቦ ላልምባ ገጹ ኣምርሐ።

በታ ለይቲ ክብሮምን ብዙሓት ካልኦት ደቂ ዓዱን ምስ ተመንን ዕንቅርቢትን ኣብቲ ጎቦ ሓደሩ። ጎሮሮኦም ነቒጹ ከሎ ግዲ ማይን እንጀራ ኣይነበሮምን። ንካልኢት እውን ትኹን ዓይኖም ሰለም ከየበሉ ኮፍ ኢሎም ሓደሩ። ሰማይ ከይጸድፎም ዘይኮነ ዓዶም ስለ ዝተገልበጠት። ንጽብሓ ካብ ርሑቕን ቀረባን ዝመጹ ሰባት ንግዳያት ያና ክቕብሩ ከለው ክብሮም ኣብ ዝሓደራ ኩርባ ኮፍ ኢሉ ከቋምቶም ወዓለ። ኣብ መርዓ ጓላ ቀላቕል መዓላ። ኣቡኡ ሓመድ ኣዳም እናለበሰ ዓይኑ ከኸድነሉ ኢሉ'ውን ኣይተበገሰን። ንወላዲኻ ጓኖት ሓመድ ኣዳም እናልበስዎ ካብ ማዕዶ ኮንካ ምቋማት ብፍጹም ነገር ጥዕና ክኸውን ኣይክእልን። ብርግጽ ክብሮም ኣብቲ ህሞት ኣብ ናይ ጥዑይ ኩነተ ኣእምሮ ኣይነበረን። ድሕሪ ቐብሪ እውን ካብቲ ዝነበሮ

477 ከማሁ።

ኣይወረደን። ወሪዱ ንመን ክርኢ? ንዝቐጸላ ሰለስተ መዓልታት ከምኡ ኢሉ ኣብቲ ጎቦ በይኑ ወዓለን ሓደረን። ኣቦይ ሸከር ጀሚል ከይዱ ብኸንደይ ምትሕላይ ምስ ሰቡ እንተዘይጽንብሮ ምናልባት ብእኡ ኣበሊ ምባሕተወ።

* * *

ተጋዳላይ ማሕደር ንሱር ኣብርሀ ኣብ መፋርቕ ሱሳታት ናብ ተጋድሎ ሓርነት ካብ ዝተሰለፉ ደቂ ዖና ሓደ'ዩ። ንሱ ፈለማ ኣብ ፈዳይን ካልኣይቲ ክፍሊ ተመዲቡ። ኣብ 1968 ከኣ ንወተሃደራዊ ኮርስ ናብ ሶርያ ተላኢኹ። ናይ ሃንደሳ ኮርስ ወሲዱ። ኣቦኡ ንማሕደር ኣቦይ ንሱር ኣብርሀ "ወድኻ ሸፊተ ኣምጽኣዮ" ተባሂሉ ዖና ክትጠፍእ ከላ ኣብ ፎርቶ ተኣሲሩ ጸንሐ። ንማሕደር ኣሕዋቱ እድሪስን ምሕረት ግን ኣብቲ ህልቂት ተቐቲሎም። ኣቦ ሸፍታ ንማእሰርቲ ኣሕዋቱ ድማ መቕዘፍቲ ተፈሪድዎም። ማህደር ኣብ ዖና ዘጓነፈ ህልቂት ብኸመይ ከም ዝሰምዖ እንክገልጽ፦

"ኣብ ከባቢ መጭለል ተጋዳላይ ሙሳ ራብዓ[478] ነቲ ኣብ በስክዲራ ዘጋጠመ ህልቂት ካብ ሓለፍቱ ናብ መሪሕነት ከብጽሕ ተላኢኹ እናሓለፈ መጺኡና። 'ሰኑይ በስክዲራ ጠፊኣ ሰሉስ ሙሻ በጺሐ ከለኹ ዖና ሓዊ ኣጕዶምላ። ብርግጽ ሰብ መይቱ። እከለ መይቱ ክብለካ ግን ኣይክእልን። ካብ ዖና ዝሃደሙ ግን ኣብ ኣፍ ጭሩቕ ረኺበ እታ ዓዲ ጠፊኣ'ያ ኢሎምኒ' በለኒ። ሽው ኣነ ንራብዓ ምስ ብጾትና ሕደር ኢለ ብቐጥታ ጀንገረን ወጺአ። ተጋደልቲ ረኺቦምኒ ብግዲ ኣሕዲሮምኒ። ሰብ ልኢኾም ነቲ ዝኾነ ኩነታትት ኣጻርዮም 'ኣደኻ ተወጊኣ ሓውኻ እድሪስ ሓብትኻ ምሕረትን ወዳን ኣኮኻን ሞይቶም' ኢሎምኒ። ግድን ብቐረባ ደሃይ ክፈልጥ ኣሎኒ ስለዝበልኩ ድማ ንጅምዕ ሕሱብ ሂቦምኒ ትኽ ኢለ ናብ እግሪ ላልምባ በጺሐ። ኣብኡ ንስባህቱ ይበቲት ረኺበ ሓቲተዮ። ስባህቱ ኣብ ዓድና ብትብዓቶም ካብ ዝልለዩ ሰብኡት ሓደ እዩ ዝነበረ። እከለ እብሎ መይቱ፡ እከለ መይቱ፡ መይቱ፡ መይቱ፡ ውጉእ መይቱ፡ ህሉው መይቱ ምስ በለኒ ወዱ ብርሃነ 'ጽናሕ ኣቦይ ካብ ገዛ እንዳ ዳፍላ 18 ሰባት ቀቢሩ ልቡ ጠፊእዎ ስለ ዘሎ ኣነ ክነግረካ' ኢሉ ካብ ስድራይ ጀሚሩ ናይ ምሉእ ዓዲ እከለ፡ እከለ' እናበለ በብሓደ ነገሩኒ"[479]።

ማሕደር ነቲ ኣብ ዖና ዝኾነ ምስ ፈለጠ ንመዓልትታት ኣይደቀሰን ጥራይ ዘይኮነ እንጀራ እውን ኣይለኸፈን። 'እዚ ኩሉ ሰብ መይቱ ሓቂ ድዩ' ይብል ነይረ ከኣ ይብል። ንዕኡ እተን መዓልታት እቲኣን ኣብ ህይወቱ እተንዝኸበዳ ምንባረን ኣይሓብኣን። "ፈዳይን ተኲሶም ነታ ዓዲ ግዳይ ገይሮማ" ትብል

478 ሓርበኛ ብሪጋደር ጀነራል ሙሳ ራብዓ።

479 ማሕደር ንሱር ኣብርሀ፡ ቃለ መጠይቕ ምስ ደራሲ፡ 18 መስከረም 2016፡ ከረን።

ዘረባ ከአ ኣመና ኣቕጠዓቶ። ንመራሕ ጋንታ ናይ ፈዳይ ጥራይ ገዲፉ ንኹሎም ኣባላት ፈዳይ በብሓደ መርመሮም። ኢትዮጵያ ንያና ደልያታ እምበር ኣብቲ ቅንያት ዝኾነ ናይ ፈዳይን ምንቅስቃስ ኣብ ከረን ይኹን ከባቢኡ ከም ዘይነበረ ከአ ኣረጋገጸ። ከሳብ "ጉባኤ ከትሳተፍ ተበገስ" ተባሂሉ ካብቲ ከባቢ ዝርሕቕ ናብ ንቡር ክምለስ ከም ዝጨነቖ የዘንቱ።[480]

ከብሮም እድሪስ ኣብ ዕላሉ ከልተ መልሲ ዘይረኸበለን ግድል ይጠቅስ። "ተኹሲ ክጅምር ከሎ ካብ ያና እናሃደመ ዝተቐበለኒ እድሪስ ንሱር ምሳይ ኣስታት ክልተ ኪሎ ሜተር ዝኸውን ሃዲሙ ከብቅዕ ከመይ ጌሩ ናብ ያና ተመሊሱ ኣብ ገዝኡ መይቱ ጸኒሑ ክሳብ እዛ ዕለት ዘይተፈትሐት ሕንቅልሕንቅሊተይ ትኾነኒ። ንሱ ንዓይ ኣንጻር ኣንፈት ያና ከም ዝሃድም ዝገበረኒ እዩ። ብዘይካዚ ድራር እድሪስ ሓነፈ ዝበሃል ወዲ ገብሲ ኣበይ ከም ዝኣተወ ዝኾነ ሰብ ኣይፈልጥን። 'መይቱ ኣይተቐብረ ሃልዩ'ውን ኣይተረኸበን' እዘን ክልተ ነገራት ክሳብ እዛ ዕለት ዘይተፈትሓለይ ሕንቅልሕንቅሊተይ እየን"[481] ብምባል ዕላሉ ይዛዝም።

ገዳይም ተጋደልቲ፡ ማሕደር ንሱር ጸጋማይ ኣስፈዳይ ኣንሰራ የማናይ፡ ኣብ ዝኽሪ 50 ዓመት ህልቂት ያና

480 ማሕደር ንሱር ኣብርሀ

481 ከብሮም እድሪስ

ሮሞዳን ኤሎስ - ኣቦ ጅግናን ኣቦ ዘኽታማትን

ናውቲ ብውዱዱ
ብዕራይ ብጽሙዱ
ገዛ ብኽፍታ
ጻሕሊ ብሰኽትታ
ነጋሪት ተሃርመ ተሰምዐ ጸውዒት
ምድሪ ሰማይ ኣንጎድጎደ ብመቓልሕ ከተት
መሬታ ከትረድእ ኣዳም ተዓየየት።

ሰለሙን ጸሃየ

ዓቢ ወዱ ንተወቀ፡ ሰመረጮን ንጥሪቱ ዝሓሸ መጓሰዪ መታን ክረክብ ካብ ድምበዛን ተኽሊሉ ኣብ ሓልሓል ሰፊሩ። ድሕሪ ግዜ ኣቦ ካብ ዓዱ (ድምበዛን) ሓልሓል ሰጊሩ ወዱ ርእዩ ክምለስ ክብል ኣብ መገዲ ኣብ ወፍሪ ዝነበሩ ዓሳከር ናይ ቤት ሙሲ ቀቲሎሞ ሞተ። ከም ሳዕቤኑ ሰመረጮን ነቶም ኣብ ድምበዛን ዝነበሩ ኣሕዋቱ ኣኽቲቱ ኣብ ልዕሊ ቤት ሙሲ ሕነ ፈደየ።

በዚ መሰረት መሬት፡ ኣንስቲን ኣዋልድን ዓዲ ሙሲ ብቤት ተውቀ ከም ዝተወርሳ ኣፈ ታሪኽ የዘንቱ። ተወቀ ሓልሓል ቅድሚ ምስጋሩ ማለት ኣብ ድንበዛን ከሎ ተዛረቢ ቋንቋ ትግርኛ እዩ ነይሩ። ኣፈ ታሪኽ ከም ዘዘንትዎ እተን ካብ ቤት ሙሲ ዝወረሰወን ኣንስቲ ነንዝወለድኦም ቋንቋ ብሊን ምሂረን ሎሚ ሰመረጮንን ኢብርሂምን ዝፈረይዎም ንፍርቂ ካብ ተዛራቢ ቋንቋ ብሊን ይውክሉ።[482]

ኣቦይ ኤሎስ በዓል ዶልዓቕዳ ከም ኑርነቢ* ዘርኢ ኢብርሂም ወዲ ተውቀ እዩ። ካብ እንዳ ሹምድሓን ወዲ ገብሻ ወዲ ያዕቆብ ወዲ ፍረምሓቕ ወዲ ኢብርሂም ወዲ ተወቀ።[483] ኣቦይ ኤሎስ ኣብ ዶልዓቕዳ ዓንሰባ እናተቐመጠ ሓሙሽተ ኣወዳት ሮሞዳን፡ ሕዋርሽክ፡ ኢብራሂም፡ መሓመድን ዑስማንን ፈረየ።

---

482 ተውቀን ተርቀን ብቛንቋን ባህልን ፍልልይ እኳ እንተዘይብሎም ኣብ መበቆል ግን ዝተፈላለዩ እዮም።
483 እዚ ወለዶ እዚ ኣብታ "ማህደር ኑረነቢ" ብተስፋየ ገብርኣብ ተጠቒሱ ኣሎ።

እዛ ኤሎስ ወዲ ድራር ዝፈረያ ማይቤት ኣብቲ ካብ 1967 ክሳብ 1970 ኣብ ልዕሊ ሰለማዊ ህዝቢ ዝወረደ ግፍዒ ብሕሱም ተሃሲያ። ብዘይካ'ዚ ንኤርትራ ሓራ ንምውጻእ ኮነ ልኡላውነታ ንምዕቃብ ኣብ ዝተኻየደ ቃልሲ'ውን ካልእ ረዚን ዋጋ ከፊላ። ከምኡ ስለ ዝኾነ ድማ ኣብዛ ስድራ ዘዝተወልደ ህጻን ጽሕፍቶኡ ዝኸትምና ከኸውን ንቡር ተርእዮ ነይሩ እንተተባህለ ምግናን ኣይቁጸርን።

* * *

ኣብ ቀውዒ ናይ 1967 ካብ ከረን ዝነቐሉ ወተሃደራት ኢትዮጵያ ብጸባብ ንዶልዓቕዳ ወረዱ። እዋኑ ሓረስቶት ምህርቶም ኣብ ምብታኽን ምቕራምን ኣብ ተጸምዱሉ እዩ። ዑስማን ወዲ ኤሎስ ግራቱ ከበትኽ ወፊሩ ከሎ ብርሑቕ ወተሃደራት ከመጹ ርእዩ ተዕቊበኒ ኢሉ ናብ ዝሓሰባ ጉድጓድ ኣትዩ ተሓብአ። ዕድል ኣይገበረን። ኣብ በሪኽ ኮይኑ ካብ ርሑቕ ክሕባእ ከሎ ዝተኸታተሎ ወተሃደር ንብጾቱ ዑስማን ዝተሓብኣላ ብንጹር ሓበሮም። ተሓቢኡላ ንዝነበረ ጉድጓድ ዝኸደነሉ ሓጹር ኣልዮም ካብቲ ጉድጓድ ስሒቦም ኣውጽእዎ። ብዘይ ዝኾነ ይኹን ሕቶ ድማ ረሺኖም ሓለፉ።

ቅትለት ዑስማን ኤሎስ ናይቲ ብተኸታታሊ ኣብታ ስድራ ዝተፈጸመ ግፍዒ ፈዋናይ ነበረ። ኣብ ዝቕጸለት ዓመት (1968) ወተሃደራት ኢትዮጵያ ከም ልሙድ ነቲ ናይ ምንዳድን ምቕታልን መስርሕ ከካይዱ ወፈሩ። ንያሲን ሮሞዳን ኤሎስ (ወዲ ሓዉ ንዑስማን) ካብ ጥሪቱ ወሲዶም ምስ ሻብዓይ ርእሱ ኣብ ዓንቀር ሺታሞ ረሸንዎ። ያሲን ኣብቲ ግዜ ሓሰንን ሑሴንን ዝበሃሉ ክልተ ቁሎዑት ወሊዱ ነይሩ።[484]

ሮሞዳን ኤሎስ (ኣቦ እቲ ግዳይ ዝኾነ ያሲን) ገና መንእሰይ ዘይመሰለ እንከሎ ሕዋርሸኽ ሓዉ ሓሚሙ መይቱ ንሰይቲ ሓዉ ሓሊማ ሓጅ ጀቢብ ወሪሱ። ኣብ ልዕሊ ደቂ ሓዉ ሕዋርሸኽ (መርየምን ስዒድን) ንያሲን፡ እድሪስ፡ ዓፍየት፡ ሓዋ፡ ንስሪትን ካብ ሰይቲ ሓዉ ማለት ካብ እንኮ ሰበይቱ ወሊዱ ከኣ ኣብ መርዓን ውላድን ኣብጺሑ ነበረ። ኣብቲ ያሲን ወዱ ዝተቐትለሉ ግዜ ድማ ኣሕዋቱ መሓመድ ኤሎስን ኢብራሂም ኤሎስን ሓሊፎም ሓላፍነት ናይታ ማይቤት ኣብ እንግድዕኡ ተሪፉ ነበረ።

ስድራ እንዳ ኤሎስ ድሕሪ ቅትለት ዑስማን ኤሎስን (1967) ያሲን ሮሞዳን ኢሎስን (1968) ካብ መበቆል ዓዳ ናብ እንዳ እኖኣም ንመሬት ሰንሒት[485]

---

484 ስተል መሓመድ ኤሎስ፡ ቃለ መጠይቕ ምስ ደራሲ፡ 8 ነሓሰ 2020፡ ከረን

485 ተዛረብቲ ቋንቋ ብሊን ሰንሒት ክብሉ ከለው ብፍላይ ብሊን ቤት ተውቀ ንምድሪ በጎስ ወይ ድማ ምድሪ ተርቀ የመልክት።

ንዖና ገዓዙ። ህልቂት ናይ ዖና ኣብ ዘርከበሉ ግዜ ከኣ እታስድራ ኣብ መንጎ ዶልዓቕዳን ዖናን ተዘርጊሓ ጸንሐት። ድሮ ዒድ ኣብ ዝነበረት መዓልቲ ኣቦይ ሮሞዳን ኤሎስ ንባዕሉ ኣብ ዶልዓቕዳ ምስ ማል ተሪፉ ንስዒድ ሕዋርሸኽ ኤሎስን፡ ሳልሕ መሓመድ ኤሎስን ቆልዓ ሰበይቲ ናብ ዝነበርዎ ንዖና ከም ዝኣትዉ ገበረ። በሺር ኢብራሂም ኣሰናይ ወዲ ንሰሪት ጓሉ ሮሞዳን ኤሎስ ነቲ ናይ ሽዑ ሃዋህው ከምዚ ክብል ይገልጾ፥

"ብሓፈሻ ስድራቤትና ኣቐዲሞም እዮም ግዒዞም። ናትና ስድራ ፈለማ ኣብ ከረን በተርየት ኣትዮም። ዳሕራይ ኣደይ ንሓብታ ሓዋ ከተሕርስ ንዖና ሰጊራ ብእኡ ጌይርና ኣብኡ ኣጉዶ ሰራሕና። ቀዳመይቲ መዓልቲ ዒድ ኩልና ኣብ እንዳ ኣቦሓጎይ ሮሞዳን ዝነበሩዎ ተኣኪብና። ንኣብነት ኣኮይ ሳልሕ ብድሮ ኣብ ዝነበረ ተኹሲ ኣባቕል ንደዓሪ ገጾን ነፊጸንኦ ክምለስ ምስ ወጸ ንገዛና ኣላጊሱ ኣደይ ክትመጾም ኢሉ ሓንጊሩኒ ናብ እንዳ ኣባሓጎይ ወሲዱኒ። ኣደይ ነቦይ ከኣቱ ትጽበዮ ስለ ዝነበረት ንሳን ጀማል ሓወይን ኣይተጸንበሩናን። ኣብ እንዳ ኣቦሓጎይ፡ ዓባየይ፡ ደቂ ያሲን ሮሞዳን ምስ ኣዲኦም ደቂ እድሪስ ሮሞዳን ምስ ኣዲኦም ደቂ ስዒድ ሕዋርሸኽ ኤሎስ ምስ ኣቦኦምን ኣዲኦምን ደቂ ሳልሕ መሓመድ ኤሎስ ኣቦኦምን ኣዲኦምን ካብ ደቂ ንሰሪት ሮሞዳን ኣነ ዓፍየት ሮሞዳን ምስ ደቃ ኩላትና ኣብ ሓደ ተኣኪብና። ንጽባሒቱ ንግሆ ዓበይቲ ቡን እናሰተዩ ዓባየይ ነኮይ ሳልሕ ካብ እግሩ እሾኹ እናውጽኣትሉ ከላ ሃንደበት ድምጺ ተኹሲ ሰሚዕና። ዓባየይ 'እንተቐተሉ ሰብኡት'ዮም ዝቐትሉ' ኢላ ንስዒድን ንሳልሕን 'ያላ ህደሙ!' ኢላቶም ብድድ ኢሎም ሃዲሞም ነብሶም ኣውጺኦም። እቶም ዝተረፍና ልዕሊ 20 ንኸውን ኣንስትን ቆልዑትን ግን ኣብታ ዓባይ ኣጉዶ ተሓባእና"[486]።

እንተኾነ ከምቲ ኣደይ ሓሊማ ሓጅ ዝገመተቶ ኣይነበረን። ድሕሪ ውሑዳት ደቓይቕ ካብ ጥይት ከድሕኑ ኢሎም ዝተዓቑቡላ ኣጉዶ ወተሃደር ሰባት ከም ዘለዉዋ ኣረጋጊጹ ኢያድ ሓዊ ደርብዩ ባልባል ኣበላ። ሽዑ እቶም ህጻናትን ኣደታቶምን ኣእወዩን ወጨጩን። ኣደይ ሓሊማ ድማ 'ያላ ኣብ ደገ ሙቱ ውጹ! ያላ ውጹ!' በለቶም ካብ ብሓዊ ዝህሞኹ ዕድሎም ክርእዩ።

ብቕጽበት ትነድድ ካብ ዝነበረት ኣጉዶ ወጺኦም ህይወቶም እንተትረፉ በብወገኖም ህድማ ተተሓሓዝዎ። ኣብቲ ሕንፍሽፍሽ መን ንመን ይሕግዝ ኣይፍለጥን'ዩ። ኣደይ ሓሊማ ንበሺርን ንሑሰንን ብኽልተ ኢዳ ንጃብር ወዲ ሕዋርሸኽ ኣብ ዝባና ሓዚላ ክትሃድም ተበጊሳ ፈረሲ ዳንግኣ ብጥይት ተወቒዓ ወደቐት። እቶም ህጻናት ኣብ ጎና ኮይኖም ወጨጩ። ኣብ ጎኒ ዓባዮም

486 በሺር ኢብራሂም ኣሰናይ፡ ቃለ መጠይቕ ምስ ደራሲ፡ 13 ነሓሰ 2020፡ ጀንገሬን።

ኮይኖም ካብ ዝበኽዩ ዝነበሩ ሓደ በሺር እዩ። "እናበኸኹ ከለኹ ኣኽያር ዓል ኣኮይ ሳልሕ ካብ መገዲ ተመሊሳ ኣልዒላ ሓዚላትኒ መቓብር ሓርበኛታት ሓሊፍካ ኣብ ዘሎ ስንጭሮ ኣብጺሓትኒ። ንጃብርን ሑሰንን መን ኣልዒልዎም ዓባየይ ብከመይ ኣርኪባትና ኣይዝክርን። ኣብቲ ስንጭሮ እግራ ተዘኒና ከም ዝርኤኹዋ ግን እዝክር። ጠያይት ብየማንናን ጸጋምናን እዩ ዝወድቕ። ሎሚ ክሓስቦ ከለኹ ክቕትለና እንተዝደሊ ምቕተለና እየ ዝብል። ከምኡ ኢልና ወደግ ክስራ ኣቲና፡ ካብ ቅድሚ ዓይኖም ተኸዊልና። ቁሩብ ጸኒሕና ካብቲ ስንጭሮ ናብቲ ቃልዕ ጎልጎል ወጺእና ኣብ ትሕቲ ሓንቲ ዓባይ ገረብ በጺሕና ከነዕርፍ እዝክር። ይብል"[487]

ካብ ኣጉዶ ወጺእካ ፋሕ ብትን ምስ ኮነ ዓቤት ሰይቲ ያሲን ሮሞዳን ምስ ወዳ ሓሰን፡ ዓፍየት ሮሞዳንን ከምኡ እውን ዓል ስዒድ ሕዋርሸኽን ናብ ጀርዲን እንዳ ኦርቶላ ገጾን ሃዲመን ህይወተን ኣትሪፈን። እቶም ዝበዝሑ ግን ምስ በዓል በሺር ንሰሜን ገጾም ሃዲሞም። ከም ርዱእ ጨሪሾም ዘይወጹ ከኣ ነበሩ።

"ኣቦይን ሓወቦይ ዓብደላን ሽቓጦ ናይ ኣጣል'ዮም ነይሮም። ኣብታ ንግሆ ሓወቦይ ኣጣል ናይ ዕዳጋ ከብኪቡ ብኢንኮዶ ንዖና ምስ ኣተወ ነተን ኣጣል ኣቦይ ተቐቢልዎ ሒዝወን ንሹቕ ሓሊፉ። ሓወቦይ ዓብደላ ውስማን ኣሰናይ ምስ ሰበይቱ ሰዓድያ እድሪስ ኣሰናይን ዓሎምን ኣብ ዖና መይቶም። ኣደይ ንስሪት ሮሞዳን ኤሎስ ንእሽቶ ሓወይ ሓቑፋ ከላ ቀቲሎማ። ወዲ ሸሞንተ ወርሒ ዝነበረ ጀማል ሓወይ ኣብ ሑቑፊ ሬሳ ኣደይ እዩ ውዒሉ። ንጽባሒቱ ኣቦይ ኣልዒሉ ናብ ሓትነይ ስተል መሓመድ ኤሎስ ሰይቲ ዑመር ጣህር ንከረን ኣብጺሒዎ። ሓትኖይ ሓዋ ሮሞዳን ምስ ደቃ ዓብደልቃድርን ዘይነብን ደቂ እድሪስ ሳልሕ ዑመር'ውን ኣብ ዖና መይቶም። ሓትነይ ሓዋ ቀቅድሚ ህልቂት ምጅማሩ 'ንዓለይ ሳእኒ ከገዝእ' ኢላ ንከረን ተበጊሳ ነይራ። እንተዀነ ኣቦይ ምስ ኣጣሉ ዕዳጋ እናኸደ ተዓኒፍዋ 'ተመለሲ ጸሓይ'ዩ ባዕለይ ክገዝኣላ' ኢልዋ'ያ ተመሊሳ ምስ ደቃ ዝሞተት። ኣኽያር ዓላ ሓንቲ ዓይናን ብርካን ተወጊኣ ስንኪላ ትነብር ኣላ። ፋጥና እድሪስ ሰምሃራይ ሰይቲ ስዒድ ሕዋርሸኽ ምስ ወዳ ዓብደልቃድር ንእለት ተቐዚፉ።"[488] በሺር ዝርዝር ግዳያት ናይታ ስድራ ከትሕዝኒ እዩ ዝፍትን ነይሩ።

ዝኾነ ኮይኑ በሺር ሓዚላቶ ምስ ዝወጸት ኣኽያር ኣብ ገብሲ ኣዕሪፎም ከለው ኣቦይ ሮሞዳን ድምጺ ተኹሲ ሰሚዑ ክረድእ ካብ ኩርባ በረድ ናብቲ

---

487 በሺር ኢብራሂም ኣሰናይ፡ 2020።

488 ከማሁ።

ዝነበርዎ መጾም። ተቐዳዲሙ "ስድራና ኣበይ ኣለው" ሓተቶም። ካብ ሞት ንስከላ ዘምለጡ መሳኪን ህጻናት ንሕቶኡ ዘዕግብ መልሲ ክህቡ እንተ ዝኽእሉ ንዕኦም ምሓሾም። "እንተስ ከሞቱ እንተስ ክህልው ብድሕሪት ገዲፍናዮም" ኣኺያርያ እናሕነቕነቐት ነቡሓጎኣ መሊሳትሉ። ኣቦይ ሮሞዳን እውን ኣይስሓቶን "እንቋዕ ጥራይ ንስኹም'ውን ወጺእኩም" በላ።

ድሕርዚ ብክሳድ ገብሲ ንኩርባ በረድ ወሪዶም ኣብ በረኻ ሓደሩ። ተወጊኣ ምስ ዝነበረት ዓባዮም ከኣ ንጽባሒቱ ኣብ ስልድባ ተራኸቡ። ደሃይ ናይተን ንከረን ገጸን ሃዲመን ዝወጻ እውን ረኸቡ። ስድራ ቤት ሮሞዳን ኤሎስ ሽድሽተ ምውታትን ክልተ ውጉኣትን ኣብ ያና ከፊላ። ምስ ሰብኡት ኣዋልዶምን ኣንስቲ ደቆምን ደሚርካ ዓሰርተ ትንፋስ ሃሊቖም። ኣቦይ ሮሞዳን ንክልተ መርዑት ኣዋልዱ ወሲኹ ኣብ ዶልዓቕዳ ናይ ዓሰርተ ትንፋስ ተስካር ፈጸመ።

ድሕርዚ ኣቦይ ሮሞዳን ንዝሞተ ቐቢሩን ኣተስኪሩን ጾር ሓደስቲ ዘኽታማትን ኣዴታቶምን ተሰኪሙ ንክምከት ተዓጥቀ። ኣብቲ ህሞት እንኮ ብህይወት ዝተረፈረ ወዱ ተጋዳላይ እድሪስ ሮሞዳን እዩ። ኣብቲ ህሞት ኣብ ዒራቕ ወተሃደራዊ ኮርስ ኣብ ምውሳድ ነበረ። ንእድሪስ፡ 'ስድራኻ መይቶም' ምስ በልዎ 'ኤርትራን ጀብሃንከ ኣለዋዶ' ኢሉ ጥራይ ከም ዝሓተተ ጓል ሓዎብኡ ስተል መሓመድ ኤሎስ ተዘንቱ።[489]

እድሪስ ሮሞዳን ድሕሪ ናይ ኣስታት ክልተ ዓመታት ወተሃደራዊ ትምህርቲ እዩ ንኤርትራ ተመሊሱ። ኣቦይ ሮሞዳን ንሰይቲ ሓዉ ያሲን ክወርስ ግዲ በሎ። እድሪስ ግን በንጻሩ፡ "ሰበይትኻ፡ ሰበይተይ፡ ሰበይቲ ያሲን ከመይ ጌርካ ከተናብር ዘይከውን። ምምርዓው እንተኾይኑ ደኣ ንስኻ እንዶ ተምርያ"[490] በሎ። እድሪስ ነቦይ ሮሞዳን ተመርያ ዝበሎ ዕስል[491] ከይተባህሎ ሰበይቲ ሓዉ ወሪሱ ይነብር ስለ ዝነበረ እዩ። ኣይጸንሑን ኣቦን ወድን ሓደ ድሕሪ ካልእ ተመርዓዉ። እድሪስ ንሰይቲ ሓዉ ኣቦኡ ግን ጓል ብጓላ ተመርዓወ። ከምዚ ኢሉ ድማ ኣቦይ ሮሞዳን ኣብ ዕድመ ሱሳታት ናይ ኣርባዕተ ኣንስትን ብዙሓት ዘኽታማትን ሓላፍነት ተሰኪመ።

ኣብ ሰነ 1978 ተጋድሎ ሓርነትን ህዝባዊ ግንባርን ንከተማ ባረንቱ ንምቁጽጻር ሓባራዊ መጥቃዕቲ ኣካይዶም ነበሩ። ነቲ ዘይዕዉት ውግእ ካብ ዝመርሑ ሓደ ከኣ እድሪስ ሮሞዳን ነበረ። ባረንቱ ሓንጊዳ። እዚ ከይኣክል

---

489 ስተል መሓመድ ኤሎስ።

490 ከማሁ።

491 ዳስ ከይተተኸለ ዕስል ከይተባህለ እዩ ዝነብር ነይሩ ሰይቲ ሓው ስለ ዝወረሰ።

ብዙሓትጸለምትንቀያሕትንወሲዳ።ኣባልሰውራዊመሪሕነትተጋድሎሓርነትን ኣባል ወተሃደራዊ ስታፍ ተጋድሎ ሓርነት ኤርትራ፡ እድሪስ ሮሞዳን ኤሎስ “ያላ ያ ሸባብ ኣብሸርኩም” ኢሉ እናዋግአን እናተዋግአን ኣብ ባረንቱ ወዲቑ። ሓርበኛ ስነ ጥበባዊ ተኽልንክኤል ገብሩ (ወዲ ገብሩ) ኣስማት ናይ ኣርባዕተ[492] ወተሃደራውያን መራሕቲ ሰውራ ኤርትራ ዝነበሩ ስውኣት ጠቒሱ ኣብ ዝዘየማ ንእድሪስ ሮሞዳን ኣብ ሓንቲ ማይቤት ብኽብሪ ከምዚ እናበለ ኣልዒልዎ ኣሎ።

እዝከሮ ውግእ ናይ ባረንቱ

እድሪስ ሮሞዳን ሓለንጋይ ቁመቱ

ከደ ጅግና ከርከብ ብጾቱ

እድሪስ ሓድነት ክልቲኦን ውድባት ክርእዩ ክቱር ሃረርታ ካብ ዝነበሮም ተቓለስቲ ምንባሩ መጋድልቱ ይምስክሩ። ንሱ ንመስዋእቲ ድሉው'ኳ እንተነበረ ደርዘን ኣሰር ሓድሕድ ንዝተቐትሉዋ ስድራ እንዳ ኤሎስ ግን ቀሊል ክሳራ ኣይነበረን። “ኣቦሓጎይ መስዋእቲ እድሪስ ምቕባሉ ከቢድዎ። ቅድሚ መስዋእቱ ኣብ ተሰነይ ብነፋሪት ተወጊኡ ነይሩ። ተሰዊኡ ዝብል ወረ እውን ተናፊሱ። እንተኾነ ካብ ሕክምና ወጺኡ ኣቦሓጎይ ንሓጋዝ ወሪዱ ርእይዎ ተመሊሱ። መስዋእቱ ኣብ ዝተነግረሉ ግዜ ግን ስድራና ነቲ ኣብ ዖና ዝወረዳ ሓዘን ተመሊሳ ዘኪራ”[493] ይብል በሽር።

ተጋዳላይ ዓብደልቃድር ኢብራሂም ንመስዋእቲ መተዓብይቱ መማህርቱን መጋድልቱን እድሪስ ሮሞዳን ኣመልኪቱ “መስዋእቲ ንብጻይካ ኮነ ንነብስኻን ትጽበዮ'ኳ እንተኾነ ናይ እድሪስ ሓለፉ ነይሩዎ። ዝያዳ ከቢድ ዝገብሮ ከኣ ‘ሎሚ ነቦይ ሮሞዳን እዚ ኩሉ ኣሕሊፉ መን'ዩ እድሪስ ተሰዊኡ’ ኢሉ ክርድኦ ዝብል እዩ ከቢድና። ካብ ሓቁ ስለ ዘይሓልፍ ግን ተነጊሩ።”[494]። ‘ሮሞዳን ትማሊ ዓሰርተ ትንፋስ ብሓደ መዓልቲ ኣተስኪርካ ሎሚ ከምዚ ክትከውን። ኣይፋልካ ኤማን ግበር’ እኳ እንተተባህለ ሓቦን ኤማንን ካብኡ ሃደማ። ብዙሓት መግለጺ ሓዘኖምን ከከብኪቦም ናብ እንዳ ሓዘን ዘምጽእዋ ላም ከይተሓርደት ከይትተርፍ ብኻራን ብሴፍ ተማዕቱ። መግለጺ ናይቲ መሪር ሓዘን ልዕሊ ዓሰርተ ከብቲ ኣብ ሓደ ህሞት ተሓርዳ።[495]

---

492 እድሪስ ሮሞዳን (1978 - ባረንቱ) ኣብርሃም ተኽለ (1978 - ጎሊጅ) ኢብራሂም ዓፋ (1985 - ዓጋመት) ዓሊ እብርሂም (1988 - ኣፍዓበት)።

493 በሺር ኢብራሂም ኣሰናይ።

494 ዓብደልቃድር ኢብራሂም ሓምድ።

495 ኣብ ባህሊ ብሊን ምስ ክብሪን ፈንክን(ሕሉፍ ኢድ) ናይቲ መዋቲ ዝመጣጠን ቁጽሪ ዝሕረዳ ከበዝሕ

ኣቦይ ሮሞዳን ሸው እውን ከም ጽሕፍቶኡ ንዘኽታማት ደቂ እድሪስ ካብ ምሕብሓብ ካልእ ኣመራጺ ኣይነበሮን። "ኣቦሓጎይ[496] ካብ ንእስነቱ ኣትሒዙ ዘኽታማት እናዕበየ'ዩ ዝነብር ነይሩ። 'ኣብ ኣል የታይም': "ኣቦ ዘኽታማት" ተባሂሉ ከኣ ይጽዋዕ ነይሩ። ፈለማ ሓዉ ሕዋርሸኽ ክልተ ቆልዑ ገዲፍሉ መይቱ። ንሰይቲ ሓዉ ተመርዕዩ ንደቂ ሓዉ ከየዘኽተመ ኣዕብይዎም። ዳሕራይ ያሲን ወዱ ኢትዮጵያ ቀቲላቶ ንሓሰንን ሑሴንን ኣዕብዩ። መርየም ጓል ሕዋርሸኽ ሰበኣያ መይቱ ንደቃ ብሓላፍነት ኣዕብዩ። ኣብ ያና ኣዋልዱ ሓዋን ንሰሪትን መይተን በሽርን ጀማልን ደቂ ሓትኖይን ናብቲ ዳርጋ መዕበዪ ዘኽታማት ዝተቐየረ እንዳ ኣባሓጎይ ኣብ ትሕቲ ዓባየይ ሓሊማ ተሓቍፍና። መወዳእታ ከኣ እድሪስ ተሰዊኡ ማሕሙድ፡ ጀማል ከምኡ'ውን እታ ካብ ሰይቲ ሓዉ ዝወልዳ ንዕማት ዕጫና በጺሕዎም ዘኽቲሞም። ማሕሙድ ካብ ሱዳን ጸዋሪት ኩሉ ናብ ዝነበረት እንዳ ኣቦሓጎይ ተመሊሱ ተዓቚቡ። በዚ ምኽንያት ነቦሓጎይ 'ኣቦ ዘኽታማት' እናበሉ ይጸውዕዎ"[497] በሺር ከንዲ እታ ስድራ ኮይኑ ኣብ ጀንገሬን ዝጸወየኒ እዩ።

ድሕሪ ግዜ እቶም ዘኽታማት ከንዲ ሰብ ኣኺሎም ኣብ መርዓን ደርዓን በጺሖም። ማሕሙድ በኹሪ ወዱ ንእድሪስ ጎቢዙ ናብ ተጋድሎ ሓርነት ስሙር ውድብ ተጸንቢሩ 1992 ሃገሩ ብምምላስ ኣብ ምክልኻል ተመደበ። ኣብ ናይ 98 ኲናት ኢትዮ- ኤርትራ እውን ተወጊኡ ኣብ ሕክምና ተዓቚበ። እታ ስድራ ሸው "ግድን ከነመርዕዎ ኣሎና" ብምባል ጓል ሰብ ተደልያ መርዓ ተገብረ። ከፊላዊ እፎይታ ከኣ ተረኸበ"[498]

ማሕሙድ ሕጽኖት ከይወድአ ወያነ ዳግማይ ብደም ኣሽሓት ዝተዓደገት ሃገር ወረር ወልዐ። ማሕሙድ መርዓቱ ጠንጢኑ መርዓት ዓይኑ ንዝኾነት ሃገሩ ከድሕን ናብ ኣሃድኡ ተጽንበረ። እቲ ንኤርትራ ናይ ምወራር ሕልሚ ብመስዋእቲ ኣሽሓት ጀጋኑ ፈሺሉ። በጃ ካብ ዝሓለፉ ሓደ ከኣ ማሕሙድ እድሪስ ሮሞዳን ነበረ። ወይዘሮ ስተል መሓመድ ኤሎስ ብዛዕባ መስዋእቲ ማሕሙድ ከተዘንቱ ከላ ነቲ ኣቦኡ ስዉእ እድሪስ ሮሞዳን ቅድሚ ነዊሕ ዓመታት ዝበላ'ያ ትትርኽ "ሓደ ግዜ እድሪስ ተወጊኡ ሓውዩ ብዕረፍቲ ምስ መጸ 'ኣንታ እድሪስ እዚ ኩሉ ወጻኢ ኬድካ ተማሂርካስ ኣብ ክንዲ ኣብ ቤት ጽሕፈት ሎሚ ድማ ኲናት። በጃኻ ግደፎ ከይትሞተና' ይብሎ። እድሪስ ድማ ተቐቢሉ 'ኣየ ስተል ኤርትራ ብመስዋእትና ጥራይ ትቕሰን፡ እዚ ኲናትን

ከውሕድ ይኽእል።

496 ሮሞዳን ኤሎስ ነታ ደቁን ኣሕዋቱን ዝኸፈለላ ናጽነት ርእዩ ኣብ መበል 90 ዓመት ዕድሚኡ ብ1997 ዓሪፉ።

497 በሺር ኢብራሂም ኣሰናይ።

498 ከማሁ።

መስዋእትን ኣብ ደቅና ከይበጽሕ ጸሎት ግበሪ እምበር ንሕናስ ዕጫና'ዩ"[499] ከም ዝበላ ትዝከር። እድሪስሲ ሓድጊ እኳ ገዲፉ። ማሕሙድ ግን ከም ብዙሓት ስውኣት እዛ ሃገር 'ኤርትራ' ጥራይ እያ ሓድጉ።

ኣብ ፆና ካብ ሑቑፊ ሬሳ ኣደኡ ንስሪት ሮሞዳን ዝተላዕለ ጀማል (ሓው ንበሺር) እውን ኣብ 1989 ናብ ህዝባዊ ግንባር ተጸንቢሩ ናጽነት ኣብ ምምጻእ እጃሙ ኣበርኪቱ ተጣይሱ። ዳግማይ ኣብ ግዜ ወራር ወያነ ኣብ ግንባር ቡሬ ከቲቱ እናተዋግአ ከሎ ተማሪኹ ክሳብ ምልውዋጥ ሙሩኻት ኣብ ማእሰርቲ ጸኒሑ።

ኤርትራ ስዉእ እድሪስ ሮሞዳን ካብ ዝፈርሆ ኣይወጸትን። ንእሽቶ ወለዶ ኣቦታቱ ብመስውእቲ ንዘረከብዎ ሃገር ክዕቅብ ክቡር ዋጋ እናኸፈለ ከንብራ ተገዲዱ። ብሌን ዓይኑ ንዝኾነት ሃገር ብልጽቲ ህይወቱ ይኸፍለላ ኣሎ። ዛንታ እንዳ ሮሞዳን ወዲ ኤሎስ በዓል ዶልዓቕዳ ዛንታ ሓንቲ ስድራ ጥራይ ዘይኮነ ተምሳል ብዙሓት ስድራቤታት ኤርትራ'ውን ስለ ዝኾነ።

ነፍስሄር ሮሞዳን ኤሎስ

ኣቶ በሽር ኢብራሂም ኣሰናይ

499 ስተል መሓመድ ኤሎስ።

ስውእ ኢድሪስ ሮሞዳን

ስውእ ማሕሙድ ኢድሪስ ሮሞዳን

ኣቦን ኣደን ኣብ መንሳዕ ዓሎም ኣብ ያና ንሞት ዝተፈርዱ ስድራ

ቤት ጸሎት ዘርፈደ ሸማገለ
ህርኩት ሽቃላይ፡ ወፈሩ ዝወዓለ
ደቃ ከተጥቡ እትነዩ ኣደ
ጥሪት እምባሕ-እምቤእ እናላ
ናብ ደምበኣን እንከብላ....
ግዜ ከይፈለየ
ብተመልከተለይ! ብድሎ! ብቓጸ!
እናሰሓበ ቃታ
በቲ ደርጎኛ ብድዐ፡ ዕዉር ስስዐ፡
ኣጥባት ኣደና ቈረጸ
ክብረት ኣሕዋትና ተጋሰሰ
ህይወት ኣጉባዝና መልዓሰ።

ኤፍሬም ሃብተጽዮን

ከምቲ ኣብ ህልቂት በስከዲራ ከንርእዮ ዝፈተንና እተን ኣብ በስከዲራ ግዳይ ዝኾና ኣደታት መበቆላዊ ዓደን ካብ ቤጁክ፡ሮራ ቤት ገብሩ፡ በረኻ፡ ሸበቕ፡ ዓዲ ዘማት፡ ሰለባ፡ መንሳዕን ሸኹናን ካልእ ነይረን። ኣብ ናይ ያና ተመሳሳሊ መጽናዕቲ ኣይተኻየደን። እቲ ኣብ ያና ዝሃለቐ ህዝቢ ካብቲ ናይ በስከዲራ ንላዕሊ ዝተዓጻጸፈ ብዝሕን ካብ ዝተፈላለየ ኣንፈት ዝተኣኻኸበ እዩ። ኣብ ያና ብግፍዒ ዝተቐትላ ኣደታት እውን ካብ ምድሪ በጎስ፡ ቤጁኽ ክልተ መንሳዕ፡ ዓዲ ተኽሌስ፡ ዓድ ትማርያም፡ ክልተ ማርያን ኪኖኡን ከም ዝዝርጋሕ በቲ ዝተገብረ ኣፈናዊ መጽናዕቲ ክፍለጥ ይከኣል። ካብ ምሕላብ መንሳዕ ቤት ሻሕቀን ንያና ናብ ግደ ሽከር ዝተመርዓወት ፈከት ገብርንኪኤል ኣብ ግዜ ህልቂት ሓራስ ሰለስተ ሰሙን ነበረት። ኣብታ ሕስምቲ ረፍዲ ዘጓነፉ ጸገም ኣዘንትያትልና።

"ኣብ ገዛና ኮፍ ኢልና ከለና እዩ ተዂሲ ተጀሚሩ። በዓል ቤተይ ብዘይካ እታ ኣብ ሕቑፈይ ዝነበረት ዕሸል ንዅሎም ደቁ ወሲዱ ሃዲሙ። 'ንዒ ውጺ!' ኢሉ ምስ ደፍኣኒ ኣነ ኣብ ክንዲ ምስኡ ዝኸይድ ሓሚማ ንዝነበረት ሓማተይ ከውጽእ ኣልጊሰ። ኣየዳለዉናን። መሬት ብጠያይት ተኣኪታ። ኣንስቲ ኮፍ ኢለን ብኢደን ዓይነን ሸፊነን እዝጊኦ! ክብላ ርእየ ደው ኢለ 'እዘን ኣንስቲ ሕቑኣን ድዩ ኣቐንዝይወን ዘይትንስኣ' እብል ብውሽጠይ። ደው ምባል ከም ዘኽእል ኣይተረደኣንን። 'ውጻ! ኣንትን ኣዋልድ ኣይትሕሸክንንያ ውጻ!' ምስ በሉና ክንወጽእ ክንብል ወተሃደር ነደይ ኣብ እዝና ዝነበረት ተላል (ስልማት) ክምንጥላ ክብል ተሴራ ኣብ መሬት ወዲቓ። ኣይወሰዳ'ኳ። ሽዑ ነታ ዝጸናሕናያ ዓባይ ኣጉዶ ሓዊ ክሸርጥጠላ ምስ በለ 'በጃኻ ኣንታ ወደይ ገዛ ሓራስ'ያ በጃኻ' በልአ ሓማተይ። እቲ ካልኣዩ እውን 'ገዛ ሓራስ እንድያ ትብለካ ዘላ ግደፋ' ኢሉ ብኢዱ ስሒብዎ።

"ሰጊሩ ነታ ገዛይ ከንድድ ምስ በለ እውን 'እዋይ፡ እቲ ወንጮ ናይ ሰይቲ ወደይ ደኣ ኣብኡ እንድዩ ዘሎ' ብምባል 'ኣንታ ወደይ ገዛ ሓራስያ' በልአ ደጊመን። እቲ ወተሃደር ድማ 'ኣደ ኩሉ ድዩ ገዛ ሓራስ' በለን ተቖጢዑ። ኣነ ድማ ግልብጥ ኢለ ንሓማተይ ናብዚ ምጻና ክብለንን ካብይ ከም ዝመጸት ዘይፈለጥኩ ጥይት ብርከይ ሓምሺሻ ኣብ ዝባነይ ምስ ዝነበረት ናጽላ ብሕቑይ ኣብ መሬት ከተውድቐኒ ሓደ ኮነ። ደመይ ውሒዙ። ኣደይ ሓሚማ ስለ ዝነበረት ክትዝንነኒ'ውን ኣይከኣለትን። ዳሕራይ ግን ንዕልተይ ተሰኪማ ኣብ ድሕሪ ገዛና ኣብ ዝነበረት ገረብ ኣንቢራትኒ። ኣደይ ኣነ ጥራይ ዝተወጋእኩ መሲልዋ ነንዝረኣየቶ ሰብ "ኣንቱም ነዛ ሰይቲ ወደይ ዘይትዝንኑለይ ኣንቱም ዘይትስከሙሉይ" ይብላኦም። ንሶም ድማ መጺኦም ይርእዩኒ እሞ 'እዚኣን ደኣ ደሓን እንድየን ዘለዋ' ኢሎም ገዲፎምና ይኸዱ። ኣደይ ምሉእ መዓልቲ ክልተ ዕሸላት ሓቝፈን ውዒለን። ጓለይን እዛ ጠፊኣ ዘላ ጓል መሓመድኖር እሸሓቐ (ጓላ ኣቦ ረሺድን) ንሓንቲ ኣብ ሕቑኣን ንሓንቲ ድማ ኣብ ሑቑፈን እናቐያየራ ጡብ ክህብኣን ውዒለን መጨረሽታ በዓል ቤተይ ምሸት መጺኡ"[500]።

ኣቦይ ግደ ካብቲ ደቁ ሒዙ ሃዲሙሉ ዝወዓለ ኩነታት ደሓን ኮይኑ ኢሉ ተመሊሱ። ነታ ተወጊኣ ዝነበረት በዓልቲ ቤቱ ተሰኪሙ ከኣ ዳግማይ ንበረኻ ገስጊሱ። ኣደይ ፈከት ብቃንዛ ተፋሒሰን 'ካብዛ ዘለኹዋ ሞት ትሕሸኒ ኣውርደኒ' እናበላ ተሰኪሙ ሓፍሽ[501] ኣብጺሑወን ኣብኡ ሓደሩ። ኣብ መገዲ ተወጊኡ ዝነበረ ህያቡ ዑቕባጨን ተሓዊስዎም 'ዘይትስከሙኒ እመውት እንድየ ዘለኹ፡ ሰብ ጸዊዕኩምባ ተሰከሙኒ፡ ዓዲ ሰብ ዘይተብጹሑኒ' ኢሉ

---

500 ፈከት ገብረንኪኤል፡ ቃለ መጠይቕ ምስ ደራሲ፡ 18 መስከረም 2016፡ ያና።

501 ካብ ያና ንሰሜን ወገን ዘሎ ቦታ።

እናማረረ ይሳለ ነበረ። እንተኾነ ውጹዕ ሓገዝ ዝረኸበሉ ኣይነበረን። ኣቦይ ግደ፡ 'ህያቡ ሰብ ዘሎዶ ይመስለካ'ሎ። እቲ ዝስከም ሰብ ኣብ ፆና እንዲኻ ገዲፍካዮ እንካ እዛ በትሪ ሰለይ በል ሰብ ክሳብ ዝጽውዓልካ' ኢሉ እናተባብዐ ከም ዘሳለዮ ኣደይ ፈከት ይጸውያ።[502]

ኣቦይ ግደ ንጽባሒቱ ንበዓልቲ ቤቱ ኣብ ኣድጊ ጽዒኑ ንከረን እናእተዋ ኣብ መገዲ ማኪና ተቐቢላቶ ሆስፒታል በጽሐት። ኣብ ሆስፒታል ዕልቕልቕ ተፈጢሩ ቀልጢፉ ኣመት ዝገብር ኣይረኸበትን። ኣብ ሳልሳይ መዓልታ ሓኪም ረኣያ። "ኩሉ ካባይ ይኸፍእ" ኣደይ ፈከት ነቲ ናይ ሽዑ ሃዋሁ ንምግላጽ ካብ ዝበልአ'ዩ። ንተራ ህዝቢ ከረን ድማ "ከረን ክትበቁል ትንበር! ብኹሉ ትሕዝቶኣ ብቡን ብእንጀራ ብስብቆ ኮታስ ንኩሉ ክበልዕ ዝኽእል ሓኒኾም። ሓንቲ ኣይሓደጉን። ተዓጢቖም፡ ንዝሞቱ ቀቢሮም ንዝተወግአ ተኸናኺኖም"[503]ብምባል ንውዕለት ተቐማጢ ከረን መግለጺ ቃላት ትስእነሉ።

ኣደይ ፈከት ድሕሪ ኣስታት ሓደ ወርሒ ተመሓይሻ ወጸት። መከራኣ ግን ብእኡ ኣይተወደኣላን። ክሳብ ካብ ሕክምና ትወጽእ መርድእ ተዓቚሩ ይጽበያ ነይሩ። "ክርእዩኒ ዝመጹ ቤተሰበይ ኣብ ገጾም ዘይሕጉስ መንፈስ እርኢ ነይረ። ነደይ (ሓማታ) 'እንታይ ኮይኖም እዮም'ዞም ሰባት ዝኾረዩ ዝመስሉ'፣ እብላ'ሞ ኣደይ ድማ 'ሰብ እንታይ ጽቡቕዶ ረኺቡ ኢልክዮ ደሓር ንስኺ እውን መኣስ ጽቡቕ ረኺብኪ ተወጊእኪ እንዲኺ ዘለኺ ብኸምኡ እዩ ዝኸውን' ትብለኒ። ካብ ሆስፒታል ምስ ወጻእኩ ግን ነቦይን ነደይን ወተሃደራት ኣብ ገርገር ቤት ሻሕቀን ከም ዝቐተልዎም ኣርዲኦምኒ"[504] ትብል ንሳ።

ወተሃደራት ነቶም ኣብ ገርገር መንሳዕ ቤት ሻሕቀን ዝነበሩ ተስፋንኬል ተስፉ ወርዕሰብን ፍዳ መዲንን ዓበይቲ ኢሎም ኣይነሓፍዎምን። ኣቦይ ተስፋንኬል ነቶም ወተሃደራት ካብ ደብረሲና ክወርዱ ምስ ረኣዮም ንወዱ 'ንዓ ህደም ንታሕቲ ገጽካ ግን ኣይትኺድ ፈሊጦማ ስለ ዘለዉ ናብ ግራት ቀሺ ገጽካ ህደም' በሎ። ወድም ሃዲሙ ኣደን ኣቦን ግን ኣብ ዝነበርዋ ጸንሕዎም። እቶም ወተሃደራት ድማ ንሰብኣይን ሰበይትን ካብ ገርገር ንደብረሲና ናብ ዘውጽእ ዓቐብ ወሲዶም ኣብ ፍርቂ መገዲ ብጥይት ቀቲሎሞም። "በየናይ ሓይሊ ክሳብ ኣብኡ በጺሖምሎም'ውን ኣይፈለጥኩን። ኣደይ ምስ ሓረስኩ መጺኣ ርእያትኒ ኣቦይ ድማ ቀቅድሚ ምሕራሰይ ርእዩኒ ነይሩ። መወዳእትኦም ንሳ ኾይና"[505] ፈከት ነቶም ብግፍዒ ዝተቐትሉ ወልዳ ዘኪራ እናስተንተነት

502 ፈከት ገብረንክኤል።

503 ከማሁ።

504 ከማሁ።

505 ከማሁ።

ትዛረብ። ኣብቲ ህሞት ሕመድ ነፋዕ ዝበሃል ሰብኣይ ንሬስኦም ርእዩ ብስንባደ ሃዲሙ ክሕባእ ክብል ወተሃደራት ርእዮሞ ኣርኪቦም ቀቲሎሞ። ሚካኤል ሓሳማ ራካ ነቲ ኣብ ልዕሊ እዛ ስድራ ዝተፈጸመ ቅትለት ኣብ መጽሓፍ "ዛንታ ኤርትራ"፥ "…. ጦር ኣብ ገርገር ንሓደ ሰብዓን ሓምሽተን ዓመት ዝዕድሚኡ ገብርንክኤል ተስፉን በዓልቲ ቤቱን ከምኡ'ውን ንሓደ ሓላፍ መገዲ ምስ መርዓት ጓሉን ቀቲልዎም"[506] ክብል ዘኪሩዎ ኣሎ።

ኣብ መወዳእታ ኣደይ ፈከት ከምቲ መብዛሕትኦም ውጻእ መዓት ዝብልዎ "ኩሉ ክዝክር የሸግረኒ'ዩ። እንታይ ዘይርኤና! ተንሲእና ሰብ ክንከውን ኢና ዝብል ሓሳብ'ውን ብፍጹም ኣይነበረናን። ዓለም ቀቢጽናያ ኢና ነይርና። ታኒካ ወዲቓ ጫሕ እንተ'ኢላ ልብና ናብ ዕሻሽ ይቕየር እንታይዶ ተሪፉና ነይሩ'ዩ" ብምባል ተስቆርቆር። መውጋእታ ምስ ምድፋእ ዕድመ የሸግራ ምህላዉ'ውን ትጠርዕ። ካብቶም ኣቦኦም ሒዙዎም ዝሃደመ ደቁ ሓደ፡ "ግርማይ" ኣብ ምምጻእ ናጽነት በጃ እዛ ሃገር ሓሊፉ።

ወ/ሮ ፈከት ገብረንኪኤል

506 ሚካኤል ሓሳማ ራካ፡ "ዛንታ ኤርትራ" ገጽ 146።

ጽውጽዋይ ዝብእን ውዲት መራሕቲ ኢትዮጵያን

ከቶ ኣይርስዖን
　　　ኣይተኸወለን ካብ ዓይኑ
ኣእምሮኡ ኣይሓኸኾን
　　　ኣይነከየን ሚዛኑ
ብሓዊ ነዲዶም
　　　ሓሙኽሽቲ ኪኾኑ
ብዓይኑ ዝረአየ
　　　ኣደራሻት ከዕኑ።

ኣስመሮም ሃብተማርያም

ኢትዮጵያ ኣብ ልዕሊ ሰላማዊ ህዝቢ ዕቡድ ስጉምቲ ኣብ ትወስደሉ ዝነበረት እዋን እዩ። ብ17 ሚያዝያ1970 ኣብ ኣዲስ-ኣበባ ብዛዕባ ኣብ ኤርትራ እናገደደ ዝኸይድ ዝነበረ ጸጥታዊ ኩነታት ዝዘተየ ርክብ ተጋቢኡ ውዓለ። ዕላማ እቲ ርክብ ካብቲ ዝነበረ ዝሓየለ ካልእ ናይ ህጹጽ ኣዋጅ ሕጊ ኣብ ኤርትራ ኣብ ተግባር ዝውዕለሉ ኣገባብ ንምምይያጥ እዩ ዝነበረ። ኣብቲ ብሃጸይ ሃይለስላሰ ዝተመርሐ ርክብ ምክትል ምኒስተራት፡ ሚኒስተራትን ጀነራላትን ኢትዮጵያ ተሳተፉ። ንኤርትራ ወኪሎም ኣብቲ ኣኼባ ዝተሳተፉ ደጃዝማች ገብረዮሃንስ ተስፋማርያምን ፊተውራሪ ሓረጎት ኣባይን እዮም። ኣብቲ ኣኼባ ደጃዝማች ገበረዮውሃንስ ነቲ ብዛዕባ ህዝቢ ኤርትራ ዝዝረብ ዝነበረ ዝንቡዕን ዓጻቕን ዘረባ ከም ዘይሰምዑ ስቕ ኢሎም ምሕላፍ ንሕልንኦም ቅሳነት ኣይሃቦምን። ካብ ሃጸይ ሃይለስላሰ ፍቓድ ሓቲቶም ከኣ ሓቂ ጥራይ ንምዝራብ ቆሪጾም ተላዕሉ። እቲ ብዘይገበን ብሕሱም ግፍዒ ዝጭፍጨፍ ዝነበረ መስኪን ህዝቢ እዩ ተቐጂልዎም። "እዚ ህዝቢ እዚ እግዚኣብሄር ቀረብኡ ዝኾነ ህዝቢ'ዩ። ዓይኑ ንሰማይ ቋሕ ኣቢሉ ንብዓቱ ናብ ምድሪ እንተፍሰስ ኣብ ኢትዮጵያ ዝወርድ መዓት ከይህሉ ኢለ እጠራጠር'የ። ስለዚ

መንገድን ፍታሕን እንተዝርከበሉ”[507] ክብሉ ከኣ ኣምሪሮም ተዛረቡ።

ሃጻይ ሃይለስላሰ ግን ኣብ ከንዲ ነቲ ቃል ሰሚዖም ናብ ዝሓሸ ፍታሕ ዘቋምቱ ብኣንደበቶም ካልእ ከፋእ ተፍኡ። ንደጃዝማች ተስፋዮውሃንስ ስሞም ጠቒሶም "ኣይፋል የለን እዚ ህጹጽ ኣዋጅ እኮ ነቶም እስላም ኣብ መታሕት ዘለው እዩ ወጺኡ። እምበር ንኻልእ ኣይኮነን" ብምባል ኣባኹም ዝበጽሕ ኣይኮነን ዘስምዕ ቃል ኣውክኡ። ኣይትብከ እንድዩ ዘብከየኒ ዝኾናም ደጃዝማች ብዛዕባ እቶም ዕላማ ዝኾኑ "እስላም" ከረድኡ ሸው'ውን ከምዚ እናበሉ ተዛረቡ፡-

"ናይ እስላም እንተኣምጻእኩም እሞ ኪዱ ኩሉ ኣብ ሳሕል ዘሎ ህዝቢ 60 – 70 % ካብ ሓማሴን ዝፈለሰ ህዝቢ እዩ። እዞም እስላም እዚኦም ድማ ከመይ ዝበሉ ሃገራውያንን ብዛዕባ ሃገሮም ዝሰምዖም ህዝቢ ይመስለኩም። ብግዜ ሃጻይ ዮውሃንስ፡ ራእሲ ኣሉላ ኣብ ኩፊት ኲናት ኣብ ዝገጠምሉ፡ ንህዝቢ ቤንዓምር እንኩም ጠበንጃ ምስ በሉዎም 'ኣሉላ፡ ሎሚ ግዜ ጠበንጃ ኣይኮነን ግዜ ሴፍ እዩ። ንሕና ከንምርሓካ ኢና ንስኻ ሰዓበና' ኢሎም። ሴፎም መሊሖም ተዋጊኦም፡ ምስ ደግለሎም 146 ሰባት ኣብ ግንባር ወዲቖም ንደርቡሽ ኣንበርኪኾም። ብሃይማኖት ዝድህለሉን ዝድለሉን እንተዝነብሩ ሃጻይ ዮውሃንስ ሃማኖትኩም ለውጡ ኢሎም ዘገድድሉ ኣብ ዝነበሩ ሰዓት ምስ ደርቡሽ ምተሰለፉ ነይሮም። እንተኾነ ግን እቲ ሃገራዊ ስምዒቶም ምስ ሃይማኖት ኣየተኣሳሰርዎን። ስለዚ ኣብዚ ጉባኤ ዘይፈለጠ እንተሎ ከፍልጦ ዝደሊ እዚ ህጹጽ ኣዋጅ "ንዕኦም እዩ" ዝበሃል ዘሎ ህዝቢ እዚ እዩ መንፈሱ። ከም ዝፍለጥ ሓደ ሰብ ገበኑ ከይተፈልጠ ንምት ኣይፍረድን እዩ። ሎሚ ግን ህዝቢ ኤርትራ ገበኑ ከይተፈልጠ ንምት ተፈሪዱ ኣሎ" ብምባል መሪር ሓቂ ደርጉሑ።

ሸው ብምሉእ እቲ ኣብቲ ኣደራሽ ዝነበረ ሰብ ብዘረባ ደጃዝማች ተነቓነቐ። ኣስቂጦም ዝወዓሉ ሰበስልጣናት ከይተርፉ ኢዶም ኣልዒሎም ጫው ጫው በሉ። ጸሓፊ ትእዛዝ ኣክሊሉ ሃብተወልድ ግን ሕርቃኑ ክቆጻጸር ኣይከኣለን። ንደጃዝማች "ንምዃኑ ንዓኹም ጠበቓ (ናይ እስላም) ዝገበረኩም መን እዩ፧" ብምባል ከኣ ኣጭነቑሎም። ደጃዝማችዶ ደሞ ሰናፍ "መኣስ ባዕለይ መጺአ ጸዊዕኩምኒ እምበር" ብምባል ልክዑ መለሱሉ።

ኢትዮጵያ ኣብ ልዕሊ ሰለማውያን መሪር ግፍዒ ትፍጽም ኣብ ዝነበረትሉ

507 ቃል ደጃዝማች ወትሩ "ዳዕውተል መዝሉም ለይሳ በይነሂ ዎበይነ ኣላህ ሕጃብ" ማለት "ኣብ መንጎ እህህታ ግፉዕን ኣምላኽን ጋራዲ የልቦን" ትብል ናይ ዓረብ ጥቕሲ እያ ተዘኻኽረኒ። ኤርትራዊ ክቕተል፡ ክነድድ፡ ክስደድ ዝለዓለ ኢድ ዝነበሮም ኣብዛ ኣኼባ ዝተሳተፉ መብዛሕትኦም ሰበስልጣን ካብ ንጉስ ጀሚርካ ድሕሪ ኣርባዕተ ዓመት ብገዛእ ወተሃደሮም ኣብ ሓንቲ ለይቲ ተረሺኖም።

እዋን ካብ ሕሉፋት ፈተውታን ደገፍታን ዝነበሩ ኤርትራውያን ከቢድ ተቓውሞ እዩ ጎኒፍዋ። ብኸበሳን መታሕትን ብዓሌትን ሃይማኖትን ጎዛዝያ ከተተግብሮ ንዝወጠነት እኪይ እውን ብሓቅን ብጭብጥን ዝሞጎቱ ውሑዳት ኣይኮኑን።

ደጃዝማች ከም ዝበልዎ ወዲ ሰብ ካብን ናብን እናሳገመ እዩ ዝነብር። ከም ሳዕቤኑ ናይ ዝኸዶ ሓድሽ ቦታ ባህሊ፡ ሃይማኖት፡ ቋንቋ ይርዕም ወይ እውን ቀስ ብቐስ ነቲ ሒዝዎ ዝመጹ ኣብ ልዕሊ ኻልኦት የስርጽ። ስለ ዝኾነ ድማ ሎሚ ኣብ ከበሳታት ኤርትራ ትግርኛ ዝዛረብ ዘሎ ህዝቢ ብመበቆል ኣገው፡ በጃን ብኣንጻሩ ኣብ መታሕት ቋንቋ ትግራይትን ካልእ ቋንቋታትን ዝዛረቡ ቅድሚ ገለ ኣሚኢት ዓመታት ትግርኛ ሳሆን ካልኦት ቋንቋታት እናተዛረበ ከም ዝወረደ ምፍላጥ ብፍጹም ሓድሽ ርኽበት ኣይቁጸርን።

ኣብ መፋርቕ 15 ክፍለ ዘመን ካብ ዓዲ ንፋስ ንሰሜን ዘቕንዐ ቃፍላይ ኣብ ታሪኽ ልሉይ ኣሰር ካብ ዝገደፉ ሰገማታት ሓደ እዩ። ኣርብዓ ዝኾና እንዳታት ሓቑፉ ፈለማ ኣብ ኩርባ በረድ (በጁክ) ንሓጺር ግዜ ኣዕሪፉ ኣንፈቱ ንምዕራብ ከሳብ ደብረሳላ ቀጸለ። ዳግማይ ንበጁክ ተመሊሱ ንዘርኣብሩኽ ወዲ ሓድገምበስ ንብጽሕቲ ወርሒ ሰበይቱ ክብል ክሳብ ሎሚ ኣብ ዝርከበሉ ቤትጁክ ገዲፉ ንሳሕል ቀጸለ። ክሳብ ሓላይብ ዶብ ሱዳንን ግብጽን ተዘርጊሑ ድማ ነማኢት ዓመታት ዝዘለቐ ግዝኣት መስረተ።

እቲ ካብ ከበሳ ንሳሕል ዝወረደ ሰገማ ብእምነቱ ክርስትና ነበረ። በዚ መሰረት ካህናትን ኣቕሸሸትን ኣካል ናይቲ ቃፍላይ ነበሩ። ኣብቲ ግዜ ኣገልግሎት ናይ ክህነት ካብ ዝህቡ ዝነበሩ ሓደ ኳዜናይ እዩ። ናይቲ እዋን ፍሉጣት ካብ ዝነበሩ ኣቕሸሽቲ ሓደ ከኣ ቀሺ ኣሮን ብፍሉይ ይዝከር። ሎሚ ዘርኢ ቀሺ ኣሮን ኣብ ናቕፋን ከባቢኣን “ዓድ ኣሮን” ተባሂሎም እናተጸውዑ ይነብሩ ኣለው።

ድሕሪ ነዊሕ ዓመታት ክርስትያን ዝነበረ ህዝቢ በብሓደ እምነት ምስልምና ክቕበል ጀመረ። ከንቴባይ ጃውጅ ናይ ሓባብ ነቲ እምነት ምስልምና ዝሰብኽ ዝነበረ ሸኽ ጸዊው፡ “ካብ ግዝኣተይዶ ትርሕቕ ወይስ በዛ ሴፍ ክቖርጸካ” ኣጠንቀቐ። ሸኽ ካብ ቅድሚ ከንቴባይ እኳ እንተተኸወለ ካብቲ ከባቢ ግን ኣየርሓቐን። ድሕሪ ገለ ግዜ ኬንቴባይ ዳግማይ ነቲ ሸኽ ጸዊዑ እንታይ ይምህር ከም ዝነበረ ይወከሶ። ሸኽ ንኹሉ ግቡኣት ሓደ ኣስላማይ ንከንቴባይ ኣረድአ። ከንቴባይ ብዘይካ ጾም ሮሞዳን ንኹሉ ተቐበሎ። “ነዛ ጾም ግን ኔው በላ” በሎ። ሸኽ ብወገኑ “ካብ ጾም ነጻ ዝኾኑ ስለ ዘለው ንስኻ እውን ከይጾምካ ክትተርፍ ትኽእል ኢኻ” ብምባል ኣፍተሓሉ። ነጻ ዝበሃሉ መነ መን ምዃኖም ምስ ሓተቶ ከኣ “ትሕቲ ዕድመ፡ ልዕሊ ዕድመ፡ ሕሙማት፡ ወርሓዊ ጽግያት ዝመጸ ሰበይቲ” ብምባል ኣረድአ። ሽው ኬንቴባይ ጃውጅ

"ካብ ምስ እዚኦም ምብላዕሲ ነታ ጾም እውን ተቐቢለያ ኣለኹ" ብምባል እምነት ምስልምና ተቐበለ። ንኩሉ ኣብ ግዝኣቱ ዝነበረ ህዝቢ ከኣ እምነት ምስልምና ንክቕበል ትእዛዝ ኣመሓላለፈ። በዚ ድማ ሓባብ ካብ ክርስትና ናብ ምስልምና ተሰጋገረት።

በዚ መሰረት እቶም ውሉደ ክህነት ዝነበሩ ከይተረፉ እምነት ምስልምና ተቐበሉ። ድሕሪ ግዜ ውሉደ ክህነት ካብ ዝነበሩ ኳዜን ክሜል ወዲ ሑመድ ኣብ ድገ እትኣትባ እናነበረ ሓደ ሸኽ መሓመድ ዑስማን ዝበሃል መንፈሳዊ መራሒ ጋሻ ኮይኑ መጸ። ክመል ነቲ ጋሻ ኮይኑ ዝመጸ ሸኽን ተማሃሮኡን ብጽቡቕ ተቐቢሉ ኣኣንገዶም። ሸኽ መሓመድ ክሜል ወዲ ከም ዘይነበሮ ፈሊጡ ወዲ ንኽወልድ መረቖ። ወዲ ምስ ተወልደ እውን እድሪስ ክሰምዮ ነገሮ። ድሕሪ ግዜ ወዲ ተወሊዱ እድሪስ ተሰምየ። ሸኽ ሓምድ ዳግማይ መጺኡ ንእድሪስ ናይ ከሊፋ ማዕርግ ሃቦ። በዚ መሰረት ካብ እድሪስ ወዲ ክመል ወዲ ሑመድ ዝተወልዱ ክሳብ እዛ ዕለት መሻይኽ ናይ ዓድ ተኽሌስ ኮይኖም ይቕጽሉ ኣለው።

ኣብ 1960ታት ሓደ ካብ ውሉድ እዛ ስድራ ዝኾነ ሸኽ ኢብራሂም መደኒ ነቶም ኣብ ገብሲ (ጥቓ ፆና) ዝነበሩ ዓድ ሻውር (ኳዜን) ካልኦትን ኣመንቲ ምስልምና ሸኽ ኮይኑ ከገልግል ካብ ዓሬታይ ንምድሪ ብሌን መጸ። ዓድታት ከነዳ ሰላማዊ ህዝቢ ክቀተል ኣብ ዝጀመረሉ ከኣ ሸኽን ስድራቤቱን ካብ ገብሲ ንፆና ገዓዘ። ሸኽ ኢብራሂም ህልቂት ኣብ ዝተፈጸመሉ ህሞት ኣብ ከረን ዓቕድ (ቃል ኪዳን) ከእስር ብድሮ ከረን ኣትዩ ስለ ዝሓደረ ብማዕዶ እዩ ተኸታቲልዎ። ግዳይ ካብ ዝኾና ብዙሓት ስድራቤታት ግን ሓንቲ ስድራቤቱ ነበረት። ነቲ ኣብ ልዕሊ እታ ስድራ ዝወረደ ብዓይና ርእያ ዝመስከረት ኣምና ጓል ሸኽ ኢብራሂም መደኒ እያ። ኣብ ግዜ ህልቂት ልቢ ዘይቆጸረት ህጻን እያ ነይራ። ኣብቲ ካብ ሱዳን ብዋትስ ኣፕ ዝሰደደትለይ ናይ ድምጺ ምስክርነት ከምዚ ትብል፡

"ሰዓት ትሽዓተ ይኸውን ክንቆርስ ብስምላህ ምስ በልና ነደይ "መርየም መርየም ትርእይዮምዶ ኣለኺ" ኢሎማ ክንርኢ ኣሰሪኣ ወጺእና። ጽርግያ ብኮማንድስ መሊኡ ጸኒሑና። ሽዑ ኣደይ ንውሽጢ ገዛ ተመሊሳ ገንዘብን ወርቅን ኣብ ስርዋን ሾንቂጃ ምስ ከዳውንቲ ናይ ኣቦይ ኣብ ዝባና ተሰኪማ ንዘይነብ ኣብ ሑቕፋ ንዓይ ብኢዳ ሒዛትና እናንየይት ኣብ በለስ ኣትያ ተሓብአት። እንተኾነ ኣብ ውሽጢ እቲ በለስ ጥርሙዝ ኣፍንጫይ ጨንዲሕኒ ደም ከፍስስ ጀሚረ፡ "ኣምና ጓለይ ካብ ኣባይ ከሃድም ከብልዶ ኣብ ኣባይ ኣእትየኪ" ኢላ ከኣ ካብቲ በለስ ሒዛትኒ ወጺኣ። ትኽ ኢላ ድማ ናብቶም ወተሃደራት ኣምሪሓ። ንሳቶም ከኣ ቶኩሶም ኣውዲቖማ። ነታ ኣብ ሑቕፋ ዝነበረት ዘይነብ ሓብተይ እውን ካብ ወላዲተይ ከትጠቡ እናፈተነት ብጥይት

ቀቲሎማ። ኣነ ኣደይ ደቂሳ ዝነበረት መሲሉኒ ካብቲ ኣብ ዝባና ዝነበረ ክዳን ወሲደ ከዲነያ ኣብ ጎና ኮፍ ኢለ። ዳሕራይ ሓደ ጦር መጺኡ ዝሞትኩ መታን ክመስል ብድንጋጽ "ድንን በሊ ትንሽ" እናበለ ርእሰይ ጸቒጡኒ ከይዱ። ኣነ ግን ስለ ዘይተረደኣኒ ከም ቀደመይ ቀኒዐ ኮፍ ኢለ። ዳግማይ ተመሊሱ "ድንን በሊ ትንሽ" እናበለ ብርእሰይ ኣብ መሬት ኣድኒኑ ገዲፉኒ ከይዱ።

ድሕሪ ክንደይ ምኺኑ ኣይርድኣንን። ኣቦይ ቁርኣን ካብ ዘምህሮም ዝነበረ ሓደ ካብ ጎቦ ዝወረደ ወዲ "ናብ ኣቦይ ኢብራሂም ክወስደኪ ንዕናይ ኢሉኒ" ኣነ ድማ "ኣቦይ ኣበይ ኣሎ፧" ኢለዮ። "ሹቕ ኣሎ ንዒ" ኢሉ ወሲዱኒ። ኣብ ጥቓ ዕዳጋ ከብቲ ዘላ እንዳ ሻሂ ምስ በጻሕና መካይን ክመጻ ርኢና። ሽው እቲ ወዲ "ከም ዝሞትና ንኹን" ኢሉኒ። "ምውታት ማለት እንታይ እዩ" ኢለዮ። "ሐራይ በሊ ከም ዝደቀስና ንኹን" ኢሉኒ ውድቕ ውድቕ ኢልና። ኣነ ንሹቕ ንሱ ናብ ኣንጻር ጠሚትና ተጋዲምና። እተን መካይን ኣብ ጥቓና ምስ በጽሓ ደው ኢለን "እስከ ኣልዕላ" ኢለን ሓደ ንብጻዩ። ኣልዒሉ ምስ ኣውደቐኒ ኣብ ኩሊተይ እምኒ ሃሪማትኒ። ኣምላኽ ኣለኺ ስለ ዝበለኒ እምበር ምበኸኹ ወይ እውን ኮፍ ምበልኩ። ሓንቲ ይፈልጥ ኣይነበርኩን። ነቲ ወዲ እውን ብእግሩ ኣልዒሎም ደርብዮሞ። ይፈልጥ ስለ ዝነበረ ኣስቂጡ።

ገዲፎምና ምስ ከዱ ተንሲእና ንከረን እናኣቶና ኣብቲ ሩባ ብዙሓት መካይን ሪጋ ኮይነን ንዖና ክሓልፉ እልምኑ ወተሃደራት ድማ ከልኪሎሞም ጸኒሖምና። ድሕሪ እታ ዓባይ ገረብ ተጸጊዕና ሓሊፍናዮም። ሽው ኣቦይ ኣብ መቓብር ጣልያን ተቐቢልና። 'ኣምና ጓለይ ካብ ስድራና መን ተሪፉ'፡ ሓቲቱኒ "ኩሎም ደቂሶም ኣለው፡ ዓባየይ ፋጥና፡ ኣደይን ሓብተይን ኩሎም ደቂሶም" ኢለዮ። ሽው ኣቦይ "ንዒ ጥራይ ኣነ እውን መዓልቲ ፈልያትኒ ካብኦም" ብምባል ኣብ ዝባኑ ተሰኪሙ ናብ እንዳ ዑስማን ገማጥ ኣብጺሑኒ። ንጽባሒቱ ከቐብሩ ውዒሎም ምስ ተመልሱ "ኣደይ ኣበይ ኣላ" ኢለ ሓቲተዮ። ንሱ ድማ "ኣደኺ ኣኮኺ ኣሕመድ ንዓሬታይ ወሲድዋ ንስኺ እውን ክትከዲ ኢኺ ኢሉኒ" ኣሚነዮ። ንጽባሒቱ ኣኮታተይ መጺኦም ሒዞምኒ ንዓሬታይ ከይዶም" ትብል።

ከምዚ ኢላ ድማ ኣምና ምስ ኣኮታታ ኣብ ዓረታይ ሓድሽ ህይወት ጀመረት። እንተኾነ ዝኸደቶ ከባቢ እውን ውሑስ ኣይነበረን። ድሕሪ ዓሰርተ ኣዋርሕ ካብ ህልቂት ዖና 29 መስከረም 1971 ካብ ኣፍዓበት ዝወፈሩ ክልተ ሻምበላት ነቲ ኣብ ድግ እትኣትባ ዝጸንሖም ሰለማዊ ህዝቢ ብጥይትን ሓውን ተሰሃልዎ። ሹም ናይ ዓድ ተኽሌስ ኬንቴባይ ማሕሙድ መሓመድ ነስረዲን (ሞት ሓረ)[508] ምስ ሻድሻይ ርእሱ ካብ ስድራኡ ተቐዝፈ። ካብ ዓድ ክሜል

508 ሞት ሓረ ማለት "ሞት ዝመረጸ" እዩ። ኬንቴባይ ኣብ ንእስነቱ ምስ መዛንኡ ከሎ ዕስለ እንስሳ ዘገዳም ሃጂምዎም ከይሃደመ ተሪፉ ስለ ምንታይ ዘይሃደምካ ምስ ተባህለ "ካብ ዝሃድም ሞት ትሕሸኒ" ብምባሉ "ሞት ሓረ" ስለ ዝበለ "ሞት ሓረ" ተባሂሉ።

ናይ ዓድ ሻውር (ኳዜን) ወዲ 90 ዓመት መንፈሳዊ መራሒ ከሊፋ ኣሕመድ ሳድቕ ምስ በዓልቲ ቤቱን ደቁን ተቐትሉ። ከሊፋ ርእሲ ኹሎም መሻይኽ ዓድ ተኽሌስ እዩ ነይሩ። ካብ ዓድ ሽኽ ሓምድ፡ ሽኽ ሓምድ ወድ ናፍያታይ ብኸቢድ ተወጊኡ ኣብ ኣስመራ ክሕከም ድሕሪ ምጽናሕ ህይወቱ ሓለፈት። ብጠቕላላ ኣብታ ረፍዲ 100 ሬሳታት ብህዝብን ተጋደልቲ ህዝባዊ ሓይልታትን ሓመድ ኣዳም ለበሱ።

ከምቲ ሃጸይ ሃይለስልሴ ንደጃዝማች ዝበሎ ዕጫ ሞት ነስላም ጥራይ ኣይኮነን ተመዲቡ። ከም ጵውጵዋይ ዝብእን ሰለስተ ኣብውርን ፈለማ እስላም ተቐተሉ። ክርስትያን ኤርትራውያን ድማ ጸኒሖም ግዳይ ኮኑ። ከምኡ ስለ ዝኾነ ድማ ድሕሪ ኣስታት ኣርባዕተ ዓመታት ካብ ህልቂት ናይ ዖናን ድግ እትኣትባን ኣብ መበቆል ዓዲ ናይቶም ኣብ ዖናን ኣብ ድግ እትኣትባን ዝተቐትሉ መሻኽይ ኣብ ኳዜን ወዲ 76 ዓመት ቀሺ ሰለሙን ዘሞ ዝርከቦም ሰብኡት ብጥይት ተረሺኖም ተቐትሉ። ኣብ 1988 እውን ንቀሺ ኪዳነ ሃብተማርያም ልብሱ ሓዊስካ 70 ዝኾኑ ደቂ ዓዱ ኣብ ኣፍደገ ዓዶም ብተመልከተልይ ተቐቲሎም ትንፋሶም ሓለፈት። ገዛእቲ ኢትዮጵያ ከም ውዲት ዝብኢ ንህዝቢ ኤርትራ ሓደ ድሕሪ ካልእ ንምጽናት እምበር ንማንም ብህይወት ክተርፉ ፍታዎም ኣይነበረን። ኤርትራ እምበር ህዝባ ስለ ዘየገድሶም።

ወይዘሮ ኣምና ኢብራሂም መደነ

ዳሕራይ ድማ "ኣሰናይ እላ ርኤና እስትዕማር ምን ሞት ለኣከ፡ ሰኒ ወዳ ሞት ሓረ ምን ርእስ ሕረም ኢሰከ" ተባሂሊ ኣብ ዝኽሪ መበል 51 ዓመት ህልቂት ድግ እትኣትባ ብመምህር ሱሌማን ተገጢምሉ ነይሩ።

ዕጫ ሞት ኣብ ግራትን ቤትን

ሃይለ ቁኖ ባረለማ ጎዲኑ ሸቕነውሲ
ጃር ቋለለማ ሕረም ስረውሲ

ዘይተፈልጠ

ሰውራ ኤርትራ ካብ መታሕት ንከበሳታት ኣብ ዝተቐልቀለሉ ካብ ተራ ናይ ፈዳይን ስርሒት ናብ ምጥቃዕ ከተማታት እዩ ተሰጋጊሩ። ዕሱባትን ሽፋቱን እናበለት ንእተቆናጽቦ ኢትዮጵያ ከኣ ጸሓይ ብጉንቦ ኢድካ ምኹዋል ኮና። ኣብ ፈለማ ሕዳር ናይ 1966[509] ኣብ ዝበዝሓ ከተማታት ኤርትራ ኣብ ሓንቲ ለይቲ ዝተኻየደ መጥቃዕቲ ኣብ ኣዲስ-ኣበባ እካየድ ናይ ዝነበረ ኣኼባ ውድብ ሓድነት ኣፍሪቃ ኣቓልቦ ንምስሓብ ተፈጺሙ። ብውሕዱ እቲ ፍጻመ ንምስሉይነቱ ንጉስ ከም ዝኸሸሐ ሰውራ ንድሕሪት ናብ ዘይምለሰሉ መድረኽ ከም ዝበጽሐ እኹል ጭብጢ ነበረ።

እንተኾነ ግን መንግስቲ ኢትዮጵያ ነቲ መሰሉ ዝተመንዝዐ ህዝቢ ጉዳዩ ብዓይኒ ፍትሒ ክርኢ ብፍጹም መደብ ኣይነበሮን። ወትሩ ብቋንቋ ሓይልን ግፍዕን ምግጣም ነበረ። ናይዚ ሳዕቤን ንኤርትራ ጥራይ ዘይኮነ ንኢትዮጵያ እውን ከቢድ ኮነ። መስኪን ህዝቢ ዓይንኹም ቁሊሕ ኢለን ሽፍታ ከይርእያ፡ ኣእዳውኩም'ውን እንጀራ ከየቐብላ ተባህለ። እዚ ማለት ዓይንኹም እንተርእየን ይነቘራ ኢድኩም እንተቐቢለን ድማ ይቖረጻ ዝሕመረቱ ታህዲድ ተደጋገመ።

ዓመተ 1967 ካብ ምፍርራህ ናብ ጨካን ኣራዊታዊ ውሳነ ተሰግረትላ ተቐየረት። ኣብ ደቡባዊ ምዕራብ ኤርትራ ዝተወልዐ ሓዊ ንብዙሓት ዓድታት ሃሚኹ ኣሽሓት ቁልዓ ሰበይቲ ቐተለ። ብዓሰርተታት ኣሽሓት ዝቑጸሩ ኤርትራውያን ናብ ዓዲ ጓና ተሰዲዶም ኢዶም ንምጽዋት ዘርግሑ። ኣንጻር ቀታሊ ህዝብና እናተዋጋእና ምሟት ይሓይሸና ዝበሉ ብዙሓት መንእሰያት ከኣ ናብ ሰውራ ተጸንበሩ።

ኣብ 1967 ካብ ከረን ንሰሜን ካብ ዓዲ ሓሸል ኣብየትጋኻን ጀሚርካ፡

---

509 እቲ መጥቃዕቲ በቲ ኣብ ከሰላ ዝመደበሩ ቅያዳ ሰውርያ እዩ ተወጢኑ። ኩለን ክፍልታት ይዕበ ይንኣስ ስርሒት ፈጺመን።

ኣፍሓሮም፡ ሮራ ቤትገብሩ፡ ጀንገሬን፡ ሓልሓል፡ መለብሶ፡ ኣስማጥ ክሳብ ሽርኢት ዘስካሕክሕ ምንዳድ ዓድታትን ምቕታል ሰለማዊውያንን ተፈጺሙ። ብመገዲ ጸባብ ንቤትጁኽ ጀንገሬን ዓድተኽሌስን ክንዮኡን ዝርከባ ዓድታት እውን ተመሳሳሊ ስጉምቲ ተወስደለን። ደው ዘበለት ኣጉዶ ነዲዳ ኣብ ቅድሚ ወተሃደራት ኢትዮጵያ ዝጸንሐ ፍጡር ፍርዱ ሞት ኮይኑ።

ኣብ ቀውዒ ናይቲ ዓመት ህዝቢ ካብ ኣየት ክሳብ ቀውዒ ጽዒሩ ኣብ ዳንዳን፡ ቅሚጦን ዓውድን ዘብጽሖ ምህርቱ ገዲፉ ሃዲሙ። ውሑዳት ግን ተተሓቢኦም ግራቶም ብምውፋር ድራር እለት ዝኾኖም ኣከቡ። ህዝቢ ነቲ ናይ ሽው ሕሰም እናቐዘሙ ከምዚ ክብል ዘየመሉ፡-

ሃይለ ቁኖ ባረለማ

ኀዲኑ ሽቕነውሲ

ጃር ቋለለማ ሕረም ስረውሲ [510]

ዓሂ ልቦም ከተንፍሱ'ምበር ብምስላን ጥበብን ዝልብም ጸላኢ ግን ኣይተዓደሉን። ኣብ ግራቱ ክበትኽ ኮነ ክጎንእ ዝተረኸበ ብጥይት ተመንጠለ። ኣብ ገዛእ መሬቱ ከም ተመን ዕዳጋ ብበትርን ብሰደፍን ተቐጥቀጠ። ኣብ ዶልዓቕዳ ሸሞንተ[511] ሓረስቶት ፍርቆም ኣብ ዓውዲ ፍርቆም ኣብ በዓቲ ተሓቢኦም ዝጸንሑ ብጥይት ተቐትሉ። ኣብ ካልኦት ዓድታት እውን ተመሳሳሊ ኣራዊታዊ ስጉምቲ ተወስደ። ኣብዚ ግዜ ግዳይ ዝኾነት ስድራ ናይ ዓብደላ ሳልሕ እያ።

ማሕሙድ ዓብደላ ሳልሕ ንስድራኡ ዝዓነፈ እንክጸዊ፡ "ምንዳድ ምስ ኮነ ኣቦይ ንስድራና ካብ ባሸሪ ንከረን ጀዲድ ኣብ እንዳ ደበብ ተኻርዩ ኣእተዎም። ኣነ ዓሳ እንዳ ኣቦሓጎይ ስለ ዝነበርኩ ምስኦም ኣይነበርኩን። ሽው ኣቦይ ካብ ከረን ብጥንቃቐ ንግራቱ (ዓንሰባ) ወፊሩ እሰርሕ ነይሩ። ምናልባት ገለ ዘሰክፍ ነገር እንተ ርእዩ ከኣ ተቐዳዲሙ ኣብ ማእከል ግራትና ናብ ዝነበረት ገረብ ዓርዮ ሓኹሩ ይሕባእ። እቶም ወተሃደራት ምስ ኣርሓቑ ከኣ ካብ ገረብ ወሪዱ ስርሑ ይቕጽል። ብኸምዚ ክልተ መዓልቲ ወተሃደራት ብትሕቲ እታ ተሓቢኡላ ዝነበረ ገረብ ሓሊፎም" ይብል።[512]

እቲ ሓደጋ ግን ኣብ ግራት ጥራይ ኣይኮነን ነይሩ። ማሕሙድ ንባዕሉ ምስ ጥሪቱ ኣብ መኪዳ ከሎ ሃንደበት ወተሃደራት መጺኦም ንላልምባ ገጹ ሃዲሙ ነብሱ እኳ እንተ ኣድሓነ ጥሪቱ ፋሕ ብትን ኣተወን። ንበይኑ ኣብ ጎቦ ሓዲሩ ከኣ ንጽባሒቱ ስድራኡ ናብ ዝነበሩዎ ከረን እናኣተወ ምስቲ ናብ ግራት

510 ሃይለ (ንጉስ ሃይለስላሰ) ከረምቲ ዝሓረስናዮ ክንበልዕ ዘይትሓድገና፡ ኣምላኽዶ ኣይርእን ኢልካዮ ብኽያት ደቂ ሄዋን።

511 ኣስማቶም እንተተረኺቡ።

512 ሕሙድ ዓብደላ ሳልሕ፡ ቃለ መጠይቕ ምስ ደራሲ፡ 18 ነሓሰ 2020፡ ከረን።

ዝወፍር ዝነበረ ኣቦኡ ኣብ ዱኳን እንዳ ሓምድ ዓንጃ (ዓዲሓባብ) ተቐባበሉ። ደሃይ ሓድሕዶም ፈሊጦም ከኣ ተፈላለዩ።

ርክብ ኣቦን ወድን ግን ናይ መወዳእታ ነበረት። ኩሉ ግዜ ደሓን ሓንቲ መዓልቲ ግን ዘይደሓን ከም ዝበሃል ኣቦ ኣብ ግራቱ ዝፈርሆ ዝነበረ ጎኒፍዎ። ኣቐዲሙ ከም ዝተጠቐሰ ዓብደላ እናተጠንቀቐ ናብ ግራቱ ካብ ምውፋር ኣየቋረጸን። ምስ ወዱ ኣብ ዝተራኸቡላ ኣብ ግራቱ ኣብ ስራሕ ኣስጊሉ ከሎ ሃንደበት ወተሃደራት መጽዎ። ኣቐዲሙ ናብ ዝኸወለላ ዝነበረ ገረብ ክጽጋዕ'ውን ዕድል ኣይሃብዎን። ሽዑ እቶም ወተሃደራት ነቲ ማሽላ ክበትኽ ዝጸንሐ ሰብኣይ ፍንጂ ክደፍን ከም ዝጸንሐ ጸላኢ ቆጺሮም ኣብ ማእከል ግራቱ ቀቲሎም ንቐድሚኦም ተመርቀፉ።[513]

ድሕሪ ሞት ዓብደላ ስድራኡ ካብ ከረን ጀዲድ ንዖና ስጊራ እያ ኣጉዶ ሰሪሓ ክትቅመጥ ጀሚራ። ሓጋዚ ኣንዳ ኣቦሓጎኡ ዝነበረ ማሕሙድ ግን ሽዑ'ውን ናብ ኣሓቱን ኣዲኡን ኣይተጸንበሮምን። ካብ መቐተልቲ ኣቦ ድሕሪ ኣስታት ሰለስተ ዓመታት ኣብ ቅንያት ህልቂት ዖና ግን ማሕሙድ ዓሰ ሓሚሙ ናብ ኣደኡን ኣሓቱን ዝነበርኦ መጺኡ ደቀሰ። ህልቂት ኣብ ዘጋጠመትላ ረፍዲ ከኣ፡ ፋጥና በኹሪ ገዛ እንዳ ዓብደላ ንሹቕ ክትኣቱ ካብ ዖና ተበገሰት። ኣብ ጎኒ ቤት ምህርቲ ጸሙማን ፍሬዕ ዝበተኻ ምስ ዝመስላ መካይን ተቐቢለንኣ ካብ ጽርግያ ተኣልያ ኣሕለፈተን። ነቶም ኣብ ገዛ ዝገደፈቶም ኣደኣን ኣሕዋታን ክቐትላ ይህወኻ ምንባረን ግን ኣመት ኣይነበራን። ዓሰ ሓሚሙ ደቂሱ ዝነበረ ማሕሙድ ኣደኡን ኣሓቱን ተዛንዮም ኣብ ገዝኦም ኣብ ዝነበርሉ ሃንደበት ድምጺ ጠያይት ተሰሚዑ ስንባደን ተርባጽን ወረሮም።

"ተኹሲ ምስ ሰማዕና ኣደይ ንዓይን ንዛህራ ሓብተይን ኣብ ትሕቲ ዓራት ሓቢኣትና። ንሳ ግን ኣቦይ ክመውት ተጠኒሳ ንዝነበረት ኣርህት ሓብተይ ሓቑፋ ኣብ ኣፍ ደገ ገዛና ደው በለት። ነቶም ገዛ ገዛ እናኣተዉ ሰብ ዘጥፍኡ ዝነበሩ ወተሃደራት ገዛና ምስ በጽሑ 'ኣብዚ ገዛ ሰብ ዝበሃል የለን በጃኹም' እናበለት ንውሽጢ ገዛ ካብ ምእታው ከልከለቶም። ኣብ ትሕቲ ዓራት ኬንና ነቲ ትዛረቦ ንሰምዖ ነይርና። ወተሃደር ግን ኣየላበዋን። ንዓኣን ነታ ኣብ ሑቑፋ ዝነበረት ሓብተይን ኣድራጋ ጠያይት ተኲሱ ኣውደቐን። ሞት ኣፍደገ ገዛና ከም ዝረገጸት ርኤና ብፍርሂ ትንፋስና ክትወጽእ ደለየት። ወተሃደር ግን ነደይን ንሓብተይን ቀቲሉ ካብ ኣፍደገ ተገልበጠ።"[514]

ብዙሓት ኣደታት 'ወተሃደራት ኢትዮጵያ ሰብኡትን መንእሰያትን ጥራይ'ዮም ዝቕትሉ' ዝብል ጌጋ ግምት ነይርወን እዩ። ኣደይ ራየት ዓሊ እድሪስ ግን ንክልተ ደቃ ኣብ ትሕቲ ዓራት ሓቢኣ ቅድሚ ውሉዳ ክትስጣሕ

513 ማሕሙድ ዓብደላ ሳልሕ።

514 ከማሁ።

እያ ወሲና። ወትሩ "ቅድሚኹም" ንትብሎም ደቃ ቀዲማ ተሰጥሖት። ከተድሕኖም እውን እንተዘይከኣለት ቀዲማቶም ከትመውት ግን ኣይጸገማን። እቶም ቆልዑ ብስንባድ እናንቀጥቀጡ ኣብ ቅድሚ ሬሳ ወላዲቶምን ሓብቶምን ንክንደይ ዝኣክል ከም ዝጸንሑ ንጹር ኣይኮነን። ገና ትሕቲ ዓራት ከለው ካልእ ጸገም ተወሰኸ፥

"ኣብ ትሕቲ ዓራት ከለና ኣጉዶና ቃልቃል ክትብል ጀሚሩ። ሽው ኣነ ንሓብተይ ሒዘ ሬሳ ኣደይ ተሳጊረ ናብ እንዳ ኦርቶላ ገጸይ ገየኹ። ኣጋጣሚ ዝኣቶናያ ገዛ ብደም ጨቅያ ብቓንዛ ዝግዕሩ መሊኣ ጸኒሓትና። ጭንቀት ስለ ዝፈጠረለይ ዳግማይ ሓብተይ ሒዘ ወጺአ ብቐጥታ ንከረን ኣቕነዐ። ኣብ እንዳ ሻሂ ፈረጀላ እያይ ምስ በጻሕኩ ኣደይ ዘይነብ ዓሊ[515] ትበሃል ሰበይቲ ካብ ዓዲ ሓባብ ጓላ ከትረድእ ንያና ከትሰግር ተቐቢላትና። 'ኣጆኹም ቅድሚኹም ሰላም እዩ' ኢላትና። ያና ገና ተኾሲ ኣየቋረጸን ነይሩ። ልበይ ጠፊኡኒ ስለ ዝነበረ ካልእ መን ረኺብና ኣይርድኣንን። ድኅና ፖሊስ ናብ እንዳ ሓወቦይ መሓመድኖር ምስ በጽሕኩ ሓወቦይ 'ኣደኻኸ ኣበይ ኣላ፧ ከነምጽኣ ክንከይድ' ኢሉኒ። 'ኣይትትዓብ ኣቦ፡ መይታ ሬስኣ ተሳጊረ እየ መጺአ' ኢለዮ"[516]።

ከምዚ ኢሎም ድማ ማሕሙድ ፋጥናን ዛህራን ኣብ ውሽጢ ሰለስተ ዓመታት ኣቦኦም፡ ኣዲኦምን ንእሽቶ ሓብቶምን ስኢኖም ምሉእ ብምሉእ ዘኽተሙ። "ዘኽታም ዝብኢ ኣይበልዖን'ዩ" ከም ዝበሃል ግን ኣሓቱ ናብ ማሕሙድ ተጸንቢረን ምስ እንዳ ኣቦሓጎኦን ተቐመጣ። ድሕሪ ክልተ ዓመት ፋጥና ንተላታዓሸር ተመርዕያ ንዛህራ ምስኣ ወሰደታ። ንሳ'ውን ንሓብታ ባዕላ ኣመርዓወት። ማሕሙድ ኣብ ትሕቲ እንዳ ኣቦሓጎኡ ኮይኑ መሲሉ። እዞም ብተደጋጋሚ ግፍዒታት ኢትዮጵያ ወለዶም ዝሰኣኑ ኣሕዋት ሎሚ ደቂ ደቆም ንምርኣይ በቒዖም ይርከቡ። [517]

ማሕሙድ ዓብደላ ሳልሕ

515 ነታ ሰበይቲ ጓላ ሰይቲ ሮሞዳን ኣከተ እያ ነይራ።

516 ከማሁ።

517 ከማሁ

ኢትዮጵያ ነቦ፡ ደቂ ንሓድሕዶም ዝተቓተሉ ስድራ

ኣይንደዋውሶም፡ ኣይነህስሶም።
ናበይ'ቢልካ ኺድብተር፡ ብጃምላዊ፡ ኩሉ ጠቓሊላ፧
ሸዊት ውልቀ - ህይወት እንድ'ያ፡ ምሒቜ-'ላ!
ጭልቅዕ-ትንፋስ እኮ ኢያ፡ ምሕዊ'ላ!
ጻልጣ ነገር'ያ'ምበር፡ ጭፍልቕ፡ ጭፍልቒ-'ላ!!

ተስፋማርያም ወልደማርያም

እንዳ ኢብርሂም ዮውሃንስ ካብ መበቍላውያን ስድራቤታት ዖና ሓንቲ እያ። ኣቦይ ኢብርሂም ካብ በዓልቲ ኪዳኖም ወይዘሮ ኬማ ማንታይ ካብ በኹሪ ተስፋጋብር ክሳብ ሕሳስልደ ያቆብ ሸዱሽተ ውሉድ ፈርዮም። ኣብ ግዜ ህልቂት ተስፋጋብርን ደበሳይን ምስ ሓዳሮም ኣብ ዖና ነበሩ። ሳልሳይ መትሎ እታ ስድራ መሓሪ[518] (ሳልሕ ኢብርእሂም) ግን ኣብ 1958 ንሱዳን ተሰዲዱ። ብ1964 ከኣ ብመገዲ ከሰላ ናብ ተጋድሎ ሓርነት ተጸንቢሩ። ወልደጋብር ተመሃራይ ከረን ካልኣይ ደረጃ ኣብ ዝነበረሉ ከም ብዙሓት መንእሰያት እቲ እዋን ኣብ 1967 ናብ ካልኣይቲ ክፍሊ ተጸንቢሩ። ኣብ'ቲ ንኑቕጣ ኮማንድስ ሓልሓል ንምቁጽጻር ኣብ መስከረም 1968 ተገብረ ዘይዕዉት ፈተነ ተሰዊኡ ኣስከሬኑ ኣብ ጁራ ፍዮሪ ተሰጢሑ ውዒሉ መጨረሽታ ምስ ብጾቱ ኣብ ደዓሪ ተቐቢሩ።[519]

ካብ ዖና ናይ ፈለማ ናብ ሰውራ ዝተጸንበረ መሓሪ (ሳልሕ ኢብርሂም) እዩ። ኣብ ሰውራ ካብ ዝተጽንበሩ ደቂ ዖና ናይ ፈለማ ዝተሰውአ ከኣ ወልደጋብር ኢብርሂም።

ኣብ ግዜ ህልቂት ኣቦይ ኢብርሂም በዓልቲ እንድኡ ሓሊፋ ምስቶም ዘይመስሉ መሶን ያቆብን ከምኡውን እንዳ ወዱ ተስፋጋብርን ደበሳይን ኣብ ዖና ይነብር ነይሩ።[520]

518 መሓሪ እብሪሂም፡ ኣብ ሰውራ ብሳልሕ እብርሂም ይፍለጥ ነይሩ። ኣብ መጨረሽታ እውን እታ መሓሪ ትብል ስም ተሪፋ ምሉእ ብምሉእ ብሳልሕ ተተኪኣ እያ።

519 ማሕደር ንሱር፡ ቃለ መጠይቕ ምስ ደራሲ፡ 14 መጋቢት 2021፡ ከረን።

520 ገብረማርያም ደበሳይ፡ ቃለ መጠይቕ ምስ ደራሲ፡ 6 ሓምለ 2020፡ ከረን።

ኣብ ዖና ህልቂት ኣብ ተጀመረሉ ኣቦይ ኢብርሂም ደቁን ደቂ ደቁን ነብሶም ከውጽኡ ሃድሙ። ህጻን ዝነበረ ገብረማርያም ደበሳይ ዳሕራይ ካብ ስድራኡ ዝተነግሮ ከዘንቱ ከሎ "ገዛ ዝነበረ ኩሉ ተኸሲ ሰሚዑ ክሃድም ጀሚሩ። ኣደይ ንዓይ ሓዚላ ሰይቲ ሓወቦይ ተስፈጋብር ምስ ደቃ፡ ጴጥሮስ ሓወይን ተከኤ ወዲ ሓወቦይን ብእግሮም ህድማ ኮይኑ ኣምሊጥና። ፍርቅና ተኺሲልና ንከረን ኣቲና ዝተርፉ ኣብቲ ጎቦ ሓዲሮም"[521] ይብል።

እታ ስድራ ግን ምሉኣ ብምሉእ ኣይኮነትን ካብቲ መዓት ኣምሊጣ። "ኣቦሓጎይ ምሳና ክሃድም ተበጊሱ። ገና ካብ ደምበ ከይወጸ ብጥይት ተወቒዑ ወዲቑ" ይብል ገብረማርያም። ኣደይ ናስራ ጀሚል ሰይቲ ዓብደላ ስልማን እውን ነቦይ ኢብርሂም ዘጓነፈ ብዓይና ርእያ ከምዚ ትብል "ኢብርሂም ዮውሓንስ ተወጊኡ እናንፋሓኸ እናወደቐ እናተንስኤ ክሳብ እቲ ዓንቀር በጺሑ ኣብኡ መይቱ"።[522] ደቁን ደቂ ደቁን ብሰላም ዝወጹ ኣቦይ ኢብርሂም መውጋእቱ ከቢድ ስለ ዝነበረ ነዊሕ ከይከደ ኣብ ጥቓ ዖና ኣብ ዝርከብ ዓንቀር ትንፋሱ ሓሊፉ።

ኣብ ግዜ ህልቂት ምክትል መራሒ ሓይሊ ናይ ሓይሊ ዑመር ኣቡሸነብ[523] ዝነበረ ሳልሕ እብርሂም ኣብ ከባቢ ዓንሰባ እንቀሳቀስ ከም ዝነበረ ድሮ ተጠቒሱ እዩ። ንሱ ጀነራል ኣብ ዝተቖንጸለላ ሓይሊ መሪሑ ኣብ ሸሸረማ ምስ ጦር ሰራዊትን ኩምንድስን ከም ዘገጠመ ቀዲሙ ብደቂቕ ተዘንትዩ ኣሎ። እቲ ኣብ ዖና ዝወረደ ህልቂት ከይተዛዘመ ናብታ ዓዲ ተቐልቂሉ ከም ዝረኣዮ እውን ክብሮም እድሪስ መስኪሩ። ዖና ክትሃልቕ ከላ ሳልሕ ካብኣ ካብ ዝወጽእ 12 ዓመታት ኣቑጺሩ ነይሩ። ናፍቖታ እናለለዎ እሳት ክህሙኻ ንደቂ ዓዱ ድማ ዓረር ክቐልዎም ርእዩ ክሳብ ጠኒኑ ናብቲ ሓዊ ከንቆት ተደናዲኑ።[524]

ድሕሪ ህልቂት ደበሳይ ኢብርሂም እውን ምስ እንዳ ሳበ፡ ኣብ ህዝባዊ ሓይልታት ተጋድሎ ሓርነት ኤርትራ ተጸንበረ። ስሕት ኢሎም ኣብ ተጋድሎ ሓርነት ምስ ዝነበረ ሳልሕ ሓዉ ይራኸብ ነይሮም። እቲ ኣብ መንጎ እዘን ውድባት ዝነበረ ዝምድና ሓንሳብ ስኒት ጸኒሑ'ውን ዝሕሸክር ተለዋዋጢ ነበረ። ኣብ ሓደ ኣጋጣሚ ሳልሕ ንደበሳይ "ኣብ መንጎናን መንጎኹምን ኩናት ከይኮነ ኣይተርፍን'ዩ ስለዚ ካብዚ ዘለኻዮ እንተ ትእለ ጽቡቕ ነይሩ"[525] በሎ። ናይ ሓው ሕማቕ ክርኢ ስለ ዘይገበረሉ እዩ። ደበሳይ ግን "ትእለ እንተኾንካ

521 ገብረማርያም ደበሳይ፡ ቃለ መጠይቕ ምስ ደራሲ፡ 18 ሕዳር 2019፡ ከረን።

522 ናስራ ጀሚል፡ ቃለ መጠይቕ ምስ ደራሲ፡ 17 መስከረም 2016፡ ዖና።

523 ኣብ ቀድሞት ዓመታት ናይ ሰውራ ኣብ ተሓኤ ይኹን ኣብ ህሓሓኤ ሓይልታት ዝያዳ ብመራሕቲ ሓይሊ ምጽዋዕ ልሙድ'ዩ ነይሩ።

524 ክብሮም እድሪስ።

525 ገብረማርያም ደበሳይ፡ ካብ ሳልሕ ኢብርሂም ዝሰምዖ ዘዘንተዎ።

ንሸኻ ካብ ዘለኻዮ ተኣለ'ምበር ኣነስ ዕጥቀይ ኣይፈትሕን" መለሰሉ። ከምዚ ኢሉ ድማ ከይተሰማምዑ ተፈላለዩ።[526]

ድሕሪ ግዜ ሳልሕ ከም ዝበሎ ኣብ መንጎ ተጋድሎ ሓርነትን እንዳ ሳበን ፈለማ ኣብ ሓልሓል ኣብ መንጎ ማልሻ ጸኒሑ'ውን ኣብ መንጎ ሓይልታት ደማዊ ውግእ ሰዓበ። ከም ሳዕቤኑ ሳልሕ ኢብርሂም ዝመርሓ ቦጦሎኒ ኣብ ሽርም ደነግል - ሂንቦል ኣብ ልዕሊ እንዳ ሳበ መጥቃዕቲ ከፊተት። ከቢድ ጉድኣት ድማ ኣውረደትሎም። ካብ ክልቲኡ ወገን ብዙሓት ተጋደልቲ ተሰውኡ። ሓደ ካብቶም ኣብቲ ውግእ ዝተሰውኡ ደበሳይ ኢብርሂም ነበረ። ሳልሕ ሓዉ ደበሳይ ከም ዝተሰውአ ጥራይ ዘይኮነ ዝተቐብረሉ ቦታ'ውን ኣርጊጹ ፈለጠ። ንኣሽራ መጺኡ መስዋእቲ ደበሳይ ነሙኡ ነጊሩ ስድራ ከም ዝርዳእ ገበረ። ከምዚ ኢሉ ድማ ደቂ ኢብርሂም ወዲ ዮውሃንስ ኢትዮጵያ ነብኦም ትቐትል ንሳቶም ድማ ነንሓድሕዶም ተቓተሉ።

ዛንታ እንዳ ኢብርሂም የውሃንስ፡ ምስታ ጳውሎስ ተስፋልደት ኣብ መጽሓፉ ዝፈጠራ ስድራ ብዙሕ ምምስሳል ኣለዋ። ጳውሎስ ተስፋልደት "በሲግዲረዲ ንርቁርዲ" (በስክዲራን ደቃን) ትብል ብቛንቋ ብሊን ዝተጻሕፈት ታሪኻዊት ልቢ ወለድ ኣብ (2013) ኣሕቲሙ ነይሩ። ዋላኳ እታ መጽሓፍ ብመልክዕ ልቢ ወለድ ትቕረብ ብዙሕ ሓቀኛ ፍጻመታት ኣስፊራ ትርከብ። ኣብ ልቢ ወለዳዊ ክፋላ ከኣ'ያ ምስ ሓቀኛ ዛንታ እንዳ ኢብርሂም ዮውሃንስ ትመሳሰል። ፍልልይ ደራሲ ንዛንትኡ ኣብ በስክዲራ ክምክና ከሎ፡ ዛንታ እንዳ ኢብርሂም ኣብ ዖና ተፈጺሙ።

እታ ኣብ በስክዲራ ጳውሎስ ዝፈጠራ ስድራ ናይ ኣቶ ፍካክን ወይዘሮ ዓፍየት ነበረት። ተረኽበ ዝበሃል እንኮ ውላድ ከኣ ነይሩዋ። ተረኽበ ካብ መሊካ ንዓይቡን ዓበን ቅድሚ ህልቂት በስክዲራ ወለደ። ሕማቕ ኣጋጣሚ ኮይኑ መሊካ ኣብ መስጊድ በስክዲራ ካብ ዝተቐዝፉ ሓንቲ ኮነት። ንእሽቶይ ወዳ ከኣ ጡብ ዝሞተት ወላዲቱ እናጠበወ ተረፈ።

ድሕሪ ግዜ ተረኽበ ወርሓዊ ውጽኢት ንሰውራ ከፊልካ ብዝብል ምስምስ ብኢትዮጵያ ይእሰር። እቶም ኣብ ግዜ ግፍዒ ህጻናት ዝነበሩ ዓይቡን ዓበን ከኣ ሕነ ናይታ ብግፍዒ ዝተቐትለት ኣዲኦም ክፈድዩ ሓዲኦም ናብ ህዝባዊ ግንባር ካልኣይ ድማ ኣብ ተጋድሎ ሓርነት ይስለፉ። እንተኾነ ግን እዞም ክልተ ኣሕዋት ዝነበርወን ውድባት ኣብ መንጎአን ስኒት ዝበሃል ኣይነበረን። ፍልልያተን እናበኣሰ ከይዱ ኣብ 1980 ኣብ ሓልሓል ኲናት ሓድሕድ ጸመዳ። ከም ሳዕቤኑ ዓይቡ ንዓበ ጸላኢ ቆጺሩ ቐተሎ። ዳሕራይ ግዜ ኣቦ (ተረኽበ)

526 ከማሁ።

ንዓይቡ ኩነታት ዓበ ሓዉ ዝፈልጥ እንተኾይኑ ሓተቶ። ዓይቡ ፈለማ ከም ዓወት ጸኒሑ ግን ከቢድ ጣዕሳ ዝገደፈሉ ፍጻመ ነብኡ ከምዚ እናበለ ይነግሮ "ኤበ, ዲደት ድውየካ ግን" "አቦ ሓደ ነውሪ ከነግርካ እየ" ብምባል ንሓው ባዕሉ ከም ዝቐተሎ ይነግሮ።[527]

እዚ ኣብ እንዳ ኣቦይ ኣብርሃም ብሓቀኛ መልክዑ ኣብ እንዳ ተረኽበ ድማ ብልቢ ወለድ ዝተፈጸመ ዛንታ ኣብ ኤርትራ ናይ ብዙሓት ስድራቤታት ዛንታ'ዩ። ውድባዊ ፍልልያት ዘንቀሎ ግጭት ኣብ መንጎ ደቂኖ ካብ ናይ ቃላት ቆይቂ ከሳብ ናብ ብረት ምዕማርን ምትኳስን ዓሪጉ እዩ። ኣብ ታሪኽና ኩናት ሓድሕድ ዘይንኽሕዶ እኳ እንተኾነ ንኾርዓሉ ምዕራፍ ግን ኣይኮነን። ከመይ ነቦን ነደን ዝቐትል ናይ ሓባር ጸላኢ እናሃለወ ነንሓድሕድካ ክትተሃናኾት ልክዕ ስለዘይነበረ።

ወልደጋብር ዝርከቦም ስውኣት ሓልሓል መስከረም 1968

527 ጳውሎስ ተስፋልደት፡ በስክዲራዲ ንርቁርዲ፡ 2013 ኖርወይ።

ኣዳሌት ኖር - ካብ ግፍዕቲ ናብ ውፍይቲ

እቲ ብርቱዕ ድምጺ ናይ ኣውያት መቓልሕ
ዘስካሕክሕ ፍጻመ ከብድኻ ዝጉሕጉሕ
መዘና ኣይነበሮን ንሰማይ ይኹሕኩሕ
ዝንቀሳቀስ ፍጡር ፍጹም ኣይነበረን
ደባሲ ዘይነበሮ ዝፈለለ ሓዘን

ኣስመሮም ሃብተማርያም

ውጻእ መዓትን ስድራ ቤት ግዳያትን ህልቂት ዖና ግዳይ ካብ ዝኾና ስድራቤታት ክዝርዝሩ ከለዉ ብፍላይ እቶም መበቆላውያን ተቐማጦ እንዳ ኖር ወዲ መናይ ከይጠቐሱ ዳርጋ ኣይሓልፉን። በዚ ተደሪኸ ኣብ ልዕሊ እዛ ስድራ ዝወረደ መዓት ካብ ኣዳሌት ጓል ኖር መናይ ሰሚዐ ክስንድ ተበገስኩ። ብቐሊሉ ግን ኣይሰለጠንን። ፈለማ ንጹር ኣድራሻን ብኸመይ ከም ዝረኽባን ንጹር መገዲ ብዘይምርካበይ። ነዚ ግድል ሰጊረ ኣብ ዝበልኩሉ ከኣ በዓል ቤታ ነደይ ኣዳሌት ኣቦይ ሃብተ ስልማን ብጽኑዕ ሓሚሙ ምቑእ ሃዋህው ስለ ዘይተረኽበ። ሽዑ ኣነ ብሓደ ወገን ብዛዕባ እዛ ስድራ ገለ ክብል ስለ ዝነበረኒ ብኣንጻሩ ከኣ ጥዕና ኣቦይ ሃብተ ክንዲ ዝመሓየሽ እናገደደ ከይዱ መሊሱ ጸገመኒ። ተቐርቂረ ንንውሕ ዝበለ እዋን ጸናሕኩ።

መጨረሽታ ግን ሓደ ነገር ወሲነ። ሓንቲ መዓልቲ ደዊለ ኣብቲ ብተዛማዲ ይሓይሽ ዝበልክዎ ከም ዝመጽእ ዳርጋ ትእዛዝ ዝመስል ሓበሬታ ናብታ ቤት ኣመሓላለፍኩ። እንተኾነ ግን ክመጽእ ምኺነይ እምበር ዝመጸሉ ሰዓት ብንጹር ሰኣን ምሕባረይ ኣደይ ኣዳሌት ከትጽበ ውዒላ ሰዓት ኣርባዕተ ናይ ምሸት ሓሚማ ንዝነበረት እንኮ ሓብታ ክትርኢ ንዓዲ ሓሸል ሰገራ ጸንሓትኒ። ሰንበት ናይ ግዜ ምሸት ኣብ ገዛ እንዳ ኣቦይ ሃብተ ኣብ እንዳ ቪላ ዝተቐበላኒ ጓላን ሰይቲ ወዳን ነደይ ኣዳሌት፡ ቆሪጸ ከም ዝመጻእኩ ዝፈለጣ ክመስላ ብሓደ ወገን ቡን ቆልየን ጀበና ከስኽትታ በቲ ድማ ተሌፎን ደዊለን ክጽውዕኣ ሓደ ኮነ። ኣደይ ኣዳሌት ድማ ኣወል ከይተቐድሐት ከተፍ በለት።

ዖና ኣብ ዝሃለቐትሉ ግዜ ናብ መብራህቱ ኣድሓና ተመርዕያ ዓመት

ደፊና ዝነበረት ኣዳሌት በዓል ቤታ ተጋዲሉ ኣብ በይና እንዳ ዓለቡኣ ከኣ ኣብ ገዝኦም ነበሩ። ቀቅድሚ ህልቂት ምጅማሩ ኣዳሌት ምስ ሳንድኣ ምክኤለት ሰይቲ ንጉስ ኣብ ገዛ ኣዳሌት ኮይነን ቡን ይሰትያ ነበራ። እንዳ ኣቦይ ኖር እውን ምስ ህጻን ጓሎም ትርሓስ ኣብ ገዝኦም ከለው ዘይተጸበይዎ ወረዶም።

"ኣነን ምክኤለትን በይንና ኣብ ውሽጢ ገዛ ከለና ብወድ ሽከፊን ተኹሲ ሰሚዕና ብፍርሂ ካብቲ ዝነበርናዮ ንደገ ወጺእና። ወተሃደራት ይቐትሉ፡ ገዛውቲ የንድዱ፡ ንዝቐተልዎ ኣልዒሎም ናብ ዝነድድ ሓዊ ክጠብሱ ምስ ተዓዘብና ንገብሮ ጠፊኡና ኣብ ቅድሜና ዝነበረት ቅንጭብ ተጸጊዕና ኮፍ ኢልና። ናባና ዝተተኮሰ ጠያይት ኣይቀተለናን እምበር ኣይትኣምኑን ንቀምሽና ቀዳዲዎ። ምክኤለት ክልተ ውግያ[528] ስልማታ ኣብ ኢዳ ሒዛ 'ኣብዚ እንተመጺኡና ከመቕለኪየ፡ ነዚ ሂብና ህይወትና ነትርፍ' ትብለኒ ነይራ። እንትርፎ ካብ ርሑቕ ዝትኩስ ግን ኣብ ዝነበርናያ ዝመጸና ብዘይምንባሩ ኣብ ኩሉ ኣይበጻሕናን። እቲ ምቕታልን ምንዳድን ብቕድሜናን ብድሕሬናን ስለ ዝነበረ እዚ ኹሉ ኣብ ሓደ ቦታ ተኾርሚና ኣሕሊፍናዮ። ኣብ መንጎ ግን ሓደ ወተሃደር ካብ ርሑቕ ርእዩና ነቲ ኣብ ጥቓና ዝነበረ ብጸዩ 'ዎ ሓጎስ እተን ኣብ ጥቓኻ ዘለዋኺ' በሎ። እቲ "ሓጎስ" ዝስሙ ኮማንድስ ግን 'መይተን እየን'" እናበለ ከም ዝመለሰሉ ተዘንቱ።[529]

መጨረሽታ ሰለስተ መድፍዕ ተተኩሱ ወተሃደራት ቅትለትን ምንዳድን ኣቋሪጾም ንዖና ከም ዝለቐቑ እተዘንቱ ኣደይ ኣዳሌት ሃዲማ ንከረን ጀዲድ ኣትያ ኣብ እንዳ ኣሞኣ ተዓቚበት። በታ ዕለት ካብቲ መዓት ንስክላ ዘምለጡ ፍርቆም ንከረን ፍርቆም ንጎቦታት ገጾም እዮም ሃዲሞም። ናይ ውጉኣት ዕጫ'ውን ዝተፈልየ ኣይነበረን። ሕንክስ እናበለ ባዕሉ ተሳልዩ ንከረን ዝኣተወ። ብሰብ ተደጊፉ ዘርከበ። ኣብ መገዲ መካይን ተቐቢለን ናብ ሆስፒታል ዘብጽሕኦም ብመዓልቲ ህልቂት ከባቢ ፍርቂ መዓልቲ ኣስታት 300 በጽሑ። እዚ ቁጽሪ ነቶም ገና ኣብ ዖና ዝተረፉን ናብ ጎቦ ዝሃደሙን ኣብ ግምት ኣየእቱን።

ኣዳሌት ኣጋ ምሸት ስድራኣ ናብቲ ተዓቚባትሉ ዝነበረት (እንዳ ኣሞኣ) ከይመጹ ምስ ተረፉ ገለ ምስ ውጉኣት እንተጸንሕዋ እናተመንየት ናብ ሆስፒታል ኣምርሐት። ሆስፒታል ብቁሱላትን ደሃይ ስድርኦም ክገብሩ ላዕልን ታሕትን ብዝብሉን ኣዕለቕሊቓ ጸንሓታ። ነታ ብጥይት ተበጃጂላ ብደም ጭቅያ ዝነበረት ጓል ክልተ ዓመት ሓብታ ክትረክብ ከኣ ሰዓታት ወሰደላ። ትርሓስ ብህይወት እኳ እንተሰረረት የእጋራን ከብዳን ብሕሱም ተጎዲኣ ነበረት። ብዛዕባ ኣቦኣን ኣደኣን ከትሕተት ይትረፍ ካብ ሕቑፊ ወላዲታ ብኸመይ ከም ዝተፈልየትን መን ንሆስፒታል ከም ዘብጽሓ እውን ትፈልጦ

528

529 ኣዳሌት ኖር፡ ቃለ መጠይቕ ምስ ደራሲ፡ 18 ጥቅምቲ 2021፡ ከረን።

ኣይነበራን። ኣዳሌት ናብ ረቡዕ ዘውግሐት ለይቲ ብሓደ ወገን ነታ ብቓንዛ ትልሎ ሓብታ ክትእብድ ብኻልእ ድማ ብሃለዋት ስድርኣ ተቖልያ ሰለም ከየበለት ወግሓ። ንጽባሒቱ ኣንጊሆ ክቐብሩ ንዖና ምስ ዝሰገሩ ገስጊሳ ስድርኣ ዘጓነፎም ብዓይና ርእያ ቀበጸት።

“ሬሳ ወለደይ ኣብ ኣፍደገ ገዛና እዩ ተመዲዱ ጸኒሑኒ። ኣቦይ ብሓንቲ ጥይት'ዩ ተቐቲሉ። ኣደይ ግን ደጋጊሞም ስለዝወግእዋ'ዩ መስለኒ ብዙሕ ደም ፈሲስዋ። ነቦይ ከልዕሎ ብሓይሊ ምስ ሓቖፍክዎ ምሉእ ኣካላተይ ብደም ዓሊሱኒ። በቃ ኣይከኣልኩን። ሓጊዞምኒ ኣብ ተኮባ ምስ ገበርናዮ ሓዳስ ጋቢ ኣውጺአ ከዲነዮ። ብተንኮባ ተሰኪምና ከኣ ናብቲ ጥቓ ዋሊኩ ዝነበረ መቓብር ናይ ክርስትያን ቀቢርናዮ። ነደይ ክንወስድ ምስ ተመልስና ሬስኣ ኣይጸንሓናን። ብሓባር ምስ ዝተቐብሩ ሬሳታት ተጠርኒፋ ድሮ ተገኒዛ ከነለልያ እውን ኣይከኣልናን”[530] ብምባል ዘባህርር ዛንታ ስድራኣ ትጸዊ።

ኣዳሌት ድሕሪ ቀብሪ ብቐጥታ ሆስፒታል ተመሊሳ። ኣብ ክዳና ንዝነቐጸ ደም ወላዲኣ እውን ኣይሓጸበትን። ንሳልስቲ ከምኡ ኢላ ጸንሐት። ሳላ ጨካን ተግባራት መንግስቲ ኢትዮጵያ ኣበየ ቦትኡ ኣካላቱ ተቖራሪጹ ዝደሚ፡ ክዳኑ ብደም ተዓለሰ ምርኣይ ንቡር ተርእዮ ተቐይሩ ነበረ። ትርሓስ ንኣስታት ክልተ ኣዋርሕ ሕክምናዊ ክንክን ተገይሩላ ከብቅዕ ምምሕያሽ ኣየርኣየትን። መጨረሽታ ነስመራ ክትሓልፍ ተወሲኑላ ንተወሳኺ ኣርባዕተ ኣዋርሕ ኣብ ኣስመራ ተሓከመት። ንሳተን ኣብ ኣስመራ ከለዋ ኣሞአን ናይ ሓዋን ናይ ሰይቲ ሓዋ ከድኛ ሓምድን ተስካር ፈጺማ ሓዘና ዓጸውት።።

ኣዳሌት ግን ምስ ሓብታ ላዕልን ታሕትን ክትብል ነቲ ናይ ስድርኣ ሞት ዳርጋ ኣይሓዘንትሉን። ድሕሪ ኣስታ ሹዱድሽተ ኣዋርሕ ሓብታ ደሓን ምስ ኮነት ግን ኩሉ ተሰዊጥዋ ሓዳስ ሓዘንተኛ ኮነት። ኣብቲ ህሞት ንዕኣ ኩሉ እዩ ጸልማት። ብቐንዱ ወለዳ ስኢና። ብሓዳራ ኣይቀስነትን። ጾር ዘኽታም ሓብታ ተደሪብዋ ከም ኣፍ ዑንቂ ጸበባ። ኣሞኣ ግን ፍታሕ መሃዘት። ጓል ሓዋ ሃጽ ኢላ ከይትጠፍእ ሓደ ሓሳብ ኣንቀደት።

“ኣሞይ ጓል ሓወይ ክትጠፍእ'ያ ብምባል ከምርያ ከም ዘለኒ ወሲና። ናብ ኣቦ ደቀይ - ሃብተ ስልማን ተመርዕየ። ንሱ'ውን ሰበይቱ ጓል ክልተ ዓመት ህጻን ገዲፋትሉ ንተስካር ሓወቦኣ በስከዲራ ከይዳ ከላ ሓደጋ ኣጋጢምዋ ኣብ መስጊድ ዝተቐትለት እያ”[531] ናይ ክልተ ውጹዓት ሰብ ሓዳር።

ሓዳር ኣቦይ ሃብተን ኣደይ ኣዳሌትን ኣብ ባንቢ እያ ብርካ ወጺኣ። ኣብቲ ግዜ ትርሓስ ብሓገዝ ኣሞአን ትኾነን ናብ መዕበያ ዘኽታማት ጎዳይፍ ተጸንበረት። ለተዮሴፍ ጓል ኣቦይ ሃብተ (ካብ ምሕረት ኣንስራ ዝወልዳ)

530 ኣዳሌት ኖር
531 ከማሁ

እውን ምስ ዓባያ - ኣደኡ ነቦይ ሃብተ ትዓቢ ነበረት።

ዳሕራይ ኣብ ግዜ ዕግርግር ኣስመራ (1975) ዘኽታማት ናብ ናይ ቀረባ ኣዝማዶም ክኸዱ ምስ ተነግሮም፡ ኣደይ ኣዳሌት ምስ በዓል ቤታ ካብ ዓዶም ብዙሕ መሰናኽል ሰጊሮም ብእግሮም ካብ ከረን ኣስመራ ኣተዉ። ነታ ህጻን ወሲዶም ከኣ ዳግማይ ብእግሮም ብቲ ዝመጽዋ ንዓዶም ተመልሱ። ለተዮሴፍ'ውን ዓባያ ደኺማ ናብታ ስድራ ተጸንበረት።

"ለተዮሴፍን ትርሓስን ኣደታተን ሓንቲ ሰኑይ ኣብ በስክዲራ ናይታ ሓንቲ ድማ ሰሉስ ኣብ ዖና ዝሰኣናየን። ኣምላኽ ክህበን ምስ ኣደታተን ክነብራ መኣስ ጸሊኦን ግን ወሪድወን። ኣነ ከም ኣዲኦን ንሰን ከም ደቀይ እየን ዝነበራ። ትርሓስ[532] ሓብተይ ክሳብ ሎሚ ኣደ ኢላያ ትጽውዓኒ። ደቃ ከኣ ዓባይ። ብዘይካይ ንመን ትፈልጥ ኮይና መስኪነይቲ" ብምባል ነቲ ብሰንኪ ዝኽትምና ዘሕለፍኦ ጭንቂ ትጸዊ።

* * *

ኣዳሌት ከይተመርዓት ከላ ኣትሒዛ ኣብ ተጋድሎ ሓርነት ተወዲባ ነይራ። ንሳ ኣብ ድምጺ ሓፋሽ ኤርትራ መደብ ቋንቋ ብሊን ብዛዕባ ኣብ ሰውራ ዝነበራ ኣበርክቶ ኣመልኪታ ምስ ኣሚና ሚካኤል ዝገበረቶ ቃለ መሕተት ንሳን ብጾታን ናብ ዶልዓቕዳ ከይደን ወርሓዊ ውጽኢት ከውጽኣ፡ ከምኡ'ውን ሰውራ ዝኣዘዘተን ክለኣኻ ተሰማሚዐን ከም ዝተመልሳ ተዘንቱ።[533] ድሕሪ ምዝላቕ እውን ንሳን ሰብኣያን በብወገኖም ኣብ ዋህዮ ናይ ህዝባዊ ግንባር ተወዲቦም ሰውራዊ ንጥፈታት ጀመሩ። ኣቦይ ሃብተ ተዘከሮ ስለ ዝጠለሞ ንውዕሉ ኮነ ኩርናዕ ኣዘናትውኡ ክንሰምዕ ዕድል ኣይገበርናን። ኣደይ ኣዳሌት ኖር ግን ነቲ ኣብ መንጎ ባንቢን ከረንን ዝፈጸመቶም ሓደገኛ ተልእኾታት ካብ ኣንደበታ ረኺብና።

ናይዛ ኣደ ኣበርክቶ ኣብ መጽሓፍ ገድሊ ደቀንስትዮ ኤርትራ እዮብ ተስፋዮውሃንስ "ኣዳሌት ኖር" ብዝብል ኣርእስቲ ኣቕሪብዎ ኣሎ። ካብ ሰላሳን ሾመንተን ዛንታታት ኣብ መጽሓፍ "ገድሊ ደቀንስትዮ" እታ ሓንቲ ናይ ኣዳሌት ኖር እያ።

ዓብደልቃድር ኣሕመድ ኣብ ተመሳሳሊ መጽሓፍ ንዛንታ ህይወት ዑቕባማርያም ኣብ ትገልጸ ክፋል ንፍሉይ ኣበርክቶ ኣዳሌትን ብጾታን በዘን ዝስዕባ ቃላት ገሊጽዎ ይርከብ፡

ካብ በረኻ ናብ ከተማታት ዝለኣኽ ዝነበረ ነታጒ ይኹን
ካልእ ሓበሬታ፡ ክብገስ ከሎ ብዝተፈላለዩ ንሓድሕዶም

532 ትርሓስ ኣብዚ ቀረባ ግዜ ካብዛ ዓለም ብሞት ተፈልያ።

533 ከማሁ።

> ዘይፋለጡ ስባት'ዩ ንከረን ዝኣቱ ነይሩ። ዘንቢል ከረን ክንዮ ዘይትቡንን ለሚንን፡ ካልእ ንብረት'ውን ሓዊሳ ብኣደታት ናይቲ ከባቢ ተጸይራ ከረን ትበጽሕ'ሞ ብኣዝዩ ልዑል ጥንቃቐ ናብቶም ዝምልከቶም ኣተግበርቲ ትሰጋገር።[534]

ኣደይ ኣዳሌት ነቲ ምስ ስውኣት ለተሚካኤል ወልደማርያምን[535]፡ ህይወት ዑቕባማርያምን ዝነበረን ምስጢራዊ ስራሕ ዘጋጥመን ዝነበረ ብድሆታት ንመስዋእቲ ዝነበረን ቅሩብነት ብሓደ ወገን ብኻልእ ድማ ናጽነት ንምርኣይ ዝነበረን ባህጊ ኣዘንትያ ኣይትጸግቦን። ሰውራ ኤርትራ ኣብ ነዊሕ ዓመታት ካብ ዘፍረዮም እልቢ ዘይብሎም ጀጋኑን መራሕትን ንብልሕን ቆራጽነትን ስዉእ መምህር መብራህቱ ገበረመድህን[536] ንኽትገልጽ ቃላት ይሓጽራ። "ንሓንቲ መዓልቲ'ውን ትኹን ነዛ ናጽነት እንተ ዘርእያ" እናበለት ንዝተቓለሰላን ዘቓለሰላን ናጽነት ንዘይረኣየ ናይ ዕላማ ብጻያ ትጉህየሉ።

ኣብ መጨረሽታ ኣዋርሕ ናይ 1992 ኣብ ከረን ካብ ናይ መዓልቲ ሰማእታት ዘይፍለ ሃዋህው ሰፊኑ ነበረ። መጉልሒ ድምጺ ዝሰቐላ መካይን ካብን ናብን እናተንቀሳቐሰ ናይ ሰማእታት ደርፍታትን መዛሙርን ኣጋውሐ። ናይቶም ኣብ ከረንን ከባቢኣን ዝወደቑ ሓርበኛታት ኣስከሬን እዩ ኣብ ሓደ ቦታ ዝጥርነፍ ነይሩ። ንመዓልታት ዝቐጸለ ንጡፍ ኣስከሬን ሰማእታት ኣብ ሓደ ቦታ ናይ ምጥርናፍ መስርሕ ከኣ ተኻየደ።

ኣደይ ኣዳሌት ነቶም ደኺምናን ጸሚእናን ከይበሉ እንኮ ህይወቶም ዝወፈዩ ናይ ዕላማ ብጾታ ናብ ግቡእ ቦታኦም ንምዕራፍ ስንጭሮን ኩርባን ክትሓኩርን ክትወርድን ክፋል ናይቲ ብፍሉይ ተልእኾ ትዓም ዝነበረት ሰውራዊ ግቡእ ቆጺራ ዝሃለኸት ኣይመሰላን። እንተኾነ ግን ብዘይካ እቲ ምስ ህዝባ ዝዓመመቶ ንስለ ሰማእታት ካልእ ብፍሉይ ትሕተቶ ነይሩዋ። ኣመሓደርትን ዓበይቲ ዓድን ነታ ብልቱግ ሶታይ ኣፍርያ ዘዕበየታ ግራት ኖር ወዲ መናይ መቓብር ሓርበኛታት ክትከውን ሓጸዮማ። "ኢትዮጵያ ነቦይ ቀቲላቶ፡ ሎሚ ግራቱ መዕረፊ ሰማእታት ክትከውን ንዓይ ሓበን'ዩ" ብምባል ብሓጎስ ተቐበለቶ። ግራት ኖር ወዲ መናይ ካብ ሽው ጀሚራ ከሳብ እዛ ዕለት ሰማእታት ኤርትራ ይቕበሩላ ኣለዉ።

ጋዜጣ ሓዳስ ኤርትራ ኣብ ናይ 5 ታሕሳስ 1992 ሕታማ "ህዝቢ ከረን ሰማእታቱ ብኽብሪ ቀቢሩ" ኣብ ትሕቲ ዝብል ኣርእስቲ 60 ሽሕ ሕዝብን ተጋደልትን ሃይማኖታውያን መራሕቲ ኤርትራን ኣመሓደርቲ ኣውራጃ

---

534 ዛንታታት ተመክሮ ገድሊ "ገድሊ ደቀንስትዮ፡ ግዜ...ግዜ ዓብደልቃድር ኣሕመድ፡ 2016።

535 ሓዳስ ኤርትራ ቀዳም 3 ጥቅምቲ 1996 ርስቶም ፍስሃጽዮን "ከም ዝሰዋእ ተረዲአ'የ ኣትየ" ብዝብል ኣርእስቲ ዛንታ ለተሚካኤል ጽሒፉ ኣሎ።

536 ተጋዳላይ መብራህቱ ገብረመድህን (መምህር) ኣብ ሶኹና ብፍሉይ ዝዝከር መራሒ ኣብ ክፍሊ ህዝቢ እዩ ነይሩ። ቅድሚ ናጽነት ብሕማም ተሰዊኡ።

ሰንሒትን ኣብ ዝተረኽብሉ ኣስከሬን ሰማእታት ኣብ ናይ ክብሪ ቦታ ከም ዝዓረፈ ትገልጽ። ኣብቲ ኣጋጣሚ ኣመሓዳሪ ከተማ ከረን ዝነበረ ሙሳ ሑሴን ናይብ ኣብ ዖና ነዚ ዝስዕብ ቃል ኣስሚዑ፥-

“ናይ ሎሚ 22 ዓመታት ዝገበረ ልክዕ ከም ትማሊ (2 ታሕሳስ 1970) መዓልቲ ኣብ ገለብ 70 ንጹሃት ዜጋታት ክትዛረበሉ ብዘስካሕክሕ ግፍዒ ተቐቲሎም። ንሰብኡት ፈልዮም ብምውሳድ ክሳዶም ኣብ ቃራና ዕንጨይቲ የእትዮም ብፋስ ክቆራርጽዎም ከለው፡ ነንስቲ ከኣ ምስ ኣብ ከብደንን ሕቑፊአንን ዝነበሩ ህጻውንቲ ብሓዊ ኣንዲዶም ናብ ሓሙኽሽቲ ለዊጦመን። እዚ ግፍዒ’ዚ ነዊሕ ግዜ’ኳ ሓሊፍዎ እንተሃለወ ስምብራቱ ገና ኣብ ኣእምሮና’ሎ። ኢትዮጵያውያን ኣብ ዖና’ውን 750 ሰባት ክቕትሉ 300 ከቑስሉ ከለዉ ፍርቂ ሰዓት’ዩ ወሲድሎም። ኣብ ኤርትራ ታሪኽ መግዛእቲ ኢትዮጵያ ታሪኽ ናይ ማእለያ ዘይብሉ ባርባራዊ ግፍዕታት’ዩ”[537] ብምባል ረዚን ቃል ኣስምዐ።

ነቲ ብ3 ታሕሳስ 1992 ኣብ ዖና ዝተፈጸመ ናይ ቀብሪ ስነ-ስርዓት ካብ 2ይ ደረጃ ቤት ከረን ምስ ዝተበገሱ ተማሃሮ ኮይነ ተሳቲፈዮ። ልክዕ ቅድሚ 22 ዓመታት ካብታ ዕለት ድማ ካብ ተመሳስሊ ቤት ትምህርቲ ዝነቐሉ ተማሃሮ ነቶም ብግፍዒ ዝሃለቑ ግዳያት ቀቢሮም። ዖና ድማ ካብ 3 ታሕሳስ 1992 ክሳብ እዛ ዕለት ኣብ ብዙሓት ዓድታትን ከተማታትን ኤርትራ ንዝተወልዱ ሓርበኛታት ኣስከረኖም ዝዓርፈላ ክብርቲ ስፍራ ኮይና ትቕጽል ኣላ።

ወይዘሮ ኣዳሌት ኖር መናይ

ነፍስሄር ትርሓስ ኖር መናይ

537 ሓዳስ ኤርትራ፡ 5 ታሕሳስ 1992፡ 2ይ ዓመት ቁ.28።

ደሃይ ናይቶም ደቂ ሰሓርቲ

ዓና ምስሊ፡ ዘይናታቶም ዘርኢ
ክሩህ ገጽ! ፍቕሪ አልቦ፡ 'ንትርፎ ጽልኢ
ዓጢቑ ክሳዕ ዓንቀሩ
ብሽታ ደም ሰኺሩ
ፍጡር ከም ዘይኮነ
ፍጡራት ዘምከነ
ሓጺነ-መጺን ዓጢቑ
ህርድግ ደአ በለ....

ኤፍረም ሃብተጽዮን

ኣብ ሩብ ደዓሪ ኣብ ጀርዲን እንዳ ሶንሶኒ ዝሰርሑ ናይ ዝነበሩ የማነን ኣስረስሀይን መደምደምታ ታሪኽ ብዘይምርካበይ ቅሱን ኣይነበርኩን። ብዝተፈላለየ መገዲ ሓታቲተ ዝኾነ ሓድሽ ኣይረኸብኩን። ናይ ቅድሚ ሓምሳ ዓመታት መርዑት ዝነበራ ኣንስቶም ይኹና ደቀን ኣበይ ክህልዋ ይኽእላ እንዶ ዝበሃል ኣይነበረንን። ንዕአን ኮነ ንደቀን ረኺበ ድሕሪ ከረን ዝቐጸለ ህይወተን ክፈልጥ ባህ ምበለኒ። ዘይፈንቀልክዎ እምኒ እኳ እንተዘይነበረ ኣይሰለጠን።

ኣብ መስርሕ ስነዳ ናይ'ዚ ቅድሚ ፍርቂ ዘመን ዘጋጠመ ፍጻመ ከምዚ ዝመስል ብድሆታት ከጓንፈኒ ከም ንቡር ኢየ ወሲደዮ። ነዚ ዝመስል ግድላት ንምፍታሕ ከኣ ብዙሕ ሜላታት ከጥቀም ነይሩኒ። ብፍላይ ህሉው ኣድራሻ ግዳያትን መቕርብን ንምርካብ ሓያል ጻዕሪ እዩ ዝሓትት። ብዓይኖም ርእዮም ብትኽክል ክምስክሩ ዝኽእሉ ንምርካብ ሓያል መሰናኽል ኢኻ ትሰግር። ነዚ ንምቅላል ከኣ ምስቲ ዝደለ ሰብ ቅርበት ይህልዎም ዝተባህሉ ሰባት ዕዮ ገዛ ምሃብ ሓደ ካብቲ ኣብ መስርሕ ዘማዕበልኩዎ ሜላ እዩ። ባዕለይ ክበጽሖን ክረኽቦን ንዘይከኣልኩ ንምርካብ ኣዝዩ ሓጋዚ ነይሩ።

የማነን ኣስረስሀይን መበቆሎም ካብ ናይ መጽናዕቲ ከባቢ ርሑቕ ብምዃኑ ብቐሊሉ ዝፈልጦም ሰብ ክርከብ'ዩ ዝብል ግምት ኣይነብረንን።

ክሳብ ክንድ'ዚ ከቢድ ክኸውን ግን ኣይተጸበኹን። ዝተፈተነ ዘበለ ፋይዳ ተሳኢንዎ ናብ ቅባጸት ኣብ ዝተቓረብኩሉ ዓርከይ መምህር መርሃዊ ጴጥሮስ ጭራ ሒዙለይ መጸ። መምህር ነቲ ኣቐዲሙ ብዛዕብኡም ዝነገርክዎ ንዓባዩ ኣዕሊልዋ ብንጹር ናብ ዝፈልጥ ሰብ ኣኣንፈታቶ። መምህር ድማ ናይቲ ኣዳቺቑ ይፈልጥ እዩ ዝተባህለ ሰብ ተሌፎን ሒዙለይ መጺኡ። ቁጽርታት ሞባይለይ ጠዋዊቐ ብኻልእ ጫፍ ናይ ዝነበረ ድምጺ ተጸባበኹ።

"ሃለው" ኣብ ማእከላይ ዕድመ ናይ ዝርከብ ሰብኣይ ድምጺ ተቐበለኒ

"ሃለው ኣቶ ኣማንኤል ሰመረ፣ ብሕቶ ጀመርኩ"

እወ : መን ክብል

መንነተይ ገልጽኩ

እንታይ ክሕግዘካ፣

ክረኽበካ ደልየ ኣብ'ዚ ኣስመራ እንተሃሊኻ

ናይ ደሓን ዲኻ

ናይ ደሓንየ ብዛዕባ የማነን ኣስረስሃይን ኣፍልጦ ከም ዘለካ መምህር ሓቢሩኒ...

ጽቡቕ ኣለኻ የሕዋተይ'ዮም ብዛዕባኣም ትደልዮ ሓበሬታ ክህበካ ይኽእል'የ፣ ሕጂ ግን..." ቆጸራ ሓዝና።

ድሕሪ ክልተ ሰሙን (ወዲ ሰመረ) ንከረን ወሪዱ ደወለለይ። ኣብ ፊት ጂራ ፍዮሪ ኣብ ትርከብ ቤት ቊርሲ ፍዮሪ ተራኺብና ዕላል ጀመርና።

"ንየማነን ኣስረስሃይን ዝወለደትን ንዓይ ዝወለደን ደቂ ክልተ ኣሕዋት'ዮም። እዚ ማለት ነቦይ ዝወለደ ኣበሓጎይን ነብኦም ዝወለደት ዓባዮምን የሕዋትዮም። ዓዶም እምበይቶ'ዩ። ደቂ ሽቃ መኮነን ወዲ ባሻይ ወልደስላሴ ከኣ ይበሃሉ። መበቆሎም ግን ሃዘጋ'ዩ። እንተኾነ ባሻይ ወልደስላሴ ንተመርጸ ተመርዕዩ ኣብ እምበይቶ እናተቐመጠ ንሽቃ መኮነንን ካልኦትን ወሊዱ። ሽቃ መኮነን ድማ ካብ ትበርህ ንየማነ፣ ሰሎሞን፣ ኣስርስሃይ፣ ዛይድ፣ ሙሴ፣ ዳዊት፣ ለተኺዳን ዝበሃሉ ፈርዩ"[538] በለኒ።

ወዲ ሰመረ በዓል የማነን ኣስረስሀይን ክቕተሉ ከለዉ ንእሽቶ ቆልዓ'ዩ ነይሩ። መርድኦም እምበይቶ በጺሑ መሪር ሓዘን ክኸውን ግን ጽቡቕ ጌሩ ይዝክሮ። ገዛ እንዳ ወዲ ሰመረን ገዛ እንዳ ኣቦይ ሽቃን ጥቓ ጥቓ እዩ። ብዘይካዚ ንሱ እቶም ግዳያት ኣብ ከረን ከም ዝተቐብረ እውን ይዝክር።

---

538 ኣማኒኤል ሰመረ፣ ቃለ መጠይቕ ምስ ደራሲ፣ 17 ታሕሳስ 2020፣ ከረን።

ድሕርዚ ነዊሕ ከይጸንሐ ህጻን ወዲ ኣስርሰሃይ ብሕማም መይቱ' ዝብል መርድእ ከም ዝሰዓበ እውን ይውስኽ።

ካብ ሓበሬታ ወዲ ሰመረ ግዳይ ህልቂት ደና ዝኾነ ኣስረስሃይ ብዘይሓድጊ ጸኒቱ ዛንትኡ ኣኺቲሙ። ናይተን የማነ ዝሓደገን ክልተ ኣዋልድ ማለት ለምለምን ኣልጋነሽንከ ናበይ ኣበላ፣ ኣዲአን ናብ ካልእ ሰብኣይ ተመርዕያ ምስ እንዳ ሸቃ መኮነን እየን ዓብየን።

ብህይወት ካብ ዝተርፉ ኣርባዕተ ደቂ ሸቃ መኮነን ሰለስተ ማለት ዳዊት፡ ለተኺዳንን ሙሴን ንሰውራ ተጸንበሩ። ጸኒሑ ሰለሙን እውን ኣርከበ። ንስድርኡ እውን ንሳሕል ኣውረዶም። ምስ እንዳ ኣቦሓጉአን ዝተረፉ ደቂ የማነ'ውን ኣሰር ሓዎቦታተን ሳሕል ወሪደን ኣብ ቤት ትምህርቲ ሰውራ ተጸንበራ። ንቢዘን ድሕሪ ወተሃደራዊ ታዕሊም ሓንቲ ናብ ሃገራዊ መርሓ ሓንቲ ድማ ናብ ተዋጋኢ ሰራዊት ተወዝዓ።[539]

ዳዊት መኮነን መኣስ ከም ዝተሰለፈ ብንጹር ኣይፍለጥን። ካብ እንዳ መኮነን ቐዲሙ ዝተሰለፈን ብቐዳምነት ዝተሰውአን ግን ንሱ ነይሩ። ኣብ ህዝባዊ ሓይልታት ምስ ቦጦሎኒ 10 ኮይኑ እናተጋደለ ብ7 ሕዳር 1975 እዩ ኣብ ሃብረንጋቓ ተሰዊኡ።

ሓደ ካብ ገዳይም ተጋደልቲ ህዝባዊ ሓይልታት ዝኾነ ሙሴ መኮነን እውን ብ28 – 10 – 74 ተጋዲሉ። ምስ ብርጌድ 58 ኮይኑ እናተጋደለ ኣብ 24 ታሕሳስ 1977 ኣብ ድግድግታ ተሰዊኡ።

ለተኺዳን መኮነን ናብ ሰውራ ክትጽንበር ከላ ክልተ ዓበይቲ የሕዋታ ድሮ ተሰዊኦም ነበሩ። ብ8 ነሓሰ 1978 ተሰሊፋ። ኣብ ብርጌድ 77 ኮይና እናተጋደለት ከላ ከም ዝቐድሙ ኣሕዋታ ብ12 -3 – 1979 ምእንቲ ኤርትራ ኣብ ናሮ ተሰዊኣ።

ሰለሙን ብረት ህዝባዊ ግንባር ተሰኪሙ ኣብ ከበሳ ድሕሪ ምጽናሕ ስድርኡ ሒዙ ንሳሕል ወሪዱ። ምስ ዝነበሮ ከቢድ ስንክልና እንኮ ነጻነት ክርኢ ዝበቕዐ ካብ ደቂ መኮነን እዩ። ሎሚ ንሱ እውን ኣሰር የሕዋቱ ኣርኪቡ ሓሊፉ እዩ።

እተን ኣብ ቤት ትምህርቲ ሰውራ ዝዓበያ ደቂ መኮነን እውን ዕጫአን ዝተፈልየ ኣይነበረን።

ለምለም ኣብ 9-1987 ግቡእ ወተሃደራዊ ተዓሊም ድሕሪ ምውሳድ ኣብ ክፍሊ ሃገራዊ መርሓ ተመዲባ። ኣብ ድሮ መላእ ሓርነት ኤርትራ ብ24

---

539 ተወልደ ሰለሙን፡ ቃለ መጠይቕ ምስ ደራሲ፡ 27 ታሕሳስ 2020፡ ብተሌፎን።

ሚያዝያ 1991 ከኣ ኣብ ኦሮታ ተሰዊኣ።

ኣልጋነሽ እውን ኣብ ግንቦት 1988 ድሕሪ ግቡእ ፖሎቲካውን ወተሃደራውን ታዕሊም ናብ ክፍለሰራዊት 61 ተመዲባ። ኣብ 14 – 8-1990 ኣብ ጉራዕ ኣብ ዝተኻየደ ኩናት ተሰዊኣ።

በዚ መሰረት እንዳ ሽቃ መኮንን ንየማነን ኣስረስህይን ብግፍዒ ኣብ ያና ስኢና ከተብቅዕ ካልኦት ሓሙሽተ ከኣ ኣብ ቃልሲ ኣንጻር ገዛእቲ ብጠቕላላ ሽውዓተ ትንፋስ ምእንቲ ኤርትራ ሞባእ ወፍያ። ከምዚ ኢለ ድማ ዝገደደ ግን ከኣ ዝረዘነ ዛንታ እንዳ የማነን ኣስረስህይን ኣጣሊለ ዓረፍኩ።

ግዳይ የማነ መኮንን

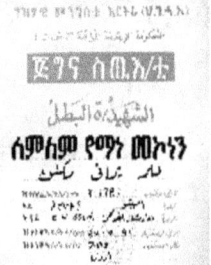

ህልቂት ያናን ሚስተር ሂዩን

ሁዩ ዳውነይ ብሞያ ካብ ጠበቓ አቦን ኣብ ትካል ስርሓት ዕንጨይቲ ትሰርሕ ኣደን ኣብ 1941 ኣብ ሕቡራት መንግስታት ኣመሪካ ተወሊዱ። ኣብ 1962 ካብ ዩኒቨርሲቲ ኮሎራዳ ብዓውዲ ስነ ህይወት ተመሪቑ። ድሕሪዚ ከም ተሓጋጋዚ ሓለዋ ጫካታት ኣብ ጻዕዳ ሩባ ኣብ ከባቢ ኣስፓን ተቖጺሩ ክሰርሕ ጀሚሩ። እንተኾነ ግን ነዊሕ ከይጸንሐ ናብ ውትህድርና ተጸንቢሩ ወዲ 21 ዓመት ከሎ ንኤርትራ መጺኡ ኣብ ቃኘው ዓስኪሩ። ኣብቲ ግዜ ድማ እዩ ክልተ ንኣሽቱ ዘኽታማት ርእዩ ብዛዕባ ኣገዳስነት መዕበያ ዘኽታማት ኣብ ኤርትራ ክሓስብ ዝጀመረ። ወርሒ መስከረም ናይ 1963 ኣብ ህይወቱ ብፍሉይ ካብ ዝዝከረን እዋናት ሓንቲ እያ።

ሓደ መዓልቲ ህዩ መኪና ኣልዒሉ ካብ ኣስመራ ከረን[540] ወሪዱ ኣብታ ከተማ ዘወር ክብል ጀመረ። ኩነታት ደስ ስለ ዘይበሎ ከኣ ካብ ከተማ ወጺኡ ንምዕራብ ናይታ ከተማ ገጹ ኣምረሐ። ኣብ ሓንቲ ንእሽቶ ዓዲ (ሽናራ) ሓደ ካህን ረኺቡ፡ ብዛዕባ ሓፈሻዊ ጸገማትን ማሕበራዊ ኩነታትን ኢሂን ምሂን ተበሃሃሉ። ሂዩ ንሓቀኛ ምስሊ ኣፍሪቃ ኣብ ሽናራ እዩ ረኺብዎ። ብፍላይ ነቲ ከም መንበሪ ዝጥቀምሉ ኣጉዶ (ትኩል) ርእዩ ምሒር ተደነቐ። ንሓደ ካብ መንእሰያት ናይቲ ዓዲ - ስዩም ድማ ከምዚ ክብል ሓተቶ "ስለምንታይ እዞም ቈልዑ ናብ ቤት ትምህርቲ ዘይከዱ፧" ስዩም ንቈልዑ ዝኸውን ቤት ትምህርቲ ከምዘየለ እንተሃለወ'ውን ሓሳብ ከም ዘየለ ነገሮ። ሁዩ ግን ፍቕሪ ናይቶም ቈልዑ ኣብ ልቡ ሓዲሩ ገለ ነገር ክገብር ከም ዘለዎ ውሽጡ ሕሹኽ በሎ።[541]

ካብ ሽናራ ናብ ኣስመራ ምስ ተመልሰ'ውን ብዛዕባ ጸገማት ናይቶም ቈልዑ ምሕሳብ ኣየቋረጸን። ምስ ስዩም ተረዳዲኡ ኦርፋን ክምስርት ሓሰበ። በዚ መሰረት ብ12/9/1963 ላልምባ ኦርፋን (መዕበዩ ዘኽታማት) ብወግዒ ኣብ ከረን ተመስረተት። ሂዩ ነዛ ኦርፋን ንኽምስርት ካብ ኣስመራ ወግዓዊ

540 ግራንድ ሆተል ናይቶም ኣብ ኣስመራ ዝነብሩ ኣመሪካውያን ማእከል መዘናግዒ እዩ ነይሩ።

541 Hugh and Downey, On heart's Edge, p.

ፍቓድ ሓቲቱ ምስ ተፈቕደሉ ዝካረ ገዛ ክረኽበሉ ንስዩም ነገሮ። ብቐንዱ ዕላምኡ ኣገልግሎት ናይ ትምህርቲ ንምቕራብ'ዩ ነይሩ።

ህዩ ካብ ግዜ ንእስነቱ ኣትሒዙ ዝፈለጣ መማህርቱን መጻውቱ ኩዕሶ ስኪዐትን ማርቲ ትበሃል ምሉእ ቀኈመና ትውንን መሓዛ ነይራቶ። ኣብ ካልኣይ ደረጃ ሲንየር ከሎ ቀዳማይ ዓመት (ፍረሽ) ነይራ። ሽው ድማ'ዩ ብፍቕራ ዝተሰነፈ። ማርቲ ግን ህይውታ ንኣገልግሎት ኣምላኽ ዝወፈየት ድንግል ናይ ምኧን ክቱር ህንጡይነት ነበራ። በዚ ምኽንያት ንሕቶ ሁዩ ነጸገቶ። ድሕሪ ግዜ ግን እቲ ኣብ ልዕሊ ህዩ ዝነበራ ስምዒት ተቐይሩ ብሓደ ቅኒት ተወሃሃዱ። ክትምርዓዎን ንሰለስተ ዓመታት ኤርትራ ምስኡ ክትከይድን ሓቲትዋ ፍቓደኛ ኮነት። እንተኾነ ግን ወለዳ ንኣፍሪቃ ክትከይድ ብፍጹም ኣይፈተውን።

ወርሒ ሕዳር 1965 ህዩን ማርቲን ዕለተ መርዕኦም ጸንቢሎም ንሕጽኖት ንኤርትራ ኣምርሑ። ጥሪ 1966 ኤርትራ ኣተዉ። ማርቲ ነቲ ኣብ ኣስመራ ዝጸንሓ ዝተፈላለየ ህንጻታትን ቅርጺ መሬትን ምስ ናይ ኤውሮጳ ተመሳሳሊ ኮይኑ ስለ ዝረኸበቶ ተደነቐት። ናብ ከረን ምስ ኣምርሑ ግን በቲ ዝረኣየቶ ኩነታት ሓዘነት። "መጀመርታ ምስ ረኣኹዎ ብዙሕ በኸየ። ምኽንያቱ ኣብዚ ከመይ ጌረ ክነብርየ ምስ ከምዚ ዓይነት ጽሬቱ ዘይተሓለወን ብድኽነት ዝተመልአን ቦታ ኢለ ብጣዕሚ ሰንቢደ" ትብል። ኣብ ህይወታ ከምዚ ዓይነት ባህልን ልምድን ዘለዎም ህዝብታት ክህልዉ ንሳ ድማ ኣብ መንጎኦም ክትነብር ኣመና ደንጸዋ። ውሽጣዊ ስምዒታ ህዩ ከይፈልጦ ግን ተጠንቀቐት።

ማርቲ ውዒላ ምስ ሓደረት ድሕሪ 6 ኣዋርሕ ንቦታ ተቐቢላ ጎኒ ጎኒ ሁዩ ክትሰርሕ ጀመረት። ነቶም ኣብቲ ኦርፋን ዝነብሩ ቆልዑ ልክዕ ከም ደቆም ይርእይዎምን ይኣልይዎምን ነበሩ። ስድራ እንዳ ሁዩ ኣብ ከረን ክልተ ውሉድ ፈርያ። በኹሪ ሚካኤል ንዝኽሪ ቤተ-ክርስትያን ቅዱስ ሚካኤል፡ ሚካኤል ዝሰመይዎ ወዲ ከኸውን ከሎ ከረን ድማ ንመዘከርታ'ታ ኣብ ህይወቶም ዓቢ ስፍራ ዘለዋ ከተማ "ከረን" ዝሰመይዋ ጓሎም እያ።

እዞም ስብኣይን ሰበይትን ኣብ መዕበያ ዘኽታማት ላልምባ ኣብ ዝሰርሕሉ ዝነበሩ ህሞት ካብ ሓለፍቲ ስርዓት ሃይለስላሰ ዝተፈላለየ ተጻብኦታት የጓንፎም ነይሩ። ብፍሉይ ድማ ካብ ኰለኔል ወርቁ። ብዘይካ'ቲ ዘጋጠሞም ዝተፈላለያ ሽርሕታት ማርቲ ብጥይት ወተሃደራት ኢትዮጵያ የማነይቲ እግራ ተሓምሺሻ። እንተኾነ ግን ወላኳ ተጻብኦታት እንተበርትዖም እቶም ኣብ ኦርፋን ዝእለዩ ዝነበሩ ቆልዑ ፋሕ ንኸይብሉ ከምኡ'ውን መጽለሊን መግቢን ንኸይጎድሎም ኩሉ ተጻዊሮም ኣበርቲዖም ሰርሑ።

ካብ ቀንዲ ዕላማታት መዕበያ ዘኽታማት ላልምባ፡ ነቶም ኣብ ዝተፈላለየ

ሽግራት ዝነበሩ ህጻናትን ቁልዑን ዝተፈላለዩ ማሕበራዊ ቀረባት ከም ዝረኸቡ ጌርካ ምዕቡልን ስልጡንን ዝኾነ ሕብረተሰብ ምፍጣር። ዝተፈላለየ ጸገማት ዘንጸላልዎም ዝነበሩ ህጻናት ኣብ ውሑስ ቦታ ከም ዝነበሩን ካብ ዝተፈላለዩ ተነጽሎታት ከም ዝድሕኑ ምግባር። ብዘይ ኣፈላላይ ስልጡን ዝኾነ ዓቕሚ ሰብ ኣብ ቀርኒ ኣፍሪቃ ከህሉ ብሰብኣዊ ሕልንኣም ሰርሑ። “ፍሉይ ፍቕሪ ናይዞም ቁልዑ እዩ ዘለና፡ ንሕና ንሓደ ቁልዓ ብዓይኒ ጾር ወይ ሰኸም ዘይኮነ ከም ብሩህን በሊሕን መጻኢ ኣፍሪቃ’ዩ” ድማ ይብሉ ነበሩ።

ላልምባ ከም ኦርፋን ጥራይ ዘይኮነ ከም መመንጩዊ ዝተፈላለዩ ማሕበራዊ ሓገዛት ኮይና’ውን ኣገልጊላ’ያ። ኣብ ምህናጽ ዝተፈላለዩ ክሊኒካት ዒላታት ሆስፒታል ቤት ትምህርትን ኣብ ከረን ኣብ ሽናራ ግላስን ካልእ ቦታታትን ኣበርክቶ ጌራ። እንዳ ሂዩ ኣብ ግዜ ህልቂት ዖናን በስከዲራን መተካእታ ዘይርከቦ ኣበርክቶ ገይሮም። እቶም ስድራቤቶም ዝሰኣኑ ህጻናት ኣብ ላልምባ ተዓቚቦ። ንስርዓት ሃይለስላሰ ኣብ ዖናን በስከዲራን ንዝገበሮ ህልቂት ብትሪ ተቓዊሞም። ከም ሳዕቤኑ ኣብ ውሽጢ 24 ሰዓታት ካብ ከረን ክወጹ ተኣዘዙ። ምስቲ ንስርዓት ሃይለስላሰ ተኪኡ ዝመጸ ደርግ እውን ኣይተቓደውን። ላልምባ ጸቕጥን ተጻብኦታትን ተጻዊራ ክሳብ ሓምለ 1977 ቀጸለት። ዳሕራይ ህዝብ ኤርትራ ህይወቱ ንምድሓን ከም ዝተሰዶ ላልምባ እውን ጠቕሊላ ንሱዳን ተሰደት። ሎሚ ላልምባ መዕበያ ዘኽታማት ኣብ ሱዳን፡ ኢትዮጵያ፡ ከንያ፡ መክሲኮ፡ ኣስፋሕፊሓ ትርከብ። ድሕሪ ናጽነት መላእ ኤርትራ ማርቲን ሂዩን ኣብ 1995 ካብ ኣመሪካ ንኤርትራ መጺኦም ምስ ኤርትራን ከረንን ዝነበሮም ናፍቖት ኣውጺኦም።

ሚስተር ሁዩን ማርቲን ሎሚ (2024) ኣብ ዕድመ እርጋኖም ኣብ ሕቡራት መንግስታት ኣመሪካ ብህይወት ይነብሩ’ለው። እዞም ኣብ ሕሱም መዓልታት ሰብ ውዕለት ህዝቢ ከረንን ከባቢኣን ዝነበሩ ሰብ ሓዳር ረኺብና ከነዘራርብ ብዙሕ ፈቲና። መምህር ተኸለሃይማኖት መንግስቱ ንዝሃበና ሓበሬታ ተጠቒምና ኢሰያስ ተስፋማርያም ካብ ስታንፎርድ ዩኒቨርሲቲ ብኢንተርነት ምስ ህዩ ተራኺቡ። “ኣብዚ ዕድመ ብዙሕ ነገራት ረሲዐ’ለኹ እቲ ኣብ ዖና ዘጋጠመ ግን ካብ ኣእምሮይ ብፍጹም ክሕከኽ ኣይክእልን’ዩ” ብምባል ጽሒፉሉ። ነተን ብመገዲ ኢሰያስ ዝሰደድኩሉ ሕቶታት ግን መልሲ ኣይረኸባን። ከም ካልእ ኣማራጺ ድማ ነቲ ኣብ “On Hearts Edge” ትብል ታሪኽ ስድራቤት ዳውኒን ኣበርክቶኦምን ትገልጽ መጽሓፍ ዘሎ ንህልቂት ዖና ዝገልጽ ምዕራፍ ካብ ቋንቋ እንግሊዝ ተተርጉሙ ኣብዚ ከም ዝቐርብ ተገይሩ ኣሎ።

“ንህዩ ዳውነይ፡ ካብቲ ዓሚቑ ድቃሱ፡ ብርቱዕ መስታ ዘለዎ ተወንጫፊ ብርሃን ምስ ብርቱዕ ተሮግሮግታ ድምጺ ኣበራበሮ። ኣዒንቱ ኣቕባሕቢሑ ከም እንደገና ከድቅስ ኣዒንቱ ከደነን፡ ብዙሕ ከይጸንሐ እቲ ፍጻመ ተደግመ። ህዩ "ናይ ሓምሳ ሰንጣቂት ትርሺ... ናይ ተስዓ ሰንጣቂት ጠበንጃ" ምዃኑ ምስ ፈለጠ፡ ቀስ ኢሉ ናብ ሕቑ ማርቲ ብምጽጋዕ፡ ብሕሾኽታ ክትትንስእ ነቕነቓ፡ ፡

ማርቲ ገና ከይተበራበረት፡ "እምም" ብምባል ኣጉረምረመት። ማርቲ ብምሒር ፍርሒ፡ ኣካላታ ጨባቢጣ ኣብ ደንደስ ዓራት ተደጊፋ ነቲ ዝቅጽል ኩነት እናተጸበየት ዳግማይ ተተኮሰ። ካብ ዓራት ወዲቓ ርእሳ ክትቀብር ፋሕተርተር በለት። ብዝሰምዓቶ ብርቱዕ ድምጺ ሞርታር ተዳሂላ ብሰንባደ ካብቲ ዝነበረቶ ዓራት ወዲቓ፡ ትሕቲ ዓራት ንክትሸጎጥ ፋሕተርተር ክትብል ፈተነት። ህዩ ግን ተዓኒዱ ካብ ዝነበሮ ተወዚ ኣይበለን። በቲ ኣብ ቅድሚ ዓይኑ ዝርእዮ ዝነበረ ድራማቲካዊ ፋሕተርተር ናይ ማርቲ እውን ኣይሰሓቐን። ኣብ ጉዕዞ ህይወት፡ ብዙሕ ጊዜ፡ ንሳ በቲ ሕጉስን ቅጽበታውን ሰሓቓ፡ ንሱ ከኣ በቲ ሓያልን ከይብለኒ ዘይብሉ፡ ባህርያቶም፡ ወትሩ ብሓንሳብ ስሒቖም እዮም። ሰሓቕ፡ ብቃል ዘይተዘርቦ ልባዊ ውዕል መርያኦም እዩ።

ድሮ ብዝተተኮሰት ናይ ሞርታር መድፍዕ ክትጭነቕ ከምዘይብላ እዩ ንማርቲ ዝነግራ። “እታ ብልክዕ ናባና እትወድቕ ፈጺምና ኣይክንሰምዓን ኢና" ብምባል ከኣ ኣህደኣ። ንሳ እውን ንምኽሩ ኣመነቶ።፡ ዳግማይ ከኣ ኣብታ ብገመድ ዝተሰርሐት ዓራቶም ኢዱ ኣሕሊፉ ሓቚፉዋ ናብ ድቃስ ተመልሱ።

ስድራቤት ዳውነይ ኣብ ከረን ኣብ ናይ ውግእ ዞባ ስለዝቕመጡ ኩሉ ግዜ እዩ ስክፍታ ዝፈጥረሎም። እንተኾነ ግን ስለዝለመዱዎ ክሳብ ክንድቲ ራዕዲ ኣይፈጥረሎምን ነበረ። በቲ ጊዜ፡ ኣብ ሰሜናዊ ዞባ ናይ ኢትዮጵያ፡ ኣብ መንጎ ሰራዊት ኢትዮጵያን ደባይ ተቃለስቲ ናጽነትን፡ ኲናት ንነዊሕ ዓመታት ቀጺሉ እዩ። ተጋድሎ ሓርነት ኤርትራ ነቲ ኣብ ፎርቶ ዝርከብ መዓስከር ሰራዊት ኢትዮጵያ ንምጥቃዕ ቀጻሊ ናይ ሞርታር መጥቃዕትታት ክፍኑ እንከሎ ዝትኮስ ናይ ሞርታር ቃልሃታት ይኹን፡ ሰራዊት ኢትዮጵያ ከም ግብረመልሲ ዝፍንዎ ናይ ትርሺ መጥቃዕትታት፡ ብልዕሊ መንበሪ ስድራቤት ዳውኒ መዕበያ ዘኽታማትን ይሓልፍ ስለዝነበረ ህይወት እታ ስድራቤትን ኣስታት ሚእቲ ዝኾኑ ዘኽታማትን ሓደጋ የንጸላልዎ ነይሩ።

ብመዓልቲ፡ ቶኹሲ ደው ስለዝብል፡ ህዩ ዕብይ ዝበሉ ኣወዳት፡ ወሲዱ ብጠያይት ተበሲዑ ዝሓደረ መንደቅ ከዐርዩ የርፍዱ። እዛ ረፋድ እዚኣ ግን፡ ዘይከም ቅድሚ ሕጂን፡ ሓሓሊፉ ድምጺ ቶኽሲ ትርሽን ከቢድ ብረትን ይስማዕ ነበረ። ህዩ፡ ካብ ምሒር ምልምማድ ግዲ ኣይሃበን፡ ከምቲ ልሙድ

ቅድሚ ስራሕ ምውፋሩ ዝገብሮ፡ ናይ ሰዓት 8 ዜና ቢቢሲ ይሰምዕ ነበረ። እተን ዝቕጽላ መዓልትታት ማለት፡ ክልተን ሰለስተን ታሕሳስ፡ ካብ ኣእምሮኡ ዘይሃስስ ዝኽሪ ከም ዝገድፋሉ ዝተሰወጠ ኣይመስለን። ወተሃደራዊ ድፋዕ ፎርቶ፡ ብሸውዓተ ጫማ ቁመት ዘለዎ ናይ እምኒ መንደቕ ኣብ እግሪ እቲ ሽድዱሽተ ሚእቲ ዝቑመቱ ኩርባ ተዘርጊሑ ይርከብ። ኣብቲ ጫፉ ናይቲ ኩርባ፡ ናብ ኣርባዕተ መኣዝን ዝትኮስ ከቢድ ብረት ተተኺልዎ ነይሩ።

ህዩ፡ ጻዕዳ ፊያት ማኪናኡ ሒዙ፡ ናይ ክልተ ኣንጎሎ ርሕቀት ዘለዋ ሆስፒታሉ፡ እናኸደ ከሎ፡ ካብ ፎርቶ ቶኹሲ ተሰምዐ። እንተኾነ እቶም ደባይ ተቓለስቲ ግብረ-መልሲ ስለዘይሃቡ መሬት ጸጥ በለት። ጽርግያታት ከተማ ከረን፡ ካብ ካልእ እዋን ንላዕሊ ጸምዩ ነይሩ። ከረን ብዕብየታ፡ ድሕሪ ኣስመራ ካልኣይቲ ኮይና፡ ኣስታት 20,000 ህዝቢ ይቕመጣ። እንተኾነ ክልተ ደርዘን ጥራይ ናይ ውልቂ ማካይን ዘለዋ፡ ሓንቲ እውን ትኹን ናይ ትራፊክ መብራህቲ ዘይትርከባ ድርዕቲ ከተማ እያ።

ምምስራት መዕበይ ዘኽታማት፡ ሓንቲ ካብተን ክልተ ዓበይቲ ዓወታት ስድራቤት ዳውነይ እዩ። እዚ ላልምባ ዓለምለኻዊ ናይ ግበረ ሰናይ ማሕበር ብ1963 እዩ ተመስሪቱ። እቲ ካልኣይ ዓወት ከኣ ምህናጽ ሆስፒታል እዩ። ቅድሚ ስድራቤት ዳውነይ ኣብ ከረን ሕክምና ምህናጾም፡ ብመንግስቲ ትመሓደር፡ ስም ጥራይ ዝሓዘት፡ ሓንቲ ሆስፒታል እያ ነይራ።

ህዩ ናብታ ቅድሚ ኣርባዕተ ኣዋርሕ ዝኸፈታ ሕክምና ከበጽሐ እንከሎ ኣብታ ረፍዲ ናይ 1970 ዝኾነ ሓድሽ ነገር ዘጋጥም ይመስሎ ኣይነበረን። ንሱ ንውሽጢ እቲ ሆስፒታል ኣብ ዝኣትወሉ፡ ኩሉ ጊዜ ንውሽጡ ዘሰራስር ዕጋበት'ዩ ዝስምዖ። ሕሙማት መጺኦም ሕክምናዊ ረዲኤት ከረኽቡ፡ ዉጹዓት ኣብ ክፍሊ መጥባሕቲ ከድሕኑ፡ ክርኢ ከሎ፡ ፍሉይ ባህታ ይፈጥረሉ። ገለ ጽቡቕ ኣበርክቶ ከም ዝገበረ ከኣ ይርድኦ። ናይ ምድራፍ ከእለት እንተዝህልዎ ብዛዕባ'ታ ሆስፒታል "ከመይ ኣቢሉ እዩ ሓደ ገንዘብ ዘይብሉን ካብ ሃብታማት ስድራቤት ዘይተወልደን ተራ ሰብ እሞ ኸኣ ዝኾነ ምህንድስናዊ ብቕዓት ዘይብሉ ከምዚ ከማይ ሕክምና ክሃንጽ ዝኽእለ።" እናበለ ብዛዕባ ነብሱ ይድነቕ።

ከባቢ 8፡30 ምስ ኮነ ሓንቲ ማኪና ብብርቱዕ ደሃይ ኣብ ኣፍደገ እቲ ሕክምና ደው በለት። ሽዑ መራሕ ማኪና ብርቡጽ ድምጺ ሓገዝ ክሓትት ጀመረ። ብደም ተጨማሊቖም ኣብ ርእሲ-ርእሲ ተጻፊፎም ካብ ዝነበሩ ሸውዓተ ዝኾና ኣንስትን ገለ ቁልዑን ዝነበርዋ ማኪና ወጺኡ "ይሞቱ ኣለዉ... ይሞቱ ኣለዉ...!" ብቛንቋ ትግርኛ ጨደረ። ኣብታ ማኪና፡ ሸውዓተ ቁልዓ ሰበይቲ ዝርከብዎም፡ ብደም ዝጨቀዉ ኣብ ርእሲ ርእሲ ተረቢቦም ነበሩ።

ነርሳት ጉዱኣት ከውርዱ ተጓየዩ። ህዩ፡ ንዶክተር ጉለትን (ኢጣልያዊ) ንዶክተር ሱድን (ህንዳዊ) ናይታ መዓልቲ ተረኛታት ዝነበሩ ኪጽውዕ ጎየየ። ቀዳሞት ጉጅለ ጉዱኣት ምስ ተራገፉ፡ ማኪና፡ ናብቲ ዝመጸቶ ኣንፈት ተመርቀፈት።

ኣይጸንሐትን ብርክት ዝበሉ ደቀንስትዮን ህጻናትን፡ ብከቢድ ብረትን ስኩጀታትን ተሃሪሞም ብደም ዝጨቀዉ ሒዛ ተመልሰት። ካልእ ዓባይ ማኪናʼውን ብዙሓት ዝተጎድኡ ኣራገፈት። እንደገና እውን ደገመት። መመሊሱ እናወሰኸ ዝኸይድ ዝነበረ ቁጽሪ ውጉኣት ንልሙድ ኣሰራርሓ ናይቲ ሕክምና ሕንፍሽፍሽ ኣእተወሉ። ሁዩ ንማርቲ ከጽውዕ ብጉያ ንገዝኡ ከደ። ማርቲ ኣብ ክሽነ ዝርከብ መተሓጸጸቢ ኮይና እያ ጸጉራ ክትሓጽብ ጸኒሓቶ። "ሕጂ ምሳይ ክትከዲ ኣለኪ" ከይተረድአ ዓው ኢሉ ጨደረ "ብዙሓት ጉዱኣት ኣብ ሆስፒታል ኣለዉና፡ ኩሉ ዘሎ ዓቅሚ ሓገዝ የድልየና ኣሎ" ወሰኸ።

ማርቲ ካብ ትሕቲ ቡምባ ናይ ማይ እናወጸት "ግን እኮ፡ ጸጕረይ እየ ዝሕጸብ ዘለኹ"መለሰት። ተቓውሞኣ ካብ ከንቱ ዝተበገሰ ኣይነበረን። ስነ ምምህርና እምበር ዝኾነ ናይ ሕክምና ኣፍልጦ ኣይነበራን።

"ብዛዕባ ጸጕርኺ ግደፍዮ" ኢሉ ብዓቅሊ ጽበት እናኣዕለበጠ ከሎ ካብ ፎርቶ ብዝተቶኮሰ ከቢድ ብረት፡ መሬት ኣንቀጥቀጠ።

"ህዩ ከቢድ ብረት" ብምባል ካብቲ ዝደነነቶ ቅንዕ በለት፡ እቲ ሓጺር ጸሊም ጸጉራ ኣብ ገጻ ዓለበ። ብከቢድ ፍርሒ ተወሪራ ኣዒንታ ኣፍጠጠቶም።...ዝኾነ ከምኡ ዓይነት ድምጺ ምስ ትሰምዕ፡ ካብ ገዛ ፈጺማ ክትወጽእ ኣይትኽእልን እያ። እቲ ከቢድ ብረት፡ ካብ ፎርቶ፡ ንሰሜናዊ ወገን፡ ናይ ሓጺር ርሕቀት ይትኮስ ስለዝነበረ ነቲ ከባቢ ነዝ ነዝ የብሎ ነይሩ።

"ብዛዕባ ከቢድ ብረትʼሞ ግደፍዮ" ወጨጨ ህዩ "ንዕናይ!"

ማርቲ፡ ቅልጡፍ ጸሎት ደጊማ፡ ነቲ ዝጠልቀየ ጸጉራ ገና ምስ ዓፍርኡ ከሎ ብመሐበሲ ሓቢሳ፡ ብሓውሲ ፍርሒ እናጎየየት ኣብ ማኪና ተሰቅለት። ሆስፒታል ኣብ ዝበጽሑሉ ህሞት፡ ዝበዝሐ ቊጽሪ ጉዱኣት ህጻናትን ደቀንስትዮን ኮይኖም፡ ዉሑዳት ድማ ሽማግለታትን ሰብኡትን ነበሩ። ኣብቲ ልሙጽ ኮሬድዮ ምስ ደሞም ተጋዲሞም ጸንሕዋ። ዝበዝሑ፡ ኣብ ሃለፍታ ኣትዮም ዉኖም ኣጥፊኦም፡ ዝተረፉ ከኣ ይበኽዩን ይቁዝሙን ነበሩ። እቲ ባህላዊ ነዊሕ ጻዕዳ ልብሶም፡ ብደም ቀይሑ፡ ዝተቆራረጸ ኣእዳውን ኣእጋርን ከምኡ ውን ዝተኸፍተ ርእሲ ...ንክትርእዮ ዘስካሕክሕ ትርኢት ነበረ።

"ቀላ ሓንቲ ንገብረሎም ኣይመስለንን" በለት፡ ማርቲ፡ ብምሒር ስንባደ ቀዚዛ። እቶም ክልተ ዶክተራት፡ ሓደ ኣብ ክፍሊ መጥባሕቲ፡ እቲ ሓደ ከኣ ኣብ ክፍሊ ህጹጽ ረዲኤት ብምኻን፡ ነቶም ኣብ ሃለፍታ ዝነበሩ ጉዱኣት፡

ቁስሎም ይዝንኑን ናይ ህጹጽ ረድኤት ስራሕ ይሰርሑን ነበሩ። ዋሕዚ ጉዱኣት ገና ቀጸለ...... ሓደ ዓራት፡ ክልተ ሰለስተ ሰብ ሒዙ ነይሩ፡ ኮሬድዮ፡ ብጉዱኣት መሕለፊ ተሳእኖ፡ ካብ ኩሉ ዝኸበደ ግን ናይቶም ህጻናት ነይሩ። ዓው ኢሎም ይበኽዩን ይቕንዘዉን ነበሩ። ዉሽጦም ከገልጽዎ ዘይክእሉ ብርቱዕ ቃንዛን ራዕድን'ዩ ተመሊኡ። ሓንቲ ዓራት ኣርባዕተ ሓምሽተ ህጻናት ሒዛ ነበረት።

ብኽያቶም ልብኻ እዩ ዝሰብር። ዝበዝሑ ኣዴታቶም፡ ኣሕዋቶም፡ ኣሓቶም፡ ኣዝማዶምን መጻዉቶምን ኣብ ቅድሚ ኣዒንታቶም ክሕረዱን ክሞቱን ዝረኣዩ እዮም። ዉሽጦም ብፍርሒ ተመሊኡ፡ ካብቲ ወሪድዎም ዝነበረ ኣካላዊ ሞጉዳእቲ ንላዕሊ፡ ሞጉዳእቲ ልቢ፡ ስእነት ስድራቤቶምን ብርቱዕ ብሕታውነትን የቀንዝዎም ነይሩ።

ኣብ መወዳእታ፡ ማርቲ፡ ነቲ ዝነበረ ቃንዛ ምጽዋሩ ስኣነት፡ ፎኖባርቢታል ዝበሃል መደንዘዚ፡ ብምሃብ ከተዕግሶም ጀመረት። "እንታይ ክገብር ከም ዝነበረኒ እፈልጥ ኣይነበርኩን" ትብል ማርቲ፡ ነቲ ኩነታት እንክትዝክር፡ "ብጣዕሚ ርዒዶም እዮም ኔሮም። ኣብ ቅድሚ ኣዒንታቶም፡ ኣዴታቶም፡ ኣዝማዶምን ካልኦት ቁልዑን፡ ክሕረዱ ስለዝረኣዩ፡ እዚ ነቶም ዉጻኢ መዓት ዝኾኑ ካብ ኣእምሮኦም ዘይሃስስ በሰላ እዩ።"

ማርቲ፡ ሓደ ውጹዕ ብደም ዝጨቀወ ህጻን ኣልዒላ ናብ ክፍሊ መጥባሕቲ ተበገሰት። ብዙሕ ከይሰጎመት ግን፡ ኣብ ኢዳ ዓረፈ። ቀስ ኢላ ኣዒንቱ ከዲና፡ ንነብሱ ዘሰኒ ሓጺር ጸሎት ድሕሪ ምድጋም፡ ናብ ካልእ ብኸቢድ ዝተጎድአ ህጻን ሰገረት። እናጎየየት ከኣ ናብ ክፍሊ መጥባሕቲ ኣብጽሓቶ።

ከባቢ ፍርቂ መዓልቲ፡ ቊጽሪ ጉዱኣት ልዕሊ 300 በጽሐ። ነፍሲ ወከፍ ኲርናዕ እቲ ሕክምና ብውጉኣት ኣዕለቕሊቑ ዝኾነ ነገር ክትገብር ኣሸጋሪ ኮነ። ህዩ ተወሰኽቲ ውጹዓት ጸይረን ዝመጻ መካይን እንተለዋ ክርኢ ደገ ወጺኡ ኣማዕደወ። ሓንቲ ዓባይ ማኪና ብናህሪ መጺኣ፡ ሕጺጽ ዝብል ድምጺ ድሕሪ ምግባር ኣብ ቅድሚኡ ደው ክትብል ተጋደለት። ካብታ ማኪና፡ ሓደ ዶጭዳጭ ሰብኣይ ኣብ ኢዱ ብጥይት ዝተበሳሰዐ ሬሳ ሒዙ ሰንከልከል እናበለ ወረደ። ህዩ፡ እቲ ኣውቲስታ መን ምዃኑ ቀልጢፉ ኣለለዮ። ደምኒኮ ኢርቶላ፡ ኢጣልያዊ፡ ወናኒ እንዳ ፍሩታታት። እቲ ፍሬታት ዝመልአ ሳንጣ ንእንዳ ዘኽታማት ዘወፊ ሕያዋይ ሰብ። ንሓወይ ቀቲሎሞ...! ንሓወይ ቀቲሎሞ ...... እናበለ ንብዓቱ ዛረየ። ህዩ'ውን ንብዓት ኣዒንቱ ቁጽርጽር እናበለ፡ ንደምኒኮ ካብ ልዕሊ ሬሳ ሓዉ ከላቅቆ ፈተነ። ደምኒኮ ኣብ ልዕሊ ሬሳ ሓዉ ኮይኑ እናልቀሰ ... ንህዩ፡ ብዛዕባ እቲ ተኸሲቱ ዘሎ ዕብዳን ኣጠንቀቖ። ከም ልምዲ ኤውሮጳውያን ወላ እውን ኣመሪካውያን (ዝኾነ ጻዕዳ፡ ኤውሮጳዊ እዩ ዝጽዋዕ) ካብቶም ደቀባት ግሉላትን ብኣኽብሮት ዝረኣዩ ነበሩ። ንሳቶም'ውን ካብቲ

ንመብዛሕትኡ ህዝቢ ኤርትራ ዝኸበበ ውግእን ወረ ውግእን፡ ዓሌታውነት፡ ብልሹው ፖለቲካ ከምኡ'ውን ቀቢላዊ ግዝኣትን ቅንእን ናጻ ነበሩ። ሽዑ ግን፡ ንዝኾነ ሕብርን ዓሌትን ከይበልካ ብኣልማማ ዝረኽብካዮ ምቅታል ኮይኑ። ንሱን ማርቲን ንሓደጋ ቅሉዓት ከም ዘለዉ ከኣ በርሃሉ።

ህዩ፡ ካብቶም ዉጻእ መዓት፡ ዝተለቃቀበ ስእሊ ብምልጋብ፡ ኣዝዩ ዘስካሕክሕ ፍጻመ ከምዝተኻየደ ክርዳእ ከኣለ። እታ ዝሓለፈት ምሸት፡ ተቓለስቲ ሓርነት ኤርትራ፡ ካብቲ፡ ብወገን ሰሜን ዝርከብ ሓጸርቲ ጎቦታት፡ ንፎርቶ፡ ኣጥቂዖም ስለዝሓደሩ፡ ንጽባሒቱ፡ ሰራዊት ኢትዮጵያ፡ ምሉእ ጠመትኡ፡ ናብታ ብወገን ሰሜን ትርከብ ናይ ኣርባዕተ ማይልስ ርሕቀት ዝነበራ ውና ትበሃል ጎልጎል፡ ንእሽተይ ዓዲ፡ ብምግባር ብንግሁኡ ገስገሰ። ውና፡ ንእሽቶ ዓዲ ኮይና፡ ተቐማጦኣ ብማሕረስ ይናበሩ። ዝጥቀስ ህንጻ እውን ኣይነበራን። መንበሪ ኣባይቶም፡ ብጊድግዳን ዓጌፋን ዝተሰርሐ ነበረ። ሰብኡትን መንእሰያትን፡ ኣንጊሆም ንማሕረስ ስለዝወፈሩ፡ ቁልዓ ሰበይትን ኣረጋውያን ሽማግለታትን፡ ጥራይ ጸንሕዎም። ካብኡ ተበጊሶም እቶም ሰብኡት ምስ ናይ ደባይ ተቓለስቲ ስለዝኾኑ'ዮም ዘይጸንሑ ኢሎም ሓሰቡ።

ክልቲኦን ፖለቲካውያን ምንቅስቓሳት ሓርነት ኤርትራ፡ ማለት ህዝባዊ ግንባር ሓርነት ኤርትራን (ህግሓኤ)፡ ተጋድሎ ሓርነት ኤርትራን (ተሓኤ)፡ ካብ ገባር እዩ ደገፈን። እዘን ፖለቲካውያን ሓይልታት፡ ነቲ ኣብ መንጎ ህዝቢ ዝነበረ ዘይምዕሩይ ዝርግሐ መሬት፡ ከምቲ ሓረስታይ ዝጠልቦ፡ መሬት ብማዕረ ክዕድልዎ ምኺኖም፡ ንህዝቢ ቃል ኣትዮምሉ እዮም።

ድሕሪቲ ኣብ ፎርቶ ዘጋጠመ መጥቃዕቲ ሰራዊት ኢትዮጵያ ሕነ ንኽፈድዩ ክተኣኻኸቡ ጀመሩ። ተቓወምቲ (ተቓለስቲ ሓርነት) ኣብ ዖና ይሃልዉ ኣይሃልዉ ብዘየገድስ እንተዘይጸኒሑዎም ግን ሕን-ሕነ ናብ ስድራቤቶም ንከውጽእዎ ወሰኑ። ውና ምስ በጽሑ፡ ንደቂ ዓዲ፡ ዝኾነ ሕቶ ክሓትዎም ኣይተራእዩን። ወተሃደራት፡ ሞላጉም ካላሽናም ከፊቶም፡ ኣብ ቅድሚኦም ዝጸንሐ እናቀተሉን እናቃጸሉን ከዱ፡ ኣብ ናይ ቋሕ ሰም ጊዜ፡ ብሓንሳብ ህይወት ኣማኢት ደቂ ዓዲ ተቐዝፈ።

ወረ ናይቲ ህልቂት ኣብ ከተማ ከረን ተሰምዐ። ወነንቲ መካይን ናብ ዖና ከከይዶም ውጹዓት ናብ ከረን ከበጻጽሑ ጀመሩ። ምዕልቕላቕ ናይቲ ሕክምና ብዘየገድስ፣ ሁዩ ብዓባይ ናይ ጽዕነት ማኪና ስዩም ዓንደገርጊስ (ኣካያዲ ስራሕ ናይቲ እንዳ መዕበያ ዘኽታማት) ጉዱኣት ከረድኡ፡ ላንድ ሎቨር ሒዙ ሰዓቦ።

"ከሳብ ናባና ገጾም ዝመጹ ውጹዓት ንረክብ ኢና ኣምሪሕና።" ይብል ህዩ ነቲ ፍጻመ ክዝክሮ እንከሎ፥ "ነተን ተሸከርከርቲ ብውጹዓት መሊእና ናብ

ሕክምና ተመለሰና። ካልኣይ ግዜ ተመሊስና ደጊምና፡ ደጋጊምና።"

ፍርቂ መዓልቲ ምስ ኮነ ሰራዊት ኢትዮጵያ ነቲ ናብ ያና ዝወስድ መገዲ ዓጸውዎ። ናብ ያና ምእታውን ነቶም ውጻእ መዓት ኮይኖም ምስ ትንፋሶም ዝነበሩ ደቂ ዓዲ ምሕጋዝን ከልከሉ። ንስዮም ምስ ከልከልዎ፡ ከቃወም እኳ እንተፈተነ፡ እቶም ወተሃደራት ግን ዝኾነ ናይ ምርድዳእ መንፈስ ኣይነበሮምን። እንተዘይተመሊሱ ንዕኡ ክቀትልዎ ማኪናኡ ድማ ከቃጽልዋ ምዃኖም ኣፈራሪሖም ሰደድዎ።

ዋላኳ ወተሃደራት ኢትዮጵያ ነቲ ከባቢ ምሉእ ብምሉእ ተቖጻጺሮሞ እንተነበሩ ነቲ ዘጋጠመ ኩነታት ከረጋግኡ ኢሎም ብፍጹም ኣይሓሰቡን። እቲ ሕንፍሽፍሽ ከምኡ ኢሉ ክቕጽል ሱቕ ኢሎም ሓደጕዎ። እቶም ኣብ ላልምባ ዝሰርሑ ዝነበሩ ግን ነቲ ሃዋህው ኣብ ምቕያር ዝዓበየ እጃም ኣበርከቱ።

ኣብ ሆስፒታል፡ ዓበይቲ ኣወዳት መሳርሒ ናይ ሕክምና ኣብ ምምካንን ጉዱኣት ኣብ ምግዕዓዝን ብንጥፈት ኣገልገሉ። እቶም ፍኹስ ዝበለ መጉዳእቲ ዝነበሮም፡ ወለዶም ዝሰኣኑ ዘኽታማት፡ ዘድልዮም ክንክን ክግበረሎም ናብ መናበዩ ዘኽታማት ከም ዝውሰዱ ተገብረ።

ማርቲ ህጹጽ ሕክምና ብተግባር ወሰደት። ህድኣትን ቆራጽነትን ኣብ ውሽጣ ከም ትውንን እውን ፈለጠት። ደም፡ ሕማቕ ጨና፡ ብኸያትን ቃንዛን ሬሳታትን ንውሽጣ ኣየድከሞን። እቲ ማእከላይ መነባብሮ ናይ ኣመሪካ ድሕረ ባይትኣ ንኸምዚ ዝመስል ናይ ደቂሰባት ጥፍኣት ኣየዳለዋን። ብዓይና እውን ርእያ ኣይትፈልጥን እያ። ሽው ግን፡ ኣብ ቅድሚኣ ኣካላቶም ዝተቁራረጹ ሰባት እናረኣየት፡ ብናይ ዝሞቱ ሬሳታት ጨና፡ ውሽጣ ኣይተረበሸን። ብኣንጻሩ እኳ ደኣ ኣዝዩ ርጉእን ዘይርቡሽ መንፈስ ከም ትውንን ጌሩዋ ነይሩ። ነቶም ህሱያት ህጹጽ ረዲኤት እናሃበት፡ ነቶም ዝሞቱ ከኣ ብድሕሪ እቲ ሆስፒታል ከም ዝቕበሩ ገበረት። ንሱ ጥራይ ኣይነበረን፡ ነቲ ብደም ሬሳታት ጨቕዩ ዝጸንሐ ሆስፒታል፡ ከተጸራሪ፡ ኣብ ትንፋስ ዘይህብ ስራሕ ተጸምደት።

እታ መዓልቲ ቅድሚ ምውድኣ፡ ሰራዊት ኣብ ከረን ጥቡቕ ናይ ሰዓት 6:00 ድ.ቀ. ክሳብ ሰዓት 6:00 ቅ.ቀ. ኮፕሪፎኮ ኣወጁ። ህዩን ማርቲን ድኻም ብፍጹም ከቕጽሉ ከምዘይክእሉ ክሳብ ዝገብሮም ሰዓት 9:00 ድ.ቀ. ኣብ ሆስፒታል ምስራሕ ቀጸሉ። ብሙሉኦም እቶም ሰራሕተኛታት እውን ብድኻም ደንዚዞም ነበሩ። ብዙሓት ካብኣቶም ኣብ'ቲ ሆስፒታል ዝደቀሱ ኮይኖም፡ ህዩን ማርቲን ግን ናብ'ታ ክልተ ኣንጎሎታት ርሒቓ እትርከብ ቤቶም ብእግሮም ከኸዱ ወሰኑ።

ኣብ'ቲ ኣፍደገ ናይቲ ሆስፒታል ደው ኢሎም "ርሑቕ ኣይኮነን፡ ጸልማት

እዩ’ውን ዘሎ” በለ ህዩ ብምጽንናዕ። “ዝኾነ ሰብ ኣይክርእየናን እዩ”። ይኹን እምበር ካብ’ቲ ማዕጾ ብምውጻእ፡ በቲ መንደቕ ናይቲ ሆስፒታል እናተንፈሓኹ ከኸዱ ከለዉ ልክዕ ከም ሰራቒ ይስጉሙ ነበሩ። ዝኾነ ይኹን ድሕሪ ኮፕሪፊኮ እተረኽበ ሰብ ብጥይት ክቕተል ንሓደጋ እተቓልዐ ነበረ። ህዩ ዶመኒኮ ንዝመተ ሓዉ ሒዙዎ እንከሎ ተዘከሮ። ዋላ’ኳ እቲ ሓደጋ ካብ ላዕሊ፡ ካብ’ታ ኣብ ፎርቶ ተተኺላ ዝነበረት ኲርባ ትርሺ እንተነበረ፡ ኣብ መወዳእታ ናይ’ቲ መንደቕ ምስበጽሑ ብድርኺት በታ ኲርናዕ ኣዐርዮም ጠመቱ። “ሕራይ” በለ ህዩ፡ ንኢድ ማርቲ እናጨበጠ።

ሃሳስ ብርሃን ወርሒ ነቲ ኣብ መንጎ’ቲ መንደቕን ሳላሳ ጫማ ዝርሕቀቱ ጣሻ ኣእዋም ዝነበረ ቀላጥ ባይታ ኣቃሊዑዎ ነበረ። ማርቲ ንኢድ ህዩ ከም መልሲ ግብሪ ጨበጠቶ፡ ግን ንሳ’ውን ዋላ ሓንቲ ኣይተዛረበትን። ካብ’ቲ መዕቆቢ መንደቕ ብምእላይ ብጽንዓት ናብ’ቶም ኣግራብ ክስጉሙ ጀመሩ። ህዩ እቲ ጻዕዳ ካምቻኡ ቅሉዕ ግዳይ ከምዝገብሮ ኣዐርዩ ይፈልጥ ነበረ። እታ ከተማ ጸጥ ኢላ፡ ዝነብሕ ከልቢ’ውን ኣይነበረን።

ኣብ ጽላል ናይ’ቶም ኣግራብ ምስበጽሑ፡ ህዩ ንኢድ ማርቲ ክሳብ ክንደይ ኣስጢሙ ጨቢጡ ሒዙዎ ከምዘለዎ ተረደኦ እሞ፡ ኣዝለቐ። ካብታ ኣብ ስግር ቤቶም ዝነበረት ጽርግያ ክሳብ ዝበጽሑ ብሰላሕታ ተጓዕዙ። “እምኽ ደኣ” በለት ማርቲ። እቶም ኣብ ልዕሊ’ታ ኲርባ እትርከብ ናይ ትርሺ ድፋዕ ዝነበሩ ወተሃደራት ነቲ ጽርግያ ብንጹር ናይ ምርኣይ ዕድል ነበሮም። “ኣብ ዕሙር ጽርግያ ንሳገር ከምዘለና ኣምስሊ” በለ ህዩ፡ “ስሩዕ ስጉሚ ሓዚ፡ ኣይትጉየዪ፡ ከጋጥም ንዝኽእል ሓደጋ ድማ ኣቓምቲ”። ካብቲ ጽላሎት ብምውጻእ ናብ’ቲ ጽርግያ ተኣለዩ። ክልቴኦም ናይ ጥይት ተሪር ሂውታ እናተጸበዩ ኣሻኽ ፍርሂ ኣብ ቈርበቶም ሸቕሸቕ ከብሎም ተሰመዖም። ማርቲ ነቲ ድምጺ ስጉምታ እንክትሰምዕ ተሸቚረረት - ብርግጽ እቶም ወተሃደራት ነቲ ዲጉዲጉታ ክሰምዕዎ ይኽእሉ እዮም። ኣብ ፍርቂ ናይ’ቲ ጽርግያ፡ ህዩን ማርቲን ብሰሪ እቲ ወጥሪ ዳርጋ ምስትንፋስ ኣቋሪጾም ነበሩ። ቤቶም ናይ 20 ጫማ ርሕቀት ጥራይ ነይሩዋ። ነቲ ናይ ምህዳም ድፍኢት እናተቓለሱ፡ ናብ’ቲ ካንቸሎኦም ተጓዕዙ። “ረጊእኪ ኪዲ” ኣሕሸኹሸኹ ህዩ፡ ንማርቲ ጥራይ ዘይኮነስ ንነብሱ’ውን። ነቲ ማዕጾ ሰለል ኣቢሉ ከፈቶ። ማርቲ ቀልጢፋ ስጉማ ኣተወት’ሞ፡ ህዩ ቀልጢፉ ብድሕሬኦም ዓጸዎ።

“ኣድረናሊነይ ናይ ብሓቂ ይጭንጉዕ ነይሩ” ይዝክር ህዩ። “ኣብ መላእ ህይወተይ ከምኡ ዓይነት ናይ ኣድረናሊን ሸውታ ሃልዩኒ ኣይፈልጥን። ብዘይ ምቍራጽ ይቐጽል ነይሩ፡ ደው ምባል ኣብዩኒ። መላእ እታ መዓልቲ ብውዕዉዕ ተረቢጸ ውዒለ።”

ደኺሞም እኳ እንተነበሩ፡ ህዩን ማርቲን ከድቅሱ ኣይከኣሉን። ኣዕለበጡን ተገላበጡን'ውን። ድቃስ ክወስዶም ክጅምር እንከሎ፡ ኣብ ዑና እቶም ኣዛብእ ነቶም ዘይተቐብሩ ሬሳታት እናተመገቡ እንከለዉ ኣባህራሪ ምስሊ ልክዕ ከም ናይ ብቐጥታ ዝመሓላለፍ ፊልም ኣብ ሓንጎሎም ተራእዮም።

ኣብ ሰዓታት ወጋሕታ ካብ'ቲ ዝተቘራረጸ ድቃሶም ተበራበሩ። ብቕጽበት ናብ'ቲ ሆስፒታል ተመልሱ። እቶም ቅድሚኣ ዝነበረት መዓልቲ ብዘይ ኣላዪ ተሪፎም ዝነበሩ ቍሱላት ኣብ ክቱር ቃንዛ ነበሩ። እቲ ተኸታታሊ ምቑራጽ ናይ መሓውር'ውን ከም ብሓድሽ ጀመረ፡ ኮይኑ ግን ሕጂ እቲ ናይ'ቶም ቁሱላት መደንዘዚ ተወዲኡ ነበረ። ናይ ቃንዛ ኣውያት ነተን ክፍልታት መልአን። ማርቲ፡ ነታ "ቃሊም-ሰላም"፡ ማለት ፐንትሬን ኣብ እተባህለ መደንዘዚ መድሃኒት ዝተኣልከ ጡጥ ዝሓዘት ንእሽቶ ሻምብቆ ፕላስቲክ፡ ተጠቒማ መደንዘዚ እናሃበት ካብ ክፍሊ ህጹጽ ሕክምና ናብ ክፍሊ መጥባሕቲ ከደት። ካብአ ክልተ ዓሞቕቲ ምስትንፋሳት ኣስሒብ፡ ነቶም ሕሙማት ኣደንዚዛ ተደቅሶም። ደንዚዞም ደቂሶም እንከለዉ ድማ፡ እተን እተሓምሸሻ ኣእጋርን ኣእዳውን ይቖረጻ። ኣብ መላእ ናይ'ቲ ራዕዲ ተመኩሮ፡ ማርቲ ናብ ሓድሽ ሞያ ምእላይ ሕሙማት ዝመርሑ ዓቕምታት ኣብ ውሽጣ ረኸበት።

ህዩን ስዩምን ካብቲ መእለዪ ዘኸታማት ነቶም ዝጐበዙ ኣወዳት ብምእካብ፡ ነቶም ምዉታት ንምቕባር ናብ ደና ብመኪና ኸዱ። እታ ዓዲ ብዝነቐጸ ንቑጽ ሩባ፡ ትሑት ዝብራኸኦም ኣኽራናትን እተዳወበ ጸፊሕ መሬት፡ ዝተበታተነት ነበረት። ዳርጋ ፍርቂ እታ ዓዲ'ውን ብሓዊ ተሃሚኹ እዩ። ካብ'ቶም ፈኺም ዝብሉ ዑናታት ሽዑ'ውን ትኪ እናተጠዋወየ ይወጽእ፡ እቲ ሰርሳሪ ሽታ ምስ'ቲ ብድብድ ሕማቕ ሽታ ናይ'ቶም ዝመሽመሹ ሬሳታት ተሓዋዊሱ። ካብ 300 ክሳብ 500 ሬሳታት - ብትኽክል ክትቈጽሮም ግዜ ኣይነበረን - በቲ ጥንበተ-ሬሳ ተረጊጦም ብዘይንቡር ኣቀማምጣ ከም'ቲ ዝወደቑዎ ተሰጢሖም ይረኣዩ። እቶም ሰራዊት ኢትዮጵያ ንሰባት ኣብ ዝረኸቡዎም፡ ኣብ ኣባይቶም፡ ኣብ መኸሸኒ ሓዊ ደኒኖም ከለው፡ ህይወቶም ከድሕኑ እናጎየዩ እንከለዉ'ዮም ቀቲሎሞም።

"ከስዐይ ካብ ውሽጠይ ተመንጪቱ ዝወጽእ ዘሎ ኮይኑ ተሰሚዑኒ። ኩሉ'ቲ ሞት ብዘይ ዝኾነ ምኽንያት። እዚ'ዩ እቲ ዝረኣናዮ በደል።" ናይ ህዩ ድምጺ ብብርታዐ ናይ'ቲ ዝኽሪ እናንቀጥቀጠ። "ዝያዳ ናይ'ቲ በደል እናረኣና፡ ብዝያዳ ርህሩሃት ክንከውን ወሲንና። እዚ ርኡይ መስተጫሊድ እዩ ዝነበረ፡ ኩሉ'ዚ ማህሰይትን ሞትን ሓጥያትን ዝነዳ ዓድታትን እናጋጠመ፡ ኣብ ተመሳሳሊ እዋን'ውን ንሕና ዘኽታማት ከነዕብን ሰባት ክንምህርን ሕሙማት ሰባት ከነሕውን ንፍትን ነይርና።"

ስዩምን እቶም ኣወዳትን መቓብራት ክፍሕሩን ሓመድ ከልብሱን ነታ መዓልቲ ኣሕለፉዋ። ህዩ ናብ'ታ ሆስፒታል ብምምላስ፡ ዝርዝራት ኣስማት ናይ ቊሱላት፡ ምዉታትን ናብቲ መእለዪ ዘኽታማት ዝተላእኩ ቈልዑን ኣዳለወ - ኣዝማድ፡ ነቶም ካብ ሞት ዝደሓኑ ክረኽቡ ክደልዩ ብምኳኖም። "ነቲ ኣብ ዖና ዝተፈጸመ ጃምላዊ ህልቂት ብድብዱቡ ምግዳፍ ማለት ነቶም ግዳያት ይኹኑ ንህልዋት ፍትሒ ምኽላእ ኢዩ"።

ኣብ እትቕጽል መዓልቲ፡ ሓደ ካፒቴን ናይ ሰራዊት ኢትዮጵያ ነታ ኣማኢት ኣስማት ናይ ዝተመዛበሉ፡ ዝተጐድኡን ምዉታትን ዝሓዘት ክሊፐቦርድ ካብ ኢድ ህዩ መንዘዓ። "ክገብሮ ዝኽእል ነገር ኣይነበረንን። ንሱ በዓል ብረት፡ ኣነ ድማ በዓል ክሊፐቦርድ ኢና ኔርና።" ህዩ ነቲ ኣብ'ቲ ሆስፒታል ምስኡ ዝዓዪ ኤርትራዊ መሳርሕቱ ዝበሎ እዩ።

"ከመልሳ እየ" መለሰ እቲ መንእሰይ። ድሕሪ ሰለስተ ሰዓታት ነታ ክሊፐቦርድ ሒዙዋ ተመልሰ።

"ከመይ ጌርካ ኮይኑልካ?" ሓተተ ህዩ ዝደንጸዎ።

"ዳሕራይ ክነግረካ እየ። ሕጂ ስራሕ በዚሑና ኣሎ።" በለ እቲ መንእሰይ። እንተኾነ ግን፡ እቲ መንእሰይ ከመይ ገይሩ ነቲ ኣገዳሲ ሓበሬታ ካብ'ቲ ኣዛዚ ሰራዊት ረኺቡ ናይ ምምላስ መስተንክር ተዓዊቱሉ ክሳብ መወዳእታ ብፍጹም ክፈልጥ ኣይከኣለን።

ከባቢ ሰዓት ሓደ ድሕሪ ቀትሪ ድሕሪ'ቲ ጃምላዊ ቅትለት ኣብ ዝነበረት ካልኣይቲ መዓልቲ፡ ማርቲ ኣብ ሰደቓ መጥባሕቲ ንዝነበረ ኰተቴ መደንዘዚ ጌይራትሉ ምስወድአት ልክዕ፡ ማዕጾ ናይ'ቲ ክፍሊ መጥባሕቲ ፈግ ኢሉ ተኸፍተ። ኮሎኔል ወላና፡ ኣዛዚ ናይ'ቲ ኣብ'ቲ ከባቢ ዝነበረ ናይ ኢትዮጵያ ብርጌድ ዝኾነ፡ ሓጺር፡ ፈትራሕ ሰብኣይ፡ ሽጉጡ መዚዙ ኣተወ። እቶም ክልተ ሓለውቱ ድማ ኣብ'ቲ ኣፍደገ ደው በሉ። ንሱ ንኩሉ ኣብኡ ዝነበረ ሰብ ብክቱር ጽልኢ ይጥምቶ ብምንባሩ፡ ማርቲ ሽዑ ንሽዑ ከይትኩሰሎም ፈርሀት። ስድራቤት ዳውኒ ምስቲ ኮሎኔል ዝኾነ ፍቕሪ ኣይነበሮምን። ንሱ እቲ ነቲ ናይ ዑና ጃምላዊ ቅትለት ዝኣዘዘ ሰብ እዩ።

ትርኢት እቲ ሰብኣይ - ኣብ ልዕሊ'ቲ ክፍሊ መጥባሕቲ ዘርኣዮ ደረቕኛ ትዕቢት፡ ኣብ ስልጣኑ ዝነበሮ ዓሻ ግምት፡ - ንማርቲ ናብ ዕብድቲ ለወጣ። ወላና ኣስተሰብኦት ናይ'ቲ ንዑና ዘጥፈአ እከይ እዩ። ሽዑ ናይ ማርቲ ኣየርላንዳዊ ሕርቃን ተቓጸለ። መላእ ሓሙሽተ ጫማን ክልተ ኢንችን ነብሳ ምስ ቁጥዕኣ ናብ'ቲ ኮሎኔል ጠኒና ብምኻድ፡ ነታ ሽጉጥ ካብ ኢዱ ኣላግዓታ። ዝደንጸዎ ኮሎኔል መልሰ ተግባር ከህብ ቅድሚ ዕድል ምርካቡ፡ ብኳሌታ ዩኒፎርሙ

ብምዕትዓት፡ ካብ’ቲ ከፍሊ መጥባሕቲ ደሪኻ ኣውጸኣቶ። ነቲ ማዕጾ ኣብ ገጹ ገም ኣቢላ ብምዕጻው ከኣ ሽጐረቶ። ጸኒሓ ነቲ ማዕጾ ብምኽፋት፡ ነታ ሽጉጥ ቀሊዓ ኣውጽኣታ። ገም! ደጊማ ነቲ ማዕጾ ዓጸወቶ።

ሁዩ ነቲ ፍጻሜ ከዘንቱ ከሎ “ነቲ ሰብኣይ ዘይተኮሰትሉ ዘገርም እዩ” ይብል ብኣድናቖት።

ኮሎኔል ወላና ናብ ፎርቶ ተመልሰ። ነቲ ዝወረዶ ሕሰረት ከይመለሰሉ ክሓልፍ ግን ሓሳብ ኣይነበሮን።

ንምሸቱ፡ ካብ ቆንስል ኣመሪካ (ኣስመራ) ናብ እንዳ ሚስተር ሂዩ ተሌፎንን ተደወለ። “ጽባሕ ኣብ ቤት ጽሕፈት ራእሲ ኣስራት ትድለዩ ስለ ዘለኹም ንምሕዳርኩም ኣስመራ ደየቡ። ዘይከትምለሱ’ውን ስለ ትኽእሉ፡ ኣገዳሲ ትብልዎ ንብረትኩም ጠርኒፍኩም ተበገሱ” ዝብል መልእኽቲ ተቐበሉ። ፈለማ ኣብ ኣስመራ ዳሕራይ እውን ብእኡ ገይሮም ንኣሜሪካ ከይዶም ከኣ ናብ ከረን ከየተመልሱ ኣዋርሕ ጸንሑ።

ሚስተር ሂዩን ሚስ ማርቲን
ኣብ መዓልቲ መርዓኦም

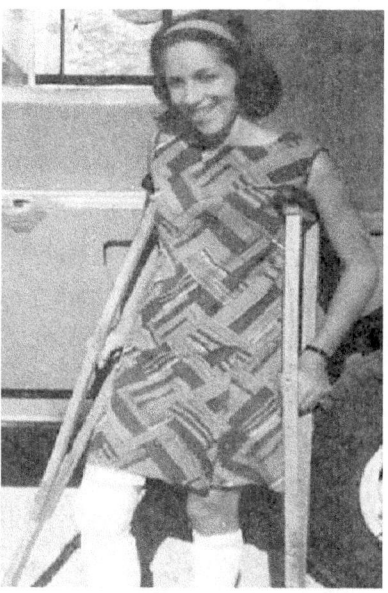

ሚስ ማርቲን ብጥይት ኮማንድስ እግራ
ዝተሓምሸሸት

እንዳ ሲዲን ህልቂት ያናን

ሰሉስ ቅድሚ ፍርቂ መዓልቲ ሬሳ ናይ እንኮ ኢጣልያዊ ጥራይ ብፍቓድ ወተሃደራውያን ሓለፍቲ ኢትዮጵያ ካብ ያና ተላዒሉ። ሬሳ እቲ ኢጣልያዊ ዝተላዕለሉ ቅድሚ ዝበዝሑ ቁሱላት ናይ ያና ረድኤት ምርካቦም። መዓልቲ ህልቂት ዕድል ዝገበሩ ቁሱላት ጥራይ እዮም ኣብ መገዲ መካይን ተቐቢለን ሆስፒታል ኣብጺሐንኦም። ብሰብ ተጸይሮም ኣተው። ሰለይ እናበሉ ባዕሎም ክሳብ ሕክምና ዝበጽሑ ነበሩ። ብዙሓት ካላኣት ከኣ ምስቶም ሰማእታት ውዒሎም ኣብኡ ሓደሩ።

ሰሉስ ከባቢ ፍርቂ መዓልቲ ኣስታት ሰለስተ ሚእቲ እግሮም ዝተቖርጹ፡ ዓይኖም ዝነቖረ፡ ኣካሎም ብጥይት ዝተመናንሀ ኣብ ሆፒታል ተዓቚቡ። ብደሓን ዝወጹ ከኣ ፈቐድኡ ተበታተኑ። ንበረኻ ገጾም ሃዲሞም ኣብ ጎቦ ላልምባ ዝሓደሩ። ንከተማ ኣትዮም ናብ ዝተፈላለየ ኣባይቲ ዝተጸግዑን ኣብቲ ገፊሕ ካንሸሎ እንዳ ሲዲ ዝተዓቚቡ እውን ነበሩ። ኣብቲ ኣጋጣሚ እንዳ ሲዲ ብኣሽሓት ንዝቑጸር ህዝቢ ዓበይቲ ድስትታት ሩዝ ኣብሲሎም ሓኒኾም።

ጉዳይ ኣብ ያና ዝወደቑ ሬሳታት ግን ተንጠልጢሉ ነበረ። ኣብ መጨረሽታ ዓበይቲ ዓዲ ከተማ ከረን ናብ ኣዛዚ 31 ሻለቃ ሌተናል ኰለኔል ወላና ጅዳ ደየቡ። “ሬሳ ወጻእተኛ ክቐበር ናይ ደቂ ሃገር ኣራዊት ክበልዖ” ኲሉ ተራእይዎም ብሕርቃን ሞንቱ። ነቶም ዓበይቲ ዓዲ መሪሑ ናብ ኰለኔል ወላና ዝኸደ ሲዲ ዓብዱላሂ ሲዲ ጃዕፈር እዩ። ወላና ነቶም ብዘይገበን ዝተቐትሉ ንጹሃት ክቐበሩ ፈቐደ። ድሕርዚ ሲዲ ዓብዱላሂ ምስ ገለ ዓበይቲ ዓዲ ብላንድሮቨር መኪናኡ ንያና ስጊሩ ነቲ ህልቂት ብዓይኑ ተዓዘቡ ተመልሰ።

ንጽባሒቱ ሮቡዕ ንግሆ ቀዲሞም ንያና ዝሰገሩ እቶም ናብ ሌተናል ኮሎኔል ወላና ጅዳ ከይዶም ንኽቐብሩ ዝተፈቕደሎም ሸማግለታት ነበሩ። ንዕኦም ተኸቲሎም ተማሃሮን ህዝብን ሰዓቡ። ድሕሪ ፍርቂ ዘመን ሲዲ ዓብዱላሂ ይኹን ምስኡ ናብ ኰለኔል ወላና ካብ ዝኸዱ ሓደ'ኳ ብህይወት የለን። መዕቀቢ ብዙሓት ዝኾነ እንዳ ሲዳ'ውን ኣይከም ቀደማን። ናይ ሎሚ ወለዶ “ንእንዳ ሲዲ” ክንዮ መጸውዒ ናይ ሓደ ገዛውቲ ትርጉሙን ዝነብሮ

ኣበርክቶን ዝፈልጥ ውሑድ እዩ። ሲዲ ዓብዱላህን እንዳ ሲዲን ግን መን እዮም፧ መን ስለ ዝነበሩ እዮምከ ከምዚ ዝመስል ተራ ክጻወቱ ክኢሎም፧

ኣብቲ እዋን ገለ ካብተን ኣብ ኤርትራን ምብራቕ ሱዳንን ዝዋሰኣ ዝነበራ ናይ ተሓድሶ ምንቅስቃሳት ዓዲ ሽኽን እስላማዊ ሕውነት ኲትምያን ብቐዳምነት ይጥቀሳ። ኣብ መካ ዝመበቆሎም ዓዲ ሽኽ ኣብ መጀመርያ 19 ክፍለ ዘመን ንተዛረብቲ ቋንቋ ትግራይት ናብ ሕውነት ሱፊ ቀደርያ ኣብ ምጽንባር ዕዉት ስራሕ ዓሚሞም። ኣብ ተመሳሳሊ ግዜ ኣብ ምብራቕ ሱዳንን ምዕራባዊ ክፋል ኤርትራን ስድራቤት ሙርጋኒ ኣብ ዝርጋሐ ኲትምያ ብዕቱብ ነጢፎም። ኲትምያ ኣብ ሕጃዝ ብዝተወልደ ማሕሙድ ዑስማን ኣልሙርቓኒ (1793-1852) ተመስረተ እስላማዊ መዝሃብ እዩ። ኣቐዲሙ ዝጸንሐ ኣቃውማ ሃይማኖት ምስልምና ብምውህሃድ ከኣ ኣብ ደቀባት ኣባልነትን ተማእዛዝነትን ኣውሒሱ ክንዮ ማሕበራዊ ህይወት ዝኸይድ ዓቢ ጽልዋ ከሕድር ግዜ ኣይወሰደሉን። ክንዮ ልምዳዊ ተልእኾ ሱፊዝም ዝዝርጋሕ ኣብ ማሕበራውን ቁጠባውን መዳይ ኣመንቲ ምስልምና ዓቢ ጽልዋ ዘለዎ ኮይኑ ቀረበ።[542]

ኣብ 1840 ማሕሙድ ዑስማን ኣልሙርቓኒ ንከተማ ኲትምያ - ከሰላ ክምስርት ከሎ ኣብ ተመሳሳሊ ግዜ (መፋርቕ 19 ክፍለ ዘመን) ቋንቋ ትግራይት ዝዝረበሉ ከባቢታት ኤርትራ ሰዓቢ ናይ ሱፊ ኮይኑ ነበረ። ብኻልእ ወገን ሱፊ ዓብላሊ ኣብ ዝኾነሉ ግዜ መግዛእቲ ኢጣልያ ቀስ ብቀስ የስፋሕፍሕ ነበረ። ጣልያን ነቲ ኣብ ሱዳን ዝነበረ ምንቅስቃስ ማህዲ መግዛእታዊ ጥሙሓ ከይዕንቅፎ ስግኣት ኣሓዲራ ብምንባራ ነቶም ኣብ ኤርትራ ዝነበሩ መራሕቲ ዓዲ ሽኽን ኲትምያን ኣብ ልዕሊ ማህዳውያን ዝነበሮም ናይ ደገፍ ይኹን ናይ ተቓውሞ መርገጺ ኣዝዩ የገድሶ ነበረ። መወዳእታ ከኣ ንመዝህብ ኲትምያ ካብ ካልኦት መዛህብ ብፍሉይ ተኣማንነቶም ክትከስብ ሰፊሕ ዕድል ኣርሓወትሎም። ሲዲ ሃሽም ኣልሙርቓኒ ኣብ ከሰላ ምስ ሞተ ኣመሓዳሪ ኤርትራ ዝነበረ ፈርናንዶ ማርቲኒ ወዲ ሓዉ ንሲዲ ሃሽም ሲዲ በኪሪ ጃዕፈር ኣልሳዲቕ ማሕሙድ ዕስማን ኣልሙርቃኒ መቐመጢ መንበሩ ካብ ከሰላ ንከረን ክቕይር ኣእመኖ።

በዚ መሰረት ካብ 1903 ከረን ማእከል መዝሃብ ኲትምያ ተቐየረት። መግዛእቲ ኢጣልያ ዝደልዮ ናይ ጸጥታ ርግኣትን ቁጠባውን ወተሃደራውን ፖሊሲ ኣብ ምትግባር ኲትምያ ኣብ ልዕሊ ህዝቢ ብዝነበራ ጽልዋ ኣወንታዊ

542 Joseph Venosa: Journal of East African Studies (2013) Adopting to the New Path: Khatmiyya Sufi authority, the al-Mighani family, and Eritrean nationalism during British occupation, 1941-1949.

ተርኣ ተጻወተት። ሞሳ ናይዚ ኣገልግሎት ድማ ስድራቤት ኣልሙርቃኒ ኣብ ዝተፈላለየ መዝነታት ከም ቃዲ፡ ተርጎምቲ ከምኡ'ውን ሃይማኖታውያን መራሕቲ ኮይኖም ንኸገልግሉ ሰፊሕ ዕድል ተፈጥረሎም። ኣብ ልዕሊ መወዳድርቶም ዓዲ ሸኽን ቀደሪያን እውን ዓብለልቲ ኮይኖም ከወጹ ኣኽኣሎም። ኣልሙርቃኒ (እንዳ ሲዲ) ማእከላይ ሰፈሮም ከረን ኣልሙርቓንያ ኮይኑ ኣብ ባጽዕ፡ ኣቑርደት፡ ተሰነይ፡ ከሰላን ዓቢ ክፋል ናይተን ከተማታት ወነኑ። ኣብ ኣስመራ እውን ብስሞም ዓበይቲ ገዛውቲ ነበሮም። ብኸምዚ ድማ ሙርቓኒን ኣብ ፖለቲካውን ማሕበረ ቁጠባውን መዳያት ኢጣልያዊት ኤርትራ ላዕለዋይ ኢድን ተሰማዕነትን ኣውሓሱ። ክሳብ ምእታው እንግሊዝ ከኣ ከምኡ ኢሎም ቀጸሉ።

ኣብ መጀመርታ 1940ታት ኲትምያ ብኽልተ ነገራት ዝነበሮ ጽልዋ ክዳኸም ጀመረ። ቀዳማይ ብሰንኪ ስዕረት ናይ ጣልያን ኣብ ኤርትራ ብሒቶም ዝሓዝዎ ስልጣን ሰኣኑ። ካልኣይ ኣብ 1943 ሞት ጸላዊ ዝነብረ መራሒኡ ሲድ ጃዕፈር ኣልሙርቓኒ። ብኻልእ መዳይ ኣብዚ ግዜ ትግረ ኣንጻር ሽማግለ ቃልሶም ዘሐየልሉ እዋን ነይሩ። ሲዲ ማሕሙድ ኣቡበከር ኣልሙርቃኒ (1911-1953) ንስልጣንን ተራን ኲትምያ ክዕቅብ ኣብ መሪሕነት እኳ እንተመጸ ብሓደ ወገን ምምሕዳር እንግሊዝ ነቲ ዝነበሮም ሓለፋ ሓሪምዎ ብኻልእ ድማ ስልጣንን ተሰማዕነትን እንዳ ሲዲ ብተውፍሮን (ትግረ) ሰራሕተኛታት መንግስትን ምሁራትን ስለ ዝተበድሀ ከም ቀደሙ ክቕጽል ተሸገረ።

ኣብ 1940ታት ኣብ ገለ ሕብረተሰብ ኤርትራ ዝተኻየደ ቅልጡፍ ማሕበራውን ፖለቲካውን ቃልሲ ትግረ ኣንጻር ሽማግለ ነቶም ካብ ጽልዋ ኲትምያ ወጻኢ ዝነበሩ እስላም መድረኽ (ባይታ) ንደገፍ ናጽነት ሓሲቦም ኣብ ጎኑ ደው ከም ዝብሉ ገበሮም። እንዳ ሲዲ ፈለማ ብፍርቂ ልቢ ንነናጽነት ትግረ ካብ ሽማግለ ደጊፎም ኣብቲ ናይ ፖለቲካዊ ምንቅስቓስ ክሳብ መፋርቕ 1948 ንኣልራቢጣ ኣልእስላሚያ ብኣቦ መንበርነት መሪሖ። እንተኾነ ግን ሃንደበት ናብ ጸግዒ ሕብረት ምስ ዘዘወ ዝነበሮ ጽልዋ ብርኡይ ከንቆልቁል ጀመረ። ዝነበረ ጽልዋ ግን ምሉእ ብምሉእ ኣብ ሓደ መዓልቲ ኣይተቐርፈን። ኣብ ግዜ ፌደረሽን ኮነ ድሕሪኡ ዝሰዓበ መድረኽ ናይ ሰውራ እንዳ ሲዲ ካብ ዝበዝሐ ክፋል ኣማኒ ምስልምና ዝረኸቦ ግቡእን ሓለፋን ኣይጎደሎን። ህዝቢ ከም መንፈሳውያን መራሕቱ ይርእዮም ነበረ። ኣብኡም ዝነበሮ እምነትን ተማእዛዝነትን እውን ኣየጉደሉሎምን። ኣብ መንግስቲ ዝነበሮም ተሰማዕነት'ውን ከም ቀደም እኳ እንተዘይኮነ ኣቃሊልካ ዝርአ ኣይነበረን።

ስለዝኾነ ድማ ኣብቲ ዖና ዝሃለቐትሉ ብዙሓት ኣብ ማእከል ከተማ

ዝጸንሑ ኮነ ካብ ዖና ዘምለጡ ናብ እንዳ ሲዲ ተዓቝቡ ብሃውሪ ኣይነበረን። ካብ ከረን ጀዲድን ዓድ ሓባብን ከይተረፉ ኣባይቱ ገዲፉ ናብቲ ኣይድፈርን ኢሉ ዝሓሰቦ ካንሸሎ እንዳ ሲዲ ዝተዓቝበ'ውን ውሑድ ኣይነበረን። ከም ልማድ'ውን መሕደሪ ዘይብሉ ጋሻ ዝዕንገለሉን ዝሓደረሉን እንዳ ሲዲ እዩ ነይሩ። ነቶም ዓድታቶም ተቓጺሉ ናብ ዖና ዝገዓዙ'ሞ ካብ ዖና ብህይወት ዝወጹ ብዘይካ ገፊሕ ካንሸሎ እንዳ ሲዲ ካልእ ዝሓሸ መዕቆቢ ኣይነበረን።

ስለ ዝኾነ ድማ ሲዲ ዓብዱላሂ ሲዲ በክሪ ነቲ ከዕቆብ ዝመጸ ህዝቢ ምዕንጋሉ ፍሉይ ተርእዮ ኣይቁጸርን። ግቡእ ስለ ዝነበረ ከኣ ስለ እቲ ዝተገፍዐ ህዝቢ ክጣበቕ'ውን ሓላፍነት ሲዲ ነበረ። ንንጹህ ክቕትል ድንብርጽ ዘይብሎ ጨካን ስርዓት ምምዳት ግን ኣቕሊልካ ዝርአ ኣይኮነን። ሲዲን ዓበይቲ ዓዲን ምስ መልኣከ ሞት እዮም ተፋጢጦም። ኣብቲ ኣጋጣሚ ሲዲ ዓብዱላሂ ንሰላምታ ኢዱ ዝዘርግሓሎም ኰለኔል "ኢድካ ብደም ንጹሃት ረኺሱ እዩ። ንሕና ኣስከሬን ህዝብና ክንቀብር ጥራይ ክፍቅደልና ኢና መጺእናካ" ብምባል ብሕርቃን ከም ዝተዛረብዎ ይዕለል። ወላና ዕረ እናጠዓሞ ንጠለቦም ምስ ቅድመ ኩነቱ ተቐቢሉ። "ክሳብ ፍርቂ መዓልቲ ቀቢርኩም ካብቲ ቦታ ትለቁ!" ምስ ቀጣን ትእዛዝ።

ሲዲ ዓብዱላሂ በዚ ውዕለት እዚ ንመዋእል ብኽብሪ እናተዘከሩ ይነብሩ ኣለው። ንሶም ቅድሚኒ ድሕሪን ህልቂት ዖና ንቃልሲ ህዝቢ ኤርትራ ዓቢ ኣበርክቶን ደገፍን ዝሃቡ ሓርበኛ ነበሩ። ብሃሱሳት ናይ ኢትዮጵያ ክሳብ ፈተነ ቅትለት ተገይርሎም እዩ። ሓዳስ ኤርትራ ረቡዕ 30 ሰነ 1993 ዜና ዕረፍቲ ሲዲ ዓብዱላሂ ሲዲ በክሪ ሒዛ ኣብ ዝወጸትሉ ንተራኦም ብኸምዚ ዝስዕብ ገሊጻቶ፦

"ረፈረንደም ንምስላጥ ጽዑቕን ቀጻልን ስርሓት ኣብ ዝካየደሉ ዝነበረ እዋን፡ ሓደ ካብ ሃይማኖታዊ መራሕቲ ኤርትራ ኣሰይድ ዓብደላ ብን ኣሰይድ በክሪ ኣልሙርቓኒ ብ4 ሚያዝያ 1993 ዓሪፎም። ኣሰይድ ዓብደላ ኣብ ከተማታትን ገጠራትን ሱዳን (ኣብ ውሽጢ ስደተኛታት ኤርትራውያን) ንዓወት ረፈረንደም ውፉይ ንጥፈታት እናካየዱ ብዝነበሮም ሕዱር ሕማም ድኻምን ሃልክን ተሓዊስዎም ኣብ ሰዋኪን ሱዳን ዓሪፎም። ነፍስሄር ኣሰይድ ዓብደላ ኣብ እዋን ረፈረንደም ንነፍሶም ዕረፍቲ ከይረኸቡ ስደተኛ ህዝብና ኣብ ታሪኻዊ ውሳነ መጻኢ ሃገሩ ክሳተፍ ኣዘኻኺሮም። ነቲ ንህዝብና ብመሪር ተጋድሎን ክቡር መስዋእትን ዘረጋገጸት ናጽነት፡ ሕጋዊ መደምደታ ብረፈረንደም ንምግባር ኩሉ ኤርትራዊ ብግቡእ ክፍጽም ነፍስሄር ኣሰይድ ዓብደላ ብዙሕ ጽዒሮም'ዮም። ....ኣብ እዋን ረፈረንደም ድማ ብዘይ

ዕረፍትን ሃልክን ሰርሑ። ከዕርፉ ኣብ ዝተሓተትሉ ከኣ "ወገናትና ምእንቲ ሃገር ከየዕረፉ ሓሊፎም ንሕናኸ ምእንቲ ሃገር ሓቅን ክብርን ሒዝና ክንውፈ ኣይግብኣናንዶ፧" ይብሉ ነይሮም"[543]

ሲዲ ዓብዱላሂ ሲዲ በክሪ

543 ሓዳስ ኤርትራ፡ 30 ሰነ 1993፡ 2ይ ዓመት ቁ.87።

ገለብ[544] ኣብ ቀውዒ 1970

ምን ልብና ባዲ ይሃላ ሰነት ሰብዒን ለዓላ
በስከዲራ ገለብ ዎ ያና ኩሉማ ነድድ ይዓላ
እሊ ሰኪን ኣምሓራይ ዲብ ኩሉ ወሪድ ወርወራ
ዎ እሊ እያድ ኣምሓራይ ዲብ ኩሉ ዶሳ ተከላ
ዲብ ከብዱ ለይኣለቡ ልስከብ እንድ ደረራ
ዲብ ከብጀ ምን ትኣተ ስጋ ጥራይ ዎኣብሸላ
ጅምዕ ህብቴስ

ሓበዲን ያሕያ ኣል መዓልም ቅድሚ ነዊሕ ዓመታት ካብ ስግር ባሕሪ ንኤርትራ ሰጊሩ ኣብ እምኩሉ ሰፈረ። ደቁ ሕመድ፡ ዓሊ፡ ዓብደላ ዝፈረይዎም ሎሚ ኣብ ሱዳን ኤርትራን ኢትዮጵያን ተዘርጊሖም ይርከቡ። ዓዲ ሙዓልም እምነት ምስልምና ብምስባኽን መምሃራን ቁርኣንን መሻይኽን ብምዃን እዮም ዝፍለጡ። ብዙሓት ኣብ ሰሜናዊ ክፋል ኤርትራ ዝነብራ ቀቢላታት ብመገዲ ዓዲ ሙዓልም እምነት ምስልምና ተቐቢለን። ሓንቲ ካብተን ብመገዲ ዓዲ ሙዓልም እምነት ምስልምና ዝተቐበለት ቀቢላታት ከኣ መንሳዕ ነበረት።

ብሓርፋፍ ገምጋም ኣብ ቀዳማይ ፍርቂ ናይ 19 ክፍለ ዘመን፡ ዓበይቲ ዓዲ መንሳዕ እምነት ምስልምና ንምቕባል ልኡኺት ናብ ሸኽ ሓበዲን ናይ ዓሱስ ልኡኽ ሰደዱ። እንተኾነ ግን ደቂ ሸኽ ሓበዲን ኩሎም ንሃይማኖታዊ ኣገልግሎት ናብ ዝተፈላለየ ከባቢታት ተዋፊሮም ብምንባሮም ጠለቦም ኣወንታዊ መልሲ ኣይረኸበን። ሸው ካልእ ልኡኽ ናብ እምበረሚ ናብ ዝነበረ

544 ኣብ ቀውዒ 1970 ኣብ ገለብ ዝተፈጸመ ህልቂት ምስቲ ኣብ ዖናን በስከዲራን ዘጋጠመ ኣብ ሓደ ህሞት ነይሩ። መምህር ጃዕፈር ሳልሕ ኣብ መጽሓፍ ግፍዒ ካብ ዘቕረቦ ተበጊስና ምስቲ ብግዜን ቦታን ዝተቐራረበ ህልቂት ዖናን በስከዲራ ኣተኣሳሲርና ከነዘንቱ ፈቲንና ኣለና። እዚ ነቲ ኣብ ቀውዒ 1970 ኣብ ዓድታት ሰንሒት ዝወረደ ህልቂት ኣብ ክልተ ዓድታት ጥራይ ዝተሓጽረ ዘይኮነስ ኣልማማ ምንባሩ ንምርዳእ መታን ክሕግዘና እዩ። ስለዚ ኣብ ገለብ ዝተፈጸመ ግፍዒ ንርዱእ ምኽንያት ብኸፊል እዩ ተዳህሲሱ። ብፍላይ ኣብ ገለብ ብሓፈሻ ድማ ኣብ መንሳዕ ኣብ 30 ዓመታት ናይ ሰውራ ዝወረደ ግፍዒ ምስቲ ኣብቲ ከባቢ ዘሎ ዘይተበርበረ መኽዘን ናይ ታሪኽን ባህልን ኣተኣሳሲርካ እኹል መጽሓፍ ክሰራሕ ዘለዎ እዩ።

ሽክ ልኢኹም ተመሳሳሊ ጠለብ ኣቕረቡ። ሽኽ እምበረሚ "ናትኩም ሽኽ - ሽኽ ሓበዲን ናይ ዓሱስ'ዩ" ስለዝበሎም ዳግማይ ናብ ሽኽ ሓበዲን ተመልሱ።[545]

ሽው ሽኽ ሓበዲን ከም ዝደንጎዮም ተረዲኡ ንወዲ ወዱ ሽኽ ዘምዘሚ መሪቑ ሃቦም። ዓሰርተ ክልተ ሰብኡት ኣሰንዮሞ ከኣ ንገለብ ኣተው። ካብ ዓዲ ዓይላይ (ቤት ኣብርሀ) ንዳህባ ዳል ከቢን ኣመርዕዮም ድማ ብወግዒ ሽኾም ገበርዎ።[546] ክሳብ እዛ ዕለት ድማ እንዳ ዘምዘሚ ከም መሻይኽ ናይ መንሳዕ ይፍለጡ።

ኣብ እዋን ህልቂት ገለብ - 1970 ሽኽ ዘምዘሚ ንሽኽ ኣሕመድ ሽኽ ኣሕመድ ንሽኽ መሓመድ ወሊዱ ሽኽ መሓመድ ደቂ ደቁ ክርኢ በቒዑ ነይሩ። ስድራ ሽኽ መሓመድ ኣብቲ ህሞት ኣብ ገለብ፡ ከረንን ኣስመራን ተዘርጊሓ ትቕመጥ ነበረት። ሽኽ መሓመድን በዓልቲ ቤቱ ወይዘሮ መልካ ዳይር ግን ኣብ ገለብ እቕመጡ ነበሩ። ቀቅድሚ ህልቂት ኣብ ዝነበራ መዓልታት ኣቡበከር ወዲ ሽኽ መሓመድ ዒድ ምስ ኣቦኡን ኣደኡን ከሕልፍ ንደቁን በዓልቲ ቤቱን ከምጽእ ካብ ገለብ ንከረን ነቕለ። "ዒድ ቀሪቡ ስድራይ ካብ ከረን ከምጽእ ኢለ እየ ተበጊሰ። በስክዲራ ምስ በጻሕኩ ተጋደልቲ ዓወት ተጓናጺፎም ክሕጎሱ ርእየ 'እንታ'ዩ ተረኺቡ፣' ኢለ ምስ ሓተትኩ 'ጀነራል ተሾመ ተቐቲሉ' ኢሎምና። ድሕሪ ገለ መዓልታት ስድራይ ወሲደ ንገለብ ኣብ ዝተበገስኩሉ ወተሃደራት ወፊሮም ቁልዓ ሰበይቲ ሒዝካ ክትወጽእ ይትረፍ ንውልቅኻ'ውን ንጋዶ ኮይኑ ዒድ ኣብ ከረን ኣሕሊፈዮ"[547] ይብል።

ኣብዚ መጽሓፍ ብተደጋጋሚ ከም ዝተገልጸ ድሕሪ ቅትለት ጀነራል ተሾመ ኣብ ዝነበራ መዓልታት፡ ጦር ሰራዊት፡ ኮማንድስን ነጨለባሽን ብዝሓየለ መልክዕ ካብ ጽርግያ ከረን ኣስመራ ናብ ሰሜን ዝርከባ ዓድታት ብጸዕቂ ወፍርታት ኣካይዶም። ከም ሳዕቤኑ ምንዳድ ዓድታት፡ ምርሳይ ንብረት፡ ምቕታል ሰለማውያን ግኑን ተርእዮ ናይቲ ቅንያት ኮነ። ካብ ደንጎሎ ዝተበገሰ ሓይሊ ኮማንድስን ጦር ሰራዊትን እውን ብሻምበል ካሕሳይ ተኸሉ ተመሪሑ መንሳዕ ቤት ሻሕቀን (ምሕላብ) ኣተወ። ንጽባሒቱ ኣንፈቱ ናብ ገለብ ኣቕንዑ። ገለብ ምስ ኣተወ ዝገበሮ መጽሓፍ ግፍዒ ብኸምዚ ትገልጾ፡-

"ጦር ሰራዊት ናብ ገለብ እቱው ክብሉ ፈለማ ንኣቦይ የውሃንስ ዓበ ልባብን ሰበይቶም ትምኒት መሓመድን ከትኣልዮም ምስኦም ዝነበረት ጓል ወዶም ሽዕበት ጉብጣንን ኣብ ጀርዲን ረኺብዎም። ብዘይ ሕቶ ድማ ረሸንዎም። እዞም ሰለስተ ንጹሃት ዜጋታት ኣካላቶም መሸሚሹ ኣዕጽምቶም ብኣራዊት ፋሕ ፋሕ ኢሉ ድሕሪ ወርሒ ኣብ ጀርዲኖም ዝተረኽቡ'ዮም።

545 ኣቡበከር መሓመድ ኣሕመድ ዘምዘሚ፡ ቃለ መጠይቕ ምስ ደራሲ፡ 10 ጥቅምቲ 2020፡ ከረን።

546 ኣቡበከር ዘምዘሚ።

547 እድሪስ መሓመድ ዘምዘሚ፡ ቃለ መጠይቕ ምስ ደራሲ፡ 29 ሓምለ 2020፡ ከረን።

ካብኡ ቀጺሎም ናብታ ዓዲ ኣተዉ'ሞ፡ ንገዛ ወልዱ ኤፍረም ኣንዲዶም ነቶም ኣብኡ ዝጸንሕዎም ውሑዳት ሰባት ኣስናኖም እናሓርቆሙ ኣብ ሓደ ቦታ ኣከብዎም። እዚ እናኾነ 15 ዝኾኑ ሰብኡት ኣብ መንደቕ ቤተ ክርስትያን ተጸጊዖም ብፍርሒ ነቲ ሰራዊት ይዕዘብዎ ነበሩ"[548]።

ነቶም ኣብ ዓዲ ዝጸንሑዎም ቆልዓ ሰበይትን ሰብኡትን ኣብ ሓደ ጠርነፍዎም። ደቀንስትዮ ኣብ ኣጉዶ እንዳ ሸኽ መሓመድ ኣሕመድ ዘምዘምን ኣብ እንዳ ሕመድ መስለም (እንዳ እም ኣድም) ኣብ ክልተ መቓቒሎም ኣእትውወን። ነቶም ዓብይቲ ሰብኡት ድማ ኣብ ምብራቓዊ ወገን ናይተን ኣንስቲ ድሕሪ ቤተ-ክርስትያን ወንገላዊት ኣብ ዝርከብ ቦታ ጅሆ ሒዞምዎም። ዝበዝሑ ደቂ ዓዲ ግን ወተሃደራት ናብ ገለብ ቅድሚ ምእታዎም ንገቦታት ኣጀነዳን ካልእ ከዕቁቦም ዝኽእል ቦታታት ተኸዊሎም ዝኸውን ብርሑቕ ይከታተልዎ ነበሩ።

ጅሆ ተታሒዞም ካብ ዝነበሩ ዓበይቲ ዓዲ ገለብ ከም ሸኽ መሓመድ ዘምዘሚ፡ ሰለሙን ዳይር ገብሩ፡ ሓሳማ ብእምነት ኣፍታይ፡ ንጉሰ ልጃም ኣፍታይ፡ ግዕዳድ ሰምራልዑል፡ ጀሚል ሰመራልዑል፡ ሳልሕ ዮሓንስ ገምበት፡ ሳልሕ ራኪ፡ ትማርያም ዓሊ፡ ተስፋዝጊ እድሪስ ዓሊ፡ ልባብ ማሕሙድ ሓይልንኪኤል፡ በረምበራስ ጅምዕ እብራሂምን ካልኦትን ነበሩ። ኣብ መጨረሽታ ከኣ ብኸምዚ ዝስዕብ ኣሰቃቒ ኣገባብ ቀተልዎም።

"ኢዶም ንድሕሪት ብገመድ ከነው ኣቢሎም ኣሰርዎም። ንነፍሲ ወከፍ እሱር ክልተ ወተሃደራት ኣማእኪሎሞ በትሮም ሒዞም ጠጠው በሉ። ግዳያት ስንባደኦም ዓረገ፡ ክሳብ ዝሞቱ በባትር ክቐጥቅጥዎም ምዃኖም ፈሊጦም ተሸቑረሩ። ሓለቓ ትእዛዝ ምስ ሃበ፡ እቶም ወተሃደራት ኣባትሮም ብቐድሚትን ድሕሪትን ክሳዳውቲ ኣገዲሞም፡ ግዳይ ትንፋሱ ክሳብ ትሓልፍ ነተን ክልተ ኣባትሮም ጸቒጦም ከላግብወን ተቓለሱ። ኢዶም ንድሕሪት ተኣሲሩ ክሳዳውቶም ብኣባትር ተቐርቂሩ ትንፋስ ዝሓጸሮም ግዳያት ፈንጠርጠር እናበሉ ተሳሕጉ። እቶም ብጉብዝናኦም ዝተሓርዩ ሓነቕቲ ነቲ ኣባትር ቀጥ ኣቢሎም ሒዞም ግዳያት ከይትንስኡ ናብ መሬት እናጸቐጡ፡ ተረባረቡ። ትንፋስ ብቐሊል ከም ዘይትሓልፍ ኣርኣየት። ርሃጽ ብኹሉ ወገን ጀበብ በለ። ኣስናን ተገያየጸ። ሰራውር ገጽ ተገታተረን ሕብሪ ገጽ ተቐያየረን። ድምጺ ኣይነበረን - ሒሕን ፈንጠርጠርን ጥራይ። ኣብራኽን ገጽ ግዳያት ኣብ ሓመድ ተፋሕፍሐ። ትንፋሶም ብዝሓለፈ ዘፍ በሉ። [549]

ከምዚ ገይሮም ብዘስካሕክሕ ኣገባብ ምስ ቀተልዎም ካብ ሕሱም ቁሪ ገለብ ክኸወሉ ነናብ መሕደሪኦም ተሸጎጡ። ካብ ግዳያት ሓደ ኣቶ ዮሴፍ

---

548 ጃዕፈር ሳልሕ፡ መጽሓፍ ግፍዒ "ገለብ" ገጽ 162።

549 ጃዕፈር ሳልሕ።

መንደር ግን ትንፋሱ ኣይሓለፈትን። ካብ ዝወደቐ ተንሲኡ ተንቀሳቀሰ። ንሱ ፈለማ ናይ ርድኡኒ ድምጺ'ኳ እንተሰምዐ ጸኒሑ ግን ሰንደልደል እናበለ ንበረኻ ገጹ ኣምርሐ። ኣብ ትሕቲ ጎቦ ኣጀንዳ ድምጺ ሰባት ሰሚዑ ከኣ ናብኦም ቀረበ። ወዲ ሓው ሳልሕ ዓፋ ምስ ወላዲቱ ጸንሖ። ሳልሕ ንቁስሊ ኣቦይ ዮሴፍ ብልቡጥ ማይ ሓጺቡ፡ ርእሱ ብነጸላ ብምጅናን፡ ኣብሊው ኣስተዩ ከም ዘዕርፍ ገበሮ።

ንጽባሒቱ ንግሆ ወተሃደራት ናብተን ኣብ ኣጉዶ እንዳ ዘምዘምን እንዳ እም ኣድምን ብዘይመግብን ማይን ውዒለን ዝሓደራ ኣደታትን ደቀንን እዮም ኣምሪሖም። ኣብ ክልቲአን እተን ኣጒዶ ካብ ዝነበራ፡ ፋጥና ሸኽ መሓመድ ዘምዘሚ፡ መልካ ዳይር ገብሩ፡ ንስሪት መሓመድ ህያቡ፡ ጀምዕ ገብሩ ዳይር፡ ዓቤት ግዕዳድ ስመራልውል፡ ከድጃ ምርካብ እምሩ፡ ኬማ ጀንጀር (ሰይቲ ሃብተየሱስ) ኣብርሀት ጅምዕ ሓምድ፡ ምርያም ጅምዕ ሓምድ፡ ሰዓድያ ህብቴስ ተኸሌስ፡ ግሰት ህብቴስ ተኸሌስ፡ ሰይቲ ተስፋዝጊ ጅምዕ፡ ሓዋ ሰይተቦይ ህዳድ ምስ ኣርባዕተ ደቂ ዳለን፡ ዓይነ-ስውርቲ ዝነበረት ጓል ሑሴን ዓብደርሕማን ዝርከብአን ነበራ። መጽሓፍ ግፍዒ ነዘን ኣደታትን ደቀንን ዝጎነፈ ብከምዚ ኣስፊሩቶ ኣላ፥

"ንጽባሒቱ ረፋድ ድምጺ ኣእጋር ዝሰምዓ ኣንስቲ፡ "ይኸፍቱና ዶኾን፡ ደቅናን ነብስናን ከነዕንግል፡" ኢለን እናተጸባየ እቶም ጦር ሰራዊት ኣብ ልዕሊ'ቲ ኣጓዱ ላምባ ብምንስናስ ሓዊ ረኵዑሉ። ኣብተን ክልተ ኣጓዱ ሓሓደ ወተሃደር ዋርድያ ብምግዳፍ ከኣ ናብ ዝምታኦም ተዋፈሩ......እቲ ዋርድያ ዝተመደበ ወተሃደር ነቲ ዋጭዋጭታን ዕግርግርን ቁልዓ-ሰበይቲ መዓር እናበልዐ'ዩ ዝሰሞዖ ዝነበረ።"[550]

ኣብ መጽሓፍ ግፍዒ ካብተን ዝተቓጸላ ክልተ ኣጓዱ ዝወጸት እንኮ ሓዮት ረድኢ ስሌማን እትበሃል ቍልዓ ናብ ሱዳን ብምኻድ ዓብያ ተመርዕያ ወሊዳ ኣብ ካናዳ ትነብር ከምዘላ ይጠቅስ። ብመሰረት ሓበሬታ መምህር ጃዕፈር ነዛ ሰብ ከረክብ ፈቲነ። ካብ ብዙሕ ፈተነታት ሓንቲ ናብ ሓዮት መርሓትኒ። ካብ ገለብ ንጉሰ ግብጣን ንመምህር ክፍለ ተኸለሰንበት ዝሃቦ ሓበሬታ ናብ ቀሺ ዘርአ በኺት ካብኡ ናብቶም ኣብ ሰሜን ኣመሪካ ዝነበሩ ኣሕዋቶም። ፈላማ ኣብ ክንዳይ ኮይኑ ብኢመይል ምስ ገረዝግሄር በኺት ዝተራኸበ ሰመረ ኣዛዚ እዩ። ሳላ ምቕሉል ምትሓብባር ከኣ ንጁር ኣድራሻ ሓዮት ተረኺቡ።

ዓለም ብኮሮና ተወጢራትሉ ኣብ ዝነበረት ህሞት ነታ ኣብ ካናዳ ትነብር ሓዮት ምርካብ ቀሊል ኣይነበረን። ካብ ካናዳ ንዝደወለትለይ ምብራቕ ሃብቱ ኣድራሻ ሓዮት ሂበ ኣብ ክንዳይ ኮይና ከተዘራርባ ሓቲተ። ብተሌፎን

550

ተራኺበን። ሓዮት ኣብ ዝጥዕማ ከተዘራርበኒ ፍቓደኛ ምኧና ፈሊጠ ሓሳሰይ ምቁጽጻር ሰኣንኩ። እንተኾነ ግን ድሕሪ ክልተ ሰሙን ዝተቐብልክዋ ጻውዒት ተሌፎን “ሓዮት ብዛዕባ ዘጓነፉ ኮነ ዝረአየቶ ክትዛረብ ፍቓደኛ ኣይኮነትን ‘ክዝከሮ ከለኹ ስለዝሓምም ክዛረብ ብፍጹም ኣይደልን’ ኢላ” ዝብል መርድእ መጸኒ።

ኣብ መንጎይን ኣብ መንጎ ሓዮትትን ኮይና ተተኣሳሰረና ዝነበረት ዘመደይ ንሓዮት ከተመኽንየላኺ እንተ ፈተነት ኣነ ግን ከም ሓዮት ካብ ሞት ዝተረፉ ዘለዎም ጸገም ብግቡእ ክርዳእ ጀሚረ ስለ ዝነበርኩ ኣይሓደሰንን። ሓዮት ቅድሚ ፍርቂ ዘመን ንዝርኣየቶን ዝጎነፋን ክትጸውየሉ ዘይኮነስ ዳግማይ ከተሰላስሎ ዘይፈቕደት ብኻልእ ኣይኮነን። ዳግማይ ኣብ ቃል ቃል ዝብል ሓዊ ክትጥበስ፡ ተሃሙኻ ክትቃሪ ስለ ዘይመረጸት እያ ጥራይ በልኩ። ዛንታ ክትነግር ክትብል ነብሳ ካብ ተቃጽል ፍቓደኛ ኣይኮንኩን ምባል ይቐላ።

ሓዮት ካብ ገለብ ኣሽሓት ኪሎሜተራት ርሒቓ ክንሳ ገና በቲ ቅድሚ ፍርቂ ዘመን ዘጋጠማ ኣሰቃቒ ግፍዒ እናተሳቐየት ትነብር ኣላ ማለት እዩ። ስለዚ ድማ እዩ ዛንታ ግፍዒ ታሪኽ ጥራይ ዘይኮነ ክሳብ ብህይወት ዘለኻ ዘሳቒ ግራጭ እዩ ዝበሃል። ሓዮት ብኹመይ ድሒና፤ እተን ኣደታትክ እንታይ ጎኒፍወን ብዘይክኣ ዝፈልጥ የልቦን። ክሳብ ሓዮት ነቲ ብዓይና ዝረአየቶ ብእዝና’ውን ዝሰምዓቶ ዘየዘንተወት ክዱን ብኣፈ-ሰላስ ተደፊኑ ክተርፍ እዩ።

* * *

ንሓዮት ኣብ ልዕሊ ምድሪ እንከላ ምስክርነታ ክሰምዕ ብዘይምኽኣለይ ብፍጹም ቅሱን ኣይነበርኩን። ዝበዝሑ ናይ ዓይኒ መሰኻኽር ብህይወት ሓሊፎም ሓዮት እናሰምዐትን እናረኣየትን ክቐብጻ ዝውሓጥ ኣይነበረን። ኩሉ ዝገበርክዎ ፈተነታት እኳ እንተፈሸለ ተስፋ ግን ኣይቆረጽኩን።

ብዝተፈላለዩ ሰባት ገይረ ዝፈተንክዎ ከይሰለጠ ምስ ተረፈ። ሓንቲ መዓልቲ ኣብ መጨረሽታ ወርሒ ናይ 2023 ኮንዶ ይኾነለይ ባዕለይ ደዊለ ክፍትን ወሰንኩ። ኣብ ከረን መዓልቲ ሰንበት ሰዓት 7፡00 ድሕሪ ቀትሪ ኣብ ኩበክ ከናዳ ድማ ብተመሳሳሊ ሰንበት ልክዕ ሰዓት 11፡ 00 ቅድሚ ቀትሩ ነይሩ። ተሌፎነይ ጻውዒት ምስ ጀመረት ህርመት ልበይ ካብ ንቡር ንላዕሊ ወቕዐት። ነዊሕ ኣይጸንሐን ብኣንጻረይ ዝነበረት ተሌፎን ተላዒላ።

“ሃለው”

“ሃለው”

ዳርጋ ክልቴና ብሓንሳብ

“ሓዮት”

“ኣይዋ ሓዮት ኣና፡ መን እንታ?” ብኣዝዩ ትሑት ድምጺ ብቋንቋ

ምሉእ ስመይ ነጊረ።

“ምን ከረን ኣተስል ህሌኮ፡ ይትእምሪኒኒ፡ ረቐም ተለፎንኪ ምን ቀሺ ዘርአ ነሳእኩሁ” ውሕስነት ክስምዓ ተቐላጢፈ ብቐሊሉ ናይ እትፈልጦ ሰብ ስም ጸዋዕኩላ

“ኣይዋ ግሩም፡ ቀሺ ዘርአ፡ ኣዳምና ቱ፡ እንታ ከፎ ህሌካ?” ጌና መደወልየይ ሕቶ ኮይንዋ ከሎ ትዛረብ ምንባራ ኣይስሓትኩን።

“ኣና ግሩም ህሌኮ፡ ዓፍየትኪ ከፎ ህሌኪ?”

‘ግሩም ህሌኮ’

ዝብልን ካልእን ነዊሕ ሰላምታ ተለዋወጥና።

ኣብዛ ቀዳመይቲ ናይ ተሌፎን ርክብና ኪኖ እቲ ኣብ ገለብ ብዛዕባ ዝተፈጸመ ግፍዒ ብሰባት ገይረ ንክረኽባ ዝገብርኩዎ ፈተነን ካልእ ሓፈሻዊ ዕላልን ናብ ቀንዲ ጉዳይ ኣይኣቶናን። ነቲ ዝደልዮ ዝነበርኩ ክረክብ እንተኾይነ ብቐዳምነት ኣብ መንነይን ኣብ መንጉኣን ናይ ምትእምማን ሃዋሁ ክፈጥር ነይሩኒ። ግደ ሓቂ ካብ ኤርትራ ተገዲሰ ደዊለ ስለ ዝረኸብክዋ ጥራይ ዓቢ ነገር ቆጺራትለይ ነይራ። ኣነ እውን ድምጻ ክሰምዕ ብምብቅዐይ ሓጎስይ ወሰን ኣይነበሮን።

ካብ ዕላላ ሓዮት ንውልቃ ከም ትነብር ተረዲአ። ብዛዕባ ሓዳር ይኹን ውላድ ስለምንታይ ምኻና ኣይፈልጥን ክትዛረበሉ ከም ዘይትደሊ ነጊራትኒ። ንኩሉ ነገራ ኣለይ መለይ ትብላ ዓባይ ሓብታ ብርኽቲ እያ። ብርኽቲ፡ ደቃን በዓል ቤታን ናይ ኩሉ ነገራ ሓላፍነት ከም ዝወስዱላ ትዛረብ። ብቐንዱ ካብ ሱዳን ንከናዳ ክትኣቱ ዋሕሳ ብርኽቲ እያ።

ሓዮት ማሕበራዊ መራኺቢታት ከም ፈይስቡክ ይኹን ዋትስኣፐ ብፍጹም ኣይትጥቀምን። ቁጽርታት ናይ ተሌፎን ጽሒፉ ክትሕዝ ኣይትኽእልን። ኣብ ህይወታ ዘጋጠሙ ዓበይቲ ፍጻመታት ብዓመተ ምህረት ኮነ ብቑጽሪ ክተረድእ ኣይትኽእልን። ብዘይካዚ ኣብ ካናዳ ንገለ ዓመታት ካብ ኣሕዋታ ርክብ በቲኻ ምንባራ ትገልጽ። ድሕሪ ነዊሕ ዓመታት ከም ዝረኸብዋ እውን ተዘንቱ። እቲ ምኽንያት እንታይ ምንባሩ ግን ኣነ ኣይሓተትኩዋን ንሳ እውን ኣይነገረትንን። ከም ርድኢተይ ውጽኢት ናይቲ ኣብ ህይወት ዘጋጠማ ሕማቕ ተመኩሮ ክኸውን ከም ዝኽእል እግምት። ዝኾነ ኮይኑ ቀዳማይ ናይ ተሌፎን ርክብና ሕሳበይ ተወዲኡ ዝጀመርናዮ ዕላል ኣብ መወዳእታ ከየበጽሐ ተቛሪጹ።

ካብቲ ናይ ፈላሚ ርክብና ድሕሪ ኣስታት ሰለስተ ሰሙን ኣቢለ ዳግማይ ኣብ ተመሳሳሊ ግዜ ደዊለላ። ቀዳማይ እብረ ካብ ናይ ቀዳማይ ርክብና ብዙሕ

ዘይፍለ ካብ ሓፈሻዊ ዕላል ከይወጻእና ሕሳብ ተሌፎነይ ተወዲኡ። ኣብዚ ርክብ ፍልይ ዝበለ ነገር እንተነይሩ ካብ ዝሓለፈ ዝያዳ ተኸፊታ ተዕልለኒ ነይራ። ደጊመ ንክድውለላ ከኣ ተተባባዕኩ። ንንውሕ ዝበለ ደቓይቕ ከዛርበኒ ዝኽእል ካርድ ገዚአ ተመሊሰያ።

ናብ ቀንዲ መደወሊ ጉዳየይ ኣትየ።

"ኣብ ገለብ እተን ኣዴታት ኣብ ዝነበርአ ኣጉዶ ኔርኪዶ?" ተወከስኩዋ።

"እወ ነይረ"

"ብኸመይ ደኣ ወጺእኪ"?

"ምስ ሓትኖይ ኣብርሀት ጓል ጅምዕ ወዲ ሓምድ እየ ኣብ ገለብ ነይረ። ስድራይ ኣብ እግል እዮም ነይሮም። እቶም ወተሃደራት ንዝረኸብዎ ኣብቲ ኣጉዶ እንዳ ዓድ መቕልም የእትውዎ ነይሮም። ሰይቲ ኣኮይ ምስ ደቃ፡ ውዳሰ ትበሃል ሰበይቲ፡ ብዙሓት ናብቲ ኣጉዶ ኣእትዮምና። ኣብኡ ሓዲርና። ንጽባሒቱ ወተሃደራት ብኣፈደገ ናይታ ኣጉዶ ኮይኖም ይሕልዉና ነይሮም። ሽው ኣነ ከሃድም ብኣንጻሩ ንዝነበረት መስኮት ብኢደይ ምስ ነዝነዝኩዋ ተኸፊታትለይ። ብእኡ ዘሊለ ወጺአ። መሓመድ ወድ ሸኽ ዝበሃል ሰብኣይ 'ጓለይ ስሓብኒ' ኢሉኒ ኢዱ ሰዲዱለይ ስሒበ ምሳይ ኣውጺአዮ። እም ኣደም እውን ምሳና በታ ፍኒስቲራ ወጺኣ።

ሽው ኣነ ኣብ ጥቓ ገዛ እንዳ መሓሪ (እንዳ ቀሺ ኣስፍሃ መሓሪ ፕረዚደንት ወንገላዊት ቤተክርስትያን ኤርትራ ዝነበረ) በለስ ተጸጊዐ ተሓቢአ። እቶም ወተሃደራት ነተን ኣብታ ኣጉዶ ዝኣከብወን ዓጽዮም ኣንዲዶመን። ንመሓመድ ወድ ሸኽን ንእም ኣድምን እውን በበይኖም ረኺቦሞም ቀቲሎሞም። ኣነ ግን ወርሒን ክልተ ሰሙንን በይነይ ኣብቲ በለስ ተሓቢአ ኣሕሊፈዮ። ወተሃደራት ቀትሪ ቀትሪ ኣብቲ በረኸቲ ይውዕሉ፡ ምሸት ናብ ዓዲ ተመሊሶም ይሓድሩ። ንሶም ምስ ርሓቑ ካብቲ ገዛውቲ ዝብላዕ ገለ ሃሰው መሰው ኢለ ከበልዕ እፍትን። መጨረሽታ ድሕሪ ወርሒን ፈረቓን ይኸውን ነታ ዓዲ ገዲፎማ ከይዶም። ኣነ ከኣ ናብ እግል ናብቲ ስድራይ ዝነበርዎ ተጓዒዘ"።

ሓዮት ብንጹር ዕድሚኣ እኳ እንተዘይዘከረት እኽልቲ ጓል ምንባራ ተዘንቱ። "ኣቦይ ሽማግለ ናይ ጀብሃ እዩ ነይሩ። ዝሓመሙ ወይ ውጉኣት ተጋደልቲ ኣብ ገዛና የዕርፉ ነይሮም። ንተጋደልቲ መግቢ ተሰኪምና ክሳብ ንወግረተት ንኸይድ ኔርና። ኣቦይ ምስ በዓል ሽከር ኣብርሃም[551] እዩ ዝሰርሕ ነይሩ" ትብል ኣብቲ ግዜ ትደርፎ ዝነበረት እናዘከረት።

ድሕሪ'ዚ ስድራ ሓዮት ንተሰነይ እያ ወሪዳ። ካብ ዝኸሪ ሓዮት "ኣብ ዓመት ናይ ሻንበል በለው" ንሱዳን ከም ዝተሰዱ ትገልጽ። ሻምበል በለው ኣብ

551

1974 እዩ ንአምሓጀር ዘጥፍአ። ኣብ ሱዳን ኣብ መዓስከር እምጉርጉር ድማ ተዓቘቡ። ኣቦ ስድራ ኣቦይ ረድኢ ሱሌማን ይኹን ኣደይ ሳራ ጅምዕ ኣብኡ መይቶም ኣብ ዓዲ ስደቶም ተቐብሩ። ኣሕዋታ ሓምደረቢን ኣድሓነትን ክሳብ ሎሚ ኣብ ኣሸወክ ሱዳን ይነብሩ። ሓዮትን ብርኽትን ኣብ ኩበክ፡ ሰለሙን (ናባል) ኣብ ካልጋሪ ካናዳ ይቕመጡ።

ከምዚ ኢላ ድማ ስድራ እንዳ ረድኢ ወዲ ሱሌማን ቅድሚ ፍርቂ ዘመን ካብ ዝነበረቶ መንሳዕ ብዓቢኡ ኤርትራን ንሓዋሩ ተበቲኻ። ነቲ ሓዮት "ከዝክሮ ከለኹ ልበይ የሕምመኒ" ትብሎን ኣብ መንጎ ዕላል ተስቆርቁሮን ትነብዖን ደሚርካ እዛ ስድራ ክሳብ ጫፍ ዓለም ፋሕ ብትን ዘበላ ሳዕቤን ግፍዕን መግዛእትን ሱሩ ክሳብ ክንደይ ዓሚቕ ምዃኑ ይስወጠካ።

* * *

እተን ኣደታት ነዲደን ኣብ ዝተሃምኻሉ ዕለት ካብ ገለብ ውጽእ ኢልካ ካልእ ህልቂት ተፈጺሙ ነይሩ። ክፋል ናይቶም ኣብ ገለብ ዝሓደሩ ወተሃደራት ድማ እዮም ፈጺሞሞ። ነዚ ፍጻመ መበገሲ ዝኾነና ሕጂ እውን ካብ መጽሓፍ ግፍዒ ክንብገስ ኣብታ መጽሓፍ ከምዚ ዝብል ጽሑፍ ሰፊሩ ኣሎ።

"ሽሾ ሰራዊት ከመጽእ ዝረአዩ ኣብ ከባቢ ቤልታ ዝነበሩ ሰባት ስለ ዝፈርሑ ነብሶም ንምድሓን ኣብ ኣቅዋሻት ደብር ኢባልሖ እትርከብ መጨሊ-ሕብእት ኣብ እትበሃል ዓባይ በዓቲ ተሓብኡ። ኣደታት ድምጺ ምእንቲ ከይስማዕ ደቀን ከእብዳን ንህጻናት ጡብ ብምውታፍ ጸጥታ ከሰፍናን ይፍትና ነበራ። ኩሉ ብፍርሒ ኣዒንቱ ውሪሕ-ሪሕ እናኣበለ መሬት ጸጥ በለት። ጦር ሰራዊት ደርጓዕጓዕ እናበሉ ከይረኣይዎም ሓለፉ'ሞ "ከይድዎም እዮም" ኢሎም ዝፈነውዎ ከልቢ ብጉያ ናብቶም ጦር ሰራዊት ቀሪቡ ነብሐ። እቶም ወተሃደራት ወስ ምስ በሉዎ ናብ ዋናታቱ ብጉያ ተመልሰ። ነዚ ዝተዓዘቡ ወተሃደራት ከልቢ ናብ ዝሃደመሉ ቦታ ምስ ቀረቡ ብኽያት ናይ ቈልዓ ሰምዑ። ሰባት ኣብቲ በዓቲ ተሓቢኦም ድማ ረኸቡ። እንታዎት ምዃኖም ከይፈለጡን ከውጽኡዎም ከይፈተኑን ከኣ ኣድራጋ ብምትኳስ ንኹሎም ቀተልዎም። "ምስ ቆልዓ ኣይትምከር ምስ ከልቢ ኣይትተሓባእ" ዝተባህለ ሓቂ ኮነ። ኣብታ በዓቲ ካብ ዝነበሩ ጓል ሃብተገርግሽ ናውድ (ሰይቲ መሓመድኖር ኣስፈዳይ) ምስ ኣርባዕተ ደቃ ህይወታ ሓለፈ። ሰይቲ ዓምር ኣስፈዳይ እውን ቍጽሮም ምስ ዘይተፈልጡ ደቃ ተቐትለት። ብሓፈሻ ኣብታ በዓቲ 15-16 ዝኾኑ ትንፋስ ሃለቑ"።

ወተሃደራት ኢትዮጵያ ኣብ ገለብ ሓዲሮም ሮራ ገጾም እናሓለፉ ነቲ ኣብ ቤልታ ልዒሉ ዝተጠቕሰ ግፍዒ ፈጸሙ። ቀቅድሚ እዛ ፍጻመ ንሓምድ ኣስፈዳይ ዝሓተትዎ ጸባ ሂብዎም ሰትዮም ምስ ጸገቡ ቀቲሎሞ። ይቕትሉ ከም ዝነበሩ ዝፈለጡ ኣብቲ ከባቢ ዝነበሩ ደቂ ዓዲ ከም ኣህባይ ናብቲ

ኀቦታት ሃዲሞም ካብ መገዲ እቶም ወተሃደራት ተኣልዩ። እንተኾነ ካብተን ኣብ በዓቲ ተሓቢኣን ዝነበራ ብዙሓት ጉጅሌታት ሓንቲ ግዳይ ኮነት። ከምቲ ኣብ መጽሓፍ ግፍዒ ዝተጠቕሰ ብሰንኪ ዝነብሖ ከልቢ ቀጺሉ ድማ ዝበኸየ ቁልዓ ጥራይ ደዮም ወይስ ካልእ ሓባሬታ ረኺቦም ግን ዝፍለጥ የለን።

ግዳያት ተዓቚቦምላ ዝነበሩ በዓቲ ካብ ጽርግያ ከረን ገለብ (ወተሃደራት ዝሓልፉሉ ዝነበሩ) ብእግሪ ኣስታት ዕስራ ደቓይቕ ትርሕቕ። ሑሴን ማሕሙድ ሽኽ ወተሃደራት ከመጹ ርእዩ ተቐዳዲሙ ካብታ በዓቲ ሃዲሙ ነብሱ ዘውጽአ እዩ። ንሱ፡ “ወተሃደራት ካብ ርሑቕ ‘ውጹ ኣንቱም ደቂ ሓሊማ ውጹ ኣንቱም ሽፋቱ’ ክብሉ ምስ ሰማዕኩ ቶኹሱ ከይጀመሩ ሃዲመ፡ ነብሰይ ኣድሒነ”[552] ይብል። እቶም ሰለስተ ኣሕዋቱ ግን ኣብ ውሽጢ እታ በዓቲ ግዳይ ኮይኖም። ኖር መንታይ በሪህ ወተሃደራት ኣብታ በዓቲ ምስ ቀረቡ ኣድም ኣዳል እምኒ እና ደርበየ ናብ በዓቲ ምቕራብ ከም ዝኸልኦም የዘንቱ።[553]ከንቱ ፈተነ። ወተሃደራት ንኣድም ሕማቕ ኣቀታትላ ቀቲሎም ነተን ኣደታትን ቆልዑን ብጥይት ተሳህልዎም።

ካብቶም ኣብታ በዓቲ ብዘይ ንሕስያ ዝተቐዝፉ፡ ደቂ ኣዳላ ገምበት፥ ኣድም ኣዳላ ገምበት፡ ጀምዕ ኣዳላ ገምበት፡ ስዒዳ (ሰዓድያ) ኣዳላ ገምበት። ጀምዕ ፋይድ ገብርረቢ ሰይቲ ሓመድኖር ኣስፈዳይ ወዳ ዑመር ሓመድኖር ኣስፈዳይ። በኺታ ኣስፈዳይ ዓምድሚካኤል ምስ ሰለስተ ደቃ። በኺታ ምልክዕቲ መርዓት ኮይና ኣብቲ ግዜ ሓራስ ነይራ። ኣዝዩ ዘደንጹ መናጅር ተሰሊማ ንዝነበረት ኢዳ ካብ ምናታ ቆሪጾም ወሲዶማ። ስለምንታይ ኣበይ ደርብዮሞ ዝፈልጥ የልቦን።

ደቂ ዓምር ኣልመዳይ፡ ስዒድ ዓምር ኣልመዳይ፡ ጅምዕ ዓምር ኣልመዳይ፡ ከምኡ’ውን እታ ተሓጽያ ዝነበረት ጎርዞ ስዒዳ ዓምር ኣልመዳይ ኣብታ በዓቲ ተቐቲሎም። ኣምና ሃብተገርጊስ ምስ ክልተ ደቃ ተቀዚፋ። ዓባይ ሰበይቲ ፈታይል በሪህ ሽካይ እውን ኣይተናሕፈትን። ብዘይካዚ ወዲ 8 ዓመት ህጻን መሓመድስዒድ ኣዳላ ገምበት ምስ እድሪስ ዓብደላ ሓምድን ሓሰን ማሕሙድ ሽኽ ካብቶም ናይታ ዕለት ሰማእታት ነበሩ። ብዘይካዚ ሰለስተ ሰብኡት እድሪስ መሓመድኖር ብእምነት፡ ኣስፈዳይ ሆስባይ ተስፋጮንን ኖር ኢያሱን እውን ኣብ ደንጉራ ኣብ እግሪ መጨሊ ባሕሪ እናወረዱ ወተሃደራት ደሞም ንብላሽ ዝኻዓውዎ ንጹሃት ደቂ እቲ ከባቢ እዮም።

ወተሃደራት ነዚ ገይሮም ምስ ከዱ ኣብቲ ከባቢ ዝነበረ ህዝቢ ኣብ ጽባሕ’ቲ ፍጻመ ፍርቂ ወተሃደራት ከይመጽዎ ዋርድያ ወጺኡ ፍርቂ ድማ ጎድጉዲ ኩዒቱ ንሰማእታቱ ብስለስተን ኣርባዕተን ሓመድ ኣዳም ኣልበሶም።

---

552 ሑሴን ማሕሙድ ሽኽ፡ቃለ መጠይቕ ምስ ክፍለ ተኸለሰንበት፡ ገለብ፡ 28 መስከረም 2021።

553 ኖር ማንታይ በሪህ፡ቃለ መጠይቕ ምስ ክፍለ ተኸለሰንበት፡ ገለብ፡ 23 መስከረም 2021።

ጦር ሰራዊት ኣብ ገለብ ዝሕረድ ሓሪዶም፡ ዝቕተል ቀቲሎም ዝነድድ'ውን ኣብ ሓዊ ምስ ለለው ንልዕሊ 20 መዓልታት ካብቲ ከባቢ ኣይረሓቑን። በዚ ምኽንያት ሬሳታት ኣብ ዝወደቕዎም መሸሚሾም ብንፋስን ጸሓይን ተፈናጥሑ። ገለ ካብቲ ሬሳታት ብእንስሳ ዘገዳም ተበልዐ። ወተሃደራት ለቒቖም ምስ ከዱ ደቂ ዓዲ እናተሓብኡን እናተጸናጸኑን ኣትዮም ሬሳታት ኣብ ዓድ እበን ተዛሕዚሖ ጸንሖም። ካብ ኣካላት ዝተፈልየት ሓንቲ ሽክና ርእሲ ድማ ረኸቡ። ሽክና ርእሲ ናይ ሳልሕ የሓንስ ገምበት ምዃኑ ኣረጋገጹ። ሽክና ርእሲ ጥራይ ስለ ዝተቐብረ ሳልሕ የሓንስ ተቐቢሩ ተባህለ።

እቶም ቀዳሞት ንዓዲ ዝኣተዉ ንሬሳ በረምበራስ ጅምዕ ገጹ ከይተበላሸወ ጸኒሕዎም ኣለለይዎ። ንጉሰ ልጃም መንበስበስታኡ እምኒ ተሸኺሉ ስለ ዝጸንሐ ብደንጎላ ተጨፍጪፋ ከም ዝተቐትለ ገመቱ። ሬሳ ሰለሙን ዳይር ሓደ ጎድኑ ብእንስሳታት ተበሊዑ እቲ ሓደ ጎድኑ ነቒጹ ጸንሖም። በታ ኣብ ክሳዱ ዝጸንሐት ነጸላኡ ተላዒሉ ድማ ተቐብረ። ሓሳማ ብእምነት ጃኬቱ ጥራይ ተረኽበት።[554] ሸኽ መሓመድ ዘምዘሚ ኣካላቶም ፍርቂ ተበሊዑ'ኳ እንተ ነበረ ገጾም ብሻሾም ተሸፊኑ ብምጽንሑ ከለልዩዎም ከኣሉ። ብሻሹ ተሰኪሞም ድማ ቀበርዎ።

* * *

ጅምዕ ህብቴስ ተኽሌስ ብገምጋም ወዲ 90 ዓመት በዓል ዕድመ ጸጋ እዩ። ተወሊዱ ኣብ ዝዓበየላ ሓውሲ ከተማ ገለብ ድማ እቕመጥ። ኣቦይ ጅምዕ ክንዮ መንሳዕ ኣብ ጎዶብኡ ዝርከባ ዓድታት ብሊንን ትግርኛን ከይተረፈ ፍሉጥ ሰብ እዩ። ብቛንቋ ትግራይትን ትግርኛን ብዘንጎድጉደን ግጥምታቱ'ዩ ዝያዳ ዝፍለጥ። ኣብ ድምጺ ሓፋሽ ብዘቃልሖን ኣብ ሃገራዊ ፈስቲቫላት ብዘቕረቦን እውን ኣብ ብዙሓት ተዛረብቲ ቛንቋ ትግራይት ጋሻ ስም ኣይኮነን።

ስድራ ኣቦይ ጅምዕ ኣብ ህልቂት ገለብ ግዳይ ኮይነን እየን። ካብ ስድራ ግዳያት ህልቂት ገለብ ሓበሬታ ከእከብ ሓሊነ ካብ ከረን ንገለብ ክነቅል ክለኹ ነቦይ ጅምዕ ብኽልተ መዳይ እየ ክረኽቦ ሃቂነ። ስድርኡ ግዳይ ስለዝኾኑን ኣባል ናይቲ ዝቕትል ዝነበረ ጉጅለ ኮማንድስ ስለ ዝነበረን። እንተኾነ ኣቦይ ጅምዕ ገለብ ኣይጸንሐን። ብድሕረይ ከረን ገዲፈዮ እየ ተጓዒዘ። ሽዑ እውን ዳግማይ መታን ከይንመሓላለፍ ኣብ ገለብ ከለኹ ናብ ወዱ ደዊለ ኣብ ከረን ከጽንሓለይ ተማሕጺንክዎ። ኣቡበከር ንዓዱ ክምለስ ኣንቂዱ ንዝነበረ ኣቦይ ጅምዕ ኣእሚኑ ብምውዓል ንጽባሒቱ ኣራኸበኒ። ኣቦይ ጅምዕ ከምዚ ይብል፥

"ፈለማ ኣብ ምልሻ (ነጩ ለባሽ) ብረት ተሰኪመ። ንሓጺር ግዜ ኣብ ዓድና ድሕሪ ምጽናሕ ሓምሻይ ርእሰይ - ኖር ዓሊ ዑመር፡ ሓወይ ኣቶ (ኣቶ

[554] እዚ ሓበሬታ ኣብ መጽሓፍ ግፍዒ ካብ ዘሎ ዝተወሰደ እዩ። እንተኾነ ወዲ ዑቕባረቢ ሓሳማ ብእምነት ኣቦኡ ሬስኡ ተረኺቡ ከም ዝተቐብረ የዘንቱ።

ስሙ እዩ) ሓምድ፡ ማሕሙድ ብእምነት፡ ዘርኣይ ኣፍታይ፡ ጅምዕ ህብቴስን ካብ ማልሻ ናብ ኮማንድስ ኣሕሊፎምና። ኣብ ሰንበል ወተሃደራዊ ታዕሊም ወሲድና ኣነ ናብ ሰባተኛ ሻለቃ (ሻብዓይ ቦጦሎኒ) ተመዲበ። መጀመርታ ካብ ታዕሊም ወጺአ ዝኣተኹዎ ኲናት ናይ ኣግናድ ኣብ ሰምሃር'ዩ። ብግራት ኣውሊዕ ወሪድና ተጋደልቲ ከም ክዳንና ተመሳሳሊ ተኸዲኖም ስለ ዘዘንግዑና ኣብ ልዕሌና ከቢድ ሓደጋ ኣውሪዶም"[555]

ኣቦይ ጅምዕ ነቲ ኣብ ልዕሊ ህዝቢ ዝወርድ ዝነበረ ግፍዒ ኣመልኪቱ ክጸዊ ከሎ "ዓድኻ ክዝመት ሓይሊ እንተዘይብልካ ዒሕ እናበልካ ኢኻ ትሓልፎ" ብምባል ነተን ኣብ ሰንበል እናተዓለሙ ከብትን ኣባጊዕን ናይ ዓሳውርታ[556] ተተሓሪደን ክብልዓ ርእዮም ዝሰምዖም ዝነበረ ጓሂ እናስተንተነ ይገልጽ። ኣብ ግዜ ወፍሪ ነቶም ዝዘምቱ ዝነበሩ ብጾቶም ርእዮም ብሕርቃን ይኹምተሩ ምንባሮም'ውን ኣይሓብኣን። ኣንስቲ ብጾቶም ሰብኡተን ዘዘሚቶም የምጽኡለን ስለ ዝነበሩ ነንስቲ በዓል ኣቦይ ጅምዕ 'ሰብኡትክንከ እንታይ ኣምጺኦምልክን' እናበላ ይውክሰኣን ምንባረን እውን የዘንቱ። "ግደፉ እንተ ኢልና ብፍጹም ዝሰምዓና ኣይነበረን" ዝበለ ኣቦይ ጅምዕ ኣብ ሚያዝያ 1970 ኣብ ገለብ ምስ መጹ ንዘጋጠመ ከም ኣብነት የቕርብ፥

"ኣብርሀት ጓል እዛዝ ወዲ መንደር ሰይቲ እንድርያስ ዑቕባሓንስ ጓል ሓወቦይ'ያ። ድኳን ድማ ነይሩዋ። ነቲ ድኳን ምስ ዘመትዎ 'በጃኹም በጃኹም ሓብተይ እያ' ኢለ ለሚነዮም። እሞ 'ነዛ ነጻላ ነዛ ነጻላ' ኢሉኒ ሓደ ካብኦም 'ነጻላኺ እንታይ ሂብካሉ' ኢለዮ። ሃይገት ጓል ከንቴባይ በኺት ነቲ ዝተመርዓወትሉ ክዳን ከይተረፈ ወሲዶሞ ምስ ሰማዕኩ እናጎየኹ ከይደ 'ኣንታ ጓለይያ በጃኹም' ኢለ ኣምሊሰዮ። ኣይጸንሐን ዳግማይ ካልኦት መጺኦም ወሲዶሞ። ገለ 'እዝግሄር ፍርሁ ሕደጉ' ይብል ገለ ከኣ ይዘምት ንሕና ድማ ዓድና እናተዘምተ ዓይንና ደም እንብዕ"[557] ይብል እቲ ፈለማ ዓድኹም ክትሕልዉ ተባሂሉ ኣብ ነጨለባሽ ብረት ዝተሰከመ ዳሕራይ ግን ምስ ንዓዱ ዝዘመተን ዘጥፍኣን ጉጅለ ዝተጸንበረ ኣቦይ ጅምዕ።

ሻብዓይ ሻምበል ድሕሪ ገለብ ናብ ናቕፋ እያ ተቐይራ። ሓው ነቦይ ጅምዕ ድማ ንዓዲ ቀይሕ። ኣቦይ ጅምዕ ነቲ ኣብ ናቕፋ ከሎ ኣብ ገለብ ኣብ ልዕሊ ዓዱን ስድራቤቱን ዘጋጠመ ብኸመይ ከም ዝሰምዖ እንከዘንቱ፥-

"ናቕፋ ከለኹ ሕማቕ ሕልሚ ሓሊመ። ሓወይ ኣቶ ክልተ እግሩ ክቖረጽ ርእየ ብጣዕሚ ተሻቒለ። ካብ ገዛና ክልተ ሰባት መይቶም ኣለዉ ማለት'ዩ ድማ

555 ጅምዕ ህብቴስ፡ ቃለ መጠይቕ ምስ ደራሲ፡ 26 ነሓሰ 2020፡ ከረን።

556 ህዝቢ ሳሆ ካብ ግዜ ሃጻይ ሃይለስላሰ ጥሪቶም ብኸንቱ ይብልዓን ይጠፍኣን ምንባረን ኣብ ደርፍታት ከይተረፈ ተንጸባሪቑ ኣሎ። ንኣብነት "ሓምራ ሓምራ ሓምራ ዎላሎ" ብድምጻዊ ዓብዱ ነቲ ሃዋህው ተንጸባርቑ ደርፊ እያ።

557 ጅምዕ ህብቴስ።

ኢሉ። ኣጋጣሚ ኮይኑ ጸጉረይ ነዊሑ ስለ ዝነበረ ዓርከይ ደበሳይ ጸጥሮስ (ደም ድራሩ) ደጋጊሙ 'ነዚ ጸጉርኻ ላጽዮ' ይብለኒ። ኣነ ድማ ኣብ ኣእምሮይ ካልእ ስለ ዝነበረ 'ደሓን ቁሩብ ጥራይ ተጸበ ተገዲደ ዝላጸየሉ መዓልቲ ክመጽእ እዩ' እናበልኩ እምልሰሉ ነይረ። ከምዚ ኢልና ከለና ኣብ ኮማንድስ ዝነበሩ ደቂ ዓድና ዑስማን ዳፍላን፡ ግብጣን ክርኣለቡ ረድኢን ተቐይሮም ናቕፋ ይመጹ። ነብሰይ እንድዩ ነጊሩኒ ዘሎ፡ 'ካብ ስድራና መን መን እዮም መይቶም፧ እንተዘይነጊርኩምኒ ንስኹም ቀተልቲ ስድራይን፡ ሰብ ደመይን ኢኹም' ብምባል ኣጭንቕሎም። ሽዑ ንሳቶም ንንገሮ ንንገሮ ተበሃሂሎም 'ኣደኻን ሓብትኻን - ፋጥና ሓምድ ፍካከን ግሰት ህብቴስን - ኣምሓራ ቀቲሎመን' ብምባል ናይተን ኣብ ኣጒዶ ዓጽዮም ብሓዊ ዘንደድወን ኣደይን ሓብተይን ኣርዲኣሙኒ"[558] ይብል።

ኣቦይ ጅምዕ ነብሱ ነጊርዎ ስለ ዝነበረ ኣይሓደሶን። መን መን ከም ዝሞቱ ጥራይ እዩ ኣረጋጊጹ። ድሕሪ ገለ መዓልታት ሓዉ ኣቶ ናብ ሓለፍቲ ኣቦይ ጅምዕ ተሌግራም ልኢኹ 'ንጅምዕ ኣደኡን ሓብቱን መይተን ስለ ዘለዋ ኣርድእዎ' ዝብል መልእኽቲ ለኣኸ። እቲ ኣምሓራይ ሻለቃ ንጅምዕ ኣብ ቤት ጽሕፈቱ ጸውዑ 'ኣደኻን ሓብትኻን መይተን ኣለዋ' በሎ ዝሓዘነ እናመሰለ። ኣቦይ ጅምዕ ግን ቀቢጹ ስለ ዝነበረ ብዙሕ ኣይተገደሰሉን። "ረቢ ይርሓመን" ኢልዎ ገዲፍዎ ወጸ።

ኣቦይ ጅምዕ ምስ ቀተልቲ ኣደኡን ሓብቱን በቲ ድማ ኣንጻር ኣሕዋቱ ምስላፉ ከቱር ጭንቀት ፈጠረሉ። "ሰብ ክጉህን ከባሳጭን ከሎ እንተፈኾሰሉ ይደርፍ ወይ እውን እገጥም። ኣነ ድማ ነቲ ዝነበረኒ ጓሂን ሓርቖትን ብግጥሚ የፋኹሶ ነይረ" ይብል'ሞ ሓንቲ ነቲ ናይ ሽዑ ሃዋህው ትገልጽ ግጥሙ ኣስመዓኒ፡

ምን ልብና ባዲ ይሃላ ሰነት ሰብዒን ለዓላ
በስከዲራ ገለብ ዎ ዖና ኩሉማ ነድድ ይዓላ
እሊ ሰኪን ኣምሓራይ ዲብ ኩሉ ወሪድ ወርወራ
ዎ እሊ እያድ ኣምሓራይ ዲብ ኩሉ ዶሳ ተከላ
ዲብ ከብዱ ለይኣለቡ ልስከብ እንድ ደረራ
ዲብ ከብጀ ምን ትኣተ ስጋ ጥራይ ዎኣብሸላ
ደሓኑ እሊ ጎሮብየ ኮፎ ከእኒ ሻቕላ
ገበዩ'ቱ ጎሮብየ ልለሰፍለሎም ሰፍለላ
ሱሳ ዎክልኦት ምን ሃይገት ዲብ ህዳይ ማ ፍሩር ምዓላ

558 ከማሁ።

ኣዳምና ኣብደት ከህሌት ቅርዳ ልብደ ኣምሓራ

ትርጉም

ካብ ልብና ኣይሃሰሰን ኣብ ሰብዓ ዝነበረ

በስኪዲራ ገለብን ያናን ኩሉዶ ኣይተቓጸለን

እቲ ካራ ኣምሓራይ ናብ ጎረሮ ተወርወረ

እቲ እያድ ኣምሓራይ ገዛውቲ ዘቃጸለ

በሊዑ ይደቅስ ኣብ ከብዱ ዘይብሉ ገለ

ኣብ ከብደይ ዘሎ ረስኒ ግን ጥረ ስጋ መብሰለ

ደሓን ድያ ነብሰይ ከሳዕ ከንድዚ ተሻቒላ

ስሳን ክልተን ካብ ሃይገትዶ'ሞ መርዓ ኣውፊራ'ላ

ሓቃ ነብሰይ ተፍቅሮም ናፊቓ

ሰብና ወዲኣ፣ ዘርኣ ትጥፋእ ኣምሓራ

ኣቦይ ጅምዕ ህብቴስ ካብ ናይ ሓዘንን ሕርቃንን ሃዋህው ከይወጸ ካብ ናቕፋ ንጀንገሬን ተቐየረ። ከቢድ ኲናት ኣብ ዝካየዳሉ ዝነበረ ከባቢ። ኣርባዕተ መዓልቲ ጥራይ ኣቀሚጺሩ ንዝነጸንሖም ኲናት ከም ረዳት ተጸንቢሮም።

ጦር ኣብ ፋና ተጋደልቲ ኣብ ሎኮታት ኣብ ዝነበረ ማይ ይሰትዩ ነይሮም። ሻብዓይ ሻምበል ምስ መጸት ግን ኣብ ክልተ ሰዓት ነቲ ማይ ዝነበሮ ቦታ ተቖጻጸርዎ። ኣቦይ ጅምዕ ሽዑ እውን 'ጦር ኣዋልድ ቀቲሎም' ዝብል ዘረባ ሰሚዑ ብሕርቃን ነብሱ ምቁጽጻር ሰኣነ።[559] ኣብ ናይ ካልኣይቲ መዓልቲ ውግእ ንመዓርኪ ገጹ ኣብ ዘውጽእ ጎቦታት እዩ። ኣቦይ ጅምዕ "ሎሚ ድማ ኣዋልድ ቀቲሎም" ብምባል እተን ኣብ ገለብ ዝተቐትላ ኣደኡን ሓብቱን ሽዑ ሽዑ ዝተቐትላ ኮይኑ ተሰምዖ። ከምዚ ኢሉ ብሕርቃን ነዲዱ ከሎ ናይ ዝሓረድወን ከብቲ ጨናጨንይዎ ልክዕ ናይ ሰብ ኮይኑ ተሰምዖ። ነብሱ ግንብንብ በሎ። ካብ ንግሆ ሰዓት 6 ክሳብ ሰዓት ሓደ ቀትሪ ኣብ ዝነበረ ውግእ ሓንጊዱ ጥይት ትብሃል ከይቶኮስ ርእሱ ደፊነ ወዓለ።

ውግእ ደው ኢሉ ኣስራ ሃለቃ ማሞ ኪዳነ ጸብጻብ ከሕልፍ 'ጅምዕ ክንደይ ጥይት ቶኲስካ፣' ሓተቶ። 'ዋላ ሓንቲ' መለሰ ኣቦይ ጅምዕ "ንመን ከቐትል እየ ዝትኩስ" ዝብል ዝነበረ እንክመስል። 'ምሉእ መዓልቲ ወላ ሓንቲ ኣይቶኮስካን' በሎ። ኣቦይ ጅምዕ ድማ ቅጭ መጺእዎ 'እስከ ንሰኻ ቶኲስካ ዝቐተልካዮ ኣርእየኒ፣ ኣነ ጠያይተይ ነብሰይ ከከላኸለሉ ዓቂበዮ ኣለኹ' መለሰሉ። ኣስራ ሃለቃ ማሞ ግን ንኩሉ ኣብ ግምት ኣእትዩ 'በል ደሓን ኣይቶኮሰን እንተ ኢልና ነገር ከመጸካ'ዩ ሓሙሽተ ቶኩሱ ኢለ ከጽሕፈልካ

559 ከማሁ።

እየ” ከም ዝበሎ ኣቦይ ጅምዕ የዘንቱ።

ሻብዓይ ሻምበል ድሕሪ'ዚ ንደንከል ተቐይራ ገለ ግዜ ድሕሪ ምጽናሕ ንደቀምሓረ ተመልሰት። ኣብ ደቀምሓረ ድማ ብወግዒ ኣብ ጀብሃ ተወደበ። “ኣብ ደቀምሓረ ዝነበርና ኮማንድስ ፍርቅና ጀብሃ ፍርቅና ሻዕብያ ፍርቅና ኢትዮጵያ ነበርና። ኩልና ከኣ ደሞዝ ኢትዮጵያ ንወስድ። ኣብ መወዳእታ ኣብ ውሽጢ ጸላኢ ኮይነ ከቅጽል ስለ ዘይከእል ምስ ናይ ስርዒት ሓለፍተይ ተማኺረ ካብ ደቀምሓረ ተበጊሰ ኣብ ሻብዓይ መዓልተይ ሽዕብ ገድገድ ኣትየ” ብምባል ቆልዓ ሰበይቲ ሒዙ ካብ ቀተልቲ ስድራኡ ዘምለጠላ ብትግርኛ ከምዚ እናበለ ገጠመ:-

ማይ ጀግሮ መውጽኢተይ ቀዳም መዓልቲ
ብእኣ ወጺአ ካብ ደርጊ ፋሽሽቲ
ብረት ተሓንጊጠ[560] ምስ ቈልዓ ሰበይቲ
ገመል ተኻርየ ብሰብዓን ሓምሽተን ቅርሺ
ሽዕብ ደበኽ ኢለ ኣብ ሸውዓተ መዓልቲ
ቦታ ሕጀርብ ብርኽቲ ቅድስቲ
ብሓደ ማይ ክልተ እኽሊ ተእቲ
ሓሶት ዝብል ሰጋር በቕሊ ውርዲ

560 ብዙሓት ኣብ ኮማንድስ ዝነበሩ ኤርትራወያን ብረቶም ሒዞም ካብ መንግስቲ ምስ ኮብለሉ ንሶም ኣብ ዘይሃለውሉ ፍርዲ ሞት ተዋሂቡዎም።

ግዳይ፡ ሓሳማ ብእምነት

ግዳይ፡ ሸኽ መሓመድ ዘምዘሚ

ነፍስሄር ዮሴፍ መንደር

ወይዘሮ ሓዮት ረድኢ

ግዳያት ዝተቐትሉላ በዓቲ

ኣደታት ዝነደዳላ ኣጉዶ እንዳ እም ኣድም

ኣብ ደብረሲና

ኣብ ትሕቲ ሰሃራ ብጥንታውነት ኣብ ቀዳማይ ደረጃ ትስራዕ ገዳም ካብ ዒላበርዕድ ንምብራቕ 17 ኪሎ ሜተር ርሒቓ ኣብ ደብረሲና ትርከብ። እዛ ብኣባ ዮሓኒ (ዮውሃንስ) ብኣስታት 474 ድሕሪ ልደተ ክርስቶስ ሲሓት[561] ኣብ ዝጽዋዕ ዝነበረ ኣብ ሓንቲ መስተንክራዊት በዓቲ ዝተደኮነት ገዳም ናይ ማርያም ዓመት[562] መጸ ኣብ ወርሒ ሰነ ኣሽሓት ኣመንቲ ይነግድዋ። ብጂኦግራፍያዊ ኣቀማምጣ ምስ እምባ ኢራ ዳርጋ ኣብ ተመሳሳሊ ብራኸ ስለ ትርከብ ወትሩ ዝሑል ኩነታት ኣየር ትውንን።

ኣብ ደብረሲና ኣብ ቅንያት ህልቂት ዖናን በስከዲራን ሓደ ኣሰቃቒ ግፍዒ ተፈጺሙ። ኣብቲ ዖናን በስከዲራን ዝሃለቓሉ ምቕታል ሰለማውያንን ምቅጻል ዓድታትን ዘየቋረጸሉ እዋን። ዓድታት ሰለባን ዓዲዘማትን ከም ሓመደይ፡ ኣትኮም፡ ጉባ ለገድረ፡ ጉባ ራኪ፡ ይቕዓር፡ ማሕሰ-ሰርዋ፡ ደምበ እስላምን ካልኦትን ነዲደን ተቐማጦአን ፈቐዶኡ ተበታቲኑ። "ግማሽ ምድር ታርቀ ይቃጠላል"[563] ዝበል ኣዋጅ መንግስቲ ኢትዮጵያ ከኣ ዳርጋ ምሉእ ብምሉእ ኣብ ተግባር ውዒሉ።

ኣብ መገዲ ዒላበርዒድ ደብረሲና ዝርከባ ሮብቶ፡ ሽዕብን ጀንበረቕን[564] ግን ኣይተቓጸላን። ኣብቲ እዋን ዝበዝሐ ህዝቢ ኣትኮምን ሓመደይን ናብ ሽዕብን ሮብቶን ኣትዩ ተዓቒበ። ስድራቤት ወልደ እድሪስ ካብ ሓመደይ (ዓዲ ጀላይ) ሽዕብ ሰለባ ኣብ እንዳ መንግስቱ ወልደገርሽ እያ ተዓቒባ። መርዓት ዝነበረት ርሽት ጓሎም'ውን ምስ ስድርኣ ሓመድይ ስለ ዝጸንሐት ሓቢራ ንሽዕብ ግዒዛ። ንሳ ናብ ብርሃነ ንጉስ ኮከን (ሰኹና) ካብ ትምርዖ ዓመት ዘይመልአት መርዓት ምልሶት ነበረት።

561 ሓጺር ታሪኽ ገዳም ማርያም ደበረሲና።

562 ብግእዝ 21 ሰነ በ'ቆጸጽራ ፈረንጂ ድማ 29 ሰነ ትኽበር።

563 ኣብ መጽሔት ትምጻእ መንግስትከ ዝተገልጸ ኣበሃህላ።

564 ኣብ ሮብቶ ናይ ጀብሃ ልኡኻት ዝነበሩ ኪዳነ ጎይትኦምን (ኣቦኡ ጎይትኦም ክፍላይ ኮነ ኢልካ ብኩምንድስ ተቐትለ) ኣብርሃ ተከኤን ኣብ ጀምበረቕ ድማ ናይ ተኸለንከኤል ሓጂ። ሓመደይን ኣትኮምን ህዝቢ ግዒዙ ትሕዝቶ እተን ዓድታት ተዘሚቱ እምበር ኣባይቲ ምሉእ ብምሉእ ኣይተቓጸለን።

ኣብቲ እዋን ብሻምበል ከበደ ዝምርሑ ወተሃደራት ኢትዮጵያ ኣብ ደብረሲና ግዝያዊ መዓስከር ገይሮም ኣብ ልዕሊ እተን ኣብቲ ከባቢ ዝርከባ ዓድታት ራዕድን ሽበራን ኣብ ምፍጣር ተጸሚዶም ነበሩ። ይኣስሩ፡ ይቐትሉ፡ ይዘርፉን የንድዱን። ህዝቢ እቲ ከባቢ ነተን ብፍርሂ ተሸቑሙ ዘሕለፈን መዓልታት ከሳብ እዛ ዕለት “ዘመነ ከበደ” እናበለ ይዝክረን። ካብ ባዶ ተበጊሱ ኣይኮነን ድማ ፈሪሁን ርዒዱን። ከበደ ዝባን ሰለባ ምስ ወጸ ናብ ኣትኮም ብምምራሕ ንዑስማን ዛይድ፡ ኣደም ዛይድን እድሪስ ደበሳይን ዝበሃሉ ደቂ እታ ዓዲ ፈለማ ብጥይት ቐቲሉ፡ ሃልሃል ኣብ ዝብል ኣጉዶ እእትዩ ሃሚኹዎም። ስለ ዝኾነ ድማ እዩ ህዝቢ እቲ ከባቢ ‘ዕጫናኽ እንታይ ክኸውን እዩ?’ ብምባል ቅሳነት ዘለዎ መዓልትን ልዋም ዘለዎ ለይትን ዝሃደምኦ።

ኣይደንጎየን ከበደ ካብተን ዓድታት ናይቲ ከባቢ በብሓደ ሰባት እናስሓበ ኣብ ደብረሲና ክኣስር ጀመረ። ርሽት ወልደ ኣብ መንጎ እቶም ካብ ዝተፈላለዩ ዓድታት ዝተኣስሩ ደቂ ተባዕትዮ እንኮ ጓል ኣንስተይቲ ነበረት። ንርሽት ማእሰርቲ ሓድሽ ኣይነበረን። ኣብ 1968 ከይተመርዓወት ‘ተሓባባሪት ሰውራ ኢ.ኺ’ ተባሂላ ኣብ ማርያም ግቢ ኣስመራ ነርብዓ መዓልታት ተኣሲራ ነይራ። ኣብ ቀዳሞት መዓልታት ጥሪ 1971 ድማ ካብ ሽዕብ ብወተሃደራት ተኾብኪባ ንደብረሲና ተወሰደት።:

“ሓደ መዓልቲ ወተሃደራት ካብ ሽዕብ ኮብኲቦም ንደብረሲና ወሲዶምኒ። ‘ሰይቲ ተጋዳላይ ኢ.ኺ ምሽ ሓቀይ’ ድማ ኢሉኒ እቲ መርማሪ። ኣነ ድማ ተኣማሚኒ ‘ኣይኮንኩን’ ኢለዮ። በዓል ቤተይ ሲቪል እንተኾይኑ ከይዱ ከምጽኦ ነቦይ ሰዲዶም ንዓይ ግን ምስኦም ሒዞምኒ። ተኣሲራ ሰሚዑ ካብ ሮብቶ ዝሰዓበና ሓወቦይ ኣዛዚ ዓምር፡ ኣቦይ ንሰብኣየይ ካብ ኮከን (ሰኹና) ከሳብ ዘመጽእ ‘ነዛ ጓልና ምሳና ክትሓድር’ ብምባል ንከበደ ለሚንዎ ፈቒድሉ። ኣብ ደብረሲና ኣብ እንዳ ሰብ ሓዲርና” ትብል።[565]

ኣቦይ ወልደ ካብ ኮከን (ሰኹና) ንሰብኣይ ጓሉ ሒዙ ለይትን መዓልትን ተጓዒዙ ኣብ ካልኣይ መዓልቲ እዩ ደብረሲና ተመሊሱ። ኣብቲ ጉዕዞ ኣቦይ ንጉሰን ዑስማን ኣቦ መርዓዊ እውን ሓቢርዎም ነበረ። እንተኾነ ግን ኣብ መቐልቀሊ ናይታ ዓዲ ምስ በጽሑ ኣቦይ ወልደ፡ እዝግሄር ግዲ ኣማኺርዎ ‘ምሳና ኣይትእቶ ኩነታትና ርኢኻ ስዓበና’ ብምባል ነቦይ ንጉሰ ኣጉርሖ። ኣቦይ ንጉሰ እውን ኣይተቓወመን። ኣቦይ ወልደን ሰብኣይ ጓሉን ትኽ ኢሎም ናብቶም ኣብ ማእከል ዓዲ ትርከብ ቤት ትምህርቲ ዓስኪሮም ዝነበሩ ወተሃደራት መጹ። እቲ ሓደ ንበኹሪ ጓሉ እቲ ሓደ ድማ ንመርዓቱ ካብ

565 ርሽት ወልደ።

ማሕዩር ነጻ ከውጽኡ ነይሩ ድኻሞም። ከምኡ ስለ ዝኾነ እቲ ነዊሕን ኣህላኽን መገዲ ብፍጹም ኣየድከሞምን። ትጽቢትን ዘጋጠመን ግን ኣይተቓደወን።

ወተሃደራት ንብርሃነ ምስ ርኣይዋ ካብ ፈለምኡ ኣይተበረሆምን። ንጹህ ይኹን ገበነኛ ከጻርዩ ክንዲ ዝፍትኑ ከምቲ ዝተጠቀነሉ ምኽኑ ከረጋግጹ ጥራይ ተጓየዩ። እቲ ንሳቶም ተጋዳላይ ምኽኑን ዘይምኽኑን ንምጽራይ ዝተጠቐሙሉ ሜላ ከኣ ኣዝዩ ዘደንጹ ነበረ። ዝኾነ ይኹን ሕቶ ኣይቀረበሉን። ንካምችኡ ቀሊያም ጥራይ መንኩቡ ፈተሹዎ። መዓልታዊ ህይወቱ ኣብ ማሕረስን መጓሰን ዝነጥፍ ሓረስታይ መንኩቡ ከቢድን ፈኩስን እናተሰከመ እዩ ዝነብር። ስለ ዝኾነ ድማ ኣብ መንኩቡ ብርሃነ ምልክት ጸንሐ። እቲ ኣብ መንኩብ ብርሃነ ዝተረኸበ ንእሽቶ ጽያት ከኣ ብሰንኪ ብረት ምስካም ዝወጾ ምኽኑ ደምደሙ። እዞም ወተሃደራት ብርሃነ ገበነኛ ምኽኑ ንምርግጋጽ ዝተጠቐምሉ ስነ-መጐት "ንደቃ ክትበልዕ ዝደለየት ዝብኢ 'ጠል ጠል ሽቲትኩም' እናበለት ትኸሶም" ዝብል ምስላ ኣፍሪቃውያን እዩ ዘዘኻር። ብርሃነ ጀብሃ ምኽኑ መርትዖ ተረኺብዎ ኣእዳዉ ንድሕሪት ተቐፊዳ።[566]

ኣቦይ ወልደ ንጓሉ ሓራ ከውጽእ ክብል ንሰብኣይ ጓሉ ኣብ ቀይዲ ብምእታው ዝብሎን ዝገብሮን ጨነቖ። "ንዓይ ድሌትኩም ግበሩኒ ነዚ ብሓደራ ዘምጻእኩዎ ወዲ ሰብ ግን በጃኹም" እናተመሻኸነ ለመኖም። ንዕኡ'ውን ነጻ ኢኻ ዝበሎ ስለ ዘይነበረ ግን ኣሰር ሰብኣይ ጓሉ ገበነኛ ተቘጺሩ ተኣሰረ። ኣብ ቋሕ ሰም ነገራት ብኸመይ ተለዋዊጠም ብፍጹም ንጹር ኣይነበረን። ህድኣት ዓሲልዋ ዘርፈደት ዓዲ ንእለት ሰላማ ተቐንጢጡ ዕግርግር ኮነ።

ርሸት ቀቅድሚ ምእሳራ ካብ ዓዲ ደሪዕን ዓዲ ጋር ኣለቡን[567]ንደብረሲና ተወሲዶም ዝተኣስሩ ሼኽ መሓመድ ስዒድ ሕመድ፡ ሱሌማን ኣድም መሓመድ፡ ኢብራሂም መሓመድ ኖር ኣዳላ፡ መሓመድ ኣድም ሱሌማን ሓምድ፡ መሓመድ ዑመር መሓመድ ዑስማን ኣዳላ፡ ሸኽ መሓመድ ኣሕመድን፡ ከምኡ'ውን ካብ ኣጭራሕ (ሓመደይ) ኢብራሂም ዑመር ኢብራሂምን ስዒድ ማሕሙድን እውን ብተመሳሳሊ ኣብ ደብረሲና ተኣሲሮም ነበሩ። ገብረስላሴ ክፍለን፡ ዮውሃንስ በሪህን እውን ንርሸት ቀዲሞም ካብ ሓመደይ ኣብኡ ተሓይሮም ነበሩ።[568]

መብዛሕትኦ እዞም እሱራት ገበኖም 'ንጀብሃ ገንዘብ ተዋጽኡ ሓበሬታ ተቐብሉ ነይርኩም' ካብ ዝብል ዝሓልፍ ኣይነበረን። ናይ ገለ ካብኦም ድማ

566 ነዛ ፍጻመ'ዚኣ ብዓይኑ ዝረኣየ ውላድየይ ወትሩ እናስካሕከሐ የዘንትወልና ነይሩ።

567 ካብ ጽርግያ ዒላበርዒድ ደብረሲና ንወገን ደቡብ ዝርከባ ኣመንቲ ምስልምና ጥራሕ ዝቐመጡለን ዓድታት እየን።

568 ኢብራሂም መሓመድ ኣመሓዳሪ ምምሕዳር ከባቢ ሽዕብ ሰለባ።

“ስለምንታይ ደቅኹም ሸፊቶም” ዝብል ክሲ ቐሪብሎም፡፡፡ ኣቶ ስዒድ ማሕሙድ ‘ወድኻ ሸፊቱ’ ተባሂሎም ዝተቐየዱ እዮ። እንተኾነ ግን ‘እቲ ምሳኹም ኣብ ኮማንድስ ዘሎ ወደይከ ኣነ ልኢኸዮ እንተኾይነ እስከ ሕተትዎ’ ብምባል ኣብ ክንዲ ብጹሕ ውላዱ ከም ዘይሕተት ሞጎተ። ኣለኻ ኢልዎ ድሕሪ ሓደ ወርሒ ነጻ ተለቐቑ።

ኣብቲ ኣቦይ ወልደን ብርሃነን ደብረሲና ዝበጽሑላ ሰዓት ነገራት ንእለት እዮም ተቐያይሮም። ወተሃደራት ነቦይ ወልደን ብርሃነን ምስ ቀፈዱ ንገብረስላሴ ክፍለን ዮውሃንስ በሪህን ተኣሲሮምሉ ካብ ዝነበሩ ገዛ ብቕልጡፍ ናብ ቤት ትምህርቲ ኣምጺኦም ብተመሳሳሊ መገዲ ቀፈድዎም። እዚ ኩሉ ርሸት ወላዲታ ኣደይ ኣስማይትን ሓወቦኣ ኣዛዚን ካብ ዝሓደርዎ ናብ ቤት ትምህርቲ ክይበጽሑ ኮነ።

“ወተሃደራት ነቶም ክልተ ኣበይ ከም ዝነበሩ ሸው ዝርኤናዮም ደቂ ዓድና ኣቦይ ገብረስላሴን ኣቦይ ዮውሃንስን ናብቲ በዓል ኣቦይ ዝነበሩዎ ኣምጺኦም ንዕኦም እውን ኣሰርዎም። ሓወቦይ ኣዛዚ ድሮ ቤት ትምህርቲ በጺሑ ነይሩ። እቲ ወተሃደር ሸው ‘ተሓጕስካዶ ጓልካ ሂብናካ ምሳኻ ክትሓድር’ በሎ። ንበዓል ቤተይ ከኣ ‘እምበኣር መርዓትካ ከተድሕን ኢልካ መጺእካ’ እናበለ ኣሽካዕለሉ። ኣይጸንሑን ነርባዕቲኦም ካብቲ ገዛ ኣውጺኦም ኮብኲቦም ናብ ሰሜናዊ ወገን ናይታ ዓዲ ገጾም ተብገሱ።”[569] ርሸት ናይታ ሕስምቲ ዕለት ተረኽቦ ምጽዋይ ትቕጽል።

ክኸዱ ውዒሎም ክኸዱ ዝሓደሩ ኣቦይ ወልደን ብርሃነን ኩሩንኩሪት ተኣሲሮም ምስ ተኸብከቡ መወዳእታ ኩሉ ነገር ከም ዝኣኸለ ተገንዘቡ። ኣቦይ ወልደ ናቱ ብፍጹም ኣይገደሶን ክበሃል ይከኣል። ‘ጓለይ ሓራ ከውጽእ እባ ወዲ ሰብ ግዳይ ገይረ’ እናበለ ብሰብኣይ ጓሉ ክቱር ጎሃየ። ‘በጃኹም ንዓይ ድላይኩም ግበሩኒ ነዚ ብሕድሪ ዘምጻእኩዎ ግን ምሓሩለይ’ ብምባል ደጋጊሙ ለመኖም። ሰማዒ ግን ኣይረኸበን። ኩሉ ተወዲኡ ናብ መቕተሊኦም ገጾም ይስጉሙ ምንባሮም ምስ ተረድኦ ግን ልመና ገዲፉ ኣውያት ደርጉሐ። “ኡይ! ኡይ! ኡይ! ስለ መድሃኔኣለም ስለ እዝግሄር!” ብዓውታ ጨደረ። እቶም ዝሓዝዎ ግን ንእዝግሄር ኮነ ማርያም ዝሓፍሩን ዝፈርሁን ኣይነበሩን። ብኣንጻሩ ሱቕ ክብል ብበትሪ ደሰቕዎ። ንሱ ግን መመሊሱ ኣውየየ። ድምጺ ማህሌትን ምህለላን ዝለመደ ድናጉሉ ደብረሲና ብመቓልሕ ኣውያት ኣቦይ ወልደን ብጹቱን ተንብአ። ሸው እቶም ወተሃደራት ድምጺ ናይ’ቲ ኣውያት ንምዕብላል ዓው እናበሉ ጨፈሩ። ብዘሓት ወተሃደራት ነርባዕተ ግዳያት ኣብ

569 ርሸት ወልደ።

ማእከል ኣእትዮም ከም ወራዶ መርዓ "ሆሆ! ሞት ኣይፈራም ጎበዝ፡ ሞት" እናጨርሑ ብዘይ ሓንቲ ገበን ሞት ንዝተፈርዱ ንጽሃት እናገሰሱን እናደፍኡን ሰሜን ናይታ ዓዲ ገጾም መረሹ።[570]\

"ኣቦይ ምስ ኣዕገርገሮም ሃለዋቱ ክሳብ ዘጥፍእ ብበትሪ ከትኪቶም። ኣደይ ካህናት ክልሙኑላ ንገዳም ገጻ እናደየበት 'ኡይ! ኡይ! ኡይ!' ትብል ነይራ። ኣቦይ ብሓደ ወገን ንድሕሪት ተኣሲሩ በቲ ድማ መውቃዕቲ በርቲዕዎ ኣብ ባይታ ጻሕ ኢሉ ወዲቑ። ዳግማይ ኣሲሮም ነጸላኡ ብበትሪ ደፊኦም ኣብ ኣፉ ወተፍሉ"[571] ርሽት ኩሉ ተራእዩዋ ነብዐት።

ብኸምዚ እቶም ወተሃደራትን ግዳያትቶምን ካብ ማእከል ዓዲ ናብቲ ንደብረሲና ብመኪና ትኣትወሉ ኣንፈት ኣርሒቖም ተጓዕዙ። እናረሓቑ ብዝኸዱ መጠን ድምጺ ናይቲ ጭፈራ እናሃጠመ ከደ። ኳሕ ትብል ድምጺ ጥይት ከይተሰምዐት ነርባዕቲኦም ብእምኒ ጨፍሊቖም ቀቲሎም ደም ደም እናሸተቱ ናብ ማእከል ዓዲ ተመልሱ።

ናብ ቤት ትምህርቲ ምስ ተመልሱ እውን ኣይዓረፉን። "እታ መርዓትን እቲ ቀይሕ ሰብኣይን ኣበይ ኣለዉ" ሓተቱ። ርሽትን ሓወቦኣ ኣዛዚን ግን ነቲ ትራጀዲ ርእዮም ድሮ ተኣልዮም ነበሩ። ንቡር መገዲ ገድፎም ብደቡብ ወገን ናይ ገዳም ደብረሲና ብዘሎ ጸድፊ ወሪዶም "ብምሕራድ መኻናት" ንሸዕብ ተመልሱ።[572]

ነብሰ ጾር ዝነበረት ኣደይ ኣስማይት ኣሰቃቂ ሞት ኣሚናን ሰብኣይ ዓላን ብዓይና ርእያ ከተብቅዕ በይና እናልቀሰት ጽርግያ ጽርግያ ንሸዕብ ኣቕንዐት። እቲ ኣብ ኣእማን ተኸዊሉ ሕሱም ሞት ወዱን ሓሙ ወዱን ዝረኣየ ኣቦይ ንጉስ እውን ኣብኡ ከሎ ምድረ ሰማይ ጸልሚትዎ። ሳላ ኣቦይ ወልደ ተሪፉ እምበር ንሱ'ውን በታ ዕብድቲ ረፍዲ ዕጫኡ ካብ ናታቶም ብፍጹም ኣይምተፈልየን። እናልቀሰን እናተራገመን ንሱ እውን ንሸዕብ ገጹ ኣቕንዐ።

ርሽት ነቲ ሃህ ኢላ ከይተልቅስ እውን ዝተኸልከለትሉ ሕማቕ እዋን ዘኪራ "ኣብ'ቲ ግዜ ሰብካ መይቱ ግቡእ ኣይትገብር ኣይትሓዝን ብኽያትካ ንውሽጥኻ ጥራይ ኢኻ ትገብር" እናበለት ተስተንትን። ንሳ ፈለማ ኣብ ዓቢ ሓው ንብርሃነ ኣብ ግንቦት ተሓጽያ። ግንቦት ሓሚሙ ስለ ዝሞተ ግን ናብ ምንኣስ ሓው ናብ ብርሃነ ተመርዓወት። ብርሃነ ብግፍዒ ምስ ተቐትለ ድማ

570 ድሕር'ዚ ኣዛዚ ዓምር ብቐጥታ እዩ ንዒላበርዒድ ወሪዱ። ምስ ወልደጋብር ገብረየሱስ ኮይኖም ህያብ ሒዞም ናብቲ ኣብ ዒላበርዒድ ዝነበረ ኮሎኔል ብምኻድ ዑቕባ ከም ዝሓተቱ ንኣስታት ክልተ ሰሙን ካብ ከበደን ወተሃደራቱን ተሓቢኡ ከም ዝቐነየ የዘንቱ።

571 ርሽት፡ ኣቦይ ወልደ ክሳብ ናብ መረሸኒ ቦታ ኣይበጽሐን ኣቐዲሞም እዮም ቀቲሎሞ እያ ትብል።

572 ከማሁ።

ኣቦ ወዲ“ካልእ ብርሃነ ከይወለደት ካብ ደምበይ ከቶ ኣይክትወጽእንያ”[573] ብምባል ናብ ምክኤል ወዱ ኣመርዓዋ። ብርሃነ ዝሰመይዎ ወድን ካልኣት ኣዋልድን ኣወዳትን ወሊዳ ከኣ ደቂ ደቃ ንክትርኢ በቕዐት።

ኣደይ ኣስማይት ሰይቲ ኣቦይ ወልደ ኣሚና ብግፍዒ ክቕተል ከሎ ኣብ ማህጸና ዝነበረ ጥንሲ ተገላጊላ ‘ፍቓዱ’[574] ሰመየቶ። ኣምላኽ ንኩሉ እቲ ኣብ ልዕሊ እታ ስድራ ዝወረደ መዓት ፍቓዱ እኳ እንተዘይኮነ ፍቓድካ ይኹን ብምባል ትዕግስቲ ከውርደሎም ካብ ምምናይ ዝነቐለ እዩ። ፍቓዱ ዓብዩ ኤርትራ ካብ ቀተልቲ ስድርኡ ሓራ ንምውጻእ ኣብ ሰውራ ተሰሊፉ እጃሙ ኣበርኪቱ ናይ ድሕሪ ነጻነት ቃልሱ ይቕጽል ኣሎ። ኣደይ ኣስማይት ድማ ክሳብ ወርሒ መስከረም ናይ 2024 ብህይወት ጸኒሐን ኣብ መበል 94 ዕድሜአን ካብዛ ዓለም ሓሊፈንን።

* * *

ኣቦይ ወልደ፡ ብርሃነ፡ ዮውሃንስን ገብረስላሰን ኣብ ዝተቐዘፉላ ረፍዲ ብተመሳሳሊ ኣብ ልዕሊ ካልኦት ሰለማውያን ብካልእ ጫፍ ናይ ደብረሲና ኣረሜናዊ ግፍዒ ተፈጺሙ። እቶም ግዳያት ካብቲ ተኣሲሮምሉ ዝነበሩ ተኾብኲቦም ካብ ማርያም ደብረሲና ንወገን ደቡብ ብዝርከብ ጽድፊ ወረዱ። ኣብ ደንደስ ናይ ሓደ ዓቢ ቅራር ምስ በጽሑ ከኣ በብሓደ ደፊኣም ኣውደቕዎም። ብኣእማን ጨፍሊቕም ከኣ ቀተልዎም። ሓደ ካብዞም ግዳያት እቲ ቅድሚ ገለ መዓልታት ካብ ማእሰርቱ ኣብ ሽዕብ ሰለባ ዳላ ኣብ በስከዲራ ንዝሞተታ ሓዘንተኛ ኣደ ““ኤማን ግበሪ ‘እነ ስንበቱ’ እንተ ሓመቕኪ መውደቒ ዳልኪ ፈሊጥኪ’ኳ ጽንዓት ይሃብኪ ትበሃሊ ኣለኺ። ሬሳ ምውታት ዘይርከበሉ፡ ጽንዓት ይሃብኩም እውን ዘይበሃለሉ ሕማቕ ግዜ ክመጸናዩ”[575] ብምባል ሞቱ ዝተነበየ ሼኽ መሓመድስዒድ በዓል ዓድ ጋር ኣለቡ ነበረ።

በታ ዕለት ምስ ሼኽ መሓመድስዒድ ሕመድ ዝተቐትሉ ሱሌማን ኣድም መሓመድ፡ ኢብራሂም መሓመድ ኖር ኣዳላ፡ መሓመድኣድም ሱሌማን ሓምድ (ዳሳ) ንመሓመድ ሱሌማን ምስ ጽውዑ ንዓይ ትደልዩ ከይትህልዉ ኢሉ ተንሲኡ ኣብ ዘይሞቱ ዝሞተ፡ መሓመድ ዑመር መሓመድ ዑስማን ኣዳላ፡ ሽኽ መሓመድ ኣሕመድን። ከምኡውን ካብ ኣጭራሕ - ሓመደይ ኢብራሂም ዑመር ኢብራሂምን ስዒድ ማሕሙድን ብሓባር ትንፋሶም ሓለፈት። ነዛ ፍጻመ ፊተውራሪ ሚካኤል ሓሳማ ራካ ኣብ መጽሓፍ “ዛንታ ኤርትራ” ብኸምዚ ይዝክር፡-

“ኣብዚ ግዜ እዚ ብመልሻ ደብረሲና ዝምራሕ ሓደ ጉጅለ ሰራዊት

573 ማሕደር ንሱር።

574 ተጋዳላይ ፍቓዱ ወልደ ኣብ ምምሕዳር ዞባ ዓንሰባ ሓላፊ ጨንፈር ጽርግያታት ኮይኑ ይሰርሕ ኣሎ።

575 መብራት ተኽኤ፡ ቃለ መጠይቕ ምስ ደራሲ፡ 20 ሓምለ 2020፡ ከረን።

ንገብረሚካኤል ተስፉ ዝብሃል ወዲ 75 ዝዕድሚኡ ሰብኣይን ሰበይቱን ምስ ሸው ብኡ ዝሓልፉ ዝነበሩን ሓዳሽ መርዓት ጓሎም ቀቲሎሞም። ካብዚ ቀጺሎም ናብ ሰለባ ተመሊሶም ንዓድ ደሪዕ ዝብሃል ዓዲ ወሪሮም። ጠያይት ንምቑጣብ ንዘረኸብዎም ኩሎም ብዳርባ እምኒ ቀቲሎሞም። እዚ ዝኾነ ዝፈጸምዎ ገበን ዘይብሎም ክንሶም ምናልባት ኣመንቲ ምስልምና ብምዃኖም ጥራይ እዩ"[576] ይብል።

* * *

ዛንታ "ርሽት" ኣብ መጽሓግ "ግፍዒ" ብመምህር ሃብተማርያም መሓሪ ስለ ዝተጻሕፈት ንነበብቲ ሓዲሽ ኣይኮነን። ብውልቀይ እውን ካብ ቁልዕነተይ ዘዕበየኒ ዛንታ እዩ። ነቲ ፍጻመ ብዓይኑ ዝረኣየ ወላድየይ እናስካሕክሐ ከዘንትወልና ከሎ ካብኡ ንላዕሊ ግፍዒ ተፈጸመ ዝነበረ ኮይኑ ይስምዓኒ ኣይነበረን። ካብ ህጻንነተይ ኣብ ኣእምሮይ ተወቒሩ ልዕሊ እቲ ዝግቡኦ ተደጋጊሙ ኣባህራሪ ዛንታ ነይሩ እንተበልኩ ኣይጋነንኩን።

ነዛ መጽሓፍ ክሰርሕ ምስ ሓለንክሉ ሓንቲ መዓልቲ ብመደብ ኣብ ፈለዳእርብ ምስ ርሽት ውዒለ ነይረ። ብሓደ ወገን ንዝፈልጦ ዛንታ ካብ ኣንደበታ ክትደግመለይ ብኻልእ ድማ ናይቲ ብእምኒ ዝተጨፍለቐ ናይ ሔምኣ ስእሊ ክትህበኒ። ርሽት ዘይከም ቅድሚኡ እዋናት ጥዕናኣ ኣይግድን ጸንሓኒ። ከቢድ ሕማም ካብ ሞት ስለዘይሓልፍ ከኣ ኣብ መጀመርታ ወርሒ ሕዳር ናይ 2021 ሕማቕን ጽቡቕን ዝረኣያ ኣዒንታ ሓንሳብን ንሓዋሩ ተኸድና።

ኣብ ስነ ስርዓት ቀብራ፡ ርሽት ናይ ቃል ኪዳንን እምነትን ሰብ ብልቦናን፡ ምስትውዓልን ትዝከር ናይ መሪሕነትን ምሕብሓብን ኣበርክቶ ዝነበራ ምዃና ብኣባት ነብሳ ተመስኪሩ። ኣባት ነብሳ ጥራይ ኣይኮኑን ግን መስኪሮምላ። ኣብ ዝተፈላለየ እዋን ኣብ ፈለዳርብ ካብ ዝሰርሑ መምሃራን ኣዕሩኽተይ "ኣብ እዋን ምኽፋት ቤት ትምህርቲ ሽዊትን ጸባን ሒዛ ትቕበለና ኣደይ ርሽት እያ። ቀለብ ዓመትና ኣኪባ ተረክብና፡ ኮታስ ኣደና ነይራ"[577] ብምባል ነቲ ኣብ ሕብረተሰብ ዝነበራ ልሉይ ተራ ጸውዮምኒ።

ነፍስሄርት ርሽት ወልደ እድሪስ ኣብ ባህሊ ብሊን ውጽኢ ዝበለ ፍልጠትን ኣበርክቶ ነይርዋ። ንብሄረ ብሊን ወኪላ ኣብ ዓመታዊ ፈስቲቫል ኤክስፖ ብዙሕ እዋን ተሳቲፋ። ብቛንቋ ብሊን ዝጨፈረታ ብጋዜጠኛ ኢዮብ ተስፋዮውሃንስ ዝተተርጎመት ነቲ ዝሓለፈ ጸበባ ትምልከት ጭፈራ ከምዚ ትብል፡-

576 ሚካኤል ሓሳማ ራካ፡ ዛንታ ኤርትራ።

577 መምህር ተወልደ ጴጥሮስ ኣብ ፈለዳእርብ ርእሰ መምህር መባእታን ማእከላይ ደረጃ ቤት ትምህርቲ ዝነበረ ካብ ዘዕለለኒ እዩ። ብዘይካ'ዚ መምህር ወርዕ ክፍሉ ተመሳሳሊ የዘንቱ።

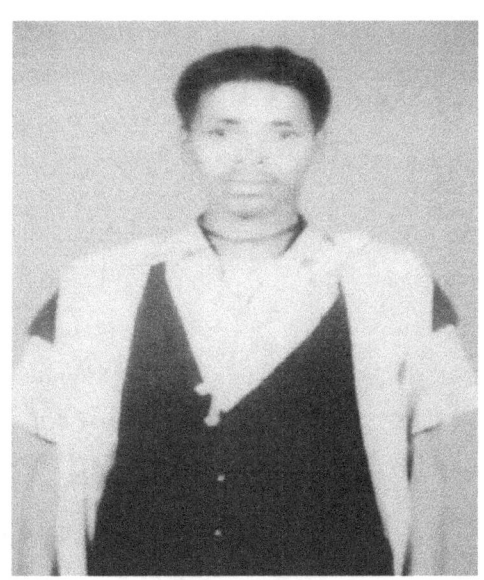

ግዳይ፡ ብርሃነ ንጉሰ

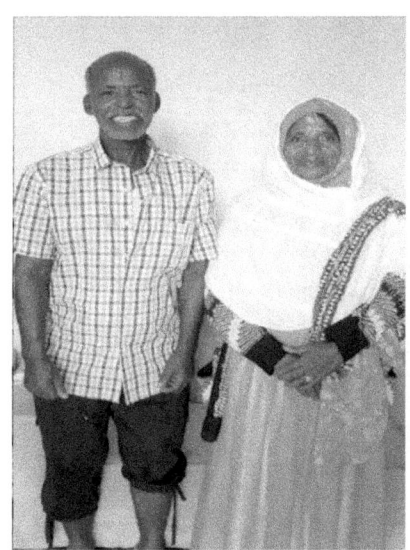

ኣቶ ሚኪኤል ንጉሰ ምስ በዓልቲ ቤቱ ነፍስሄር ርሽት ወልደ

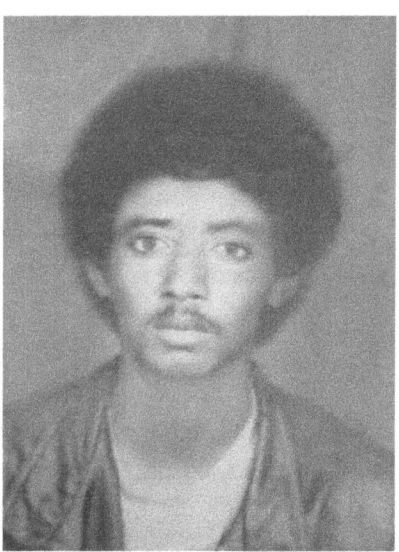

ተጋዳላይ ፍቓዱ ወልደ

መከራና ሓሊፉ ተደሲትና

ኣለለይ ወላለየ ላሌና (2)

እቲኣ ዝሓለፈትልና ተሓጉስና (2)

ኣለለይ ወላለየ ላሌና (2)

እቲኣ ዝሓለፈትልና ተሓጉስና (2)

<u>ዘሳቐየና ዝነበረ እቲ ህበይ</u>

<u>ላዕልን ታሕትን ከንብል ከንደይ ኅቦ</u>

<u>እንቋዕ ብሓባር መሬትና ሓረስና</u>

<u>እቲኣ ዝሓለፈትና ተሓጉስና</u>

ኣለለይ ወላለየ ላሌና (2)

ከም ኣመሎም ካብ ገጽና ከረኽቡ ወይ ካብ ቃል

ነዚኣቶም መን ቀቲልዎም ኣይረአናን

ኣብዚኣ ከትጠፍኡ ኢኹም ኣብዚ ኣግራብ

ቅዱስ ጎዮርጊስ ኣሎ እንዶ ኣብ ልዕሌና

እቲኣ ዝሓለፈትልና ተሓጉስና

ዕለት 20 በስከዲራ

ወርሒ ሓደ ዕለት 2 ደበረሲና

ስድራና እምበር ሓሊፎም ብዘይ ለበዋ

እቲኣ ዝሓለፈትልና ተሓጉስና

ኣለለይ ወላሌና...ኣብ ዓንሰባ

ኣብ ዓንሰባ መሬት ጸልሚቱና ኣብ መንጎ

ኣብዚኣ ከትጠፍኡ ኢኹም ኣብዛ ጫካ

ተካሊት መዓልቲ ሓሊፉ እንካ

ኤርትራዊ ተባዕ ጸንበል ሓጎሰካ

ኣለለይ ወላሌና...ረቡዕ መዓልቲ

ታንኪ ተዘዋዊራ መዓት ጭንቂ

ጸሎት ንግበር ንማህለል ኣቱም ወለዲ

እቲኣ ዝሓለፈትልና እታ ጭንቂ

እነና ተሓጉስና ሓጎስ ሓቂ

ኣላለይ ወላሌና....ጸባብ ማዕዶ

ዓጊቱና ዝነበረ ክልተ ኅቦ

ከይደንዶ ኣርሒቐን እተን ታንኪ

ደጊም ከይምለሳ ክርሕቃ ራሕቂ

እነና ተሓጉስና ሓጎስ ሓቂ....

ያና በስከዲራ ሽዕብ ገድገድ

ራብዐይተን ደብረሲና ረከባ ድንገት

ስድራና እምበር ሓሊፎም ብዘይ ለበዋ

እዛ መዓልቲ ሓርነት ሓጎስ ኣለዋ

ነባሪት ክትኮነልና የድልያ ሓለዋ

ኣለልይ ወላሌና ....ሽዕብ ገርገር

ንመንከ ዘይተንከፈ ደርጊ ፈገር

እንቋዕ ደአ ሓራ ወጸት እዛ ሃገር

ተሓጉስና ኤርትራዊ ተበራበር

ፕረስደንት ኢሰያስ ኣፈወርቂ

ብሓባር ሓሊፍናዮ ዓቢ ጭንቂ

ሕጂ ይኹን ንወትሩ ድሉው'ዩ ዕጥቂ

ምሳኻ ኣሎና ወትሩ ምሳና'ያ ሓቂ

ሓጎስና ወሰን የብሉን ሓጎስ ሓቂ

ዘለዉን ዝሓለፉን ካብዛ ዓዲ

ምሳና እንተዝህልዉ ኣብዛ ረፍዲ

ቋንቋና ባህልና ተሓልዩ መሰላቱ

ጋህዲ እዩ ሕልሚ ኣይኮነን ዓወቱ

ኣላለይ ወለሌና...ዎ' ብሊና

ዝላበወካ ኣሎኒ ስብ ታሪኽ ኢና

ሓደ ክልተ ክብለካ ሕድሪ ጅግና
ርስቲ ኣሎካ ሃገራዊ ርስቲ ኣቦና
መከራና ኣሕሊፍና ተሓጉስና

ኣለለይ ወላሌና ...ሽዕብ ገድገድ
ታንኪ ኣጥፊኣቶም ሰብ ዋናታት
ነብሰ-ጾራትን ሓራሳትን ምዱብ ድንገት
ኣውያትን ስቅያትን ብዘይ ረዲኤት
ንተሓጎስ ሓሊፉ ሓጎስ ጥምየት

ሓንሳብዶ ክንዝክሮም ዜጋታት ቀያሕቲ
ደሞም ኣፍሰስቲ ኣዕጽምቶም ከስከስቲ
ብውሕጅ ተወሲዶም ሰላም ዝገደፉ
መስዋእቲ ዕጭኦም ሰላም ኣንገስቲ
ንዘለኣለም ሓለፍቲ ንሕና ተካእቲ

ሳላ ክብርቲ ህይወቶም እነሆ ተሓጎስና
ኣሰሮም ክንክተል ሕድሮም ኣጽኒዕና
ስቓይና ሓሊፉ ምሉእ'ዩ ሓጎስና....

ሃብረንጋቓ ካብ ቅትለት ጀነራል ክሳብ ዒድ ኣልኣድሓ

ሜጀር ጀነራል ተሾመ እርገቱ ካብ ዝተቐንጸለላ 21 ሕዳር 1970 ጀሚሩ ኣብ ሃብረንጋቓን ከባቢኣን ዝነበረ ናይ ሰላም ሃዋሁ ንእለት እዩ ተዘሪጉ። ኣብ ጽባሕ ቅትለት ጀነራል 22 ሕዳር ሕነ ናይ ምፍዳይ ብዝመስል ኣካይዳ ወተሃደራት ነርባዕተ ኣብ ሕርሻ ዒላበርዒድ ዝሰርሑ ዝነበሩ መንእሰያት ግዳይ ገይሮም። እዞም ንጹሃት ርሂጸ በላዕ እድሪስ ማይበቶት እድሪስ፡ ሓምደረቢ ዑስማን ሓምድን ካብ ባልዋ፡ ተኸለሃይማኖት ገንዘቡን ወልደህላሴ እያሱን ካብ ሸንድዋ ዝበሃላ ዓድታት እቲ ከባቢ ነበሩ። ኣብ ሕርሻ ዒላበርዒድ ክሰርሑ ውዒሎም እናኣተዉ ኣብ መገዲ ተኸቲሮም ብጥይት ተረሺኖም። ኣርኣያ ፍሰሃየ ግን ነጸልኡ ጥራይ ብጠያይት ተበጣጢሱ ኣምሊጡ ንዕኡን ንብጾቱ ዝጎነፈ ክሳብ እዛ ዕለት ዝጸዊ ዘሎ ውጻእ መዓት እዩ[578]

እዛ ልዒላ ዝተጠቐሰት ፍጻመ ንዝሰዓበ ተኸታታሊ ግፍዒታት ፈዋኒት ነበረት። ጀነራል ካብ ዝተቐትለላ ድሕሪ ሳልስቲ ኣቢሉ ሸውዓተ ሰራሕተኛታት ሕርሻ ዒላበርዒድ ኣብ መንጎ ስራሕ በብሓደ ተጸዊዖም ተውሲዱ። ሬስኦም ድማ ኣብ ታሕታይ ዓንሰባ ኣብ ከባቢ ኣዝረቐት ተረኺበ። እዞም ካብ ሃብረንጋቓን ከባቢኡን ንኣዝረቐት (ዓንሰባ ተሓት) ተወሲዶም ዝተቐትሉ መሓመድ ዓሊኖር ዓምር፡ እስማዒል ዓሊኖር ዓምር፡ መሓመድ ኢብራሂም ሓምድ፡ ኣድም ኢብራሂም ሓምድ፡ ጅምዕ ዑስማን ሓምድ ይበሃሉ። እድሪስ ሙሳ ከልብን ኣድም ኢብራሂምን እውን መይቶም ተባሂሎም እዮም ተሪፎም። ወዲቖም ዝረኸብዎም ሰብ ጥሪት ኣልዒሎም ናብ ተጋደልቲ ሳላ ዘብጽሕዎም ካብ ሞት ሰሪሮማ ደጊምምሉ።

ድሕሪ ቅትለት ጀነራል ኣብ ሃብረንጋቓ ካብ ዘጋጠመ ቅትለት ሰለማውያን ናይቶም ካብ ጁፉ (ከረን) ንሃብረንጋቓ ላዕላይ ተወሲዶም ዝተረሸኑ ሓሙሽተ ደቂ ጁፉ ድሮ ኣብ መእተዊ ናይዚ መጽሓፍ ተገሊጹ ኣሎ። ብዘይካ'ዚ ካብ ሓመደይ፡ ዓደፉን ጉባን ዝተወሰዱ ኣብ ባልዋ (ሕመረት) ኣብ ኣጉዶ እንዳ

578 ሳልሕ ዑስማን ሳልሕ፡ ቃለ መጠይቕ ምስ ደራሲ 27 መስከረም 2023፡ ሃብረንጋቓ።

ዓሊ ማይበቶት ተቓጺሉ እውን ብተመሳኣሊ ኣቐዲምና ጠቒስናዮም ኢና።

ብዘይካዚ ወተሃደራት ንእድሪስ ዓብደላ እድሪስ ኣጉዱባይ ነዛ ዓይኖም ክርእይዎ ስለ ዘይፈተው ምስ ብጾቱ ኣብ እንዳ ስዋ ኮፍ ኢሉ እናዕለለ ከሎ ጎቲቶም ብምውጻእ ኣብ መረበዓት እንዳ ዓብደልቃድር ጃብር ምስ ሳዕሪ ሓዊሶም ኣቃጺሎም ቀቲሎሞ። መስኪን እድሪስ እዚ'ዩ ኣበሳኻ ከይተባህለ ብኣሊፍ ጠፊኡ።[579]

ኣብ ኣንገተይ ከባቢ ዋራ እውን "ተጋደልቲ ኣብ ዓድኹም ውዒሎም" ብዝብል ምስምስ ሓጅ በኽሪ ዓሊ፡ ሮሞዳን እድሪስ፡ ፋይድ እድሪስ፡ ኢብራሂም ዓምር፡ ተወልደ ሞሳዝጊ፡ ወልደሚካኤል ሞሳዝጊን፡ ሃብተማርያም ተወልደ ሞሳዝጊን እውን ውሑዳት ካብቶም ብዙሓት ግዳያት ናይቲ ቅንያት እዮም።

እዚ ከምዚ ኢሉ እንከሎ ዓድታት እቲ ከባቢ ማለት ሸርድባ ላዕላይ፡ ሸርድባ ታሕታይ፡ ከምኡውን ሃብረንጋቓ፡ ኣንገታይን፡ ዓንቀርን ብትእዛዝ ወተሃደራት ኢትዮጵያ ኣብ ሃብረንጋቓ ላዕላይ ከም ዝኣትዋ ኮና። እተን ብታሕተዋይ ወገን ዝነበራ ቁሸታት ከኣ ኣብ ዓዲ በርበረ ተጠርነፋ። በዚ መሰረት ብሰንኪ እዚ ውሳነ ኣብቲ ቅንያት ብዙሓት ማሙቕ ገዝኦም ሓዲጎም ኣብ ዳሳትን ኣብ ትሕቲ ኣግራብን ክዕቀቡ ተገድዱ።

ህዝቢ ኣብ ሃብረንጋቓ ላዕላይ ካብ ጽርግያ ከረን ኣስመራ ንሰሜን ኣብ ጎኒ እቲ ሻምበል ከበደ ዝእዝዞ ዝነበረ መዓስከር[580] ከም ዝሰፍር እዩ ተገይሩ። ኣብተን ናይ ፈለማ መዓልታት ሻምበል ከበደ ሓንሳብ እስላምን ክርስትያንን ፈላልዩ፡ ጸኒሑ ብሓባር ኣኪቡ ከም ዝሃደዶም ይዝንቶ። እንተኾነ ግን ቁጽሪ ህዝቢ ስለ ዝወሓዶ ይኹን እቲ ኣብ በረኻ ዝነበረ ክኣቱ ኣርሒቖም ዝኸደ እውን ከምለስ ኣዚዙ ንግዜኡ ሓንቲ ነገር ከይገበረ ሓደጎም።

ሻምበል ከበደ ምስቲ ኣብ ሃብርንጋቓ ዝጸንሐ ንውሓት ግዜ ንሱን ወተሃደራቱን ምስ ህዝቢ እቲ ከባቢ ጽቡቕ ፍልጠትን ምቅርራብን እዩ ነይርዎም። እንተኾነ ነቲ ህዝቢ ካብ ምግፋዕ ኮነ ካብ ምጭቋን ዝዓገቶም ኣይነበረን።

ዒድ ኣልኣድሓ ካብ ቅትለት ጀነራል ድሕሪ ኣስታት ክልተ ወርሕን ፈረቓን ኣኺሉ። ድሮ ዒድ ገለ ካብቲ ህዝቢ ከም ልማዶም ገዓት ጠስሚ፡ መዓርን ካልእ ተሰኪሞም ናብ ሻምበል ከበደ ከዱ። ትዕበ ትንኣስ ካብ ህዝቢ ትመጾ ዝነበረት ህያብ ተሓሲሙ ዘይፈልጥ ከበደ ግን ኣብ ሸው በጺሑ

579 ኣብ ኣንገተይ ልክዕ ኣብታ ጀነራል ዝተቐትለላ ቦታ ኣብ ዝተፈላለየ ግዜ ብዙሓት መንነቶም ብግቡእ ዘይፍለጡ ሰባት ተቐቲሎም። ኣስከሬኖም ብግቡእ ስለ ዘይተቐብረ ውሕጅ ይወስዶ ምንባሩ ነበርቲ እቲ ከባቢ የዘንትዉ።

580 እዚ መዓስከር'ዚ ብልምዲ 'መዓስከር በርሀ ጻዕዳ' እናተባህለ እውን ይጽዋዕ እዩ።

"ተጸሊእዎ" ኣሎ ኣቢሉ ምቕባል ኣበየ። ኣደይ ዓፍየት ዓብደላ ስሌማን ነዛ ነጥቢ ኣመልኪተን "ነቲ ሽው ዝነበረ ሓላፊ ሕጂ፣ እንታይ ንግበር ኢልና? ገለ ጠስሚ፣ ገለ ገዓት ሒዘን ዓበይቲ ኣንስቲ ከይደንኦ። እታ ለይቲ ጅምዓት ዝጠፋእናላ ማለት'ዩ። 'ደቂስ'የ ዘሎኹ በሉዎም' " ክም ዝበለ ንተመራማሪ ግፍዕታት ኢትዮጵያ ተከኤ ተስፋልደት ኣዘንትየናሉ።

ዝበዝሐ ህዝቢ ሓሙስ ድሮ ዒድ ድሕሪ ሰላት ዓልዒሻ፡ ግዝያዊት መስጊድ ኣብ ዝጥቀሙላ ዝነበሩ ዓባይ ገረብ ተኣከበ። ብመሪሕነት ሸኽ ኢብራሂም ሳልሕን ሸኽ ማሕሙድ ዑቕባንኬልን ከኣ ኣብ ጸሎት ተጸምዱ። እንተኾነ እቲ ዝደጋገም "ምዳሕ" ነቶም ካብ 50 ሜትሮ ኣብ ዘይርሕቕ ቦታ ዝነበሩ ወተሃደራት ብዝሒ ናይቲ ህዝቢ ብንጹር ኣንፈተሎም። ቀትሪ ናብቲ ህዝቢ ዝጽንበሩ ዝነበሩ እውን ድሮ ነቲ ውሒዶም ዝብል ሻቕሎት ኣፋኹስሎም ነይሩ።

ከባቢ ሰዓት ትሽዓተ ኣቢሉ ኣብ መንጎ ጸሎት ገለ ዘይንቡር ነገር ተኸስተ። ኣዒመን ዝነበራ ጥሪት ካብ መዳቕሶአን ተንሲአን በርገጋ። ንኻልእ ኣይሃብዎን። ኣብ ኣእምሮኦም ንእለት ተቐጀለ ዝብኢ እዩ። ዝብኢ ናይ'ቲ ከባቢ ምስ ጥሪት ካብ ምጉሳይ ዝተርፎ ኣይነበረን። ጥሪት ኣብ ጽኑዕ ደምበ ኣዕቊብካ እውን ኣይትቐስነለንን። ሽው ገለ ካብኦም ኣመት ጥሪቶም ክገብሩ ኣብ መንጎ እቲ ጸሎት ሓፍ ሓፍ በሉ።

ቅኑዕ ግን ኣይገመቱን። ንጥሪት ዝበልዕ ዝብኢ ዘይኮነስ ደም ሰብ ዝጸምኡ ኣዛብእ እዮም ነቕዮም። ወተሃደራት ገለ ምንቅስቃስ ናይቲ ህዝቢ ምስ ተዓዘቡ ንእለት ውሳነ ወሰዱ። ካብ ቀረባ ርሕቀት ኣድራጋ ጠያይት፡ ቶግ ቶሮግ፡ ቶግ፡ ቶግ ኮነ። ኣብቲ "ምዳሕ" ዝተኣከበ ኣማኒ ከኣ ናብ ዝኣትዎ ጨኒቕዎ ብስንባድ መሬት ከም ዑንቂ ጸበብቶ። ዝጸንሐ ናይ ጸሎትን ኣምልኾን ድምጺ ከመ ቅጽበት ኣይይ ኡይይይ ናብ ዝብል ዘስንብደን ዘባህርርን ቃና ክትካእ ግዜ ኣይወሰደን።

ኮነ ድማ በታ ምሸት 58 ደቂ ተባዕትዮን ሰለስተ ደቀንስትዮም 61 ሰባት ተቐዝፉ። ብዙሓት እውን ብኸቢድን ቀሊልን ቆሰሉ። ተመራማሪ ታሪኽ ግፍዕታት ኢትዮጵያ ተኬኤ ተስፋልደት ብዛዕባ እቲ ኣብ ሃብረንጋቓ ዘጋጠመ ንውጻእ መዓት ኣዘራሪቡ ዝረኸቦ ከምዚ ይብል፡-

ዓበ መሓመድስዒድ እድሪስ፣ ሽው ቆልዓ 13 ዓመት ዚነበረን፣ ኣብ ኢዱን እግሩን ተሃሪሙ ከብቅዕ ካብ ማእከል ምዉታት ኣንስቲ ስሒበን ዘውጽኦኦ ውጻእ መዓት'ዩ ነይሩ። ንሱ፣ "ኣነ ብኣካል ነይረ። 'ንጽባሕ ዒድ'ዩ' ኪበሃል፣ ንምሸት ኣብኡ ግዒዝና ኣብ ሃብረንጋቓ ተኣኪብና ነይርና ካብ ሽርድባ።...

ኣልዕሻ ሰዓት ሸሞንተ-ትሽዓተ ኣቢሉ ይኸውን ኣብኡ ዳሳት ገይርና ንነብር ነይርና። ምሸት ክንቀርእ ተኣኪብና። ማል ምስ ገለባ 'ዝብኢ ኢዩ' ኢሉ ሓፍ-ሓፍ ምስ በለ እቲ ህዝቢ ... 'ይሃድሙ ኣለዉ' ግዲ ኢሎም [እቶም ወትሃደራት] ኣኸርዲኖምና። ጸኒሖም ብሬናት ገይሮም ክዕው ኣቢሎምና። ዝመውት ሞይቱ ዝተረፈ ከኣ ቁሩብ። ኣነ ሽዕኡ ክልተ መውጋእቲ ኣብ ኢደይን እግረይን ስለዝነበረኒ ክሃድም ኣይከኣልኩን። ኣብ ማእከል ምዉታት በዝን- በትን ምስ ጸቐጡኒ ተሪፈ።...ነዞም ተወጊኦም ኣብ ገዛ ዝኣተዉ ኸኣ ኣዳጊሞሞም። ካብኣ ጸይሮም ወሲዶሙኒ። እዚ ከማን ብዕድል'ዩ እምበር፣ ተወጊኦም ንዝጸንሑ፣ 'ክንሕክሞም' ኢሎም ወሲዶም ሓሪዶም ኣብኡ ቐቢሮሞም። ኣነ ግን መዓልትኻ ኣላ ስለዚበላ ብረቢ ድሒነ ክወጽእ ክኢለ" ይብል።

ኣብ ርእሱ፣ ኣብ ኢዱን ኣብ እግሩን ተሃሪሙ፣ ሞይቱ ተባሂሉ ዚተረፈ እድሪስ ስዒድ መሃግር ብወገኑ፣ "ቀዳማይ ኣብዛ ከባቢ ዝነበርና ኩልና ኣብዛ ካምቦ ላዕለይቲ 'ተኣከቡ' ተባሂልና ተኣኪብና። ኣብ ሮመዳን'ዩ ኣኼባ ገይሮምልና ተኣኪብና ማለት'ዩ። ደሓር፣ ሓደ [ወተሃደር] ተንሲኡ መጺኡ 'እዚኦም ውሒዶም ኣለዉ፣ እቶም ንደልዮም ዝነበርናስ የለዉን' ኢሉዎ ነቲ [ሓላፊ]። 'መዓልቲ ግን ኣላቶም ኣብዚ ቀረባ እዋን ክመጹ'ዮም፣ ኣብኣ ክንረኽቦም ኢና' ኢሉ ተዛሪቡ። እቲ ሰብ ናይ ቋንቋ ድኽመት [ዘይምፍላጥ] ስለዝነበሮ ኪርድኦም ኣይከኣለን [እምበር]፣ እቶም ዝተረድኦም ምሉቕ-ምሉቕ ኢሎም ከይዶም። እቶም ዘይተረድኦም [ከኣ] ክሳብ ዒድ ጸኒሖም። ዒድ መጺኣ፣ ዓርቢ ኣብ ቁርኣን ኣምሲና በቲ ጎቦ መጺኦም [ወተሃደራት]።...ቁርኣን ምስ ጀመርና...መጺኦም ምርሽራሽ ጀሚሮም፣ ...ዝሞተ ሞይቱ ዚተወግአ ከኣ ኣብኡ ተሪፉ። '... ካላስ ቀቲልናዮም' ኢሎም ኣብቲ ከባቢ ልዕሊ ጽርግያ ምስ በጽሑ፣ ካብቶም ተወጊኦም ዝነበሩ ብዝነበሮም ቓንዛ 'ኡይ' ይብሉ። 'እምበኣር ኣይሞቱን' ኢሎም ተወዲቦም መጺኦምና ካልኣይ ግዜ ኣዳጊሞሞም።... ካብታ ገዛ ምስ ወጻእኩ ኣምሓራይ መጺኡኒ። ሽው ገዛ ዓጽየ፣ እታ ሓብተይ [ከኣ] ትሕዘኒ።...በታ ዝነበረት ፍኒስትራ ብኣኣ ተቐልቂሉ ይትኩስ፣ ንዓይ ኣብ ርእሰይ ይሃርመኒ ፣...ምስ ወደቕኩ ኣብዛ ኢደይ ይሃርመኒ፣...ካልኣይ ጊዜ ተኰሱ። ሳልሳይ ንሓብተይ ቀቲላ ንዓይ ሃሪማትኒ ኣብ እግረይ። ሕጀት ስዓድ'ያ ሽማ ሓብተይ።...ድሕሪኡ ወዲቐ ከላስ ኣይተረዳኣንን!"5 ኪብል ነቲ ሽው ዚተፈጸመ ኣረሜንነት ይገልጽ።[581]

ኣይሂ ጠያይት ምስ ዘነቦም ገለ ካብቲ ህዝቢ ትንፋሶም ከውጽኡ ነፈጾም ናብተን ዝነበራ ውሑዳት ኣባይቲ ተዓቚቦም። እንተኾነ ግን እቶም

581 ካብ ሰነዳት ፕሮጀክት ታሪኽ ግፍዒታት ኢትዮጵያ ኣብ ኤርትራ።

ወተሃደራት ኣሰር ኣሰሮም ሰዒቦም ንውጉኣት ኣዳኺሞሞ ኣብ ገዛ ንዝጸንሕዎም ቆልዓ ሰበይቲ’ውን ተማዕቱ። መሓመድ ዑመር ዓሊ ካብቲ መዓት ኣምሊጡ ኣብ ውሽጢ ገዛ ዝተሓብአ እዩ። ኣብቲ ናይ ምጽጻይ መስርሕ ሓደ ወተሃደር ብደሃሊ ድምጺ “ውጻእ መን ኣለኻ ኣብዚ ውሽጢ ገዛ” ብቛንቋ ኣምሓርኛ ከዛረብ ሰሚዑ፡ ብቐረባ ናይ ዝፈልጦ ድምጺ ምስምዑ ጽቡቕ ኢጋጣሚ ቆጺሩ “ኣነ እየ ዘለኹ” በሎ ኣይጭክነለይን’ዩ ካብ ዝብል እምነት። መስኪን መሓመድ ዑመር ቅኑዕ ኣይገመተን። ዘለቀ ብረቱ ለጉሙ ንመሓመድ ዑመር ኣብ ባይታ ጸጥሖ። ብዘይካዚ ንዑስማን ሻንቅላን መሓመድ ዓሊኖር ዓማር እውን ካብ ገዛ ኣውጺኦም ቀቲልዎም።

ህልቂት ምስ ኣቋረጸ ገለ ሰባት ንእድሪስ ኖር እስማዒል ክሕከም ናብቶም ወተሃደራት ወሲድዎ። ሻምበል ከበደ ትልኽ ትብል ንዝነበረት ትንፋሱ ብሰንጃ በትቢቱ ኣቃበጻ። ተመሳሳሊ ዕጫ ዝበጽሖ እድሪስ ዓሊ ገዛይ እውን ነይሩ። ኣደይ ዓፍየት ሰይቲ ነስረዲን ነቲ ብኸቢድ ቆሲሉ ዝነበረ ዓብደርሑማን ወደን ተሰኪመን ክሕከሙለን ያኢ ናብቶም ባዕሎም ዝበትበትዎ ወተሃደራት እናኸዳ ሓደ ወዲ ሓላል ወተሃደር ተቐቢሉ “ናበይ ትኸዲ ወድኺ ንክቕተል እንተኾንኪ ደሊኺ ኣብዚ ባዕለይ ክቐትለልኪ” በለን። ስግንጢር። ኣብ ማእከል ጭካነ ለውሃት ኣብ መንጎ ቀተልቲ እውን መድሓንቲ ነይሮም። ወደን ተሰኪመን ንበረኻ ገጸን ብምህዳም ንሰን ወደንን ካብቲ ዘይሓሰብኦ ዳጋማይ መዓት ደሓና።

ካብ ውጻእ መዓት ኣደም ሓሰበላ ጃብር ድሕሪ ፍርቂ ዘመን ናይቲ ህልቂት ኣብ ሃብረንጋቓ ኣዘራሪበዮ። ንሱ ብደሓን እኳ እንተወጸ ካብ ኣሕዋቱ ማሕሙድ ተቐቲሉ ሳልሕ ድማ ብኸቢድ ቆሲሉ። ንሱ ንውጉኣት የዳግምዎም ከም ዝነበሩ ምስ ፈለጠ ንሓው ናብቶም ብሰንኪ እምነቶም ካብቲ መዓት ነጻ ዝነበሩ ኣመንቲ ክርስትና ሒዝዎ ከደ። እንዳ ኣቦይ ሀብትሚካኤል ወዲ ሳመራ ነቲ ውግእ ተቐቢሎም ብምሕባእ ንኣድም ማዕተብ ኣሲሮም ኣመሳሲሎም ኣድሒንዎ።

ብመሰረት እቲ ኣብ መጽሓፍ ግፍዒ ተገሊጹ ዘሎ ንጽባሒቱ ቀዳም (ፍርቂ መዓልቲ) ኣመንቲ ክርስትና ናይቲ ከባቢ ብተግባር’ቶም ወተሃደራት እናጎሃዩ ናብ ሻምበል ከበደ ኮይዶም ሬሳታት ኽቕብሩዎም ክፍቀደሎም ለሚኖም። ክርስትያን መሲሉ ተሪፉ ዝነበረ ኣደም ግን “ንጽባሒቱ ንግሆ ሬሳታት ከይተላዕሉ ላዕለዋይ ወተሃደራዊ በዓልስልጣን ካብ ኣስመራ ንከረን እናወረደ ኣብ ሃብረንጋቓ ‘ሸፋቱ መጥቃዕቲ ገይሮም ህዝቢ ከም ዝሃለቐ’ ነጊሮም። ንሱ ድማ “ኪዱ ዝተቶኮስዎ ቃልሃ ኣኪቡ” በሎም። ነቲ ብነጸላ ኣኪቦም ኣብ ቅድሚኡ ዘፍሰስዎ ቃልሃ ምስ ረአየ “ኣበይ ኣሎ ናይ ሸፋቱ ቃልሃ እዚ ኩሉ

ናትና" እዩ"[582] ብምባል ንከቕበሩ ከም ዝኣዘዘን የዘንቱ።

ዝኾነ ኮይኑ ካብ ኣመንቲ ምስልምና ክልተ ኣብ ካምቦ ሃብረንጋቓ ዱኳን ዝነበሮም (ሑሴን ዓሊን ሑሴን ጃብርን) ከምኡውን ውጻእ መዓት ኣድምን ጥራይ ነቶም ግዳያት ምስ ዝቐበሩ ኣመንቲ ክርስትና ተሳተፉ። ካብ ጽርግያ ከረን ኣስመራ ንደቡብ ዝቕመጡ ኣመንቲ ክርስትና ማለት ካብ ሸንድዋ፡ ግራት ፍሱሕ፡ ዊናን ጀረትዋን ብብዝሒ ተኣኻኸቡ። ናብ ሰሜን ዝጥምት ዓሰርተ ሜትሮ ቁመትን ሸድሽተ ሜትሮ ዕምቁትን ዘለዎ ዓቢ ጋህሲ ኩዑቶም ድማ ንግዳያት ናይታ ዕለት ሓመድ ኣዳም ኣልበስዎም።

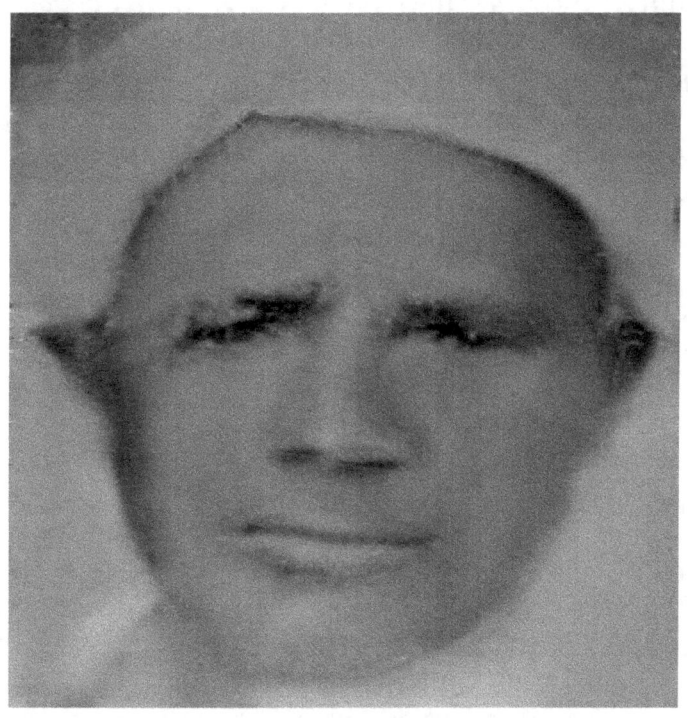

ግዳይ፡ ሸኽ ማሕሙድ ዑቕባንኪኤል

582 ኣደም ሓሰበላ ጃብር፡ቃለ መጠይቕ ምስ ደራሲ 27 መስከረም 2023፡ ሃብረንጋቓ።

ሹማሙንቲ ጥፍኣት

እዚ ኩሉ ኣብ ልዕሊ ሰለማዊ ህዝቢ ዝወርድ ዘነበረ ኣሰቃቒ ህልቂት ብዓበይቲ ሰበስልጣን ኢትዮጵያ ተወሲኑ ብጦር ሰራዊትን ኮማንድስን ዝተተግበረ እዩ። ጦር ሰራዊት ይኹን ኮማንድስ ዘበለ ኩሉ ይቐትል ነይሩ ማለት ግን ኣይኮነን። ካብ ምስክርነት ገለ ውጻእ መዓት፡ ኤርትራውያንን ይኹኑ ኢትዮጵያውያንን ወተሃደራት ኣብቲ ርኽሰት ኢዶም ካብ ምሕዋስ ዝተቖጠቡ ምንባሮም ተመስኪሩ ኣሎ። ኣብ ምድሓን ንጽሃት ተራ ተጻወቱ ወተሃደራት ምንባሮም እውን ይፍለጥ። ብቐንዱ ሓላፍነት ናይቲ ግፍዒ መንግስቲ ኢትዮጵያ እዩ ዝስከም። ኣብዚ ክልዓል ዝኽእል ክትዕ ዘሎ ኣይመስለንን። ወተሃደር ዝተኣዘዞ ዘበለ ክፍጽም ግዱድ ስለ ዝኾነ። ሓደ ኣብ ማይ ላይ[583] ኣብ ልዕሊ ሰላማዊ ህዝቢ ኣሰቃቒ ግፍዒ ዝፈጸመ ተራ ወተሃደር ነዚ ምጉት በዘን ዝስዕባ ቃላት ገሊጹወን፡-

> *"ነቲ ኣብኡ ዘሎ ጸላኢ ክይደ ኪድምስሶ ትእዛዝ ተዋህቡኒ። ናይታ መዓልቲ'ቲኣ ስርሐይ ንሳ'ያ። ዝተዋህበትኒ ተልእኾ ንሳ'ያ። ኮፍ ኢለ ብመንጽር ሰብኡትን ኣንስትን ህጻናትን ኣይሓሰብኩሉን። ንኩላቶም ከይፈላለኹ ርኤኽዎም። ልክዕ ንወተሃደራት ጸላኢ ከም ንርእዮ- - - ሕጂ ኮነ ሽው ዝተዋህበኒ መምርሒ ከም ዘተግበርኩ'ዩ ዝስመዓኒ። ንዕኡ ኣብ ተግባር ስለ ዘውዓልኩ ድማ ዝኾነ ጸጸት ኣይስምዓንን።"*[584]

እንተኾነ ግን ንጹህ ሰለማዊ ዝቐተለ ሕልንኡ ከሳብ ክንደይ ከየቕስኖ። መራሕቲ ብቐድመ ግንባር ዝሕተቱ እንተኾኑ ተራ ወተሃደራት'ውን ብፍጹም ነጻ ዝብል ሕጊ የልቦን። ስለዚ እንተስ ብሕጊ እንተስ ብሕልና ተሓታትነት ናይቲ ዝተፈጸመ ግፍዒ ናብ ኩሉ በብጽሒቱ እዩ ዝወስድ። ብቐንዱ ናይቲ ኣብ 1970 ኣብ ልዕሊ ብዙሓት ዓድታት ሰንሒት ዝተፈጸመ ኣሰቃቒ ህልቂት ብደረጃ ማእከላይ መንግስቲ እዩ ተኣዊጁ። ብፍላይ ናይ ዖና ናይ ቤተ

583 ብ16 መጋቢት 1968 ወተሃደራት ኣመሪካ ኣብ ማይላይ ትበሃል ንእሽቶ ዓዲ ናይ ቬትናም ኣስታት 500 ሰለማዊ ህዝቢ ቀዚፎም።

584 Habtu Gebreab፡ p; 49 Michael Bilton and Kevin Sim, Four Hours in My Lai, p.335

መንግስቲ ኣራት ኪሎ ቀጥታዊ ትእዛዝ ከም ዝነበሮ ይእመን።

ፊተወራሪ ሚካኤል ሓሳማ ድሕሪ ቅትለት ጀነራል ተሾመ (21 ሕዳር 1970) ንዝሰዓበ ኩነት ብምጥቃስ ካብ ከረን ንኣዲስ-ኣበባ ዝዝርጋሕ ውዲት ከም ዝተኣልመ የእንፍት። ንሱ "ዛንታ ኤርትራ" ኣብ ትብል መጽሓፉ "ናይ ከረን ኣዛዚ ጦር ንኣዲስ-ኣበባ ተጸዊዑ ከደ። ምስ ዓበይቲ ሰበ-ስልጣን መደብ ሓንጺጹ ኸኣ ተመልሰ"[585] ይብል። በዚ መሰረት እቲ እኩይ ተግባር ናይቶም ኣብ ከረን ዝነበሩ ወተሃደራውያን መራሕቲ ጥራይ ዘኮነ ኣብ ኣራት ኪሎ ተጠጂኡ፡ ኣብ ኣስመራ ብባርኾት ልኡል ኣስራተ ካሳ ሓሊፉ ተፈጸመ እዩ። እቲ ንኣዲስ-ኣበባ ዝኸደ ወተሃደራዊ ኣዛዚ መን ምንባሩ ግን ኣይተጠቕሰን።

ኣብቲ እዋን ኰለኔል ወርቁ ናይቲ ኣብ ከረን ዝነበረ ብርጌድ ኣዛዚ ሌተናል ኰለኔል ወላና ጅዳ ከኣ ኣዛዚ ሰላሳ ኣንደኛ (31) ሻለቃ ዝነበሩ እዮም። ናይቲ ህልቂት ዝፈጸመ ሰራዊ ናይ ቀጥታ ኣዘዝቲ እዮም። ብፍላይ ሌተናል ኰለኔል ወላና ዝመርሖ ዝነበረ ሰራዊት ቅድሚን ድሕሪን ህልቂት ዖናን በስኪዲራን ኣብ ከባቢ ከረን ኣብ ምንዳድ ዓድታት ኮነ ምቕታል ሰለማውያን ፍቱን መሳርሒ ነይሩ። ኣብ ሰነን ሓምለን ናይ ዓመተ 1971 "ዘምቻ ኣሳምነው" ኣብ ዝፍለጥ ዘካየዶ ወፍሪ ካብ ሰነዳት መንግስቲ ኢትዮጵያ ከምዚ ይንበብ፡- (30/10/63 006-05)

> *"መበል 31 እግረኛ ሻለቃን 3ይ ሻለቃ ፈጥኖ ደራሽን (ኰማንድስ) ምስ ነጨለባሽ 270 ብዝሒ ዝነበሮም ናይ ፓትሮል መጸውዒ ስም "ኣሰራድ" ኣተሓባባሪ ከኣ ሌ/ኰለኔል ወላና ጅዳ ቦታታት ካብ ከረን ጸባብ - መኩና- ሙሻን በጁከ ዋዝንተት ተንቀሳቒሱ። 1/11/63 (08 ሓምለ 1971) ጀንገሬን መስሓሊት ሩባ ዓንሰባ፡ 2/11/63 (9 ሓምለ 1971) ሩባ ዓንሰባ መስሓሊት ግዝግዛ ተንቀሳቒሱ። 3/11/63 (10 ሓምለ 1971) ካብ ግዝግዛ - ገለብ ሂካኖ ኣብዚ ሓጺር ውግእ ኣጋጢሙ ንክልተ ሰዓትን ርብዕን ኣብ ዝቐጸለ ውግእ ሓደ ወተሃደር መይቱ ክልተ ኮማንድስ ተወጊኦም። 4/11/63 (11 ሓምለ 1971) ከሳብ ኤምዓድ ከመልእ ሂካኖ ሓዲሩ ኣብቲ ውግእ 8 ተጋደልቲ ተቐቲሎም 4 ቆሲሎም። 5/11/63 (12 ሓምለ 1971) 2ይ ሻለቃ ተወሲኾዎ ኣቡኡ ሓዲሮም። 7/11/63-12/11/63 (14 -19 ሓምለ 1971) ካብ ሂካኖ ኣብ ኣግዓሮ ተጋደልቲ ኣለዉ ዝብል ሓበሬታ ስለ ዝረኸቡ ኣግዓሮ ኣትዮም። ተጋደልቲ ካብቲ ቦታ ተኣልዮም። እናበለ ይቕጽል። ዝርዝር ካብ ገጽ 5-22 ተመልከት።"[586]*

እዚ ናይቲ ካብን ናብን እናተንቀሳቐሶ እምበር ነቲ ዘይተርፍ ኣብ ልዕሊ

585

586 ሰነዳት መግስቲ ኢትዮጵያ።

ሰለማውያን ዘውረድዎ ግፍዒ ኣይተጠቕሰን። እንተኾነ ግን ነፍሲ ወከፍ ወተሃደራዊ ወፍሪ ናይዚ ጉጅለ ኣብ ልዕሊ ንጹህ ሰለማዊ ናይ ሞትን ህይወትን ምንባራ ኣየካትዕን።

እዚ ሓይሊ ኢ ከኣ እዩ ኣብ 1970 ኣብ ምንዳድ ዓድታትን ምቕታል ሰለማውያን ተዋፊሩ ኣብ ዖና ይኹን ኣብ በስክዲራ ኣማኢት ዘህለቐ። ኣመሪካዊ ሁዩ ዳውነይ ON HEART'S EDGE ኣብ ትብል መጽሓፉ "the commander of the Ethiopian brigade, colonel Wellana, a short, cocky man, the personification of the evil that had destroyed Ona'ብምባል ተሓታቲ ናይ እቲ ጥፍኣት ንወላና ይገብር። ኣብ ግዜ ህልቂት ዖና ናይ ኣውራጃ ሰንሒት -ከረን ጸሓፊ ናይ ኣመሓዳ ዝነበረ ኣቶ ሓጎስ ኣብርሃም እውን "ወላና ዜበሃል ኦሮሞ ኮለኔል'ዩ። እቲ ናይ በዓል ዖና ዝነበረ ቀንዲ ንሱ'ዩ ነይሩ" ብምባል ንቃል ሚስተር ሂዩ የጽንዖ።

ኣብቲ ዖናን በስክዲራን ዝሃለቓሉ እዋን ኮማንድስን ጦር ሰራዊትን ብሓባር ተወሃሂዶም ይሰርሑ ነይሮም። ኣብ ዖና እውን ብሸርከነት እዮም ተሳቲፎም። 31 ሻለቃን ገለ ሻንበላት ናይ ኮማንድስ ነቲ ህልቂት ፈጺመንኦ። ሌተናል ኮለነል ወላና ጅዳ ከኣ መሪሕዎ። ከምኡ ስለ ዝኮነ ድማ እዩ ዓበይቲ ዓዲ ከረን ንሬሳታት ዖና ንክቕብሩ ንወላና ዝለመኑ። ኣባ ኣየለ ተኽለሃይማኖት ንበስክዲራ ከይዶም ክቕብሩ ንዕኡ ዘፈቀዱ። ንሱ እውን ንፈርሒን ከይትነድድን ቃል ዝኣተወሎም። ሓደ ኣብ ምቕታል ሓላፍነት ዘይነበሮ ኣብ ምቕባር ኣይሐተትን። ወላና ግን ኣብቲ ሕሱም እዋን ገባርን ሓድግን ነይሩ። ወላና "ኵነታት ሕማቕ ስለ ዘሎ ንከረን ኣይትምጽኡ" ብምባል ነቶም ሽው ኣብ ኣስመራ ኣብዚ እዋን ከኣ ኣብ መነሶታ ሕቡራት መንግስታት ኣሜርካ ዝቕመጡ ስድራቤቱ ከም ዘጠንቀቖም ኣቦኦም ሓራዲ ምንባሩ ዝፈልጡ ደቁ ይዛረቡ።[587]

ከምቲ ኣብ መጽሓፍ ግፍዒ ዝተገልጸ ነቲ ኣብ ገለብ ዝተፈጸመ ህልቂት ዝመርሐ እቲ ብሕማቕ ተግባርቱ ዝዝከር ሻምበል (ዳሕራይ ሌ/ኰለኔል) ካሕሳይ ተኽሉ እዩ። ኤርትራዊ ካሕሳይ ኣብ መጨረሽታ 1976 ነቲ ኣብ መስሓሊት ተዓጊቱ ዝነበረ ሰራዊት ኢትዮጵያ ንክረድኦ ካብ ኣስመራ ተሃንዲዱ ተበጊሱ ናብ ዝሓሰቦ ከይበጽሐ ኣብ ዃዜን - ዓዲ ኣሪጊት ብተጋደልቲ ህዝባዊ ሓይልታት ተቐቲሉ ተሪፉ።

ኣብ ደብረሲናንን ካልእ ከባቢታትን ንዝተፈጸመ ኣሰቃቒ ህልቂት ዘካየደ ሻምበል (ዳሕራይ ኰለኔል) ከበደ እዩ። ከበደ ኣብቲ ሰለማውያን ዘህልቐሉ ዝነበረ ግዜ ብመልክዕን ጽባቐን ሓንቲ ጓል ደብረሲና ዓብደበድ ኣትይዎ ነበረ።

---

587 ብቐረባ ዝፈልጦም ሰብ ከምዝሓብረኒ።

በዓል ግዜ ስለ ዝነበረ ከኣ እንተስ ብውዱ እንተስ ብግዲ ድላዩ ካብ ምግባር ዝኸልክል ኣይነበሮን። ንራህዋ ጓል ባሻይ ምሕረትኣብ ኣብ ሕቑፉ ከየእተወ ከም ዘይዓርፍ ድማ ንጹር መልእኽቱ ናብ ስድርኣ ሰደደ።

ባሻይ ምሕረትኣብ ንጓሉ ከንዮ ደቂ ዓዳን ጎደብኣን ሰብ ዝበልፅ ዝብኢ ከበልዓ መጺእዎ ዝብሎን ዝገብሮን እዩ ጠፊእዎ። “ንሱ ብረት ኣነ በትሪ ሒዝና እምበር” እናበለ ካብ ምስቁርቛር ሓሊፉ ግን ንከበደ ካብ ድላዩ ደው ከብሎ ዝኽእል ሓይሊ ኣይነበሮን። ራህዋ ጓል ባሻይ ምሕረትኣብ ከኣ ከምዚ ኢላ ዝብኢ ቐትሪ በልዓ። ስድራቤታቶም ከበደ ዝቐተለሎም ኣብ መሪር ሓዘን ንሱ ከኣ ኣብ ምቁር ሕጽኖቱ ሓገዩ።

ኰለኔል ከበደ ንሱ እውን ዳሕራይ ምስ ህዝባዊ ሓይልታት እናተወጋእ ተቐቲሉ እዩ። ስሙ ግን ከሳብ ሎሚ ኣብ ደበረሲናን ሰለባን ጥራይ ዘይኮነ ኣብ ዝዓበየ ከፋል ናይ ሰንሒት ከም መፍለይን መዘከርን “ዘመን ከበደ” እናተባህለ ይጽዋዕ ኣሎ። ኣብ ሃብረንጋቓ ኣብ መዓልቲ ዒድ ኣልኣድሓ ዝተፈጸመ ህልቂት እውን ከበደ ዝበሃል ካልእ ሻምበል'ዩ ፈጺምዎ።

ኣብቲ እዋን ኣብ ህልቂት ሰለማውያንን ይኹኑ ምንዳድ ዓድታት ዝለዓለ ተራ ዝነበሮም ኣመሓደርቲ ኣውራጃታት እዮም። ካብ እዋን ምጅማር ብረታዊ ቃልሲ ንኣውራጃ ከረን (ሰንሒት) ዘመሓደሩ ደግያት እምባየ ሃብተ፡ ቀዲሉ ፊተውራሪ እምባየ ገብረኣምላኽ፡ ዳግማይ ተመሊሱ ደግያት እምባየ ሃብተ፡ ካብ ፈለማ ኣዋርሕ ናይ 1970 ክሳብ ህልቂት ከኣ ብሪጋደር ጀነራል ተስፉይ ገብረማርያም ነበሩ።

ብሪጋደር ጀነራል ተስፉይ ገብረማርያም ኣመሓዳሪ ኣብ ዝኾነሉ ግዜ ኢትዮጵያ ቀሪጻ ተስፋ ኣንፈታ ናብ ወተሃደራውያን ኣመሓደርቲ ዝገበረትሉ'ዩ። ንገለ ኤርትራዊ መበቆል ዝነበሮም ኮሎኔላትን ጀነራላትን ፖሊስ ካብ ማእከል ኢትዮጵያ ኣምጺኣ ኣብ ኤርትራ ኣመሓደርቲ ኣውራጃታት ገበረቶም። ቅድሚኡ ህዝቢ ናይ ምምሕዳር ተመኩሮ ዘይነብሮም ብሪጋደር ጀነራል ተስፉይ ገብረማርያም ንኣውራጃ ከረን ማለት ሰንሒት ከመሓድር ተመደበ።

ብሪጋደር ጀነራል ተስፉይ፡ ኣብ መፋርቕ ወርሒ ግንቦት ናይ 1970 ኣብ ከረን ጆኮ ምስ ኰለኔል ወርቁ ንዓበይቲ ዓዲ ናይቲ ኣውራጃ ሰፊሕ ኣኼባ ኣካይዶም። ድሕሪ እዛ ኣኼባ ድማ እዩ ንናይ ኢትዮጵያ ዕላማ ከተግብሩ ዝተዓጥቀ ምኩሕ ምዃኖም ዘነጸሩ። ብቐረባ ዝከታተልዎ ዝነበሩ ፈዳይን ቁ.35 ናይ ማዕዳን መጠንቀቕታን ቀዳማይ ደብዳቤ ሰደዱሉ።

ብሪጋደር ጀነራል ተስፉይ ግን ተመ'ኪሮም ዝሰምዕ ልቢ ኣይዓደሎምን። ብጉዳይ ኤርትራ ዝመጾ ምድንጋጽ ከርእዩስ ይትረፍ ቅንጣብ ናይ ምጽዋር ዓቕሊ እውን ኣይነበሮምን። ከምኡ ስለ ዝኾነ ከኣ ምስቶም ወተሃደራውያን

ኣዘዝቲ ኮይኖም ንህዝቢ ካብ መበቆል ዓድታቱ ፈናቕሉ። ኣብ ዘመነ ስልጣኖም ዝዓበየ ክፋል እቲ ኣውራጃ ብሓዊ ተሃሙኹ፡ ኣማኢት ተቐቲሎም ኣሽሓት ካብ ቤት ንብረቶም ተመዛበሉ። ኣብ ዖናን በስከዲራን ገለብን ሃብረንጋቓን ደብረሲናን ኮልኡት ዓድታትን ኣማኢት ሃለቑ። ብዘይካዚ ነቲ ኣብ ዖና ዝተፈጸመ ህልቂት ከይሓፈሩ ጠንቂ ተጋደልቲ ኣምሲሎም ብሓሶት ጸብጺቦም ብደም ንጹሃት ንዝጠልቀየ ኢዳው ክንጽህ ፈተኑ።

እዚ ጸብጻብ ካብ ሓቂ ዝረሓቐ ምዃኑ ኣቐዲሙ ተገሊጹ ስለ ዘሎ ኣብዚ ምድጋም ኣይድልን። ብዘይካዚ ጀነራል ተስፋይ "ስለምንታይ ንዓዲ ሓባብን ከረን ጀዲድን ምስ ዖና ኣሕቢርኩም ዘይቃጸልኩመን"[588] ክም ዝበሉ እዩ ይዝንቶ። ዝኾነ ኮይኑ ድሕሪ ህልቂት ዖና ፈዳይን ጀብሃ ንጀነራል ዳግማይ መልእኽቲ ልኣኹሎም። ቅዳሕ ናይዛ መጨረሽታ መልእኽቲ ኣብ ግዜ መጽናዕቲ ክትርከብ ኣይተኻእለትን። ክንዮ መርድእ ሞቶም ትንግር ግን እንታይ ከይትከውን። መወዳታ ህይወት ናይዞም ጀነራል እውን ብሰንኪ እታ መልእኽቲ እዩ።[589]

ተሓጋጋዚ ናይቶም ኣመሓዳሪ ዝነበረ ኣቶ ሓጎስ ኣብርሃም:"ቅሩብ ጸኒሑ እቲ ምሳና ዚነበረ ሰብኣይ ጀነራል ተስፋይ ብስምባደ ሞይቱ። ወረቀት ተጻሒፋቶ። "ናይዚ ኩሉ ህልቂት ጥፍኣት ተሓታቲ ንስኻ ኢኻ" ትብል። ካብ ጀብሃ ሰፋሕ'ያ እታ ስታይ ኣርእዩኒ። ኣነ እኮ ከይስንብድ ኢለ "ክጽሕፉልካ'ዮም እምበር ሓላፊ እንዲኻ ከምኡ ክትበሃል ኢኻ እኮ ኣብዚ ተቀሚጥካ ዘለኻ" ኢለዮ። ሳልስቲ ኣይጸንሐን ግን፡ "ኣነ ኣኺሉኒ'ዩ፣ ቤትጽሕፈት እንካ ተረከብ ኣነ ኣይወጽእን'የ" ገለ እንተል'ዩ ገዛ ደሃይ ትገብር እንበር ኢሉ ገዝኡ ከይዱ። ኣብኡ ኮፍ ኢሉ ከሎ ሰብኣይ ሽው ኣእምሮኡ ዘንቢሉ። ለይቲ ርዳእ ርዳእ ኢሎም ንግሆ ከይደዮም። ይስሕቕ ጸኒሕኒ ንዓይ። እንታይ ረኺቡ'ዩ ዜስሕቕ ዘሎ ደኣ ምስ በልኩ ምስ ርእሱ ኣይኮነን ኢሎምኒ። ደሓር ተተዚረብክዎስ ዘየለ በቃ ይስሕቕ ጥራይ ስልኪ ደዊለ ንደግያት ተስፋሃንስ ከምዞ ኮይኑ ኣሎ ምስ በልክዎ ሄሊኮፕተር ክንሰደልካ ኢና ኢሉኒ። ኣብዚ ከኣ ከምዞ'ዩ ዘሎ ኩነታቱ ደሓን ተቐቢልና ክንወስዶ ኢና ናብ ሕክምና ኢሎም .. ኣይምለሰን በኣ ኣቢሉ ከይዱ። ኣትዩ ኢሎምና መይቱ ከኣ ኢሎምና ብስንባደ" ብምባል ምስክርነቱ ሂቡ።

ጋዜጣ ሕብረት ነቶም ብስንባደ ዝሞቱ ጀነራል ንነበብታ ብሃንደበታዊ ሕማም ኣመኻንያ እያ ኣርዲኣትሎም።

ኣብቲ ናይ ዖናን በስከዲራን ዝጠፍኣሉ ቅንያት ሓደ ናይ ጸጥታ ኣባል

---

588 ኣቡበከር ሓሰኔን።

589 ብሪጋደር ጀነራል ተስፋይ ገብረማርያም ድሕሪ ህልቂት ዖናን በስከዲራ ነዊሕ ኣይሓከመን። ኣብ መንፈቕ ናይቲ ፍጻመ ብ27 ግንቦት 1971 ብስንባድን ፍርህን ዓሪፉ።

ናብ ላዕለዎት ሓለፍቱ ዝሰደዶን ዝተዋህቦ ግብረመልስን ድማ ንርአ፡-

አስመራ መርበብ .ነ.

ቁጽሪ ረፖርት፡ መርበብ ቁ. 752

ረፖርት ዝቀረበሉ ዕለት፡ 30. 3. 63 ዓ.ም

ረፖርት ዝተመሓላለፈሉ፡ " " "

ግምት መርበብ፡ ሀ/2

ምንጪ፡ 130

ጉዳይ፡ ወተሃደራት ኣብ ግዝኣት ኣውራጃ ከረን ዝፈጸምዎ ወፍሪ

ኣከፋፍላ፡

1. ጋሽ

2. ጣና

3. መረብ

ጉዳይ፡ ወተሃደራት ኣብ ግዝኣት ኣውራጃ ከረን ዝፈጸምዎ ወፍሪ

ኣብዘን ኣርባዕተ ሓሙሽተ መዓልትታት ኣብ ከባቢ ከረን ቁጽሪ ዝሞቱ ሰባት ካብ ኣርባዕተ ሚእቲ ንላዕሊ በጺሑ። ህዝቢ ብሰንኪ ሽፋቱ እዩ ሃሊቑ። ሽፋቱ ወትሃደር ምምጽኡ ምስ ሰምዑ ብፍላጥ ኣብ ውሽጢ ዓዲ ኮይኖም ነቲ ህዝቢ ንምህላቕ ኣብ ልዕሊ ወትሃደራት ተኹሲ ይኸፍቱ፡ ወትሃደር ተኹሲ ምስ ተኸፍተ ይትኩስ። እሶም ነዚ ምስ ገበሩ ሃዲሞም የምልጡ። መከረኛ ሰለማዊ ብሰንኮም ይሃልቕ። ኣብዚ ኣብ መዓልቲ ካብ ኣርባዕተ ሚእቲ ንላዕሊ ዝተቐትሉ ንሳቶም ተኲሶም ስለ ዝሃደሙ ተባሂሉ እዩ ዝውረ።

ምስጢር

- እንታይ መረጋገጺ ኣለዎ 29/3

-ይጻረን ይቕረብ 30/3/63

-ሃ/ኣ ወልዴ - ምንጪ ኣጻርዩ ንኸቕርብ ይነገሮ

አስመራ መረብ .ነ.

የሪፖርት ቁጥር ፡መረብ ቁ. 752

ጥብቆ

ሌ/ኮ ካሕሳይ ተኽሉ

መርድእ

ብሪጋዴር ጀነራል ተስ
ፋይ ገብረማርያም ፣ ናይ እ
ውራጃ ከረን ገዛኢ ፣ ኣብ
መበል ፳፫ ዓመት ዕድሚ
ኦም ፣ ብሃንደበት ሕሚም
ም ኣብ ሆስፒታል እተኣ
መንን ተዓቝቦም ድሕ
ሪ ምቕናዮ ፣ ትማሊ ንጉሆ
ሰዓት ፰ ስለ ዝዓረፉ ፣ ናይ
ቀብሮም ስነ-ሥርዓት ፣ ሎሚ
ድሕሪ ቀትሪ ሰዓት ፱ ኣብ መ
ብር ቅድስት ማርያም ኣሥመራ ክፍጸም ኢዩ ።

ብሪጋዴር ጀነራል ተስፋይ ገብረማርያም ፣ ንጽም ደቂ ገብሩ ድምበዛን (ኣማሴን) ኢዮ ፣ ቅድሚ ናይ እውራጃ ከረን ገዛኢ ምዃኖም ደማ ፣ ኣብ ኃይሊ ፖሊስ መማርማ ኣብ ርእሲ መማርማ እናወሰኹ ንከብ ዝበለ ኃላፍነት ተመሪጾም ብትግሃት ኣገልጊሎም ነበሩ ። ብሪጋዴር ጀነራል ተስፋይ ብትንዕናእምን ብታእማንነቶምን ብርሕራሓኦምን ዝተፈተዉን ነበሩ ። ብሞያኦምን ብፍቕሪ ሃገሮምን ኢውን ብዙሕ ሽልማትን ንሻናትን ተቐቢሉ ።

ብሪጋዴር ጀነራል ተስፋይ ንብዓልቲ ቤቶም ምስ ፱ ደቆም ገዲፎምዎን ኣለው ።

ትብረት ጋዜጣ ንመዋቲ መንግስቲ ብሞት የጥርስዎ ኣዋበለ ናይ ኃዘን ተሳትፎ ንቀ ይገልጽ ኣሎ ።

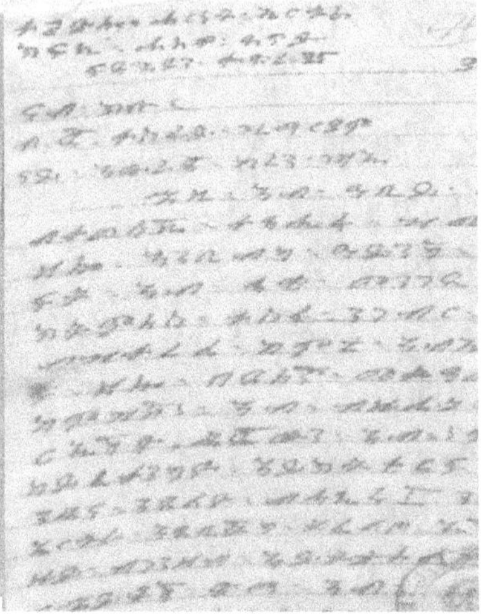

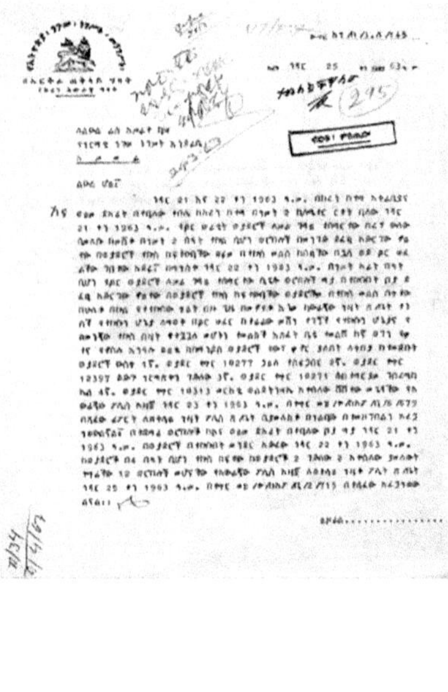

ኣፍንጫ እንተ ተሃሪማ ዓይኒ ትነብዕ

ኣብ ያና፡ በስከዲራ፡ ገለብ፡ ደብረሲናን ሃብረንጋቓን ካልኦት ዓድታትን ኣብ ውሽጢ ክልተ ኣዋርሕ ኣስታት ሓደ ሽሕ ዝጽጋዕ ሰለማዊ ህዝቢ ሃሊቑ። ከም ሳዕቤኑ ኣብቲ ግዜ'ቲ ኣብ ውሽጢን ወጻኢን ዝነበሩ ኤርትራውያንን ወጻእተኛታትን[590] ኣንጻር ስርዓት ሃይለስላሰ ቁጡዕ ግብረ መልሲ ሃቡ። ውሑድ ካብቲ ብዙሕ ኣንጻር እቲ መቕዘፍቲ ዝተገብረ ተቓውሞታት ስዒቡ ይቐርብ።

ሹማምንቲ ኤርትራ - ብኾፎም ዝሰቐልዎ ብደው ምርካቡ እንክስኦ

ኣብ ግዜ ፖለቲካዊ ቃልሲ ኣርብዓታትን ሓምሳታትን ውሑዳት ዘይኮኑ ኤርትራውያን፡ ኤርትራ ኣካል ኢትዮጵያ ንኽትከውን "ኢትዮጵያ ወይ ሞት"[591] እናፈከሩ ንድሌታት ኢትዮጵያ ከተግብሩ ተቓሊሶም። ኣብ መጨረሽታ ከኣ ንሳቶም ብዝገበርዎ ጻዕሪ ዘይኮነ ብቐንዱ ንረብሓን ድሌትን ኣመሪካ ኤርትራ ምስ ኢትዮጵያ ብፈደረሽን ተቖሪና። ኣብ ግዜ ፈደረሽን ሕብረታውያን ኣብ ልዕሊ ነጻነታውያን ዓብለልቲ ንክኾኑ ዝያዳ ምቹእ መድረኽ ፈጥረሎም።

ሃጸይ ሃይለስላሰ ይኹን እቶም ሕሉፋት ደገፍቱን ግን ንኤርትራ ምሉእ ብምሉእ ኣብ ትሕቲ ኢትዮጵያ ከየልሃቕዋ ዝዓርፉ ኣይነበሩን። ነቲ ቕዋም ኤርትራን ፈደራላዊ ዓንቀጻትን ንኤርትራ ዝህቦ ሓለፉታት ወግሐ ጸብሐ ገሃሱ። ንሕጊ ዘይተማእዛዝነቶም ብብዙሕ መዳያት ኣንጸባረቐ። ሽዑ ገለ ካብ ኣባላትን መራሕትን ሕብረት ዝነበሩ ከይተረፉ ገና ንጉስ ዝመጠወሎም ሽመት ከይመነዉ ዝተኸደንዎ ካባ ከየእረጉ ብውሽጦም ከቕየሙን ኣብ ኢትዮጵያ ዝነበሮም ተስፋ ክበንን ጀመረ።

---

590 ዒራቓዊ ኢብራሂም ኣልዙበዲ ሓደ ካብቶም ንህልቂት ያናን በስከዲራን ኣመልኪቱ ኣብ ባቕዳድ ስእላዊ ምርኢት ብምቕራብ ነቲ ኣሰቃቒ ግፍዒ ዘቃልዐ እዩ።

591 'ኢትዮጵያ ወይ ሞት' ኣብ ኣርባዓታትን ሓምሳታትን ደገፍቲ ኣንድነት ዝጥቀምሉ ዝነበሩ ፍሉጥ መፈክር እዩ።

ፌደረሽን ፈሪሱ ሰውራ ኣብ ዝጀመረሉ እውን ሽፋቱ ንምጥፋእ ብዝብል ምስምስ ዓድታት ነዲደን ሰለማዊ ህዝቢ ምስ ተቐትለ ብዙሓት መፍቀርቲ ኢትዮጵያ ኣንጻራ ተሪር መርገጺ ወሲዱ። ከንዲቲ ንሃጸይ ሃይለስላሰ ዝበሃግዎ ክቱር ጸልኡዎ። ሕሉፋት ተሓለቕቲ ኢትዮጵያ ከም ዘይነበሩ ነቲ ኣብ ልዕሊ ህዝቢ ኤርትራ ዝፍጸም ዝነበረ ግፍዒ ብዓይኖም ምስ ረኣዩ ከም ዘይረኣዩ ክሓልፉ ኣይኮነሎምን። ኣብ ትሕቲ ጽላል ንጉስ ሃይለሰላሴ ንኸኣቱ ዝተቓለሰ ንጹህ ህዝቢ ብሰራዊት ንጉስ ተቐዚፉ ብምባል ድማ ሞጎቱ። ትሰምዕ እዝኒ ግን ኣይረኸቡን።

ብመጠን እቲ ኣብ ልዕሊ ህዝቢ ዝወርደ ግፍዒ ድምጺ ተቓውሞን ኣቤቱታን እንተዛየደ እኳ ለውጢ ኣይተራእየን። ኣብ 1967 ኣማኢት ዓድታት ኤርትራ ነዲደን ኣሽሓት ሰለማዊ ህዝቢ ምስ ተቐተለ ፈለማ ኣባላት ባይቶ ኢትዮጵያ ዝነበሩ እዮም ከቢድ ተቓውሞ ኣስሚዖም። እቶም 22 ኤርትራውያን ኣባላት ፓርላማ ኢትዮጵያ ነበር ብ26 ሰነ 1967 ብፈርማኦም ናብ ንጉስ ኣብ ዘቕረብዎ ጥርዓን ብዓይነቱ ቀዳማይ ነይሩ።

> "ንሕና እዞም ኣስማትና ሰዒቡ ዘሎ ናይ ኤርትራ ጠቅላይ ግዝኣት ናይ ህዝቢ ወከልቲ ኣብ ልዕሊ ዝመረጸና ህዝቢ ዝወደቐ ከቢድ ግፍዕን ሽግርን ንግርማውነትኩም ከነመልክት ከለና እቲ ጉዳይ ከቢድን ኣተሓሳሳብን ከም ምዃኑ መጠን ብግርማውነትኩም ወገን መድሕን ተረኺብዎ ኣብ ፍጻሜ ከም ዘብጽሓልና ሰብ ምሉእ ተስፋ ኢና"[592]

ብምባል ዝጀመርዎ ጥርዓን ከእምን ይኽእል ዝበልዎ ዝርዝራዊ ጭብጥታት ኣቕረቡ። ትማሊ "ኢትዮጵያ" ዝበለ ህዝቢ ብጥይት ኢትዮጵያ ከም ዝተቐዝፈ እውን ገለጹ። ንጉስ ሃይለስላሰን ሹማምንቱን ግን ነቲ ኣብ ልዕሊ ህዝቢ ኤርትራ ዝጀመርዎ እከይ ደው ናይ ምባል ሓሳብ ብፍጹም ኣይነበሮምን። ኣማኢት ዓድታት ሓሙኹሽቲ ተቐዪረን ኣሽሓት ተቐትሉ። ዕጽፎም ተመዛቢሎም ብዓሰርተታት ኣሽሓት ንሱዳን ተሰዲዶም ንከርፋሕ ናብራ ተቓልዑ። እቲ ሕሱም ግፍዒ ከኣ ከምኡ ኢሉ ንኣስታት ክልተ ዓመት ቀጸለ። ኣብ መጨረሽታ ግን ንሃልክን ፕሮፖጋንዳን ነቲ ሽግር ንምፍታሕ ብዝብል ሓደ ዓቢ ዋዕላ ኣብ ኣስመራ ተጋብአ።

መጽሓፍ "ዛንታ ኤርትራ" ከምዚ ትብል፥

"ብ1968 ብዛዕባ እቲ ዝተበላሸወ ኩነታት ጸጥታ ንምዝታይ ብመሪሕነት

---

592 ሰነድ ኢትዮጵያ።

እንደራሴ ዝተኻየደ ሰበስልጣንን ሹመኛታትን ናይ ሃይማኖት መራሕትን ዝተኻፈልዎ ዓቢይ ኣኼባ ኣብ ናይ ኣስመራ ቤተ-መንግስቲ ገበረ። ንኤርትራውያን ብሃይማኖት ክትፈላሊ ኢትዮጵያ ዝፈተነቶ እማሜ ፈሺሉ፡ ህዝቢ ብሓደ ተጠምረ። እቶም ናይ ኢትዮጵያ ዋና እሙናት ዝነበሩ ናይ ገዳማት ኣበምኔታት እውን ነቲ ፉንፉን ናይ ዓመጸ ፖለቲካ ኢትዮጵያ ኮነኑዎ። ናይ ማሕበር ፍቕሪ ሃገር ኣባልን ጽኑዕ ደጋፊ ኢትዮጵያን ዝነበረ ናይ ገዳም ደብረሲና ኣበምኔት ኣባት ሃይለማርያም ተረኽበ እውን ከይተረፈ ኢትዮጵያ ብዘርኣየቶ ጭካኔ ኣስካሕኪሑ ብዘይ ሓደ ፍርሃት ኣብ ቅድሚ ህዝቢ ወቐሳ፡ ብፍላይ ብዛዕባ እቲ ኣብ ልዕሊ እስላም ዛውል ማርያ እተፈጸመ ኣረሜናዊ ጭካነ ኣምሪሩ ተዛረበ። ኤርትራ ምስ ኣደኣ ኢትዮጵያ ክትሓብር ዝሰራሕና፡ ህዝብና ኢትዮጵያዊ ናጽነቱ ረኺቡ ብሰላም ንኽነብር እምበር፡ ተጨቑኑ ኣብ ዝገደደ ባርነትን ህውከትን ሞትን ክኣቱ ብምሕሳብ ኣይነበረን። ስለዚ መንግስቲ ኢትዮጵያ መቕተልትን ጭካነን መጽቀጥትን ፖለቲካኡ ለዊጡ ፍትሒ ይግበር፡ ወዲ-ሰብ ብኽንቱ ኣየጥፍእ" እናበለ ብብሕርቓርቖት ተዛረበ።"[593] ይብል።

ፊተውራሪ ሚካኤል ሓሳማ ራካ ኣብ እዋን መጉዚትነት እንግሊዝ ምስ ኮምሽን ኣርባዕተ ሓያላን ሃገራት ከም ተርጓሚ ካብ ግዜ ፈደረሽን ክሳብ ምውዳቕ ስርዓት ሃጸይ ሃይለስላሰ ድማ ኣመሓዳሪ ሓሙሽተ ኣውራጃታት ኤርትራ ዝኾኑ ዳሕራይ ድማ ዳይረክተር ጀነራል ማሕበራውን ቁጠባውን ጉዳያት ኣብ መወዳእታ ድማ ኣማኻሪ መንግስቲ ብምኳን ዘገልገሉ ኤርትራዊ እዮም። ፊተውራሪ ሚካኤል በቲ ኣብ ልዕሊ ህዝቢ ኤርትራ ዝወረደ ግፍዒ ንህይወቶም ከይፈርሁ ዓው ኢሎም ድምጺ ተቓውሞ ካብ ዘስምዑ ኤርትራውያን ሓደ ነበሩ። ብሰንኪ 'ሰለማዊ ህዝቢ ስለምንታይ ይቕተል' ምባሎም ክሳብ ናይ ቅትለት ውዲት ዝተጻወደሎምን ካብ ሞት ንስክላ ዝደሓኑን እውን እዮም።

ደጃዝማች ገብረዮሃንስ ተስፈማርያም፡ ፊተውራሪ ሚካኤል ዝገበርዎ ተቓውሞ ኣመልኪቶም እንክዛረቡ፦

"ሓንቲ ኣውራ ትርድኣኒ ናይ ፊተውራሪ ሚካኤል ሓሳማ ነበረት። ፊተውራሪ ሚካኤል ሓሳማ 'ንምንታይ ተቃጽልዎ'ዚ' ኢሉ ብድፍረት ምስ ራእሲ ኣስራት ይዛረብ። ራእሲ ኣስራት ንምጥፍኡ (ንሚካኤል) እዮም ወሲኖም። ኣነ ዝሓሰኹዋ ሽዓ መዓልቲ'ላ፡ ንዕኣም ከድሕን ክብል'የ ከኣ ዝሓሰኹ። 'ሚካኤል ብሓቂ ብኣኹምኳ ክንደይ ጽቡቕዩ ዝዛረብ'። ...

593 ሚካኤል ሓሳማ ራካ፡ ዛንታ ኤርትራ፡ ገጽ 169

“ምነው ቀደም ባለ ያንተ መወለድ ኣስመራ ምጽዋ ኣሰብ ሳይሄድ” ተባሂሉ ዝተዘርበሎም ናይ ጃንሆይ ነይሩ። ‘ራእሲ ኣስራት ንምንታይ ቀደም ዘይመጹ’ ኢሎም ብዛዕባኹምኳ ጽቡቕ’ዮም ዝዛረቡ’።

"ደጃዝማች ተስፋዮውሃንስ ኣለዉ ምስ ደጃዝማች ተስፋዮውሃንስ ከኣ ጽልኢ እትዮም ኣለዉ ምስ ሚካኤል ሓሳማ ኣብ’ዚ ጉዳይ’ዚ። ‘እኔም’ኮ ይወደው ነብር ደጃዝማች። ግን ኣይገርመውትም ‘ሃገር ከጥፍእ እዩ ዝመጸ መንግስቲ ኢትዮጵያ፡’ ዝኾነ ኮይኑ ሓዚኖም። ‘ንስኹም ከኣ ንዝተቖጥዐ ዘበለ ከተዝሕልዎ ከተረድእዎ ኣለኩም እምበር ንዕኡ እንተበልኩም ጽቡቕ ነገር ኣይኮነን’ ብሉ ገይራ እዛ ጉዳይ’ዚኣ ትተርፍ ኣላ።

"ንፊተወራሪ ሚካኤል “ከምዚኣ ኢለ ሓስየ’ለኹ ግን ተጠንቀቕ ንስኻ ኣብ ሸዕብ ዝተገብረ ዘበለ ኩሉ ኣውጺኦም እዚ’ዮም ዝብሉ ዘለዉ ተጠንቀቕ” ኢለዮ “ደሓን የቕንየለይ ደገዝማቲ። ግን ኣነ እቲ ዝስማዓኒ ተናዲደ ከኣ’የ ተዛሪበ። እቲ ዝተዛረብኩዎ ከኣ ኩሉ ሓቂ’ዩ ሓንቲ ሓሶት የብላን” ኢሎም። ሸው ሚካኤል ሓሳማ’ዩ ብድፍረት ዝተዛረቦም። “መንግስቲ ኢትዮጵያ ንህዝቢ ኤርትራ ከጥፍእ ድዩ መጺኡ”[594] ኢሎም’።

ፊተውራሪ ሚካኤል ግን ምስ ኣስራት ካሳ እንታይ ከም ዘጋጠሞም ኣብ መጽሓፎም ኣይጠቐሱዎን። ነቲ መንግስቲ ኢትዮጵያ ኣብ ልዕሊ ሰለማዊ ኤርትራው ኣብ ዝተፈላለየ ቦታታት ዘውረደቶ ግፍዒ ግን ብሰፊሕ ዘርዚሮሞ ኣለው። ንሶም ምስ ኣስራት ካሳ ዝተጋፈጥዎ ጎስዮም ካልኦት መዛንእም ንኣዲስ-ኣበባ ከይዶም ምስ ንጉስ ዘካየድዎ ጥምጥም እዮም ጸውዮም። እዋኑ ፆና፡ ገለብ፡ በስከዲራን ሃብረንጋቓን ኣብ ዝሃለቓሉ፡ ፈቖዶኡ ንጹሃት ኣብ ዝሕረድሉ ዝነበሩ ሕሱም እዋን እዩ።

"ካብ’ዚ ሰዓት’ዚ ንደሓር ከኣ ኩሎም እቶም ካብ ፖለቲካ ርሒቖም ዝጸንሑ ኣብ ኣስመራ ዝቐመጡ ዝነበሩ ኤርትራውያን ሚኒስተራት ዲኤታ፡ (ምክትል ምኒስተራት) በቲ ወተሃደራት ኢትዮጵያ ዝፈጸምዎ ጭካነ ዝመልኦ ኣረሜናዊ ተግባር ደሞም ፈሊሕዎም ተኣኪቦም ንኣዲስ-ኣበባ ከዱ። ምስ ጃንሆይ ተራኺቦም ከኣ ሓዘን ምሉእ ህዝቢ ኤርትራን ናይ ባዕሎም ሓዘንን ገለጹሎም። ጠቕላይ ሚኒስተር ኣቶ ኣኽሊሉ ሃብተወልድ ተጸዊዑ፡ ጉዳይ ኣማጻርዩ ርእይቶኡ ከቕርብ ተኣዘዘ። ነቶም ምኒስተራት ኣብ ቤትጽሕፈቱ ዓዲሙ ቃሎም ድሕሪ ምስማዕ “ስም ኢትዮጵያ ብጀብሃ ጠፊኡ፡ ጀብሃ ብእትብሎን እትገብሮን ኩሉ ዓለም ተጸይፉና። እዚ ብመንግስቲ ተገይሩ ዘሎ ውሑድ እዩ። ንኤርትራ ካብኡ ብዝሓሰመ መቕጻዕቲ ከንቀጽዓ ኢና።” ኢሉ

594 ገብረዮሃንስ ተስፋማርያም (ደጃዝማች) ቃለ መጠይቕ ምስ ተመራማሪ ኣለምሰገድ ተስፋይ፡ 13 ታሕሳስ 1998፡ ኣስመራ።

ጨደረ። እቶም ምኒስተራት እውን ብዘይ ሓደ ስግኣት ክሳብ ዝቃጸል መሪር ዘረባ ተዛረብዎ"[595] ይብሉ።

ነዛ ፊተውራሪ ሚካኤል ኣብ መጽሓፎም ዝጠቐስዋ ዝወደቡን ተሌግራም ናብ ንጉስ ዝለኣኹ ከምኡውን ኣብ ኣስመራ ተማሃሮ ሰለማዊ ሰልፊ ክግብሩ ዝወደቡ ደጃዝማች ገብረዮውሃንስ ተስፈማርያም እዮም። ደጃዝማች ኣብ ግዜ ፖለቲካዊ ቃልሲ ሓያል ጸሓፍን ተማጓትን ሓንቲ ኢትዮጵያን እኳ እንተነበሩ ከም ፊተውራሪ መጽሓፍ ኣይገድፉን። ጽቡቕ ነገሩ ንናጽነት ኤርትራ ክርእዩ ስለ ዝበቕዑ ተመራማሪ ታሪኽ ኤርትራ ተጋዳላይ ኣለምሰገድ ተስፋይን ብጻይ ጸምህረት የውሃንስን ቃለ መሕተት ኣካይዶምሎም ነይሮም።

ደጃዝማች ቀቅድሚ ናይ ኣዲስ-ኣበባ ምኻድ በቲ ኣብ ኣስመራ ዝገብርዎ ይጅምሩ። ንኣመሓዳሪ ኤርትራ ልኡል ራእሲ ኣስራተ ካሳ፡ ነቲ ኣብ ልዕሊ ዖናን በስከዲራን ዝተፈጸመ ህልቂት ኣመልኪቶም "እዚ ነገር'ዚ ከምዚ ገይሩ ከመጽእን ክብልን ብሓቂ ዘሕዝንዶ ኣይኮነን ልኡል፧ እንታይ ኮይኖም እቶም ወተሃደራት ከምዚ ገይሮም ቀቲሎሞም፧" እናበሉ ድማ ተወከሱዎም። ራእሲ ኣስራት ድማ፡ "ወተሃደር ከኣ ትፈልጥዎ እንዲኹም ሓንሳብ ክናደድ ከሎ ከምዚ ክረክብ ከሎ ጠጠውዶ ይብል'ዩ፧" ሓቆም ከምኡ ክገብሩ ብዘስምዕ ኣዘራርባ ከም ዝመልስሎም የብርሁ።

ደጃዝማች ግን ተስፋ ኣይቆርጹን፡ "ሕጂ ንስኹም በጺሕኩም ኣቢልኩም ርኢኹም እቲ ነገር የሕዚኑኒ ብምባል የሕዚኑኒ ኢልኩም ነቲ ህዝቢ'ውን መረጋግኢ እርዳታን ገይርኩም እንተተብሉ" ሓልዮት ናይቲ ዝተጎድአ ህዝቢ ዓጢጥዎም እዮም ንኣስራተ ካሳ ዝዛረብዎ ነይሮም። ራእሲ ኣስራት ግን "እዚ ቀስ ኢልካ ዝርአ ነገር'ዩ እምበር ሕጂ እኳ ክግበር ኣይከኣልን" ብምባል ቀዳምነቱ ከም ዘይኮነ ኣብርሃሎም።

ደጃዝማች ገብረዮውሃንስ ካብ ከረን በዓል ዓሊ ባናይ[596] ብተለግራም "ክንድዚ ሬሳ ኣሎ'ሞ ምቕባር ከሊኣምና ንጽበ'ለና።" ኢሎም እዮም ነቲ ጉዳይ ነጊሮሞም። እቲ ምስ ራእሲ ኣስራት ዝገብርዎ ዝርርብ ተስፋ ምስ ሰኣንሉ ከኣ እዮም ኣንፈት ዝቐየሩ። ነቶም ኣብ ኣስመራ ዝነበሩ ኣማኸርቲ ኣብ እንዳ ደጃዝማች ሓምድ ጸዊዖም "በሉ እዚ ነገር እዚ ተረኺቡ ኣሎ ከምዚ ዝኣመሰለ ሽግር" "እዚ ነገር'ዚ ተረኺቡ'ሎ ትም ኢልካ ክሕለፍ ዘይከኣል ጉዳይ'ዩ" ብምባል ነንሓድሕዶም ተዘራረቡ። ኣብቲ ርክብ ደጃዝማች ዓሊ ራድኣይ፡ ሹም ኢብራሂም፡ ደጃዝማች እማብየ ሃብተ፡ ደጃዝማች ሓምድ

595 ሚካኤል ሓሳማ ራካ፡ 148-149

596 ዓሊ ባናይ ኣባል ካብ ቀቢላ ኣልመዳ ኮይኑ ኣባል ባይቶ ዝነበረ ፍሉጥ ሰብ እዩ።

ፈረጅ ደጃዝማች ገብረዮውሃንስን ካልኦት ተሳተፉ። ብመሰረት ስምምዖም ከኣ ደጃዝማች ገብረዮውሃንስ "ንዓኹም ንገልጸሉ ሓሳብ ስለ ዘለና ኣባኹም መጺእና ሓሳብና ክንገልጽ ከተፍቅዱልና ንልምን ኣለና" ዝብል ትሕዝቶ ዝነበራ ተለግራም ብስም ኩሎም ናብ ንጉስ ለኣኹ። ንጉስ እውን ንኣዲስ-ኣበባ መጺኦም ጉዳዮም ከቕርቡ ፈቐዱሎም።

ንዕኡ ከየማኸሩ ናብ ንጉስ ዝሓለፉ ኣስራተ ካሳ ግን ብተግባራም ባህ ኣይበሎን። ከም ግብረ መልሲ ከኣ 'ናይ ኣይሮፕላን ኣይንኸፍለልኩምን ኢና'ብምባል ነቲ ኣብ ንቡር ግዜ ዝፍቀደሎም ሓለፋ ሓረሞም። ንሳቶም ግን ካብኡ ዝዓቢ ጉዳይ ስለ ዘይነበሮም 'ደሓን ብውልቅና ንሸፍን' ብምባል ተበገሱ። ናይታ ጉጅለ ኣባል ዘይነበሩ ደግያት ሓረጎት ኣባይ "ሓገዝ ክኾነኩም" ብምባል ካብ ጅብኦም 500 ብር ወሲኾሞም ንኣዲስ ኣበባ ነቐሉ። ኣብኡ ምስ በጽሑ፥

"ንሕና ኣብ ግርማውነትኩም መጺእና ነቕርቦ ዘለና ሓሳብ፡ ብሓቂ ህዝቢ ኤርትራ ይጉዳእ ኣሎ ይጠፍእ ኣሎ በዝን በትን ብመንግስቲ ዘለዉ ይኹን በቲ ይኹን ይጠፍእ ኣሎ። ምእንቲ ህዝቢ፡ ጃንሆይ ንስኹም እቲ ሕማሙ ፈሊጥኩም መድሃኒት ክትረኽብሉ በዚ ኢና መጺእና ዘለና"[597] በሉ ኣብ ቅድሚ ዝፋን ጃንሆይን ሚኒስተራቱን ልዝብ ኢሎም።

ሽው ጃንሆይ ኣብታ ርኽስቲ ዝፋኖም ተኾይጦም "ጽቡቕ'ዩ እዚ ገይርኩም ዘለኹም ጽቡቕ'ዩ። ግን እዚ ጽሒፍኩም ዘለኹም እኹል ድዩ ብኡ ክንዘራረብ ወይስ ትውስኹሉ ኣለኩም ቆጸራ ክንህበኩም" ንወግዒ ዝመስል ተዛረቡ።

"የለን ጃንሆይ እኹል'ዩ። ንሕና ግን ሓንቲ ተሪፋትና ዘላ ቃል ሃጸይ[598] ምደለና። ጃንሆይ እዚ ተረኺቡ ዘሎ ጉዳያት ብኡ ሑዙን'ዩም እሞ ምስ ደቕኹም ተዘራሪብኩም መድሃኒት ርኸብሉ ኢሎምና ኢልና እዚኣ ቃል ሃጸይ ሒዝና ክንከይድ እዚኣ ክትውስኽ ንደሊ" ደጃዝማች ገብረዮውሃንስ ኣስዓቡ።

ሽው መልሲ ዝሃቡ ንጉስ ኣይነበሩን። ቀዳማይ ሚኒስተር ኢትዮጵያ ኣቶ ኣክሊሉ ሃብተወልድ ሕርቃን ብዝተሓወሶ "ቃል ሃጸይ ኣይወሃብ ቃል ሓደ ኣይወሃብ ዝግበር የብሉን። እዚ ባዕላቶም ሸፍታ ዝገብርዎ ዘለዉ ጉዳይ'ዩ ኣዚ ከኣ ከኸውን የብሉን" ጦብሎቕ ኢሎም ብሕርቃን ጨደሩ። ደጃዝማች እንታይ ኢሎም ከም ተዛረብዎኳ እንተዘይገለጹ ንኣኽሊሉ 'ብሕርቃን መሊስሉ' ብምባል ጥራይ ሸፈፍ ኢሎም ይሓልፉ። ጽቡቕ ግን ኣየስምዕዎን።

597 ገብረዮሃንስ ተስፋማርያም (ደጃዝማች) 1998።
598 ቃል ሃጸይ፡ ንጉስ ከምዚ ኢሎም ምባል ኣብቲ ግዜቲ ከም ዓቢ ነገር እዩ ዝቐጸር።

'ዓድኻ ከዝመት ዓይንኻ ኣይትተዓመት' ዝኾኖም ኤርትራውያን ሰበስልጣን ንጉስ ነበር፡ በታ ዕለት እቲኣ ንሹማምንቲ ሸዋ ዝተርፍ ኣኽብሮትን ትሕትናን ጸንቂቖም ነበሩ።

እቲ ዝርርብ ካብ ንቡር ንጉሳዊ ወግዒ ርሒቑ ዳርጋ ናብ ቆይቂ ተቐይሩ ምስ ረኣየ ጃንሆይ ንደጃዝማች ገብረዮውንስን ብጾቱን ከተሃዳድእዎም ነቲ ሃዋሁ ናብ ካልእ ጠምዘዝዎ። "ገብረሃንስ እዚ ኣክሊሉ ዝብሎ ዘሎ'ኳ ንዓኻ ንምቁዋም ኣይኮነን። ግን ቅድሚ ሕጂ ናይ ጀነራል ተሾመ መሳርሒ ከምዝገብርዎ። ሕጂ ከኣ ነቲ ቃል ንህበካስ መሳርሒ ከይገብርዎ'ዩ እቲ ስግኣቱ" ከኣ በሉ ከም ህድእ ኢሎም። ቀጺሎም ከኣ ናብቲ ደጃዝማች ዘልዓልዎ ነጥቢ ተመልሱ። ንዕቀትን ብድዐን ብዝመልኦ ኣዘራርባ "ንምኽኑኸ ምስ መነ መን ኢኹም ከትዛረቡ ትደልዩ ዘለኹም፧ ምስ በዓል ደጃዝማች ተድላ ባይሩ ምስ ወልደኣብ ካልኦትን ጸብጺቦም ምስ'ዚኣቶም ዲኹም ከትዛረቡ ትደልዩ፧" በልዎ ቁምነገር ቆጺርኩምሲ ምስ እዚኦም ክንዘራረብ ክትብሉኒ ብዘስምዕ ኣበሃህላ።

ሃጸይ ሃይለስላሴ ይኹን ደርጊ ንሰውራ ኤርትራ ሓንቲ መዓልቲ ከይኣመንሉ ብእኡ ተሳዒሮም ካባ ሕፈረት ምጉልባቦም ዘገርም ኣይኮነን። እቲ ፍትሓዊ ሰውራ ሓያላት ዓርመሾሽ ዘራያት ዝነበሮ ኢትዮጵያዊ ሓይሊ ከም ዘምበርከኾ ኢትዮጵያውያን ኤሊት ክሳብ እዛ ዕለት ንምቕባል ኣይተብዑን። ማእለያ ዘይብሉ ጽውጽዋይ እናቕረቡ ከመሳምሱ እትከትሰምዖም ሓቂ ክሳብ ክንደይ መራር ምኳና ትግንዘብ። ሓቂ ኣብ ልዕሊ ሓሶት ጸብለል ኢላ ከም ትወጽእ፡ ውጹዕ ንዓማጺ ከም ዘንበርከኸ ሕጊ ምኳኑ መን የርድኣዮም። ዝኾነ ኮይኑ እቶም ንነብሶም ካብ ሰውራ ኤርትራ ኣዕብዮምን ኣሕይሎምን ዝርእዩ ዝነብሩ በቲ ዝነዓቕዎ ካብ ዝፋኖም ተደርብዮም።

ድሕሪ እስትሕቃር ናይ ንጉስ ስምዒቶም ገንፊሉ ተዛረቡ ደግያት ፍሰሃጼን ሃይለ ነበሩ። ንማንም ሰብ ከም ትታረኾ "ንሳቶም እንተኾይኖም መራሕቲ ምስቶም መራሕቲ ንዛረብ እምበር ምስ መን ደኣ ክንዛረብ" ከኣ በሉ ካብኡ ኣይሕለፉ ብዘስምዕ።

ካብ ምስክርነት ደጃዝማች ቀጺሉ ዝተዛረበ እቲ ኣብ ቅድሚ ንጉስ ካልእ በይኑ ድማ ካልእ ኮይኑ ናይ ምቕራብ ተለዋዋጢ ባህሪ ነይሩዎ ብምባል ዝወቐስዎ ጸሓፊ ትእዛዝ (ቀዳማይ ምኒስተር) ኣክሊሉ ሃብተወልድ'ዩ። ከምዚ በለ፡-

"እዚ ፈሊጠዮ ኣለኹ፡ ናይ ሸፍታ ነገር ምስኣቶም ኣቢልኩም እዚ ንዓታቶም ሽም ከትህቡ ንዓታቶም ዕብየት ከተረክቡ እንተዘይኮይኑ እዚ

ከቢድ ነገር'ዩ። ዘፍርህ ነገር የለን ንጃንሆይ ዝሰማዕ ዘረባ ኣይኮነን በብ 20 በብ 30 ንመዓልቲ ሽፍታ ይኣትዉ ኣለዉ ኢዶም ይህቡ ኣለዉ"[599] ብምባል ነቲ ከም ከብዲ ኢዶም ዝፈልጥዎ ሰውራ ኣብ ኣዲስ-ኣበባ ኮፍ ኢሉ ከስተምህሮም ፈተነ።

ኣባል እታ ካብ ኣስመራ ዝተጓዕዘት ጉጅለ ዝነበሩ ደግያት ሓምድ ፈረጅ ከሳብ ሽው ቃል ኣየምለቑን። ንዘረባ ኣኸሊሉ ሰሚዖም ዓቕሊ ክገብሩ ግን ዝሕሰብ ኣይነበረን። ደግያት ሓምድ ኣብ እዋን ምፍራስ ፈደረሽን ኣቦ መንበር ባይቶ ኤርትራ ዝነበሩ። ሰውራ ምስ ተጀመረ ጸጥታ ኢትዮጵያ ምስ ጀብሃ ርክብ ከም ዝነበሮም ዝጥርጥር ብዙሕ ሰነዳት ተረኺቡ ኣሎ። በንጻሩ ጀብሃ መራሒ ከዳዓት ቆጺራ ብተደጋጋሚ ናይ ቅትለት ፈተነ ተገይርሎም መጨረሽታ እውን ህይወቶም ብፈዳይን ናይ ጀብሃ ዝሓለፈ ሰብኣይ እዮም። ንሶም ኣብቲ ንስለ ውጹዕ ህዝቦም ክቆሙ ንኣዲስ-ኣበባ ዝኸዱላ ዘረባ ከዳዕ ኣይተዛረቡን።

ካብ ቃላት ደጃዝማች ገብረዮውሃንስ፥

"ብድድ ኢሎም ደግያት ሓምድ 'ዘይሰማዕ ዘረባ እንተሎ እዚ ንሶም ዝብልዎ ዘለዉ እዚ ጸሓፊ ትእዛዝ ዝብልዎ'ዩ ጃንሆይ። ብ20 ብ30 ኣብ መዓልቲ ይኣትዉ እንተለው ክልተ ሚእቲ ሰለስተ ሚእቲ ከኣ ኣብ መዓልቲ ይወጹ ኣለዉ። ስለዚ እዚ እዩ ዘሎ እቲ ኩነታት'ሞ ብሓቂ ንሕናስ ነቲ መገዲ ኽዓርፍ እቲ ህዝቢ'ውን ሰላም ክረክብ እቲ ዓዲውን ሰላም ክኸውን ኢልና ነቕርቦ ዘለና ሓሳብ እዚ ቁም ነገር ገይርኩም እንተትርእዩልና እዚ ጽቡቕ'ዩ ከኣ በሉ[600]" ብሕርቃን ነዲዶም።

ሓደ ግዜ "ኢትዮጵያ ወይ ሞት" እናበሉ ዝፍክሩ ዝነበሩ፡ ሞትን ኢትዮጵያን ብሓባር መጺኣን ኣብ ሓንቲ ረፍዲ ኣማኢት ካብ ህዝቦም ከም ቆጽሊ ምስ ረገፈ ነተን ኣብ ቅድሚ ንጉስ ጥልዕ ጉምብስ ዝበሉለን መዓልታት ተጸየፉወን። ንህዝቢ ኤርትራ ኣብ ዘይወጾ መቖሕ ከም ዘእተውዎ ተሰዊጥዎም ብውሽጦም ከም ሕሱም ተጸጸቱ። ምስ ረፈደ እንዶ'ሞ ኮይኑ። ኣብቲ ህሞት ኤርትራ ተበጅዩ ዘድሕና እምበር ዝልምን ኣይኮነን ዘድልያ ነይሩ።

እቲ ዝርርብ ድሕሪ'ዚ ስርዓት ስኢኑ ናብ ሕንፍሽፍሽ እዩ ተቐይሩ። ስለ ዝኾነ ድማ እቶም ናይ ሽዋ ሹማምንቲ ነቶም ካብ ኣስመራ ዝመጹ "ሕጂ ኢድ ነሲእኩም ኪዱ በቃ" በሉዎም። እቶም ካብ ኣስመራ ዝኸዱ ግን ብሕርቃንን ጓህን ነዲዶም ኣብ ምምላእ ወግዒ ንጉስ ኣይነበሩን። ኢድ ኣይነስኡ ኣይሰገዱ

599 ከማሁ።
600 ከማሁ።

ገዲፎሞም ተመርቀፉ።

ኤርትራዊ ሚኒስተር ብላቴን ጌታ ኤፍረም ተወልደመድህን ነዚ ኣብ መንጎ ንጉስን ኤርትራውያን ሰበ ስልጣን ንጉስ ነበርን ዝተኻየደ ዝርርብ ብኣካል ተሳቲፎሞ ነበሩ። ንሶም ኣብ ዘመን ህይወቶም ከምኡ ገይሩ ንንጉስን ምኒስተራቱን ዝደፍር ኣየጓነፎምን። ብላቴን ጌታ ኤፍረም በቲ ኣብ ልዕሊ ንጹህ ህዝቢ ዘጋጠሚ ግፍዒ እኳ እንተ ጎሃዩ ብትብዓት እቶም ኤርትራውያን ጸባ ሰትዮም። ብኤርትራውነቶም እናኾርዑ ከኣ"ዓዲ ኣቦይ እባ ሰብኡት ኣለውዋ እዮም" እናበሉ ከም ተዛረቡ ደጃዝማች ገብረዮውሃንስ ይምስክሩ።

ዝኾነ ኮይኑ ኣኼባ ብዘይ ወግዒ ፋሕ ምባሉ ደጃዝማች ዓሊ ራድኣይ ስለ ዘይተዛረቡ ባህ ኣይበሎምን። ንጽባሒቱ ብጠለቦም ምስ ጸሓፊ ትእዛዝ ኣክሊሉ ሃብተወልድ ቆጸራ ሓዙ። ብዘይካ ደጃዝማች ገብረዮሃንስ ኩሎም ዳግማይ ምስ ኣኽሊሉ ተራኸቡ። ሽዑ ደጃዝማች ዓሊ ራድኣይ ንኣክሊሉ ሃብተወልድ ከምዚ ክብሉ ተዛረብዎ "ብሓቂ ኣነ ኣብ ግዜ ቃልሲ ዓደይ ዓደይ ከለና ምስ ናጽነት ዝብሉ ብሎክ እየ ነይረ። ንሕና ብውብ ዝተገብረ ንፈልጥ፡ ብዓድዋ ዝተገብረ ስለ ንፈልጥ፡ ምስ መንግስቲ ኢትዮጵያ ሕብረት ኣየድልየናን ክንብል ከለና ንስኹም ሎሚ ዘመን ሃጸይ ሃይለስላሰ እዩ፡ ሓድሽ ዘመን ሓዳሽ ኢትዮጵያ እያ ከም ቀደም ኣይኮነን ኢልኩምና። እንተኾነ ግን ካብ ውብ ዝገድድ ክትገብሩ ተረኺብኩም። ውብ ይዘምት ሰብኡት ይቐትል እምበር ቆልዓ ሰበይቲ ኣይቀተለን" ብምባል ነታ ብሽሕጣን ኣኽሊሉ ተጠቢሮም ንኣልራቢጣ ኣልኢስላምያ ኣብ ክልተ ዝመቐለላ መዓልቱ ዓው ኢሎም ረገሙ።

እዞም ልኡኻት ነስመራ ምስ ተመልሱ'ውን ልኡል ኣስራተ ብጽቡቕ ኣይተቐበሎምን። ንሳቶም እውን ኣይሰነፉን። ራእሲ ኣስራት ዝያዳ ዕላማ ዝገበሩ ንደጃዝማች ገብረዮውሃንስ እዩ። እቲ ንተማሃሮ ሰለማዊ ሰልፊ ክገብሩ ዝኣለምዎ ውዲት ከም ዝተሸሸሐ ተፈሊጥካ ብዘስምዕ እናባጨው ነገርዎ። ደጃዝማች ግን ኣይተዳህሉን። ሓንቲ ከም ዘይገበሩ ኮይኖም ከቕርቡ እናፈተኑ "ህዝቢ ኤርትራ ብሰለማዊ ሰልፊ ክሓተኩም ትጽብ እንተ ሃሊኻ ደቂስካ ኣለኻ ልዑል ኣስራተ ካሳ ህዝቢ ካብ ሰለማዊ ሰልፊ ከም ዘይርህዎ ቀቢጹ ናብ ካልእ ስጊሩ'ዩ" ብምባል ልክዑ ልክዑ ኣስምዕዎ። ህዝቢ ኤርትራ ከምቲ ደጃዝማች ዝበልዎ ኣብ 1970 ፍታሕ ካብ ኣፈሙዝ ብረት ጥራይ ከም ዝረኽባ ኣሚኑ ንዓሰርተ ዓመታት ከርቲቱ፡ ተሰዊኡ፡ ተቀቲሉን ተሰዲዱን ነይሩ።

ኣብ ካልእ ኢጋጣሚ፡ እቲ ኣብ ግዜ ፌደረሽን ምክትል መራሒ መንግስቲ ኤርትራ ዝነበሩ ደግያት ፍስሃጽዮን ሃይለ ንንጉስ ሃይለስላሰ፡ መንግስቲ ነቶም ኣብ ከረንን ከባቢኣን ዝተቐትሉ እስላም ክኽሕስ ሓሳብ ኣቕሪቦም ዝተዋህቦም

ግብረ መልሲ collusion on Eritrea ኣብ ዘርእስታ መጽሓፍ ተሰኒዱ ይርከብ፦

“ነቶም ብሰንኪ ሞት ጀነራል ተሾመ እርገቱ ኣዛዚ ሰራዊት ኢትዮጵያ ኣብ ኤርትራ፣ ኣብ መስጊድ ከረን ዝተሓርዱ 350 ኣመንቲ ምስልምና ከኽሕስዎምን ይቕረታ ኽሓትዎምን ንንጉስ ኣማኸርኩ። መልሲ ንጉስ ግን እዚ ከኸውን ከም ዘይከኣል እዩ ተዛሪቡኒ። ብተወሳኺ “ንመግዛእትና ኪቕበል ዘይደሊ ዝኾነ ይኹን ሰብ እንተደኣ ሃልዩ፣ ንኺነብር እውን ኪግደፍ ኣይኩነን” በሉኒ። ኣነ ድማ ቀጺለ ‘ባዕልና መሳርሒ ናይ መጥፊኢና ክንከውን የብልናን’ በልክዎም። በቲ እተዛረብክዎ ተቖጢዑ ከኣ ከምዚ ክብል መለሰለይ “ክሳብ ክንደይከ ትደፍር” ኢሉ በቶም ናቱ ዘብዕኛታት ተድፊአ እናወጻእኩ ወሲኹ “ዓድዋን ማይጨውን[601] ኽርስዓ የብለንን” በለኒ”[602] ይብሉ።

ደጃዝማች ገብረዮውሃን ጽቡቕ ኣጋጣሚ ኮይኑ ኢትዮጵያ ብመረብ ንኤርትራ ክትኣቱ፡ ድሕሪ ኣርብዓ ዓመታት ድማ ካባ ሕፈረት ተጎልቢባ ክትወጽእ ዝረኣዩ ዕድለኛ እዮም። ፈለማ ደጋፊ ኢትዮጵያ ጸኒሖም ተቓዋሚ ብምኳን ነተን ኣርብዓ ዓመታት ኣሕሊፎመን።

ስርዓት ደርግ ካብ ስርዓት ሃይለስላሰ እንተዘይገዲዱ ዝሓይሽ ኣይነበረን። ናይ በዓል ደጃዝማትን መሰልቶምን ተቓውሞ ኮነ ደፋር መልሲ ሰሚዑ ሽለል ናይ ምባል ዓቕሊ እውን ኣይነበሮን። ስለዝኾነ ነቶም ንጸሊም ጸሊም ንጻዕዳ ድማ ጻዕዳ ምባል ዝኣመሎም ደጃዝማች ሽድሽተ ዓመትን መንፈቕን ኣብ ማሕቡስ ዳጎኖም። ደጃዝማች ካብ ቤት ማእሰርቲ ምስ ወጹ ሓደ ናይ ደርጊ ናይ ጸጥታ ሓላፊ ረኺቡ ኣዘራሪብዎም።

ናይ ጸጥታ ሓላፊ “ንው እንዶ ደገዝማቲ ኣሳርሑና ምሳና ኩኑ፣

“ኣነ ዝሰርሓሉ ግዜ ሓሊፉ ወዲኡ’ዩ ዝሰርሓሉ ነገር የለን። ናተይ ታሪኽ ተደምዲሙ’ዩ። ኣብ ናይ ፖለቲካ ኣይሰርሕንየ”

“ንው ደኣ ኣይፋልኩምን”

“እንታይ ኣይፋልኩምን ንዕርቂ እንተኾይኑ ንዕርቂ ኢልኩም ዘይትትንስኡ ዕርቂ ግበሩ”

“ንዕርቂ ኣይከውንን ኣብዮምና’ዮም”

ሓቂ ምዝራብ ዝለመደት ልሳን ደጃማች ሽው’ውን “ዝኣበየኩም ትገድፍዎ እንተኼንኩም ደኣ ኩናትሲ መዓስዶ ሕራይ ኢልኩም ኣሎ ዘይትገድፍዎ ደኣ”

601 ኣብ 1896, 1935 ኤርትራውያን ምስ ጥልያን ተሰሊፎም ኣንጻር ኢትዮጵያ ዝተዋጉኡሉ እዩ። እዘን ዓውደ ኩናት ወሰንቲ ነበራ። ኢትዮጵያ ኣብ ማይጨው ጣልያን ድማ ኣብ ዓድዋ ተሳዒሮም።

602 Bocretsion Haile, The Collusion on Eritrea, 2000. P

ደርጉሓቶ።

ኤርትራውያን ሰበ-ስልጣን ኢትዮጵያ ነበር ካብቲ ዝገበርዎ ብዙሕ ተቓውሞታት ናይቲ ኣብ መወዳእታ 1970 ኣብ ዝበዝሐ ክፋል ኣውራጃ ሰንሒት ናይ ዝተፈጸመ ህልቂት ግብረ መልሲ ጥራይ ኢና ክንርኢ ፈቲንና። ደጃዝማች ገብረዮውሃንስ ይኹኑ ፊተወራሪ ሚካኤል ድማ ካብ ማእከል ቤተመንግስቲ ንግፍዕታት መንግስቲ ኢትዮጵያ ናይ ዝተቓወሙ ውክልና እምበር ብዙሕ ተመሳሳሊ ዛንታታት ከም ዘሎ ኣየጠራጥርን።

ፊተውራሪ ሚኪኤል ሓሰማ ራካ

ደጀዝማች ገብረዮሃንስ ተስፋማርያም

ልኡል ራእሲ ኣስራተ ካሳ

ደጃዝማች ሓምድ ፈረጅ

ኣባ ኣጎስቲኖ ተድላ

ነቲ ኣብ 1970 ኣብ ሰንሒት ዝወረደ ኣሰቃቒ ግፍዒ ድምጾም ብዓውታ ካብ ዘስምዑ ብዙሓት ሓደ ሓለቓ ማሕበር ንኡሳን ኣሕዋት ካፑቺኒ ዝነበሩ ኣባ ኣጎስቲኖ ተድላ እዮም። ብኣባ ጠዓመ ገብረዮሓንስ ዝተዳለወ "ሆስፒታል መካነ ህይወት ንጎረሮኣ ትመስክር" ዘርእስቱ መጽሓፍ ብዛዕባኦም ከምዚ ይብል፦

"ኣባ ኣጎስቲኖ ነቲ ኣብ ዖናን በስክዲራን ዝተፈጸመ ህልቂት ምስ ሰምዑ ናብ 'ጠቅላሊ ግዝኣት' ተባሂሉ ዝጽዋዕ ዝነበረ ቤት ጽሕፈት ኣመሓዳሪ ኤርትራ ኣስራተ ካሳ ከይዶም ከምዙይ ኢሎም ተዛረቡዎ 'ክቡር ጎይታና እዚ ኣብ ግዝኣትኩም ዝፍጸም ዘሎ ህልቂት ትሰምዕዎዶ ኣሎኹም፧ ወተሃደራትኩም ነቲ ሓንቲ ኣበሳ ዘይብሉ ሰላማዊ ህዝቢ ብሳንጃን ብጥይትን እናህለቑን ደም ንጹሃት እናፍሰሱን ትም ኢልኩም ትዕዘብዎም ኣሎኹም እንተኾነ ደም ንጹሃት ሃየንታ ኣለዎ"[603] ብምባል ገዲፎሞም ወጹ።"

'ንሕና ክንቀብር ንኸይድ ኣሎና ዘገድሰኩም እንተኾይኑ ሰዓቡና' ከም ዝበሉዎም እውን ካብ ምስክርነት ኣባ ወልደእየሱስ እማን ይውስኹ።

ኣባ ኣጎስቲኖ ንልኡል ራእሲ ኣስራተ ካሳ ብዛዕባ ዖና ዘይሰምዑ ከይኮኑ ኣይኮነን ተሰኪፎም። ህልቂት ከም ዝተፈጸመ ጥራይ ዘይኮነ ንኽፍጸም ዝለዓለ ኢድ ዝነበሮም ሰብ ምዃኖም እውን ኣይሰሓቱን። እንታይ ደኣ፡ ሕርቃንን ጓህን ናይቶም ብዘይ ገበን ዝተቐትሉ ደቂ ዓዶም እዩ ከሳብ ክንድዚ ደፊሮም ንኽዛረቡ ገይርዎም። እታ 'ደም ንጹሃት ሃየንታ ኣለዎ' እናበሉ ዝተዛረብዋ ግን ነቲ ድሕሪ ኣርባዕተ ዓመት ኣብ ልዕሊ ልኡል ኣስራተ ካሳ ዝተፈጸመ ኣሰቃቒ ቅትለት'ዶ ኾን ኣምላኽ ሕሹኽ ኢልዎም ነይሩ ይኸውን። ከመይ ልኡል ራእሲ ኣስራት ድሕሪ ኣርባዕተ ዓመት በቶም ንህዝቢ ኤርትራ ንምጽናት ዝእዝዝዎም ዝነበሩ ወተሃደራት ተቐቲሎም ግቡእ ቀብሪ ካብ ዘይረኸቡ 59 ምኒስተራትን ሹማምንትን ሃይለስላሰን ሓደ እዮም።

ዝኾነ ኮይኑ ዘረባ ኣባ ኣጎስቲኖ ልኡል ተባሂሉ ኢድ ንዝንስኣሉ ሓለፉ

---

603 ጠዓመ ገብረዮሓንስ (ኣባ) "ሆስፒታል መካነ ሕይወት ንጎሮሮኣ ትመስክር" ገጽ 46።

ኣኽብሮትን ተማእዛዝነትን ንዝምጠወሉ ኣስራተ ካሳ ከም ግራጭ ወግኡ። ብሕርቃን ነዲዱ ከኣ ላዕሊን ታሕትን በለ። ንኾንቱ እውን ኣይነበረን። ዝሓለኖ እኩይ ካብ ምግባር ድሕር ዘይብል በዓል ግዜ ስለ ዝኾነ። ሕጂ'ውን ካብ መጽሓፍ "ሆስፒታል መካነ ህይወት ንጎረሮኣ ትመስክር"፥

"ገለ ለባማት ነዚ ነድሪ ኣስራተ ካሳ ዝተዓዘቡ ካብ ሕርቃን ዝተላዕለ ሓሪቑ ነባቴ ከይጎድኦም ሰጊኦም ንሕርቃን ኣስራተ ካሳ ከዝሕሎ ዝኽእል ሓደ ሰብ ንምርካብ ተጓየዩ። ኣብ መወዳእታ ምስ ኣስራተ ካሳ ኮነ ምስ ኣባ ኣጎስጢኖ ጽቡቕ ሌላ ዝነበሮም ሊቀ መዘምራን ሃለቃ መጎስ ናብ ኣስራተ ካሳ ከይዶም ኩነታት ነባ ኣጎስጢኖ ናይ ኣእምሮ ጥዕና ከም ዝጎድሎም ንዚዛረብዎን ንዚገብርዎን ህድእ ኢሎም ዘይሓስቡ ስሑው ዝበሉ ፈላሲ ገይሮም ብምቕራብ ነቲ ኣብ ቤት ጽሕፈቱ መጺኦም ዝተዛረብዎ ዘረባ ከብደት ከህቦ ከም ዘይብሎም ኣረድእዎ። ብደሕሪ'ዚ ኣስራተ ካሳ ሕርቃኑ ብመጠኑ ከዝሕለሉ ከኣለ።"[604]

ኣብ ኤርትራ ህይወት ንምድሓን ተራ ሰብ ዘይኮነ ህይወቱ ንኣምላኽ ዝወፈየ ፈላሲ እውን እንተዘይሕሱ ከኽፈል ዝኽእል ዝነበረ ዋጋ ዝተዓጻጸፈ ምኾነ። ሳላ ሃለቃ መጎስ ዑቕባሚካኤል ዝተጻወትዎ ተራ ከኣ ሕርቃን ኣስራተ ካሳ በሪዱ ኣብ ልዕሊ ኣባ ኣጎስቲኖ ከወርድ ዝኽእል ዝነበረ ሓደጋ ንግዜኡ ተወጊዱ።

"ስሑው" ዝተባህለሎም ኣባ ኣጎስቲኖ ግን ድሕሪ'ዚ እውን ምስ ዓበይቲ ዓዲ ናብ ቤት ጽሕፈት ደጃዝማች ተስፋዮውሃንስ በርሀ (ምክትል ኣስራተ ካሳ) እዮም ኣምሪሖም። ወተሃደራት ኢትዮጵያ ኣብ ልዕሊ ሰላማውያን ዝፈጸምዎ ግፍዒ ኣመልኪቶም ከኣ ጥርዓኖም ኣቕረቡ። "ወተሃደራትና መሬት ከድህስሱን ወንበዴታት ንኽጥፍኡን ትእዛዝ ተመሓላሊፉ ኣሎ። ቶኹሲ ኣብ ዝኽፈተሉ እዋን ከኣ በራሪ ጥይት ሰላማውያን ሰባት ክልከም ይኽእል'ዩ። ኮነ ኢሉ ንሰላማውያን ሰባት ዝቐትል ወተሃደር ግን የለን"[605] ዝብል መልሲ ከኣ ተዋህበም። ኣባ ኣጎስቲኖ ንምስሉይ ዘረባ ደጃዝማች ተስፋዮውሃንስ ሰሚዖም ብስቕታ ከሓልፍ ዘኽእል ዓቕልን ሕልናን ኣይነበሮምን። ጸማም እዝኒ ከህቡ ዝኽእሉ እንተዝነብሩ ዘምጽእ ኣይነብሮምን። ካብቲ ምስ ኣሰራተ ካሳ ምስ ተዘራረቡ ተፈጥረ ወጥሪ ዘኪሮም እውን ኣይለበሙን (ኣይፈርሁን)። ጎሮርኦም ስሒሎም ስሑው ወይ ከኣ ከምኦም ተባዕ ጥራይ ክብሎ ዝኽእል ከምዚ እናበሉ ተዛረቡ፡-

---

604 ጠዓመ ገብረዮሓንስ (ኣባ) ገጽ 46-47።

605 ከማሁ ገጽ 57።

"ኅይታና ዘረባ መላኺ ጉርዲ የብሉን ደኣ ከይከውን እምበር ብዛዕባ ብበራሪ ጥይት ዝልከም ዘሎ ኣይኮነን ጥርዓንና። እንታይ ደኣ ኮነ ኢልካ ንቁልዓ ሰበይቲ ንነፍሰ ጾር እቲ ሎሚ ኣብ ከብዲ ዘሎ ጽባሕ ተወሊዱ ወንበዴ ኪኸውን እዩ እናተባህለ ብዓቢ ጭካነ ብሳንጃ ዝዝልዘል ዘሎ እቲ ኣብ ቤተ-ክርስትያን መስጊድን ተዓቍቡ ከሎ ብወተሃደራትኩም ብዘስካሕክሕ ኣገባብ ዝርሸን ዘሎ ሰላማዊ ህዝብና እዩ ዘዛርበና ዘሎ። ሕጂ'ውን ፍቓድኩም እንተኾይኑ ንሰለማውን ንጹሐን ህዝቢ ምግፋዕ ጠጠው ከተብልዎ ክንምሕጸነኩም ኢና መጺእና ዘሎና"[606] ብምባል ናይ ልቦም ደርጉሑ።

ኣባ ኣጎስቲኖ ተድላ ሰለማዊ ህዝቢ ተገፊዑ ሰሚዖም ኣበይ ብዘየገድስ ልዋም ዘለዎ ለይቲ ኣይሓድሩን። ይምልከቶ እዩ ንዝበልዎ ሓላፊ ረኺቦም ጥርዓን ካብ ምቕራብ ኣቋሪጾም ኣይፈልጡን። ብሰንኪ እቲ ብተደጋጋሚ ዘስምዕዎ ተቓውሞን ነቲ ኣብ መንጎ ጀብሃን ሻዕብያን ዝካየድ ዝነበረ ኲናት ሓድሕድ ንምዕራፍ ዝተጻወትዎ ተራ ከኣ ንሽድሽተ ዓመትን መንፈቕን ኣብ ማሕዩር ተዳጎኑ።

ነፍስሄር ኣባ ኣጎስቲኖ ተድላ

606 ከማሁ 57-58።

ኣቡነ ኣብርሃ ፍራንስዋ

“ሓርነት እግዚኣብሄር ዝሰምዖ ሰብ ንሕሰም ካብ ከግዛእ ብሕሰም ከቅተል ይቐርብ”

ብጹእ ኣቡነ ኣብርሃ ፍራንስዋ ኣብ ዝተፈላለየ ቦታታት ብዝተፈላለየ መዝነት ድሕሪ ምግልጋል ኣብ 1961 ናይ ሰበኻ ኣስመራ (ምሉእ ኤርትራ) ጳጳስ ተሸይሞም ኣብ ኣስመራ ማዕርግ ጵጵስና ተቐቢሎ። ካብ'ቲ ግዜ ጀሚሮም ከኣ ብብጽእ ኣቡነ ዘካርያስ ዮሓንስ ክሳብ ዝትክኡ ንኣስታት 23 ዓመታት ከም ካቶሊካዊ ጳጳስ ኤርትራ ኮይኖም ኣገልገሉ። ኣብ መንፈሳዊ መሪሕነት ከይተደረቱ ሰለማዊ ህዝቢ መሰሉ ክሕሎ ኣብ ቅድሚ ገበርቲ ግፍዒ ከይተረፈ ብትብዓት ሞጎቱ።

ኣብ 1950 ኣብ ልዕሊ ኤርትራ ዝተበየነ ፈደረሽን ናጽነት ዝበሃጉ ኮነ ምሉእ ሓድነት ዝተመነዩ ዘይተጸበይዎ ንኩሉ ወገን ጋሻ ውሳነ ነበረ። ደሞክራስያዊትን ምዕብልትን ኤርትራ ምስ መስፍናዊትን ድሕርትን ኢትዮጵያ ብፈደረሽን ምቑራን ሓጺን ምስ ዕንጨይቲ ከም ምልሓም እዩ ዝቑጸር። ሽዑ (የውሃት) ኤርትራውያን ከምቲ ኣቡነ ኣብርሃ ዝበልዎ “ደሓን ንዘለና ፖለቲካውን ካልእ ኩሉ መዳያዊ ምዕባለን ታሪኻዊ ድሕረ ባይታናን ኢትዮጵያውያን የሕዋትና ኣብ ግምት የእትዉ ይኾኑ” በሉ። ኢትዮጵያውያን ግን ነቶም ምስ ኩሉ ብልጫታቶም ብዓሎቐ ኣብ ትሕቲኦም ዝወደቑ ኤርትራውያን ከም ዝለመድዎ ከመሓድርዎም ብቐዓትን ድሌትን ወሓዶም። በንጻሩ ኣብ ኤርትራ ዝጸንሑም ጽቡቕ ነገራት ኣብ ክንዲ ንነብሶም ርዒሞም ኣብ ዓዶም ዘተኣታትውዎ በብሓደ ነቐልዎ።

ብፖለቲካ ቍጠባን ማሕበራዊ መዳይን ኣዝያ ትስጉም ዝነበረት ኤርትራ ማዕረ ድሕርቲ ኢትዮጵያ ኽመልስዋ ወይ እውን ንታሕቲ ክደቑስዋ ከኣ ዓሰርተ ዓመታት ጥራይ ወሰደሎም። ኣብ መወዳእታ ነቶም ብደሞክራስያዊ ኣገባብ ዝተመርጹ ወከልቲ ህዝቢ ኤርትራ ነናብ ገዝኦም ኣፋንዮም ንኤርትራ ንሓዋሩ ኣካል ብሕታዊት ዋንነት ንጉስ ሃይለስላሰ ናብ ዝኾነት ኢትዮጵያ ጸንበርዋ።

ከምቲ ኣቡነ ኣብርሃ ኣብ ስብከቶም "ወዲ ሰብ ንሕሰም ካብ ክግዛእ ብሕሰም ክቅተል ይቐልል"[607] ዝበልዎ ድማ ኤርትራውያን ንክብርን መሰልን ብሓሳርን ሞትን ክረኽብዎ ቃልሲ ጀመሩ።

ሓርበኛ ሓምድ እድሪስ ዓዋተ ንሓርነት ብዕጥቃዊ ቃልሲ ኣብ ጎላጉል ባርካ ኣብ ዝወፈረሉ፡ ኣቡነ ኣብርሃ ጳጳስ ካቶሊካዊ ቤተ ክርስትያን ኤርትራ ኮይኖም ተቐብኡ። ካብ 1961 ክሳብ 1984 ኣብ መንበር ጵጵስና ኣብ ዝጸንሕሉ ህሞት ከኣ ነቲ ብኲናትን ባህርን ዝተሳቐየ ህዝቢ ንምሕጋዙ ልሉይ ተራ ተጻወቱ። ዓለም ንመቕተልትን ግፍዕን ስለማውያን እናሰምዐት ኣብ ዘስቀጠትሉ ንግዳያት መጸናንዒ ንቐተልቲ ቃል ኲነነ ብምስማዕ ቅድመ ግንባር ተሰርዑ። ኣቡነ ኣብርሃ ንወጽዓ ህዝቢ ርእዮም ከም ዘይረኣዩ ምሕላፍ ኣብ ቅድሚ ኣምላኽን ሰብን ንዝኣተውዎ መብጽዓ ምኽሓድ ቆጺሮም ሕልንኦም ዝበሎም ሓቂ እናተዛረቡ ነበሩ።

ድሕሪ ህልቂት ዖናን በስክዲራን ህዝቢ ሓዚኑን ተኪዙን ፈቐዶኡ ተበታቲኑ ኣብ ዝነበረሉ እዩ። ዓመታዊ በዓል ቅዱስ ሚካኤል ከረን 21 ጥሪ 1971 ኣኸለ። እቲ ህዝቢ ገና ካብ ሓዘኑ ኣይተደበሰን ንብዓት ዓይኑ'ውን ኣይሓበሰን። ንግደት ቅዱስ ሚካኤል ከረን ነቲ ዝተገፍዐ ህዝብን ነቶም ገፋዕቱን ኣብ ሓደ ቅርዓት ኣራኸበቶም።

ኣቡነ ኣብርሃ እውን ኣብታ ብህጻንነቶም ኾስኲሳ ዘዕበይቶም ቤተ-ክርስትያን ቅዱስ ሚካኤል ንዓመታዊ ንግደታ ተረኽቡ። ቅዳሴን ዑደትን ተዛዚሙ ቃል እግዚኣብሄር ክሰምዑ ጀመሩ። ኣብ መንጎ እቲ መንፈሳዊ መልእኽቲ ግን ሃንደበት ናብ ካልእ ኣርእስቲ ዘለሉ። ካብ ኣእምሮ ኲሉ ንሓዋሩ ክሕከኽ ዘይክእል በሰላ ንዝትረፈ መሪር ግፍዒ ኣልዓሉ። ጸሎቶምን ልማነኦም ናብ ኣምላኽ ኣዕሪጎም ጥራይ ክሓልፉ ኣይመረጹን። ንኣምላኽ ብጸሎት ንሰብ ብዝርድኦ ቋንቋ ከሰምዑ እዮም ቆሪጾም።

> *"ኢትዮጵያ ቀደም ሃገር ክርስትያን እያ ይበሃል ነበረ። ከመይ መራሕቱ ክርስትያን ስለ ዝነበሩ። ሎሚ ግን መራሕቲ ኢትዮጵያ ስራሕ ክርስትና ሓዲጎም ተግባር ኣረምንነት ይፍጽሙ ይርከቡ። ካልእሲ ይትረፍ እቲ ኣይትቕተል ዝብል ትእዛዝ ኣምላኽ እኳ ጠፊእዎም ይርከብ። ኣናብስ ዝቀተሉ መሲልዎም እናፈከሩ ኣንበሳ ጉዳይ (ቀታሊ ኣንበሳ) እናበሉ ኣትዮምና።...ኤረ እዚ ዝገበሩኽ እንታይ ኣሚኖም እዮም፡ ኣብ ፈረስ፡ ኣብ ብረት፡ ኣብ ሓይሊ፡ ጕልበት ኣሚኖም እንተኾኑ ኣታ በዓል ፈረስ ብፈረስካ ኣይትመካሕ*

607 ኣባ ክብርኣብ ሰዓድ፡ ገድሊ ሕይወት ብጹዕ ኣቡነ ኣብርሃ ፍራንስዋ፡ ፍራንክፈርት ጀርመን፡ 2010፡ ገጽ 113።

ከዕንቀፍ እዩ። ኣታ በዓል ብረት ብብረትካ ኣይትመካሕ ከሕንግድ እዩ። ኣታ በዓል ጒልበት ብሓይሊ ጒልበትካ ኣይትመካሕ ከደከም እዩ። ካብዚ ሓይሊ እግዚኣብሄርን ሕውነትን ይሕሸካ። ሓውኻ ናይ ዝቐተልካ ዝተዓወትካ ኣይምሰልካ ብሞቱ ሓውኻ እዩ ረቲዑካ። ... በዓል ቀሚሽ ቀሚሽካ ኣሪጉ ከትድርብዮ ኢኻ። ትዕቢት ዕሽነት እዩ። ኦ! ሕዝቢ እግዚኣብሄር እዚ ዓድና ዓዲ ሓዘን፡ ብኽያት፡ ጭካነ ኮይኑ ኣባይቱ ፈሪሱ ደቁ ተደልዮም ተሳኢኖም። ዓድና ዓዲ ሰላም ክኾነልና ንቅዱስ ሚካኤል ንለምኖ።"[608] እናበሉ ጨደሩ።

ኣባ ክብርኣብ ሰዓድ ንታሪኽ ህይወት ኣቡነ ኣብርሃ ፍራንስዋ ኣብ ዘደለውዋ መጽሓፍ ንልቢ ሰብ ዝማርኽ ቃላት ከም ዘስምዑ ይገልጹ እሞ ንጃምላዊ ቅትለት፣ ንምንዳድንን ምግዓዝን ዓድታትን፡ ንብረት ህዝቢ በሪሱን ተዘሚቱን ናብ ደረጃ ባርነት ወሪዱ ምስ ረኣዩ ዝበልዎ ይውስኹ።

"ህዝብና ብምሕረት ኣምላኽ ህያብ ሓርነት ሓላዊ ኢድልይዎ ኣሎ። ሓላዊኡ ከኣ ሕልና ነፍሲ ወከፍና እዩ። ምስኡ ድማ ዓዲ ኣቦ እንተኾነ ኣይግድን እቶም መራሕቲ ብብልሽውና ተበላሸዮም ደቅና ንከንቱ ኪጠፍኡ ንርኢ።"[609] ብምባል ንስርዓት ሃይለስላሰ ኣትሪሮም ወቐሱ።

ስብከት ኣቡነ ኣብርሃ ካብ ተሳተፍቲ ናይቲ ጽምብል ሓሊፉ ንምሉእ ተቐማጢ ከተማ ከረን ኣናዊጹ። ብኣኡ ጌሩ ድማ ንህዝቢ ኤርትራ ፍናኑን ሞራሉን ሓፍ ከም ዝብል ገይሩ። በንጻሩ ንገበርቲ እከይ መርዘን ርእሲ ኣልዒልሎም። ሽው ብዙሓት ኢትዮጵያ ንኣቡነ ኣብርሃ ኣብ ህይወቶም ከይትተናኾሎም ስግኡ። ንኣበሳ ዘይብሉ ህዝቢ ክቀትል ዝውዕል፡ ኣብ ኣደባባይ ወጺኡ ገበኑ ንዚቃልዕ መን ብዘየገድስ እንታይ ክፈድዮ ከም ዝኽእል ምግማቱ ኣየጽግምን።

ኣቡነ ኣብርሃ ዘቕረብዎ ተቓውሞ ኣብታ ካብ ከረን ናብ ኣስመራ ዝተላእከት ናይ ጸጥታ ጸብጻብ ልዕሊ ዝኾነ ይኹን ናይ ዓይኒ ምስክርን ዝኸርን ስለ እትንጽር ብቐጥታ ተተርጒማ ቀሪባ ኣላ፥-

"በዓል ቅዱስ ሚካኤል ኣብ ዝተኸብረሉ ግዜ፡ ብዙሓት መኰንናት ሰራዊትን ናይዚ ሃገር ህዝብን ኣብ ዝተኣከበሉ፡ ኣቡነ ኣብርሃም ዝተባህሉ ካቶሊካዊ ኣቡን፡ ናይ መጽሓፍ ቅዱስ ስብከት ክሰብኩ ጸኒሖም፡ ኣብ መንጎ ዘረባ ብምቁራጽ፡ ንወረበላታት ድጋፍ ዝኸውን ሓሳብ፡ ንመንግስቲ ድማ ጥፍኣተኛ ብምቕጻር፡ ብወርሒ ሕዳር 1963(1970) ኣብዚ ከተማን ኣብ ካልእ ኣውራጃን ቆልዓ-

608 ኣባ ክብርኣብ ሰዓድ፡ ገጽ 116።

609 ከማሁ።

ሰበይቲ፡ ህዝቢ ዝተወድኣ ጽቡቕ ተግባር ኣይኮነን፡ ስለዚ ሰብ ከቕተል ኣይግባእን ብምባል ተዛሪቦም።

እዞም ቀሺ ብ12 ጥሪ 1963 (21 ጥሪ 1971) ከረን ላዕላይ ኣብ ዝተባህለ ቀበሌ ይኸበር ኣብ ዝነበረሉ ዕለት፡ ብዝሓም ካብ 2000 ንላዕሊ ዝኾኑ ተኸተልቲ ዝተፈላለዩ ሃይማኖት፡ ሰብኡት ኣንስቲን ህጻናትን ሽማግሌታትን እንተላይ ኣረግቶትን ተኣኪቦም (ብዙሓት ሰበ-ስልጣን ነይሮም) ኣብ ኤርትራ ናይ ካቶሊክ መራሒ ዝኾነ ኣባ ኣብርሃ ፍራንስዋ ኣብኡ ንዝተኣከቡ ኩሎም ሓደ ዘረባ ኣስመዮም። ዘረበኦም ስምዒት ህዝቢ ዘለዓዕል ነይሩ። ኣብቲ ህሞት እቶም ካቶሊካዊ ቀሺ ናይ ሃይማኖት ሰብ ኣይመስሉን ነይሮም። ንግዝይኡ ዘድልዮም ሃይማኖታዊ ምኽሪ ኣይተዛረቡን። እንተኾነ ዘሰምዕዎ ዘረባ ናይ ሓደ ፖለቲካዊ መራሒ ኣዘራርባ እዩ ነይሩ። ብሓጺሩ ዘሰምዕዎ ዘረባ፡ ንዝተፈጸሙ ተግባራት፡ ሓላፊ ዝኾኑ ሰባት ሓደ መዓልቲ ከኸፍልዎ ይኾኑ። ናይ ኢትዮጵያ ንጉሰ ነገስት መንግስቲ፡ ብፍላይ ኣብ ዖና፡ በስከዲራን፡ ፈርሐንን ኣብ ዝተባህሉ ዓድታት ዝወሰድዎ ስጉምቲ ቅኑዕን ሕጋውን ኣይኮነን። መደረኦም ኣብ ልቢ ተኣኪቦም ዝነበሩ ሰባት ፍሉይ ስምዒት ኣሕዲሩ እዩ። ከሳብ ሕጂ ህዝቢ ከረን ብምሉኡ እቶም ቀሺ ብዛዕባ ዘካየድዎ መደረ ከዛረበሉ ይስማዕ። እዞም መራሒ ካቶሊካዊ ሃይማኖት ምስ መንግስቲ ኢትዮጵያ ኣንጻርነት ኣለዎም።

......ኣብ በዓል ቅዱስ ሚካኤል ሊቀ መላእኽቲ ቤተ-ክርስትያን ዝገበርዎ መደረ ፍርቂ ሰዓት ዝወሰደ ከኸውን ከሎ፡ እቲ መደረ ንመንግስቲ ኢትዮጵያ ዝውንጅል ኮይኑ ኣብ ዝሓለፈን ሕጅን ንዝመጽእን ኣብ ዝግበርን ዝተገብረ ነገር ኩሉ ሓላፍነት ናይ ኢትዮጵያ መንግስቲ እምበር ናይ ወንበዴታት ወይ ወንበዴታት ዝፈጸምዎ ኩሉ ብሓላፍነት ኣየሕትቶምን ዝብል ነይሩ።"[610]

ካብዛ ጸብጻብ ከም ንግንዘቦ ስብከት ኣቡነ ኣብርሃ ኣመንቲ ዝተፈላለዩ ሃይማኖታት፡ ንኣሸቱን ዓበይትን ከም ዝሰምዕዎን ዝኣመንዎን ተነጺሩ ኣሎ። ብዘይካዚ ኣብቲ በዓል ዘይነበሩ ህዝቢ ብዛዕባኡ ጥራይ ይዛረብ ከም ዝነበረ ትገልጽ። መቸም ነዛ ጸብጻብ ዝጸሓፈ ውልቀ ሰብ ድላዩ ክገብር ዓቕሚ እንተ ዝነብሮ ንኣቡነ ኣብርሃ ሓንቲ ለይቲ ክሓድሩ ከም ዘይፈቕደሎም ካብ ረስኒ ቃላቱ ክንግንዘብ ንኽእል።

ኣቡነ ኣብርሃ ማልኮም ኤክስን ማርቲን ሉተር ኪንግ ኣንጻር ኣድልዎ ጸለምቲ ኣብ ዝግበር ዝነበረ ቃልሲ ካብ ዘሰምዕዎ መደረ ዝሕይል ቃል

610 ግፍዒ፡ ገጽ 60።

እዮም ኣስሚያም። ፍልልይ ኣቡነ ኣብርሃ ኣብ ቅድሚ ከይትዛረብ ዝኸልከሉ ቀተልቲ ተዛሪቦም ብህይወት ክቕጽሉ ከለዉ እቶም ጸለምቲ ኣመሪካውያን ግን ዝተራእየካ ኣብ ትዛረበሉ ዓለም ንመሰሎም ተጣቢቖም ምቕታሎም ጥራይ እዩ።

ነዚ ናይ ኣቡነ ኣብርሃ ዝመሳሰል ኣባ ማቴዎስ ሓጎስ እውን ኣብ 1967 መጋርሕን ከባቢኡን ኣብ ዝነደደሉ ኣብ ዓመታዊ ንግደት ቅዱስ ጎዮርጊስ ዘስምዕዎ ሓያል መደረ ብፍሉይ ይዝከር። ኣብቲ ውሕዳት ካህናት፡ ተማሃሮን ህዝብን ብወተሃደራት ተኸቢቦም ኣብ ሓሙኹሽቲ ናይታ ዝነደደት ቤተ-ክርስትያን ዝተፈጸመ ቅዳሴ። ኣባ ማቴዎስ ኣብ ልዕሊ እታ ከም መንበረ ታቦት ዝተጠቕሙላ ጠረጴዛ ደይቦም "ኣንቱም ንንጹህ ህዝቢ እትቐትሉ ኣምላኽ ባዕሉ ሕነ ከፈዲ እዩ። ካባኹም ሓደ'ኳ ናብ ቤቱ ብሰላም ኣይክምለስን እዩ። ኣምላኽ ንኩሉ ከከም ግብሩ ክፈድዮ እዩ። ንጹህ ህዝቢ ዓዱ ነዲድ፡ ተፈናቒሉ፡ ተቐቲሉ፡ ሱቕ ኢሉ ዝርኢ ኣምላኽ ኣይኮነን"[611] ብምባል ነቶም ከቢቦሞ ዝነብሩ ወተሃደራት ናይ ኢዶም ከም ዝፍደዩ ብትብዓት ነጊርዎም። ከምቲ ዝበልዎ ድማ ኮይኑ። እቶም ንንጹህ ሰለማዊ ህዝቢ ዝቐተሉ፡ ዓዱ ዘንደዱን ኣብ ኤርትራ ተቐቲሎም። ዝወፈርሉ ምኽንያት ሓንሳብን ንሓዋሩን ተቐቲሉ ዳግማይ ኣብ ዘይምለሰሉ መዓሙቕ ተቐቢሩ።

ነፍስሄር ብጹእ ኣቡነ ኣብርሃ ፍራንስዋ

611 ሃይለ ተወልደብርሃን፡ቃለ መጠየቕ ምስ ደራሲ፡ 20 ሚያዝያ፡2023፡ ከረን።

ኣመሪካ - ናብ ናጽነት ዘንቀደ ነትጉ

ኣብ ወርሓት ሕዳርን ታሕሳስን ናይ ዓመተ 1970 ኣብ ኤርትራ ዝወረደ ግፍዒ ኣብ ኩሉ ኩርናዓት ዓለም ንዝነብር ዝነበረ ኤርትራዊ ቆፎኡ ከም ዝተተንከፈ ንህቢ ብሓያል ቁጥዓን ሓርቖትን ከም ዝልዓል ገይርዎ። ካብ ኤርትራ ወጻኢ ብእኩብ ተቓውሞ ካብ ዘስምዑ ብዙሓት ናይቶም ኣብ ሰሜን ኣመሪካ ዝነብሩ ዝነበሩ ኤርትራውያን ተማሃሮን ሰራሕተኛታት ብቐዳምነት ይጥቀሱ።

ኤርትራውያን ይኹኑ ኢትዮጵያውያን ብብዝሒ ንሕቡራት መንግስታት ኣመሪካ ዝኣተው በቲ ኣብ 1965 ዝተኣታተወ ዝተመሓየሸ ናይ ስደተኛታት ሕጊ እዩ። ከም ሳዕቤኑ ኣብቲ እዋን ብርከት ዝበለ ቁጽሪ ናይ ሓበሻ ንትምህርትን ስራሕን ሕቡራት መንግስታት ኣመሪካ ኣተወ። ሓደስቲ ተማሃሮ ኣመሪካ ምስ ኣተው ዝገብርዎ እንተ ነይሩ ከኣ ብቐዳምነት ናብቲ ብ1950 ዝቖመ ማሕበር ኢትዮጵያውያን ተማሃሮ ኣብ ሰሜን ኣመሪካ (ኤዙና) ምጽንባር ነበረ።

ኤዙና ዋላ'ኳ ብጸጋማዊ ምንቅስቃስ ዝተጸልወ እንተነበረ ብኹሉ ነገሩ ነቲ ኣብ ኣዲስ-ኣበባ ዝነበረ ሃገራዊ ማሕበር ተማሃሮ ኢትዮጵያ ተኸቲሉ ይኸይድ። እቲ ኣብ ኣዲስ ኣበባ ዝነበረ ማሕበር ብ1967 ንጉዳይ ኤርትራ ኣመልኪቱ ኣብ ዘሕለፎ ውሳነ ሰውራ ኤርትራ "ወገናውን ኣድሓርሓር" ብምባል ኮኒንዎ ነይሩ። ኤዙና ድማ ኣብ 1969 ኣብ መበል 17 ጉባኤኡ ንጉዳይ ኤርትራ ናይ ወገናውያንን ኣድሓርሓርትን'ዩ ብምባል ተመሳሳሊ መርገጺ ወሲዱ።[612] እዚ ውሳኔ ሰውራዊ ኣተሓሳስባ ንዝነበሮም ኤርትራውያን ናብ ኤዙና ከይጽንበሩ ዓንቂጽዎም። ቀዲሞም ኣባላት ናይ ኤዙና ዝነበሩ ከኣ ነብሶም ንኽግልሉ ምኽንያት ኮይንዎም።

እንተኾነ ግን ኣብቲ ግዜ ኣብ ሕቡራት መንግስታት ኣመሪካ ምስ ዝነበረ ዋሕዲ ናይ ሓበሻ ኤርትራውያን ተመሃሮ፡ ኣብ ኤዙና ምጽንባር ኣየቋረጹን። ክሳብ ኣብ መሪሕነት ናይቲ ማሕበር ከይተረረፈ እውን ነበሩ። ብኻልእ ሸነኽ እቲ

612 Tricia Redeker Hepner: Soldiers, Martyrs, Traiters and exiles:

ኤዙና ኣብ ጉዳይ ኤርትራ ኣመልኪቱ ዝወሰዶ መርገጺ ንኤርትራውያን ጥራይ ዘይኮኑ ብዙሓት ጸጋማውን ሊበራላዊን ኣረኣእያ ዝነብሮም ኢትዮጵያውን ኣየሐጎሰን። ብኸምዝን ወዲ ኸምዚን ከኣ ኣብ መንጎ መሪሕነት ናይቲ ማሕበር ፍልልያት ተንጸባረቐ።

ኣብ ታሪኽ ኤዙና ዝለዓለ ምፍልላይ ዘጋጠመ ግን ኣብ ግዜ ህልቂት ዖናን በስከዲራን እዩ። ኣብ ኤዙና ዝነበሩ ኤርትራውያን ማሕበሮም ነቲ ኣብ ዖናን በስከዲራን ዝወረደ ግፍዒ ክዀንን ይሓቱ። ኤዙና ነቲ ተግባር እንተዀነኑ ብተዘዋዋሪ መገዲ ንተጋድሎ ሓርነት ኤርትራ ወይ ሰውራ ኤርትራ ምድጋፍ ቆጺሩ ብስቕታ ሓለፎ። እዚ ድማ ነቶም ኤርትራውያን ተማሃሮ ምስ ኤዙና ንሓዋሩ ሕቖን ከብድን ገበሮም።

ሽዑ እቶም ኤርትራውያን ነቲ ዝተፈጸመ ግፍዒ ብምዀናን ኣብ ኒውዮርክ ኣብ ቅድሚ ህንጻ ውድብ ሕቡራት ሃገራት ሰላማዊ ሰልፊ መደቡ። እናሰምዐ ንዘስቀጠ ውድብ ከስምዑ። ውድብ ሕቡራት ሃገራት ንኤርትራ ምስ ኢትዮጵያ ምስ ቆረና ዳግማይ ብዛዕብኣ ክሰምዕ ድሉው ኣይነበረን። ኣብ 1993 እውን በትሪ ሓቂ ከም በትሪ[613]ኣሮን ነተን ኣንጻራ ዝነበራ ኣባትር ስለ ዝበልዐት እምበር ክሰምዕ ኣብ ሓሳቡ ኣይነበረን። ዝዀነ ኮይኑ እቶም ኤርትራውያን ነቲ ሕሱም ቀዝሒ ወርሒ ታሕሳስ ተጻዊሮም ንሰዓታት ምእንቲ ወጽዓ ህዝቦም ብዓውታ ጨደሩ። ወጽዓ ህዝቦም ንህዝቢ ኣመሪካን ዓለምን ከኣ ኣፍለጡ። ኣብ The New York Book of Review ኣብ 4 መጋቢት 1971 SLAUGHTER IN ERITREA ብዝብል ኣርእስቲ ዝወጸ ዓንቀጽ ንህዝቢ ኣመሪካ በቲ ንሱ ዝኸፈሎ ግብሪ ዝተገዝአ ብረት ሰለማውያን ከም ዝተቐትሉ ዝሕብር ጸብጻብ ቀንዲ ምንጩ ኤርትራውያን ተማሃሮ ነበሩ። እቲ ጽሑፍ ከምዚ ይብል፥

> *ኣብ ሓንቲ ፍሉይቲ ድንገተኛ ዕለት 28 ሕዳር 1970 ሸፋቱ ተቃጽዮም ንኣዛዚ ካልኣይ ክፍለ ሰራዊት ኢትዮጵያ ቀቲሎም። ብዝዀነ ዓይነት መገዲ ከምዚ ዓይነት ተግባር ሽለል ዝብል እኳ እንተዘይኮንኩ፣ ዓይነፍርገት ዘይብሉ ሕነ ምፍዳይ ናይ ኢትዮጵያ ሰራዊት ነቲ ናይ ቃጽያ ተግባር ዓብለሎ። ብመሰረት ኣብ ኤርትራ ዝነበሩ ኣባል ሰራዊት ኣመሪካ ከምኡ ድማ ኤርትራውያን ተማሃሮ ካብ ዓዶም ዝበጽሕዎም ዝነበሩ ደብዳበታት፣ሰራዊት ኣብ ከባቢ እቲ ቃጽያ ዝተፈጸመሉ ሓያሎ ዓድታት ልዕሊ ዓሰርተው ክልተ ዓመት*

613 ፕረዚደንት ኢሳይያስ ኣብ 1993 ነቲ ብዘይ ዋሕስ ኣብ 1950 ንኢትዮጵያ ኣሕሊፉ ዝሃባ ውድብ ንምውቃስ "በትሪ ሓቂ ትቐጥን እምበር ኣይትስበርን" ክብል ተዛሪቡ ነይሩ።

ዝዕድመኦም ደቂ ተባዕትዮ ሓሪዶምዎም። ብተወሳኺ መጠነ ሰፊሕ ዝኾኑ ዝተፈላለዩ ግፍዕታት፣- ኣብ ልዕሊ ደቀንስዮ ኣካል ምጉዳል፣ ቆልዑ ብሳንጃ ምውጋእ፣ ኣብ ልዕሊ ፍጻመታት ኣድማ ንዘልዓሉ ድማ ርእሲ ምጉንዳብ ይቕጽል ነበረ። ህዝቢ ኣመሪካ ብዛዕባ እዚ ግፍዒ'ዚ ክፈልጥ ይግብኦ እቲ ምንታይሲ ካብኦም ብመልክዕ ግብሪ ዝእከብ ዶላራት ጠበናጁ፣ ጠያይትን ሳንጃታት ሰራዊት ኢትዮጵያ ስለ ዝዕድግሉ።"[614]

እቶም ኣብ ቅድሚ ህንጻ ውድብ ሕቡራት ሃገራት ዝተኣኻኸቡ ሃገራውያን ናይ ጽሑፍ ኣቤቱታ እውን ኣቕረቡ። ብ20 ታሕሳስ 1970 ናብ ዋና ጸሓፊ ውድብ ሕቡራት ሃገራት ዩ ታንት ብስም ኤርትራውያን ተማሃሮ ኣብ ወጻኢ ተፈሪሙ ብፈጠራዊ ስም 'ፍቕርን ሰላምን' ዝተጻሕፈ መልእኽቲ ነቲ መንግስቲ ኢትዮጵያ ትወስዶ ዝነበረት ኢሰብኣዊ ተጋባራት ኣቃሊዑ ኮነነ። ኢትዮጵያ ኣብ ኤርትራ ዝኣወጀቶ ወተሃደራዊ ምምሕዳርን ናይ ሓደጋ ኣዋጅን ደው ክብል ጸውዐ። ብዘይካ'ዚ ውድብ ሕቡራት ሃገራት ኣብ ጉዳይ ኤርትራ ቀጥታዊ ጣልቃ ክኣቱ ጠለበ። ወተሃደራት ኢትዮጵያ ካብ ኤርትራ ክወጹ፡ ኣብ ኤርትራ ዘለዉ ናይ ፖለቲካ እሱራት ብህጹጽ ክፍቱሑን ብመሰረት ቻርተር ውድብ ሕቡራት ሃገራት ምሉእ መሰል ርእሰ ውሳነ ክትግበርን ጥርዓን ቀረበ።

እዛ ሰላማዊ ሰልፊ ንጉዳይ ኤርትራ ኣልዒሉ ኣብ ኣፍደገ ውድብ ሕቡራት ሃገራት ናይ ዝተኻየዱ ብዙሓት ሰለማዊ ሰልፍታት ፈላሚት ነበረት። ተሳተፍቲ ናይቲ ሰልፊ ካብ ዋሽንግተን ዲሲ፡ ፊላደልፍያ ቦስተን ኒዮርክን ዝተኣኻኸቡ ኮይኖም ኣስታት ሰብዓን ሓሙሽተን ይብጽሑ። ኣብቲ ኣጋጣሚ ኣብ ገዛ ሃገራዊ ሙስጠፋ ሳልሕ ተኣኪቦም ድማ ናይ ገዛእ ርእሶም ማሕበር ክምስርቱ ኣፈናዊ ስምምዕ በጽሑ።።

ብዘይካ'ዚ ንዝሓየለ ውዳበን ኣገባብ ቃልስን ክዝትዩ ናብ ኩሎም ኤርትራውያን ተቐማጦ ሕቡራት መንግስታት ኣመሪካ ፍሉይ ዕድመ ሰደዱ። ብ27 ለካቲት 1971 ኣብ ከተማ ኒዮርክ ጎደና 125 ዳግማይ ኣብ ገዛ ሙስጠፋ ሳልሕ ተራኺቦም መስራቲ ኣኼባ ERITREAN FOR LIBERATION IN NORTH AMERICA (EFLNA) ወይ ድማ ኤርትራውያን ንናጽነት ኣብ ሰሜን ኣመሪካ (ኤናሰኣ) ኣቓንዑ። ኣብቲ ኣጋጣሚ "ኣብ ሰሜን ኣመሪካ ንዝርከቡ ኩሎም ኤርትራውያን ኣብ ማሕበር ብምጥርናፍ፡ ንሕቶ ኤርትራ

614 Madison, Wisconsin: Sloughter in Eritrea: The New York Book of Review; 4 March 1971

ከሳብ ዝተኻእለ ምቅላሕ፡ ነቲ ማሕበር ኣብ ካልኣት ክፋል ዓለም ምፍላጥ፡ ነቲ ቃልሲ ዝውዕል ገንዘብ ምእካብ፡ ተመሳሳሊ ዕላማ ምስ ዘለወን ኣህጉራውያን ማሕበራት ዝምድና ምፍጣር፡ ኣብ ሜዳ ኤርትራ ምስ ዝነበሩ ተጋደልቲ ቀጥታዊ ርክብ ምምስራት" ዝርከብዎም ዕላማታትን መደብ ዕዮን ሓንጸጹ።

ካብ 18-20 ሰነ 1971 ንኹሎም ኣብ ሕቡራት መንግስታት ኣመሪካ ዝነበሩ ኤርትራውያን ዒዲሞም ኣብ ዋሽንግተን ዲሲ ኣብ ዘካየድዎ ቀዳማይ ጉባኤ መትከሎም ብምንጻር ንናጽነት ኤርትራ ከዐውቱ ዓጢቖም ከም ዝተበገሱ ኣወጁ።

እዚ ብሰንኪ ህልቂት ዖናን በስከዲራን ዝተመስረተ ኤናስኤ ኣብ ታሪኹ ብዙሕ ውረድ ደይብ ሓሊፉ እዩ። መቐጸልታኡ ሎሚ ንጉዳይ ኤርትራ ካብ ማእገሩ ከየውረደ ዝቃለስ ሓያል ኮሚኒቲ ኣብ ኣመሪካ ይርከብ። እንተኾነ ግን ሎሚ ካብ ፊት ህንጻ ውዱብ ሕቡራት ሃገራት ጥራይ ኣይኮነን እቲ ቃልሲ። ሳላ መስዋእቲ ጀጋኑ ክብደት ጾሮ ናይቶም ኣብ ኣፍደገ ውድብ ሕቡራት ሃገራት ኮይኖም ዝቃለሱ ተፋኹስ ሓንቲ መስርዕ ኣብ ውሽጢ ኣደራሽ ካብ ትዓርድ ሰለስተ ዕቑድ ሓሊፉ ኣሎ።

ጭውያ ነፋሪት - ካብ ግብረመልሲ ህልቂት

ኣብ ወርሒ ጥሪ ናይ 1957 ተማሃሮ ቀዳማዊ ሃይለስላሰ (ቀሃስ) ርእሰ መምህር ይቀየረልና ብዝብል ምኽኒት ዝጀመርዎ ኣድማ፡ ኣምሓርኛ ኣይንምሃርን (ኣይንዛረብን) ከምእውን ንባንዴራ ኢትዮጵያ ኣይንዝምርን ናብ ዝብል ተሰጋገረ። ከም ሳዕቤኑ መራሕቲ ናይቲ ኣድማ ከሳብ ንዓዲ ኳላ ተወሲዶም ተኣሰሩ። ነዚ ስዒቡ ድማ 'እሱራት ይፈትሑ' ዝብል ካልእ ዝሓየለ ናዕቢ ተላዕለ። ኣድመኛታት ንእዋርሕ ዝኣክል ኣብ ጎደናታት ውዒሎም ሓደሩ። መራሒ መንግስቲ ኤርትራ ዝነበረ ቢትወደድ ኣስፍሃ ወልደሚካኤል ከይተረፈ ንወከልቲ ተማሃሮ እንተዘራረበ'ኳ ብቐሊሉ ፍታሕ ኣይተረኽበን። ብኣንጻሩ ከም ቤት ትምህርቲ ፖይንትፎር (ቤት ትምህርቲ ስነ ኪነት) ቤት ትምህርቲ እስላምያ ኣኽርያ፡ ቤት ትምህርቲ ሕብረት፡ ተማሃሮ ከረን፡ ተማሃሮ መንደፈራን ካልኣትን ተጸንቢሮም ጉዳይ መመሊሱ ገደደ።[615]

እዚ ኣብ ታሪኽ ቃልሲ ተማሃሮ ኤርትራ እምነ ኩርናዕ ዝቖጸር ኣድማ መበገሲ ናይቲ ኣብ ዝቐጸለ ዓመታት ዝተራእየ ብዙሓት ምልዕዓላት እዩ።

615 ሃብቶም ኪዳነ፡ ኤርትራን ኤርትራውያን መንእሰያትን 1890-1962፡ ኣስመራ 2015፡ ገጽ 494።

ብትኩእ ይሕደጎ፡ ተከኤ በየነ፡ ኣማኒኤል ተስፋጽዮን፡ ኣማኒኤል ገብረየሱስ፡ ነብያት ነጋሲን በርሀ ሃይለን ዝተባህሉ መንእሰያት ኣብ መስከረም 1960 ዝተወደበ ኣንጻር ሕብረት ምስ ኢትዮጵያ ዘነጻጸረ ኣድማን ምልዕዓልን እውን ነይሩ። ካልእ ኣብ ግንቦት 1962 ንምፍራስ ፌደረሽን ዝቃወም ብተማሃሮ ልኡል መኮነን ተበጊሱ ናብ ቤት ትምህርቲ ቀሃስ ዝለሓመ "ናጽነት ደሊና ሓግዙና"[616] ዝብል ጭርሖ ዘልዓሉ ተማሃሮ ናብ ማእከል ጎደና ሓርነት ኣምሪሖም ብዙሕ ህዝቢ ሰዓቦ።

ከም ልሙድ መራሕቲ ናይቲ ኣድማ ተኣሲሮም እቲ ናዕቢ መሊሱ ገደደ። ኣብ ኣስመራን ካልኦት ከተማታት ኤርትራን ዝነበሩ ናይ መባእታን ማእከላይን ደረጃ ተማሃሮ እውን ተጸንቢርዎ። ከም ሳዕቤኑ ወርሒ ግንቦት ናይ 1962 ኣብ ኤርትራ ኣብያተ ትምህርቲ ዳርጋ ተዓጽየን ሓለፍኦ። ብመገዲ ረፈረንደም፡ መሰል ርእሰ ውሳኔ ህዝቢ ኤርትራ ይከበር ዝብል ዝሓየለ ሰለማዊ ሰልፊ እውን ካብ 8-12 መጋቢት 1965 ኣብ ኣስመራ ተኻየደ። እዚ ሰለማዊ ሰልፊ ሓደ ካብቶም ዝሓሸ ውዳቤ ዝተገብረሉን መጨረሽታ ድማ ንተማሃሮ ምስ ተጋድሎ ሓርነት ኤርትራ ንክትኣሳስሩ ዝሓገዘን ነበረ።

ኤርትራውያን ተማሃሮ ነቲ ካብ መፋርቕ ሓምሳታት ጀሚሮም ኣንጻር ዘይሕጋዊ ኣካይዳ ኢትዮጵያ ዘካይድዎ ዝነበሩ ተቓውሞታት ናብ ዩኒቨርስቲ ኣዲስ-ኣበባ ምስ ሓለፉ እውን ብዝሓየለ ቀጺሎሞ። ብቐንዱ እቶም ኤርትራውያን ኣብ ኣዲስ ኣበባ ብብዙሕ ነገራት ጸብለል ዝበሉ ነይሮም።[617] ዝያዳ ከኣ ብንቕሓትን ሓድነትን ልሉያት ነበሩ። ብሰንኪ እዚ ድማ ቅድሚ ዝበዝሐ ክፋላት ኤርትራ ጽልዋ ናይ ሰውራ በጺሕዎም እንተተባህለ ኣይተጋነነን።[618] ካብ ሕንብርቲ ኣዲስ-ኣበባ ንሰውራ ኣበርክቶ ኣብ ምግባርን ንናይ ፖለቲካ እሱራት ኣብ ምንክብኻብን ተርኦም መወዳድርቲ ኣይነበሮን።

ንስርዓት ኣዲስ-ኣበባ ኣብ ውሽጢ ኣዲስ-ኣበባ ዓስኪሮም ዝቃወሙ ነታ ድሕርቲ ኢትዮጵያ ብቐረባ ተዓዚቦም ኤርትራ ብኢትዮጵያ ምግዛእ ከም ሞት ጸየኑዎ። ከም ሳዕቤኑ ብዙሓት ንትምህርቶም ጠንጢኖም ናብ ቃልሲ ክጽንበሩ ከለው ገለ ከኣ ኣብ መዓልቲ መመረቕታ ካብ ኢድ ሃጸይ ሃይለስላሴ

---

616 ሃብቶም ኪዳነ።

617 ዶክተር በላይ ጀርጅ።

618 ኣብቲ እዋን ሓደ ደጋፊ ናይ ኣንድነት ዝነበሩ ኣቦ ንወዶም ክርእዮ ንኣዲስ ኣበባ ይኸዱ።ሽዑ ንሶም ነቶም ብጽቡቕ ከእንግድዎም ዝቐነዩ ብምምስጋን ሓንቲ ዝተዓዘብሎም ኣበር ይገልጹሎም። "ኣብ ገዛውትኹም ስእሊ ንጉስ ሃይለስላሰ ኣይርኤኹን" በሉዎም። ሽዑ ወዶምን ኣዕሩኽቱን ብሕርቃን ስሙ ኣይትጸውዓዮ ኔው በሎ በሉዎም። እቶም ኣቦ ሽዑ "ለካስ ራቢጣ ጠፊአ ዝበልናያ ኣይጠፍአትን ዓዲ እያ ቀይራ" ከም ዝበሉ ተጋዳላይ ጣህር መሓመድኑር የዘንቱ።

ዲፕሎማ ንኽይቅበሉ መታን ሓንገዱ። ጸሓፊ ታሪኽ ኤርትራ ተጋዳላይ ተጋዳላይ ኣለምሰገድ ተስፋይን ምስ ብጾቱ ኣምሃ ዶምኒኮን፡ ግደዎን ኣገይን ንመዓልቲ መመረቕትኦም ኣብ ገዝኦም ኮፍ ኢሎም ካብ ዘሕለፉ ብዙሓት ነበሩ። ካብቶም ኣብ ስነስርዓት መመረቕታ ዝተረኽቡ ድማ ንጉስ እቲ ግቡእ ክብሪ ነፈጉ።[619]

መንግስቲ ኢትዮጵያ ነቲ ናይ ተመሃሮ ምንቅስቃስ ኣቕሊላ ኣይረኣየቶን። ኣቐዲማ እውንምስ ተኸታተለቶ እያ። ቅድሚ ህልቂት ያናን በስኪዲራን ኣብ ዝነበራ ኣዋርሕ ኣብ ከረን ተመሃሮ 'ኣይንመሃርን' ኢሎም ዘካየድዎ ኣድማን ጽልውኡን ጸጥታ ኢትዮጵያ ብኸመይ ከምዝገለጾ ንመልከት፥

ምስጢር

ጉዳይ፦ ብዛዕባ ደብዳበ ተማሃሮ ከረን

> ተማሃሮ ከረን ኣብ ኣስመራ ናብ ዝርከብ ቤት ትምህርቲ ቀዳማዊ ሃይለስላሰ ደብዳበ ምጽሓፎም ተረጋጊጹ ኣሎ። እቲ ወረቐት እውን ኣብ ላዕሊ ተጠቒሱ ኣብ ዘሎ ዕለት ብኣኼባ ተነቢቡ። ኣብቲ ጽሑፍ፡ 'ንሕና ተማሃሮ ከረን ናብ ቤት ትምህርቲ ከይንኣቱ ወሲንና ኣለና። ንስኻትኩም እውን ከይትኣትዉ ነተሓሳስብ። ከረንን ከባቢኡን ብቦምባ ነፈርቲ እናተደብደበ ንሕና ከመይ ገይርና ናብ ቤት ትምህርቲ ንኣቱ'ዝብል ጽሑፍ ከምዝተበተነ ተኸታቲልና ዘረጋገጽናዮ ኮይኑ ንኣፍልጦኹም ናባኹም ቀሪቡ ኣሎ።[620]

ብቐንዱ ቃልሲ ኤርትራ ቃልሲ መንእሰያትን ተማሃሮን እዩ። እቶም ተመሃሮ ንህልቂት ያናን በስኪዲራን ምስ ሰምዑ ንበዓል ነጎዳ ሓዉ ተኩሶ ኮኖም። ኣንጻር ናይቲ ደይ መደይ ኢልካ ኣብ ልዕሊ ሰለላማውያን ዝወረደ ኣስካሕካሒ ህልቂት ብዝተፈላለየ መገዲ ተቓወሙ። ካብ ከረን ክሳብ ኒውዮርክ ተቓውሞታት ተወልዐ።

እቶም ኣብ ኢትዮጵያ ዝነበሩ ተመሃሮ "ኣሓ ክሳብ መኣስ ምስ ሓራዲኣን ማይ ክሰትያ" ብምባል ርእሶም ላጸዮም ንትምህርቲ ምእታው ሓንገዱ። ኣብ

---

619 ሚካኤል ጋብር ኣብ መመረቕታ ንጉስ ከይሰገደ ዲፕሎማ ተቐቢሉ ከም ዝኸደ ፕሮፈሰር የጊን ህብቴስ ኣዕሊሎምኒ።

620 ሰነድ ጸላኢ ከረን።

ኣዲስ ኣበባ ኣርብዓ ዝኾኑ ተማሃሮ ናብ እንጥጦ ወጺኦም ኣኼባ ብምክያድ ተሰሪዖም ናብ ኣራት ኪሎ ተመልሱ።[621] ንግዳያት ዝኸውን ሓገዝ እውን ኣዋጽኡ። ካብ ኢትዮጵያ ዝኾነ ይኹን ጽቡቕ ከም ዘይርከብ ብምርግጋጽ ከኣ ፍታሕ ናብ ሰውራ ምጽንባር ጥራይ ምዃኑ ደምደሙ። ትምህርቶም ኣቋሪጾም ብቕጥታ ናብ ቃልሲ ተጸንበሩ እውን ነበሩ። ጀነራል ስብሓት ኤፍረም ምስ መጽሔት ተዓጠቕ ኣብ ዝገበሮ ቃለ መሕተት ከምዚ ይብል፡-

> *“ናይ ዖና ናይ ምቅጻልን ህልቂትን ምስ መጸ ዳርጋ ኩሉ ተመሃራይ ናይቲ ዩኒቨርሲቲ ሽዑ ትምህርቲ ከይኣተወ ጊዲፍዎ። ዖና ከባቢ ከረን ስለ ዝኾነ እቶም ደቂ ከባቢ ከረን ኣብ’ቲ ቤት ትምህርቲ ምሳና ዝነበሩ ይነግሩና። በዓል ወዲ ሓጂ.... እቲ ወረ ቀልጢፉ ተሰሚዑ። ድሕሪኡ ኩሉ ተመሃራይ ናብቲ ቤት ትምህርቲ ዘይምኻድ ነቲ ናይ ሓዘን መዓልትታት ምኽባር ዳርጋ ኖርማል’ዩ ገይርዎ። እቲ ኤርትራዊ ንሓድሕዱ ትንግር ትንግር ኣቢሉ ብቖሊሉ’ዩ ዝገብሮ። ዝኾነ ነገር ተወሃሂዱ ግዜ ኣይወሰደሉን። እቲ ሓበሬታ ጥራይ ክፈልጥ ኣለዎ። ኩሉ ኣብቲ እዋን’ቲ ናብ ሜዳ ክጽንበርየ ዝብል ናብ በረኻ ከይዱ ጉዕዞ ብእግሩ ይገብር። ሰንበት ድዩ ቀዳም ብእግሩ ይብል። ጎቦታት ይወጽእ ነብሱ የለማምድ። ኣብ ኣዲስ-ኣበባ ጫፍ ናቱ ሒዙ ብጎቦታት እንጥጦ ጌርካ ገለ ጌርካ ታሕቲ ትወርድ ነብስኻ ተመዓራርዮ። ጽባሕ ኣብ ዝመጽእ ነገር ሓደ ነገር ንኽትገብር ማለት’ዩ... ብብዝሒ ካብቲ ዩኒቨርሲቲ ክንስለፍ ዝጀመርና ንሕና ኢና። ኣብቲ መጀመርታ ናይ 1972 ዓመተ ምህረት ማለት’ዩ። ብድሕሪኡ እቲ ካልእ ጉጅለ እናሰዓበ ይቕጽል ነይሩ።”[622]*

ተጋዳላይ የማነ ዳዊት ነቲ ናይ ሽዑ ኩነታት ኣመልኪቱ ክዛረብ ከሎ፥

"ጐድኒ-ጐድኒ’ዚ፡ ንኤርትራውያን ብፍሉይ ዘገድስና ጉዳይ ኤርትራ’ውን መዓልታዊ ዛዕባ እዩ ነይሩ። ብፍላይ እቲ ኣብ መጀመርታ 1971 ንቐዳማይ ዓመት ህልቂት ዖና ብኸመይ ንዘክሮ ዝብል ሕቶ ብምልዓሉ ዝሰዓበ ክትዓት ኣዝዩ ደፋፋኢ ገይረ እጥምቶ። ... ኣብ ኣዲስ ኣበባ ብሓፈሻ ኣብ ዩኒቨርሲቲ ድማ ብፍላይ ዝፈኾሰ ጸጥታዊ ምክትታል ስለ ዝነበረን ቀዳማይ ዓመት ዝኸሪ ህልቂት ዖና ብኸመይ ነብዕሎ ዝብል ሕቶ ኣልዒልካምዝታይ ጸገም ኣይነበሮን። ኣብ ቀጽርታት ዩኒቨርሲቲ ኣኼባታት ተኻይዱ። ኣብቲ ኣኼባታት ርእስና ላጺና፡ ጸሊም ጨርቂ ኣሲርና ተቓውሞና ነስምዕ በቲ ሓደ፡

---

621 ክብርኣብ ተስፉ፡ 21 ግንቦት 2023 ናይ ተሌፎን ዝርርብ።

622 ጀነራል ስብሓት ኤፍረም “መጽሔት ተዓጠቕ” ቁ.14 ሓምለ 2008።

እዚ መጠመትን ንው ቅተሉናን ስለ ዝኾነ ዘዋጽእ ኣይኮነን ዝብል ርእይቶታት በቲ ካልእ ቀሪቡ። እቲ ዘዋጽእን ቅኑዕን ሜዳ ወጺእካ ምስ ኣሕዋትካ ምግዳል ዝብል ርእይቶ ዝነበሮ'ውን ነይሩ። ውዳበታት እናሓየለን እናሰፍሐን ስለ ዝኸደ ኣብዚ እዋናት'ዚ ንመጀምርያ ጊዜ ዝተጠራነፍና 11 ሰባት ናብ ሜዳ ክንብገስ ወሲንና"[623] ይብል።

ኣርባዕተ ኤርትራውን ተማሃሮ ግን ንተቓውሞኦም ዝገለጽሉ መገዲ ኣዝዩ ፍሉይ ነይሩ። በቲ ኣብ ያናን በስከዲራ ዝወረደ ግፍዒ ክንዮ ኣድማን ሰለማዊ ሰልፍን። ደበሳይ ገብረስላሴ፡ ኣማንኤል ዮውሃንስ፡[624] ሙሴ ተስፋሚካኤል፡ የውሃንስ ስባሀቱን ካብ ባህርዳር ናብ ኣዲስ-ኣበባ ንዝነቐለት መገዲ ኣየር ኢትዮጵያ ዲሲ 8 ዝኾነት ነፈሪት ጨውዩ። ናይዚ ተባዕ ውሳነ ድርኺት እቲ ኣብ ልዕሊ ህዝቦም ዝወርደ ህልቂት እዩ። ንሳቶም ብ23 ጥሪ 1971 ናብ ኣዲስ-ኣበባ ዝጉዓዙ ተመሲሎም ናብታ ነፋሪት ተሰቒሎ። ነዊሕ ከይተጓዕዙ ግን ኣንፈት'ታ ነፋሪ ካብ ኣዲስ ኣበባ ንካርቱም ከም ትቕይር ገበሩ። ኣብ ካርቱም እውን ኣይዓረፉን። ንካይሮ ቀጸሉ። መጨረሽታ ከኣ ነዳዲ ቅድሚ ምውድኣ ኣብ ፈዝ (በንጋዚ) ሊብያ ኣዕለብዋ። ኣብቲ መዕርፎ ነፈርቲ ንጋዜጠኛታት ዝሃብዎ መግለጺ እዚ ዝስዕብ ነበረ፦

> *"ናይ'ዚ ዝፈጸምናዮ ስርሒት ቀዳማይ ዕላማ፡ ቃልሲ ኤርትራውያን ኣንጻር መግዛእቲ ኢትዮጵያ ኣቓልቦ ዓለም ከም ዝስሕብ ምግባር እዩ። ብተወሳኺ ቅልጡፍ ግብረ መልሲ ናይቲ ኣብዚ ቀረባ እዋን ወተሃደራት ኢትዮጵያ ኣብ ሓደ መዓልቲ 800 ኤርትራውያን ዝቐተልሉ ወፍሪ እዩ። .... ንሕና ቀተልቲ ኣይኮናን፡ ተቓለስቲ ኢና፡ ንሕና ኣብ ሓርነታዊ ግንባር ኤርትራ ወግዓውያን ኣባላት ኣይኮናን። ...ሓቂ እዩ ጭውያ ቅቡል ኣይኮነን። እንተኾነ ዘይቅቡል ተግባራት ኢትዮጵያ ኣብ ልዕሊ ህዝቢ ኤርትራ ንቃልስና ዝሕግዝ ዝኾነ ነገር ክንገብር መሰል ይህበና እዩ።"*[625]

ብዘይ ፍትሒ ንዝተጨፍጨፉ ወገናቶምን ንስለ ፍትሓውነት ሰውራ ኤርትራን ከፍልጡ ተልእኾ ዘሰከሞም ኣካል ዘይብሎም ክንሶም ህይወቶም ንመስዋእቲ ወከፉ። ዘይቅቡል ተግባራት ኢትዮጵያ ከቃልዉ ህይወት ዝሓትት ውሳነ ወሰዱ። ኩሉ እቲ ናይ ኤርትራዊ ተቓውሞታት ግን ኣብ ልዕሊ ሰለማዊ

623 ቃለ-መጠይቕ ተጋዳላይ የማነ ዳዊት ምስ ፕሮጀክት ታሪኽ ሰውራ ኤርትራ - ህግደፍ።

624 ብ8 ታሕሳስ 1972 ኣማኑኤል ዮሃንስ ምስ ማርታ መብራህቱ፡ ዮሃንስ ፍቓዱ (ኤርትራውያን) ዋለልኝ መኮነን፡ ታደለች ኪዳነማርያም፡ ተስፋየ ቢረጋ፡ ጌታቸው ሃብቴን ዘይዕዉት ፈተነ ገይሮም ኩሎም ተቐቲሎም።

625 ግፍዒ፡ ገጽ 24።

ኢትዮጵያዊ ጉድኣት ከብጽሕ ሓደኳ ኣይሓለነን። ኢትዮጵያ ኣፈሙዙ ብረት ናብ መስኪን ኤርትራዊ ከተቕንዖ ከላ ኤርትራዊ ንሓንቲ መዓልቲኳ ንሰለማዊ ኢትዮጵያዊ ዕላማ ኣይገበረን። ጸግዕን መኸወልን ንዘይነበሮ ንጹህ ኢትዮጵያዊ ምትኳስ ስለ ዝኸበደ ኣይኮነን። ኣብ ዝኾነ ክፋል ናይ ኢትዮጵያ ወላ እውን ኣብ ሕንብርቲ ኣዲስ-ኣበባ መጥቃዕቲ ምፍጻም ብፍጹም ከቢዱ ኣይፈልጥን። ኣይተሓሰበን ግን።

ናይ ሞት ይጽናሕ ናይ ሕልፈት ይለቐስ!

ኣብ ዘይሪሙ ወራሲ ቆራሲ
ኣብ ዘይታቦቱ ባራኺ ቀዳሲ
ከም ኣንበጣ ዝበልዕ ከይሓረሰ
ኣብ ከብዲ ዓዲ ጓና ምስ ኣግዓሰ
ይዋእ ኤርትራየ ረኻቢት መከራ
ጉሒላ ኣትይዎ ፋሕ ኢሉ ሓዳራ።

እቲ ስርዓታት ኢትዮጵያ ኣብ ልዕሊ ህዝቢ ኤርትራ ዝፈጸምዎ ግፍዕን ሳዕቤኑን ንምፍላጥ እንተ ዝፍተን ዝተጠናነገ ካብ ምዃኑ ልዕሊ ኣጸጋሚ፡ ኣዝዩ ኣጸጋሚ ምኾነ። ኩለንትናዊ ሳዕቤን ጠሪሸን ናይ ዝባደማ ኣማኢት ዓድታት ኤርትራ፡ ብዓሰርተታት ኣሽሓት ናይ ዝተቐዝፉ ሰለማውያን፡ ብዝኸትምትና ናይ ዝተሳቐዩ ዓሰርተታት ኣሽሓት ህጻናት፡ ንመዋእል ብኣካላውን ስነ ኣእምሮኣዊን ሃስያ እናተሳቐዩ ብሕሰም ናይ ዝነበሩ፡ ማሙቕ ቤቶምን ዓዶምን ገዲፎም ብምፍንቓል ንዓዲ ጓና ናይ ዝተሰዱ ኣማኢት ኣሽሓት ዝበጽሖም ውርደት፡ ሰብኣዊ ክሳራ፡ ኣካላውን ስነ ኣእምሮኣውን ሃስያ፡ ቁጠባዊ፡ ማሕበራዊን ሞራላውን ክሳራታት ብኸመይ ክትመን ይከኣል፧ ብቐንዱ እዚ ሕቶ ክንዮ ዓቕምን ዕላማን ጸሓፊ እዩ። ንመረዳእታ ዝኣክል ግን ቆንጪልካ ንምርኣዩ ተፈቲኑ ኣሎ።

ካብ ኩሉ ዝበጽሐ ሃስያታት እቲ ዝበኣሰ ኣብ ልዕሊ ህይወት ወዲ ሰብ ዝወረደ ክሳራ እዩ። ህይወት ወዲ ሰብ ንሓንቲ ህሞት ጥራይ ትንበር ክብርቲ ህያብ'ያ። ስርዓታት ኢትዮጵያ ንኤርትራዊ ዝፈረድዎ ከኣ ብህይወት ከይነብር እዩ። ብህይወት ንኸይነብር ድማ ብተደጋጋሚ ክመውት ነይሩዎ። ኣመሓዳሪ ኤርትራ ዝነበረ ልኡል ራእሲ ኣስራተ ካሳ ኣብ ሓደ ኣጋጣሚ ምስ ደጃዝማች ገብረዮውሃንስን ደግያት ሓረጎትን ነዛ ሓቂ ብኣፉ በጮቕ ኣቢልዋ ነይሩ። እቲ ኣብ መንጎ እዞም ሰለስተ ናይ ኢትዮጵያ ሰበስልጣናት ነበር ዝነበረ ዝርርብ ካብ ኣንደበት ደጃዝማች ገብረዮውሃንስ እዩ ተሰኒዱ።

"ኣነ ሓቂ ንምዝራብ እንተኾይኑ ንህዝቢ ኤርትራ ከጥፍኦ መጺአ'

እዛ ዘረባ ክዛረብ ከሎ ንኹልቴና'ዮም ጸዊያምና ነይሮም። ደግያት ሓረጎት ከተፍ ይብሉ'ለው። 'እወ ኣነ ንህዝቢ ኤርትራ ከጥፍእ'የ መጺአ ዝነበርኩ እንተኾነ ግን ንህዝቢ ኤርትራ ምስ ረኣኹዎ እቲ መንፈሱ ከምኡ ኮይኑ ስለዘይረኸብኩዎ' በለ። ደግያት ሓረጎት ብግዲኦም "ንኤርትራ ከተጥፍኡ ከለኹም ኤርትራ በይና ኣይትጠፍእን፡ ክልቲኤን ኽጠፍኣ'የን" ይብልዎም ኣለዉ. ደግያት ሓረጎት ንአስራት'ዮም ዝብልዎም ዘለዉ። ኣነን ሓረጎትን ከለና ኣብ ኣስመራ"[626]

ደጃዝማች ሓቂ ካብ ምዝራብ ድንብርጽ ዘይብሉ ሓቀኛ ሰብ ምንባሮም ምስክርነት ዘድልዮም ኣይኮነን። ንሶም ብሰንኪ ሓቂ ምዝራቦም ንዓመታት ተሓይሮም። ከም ሰብ ተሪርን ሓቀኛን መለለይኦም ነይሩ። ንዘይተባህለ ናይ ምባል ኣመል ዘይኮነስ ንዕኦም ተቕትል ካብ ምድርጓሕ ንድሕሪት ዘይብል ባህሪ ዝውንኑ ሰብኣይ።

እዚ ራእሲ ኣስራት ኢሎሞ ዝበልዋ ኣብ ካልእ ኣጋጣሚ ራእሲ ኣስራት ዳርጋ ብተመሳሳሊ ቃላት ስለ ዝደገምዎ ንምስክርነቶም ከተርንዖ ይኽእል።

ራእሲ ኣስራት ኣብ መወዳእታ 60ታት ኣብ ሓደ ኣጋጣሚ ኣብ ኮሚሰርያቶ ከረን ንዝተኣከበ ህዝቢ "ነታ ጸጉሪ ዘይነበራ ርእሱ እናደረዘ 'ንኤርትራ ከምዛ ርእሰይ ክገብራ'የ' ብምባል ፈኪሩልና" ይብሉ ከንቴባ መሓመድኖር ዓብደላ። ኣብ ከረንን ከባቢኡን እዛ ኣበሃህላ ኣብ ኣፍ ብዙሓት ትረኽባ። ፋዕራ ኤርትራውያን ዘይነበራ ኢትዮጵያ ናብ ኤርትራ ክትመጽእ ከላ ናይ ጥፍኣት ኣጀንዳ ሒዛ ምምጽኣ መርትዖ ዘድሎዮ ኣይኮነን። ራእሲ ኣስራት ኣፉ ኣውጺኡ ምዝራቡ ጥራይ እዩ። ነዚ ሓቂ ካልእ ኢትዮጵያዊ በዓል ስልጣን ተኣሚንሉ እዩ። ኣብ ሱሳታት ከም ታሕተዋይ ወተሃደራዊ መኮነን ኣብ ዘመነ ደርጊ ዝለዓለ ናይ ፖለቲካ ሓላፊ ዝነበረ ሻለቃ ዳዊት ወልደግዮርጊስ፡-

> *"ኣብ 1960ታት ሰራዊት ኢትዮጵያ ኤርትራ ክኣቱ ከሎ ወራሪ ኣተሓሳስባ ሒዙ እዩ ኣትዩ - - - እምነቱ ድማ ነቲ ህዝቢ ኣቦኡ ዘፍለጠ ሓይሊ ብምርኣይ ንምእማን'ዩ- - - - ንደባይ ተዋጋእቲ የዕቁባ እየን ተባሂለን ዝተጠርጠራ ዓድታት ደምሲሶመን - - - እቲ ሰራዊት ንሕብረተሰብ ብዘየፈላልይ ንኩሉ ዝቐጽዕ እናኾነ ከይዱ- - -"[627]*

ኤርትራ ናብ ኢትዮጵያ ክትጽንበር ኤርትራዊ ሞት ተፈሪዱ። ሃጸይ ሃይለስላሰ ንደግያት ፍስሃጽዮን ሃይለ "ንመግዛእትና ኪቕበል ዘይደሊ ዝኾነ

---

626 ገበረየሃንስ ተስፋማርያም (ድጃዝማች) 1998።

627 Wolde Giorgis, Dawit "Read Tears:war, Famine and Revolution in Ethiopia (Trenton, NJ: Red Sea Press, 1998: p 82

ይኹን ሰብ እንተደአ ሃልዩ፣ ንኺነብር እውን ኪግደፍ ኣይኮነን" እናበሉ ንዕኦም ኣሜን ዘይበለ ዕጽጭኡ ሞት ምዃኑ ብዘይሕብእብእ ነገሮም። ኩሉ እቲ ዝተፈተነ ጻዕሪ ግን ኣይተዓወተን። እቶም ሞት ዝፈረዱ ቀዲሞም ሞይቶም። ቁጽሪ ናይቶም ግዳይ ዝኾኑ ንጽሃት ሰለማውያንን ኣብ ዓውደ ኩናት ዝተሰውኡ ተጋደልትን ግን ብዙሕ ነይሩ።

> *"ኣብ እዋን ሓርነታዊ ቃልሲ ገዛእቲ ኢትዮጵያ "ዓሳ ንምጽናት ባሕሪ ምንጻፍ" ብዝብል እዉጅ ፖሊሲ ኣብ ልዕሊ ሰላማዊ ህዝቢ ዚፈጸምዎ ግፍዕታትን ከቢድ በሰላኡን ሰፊሕ ታሪኽ'ዩ። በዚ ኣብ ዝተፈላለየ መድረኻት ዝተፈጸመ ግፍዕታት ድማ ኣስታት 50,000 ሰላማውያን ከቕተሉ እንከለዉ ኣማኢት ዓድታት ነዲደን ዓሰርተታት ኣሽሓት ሃሊቐን ብዙሕ ንብረት ተዘሚቱን ዓንዩን...."*[628]

እዚ ዕርቡን ኤርትራ እዩ።

* * *

ከምቲ ናይ ሞት ይጽናሕ ናይ ሕልፈት ይለቐስ ዝተባህለ ካብ ሞት ተሪፎም መዋእሎም ብዝተፈላለየ ሓድግታት ግፍዒ ዝተሳቐዩን ዝሳቐዩ ዘለዉን እውን መቑጸሪ የብሎምን። ሓደ ካብ ሓድግታት ግፍዒ ኣደራዕ ዝኽትምና እዩ። ብርግጽ ኣብ ሕብረተሰብ ኤርትራ ዘኽታም ዝብኢ ኣይበልዖን'ዩ። ከብርታትን ሕብረተሰብ ኤርትራ ንዘኽታም ዝሓቑፍ እዩ። ዘኽታማት ግፍዒ ግን ዝባኖም ቁሪ ከስዓኦም ጥሜት ኣይፍሕቆን ማለት ኣይኮነን። ኣብ ኤርትራ ግዳም ዘይሕድር ክቡር ባህሊ እንተዘይህሉ እቲ ዝወረደ ግፍዒ ንምስሊ ሕብረተሰብና ኣብ ሓደ ህሞት ናብ ዝኸፍአ መልክዕ ምቐየሮ። እንተኾነ ግን ወላኳ ዘኽታማት ናብ ጎልጎል እንተዘይተደርበዩ ክንዲ ኣቦን ክንዲ ኣደን ዝመጽእ የለን።

እቶም ኣቦ ወይ ኣደ ዝሰኣኑ ዘኽታማት ከም ርዱእ ብእንኮ ወላዲ እናተናበዩ ዓብዮም። ካብ ኣቦን ካብ ኣደን ዝተረፉ ምስ ዓባይን ኣቦሓጎን ተሓቑፎም። እዚ ኣመራጺታት እዚ ዘይነበሮም ከኣ ናብ መቕርበ ዘመድ ተጸጊዖም። ኣብ ገለ ከኣ ዓበይቲ ናይ ንኣሽቱ ኣሕዋቶም ሓላፍነት ተሰኪሞም። ናብ ኢድ ገበርቲ ሰናይ ዝወደቑ እውን ነይሮም።

ዝበዝሑ ዘኽታማት ግፍዒ ምናልባት ዘይጠመዩ ከኾኑ ይኽእሉ። ጥራይ ዝባኖም እውን ኣይተራእዩን ይኾኑ። ወላዲ ጥራይ ዘመንጭዎ መንፈሳዊ መግቢ ግን ኣይጸገቡን። ኣብ ሕቑፊ ወላዲ ኣይማሞቑን። ማዕዳ ይኹን ተግሳጽ ወላዲ ኣየስተማቐሩን። እዚ ጎደሎ ከሳብ ክንደይ ንነብሰ

628 ግፍዒ።

ምትእምማንካ ይፍሕቆ እቲ ዝፈተኖ ጥራይ'ዩ ዝፈልጦ።

ማካ ዓበ መሓመድ ኣብ ህልቂት ዖና ወለዳ ዝሰኣነት ግዳይ እያ። ነቲ ኣብ ገዛእ ርእሳን ኣብ ኣሕዋታን ዝወረደ እንክትገልጽ "ሰለስተ ኣሕዋት ነይርና፡ ካብዛ መዓልቲ እዚኣ ፋሕ ኢልና። ኣነ ሽዑ ምስ ሓትነይ ንገብሲ ወሲዳትኒ። መሓመድ ጅምዕ ዓበ ንሚስተር ህዩ ተዋሂቡ። ... . ኣብ ሰለስተ ቦታ ፋሕ ኢልና። ከም ኣሕዋት ኣይተሓቛቖፍናን። ብሓንሳብ ዓቢኻ፡ ተጻዊትካ እዚ ኣይንፈልጦን ኢና። ... . ኣሕዋተይ ምስኦም ዓብየ ተጻዊተ ክብል ኣይክእልን..." ብትካዘ ተዘንቱ። ካብዚ ዝመርር ህይወት ቁልዕነት ዘሕለፉ ድማ ኣዲኦም ትቑጻሮም።

ኣብቲ ግዜ ገለ ሰብ ጸጋ ኣቦን ኣደን ንዘይነበሮም ህጻናት ከዕብዩ ተበግሶ ዝወሰዱ እውን ነይሮም። መሓመድኖር ያቖት ንክልተ ኣዲኦም ዝሰኣኑ ማንታ ህጻናት ካብ ሓንቲ ወጻእተኛ ተቐቢሎም ብሞጉዚትነት ብምዕባዮም ብኣብነት ይጥቀሱ። ብዙሓት ድማ ኣብ ላልምባ መዕበይ ዘኽታማት ተዓቑቡ።

ውሑዳት ህጻናት ከኣ ብወጻእተኛታት ተራዒሞም ናብ ዝተፈላለዩ ሃገራት ተወሰዱ። ኣብ መጽሓፍ (ግፍዒ) 'ዘይሰመረ ትጽቢት' ትብል ዛንታ ፋጥና መሓመድኑር ኢሻቕ ናይዚ ሓንቲ ኣብነት እያ። ፋጥና ኣብ ዖና ካብ ጎኒ ሬሳ ወላዲታ ዝተላዕለት ህጻን እያ። ኣብ ናይ ኣዋርሕ ዕድሚኣ ኣደኣ ስኢና ከተብቅዕ ብተደጋጋሚ ሓሚማ ካብ ከረን ነስመራ ሓለፈት። ብዝተገበረላ መርመራ ኣብ ኣካላታ ዘይርአ ማህረምቲ ተረኸባ። ንናይ ህይወታ መጻኢ ሓደገኛ ምዃኑ ነቡኣ ተሓበሮ። እንኮ ፍታሕ ንወጻኢ ከይዳ ክትሕከም ነይርዋ። እዚ ነቲ ኣደኡን በዓልቲ ቤቱን ብሓባር ዝቐበረ ኣቦይ መሓመድኖር ልዕሊ ዓቕሙ ነበረ።

"እታ ውጽኣት ሓሚማ ኢለ ዘምጻእኩዋ ቆልዓ ኣብ ውሽጢ ኣካላታ ስኩጅ ኣለዋ ዝብል ዘይተጸበኹዎ መርድእ በቶም ሓካይም ተነግረኒ። 'ንሕክምና ንኣልማንያ (ጀርመን) እንተዘይወሲድካያ ንዳሕራይ ሳዕቤን ክህልዎ'ዩ ምስ በሉኒ ገንዘብ ይኹን ዓቕሚ ከም ዘይብለይ ኣምሪረ ገለጽኩሎም። ኣይጸናሕናን ሓደ ሓበሻ ዝርከቦም ክልተ ሰብኣይን ሰበይትን ጸዓዱ ናባይ መጺኦም 'ንሕና'ኳ ወዲ ኢና ደሊና ነይርና። ነዛ ጓልካ ምስ ረኣናያ ግን ፈቲናያ'ሞ ፈሪምካ ትህበና እንተ ኾንካ ኣብ ዓድና ኣሓኪምና ነዕብያ፡ ነምህራ ከኣ። ክሳብ ጓል 16 ዓመት ትኣክል'ውን ምሳና ትጸንሕ፡ ኣብ መንጎ ከኣ መጺኣ ትርእየካ' ምስ በሉኒ ካልእ ኣማራጺ ኣይነበረንን። ኣብ ቤት ፍርዲ ኣውራጃ ሓማሴን ኬድና ተፈራሪምና......ድሕሪ ሓደ ዓመት ስእልን ኣድራሻን ዝሓዘ መልእኽቲ መጽኣኒ። ሓጎሰይ ጥርዚ በጽሐ። እቶም ውላድ ኣብይዎም ንጓለይ ከዕብዩ ዝወሰድዋ ጸዓዱ፡ ጓለይ ርሒሳቶም 'ኣብ ዓመት ጓልካ ሓደ ወዲ ወሊድና። ጓልካ ርሒሳትና ማርያ ፋጥማ ኢልናያ። ጓልካ ብርኽቲ እያ'

ክብሉ ጸሓፉለይ”[629] ይብል።

ድሕርዚ ካብ ፋጥናን ኣርዓምታን ዝተላእከት መልእኽቲ ዳግማይ ኣይተሰምዐን። ከምዚ ኢሉ ከኣ ኣቦይ መሓመድ ኖር ነተን ኣብ ያና ዝወደቓ ኣደኡን ሰበይቱን ሓንሳብ በኽዩ ተጸናኒዑ ብዳሉ ግን ወትሩ እናተሳቐየ ይነብር ነበረ። “እኔኹ ብሎሚ ጽባሕ ዓለይ ከርኢ እናተሃንጠኹ ዓመታት ይሓልፍ ኣሎ። እነኹልካ ገጽ ዓለይ ብሓይሊ ረቢ ከርኢ ተስፋ ከይቆረጽኩ ብትዕግስቲ እጽበ” ንጋዜጠኛ ዓብደልቃድር ኣሕመድ እናስተንተኑ ዝበልወን ቃላት እየን።

ደሃይ ፋጥና ኣይተረኽበን። ገጽ ዓሉ ክርኢ ዘይውዳእ ሃረርታ ዝነበሮ ኣቦይ መሓመድኖር እውን ትጽቢቱ ከይሰመረ ምስ ናፍቖቱ ካብዛ ዓለም ተፈልዩ። ኣቦይ መሓመድኖር ብህይወት ከሎ ንኩነታት ዓሉ ክከታተል ንጋዜጠኛ ቲቪ ኤረ መሓመድኖር ስዒድ ዓሊ ብቤት ፍርዲ ወኪልዎ ነይሩ። ንበዓል ነጎዳ ሓዊ ተኩሶ ከም ዝበሃል ንሱ እውን ሓደራ ኣቦይ መሓመድኖር ኣብ ምዕራፉ ከየብጽሐ ካብዛ ዓለም ብሞት ተፈልዩ። ድሃይ ፋጥና ምሕታት ግን ምስኦም ኣይተቐብረን። ድሕሪኦ ዝተወልዱ ኣሕዋታ ደሃያ እንተሰምዑ ምሕታት ክሳብ እዛ ዕለት ኣየቋረጹን።

ንፋጥና ንእሽቶ ሓዋ ስሚር መሓመድኖር ኢሽሓቕ ኣብ ዝሃበኒ ስእሊን ጭራም ወረቐትን ፋጥና ዝረዐመትሉ ቁጽሪ መዝገብ ቤት ፍርዲ ረኺበ። ነዛ ውሳነ ቤት ፍርዲ ብምቕሉል ምትሕብባር ሚኒስተር ፎዝያ ሃሽምን መሳርሕታን ኣብ ኢደይ በጺሓ። እዚ መበቆላዊ ሰነድ ከም ዝሕብሮ ንፋጥና ዘርዓሙ ጀርመናውያን ዘይኮኑ ኣመሪካውያን ነበሩ። ሚስተር ጆዘፍ ዊልያም ጀርመይን ምስዝ ቪኪ ጀርመይን ከኣ ይበሃሉ። ስም ፋጥና መሓመድኑር ብፒናሊን ጀርመይን እዩ ተተኪኡ። ንሳ ዝተውልደትሉ ዕለት ከኣ 10 መስከረም 1970 ይብል። እዚ ሓበሬታ ንምርካባ ሓገዝ ይገብር’ዶ ይኸውን፧ ምናልባት!

* * *

ካብ ንደቃ ንዓና ከም ትቐርብ

ንሕና ማይጨባ ንሱ ኣኣጅቦ

ንሕና ጨው ንፈሪ ንሱ ኸኣ ይኸሰዕ

ካብ ንደቃ ንዓና ከም ተኽብር

ንሕና ንኺድም ንሱ የማሕድር

ካብ ንደቃ ንዓና ከም ትፈቱ

ንሕና ንሰደድ ንሱ ዓዲ ይኣቱ

---

629 ግፍዒ ገጽ 202

ወደ'ባት ንበረኻ ዓና'ን ከአ ኣራጢጡ።

ኣብ ሰላሳ ዓመታት መሪር ቃልሲ ኣሽሓት ኤርትራውያን ንእንኮ ህይወቶም ከድሕኑ ካብ ማሙቕ ቤቶምን ዓዶምን ተፈናቒሎም። ኣማራጺ ስለ ዘይነበረ ምድሪ እሳት ተፊኣ ምንዳድን ሞትን ምስ በዝሐ ፈቐዶኡ ተበታቲኖም። ምንዳድን ምቕታልን ኣሰር ኣሰሮም ስለዝሰዓበ ኣርሒቖም ናብ ዓዲ ዓና ተሰደዱ። ኣስታት 70.000 ኤርትራውያን ካብ 1967 ጀሚሩ ኣብ ዝነበራ ናይ ፈለማ ዓመታት ጥራይ ዶብ ሰጊሮም ኣብ መዓስከራት ሱዳን ተዓቚቦም። ማዕበል ናይ ስደት ክሳብ ዕለተ ናጽነት ቀጺሉ። ጸኣት ኤርትራውያን ብቐንዱ ንእንኮ ህይወቶም ንምድሓን እዩ ዝነበረ። ኣብ ኤርትራ ግን ሰብ ጥራይ ኣይኮነን ተሰዲዱ። ኣዕዋፍ ኣርሒቐን በሪረን፡ እንስሳ ዘገዳም ጸኒተን፡ ኣግራብ በሪሱ። ስነጥበባዊ ኣስመሮም ሃብተመርያም ነቲ ዘመን በዘን ዝስዕባ ቃላት ይገልጾ።

እታ ዖፍ ናይ ሰማይ ጽብቕቲ ባሬቶ

ጫቕታ ስኢና ኣብ ኩሉ ምስ ዞሮቶ

ኣርሒቓ ሃደመት ሰፈራ ሓደገቶ[630]

ሃብቱ፡ ጥሪቱን ክብረቱን ብድሕሪት ዝሓደገ "ንኣማና" ክእልሽ እግሩ ናብ ዝመርሖ ዝሰጎመ በዚሑ። ካብ ማሙቕ ኣባይቱ ኣብ ሆሮሩማ ጸሓይ ኣብ ቴንዳታት UNHCR ተዓቚቡ። ዝሕበንሉ ዓድን ስምን ሓዲጉ 'ብስደተኛ' ተጸውዑ። ሓሪሱን ሓፊሱን ልዕሊ ቀለብ ዓመት ከምዘየፍረየ ንቁንጣሮ ምጽወታ ኣቋመቱ። ዝሕበንሉ ባህሊ ልምዲን ቋንቋን ጠንጢኑ ንኽነብር ናይ ዓና ርዒሙ። መዓልታት ስደቱ እናነውሐ ብዝኸደ ልቡ ንድሕሪት እግሩ ንቕድሚኡ እናሳጎመ ናብ ምሉእ ዓለም ተበቲኑ። ሎሚ ቀዳማይ ወልዶ ሓሊፉ ካልኣይን ሳልሳይን ወለዶ ምስ ተተክአ ካብ መበቆላዊት ዓዱን መንነቱን ናይ ምብታኽ ሓደጋ ኣንጸላልይዎ ይርከብ። ስነጥበባዊ እድሪስ መሓመድዓሊ ኣብ ስደት ተወሊዱ ንዓዲ ኣቦታቱ ዓና ዝኾነ ወለዶ እንክገልጽ፡-

ወልካ ምድሩ ይለኣምር ወላ ምድር ኣብዕቡ

ዲብ ሕሳብ ኢልኣተ እሊ ለእንታ ትሓስቡ

እብዕንታቱ ለይርኢያ ኢልሓስባ ዲብ ልቡ[631]

ትርጉሙ፥

ወድኻ መሬቱ ኣይፈልጥ መሬት ኣቦሓጎታቱ

630 ስነጥበባዊ ኣስመሮም ሃብተማርያም።
631 ስነ ጥበባዊ እድሪስ መሓመድ ዓሊ።

ንሰኻ ትሓስቦ ኣብ ሓሳብ ነየእቱ

ብዓይኑ ዘይርኣያ ኣይሓስባን ብልቡ

ወተሃደር ደርግ ነይሩ፡ ኣብ ቀዳማይ ሓርነት ከተማ ኣፍዓበት (1977) ብህዝባዊ ግንባር ተማሪኺ ኢትዮጵያዊ ማሞ ኣፈታ ኣብ 1982 ነጻ ተለቒቑ። ምስ ህዝባዊ ግንባር ኪቃለስ መሪጹ ድሕሪ መላእ ናጽነት ኤርትራ ኣብ ሜዳ ምስ ዝተመርዓዋ ኤርትራዊት ተጋዳሊት ናብ ኢትዮጵያ ተመሊሱ ይነብር ኣሎ። ተጋዳላይ ማሞ ኣብ 2021 "ኣንቱ በእናት" ዘርእስታ መጽሓፍ ሒዙ ወጺኡ ኣሎ። ንሱ ኣብ መጽሓፉ ነቲ ኣብ ኤርትራ ዘጓነፈ ምፍንቓል፡ ስደትን ወርደትን ንሰብ ጥራይ ዘይኮነ ንኩሉ ፍጡር ዘካተተ ምንባሩ ብውሕሉል ቃላት ንህዝቢ ኢትዮጵያ ከምዚ እናበለ ነጊሩልና።

> *"ኣዕዋፍ፡ ኣኽላባት፡ ከብቲ፡ ኣባጊዕ ኮነ ኣጣል ኤርትራ ብኣጠቓላሊ ኩሉ ፍጡር እናሰንበደን እናባህረረን እዩ። ብምድሪ ከቢድ ብረት ብሰማይ ቦምባታት ተዋጋእቲ ነፈርቲ ይዘንቦ፣ ንነብሱ ኪድሕን ከኣ ኣርሒቑ ከሃድም ይውዕል።"[632]*

እድሪስ ኣጉዱባይ መሓመድ እውን ነቲ ድሕሪ ህልቂት ዖና ፋሕ ብትን ዚበለ ህዝቢ ዘኪሩ "ገሊኡ ናብ ሹቕ ኣትዩ ገሊኦም ሱዳን ተባሪሮም። ሰብ ኣየዕረፈን ገለ ይኸይድ ገለ ይመጽእ ሰብ ሓያል'ዩ ጠፊኡ ኢልካ ኣይጠፍእን ሞይቱ ኢልካ ኣይመውትን ዚጠፍእ እንተዝኸውን ሽው ምጠፍኤ ብሓዊ በዝን ላኪን ሰብ ጠፊኡ ኣይጠፍእን ኣምላኽ ዝፈጠሮ"[633]እናበለ ቃል ምስክርነቱ ሂቡ።

ካብ ዛዕባ ስደት ከይወጻእና ምናልባት ብሰንኪ መግዛእቲ ኣብ ኤርትራ ዝወረደ መከራ፡ ግፍዒ፡ ከረተትን ውርደትን ከጽንዕ ዝሕልን እንተሎ ብውሑዱ ንስደት ዝምልከት ሓንቲ ቅጺ ክሓዝእ ከግደድ እዩ። ደራሲ ኣብ ምድላው ካብ ዝጎነፎ ጸገማት ብዙሓት ናይ ዓይኒ መሰኻኽር ኣብ ስደት ስለ ዝርከቡ ምስክርነቶም ክሰንድ ኣይከኣለን። ዝበዝሑ ካብኦም እውን ዕድመ ደፊኦም ኣብ ዓዲ ስደቶም ከም ዝሞቱ ምስ ፈለጥካ ጓሂኻ መሊሱ ይዛይድ።

ፕሮፌሰር ሃብቱ ገብረኣብ ኣብ ኢትዮጵያ ተወሊዱ ዝዓበየ ኤርትራዊ እዩ። ንሱ ኣብ ኣመሪካ ሲንሰናቲ ናይ ታሪኽ ፕሮፌሰር ኮይኑ ኣብ 2001 ንህልቂት ዖናን በስኪዲራን ከጽንዕ ዓመታዊ ዕረፍቱ ወሲዱ ናብ ኤርትራ መጺኡ ብዘጋጠሞ ተክኒካዊ ጸገማት መጽናዕቱ ካብ ዖናን በስኪዲራን ንወኪድባ ለዊጡ ነባሪ ዕዮ ዘበርከተ ምሁር እዩ። ፕሮፌሰር ነቲ ኣብ ልዕሊ

632 ማሞ ኣፈታ፡ ኣንቱ በእናት።

633 ፕሮጀክት ምስናድ ግፍዕታት ጸላኢ።

ኤርትራዊ ዝወረደ ናይ ስደት መዓት ብመንጽር ታሪኽ ንምስናድ ዝፈጥሮ ብድሆ ከረድእ ከሎ።

"መብዛሕትአን ዓድታት ምዕራባዊ መታሕት ኣብ ናይ 30 ዓመታት ኵናት እቲ ዝኸፍአ ስቅያትን ዕንወትን ርእየን እየን። ንሳተን ፈጺመን ዝጠፍኣን ብህይወት ዝተረፉ ነበርተን ድማ ንሱዳን ወይ ድማ ኣብ ውሽጢ ሃገር ተመዛቢሎም ተሪፎም። ምስ ግዜ ምሕላፉ ሎሚ ነቲ ፍጻመ ዳግማይ ከትሃንጾ ርኡይ ዋሕዲ ውጹእ መዓትን ናይ ዓይኒ መሰኻኽር የጋጥም። ዝያዳ እዚ ጎሊሑ ዝርአ ኣብተን ኣብ 60ታት ሰውራ እግሪ ኸተኸለሉ ዝኸኣለ ምዕራባዊ መታሕት ክትግምቶ ዘጸግም ዓመጽ ዝተኻየደለን እዩ"[634] ይብል።

ካብ በስከዲራ ንገዳርፍ ዝተሰደት ዓባይ ፈራዕ ዓዲ ብእምነት ፕሮፈሰር ሃብቱ ናይ ዘቕረቦ ቀላል ኣብነት እያ። ቅድሚ 50 ዓመታት ክንዮ ምሉእ ሰኹና ፍልጥቲ ዝነበረት ዓዲ ብእምነት ሎሚ ንዝወደቐ ዖናኣ ዘልዕል ንዝቓደረ ግራታ ዝሓርስ ሰብ ኣይተረፉን። ብቛንቋ መንነት ባህሊን ናብ ባዕዲ ዝኾነ ገዳርፍን ክንዮኡን ተዘርያ። ኣብ ኤርትራ ብዙሓት ብተመሳሳሊ ናይዚ ኣደራዕ ተኻፊልቲ ዝኾና ስድራቤታት፡ እንዳታት፡ ዓድታት ኤርትራ መቑጸሪ የብለንን።

* * *

ኣቐዲሙ ካብ ዝተጠቕሰ ሳዕቤናት ዘይሰንፍ ኣካላዊ ስንክልና እዩ። ኣብ ኤርትራ ብሰንኪ ግፍዒ ብዙሕ ሰለማዊ ህዝቢ እዩ ኣደዳ ስንክልና ኮይኑ። ኣብ ህልቂት ዖናን በስከዲራን ዝሰንከለ ንጹር ቁጽሪ ምፍላጥ ግን ቀሊል ኣይኮነን። ፕሮጀክት "ምስናድ ግፍዕታት ጸላኢ" ኣብ 2012 ኣብ ዖና ኣብ ዝገበሮ ወፍሪ ናይ 225 ኣስማት ምዉታት ናይ 54 ቑሱላት ጥራይ ከስንድ ከኢሉ። እዚ ቑጽሪ ኣብ ዖና መይቶም ምስ ዝበሃል ክነጻጸር ከሎ ሓደ ሲሶ ኣይበጽሐን። ግዳያት ካብ ዝተፈላለያ ዓድታት ድሕሪኡ'ውን ናብ ዝተፈላለየ ቦታታት ፋሕ ብትን ስለ ዝበሉ፡ ሓደ ብዛዕባ ካልእ ፈሊጦ ኣየዘንቱን። ብዘይካዚ ንተስካር ኣቦይ ዑመር ኩሱራይ ካብ ከረንን ካልእ ቦታታትን ዝመጹ እውን ቀወምቲ ተቐማጢ ናይቲ ዓዲ ስለ ዘይነበሩ ነቲ ግድል መሊሶም ካብ ዘጋደዱ እዮም። ብዘይካዚ ዒድ ብምንባሩ ካብን ናብን ዝመጹን ዝኸዱን ከምኡውን ሓለፍቲ መገዲ'ውን ከይተርፉ ግዳይ ስለዝኾኑ ንጹር ቁጽሪ ምውታት ኮነ ስንኩላን ንምፍላጥ መሊሱ የሸግር።

ኣብ መጽሓፍ on the hearts edge ኣብ መዓልቲ ህልቂት ፍርቂ መዓልቲ ልዕሊ 300 ውጉኣት ኣብ ሆስፒታል ተዓቚቦም ከም ዝነበሩ ትምስክር።

---

634 Habtu Gebre-Ab፥ Massacre at Wekidba: p.4

ኣብቲ ድሕሪ 42 ዓመታት ናይቲ ፍጻመ ዝተገብረ ግን 1/6 ኣስማት ናይቶም ግዳያት እውን ኣይተረኽበን። እዚ ቍጽሪ ነቶም ድሕሪ ቀትሪ ናብ ሆስፒታል ዝበጽሑ፡ ዘልዕሎም ስኢኖም ኣብ ፆና ዝሓደሩ፡ ደሞም እናፈሰሰ ንነቦ ላልምባ ገጾም ሃዲሞም ሓዲሮም ንጽብሖ ተኺሊሎም ዝኣተዉ። ብእኡ ኣቢሎም ናብ ሕክምና ከይኣተዉ ኣብ በረኻታት ቍስሎም ዘሕወዩን፡ ናይ በስከዲራን ኣየጠቓልልን። ስለ ዝኾነ ድማ ሽው ዝወረደ ኣካላዊ ማህሰይቲ ብንጹር ንምፍላጥ ከሳብ ክንደይ ከቢድ ምኧኑ ምግንዛብ ጥራይ ይኣክል።

ነፍሲ ወከፍ ስንኩል ወይ እውን ቁሱል ዘሕለፎ ስቅያትን ኣደራዕን ካልእ ነብሱ ዝኸኣለ ዛንታ'ዩ። ኩሎም ውጉኣት ኣካላዊ ስንክልና ገጢምዎም'ኳ እንተዘይበልና፡ እቲ ኣብ ልዕሊኦም ዝወረደ ይንኣስ ይዕበ ኣብ ዝሰዓበ ህይወቶም እናሳቐዮም ከምዝነብር ዘማትእ ኣይኮነን። ብዙሓት ኣደታት ስንክልና ከይዓገተን ጠኒሰን፡ ወሊደን፡ ደቀን ሓዚለን ኣዕብየን እየን። ከዳን ተኸዲነን እንተኸዳ ዝተሰከምኦ ኣደራዕ ዘይክርኣየና ይኽእል ይኸውን። ከመይ ስቓይ ግዳያት ቀሪብካ ከይዳህሰስካዮ ስለ ዘይፍለጥ።

ሓንቲ ካብ ውጻእ መዓት ብዛዕባ ካልእ ውጻእ መዓት "ሕቖኣን ሰለፉን ተጀላሊፉ ኣካላታ'ውን እስኩጀ መሊኡ ክሳብ ሎሚ ሓጺን ስግኣ እናመንጨታ ትነብር ኣላ" ብምባል ብምረት ትገልጽ። ኣብ ኤርትራ ኣደራዕ ግፍዒ ተሰኪመን ዝነብራ ኣደታት ኣቦታት ግን ክንደይ ኮን ይኾኑ፧ እንታይ ዓይነት ስቓይከ የሕልፉ፧ ሞት ኣልቂስካ'ኳ ትጸናንዓሉ ንመዋእል ከተልቅስ ዝገብር ስቓይከ ክንደይ ይመርር ይኸውን!

ኣብ ማእከል ባሩድ
ዝረመጸ ሃልሃልታ
ዝተቐርጸ ምርኢት
ዘስከሕክሕ ዛንታ
ሕዱር ሕማም እኳ እንተኾነ
ዘይተርፍ እህ...ህህታ
ጽንዓት'ያ
እንኮ መፈወስታ።

ኣስመሮም ሃብተማርያ

ካልእ ሳዕቤን ናይ ኲናትን ግፍዕን ስነ ኣእምሮኣዊ ሃስያ እዩ። ስነ ኣእምሮኣዊ ሃስያ ንኽትዕቅኖ ኣዝዩ ኣሸጋሪ ሳዕቤን ግፍዒ እዩ። ግፍዒ ኣብ ዝተፈጸመሉ ከባቢ ዝነብር ኲሉ ህዝቢ ኣካላዊ ሃስያ የጓንፎ ኣየጓንፎ

ብዘየገድስ ግዳይ ስነ ኣእምሮኣዊ ሃስያ ናይ ምኺን ልዑል ተኽእሎ ኣለዎ። እቲ ንውጉእ ዘልዓለ፡ ንምዉት ዝቐበረ፡ ነቲ ዘስካሕክሕ ግፍዒ ብዓይኑ ዝርአየ ጥራይ ዘይኮነ ዝሰምዐ እውን ከይተረፈ ተኻፋሊ ጭንቀን ምንዋጽን ኮይኑ እዩ። ከምኡ ስለ ዝኾነ ከኣ ግፍዒ ኣብ ዘጋጠሞ ዝነበር ህዝቢ ይዕበ ይንኣስ ስነ ኣእምሮኣዊ ሃስያ በጺሕዎ እንተበልና ብፍጹም ኣየጋንናን።

ዶክተር ፍካክ ህብቴስ ኣብ 1970 ኣብ 2ይ ደረጃ ከረን (ሃጸይ ዳዊት ነበር) ተመሃራይ ዝነበረ ኣብ ሕቡራት መንግስታት ኣመሪካ ዝነብር ኤርትራዊ እዩ። ንሱ ነቲ ኣብ ዖና ዘጓነፈ ህልቂት ካብ ቀረባ ርሕቀት እዩ ተኸታቲልዎ። ንጽባሒቱ እውን ሓደ ካብቶም ንግዳያት ዝቐበረ እዩ። ንሱ ብዛዕባ እታ ኣብ ዖና ኣደኣ ሓቝፋታ ፍሽኽ ኢላ ዝረአያ መርዓት፡ “ሰብ መይቱ ንስኺ ድማ ስሓቕ ተራእዩኪ” ብምባል ዝገሰጸ እሞ ኣደኣ “ወደይ ንሳ'ውን ብጸይቶምያ” ዝበለቶ ክነግረኒ ከሎ ስምዒቱ ምቁጽጻር ስኢኑ ንብዓት ስዒርዎ። ምናልባት ካብቲ ወትሩ ዘጨንቖ ትርኢት እንተተናገፈ ኢሉ ይኸውን ድማ ‘ኣብ ሞታ ትስሕቕ መርዓት’ “the dead bride smiles” ትብል መጽሓፍ ኣብ ምድላው ከም ዝርከብ ኣዕሊሉኒ።

ብዛዕባ እዚ ዓውዲ ኣፍልጦ ዘለዎም ምሁራት ብዝሃቡኒ ሓበሬታ ስነኣእምሮኣዊ ሃስያ ድሕሪ ፍርቂ ዘመን ክፍለጥ ከም ዘይከኣል በሪሁለይ። ምናልባት ናይ ስነ ኣእምሮ ምሁራት ናብዚ ኩርናዕ'ዚ ኣተኩሮም እንተዘጽንዑ ነቲ ኣብ ልዕሊ ህዝቢ ኤርትራ ዝወረደ ስነ ኣእምሮኣዊ ሃስያ ንምርዳእ ጥራይ ዘይኮነ ንኣሰራቱ ኣብ ምፍዋስ እውን ክንደይ ምሓገዘ ይኸውን።

ስነ ኣእምሮኣዊ ሃስያ ብብዙሕ መገዲ የጋጥም። ኣዝዩ ዘሰንብድ ተመኩሮ፡ ኣደራዕ ወይ'ውን ጸበባ ምስ ዘጋጥም ድሕሪ ግዜ ኣደዳ ስነ ኣእምሮኣዊ ሃስያ (PTSD) ናይ ምኻን ተኽእሎኡ ልዑል እዩ። ባህርያውን ከቢድ ሰብ ሰርሖ ሓደጋ፡ መጥቃዕቲ ሸበራውያን፡ ውግእ፡ ናይ ሞት ምፍርራህ፡ ጎነጽ ወይ'ውን ማህረምቲ ዝተሰነየ ጾታዊ ዓመጽ፡ ስነ ኣእምሮኣዊ ሃስያ ከስዕብ ይኽእል። ብተወሳኺ ጎነጻዊ ሞት ናይ ቀረባ ስድራቤት ወይ'ውን ዓርኪ/መሓዛ/ ብጻይ እውን ስነ ኣእምሮኣዊ ሃስያ የስዕብ። ብዘይካዚ ነቲ ፍጻመ ንዘጽንዕ ሰብ ምስ ደቀቕቲ ዝርዝር ናይ ዘስካሕክሕ ፍጻመ ብተደጋጋሚ ተቓላዕነት ብምህላው ሓደ ካብ ጥንቂ እዚ ሕማም'ዩ። ናይዚ ቀሊል ኣብነት ብዛዕባ ዓመጽ ህጻናት ደቂቕ ኣፍልጦ ዘለዎም መኮነናት ፖሊስ ዘጋጥሞም ስነ-ኣእምሮኣዊ ሃስያ ክጥቀስ ይከኣል።[635]

ምልክታት ኣእምሮኣዊ ሃስያ ኣዝዮም ብዙሓት ኮይኖም ገለ ካብኦም ካብቲ ናይ ግፍዒ ሃዋህውው ከይወጸእካ ምንባር ማለት ዘይተደልየ ዘጨንቕ ተዘክሮታት ምድግጋም፡ ድሙቕን ብሩህን ሕልሚን ተዘክሮታትን ብዛዕባቲ

635 ንህልቂታት ዘጽንዕ እውን ነዚ ሕማም'ዚ ብቐሊሉ ዝተቓልዐ እዩ።

ግፍዒ ኣብ ኣእምሮኻ ምምልላስ እዩ። ኣዝዩ ዘጨንቕ ነቲ ፍጻመ ኣብ ትዝክረሉ ትርግታ ልብኻ ዛይዱ ትንፋስ ከሓጽረካ ከሎ፡ ነቲ ፍጻመ ዘዘኻኽሩኻ ንጥፈታት ቦታታት ሰባት ሓሳባትን ስምዒታትን ኮነ ኢልካ ካብ ህይወትካ ከተወግዶም ምፍታን። ሕሉፍ ፍርሂ ሓርቖት፡ ጸጸት (ጣዕሳ) ሕንከት፡ ብሰንፈላልን ወይ ድንዛዘን ዚመስሉ ኣሉታዊ ስምዒታትን ሓሳባትን ምውራር እዩ። ብዛዕባ'ቲ ሕማቕ ኣጋጣሚ ንነብስኻ ወይ ድማ ንኻልእ ምኽሳስ ካብ ቀረብትኻ ናይ ምንጻል ተርእዮ ኣብ መዓልታዊ ንጥፈታት ወጅሃላይ ምዃን። ናይ ድቃስ ኮነ ኣተኩሮ ጸገም ምግባር። ናይ ኮንዶኾን ስጉምትታት ምውሳድ። ብቐሊሉ ልብኻ ምምሻት ወይ ምብርጋግ ወትሩ ናብ ሓደጋ ምቁማት...ወዘተ ምልክታት ስነ ኣእምሮኣዊ ሃሰያ ዘጋጠሞ ሰብ እዮም። ግቡእ ኣልያ እንተዘይተገይርሎም ምቕዛን ጭንቀትን ስዒቡ ክሳብ ነብሰ ቅትለት ከማዕብሉ ይኽእሉ።

ካብዚ ሳይንሳዊ ሓቂ ተበጊሰ ብዙሓት ካብ ውጻእ መዓት ኣብቲ ምስኦም ዝተኻየደ ርክብ ግሉሕ ምልክታት ስነ ኣእምሮኣዊ ሃሰያ ተንጸባሪቕዎም። ነቲ ፍጻመ ብፍጹም ክዝክርዎ ኣይደልዩን። ኣብ መንጎ ዝርርብ ነፍሶም ተኣኪኡታ ዕላሎም የቋርጹ። ኣእምሮኦም ትኹረት ስኢኑ ኣስማት ኣብ ግፍዒ ዝሞቱ ደቆም፡ ኣሕዋቶም ወይ ናይ ቀረባ ቤተሰቦም ምዝካር ይስእኑ። ኣብ መዓልታዊ ህይወት ካብ ብዙሕ ማሕበራዊ ምትእኽኻብ ነብሶም ይንጽሉ። ብዛዕባ እቲ ፍጻመ ኣብ ቅድሚኦም እንተተላዒሉ ነፍሶም ምቁጽጻር ስኢኖም ክሳብ ናብ ምትህርራም ይበጽሑ። ብረት ዝተሰከመ ናይ ቀረባ ቤተሰቦም እውን ይኹን ጭንቀትን ራዕድን ይፈጥሩሎም። ታሪኽ እናጸወዩ ብኹለን ትንኦም ናብቲ ፍጻመ ተመሊሶም ይበኽዩን ካልእን።

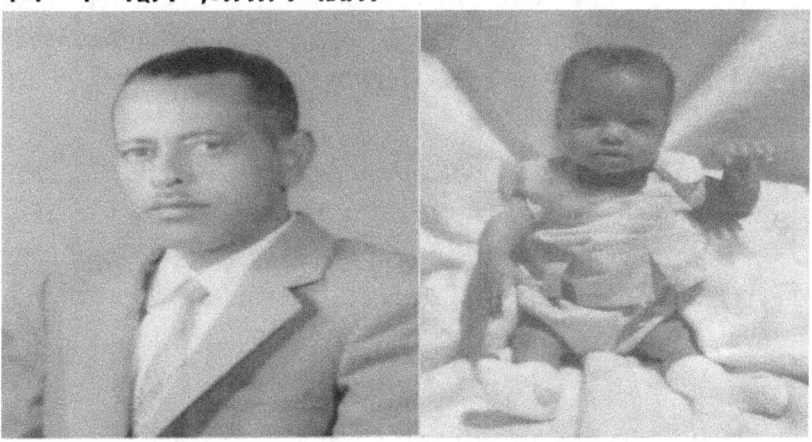

ነፍስሄር መሓመድኑር ያቆት

ህጻን ፋጥና መሓመድኑር ኢሸሓቅ

ግፍዒ ዝሰሓሎ ሃገራውነት

ዝሓለፍናዮ እቲ ሽግር
ሓወልቲ ኣለዎ ዝነግር
ጎረሮ ኣለዎ ዝምስክር
ፈላጥ ይደሊ ዝፍርፍር
ክቡር ታሪኽ'ዩ ዘኽብር
ንዘለኣለም ዝነብር

ሃገራት ኣፍሪቃ ኤውሮጳውያን ገዛእተን ኣብ መንጎ ሓድሕዶም ዝተሰማምዕዎ ዶብ ሒዘን ይርከባ። ዝበዝሓ ድማ ገዛእተን ዘውጸኣለን ስም ርዒመን። እዛ ናይ ሎሚ ኤርትራ እውን ብመሰረት ኢጣልያ ምስ እንግሊዝ፡ ኢትዮጵያን ፈረንሳን ዝኣተወቶ ናይ ዶባ ስምምዓት ቆይማ። ንጉስ ኢምበርቶ ቀዳማይ ብዘውጸኣላ ስም እናተጸውዐት እውን ትነብር ኣላ። እዚ ማለት ግን ትራቫስኪስ "ጣልያን ብመጥባሕቲ ካብ ኢትዮጵያ ኣውጺኣ ዘቖመታ ሃገር'ያ"[636] ከም ዝበሎ ኣይኮነን። ኤርትራ ቅድሚ ምስያማን ኣብ ትሕቲ መግዛእቲ ጣልያን ምውዳቓን ብዙሓት ርእሰን ባዕለን ብዘመሓደራ ነጻ ንኡሳን ንግስነታት ዝቖመት ነይራ። ናይ'ዛ ሎሚ ኢትዮጵያ ትበሃል ኮነ ናይ ካልእ ኣካል ብፍጹም ኣይነበረትን።

እንግሊዛዊ ዎልተር ፕላውደን ኣብ 1850ታት ኣብ ዞባና ናይ ዓባይ ብሪጣንያ ቆንስል ዝነበረ ዲፕሎማት እዩ። ንሱ ንሓባብ "Singular state" Free from any Abyssinian rule of influences[637] ብምባል ይገልጸ። ነቶም ቋንቋ ትግርኛ ዝዛረቡ ህዝቢ ምድረ ባሕሪ ከኣ ካብ ናይ ትግራይ ትግርኛ ፍሉያት ምዃኖም "ጉዕዞ ኣብ ሃገረ ኣቢስንያን ጋላን" ኣብ ትብል ሓደ ዘመንን ፈረቓን ዘቖጸረት መጽሓፉ ብኸምዚ ኣስፈርዎ ይርከብ።

"ህዝቢ ሓማሴንን ሰሮዊን (ሰራየን) ካብ ግዜ ራእሲ ሚካኤል (ስሑል) ጀሚሮም ሓደ ዓይነት ቋንቋ ዝዛረቡ እኳ እንተኾኑ፣ ብህዝቢ ትግራይ (ሓበሻ)

636 G.k.N. Trvaskis; "Eritrea colony in transition." p.4
637 Plowden, walter: Travels in Abyssinia and Galla country: p. 14

ከም ሓደ ክፋል ናይታ ሃገር ተቐጺሮም ኣይፈልጡን። ካብቲ እዋን ጀሚሩ፣ ዘይንቡር ግብሪ ከኽፍልዎም ጥራይ እናሻዕ ኲናት ይኸፍቱሎም ነበሩ።[638]

እዚ ጣልያን ሓባራዊ ዶብ ዝሓንጸጸትሉ ህዝብን ከባብን ዎልተር ፕላውደን ከም ዝበሎ ብተደጋጋሚ ወራራት ትግራይን ኣምሓራን ላሕ ኢሉ ብባሕሪ ምስ ዝመጸ መንግስቲ በብሕእደ ናይ ሓለዋ ውዕል ከቲሙ። ቀስ ብቐስ ድማ ኣብ ትሕቲ መግዛእቲ ወዲቑ። ብታሪኽ ቋንቋን ባህልን ወለዶን ተሪር ምትእስሳር ንዝነበሮ ህዝቢ ጠርኒፉ ጣልያን ሓደ ስም ኣውጺኣትሉ። ኣብዚ ንባዕላ ከም ሃገር ካብ ዘይነበረት ኢትዮጵያ ጠቢሓ ኣውጺኣታ ምባል ክንዮ ነቲ ኣብ 1940ታት ንኤርትራ ኣካል ኢትዮጵያ ንምግባራ ዝካየድ ዝነበረ ሃልኪ ሓቅነት የብሉን።

ኤርትራውያን ይኹኑ ካልኦት ህዝብታት ኣፍሪቃ ግን መግዛእታዊ ውዕላት ብዝፈጠሮ ዶባት ጥራሕ ኣይኮኑን ሓባራዊ መንነት ፈጢሮም። በንጻሩ እቶም ኤውሮጳውያን ግዝኣትና ኣብ ልዕሊ ዝበልዎ ህዝቢ ብዘውረድዎ ሓባራዊ ግፍዕን ጭቆናን ደኣምበር። ኣብ ኣፍሪቃ መግዛእታዊ ጸቕጥን ግፍዕን ሓባራዊ መንነት ንኽማዕብል ዓቢ ድርኺት እዩ ፈጢሩ። ማሞ ኣፈታ ኣብ መጽሓፍ "ኣንቱ በእናት" ንፍልቀት ሓባራዊ ኤርትራዊ መንነት ከረድእ ከሎ "ጣልያን ባንድ ላይ እየረገጠ የገዛው ኣገዛዝ በያንዳንዱ ሰው ልብ ውስጥ የኤርትራውነት ስሜት ፈጥሮበታል"[639]ብምባል ጭቆና ዝፈጠሮ ሓባራዊ መንነት ኣብ ልቢ ነፍሲ ወከፍ ኤርትራዊ ከም ዝሰረጸ የረድእ።

ከም ኣምር ኣብ ሓደ ኣርዑት ተቐሪኑ ዝተሳቐየ ሓለፋ እቲ ብሓባር ምቁር ህይወት ዘስተማቐረ ህዝቢ ሓድነቱ ከም ዝድልድል መርትዖ ዘድልዮ ኣይኮነን። ኣብ ኣፍሪቃ ብሓባር ካብ ዝነብሩ ዓሌት ባንቱ እቶም ብጊላነት ኣብ ኣመሪካታት ዝርከቡ ዘሎ ሓድነት ይጥንክርን ናይ ሓባር መንነት ይስምዖምን። ከመይ እቶም ጸለምቲ ኣመሪካውያን ክንዮ ሓደ መበቆልን ሕብርን ብሓደ መቑሕ ባርነት ተሳቒዮም። ህዝቢ ኤርትራ እውን ቅድሚ መግዛእቲ ጣልያን ካብ ዝነበረ እንዳን ዓሌትን ዓድን ጎዶቦን ዝፈጥሮ ቅርበትን ምትእስሳርን ብሓባራዊ ጭቆና ናይ መግዛእቲ ዝፈጠሮ ጥምረት ይድልድል።

> *"ኣብ ኤርትራ ንልዕሊ ሓምሳ ዓመታት ዝጸንሐ መግዛእቲ ኢጣልያ ንኤርትራዊ ሕብረተሰብ ብሱሩን ንኩሉ ከፋላቱ ብማዕረን ኣይቀይሮ'ምበር ኣብ ታሪኽ ኤርትራ ነባሪ ለውጢ ከምዘምጽአ ዝከሓድ ኣይኮነን። መግዛእቲ ኢጣልያ ከም ኩሉ ኤውሮጳዊ*

638 Plowden, walter: p.14

639 ማሞ ኣፈታ "ኣንቱ በእናት" ገጽ 235

መግዛእቲ ሓይሉ ብዘፍቅደሉ ዶባት ኤርትራ ብምሕንጻጽን ንኩሉ ኣብ ውሽጢ'ዚ ዶባት ዝነበረ ህዝብታት ኣብ ትሕቲ ሓደ ምምሕዳር ብምእታውን ንታሪኽ ኤርትራ ሓድሽ መኣዝን ኣትሒዝዎ'ዩ። ብኢጣልያዊ ክእለት፡ ግን ከኣ ብቐንዱ ብኤርትራዊ ሃብትን ጉልበትን፡ ከተማታት፡ ወደባት፡ ጽርግያታት መገዲ ባቡር፡ ፋብሪካታትን ዘመናዊ ሕርሻታትን ብምስራሕ፡ ግዱድ ዕስክርና ብምትእትታው፡ ካብ ዝተፈላለየ ኩርንዓት ኤርትራ ዝመጹ ደቀባት ዝፋለጥሉ፡ ሓባራዊ ተመክሮ ዘጥርዩሉ ኩነታት ፈጢሩ። መጠን'ዚ ጽልዋ'ዚ ካብ ቦታ ናብ ቦታ ዝፈላለ፡ ሓደ ሓደ ቦታታት ድማ ዳርጋ ዘይተተንከፈ ይኹን'ምበር፡ እቲ እናዓበየ ዝኸደ ሓድሕዳዊ ምውሳእ ኤርትራውያን፡ እቲ መመሊሱ ዝኸፍአ ኢጣልያዊ ጭቆናን ዓሌትነትን ከም መልሰ ተግባር ዝተቐልቀለ ኤርትራዊ ተቓውሞን ዘርኢ ኤርትራዊ ሃገራዊ ንቕሓት ዘሪኡ'ዩ። ኣብ መኸተምታ መዋእል ኢጣልያዊ መግዛእትን ምምጻእ እንግሊዛውያንን፡ ብስም ማሕበር ፍቕሪ ሃገር፡ እቲ ቐዳማይ ዘመናዊ ኤርትራዊ ፖለቲካዊ ማሕበር ምምስራቱ ድማ ነዚ ዝምስክር እዩ።"[640]

ስለዚ ምረት መግዛእቲ ሓባራዊ ሃገራውነት ንኽጽነስ ሓጋዚ መድረኽ ፈጢሩ። ካብቶም መግዛእቲ ዝወለዶም ሃገራውያን - ኣቶ ወልደኣብ ወልደማርያም ኣብ ጽባሕ ምውዳቕ መግዛእቲ ጣልያን ነቲ ኣብ ልቢ ብዙሓት ዝተጸንሰ ሓባራዊ መንነት በዘን ዝስዕባ ምሩጻት ቃላት ገሊጾመን።

> *"ሰብ ናይ'ታ እተወልደላ ቤት ጥራይ ኣይኮነን። ሰብ ናይታ ስም ዝሃበቶ ስድራ ቤት'ውን ኣይኮነን። ንሱ ካብ'ታ ኪውሊድ ከሎ ዝረኣየቶ ቤት ኣዝያ እትዓቢ ካልእ ቤት ኣላቶ። ንሳ ድማ ሃገሩ እያ። ንሱ ካብቶም ብኸንደይ ከንክንን ብኸንደይ ፍቕርን ዘዕበይዎ ወለዱን ኣሕዋቱን ኣዝዮም ዝበዝሑ ካልኦት ወሉድን ኣሕዋቱን ኣሓትን ከኣ ኣሎዉዎ ንሳቶም ድማ ደቂ ሃገሩ እዮም።"*[641]

እቲ ብሓባራዊ ጭቆናን ምዝመዛን ዝተፈጥረ መንነት፡ ናይቶም ልሙዕ መሬቶም ዝተመንዝዑ ኣሽሓት ሓረስቶት ንዓዲ ዓና ከይዶም ንዀንቱ ዝተቓለሱ ልዕሊ 150 ሽሕ ዓሳክር፡ ኣብ ሃገሮም ካልኣይ ዜጋ ዝተቖጽሩ ደቀባት። ሃብቶምን ርሃጾምን ናይ ዝተመዝመዙ ድኻታትን ነይሩ። ኣብ እዋን ሞጉዚትነት እንግሊዝ ዝተፈጸመ ዓሎቕ'ውን ንኤርትራዊ ሃገራውነት ዝድርዕ

640 ሃገራዊ ቻርተር ኤርትራ፡ ገጽ 4-5።

641 ትካቦ ኣረስዕ (መምህር) ምሩጻት ዓንቀጻት ኣቶ ወልደኣብ ወልደማርያም፡ 1941 -1991፡ ገጽ 1።

ካልእ መድረኽ ፈጢሩ። ኤርትራዊ ዋላ'ኳ ኣብ መጻኢ ዕድል ኤርትራ ፍልልይ እንተፈጠረ ንኤርትራዊ ሃገራውነት ግን ዱልዱል መሰረት ኣንጺፉ።

እቲ ኣብ ልዕሊ ኤርትራ ብተደጋጋሚ ዝፍጸም ዝነበረ ኣድልዎን ሃስያን ንሃገራውነት ክንዲ ዘዳኽሞ መሊሱ ኮሊዕዎ። ትእምርቲ ናጽነት ኤርትራ ዝነበረት ባንዴራ እናንበልበለት ካብ ዝነበራ ሓይሊን ጽልዋን ካብ ዘንጋ ምስ ወረደት ኣብ ልቢ ኤርትራውያን ዘስረጸቶ ስምዒት ይዓቢ። ብዙሓት ካብ ዘንጋ ወሪዳ ዝረኣዩ ደቂ ሃገር ኣብ ስፍርኣ ስኢኖማ ካብ ድቃስ ተበራቢሮም ክመልስዋ ንበረኻ ወፈሩ። ሰውራ ኤርትራ እውን ዝያዳ ዝሰወደ ካብቲ ንፉዓት ካድራት ዘካይድዎ ጎስጓስ ኢትዮጵያ ኣብ ልዕሊ ሰለማውያን ብዘውረደቶ ግፍዒ ተርኒው። እቲ ሰለማዊ ክቕተሉ ዝረኣየ ጥራይ ዘይኮነስ ዝሰምዐ እውን ንክብዱ እምኒ ኣእትዩ ኣንጻር ቀተልቲ ህዝቡ ክስለፍ ጸውዒትን ጎስጓስን ከይተጸበየ ወፈሩ።

ሓርበኛ ሓምድ እድሪስ ዓዋተ፡ 'ህዝቢ ክትውድቡ ብዙሕ ጸዕሪ ኣየድልየኩምን እዩ፡ ህዝብኹም ባዕሉ ክስዕበኩም እዩ፡ ኢትዮጵያ ክትሓርድን ክትቀትልን ስለዝኾነት፡ ህዝቢ ባዕሉ ፎእ ክብላ እዩ፡ ናባኹም ክመጽእ እዩ፡ ስለዚ ብዙሕ ኣይትድከሙን ብዛዕባ ተሳትፎ ህዝብኹም ኣይትሻቀሉ ዚብለና ዝነበረ ብግብሪ ተራእዩ"[642] ኢሉና ክብል ኣቡጥያራ ዝገለጾ ሓቂ ኮይኑ። ሓምድ ነቶም ድሕሪ ምጅማር ሰውራ ዝስዕቡ ሰናርዮታት ኣጸቢቑ ዝፈልጥ ብልሂ መራሒ ነይሩ። ጳጳስ ካቶሊካዊት ቤተ-ክርስትያን ኤርትራ ዝነበሩ ብጹእ ኣቡነ ኣብርሃ ፍራንስዋ እውን "ሓርነት ደቂ እግዚእብሄር ዝስምዖ ሰብ ንሕሰም ካብ ክግዛእ ብሕሰም ክቅተል ይቐርብ"[643]ዝበልዎ ድሕሪ ቅትለት ሰለማውያን ሓፋሽ ንሓርነት ብሕሰም ክረኽባ ከም ዝዕጠቕ ኣተንቢሆም።

ኣብ ልዕሊ ህዝቢ ኤርትራ ዝተፈጸመ እንተ ተፈጸመ ዝተኣልመ እንተ ተኣለመ ኣሓይልዎ እምበር ኣየድከሞን። እቲ ግፍዒን መከራን ሓዊ ንሓጺን ከም ዘትርሮ ንኤርትራዊ ሃገራውነት ኮሊዕዎ። ሓደ ካብ ስድራ ግዳያት ዖና "እቲ ህዝቢ ግን ኣይሓመቐን። ህልቂት ኣብሊሕዎን ኣጉሪሕዎን እምበር ኣየሰነፎን። ካብ ስራሕ ዓዱን ካብ ቃልሲ ምስ ሰወራኡን ንድሕሪት ኣይተመልሰን" ምባል ነቲ ብሰንኪ ግፍዒ ዝተፈጥረ ነድሪ ይገልጽ። ሓይሊ ህዝቢ ኤርትራ ማዕረ እቲ ገዛእቱ ኣብ ልዕሊኡ ዘውረድዎ ዘይኮነስ ዝያድኡ ስለ ዝበረኸ ተዓዊቱ። ፕረስደንት ኢሳያስ ኣፈወርቂ ንጽንዓት ዘይተንበርካኽነትን ህዝቢ ኤርትራ ካብቲ ኣብ ልዕሊኡ ዝወረደ ግፍዕን ዓሎቑን ከም ዝምንጬ "ኣብ ልዕሊ ህዝቢ ኤርትራ ዝተፈጸመ ግፍዒ መወዳእታ ዘይብሉ እዩ። እዚ ንገዛእ ርእሱ ኣትሪርዎ"[644] ብምባል የብርህ። ካልእ ኣቦ ድማ "እንቋዕ ኢትዮጵያ ኣብ ንጹፍ ዓራት ደቅሱ ብልው ስተዩ ኣይበለትና። ከምኡ እንተ ዝኸውን ናጽነትና ኣይምረኸብናን። ሳላ ሕማቕ ግብሮም ነቒሒና። ዋናታት

642 መሓመድዑመር ዓብደላ (ኣቡ ጥያራ) ኣለምሰገድ ተስፋይ፡ ኣቐርደት፡ 1998።

643 ኣባ ክብረኣብ ሰዓድ።

644 ሓዳስ ኤርትራ፡ 13 ለካቲት 2020 መበል 29 ዓመት ቁ.141 ገጽ 12።

ሃገር ኲንና”[645]ይብሉ። ስለዚ ግፍዒ ብህይወት ንክንነብር ህይወት ከነወፊ ድርኺት ዝፈጠረ ሕመረት ሃገራዊ መንነትና እዩ።

ዓዶም ነዲዳ ኣብ ኣፍ ደገ ሞትን ህይወትን ተቖርቂሮም ዝነበሩ በስከዲራውያን “ካብ ነፋሪት መታን ከትክወሉ እስላም ናብዚ ክርስትያን ድማ ናብቲ እተዉ” ተባሂሎም “በጃኹም ኣይትፈላልዩና” ኢሎም ዝተቓወሙ መን መይቱ መን ከተርፍ[646]ብምባል ብሓባር ናብ መስጊድ ኣተው። ምፍልላይ ንዕኦም ካብ ሞት ትሓስም። “እስላምን ክርስትያንን” ዝብል መፈላለዩ ካብ ግዜ ፖለቲካዊ ቃልሲ ጀሚሩ ዘይተዓወተ ግን ከኣ ዘይተቐብጸ ሜላ ጸላእቲ እዩ። ክርስትያን ኣንጻር እስላም ወይ እውን ብኣንጻሩ ዕግርግር ክለዓል ተፈቲኒ። ሓደ ኣብ ልዕሊ ካልእ እምነት ንከጉድል ተፋሒሱን ተሰሪሕሉን። ኣብ ግዜ ህልቂት ከኣ ሓደ ንኻልእ ኣሕሊፉ ክህብ ተኣሊሙ። ኩሉ ግን ፈሺሉ።

ኣብ ኣፍ ደገ ሞትን ህይወትን፡ ከይፈላለ ዝለመነ ህዝቢ ግን ናይቶም ኣብ መጨረሽታ 19 ክፍለ ዘመን ንጀምስ በንት ኣብ ከረን “ኢየሱስ ሓደ መሓመድ’ውን ካልእ’ዩ እንተኾነ ሓደ ኣምላኽ ኣሎ ኢልና ንኣምን”[647] ብምባል ብሓባር ክነብሩ ናይ ዝጸንሑዎ ህዝቢ መቐጸልታ እዩም። ሓደ ስለ ዝኾኑ ድማ ሞት እንተኾይኑ ህይወት ብሓባር ክርእይዎ መረጹ። ካብ ዓሚቕ ምርምር ወይ እውን ልዑል ንቕሓት ዝመንጨወ ውሳነ ግን ኣይነበረን። እንታይ ደኣ ሓደን ክፈላልዩ ዘይክእሉ ካብ ምንባሮም ጥራይ እምበር።

እቲ ንበስከዲራውያን ቀጺሉ ድማ ንህዝቢ ኤርትራ ንሓዋሩ ሕቘን ከብድን ከገብር ዝተፋሕሰ ውዲት ነዊሕ ከይከደ ብሓባራዊ ሞት በርዒኑ። ኣብ ካልእ ከባቢታት እውን “ኣኽዓየ ሎሚ ናባኻ ጽባሕ ንዓየ” ብምባል ህዝቢ ነቒሕሉ ከየስለጠ ፈሺሉ። እምበኣር መስጊድ በስከዲራ ንጹሃት ዜጋታትና ብግፍዒ ዝተቐትሉላ ጋህሲ ጥራይ ዘይኮነት ብሞት ሓድነትና ንምዕቃብ ሓውልቲ ሓድነት ዝሃነጽናላ ግምቢ እውን እያ። ብሓድነት ዝነብር ዝነበረ ህዝቢ ብሓባር ተቐቲሉ፡ ብሓባር ተቐቢሩ ኣብ መጨረሽታ ድማ ሓባራዊ ዓወት ተጎናጺፉ። ነዚ ዛዕባ ፕሮፌሰር ሃብቱ ገብርኣብ ኣብ ጽባሕ ናጽነት ሓድነት ህዝቢ ኤርትራ ነባሪ ምዃኑ በዘን ዝስዕባ ቃላት ገሊጹወን፥

ሙስሊምን ክርስቲያንን ጎኒ ንጎኒ ኮይኖም ተቓሊሶም።
ብሓባር ኮይኖም ቃንዛን መከራ ናይ ውግእን ተጻዊሶም። ካብ ሓደ

645 ጅምዕ ህብትየስ

646 ሽው ዝተዛረብወን ቃላት “ወሪ ላድ ክርነን ወሪ ላድ መንደርትነን” ማለት “ ወይ ብሓደ ንምወት ወይ ድማ ብሓደ ንነብር” ነይረን።

647 The sacred city of Abyssinia: James Bent. By forgotten books 2013 p.79

ጽዋእ መሪር ጓሂ/ሓዘን ጨሊጦም፣ ኣብ ነፍሲወከፍ ዝተጓናጸፍዎ ዓወት ድማ ኣብ ፈንጠዝያ ብሓባር ይጽንበሩ። ከምቲ ኣብ መነባብሮ ብሓባር ዝማቀልዎ ከምኡ ድማ ንኩቡር መስዋእቲ ከፊሎም ኣብ ሓደ መቓብር ተቀቢሮም። ሕጂ ግን ሰላም ኣብዛ መሬት ሰፊኑ፣ ሙስሊሙን ክርስቲያኑን ኣብ ንቡር ሂወቶም ተመሊሶም ተሳንዮም ይነብሩ ኣለዉ። እዚ ማለት ድማ ኣብ መረበቶም ኮይኖም ከም፣ ጎረባብቲ፣ ከምደቂ ክፍሊ ኣብ ቤት ትምህርትን ከም መሻርኽቲ ኣብ ንግዲ ከም ሓደ ምንባር ማለት ኢዩ። ኣብ ኤርትራ ከምዞም ክልተ ሃይማኖታት ተኸተልቲ ብስኒት ዝነብሩላ ሃገር ርእየ ኣይፈልጥን። ሃገራዊ ተመክሮታቶም ሓድሕዳዊ ምጽውዋሮም ንክዕብዩ ብሓቂ ምሂርዎም እዩ።[648]

ብሰንኪ ነዊሕ ናይ ሓባር ጭቆና ሓደ መንነት ተጠርዩ። መግዛእቲ ንምብሕጓግ ሓባራዊ ቃልስን መስዋእትን ተኸፊሉ። እቲ ብሓባር ዝሞተ ህዝቢ ብሓባር ኸነብር ኣይጨንቆን። ሓድሕዳዊ ምክብባርን ምጽውዋርን ግን ሓንሳብ ተሃኒጹ ንሓዋሩ ዘይወድቕ ሓወልቲ ኣይኮነን። ካብ ውሽጥን ካብ ደገን ካብ ዝመጽእ ሓደጋ ነፍሲ ወከፍ ዜጋ ኣብ ኣኽራን ንቕሓት ውዒሉ ክሕሉ ይጥለብ። ከመይ ገና ከይመሰየ ‘ቀንዲ ጸላኢና ኤርትራዊ ሃገራውነት እዩ’ እናበሉ ዝንቅው ስለ ዘይተሳእኑ።

“ቀንዲ ጸላኢና ኤርትራዊ ሃገራውነት’ዩ፡ ህዝቢ ኤርትራ ጸላኢና’ዩ ኣይበልናን፡ ሃገራውነቱ’ዩ ጸላኢና፡ እዚ ገና ዘይዓኼኼ ሃገራውነት ወላድኡን ውሉድን ህግደፍ እዩ፡ እዚ ሃገራዊነት’ዚ ፍጹም ክስበር ክኸእል ኣለዎ፡ ነዚ ሃገራውነት’ዚ ክንስብሮ እንተኽኢልና ጥራይ ኢና ባሕሪ ንውንን።” ኣብ ዋዕላ “ልሂቃን” ‘ውጽኢት መጽናዕትን ምርምርን’[649]

ጸላእቲ እዚ ህዝብን ሃገርን ዘየስተውዓሉሉ ሓደ ምስጢር ኣሎ። ንሕማቕና ዝተገብረ ኩሉ ናብ ረብሓና ከም ዝቕየር። ካብ ወለዶ ናጽነት ዝኾነት ሚርያም ዮሴፍ ነዚ ኣንጻር ኤርትራዊ ሃገራውነት ዝተዘርበ ወዛል ዘረባ ከምዚ ክትብል ኣብ ማሕበራዊ ገጻት መሊሳትሉ፦

“እዚ ሕጂ ክስበር፡ ክቕተል ኣለዎ ዝበሃል ዘሎ ኤርትራዊ ሃገራዊ መንነት፡ ጸላእትና መመሊሶም ብዝፈጥርዎ ብድሆ ኣብ ምክልኻል ዝተሃንጸ፡ ዝበሰለ (mature) ዘመዛዝን፡ ዘይንዕቕ፡ ዘይዕብ፡ ንኻልኦት ዝዓበየ ብድሆ ዝኾነ፡ ናቱ

648 መጽሔት ብስራት፡ “ Periscope: Religious Tolerance and co-existence” by Dr Habtu Gebreab ጥቅምቲ 1992 ቁ.19

649 ጋዜጣ ሓዳስ ኤርትራ፡ 6 ለካቲት 2004 መበል 33 ዓመት ቁ.136፣ እዚ ቃል’ዚ ኣብ ዋዕላ ምሁራት ትግራይ ሓደ ልሂቕ ትግራዋይ ዝበሎ እዩ።

ጥራይ ዝደሊ፡ ሰላም ዝብህግ 'መንነት' እዩ። ነዚ ካልእ ብድሆ ምውሳኽ ድማ ነቲ መንነት መመሊስካ ምድልዳል ማለት እዩ።”[650]

ጥሩምባ ነፊሖም ኣዋጅ ናይ ህልቂትና
ከም ጨጓር ሓሰኻ ፍሑኽ እናበልና
ብደምና ሃኒጽናዮ ውሽጣዊ ሕርያና
እምበር ዓለም ደኣ ትግዘትዶ ኾይና

***

ናይዚ ኩሉ ግፍዒ ኣበሳን በደልን
ሃገር'ዩ በደልና ሪምን መንነትን
ከም ሕሱም ጸልዩና ሃልሃልታን ረመጽን
ብሓንሳብ ነዲድና ንሕናን'ዛ መሬትን።

ተጋዳሊት ብርኽቲ ኣብርሃም

650 ሚርያም ዮሴፍ ኣብ ማሕበራዊ ሜድያ ብ31 ጥሪ 2024 ነዚ ናይዚ ትግራዋይ ልሂቕ ዝሃብቶ ግብረ መልሲ እዩ።

ቃለ መጠይቕ ብደራሲ

መስዑድ እድሪስ፡ 05 ሓምለ 2020፡ ከረን

ሱሌማን ሙሳ ሓጅ፡ 12 ነሓሰ 2018፡ከረን

ግደ ህብትግዮርጊስ፡ 10 መጋቢት 2018፡ ሓጋዝ

በረኸትኣብ ድራር፡ 8 ሰነ 2020፡ ከረን

ሓድጉ ሸኽዲን፡ 3 ጥቅምቲ 2018፡ ሓጋዝ

ተስፋጽዮን ካሕሳይ፡ 12 ግንቦት 2017፡ ሮብቶ

ዑመር ቴድሮስ፡ 21 ጥሪ 2019፡ ከረን

ኰለኔል ሃብተኣብ (ወንበዴ) 20 ሓምለ 2019፡ ኣስመራ

ፍስሃየ ኣብርሃም (መምህር) 16 ግንቦት 2019፡ ኣስመራ

ሓጃይ ምስግና፡ 15 ጥሪ 2021፡ ከረን

ኣድሓኖም ዑቕባንክኤል (ሻምበል ባሻ) 07 መጋቢት 2018፡ ከረን

ሓሰን እኩድ፡ 17 መስከረም 2016፡ ከረን

ለተብርሃን ኣብርሃ፡ 2 ጥሪ 2020፡ ከረን

ገርግሹ ረዳእ፡ 2 ጥሪ 2020፡ ከረን

ሮሞዳን ዑመር፡9 ነሓሰ 2019፡ ከረን

ዓብደልሩፍ ኣሰናይ፡ 27 ሰነ 2019፡ ከረን

ኣምና መሓመድ ስዒድ፡ 6 ሓምለ 2020፡ ከረን

ምሕረት ጅምዕ፡ 16 መጋቢት 2016፡ ፈለዳእርብ

ተስፋጋብር ሓመድናካ፡ 16 መጋቢት 2016፡ ፈለዳእርብ

ሚካኤል ኣስፍሃ፡ 16 መጋቢት 2016፡ ከረን

ፍካክ መሓመድ ጅምዕ፡ 6 ለካቲት 2016፡ በስከዲራ

ኣረይ ልጃጅ፡ 2 ለካቲት 2016፡ በስከዲራ

ሓመድናካ ዘርኤስ፡ 4 ለካቲት 2016፡ ሳንቃ

ዘርእማርያም ወርዐ ሓምደ፡ 9 ሚያዝያ 2016፡ ፈርሔን

ተከኤ ዮውሃንስ ኣፍታይ፡ 20 ጥቅምቲ 2021፡ ከረን

ኣርበድ ጸጥሮስ፡ ነሓሰ 2016፡ ኣስመራ

እስቲፋኖስ ብርሃነ (ኣባ ኣልፎንሶ) 10 ሕዳር 2020 ብተሌፎን

ዑቕባልደት ወልዱ፡ 17 ግንቦት 2017፡ ከረን

ሓዳስ ሚካኤል፡ 19 ሚያዝያ 2016፡ ሓሊብመንተል

መሓመድሳልሕ ዓፋ ፍካክ፡ 28 ነሓሰ 2018፡ ከረን

ሰንበቱ ወልዱ ፋካክ፡ 19 ሚያዝያ 2016፡ ደሮቕ

መሓመድስዒድ ኣልኣሚን፡ 14 ሰነ 2022፡ ከረን

ኣረይ ልጃጅ፡ 30 ሕዳር 2021፡ በስከዲራ

ሃዋ ደርማስ፡ 16 መስከረም 2016፡ ከረን

ከድጃ ዑስማን ዓብደላ፡ 10 ታሕሳስ 2018፡ ካርቱም

ጋስም ሓሰን ዑስማን፡ 10 ታሕሳስ 2018፡ ካርቱም

ዓብዱ ኣዳዲ፡ 24 ጥሪ 2016፡ ከረን

ደሃብታ ዓሊኑር፡ 12 መጋቢት 2016፡ ፈለዳእርብ

ለተሚካኤል ልጃም ሰምራ፡ 1 መስከረም 2019፡ ሓጋዝ

መድሕን ልጃም፡ 18 ሚያዝያ 2016፡ ደዓሪ

ልጃም ገብሪሀይወት (መምህር)23 ጥቅምቲ 2019፡ ከረን

ተስፋልደት ፊደል፡ 11 ሕዳር 2019፡ ከረን

ዑቕባልደት ተስፉ (መምህር)20 ጥቅምቲ 2022፡ ከረን

መድህን ሑመድ ደሪዕ፡ 17 ሰነ 2016፡ ከረን

ሃብተኣብ ጸጋይ፡ 4 ሚያዝያ 2021፡ 16 ታሕሳስ 2022፡ ከረን

ተኸላይ ሚካኤል (ካፕቴን)12 ጥሪ 2022፡ ከረን

ኤርሳኖስ ዘወልደማርያም፡ 20 ሚያዝያ 2022፡ ኣስመራ

ኣግዱባይ ኣንሰራ፡ 2 ለካቲት 2016፡ በስከዲራ

መስቀላ ሰይቲ እብትማርያም ዓብደላ፡ 21 ጥቅምቲ 2021፡ ከረን

መድህኑ ወልዱ፡ 12 ሚያዝያ 2016፡ ድገ ምራድ

ኣድሓነት ተስፉ፡ 19 ሚያዝያ 2016፡ ቁኒዕ

ዑቕባልደት ወልዱ፡ 12 ሚያዝያ 2016፡ ድገ ምራድ

ነታባይ ኣግዱባይ፡ 12 ሚያዝያ 2016፡ ድገ ምራድ

ፍካከ መሓመድ ጅምዕ፡ 2 ለካቲት 2016፡ በስከዲራ

ግንቦት ንጉሰ፡ 2 ለካቲት 2016፡ በስከዲራ

መርየም ዘርኦም፡ 2 ለካቲት 2016፡ በስከዲራ

ለተብርሃን ጃወ፡ 4 ለካቲት 2016፡ ሳንቃ

ጀውዳ ኣድሓኖም፡4 ለካቲት 2016፡ ሳንቃ

ገብርህይወት ዘርኡ፡ 2 ለካቲት 2016፡ በስከዲራ

ምስግና ዘርኡ (ተጋዳላይ)30 ሕዳር 2021፡ በስከዲራ

ሓመድናካ ዘርኤስ፡ 4 ለካቲት 2016፡ ሳንቃ

እርፍኤላ ትንስኤው፡ 7 ሚያዝያ 2016፡ በስከዲራ

ተስፈማርያም መካል፡ 22 ሓምለ 2019፡ ከረን

ወልደሃይማኖት ገርጊስ፡ 19 ሚያዝያ 2016፡ ሓሊብመንተል

ብርሃን ክፍላይ፡ 22 ለካቲት 2022፡ ከረን

ለተመድህን እኩት (እናቴ)24 ነሓሰ 2016፡ ኣስመራ

ቅድስቲ ተስፈ፡ 14 ሚያዝያ 2016፡ ፈለዳእርብ

ብረሃነ ትምከኤል፡ 19 ሚያዝያ 2016፡ ሓሊብመንተል

መስቀላ በረቕ፡ 19 ሚያዝያ 2016፡ በስከዲራ

ኣቡበከር ሓሰነን፡ 12 ሰነ 2018፡ ከረን

ዛህራ መሓመድ ሓምድ፡ 14 መስከረም 2020፡ ከረን

ኣሕመድ መሓመድ እስማዒል፡ 12 ለካቲት 2019፡ ከረን

እድሪስ ኖር ሑሴን (ሻውሽ)16 ሕዳር 2015፡ ከረን

ሌ/ኰለኔል ሲሳይ፡ 13 መጋቢት 2021፡ ከረን

ዓብደርሒም መሓመድዓሊ በኺት፡ 9 ለካቲት 2020፡ ከረን

ሳልሕ ዓሊበኺት ከሱራይ (ሸኽ)29 መስከረም 2018፡ ሓልሓል

እድሪስ መሓመድዓብደላ (እድሪሲ ኩማንዱሲ) 12 ለካቲት 2019፡ ከረን

ኬማ ዓሊ ዑመር፡ 14 ግንቦት 2018፡ ከረን

መሓመድ ዓብደላ መሓመድኖር፡ 19 መስከረም 2016፡ ከረን

ገዛኢ ገብረማርያም፡ 19 ሕዳር 2019፡ ከረን።

ገብረየሱሱ ባርካይ፡ 19 ጥሪ 2021፡ ከረን

ዓቤት ነስረዲን፡ 19 መስከረም 2016፡ ዖና

ሙኒር ሮሞዳን፡ 16 ሕዳር 2019፡ ከረን

ሮሞዳን መሓመድዓሊ፡ 21 ሰነ 2019፡ ከረን

ኣኽያር መሓመድዓሊ፡ 2019፡ ከረን

ሓምድ ኢብራሂም ሓምድ፡ 8 መጋቢት 2017፡ ሓመልማሎ

በኺታ ኢብራሂም ሓምድ፡ 8 መጋቢት 2017፡ ሓመልማሎ

መሓመድ ሓሰን ሓምድ፡ 1 መስከረም 2020፡ ከረን

ኣርሀት ኣቡበከር ሓምድ፡ 1 መስከረም 2020 ከረን

ዓብደልቃድር ኢብራሂም ሓምድ (ሜጀር)1 መስከረም 2020፡ ከረን

ሮሞዳን ያሲን፡ 12 ሚያዝያ 2019፡ ከረን

እስማዒል ያሲን (ሌ/ኰለኔል)7 ሰነ 2020፡ ከረን

ደኪን ኣርበድ፡ 10 ጥቅምቲ 2020፡ ከረን

ከብሮም እድሪስ ንሱር፡ 7 ጥቅምቲ 2020፡ ከረን

ማሕደር ንሱር ኣብርሀ፡ 18 መስከረም 2016፡ ከረን/ 14 መጋቢት 2021 ከረን

ስተል መሓመድ ኤሎስ፡ 8 ነሓሰ 2020፡ ከረን

በሺር ኢብራሂም ኣሰናይ፡ 13 ነሓሰ 2020፡ ጀንገሬን

ፈከት ገብረንኪኤል፡ 18 መስከረም 2016፡ ከረን

ማሕሙድ ዓብደላ ሳልሕ፡ 18 ነሓሰ 2020፡ ከረን

ገብረማርያም ደበሳይ፡ 18 ሕዳር 2019፡ ከረን

ናስራ ጀሚል፡ 17 መስከረም 2016፡ ዖና

ኣዳሌት ኖር፡ 18 ጥቅምቲ 2021፡ከረን

ኣማንኤል ሰመረ፡ 17 ታሕሳስ 2020፡ ከረን

ኣቡበከር መሓመድ ዘምዘሚ፡ 10 ጥቅምቲ 2020፡ ከረን

እድሪስ መሓመድ ዘምዘሚ፡ 29 ሓምለ 2020፡ ከረን

ዑቕባረቢ ሓሳማ፡ 12 ሰነ 2021፡ ኣስመራ

ጅምዕ ህብቴስ፡ 26 ነሓሰ 2020፡ ከረን

ኢብራሂም መሓመድ ኣመሓዳሪ ምም/ከባቢ ሽዕብ ሰለባ

ርሽት ወልደ፡ 14 ታሕሳስ 2019፡ ፈለዳእርብ

ኣዛዚ ዓምር፡ 13 መጋቢት 2016፡ ሮብቶ

እስቲፋኖስ ዳኘው፡ 12 ጥቅምቲ 2018፡ ገርገፍ

መሓሪ ጭንዕ (ሌተናል ኰለኔል) 27 ጥቅምቲ 2020፡ ከረን

ተኸስተ ፍቓዱ 26 ሰነ 2021፡ ኣስመራ

ኢዮብ ሓምድ፡ 15 መጋቢት 2016፡ ቁኒዕ

በኺታ ሑሴን (መምህር)17 ታሕሳስ 2015፡ ሓልሓል

ገብረማርያም ደበሳይ፡ 6 ሓምለ 2020፡ ከረን

መብራት ተከኤ፡ 20 ሓምለ 2020፡ ከረን

ተወልደ ሰለሙን፡ 27 ታሕሳስ 2020፡ ብተሌፎን

ኣርሀ ዘካርያስ፡ 27 መጋቢት 2023፡ ከረን

ኣደም ሓሰበላ ጃብር፡ 27 መስከረም 2023፡ ሃብረንጋቓ

ዑስማን ሳልሕ፡27 መስከረም 2023፡ ሃብረንጋቓ

ከብርኣብ ተስፉ፡ 21 ግንቦት 2023 ናይ ተሌፎን ዝርርብ

ብኻልኦት ተመራመርቲ ታሪኽ ዝተገብረ ቃለ መጠይቕ

መሓመድ ዑመር ዓብደላ፡ ቃለ መጠይቕ ምስ ኣለምሰገድ ተስፋይ፡ ለካቲት 1998፡ ኣቑርደት

መስዑድ እድሪስ (ተጋዳላይ) ቃለ መጠይቕ ምስ ኣለምሰገድ ተስፋይ፡ 05 ሓምለ 2020፡ ባልዋ

ሳልሕ እብርሂም፡ ቃለ መጠይቕ ምስ ኣለምሰገድ ተስፋይ፡ ለካቲት 1998፡ ኣቑርደት

ተስፋይ ተኽለ፡ቃለ-መጠይቕ ምስ ዘምህረት ዮውሃንስ

ከብሮም እድሪስ ንሱርን ሓምድ ያዕቑብ ሓምድን ቃለ መጠይቕ ፕሮ/ምስ/ ግፍ/ ጸላኢ፡ 11/05/12

ደሃብታ ዓሊኑር፡ቃለመጠይቕምስ ተጋዳላይ መስፍንተስፋይ፡ ኣብ ድምጺ ሓፋሽ ዝተፈነወ 15

ብርሃነ ዘርኤ፡ ቃለ መጠይቕ ምስ ዘምህረት ዮውሃንስ፡

ርስቶም ፍስሃጼን፡ቃለ መጠይቕ ምስ ወይኒ ገረዝግሄር፡

ገብረዮሃንስ ተስፋማርያም (ደጃዝማች) ቃለ መጠይቕ ምስ ኣለምሰገድ ተስፋይ፡ 13 ታሕሳስ 1998 ኣስመራ

ሑሴን ማሕሙድ ሸኽ፡ቃለ መጠይቕ ምስ ክፍለ ተኽለሰንበት፡ ገለብ፡ 28/ መስከረም 2021

ኖር ማንታይ በሪህ፡ቃለ መጠይቕ ምስ ክፍለ ተኽለሰንበት፡ ገለብ፡ 23 / መስከረም 2021

መጽሓፍቲ ትግርኛ፡ ብሊን፡ ኣምሓርኛ

ሃይለስላሰ ወልዱ፡ ሓምድ እድሪስ ዓዋተ፡ ኣሕተምቲ ሕድሪ፡ 2017

ኣባ ክብረኣብ ሰዓድ፡ገድሊ ሕይወት ብጹዕ ኣቡነ ኣብርሃ ፍራንስዋ፡ ፍራንክፈርት ጀርመን፡ 2010

ጠዓመ ገብረዮሓንስ (ኣባ) “ሆስፒታል መካነ ሕይወት ንጎሮሮኣ ትመስክር”

ሃብቶም ኪዳነ፡ ኤርትራን ኤርትራውያን መንእሰያትን 1890-1962፡ ኣስመራ 2015

ትካቦ ኣይረስዕ (መምህር) ምሩጻት ዓንቀጻት ኣቶ ወልደኣብ ወልደማርያም፡ 1941 -1991፡

ግፍዒ፡ ዛንታታት ተመኩሮ ገድሊ ቁ. 8 ኣሕተምቲ ሕድሪ፡ 2017

ተጋዳሊት ጽገ መንገሻ፡ “ማገበ” ኣብ ሜዳ ተሓትመ፡ 1990

ጳውሎስ ተስፋልደት፡ በስከዲራዲ ንርቁርዲ፡ 2013 ኖርወይ

ማሞ ኣፈታ “ኣንቱ በእናት” ኣዲስ ኣበባ፡ ካልኣይ ሕታም 2014፡

ሚካኤል ሓሳማ ራካ፡ ዛንታ ኤርትራ፡

ዛንታታት ተመክሮ ገድሊ “ገድሊ ደቀንስትዮ፡ ግዜ...ግዜ ዓብደልቃድር ኣሕመድ፡ 2016

Bibliography

Trvaskis, G.K.N., Eritrea: A Colony in Transition 1942-1952, Oxford University press. London, 1960.

Adhana Mengsteab: Eritrean Studies review Volume 5, N.1 Eritrea On the Eve of European Colonial rule "The strategic position of Keren in the Massawa – Kassla Trade Route

Downey, Hugh & Marty. On Heart's Edge: A Powerful Story of love and Adventure in Africa (Arvada, CO: Mikeren publication, 1996).

James Bent: The sacred city of Abyssinia: Beieng a Record of Travel and Research in Abyssinia: By forgotten books 2013Originally published 1893

Habtu (Fr ATHANASIUS) Gebre-Ab: MASSACRE AT WEKIDIBA: THE TRAGIC STORY OF A VILLAGE IN ERITREA: THE RED SEA PRESS; 2013

Amina, Habte. Ethiopian War crimes in Eritrea: A case study of the massacre of Besik-Dira and Ona IN 1970 (Department of History, University of Asmara, July 30, 2001).unpublished)

Wolde Giorgis, Dawit "Read Tears: war, Famine and Revolution in Ethiopia (Trenton, NJ: Red Sea Press, 1998).

Joseph Venosa: Journal of East African Studies (2013) Adopting to the New Path: Khatmiyya Sufi authority, the al-Mighani family, and Eritrean nationalism during British occupation, 1941-1949.

Bocretsion Haile, the Collusion on Eritrea, 2000.

Madison, Wisconsin: Sloughter in Eritrea: The New York Book of Review; 4 March 1971

Tricia Redeker Hepner: Soldiers, Martyrs, Traiters and exiles:

Plowden, Walter: Travels in Abyssinia and Galla country: p. 14

The life time of Emperor Haileslassie: Documentary film

Africa Confidential Novemeber 27, 1970 Vol 11, no 24 1-30, 1970 – page 1933

Dr kiflemariam Hamde፡ War and Drought in Sokhina area

Plowden, Walter፡ Travels in Abyssinia and Galla country

መጽሔት ብስራት፡ "Periscope፡ Religious Tolerance and co-existence" by Dr Habtu Gebreab ጥቅምቲ 1992 ቁ.19

Kiflemariam Hamde, 2004. The Impact of war and climatic changes on the environment in Eritrea -The case of Sekwina villages

መጽሔታትን ጋዜጣታትን

ሓዳስ ኤርትራ 6 ዓመት ቁ 83፡ 18 ሰነ 19967 "ክቡር መስዋእትና ከም ሕርስን ጥንስን ዝርሳዕ ኣይኮነን"

ጀነራል ስብሓት ኤፍረም "መጽሔት ተዓጠቕ" ቁ.14 ሓምለ 2008

ሃገራዊ ቻርተር ኤርትራ፡

ሓዳስ ኤርትራ፡ 13 ለካቲት 2020 መበል 29 ዓመት ቁ.141

መጽሔት ብስራት፡ ጥቅምቲ 1992 ቁ.19

ሓዳስ ኤርትራ፡ 5 ታሕሳስ 1992፡ 2ይ ዓመት ቁ.28

ሓዳስ ኤርትራ፡ 30 ሰነ 1993፡ 2ይ ዓመት ቁ.87

መጽሔት ትምጻእ መንግስትከ "መሪር ግፍዒ ኣብ በስከዲራን ከባቢኣን" ኣስመራ ኤርትራ ቁ 73ን 74፡ 2000

መጽሔት ትምጻእ መንግስትከ ቁ 73ን 74ን

ጋዜጣ ኣዲስ ዘመን፡ 15 ሕዳር 1963 (24 ሕዳር 1970

ደሃብታ ዓሊኑር፡ቃለመጠይቕምስተጋዳላይ መስፍንተስፋይ፡ኣብ ድምጺ ሓፋሽ ዝተፈነወ 15 መስከረም 88 R.D.C. ካ/ቁ. 248፣ ACC. No 06927

ሰነዳት ፕሮጀክት ታሪኽ ግፍዕታት ኢትዮጵያ ኣብ ኤርትራ

መጽሔት ብስራት፡ ጥቅምቲ 1992 ቁ.19

MAEKEL
Zagr
Adi Tekelezan
Anseba
Agutri
Dersenei
Buc Savino
Habran Ka'ka
Mrara
Deki Andu
Shegilet
Wedi Merir
Ela Berdi
Johalluf
Debresina
Ieden
Elabered
Dagalso
Ygrar
Gheleb
Halib-Mentel
Abna
Darok
Ferhen
Melalk
Sanga
Dermush
Fredarb
ANSEBA
Muscia
Hashela
Mendad
Keren

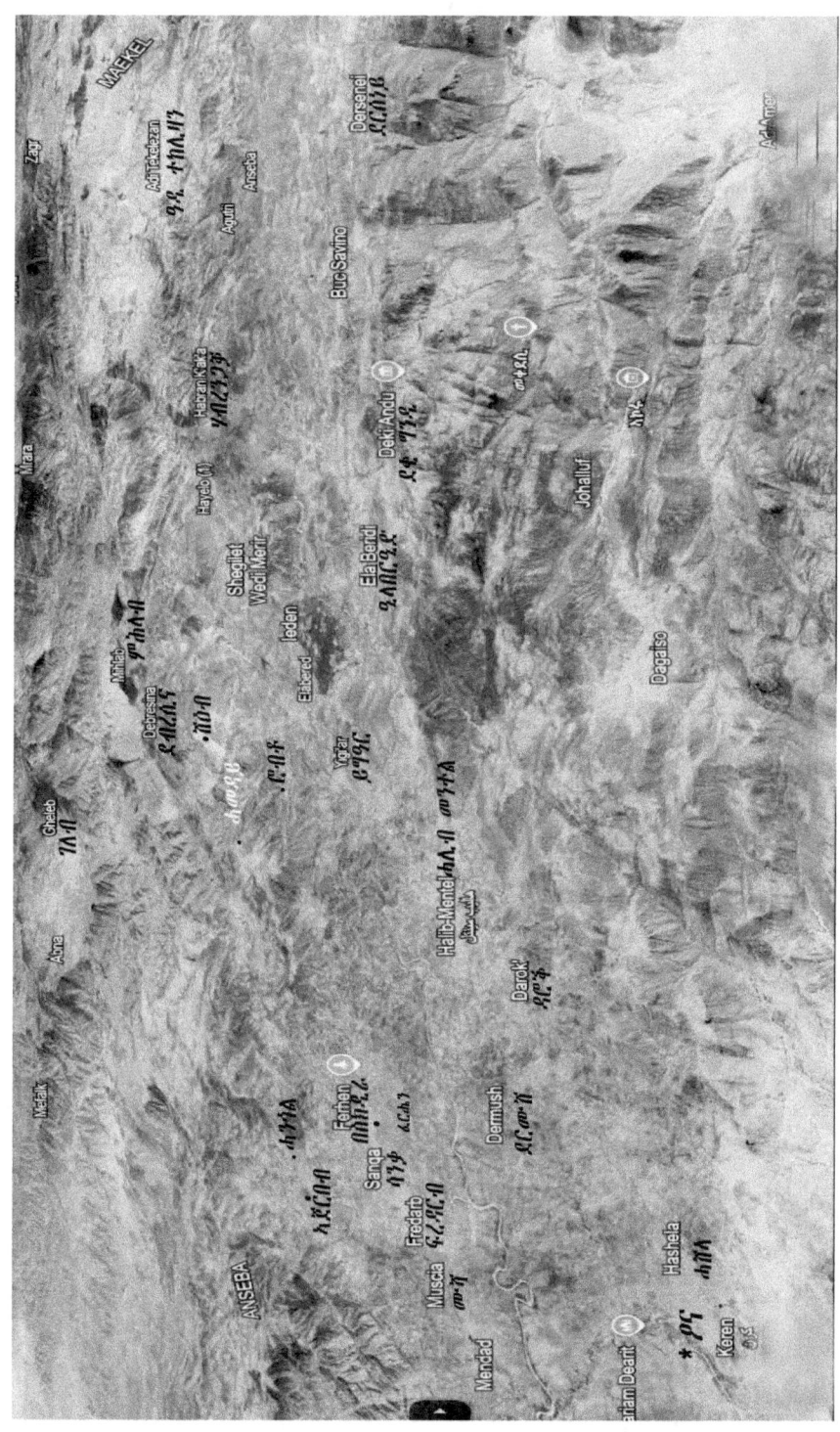

ሀረር ወተሃደራዊ አካዳሚ, 39, 41

ሁበርንጋቻ, 44-47, 87, 201, 430, 475-477, 479, 480, 485, 486, 489, 492

ሀቦር, 268

ሃንደሳ አሃዱ, 32-34, 247, 392

ሃቦሶኤ, 164

ሃዘሞ, 24, 358

ሃዙጋ, 429

ሃየል ቢዞን, 266

ሃየክታ, 359

ሁቡቱ ዝብርአብ (ፐሮፌሰር), 86, 523, 524, 533

ሃይለስላሴ ወልዱ, 22, 23

ሃይሰም መብራህቱ, 132

ሃጸይ ሃይለስላሴ, 19, 39-41, 59-61, 69, 112, 113, 358, 407, 408, 412, 460, 489, 490, 491, 495, 497, 512

ሃሾም ሲዲ ጆዕር በከሪ, 446

ሁበትዛኒ ዓለማ, 217, 234, 235

ህዝባዊ ግንባር, 67, 113, 153, 155, 156, 162, 170, 171, 187, 188, 204, 219, 220, 226, 227, 247, 311, 370, 399, 401, 420, 425, 430, 439, 523

ሆስፒታል መካነ ህይወት, 500

ሆስፒታል ከረን, 60, 122

ለተማኪኤል ልጆም ስምራ, 144-153, 234, 384

ለተመድህን ወልዱ ሕኔት, 182, 183, 184

ለተመድህን እከት (እናቴ), 98, 237, 241-244, 259

ለመጨሊ, 27, 201

ሊበየ, 515

ላልምባ, 113, 170, 247, 278, 297, 354, 390, 392, 414, 434, 436, 440, 525

ሐሊጋ, 292

ሐሊብ ጀሉጥ, 78, 87, 100, 232, 233, 235

ሐሊበመንተል, 32, 36, 81, 87, 88, 98, 99, 110, 111, 113, 115, 122, 149, 176, 177, 183, 187, 189, 193, 202, 238, 239, 249, 253-255, 261, 341, 343, 344

ሐላይብ, 409

ሐልሐል, 25, 65, 103, 188, 189, 206, 216, 268, 278, 302, 309-311, 370, 374, 378, 394, 414, 417, 420, 421

ሐመልማሎ, 48, 55, 297, 299, 351, 358, 359, 363, 364, 370, 371

ሐመደይ, 46, 47, 98, 241, 243, 465, 467, 470, 475

ሐማሽን, 24, 65, 408, 520, 528

ሐምድ እድሪስ ዓዎተ, 21-23, 25, 277, 504, 531

ሐሾሳ, 36, 137, 168, 176, 187, 238, 268, 339, 341, 376

ሐሾሻይ, 24, 310

ሐባቢ, 49, 65, 116, 127, 332, 358, 359, 365, 376, 409, 410, 415, 416, 448, 486, 528

ሐኅኤል, 70, 78, 87, 95, 97, 98, 110, 181, 184, 191, 245

ሐጋዝ, 33, 37, 97, 137, 144, 145, 202, 227, 323, 363, 399

ሐመራይ, 64, 118, 176, 232, 257, 263, 264

ሕዳርብ, 291, 292

ሕጻጽ, 268, 290

መእስ ዐቅባሚኤል (ኺቃ), 501

መእሰዕ, 28, 63, 65, 91, 93, 188, 189, 201-203, 268, 370, 403, 450, 451, 457, 459

መላብሶ, 25, 27, 171, 414

መጽፍን ተስፋይ, 139, 141

መጋርሕ, 27, 28, 216, 232, 241, 268, 283, 341, 507

መታሕት, 22, 85, 351, 373, 408, 409, 413, 524

  ምብራቃዊ መታሕት, 24

  ምዕራባዊ መታሕት, 23, 524

ሙሻ, 63, 64, 70, 100, 103, 104, 189, 202, 216, 258, 268, 293, 392, 482

ማይስተር ሁዶ, 170, 432, 434, 437, 439, 444, 484, 520

  ማርቲ, 433, 435, 438, 440-443

ማርያ ቀያሕ, 27, 309, 320, 491

ማርያ ጸላም, 27, 137, 314, 315, 371

ማርያም ደዓሪ, 92, 184, 273, 316, 331, 383

ማርያም ግቢ, 157, 466

ምሕላብ, 202, 403, 451

ሰሳባ, 27, 33, 63, 79, 90, 97, 160, 199, 201, 203, 204, 241, 403, 465, 466, 470, 471, 485

ሱሐርቲ, 49, 428

ሰምሃር, 24, 460

ሰራየ, 24, 485, 528

ሰንሐት, 24, 27, 87, 126, 137, 202, 204, 256, 274, 275, 277, 278, 292, 331, 351, 352, 396, 427, 450, 481, 484, 485, 499, 500

ሸኩና, 27, 37, 48, 63-66, 70, 77, 79, 82, 84, 89, 92, 103, 104, 116, 131, 139, 156, 168, 176, 188, 189, 192, 198, 201, 204, 206, 207, 210, 216, 222, 227, 231-233, 242, 256, 268, 315, 348, 370, 426, 465, 466, 524

ሰዋኪን, 267, 448

ሰከይቲ, 79, 171

ሙሳ ራብዓ (መ/ጀ), 392

ሱዳን, 21, 97, 99-101, 113, 115, 125, 128, 129, 153-155, 157, 198, 208, 219, 227-229, 264, 271, 272, 303, 308, 312, 313, 322, 349, 352, 369-373, 379, 400, 409, 410, 417, 434, 448, 450, 453, 455, 457, 490, 522, 523, 524

ወሃደራት ሱዳን, 22

ሰራዊት ሱዳን, 25

ምቦራቕ ሱዳን, 446

ሲሳይ (ሌኮ), 278

ሳሆ, 72, 226, 409, 460

ሳሕል, 24, 49, 137, 171, 220, 267, 281, 315, 408, 409, 430

ሳንቃ, 70, 78, 85, 87, 95-98, 101, 202, 203, 207, 211, 213, 221-223

ሶርያ, 392

ሬፈረንደም, 256, 448, 449, 512

ሩብ ደዓሪ, 48, 49, 56, 103, 145, 267, 331, 364, 365, 381, 383

ሮራ, 77, 100, 136, 203, 271, 319, 403, 414, 458

ሮቦቶ, 37, 79, 90, 160, 202, 465, 466

ሽምለኽ, 268, 299, 300, 351, 353, 381

ሽሽረጋ, 419

ሸበቆ, 93, 202, 403

ሽባሕ, 64, 70, 268

ሻካት, 267

ሽምለኹ, 52, 323

ሽርደባ, 476, 477

ሽርም ደግልል-ሂዝኪል, 420

ሽንደዋ, 46, 475, 480

ሽራ, 203, 432, 434

ሸዐቢ, 97, 199, 201, 204, 466, 469, 470, 492

   ሸዐቢ ሰላቢ, 90, 160, 202, 465, 467

   ሸዐቢ ጌጋድ; 24, 100, 463, 473, 474

ሽወደን, 257, 264

ቀዜዐ, 81, 95, 99, 184, 202, 203, 238

ቃኛው፡, 170, 432

ቢርደግ, 63, 100, 103, 104, 176, 258

ቡተርዮት, 275, 297, 315

ቦጅኺ, 27, 28, 48, 52, 63, 189, 201, 202, 268, 299, 309, 350-352, 370, 403, 409, 414, 482

ቡ, 27, 156, 157, 323, 328, 340, 350, 351

ቦስ, 28, 65, 70, 77, 116, 176, 267, 268, 396, 403

ባልፖ, 31-33, 35, 37-39, 41, 46, 47, 475

ጣክ, 175, 177, 268, 338-424, 425

ቪንቱ, 226, 399

ቢርካ, 23, 24, 27, 137, 220, 267, 268, 311, 324, 504

ባቍዳድ; 379, 489

ባየሩ ታፍላ (ፕሮፌሰር), 232

ቤልታ, 457, 458

ቤት ሻሕቄ, 202, 403, 405, 451

ቤት ተወቄ, 28, 292, 309, 315, 352, 394, 396

ቤት አቢርህ, 202, 203, 451

ቤት ጎቡ, 77, 403, 414

ብሏን, 27, 36, 70, 105, 125, 131, 137, 138, 184, 210, 221, 226, 227, 230, 258, 263, 309, 341, 348, 376, 394, 396, 400, 401, 410, 420, 425, 459, 471

ተሾመ እርጉ (ጀነራል), 25, 31, 32, 35, 37, 38, 39, 41, 42, 63, 475, 498

ተላታዥር, 271, 416

ተስዬ, 23, 58, 89, 141, 142, 152, 271, 306, 361, 362, 372, 379, 399, 447, 457

ተቾምቦየ, 142

ታርቄ, 27, 465

ታንታርዋ, 268, 331

ቶቾምቦየ, 139

ኒወዮርክ, 19, 509, 510, 513

ኖር, 430

ናቆፉ, 229, 267, 274, 409, 461, 462

አምዳርማን, 98, 125, 128

አራ ላዕላይ, 33

አለምሰገድ ተስፋዮ, 25, 36, 493, 512, 531

አልመዳ, 95, 203, 291, 292, 493

አሕተምቲ ሕድሪ, 25, 63

አስማፕ, 24, 414

አስራተ ካሳ (ራእሲ,), 25, 26, 38, 444, 482, 491-494, 497, 500, 501, 517, 518

አሸራ, 27, 170, 420

አቸርደት, 23, 25, 36, 58, 61, 141, 142, 227, 228, 229,

309, 447, 531

አትኖም, 340, 465, 466

አንታይ, 476

አከለዛይ, 24

አቡአብርሃ ፍራንክዋ, 81, 82, 503-507, 531

አቡነ ዘሆርያስ ዮሐንስ, 503

አባ ሚካኤል አስፍሃ, 78, 82, 89, 90

አባ ማቴዎስ ሐጸ, 507

አባ ተወልደብርሃን ገብረመድህን (አባ እኛስዮ), 69, 79-82, 85, 87-92, 149, 178, 179, 206, 260

አባ አርበ ጴጥሮስ, 241

አባ አየለ ተኽሃይማኖት (በአባ ማርዮ ይፍልጡ), 87-92, 484

አባ አእስቲኖ ተደላ, 90, 500-502

አባ አቲፋኖስ ብርሃን (አባ አልፎንሶ), 86, 88-89

አባ ኩቦርአብ ሰዓድ, 504, 505, 531

አባ ወልደአቦሲ, 500

አባ ዘርአየቆብ ዑቅባሚካኤል, 206

አባ ጠዓም ገብረኂዳስ, 500

አክሊሉ ሃብተወልድ, 112, 113, 408, 492, 494, 495, 497

አዝሬቶት, 475

አውጋር, 145

አጀርቡብ, 33, 78, 97, 98, 100, 103, 109, 157, 186, 188, 189, 191, 192, 202, 203, 209, 221, 223, 245, 262, 263, 264

አፍዓበት, 103, 171, 187, 204, 227, 264, 273, 316, 319, 321, 331, 348, 358, 364, 370, 399, 411, 523

ኤናስኢ, 510, 511

ኤፍረም ሃብተጽዮን, 110, 139, 195, 211, 221, 237, 363

372, 381, 428

እምባረሚ, 24, 283, 319, 451

እማበቶ, 429

እማ ሶየራ, 186

እማ አራ, 465

እንግሊዝ, 31, 65, 271, 316, 317, 381, 383, 434, 447, 491, 528, 531

እስማኤል ያሲን (ወዲ ያሲን) (ሌ/ኮ), 383

እድርስ, 46

አማሃጀር, 457

ኦሮታ, 370, 371, 431

ኦርፋን (ላልምባ), 113, 164, 168, 170, 247, 282, 333, 384, 432, 433, 434

ከረን ጄዳድ, 116, 118, 128, 134, 371, 386, 414, 415, 423, 448

ከሰላ, 101, 117, 135, 155, 271, 310, 312, 313, 413, 417, 446, 447

ከቦ, 22, 25, 49, 65, 141, 267, 309, 409, 413, 430

ከቦ ስሑርቲ, 216

ኩኅምይ, 446, 447

ኩርባ በረድ, 268, 363, 365, 367-371, 390, 398, 409

ካርተም, 98, 124-126, 128-130, 144, 264, 349, 515

ካሕሳይ ተኽሉ (ሌ/ኮ), 484

ኮከን, 78, 250, 465, 466

ኮማንዶስ, 24, 32, 36, 37, 45, 58, 63, 71, 119, 146, 213, 274-276, 278, 279, 321, 331, 355, 357, 358, 375, 410, 417, 451, 460, 461, 463, 468, 481, 482, 484

ካዜን, 351, 409, 410, 412, 484

547

ዒለበርዕሪ፣ 32-37, 45, 63, 88, 99, 160, 204, 237, 238, 465, 467, 469, 475

ዓራቺ, 379, 398, 489

ዓሊጋድር, 145, 378

ዓሪጋ, 137, 171

ዓሬታይ, 410, 411

ዓሽከሩሩኪ, 300

ዓክሱባ, 24, 27, 64, 89, 91, 103, 138, 146, 155-157, 162, 168, 169, 192, 211, 222, 232, 250, 257, 264, 267, 273, 278, 303, 307, 311, 319, 340, 350, 351, 360, 361, 367, 373, 378, 381, 385, 387, 390, 394, 414, 419, 470, 473, 475

ሩብ ዓክሱባ, 64, 66-68, 71, 77, 87, 103, 134, 155, 176, 253, 331, 482

ዓንቀር ሺታሞ, 395, 476

ዓክቡር, 193

ዓንደር, 32, 34, 367, 368, 381

ዓይለት, 24

ዓይግ, 63, 70, 268, 293

ዓይርይ, 294, 311

ዓይፉ, 46, 47, 81, 98, 233, 343, 475

ዓዲ ዘማት, 27, 63, 131, 176, 201, 403, 465

ዓዲ ሽኪ, 412, 446, 447

ዓዲ ጀወ, 232, 233

ዓዲ ሓሽል, 321, 413

ዓዲ መዓልም, 450

ዓዲ ርኡ, 24

ዓዲ ሹማ, 24

ዓዲ ቀሺ (ዓዲ ካከፉ), 162, 163

ዓዲ ቀደሕ, 461

ዓዲ በርሪ, 476

ዓዲ በሳ, 292

ዓዲ ብርሃኑ, 315, 348

ዓዲ በአማት, 524

ዓዲ ተኸለስ, 28, 352, 403, 410-414

ዓዲ ንክስ, 35

ዓዲ ኦስ, 409

ዓዲ አስካቢ, 291

ዓዲ አሪጊት, 484

ዓዲ አብርሁ, 207

ዓዲ ዐመር, 303

ዓዲ ዐቺበስ, 351

ዓዲ ካአየል, 292

ዓዲ ዓየላይ, 451

ዓዲ ዕቾብ, 363, 365

ዓዲ ኸሉ, 186

ዓዲ ኳላ, 511

ዓዲ ደበራይ, 291

ዓዲ ጀላይ, 465

ዓዲ ሓአስ, 65

ዓዲንእማን, 65

ዓድ ሽም, 314

ዓድ ሻወር, 410, 412

ዓድ ቆየ, 292

ዓድ ትማርየም, 49, 403

ዓድ ኣሓ, 202, 203

ዓድ ኣምዓራይ, 291

ዓድ ኣርን, 409

ዓድ ከንቴባይ, 292

ዓድ ዕጅል, 292

ዓድ ደብራይ, 291

ዓገር, 314, 321

ዓኃማባሳ, 368

ወላን ጅዳ (ኳሳ), 46, 88, 90, 91, 280, 443-445, 482

ወስጠአሰሬኩ, 36, 64, 176, 202, 203, 264

ወረር ወያኔ, 227, 256, 303, 401

ወቺሮ, 24

መንሳዌት ቤተክርስትያን, 456

ወኪደባ, 86, 523

መግረተት, 456, 457

ዋሊሁ, 261, 274, 301, 305-307, 315, 319, 320, 331, 345, 346, 372, 373, 377, 424

ዋስያካ, 46

ዋራ, 476

ዋዘንተት, 202, 482

ወቤራኽ, 233

ዎልተር ፕላውደን, 528, 529

ዘምህረት የሃጸን, 225, 493

ዛውል, 27, 207, 491

ይቻዓር, 465

ይትዓብር, 270

ይዓዓር, 32, 36, 344

ደርሙሽ, 193, 203, 339, 340

ደጠቡሽ, 408

ደቀምዛዝ, 163, 171, 463

ደቀአኸትዮ, 65, 76, 89, 156, 186, 232, 363, 425, 426, 437, 452, 477

ደቢረሲና, 87, 160, 201, 204, 405, 465-470, 473, 484, 486, 489

ደቢረሳላ, 309, 409

ደንኩርጁባ, 78, 127, 202, 214

ደንኢሎ, 63, 451

ደዓዴ, 135, 137, 145, 154, 176, 273, 306, 362, 396, 417, 428

ዳዕርታይ, 203

ደገምዬድ, 24, 93, 97, 98, 100, 103, 144, 181, 183, 188, 189, 217, 221, 245, 342, 389, 412, 414

ደግ አትኻትባ, 144, 410, 411, 412

ደጊ, 170, 194, 203, 323

ደግደግታ, 430

ዶልዓቆዳ, 268, 372, 373, 379, 389, 394, 395, 396, 398, 401, 414, 425

ጀምስ በንት, 267, 532

ጀክበረቆ, 203, 465

ጀረትዋ, 480

ጀንረን, 366, 368, 370, 392

549

ጀነራል, 24, 63, 189, 323, 367, 368, 370, 400, 414, 462, 482

ጀነርጁባ, 103

ጀዓልያ, 125

ጁፋ, 44-47, 268, 475

ገብረኪዳን ተስፋይ (ሌኮ), 277

ገሎባ, 46, 87, 103, 201, 203, 221, 427, 450, 451-462, 482, 484, 486, 489, 492

ገርገር መጎዕ, 405

ገበሲ., 53, 55, 268, 277, 294, 297, 299, 301, 303, 378, 379, 389, 393, 398, 410, 520

ገብረሂወት ገብረስላሴ (ወዲ ሕምባርቲ), 32-36, 41, 155, 156, 158, 217, 218

ገዛ ባንዳ, 321, 340, 341

ገዛ ወረቶት, 358

ጎዳም ደብረ ሲና, 27, 204, 465, 469, 491

ጎዳርፍ, 99, 100, 113, 134, 369, 373, 524

ጉሩዕ, 431

ጉባሩኪ, 41, 46, 47, 81, 110, 238, 239, 403, 465, 475

ጋሽሰቲት, 23, 24, 139, 485, 487

ጋዝጣ ሐዳስ ኤርትራ, 235, 310, 426, 427, 448, 449, 532, 534

ጋር ኣለቡ, 204, 291, 467, 470

ምብጺ, 21, 22, 232, 267, 409

ምዞግዛ, 49, 482

እኒጅ, 262, 399

ዓምሆት, 24

ኣበ እንጅሓይ, 214

ኣበ ላልምባ, 52, 103, 169, 301, 355, 373, 382, 390, 391, 445

ኣበ ቃጼታይ, 254

ጣልያን, 31, 50, 65, 101, 104, 141, 145, 150, 264, 271, 280, 305, 315, 316, 317, 331-337, 350, 372, 383, 411, 437, 438, 445-447, 528-30

ፐኦቋሉተሲ, 271

ጦር ሰራዊት, 36, 63, 71, 146, 176, 177, 275, 276, 358, 419, 451, 459

ጭውያ ነሪት, 511, 515

ጸላም ስንቦት ኣቸርደት, 142

ጸዓዜጋ, 65

ጸልማ, 65

ጸገ መንሾ (ተጋ), 72, 175, 181

ፈለስታኹ, 351, 352, 359

ፈሉዓርቢ, 49, 64, 67, 70, 87, 96-99, 101, 103, 141, 142, 176, 178, 189, 203, 228-230, 233, 245, 246, 258, 264, 471

ፊርሓን, 69, 78, 79, 81, 82, 87-92, 100, 104, 109, 111, 121, 122, 127, 134, 136, 142, 148, 149, 159-161, 168, 169, 177-179, 181, 183-186, 189, 196, 208, 209, 211, 214, 233, 235, 238, 246, 247, 249, 253, 254, 258, 260, 261, 484

ፈረኣን, 528

ፈርናንዶ ማርቲኒ, 446

ፈደሬሽን, 19, 20, 21, 65, 112, 447, 489-491, 496, 497, 503, 512

ፊዳይን, 33, 39, 62, 156, 274, 275-278, 309, 392, 393, 413, 485, 486, 496

ፋር አለባ (ግላሰ), 41

ፋና, 24, 462

ፋፍዳ, 63, 101, 103, 176, 197, 202, 268, 294, 385

ፍሶሻኩ, 64, 67, 68, 70, 77, 87, 96, 98, 101, 176, 186, 225, 226, 231, 249

ፎርቶ, 45, 46, 57, 58, 88, 122, 156, 157, 273, 275, 276, 278, 279, 280, 318, 348, 349, 377, 392, 435, 436, 437, 439, 441, 444

ፕሬስዮንት አሶየስ አፈመርቂ, 509, 532

www.ingramcontent.com/pod-product-compliance
Lightning Source LLC
LaVergne TN
LVHW021753060526
838201LV00058B/3077
9789994801800